L'Histoire de France

POUR LES NULS

L'Histoire de France POUR LES NULS

Jean-Joseph Julaud

Éditions France Loisirs

La liste des personnages qui apparaissent sur la couverture.

De gauche à droite et de haut en bas :

1. Clovis
2. Charlemagne
3. Hugues Capet
4. Jeanne d'Arc
5. Henri IV
6. Louis XIV
7. Marie-Antoinette
8. Napoléon Bonaparte
9. Emile Zola
10. Charles De Gaulle
11. Pierre Mendès France
12. Simone de Beauvoir
13. François Mitterrand
14. Simone Veil
15. Jacques Chirac

Production : Emmanuelle Clément
Illustrations : © Corbis
Cartographie : Guillaume Balavoine
Mise en page : KN Conception

Edition du club France Loisirs
avec l'autorisation des Editions Générales First

123 boulevard de Grenelle, Paris
www.franceloisirs.com

ISBN 2-7441-9720-3
Dépôt légal : Octobre 2006

N°édition : 46599
Achevé d'imprimer en Allemagne par Mohn Media, octobre 2006

Sommaire

Introduction 1

À propos de ce livre 2
Comment ce livre est organisé 2
Première partie : Les tribulations des Gaulois en Gaule 3
Deuxième partie : La France en quête d'elle-même 3
Troisième partie : De 1515 à 1789 : La France dans tous ses États 4
Quatrième partie : De 1789 à 1815 : C'est une révolution ! 4
Cinquième partie : De 1815 à 1914 : Une montée en puissance 4
Sixième partie : De 1914 à 1945 : La tragédie européenne 5
Septième partie : De 1945 à nos jours : La France et l'Europe 5
Huitième partie : La partie des dix 6
Les icônes utilisées dans ce livre 6

Première partie : Les tribulations des Gaulois en Gaule 9

Chapitre 1 : Du plus profond de la mémoire : - 2 000 000 à - 200 11

Les grands ancêtres 11
Sur la piste des premiers hommes 12
Nos aïeux : Neandertal et Cro-Magnon 15
Le temps des Celtes 24
-800 : toujours plus à l'ouest 24
-450 : de nouveaux envahisseurs 27
Nos ancêtres les Gaulois… 28
-400 : dix millions de Gaulois bagarreurs ! 28
Chirurgien, savant, guérisseur : le druide 30
Agriculteurs, artisans, artistes, aventuriers : les Gaulois 32
390 avant J.-C. : « Vae victis » 33
Paul : « Grands sots de Galates ! » 34

Chapitre 2 : -200 à 476 : Gaulois, Romains, Gallo-Romains 35

Les Romains en Gaule : une lente invasion 35
Les premières conquêtes 36
Le rêve d'Orgétorix meurt à Bibracte 38
Jules César, de victoire en victoire 40
Ier et IIe siècles : la pax romana 45
Les Gaulois adoptent la romanité 45
Douce Gaule ! 46
Les premiers chrétiens : une menace pour l'empereur 49
De 200 à 400 : les barbares font la mode 50

Les cousins germains arrivent en 406 51
Les Vandales au nord, les Wisigoths au sud 51
Les Angles envahissent… l'Angleterre 53
Attila : de Metz aux champs Catalauniques 54
476 : le dernier empereur romain d'Occident 57
Odoacre, roi des Hérules 57
De Romulus à Romulus 57

Chapitre 3 : 476 à 768 : Bienvenue dans le Moyen Âge ! 59

Clovis le Mérovingien 59
Clodion, Mérovée, Childéric… 60
La romance de Childéric et Dame Basine 60
Des guerres se préparent 61
La loi salique : tout se paie… 61
Clovis, le roi des Francs 62
Un appétit de conquérant 63
Le royaume franc ne cesse de s'agrandir 65
De Clotaire à Dagobert 67
Brunehaut et Frédégonde : deux reines d'enfer 67
Le bon roi Dagobert 72
600 à 700 : des Pépins dans le palais 75
Les Mérovingiens peu à peu écartés 75
25 octobre 732 : Charles arrête les Arabes à Poitiers 78
Un Pépin majeur pour le roi Childéric III 79
751 : Pépin III, dit le Bref, roi des Francs 80

Chapitre 4 : 768 à 814 : Charlemagne l'Européen 83

Charlemagne le guerrier 83
L'opportune disparition de Carloman… 83
Guerre aux Saxons, aux Bretons et aux Avars 84
Charlemagne l'amoureux 86
Himiltrude la Modeste 86
Désirée la Lombarde 87
Hildegarde : vingt ans, cinq enfants ! 87
Roland de Roncevaux : une geste triste et belle 88
Le retour d'Espagne : une défaite militaire 88
Le mot d'ordre de Roland : « Honte à qui fuira ! » 89
Ordre, travail, culture : le tiercé de Charles le Grand 90
Les missi dominici : des envoyés du maître 90
Justice : on tranche dans le vif 90
La renaissance carolingienne 91
Charlemagne, empereur pour quatorze ans 93
Le souverain en son palais d'Aix-la-Chapelle 93
800 : Charles, Auguste couronné par Dieu ! 94
De sombres présages pour l'empereur 95
Chronologie récapitulative 97

Deuxième partie : La France en quête d'elle-même..........99

Chapitre 5 : 814 à 1095 : Naissance de la Francia occidentalis 101

Les tourments politiques de Louis le Pieux 101
Le roi et ses fils : à couteaux tirés ! 101
22 juin 840 : la mort de Louis le Pieux 104
Deux serments fondateurs 104
842 : le serment de Strasbourg, la naissance du français 104
843 : le traité de Verdun, la naissance de la France 106
Percées conquérantes : les trous normands 108
On nous met le feu ! 108
Les Normands assiègent Paris 109
La France des comtes et des princes : la féodalité 110
Les pouvoirs locaux s'affirment et s'installent 110
Le seigneur en son château, ses serfs et ses vassaux 111
Les Normands deviennent sages 115
L'astucieux Charles le Simple 115
Rollon le Normand épouse la fille du roi de France 116
Contre la barbarie : des moines exemplaires 117
L'abbaye de Cluny devient une référence 117
950 : en route pour Compostelle 118
Au programme : prière, travail, obéissance, humilité 119
De Louis le Bègue à Hugues Capet 120
Cent ans de rois – bègue, gros, simple, fainéant... 120
Hugues Capet élu roi de... Paris et d'Orléans 122

Chapitre 6 : 1095 à 1337 : Des croisades au roi de fer 125

De nombreux voyages vers Jérusalem 125
1096-1099 : Pierre l'Ermite et sa bande 126
Les horreurs des croisades 128
Aliénor d'Aquitaine, la belle croisée de Louis VII 130
L'ex de Louis, reine... d'Angleterre 132
Philippe Auguste et Richard Cœur de Lion : deux styles 134
27 juillet 1214 : Bouvines, la France devient adulte 138
Le plan de Philippe Auguste 138
Les conséquences de Bouvines 140
La croisade contre les Albigeois 140
Retour aux sources du catharisme 140
Les cathares : les purs 141
1229 : le Sud revient à la France 143
Louis IX : justice, piété, et de l'épée dans le ventre 144
Blanche de Castille l'impétueuse mère du roi 144
Louis IX aime rendre la justice ! 148
Le roi en croisade 149
La huitième croisade fatale à Louis IX 151
Philippe le Hardi : quinze ans de règne 152

Un roi influençable et pacifiste 152
Philippe en croisade contre l'Aragon 153
30 mars 1282 : aux premiers coups de cloches... 153
1285 à 1314 : Philippe le Bel : le roi de fer 153
Combattre les Anglais, soumettre le pape 154
Philippe le Bel s'empare de l'argent des Templiers 156
1313 : la tragique histoire de Marguerite et Blanche 159

Chapitre 7 : 1337 à 1422 : Le royaume dans le malheur 161

Au nord, à l'ouest, au sud, la France menacée 161
Pourquoi la guerre de Cent Ans ? 161
1328 : le retour des rois guerriers 162
La guerre de Cent Ans commence à l'Écluse 164
À l'ouest, du nouveau : « La Bretagne aux Bretons ! » 165
La déroute des chevaliers en 1346-1347 : Crécy, Calais 166
1348 : La peste noire 170
Jean le Bon au pouvoir : des ennemis à combattre 172
Un trône mal assuré 172
19 septembre 1356 : Poitiers, jusqu'à la lie! 174
1357 à 1358 : Étienne Marcel, le roi de Paris 176
Édouard III d'Angleterre veut la couronne de France ! 179
Charles V : Anglais et Bretons en première ligne 181
Charles V se dote d'un bras droit guerrier 181
Bertrand du Guesclin : la France et Tiphaine au cœur 183
Le bilan de Charles V le Sage 186
Charles VI : de la folie ! 186
Les trois frères : une violente régence 186
Charles VI, l'insouciant époux d'Isabeau de Bavière 188
Le roi Charles VI devient fou 189
La deuxième régence des oncles de Charles VI 192
Les Armagnacs et les Bourguignons : une lutte à mort 193
Azincourt, la chevalerie et les Armagnacs décapités 195
1420 à 1422 : trois rois pour une seule France ! 199
Les loups sont entrés dans Paris 199
1422 : Henri VI d'Angleterre, le roi nourrisson 199

Chapitre 8 : 1422 à 1514 : Une patiente reconstruction 201

Charles VII conquiert son royaume 201
Le roi de Bourges 201
Jeanne d'Arc, la virile pucelle au secours du roi ! 202
La France de Charles VII en marche vers la paix 207
Charles VII chasse les Anglais 210
Louis XI, l'universelle araigne 211
L'habit ne fait pas le roi 211
Louis XI : une image déformée 212
Louis et son père Charles VII : petit retour en arrière... 212

1461 : Charles VII meurt, Louis est ravi... 216
Louis XI contre Charles le Téméraire : quinze ans de lutte 217
Louis XI revu et corrigé 221
Un habile politique 221
Un roi moderne 221
Charles VIII : avant l'Italie, le trône... 222
Anne de Beaujeu : l'amour jusqu'à la guerre folle ! 222
Anne de Bretagne devient reine de France ! 224
Le roi Charles réalise son rêve 225
Louis XII, le père du peuple 228
Quelle reine pour la France ? 229
La méthode royale de Louis XII 229
Adieu, Anne ! Bonjour Marie... 230
Chronologie récapitulative 232

Troisième partie : De 1515 à 1789 : la France dans tous ses états 235

Chapitre 9 : 1515 à 1594 : Guerres d'Italie, guerres de religion ; guère de répit ! 237

François Ier : l'obsession italienne 237
Du petit François d'Angoulême au grand François Ier 238
Marignan : 14 septembre 1515 240
18 août 1516 : concordat de Bologne 242
Devenir empereur : le rêve de François 243
Sept électeurs pour un trône... 243
Charles Quint vainqueur 243
7 juin 1520 : le camp du Drap d'or 244
François et Charles, les deux cousins, se font la guerre 245
François Ier, ses châteaux et sa langue française 248
La cour fait la fête 248
La langue française conquiert le royaume 250
Le protestantisme naît dans la douleur 252
La nuit des colleurs d'affiches 252
L'objectif de Luther et Calvin : se libérer de Rome 253
Henri II, si différent de son père... 259
Le roi en pied 259
De bonnes conquêtes, un mauvais traité... 260
30 juin 1559 : le dernier tournoi d'Henri II... 262
Catherine de Médicis, mère de trois rois, régente... 264
François II : « Les parties génitrices constipées » 264
Catholiques et protestants face à face 265
1562 à 1598 : huit guerres de religion 268
Le massacre de Wassy et ses conséquences 268
Catherine de Médicis : des efforts incessants pour la paix 269

L'amiral de Coligny bien en cour 272
24 août 1572 : le massacre de la Saint-Barthélemy 273
Henri III : mission impossible 278
1576 à 1580 : sixième et septième guerres de religion 281
1585 à 1598 : la huitième et dernière guerre ! 282

Chapitre 10 : 1594 à 1658 : L'apparence de la paix 291

La France prospère et paisible d'Henri IV 291
Catholiques et protestants se réconcilient 292
Sully, son labourage et son pâturage… 294
La naissance du mercantilisme 296
Henri IV, dernier amour, dernier combat 298
Marie de Médicis : la tentation espagnole 301
Le dauphin : aurait pu mieux faire 301
La régente et les Concini 302
Louis XIII et Richelieu : comme un seul homme ! 306
Le roi affronte sa mère 306
Richelieu : la grandeur de la France avant tout ! 308
Les Français sont dévots 312
Marie contre le Cardinal 313
La guerre de Trente Ans : fin du rêve Habsbourg 316
Mazarin, Anne d'Autriche, un tandem contesté 318
Le dauphin, la régente et le cardinal 318
1648 à 1652 : les excès de la Fronde 322
Le Parlement veut le pouvoir 322
Les princes entrent en révolte 323
Vainqueur de la Fronde : Louis XIV 326

Chapitre 11 : 1658 à 1715 : L'État, c'est moi ! 329

Le temps de la régence 329
1655 : Louis-Dieudonné ne s'en laisse pas conter 329
1659 : le traité des Pyrénées, un mariage à la clé 332
Louis XIV seul maître 333
« Vous m'aiderez, quand je vous le demanderai… » 334
L'heure de la revanche 334
Colbert contre Fouquet 335
Le colbertisme : importer peu, exporter beaucoup 338
L'armée de Louvois : 300 000 soldats 342
1672 – 1679 : la guerre de Hollande 344
Versailles, le piège à nobles 345
Les femmes et Louis XIV 352
Louise, Françoise-Athénaïs 352
Louis et Françoise d'Aubigné 353
Le temps de l'intolérance et de la guerre 354
1685 : la révocation de l'édit de Nantes 354
1689 à 1713 : ligue d'Augsbourg et succession d'Espagne 356

1711 à 1715 : les deuils et la fin du grand roi 361
Son fils, sa belle-fille, ses petits-fils ; l'hiver… 361
Louis le Grand face à la mort 362

Chapitre 12 : 1715 à 1789 : Les Lumières du XVIIIe siècle 365

Philippe d'Orléans : un régent habile et viveur 365
1716 à 1720 : Law, un krach ! 366
Le Régent et la rumeur 369
La politique du cardinal Dubois 370
Louis XV, le bien-aimé 372
Il faut marier le roi ! 372
Fleury et Orry équilibrent le budget 373
Autriche, Espagne : deux guerres pour rien 374
La tragédie acadienne 376
Le temps des traités 377
Louis XV et ses femmes 379
De la constance à l'inconstance 379
La belle histoire de Jeanne Poisson 379
Enfin, Jeanne Bécu vint… 383
Les remontrances du Parlement : un goût de révolution 384
Le chahuteur La Chalotais 385
L'éphémère révolution royale 385
Les jésuites expulsés : adieu la Compagnie ! 386
Louis XVI et la reine : « Nous régnons trop jeunes ! » 388
Le mariage des différences 388
Les efforts de Turgot et Necker : vains sur vains 391
Calonnes et Brienne bien empruntés ! 393
26 août 1788 : Necker, roi de France ! 394
Et voici le bulletin météo pour 1787 et 1788 394
Chronologie récapitulative : 396

Quatrième partie : De 1789 à 1815 : C'est une Révolution 399

Chapitre 13 : 1789 à 1791 : La Révolution : échec au roi 401

1789 : l'année de l'audace 402
Les états généraux de la mauvaise humeur 402
Le clergé, la noblesse, le tiers état 402
Les cahiers de doléances : bilans et espoirs 405
Ils sont venus, ils sont tous là ! 406
5 mai 1789 : ouverture des états généraux 407
17 juin 1789 : la naissance de l'Assemblée nationale 409
20 juin 1789 : le serment du Jeu de paume 410
14 juillet 1789 : la prise de la Bastille 412
Juillet - août 1789 : la grande peur dans les campagnes 415

La nuit du 4 août 1789 : un rêve passe, et s'arrête… 416
26 août 1789 : la déclaration des droits de l'homme 417
Où sont les femmes, en 1789 ? 420
La Constituante au travail 422
Le roi gagne et perd 424
14 juillet 1790 : la fête de la Fédération 424
20 juin 1791 : le roi s'enfuit en famille 425

Chapitre 14 :
1791 à 1795 : La Révolution : l'avènement de la République 429

Des victoires politiques et militaires à tout prix 429
Bienvenue aux clubs ! 430
17 juillet 1791 : La Fayette fait tirer sur le peuple 432
La Constituante : de fiers services rendus à la France 433
1er octobre 1791 : bienvenue à l'Assemblée législative 434
La guerre aux frontières 435
20 juin 1792 : la journée des Tuileries 436
10 août 1792 : la chute de la royauté 437
Les massacres de septembre 1792 439
20 septembre 1792 : Valmy, la victoire sous la pluie 440
Place à la Convention et à la République 442
Le temps des Girondins et des Montagnards 442
Louis XVI, trente-neuf ans, calme et déterminé 445
La guerre de Vendée 446
2 juin 1793 : la fin des Girondins 448
1793 à 1794 : Robespierre et la dictature de la vertu… 450
Qui étaient les 16 594 guillotinés dans toute la France ? 457
La réaction thermidorienne 457
26 octobre 1795 : le début du Directoire 462

Chapitre 15 :
1796 à 1815 : Bonaparte, Napoléon, Austerlitz, Waterloo 465

Les sept coalitions contre la France 465
Bonaparte en campagnes 466
1796 à 1797 : l'Italie, Arcole et Rivoli… 466
1798, l'Égypte : « Soldats, du haut de ces pyramides… » 471
Le coup d'État du 19 brumaire au 10 novembre 1799 474
Bonaparte Premier consul, Bonaparte consul à vie 476
1800 : campagne d'Italie II, le retour ! 478
Bonaparte organise la France 482
L'empereur Napoléon Ier conquiert l'Europe 484
Sacré, Napoléon… 484
L'Angleterre sauvée à Trafalgar 486
En route pour Austerlitz ! 487
Le Saint Empire : c'est la fin… 491
1806-1807 : la quatrième coalition échoue contre Napoléon 492

1808-1809 : de l'Espagne à Wagram 494
1810 : Napoléon épouse Marie-Louise d'Autriche 496
1812 : la Grande Armée fond dans la neige 498
1813 : la campagne d'Allemagne 503
1814 : la campagne de France 505
Le roi Louis XVIII sur le trône de France 506
Alexandre Ier : « Je viens vous apporter la paix » 506
La personne du roi : inviolable et sacrée 507
1815 : Napoléon, le retour et la fin 508
Les Cent-jours 508
18 juin 1815 : Waterloo, morne plaine… 509
Napoléon est mort à Sainte-Hélène 511
Chronologie récapitulative : 512

Cinquième partie : De 1815 à 1914 : Une montée en puissance 513

Chapitre 16 : 1815 à 1848 : Le retour des rois 515

1815 à 1830 : un royalisme militant 515
Louis XVIII le conciliant 515
14 février 1820 : le duc de Berry assassiné 517
Les Ultras retroussent leurs manches 518
Charles X, le premier des émigrés 519
Des réflexes d'Ancien Régime 520
École normale supérieure : on ferme ! 521
La monarchie de Juillet 522
27, 28, 29 juillet 1830 : les Trois Glorieuses 522
Louis-Philippe et ses banquiers 525
L'industrialisation progresse, la misère s'accroît 527
Guizot, le conservateur : « Enrichissez-vous » 530
Louis-Philippe six fois raté ! 532

Chapitre 17 : 1848 à 1870 : La IIe République, le second Empire : l'économie décolle 533

1848 à 1852 : de la IIe République au second Empire 533
La IIe République, en 1848 : romantique et tragique 534
20 décembre 1848 : Badinguet prince-président 537
Le coup d'État du 2 décembre 1851 538
1852 à 1870 : la prospérité et les échecs du Second Empire 539
Napoléon III organise, muselle, colonise… 540
« L'Empire, c'est la paix ! »… et la guerre ! 541
L'expédition de Crimée 542
La France se modernise 542
L'aventure mexicaine 544
La dépêche d'Ems : un caviardage de Bismarck 546
L'humiliante défaite de Sedan 547

Chapitre 18 : 1870 à 1914 : La croissance tourmentée de la IIIe République 549

Pression prussienne et incertitude politique 549
- Les Prussiens à Paris 550
- 1870 : quel régime politique pour la France ? 552
- La Commune de Paris 553
- 21 au 28 mai 1871 : la semaine sanglante 557
- Le comte de Chambord et son drapeau 560

Les grandes heures et les erreurs de la IIIe République 561
- Mac-Mahon le monarchiste président de la République 561
- 1879 : Jules Grévy président moyen 563
- 1879 – 1885 : les combats de Jules Ferry 564
- Le boulangisme : la poudre aux yeux ! 567
- Affairisme, enrichissement, anarchisme 571
- 1894 à 1906 : l'affaire Dreyfus 574
- République et laïcité 578
- Georges Clemenceau partisan de l'ordre à tout prix 580
- Briand la répression, Caillaux la paix, Poincaré la guerre 582

Chronologie récapitulative 583

Sixième partie : De 1914 à 1945 : La tragédie européenne....585

Chapitre 19 : 1914 à 1918 : La Première Guerre mondiale : un massacre ! 587

La Triple entente contre la Triple alliance 587
- 28 juillet 1914 : l'Autriche déclare la guerre à la Serbie 587
- 4 août : l'union sacrée 589

1914 : la guerre de mouvement 589
- Le plan XVII de Joffre en échec 590
- Les poilus : des jeunes gens de dix-huit… 591

L'année 1915 : des offensives sans grand succès 592
- 1915 : cent mille morts pour cinq kilomètres 593
- 25 septembre au 6 octobre : Champagne et Artois 593

1916 : Verdun ! 594
- 21 février 1916 : en neuf heures, des millions d'obus ! 594
- Pétain : « Courage, on les aura ! » 595

L'attaque sur la Somme 596
- Français et Anglais au coude à coude 596
- En six mois : 1 200 000 morts ! 597

1917 : le Chemin des Dames, les mutineries 597
- La paix ? Jamais ! 597
- « C'est à Craonne, sur le plateau… » 597
- Novembre 1917 : Clemenceau, le Père la victoire 599

1918 : l'intervention américaine, l'armistice 600
L'énorme Krupp : la Grosse Bertha 600
Un million d'Américains en renfort 601

Chapitre 20 :
1919 à 1939 : L'entre-deux-guerres : des crises successives 603

Chambre bleu horizon, Cartel des gauches : mêmes échecs 603
28 juin 1919 : signature du traité de Versailles 604
L'Allemagne tarde à payer... 605
Le franc s'enfonce dans les abîmes 607
1926 à 1929 : le redressement financier 608
La France instable des années trente 609
Un président assassiné, des ministres sans imagination 610
Le succès des ligues nationalistes 610
1936 : le Front populaire améliore la condition ouvrière 612
Le fascisme, l'Espagne, Munich, bientôt la guerre 614
Les menées fascistes du chancelier Adolf Hitler 614
Intervenir en Espagne ? 614
À Vienne, en Autriche, les Juifs persécutés 616
Munich : drôle de paix avant la drôle de guerre 617

Chapitre 21 : 1939 à 1945 : La Seconde Guerre mondiale : collaboration et résistance 619

La planète en état d'alerte 619
3 septembre 1939, la France déclare la guerre à l'Allemagne 619
La guerre devient mondiale 620
Des lanciers contre des panzers 620
1939 à 1940 : La drôle de guerre 620
Un immobilisme stratégique 621
Les troupes françaises et anglaises encerclées 621
Le triste exode de juin 40 621
La signature de l'armistice 622
3 juillet 1940 : les Anglais coulent les bateaux français ! 623
Guy Môcquet, 17 ans... 624
La France de Pétain 624
« La terre ne ment pas »... 625
La déportation des Juifs vers les camps de la mort 626
La milice française collabore avec la gestapo 628
La Résistance se met en place 629
De Gaulle bien seul le 18 juin... 629
21 juin 1943 : Jean Moulin arrêté à Caluire-et-Cuire 629
1944 : les alliés débarquent, les Allemands capitulent 630
Dès 1942, l'Allemagne vacille 630
6 juin 1944 : Américains, Anglais, Canadiens à l'assaut ! 631
18 au 25 août : « Paris martyrisé ! Mais Paris libéré ! » 632
8 mai 1945 : l'Allemagne capitule 632
Chronologie récapitulative 634

Septième partie : De 1945 à nos jours : la France et l'Europe 635

Chapitre 22 : 1946 à 1958 : La IVe République : le pouvoir aux partis 637

L'épuration commence 637
Quarante mille exécutions sommaires 637
Pétain condamné à mort 638
Octobre 1946 à septembre 1958 : la IVe République 639
Vingt-cinq gouvernements en douze ans… 639
1947 : pénurie et guerre froide 640
Le SMIG voté par la troisième force 641
Le plan Marshall : des finances pour reconstruire 642
1950 : les premiers pas de l'Europe avec Jean Monnet 642
1952 : Antoine Pinay, l'homme au chapeau 643
Le début de la guerre d'Algérie 644
Un soir de mai, à Colombey… 645

Chapitre 23 : 1958 à 1969 : La Ve République : le pouvoir au président 647

Une solution pour l'Algérie 647
La Ve République : place au président ! 647
L'Algérie : vers les accords d'Évian 648
19 mars 1962 : le cessez-le-feu en Algérie 650
La valise ou le cercueil 650
1962 à 1969 : de Gaulle et la grandeur de la France 651
Le coup d'État permanent 651
OTAN, suspends ton vol 652
Mai 68 : après le printemps, la plage 652
Six cents arrestations à la Sorbonne, le 3 mai 68 653
Cohn-Bendit expulsé 653
« La réforme, oui, la chienlit, non ! » 654
30 mai 1968 : de Gaulle « Je ne me retirerai pas ! » 654
1970 : Marianne pleure son chêne abattu 655
« Si le non l'emporte… » 655
« La France est veuve » 656

Chapitre 24 : 1969 à 1995 : Le prix de la modernisation : la rigueur 657

Pompidou, Giscard : la marche vers la rigueur 657
Pompidou et la nouvelle société 657
Giscard d'Estaing, le polytechnicien 659
La société libérale avancée 661
Les objectifs du professeur Barre 661
D'abord un bruit léger, pianissimo, murmure et file… 662

François Mitterrand : quatorze années de présidence 663
1981 : la France de Mitterrand 663
1984 : Faire accepter la rigueur 665
Première cohabitation : le libéralisme économique 666
1988 : François Mitterrand réélu 667
1989 : affaires louches 668
Jean-Pierre Chevènement et la tempête 669
Édith et les hommes 669
Les affaires continuent… 669
1993 : Édouard Balladur cohabite et privatise 670

Chapitre 25 : 1995 à 2004 : Jacques Chirac : de Juppé à Raffarin . . .673

1995 : Jacques Chirac, président de la République 673
La fracture sociale en action 674
Le secteur public en plan 674
1996, c'est aussi 675
1997 à 2002 : cinq années de cohabitation 676
Cohabitation : troisième épisode 676
1997 : la gauche plurielle 676
Mammouth : Allègre au rayon froid 676
6 février 1998 : Claude Érignac assassiné 677
1998 : la France gagne au tiercé 678
1998, c'est aussi : 678
1999 : « Gai, gai, pacsons-nous ! » 679
1999, c'est aussi : 679
Avril 2000 : du bruit dans Quévert 680
2000, c'est aussi : 680
Municipales de 2001 : Bertrand Delanoé maire de Paris 681
21 septembre 2001 : « Ô Toulouse… » 682
Une lente indemnisation 682
Élection présidentielle : le choc du 21 avril 2002 683
Chirac ou Jospin ? Le Pen… 683
Jean-Pierre Raffarin, qui êtes-vous ? 684
17 juin 2002 : dix femmes au gouvernement 685
Le train des réformes sur les rails de la rigueur 685
Une retraite moins précoce 686
Les intermittences du spectacle 687
Cantonales, régionales : à gauche toutes – ou presque 688
29 mars 2004 : l'aurore aux doigts de rose 688
Le PS, premier conseiller général de France 688
Jean-Pierre Raffarin reconduit dans sa fonction 688
Une tâche gigantesque pour le gouvernement 689
2004, c'est aussi : 690
2004, suite et fin : 690
Constitution européenne : la France boude 691
L'appel du 14 juillet 691
Historique d'un « bon texte » 692

La France remplit ses urnes, et vide son sac… 694
2005, c'est aussi : 697
Chronologie récapitulative 699

Huitième partie : La partie des dix 701

Chapitre 26 : Les dix affaires qui ont marqué l'histoire 703

Une affaire passionnelle : Abélard et Héloïse, 1115 703
Elle a seize ans, il en a trente-neuf 703
Ils sont amoureux fous 704
Il perd ses attributs 704
Elle l'aime quand même 704
De plus en plus 705
Pour l'éternité 705
Une affaire d'honneur : le combat des Trente, 1351 706
Tête de Blaireau ! 706
Des paysans enchaînés 706
Choc terrible 707
« Bois ton sang, Beaumanoir ! » 707
Une affaire criminelle : Gilles de Rais, 1437 707
Le seigneur de Tiffauges 708
Jeannot Roussin, 9 ans, Perrot Dagaye, 10 ans… 708
Une longue cape noire 708
Dans l'église, la hache à la main 709
Pendu, brûlé, avant un mausolée… 709
L'affaire des possédées de Loudun, 1642 709
Il est grand, il est beau, Urbain 709
Les oiseaux se cachent pour mourir 710
L'affaire des poisons, 1675 710
« La Brinvilliers est en l'air ! » 710
La poudre de succession 711
Nue, sur l'autel, la marquise ! 711
Le détail qui tue 712
L'affaire de l'homme au masque de fer, 1680 712
Un masque de velours 712
Un fils du Roi-Soleil, mis à l'ombre ? 712
Hercule-Antoine Mattioli démasqué 713
L'affaire Sirven, 1760 713
Élisabeth morte au fond du puits 713
La mort pour Sirven 714
L'affaire Calas, 1761 714
Marc-Antoine veut se convertir 714
Si on invitait Gaubert… 714
La mort de Marc-Antoine 715
Après le supplice de Calas, Voltaire intervient 715
Calas réhabilité 715

L'affaire du chevalier de la Barre, 1764 716
Belleval lorgne l'abbesse gaie 716
La Barre fait face 716
Voltaire s'enfuit... 716
L'affaire du collier de la reine, 1784 717
Ce soir-là, derrière les charmilles... 717
La reine n'est pas la reine 717
Le collier court toujours... 718

Chapitre 27 : Dix châteaux en France 719

Bonaguil, l'imprenable 719
Carcassonne : une forteresse dans la citadelle 720
La cité de Raymond-Roger 720
Le déclin 720
Mérimée et la nouvelle Carcassonne 720
Château-Gaillard : « Quelle est belle, ma fille d'un an ! » 721
Un krak ! 721
Comme à Alésia ! 722
Comme à La Rochelle 722
Haut-Koenigsbourg : le château de Barberousse 722
Des châteaux pour la vie ! 723
Chambord : le rêve de pierre 723
Les plans de Léonard 723
Double révolution 724
Chenonceaux : le rêve d'eau 724
Le pont de Diane 724
Les galeries de Catherine 725
Azay-le-Rideau : le rêve de verdure 725
Saumur : le rêve aérien 725
Cheverny : le rêve du capitaine 726
Blois : le vertige de Marie 727

Chapitre 28 : Les dix grands inventeurs français 729

Denis Papin : à toute vapeur ! 729
Les Montgolfier : deux têtes en l'air 730
Lavoisier : rien ne se perd, rien ne se crée 731
Ampère : une vie intense 731
Laennec : un homme de cœur 732
Louis Braille : sur le bout du doigt 732
Pasteur : la rage de vaincre 733
Louis et Auguste Lumière : quel cinéma ! 734
Pierre et Marie Curie : un rayonnement universel 734
Roland Moreno : le marché aux puces 735

Chapitre 29 : Les dix grands monuments parisiens 737
Arc de triomphe de l'Étoile : un grand Chalgrin 737
Les Invalides : un hôtel élevé en pleine campagne 738
Le Jardin des Plantes : le souffle de Buffon 739
Notre-Dame de Paris : à chœur ouvert 739
Sacré-Cœur : sacrée foi ! 740
Le Panthéon : aux grands hommes – et grandes femmes ! 740
La tour Montparnasse : 120 000 tonnes debout 741
Le Louvre : il était une fois, les loups… 741
La Tour Eiffel : 210 485 130 visiteurs ! 742
Beaubourg : des plaisirs infinis 743

Quiz des champions 745
I - Les grandes dates 745
II – Les grandes histoires d'amour 747
III – Les événements clés 748
IV – Les rois 750
V – Les événements insolites 751
VI – Les grands personnages 753
VII – Les lieux de l'Histoire 754
VIII – Les grandes inventions et découvertes 756
IX – Les guerres et batailles 758
X – Les monuments historiques 759
Questions très faciles 761
Réponses aux questions du quiz 763

Index alphabétique 765

L'Histoire de France pour les Nuls

Remerciements

Mes remerciements à Serge Martiano, P-DG des éditions First, à Vincent Barbare, Laurence Dumoulin qui m'ont convaincu d'effectuer ce fantastique voyage dans les siècles ; merci à Sophie Descours et Mathilde Walton qui en ont parfaitement organisé les étapes.

Merci à Jérôme Fillon pour la configuration idéale qu'il a donnée à mon vaisseau informatique afin de remonter le temps sans en perdre...

Merci à Julien Guillet qui, à la suite d'une panne fatale dans le moteur dudit vaisseau, à la 386e page, est ressorti de son laboratoire secret, radieux comme un chirurgien qui vient de réussir une opération du cerveau, en disant : « J'ai sauvé les données ! » (Faites des sauvegardes, faites des sauvegardes...)

Mes remerciements à Christian Bouvet, historien, avec qui j'ai tracé les grandes lignes de ce parcours dans les méandres des siècles.

Toute ma gratitude à Monsieur le baron Armel de Wismes dont les archives représentent un inestimable trésor qu'il m'a permis de visiter, lui dont l'ancêtre Geoffroy de la Roche fut un survivant du fameux combat des Trente !

Merci à Michèle Tremblay de Montréal (Québec), à Noëlle Ménard pour leurs encouragements constants.

Merci à tous mes proches – ceux du Québec, du Mexique, et, plus proches encore, de France... Ils ont toujours été à mes côtés, compréhensifs et indulgents chaque fois qu'ils ont constaté que, si mon corps était bien présent, mon esprit ferraillait aux côtés des rois ou des empereurs, à Bouvines, Fontenoy, ou bien encore à Austerlitz...

Vous pouvez consulter le site www.jjjulaud.com (merci à Hélène Villette qui en est la créatrice et la responsable).

L'auteur

Romancier, nouvelliste, auteur à succès d'essais, d'ouvrages pédagogiques, de livres pratiques – dont le fameux *Petit Livre du français correct* – Jean-Joseph Julaud est aujourd'hui professeur de lettres après avoir enseigné l'histoire pendant vingt ans.

Dédicace

Ce livre est dédié à mon père qui quitta ses foyers en 1937 pour effectuer deux années de service militaire, prolongées sans interruption par la mobilisation de 1939, puis la drôle de guerre de 1940 où il se battit du côté de Cambrai avant d'être fait prisonnier par les nazis. Conduit au camp de Kaisersteinbruck, en Autriche, il devait passer cinq années dans les environs de Vienne. Libéré par les Russes, il ne rentra chez lui qu'en juin 1945, après huit années d'absence. Il a aujourd'hui 88 ans.

Avertissement

L'objectif de l'ouvrage que vous allez lire n'est pas de proposer une nouvelle vision ou une interprétation différente de l'histoire : ces entreprises sont réservées aux chercheurs, aux spécialistes qui enrichissent régulièrement nos connaissances sur les siècles passés. *L'Histoire de France pour les Nuls* vous propose l'écriture de ces connaissances d'accès parfois difficile sous une forme simplifiée. Cette écriture est agrémentée de nombreuses anecdotes, de portraits, de récits de bataille, de mille détails qui maintiennent la curiosité en éveil, donnent envie d'aller plus loin. Jamais à cours de bonne humeur ou de bon humour – lorsque les événements ou les personnages le permettent – *L'Histoire de France pour les Nuls* est destinée à offrir à chacun l'occasion de renouer, par le plaisir du récit, avec la mémoire collective. Une mémoire qui est notre culture, mais aussi notre devoir.

Introduction

Marche arrière ! Attention : aux commandes de votre conduite intérieure, vous avez décidé d'emprunter le boulevard de la mémoire, et vous venez de remarquer l'emplacement idéal pour observer un paysage qu'on vous a décrit il y a longtemps, dont il ne vous reste que quelques pans plutôt gris, comme une ruine.

Cet emplacement, c'est un créneau que vous allez réussir du premier coup – peut-être pour la première fois… Vous êtes bien installé ? Ce créneau, c'était celui d'un château fort ! Et vous voilà soudain environné de troubadours, de ménestrels et d'archers. Et le seigneur du lieu rêve à la dame de ses pensées. Peut-être qu'on attend François Ier !

Allons plus loin ! Quel brouhaha ! Quels cliquetis d'armes terribles ! Reconnaissez-vous l'île de la Cité ? Le tout petit Paris fragile et assiégé, par qui ? Par Attila soi-même, et qui vous salue bien, le Hun !

Une halte à Alésia, une autre à Gergovie. Vous préférez Versailles avec son Louis XIV monté sur hauts talons ? Ou bien Napoléon entrant dans Notre-Dame pour le couronnement, et qui, se retournant, dit à son frère, dans un sourire inquiétant : « Si notre père nous voyait !… »

Roulez, roulez, ne craignez pas de vous égarer ou de vous endormir : le guide de la route que vous tenez en main – ce livre – vous indique les chemins que la gloire emprunta, la croisée des destins, les impasses où demeurent pour toujours les victimes de maldonne.

Roulez ! Ne craignez pas qu'on vous sermonne ou qu'on vous embrigade : que vous conduisiez à droite, à gauche ou en plein centre, vous êtes seul maître de votre trajectoire, personne en face ne vous menace, ne vous attend au virage ; vous choisissez vos perspectives, vous composez vos itinéraires. Vous écoutez les anecdotes, le récit des grandes heures que vous conteront les gardiens des sources sûres.

Autrement dit, ce livre d'histoire de France n'a d'autre prétention que celle de vous rappeler, ou de vous apprendre, comment le fil des jours s'est tissé afin que l'Hexagone France devienne un prêt à porter confortable aujourd'hui – même s'il fut déchiré, reprisé, presque loque, mais jamais renié ou jeté aux orties.

Boulevard de la mémoire, roulez ! Partout on vous attend, partout vous êtes chez vous : à la cour comme à la ville, dans un village ancien, sur un champ de bataille, dans le salon feutré où l'on signe un traité.

Marche arrière ! Laissez-vous glisser entre les pages : vous entrez dans l'histoire !

Jean-Joseph Julaud

À propos de ce livre

Nous allons parcourir les siècles non pas à la façon de chercheurs trop sérieux, chargés de principes et de théories qui ralentissent le déplacement vers d'autres lieux où l'optique est différente ; non pas à la façon de touristes superficiels qui survolent la question en se contentant d'un guide succinct et évasif ; nous allons plutôt faire de l'histoire un sentier de grande randonnée, et, sans presser le pas, traverser des villes anciennes entourées de remparts où des veilleurs somnolent ; bivouaquer en attendant la bataille, suivre le roi de siècle en siècle, de château en château, jusqu'à l'échafaud ; déclarer la guerre, signer la paix ; nous amuser de Dagobert, nous attrister de la misère, des famines. Et puis tenter d'inscrire tout cela dans l'idée qu'on se fait du progrès.

Vingt-neuf chapitres vous attendent. Ils sont divisés en sept parties concernant l'histoire de la France depuis les origines jusqu'à nos jours, suivies d'une huitième, bien connue des utilisateurs de cette collection : la partie des dix. À la fin de chaque partie – de la première à la septième –, une chronologie récapitulative vous permet de trouver des repères précis, faciles à mémoriser afin qu'au terme de votre lecture, vous possédiez ce petit bagage de dates, de faits, d'événements, si utile en tout temps, dans la simple conversation ou dans l'entretien le plus décisif.

« Un peu chauvine, un peu trop hexagonale cette histoire », pensez-vous. Point du tout : régulièrement, au fil des pages, le point sera fait sur ce qui se passe à l'étranger, sous la rubrique : « Pendant ce temps chez nos voisins. »

Alors, prêt ? prête ? Oui ? Livre en main, engageons-nous sur le chemin !

Comment ce livre est organisé

La première question qui vient à l'esprit quand on parle de notre « cher et vieux pays » est la suivante : à partir de quelle époque peut-on vraiment identifier cette terre qu'on appelle aujourd'hui « France » ? La réponse est simple : le terme « Francia » devient officiel lors du traité de Verdun en 843. Cela ne signifie pas que tout ce qui s'est passé avant doive être occulté. Au contraire, une grande partie de notre héritage se situe en amont de ce traité, et ce serait une erreur d'ignorer les civilisations franque, romaine ou gauloise, et bien d'autres encore, présentes de cent façons dans notre quotidien. Voici donc, de chapitre en chapitre, comment vous seront distribués les jours et les siècles passés, jusqu'à ce moment précis où vous lisez.

Première partie : Les tribulations des Gaulois en Gaule

Vous apprendrez qu'il en a fallu des millénaires de froidure inimaginable et de chaleurs étouffantes pour qu'enfin l'homme se dresse sur ses deux pieds et se mette à délimiter le territoire auquel on a donné le nom de Gaule. Un pays qui avait déjà tout pour plaire puisque, utilisant Vercingétorix comme marchepied après Alésia (-52 avant J.-C.), Jules César y installa durablement les us, les coutumes et la paix romaines. Vous verrez aussi que ceux qu'on nomme les « barbares » envahissent la Gaule au point de s'y installer au Ve siècle, à la fin de l'Empire romain qui marque le début du Moyen Âge. Clovis et Clotilde vous séduiront par leur obstination à vouloir créer un royaume franc. Ce royaume gouverné par des rois pas si « fainéants » qu'on l'a prétendu s'agrandit, s'étend et devient l'immense Empire de l'immense Charlemagne couronné à Rome en l'an 800. Saviez-vous qu'on lui doit la première monnaie unique européenne – mais ne dévoilons rien encore, bien d'autres surprises vous attendent !

Deuxième partie : La France en quête d'elle-même

En direct, vous allez assister à la naissance de la France, lors de la signature du traité de Verdun en 843. Et, presque aussitôt, voici les envahisseurs normands qui débarquent. La France est menacée aussi à l'intérieur par les comtes, les princes qui tentent d'agrandir leurs territoires et surtout d'affermir leur pouvoir au détriment du pouvoir royal. Puis vient le temps des croisades vers Jérusalem, aux succès divers.

Vous vous désolerez de voir, dans cette deuxième partie, la France subir des défaites cuisantes contre les Anglais – c'est le long épisode de la guerre dite « de Cent Ans ». Ce sont en même temps les famines, la peste noire, le désespoir qui poussent à la révolte. Puis, une patiente reconstruction commencée par Charles VII qu'a réveillé Jeanne d'Arc, confirmée par Louis XI, et lorsque le

Moyen Âge se termine vers 1500, la France possède une identité neuve, forte, et se prépare à affronter sans faillir ses futures crises de croissance.

Troisième partie : De 1515 à 1789 : La France dans tous ses États

Vous allez sans doute vous dire que vous auriez agi comme François Ier qui, pour « domestiquer » les seigneurs, leur offrit des fêtes en ses châteaux magnifiques ; vous allez l'approuver lorsqu'il nous apporte les modes italiennes ; mais quelle déception lorsqu'il se laisse piéger à Pavie ! Et puis vient la réforme ! Vous y voilà plongé : catholiques et protestants ne se supportent pas. Les tensions entre les deux partis sont telles que la nuit du 24 août 1572 demeure pour toujours dans les mémoires : les catholiques massacrent les protestants. Il faut attendre Henri IV et son édit de Nantes en 1598 pour que les uns et les autres s'apaisent. Un Louis XIII et un Richelieu plus tard, voici Louis XIV qui, au fait d'une gloire claironnante, supprime cet édit en 1685, et se prive de toute une population d'artisans, de commerçants, de tout un savoir-faire qui va enrichir les pays voisins. Au XVIIIe siècle, vous allez revoir des têtes connues : Voltaire, Rousseau, Diderot, qui pensent et repensent la société, au point qu'elle éclate en 1789. C'en est fait de l'« Ancien Régime ».

Quatrième partie : De 1789 à 1815 : C'est une révolution !

Ces vingt-six années, quelle époque ! Quelle époque épique ! Des rêves de toutes sortes, la liberté, l'égalité, la fraternité ; et toutes sortes de moyens pour les réaliser : la prise de la Bastille par exemple, le 14 juillet 1789, mais aussi l'échafaud dressé aux grands carrefours, sur les places… Et puis, vous vous souvenez sans doute d'un certain « Petit caporal »… : voici donc Bonaparte qui conquiert le cœur des Français, devient Napoléon Ier, commence sa légende à Austerlitz, la clôt à Waterloo et nous emmène à Sainte-Hélène…

Cinquième partie : De 1815 à 1914 : Une montée en puissance

Louis XVI qui fut guillotiné avait deux frères. Lorsque Napoléon est exilé à Sainte-Hélène, on les rappelle ! Eh oui ! De nouveau un roi – Louis XVIII –, puis un autre – Charles X –, et un troisième et dernier – Louis-Philippe. Le pouvoir penche tantôt du côté des conservateurs, tantôt du côté des libéraux. Pendant ce temps, on s'active dans les affaires : l'industrie est en plein essor. La République fait un bref passage entre 1848 et 1851, doucement détournée par un prince-président qui s'approprie tout, et devient sous le nom de Napoléon III empereur des Français. Regardez-le, dans Sedan en 1870, encerclé, prisonnier, si loin des triomphes de l'« oncle » qu'il rêvait de dépasser. Après la douloureuse Commune, voici la République, cette fois bien installée. Elle se fait chahuter mais tient bon. L'affaire Dreyfus éclate, elle sait faire face à l'antisémitisme croissant. La voilà face à la guerre qu'elle ne peut éviter : la grande boucherie commence en plein été 1914.

Sixième partie : De 1914 à 1945 : La tragédie européenne

La bataille de la Marne, la guerre des tranchées, Verdun ! Le Chemin des Dames ! Le cataclysme de la guerre s'est abattu sur la jeunesse pendant quatre ans. Il fallait récupérer l'Alsace et la Lorraine perdues en 1870. Et ce fut fait. Mais à quel prix ! La paix fragile succède à cette tragédie. Des décisions importantes sont prises par le Front Populaire en 1936, et qui vous concernent toujours, vous permettant peut-être de prendre le temps de lire ce livre en ce moment : les congés payés ! Dans le même temps, en Allemagne, dès 1932, toutes les commandes vont passer aux mains d'un dictateur qui met en œuvre le plus horrible des plans : l'holocauste. De 1939 à 1945, vous serez le témoin d'une France à la fois trouble et courageuse. Trouble parce qu'elle collabore et dénonce. Courageuse parce qu'elle résiste et reconquiert sa liberté. L'action militaire des États-Unis va être décisive : les troupes alliées débarquent le 6 juin 1944 sur les côtes de Normandie. À peine un an plus tard, le 8 mai 1945, l'Allemagne capitule. L'Europe est libérée du nazisme.

Septième partie : De 1945 à nos jours : La France et l'Europe

La France est victorieuse sans doute, mais dans quel état ! La IVe République naît sur des ruines. Le Plan Marshall, une aide financière venue des États-Unis, est accepté en 1947 afin d'aider à la reconstruction, mais un nouveau conflit vient d'éclater dans une Indochine qui demande son indépendance, et que la France quitte après la défaite de Dien Bien Phu le 7 mai 1954. Peut-être pensez-vous que la paix va maintenant s'installer ? Point du tout ! Une guerre chasse l'autre : c'est la tragédie algérienne qui va occuper la scène française jusqu'en 1962, année de l'indépendance de l'Algérie au terme des accords d'Évian obtenus par le général de Gaulle. Le Général, président de la Ve République depuis 1958, trébuche sur les manifestations étudiantes et ouvrières de 1968, chute sur le référendum de 1969, et s'en va. Les années qui suivent, vous les connaissez sans doute. Sans doute les avez-vous vécues en grande partie. Vous avez compris combien la France fait partie de l'Europe qui ne cesse de s'agrandir. Pompidou, Giscard, Mitterrand, et aujourd'hui Jacques Chirac, tous les présidents, tous les gouvernements ont mis au centre de leurs préoccupations l'Europe. N'est-ce pas, finalement, la voie la plus sûre pour la paix ?

Huitième partie : La partie des dix

Bien connue des lecteurs de la collection, cette partie des dix ! Si vous la découvrez, sachez que cette partie est spécialement conçue pour vous offrir une occasion à la fois récréative et pratique. Récréative parce que, pour ce qui concerne l'histoire, vous allez quitter le long convoi chronologique dans lequel vous êtes embarqué, pour vivre une anecdote, tenter d'élucider une affaire mystérieuse comme celle de Jean Calas à Toulouse, visiter un château de la Loire, un monument de Paris, faire connaissance avec un grand inventeur… Bref, vous allez choisir ce qui vous plaît, et en même temps, accumuler, compiler un savoir – c'est l'aspect pratique –, acquérir cette culture historique si utile, si enrichissante pour la communication.

Les icônes utilisées dans ce livre

Voulez-vous faire plus ample connaissance avec Charlemagne ? Philippe le Bel ? Charles V le Sage ? Charles VI le Fol ? Avec Louis XIV ? Avec Napoléon ? Et pourquoi pas avec Attila ? Mais si, mais si… il n'est pas si méchant que ça !

Vous avez toujours été intrigué par la stratégie militaire, par son évolution, par les tactiques employées pour surprendre ou dérouter l'adversaire. Voici l'occasion de comprendre combien la façon de conduire une bataille a évolué depuis Bouvines – ou Azincourt… – jusqu'aux affrontements armés modernes, en passant par les chefs-d'œuvre de stratégies que sont les batailles de Napoléon. Alors, voulez-vous commencer par Austerlitz ? Donc, ce matin-là, le 2 décembre 1805…

Un traité, une prise de pouvoir, un couronnement, un assassinat politique, une mort suspecte, une naissance capitale, une disparition imprévue et tragique, une exécution en public, la phrase qui tue… Tout cela vous est raconté de façon que vous ne l'oubliiez plus, et que vous-même, le transmettiez. Ainsi va l'histoire…

Au fil des pages, ces dates mises en relief vont vous permettre de vous constituer - à condition que vous décidiez de les retenir à long terme - une armature solide, un ensemble de repères qui vous éviteront l'inévitable malaise lorsque dans votre mémoire, Louis XII, par exemple, flotte entre le Ve et le XVe siècle…

Une curiosité, l'origine d'un mot, d'une chanson, la réponse à une question que vous vous êtes souvent posée – ou peut-être jamais –, bref, de petits paragraphes à déguster comme des gourmandises qui donnent l'envie d'en reprendre…

Ce qui se passe chez nos voisins conditionne souvent les événements qui surviennent dans l'Hexagone. Nous irons régulièrement jeter un coup d'œil par-dessus les frontières, au nord, au sud, à l'est, et même à l'ouest, à partir d'un certain Christophe Colomb…

Les arts reflètent l'époque dans laquelle ils naissent et se développent ; ils sont l'expression de ses doutes, de ses triomphes ou de sa souffrance. Vous rencontrerez par exemple François Villon chez Charles d'Orléans, Chénier qu'on guillotine, Chateaubriand et Napoléon en « je t'aime, moi non plus… ». Les arts, certes, mais n'oublions pas les sciences ! Même si pendant des siècles, les progrès scientifiques se sont limités aux rêves des alchimistes, les inventions et les découvertes « sérieuses » se sont multipliées dans les domaines aussi variés que la physique, la médecine, les mathématiques, la conquête de l'air, et puis celle de l'espace…

L'anecdote, c'est le sel, le piment, le condiment indispensable à l'histoire. Ce livre en est assaisonné, avec mesure, juste ce qu'il faut pour vous donner le goût de poursuivre l'aventure. De l'insolite, de l'inattendu, de l'attendrissant ou du révoltant vous attendent !

Première partie

Les tribulations des Gaulois en Gaule

Dans cette partie…

Nous allons effectuer un voyage de 500 000 ans dans le passé, tenter de retrouver la démarche un peu lourde de ces premiers hommes, les Neandertaliens, qui ont survécu aux glaciations pendant des millénaires, puis se sont éteints pour laisser la place à Cro-Magnon, notre ancêtre à la tête haute. Nous allons voir les Celtes migrer vers l'Ouest, y devenir nos ancêtres les Gaulois. César va les coloniser, Clovis les réunir, et Charlemagne les instruire. Tout va pour le mieux dans le meilleur des Moyen Âge ? Pas si sûr…

Chapitre 1

Du plus profond de la mémoire : - 2 000 000 à - 200

Dans ce chapitre :

- Vous allez savoir qui sont vos plus lointains ancêtres
- Des vagues de Celtes, sous vos yeux, vont déferler jusqu'à l'océan
- Les Gaulois vont vous étonner, et même vous conquérir…

Le premier pas sur la lune, c'était le 21 juillet 1969 ; et le premier pas de l'homme sur la terre, quand était-ce ? Nul ne peut le dire ! Et de quel homme parle-t-on ? Celui de Neandertal ? Celui de Cro-Magnon ? Ce qui est sûr, en revanche, c'est que l'un et l'autre ont dû affronter des conditions climatiques difficiles : tantôt la chaleur torride, tantôt le froid polaire pendant des millénaires. Le Neandertalien n'a pas survécu aux gels et dégels. Le Cro-Magnon, lui, c'est-à-dire nous en quelque sorte, s'en est fort bien tiré. Ingénieux, bricoleur, chasseur, artiste à ses heures – notre portrait tout craché – il n'avait pas son pareil pour tirer d'un ours ou d'un mammouth (son supermarché en quelque sorte) de quoi se nourrir, s'éclairer ou se vêtir.

Les grands ancêtres

Deux bras, deux jambes, un cerveau qui équivaut à celui des premiers ordinateurs… Les voyez-vous, nos grands ancêtres, perchés tout en haut de notre arbre généalogique ? Ils commencent à cueillir les tout premiers fruits de la connaissance dont nous dégustons aujourd'hui la version cultivée ! Grâce à leur curiosité, leurs étonnements et leur ingéniosité, nous sommes là aujourd'hui, qui poursuivons l'aventure… Donnons la main à nos grands ancêtres habilis, Neandertal et Cro-Magnon, ils nous ont montré le chemin.

Sur la piste des premiers hommes

Il fait très froid en ces temps reculés où nous allons tenter de découvrir quelques traces de ceux qui pour la première fois ont foulé le sol du territoire français…

Une météo détestable

Préparez-vous, prenez des moufles, un passe-montagne, enfilez les uns sur les autres au moins votre collection de caleçons : vous entrez dans le congélateur de l'histoire ! Et quel congélateur : le territoire de la France subit, il y a 500 000 ans, des glaciations qui durent, durent à n'en pas voir la fin. Les températures peuvent descendre jusqu'à -70° ou -80°, les vents souffler à plus de 200 km/h, et cela non pas comme à la télévision pour des prévisions à trois jours, mais pendant des périodes interminables. De plus, la calotte glaciaire descend sur l'Europe et couvre la Grande-Bretagne, la Hollande, l'Allemagne. Le Massif central est écrasé par les glaces, les Alpes aussi, les Pyrénées. Mais parfois, le vent se calme, la température remonte, et voici quelques millénaires d'une douceur qui se love dans quelque vallée, qui s'endort sur quelque plaine. Et des hommes laissent alors de leur passage quelques traces interprétées aujourd'hui.

Le temps des glaces

Voulez-vous quelques termes techniques ? En voici : il a été décidé de donner aux périodes de glaciation subies par l'Europe le nom des affluents du Danube, car ils ont permis d'en définir l'étendue. Ainsi, on peut quitter le repère de 500 000 ans que nous avons pris et remonter plus loin, au début de l'ère quaternaire, il y a deux millions d'années.

- - 2 000 000 d'années : glaciation de donau (Danube) fin de l'ère tertiaire, début du quaternaire
- - 1 800 000 ans : période de réchauffement interglaciaire
- - 1 200 000 ans : glaciation de günz
- - 700 000 ans : période de réchauffement interglaciaire
- - 500 000 ans : glaciation de mindel
- - 350 000 ans : nouvelle période interglaciaire, beau temps, belle mer
- - 300 000 ans : retour au congélateur, glaciation de riss, divisée en trois temps forts : riss I, riss II et riss III
- - 90 000 ans : glaciation de würm – gel et dégel conduisent à définir le würm I, le würm II, le würm III
- - 10 000 ans : dernière glaciation de l'ère quaternaire

Depuis, mis à part quelques chutes de neige par ci par là pour faire du ski ou bloquer les voitures sur les autoroutes, on peut être sûr que le froid a pris ses quartiers d'hiver et d'été… aux pôles.

Déjà la côte d'Azur…

Il est là, l'homme, depuis longtemps, très longtemps, mais disons que ce n'est pas forcément un modèle d'élégance lorsqu'il fait ses premières apparitions. Pourtant, il a choisi d'arpenter la côte d'Azur – Roquebrune – pour entrer dans l'histoire. À cette époque, c'est-à-dire il y a deux millions d'années, au début de l'ère quaternaire (et vous ajoutez fièrement, tout heureux de votre nouvelle culture acquise dans le paragraphe précédent : « Plus précisément, pendant la glaciation de Donau… » Bravo !), donc, à cette époque, Saint-Trop', Cannes, Nice sont sous l'eau, le niveau de la mer est plus élevé d'une centaine de mètres par rapport à nos jours. Et voici notre homme (hominidé, plutôt…) : 1,30 m environ, son corps ressemble au nôtre, avec une quantité raisonnable de poils sur la tête et ailleurs. Son poids ? À peine 40 kg ! Voyons maintenant sa tête : ouh là ! Le crâne est plat, prolongé de grosses arcades sourcilières qui forment comme une visière ; il a le visage prognathe (vous voulez savoir ce que cela veut dire ? Je ne vous le dirai pas ! Cherchez dans le dictionnaire ! Non mais !) ; donc, il a les mâchoires proéminentes (vous le saviez bien que je ne vous laisserais pas tomber…). Son cerveau ? Tout petit : 700 cm^3, alors que le nôtre se situe aux environs de 1 400 cm^3.

L'homo habilis

Un singe alors ? Non, un homme, mais plutôt un pré-homme, une sorte de prototype, de matrice, de brouillon, mais finalement, pas si brouillon que ça, parce que déjà, il sait tailler des pierres pour découper sa viande. Comment peut-on le décrire si précisément alors qu'il ne reste rien de lui, sauf ces traces de son passage dans une grotte ? C'est qu'un rapprochement a été effectué avec un autre homme vivant au Tanganyka en Afrique, l'homme d'Oldoway, qui possède les mêmes techniques, les mêmes instruments et les mêmes habitudes. C'est le docteur Louis Leakey (1903 - 1972), né au Kenya, qui l'a découvert en 1960, et lui a donné, en 1964, le nom d'« homme habile, adroit » : *homo habilis*.

Des animaux mangés tout crus !

Ce petit homme qui vit sur la côte d'Azur en petits groupes est entouré d'une faune étonnante : des hippopotames, des rhinocéros, des éléphants, des hyènes, des lions, des tigres, des loups, des sangliers, des bêtes à cornes immenses, parfois des baleines – certains prétendent qu'on voit encore aujourd'hui sur la côte d'Azur ces sortes d'animaux, qu'ils se seraient transformés en métaphores, mais c'est nettement exagéré. Il les chasse, les emporte dans la grotte où il loge, les découpe et les mange tout crus ! Parfois, lorsqu'ils sont coriaces, il attend qu'ils soient putréfiés… On peut imaginer sur le territoire français, au fil des rémissions glaciaires, d'autres petits groupes de la sorte, qui se développent au milieu de la même faune, possèdent les mêmes habitudes et sont victimes tôt ou tard de la soudaine survenue d'une période de glaciation interminable. Voilà donc le premier homme qui serait apparu sur le sol français : l'allure d'un bambin, la tête simiesque, mais déjà, dans son petit cerveau, des solutions techniques pour tailler les pierres à la dimension de ses mains. Un proto-ingénieur en quelque sorte.

LE SAVIEZ-VOUS ?

Paléolithique

Le terme « paléolithique » vient du grec paléo : « ancien », et lithos : « pierre ». Paléolithique, sous des dehors un peu savants, signifie donc tout simplement : « pierre ancienne ». Le paléolithique désigne la plus longue période de la préhistoire qui va du donau au würm IV, ce qui couvre environ deux millions d'années, ce n'est pas rien... Pendant toute cette époque, on taille les pierres sur les deux faces (bifaces) pour en faire des outils et des armes. Voilà pourquoi on donne pour équivalent à paléolithique : « âge de la pierre taillée ».

Le paléolithique comporte trois parties. On distingue :

- Le paléolithique inférieur (-2 000 000 à -250 000) caractérisé par une culture dont des vestiges ont été découverts à Abbeville, d'où le qualificatif « abbevillien ».
- Le paléolithique moyen (-250 000 à -35 000) qui va de l'« acheulien » (vestige de Saint-Acheul dans la Somme) au moustérien (vestiges du Moutier en Dordogne).
- Le paléolithique supérieur où se succèdent
    - le périgordien (-35 000 à -10 000) ;
    - le solutréen (de Solutré en Saône-et-Loire) ;
    - et enfin le magdalénien (des cavernes de La Madeleine en Dordogne).

Pendant toutes ces époques, la population totale de la France n'a jamais dépassé 10 000 individus.

Allumer le feu...

UN ÉVÉNEMENT IMPORTANT

Pourquoi, au début de ce chapitre, avoir pris pour repère 500 000 ans à peu près par rapport au moment où vous lisez ces lignes ? Parce qu'il y a 500 000 ans l'homme a réussi une conquête dont il put être fier, dont il est toujours fier, même si cela demeure pour lui un grand mystère : ce n'est ni le cheval, ni la femme, c'est le feu ! Oui, le feu va lui permettre sinon d'effectuer des progrès immédiats et spectaculaires, du moins de vivre mieux, de cuire ses aliments quand il le désire, de se chauffer, etc. Il organise d'immenses barbecues en prenant soin de construire un mur coupe-vent, plusieurs sites en témoignent dans le Midi, et même en Bretagne, à Plouhinec, dans le Sud-Finistère, où furent découvertes les traces d'un feu daté de 465 000 ans ! Il avait servi à cuire non pas du poisson, mais du rhinocéros !

Nos aïeux : Neandertal et Cro-Magnon

Alors, quand va-t-on vraiment les voir, nos grands ancêtres ? Quand et comment a-t-on découvert celui qui peut être considéré comme le « premier Français » ? Quand parle-t-on de l'homme de Neandertal ? De l'homme de Cro-Magnon ?

Le premier « Français »...

Résumons-nous : le passage de l'homme des premiers temps du paléolithique inférieur se réduit à des traces interprétées. Mais possède-t-on des éléments palpables qui nous permettent de situer dans le temps (le mauvais temps surtout) le premier habitant de l'Hexagone dont la présence serait dûment constatée ? Oui : on a retrouvé, en juillet 1971, à Tautavel, près de Perpignan, de l'homme bien concret : un crâne, des mâchoires, des dents, des phalanges et des rotules, le tout daté de près de 400 000 ans (oui, oui, entre le mindel et le riss I !) Et quelle était l'apparence de cet homme ? Il était un peu plus avenant que celui de tout à l'heure (c'est-à-dire il y a un million et demi d'années, juste avant le günz...). Sa capacité cérébrale est de 1 100 cm^3, ses arcades sourcilières sont moins prononcées, ses mâchoires moins prognathes (vous vous souvenez ?...), bref, même si un complet veston lui irait comme une robe de mariée à un aurochs, il ressemble quand même davantage à l'homme d'aujourd'hui que son ancêtre de la côte d'Azur !

L'homme est naturellement bon...

Faut-il vous le dire ? Faut-il prendre le risque de vous couper l'appétit (ou de vous donner faim, c'est selon...). Voulez-vous savoir ce que faisait cet homme dans la grotte de Tautavel ? Oui ? Vous l'aurez voulu : cet homme de Tautavel porte sur son fémur des traces de découpage, sa boîte crânienne a été éclatée comme une noix ! Et qui a fait ça ? Eh bien ses congénères ! Oui, l'homme de Tautavel a servi de repas à ses semblables, il a été mangé par d'autres hommes de Tautavel. Et tout porte à croire qu'il a constitué le plat de résistance, car autour de lui on a trouvé des os de lapins, de grives, de perdrix ou de canards – petits animaux qui ont sans doute servi à confectionner les petits canapés pour l'apéritif... Quoi qu'il en soit, cet homme, avant de rôtir, se tenait debout, bien droit, d'où son nom d'*homo erectus*, il succède à l'*homo habilis*.

De Neandertal à Cro-Magnon

Sapiens est un adjectif latin qui signifie : « sage, intelligent, raisonnable ». Cet adjectif peut qualifier les deux types d'hommes qui se sont succédé depuis plus de 100 000 ans : il y eut d'abord l'homme de Neandertal, un homme point si rustre ou brutal qu'on a pu le dire, et qui mérite donc un « sapiens » (*homo sapiens*) ; et puis est apparu l'homme de Cro-Magnon auquel on attribue deux « *sapiens* » (*homo sapiens sapiens*) supérieur à son prédécesseur en sagesse, intelligence et raisonnement, homme duquel, évidemment, nous sommes issus…

L'homme de Neandertal : de -135000 à -35000

En 1856, on découvre dans la vallée de Neander, près de Düsseldorf, en Allemagne, le premier squelette fossile humain que l'on considère différent de celui de l'homme actuel : on l'a nommé l'homme de Neandertal. Quelle est son apparence (on ne sait jamais : peut-être que vous allez reconnaître en lui quelqu'un qui vous est proche…) : il mesure entre 1,55 m et 1,78 m, mais la moyenne se situe à 1,65 m. Il a le visage prognathe, ses pommettes s'inclinent vers l'arrière, son ossature est massive et supporte une masse musculaire importante, comme celle des *bodybuilders*. Il apparaît dans le paysage vers -135000, au lendemain d'une période de glaciation de 100 000 ans ! Il est bien sûr présent sur le territoire de France qu'il parcourt de long en large, de grotte en grotte, fabriquant des racloirs, des grattoirs, des couteaux, des outils à encoches, des burins, autant d'éléments qu'on qualifie de « moustériens ». (Vous rappelez-vous ce que signifie cet adjectif ? Non ? On ne suit pas ? Retournez lire l'encadré du paléolithique !) Il chasse l'ours, le mammouth, enterre ses morts dans les grottes.

La fin des Néandertaliens

UN ÉVÉNEMENT IMPORTANT

Et puis voilà que, en cinq millénaires environ, entre -40000 et -35000, après avoir cohabité avec les Cro-Magnon, les Néandertaliens disparaissent ! Pourquoi ? Mystère ! On a avancé l'hypothèse d'un virus dévastateur, de la malnutrition, peut-être un ras le bol général de ne pas pouvoir dépasser le stade du racloir et du grattoir alors que, comme tout le monde, ils nourrissaient les projets de rouler vite, de voler et d'aller dans la lune… peut-être, mais on ne saura jamais.

L'homme de Cro-Magnon : de -35000 à -3000

L'homme de Cro, l'homme de Ma, l'homme de Gnon, l'homme de Cro-Magnon, chantaient les Frères Jacques, comme pour saluer la survenue sur terre de notre ancêtre direct. N'oublions pas que, lorsque apparaît cet homme nouveau en Europe, nous sommes encore au paléolithique supérieur, il y a environ 35 000 ans. Le climat est encore très capricieux, et souvent il fait un froid de canard pendant 1 000 ou 2 000 ans. Une calotte glaciaire s'élève au nord de la France et constitue un étrange et gigantesque mur blanc qui borde une Manche n'existant pas : on va à pied de France en

Angleterre. Le niveau de la mer est de 110 mètres inférieur à ce qu'il est aujourd'hui. Ainsi, la Loire se jette dans l'océan à 150 kilomètres au sud-ouest de Saint-Nazaire ! Les îles sont rattachées au continent, et lorsqu'on habite à l'emplacement de l'île d'Ouessant, il faut faire 50 kilomètres à pied vers l'ouest pour aller bronzer sur la plage, pendant une période de dégel ! La France du Nord est celle du froid, de -5° à -70°, celle du sud est comme d'habitude favorisée par les températures : 15°.

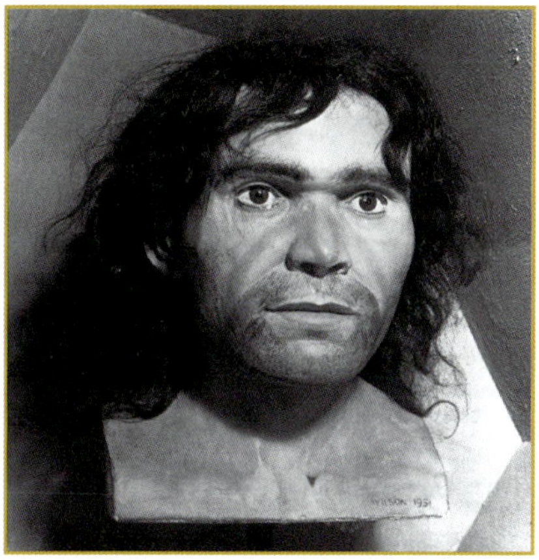

Figure 1-1 : Buste d'un homme de Cro-Magnon.

Aller faire les courses

Et à quoi les Cro-Magnon occupaient-ils leur temps ? Eh bien, ils l'occupaient comme nous le faisons aujourd'hui : par exemple, ils allaient faire leurs courses pour manger. Mais leur supermarché, c'était la vaste nature. Ils en rapportent du gibier de toutes sortes qu'ils dépècent dans des zones précises leur servant d'abattoirs. Et puis, lorsque le froid revient, ils se réfugient dans les grottes sur les parois desquelles ils dessinent et peignent des animaux. En contemplant les dessins de la grotte de Lascaux, pompeusement baptisée « la chapelle Sixtine de l'histoire », et à propos de laquelle Picasso déclara « On n'a jamais fait mieux depuis ! » (ah bon ?), notre premier réflexe est de baptiser œuvres d'art ces dessins étranges. Œuvres d'art ? Pas si sûr !

ARTS, CULTURE ET SCIENCES

La grotte de Lascaux

Le 12 septembre 1940, quatre enfants se promènent dans la campagne de Montignac-sur-Vézère en Dordogne : Georges Agnel, Jacques Marsal, Marcel Ravidat et Simon Coencas ; ils sont accompagnés de Robot, le chien de Marcel Ravidat. Soudain, Robot gratte le sol et disparaît dans une sorte de crevasse qui a servi de dépôt d'ordures. Le chien ne remontant pas, les enfants descendent le chercher et découvrent une grotte immense. Sur ses parois : le plus grand trésor pictural de la préhistoire ! Depuis 15 000 ans, personne n'avait fait face à ce qu'ils contemplent ! La grotte de Lascaux et ses secrets viennent de se livrer à l'imagination de l'homme moderne.

Figure 1-2 : Dessin d'un taureau et d'un cheval dans les grottes de Lascaux.

Regarder Arte sur la paroi...

On a avancé récemment l'hypothèse suivante : les peintures rupestres seraient des « aide-mémoire » pour les chasseurs, des pages qui indiquent la valeur bouchère des espèces, et même des documentaires animaliers remplaçant ceux d'Arte, en attendant... Mais on ne peut mettre de côté la valeur esthétique des dessins de Lascaux, la splendeur étrange des représentations animales et humaines. On ne peut s'empêcher d'imaginer quelque chaman implorant, sous ces dessins illuminés et lumineux, quelque divinité de la chasse afin qu'elle révèle au groupe affamé les bons plans de bisons futés...

Belliqueux, nos ancêtres...

On a longtemps cru que l'homme préhistorique, parce qu'il disposait de beaucoup d'espace et que le gibier était abondant, ne s'attaquait pas à ses semblables. On a imaginé des groupes pacifiques vivant de la cueillette, de la pêche et de la chasse dans une sorte de béatitude bienheureuse que les temps modernes auraient gâtée, que la société aurait corrompue ! Eh bien, déchantons en chœur : l'homme préhistorique, l'homme de Cro-Magnon, notre ancêtre, est aussi belliqueux que nous à travers nos siècles de guerres et de massacres. On a pu reconstituer le scénario d'attaques menées contre des groupes d'hommes, de femmes, de vieillards et d'enfants en train de dépecer tranquillement le produit de leur chasse dans une sorte de campement. Tout le monde sans distinction est passé au fil de la pointe de silex, de la lance ou d'autres armes – des casse-tête – violemment manœuvrées. Et ce scénario se répète en de nombreux sites identifiés.

Cro-Magnon, le chimpanzé, et nous…

On peut objecter que Cro-Magnon est aussi un artiste : il sait sculpter de petits chefs-d'œuvre en ivoire, il sait faire quelques trous dans un tibia pour se confectionner une flûte. Mais n'oublions pas qu'il possède, comme nous, 98,5 % du patrimoine génétique du chimpanzé chez lequel Jane Goodal, primatologue, a mis en évidence en 1980 des comportements guerriers qui ressortissent à l'instinct. Désormais, lorsque vous relirez sous la plume du grand Jean-Jacques Rousseau (1712 - 1778) : « L'homme est naturellement bon », vous lui emboîterez peut-être moins facilement le pas vers certaines naïvetés moins innocentes qu'il n'y paraît…

-15000 : camping itinérant

Reprenons la course de l'homme dans le fil des années. Situons-nous en -15000. Tiens : voici un magdalénien. Qu'est-ce qu'un magdalénien ? Un contemporain de Cro-Magnon, plus petit, descendu du nord à la poursuite de rennes, et qui s'est installé en Dordogne, notamment dans la grotte de La Madeleine près des Eysies (d'où son nom : magdalénien). Il fait en France un froid de Sibérie, il neige pendant six ou huit mois par an. L'été, le magdalénien quitte ses grottes pour aller camper, par exemple au bord de la Seine, à Montereau où, en mai 1964, on a découvert les traces du passage d'une tribu traquant le renne. Peu à peu, le climat se réchauffe, les glaciers fondent, la steppe recule et laisse place à de larges fleuves et rivières, à d'immenses forêts. Nous sommes entre -10000 et -5000. Notre Français de l'époque s'appelle l'Azilien (nom donné à partir des sites découverts au Mas-d'Azil en Ariège). Le gros gibier migre vers l'Europe du Nord. Il va falloir faire preuve d'ingéniosité pour survivre : c'est, après la fin du paléolithique, le mésolithique.

-5000 : l'économie de production

L'ingéniosité se manifeste d'abord par la création ou le perfectionnement de l'arc et de la flèche. Peu à peu, cet instrument de chasse (et de guerre…) devient aussi efficace à cinquante mètres que des plombs de chasse de 12 ou 14, traversant presque de part en part un ours, et *a fortiori*, un homme. Ces groupes d'archers sont accompagnés d'un animal qui s'est apprivoisé progressivement, attiré sans doute par une nourriture variée et facile contre une soumission de tout instant : le chien. Plutôt caractéristiques du mésolithique, les archers voient arriver peu à peu d'autres hommes venus de loin qui savent conserver à portée de silex des troupeaux d'animaux peu sauvages, le mouton ou le porc par exemple. Ils découvrent aussi qu'en plantant et replantant, il est possible de récolter régulièrement et de prévoir « quelques grains pour subsister jusqu'à la saison nouvelle »… La cigale qu'était le cueilleur est remplacée par la fourmi-agriculteur. Voici donc notre homme qui inaugure, vers -5 000, à la fois le néolithique, période de la « nouvelle pierre » ou « pierre polie », et l'économie de production, l'ère du rendement !

Civilisation cardiale, civilisation rubanée

Intrigants, ces deux mots : cardiale et rubanée… Voici l'explication : la création de l'agriculture, conséquence instantanée de la sédentarisation au néolithique, s'est effectuée à partir de deux axes de pénétration des influences étrangères :

- du sud celles des Méditerranéens ;
- de l'est sont venues les habitudes des Danubiens.

On le remarque notamment sur les poteries différemment décorées :

- les poteries « cardiales » décorées avec le rebord d'un coquillage appelé « cardium », caractéristiques du Midi (pénétration méditerranéenne) ;
- les poteries « rubanées » imprimées de spirales, d'entrecroisements harmonieux de volutes dans l'argile, trouvées dans la partie nord de la France (pénétration danubienne).

Les villages aussi sont différents

- Ceux du Midi rassemblent dans de petites maisons des groupes peu nombreux qui réservent encore à la chasse une part importante de leur subsistance.
- Ceux du Nord sont constitués de maisons tout en longueur, entre dix et quarante mètres – leur largeur varie de six à huit mètres.
- Dans les villages du Nord, on entrepose les récoltes de blé, d'orge, de légumes séchés ; la viande de consommation courante provient des animaux d'élevage. On tisse des étoffes, on fabrique des poteries, on enterre les morts. Bref, la routine s'installe…

À table !

-3000, il est midi, à peu près. On se rassemble pour le déjeuner. Que mange-t-on ? De la viande de dragon ? Des côtelettes de Léviathan ? Pas du tout, vous allez être déçu, c'est comme à la cantine : on mange du bifteck, des côtes de porc ou de mouton. On a préparé aussi du poisson, ouvert des moules et des huîtres, confectionné des crêpes et des galettes. Pour le dessert, vous avez le choix entre des fraises des bois – toutes petites encore –, des mûres, des prunes, des pommes… Attention : il va falloir faire la vaisselle après, les poteries doivent être nettoyées ! Non mais, on n'est pas des sauvages !

- 4000 : d'énormes menhirs en Bretagne

Il faut mentionner à cette époque une population étonnante située à l'extrême pointe ouest de la France, à l'emplacement actuel de la Bretagne. Qu'a-t-elle de particulier cette population ? Eh bien, il suffit de vous rendre à

Locmariaquer dans le Finistère, vous y verrez, entre autres menhirs – pierres levées –, un mastodonte de 350 tonnes ! Oui, 100 tonnes de plus que l'obélisque de la Concorde ! Et ce menhir fut dressé comme des milliers d'autres – moins lourds, il est vrai – par les ancêtres d'Astérix et d'Obélix, vers -4000. Aujourd'hui, le grand menhir est tombé, brisé en quatre morceaux, mais des champs entiers de menhirs plus modestes sont toujours debout. À quoi servaient-ils ? Sans doute à indiquer une sépulture, comme une stèle funéraire.

Figure 1-3 : Alignement de menhirs à Carnac, France.

ARTS, CULTURE ET SCIENCES

Le tumulus

En latin, le *tumulus*, c'est l'éminence, l'élévation, le tertre. C'est le nom qu'on a donné à des promontoires construits peu de temps après l'époque des menhirs et dolmens. Ces pyramides de pierre dont certaines mesurent plus de 100 mètres de long sur 60 mètres de large (tumulus Saint-Michel près de Carnac dans le Morbihan – celui de Plouezoch, près de Morlaix, fait 70 mètres) rassemblent des chambres funéraires disposées de part et d'autre de couloirs. Puisque nous venons de parler de Carnac, il faut rappeler que c'est là que se trouve la plus exceptionnelle concentration de mégalithes (grosses pierres) au monde ! Trois sites s'offrent à vous : celui de Kerlescan qui rassemble 240 menhirs ; celui de Kermario, 982, et celui du Ménec, 1 099 ! N'essayez pas d'en dresser un supplémentaire, histoire de marquer votre passage : ils sont régulièrement recomptés ; ça se verrait…

Un aide-mémoire : le cromlech

On trouve aussi des dolmens ou « tables de pierre » qui recouvrent une ou plusieurs chambres funéraires, souvent superposées au fil des époques. Enfin, que ce soit dans les champs de menhirs ou isolément en pleine campagne, on peut observer aujourd'hui encore des cromlechs (en breton : « pierres en rond ») ou leurs restes. Ces cromlechs sont orientés précisément en fonction des équinoxes et solstices. Il est probable, selon les dernières interprétations, qu'ils servaient de calendrier, ou d'aide-mémoire afin de reconnaître le temps des labours, celui des ensemencements, celui des fêtes religieuses aussi, et peut-être des sacrifices pour relancer la machine céleste.

- 3700 : trafic de haches

3700 avant notre ère : des habitants autochtones de Chassey en Saône-et-Loire, nommés depuis les Chasséens, se disent depuis déjà plusieurs siècles que, décidément, les Danubiens – individus de petite taille, au crâne et au visage allongés, au nez épaté – et leur beau Danube bleu, deviennent à la fois monotones et envahissants. Ils décident de les repousser au-delà de la ligne Dunkerque-Belfort. Et puis voici que ces Chasséens s'en vont dans toutes les directions avec leurs fort jolies poteries, leur outillage perfectionné, leurs techniques de culture, leurs silos à grains, leurs bœufs. Ils fondent des villages, creusent des puits, et s'activent pour que la démographie sorte de son anémie millénaire, ainsi, 1 000 ans plus tard,
en -2700, la population est passée à un million d'habitants sur le territoire français. De plus, le commerce est florissant : les haches fabriquées par milliers dans les PME de Plussulien dans les Côtes d'Armor sont exportées dans la Communauté européenne de l'époque – Angleterre, Allemagne, Italie.

- 2400 : des cités lacustres ?

Belles images que celles des livres de l'école primaire, au siècle dernier : on y voyait des hommes préhistoriques habitant des cités lacustres afin de se protéger des bêtes féroces après avoir cultivé leurs champs dans la campagne environnante. Cette vision datait du XIXe siècle lorsque le niveau du lac de Zurich ayant baissé, on avait découvert un village isolé du rivage, comme une petite île. Mais, à partir de 1940, on commence à comprendre que les cités hâtivement baptisées lacustres ne sont que le produit d'une imagination simplificatrice. De cité lacustre, point ! Les villages ont été bâtis sur la terre ferme bien avant la montée des eaux du lac. Ainsi, celui de Charavines, dans l'Isère, près du lac de Paladru, qui a livré quantité de renseignements sur la vie des hommes du néolithique entre -2400 et -2300 : on y trouve des récipients, des louches, des cuillères, des peignes, des bobines de fil, des litières pour le bétail, des traces de pas d'hommes et d'animaux. Des cuillères ? Oui ! La restauration rapide n'avait pas encore fait faire aux affamés ce progrès formidable : manger avec les mains…

CHEZ NOS VOISINS

Pendant ce temps chez nos voisins

Nous sommes tout fiers de nos bâtisseurs de huttes, de nos architectes de tumulus, des émouvantes bobines de fil et des bols de nos ancêtres du néolithique. Soit ! C'est légitime. Mais que se passe-t-il ailleurs ? Eh bien, en Égypte par exemple, on élève des pyramides qui, aujourd'hui encore, nous laissent sans voix ! Kheops, Khephren et Mykerinos ! Cette trinité de pierre pointée vers les étoiles, vers l'ailleurs surtout, intrigue et fascine. Comment ont-ils fait ? Un peu plus au nord, les Sumériens, en Basse Mésopotamie, utilisent l'écriture dès -4000 et développent une remarquable architecture religieuse. Mille ans plus tard, ils coulent le bronze et l'étain, inventent la première calculette, la culture par irrigation, les premiers récits de l'histoire de l'homme (création, paradis, déluge : épopée de Gilgamesh), la démocratie, les élections, l'heure de soixante minutes, l'ordonnance médicale, le moulin à eau, le mariage et le divorce... Babylone est fondée en -2300 par les Akkadiens venus de Mésopotamie (non, pas les Acadiens !). Et nous, avec nos bobines de fil et nos petits bols, nos haches et nos tumulus... Humble, l'histoire rend humble...

Figure 1-4 : Une archéologue dessine une hache de bronze du début du 2e millénaire avant J.-C. découverte sur l'île d'Ouessant.

UN ÉVÉNEMENT IMPORTANT

- 1700 : la France bronze

En -1700, le bronze apparaît en France, et pour 1 000 ans environ. C'est une découverte aussi importante pour les habitants de l'époque que la télé dans les années soixante. En effet, la société se modifie, se centralise, se hiérarchise. Les tombes deviennent individuelles et témoignent de l'existence d'un chef tout-puissant. D'abord importé ou apporté par des voyageurs ou envahisseurs nouveaux venus d'Espagne ou de l'Est, le bronze est bientôt fabriqué en France, dans le Médoc par exemple où on mélange le cuivre et l'étain d'importation pour obtenir un bronze « *made in Médoc* » dont on fait des milliers de haches aux bords relevés. On fabrique des haches de bronze également dans la Creuse, dans le Centre-Ouest, dans le Massif central. En Bretagne, la fabrication des haches atteint une production record : ce sont plus de 40 000 unités qui partent d'Armorique pour l'Espagne ou l'Angleterre ! Mais, vers -800, le temps s'assombrit, il fait de plus en plus froid. Conséquence de ce temps de chien : les peuples du nord et de l'est de l'Europe cherchent des cieux plus cléments. Et quelle direction prennent-ils ? Celle de la douce France où se termine alors la préhistoire.

Le temps des Celtes

Quittons en douceur la préhistoire, entrons dans l'histoire à la faveur de la grande migration des Celtes, population nouvelle qui s'est mise en route vers la mer, vers l'Occident…

-800 : toujours plus à l'ouest

Les voici, ceux qui nous apportent le fer et le mystère de leurs origines – leurs origines qui sont les nôtres…

Une société nomade hiérarchisée

Comme si elles étaient aimantées par le soleil couchant ou par le rêve d'un océan sans fin, les populations situées au-delà du Rhin ont multiplié les tentatives d'incursion ou d'invasion des territoires de la France actuelle. Ces tentatives ont parfois été repoussées, mais le plus souvent, elles ont réussi, et les nouveaux arrivants apportent avec eux des coutumes, un langage, une religion qui modifient de gré ou de force les habitudes des autochtones. Ainsi, en 800 avant J.-C. arrivent les Celtes qui ont stationné pendant des millénaires dans les steppes d'Asie centrale, s'approchant peu à peu de l'Europe, avant de se décider à partir vers l'Ouest…

La domination des chefs guerriers

Montés sur leurs chevaux enfin domestiqués, les nouveaux venus du nord et de l'est de l'Europe vont se répandre peu à peu en Alsace, en Bourgogne, en Franche-Comté. Ils apportent avec eux des armes et des outils de fer, et ils cherchent des sites où se trouve un minerai facile à exploiter, près de forêts. On les trouve donc en Lorraine, dans la région de Châtillon-sur-Seine et dans le Berry. On parle, pour cette époque (-800) du premier âge du fer, ou de la civilisation hallstattienne. Elle est caractérisée par la domination de chefs guerriers qui font construire sur des hauteurs des sites fortifiés non loin des routes commerciales terrestres ou fluviales. Les convois de marchandises y trouvent des relais qui servent d'entrepôt à condition de verser des taxes et participations diverses.

UN PORTRAIT

L'inconnue de Vix

1929. Comme il en a l'habitude, Jean Lagorgette, géologue, cherche des escargots sur les pentes du mont Lassois près de Châtillon-sur-Seine. Il découvre dans l'entrée d'un terrier des tessons de poterie qu'il situe au temps des premiers Gaulois. Dans les mois qui suivent, ce sont des millions de tessons, fibules, et petits objets en bronze et en fonte qui sont récupérés.

Il faut attendre janvier 1952 pour que soit creusée, au pied du même mont, sur la commune de Vix (Côte d'Or), par René Joffroy, professeur de philosophie, et Maurice Moisson, Bourguignon passionné d'histoire, une tranchée au fond de laquelle est découverte une étonnante sépulture. C'est la tombe d'une femme jeune, une trentaine d'années, elle est allongée là, dans un char, depuis plus de 2 500 ans. Elle est parée de tous ses bijoux : collier et bracelets de perles d'ambre et de serpentine ; aux chevilles des anneaux de bronze ; sur la tête, un diadème d'une surprenante beauté. Les roues du char ont été démontées et placées le long des parois de la tombe. Mais le plus étonnant est un vase de bronze qui a été déposé là, un vase énorme puisqu'il fait 1,64 m de hauteur et que son diamètre est de 1,27 m. Il peut contenir 1 100 litres et fait 208,6 kg !

Des recherches ont permis de dater avec précision l'année de fabrication de ce qu'on a appelé le cratère (le vase) de Vix : -525. Qui était cette femme ? Est-ce son visage d'une beauté étrange et rayonnante qui est représenté par la statuette de bronze du couvercle ? D'où venait ce cratère dont on sait qu'il fut livré en pièces détachées ? D'Asie Mineure, de Grèce, d'Italie du Sud ? Ce qui est certain, c'est que Vix se trouvait sur une route commerciale importante, c'était un lieu de passage obligé. Et il fallait sans doute acheter bien cher la bienveillance des gens du lieu ! Ce cratère serait donc un argument de poids ! Et l'inconnue de Vix ? Peut-être une princesse, sûrement une princesse, très belle… Allons, rêvons un peu !

Des princes venus d'ailleurs

Ainsi, les princes venus d'ailleurs avec leurs longues épées de fer s'enrichissent, installés sur des hauteurs qui leurs garantissent une domination sans partage à cinquante kilomètres à la ronde au moins – la plus connue de ces éminences (ou *oppida* – pluriel de *oppidum*) est la butte du mont Lassois, en Bourgogne, au nord de Châtillon-sur-Seine. L'observation et l'étude des sépultures montre que deux coutumes sont pratiquées : l'inhumation et l'incinération, les cendres étant conservées dans des urnes enterrées en plein champ ou disposées au flanc des falaises.

Le Sens des Celtes

Celte ! Ce mot résonne parfois comme un mystère. Qui désigne-t-il ? Mettons-le d'abord au pluriel : les Celtes, car il s'agit d'un ensemble de peuples dont le point commun est de parler une langue indo-européenne. Ils ont occupé une grande partie de l'Europe ancienne. D'où venaient-ils ? Peut-être des steppes d'Asie centrale vers le VIe millénaire avant J.-C. Installés pendant des siècles en Autriche, notamment près de Hallstatt où ils exploitent le sel gemme et connaissent le travail du fer, ils émigrent dans la région de Sens au sud de Paris, donnant naissance à la tribu des Senones ou Sénons. Sens jouait alors le rôle de capitale des affaires économiques. Au nord se trouvait une tribu vassale : celle des Parisii ou Parisiens.

Figure 1-5 : Vase de Vix datant du 6e siècle avant J.-C.

Les Celtes : des colons

Le mot « Celtes » apparaît chez Hécatée de Milet, historien et géographe grec du VIe siècle avant J.-C. On le trouve aussi chez Hérodote, autre historien, ami de l'homme politique grec Périclès, vers -450. Ce mot viendrait de l'indo-européen *kel-kol* : colon, désignant ceux qui sont venus conquérir un territoire déjà occupé. Ce pourrait être aussi un dérivé de l'adjectif *keleto* qui signifie « rapide », les Celtes se déplaçant sur leurs chevaux, à bride abattue. Au IVe siècle avant J.-C., ils occupent l'Europe d'est en ouest. Dans la littérature grecque, on les appelle les « Galate », c'est-à-dire : les envahisseurs. En -168, Caton l'Ancien, écrivain romain, traduit le *Galates* grec par le latin *Galli*. Entre *kel-kol*, le colon, et le *Galate*, l'envahisseur, il n'y a pas de différence, tous deux sont venus il y a longtemps des steppes d'Asie centrale. *Kel-kol* a donné Celte, et *Galli* s'est transformé en Gaulois. Cependant on a décidé de nommer Celtes tous ceux qui envahirent l'Europe il y a bien longtemps, et de donner à ceux qui s'installèrent sur le territoire français, le nom de Gaulois.

La civilisation hallstattienne

L'adjectif « hallstattienne » vient du nom de Hallstatt, un petit village d'Autriche situé près de Salzburg. On a trouvé là-bas une nécropole de plus de 2 000 tombes dont les premières datent de -900, où sont déposés de nombreux objets en métal, outils, bijoux surtout, parures, décorations témoignant de la maîtrise du fer à cette époque, et de son utilisation dans les rites funéraires pour honorer les défunts de familles aristocratiques. De semblables tombes ont été découvertes dans la partie est de la France.

LE SAVIEZ-VOUS ?

Les Parisiens

Que signifie Parisi ? C'est un mot celte qui désigne le peuple des carrières. Les premiers habitants de Paris ont en effet commencé à creuser des galeries (idée reprise beaucoup plus tard, sous le nom de *métropolitain*, par un certain Fulgence Bienvenüe…) pour extraire le gypse, la pierre à plâtre qui donnait à toute construction la pâle beauté de l'albâtre. On n'a cessé l'exploitation du gypse qu'au début du XIXe siècle. Cela signifie qu'en près de 3000 ans, le sous-sol de Paris – la Butte Montmartre notamment – a été transformé en véritable gruyère.

-450 : de nouveaux envahisseurs

Vers -450, voici, après la première vague de -800, de nouveaux envahisseurs venus de l'est qui arrivent en Gaule. Ils s'installent notamment dans une Champagne peu peuplée, apportant avec eux de nouveaux rites funéraires : plus de tumulus ou d'urnes, mais des tombes plates. Les chefs portent un casque à pointe, de bronze décoré d'émail ou de corail, ou bien orné de cornes de taureau ou d'ailes d'oiseau. Les épées sont de meilleure qualité, gravées d'arabesques et de motifs tarabiscotés. Évidemment, des combats s'engagent avec les populations autochtones déjà installées, souvent issues des précédentes vagues de migration. Et le spectacle est étonnant : en effet, par bravade, par conviction d'invincibilité, peut-être même par exhibitionnisme – sait-on jamais… –, les guerriers gaulois vont souvent au combat torse nu, et même sans rien d'autre sur eux que leur épée, ce qui, il faut l'avouer, n'est pas forcément la meilleure façon de parer les coups. Nus, ils sont tout nus ! Et ils avancent au mépris du danger, dans le plus grand désordre, sans stratégie ou tactique. De toute façon, s'ils tombent au combat, seul leur corps meurt, leur esprit passe dans le corps de leur voisin !

LE SAVIEZ-VOUS ?

La période de La Tène

On a nommé le deuxième âge du fer qui commence en -450 la période de La Tène. Tène est une ville de Suisse située sur les rives du Bas-Lac de Neuchâtel où on a découvert un site datant de cette époque. La période de la Tène qui couvre plus de quatre siècles est divisée en Tène I, de -450 à -300, Tène II, de -300 à -100, et Tène III, de -100 à notre ère.

Nos ancêtres les Gaulois…

Guerriers et chasseurs de têtes, les Gaulois, certes, mais aussi guérisseurs, savants, ingénieux, artistes, et surtout très joyeux – avons-nous progressé ou régressé dans ce domaine ?…

-400 : dix millions de Gaulois bagarreurs !

On est bien loin de l'époque où le territoire français ne comptait que quelques milliers d'hommes de Cro-Magnon luttant contre des vents sibériens et se déplaçant de grotte en grotte ! La Gaule d'avant la conquête romaine est un pays peuplé de dix millions d'habitants répartis en pays. Chaque unité, pour subsister, doit être installée dans une région où l'on trouve des terres labourables et fertiles pour les récoltes, des forêts pour le combustible et la construction, et de l'eau. Tout pourrait être paradisiaque dans ces villes ou villages, on pourrait imaginer à l'image de la douceur angevine du poète du Bellay, une douceur gauloise, un art de vivre… Mais ce n'est pas tout à fait le cas, et plus d'une surprise nous attend…

Des cris épouvantables

Donc, reprenons nos guerriers nus, apparus dans la partie précédente. Ils nous sont souvent décrits par les auteurs de l'Antiquité comme des combattants sans peur, qui ne reculent jamais. Avant la bataille, ces guerriers de grande taille qui portent des colliers et des bracelets d'or poussent aux cieux des cris épouvantables, injurient les ennemis, lancent des clameurs qui vont s'enflant comme une vague déferlante. Ils frappent l'un contre l'autre leurs boucliers, ferraillent avec leurs épées, bref, ils intimident l'adversaire ainsi que le font encore aujourd'hui certaines équipes de rugby avant la partie.

Figure 1-6 : Un guerrier gaulois.

Des chars rapides

Les Gaulois recherchent une mort glorieuse qui les fera accéder directement au paradis des héros ! Ils soufflent dans des trompes qui produisent des meuglements de monstres. Des chars lancés à toute allure défilent devant les lignes adverses. Ces chars faits d'osier tressé à partir d'un plancher où se tiennent le cocher et le guerrier sont tirés par un ou deux chevaux de petite taille, rapides et vifs. Et pendant cette cavalcade de parade, le cocher effectue des acrobaties de toutes sortes alors que le guerrier lance ses javelots. Lorsque le dernier javelot est lancé, le guerrier descend du chariot et va combattre à pied.

Les Gaulois chasseurs de têtes

Amusant jusqu'ici ! Attention, maintenant ! Âmes sensibles abstenez-vous de lire ce qui suit ! Le divertissement est terminé : les Gaulois passent aux choses sérieuses, ou du moins à celles qu'ils considèrent sérieuses et importantes. Il s'agit tout simplement, avant de quitter le champ de bataille, de couper la tête des vaincus. Mais ce n'est pas tout. Selon l'historien grec Diodore de Sicile qui vécut au Ier siècle avant J.-C., les vainqueurs attachent ces têtes ensanglantées au cou de leurs chevaux, s'en vont retrouver leurs valets qui les convoient alors jusqu'à la maison. Et tout le monde sur le chemin du retour, marchant du même pas lourd et lent, chante le péan, un hymne guerrier aux accents lugubres. Ces dépouilles sont clouées aux maisons, ou bien fichées sur une pierre pointue à la porte d'entrée où nous plaçons aujourd'hui nos boîtes aux lettres.

Des visages en gros plan

Les têtes les plus illustres sont embaumées dans l'huile de cèdre, puis soigneusement conservées dans un coffre. Et si un étranger vient en visite, on ne lui montre pas l'album photo des vacances, mais on ouvre le coffre aux têtes, et on les sort une par une en se vantant de ne les avoir point cédées à quelque collectionneur qui pouvait en proposer l'achat contre le même poids en or ! Et ce n'est pas tout ! On ramène aussi des prisonniers, parce qu'il faut plaire aux dieux Esus, Taranis ou Teutatès – que César prenait tous pour Mercure. Et pour plaire à ces dieux, on leur offre en sacrifice les prisonniers préalablement enfermés dans une cage d'osier, on leur plonge la tête dans un chaudron, et puis on les brûle vifs. Ou bien, pour changer, on les pend aux arbres ou on les étouffe dans un tonneau rempli d'eau. Et voilà le Gaulois rassuré : les dieux sont satisfaits pour quelque temps !

Des sacrifices humains en Gaule ?

Tant que nous y sommes, parlons des sacrifices humains que certains auteurs de l'Antiquité, repris complaisamment par de plus récents historiens, se sont plu à décrire sans en avoir été témoins, donc en exagérant nettement les faits. Car les Gaulois, s'ils sacrifient leurs ennemis, n'ont recours au sacrifice d'un des leurs qu'en des occasions exceptionnelles. Bien plus qu'à celui des historiens romains, le recours à l'archéologie apporte des informations sûres : à Gournay-en-Aronde, à quinze kilomètres à l'ouest de Compiègne, on a mis au jour un sanctuaire où étaient sacrifiés des porcs, des moutons et des chiens qui étaient ensuite mangés. On y a trouvé aussi des crânes de bœuf pour les sacrifices chtoniens (on tue un vieux bœuf qu'on laisse se décomposer dans une fosse afin que les puissances infernales s'en nourrissent). On a trouvé enfin des crânes et des os humains portant des traces de découpe, mais ces crânes et ces os étaient en petite quantité ; et on n'est pas sûrs du tout qu'il y eut sacrifice… Alors, on ne dit pas de mal des Gaulois ! Pas trop…

Boxons !

Voici maintenant les Gaulois qui organisent un banquet. Ils s'assoient en cercle et installent au milieu le personnage le plus important d'entre eux : c'est le meilleur à la guerre, le plus noble, le plus riche. Les convives sont placés d'autant plus près du chef que leur rang est élevé. On parle de tout avec abondance, on raconte ses exploits personnels, des concours de vantardise sont organisés, le gagnant a l'honneur de découper le gigot et de s'en réserver le meilleur morceau. Mais, parfois, au lieu de faire un trou normand ou de chanter une chanson d'amour, deux vantards qui n'ont pu être départagés se lèvent de table et décident de se battre en duel. Attention : ils ont gardé à portée de main leurs armes tranchantes et pointues. Le combat se fait avec les poings seulement, comme en boxe anglaise. Mais les choses dégénèrent parfois et, la bière ou l'hydromel aidant, les armes se retrouvent au bout des poings, et les blessures s'ensuivent. Parfois même, les duellistes s'entretuent.

Chirurgien, savant, guérisseur : le druide

Il serait injuste de ne montrer les Gaulois que sous certains aspects barbares, incompréhensibles pour nos cultures. Les Gaulois possèdent une organisation sociale rigoureuse : chaque année, les personnages importants que sont les nobles et les druides se réunissent pour élire leur magistrat suprême, le vergobret. C'est lui qui détient l'autorité, mais si ses décisions ne plaisent pas à l'ensemble du groupe, celui-ci peut s'opposer au *vergobret*, et même déclencher une révolution. Il reviendra peut-être aux druides de calmer le jeu.

Des hommes utiles

Les druides détiennent l'autorité spirituelle, ils enseignent l'immortalité de l'âme : la mort n'est qu'un voyage vers des contrées merveilleuses où l'on est emporté par une déesse qui prend la forme d'un cygne. S'ils s'efforcent ainsi d'adoucir l'inguérissable douleur liée à la disparition des proches, les druides ne ressemblent sans doute pas à ces vieillards à longue barbe blanche, un peu vaporeux dans leur longue tunique et qui coupent le gui avec l'air de conspirateurs célestes et menaçants ; ce sont avant tout des hommes utiles lorsque la santé est menacée. Ils connaissent les secrets des plantes et savent soigner efficacement un grand nombre de maladies. Chaque année, ils se réunissent dans la forêt des Carnutes (Chartres ou Orléans) pour ce qu'on appellerait aujourd'hui un stage de formation continue…

LE SAVIEZ-VOUS ?

Les mots gaulois dans la langue française

Mieux que des vestiges ou des objets enfouis que l'on découvre au fil des fouilles, voici, bien vivants dans la langue française, et presque intacts depuis ceux qui les inventèrent, les mots que prononçaient les Gaulois : ajonc, alouette, ambassade, ardoise, arpent, bâche, bagnole, bouleau, braguette, brasserie, bruyère, caillou, chat, chemin, chêne, cheval, chèvre, drap, galet, galette, glaise, graine, grève, lande, mouton, quai, ruche, savon, soc, souche, soue, talus, tonneau, trogne, valet… Il faut y ajouter la plupart des noms de fleuve et de montagne.

Figure 1-7 : Druides gaulois.

Mémoire vive

Ce sont aussi des chirurgiens, et ils savent réduire les fractures. La science qu'ils possèdent est immense. Ils savent que l'écriture, parce qu'elle dispense la mémoire de l'effort quotidien, peut conduire à la paresse intellectuelle, mener la pensée à l'indigence. Alors, ils s'en méfient et l'interdisent, évitant ainsi à tous leurs contemporains les traumatismes que connaîtront bien plus tard les esclaves de l'ère pivotienne… Des jeunes gens viennent auprès d'eux et, en apprenant par cœur des milliers de vers, en accumulant une somme incroyable de connaissances, le tout ingénieusement présenté et organisé, ils illustrent de façon singulière une forme d'intelligence active qu'avec nos habitudes de rédacteurs nous avons peine à imaginer, encore moins à accepter. Et pourtant, si nous y réfléchissons, *doctus cum libro*, nous qui recourons sans cesse à l'écrit, de quoi nos mémoires sont-elles riches par rapport aux leurs ? Décidons, malgré tout, que nous avons évolué…

Agriculteurs, artisans, artistes, aventuriers : les Gaulois

ARTS, CULTURE ET SCIENCES

Astucieux en agriculture, ingénieux en artisanat, inspirés dans leurs arts, et tentés par l'aventure, tels sont les Gaulois aux longues moustaches !

Des techniciens agricoles

Les Gaulois sont d'excellents agriculteurs qui ont inventé de nombreuses techniques de fertilisation des terres :

- La pratique de certaines cultures qui apportent de l'azote organique.
- Le chaulage ou bien le marnage qui consiste à incorporer à la terre trop acide de la marne riche en calcaire.
- Ils épandent aussi du fumier mélangé à des cendres, ce qui permet d'accroître les rendements.
- Et les moissons se font à la moissonneuse ! Une moissonneuse décrite par Pline l'Ancien, et qui consiste en une sorte de caisse à roues, dont le bord avant est garni de dents coupantes comme un rasoir, poussée par un bœuf. Les épis tombent dans la caisse et il ne reste plus qu'à les battre pour obtenir le grain.

Artisans, et artistes :

- De la roue de chariot au bracelet délicat, les Gaulois savent tout faire !
- Les Gaulois sont d'excellents charrons qui inventent toutes sortes de véhicules : des chariots, des chars à deux ou quatre roues.
- Ils fabriquent des tonneaux beaucoup plus pratiques que les amphores fragiles et d'un maniement délicat.
- Et, ce qui étonne beaucoup les Romains habitués à l'étoffe claire et monotone, les Gaulois confectionnent des étoffes de couleurs vives et variées – violet, rouge, cramoisi, vert, bleu azur –, réparties en bandes verticales ou horizontales, ou bien en damiers.
- Ils se taillent des chemises ouvertes, des manteaux, des tuniques, des braies, c'est-à-dire des pantalons aussi solides que des jeans !

- Ils se lavent avec un mélange de graisse et de soude – le savon –, se décolorent parfois les cheveux qu'ils portent longs ou relevés en palmier.
- Les hommes se laissent pousser de longues moustaches bovéennes.
- Ils se parent de bracelets, colliers, bijoux de toutes sortes, portent le torque, collier métallique et rigide, parfois se tatouent ou se peignent le corps.

On dîne !

Quelle abondance sur les tables autour desquelles ont été placés des bancs de bois sur lesquels on s'assoit correctement (on n'est pas des Romains !). Voici du bon pain blanc, très léger, voici des fromages, des jambons de toutes sortes, du foie gras ! Et puis on fait griller à la broche du bœuf, beaucoup de porc, et du mouton ! Ou bien on les fait bouillir dans l'eau contenue dans une sorte de puits creusé à même le sol et dont l'eau a été portée à ébullition par des pierres brûlantes. La viande est ensuite préparée dans des chaudrons avec des herbes qui parfument. Tout cela sent bon ! On boit de la bière d'orge, la cervoise, on boit aussi de l'hydromel obtenu après la fermentation du miel dans l'eau. Et, chez les nobles, on boit du vin, la plupart du temps sans retenue, dans des coupes, des chopes, parfois des crânes, qu'importe ! Qu'importe le flacon…

390 avant J.-C. : « Vae victis »

Les Gaulois ne sont pas tous des sédentaires invétérés, et lorsque la démographie galope, les voici qui se remettent en marche et cherchent de nouveaux horizons. Ainsi, en 390 avant J.-C., des Senones (rappelez-vous, ceux qui ont fondé la ville de Sens…), menés par leur chef Brennus, franchissent les Alpes, prennent et pillent quelques cités. Mécontents des commentaires d'ambassadeurs de Rome, ils décident d'attaquer leur ville où, vainqueurs, ils se livrent à de nombreux pillages et massacres. Quelques Romains réfugiés sur le Capitole résistent aux Gaulois. Une nuit, ceux-ci décident d'attaquer par surprise, mais les oies qui ne dorment jamais que d'un œil, réveillent les Romains par leurs insupportables « Crâcrâcrâ… » et les sauvent. La résistance se prolonge, les adversaires commencent à s'ennuyer, si bien que Brennus décide de traiter avec le tribun militaire romain Quintus Sulpicius : il accepte de quitter Rome contre le versement de près de 350 kg d'or ! Une grande balance est alors préparée sur une place de Rome. Les Gaulois y placent de faux poids, les Romains s'en aperçoivent et protestent. Brennus jette alors son épée sur la balance et prononce ces mots « *Vae victis !* » – malheur aux vaincus ! – qui, pour longtemps, traumatisèrent les Romains.

Paul : « Grands sots de Galates ! »

Brennus II, le retour… Un peu plus tard, en -278, un autre Brennus (qui signifie tout simplement « chef ») pénètre en Grèce à la tête de 150 000 hommes qui investissent et pillent le site de Delphes. Brennus, voyant les richesses fabuleuses accumulées dans les sanctuaires, livre à la postérité cette phrase où la préoccupation sociale commence à poindre : « Il faut que les dieux trop riches soient généreux avec les hommes »… Certains Gaulois, trouvant le climat à leur convenance, ne rentrent pas en Gaule et fondent la ville de Belgrade. D'autres poussent un peu plus loin l'exploration et s'établissent en Asie Mineure (la Turquie) où est créé l'Empire de Galates (des Gaulois). C'est à eux que l'apôtre Paul envoie lettre sur lettre afin de les convaincre de partager sa façon de penser. En quelle estime les tient-il ? Voici pour réponse les premiers mots de sa troisième épître : « Grands sots de Galates ! »…

Chapitre 2

-200 à 476 : Gaulois, Romains, Gallo-Romains

Dans ce chapitre :

- Vous allez faire connaissance avec Vercingétorix
- Vous allez participer aux batailles de Gergovie et d'Alésia !
- Les Huns et leur chef Attila n'auront plus de secret pour vous

Vae victis ! Malheur aux vaincus ! Il en a fallu des années pour que les Romains trouvent une réponse à l'humiliation infligée par les Gaulois en 390 ! *Vae victis !* On sait qu'ils ne sont pas loin, les envahisseurs, les Celtes ! Ils se sont retirés dans la plaine du Pô et sur le versant oriental des Apennins. À Rome, lorsqu'on veut appeler le peuple à prendre les armes, on décrète un appel particulier : le *tumultus gallicus*, afin de remettre dans toutes les mémoires ce que ces pillards, ces massacreurs sacrilèges sont capables de faire ! Quelqu'un cependant va laver l'affront et de telle façon que les siècles ne cesseront de louer sa grandeur, son génie, et que la civilisation qu'il représente incorpore définitivement celle des descendants de tous les Brennus possibles. Ce génie, c'est Jules César. Sur son chemin, il va rencontrer un jeune roi impétueux, déterminé, vaincu peut-être, mais qui a conquis pour toujours en chacun de nous le petit coin d'âme rebelle toujours prompt à relever les moustaches…

Les Romains en Gaule : une lente invasion

L'invasion de la Gaule par les Romains s'étend sur plus d'un siècle. Plutôt lente dans les premiers temps, elle s'accélère avec Jules César, fin stratège qui sait prendre son temps pour venir à bout de l'enthousiasme et la spontanéité des guerrières de Vercingétorix.

Les premières conquêtes

En Gaule vivent les Gaulois, c'est naturel, mais aussi quelques Romains, des commerçants surtout, parfois malmenés ou massacrés. Rome ne verrait pas d'un mauvais œil l'annexion de cette Gaule turbulente. Seule la force armée peut y parvenir, avec un chef digne de ce nom. Bientôt, ces deux conditions vont être réunies et la machine romaine va se mettre en route !

-125 : les Romains à Marseille

Décidés à ne plus se faire embrener par Brennus ou ses descendants, les Romains entreprennent la conquête de la plaine de l'Italie du Nord, appelée Gaule cisalpine – la Gaule au-delà des Alpes portant le nom de Transalpine. En -192, les Celtes Boeins de Bologne sont battus, seuls les vieillards et les enfants sont épargnés. C'en est fini de cette brillante civilisation celte qui s'était développée pendant deux siècles au contact des Grecs et des Étrusques. Les Romains ne s'arrêtent pas en si bon chemin. La ville de Marseille ne cesse de se faire harceler par une tribu agressive, les Salyens, qui s'enhardit au fil des ans. À qui demander du secours ? Aux Romains qui tranquillement exterminent les Salyens et, se trouvant confortablement installés dans la cité fondée par des Phocéens (les Phocéens sont venus d'Asie Mineure, la Turquie, au VIe siècle avant J.-C.), y demeurent à partir de -125.

Il lègue son nom à son Aix

En -124, un consul romain, C.Sextius Calvinus, s'installe sur le plateau d'Entremont (dans les Bouches-du-Rhône). Il y fait bâtir un fort à l'emplacement où ont été découvertes des sources d'eau chaude. Ce lieu prend alors le nom de son occupant : Sextius, mais on lui adjoint aquae (les eaux). Cela donne Aquae Sextiae, les eaux de Sextius, nom qui s'est transformé depuis en Aix, Aix-en-Provence.

L'or des Arvernes

Voilà donc les Romains établis dans toute la région de Marseille. Il est tentant d'aller plus loin, de remonter par exemple la vallée du Rhône, seulement pour voir si personne ne s'oppose à cette incursion. Eh bien si ! Ceux qui s'opposent aux Romains, ce sont les Arvernes, enrichis grâce à l'or qu'ils tirent de leurs mines et de celles de leurs voisins. Apollodore, un architecte du IIe siècle avant J.-C., les présente comme le plus belliqueux des peuples gaulois. Ce sont aussi des mercenaires et guerriers émérites. Les Arvernes sont les ancêtres des Auvergnats.

-121 : Fabius bat Bituit

En -121, les armées de Fabius le Romain battent celles de Bituit roi des Arvernes. Les Romains décident alors, deux ans plus tard, de fonder leur première colonie en Gaule. Elle va prendre le nom du dieu de la Guerre Narbo Martius, transformé aujourd'hui en Narbonne. Et Narbonne devient la capitale de la Gaule narbonnaise, appelée aussi transalpine. À cette époque, des Cimbres et des Teutons descendent du nord de la Gaule, battent les Romains à Orange et il s'en faut de peu qu'ils ne foncent sur Rome, le consul Martius les arrête près d'Aix-en-Provence ! C'est très inquiétant, et le « *Vae victis* » résonne de nouveau dans les mémoires ! Il faut faire quelque chose !

LE SAVIEZ-VOUS ?

Province ? Provence ?

Tout contents de s'installer en Gaule, à Narbo Martius, les romains créent par la même occasion une *provincia romana*, la Narbonnaise, l'équivalent de plusieurs départements d'aujourd'hui – une région. Cette *provincia romana* – province romaine – va devenir au fil des siècles le comté de provincia, puis, le nom se transformant, de Provence. Ce comté passe aux Francs, puis aux Espagnols, puis aux Angevins. Enfin, la Provence, en 1481, est intégrée à la France.

La Gaule romaine.

-80 : on brûle Celtill !

Revenons chez les Arvernes : plus de roi, mais un vergobret (vous rappelez-vous qui est ce personnage ? On ne suit pas ? C'est le magistrat suprême des Arvernes !). Voici que vers -80, un vergobret élu par les nobles et les druides prend le commandement des Arvernes. Mais il se sent si fort, si puissant qu'il réclame de devenir roi ! Selon la coutume, les nobles et les druides, sentant que la dictature n'est pas loin (quelle époque éclairée !) décident de destituer ce vergobret prétentieux, nommé Celtill, et de le juger. Condamné à mort, il est brûlé sur le bûcher ! Cependant, ce Celtill parti en fumée était un personnage important, un commerçant qui possédait une nombreuse clientèle. C'est son fils qui en hérite. Et ce fils dont nous allons parler un peu plus loin s'appelle Vercingétorix !

Le rêve d'Orgétorix meurt à Bibracte

UN ÉVÉNEMENT IMPORTANT

Les Helvètes auraient bien envie de goûter aux douceurs de la Saintonge, mais César n'est pas de cet avis…

350 000 Helvètes vont traverser la Gaule

Maintenant, vous allez voir se dérouler sous vos yeux un des épisodes les plus étonnants de l'histoire : les Helvètes qui vivent dans le territoire qu'occupe aujourd'hui la Suisse en ont assez de leurs conditions de vie. Ils trouvent que le climat est trop rude l'hiver, que le relief nécessite bien des efforts pour les cultures et l'abattage ; et puis, régulièrement, les Germains, au nord, viennent les taquiner, les harceler, et tout cela ne leur plaît pas du tout ! Alors, Orgétorix, leur roi, qui est allé en vacances dans la merveilleuse région de Saintes, et en est revenu ébloui, leur propose de tout abandonner, et d'aller vivre là-bas, à quarante kilomètres des belles plages de Royan ! Il a plus ou moins obtenu l'autorisation des Santons (les habitants de la région de Saintes), acceptant leur invitation à revenir, mais peut-être sans leur dire qu'il arriverait avec ses 350 000 sujets…

Il manque l'autorisation de César

La proposition d'Orgétorix est reçue avec enthousiasme par les Helvètes. Pendant deux ans, ils construisent des milliers de chariots pour charger les bagages, les pelles et les râteaux, ils accumulent un important ravitaillement qui leur servira pour la route. Le départ est fixé à l'équinoxe de printemps de la troisième année. Mais hélas, Orgétorix prend froid, s'alite et meurt ! Trop tard pour reculer ! De plus, les Helvètes veulent réaliser le vœu de leur ancien chef. Et pour que personne ne soit tenté de rester sur place et de profiter des biens de tous les autres, pour éviter aussi que les Germains accourent sur les terres abandonnées, ils brûlent leurs maisons, leurs étables, leurs granges, leur fourrage, leurs douze places fortes ou oppida, leurs 400 villages. Tout ! Ils brûlent tout ! L'équinoxe de printemps arrive, les

Helvètes partent ! Ils se rassemblent à la sortie du lac Léman, près du Rhône qu'ils souhaitent traverser. Mais cette zone se trouvant en territoire romain, il faut demander une autorisation pour la traverser. À qui ? Au gouverneur de la Gaule transalpine, un nommé Caïus Julius César…

LE SAVIEZ-VOUS ?

De César au tsar

Lorsqu'il entre dans l'histoire, Jules César (-101 à -44) n'est déjà plus tout jeune : il a quarante-trois ans. On dit qu'un jour, se trouvant devant une statue d'Alexandre le Grand, son idole, il se mit à pleurer parce qu'il arrivait à un âge où il n'avait encore rien accompli d'extraordinaire alors qu'Alexandre avait, à sa mort à trente-trois ans, soumis l'univers… Selon une étymologie populaire, César viendrait du latin *caesus*, participe passé de *cadere* qui signifie « tailler, inciser, couper », le premier à porter ce nom dans la famille des César ayant été sorti du ventre de sa mère par incision, ce qui a donné le terme *césarienne*. Le mot César fut porté par les empereurs romains en souvenir de Jules César qui ne fut pas empereur… César est devenu en allemand *kaiser* et en russe *tsar*.

Figure 2-1 : Jules César (-101 ; -44) qui ne fut pas empereur…

César dit non !

Jules César se dit que le temps est venu d'égaler, puis de dépasser en gloire et en richesse ses deux homologues qui forment avec lui un *triumvirat* : Pompée qui s'est acquis une renommée prestigieuse grâce à ses victoires en Orient, et Crassus, l'homme le plus riche de Rome. Les Helvètes envoient des ambassadeurs auprès de César. Ils sont chargés de lui dire que tout ira bien lors de la traversée de la Gaule pour se rendre à Saintes, qu'ils ne tueront personne et qu'ils ne casseront rien. « Non, non et non ! », répond César qui sent bien que son heure est venue. Parce que, en effet, les Helvètes décidant de passer plus au nord, il va devoir entrer en Gaule pour les arrêter et faire ainsi ses premiers pas de conquérant !

À Bibracte, en -58 : le massacre

Pour justifier son action, il présente au Sénat romain des rapports qui grossissent de façon invraisemblable les risques que ferait courir la migration pacifique des sujets d'Orgétorix. Fin juin, début juillet, Jules César à la tête de plusieurs milliers de cavaliers Éduens, ses alliés, et d'autres cavaliers de la Provincia (la Provence) se porte en avant de la colonne des 350 000 migrateurs. Il ordonne de charger ! La bataille se déroule en -58, entre la Saône et la Loire, près du mont Beuvray où se situe Bibracte, la capitale des Éduens – située non loin de l'actuelle ville d'Autun. C'est un horrible carnage. Le grand rêve d'Orgétorix expire dans les yeux étonnés des femmes, des enfants, des vieillards, l'épée n'épargne personne, les chariots sont brisés, brûlés ! Plus de 200 000 des migrateurs partis en mars meurent lors de l'attaque ou bien sur le chemin du retour. Car César les oblige à retourner d'où ils sont partis, craignant une invasion des Germains qui pourraient avoir envie d'aller faire du tourisme à Rome en passant par l'Helvétie…

Jules César, de victoire en victoire

Dans le Golfe du Morbihan, les Vénètes vont subir une terrible défaite. La ville d'Avaricum va succomber sous les coups de César. Une victoire des Gaulois cependant : Gergovie, juste avant Alésia…

-57 : les Vénètes vaincus

UNE BATAILLE

Un an après la tragédie helvète, en -57, César fait la connaissance des Vénètes qui se révoltent. Ils refusent de livrer du blé pour nourrir les troupes romaines. Et voguent les galères romaines vers le golfe du Morbihan ! Au début de la bataille, les lourds bateaux des Vénètes bénéficient d'un vent qui souffle fort, ils parviennent à mettre en difficulté les galères romaines. Mais le vent tombe, c'est la pétole ! Des galères légères surgissent les soldats romains qui vainquent les récalcitrants. Le Sénat vénète est mis à mort tout entier, 50 000 Vénètes sont vendus comme esclaves. La Bretagne est soumise peu après. Et tous ceux qui osent résister (les Éburons, par exemple) sont massacrés. César, à leur propos, dit « vouloir anéantir leur race et leur nom même ». Étrange et sinistre programme… À Rome cependant, des désordres politiques ont lieu, et qui pourraient, pensent les Gaulois, retenir César en Italie. C'est le moment de se révolter ! Et voici Vercingétorix qui entre en scène !

-52 : Vercingétorix, le roi suprême !

En réalité, la traduction complète de Vercingétorix est : « Le roi suprême de ceux qui marchent à l'ennemi ». Eh oui, le Gaulois est une langue économe… ou difficile à traduire. Qui est Vercingétorix ? C'est le fils de… rappelez-vous, il fut brûlé pour avoir voulu devenir dictateur. Ah ! Vous y êtes, oui ! le fils de Celtille ! Eh bien, Vercingétorix, lorsqu'il fait son entrée sur la scène de l'histoire, n'a pas trente ans. Il a servi parmi les soldats de Rome et a même reçu le titre d'« Ami du chef romain » ! Mais il se brouille avec son oncle, et se met à recruter une troupe parmi les va-nu-pieds, la canaille, les traîne-misère – c'est du moins ainsi que César les décrit.

L'appel à la rébellion contre l'occupant

Dans le même temps, les Gaulois d'Orléans massacrent les commerçants romains, à la suite de l'exécution par les soldats de César d'un chef gaulois. À l'annonce de cette nouvelle, Vercingétorix s'enflamme et appelle à la rébellion contre l'occupant. Il est alors nommé roi des Arvernes, et on peut même dire roi de la Gaule révoltée. Les citoyens romains partout sont massacrés. Tous les peuples gaulois alliés lui envoient des cavaliers dont il fixe lui-même le nombre. Son plan ? Envoyer une partie de ses troupes dans le sud de la Gaule afin d'exciter les populations contre la présence romaine. Quant à lui, il se charge de mettre en œuvre, dans le reste du pays, une tactique de combat radicale : la terre brûlée.

La terre brûlée

La tactique de la terre brûlée, c'est presque le seul recours des Gaulois qui ne peuvent faire face aux légions romaines. Cette technique de combat consiste à empêcher l'ennemi de s'approvisionner sur le territoire où il passe, et cela en incendiant tout : les villages, les récoltes, les fourrages. Dès le début des hostilités, cette technique fonctionne parfaitement : la panique commence à faire son apparition dans les camps romains affamés, sans ressource pour leurs chevaux.

Avril -52 : Le sort tragique d'Avaricum

Les légions de César se dirigent alors vers Avaricum (Bourges), ville riche où elles espèrent trouver tout ce qui leur manque cruellement. Vercingétorix qui a devancé les Romains demande aux Bituriges – les habitants de Bourges –

LE SAVIEZ-VOUS ?

Gaule Télécoms !

À Orléans, en janvier -52, le chef des Sénons révoltés, Acco, est mis à mort par les soldats de César. Humiliés, les habitants massacrent au petit matin tous les commerçants romains de leur ville. La nouvelle se répand avec une rapidité incroyable dans toute la Gaule. Elle est ainsi reçue dans l'après-midi en Auvergne, à 250 kilomètres ! Par quel prodige ? Gaule Télécoms, tout simplement ! Et comment cela fonctionne-t-il ? C'est très simple et très économique : vous placez de prairie en prairie, de colline en colline, des crieurs à la voix de stentor qui porte très loin, jusqu'au crieur suivant, et ainsi de suite – des portables gaulois en quelque sorte. C'était, en Gaule, un procédé couramment utilisé pour transmettre les informations. Étonnant, non ? Et avec des puces naturelles, uniquement !

de brûler leur ville ! Mais les Bituriges se jettent à ses pieds, font valoir la solidité de leurs remparts, l'abondance de leurs réserves, leur courage : ils résisteront, disent-ils, et César s'en ira comme il est venu ! Vercingétorix se laisse attendrir. Le siège de la ville par les Romains commence le 27 mars 52 avant J.-C. Un mois plus tard, les soldats de César forcent les défenses des Bituriges. Toute la population est passée au fil de l'épée, la ville riche de ses artisans exceptionnels, de ses métallurgistes, de ses esprits éclairés est détruite dans la rage !

Mai -52 : les Romains abandonnent Gergovie

Vercingétorix se réfugie alors dans sa ville natale, Gergovie. En mai -52, César met le siège devant cette place forte. Il peut compter sur les Éduens qui avaient failli prendre le parti de Vercingétorix. Mais pas pour longtemps. En effet, lançant le gros de ses troupes contre l'oppidum gaulois, César est repoussé ! Les Éduens quittent alors les rangs romains et rejoignent le camp gaulois ! Les troupes romaines abandonnent la partie, et semblent attendre une meilleure occasion. Aussitôt, Vercingétorix rassemble 15 000 cavaliers et se décide à pratiquer de nouveau la tactique de la terre brûlée.

Où se trouve Gergovie ?

On ne sait pas ! On ne sait pas avec certitude où se trouve Gergovie ! On a tout essayé : les fouilles, les observations diverses, la main à l'oreille pour intercepter un dernier bruit de la bataille, même un petit bruit de rien qui se serait égaré dans le temps. Eh bien rien, rien de rien ! Bien sûr, on sait que Gergovie, c'est à Clermont-Ferrand, là n'est pas le problème ! Le problème est de savoir si c'est au sud de la ville ou au nord. Si c'est au sud, le nouveau problème est de savoir si l'oppidum se situe sur le plateau de Merdogne qui domine la ville – site officiel visité par 80 000 personnes chaque année – ou bien sur l'éperon rocheux du Crest, à douze kilomètres ! Et si c'est au nord – pourquoi pas –, Gergovie est sur les côtes de Clermont ! Mais chut… Cette incertitude a déjà déclenché de violentes polémiques entre les descendants des Arvernes, ceux des Éduens et ceux de légionnaires romains ayant fait souche dans cette magnifique région. Une simple et modeste suggestion : de toute façon, dans la patrie de Michelin, Gergovie, ce sera toujours un tout petit pneu plus loin…

À Alésia, en 52 avant J.-C., César affronte Vercingétorix

C'est la revanche de Gergovie, César a préparé sa défense, il compte sur le temps, mais une surprise l'attend. Vercingétorix a installé son quartier général à Alésia. Nous sommes en juillet -52. César qui est en position de faiblesse se retire vers le sud. Et les légions romaines marchent lentement, chargées de tout le nécessaire pour survivre puisque la tactique de la terre brûlée se poursuit. Vercingétorix pourrait ainsi vaincre les légions à l'usure. Mais, peut-être trop confiant en ses milliers de cavaliers, il va les lancer sur les troupes romaines qui se mettent en carré et résistent si bien qu'on peut alors parler de défaite gauloise. Vercingétorix a perdu une bataille, il n'a pas perdu la guerre – mais c'est presque fait… En effet, il se réfugie dans la place forte d'Alésia. César, alors, dispose tranquillement ses troupes autour de ce site afin d'empêcher tout approvisionnement. Il leur fait creuser trois fossés successifs, ce qui crée une ceinture de quinze kilomètres infranchissable par les assiégés, car César a fait installer des pièges un peu partout. Par exemple des pieux durcis au feu et qui sont plantés pointe en l'air dans des trous d'un mètre de profondeur. Une autre ceinture de plus de vingt kilomètres est destinée à empêcher les renforts de passer.

L'incroyable décision

Le piège fonctionne : les vivres s'épuisent dans Alésia. Le conseil des chefs se réunit et prend l'incroyable décision de faire sortir de la ville les femmes, les enfants et les vieillards. Ils s'en iront vers les lignes ennemies et se proposeront comme butin à vendre. Vercingétorix préfère cette solution à celle utilisée par ses ancêtres qui, rappelle-t-il, au temps de l'invasion des Germains, préférèrent sacrifier les faibles, les bouches inutiles dans la ville assiégée, plutôt que de se rendre. Le résultat ne sera guère différent. En effet, la foule tremblante des faibles, des vulnérables, des femmes, des jeunes filles, des enfants, des vieillards, franchit les portes d'Alésia et se dirige vers les lignes romaines. César les voit qui viennent l'implorer de leur laisser la vie. Mais César demeure de marbre : il ordonne de les repousser violemment, ce que les soldats s'empressent de faire. Des cadavres jonchent les fossés romains. La foule des faibles, désemparée, s'en retourne vers les portes d'Alésia qui demeurent fermées à leurs cris, à leurs supplications. Ils errent plusieurs jours entre les remparts et les lignes ennemies, cibles des Romains. Pas un ne survivra.

La fin de l'oppidum d'Alésia

Les renforts arrivent, des dizaines de milliers de soldats gaulois viennent tenter de sauver Vercingétorix et ses compagnons. Coordonnant leurs attaques, les Gaulois lancent leurs assauts à l'extérieur du cercle des lignes romaines, et à l'intérieur, en sortant d'Alésia. Les soldats de César sont pris en sandwich, mais les Gaulois s'empalent sur les pièges à pieux, tombent dans les fossés remplis de pointes dissimulées. Enfin, César lance, derrière les lignes assiégeantes, des groupes de cavaliers germains qu'il avait tenues cachées. C'est la débandade dans les rangs gaulois. C'en est fait de l'oppidum d'Alésia.

Vercingétorix à genoux devant César

Vercingétorix réunit son conseil et demande qu'on lui donne la mort. Finalement, il est décidé qu'il se livrera à César. Ce qu'il fait. On ne sait comment la reddition se déroula. Plusieurs versions existent. La plus vraisemblable et singulière à la fois est la suivante : Vercingétorix lance son petit cheval à bride abattue vers César qui attend, martial et hautain. Le chef gaulois jette ses armes aux pieds du Romain, descend de sa monture et va s'asseoir, les bras croisés, près du vainqueur. Une autre rapportée bien plus tard par un historien romain présente ainsi la reddition : comptant sur l'amitié que César lui avait témoignée en d'autres temps, Vercingétorix alla de lui-même vers son vainqueur alors que celui-ci siégeait dans son tribunal. L'apparition du guerrier gaulois tout armé, qui était de haute stature, impressionna d'autant plus les assistants qu'il vint se jeter aux genoux de César en lui rappelant le temps où ils n'étaient pas ennemis. Mais celui-ci le fit mettre aux fers immédiatement, l'envoya en prison à Rome. Vercingétorix attendit six années que César organisât son triomphe en exhibant le Gaulois. Puis le vainqueur fit étrangler le vaincu.

Figure 2-2 : Vercigétorix se rend à César en 52 avant J.-C.

Où se trouve Alésia ?

Gergovie, on ne sait pas ! Alésia non plus ! Alésia, ce serait Alise-Sainte-Reine en Côte-d'Or ; ou peut-être Chaux-des-Crotenay, ou bien Alaise-Salins en Franche-Comté ; et pourquoi pas Guillon, dans l'Yonne ? Ce qui est certain, c'est qu'en chacun de ces lieux, on a trouvé de quoi alimenter la polémique ! À Alise-Sainte-Reine, cependant, existent, repérées par avion, des traces de fortifications et de remparts bien précises. Alors, peut-être est-ce Alésia, peut-être pas…

Ier et IIe siècles : la pax romana

Le remue-ménage gaulois s'est achevé à Alésia. Et pour longtemps. En effet, la Gaule pendant presque trois siècles va connaître une période de tranquillité étonnante : la guerre semble s'être éloignée au point qu'on pourrait la croire disparue, le commerce est prospère, la douceur de vivre s'installe un peu partout.

Les Gaulois adoptent la romanité

Malgré quelques révoltes épisodiques, les Gaulois se montrent plutôt satisfaits de leurs occupants, au point d'en adopter les habitudes, et la langue. Lyon devient la capitale des Gaules.

Les mains coupées de Cahors

Attention, n'allons pas trop vite : César a dû, quand même, soumettre encore quelques agités, à Uxelledunum par exemple (Cahors). Il les vainc, fait des prisonniers, mais, magnanime, décide de les relâcher. Enfin un beau geste de César. Un beau geste, presque… Parce que, avant de relâcher ces prisonniers, il leur fait couper les mains afin qu'ils ne puissent plus prendre les armes ! Prenons un peu de repos, entrons dans la paix : nous voici parvenus dans l'ère chrétienne – pour notre comptabilité du temps, nous passons d'avant Jésus-Christ à après Jésus-Christ. César est un souvenir, nous sommes sous le principat de l'empereur Tibère.

16 avant J.-C. : Lugdunum, capitale des Gaules

UN ÉVÉNEMENT IMPORTANT

Fondée à la demande du Sénat romain, en 43 avant J.-C. par Lucius Munatus Plancus, alors que César venait de mourir, la ville de Lugdunum (Lyon aujourd'hui) devint, en -16, la capitale des trois Gaules : la Gaule lyonnaise située entre la Loire et la Seine, la Gaule Aquitaine, des Pyrénées jusqu'à la Loire, et la Belgique au nord. En été -12, un sanctuaire fédéral fut inauguré à l'emplacement actuel de la Croix rousse. Il se présentait sous la forme d'une terrasse de grandes dimensions où s'élevait un autel sur lequel le nom des soixante cités gauloises était gravé.

La révolte de Sacrovir en l'an 22

De temps en temps, les Gaulois se révoltent. Ainsi, Julius Sacrovir, un Éduen devenu citoyen romain, n'accepte pas que Tibère, son empereur, supprime le privilège accordé à la ville d'Autun de ne pas payer d'impôts. Il lève une armée de 40 000 hommes dont 8 000 armés d'épées et 32 000… de pieux de bois ! Il attaque la ville d'Autun et prend en otages les jeunes nobles gaulois qui y sont étudiants et se romanisent trop à son goût. Les légions romaines de Silius le battent à plate couture. Sacrovir se réfugie dans sa maison de campagne près d'Autun. Il s'y enferme avec sa famille et ses amis, y met le feu et tout le monde périt brûlé.

Tout le monde en toge !

Sacrovir est une exception : les Gaulois acceptèrent de plus en plus, de mieux en mieux, la présence romaine au point de considérer comme un honneur et une promotion les responsabilités qui leur étaient confiées par leurs colonisateurs. Être autorisé à porter la toge constitua une forme de réussite sociale. Le règne de l'empereur Claude, né à Lyon (en -10, mort en 54), fut déterminant pour l'intégration des Gaulois dans le monde romain, et même dans la pensée romaine. Claude lutta autant qu'il le put contre ce qu'on appellerait aujourd'hui la discrimination raciale ou sociale ; il voulait, dit le philosophe romain Sénèque, que tout le monde fût habillé en toge.

Douce Gaule !

Il fait bon vivre, en Gaule pacifiée : le commerce est florissant, les voies de communication sont nombreuses, les villas luxueuses, et les jours fériés abondants…

L'import-export dans la Gaule pacifiée

Le long du Rhin, les troupes romaines stationnent en permanence, créant une ligne de défense et de fortifications (le limes – prononcer « limesse »). Les barbares tentent de temps en temps des percées vers la Gaule, mais sont immédiatement repoussés. Et dans cette Gaule pacifiée et sans doute heureuse, le commerce est florissant : vers Rome et le monde méditerranéen, on exporte :

- des charcuteries, des vins du Rhin, de Bourgogne, de Champagne et de Bordeaux ;
- des objets de toutes sortes : des bols, des lampes, des assiettes de céramique à pâte fine, vernissée, fabriqués en Auvergne par exemple où des fours permettaient la cuisson de dizaines de milliers de pièces en même temps ;
- des bijoux, des fibules…

On importe :

- du fer, du plomb, du cuivre, de l'étain ;
- du marbre, du porphyre ;
- de l'huile d'olive.

Les voies gauloises

La circulation s'effectue soit par voie d'eau, ce qui est le plus pratique, le plus sûr, mais le plus lent, soit par voie terrestre. Les Gaulois n'avaient pas attendu les Romains pour créer un réseau routier remarquable. Cependant, les Romains décident de l'améliorer en créant des portions de lignes droites avec des étapes tous les 25 kilomètres. Les voies romaines font 6 à 8 mètres de largeur et on peut y parcourir jusqu'à 300 kilomètres en un jour ! Tous les milles romains (1 481,50 m) une borne routière de 2 mètres de haut porte une indication de distance, et le nom de l'empereur régnant. Partout, on édifie des temples, des basiliques, on construit des forums, des cirques, des théâtres, des amphithéâtres, des aqueducs, et tout cela emploie une nombreuse main-d'œuvre qui, au lieu de se laisser aller, dans l'oisiveté, à des idées de révolte, travaille à la gloire de l'Empire…

Figure 2-3 : Orange et son théâtre antique.

LE SAVIEZ-VOUS ?

Le biturica

Les Romains étaient persuadés que le climat de la Gaule interdisait la culture de la vigne au-delà des Cévennes. Pourtant, vers l'an 70, des Allobroges, peuple originaire de Savoie et du Dauphiné, et dont certains s'étaient installés dans la région de Vienne, créaient un nouveau cépage dont les grains noirs résistaient à la gelée. En même temps, en Aquitaine, on réussit à cultiver une vigne dont les grappes résistent à la tempête et à la pluie, ce cépage est appelé le biturica. Ainsi naquit le vin de Bordeaux !

Mieux que Versailles : la villa romaine

Des villas au style romain apparaissent un peu partout. Ces villas sont d'immenses constructions souvent dotées d'un luxe que ne retrouveront pas, même au faîte de leur gloire, les souverains de la future France (non, pas même Louis XIV !). Elles sont situées au centre d'un domaine rural. Des champs cultivés les entourent. Une première cour, la *pars urbana*, constitue la zone résidentielle, une seconde, la *pars agraria* correspond à ce qu'on peut appeler la basse-cour : c'est la partie réservée au régisseur chargé de l'exploitation du domaine. On y trouve aussi toutes sortes d'ateliers (poterie, tissage, forges), les greniers, les écuries, les étables. Ces villas peuvent comporter jusqu'à 150 pièces. Des thermes permettent une hygiène et un agrément rarement égalés. Le chauffage est assuré par un système appelé hypocauste : un foyer alimenté en permanence produit de l'air chaud qui circule sous les pièces et dans les murs grâce à des galeries aménagées à l'aide de petites briques d'argile.

Figure 2-4 : Détail d'une mosaïque romaine représentant un gladiateur et un léopard.

Cent trente jours fériés chez les Gaulois !

LE SAVIEZ-VOUS ?

Des arènes, des cirques, des théâtres. Le peuple raffole de toutes les distractions qu'on lui propose. Et il dispose de beaucoup de temps libre ! En effet, les Gaulois (ou Gallo-Romains puisqu'il faut bien considérer qu'ils ont aliéné une grande part de leur – tentons un néologisme – gauloiseté, et même de leur gauloiserie…), donc, les Gaulois disposent de 130 jours fériés par an ! Oui, 130 jours ! Les 35 heures, et les RTT, à côté, font un peu gnognotte… Et que va-t-on voir ? Du rude, du sanglant et du féroce : des combats de gladiateurs ! La Gaule romaine comporte presque autant d'amphithéâtres que l'Italie. Au cours des spectacles s'affrontent des animaux sauvages, mais ce ne sont que des amuse-gueules si l'on peut dire, car, ce qui est attendu impatiemment, ce sont les hommes, que ce soient des condamnés qu'on exécute, parfois avec des raffinements de cruauté, ou bien des gladiateurs qui vont se battre à mort. Cette violence, cette presque sauvagerie est très prisée dans toutes les couches sociales ; et pourtant, dans une ville comme Autun où se trouve l'une des meilleures écoles de gladiateurs de la Gaule, on trouve aussi l'élite de l'esprit et les meilleurs étudiants !

Les premiers chrétiens : une menace pour l'empereur

Pendant que la pax romana s'étire tranquillement sur ses deux siècles, les chrétiens donnent du souci aux empereurs successifs. En effet, ces croyants d'un genre nouveau refusent toute divinité à l'empereur et incitent à la destruction des idoles. Leur première communauté s'est installée à Lyon dès le Ier siècle. Elle s'est étendue au point d'inquiéter le pouvoir qui réagit de façon violente : le premier massacre de chrétiens a lieu à Lyon. Ce ne sera pas le seul.

177 : Blandine et le rétiaire

177 de notre ère. Lyon. Comme tous les ans au mois d'août, les délégués des peuples de la Gaule se réunissent autour de l'autel d'Auguste. Une grande effervescence règne alors dans toute la ville. Des marchands de toutes sortes sont venus pour participer à la grande foire, on a prévu des réjouissances en quantité, notamment dans l'amphithéâtre. Au programme, évidemment, des bêtes féroces vont s'entredéchirer, et des gladiateurs s'entretuer, mais il y a du nouveau, et la rumeur court : c'est de l'inédit, du jamais vu ! Qu'est-ce donc que cette grande première qui se prépare ? Eh bien, ceux qui se terrent dans des lieux étranges où ils célèbrent leur dieu, ceux qui lui offrent en sacrifice des enfants et pratiquent le cannibalisme, ceux dont le prophète a une tête d'âne, ceux-là à propos desquels on colporte les pires calomnies, les pires mensonges, ceux-là vont être martyrisés dans l'arène ! C'est ainsi qu'une foule délirante voit les premiers chrétiens subir les supplices les plus abominables.

Les animaux s'en détournent

Parmi ceux qui vont être sacrifiés, il y a la jeune Blandine qui a refusé de renier sa religion. Elle est emmenée dans l'amphithéâtre, après avoir été torturée. La voilà livrée aux fauves dont le regard parmi tous les regards qui l'entourent n'est pas le plus effrayant. Elle est frêle et belle. Elle est suspendue par les bras et laissée aux animaux qui s'en détournent, ne l'attaquent pas. Elle est mise sur un gril. Atrocement brûlée, elle est ensuite enroulée dans le filet d'un rétiaire qui surveille les opérations. Ce gladiateur l'abandonne à un taureau sauvage lancé dans l'arène. Le taureau embroche Blandine avec ses cornes, la lance en l'air. Et le gladiateur achève la jeune fille avec son glaive en lui tranchant la gorge ! La *pax romana*, oui… mais pas pour tout le monde ! Maturin, Pergame, Sanctus et Attale, tous chrétiens, ont subi le même sort le même jour. Il faudra attendre 313, et beaucoup d'autres massacres de chrétiens, pour que l'empereur Constantin, devenu chrétien, accorde à tous la liberté de conscience.

Figure 2-5 : Jeux de cirque : détails d'une mosaïque romaine.

De 200 à 400 : les barbares font la mode

Il fallait bien que ça arrive ! « Rien n'est jamais acquis », dit le poète. Et il a bien raison : la *pax romana* bat de l'aile, les frontières de l'Empire subissent des assauts de plus en plus fréquents des Germains au nord. On renforce le limes (alors ? le limes ? vous rappelez-vous ce que c'est ?). Mais c'est peine perdue…

Une armée mixte

À vrai dire, les barbares sont là depuis déjà bien longtemps. Ils ont peu à peu infiltré la population gauloise, de façon discrète d'abord, sans coup férir, en s'intégrant d'autant plus facilement aux villes et aux villages qu'ils arrivaient en tout petit nombre. Et puis, bientôt, peut-être à cause de la baisse de la fécondité des Gallo-Romaines, ils se sont enhardis au point qu'en 330 l'empereur Constantin les autorise à porter leur emblème, à chanter leurs hymnes guerriers. Et voici l'armée romaine qui se transforme en armée mixte où les coutumes franques – les coutumes des barbares – concurrencent les traditions impériales.

Ils portaient des culottes et des bottes

UNE ANECDOTE

À Rome, la barbarie – c'est-à-dire, finalement, la différence – séduit et attire, sans doute parce qu'elle libère du carcan des habitudes et des codes. Ainsi, vers la fin du IVe siècle à Rome, la jeunesse – ou bien un certain âge mûr – porte les cheveux à la barbare, c'est-à-dire bien longs, le plus long possible, pour provoquer ceux qui tiennent à la coutume des cheveux courts. On quitte la toge et on porte des braies, les pantalons de l'époque avec toutes les fantaisies de taille et de longueur qu'on imagine facilement pour en être témoin aujourd'hui. On chausse des bottes de barbares. Et ainsi, on s'avance dans la ville, fier d'avoir adopté la mode nouvelle venue du nord, avec au fond de soi la jubilation cynique des provocateurs ! Jubilation d'autant plus vive que trois édits ont interdit toutes ces manifestations ostensibles de sympathie barbaresque !

Les cousins germains arrivent en 406

Les Vandales ! Les voici, ils arrivent ! Nous sommes le 31 décembre 406. Le Rhin est gelé près de Mayence (Mainz). Ils ont rassemblé les enfants, les femmes, les vieillards, les troupeaux, les chariots chargés de vivres et les voilà qui s'engagent sur la glace, comme s'ils n'avaient attendu que la formation de ce pont naturel. Tous les pays de l'Europe de l'Ouest et l'Afrique du Nord vont connaître… le vandalisme !

Les Vandales au nord, les Wisigoths au sud

Le territoire qu'occupe la France est une vaste terre d'accueil pour les populations qui ont décidé de goûter la douceur de son climat et la fertilité de ses terres…

Les Suèves, les Alains, les Burgondes…

Mais qu'est-ce qui leur prend, à ces Vandales de débouler ainsi dans une Gaule tranquille qui s'apprête, un peu popote, à s'affranchir d'un Empire victime de ses querelles politiques dans la Rome décadente ? Pourquoi cet empressement, comme si on les poursuivait, ou comme si on les harcelait. C'est bien cela : on les poursuit, on les harcèle depuis des années ! Qui sont-ils ces poursuivants redoutables ? Les Huns, nous en reparlerons ! En attendant, voici la déferlante vandale qui s'engage sur les voies romaines, à toute allure, et qui ne s'arrête que pour piller, détruire, tuer, saccager, démolir, égorger, incendier, bref, pour vandaliser toutes les régions traversées ! En 409, ils sont en Espagne. Mais il ne faudrait pas croire que les Vandales sont seuls sur le Rhin gelé ! Il y a aussi les Suèves et les Alains, et puis les Burgondes qui étaient venus de lointaines contrées de la Pologne actuelle jusqu'en Allemagne. Le Rhin franchi, moins agités que les Vandales, les Burgondes se dirigent vers une région aujourd'hui bénie des amateurs de côte-de-beaune, de montrachet, de chablis ou de vougeot : la Bourgogne (de Burgondes) !

UN PORTRAIT

Martin, un saint comme on n'en fait plus !

Amiens. Janvier 336, il gèle à pierre fendre ! Martin qui est né en Pannonie, l'actuelle Hongrie, et qui est devenu soldat à quinze ans, sert en Gaule. À la porte de la cité, il rencontre un pauvre nu. Martin, chrétien convaincu, a déjà distribué tout ce qu'il a en cours de route, il ne lui reste que son manteau. Il se saisit alors de son épée, et coupe son vêtement chaud en deux, donnant au pauvre de quoi se vêtir – et l'autre moitié alors, il ne pouvait pas la donner ? Non ! Elle appartenait à l'armée romaine dont il faisait partie ; généreux, Martin, pas voleur ! La nuit même, le Christ lui apparaît en songe : c'était lui le pauvre nu qu'il a secouru ! L'affaire se sait et voilà Martin déjà vénéré comme un saint.

Martin est baptisé à Amiens. Il s'emploie à persuader les paysans que leurs arbres sacrés et leurs temples doivent être remplacés par le culte chrétien. Ceux-ci un jour, pour se venger, l'attachent à un sapin. En face, ils en abattent un autre qui doit logiquement écraser notre saint ficelé ! Mais miracle : le sapin coupé vacille, se redresse et va tomber de l'autre côté. Cela se sait encore, et voilà Martin presque divinisé !

Mais, un jour, à Candes, au confluent de la Vienne et de la Loire, Martin meurt comme tout le monde ! Les moines de Ligugé et ceux de Marmoutier, villes où il avait fondé des monastères, se disputent sa dépouille. Ce sont les Tourangeaux qui l'emportent, Martin ayant été évêque de Tours. Cela se déroule au début de novembre 397. Alors survient un phénomène étonnant : au passage de la dépouille de Martin, les arbres reverdissent, des roses s'épanouissent, la nature refleurit tout à coup ! Et chaque année la nature se souvient de ce miracle et nous offre… l'été de la Saint-Martin ! On inhuma Martin le 11 novembre, et on prit soin d'installer sa cape (la moitié restante – et romaine – du manteau donné au pauvre) dans un sanctuaire qu'on nomma tout simplement *capella*. Et puis le mot capella a donné naissance au mot « chapelle ». Tout simplement !

Les Wisigoths en 407

Qui aurait pu penser, en 407, que la paisible frontière alpine allait être franchie en peu de temps par un peuple prestigieux, organisé, venu au IIe siècle des côtes de la Baltique et qui avait fondé au IVe siècle, un royaume quasi nomade dans les steppes d'Ukraine ? Personne ! Et pourtant, le voici, ce peuple des Wisigoths, convertis à une forme de christianisme qui nie la divinité du Christ (pour eux, c'est un homme comme un autre) : l'arianisme fondé par Arius, prêtre d'Alexandrie au IIIe siècle. Les Wisigoths ont été chassés de leurs steppes par les Huns en 375. Les voici donc en Italie. Ils arrivent à Rome en 410, pillent consciencieusement la ville, massacrent presque tout le monde (décidément !).

Narbonne, Toulouse, Bordeaux aux Wisigoths

Pendant ce temps, l'apprenant, les Francs saliens en profitent pour se rapprocher, occupent la partie occidentale de la Belgique, et les Francs ripuaires s'installent sur la rive gauche du Rhin. En 412, les Wisigoths décident de franchir de nouveau les Alpes, mais pour visiter le sud de la Gaule. Ils dévastent le Languedoc et l'Aquitaine, prennent Narbonne, Toulouse et Bordeaux. Les voici bien installés dans tout le sud de la France ! En 416, ils concluent un accord avec Rome dont ils reconnaissent la souveraineté. Mais les rapports avec les Gallo-Romains vont se tendre et bien des malheurs vont s'abattre sur la Gaule parce que les uns disent « Si ! Le Christ est de nature divine ! » et les autres disent « Non ! Le Christ n'est pas de nature divine ! »…

Les Francs saliens, les Francs ripuaires

La première fois qu'on entend parler des Francs, c'est au milieu du IIIe siècle. Le tribun et futur empereur Aurélien bat une tribu farouche qui décline ce nom : Franc. Cela peut se traduire par hardi, intrépide, supérieur. Ils résident à Mayence, le long du Rhin, et on en trouve jusqu'à la mer du Nord. Ils font quelques incursions vites repoussées en Gaule, en 260 et 275. En 357, ils s'allient aux Goths, aux Vandales, aux Burgondes et aux Alamans pour venir faire des raids dévastateurs dans tout l'est de la Gaule. En 358, la tribu des Francs saliens établis dans la région de Liège est contrainte de collaborer avec les Gallo-Romains, elle devient une tribu fédérée chargée de défendre les frontières du Rhin, aidée des Francs ripuaires qui y demeurent.

Hélas, le 31 décembre 406, personne – ni les Saliens, ni les Ripuaires – ne peut arrêter les Vandales ! Dans leur sillage, les Francs saliens se sentent alors irrésistiblement attirés vers la Gaule… Ils s'en approchent peu à peu. En 430, par exemple, avec Clodion à leur tête, ils s'emparent de Cambrai, et s'y installent. À ce moment, c'est Aetius, un Gallo-Romain, qui est chargé de représenter l'autorité de Rome en Gaule. Que peut-il faire ? Pour éviter tout affrontement, il juge plus sage de leur accorder le titre de fédérés. En 441, Les Saliens grignotent encore un peu de terrain, les voici dans la Somme. Mais on les repousse gentiment. Encore un peu de patience, ils vont revenir…

Les Angles envahissent… l'Angleterre

Un événement important

Pendant que les Wisigoths wisigothent, d'autres envahisseurs qui ont longtemps menacé la Gaule sur sa côte ouest, les Saxons, se ruent sur la Grande-Bretagne (qui porte alors le nom de Bretagne), alors que les Romains s'en sont retirés. Ces Saxons ont débarqué avec d'autres Germains, les Angles qui vont donner leur nom à l'Angleterre. Ils s'installent partout dans la grande île, au point que les autochtones bretons s'enfuient par la mer et accostent… en Armorique, région à laquelle, à leur tour, ils lèguent leur nom : la Bretagne (ou Petite-Bretagne). Leur migration, commencée au milieu du Ve siècle, devient massive au début du VIe siècle. La limite de cette Bretagne d'alors va de Dol à Vannes. Les immigrants apportent avec eux leur culture ainsi que la langue celtique.

Attila : de Metz aux champs Catalauniques

Les Huns ! À leur tête Attila ! Les chroniqueurs du Moyen Âge l'ont appelé le Fléau de Dieu ! Partout où Attila passe, l'herbe ne repousse pas ! Les Huns ! non contents d'être des désherbants, ce sont des monstres : ils tailladent les joues de leurs garçons pour que la barbe ne pousse pas à l'adolescence ! Ils font cuire leur viande en l'installant comme une selle sur leur cheval ! D'ailleurs, elle n'est pas cuite, ils la mangent toute crue ! Ils se nourrissent de racines ! Ils sont sans foi ni loi, sans feu ni lieu, sans dieu ! Les Huns ! Allons, allons ! Du calme, il y a du vrai, certes, mais tout cela est nettement exagéré !

Son frère le gêne ? Il le tue !

Attila ! Ce n'est pas n'importe qui, Attila ! C'est un prince hun élevé à la cour de Constantinople chez l'empereur romain d'Orient (eh oui, il y a eu une scission dans le grand Empire et deux moyens Empires en sont nés, celui d'Occident avec Rome pour capitale, et celui d'Orient dont la ville phare Constantinople fut fondée, cela va de soi, par Caïus Flavius Valerius Aurélius Constantinus, en version brève : Constantin, l'empereur !). Attila revient chez les siens en 445, y retrouve son frère avec qui il collabore quelque temps, mais un frère un peu gênant qui veut l'empêcher d'être roi, alors il l'assassine.

Figure 2-6 : Détail d'un tableau de Raphaël représentant les hordes d'Attila.

Son objectif : déloger de Gaule les Wisigoths

Installé dans son palais somptueux de Pannonie (Hongrie), Attila reçoit des ambassadeurs avec beaucoup de raffinement et des manières qui ne sont point celles d'un barbare sanguinaire. Sa cour est ouverte aux philosophes.

Son peuple est habile en orfèvrerie. Pris d'une soudaine soif de pouvoir, il se met à combattre Constantinople (relire la fable de La Fontaine *Le Paysan et le Serpent*) aux côtés des barbares, et, vainqueur, se fait verser un énorme tribut. Il se dit alors que la Gaule est un pays bien attrayant puisque d'autres barbares qu'il connaît mais qu'il hait parce qu'ils sont partis d'Ukraine sans sa permission, les Wisigoths, s'y sont installés et s'y plaisent. Il projette donc d'aller les déloger. Et le voici à la tête de ses hordes déchaînées qui franchit le Rhin, le 7 avril 451, et fond sur Metz qui est incendiée. Les édifices religieux sont saccagés, les habitants égorgés, les jeunes filles emmenées captives.

Geneviève

En juin de l'année 451, les Parisiens s'affolent : Attila arrive, Attila est là, ou presque ! Ils décident alors de quitter la ville qui est promise au même sort que Metz ! Mais, mais, mais... Geneviève est là, aussi ! Geneviève est née à Nanterre en 420. Fille unique d'une famille de l'aristocratie gallo-romaine, elle a huit ans quand saint Germain, évêque d'Auxerre, l'invite à se consacrer au Christ, ce qu'elle fait définitivement à quinze ans en prononçant ses vœux de virginité. Elle s'astreint à un jeûne quasi permanent, ne le rompant que le jeudi et le dimanche. Elle s'installe à Paris où les Parisiens n'apprécient guère cette exaltée qui, lorsque Attila s'annonce, prétend que la ville sera sauvée par la prière. Geneviève les exhorte à ne pas quitter comme des couards leur cité en emportant leurs richesses, ce qu'ils s'apprêtaient à faire – exhortation qu'elle reprendra lorsque Childéric, roi des Francs, voudra s'emparer de Paris.

Les Parisiens la déclarent folle et se demandent s'ils vont la lapider ou la jeter dans une fosse profonde. Heureusement pour Geneviève, Attila qui a ravagé Reims et Troyes est un peu fatigué, et il renonce à attaquer Paris qui n'est alors qu'un petit bourg de 2 000 habitants. Le mérite de Geneviève, qui mourut à quatre-vingt-neuf ans, ne doit pas en être sous-estimé ! On en a fait toute une montagne (la montagne Sainte-Geneviève) sur laquelle trône le Panthéon. Et Geneviève y est-elle, au Panthéon ? Non ! Ses restes furent brûlés en 1793 et jetés à la Seine. On peut seulement se recueillir devant quelques reliques en l'église Saint-Étienne-du-Mont, c'est tout près du Panthéon. Allez-y ! Ça vous changera des Grands Hommes...

La bataille des champs Catalauniques : 20 juin 451

Attila poursuit son objectif : chasser les Wisigoths du sud de la Gaule où ils se sont installés sans lui demander son avis ! Orléans ! Voici Orléans ! C'est la porte du royaume des Wisigoths détestés ! Attila en frémit de bonheur ! Il va les exterminer avec ses hordes chauffées à blanc. Aignan, l'évêque joue le même rôle que Geneviève : il encourage les Orléanais, leur dit de placer leur confiance en Dieu, et leur promet que des renforts vont arriver, et que ces renforts vont renverser Attila et toutes les machines d'assaut qu'il a installées face aux remparts ! L'attente dure, mais un matin, Aignan voit le chemin qui poudroie du galop des chevaux montés par Aetius et ses Gallo-Romains.

Aetius, avant de devenir généralissime des armées en Gaule, a séjourné comme otage à la cour d'Attila ! Finalement tout le monde se connaît dans cet affrontement. Aetius est accompagné de Théodoric à la tête de ses Wisigoths. Et toute cette troupe fonce à bride abattue sur les Huns qui reculent et se sauvent. Mais Aetius les poursuit, et Théodoric aussi. Se sont joints à eux des Alains, des Burgondes, des Bretons d'Armorique, des Saxons, des Francs…

LE SAVIEZ-VOUS ?

Anne, ma sœur Anne…

Lorsqu'il écrit le conte *Barbe Bleue*, Charles Perrault fait dire à l'héroïne désobéissante et curieuse qui a découvert le secret de son mari assassin : « Anne ma sœur Anne, ne vois-tu rien venir ? » parce qu'elle devine que ses frères caracolent quelque part pour venir la délivrer. Mais, on le sait, ils flânent en chemin et arrivent trop tard ! Perrault, dans ce conte ne fait que reprendre la question que posaient les Orléanais à leur évêque Aignan, attendant des secours, alors qu'Attila était sous leurs remparts : « Aignan, Aignan, ne voyez-vous rien venir ? », interrogation qui, au fil des générations, s'est déformée et a perdu ses racines.

Campus Mauriacus

À la mi-juin, Attila est rattrapé aux champs Catalauniques qui ne sont pas les champs Catalauniques. En effet, ce lieu était appelé au temps des Gaulois *Duro Catalaunum*. Et l'on a cru que la bataille contre Attila s'était déroulée là, au *Duro Catalaunum*, appelé pour faire français : champs Catalauniques, lieu situé près de Châlons-en-Champagne. Mais on peut se tromper ! On s'est aperçu depuis que le véritable lieu de la bataille était *Campus Mauriacus*, près de la localité de Moirey, sur la route de Troyes, commune de Dierrey-Saint-Julien ! Donc la bataille s'engage en ce lieu le 20 juin en début d'après-midi. Les charges de cavalerie se succèdent jusqu'à la nuit. Au petit matin, Attila réfugié au milieu d'un cercle de chariots semble vaincu, Aetius le laisse partir. Les Wisigoths ont perdu leur roi Théodoric. Et Attila ? L'année suivante, il ravage le nord de

Hun + Hun = Huns

60 000 Gallo-Romains et barbares fédérés, et 50 000 Huns s'affrontaient aux Champs Catalauniques. Or, les historiens romains qui rapportent les faits font état d'un bilan extrêmement lourd, annonçant 165 000 morts ! Il faut donc croire qu'il n'y avait plus personne au matin du combat sur le champ de bataille, mais vraiment plus personne ! Et encore, le compte n'y est pas. Si on veut croire les historiens romains, il faut bien admettre que des Gallo-Romains ou des barbares ont accepté de mourir deux fois pour ne pas faire mentir les statistiques. À moins que les Romains qui n'étaient pas très forts en calcul aient effectué cette addition singulière : Hun + Hun = Huns…

l'Italie. Quelques mois passent. Attila décède la nuit de ses noces, d'un saignement de nez ! Et Aetius, celui que l'on considère comme le dernier grand empereur ? Il meurt assassiné en 454, sur l'ordre d'un pâle empereur, Valentinien III.

476 : le dernier empereur romain d'Occident

Rome n'est plus dans Rome ! En 476, les barbares y font la loi. La ville prestigieuse qui rayonnait sur tout l'Occident, sur une partie de l'Orient, n'est qu'un champ de ruines politiques ; des querelles intestines l'ont tant affaiblie que c'est un jeu d'enfant pour les barbares – ou déclarés tels – de s'y imposer.

Odoacre, roi des Hérules

Odoacre était roi des Hérules, une peuplade germanique. Mais, battu par les Ostrogoths (l'autre branche des Goths, nous n'avons parlé jusqu'à présent que des Wisigoths), il passe au service des Romains et devient chef de la garde germanique de l'empereur d'Occident à Rome. Il participe à la révolution qui porte Oreste au pouvoir, et place le fils de celui-ci, Romulus Augustulus, sur le trône de l'Empire.

De Romulus à Romulus

En récompense de ses services, Odoacre réclame pour ses soldats des terres qui leur avaient été promises par Oreste. Mais celui-ci refuse ! Furieux, Odoacre décide de se venger : il attire les troupes d'Oreste à Pavie, et les écrase. Oreste est tué. Odoacre revient à Rome et dépose Romulus Augustulus qui n'est encore qu'un enfant. Conduit dans un couvent de Naples, Romulus Augustulus

Un poète : Sidoine Apollinaire

Sidoine Apollinaire (et même saint Sidoine Apollinaire, puisque, chrétien, il fut évêque et canonisé) est né à Lyon en 431 et mort en 487. C'est le gendre d'un empereur romain éphémère : Avitus. Il vit dans un immense domaine à Avitacum en Auvergne. C'est là qu'il écrit de nombreux poèmes ou proses poétiques où il vante la douceur de la vie dans sa villa. Jugeons ensemble de la qualité de son inspiration : « Qu'il est doux dans ce lieu d'écouter vers midi le chant des cigales, et vers le soir, le coassement des grenouilles, puis, dans la nuit, le clairon des cygnes et des oies, plus tard, le chant du coq, le croassement des corbeaux saluant par trois fois les rougeurs de l'aurore, et, au point du jour, les plaintes de Philomèle dans les arbrisseaux… » Vous avez compris, c'est mignon tout plein…

vivra sans aucun souci grâce à une énorme pension qui lui est allouée. Odoacre s'installe à Ravenne après avoir envoyé à l'empereur romain d'Orient Zénon les insignes de la fonction impériale. Ainsi, on peut considérer que la mort de cet Empire romain d'Occident marque la fin de l'Antiquité. C'est un Romulus qui avait fondé Rome, c'est un Romulus qui clôt son histoire conquérante. Bienvenue dans le Moyen Âge !

La Gaule avant Clovis.

Chapitre 3

476 à 768 : Bienvenue dans le Moyen Âge !

Dans ce chapitre :

- Faites connaissance avec le couple du siècle : Clovis et Clotilde
- Suivez tous les épisodes sanglants où s'opposent les reines Brunehaut et Frédégonde
- Revoyez vos préjugés sur Dagobert et les rois fainéants

Définissons d'abord ce qu'est le Moyen Âge : il s'agit de la période qui va de la chute de l'Empire romain d'Occident, en 476, à la fin de la guerre de Cent Ans en 1453. Si on veut aller plus vite et simplifier, on peut dire que le Moyen Âge dure un millénaire, de 500 à 1500, on affine ensuite… Qui nous attend au seuil du Moyen Âge ? Quels sont les nouveaux maîtres de la Gaule alors que Rome n'est plus qu'un souvenir de gloire ? Depuis le temps qu'ils en rêvaient, les Francs sont là, ils se sont répandus en Gaule du nord surtout, le sud étant Wisigoth. Et ces Francs arrivent avec une coutume qui va, à maintes reprises, faire se battre entre eux des frères, ou des pères et des enfants ; car la coutume franque veut que le royaume soit partagé entre tous les descendants mâles de celui qui gouvernait. Ainsi, les possessions de chacun ne cessent de s'amenuiser alors que les ambitions de développement et d'extension s'accroissent ! Allons maintenant sur le terrain…

Clovis le Mérovingien

Son arrière-grand-père s'appelle Clodion, son grand-père Mérovée, son père Childéric. Son nom ? Clovis ! Clovis, le roi des Francs…

Clodion, Mérovée, Childéric…

On sait très peu de choses de Clodion, sinon que peut-être il claudiquait, d'où son nom, mais plus sûrement qu'il possédait une abondante chevelure lui retombant sur les épaules. Sinon, il n'aurait pu être roi ! En effet, les Francs sont sûrs que leurs rois descendent des dieux qui régissent le visible et l'invisible ; et la marque indiscutable de cette filiation divine, c'est une chevelure dense, blonde et bouclée. Cette crinière est celle des fils du ciel, seuls capables de gouverner des hommes. Et, si l'on veut éliminer un adversaire ou un prétendant trop insistant, il suffit de prendre une bonne paire de ciseaux et de se débrouiller pour le tondre ! Clodion, c'est l'ancêtre franc salien. Rappelez-vous, il a pris Cambrai en 430, et il n'a pas fait raser la ville parce qu'à l'intérieur de ses remparts, ses trésors seront à l'abri. Mort en 448, il laisse le pouvoir à son fils Mérovée. Mérovée, on aurait pu l'apercevoir dans la mêlée des champs Catalauniques, car il est venu prêter main forte à Aetius dans sa lutte contre les Huns. Sept ans plus tard, en 458, Mérovée meurt, et Childéric, son fils, le remplace. Mérovée est considéré comme le fondateur de la dynastie mérovingienne.

La romance de Childéric et Dame Basine

Officier au service de l'Empire romain d'Occident, Childéric s'apprête à régner sur le petit royaume de Tournai, mais pas pour longtemps…

Childéric chassé par ses sujets en 455 !

Retour en arrière : les champs Catalauniques ! Qui est là, faisant tourner son épée comme un moulinet infernal, repoussant Hun par Hun l'ennemi ? C'est Childéric ! Pour lui, cette bataille est en quelque sorte un stage de formation. La bravoure ? Il en possède comme deux ! De haute taille, il impressionne déjà. À la mort de son père en 458, c'est lui qui devient roi des Francs saliens. Mais, bien que son royaume soit minuscule – il s'étend autour de la ville de Tournai, et couvre une partie de la Belgique d'aujourd'hui – Childéric veut gouverner tout seul, sans sa famille, sans les nobles de son entourage. Aussi, la révolte gronde, et Childéric doit faire ses bagages et fuir jusqu'en Thuringe (aux environs d'Erfurt, en Allemagne). En réalité, le refus du partage du pouvoir n'est pas la seule raison du départ de Childéric. On croit savoir que son penchant excessif pour le sexe féminin lui faisait considérer d'emblée comme sa propriété les femmes ou les filles de ses sujets, qu'il enlevait à tour de bras ! Cette habitude contrariante pour des maris ou des pères était difficilement supportable. Tous en chœur lui crient " Dehors ! " Voilà donc le roi déchu qui est reçu à bras ouverts par son homologue thuringien, le roi Basin. Basin vit à sa cour avec la reine son épouse, nommée Basine. Tout simplement.

Comment Dame Basine devient reine des Francs en 461

UNE ANECDOTE

On accueille donc Childéric. On le console. On le plaint. On peut imaginer davantage : Basin un matin part à la chasse. Childéric dort encore. Basine, seule, décide de mettre du baume au cœur de celui qu'elle trouve beau comme Basin, et même beaucoup plus si affinités… Elle le console à sa façon, le cajole. Au point que, lorsque Childéric est rappelé dans son royaume de Tournai en 461 – car les affaires vont très mal là-bas –, dame Basine, forcément demeurée en Thuringe auprès de son époux, ne dort plus, ne mange plus, ne boit plus, ne fait plus rien qui vaille. Peu de jours plus tard, elle se décide à partir pour Tournai. Elle fait ses bagages en cachette, et la voilà qui trottine sur les routes du Thuringe. Objectif Tournai ! Ainsi voit-on arriver au palais de Childéric cette femme qui va tout droit vers le roi Childéric et lui dit : « Je suis venue à toi parce que ton mérite est grand. Je veux habiter avec toi pour toujours. Si je t'avais connu au-delà des mers, les mers ne m'auraient pas arrêtée pour aller jusqu'à toi… » Ah, la belle amour ! Childéric, sans penser davantage aux bontés de Basin pendant son exil, épouse la belle Basine qui, trois ans plus tard, donne naissance à un fils. Et quel fils : Clovis !

Des guerres se préparent

Allié de Paul, successeur provisoire d'Aegidius, représentant de Rome en Gaule, Childéric se bat contre les Saxons qui menacent d'envahir l'Armorique et parviennent jusqu'à Angers. Le fils d'Aegidius, Syagrius, prend la succession de son père, mais, au lieu de faire allégeance à l'empereur d'Orient, il s'allie aux Wisigoths qui règnent sur la partie sud-ouest du pays. Cette alliance porte en elle le germe de guerres à venir. Childéric n'a pas le temps de les prévenir : il meurt en 481. Enterré à Tournai – à cette occasion, plusieurs dizaines de jeunes chevaux sont sacrifiés et disposés en étoile, à une vingtaine de mètres du cœur de la tombe –, il laisse la place à son fils, Clovis. À quinze ans, Clovis devient roi !

La loi salique : tout se paie…

LE SAVIEZ-VOUS ?

Afin d'éviter les vengeances personnelles, courantes dans la tribu des Francs saliens, un ensemble d'articles, rassemblés sous le nom de loi salique, précise la somme due par tout auteur de crime ou délit. Il s'agit donc seulement de compensations financières, d'amendes, sans autre forme de procès. En voici quelques extraits :

- Si un homme libre tue un bon ouvrier tel un orfèvre, il versera 75 sous d'or.
- Le meurtre d'un Romain libre est puni de cent sous, celui d'un garçon de douze ans, de 600 sous.

- Pour avoir arraché un œil, une main, un pied ou un nez, l'amende est de 100 sous ; si la main pend encore : 60 sous.
- Pour une blessure à la tête de sorte que le sang a coulé jusqu'à terre : 15 sous ; si le cerveau a été mis à découvert : 45 sous.
- Pour un homme libre qui étreint la main, le doigt ou le bras d'une femme libre : 15 sous ; s'il a pressé le bras au-dessus du coude : 35 sous.
- Pour avoir traité quelqu'un de renard : 3 sous ; pour avoir traité quelqu'un de lièvre : 3 sous.

Lorsqu'il s'agit d'un meurtre et que le meurtrier n'est pas solvable, le meurtrier, pour signifier qu'il abandonne sa dette et ses biens à sa famille, doit d'abord jurer qu'il n'a plus rien. Ensuite, il entre dans sa maison :

- Il y ramasse de la terre dans les quatre angles.
- Il jette cette terre par-dessus son épaule afin qu'elle tombe sur ses parents les plus proches.
- Enfin, en chemise, sans ceinture, sans chaussures, il doit sauter par-dessus la haie de son enclos, cela signifiant qu'il donne sa demeure aux siens.

Clovis, le roi des Francs

Clovis est d'abord un roi adolescent, mais la tâche ne l'effraie pas ; son objectif, c'est conquérir par les armes ou par la politique. Il se révèle excellent stratège et négociateur. Il construit peu à peu son royaume, tombe amoureux de Paris et de Clotilde, épouse les deux…

Figure 3-1 : Le baptême de Clovis. Sculpture ornant l'orgue de la cathédrale de Reims.

Un appétit de conquérant

Sur le chemin de Clovis, les Alamans, les Wisigoths et, bien sûr, Clotilde, celle qui va le convaincre que Paris vaut bien une conversion au catholicisme…

L'enfant de l'amour, et de Dame Basine…

Clovis, bel enfant – enfant de l'amour… – est devenu un robuste adolescent qui commande avec une ferme autorité ses troupes. Il hérite du petit royaume de son père. Quel est l'état de la Gaule à cette époque, après les invasions barbares et la chute de l'Empire romain ? On trouve à l'ouest – en Bretagne – les Armoricains ; les Alamans à l'est, entre les Vosges et le Rhin ; les Burgondes au sud-est, dans les vallées du Rhône et de la Saône ; les Wisigoths au sud-ouest, entre la Loire et les Pyrénées ; les Romains au centre, dans les vallées de la Marne et de l'Oise ; et enfin, au nord, les Francs en Belgique, en Champagne et en Picardie. Belle mosaïque que Clovis, doté d'un grand appétit conquérant et d'un remarquable sens politique, va s'efforcer d'unir sous une même bannière. En 486, il a vingt ans, l'âge des premières conquêtes.

De Clovis à Louis

Clovis, c'est Chlod-weg : célèbre par ses combats. Romanisé, ce nom devient : Hlodovicus, puis Clodovicus qui donne Clouis. De Clouis est né Louis, nom porté par dix-huit rois en France, et par de nombreux Français.

Le « roi des Romains » vaincu en 486

La tâche s'annonce rude. En effet, les Wisigoths qui occupent presque la moitié de la Gaule, semblent en mesure de l'occuper tout entière ! Leur roi, Alaric, monté sur le trône en 484, à la mort de son père Euric, est mineur. Mais il ne pourra s'empêcher de lorgner vers le nord et il serait capable, un jour, de franchir la Loire. De plus, ces Wisigoths, qui pratiquent l'arianisme, harcèlent sans cesse les évêques fidèles à Rome. Et puis, il y a Syagrius, le « roi des Romains » qui, de sa capitale, Soissons, voudrait maintenir les restes du grand Empire. C'est par lui que Clovis commence son aventure épique :

- Il s'assure la neutralité des autres Francs saliens et des Francs rhénans au nord afin que ne leur vienne pas à l'idée d'accourir à l'aide de Syagrius.
- Ensuite, il fixe en accord avec le « roi des Romains » la date de la bataille – selon la vieille coutume germanique.
- Enfin, il bat à plate couture Syagrius qui s'enfuit à Toulouse vers celui dont il partageait beaucoup des convictions : Alaric, le roi des Wisigoths.

Encombré de ce visiteur qu'il n'avait pas invité, Alaric décide en quelque sorte de le retourner à l'envoyeur, c'est-à-dire à Clovis. Celui-ci le conserve un moment au secret, puis, discrètement, le fait égorger ! Et voici Clovis en possession du royaume de Syagrius. Il s'installe dans son palais de Soissons et profite avec gourmandise de tous les bénéfices liés à cette nouvelle possession.

UN ÉVÉNEMENT IMPORTANT

Le vase de Soissons

Bien des églises furent pillées pas les soldats de Clovis au cours de la guerre contre Syagrius. Les Francs avaient l'habitude de rassembler tout le butin en un lieu précis afin de procéder à son partage en parts égales. De l'une des églises pillées avait été rapporté un magnifique vase d'argent. L'évêque de Soissons qui y tenait beaucoup demanda à Clovis qu'il lui soit restitué. Clovis, tenant à demeurer en bons termes avec la hiérarchie chrétienne, proposa à ses soldats de lui réserver ce vase. Ce à quoi l'un de ses soldats soudain saisi de colère répondit : « Tu ne recevras que ce que le sort te donnera », et ce disant, il frappa de sa hache le vase d'argent qui se plia comme une pizza calzone ! L'incident jeta un froid de mort parmi les troupes, mais Clovis ne réagit d'aucune façon.

Un an plus tard, il passe en revue ses troupes, et qui aperçoit-il ? L'homme à la hache coléreuse… « Ta hache, ton épée, ton javelot… Jamais je n'ai vu d'armes aussi mal entretenues ! », lui dit-il. Il les lui prend et les jette à terre. Le soldat se baisse pour les ramasser. C'est alors que Clovis se saisit de sa hache et la plante dans la tête du récalcitrant. « Ainsi as-tu traité le vase de Soissons ! », s'écrie Clovis aux oreilles de qui ne l'entend déjà plus, pendant qu'au même moment, cette action et cette phrase entrent dans la légende et nous arrivent aujourd'hui, intactes, avant de poursuivre leur voyage vers les siècles à venir…

493 : Clovis épouse Clotilde

UN ÉVÉNEMENT IMPORTANT

Clovis livre ensuite de multiples batailles qui lui permettent de s'installer jusqu'à la Loire en 490. Pendant les cinq années qui suivent, il élimine progressivement les Francs saliens du nord de la Gaule qui pourraient lui nuire. Ces Francs-là sont ou bien ses frères, ou bien ses cousins… Qu'importe ! Il en fait décapiter certains, et parfois met la main à la hache pour exécuter lui-même, par exemple, le roi de Cambrai, Ragnacaire, dont il ne supportait pas la débauche. En 493, Clovis épouse Clotilde, princesse chrétienne, nièce de Gondebaud, roi des Burgondes.

496 : « Dieu de Clotilde, ici Clovis… »

UN ÉVÉNEMENT IMPORTANT

Trois ans plus tard, excédé par les incursions des Alamans sur la rive droite du Rhin, les Francs ripuaires font appel à Clovis pour les en débarrasser. Clovis, tout heureux d'agrandir ses territoires, accourt avec son armée. Mais les Alamans ne s'en laissent pas compter aussi facilement qu'il le croyait. Et, le jour de la bataille, vers midi, Clovis sent que la victoire lui échappe. Il se met alors à genoux et s'écrie : « Dieu de Clotilde… » – c'est la première fois qu'il l'interpellait ainsi, n'oublions pas que Clovis n'est pas encore converti –, « Dieu de Clotilde ! Ici, Clovis ! Si tu m'entends, donne-moi la victoire ! Je te promets de me convertir à la religion chrétienne ! » Il faut croire que la communication fut d'excellente qualité car, à partir de ce moment, les Alamans reculèrent, et en quelques coups de hache et d'épée, la victoire fut remportée. Cela se passait à Zülpich, au sud de Cologne, en 496, et cette ville s'appelait, à l'époque, Tolbiac.

Les malheurs de Clotilde

Clotilde qu'épouse Clovis a connu bien des malheurs dans sa jeunesse : elle est la fille du roi burgonde Chilpéric qui a été assassiné par son frère Gondebaud, assoiffé de pouvoir ! Pour éviter toute vengeance future, Gondebaud a jugé bon de faire noyer ses deux neveux, frères de Clotilde, ainsi que leur mère. Il a aussi fait assassiner son autre frère Godomar. Ses deux nièces sont exilées à Genève. C'est de cette ville que Clotilde arrive lorsqu'elle épouse Clovis. Clotilde qui revient de loin…

Le royaume franc ne cesse de s'agrandir

Avec une détermination sans faille, Clovis ne va cesser d'agrandir son royaume.

LE SAVIEZ-VOUS ?

Traduction revue…

Avant d'entrer dans l'église, l'évêque Rémi s'était ainsi adressé à Clovis, en latin : « Depona colla, Sicamber ! » ce qui a été traduit pendant des générations satisfaites de voir le barbare soumis par : « Courbe la tête, fier Sicambre » – le Sicambre étant le Germain, le Franc. Mais « Depona colla, Sicamber » veut dire : « Dépose tes colliers, Sicambre », autrement dit, « Ne fais plus confiance à tes amulettes de païen désormais ! » C'est moins pathétique, certes, mais c'est plus près du texte…

Une paix sans fin !

Clovis ne tarda pas à tenir sa promesse de Tolbiac, et le 25 décembre 496 (la date est contestée par certains historiens), il se faisait baptiser dans l'église de Reims par l'évêque Rémi. Ce baptême revêt une signification particulière, et Clovis, le fin politique, ne l'ignore pas : il est le premier roi germanique –

barbare pour les Romains – qui devient roi chrétien ! L'Église est désormais sous sa protection en terre gauloise, partout où il s'implantera. Des milliers de guerriers l'acclament et se font aussi baptiser. Quatre ans plus tard, Clovis s'attaque à Gondebaud, roi des Burgondes, poussé par Clotilde qui veut venger l'assassinat de ses deux frères et de ses parents. Après l'avoir battu, Clovis, habilement, en fait son allié, privant ainsi les Wisigoths d'une puissance qui pourrait se révéler décisive. Tout est donc prêt pour l'attaque du puissant voisin d'Aquitaine Alaric. Clovis le rencontre en 504, près d'Amboise. Ils boivent ensemble les meilleurs vins et l'hydromel, se garantissant mutuellement une paix sans fin !

Vouillé : la fin des Wisigoths d'Aquitaine, en 507

UNE BATAILLE

Trois ans plus tard, Clovis, encouragé par l'empereur de la chrétienté, le byzantin Anastase, attaque Alaric le Wisigoth arien. La bataille se déroule à Vouillé, près de Poitiers. Le combat dure peu de temps, Alaric est tué par Clovis lui-même qui échappe ensuite de peu à la mort, deux ennemis lui lançant leur lance dans le flanc heureusement protégé par son armure. Clovis file ensuite à Bordeaux où il s'empresse de faire transporter les trésors d'Alaric. Peu après, il prend Angoulême. Gondebaud, de son côté, s'empare de Narbonne. C'est à cette époque que, voulant trouver un point géographique plus au centre de son royaume, Clovis choisit Paris pour capitale. Il va y vivre dans un palais de l'île de la Cité. La ville compte alors 30 000 habitants environ. Cette nouvelle résidence qui l'enchante ne fait pas

Plutôt morts que tondus !

Clovis avait quatre fils : Thierry, Clodomir, Childebert et Clotaire qui se partagèrent le royaume de leur père. Clodomir fut tué au cours d'une bataille contre les Burgondes. Clodomir laissait trois garçons de dix, sept et quatre ans. La reine Clotilde se prit de tendresse pour ses trois petits-fils orphelins. Cela inquiéta Childebert leur oncle chez qui ils vivaient à Paris. Il prévint son frère Clotaire et ils décidèrent de tendre un piège à leur mère en lui demandant de leur envoyer Théobald, Gunthaire et Clodoald, les trois enfants de Clodomir, afin de les désigner successeurs au trône royal. Aussitôt qu'ils eurent quitté le palais, les enfants se retrouvèrent otages de leurs oncles qui envoyèrent à la reine Clotilde un messager. Celui-ci lui présenta une paire de ciseaux et une épée, lui demandant ce qu'elle préférait pour Théobald, Gunthaire et Clodoald qu'elle chérissait : qu'ils fussent tondus ou transpercés par l'épée. Elle répondit, dans sa douleur : « Plutôt morts que tondus ! »

Aussitôt que le messager eut appris aux oncles la réponse de Clotilde, Clotaire se saisit d'un poignard et en transperça l'aisselle de Théobald qui expira dans un grand cri. Gunthaire, entendant son frère, se jeta aux pieds de Childebert en l'implorant. Pris de pitié pour cet enfant de sept ans, Childebert demanda à Clotaire d'arrêter le massacre, mais celui-ci fut saisi d'une sorte de rage, il égorgea l'enfant. Puis ce furent les accompagnateurs des petites victimes qui furent passés au fil du couteau. Seul Clodoald avait échappé à la folie meurtrière. Devenu homme, il prit l'habit de moine et fonda un monastère tout près de Paris. Un monastère qui porta son nom : Clodoald, devenu Cloald, puis Cloud, et enfin, plus tard, Saint-Cloud.

oublier à Clovis ses occupations favorites : afin d'agrandir vers le nord ses possessions, il fait assassiner Clodéric, le roi des Ripuaires. Ainsi, le royaume franc s'étend des Pyrénées jusqu'au-delà du Rhin !

De Clotaire à Dagobert

La succession de Clovis est mouvementée : ses fils et petits-fils se livrent à une surenchère de rivalités cruelles. Les reines Brunehaut et Frédégonde illustrent cette recherche féroce du pouvoir. Puis vient le bon roi Dagobert qui n'a jamais mis sa culotte à l'envers…

Brunehaut et Frédégonde : deux reines d'enfer

Deux légendes : Brunehaut et Frédégonde illustrent à leur façon cette idée que, si les hommes gouvernent, les femmes ne sont pas en reste, et savent elles aussi lutter par tous les moyens pour acquérir le pouvoir.

Le royaume de Clovis partagé en 511

À la mort de Clovis, en 511, le royaume est partagé, selon la loi germanique – nous l'avons vu un peu plus haut –, entre les fils du défunt roi ; Thierry, Clodomir, Childebert et Clotaire. Ceux-ci s'unissent alors pour agrandir le territoire et vainquent, en 523, le roi burgonde Sigismond qui est livré à Clodomir. Clodomir décide, pour s'en débarrasser, de le jeter avec sa femme et ses enfants, dans un puits ! Mal lui en prend : il est ensuite tué par le frère de Sigismond. Thierry meurt en 533. Son fils Théodebert lui succède et meurt en 548. Théodebert est remplacé par son fils Thibaud qui meurt sans laisser d'héritier. Childebert disparaît à son tour en 558. Qui reste-t-il alors, seul à la tête du royaume ?

Clotaire Ier le Médiocre

Celui qui reste seul à la tête du royaume est Clotaire ! Clotaire Ier, cruel, violent, jaloux, cynique, injuste, sanguinaire – la liste des qualificatifs choisis par les historiens est longue, et finalement peut être englobée sous le terme : médiocre. Parmi ses nombreuses femmes, il faut citer Guntheuca, veuve de son frère Clodomir. Il l'épouse en 524, après avoir tué deux de ses fils (Théobald et Gunthaire)… Clotaire Ier meurt en 561. Le royaume est partagé entre ses quatre fils.

- Sigebert hérite de l'Est et des régions germaniques au-delà du Rhin : l'Austrasie.
- À Chilpéric revient la Neustrie du Nord, avec pour capitale Soissons.

- À Caribert, la Neustrie de l'ouest (capitale Paris).
- À Gontran, la Bourgogne.

C'est à ce moment qu'entrent en scène les deux plus étonnantes figures de femmes de cette époque – furies déchaînées pour les uns, intelligentes, calculatrices pour les autres : Brunehaut et Frédégonde.

La France en 561.

Clotaire d'enfer !

Dernier flash sur Clotaire Ier, Clotaire d'enfer : Chramme, son fils, gouverneur de l'Auvergne – plutôt tyran dans ses habitudes de gouverner, enlevant leurs plus belles filles aux Sénateurs… – se révolte en 556. Son père lui pardonne cette rébellion une première fois. En 559, Chramme se révolte encore, mais, battu, il se réfugie auprès de Conober, comte de Bretagne, à Vannes. Son père le déloge, le poursuit, le vainc et le fait enfermer dans une cabane de bois alors qu'il cherche à gagner la côte. Cela se passe non loin de Nantes. Chramme est torturé, puis on bloque toutes les sorties de la chaumière à laquelle on met le feu ! Chramme périt dans les flammes avec sa femme et ses enfants. Sur l'ordre de son père…

L'étincelante Brunehaut d'Espagne

Elle possède le charme et l'élégance ensoleillée de l'Espagne : Brunehaut séduit tous ceux qu'elle approche. Elle est belle, possède une grâce naturelle, elle est intelligente. C'est la fille cadette du roi des Wisigoths d'Espagne, Athanagilde. Elle a été élevée à la cour de Tolède. Sigebert, le roi d'Austrasie, obtient sa main, les noces ont lieu à Metz en 566, capitale du royaume. Pour l'occasion, le poète Fortunat – évêque de Poitiers par la suite, devenu saint Venance-Fortunat – trousse un joli poème où il loue ainsi la reine : « Ô vierge que j'admire et qui plaira à ton époux, étincelante Brunehaut, plus brillante que le flambeau du ciel, autre fille de Vénus, toi qui es dotée de l'empire de la beauté, tu as dû, pour parvenir de Tolède à Metz, franchir des montagnes couvertes de neige… » et Fortunat, visiblement, devant cette séduisante Espagnole, ne reste pas de glace. Brunehaut est raffinée.

Chilpéric épouse la sœur de Brunehaut

Chilpéric, le roi de la Neustrie du Nord, est fasciné par sa belle-sœur. Il se dit que, lui aussi, il aurait pu faire un mariage d'égale qualité. Voilà pourquoi il répudie sa première épouse Audovère, puis se sépare de sa favorite, l'esclave Frédégonde qu'il renvoie aux cuisines. Libre, il demande la main de la sœur aînée de Brunehaut : Galswinthe. Il l'obtient et organise son mariage à Rouen, en 567, un mariage aussi brillant que celui de son frère Sigebert, et d'autant plus réussi que Caribert vient de mourir, léguant au nouveau marié la Neustrie de l'Ouest et sa capitale : Paris !

La terrible Frédégonde !

Elle ne recule devant rien, Frédégonde, le crime ne l'effraie pas, tous les moyens sont bons pour conserver le pouvoir. Pauvre, pauvre Galswinthe ! La belle Frédégonde ne digère pas son retour aux fourneaux. Elle retrouve bientôt le chemin du lit royal. Et bientôt, Galswinthe est retrouvée étranglée dans son lit. Devinez qui a ordonné ce meurtre ? Certains ont prétendu que Frédégonde avait mis Chilpéric au défi de le faire, et qu'il le fit. D'autres disent que c'est Frédégonde elle-même qui étrangla sa rivale. Enfin, on pense plutôt qu'un esclave accomplit consciencieusement la tâche qu'on lui avait confiée, inaugurant ainsi une série de crimes qui rendent cette époque proche parente de ce qui se passe dans les *thrillers* politico-financiers assaisonnés de dérives des sentiments. Chilpéric se retrouve soudain veuf, et libre. Il épouse Frédégonde ravie ! Brunehaut veut alors venger le meurtre de sa sœur Galswinthe. Chilpéric entre alors en guerre contre son frère Sigebert : il voudrait lui grignoter un peu de son immense Austrasie ! Mais Sigebert réplique et, avec ses féroces guerriers germains, vainc et tue le fils que Chilpéric avait eu d'un premier mariage. Nous sommes en 575.

Du poison sur les scramasaxes !

Chilpéric vaincu, Sigebert à ses trousses, se réfugie dans la ville de Tournai avec femme et enfants. C'en est fait de lui, de sa puissance, de ses possessions ! Sigebert triomphant s'installe dans la capitale de son frère : Paris. Il y fait venir sa femme, la reine Brunehaut qui arrive avec ses deux filles et son fils. Les Parisiens lui font un triomphe. Ses chariots regorgent de trésors. La même année, Sigebert devient officiellement roi de Neustrie, dépossédant de son royaume son frère Chilpéric, au cours d'une cérémonie qui se déroule à Vitry-en-Artois, près d'Arras. Il y est allé seul, sans Brunehaut. Sa victoire est bien courte : Frédégonde, la terrible reine vaincue qui rumine dans Tournai sa défaite aux côtés de Chilpéric, a dépêché deux sicaires (de sica, en latin, qui signifie poignard) qui plantent leur scramasaxe – le poignard franc – dans la poitrine de Sigebert. Sigebert meurt d'autant plus rapidement que Frédégonde avait pris soin d'enduire de poison la longue lame des scramasaxes !

UN PORTRAIT

Grégoire de Tours, l'Histoire des Francs et le pseudo-Frédégaire

Comment connaît-on tous ces épisodes mouvementés ou paisibles de l'histoire des Francs ? C'est grâce à Georgius Florentius Georgius, né en 538 à Clermont-Ferrand, issu d'une famille noble gallo-romaine. Plus connu sous le nom de Grégoire, il est nommé évêque de Tours en 573 par Sigebert Ier, le roi d'Austrasie – qui a hérité des villes de Poitiers, Tours et Vendôme à la mort de son frère Caribert en 567. Il occupe beaucoup de son temps à écrire une Histoire des Francs où sont rapportés les faits et gestes de Mérovée et de sa descendance. Devenu évêque de Tours, il n'en continue pas moins son œuvre d'historien. Farouche défenseur du droit d'asile, c'est lui qui refuse à Chilpéric l'entrée dans l'église de Saint-Martin où Mérovée, le fils du roi, et Brunehaut se sont réfugiés après avoir été unis par Prétextat, l'évêque de Rouen. Par la suite, courageusement, il ose s'opposer à d'autres volontés de Chilpéric. Grégoire de Tours meurt à Tours en 59. La suite de la chronique est écrite, croit-on dans un premier temps, par Frédégaire, un historien dont on ne connaît pas grand-chose. Mais un examen approfondi des textes montre que cette suite est une œuvre collective, plusieurs auteurs mettent la main à la plume pour raconter la suite de l'histoire, jusqu'en 768. de sorte qu'on attribue les extraits de cette histoire prolongée au « pseudo-Frédégaire »...

Brunehaut emprisonnée en 575

Brunehaut apprend à Paris la mort de son roi et mari Sigebert. Chilpéric et Frédégonde sortent alors de Tournai. Ils font immédiatement saisir et emprisonner Brunehaut et ses enfants après s'être emparés de leurs trésors. Mais Gondevald, un fidèle de Sigebert, parvient à faire évader le plus jeune fils de son maître, un enfant de cinq ans. Il l'emmène en Austrasie où il le fait proclamer roi sous le nom de Childebert II le jour de Noël 575. Brunehaut est envoyée dans un couvent, à Rouen. Chilpéric se retrouve à la tête du royaume. Il avait eu de son mariage avec Audovère, Mérovée, un fils qu'il envoie soumettre le Poitou. Mais, Mérovée, présent lors de l'emprisonnement puis de l'exil de Brunehaut, était tombé amoureux fou, à l'insu de tout le monde, de sa tante !

Mérovée tombe amoureux de la reine

Au lieu d'aller en Poitou, Mérovée s'en va au Mans, fait semblant de rendre visite à sa mère retirée dans un couvent, et file à bride abattue à Rouen où il retrouve Brunehaut qui cède aux avances du jeune homme ! Tous deux, tout émus, demandent à Prétextat, évêque de Rouen, de les marier. Et Prétextat, parrain de Mérovée qu'il aime comme son propre fils, consacre en une union interdite par l'Église en raison du degré de parenté, son filleul et la belle veuve de Sigebert, unis dans une même passion !

576 : Mérovée tondu !

C'est beau, l'amour, mais, quand Chilpéric est informé de ce mariage, en 576, il arrive en colère à Tours où les amants passent le premier quartier de leur lune de miel. À l'arrivée de Chilpéric, ils se réfugient dans l'église de Saint-Martin ! Chilpéric leur fait toutes les promesses du monde afin de les en faire sortir, et tout est bien qui finit bien puisque tout le monde s'embrasse et se congratule. Pas pour longtemps : Chilpéric et Mérovée doivent reprendre la ville de Soissons qu'un seigneur de Champagne avait investie en leur absence ! La ville reprise, Chilpéric accuse Mérovée de cette guerre. Il le fait tondre et entrer au monastère de Saint-Calais près du Mans. Brunehaut et ses filles sont renvoyées en Austrasie.

Un coup de scramasaxe dans le sein

Et l'amour dans tout ça ? Il brûle toujours dans le cœur de Mérovée qui s'enfuit du monastère et tente de rejoindre Brunehaut. Mais les seigneurs d'Austrasie s'y opposent. Mérovée, trahi par les siens, devient un errant sur les chemins, suivi d'un seul compagnon fidèle à qui il demande de lui plonger dans le sein son scramasaxe, ce qui est fait en 578. Ainsi se termine, douloureuse et belle, cette page d'histoire qu'avec un peu d'audace on peut classer dans l'éphémère et rare romantisme mérovingien…

Les deux reines jouent la Belle et la Bête…

Revenons à Frédégonde : les trois fils qu'elle a eus du roi Chilpéric meurent en bas âge, emportés par une épidémie. Furieuse de n'avoir plus d'héritiers mâles capables de remplacer leur père, elle fait accuser de leur mort le fils que celui-ci a eu avec sa première femme, Clovis. Il est emprisonné et assassiné sur ordre de sa belle-mère Frédégonde heureuse de se rendre compte, dans le même temps, qu'elle est enceinte ! Elle donne naissance à celui qui deviendra le roi Clotaire II. Nous sommes en septembre 584. Chilpéric, tout heureux d'avoir un nouveau fils, rentre de la chasse à Chelles (en Seine-et-Marne). Soudain, un inconnu le frappe de deux coups de poignard. Est-ce Frédégonde qui a dépêché ce sicaire ? Nul ne le sait, mais certains le pensent. Est-ce elle aussi qui fait empoisonner, en 595, le fils de Brunehaut, Childebert II, roi d'Austrasie ? Probablement…

Frédégonde meurt dans son lit

Le royaume de Neustrie et celui d'Austrasie se retrouvent alors aux mains des deux ennemies : Frédégonde et Brunehaut ! Elles vont se livrer d'incessantes batailles, cherchant à privilégier leurs enfants et petits-enfants, mues par les mêmes appétits et la même férocité que n'importe quel homme ! Frédégonde s'est assurée un pouvoir sans partage en faisant étrangler, poignarder, égorger, au fil des ans, tous ceux qui la gênent. Jusqu'à ce quelle meure tranquillement dans son lit, une nuit de 597.

Brunehaut sur un chameau

Brunehaut la régente d'Austrasie va-t-elle enfin pouvoir dormir tranquille ? Point du tout ! Après mille péripéties guerrières, elle est livrée dans la ville de Renève, près de Dijon, en 613, au fils de Frédégonde, Clotaire II. Celui-ci accuse de tous les crimes de la terre la vieille femme qui a presque soixante-dix ans. Il la fait torturer pendant trois jours. Et au bout de trois jours, il l'installe sur un chameau afin que ses soldats l'insultent et l'humilient. Puis, pour parachever le calvaire de l'ennemie de sa mère et signer de son nom, Clotaire II, la plus ignominieuse, la plus abjecte des vengeances, il fait attacher nue Brunehaut par une jambe, un bras et par les cheveux, à un cheval fougueux qui est lâché de sorte que la vieille reine meurt dans d'atroces souffrances. Ainsi, dans le galop d'un cheval fou, se termine l'histoire de Brunehaut et Frédégonde. Ainsi demeure l'horreur ultime de cette histoire qu'on pourrait résumer, par dérision, sous ce titre : la Belle et la Bête…

Le bon roi Dagobert

On pourrait légitimement tout craindre du successeur de Clotaire II et de Frédégonde, deux gouvernants qui n'ont reculé devant aucune monstruosité, aucun crime d'intérêt, que les années de prospérité vécues entre la fin de Brunehaut et la mort du roi Clotaire en 629 n'absolvent en rien. Mais, l'enfant de Bertrade – femme de Clotaire –, le petit-fils de Frédégonde, Dagobert, est l'antithèse de ses prédécesseurs.

Dagobert rend la justice

Dagobert est né en 600. En 623, il a été nommé roi d'Austrasie par son père – le trône d'Austrasie étant inoccupé depuis la mort de Brunehaut, et les Austrasiens réclamant un roi. À la mort de son père, il désire régner sur tout le royaume. C'est un travailleur infatigable. Il quitte Metz et s'installe à Paris, ville dont il veut faire sa capitale. Il transforme en provinces la Neustrie, la Bourgogne, provinces qu'il parcourt sans relâche, ayant le souci constant de rendre la justice, d'écouter les requêtes de chacun, jugeant non pas en fonction des dons qu'on lui fait ou de l'importance de la personne, mais en toute équité. Cela ne l'a pas empêché d'éloigner son frère Charibert du trône en lui accordant l'Aquitaine, puis de reprendre cette même Aquitaine lorsque

Charibert disparaît fort opportunément, de même que le fils de celui-ci l'année suivante… Vieille habitude franque…

L'ordalie : le jugement de Dieu

Faisons une incursion, en passant, dans un tribunal mérovingien. Le droit est fondé sur l'ordalie. L'ordalie – de l'anglo-saxon *ordal* signifiant « jugement » ou « partage », même racine pour l'anglais *deal* – est le jugement de Dieu. En justice mérovingienne, pour les petits délits, une décision orale suffit. Mais pour les infractions graves, le suspect est amené devant le tribunal, le mallus, composé de comtes et de notables locaux.

- Ou bien le suspect arrive en compagnie d'amis ou de voisins qui vont affirmer avec lui son innocence.
- Ou bien, sans témoin, il va être soumis à l'ordalie : on jette alors le prévenu dans l'eau bénite.
- Si le corps s'enfonce, c'est que l'individu est innocent.
- S'il flotte, l'eau bénite le rejette, donc Dieu ne veut pas d'un coupable. Et voilà, c'est simple, il suffisait d'y penser…
- Lorsqu'ils estiment le suspect innocent, les juges peuvent aussi choisir l'ordalie de l'eau chaude dont il est facile de se tirer sans dommage.
- S'ils le pensent coupable, ils choisissent l'ordalie du fer rouge qui consiste à prendre un fer incandescent à pleine main, et cette ordalie-là ne pardonne guère…

638 : Dagobert soumet les Bretons

Sans remporter de victoire éclatante, Dagobert, qui est davantage un politicien qu'un chef guerrier, maintient la paix et la renforce dans son royaume. En 627, les Saxons commencent à manifester des désirs d'invasion. Il les maintient dans l'obéissance. Deux ans plus tard, il signe un traité d'amitié avec Héraclius, l'empereur byzantin. Puis il soumet les Gascons en 637. En 638, les Bretons de la Domnonée qui s'étendait du pays de Dol (nord de l'Ille-et-Vilaine) au Léon (Nord-Finistère) se révoltent et, sous le commandement de leur roi Judicaël, font des incursions dans les cités de Rennes et de Nantes qui sont soumises aux Francs. Judicaël est invité à se rendre à Clichy auprès d'un Dagobert si habile que le roi breton accepte de rendre tout ce qui avait été conquis.

Dagobert, Éloi, Didier, Ouen, même combat !

Dagobert sait s'entourer d'adjoints compétents et efficaces. Ce sont en quelque sorte des ministres qui jouent le rôle de conseillers et parviennent à équilibrer des comptes sans cesse sollicités par un Dagobert fort soucieux de donner de grandes fêtes, de vivre dans le luxe. Sa cour est célèbre dans l'Europe entière. Trois des ministres conseillers de Dagobert ont laissé leur nom dans l'histoire :

- Né près de Limoges en 588, Éloi – que ses parents nommaient Elligius : l'Élu – est un orfèvre si habile qu'il est envoyé à la cour du roi. Intime de Dagobert, il joue les ambassadeurs, auprès du roi breton Judicaël notamment, puis fonde des monastères. Il est nommé évêque de Noyon en 641, après la mort de Dagobert.
- Didier, autre homme de confiance de Dagobert devient évêque de Cahors afin de faire face au péril Wisigoth.
- Troisième conseiller, et non des moindres, dans l'entourage du roi : Ouen. Né près de Soissons, Ouen – de son vrai nom Dadon –devient chef de la Chancellerie, autrement dit ministre de la Justice. Lorsque Dagobert meurt en 639, Ouen, qui deviendra saint Ouen, est sacré évêque de Rouen.

Figure 3-2 : Le roi Dagobert et tous ses successeurs sont inhumés à Saint-Denis.

Dagobert et Saint-Denis

Dagobert sait mettre de son côté une autorité qu'il juge garante de la paix et de l'équilibre dans son royaume : celle de l'Église. Il contribue à la fondation d'abbayes, multiplie les dons en faveurs de la basilique Saint-Denis. Éloi la décore magnifiquement. Lorsqu'il sent sa fin proche, Dagobert se fait transporter dans un bâtiment tout proche de la basilique où il meurt le 19 janvier 639. Il est inhumé à droite du maître-autel. Tous les successeurs de Dagobert seront inhumés à Saint-Denis.

Le roi enflammé de sales désirs…

Conservons le meilleur ou le pire pour la fin. Le pseudo-Frédégaire, dans sa chronique, écrit : « Il serait impossible d'insérer ici les noms de toutes les concubines de Dagobert ; elles ont été si nombreuses que cela grossirait trop la chronique. » On l'a compris, Dagobert ne faisait pas que rendre la justice, ou bien écouter Éloi, Didier ou Ouen ! Il avait d'autres occupations ! La chronique le dit « enflammé de sales désirs » et « se livrant plus qu'il ne convient à l'amour des femmes ». Il y eut Gonatrude épousée en 626, et répudiée quatre ans plus tard. Il y eut Natechilde qui fut la mère de Clovis II ; puis Ragnetrude, mère de son second fils ; il y eut Ulfonde, Vulféconde, Berthilde… Arrêtons là ! Le reste du livre n'y suffirait pas !

LE SAVIEZ-VOUS ?

Le bon roi Dagobert

« Le bon roi Dagobert / A mis sa culotte à l'envers / Le grand saint Éloi… » Saint ? Déjà saint de son vivant près de Dagobert ? Et puis culotte ? Il n'y a pas de culotte à cette époque, on n'en parle pas encore, cela viendra beaucoup plus tard, au point que ceux qui refusent de la porter, car c'est un signe d'Ancien régime, se feront appeler les Sans-culotte. Cela sent la Révolution de 1789, non ? Eh bien oui ! Dans cette chanson de 1787, ce n'est pas Dagobert qui est mis en scène, mais Louis XVI dont on se moquait, car il était un peu étourdi ! Faisant référence à un roi lointain, les auteurs malins se mettaient hors de portée de la censure.

600 à 700 : des Pépins dans le palais

Dagobert disparu, le royaume franc est divisé en deux groupes : l'Austrasie où règne depuis 634 Sigebert III, neuf ans, fils de Dagobert et de Raintrude, et la Neustrie – Bourgogne qui a pour roi Clovis II, trois ans, fils de Dagobert et de Nanthilde. C'est à ce moment qu'apparaissent ceux qu'on appelle les maires du palais. Ils assistent ou plutôt remplacent les rois trop jeunes pour gouverner, ils prennent des décisions politiques, économiques qu'ils s'efforcent de faire appliquer, bref, ils jouent un rôle de plus en plus important, de plus en plus précis. Et ils sont de plus en plus présents sur la scène de l'histoire.

Les Mérovingiens peu à peu écartés

Les maires du palais, grands intendants, prennent plaisir à l'exercice du pouvoir, au point que leur objectif devient progressivement l'occupation du trône, un objectif qu'ils vont atteindre.

UN PORTRAIT

Les maires du palais

Qui étaient à l'origine ces maires du palais ? C'étaient en réalité les majordomes de la maison du roi. Les maîtres de la maison. Ils étaient chargés de l'intendance, de la surveillance des lieux où vivait le roi. Ils veillaient à l'approvisionnement, à la nourriture. Mais leur rôle s'apparentait aussi à ce qu'on appelle aujourd'hui la direction des ressources humaines. Le maire du palais est donc un genre de super DRH qui viserait le poste de P-DG ! Parce qu'il détient la clé des vivres, on le respecte, on l'entoure d'attentions intéressées. Peu à peu, il prend la première place dans le temps des guerres civiles, de toutes les périodes troublées. C'est un fin diplomate qui doit jouer le trait d'union entre les nobles et le roi. Il représente donc un troisième pouvoir, un pouvoir qui s'affirme supérieur à mesure que la royauté s'enlise dans ses guérillas de succession.

Pépin I, de Landen : le fondateur

Le premier maire du palais qui ait eu un rôle important se nomme Pépin de Landen (580 - 640). Pépin de Landen est le chef d'une famille de grands propriétaires influents dans les pays du Rhin et de la Moselle. Allié à une autre famille, celle d'Arnoul qui devient évêque de Metz, Pépin de Landen fonde une sorte de dynastie parallèle, les Pépinides ou Pippinides, qui va peu à peu se substituer à celle des Mérovingiens pour donner naissance à celle des Carolingiens. Mais nous n'en sommes pas encore là.

UN PORTRAIT

Paresseux, les rois fainéants ?

On a mis sous le nez studieux de générations d'écoliers l'illustration suivante : des bœufs tirent des charrettes vaguement tapissées d'étoffes précieuses où se trouvent allongés un roi gras et barbu accompagné de sa suite. Ce roi illustre l'image même de la fainéantise la plus obscène, la plus indigne pour qui dirige un peuple. Et voilà, précise en général la légende, qui étaient ceux qu'on appelle les rois fainéants, des rois mérovingiens médiocres et inutiles !

Faux ! Jamais les rois fainéants n'ont existé ! Poursuivant leur projet de s'installer au pouvoir, les maires du palais ont pris le soin d'éviter aux jeunes rois mérovingiens le contact avec tous ceux qui pourraient leur apprendre leur métier. Ils les ont relégué dans quelque abbaye, dans quelque monastère d'où ils ont été sortis pour maintenir une image de la royauté à laquelle tenait le peuple. Mais de pouvoir, point, puisqu'il leur était confisqué !

Ces rois étaient la plupart du temps des enfants ou des adolescents. Ils se déplaçaient de palais en palais, selon la coutume de l'époque. Et pour se déplacer, il n'y avait pas de limousine, mais des chars à bœufs. Alors, évidemment, on a pu voir le roi, comme n'importe qui d'autre, emprunter ce moyen de locomotion. De là à le déclarer fainéant parce qu'il se fait promener en char, il y a un pas que n'hésite pas à franchir Eginhard, le biographe de Charlemagne, qui voulait ainsi valoriser son maître bien-aimé, et justifier par tous les moyens le remplacement des Mérovingiens par les Carolingiens.

Pépin II, de Herstal : l'habile homme !

En 687, après quelques dizaines d'années pendant lesquelles les successeurs de Dagobert ont joué leurs petits westerns agressifs et vengeurs, celui qui domine la vie politique s'appelle Pépin II ! C'est le fils de Pépin de Landen. Pépin II s'est intitulé duc d'Austrasie. Il a décidé de gouverner. Par tous les moyens, il tente d'apaiser l'opposition entre la Neustrie et l'Austrasie, la première ayant tendance à vouloir vampiriser l'autre ! Pour atteindre son but, Pépin II se met à la tête de sa propre armée, comme un roi, et rencontre Thierry III souverain de Neustrie (fils de Clovis II, petit-fils de Dagobert), à Tertry, à quelques kilomètres de Saint-Quentin ! Thierry III, battu, s'enfuit. Pépin II, plus connu dans l'histoire sous le nom de Pépin de Herstal, ne poursuit pas Thierry III pour le supprimer. Au contraire, il le laisse revenir tout penaud, lui accorde de reprendre son trône, mais lui impose l'un de ses fidèles maires du palais ! L'habile Pépin que voilà ! Il domine donc dans les faits l'Austrasie et la Neustrie. Les rois deviennent ainsi des fantoches aux mains de maires du palais qui exercent un pouvoir en se débarrassant progressivement des armes et des vendettas familiales.

Pépin II avait une maîtresse...

Pépin II avait épousé Plectrude qui, à la mort de son mari en 715, affirme qu'elle est assez grande et assez forte pour gouverner seule la Neustrie et l'Austrasie au nom de ses petits-enfants, ses enfants mâles étant morts. Mais Pépin II avait une concubine, la belle Alphaïde, et de leur union était né un enfant qu'ils avaient nommé d'un commun accord Charles. (L'avez-vous reconnu ? C'est Charles Martel !) Plectrude, se méfiant de Charles, l'avait fait emprisonner. En cette même année 715, Charles s'évade et rejoint l'Austrasie, loin de Plectrude qui ne la domine guère. Comment était Charles ? la chronique du temps le décrit : « Beau, valeureux et propre à la guerre », bref, le gendre idéal ! Si propre à la guerre qu'il s'y met tout de suite : il attaque les Neustriens et les vainc du premier coup ! En 718, il prend le titre de maire de Neustrie. Le voilà donc maître d'Austrasie et de Neustrie, mais, prudent, il prend la précaution de sortir d'une abbaye un roi, Clotaire IV, fils de Thierry III – souverain de Neustrie. Ainsi, personne ne peut l'accuser d'usurpation de trône – mais tout le monde sait bien qu'il a pris le pouvoir.

Fils de Pépin : Charles Martel, Charles le Marteau

Charles acquerra en quelques années le surnom de « Martel » tant ses interventions sont soudaines et assomment l'ennemi, comme un martel, c'est-à-dire un marteau. Six mois après avoir été intronisé, Clotaire IV meurt. Qu'importe, Charles Martel le remplace par son frère, Chilpéric II, et continue tranquillement de gouverner. Mais voici un nouveau péril en 720, et pas des moindres : les Arabes ont envahi la Septimanie – le Languedoc –, ils ont pris Narbonne ! L'année suivante, en 721, ils s'implantent dans la région de Toulouse. 721, c'est aussi l'année de la mort de Chilpéric II ! La royauté semble atteinte d'une surmortalité inquiétante. Il faut d'urgence sortir un nouveau roi de quelque abbaye. On s'en va au monastère de Chelles et on trouve un Thierry IV qui fait l'affaire. Et les Arabes ? En 724, ils s'emparent de Carcassonne ; en 725, ils atteignent Autun. En 732, à Pampelune, en Espagne, ils forment une véritable armée de plusieurs dizaines de milliers d'hommes qui traversent les Pyrénées. Ils atteignent l'Aquitaine dont le roi Eudes est vaincu. Bordeaux tombe entre leurs mains. Tout y est pillé, incendié, les habitants sont massacrés. Les musulmans foncent alors vers Poitiers, y détruisent une basilique. Ils se préparent à gagner Tours, afin d'y détruire le sanctuaire de Saint-Martin, et surtout de s'emparer du trésor qui y est gardé !

25 octobre 732 : Charles arrête les Arabes à Poitiers

Poitiers, ce nom, associé à Charles Martel, est dans toutes les mémoires, ou presque. Voici, presque en direct, ce qui se passa ce 25 octobre…

À l'aube du septième jour

Eudes, roi d'Aquitaine, fait appel à Charles. Celui-ci accepte de secourir son ennemi. Voici les Francs qui avancent en colonnes denses et bien organisées, jusqu'à vingt kilomètres environ de Poitiers, au lieu-dit aujourd'hui Moussais-la-Bataille. C'est là que stationnent les Arabes. Pendant sept jours, les armées s'observent. Charles prend soin d'équiper ses soldats d'un casque composé de quatre feuilles de fer triangulaires, réunies par des rivets. À l'aube du septième jour, le 25 octobre 732 – qui est aussi le premier jour du Ramadan –, les Arabes enfourchent leurs montures et passent à l'attaque ; mais toutes leurs vagues d'assaut échouent contre un véritable mur de fer formé par les combattants francs qui forment des phalanges très serrées, impénétrables. La bataille se poursuit tout le jour. À aucun moment Charles n'est en difficulté. Au contraire, il est averti dans la soirée, que le roi ennemi, Abd-el-Rahman, a été tué. La nuit vient, les Francs se reposent. Au petit matin, ils s'apprêtent à poursuivre le combat, mais l'armée d'Abd-el-Rahman a profité de la nuit pour fuir et franchir les Pyrénées dans le plus grand désordre.

Presque roi

La nouvelle de la victoire, qui décide de l'avenir de l'Occident, se répand dans toute la Gaule. Charles apparaît comme le sauveur de la chrétienté. Il en profite pour imposer sa souveraineté à l'Aquitaine, la Provence et la Bourgogne. Les aristocraties locales sont désormais soumises à son autorité. Fort bien accueillie à Rome, cette victoire de Poitiers conduit le pape Grégoire III à demander à Charles son intervention contre les Lombards en Italie du Nord. À cette demande est joint un cadeau : de la limaille du fer des chaînes de saint Pierre contenue dans une clé ! De plus, Grégoire III lui accorde le titre de *subregulus*, c'est-à-dire de presque roi. Charles peut donc s'asseoir presque sereinement sur un presque trône…

UN PORTRAIT

Dieu : le Thor de Boniface

Les païens ! Boniface n'a qu'une idée en tête : les amener à se convertir, à croire en Dieu ! Boniface, c'est Winfrid, un Anglo-Saxon – un Anglais – né en 674 près d'Exeter en Angleterre. Ordonné prêtre à trente ans, il se signale déjà par sa piété active et militante. Le pape entend parler de lui et le reçoit à Rome en 718. C'est là que Winfrid devient Boniface, c'est-à-dire : *celui qui apporte le Bonne Nouvelle*, ou *celui dont le destin est favorable*. Aussitôt, Boniface se rend en Germanie. Objectif : convertir le plus de païens possible ! Et il commence fort Boniface : les Germains adorent le dieu Thor, ce dieu est symbolisé par un chêne énorme, vénéré depuis des siècles à Fritzlar en Allemagne. Boniface le fait abattre et, des planches qu'on en tire, il fait bâtir une chapelle à saint Pierre. Il fonde des monastères, s'entoure des moines les plus cultivés, oint Pépin III en 751, avant de repartir avec 55 compagnons le 5 juin 754 pour les Pays-Bas, en mission d'évangélisation. Mais là-bas, partout où il propose Dieu, on lui donne Thor : il est massacré à Dokkum avec ses adjoints. Son corps est ramené à Fulda qui demeure aujourd'hui encore le centre religieux de l'Allemagne catholique.

Un Pépin majeur pour le roi Childéric III

Charles Martel meurt le 22 octobre 741. La coutume du partage ne pose guère de problème car, de son vivant, Charles a réparti entre ses fils son royaume : à Carloman, l'aîné, reviennent l'Austrasie, l'Alémanie et la Thuringe, c'est-à-dire tout l'est ; à Pépin le Bref, le cadet, reviennent la Neustrie, la Bourgogne et la Provence. À Grifon, un fils bâtard, il octroie quelques territoires isolés.

La révolte de Grifon et des Alamans

Grifon ! Voilà celui qui va sans tarder donner du fil à retordre à ses demi-frères. En effet, sa mère lui met en tête qu'il peut très bien s'emparer de tout le royaume et gouverner seul ! Pépin et Carloman doivent l'enfermer dans le château de Chèvremont près de Liège afin de le persuader du contraire. Ils placent aussi sa mère sous surveillance dans un couvent de Chelles. Puis les régions de Bourges se révoltent : Pépin et Carloman les ravagent. La région de Loches se révolte aussi : ils incendient le château. Les Alamans se révoltent : ils les écrasent dans un bain de sang ! Après toutes ces révoltes matées, ils réfléchissent et se disent que, finalement, s'ils remettaient sur le trône un roi légitime, cela supprimerait peut-être cette épidémie de désobéissance chez les grands du royaume.

Carloman laisse Pépin aux commandes en 747

Il faut donc de nouveau aller chercher dans un monastère un roi tenu secrètement en réserve. Il s'appelle Childéric III. Et l'effet escompté est obtenu : la paix semble revenue. Deux ans plus tard, en 746, Carloman, le frère de Pépin le Bref (appelé le bref à cause de sa petite taille), décide de prendre sa retraite, à trente et un ans ! Il a l'intention, dit-il, d'« abandonner la vie du siècle en servant Dieu sous l'habit monastique ». Il part pour Rome, puis décide de gagner en 747 le Mont Cassin, au sud de l'Italie, afin de se retirer dans un monastère fondé par saint Benoît. Pépin le Bref demeure seul aux commandes.

Le dernier Mérovingien meurt en 755

Cette fois, le « presque roi » Pépin le Bref se dit que le moment est arrivé de supprimer le « presque » afin que ne demeure que le « roi » enfin reconnu à part entière par Rome. Pour ce faire, il envoie auprès du pape Zacharie une ambassade composée de deux ecclésiastiques, dont Fulrad, abbé de Saint-Denis. La question est simple : « Au sujet des rois qui sont en France et qui n'exercent pas le pouvoir, est-ce que cela est bon ou mauvais ? » La réponse qui lui revient va droit au but : « Il vaut mieux appeler roi celui qui exerce, plutôt que celui qui n'exerce pas le pouvoir royal. » Et Zacharie d'ordonner que Pépin soit fait roi, afin que « l'ordre ne soit point troublé ». Pépin n'attendait que ces paroles pour réunir à Soissons en 750 les grands du royaume et se faire élire roi des Francs. Et Childéric III ? On l'emmène chez le coiffeur qui transforme son crâne chevelu en crâne de bonze lisse comme un œuf, et hop, retour au monastère de Saint-Bertin ! Childéric III y meurt en 755. C'était le dernier roi mérovingien !

751 : Pépin III, dit le Bref, roi des Francs

Pépin, en 751, se fait désigner roi des Francs à Soissons. À cette occasion, il est porté sur le pavois, selon la tradition mérovingienne : dès qu'un nouveau souverain est élu, on le grimpe sur un large bouclier, et on le promène pendant une heure ou deux parmi ses soldats et ses sujets.

Tout pour se faire aimer

Pépin le Bref, ou Pépin III, représente un appui beaucoup plus sûr pour le pape que le lointain empereur d'Orient. Voilà pourquoi le pape a vu d'un très bon œil les projets de Pépin. N'a-t-il pas, ce brave Pépin, un ancêtre prestigieux en la personne de saint Arnould ? Son père Charles Martel n'a-t-il pas, à Poitiers, chassé les infidèles ? Et c'est ce même Charles Martel qui a encouragé Wynfrid, devenu Boniface, un moine anglo-saxon, à évangéliser la Germanie ! De plus, Pépin s'est fait le champion de la réforme de l'Église franque. Il ne supporte pas les évêques ivrognes, débauchés, batailleurs, ignorants, et qui cautionnent des superstitions ne s'apparentant guère à l'enseignement des Écritures. Il stigmatise des pratiques païennes contre lesquelles il lutte : sacrifices dans les forêts, banquets près des tombes, culte de dieux anciens… Bref, Pépin le Bref a tout pour se faire aimer d'un pape prêt à lui accorder sa confiance.

Le pape oint, oint…

Aussi, en novembre 751, Pépin reçoit l'onction sacrée de la main de Boniface (promu, depuis, saint Boniface). Cette onction est renouvelée en 754 par le pape lui-même, Étienne II, venu demander à Pépin de le défendre contre des Lombards un peu envahissants. Et cette seconde onction, plus solennelle, est donnée en l'église abbatiale de Saint-Denis. Voilà Pépin solidement sacré roi des Francs. Tant qu'il y est, le pape oint, oint (du verbe oindre ; j'oins, tu oins, il oint, nous oignons, il a oint, que j'oigne, que nous oignions…).

- Il oint le petit Charles, né le 1er avril 742, et qui deviendra le Grand Charles, Carolus Magnus, Charlemagne.
- Il oint le frère de Charles, Carloman.
- Il oint Berthe au grand pied, la reine (ou aux grands pieds, on ignore s'il s'agit d'un grand pied, ou des deux, ou bien s'il s'agit d'une métaphore).

Figure 3-3 : Pépin le Bref est couronné en 751 par le pape Boniface.

Son élan s'arrête. Sait-il, à ce moment précis, qu'il vient d'inaugurer la royauté de droit divin, et que ce type de royauté où tout est chapeauté par Rome va durer, durer plus de dix siècles ?

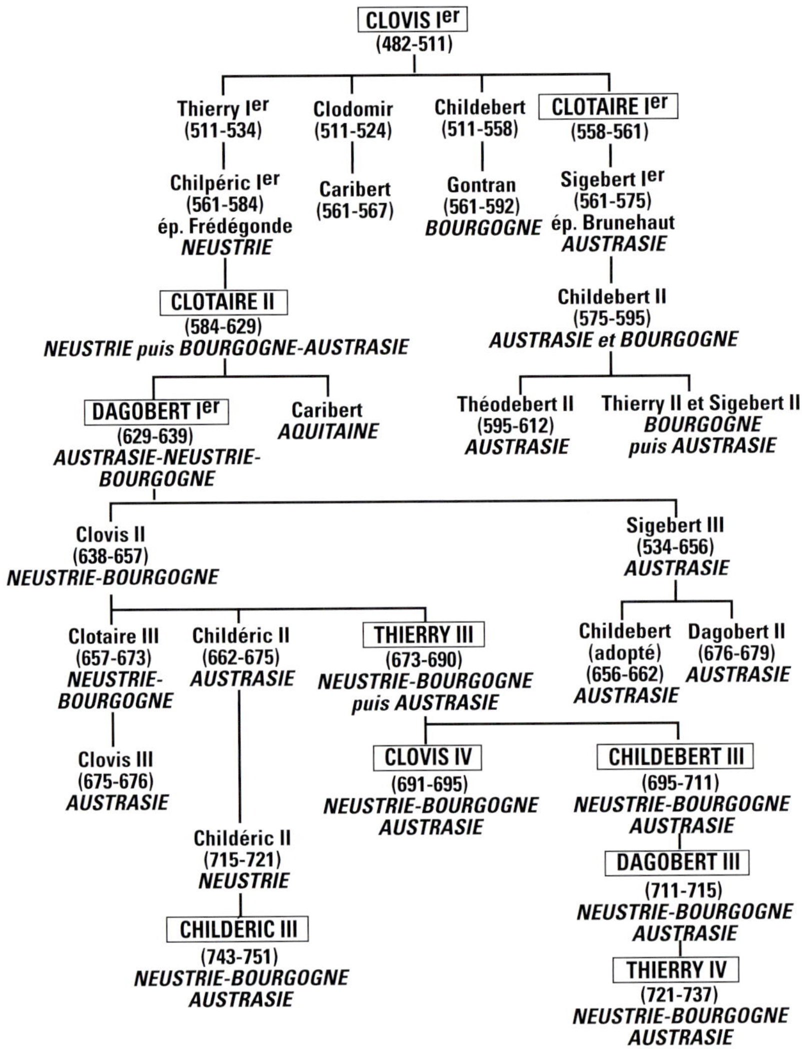

Les Mérovingiens.

Chapitre 4

768 à 814 : Charlemagne l'Européen

Dans ce chapitre :

- Vous allez assister à la construction d'un immense empire
- Vous comprendrez pourquoi Roncevaux fut une défaite militaire
- L'étrange couronnement de Charlemagne n'aura plus de secret pour vous

Un organisateur né ! Charlemagne, Charles Ier, dirige tout, contrôle tout ! Il va agrandir son royaume, tenter d'unifier tous les peuples qu'il contrôle, en les christianisant de gré ou de force. Son pouvoir va s'étendre sur tant de territoires que le mot roi devient trop étroit, trop petit pour en rendre compte. Le terme empereur s'impose en l'an 800, l'année du sacre…

Charlemagne le guerrier

Il est très inconfortable de gouverner à deux, de guerroyer à deux, les énergies se dispersent, les disputes épuisent les énergies. Charlemagne qui s'apprêtait à faire la guerre sur tous les fronts en compagnie de son frère, va se retrouver seul…

L'opportune disparition de Carloman…

Pépin le Bref meurt en 768, le 7 octobre. Son embonpoint de bien portant n'était qu'une hydropisie qui l'emporte après qu'il a effectué le partage traditionnel de l'héritage : une partie du royaume pour Carloman, l'autre pour Charles. Et deux capitales : Carloman à Soissons, Charles à Noyon. Ainsi, pensait Pépin, la proximité des deux frères permettra qu'ils se consultent, évitera qu'ils se déchirent. Ils font les deux : ils se consultent et se déchirent ! Mais, cela dure finalement peu de temps car, fort opportunément, Carloman meurt en 771 ! Le moine chargé d'annoncer la nouvelle à Charles le fait en ces termes : « Dieu vous a témoigné d'une faveur spéciale en enlevant de ce monde Carloman… » C'est charmant !

Figure 4-1 : Charlemagne, par Albrecht Dürer.

Guerre aux Saxons, aux Bretons et aux Avars

Charlemagne poursuit toutes sortes d'objectifs afin de donner à son royaume, puis à son empire, l'organisation qu'il estime la meilleure. Mais pour atteindre ces objectifs, il faut beaucoup de moyens, et ces moyens en général apparaissent sous la forme d'or, d'argent, de trésors. Où les trouver ? Suivons le guide…

Une obsession : les Saxons

Pour Charlemagne, les Saxons, peuple voisin dont il est séparé par des forêts, représentent une sorte d'obsession : il mènera contre eux dix-huit campagnes en trente-trois ans – et seulement cinq contre les Lombards, sept contre les Arabes d'Espagne, cinq contre les Sarrasins en Italie, deux contre les Bretons, quatre contre les Avars… Il ne cesse de combattre les Saxons, de ravager leurs terres. Les accusant de pratiquer des rites barbares, de faire des sacrifices humains et de faire rôtir ensuite les victimes, d'adorer les sources, les arbres, et de tenter sans cesse d'envahir les territoires francs, il fait armer ses sujets tant qu'il peut et ravage tout ce qu'il peut ! En 772, il détruit l'Irminsul des Saxons. L'Irminsul est un tronc qui a la forme d'une colonne supposée soutenir la voûte céleste dans la mythologie saxonne. Au pied de ce tronc, des sacrifices de toutes sortes sont offerts aux dieux, mais aussi de l'or, d'immenses trésors qui sont enterrés ensuite. Charlemagne les déterre et les emporte après avoir vaincu et exécuté les centaines de gardiens du lieu sacré !

4 500 otages égorgés !

UN ÉVÉNEMENT IMPORTANT

Dix ans et quelques campagnes anti-saxonnes plus tard, ce même peuple se révolte encore sous la conduite d'un ancien chef : Witikind. Charlemagne envoie des armées les soumettre, sous la conduite de son chambellan et de son connétable. Il demande aussi à son cousin Théodoric, roi des Francs ripuaires, d'intervenir. Afin de ne pas laisser à Théodoric l'honneur de la victoire, les soldats de Charlemagne attaquent sans tenir compte de sa présence, ils foncent à bride abattue et se font battre à plate couture. Pour venger cette défaite, Charlemagne s'en prend… aux Saxons. Il réunit 4 500 otages et les fait égorger tous le même jour ! Ensuite, il se rend tranquillement à Thionville où il a l'intention de fêter Noël et Pâques…

Figure 4-2 : Witikind se soumet (gravure du XIXe siècle).

Les Bretons écrasés

Un an plus tard, Charlemagne, toujours habité par cette obsession saxonne, attaque la région d'Osnabrück, une région riche dont les habitants sont égorgés par milliers. Il s'empare de tous les trésors qu'il trouve, et emmène de nombreux prisonniers. En 786, la Bretagne refuse de payer son tribut au voisin franc dont ils sont séparés par une zone militaire, ce qu'on appelle une marche, et cette marche, jusqu'en 778, avait été commandée par un certain Roland dont vous lirez bientôt la fin… Qu'advient-il des Bretons que Charlemagne traite – comme les Saxons – de perfides ? Écrasés !

Les Avars volés

En 795, des Avars, peuplade dont les coutumes de pillards rappellent celles des Huns, stationnent en Carinthie, province de l'actuelle Autriche. Ces Avars entassent le fruit de leurs pillages dans ce qu'ils appellent le Ring, une sorte d'enceinte circulaire et fortifiée, entourée de neuf remparts successifs, à l'intérieur de laquelle se trouve le chef Avar : le Khagan. C'est un véritable trésor qui s'y trouve ! Évidemment, Charlemagne, informé de l'existence de ce Ring, trouve que ces Avars menacent l'Église… Il lance sur eux ses troupes nombreuses et bien armées, et en 796 les Avars sont massacrés, et leurs trésors soigneusement emballés. L'or, l'argent, les pierreries, des milliers d'objets de grande valeur vont remplir quinze chars tirés chacun par quatre bœufs. Charlemagne en donne une partie à Saint-Pierre de Rome, mais se réserve la plus grosse part afin de récompenser ses fidèles, et de se récompenser lui-même.

Charlemagne invente l'euro, ou presque…

Le trésor des Avars permet à Charlemagne de mener à bien la réforme monétaire qu'il a entreprise. En effet, il a décidé d'imposer une monnaie unique dans tout son empire où on pratique surtout le troc, mais le métal précieux lui manque. L'argent avar, et celui des mines du Harz en Allemagne, va servir à faire frapper des milliers de deniers. Un denier de cette époque est le 1/240 d'une livre, la livre fait 492 grammes, elle correspond à la mesure qu'utilisaient les moines du mont Cassin pour peser leur pain… Le denier est divisé en demi-deniers : l'obole ; et en quarts de denier : la piste. Sur une face de ces monnaies nouvelles, on peut voir le nom de la ville où elles ont été frappées, et sur l'autre, le profil de l'empereur. C'est déjà – presque – l'euro…

Charlemagne l'amoureux

Charles le Grand, Charles le Généreux, Charles l'Abondant, le Séducteur, – c'est si facile quand on est empereur, ou qu'on va le devenir…

Himiltrude la Modeste

Est-ce une manie, une tradition, ou l'usage désinvolte d'une liberté qui ne connaît guère de limites ? Peut-être est-ce tout cela qui autorise bien des souverains à imposer à leurs sujets la monogamie et ses contraintes alors qu'ils butinent allègrement toutes les fleurs dont le parfum les séduit, dans un insatiable appétit de pétales. Après Dagobert, le Remarquable, voici Charlemagne, l'Exceptionnel ! À la mort de son père Pépin, Charlemagne est déjà marié à Himiltrude, jeune fille de modeste origine qui lui donne un fils bossu – Pépin le Bossu qui cherchera, en 792, à déposséder son père de son royaume ! Condamné à mort, il finira, gracié, dans un monastère près d'Aix-la-Chapelle.

Désirée la Lombarde

En 770, Berthe au Grand Pied conseille à Charlemagne de répudier Himiltrude afin de prendre une épouse digne de son rang. C'est ce qu'il fait, épousant la fille du roi des Lombards, Didier ; choix politique car son royaume n'a pas de frontière avec l'Italie du Nord où vit le peuple lombard. La nouvelle élue s'appelle Désirée. C'est Berthe qui va la chercher à Pavie. Et, aussitôt que Charles la voit, il détourne le regard : elle est laide, très laide. Il l'épouse quand même, mais, l'année suivante, Didier envahit les états du pape avec qui Charlemagne vient de renouer des relations de bonne entente ! Dans le même temps, Charlemagne rencontre une jeune Souabe – presque bavaroise – dont la beauté l'éblouit. C'est l'antithèse de Désirée ! Elle s'appelle Hildegarde, elle a treize ans – aujourd'hui, ce serait une élève de classe de cinquième ! Charles épouse Hildegarde la Lumineuse, répudie Désirée la sombre Lombarde.

UN PORTRAIT

Charlemagne, l'empereur au grand nez

Charlemagne, l'empereur à la barbe fleurie – mauvaise traduction du *flori* latin qui signifie plutôt éclatant que *fleuri* ! Non ! Point de barbe ni de marguerites pour Charlemagne ! Il n'est que de se rendre au Louvre et de regarder bien en face la statuette de bronze provenant du trésor de la cathédrale de Metz, pour avoir en face de soi Carolus Magnus, Charlemagne !

Ce qu'on remarque d'abord, c'est qu'il a le nez long – indice sûr d'une vigueur dont il sera question plus loin. Son père était dit le Bref, lui, Charles, c'est le Grand. En effet – son squelette en témoigne – il mesure plus de 1,90 m. Son visage est rond, presque poupin, jovial, avec de grands yeux malins. Sa voix ? On l'imagine mâle et tonnante comme celle d'un Wotan dans l'*Or du Rhin* de Wagner, comme celle de Jupiter qui envoie des éclairs… Eh non ! Charlemagne a une toute petite voix, fluette sous son épaisse et longue moustache franque (encore une fois, pas de barbe, et les cheveux coupés comme si on lui avait posé un bol sur la tête !).

Possède-t-on des enregistrements de l'époque pour affirmer cela ? Oui, en quelque sorte, puisque ce témoignage nous vient d'Eginhard, le biographe de Charlemagne qui nous a laissé *la Vita Caroli Magni Imperatoris* : *La Vie de l'Empereur Charles Grand.* Charlemagne est gros et gras : son ventre proéminent le précède partout. C'est un grand chasseur, un excellent nageur, bref, un vrai sportif.

Hildegarde : vingt ans, cinq enfants !

À vingt ans, en 776, Hildegarde a déjà donné cinq enfants à Charles au long nez ! En 777, elle accouche d'un second fils ; en 778, elle donne naissance à des jumeaux dont un seul survit : Louis, qui deviendra roi d'Aquitaine, puis succédera à son père sous le nom de Louis Ier, dit Louis le Pieux ; en 783, elle meurt en accouchant d'une petite fille que Charlemagne, désespéré, prénomme Hildegarde, comme sa mère. Mais le chagrin s'efface, et Charles rencontre Fastrad. Fastrad possède un caractère difficile, elle est même cruelle. Deux filles naissent de cette union fort peu distrayante. Fastrad disparue, Charles se remarie avec Liutgarde, cultivée, coquette et élégante, qui lui donne, avant de mourir en 799, une fille : Emma. Fini les mariages : Charlemagne décide de ne prendre que des concubines. Il y aura Madelgarde, Gervinde, Régine, Adelinde, etc., qui lui donneront encore sept enfants, sans compter les autres. Et tout cela donnera une belle petite famille, couvée par un père attentionné, possessif, qui aime se déplacer avec toute sa progéniture, veille de près à son éducation, dicte le choix des conjoints. Étouffant, Charlemagne ? Non, simplement paternel, excessivement…

LE SAVIEZ-VOUS ?

Comtes et paysans

Charlemagne divise son royaume en unités administratives. À la tête de chacune d'elles, il place un de ses fidèles, un de ses compagnons. En latin, le compagnon se traduit par *comes, comitis*. C'est ce *comes* qui a donné le mot *comte*, et le mot *comté*. Il ajoute 250 subdivisions, les pagi. Beaucoup de ces *pagi* de Charlemagne sont devenus, à la Révolution de 1789, des départements. Et comment appelait-on les habitants de ces pagi ? Des *pagenses*. Et *pagenses* a donné « paysan » !

Roland de Roncevaux : une geste triste et belle

UN ÉVÉNEMENT IMPORTANT

Un mythe, Roland de Roncevaux, une légende qui s'enracine en 778 et s'épanouit entre 1100 et 1125 sous la plume d'un poème épique composé par Turold, poème – chanson de geste racontant les exploits du héros - qui ne compte pas moins de 4 002 vers, et qui a longtemps fait pleurer dans les chaumières !

Le retour d'Espagne : une défaite militaire

L'épisode de Roncevaux est tout simplement une défaite militaire ! Mais voilà, c'est bien difficile à admettre pour la mémoire collective qui choie son Charlemagne, lui pardonne tout et transforme la moindre de ses actions en acte héroïque ! Voilà l'histoire : Charlemagne revient d'Espagne ce 15 août 778. Il s'est fait battre à Pampelune, à Barcelone, à Saragosse, il a été trahi par son allié maure Soliman Ben Arabi ; bref, il rentre la tête basse ! À une quarantaine de kilomètres au nord de Pampelune, le gros de la troupe franchit le col d'Ibaneta – Roncevaux. De chaque côté du col, cachés derrière des pitons rocheux, comme dans les westerns, les Vascons, ancêtres des Basques, attendent. Ils savent que l'arrière-garde peu nombreuse encadre des dizaines de chariots qui sont chargés à ras bords des trésors de guerre et de vivres. Cette arrière-garde est commandée par Roland, par ailleurs commandant des Marches de Bretagne – une zone où les Francs sont installés, et qui correspond à l'Ille-et-Vilaine et la Loire-Atlantique actuelles.

Figure 4-3 : Charlemagne, sa fille et Roland le paladin (Manuscrit vénitien du XIIIe siècle).

Le mot d'ordre de Roland : « Honte à qui fuira ! »

Les Vascons fondent sur ce détachement isolé, massacrent tout le monde et repartent avec les chariots dans leurs montagnes. Avant de mourir, après une défense héroïque, Roland a saisi son épée *Durendal*, s'est réfugié sous un pin. Il tente de la briser, mais elle est si solide que c'est le rocher qui fend ! Ensuite, il sonne de l'olifant, une trompe en ivoire d'éléphant, afin d'appeler au secours Charlemagne. Il serait encore temps de sauver Roland. Et miraculeusement – dans la chanson de 1100 en tout cas… – Charlemagne entend l'olifant et le dit à Ganelon le félon, jaloux de l'affection de Charlemagne pour Roland. Ganelon dit à Charlemagne « Vous êtes un peu vieux, vous entendez mal », et cela se reproduit à deux reprises. La troisième fois, Charlemagne fait demi-tour, mais il est trop tard. Afin que ses Francs ne fussent pas dévalués aux yeux de la postérité, Roland leur avait dit : « Honte à qui fuira ! Il n'en manquera pas un devant la mort ! » À l'arrivée de Charlemagne, il n'en manque pas un : tous sont étendus sur le champ de bataille, sans vie. Et Ganelon, le félon ? Il fut mis à mort, évidemment. Vrai ? Non ! Ganelon, c'est de la chanson…

Ordre, travail, culture : le tiercé de Charles le Grand

Entouré des grands, les dignitaires du royaume, Charlemagne réfléchit à tout ce qui peut contribuer à améliorer l'existence de ceux dont il a la charge dans son royaume. Son souci est de permettre à chacun d'occuper la place que Dieu a prévue pour lui, ainsi que le suggère Saint Augustin dans le livre de chevet de Charlemagne : *La Cité de Dieu*.

Les missi dominici : des envoyés du maître

Charlemagne organise son royaume puis son empire de façon remarquable. Il envoie ses compagnons – ses comtes – dans des cités où ils ne sont pas établis par avance. Malgré la confiance qu'il leur accorde, il les fait surveiller par des envoyés spéciaux, les *missi dominici*, les envoyés du maître. Ils vont par deux, un laïc et un évêque ; ils sont chargés de faire appliquer les décisions prises par les grands du royaume réunis autour de Charlemagne, autrement dit, ils font appliquer les lois. Ils jouent aussi le rôle de juges. Partout, dans les moindres détails, de la date des semailles au nom des pommes en passant par le contrôle des prix, Charlemagne veille, Charlemagne est là.

Justice : on tranche dans le vif

Il ne fait pas bon pratiquer une forme de mendicité qu'on appelle la manche sous Charlemagne ! Il a horreur de la paresse et du laisser-aller. Il interdit qu'on fasse l'aumône aux mendiants valides et qui peuvent travailler. Il ne fait pas bon voler non plus : dans le capitulaire – un capitulaire est une loi écrite – publié lors de la onzième année de règne de Charlemagne, on apprend que :

- L'auteur de tout méfait grave doit être condamné à mort.
- Le droit d'asile lui est refusé dans les églises.
- Celui qui ne respecte pas un serment, une promesse, aura la main tranchée.
- Si un brigand est convaincu de vol, on lui arrache un œil.
- S'il est convaincu de deux vols : on lui arrache un œil et on lui coupe le nez.
- S'il est convaincu de trois vols, il est condamné à mort.

Continence quarante jours avant Noël

Il ne fait pas bon user de pratiques contraceptives contre nature, ou même simplement jugées déviantes. Par exemple, la position du missionnaire est seule autorisée – mais il est évident que les contrôles sont difficiles à effectuer et les amendes à dresser. L'Église conseille la continence quarante jours avant Noël, quarante jours avant pâques, la veille des grandes fêtes, les mercredis, les vendredis, les dimanches, cinq jours avant la communion…

À table, Charlemagne !

On annonce le repas principal – le souper – au son du cor. Charlemagne, à table, va manger seul, mais sera servi par les ducs, chefs ou rois qui sont présents. On entend d'abord les fifres qui ouvrent la voie au premier service : des salades à la guimauve et au houblon, des légumes. Fifres et tambourins ! Voici le deuxième service : de gros pains ronds supportent une pyramide de viandes de toutes sortes, il s'agit souvent de gibier provenant de la chasse de l'impérial affamé. Lorsque les convives s'attableront à leur tour, ils auront pour assiette le tranchoir, une tranche de pain sur laquelle leur est servie la viande. Après les viandes vient le fromage que Charlemagne adore. Et puis on passe aux fruits. Tout cela s'est déroulé sur fond de lecture, notamment celle de *La Cité de Dieu* de Saint Augustin, dont Charlemagne raffole autant que du fromage.

La renaissance carolingienne

Arts, culture et sciences

Même si elle ne touche qu'une minorité d'habitants de l'Empire, la renaissance carolingienne demeure le fer de lance d'un mouvement plus vaste et plus lent qui vise à sortir le monde occidental du chaos intellectuel où l'avaient plongé les invasions barbares. C'est un moine venu de Grande-Bretagne qui va se faire l'artisan de la reconquête culturelle.

Alcuin, le moine, et son élève Charlemagne

En 781, Charlemagne, qui séjourne à Parme, rencontre un moine saxon : Alcuin. Alcuin – Alhwin en Grande-Bretagne d'où il vient et où il est né en 730 – est d'une érudition éblouissante, et il séduit immédiatement son interlocuteur. Directeur de l'école épiscopale d'York où il a fait ses études, il doit abandonner cette responsabilité pour devenir le plus proche conseiller de son nouveau maître. Dans les faits, c'est souvent Alcuin le maître de Charlemagne : le futur empereur assiste volontiers aux cours qu'Alcuin dispense à des étudiants de tous les âges dans l'école qu'il a créée au palais d'Aix-la-Chapelle. Alcuin crée aussi des écoles où sont formés les futurs responsables d'administrations dépendant de l'État.

Figure 4-4 : Charlemagne recevant le moine Alcuin, par Jean-Victor Schnetz.

Les sept degrés de la connaissance

Véritable ministre de l'Éducation nationale, il définit les programmes scolaires, précisant les sept degrés de la connaissance : la grammaire, « gardienne du langage et du style correct », la rhétorique, la dialectique, l'arithmétique, la géométrie, la musique et l'astronomie. Alcuin est un latiniste passionné, et il entreprend de débarrasser de toute imprécision, de toute erreur, le latin abâtardi qu'on parle ou qu'on écrit à l'époque. C'est un grand amateur de Virgile. Lorsqu'il est nommé abbé du plus important sanctuaire de Gaule, Saint-Martin-de-Tours, il crée un scriptorium où des moines copistes travaillent du matin au soir afin de reproduire les textes anciens. À cette époque, on ne sait même plus lire la bible de saint Jérôme publiée au Ve siècle ! Alcuin est aidé dans sa tâche par des moines irlandais qui, loin des troubles et des invasions, ont conservé la pratique du latin.

LE SAVIEZ-VOUS ?

La lettre caroline

L'écriture mérovingienne est peu lisible, compliquée, pleine de déliés qui ralentissent le copiste, tous les mots sont reliés entre eux. Il faut dire que pour les Mérovingiens, l'écriture est vraiment la cinquième roue du char à bœufs ! Les bibles recopiées sont alors truffées de toutes sortes d'erreurs ; on y trouve même des passages ajoutés par tel ou tel copiste ! Dans son Évangéliaire de Saint Médard de Soissons, le moine Godescalc a l'idée d'utiliser une lettre basée sur l'alphabet latin. Il sépare les mots et les phrases. L'écriture caroline est née ! C'est une grande première à l'époque. Alcuin, à Saint-Martin-de-Tours, adopte la lettre caroline, ronde et bien formée. Une lettre si pratique qu'on l'utilise encore aujourd'hui !

789 : l'école pour tous, gratuite et obligatoire

UNE DATE À RETENIR

Charlemagne n'a pas inventé l'école, elle existait chez les Égyptiens, les Grecs, les Romains, les Gallo-Romains, les Francs… Mais l'époque mérovingienne fut d'une si grande médiocrité que les lieux d'apprentissage de la lecture, de l'écriture et du calcul s'étaient faits rares, au point que souvent le clergé était illettré ! Charlemagne, par un capitulaire de 789 ordonne au clergé d'ouvrir des écoles pour tous les enfants, quelle que soit leur classe sociale, et cela « sans exiger de leurs parents aucune redevance ». Voilà donc créée l'école pour tous, gratuite et obligatoire ! Et Alcuin n'y est pas pour rien ! Des écoles élémentaires ouvrent dans les plus petites localités. Entré à l'âge de sept ans, l'élève y apprend par oral le calcul, la grammaire et le latin. Les meilleurs sont admis dans les classes supérieures qui dépendent des monastères.

ARTS, CULTURE ET SCIENCES

Charlemagne ne sait pas écrire

Charlemagne se passionne pour la culture, il adore l'astronomie et le calcul. Sa langue maternelle est le francique, mais il parle couramment le latin et le grec, il aime la grammaire, mais… il ne sait pas écrire. Ce n'est pas faute d'avoir essayé, et d'essayer encore aussitôt qu'il le peut. Il cache même sous son lit une écritoire et une plume avec laquelle il tente de tracer des lettres. En vain. Il s'y est pris trop tard. Sous ses grosses mains habituées à tenir l'épée et à pourfendre le Saxon, la plume s'écrase.

Charlemagne, empereur pour quatorze ans

C'est Léon III qui couronne Charlemagne à Rome. Les conditions dans lesquelles s'est déroulée la cérémonie relèvent d'un protocole pour le moins singulier…

Le souverain en son palais d'Aix-la-Chapelle

À partir de 797, Charlemagne qui allait de palais en palais, changeant de résidence au fil des saisons et de ses activités, décide de s'installer à Aix-la-Chapelle (Aachen en allemand aujourd'hui). Souffrant de rhumatismes, il préfère vivre à proximité des sources qui peuvent calmer ses douleurs, Aix-la-Chapelle est une ancienne cité thermale romaine. Son palais est le plus beau des soixante-cinq qui furent construits à l'époque – on construisit aussi près de 250 monastères, sept cathédrales… le tout en bois, de sorte qu'il n'en reste pas grand-chose. Sauf dans la cathédrale d'Aachen, la chapelle du palais de Charlemagne a été incorporée à la cathédrale. Charlemagne règne sur l'Italie, la Gaule, la Germanie, il est roi des Francs, des Lombards, il a – enfin – pacifié les Saxons, ou presque... Que peut-il encore désirer ?

Figure 4-5 : Couronnement de Charlemagne par le pape Léon III. Extrait des Chroniques de St Denis, XIVe siècle.

800 : Charles, Auguste couronné par Dieu !

UNE DATE À RETENIR

Charlemagne se rend à Rome en décembre de l'an 800. Il rend visite au pape. Son royaume est immense, en paix et bien administré. Que lui manque-t-il ?

Le 25 décembre, à Saint-Pierre-du-Latran

Ce qui lui manque, il l'apprend à Rome lorsque, le 25 décembre 800, le pape Léon III lui pose sur la tête sa couronne d'empereur ! Pourquoi le pape a-t-il réservé cette surprise à Charlemagne ? Parce que les Byzantins, l'année précédente, trouvant que le pape se rapprochait trop du roi des Francs, avaient failli le tuer. Le pape n'avait dû son salut que grâce à l'intervention de deux envoyés de Charlemagne. Il est donc normal que Charlemagne aille à Rome rendre une visite d'amitié à celui qu'il a presque sauvé ! Ce 25 décembre, la foule se presse dans la basilique Saint-Pierre-du-Latran. C'est la messe solennelle de Noël. Charlemagne fait son entrée dans l'église, se dirige vers l'autel de saint Pierre, se prosterne pour prier. Et voici qu'arrive en catimini avec une couronne à la main Léon III ! Et il pose cette couronne sur la tête de Charlemagne en prononçant la formule rituelle de consécration, puis il demande à la foule de proclamer haut et fort cette formule : « Charles, Auguste couronné par Dieu grand et pacifique empereur, vie et victoire ! »

Si j'avais su… je serais venu de toute façon

Le pape oint ensuite d'huile sainte le front du nouvel empereur, tout cela dans la tradition byzantine du sacre impérial – mais, dans la tradition byzantine, le futur oint est prévenu et d'accord ! Car Charlemagne ignore ce 25 décembre 800 qu'il va être sacré empereur. Ou bien il feint de l'ignorer… Toujours est-il qu'Eginhard rapporte que Charlemagne se montra d'abord si mécontent d'avoir été couronné qu'il jura que, s'il avait su, il ne serait pas venu ! Mais Eginhard ajoute que le nouvel empereur supporta avec beaucoup de patience la jalousie que son homologue byzantin ne manqua pas d'éprouver en apprenant ce couronnement inattendu. Il parvint même, à force d'ambassades, à vaincre sa résistance. Et Charlemagne n'hésita pas ensuite à se présenter « Empereur auguste par les largesses de la grâce de Dieu. » De sorte que, pour ce qui s'est passé le 25 décembre 800, on peut conclure que s'il avait su, il serait venu, de toute façon !

LE SAVIEZ-VOUS ?

Le calendrier de Charlemagne

Étonnamment, bien avant le calendrier révolutionnaire de Fabre d'Églantine, l'empereur Charlemagne va imaginer un nouveau calendrier destiné à remplacer le calendrier romain. Chaque nom de mois y est en rapport avec l'activité agricole dominante : juin, le mois des foins, juillet, le mois des moissons, septembre, le mois des vendanges, etc. Sans grand succès cependant…

De sombres présages pour l'empereur

Au cours des trois années qui ont précédé 814, des éclipses de soleil ont eu lieu, des signes étranges et inexplicables ont été vus dans le ciel, Charles a fait une étrange chute de cheval en voyant descendre devant lui une torche enflammée… Bref, tout cela, pour les contemporains de l'époque, ne pouvait qu'avoir annoncé la mort de Charlemagne dont le récit va suivre.

Charlemagne couronne Louis, son successeur

Le 6 février 806, Charlemagne, qui a décidé de passer l'hiver à Thionville, effectue le partage de son empire entre ses trois fils. Le premier qui porte le nom de son père, Charles, reçoit la partie Nord jusqu'à l'Elbe, Louis la partie sud, puisqu'il est roi d'Aquitaine – mais sans la Gascogne –, et Pépin la Lombardie et les États de l'est. Mais Pépin meurt bientôt, suivi de Charles. Il ne reste que Louis – le jumeau survivant, né en 778, d'Hildegarde. C'est lui qui va devoir succéder à son père, assumer la charge écrasante de cet empire qui s'étend du nord de l'Espagne à l'Elbe, et des rivages de l'Atlantique à la Carinthie (province de l'Autriche actuelle) ! En 813, Charlemagne souffrant de plus en plus de ses rhumatismes et sentant ses forces décliner convoque tous les grands de l'Empire, les évêques, les ducs, les comtes, et leur demande s'ils acceptent que son titre d'empereur passe à son fils Louis. Aucun ne refuse, si bien qu'une semaine plus tard, Louis reçoit sur la tête la couronne de sa charge, avant de repartir pour l'Aquitaine.

22 janvier 814 : « Seigneur, je remets mon âme... »

UN ÉVÉNEMENT IMPORTANT

Le 22 janvier 814, Charlemagne est atteint subitement d'une forte fièvre à la sortie de son bain. La douleur qu'il ressent au côté devient de jour en jour plus intense. Il est atteint d'une pleurésie. Le 28 janvier 814, au petit matin, il est au plus mal. Il rassemble ses forces, soulève sa main droite et fait sur son front le signe de la croix. Puis, il rapproche ses pieds, étend ses bras le long de son corps, et ferme les yeux en murmurant : « Seigneur, je remets mon âme entre vos mains. » Charlemagne vient d'atteindre les soixante-douze ans et les quarante-six ans de règne ! Son corps est déposé dans un sarcophage antique de marbre blanc. Tout son empire le pleure.

La France en l'an 800.

LE SAVIEZ-VOUS ?

Teutonnant, non ?

À Tours, en 813, se tient un concile où les évêques conseillent l'emploi des langues populaires dans les sermons d'église, au lieu du latin auquel personne ne comprend plus rien. On connaît aujourd'hui, pour qualifier ce qui est allemand en général, l'adjectif *tudesque*, terme un peu passé de mode mais qui demeure dans le dictionnaire et sous les plumes soutenues. Cet adjectif à pour origine le très ancien *tiudesc*, mot germanique de l'époque carolingienne, et qui signifie *populaire*. À partir de *tiudesc* fut construite la locution *tiudesc-land* : pays du peuple. Et, au fil du temps, tiudesc-land est devenu, par déformations successives de prononciation : *Deutschland*. Et pourquoi nous, Français, appelons-nous nos cousins germains les *Allemands* ? Parce que nous avons retenu que Clovis vainquit à Tolbiac les Alamans, tribu germanique. Et pourquoi, de temps en temps, les appelle-t-on les *Teutons* ? Eh bien parce que, au IIe siècle avant J.-C., existait un peuple germanique portant le nom de Teutons. Il envahit la Gaule – mais fut battu en -102, à Aix-en-Provence ! Teutonnant, non ?

Chronologie récapitulative

- - 1 800 000 ans : l'homme de Roquebrune bronze sur la côte d'Azur
- - 500 000 ans : l'homme de Tautavel se révèle délicieux
- - 135 000 ans : apparition de l'homme de Neandertal
- - 35 000 ans : apparition de l'homme de Cro-Magnon, disparition de l'homme de Neandertal
- - 450 : invasion des Celtes
- - 52 : les Romains vainqueurs des Gaulois à Alésia
- 406 : les invasions barbares
- 481 : Clovis roi des Francs, premier roi mérovingien
- 629 : le bon roi Dagobert
- 25 octobre 732 : Charles Martel arrête les Arabes à Poitiers
- 751 : Pépin le Bref, premier roi carolingien
- 800 : Charlemagne couronné empereur à Rome

Deuxième partie

La France en quête d'elle-même

Dans cette partie…

Vous allez d'abord assister en direct à la naissance de la Francia occidentalis qui, devenue adulte, va porter ce nom que vous connaissez bien : la France ! Ses premiers pas sont difficiles : ses comtes la divisent, les Normands la harcèlent, mais de grands rois l'éduquent et commencent à lui donner de vraies limites : Philippe Auguste, Louis IX, Philippe le Bel. En même temps, elle se construit des monastères, se peuple et, pour affermir sa foi – et développer son commerce –, entreprend des croisades vers Jérusalem. Elle se protège des Anglais si amoureux d'elle qu'ils s'en rendent presque maîtres pendant la guerre de Cent Ans. Presque, car Jeanne d'Arc veille. Puis vient Louis XI, un habile politique aux idées modernes, qui unifie le royaume et lui donne une administration solide et une véritable justice.

Chapitre 5

814 à 1095 : Naissance de la Francia occidentalis

Dans ce chapitre :

- Émouvez-vous à la naissance de la France !
- Effrayez-vous des percées normandes
- Comprenez la féodalité
- Faites fête à Hugues Capet, le Capétien

Une naissance, c'est toujours émouvant. Pourtant, elle est presque toujours suivie de petits désagréments ou de maladies plus ou moins graves ou dangereuses, et qu'on soigne comme on le peut. La France, sous vos yeux, va naître, et puis elle va être atteinte de querelles intestines, celles des petits-fils de Charlemagne ; ensuite, vient le prurit normand pendant que la fièvre féodale – que tentent de soigner les moines, par l'exemple – agite le royaume de façon endémique. Du domaine royal ne demeure qu'un petit domaine central autour de Paris. Hugues Capet le gouverne. Le roi de France est bien pauvre en son pays !

Les tourments politiques de Louis le Pieux

Il croyait bien faire, le roi Louis le Pieux, en partageant d'une façon qu'il jugeait équitable son royaume entre ses fils ! Hélas, il déclenche d'incessantes guerres entre les frères, guerres qui se retournent contre lui !

Le roi et ses fils : à couteaux tirés !

Louis Ier le Pieux est couronné empereur une deuxième fois à Reims, par le pape Étienne IV. De ses deux mariages vont naître plusieurs enfants qui, devenus adultes, donneront naissance, en 843, à la Francia occidentalis : la

France. En attendant, Louis le Pieux va devoir affronter ses propres fils qui refusent un partage jugé injuste.

La chasse aux prostituées

Revenons un peu sur l'installation de Louis le Pieux à la tête de l'Empire : il se trouve à Doué-la-Fontaine lorsque son père Charlemagne meurt. Il accourt aussitôt au palais d'Aix-la-Chapelle, puis se rend sur la tombe paternelle. Il entre dans la basilique où se trouve le tombeau, et comme il en a l'habitude, il se prosterne jusqu'à ce que son front touche le dallage. Ensuite, il pleure d'abondance ! C'est en raison de ce réflexe lacrymal et ému qu'on l'a appelé le Pieux, réflexe le conduisant systématiquement aux larmes dans un lieu saint. Pieux, il l'est au point de chasser les prostituées qui peuplaient le palais d'Aix, de renvoyer à leurs couvents les nonnes qui séjournaient là avec leurs amants ! Ah mais ! Lorsqu'il arrive à Aix, Louis a déjà une longue expérience du métier : il a été nommé roi d'Aquitaine en 781 par son père, il n'avait que trois ans ! Mais a-t-il vraiment gouverné ? Ce sont ses conseillers surtout qui l'ont guidé, et le voilà qui se retrouve sans eux, un peu seul. Pas pour longtemps, car les évêques et gens d'Église vont commencer à exercer sur lui une influence grandissante.

9 avril 817 : à Aix, le portique s'effondre sur le roi

UNE ANECDOTE

Le jeudi saint 9 avril 817, Louis le Pieux s'engage tranquillement avec toute sa suite sous le portique de bois qui relie la chapelle au palais, à Aix, capitale de l'Empire où il vit désormais. Un craquement, puis deux, puis trois, et voilà qu'une partie du portique s'effondre sur tout le monde ! On relève vingt blessés dont Louis Ier ! Plus de peur que de mal, mais Louis se dit que la vie est souvent bien courte et bien imprévisible. Aussi, décide-t-il de préparer sa succession. Pour se mettre en forme et avoir les idées claires, il jeûne et prie pendant trois jours au terme desquels une illumination soudaine lui fait effectuer cette répartition qu'il estime excellente :

- Lothaire, son fils aîné, deviendra empereur et seul héritier de l'Empire.
- Pépin aura le royaume de papa : l'Aquitaine.
- À Louis reviendra la Bavière.
- Pépin et Louis seront placés sous l'autorité de leur frère Lothaire.
- Chaque année, ils se rendront auprès de lui, lui offriront des cadeaux.
- Ils chercheront ensemble tous les moyens nécessaires pour que la paix soit sans fin !

Une illumination aveuglante

L'illumination de Louis le Pieux prépare une vraie catastrophe ! Le jeûne et la prière ont été trop courts, ou trop longs. Cela commence par la révolte de son neveu Bernard qui n'accepte pas le partage : il tente une percée armée jusqu'à Châlon-sur-Saône, mais ceux qui le soutenaient l'abandonnent. Il va alors demander pardon à Louis Ier, son oncle, qu'on appelle aussi le Débonnaire, et qui va effectivement se montrer débonnaire en le condamnant à mort, mais en commuant la peine immédiatement : Bernard d'Italie aura seulement les yeux crevés ! L'opération, effectuée avec des instruments rudimentaires et dans des conditions d'hygiène déplorables, tourne mal : Bernard meurt deux jours après. Louis s'en attriste sincèrement, mais s'en remet d'autant plus vite qu'il prépare son nouveau mariage – il était veuf depuis un an – avec une magnifique Bavaroise : Judith. Il l'épouse en 819. En 823, elle lui donne un fils nommé Charles et qui deviendra Charles le Chauve.

Pépin, Louis, Lothaire, jaloux du petit Charles

Après avoir ravagé la Bretagne révoltée, Louis Ier le Pieux se dit qu'il lui faut aussi doter son petit Charles – c'est Judith qui le lui souffle. Il lui donne donc plusieurs États appartenant à Lothaire qui se fâche. Louis lui supprime ses diplômes impériaux ! Mais bientôt, ce sont Pépin, roi d'Aquitaine, et Louis le Germanique qui se lient à Lothaire afin de déshériter Charles. Louis manœuvre habilement et parvient à faire s'unir, en étendant leurs possessions, deux de ses fils – Pépin et Louis le Germanique – contre le troisième, Lothaire. En 831, donc, nouveau partage de l'Empire. Pépin et Louis ne sont pas contents, ce qui leur avait été promis ne leur revient pas. Vexé, Louis Ier donne alors tout au petit Charles et fait emprisonner Pépin. Pépin s'évade. Il rejoint Louis et Lothaire. On sent que tout cela va mal finir.

Juin 833 : les fils destituent leur père Louis

Tout cela finit mal, en effet : le 24 juin 833, deux armées se font face entre Colmar et Bâle, celle de Louis Ier et, en face, celle de ses fils ! Le 30 juin, après de nombreuses tractations, Louis le Pieux est mis en accusation publique : on lui reproche d'avoir, par ses hésitations, son indécision, transformé l'empire de son père en « sujet de tristesse et de dérision ». Il est immédiatement destitué. Transféré comme un prisonnier au monastère de Saint-Médard à Soissons, il doit remettre sur l'autel son épée, se déshabiller et revêtir l'habit de pénitent !

Charles, le chouchou de Judith

Lothaire retrouve ses diplômes impériaux, il triomphe : il se voit déjà empereur comme son père et son grand-père ! Pas pour longtemps : en 834, Pépin et Louis le Germanique se disent que, finalement, le retour de leur père serait la meilleure solution. Lothaire les a devancés : il est allé chercher, dans le monastère de Saint-Médard, papa Louis Ier. Mais il se fait attaquer par ses frères qui le lui prennent et le rétablissent dans sa fonction. Lothaire est envoyé en Italie. Quatre années passent, les passions s'apaisent, et Pépin meurt, le 13 décembre 838. Charles, le chouchou de Louis le Pieux – et de sa mère Judith – est de mieux en mieux loti par son père.

22 juin 840 : la mort de Louis le Pieux

En 839, l'Empire est encore divisé : Lothaire, revenu d'Italie sur la proposition de son père, hérite de tout l'Est, Charles de tout l'Ouest. Louis le Germanique ne conserve que la Bavière. Pas content, Louis le Germanique ! Il réunit son armée et tente de reprendre par la force ce qui lui a été enlevé. On s'achemine vers une guerre des Louis, mais elle n'aura pas lieu : Louis Ier le Pieux, le débonnaire, rend son dernier soupir le 22 juin 840, en envoyant à son fils Lothaire un message où il lui demande de laisser à Charles la part qu'il lui a réservée.

Deux serments fondateurs

Vous l'ignoriez peut-être : la langue française, celle dont vous vous servez quotidiennement en espérant qu'elle ne vous trahisse jamais, est née d'une promesse de fidélité… Et l'année suivante, son berceau trouvait son nom définitif : la France !

842 : le serment de Strasbourg, la naissance du français

Les frères ennemis ne vont cesser de se guigner leurs possessions. De cette lutte va naître le premier prototype du français…

Louis et Charles s'allient contre Lothaire

Évidemment, Lothaire refuse de céder à Charles (Charles II, le Chauve) ce qu'il considère sa propriété depuis le partage de 817. Louis le Germanique revendique l'héritage de 831. Charles veut entrer en possession des terres que son père lui a confiées et que Lothaire veut garder. Quelle famille ! Face aux refus répétés de Lothaire, Louis le germanique et Charles décident de s'allier, et c'est reparti pour une guerre ! Le 24 juin 841, Louis et Charles battent Lothaire à Fontenay-en Puisaye près d'Auxerre. La bataille fait 50 000 morts ! Lothaire contre-attaque, harcèle ses frères qui vont prendre une décision : se prêter un serment de fidélité et d'assistance mutuelle.

Merci, Charles et Louis !

Ils ne savent pas, Louis et Charles, ils ne savent pas que, ce faisant, ils offrent à la langue française sa première fenêtre sur le monde ! En effet, afin d'être bien compris de leurs soldats qui n'ont pas pris l'option latin à l'école où ils ne sont jamais allés, Louis et Charles vont s'adresser à eux en langue populaire. Cela se passe à Strasbourg, le 14 février 842, Louis lit le serment rédigé en langue tudesque – vous rappelez-vous le sens de cet adjectif ? – et Charles lit le même serment, mais traduit en langue romane. Et ce serment est le plus ancien document écrit en cette langue romane qui peut être considérée comme un prototype du français actuel, une première mise en scène orthographique et syntaxique, qui, à défaut d'être très ressemblante, se trouve investie des privilèges des nouveau-nés : on ne sait trop à qui ou à quoi ils ressemblent, mais ils nous émeuvent aux larmes. Voyez au-dessous ce serment émouvant…

Figure 5-1 : Le serment de Strasbourg.

Le serment de Strasbourg

Pro Deo amur et pro Christian poblo et nostro commun salvament, d'ist di in avant, in quant Deus savir et podir me dunat, si salvarai eo cist meon frade Karlo et in aiuhdha et in cadhuna cosa, si cum om per dreit son frada salvar dift, in o quid il mi altresi fazet et ab Ludher nul plaid nunquam prindrai, qui, meon vol, cist meon fadre Karle in damno sit. Ce que vous traduisez sans peine par : *Pour l'amour de Dieu et pour le peuple chrétien et notre salut commun à partir d'aujourd'hui, et tant que Dieu me donnera savoir et pouvoir, je secourrai ce mien frère Charles par mon aide et en toute chose, comme on doit secourir son frère selon l'équité, à condition qu'il fasse de même pour moi, et je ne tiendrai jamais avec Lothaire aucun plaid qui, de ma volonté, puisse être dommageable à mon frère Charles…*

843 : le traité de Verdun, la naissance de la France

Le serment prononcé, les Charles et Louis poursuivent leur frère Lothaire, pendant que les Normands remontent rivières et fleuves, massacrent et pillent, alors que la Provence est dévastée par les Maures. Lothaire s'essouffle et demande à ses frères s'il n'y aurait pas moyen de s'entendre. Le 15 juin 842, ils se réunissent tous les trois près de Mâcon, et découvrent que, finalement oui, il est préférable de ne plus se faire la guerre ! L'Empire va de nouveau être partagé par une centaine de commissaires représentant les trois frères, et qui se réunissent à Metz le 1er octobre 842. Neuf mois plus tard naît le texte du traité de Verdun. En août 843, les trois frères se retrouvent près de Verdun pour la signature du fameux traité :

- Il laisse à Lothaire son titre d'empereur et les deux capitales : Aix-la-Chapelle et Rome. Son empire s'étend de la Méditerranée à la mer du Nord et représente une bande de terre de 200 kilomètres de large en moyenne, sur 2 000 kilomètres de long.
- À l'est se trouve son frère Louis le Germanique. Son royaume comprend la Saxe, l'Austrasie, l'Alémanie, la Bavière, c'est-à-dire à peu près ce qui deviendra bien plus tard l'Allemagne.
- À l'ouest – nous y voici… – Charles le Chauve hérite d'un territoire qui correspond à la Gaule de Clovis, augmenté d'un peu d'Espagne du Nord.

Ainsi sont dénommées les trois parties :

- Francia media pour Lothaire ;
- Francia orientalis pour Louis le Germanique ;
- et Francia occidentalis pour Charles le Chauve. De Francia occidentalis est né le mot : France ! Charles le Chauve en est le premier roi. Il a vingt ans.

Roissy-en-France

On ne parle plus aujourd'hui de la Francia media, celle de Lothaire, ni de la Francia orientalis, celle de Louis le germanique. On ne parle plus non plus de la Francia occidentalis, celle de Charles le Chauve : elle est devenue la France. Notons cependant, en Bavière, un vestige de la Francia media : la Franconie (Franken, en allemand). Notons aussi que le pays des Francs, c'est-à-dire la région qui entoure Paris, a longtemps été appelée le Pays de France – aujourd'hui l'Île-de-France. En témoigne encore le nom de certaines cités, Roissy-en-France par exemple, et son aéroport où se trouvent associés Charles – prénom royal – et Gaule, ou plutôt Gaulle (deux ailes, c'est mieux pour l'envol…).

En passant par la Lorraine avec Lothaire II…

En 855, le frère de Charles II, Lothaire, mourra après avoir partagé son empire entre ses trois fils : aux deux premiers, l'Italie et la Provence ; au troisième, Lothaire II, reviendra la région à laquelle il donne son nom, la Lotharingie, qui deviendra, après l'érosion de la langue, polie comme un galet : la Lorraine.

Merci Charles, Lothaire et Louis !

Partage détonnant – et pour des siècles – que celui des trois frères : l'État tampon de Lothaire ne cessera de faire l'objet de convoitises de ses deux voisins. Et lorsqu'il sera réduit à sa portion congrue, ce sont les deux voisins restants qui ne cesseront de vouloir s'envahir au fil des siècles, les deux dernières tentatives ayant eu lieu entre 1914-1918 et 1939-1945 ! Merci Charles, Lothaire et Louis ! Vous auriez quand même pu tenter de faire comme grand-père Charlemagne : faire en sorte qu'il n'en reste qu'un seul à la tête de l'Empire…

Le partage de Verdun en 843.

UN PORTRAIT

Robert le Fort, l'ancêtre des Capétiens

Robert le Fort est un comte rhénan, grand aristocrate, parent de Lothaire et de Louis par leur mère. Venu auprès de Charles le Chauve, il prend la responsabilité de plusieurs abbayes dont celle de Marmoutier. Il aimerait s'installer dans la région du Mans. Mais Charles préfère y installer son fils Louis le Bègue. Robert le Fort, fort mécontent, rejoint contre Charles le Chauve Louis le Germanique en 858. Mais il revient trois ans plus tard, en 861, et se met à combattre, contre le titre de duc et de belles possessions, les Normands et les Bretons – Louis le Bègue ne parvenant pas à les repousser. Robert le Fort meurt percé d'une flèche, à Brissarthe, en combattant les Normands près d'Angers en 866. Il a eu trois enfants : Eudes Ier, roi de France de 888 à 898, Robert Ier, roi de France de 922 à 923 et père de Hugues le Grand, lui-même père de Hugues Capet ! Ouf ! Nous sommes donc passés, en famille, de la dynastie des Carolingiens, à celle des Robertiens, pour entrer bientôt, avec Hugues Capet, dans celle des Capétiens.

Percées conquérantes : les trous normands

Ils furent le fléau des rivages et des rives, ils arrivaient sans bruit, pillaient, brûlaient. Ils étaient des démons en furie. Qui aurait pu penser qu'ils deviendraient des anges ?

On nous met le feu !

Terribles, les Normands, avec leurs drakkars et leurs torches incendiaires toujours à la main ! Charles le Chauve est obligé de négocier avec eux. Et puis les Bretons s'en mêlent…

Les drakkars : en silence, à toute allure !

Sans doute poussés par un considérable accroissement de leur population, les Normands multiplient les raids dévastateurs. Ces Normands, ou Vikings, ou Danois, ou Suédois, ou Norvégiens se lancent dans des expéditions qui touchent d'abord les côtes, puis, ils remontent fleuves, rivières, débarquent dans les petites villes riveraines, les villages, pillent, massacrent. Les monastères constituent pour eux des cibles de choix parce qu'ils n'offrent aucune résistance et que leurs trésors sont ainsi disponibles quasiment en libre service. Les moines fuient le plus loin qu'ils le peuvent, emportant avec eux leurs reliques, pathétiques ! Charles le Chauve ne sait plus quoi faire contre ces envahisseurs qui ont déjà assailli Paris, Tours, Chartres. Ils se déplacent très rapidement sur leurs drakkars, longs de vingt à quarante mètres, de forme étroite, effilée. Lorsque le vent n'est pas assez fort, une vingtaine de rameurs s'installent de chaque côté du bateau et le voilà qui file en silence, à toute allure. Ils ont un fond plat, peuvent accoster partout et transportent de quarante à soixante-dix hommes armés jusqu'aux dents.

843 : la cathédrale de Nantes incendiée

En 843, les Normands sont à Nantes. Ils attaquent la ville, mettent à mort des clercs, des laïcs. La population se réfugie dans la cathédrale. Les Normands en forcent les portes, s'avancent vers l'autel où se tient l'évêque Gohar, et lui tranchent la tête – la légende raconte que Gohar reprit sa tête tranchée (c'est ce qu'on appelle la céphalophorie), sortit de la cathédrale, suivi des Normands médusés, qu'il alla vers la Loire ; là, un bateau sans voile l'attendait qui l'emmena à Angers où les cloches se mirent à sonner toutes seules ; les abbés accoururent de partout pour inhumer enfin Gohar ! La réalité est moins étrange : les Normands massacrent tout le monde et incendient la cathédrale. Ils s'en vont ensuite dans l'île de Noirmoutier. Dans le même temps, Toulouse et Bordeaux sont pillées.

850 : après Ragnar Lodbrog, Nominoë…

Deux ans plus tard, en 845, nouvelles invasions normandes : au mois de mars, Ragnar Lodbrog à leur tête, ils entrent dans Paris avec leurs drakkars. Le dimanche de Pâques, les églises sont incendiées. Le pauvre Charles le Chauve ne sait plus où donner de l'épée et doit leur verser 7 000 livres d'argent pour qu'ils s'en aillent ! Cette même année 845, Nominoë, prince breton, refuse l'autorité du roi. Celui-ci envahit alors la Bretagne, mais est battu près de Redon (ville située aujourd'hui dans le département d'Ille-et-Vilaine), à Ballon. En 848, Nominoë proclame l'indépendance de l'Église bretonne, puis il devient roi de Bretagne. En 850, Charles le Chauve envoie ses soldats à Rennes. Mission : mâter la Bretagne. Nominoë attaque la ville, s'en empare, puis se dirige vers Nantes qu'il ajoute à son royaume.

Les Normands assiègent Paris

Les Normands sont partout ! Les rois, bien impuissants avec leurs armées longues à rassembler, ne se pressent pas pour faire face au danger. Pendant des années, les envahisseurs multiplient les raids conquérants. Quarante ans après leur première visite dans la capitale, trente ans après avoir pillé et incendié l'abbaye de Saint-Germain-des-Prés, les voici de nouveau en nombre sur la Seine : le 24 novembre 885, plus de 700 drakkars stationnent en aval de Paris. Dans chacun d'eux, soixante guerriers ! Cela fait 42 000 Normands qui flottent sur le fleuve, aux portes de la capitale ! Toute la population environnante s'est réfugiée dans la ville, derrière les remparts renforcés au fil des années, sur lesquels on commence à promener les reliques de sainte Geneviève, saint Séverin, saint Marcel et saint Germain… Le comte Eudes rencontre le chef normand Siegfried qui lui demande l'autorisation de poursuivre sa route. Refus d'Eudes. Les Normands assiègent Paris. En février 886, ils en organisent le blocus. Eudes soutient le moral des Parisiens qui résistent vaillamment. Ils ont réussi à faire appel à l'empereur Charles le Gros dont les troupes pourraient porter une attaque décisive. Mais il répond sans hâte aux appels des assiégés, au point qu'il n'arrive qu'en août sur les hauteurs de Montmartre ! Ses attaques sont toutes repoussées ; il négocie alors avec le chef des Normands, et les autorise à poursuivre leur route vers la Bourgogne qu'ils vont totalement ravager…

La France des comtes et des princes : la féodalité

Les Normands poursuivent leurs raids meurtriers et conquérants. Charles II le Chauve, malgré tous ses efforts, ne parvient pas à les repousser. Mal remis d'une pleurésie, il meurt à cinquante-quatre ans, le 6 octobre 877, après vingt-sept ans de règne, deux ans après avoir été couronné empereur par le pape. En Francia occidentalis – en France –, c'est Louis II le Bègue qui succède à son père Charles le Chauve. À cette époque, le pouvoir royal est faible : ce sont les comtes et les princes qui font régner la loi sur leurs domaines. C'est le temps de la féodalité.

Les pouvoirs locaux s'affirment et s'installent

La sédentarisation des guerriers qui, au temps de Charlemagne, chevauchaient par monts et par vaux en quête de nouvelles terres, va provoquer la montée des individualismes locaux.

De 877 à 879 : Louis II le Bègue

Louis II le Bègue, qui ne règne que deux ans (877 à 879), poursuit la politique de son père et continue à favoriser les grands vassaux du royaume. Cette politique adoptée par Charles le Chauve visait à récompenser l'« ordre vénérable des clercs » et des « nobles laïcs » pour leur volonté de travailler ensemble à la paix, à la concorde et à l'amitié. La récompense consistait en la promesse de conserver à chacun de ces collaborateurs du roi – princes, nobles laïcs ou clercs – leur loi propre, telle que l'avaient connue leurs ancêtres. Cela signifiait que le roi ne pouvait révoquer de sa charge qui que ce soit, et que cette charge devenait transmissible.

Baudouin Bras de fer, Guifred le Poilu…

Ainsi s'affaiblit le pouvoir central, au profit des pouvoirs locaux ! Ainsi naît peu à peu l'esprit féodal ! Ainsi apparaissent des unités régionales individualisées avec à leur tête de fortes personnalités dont la caractéristique portée en sobriquet compose une sorte de compagnonnage de la domination. On trouve ainsi Alain Barbe-Torte, Guillaume Tête d'étoupe, Baudouin Bras de fer, Guifred le Poilu, etc. Et les régions se précisent : la Gascogne, la Bourgogne, l'Aquitaine, l'Auvergne, la Bretagne, la Catalogne, etc.

Le seigneur en son château, ses serfs et ses vassaux

Chaque seigneurie constitue une sorte de petit État dans l'État, avec son seigneur, sa justice, son château...

Le château fort sur la motte

Partout, les petites villes et les villages se hérissent de châteaux de bois construits sur des mottes naturelles ou élevées par l'abondant charroi de terre. La motte est entourée de fossés. Elle délimite un espace de refuge où se trouve le donjon parfois en pierre, demeure du seigneur, les huttes des domestiques, les tentes de ceux qui sont invités. En cas de danger, les paysans accourent avec leur bétail et ce qu'ils peuvent transporter.

Bienvenue dans le donjon !

À mesure que pour la construction des châteaux, on délaisse le bois pour la pierre, le donjon devient une demeure organisée. Son centre est occupé par une salle où le maître rend la justice, fait dresser de grandes tables sur des tréteaux afin de recevoir ses invités pendant que des jongleurs ou des chanteurs les distraient. Aux murs, des tapisseries représentant des épisodes de l'histoire transformés en légende, des scènes de chasse, de guerre. Le mobilier se compose surtout de bancs, de sièges pliants, de quelques bahuts. Le sol est jonché d'herbes odorantes afin de combattre les mauvaises odeurs. Après le souper, on passe dans la pièce voisine où se trouve une immense cheminée. Cette pièce est la chambre où trône le grand lit du maître, fermé de rideaux. Dans les pièces situées au-dessus se trouve le dortoir fermé des filles, et celui – ouvert – des garçons. Le donjon s'entoure de remparts qui forment un carré aux coins duquel sont élevées des tours. Ce schéma de base s'enrichit selon les époques et les régions, de nombreuses variantes – la visite des châteaux de la Loire vous en donnera quelques exemples.

Le seigneur : commissaire, gendarme et juge

L'alerte est lancée du haut du donjon par un veilleur qui souffle dans une trompe ; beaucoup de témoignages rapportent que non seulement les hommes accourent dans l'enceinte du château, mais les bêtes en liberté –

vaches, moutons, chevaux – aussi, habituées qu'elles sont à trouver un refuge derrière les remparts ! Tout le monde se barricade dans l'espace de protection et peut ainsi se préserver des assaillants. Le châtelain assure la protection de tous ceux qui vivent sur ses terres ; il leur garantit la sécurité, en réprimant les troubles qui peuvent survenir, et en appliquant la justice – une potence est toujours disponible. C'est en quelque sorte le commissaire, le gendarme et le juge. Mais tout cela n'est pas gratuit, et le châtelain perçoit des taxes que ses hommes armés sont chargés de lever.

La féodalité : la faute à Charlemagne ?

Il existe de multiples catégories de châtelains qui englobent des propriétés allant de quelques champs à d'immenses domaines auxquels sont joints des abbayes. Le terme châtelain ou noble recouvre donc une réalité disparate, mais qui peut cependant être observée afin de rendre compte de ce temps où se développe la féodalité. C'est Charlemagne, bien plus que Charles le Chauve ou Louis le Bègue, qui a créé les conditions nécessaires pour qu'apparaisse la féodalité. Jusqu'au temps de Charlemagne, les invasions se succédaient, le pillage et la guerre sans cesse déplaçaient les hommes de toutes les origines, nomades provisoires, qui s'installaient ici où là, étaient chassés, se trouvaient de nouvelles terres libres en abondance.

Les nomades conquérants deviennent sédentaires

Après Charlemagne et son désir d'ordre et d'organisation, après l'envoi de ses comtes à la tête de ce qui devient des comtés – vastes zones d'influence pour ces compagnons de l'empereur qui oublient parfois qui les a envoyés –, tout se fige. Les nomades conquérants deviennent sédentaires. La plupart des terres appartiennent désormais à un propriétaire. Et les frontières sont minces. À l'intérieur de ces zones d'influences, on trouve les trois ordres de la société : ceux qui font la guerre, les nobles ; ceux qui prient, le clergé ; ceux qui travaillent pour les deux catégories précédentes, la grande majorité des habitants.

LE SAVIEZ-VOUS ?

L'adoubement

Entre dix-huit et vingt ans, le jeune noble devient chevalier au cours d'une cérémonie appelée l'adoubement. Ce mot vient d'une racine francique signifiant frapper. Pourquoi ? Parce que le jour où il devient chevalier, le postulant reçoit d'abord son épée, puis, du plat de la main, un grand coup sur la nuque, asséné par son parrain. Cette gifle était la seule qu'il ne devait pas rendre… Ensuite, il enfourche son cheval, le lance au galop, et doit, d'un seul coup de lance, atteindre la quintaine, ou le faquin, sorte de mannequin accroché à un poteau. Malheur à celui qui ratait cette cible : le mannequin était placé de telle sorte que le jeune maladroit le recevait en pleine tête et se trouvait souvent désarçonné. La honte !

Le vassal prête l'hommage au suzerain

Le chevalier est un cavalier qui, à l'origine ne possédait que ses armes, son armure et son cheval, et tout cela lui coûtait fort cher. Le temps passant, des chevaliers se sont installés sur des terres conquises ou offertes, parfois immenses ; d'autres, sans doute moins bons gestionnaires, n'ont pas accru leur avoir au point de pouvoir demeurer indépendants. Alors ils vont demander la protection d'un plus fort, d'un plus riche, au cours d'une cérémonie qui s'appelle l'hommage. Le chevalier qui demande la protection de l'autre s'avance vers son dominant, sans arme, tête nue, vêtu simplement ; son attitude traduit un complet abandon. Il se prosterne, s'agenouille, se fait le plus humble possible, tend ses mains au-dessus de sa tête, et les met dans celles de son nouveau maître. Celui-ci le relève et lui donne le baiser qui est une sorte du contrat entre le dominé, le vassal, et le dominant, le seigneur ou suzerain.

Ost et chevauchie

Le vassal reçoit alors du suzerain un fief qui peut aller du simple champ à un domaine important. C'est ce qu'on appelle une tenure. Le fief devient héréditaire, mais chaque fois qu'il est transmis à la génération suivante, l'hommage doit être renouvelé, sinon, le fief est confisqué ! La tenure est parfois si importante que le vassal prend lui-même des vassaux. Ainsi se crée une solide pyramide au sommet de laquelle se trouve le roi, autorité de prestige qui n'a de rôle que dans le domaine de la justice, lorsqu'il lui est demandé d'user de son pouvoir suprême. Le contrat oral entre le vassal et le suzerain prévoit aussi que le premier, en cas de nécessité, doit fournir au second les hommes d'armes qu'il demande. Le vassal paie la rançon du suzerain lorsqu'il est fait prisonnier. Enfin, il doit le service d'ost. Qu'est-ce que le service d'ost ? Ost vient du latin hostis : l'ennemi, puis, par extension, l'armée ennemie. Crier l'ost, c'est convoquer les vassaux pour aller lutter contre l'ennemi. L'ost annonce une guerre importante. La petite guerre entre seigneurs voisins est une chevauchie.

LE SAVIEZ-VOUS ?

Les deux manches et la belle

À quoi passe-t-on son temps quand la guerre contre le voisin s'interrompt un peu ? À la chasse, à courre ou au faucon. Il faut préserver les récoltes des hardes de sangliers, il faut aussi traquer le loup malin qui peut entraîner à sa suite les chasseurs sur plus de dix lieues – près de cinquante kilomètres – sans interrompre sa fuite pleine de ruses. Autre activité : le tournoi. On l'annonce quinze jours à l'avance, à grand coup de trompes et trompettes dans les châteaux – c'est l'esclandre : le tapage annonciateur. Des chevaliers accourent de partout, et c'est la grande fête ! Devant les dames qui ont revêtu leurs plus beaux atours, les manches notamment qu'elles offriront au vainqueur de chaque partie. Que remporte-t-on lorsqu'on gagne les deux manches d'un tournoi ? Un cheval, une selle, des armes, et – parfois – la belle…

Existe-t-il un idéal chevaleresque ?

Tout pourrait donc aller pour le mieux dans le meilleur des mondes, l'organisation pyramidale de la société exerçant une pression démultipliée dont l'effet conduirait au respect de la liberté de chacun. Point du tout ! Les vassaux combattent les vassaux, parfois se retournent contre leurs suzerains, lesquels, comme leurs vassaux se mettent en selle avec leurs troupes pour aller délimiter les frontières de leurs biens dès qu'un autre considère que ce sont les siennes. Des récits demeurent de cette époque où des régions convoitées sont dévastées : massacres, mutilations, pillages, viols sont le fait de ces seigneurs qui prétendent préserver la paix, mais qui, dès qu'on touche à une parcelle de ce qu'ils estiment leur propriété, se déchaînent comme des chiens écumant de rage à leurs crocs découverts. Les cavaliers tuent, incendient, torturent. Où, l'idéal chevaleresque ? Où, l'humanité ? Où, la noblesse ?

Vassal, seigneur, suzerain

Le mot vassal est issu de la langue gauloise – ou celtique. On le retrouve en irlandais, en espagnol, en allemand sous des formes parentes. Il signifie le garçon, le valet, celui qui sert un maître. Le mot seigneur vient du latin *senior* : l'homme âgé, l'ancien. Suzerain a pour origine l'adverbe sus en ancien français : en haut.

Le serf et son seigneur

Qui sont ceux qui vivent dans les campagnes, autour des mottes, des châteaux ? Ce sont pour la plupart des serfs. Les serfs sont des descendants d'anciens esclaves, soumis au maître par tradition, par habitude. Ils travaillent sans cesse, souvent pour le seigneur ou pour l'abbaye. Ils doivent respecter trois obligations :

- Le chevage qui est une redevance en deniers : le serf ne possède presque rien et les quelques sous qu'il gagne sont donnés au seigneur – il les lui pose sur la tête.
- Le formariage : si la fille d'un serf veut se marier en dehors du domaine du maître, elle doit acquitter une somme importante pour le dédommager – elle le prive d'une paire de bras… Si un serf veut s'installer chez ses beaux-parents, il doit lui aussi donner au seigneur une somme rondelette qu'il ne possède évidemment pas. Les situations deviennent impossibles à vivre pour les serfs, mais l'essentiel pour le seigneur est de conserver sa main d'œuvre.
- Le droit de mainmorte : à la mort d'un serf – selon un moine du XIIe siècle – il était d'usage de couper sa main droite et de la présenter au seigneur qui pouvait alors prendre tous ses biens. Pour les récupérer, les proches parents devaient verser une somme en rapport avec la valeur – bien maigre – de l'héritage.

Figure 5-2 : Les serfs doivent respecter trois obligations.

Les Normands deviennent sages

Les comtes et les princes sont trop occupés par les luttes de voisinage pour lutter efficacement contre les envahisseurs venus du Nord. Il faut attendre une sévère défaite du chef normand Rollon qui ne peut retourner dans son pays, puisqu'il en est banni, pour que le problème trouve sa solution. Peut-être aussi que les Normands sont fatigués de piller, et qu'ils se disent que la pratique du commerce est plus saine…

L'astucieux Charles le Simple

Charles le Chauve n'avait pu parvenir à vaincre les envahisseurs normands, malgré l'aide efficace de Robert le Fort, le cousin de ses deux frères et l'ancêtre des Carolingiens. Pour régler le problème, il faut attendre l'astucieux Charles le Simple – simple vient de simplex en latin signifiant ici la qualité d'un jugement sans détour, celle d'un homme loyal et droit ; Charles le Simple est roi de France de 893 à 923.

911 : le baptême pour Rollon le Normand !

Encouragé par les archevêques de Rouen et Reims, Charles le Simple propose aux Normands du Norvégien Rollon, qui viennent d'être sévèrement battus devant Chartres, d'en finir avec leur manie de tout brûler et de tout détruire – l'abbaye de Saint-Martin-de-Tours, par exemple, en 903. La proposition tombe à pic, car après la période d'invasions furieuses, les

Normands pensent à établir, comme à Nantes ou à Bayonne, des comptoirs commerciaux. Voici donc le marché que leur propose Charles le Simple : il leur confie la défense de Rouen, d'Évreux et de Lisieux. Que devront-ils en retour ? Un serment de fidélité et le baptême pour tous. Rollon accepte et, en 911, se fait baptiser, imité par ses compagnons.

Le roi Charles, cul par-dessus tête !

Rollon prête ensuite le serment de fidélité. Pour ce faire, les comtes se sont rassemblés en nombre autour du roi qui attend sous une immense tente, sur les bords de l'Epte, à Saint-Clair, près de Vernon. Les Normands entrent avec à leur tête Rollon qui s'approche de Charles le Simple, assis sur son trône. Que va faire Rollon ? Se prosterner ? Se mettre à genoux ? Non, Rollon saisit le pied de Charles le Simple et veut le porter à ses lèvres en signe d'allégeance. Mais le roi ne s'y attend pas et part en arrière avec son trône ! Le voilà cul par-dessus tête, empêtré dans sa tunique ! Stupeur ! Les comtes sortent leurs épées. Mais Charles le Simple se relève, pris d'un fou rire qui gagne bientôt toute l'assistance. Finis les raids régulièrement menés contre Paris, Chartes, et régulièrement repoussés par Robert Ier, frère de Eudes qui a vaillamment défendu la capitale.

L'ogre

926 : nouvelle alerte ! Les barbares sont de retour ! Quels barbares ? Ceux-là viennent tout droit des plaines centrales d'Europe. On croit que ce sont des Huns, puis on reconnaît des Avars. Ce ne sont ni les uns ni les autres, ce sont des Magyars, autrement dit des Hongrois qui viennent avec leurs chevaux auxquels ils ont l'habitude d'enlever les parties viriles afin de les rendre plus musculeux, plus dociles. Ce type de cheval est connu maintenant sous ce nom : hongre – venu de Hongrie. Et puis, les Hongrois apparaissant comme des hommes terribles, Hongrois devient hogre, puis ogre, le grand méchant ogre qui fait peur au Petit Poucet !

Rollon le Normand épouse la fille du roi de France

Rollon, baptisé, devient Robert et prend pour épouse la fille du roi, Gisèle. Robert (rien à voir avec les Robert, descendants de Robert le Fort), seigneur de Normandie, prend son rôle très au sérieux : il déploie un zèle considérable pour que se répande le christianisme, il relève les abbayes de leurs ruines : Saint Andrews, Jumièges. Il rebâtit les villages. C'est de cette époque que datent les noms en « beuf », de la racine bud qui signifie demeure : Elbeuf, Quilbeuf ; les noms en « fleur », de flodh signifiant baie :

Harfleur, Honfleur ; le nom Dieppe, de diup : profond ; Houlgate, de gate : rue, etc. La Normandie vit en paix : plus un seul vol – on dit que les charrues peuvent dormir dans les champs –, délits et crimes rares ! Cette région devient un modèle d'organisation, elle s'agrandit. Les Normands abandonnent bientôt leur langue au profit du roman. L'intégration est complètement réussie !

Contre la barbarie : des moines exemplaires

La progression de ce qu'il faut bien appeler la barbarie des seigneurs, pendant le temps de la féodalité, va être combattue par une force inverse : celle des moines.

L'abbaye de Cluny devient une référence

Fuir le monde et ses turpitudes, devenir un modèle, et peut-être un saint ! Voilà le projet des moines.

La paix de Dieu

Depuis 910, l'abbaye de Cluny, rattachée directement à l'Église de Rome, se trouvait préservée des tentations de seigneurs qui s'emparaient par la force d'autres abbayes, y nommant abbé n'importe quel chevalier qu'ils voulaient récompenser. L'abbaye de Cluny devient une référence dans une société qui cherche à sortir d'un état souvent proche de la sauvagerie. Les moines fuient le monde, l'argent, la bonne chère et, évidemment, les femmes. La paix de Dieu semble inonder les églises clunisiennes qui s'enrichissent de décorations, de dorures, grâce à l'affluence des dons des fidèles, au travail des paysans environnants. Les moines y chantent à longueur de journée des psaumes qui apportent du baume à l'âme. Ils entretiennent l'idée que la concorde est possible et que le Divin invisible saura par ces mélodies touchantes et dépouillées se laisser attendrir ; il endiguera les fléaux qui s'abattent sur la terre : famines, maladies, et cette mortalité infantile qui emporte avant l'âge de cinq ans plus de la moitié des enfants !

Célibat pour les prêtres

Les reliques de saints sont promenées dans les campagnes en temps de sécheresse ou d'inondation. Les moines de Cluny pratiquent et encouragent l'abstinence, le jeûne, ils mènent une vie exemplaire. En un peu plus d'un siècle, cet ordre monastique comptera plus de 1 000 établissements, dont 800 en France. En 1080, le pape Grégoire VII, sous la responsabilité duquel se trouvaient les Clunisiens, parvient à faire interdire que les évêques soient nommés par un autre que lui. Il interdit aussi le mariage des prêtres, et affirme que son autorité se place au-dessus de celle des princes.

Figure 5-3 : La cour de l'abbaye de Cluny.

950 : en route pour Compostelle

UN ÉVÉNEMENT IMPORTANT

L'exemple donné dans les abbayes crée des vocations, mais comment manifester sa qualité de chrétien actif par une action de longue haleine ? En effectuant un pèlerinage ! Par exemple à Compostelle en Galice. C'est là qu'au IXe siècle, Théodemir, l'évêque d'Iria, a découvert grâce aux indications d'un ermite – Pélage – le tombeau de Jacques le Majeur. L'ermite Pélage raconte avoir vu des milliers d'étoiles voleter au-dessus du tombeau du saint. Il compare cette lumière surnaturelle à un champ d'étoiles, d'où ce nom : *campus stellae* qui a donné Compostelle. Aussitôt, des pèlerinages sont organisés, mais plutôt localement. Cent ans plus tard, en 950, l'évêque du Puy-en Velay, Godescalc, appuyé par l'abbé de Cluny, organise un grand pèlerinage vers Compostelle, en faisant halte dans les abbayes.

Coquille au bourdon, cape sur le dos…

Le retentissement de ce pèlerinage qui entre dans une stratégie de reconquête chrétienne sur les Maures, conduit de nombreux pénitents vers la ville d'Espagne. On fait aussi le pèlerinage pour demander une guérison, ou tout simplement conduit par la foi. Le pèlerin part au printemps afin d'arriver en juillet à Compostelle, pour la fête de Saint-Jacques. Le voyageur, cape et besace sur le dos, et chapeau relevé, tient à la main un bâton de bois surmonté d'ornements en forme de pomme : le bourdon. Afin de prouver qu'il est bien allé jusqu'à Compostelle, le pèlerin rapporte une coquille Saint-Jacques – elles sont abondantes sur les côtes de Galice. Il la fixe sur son chapeau, sur son bourdon ou sa pèlerine. Gravée, sculptée ou incrustée sur une église ou une auberge, elle signale au jacquet – le pèlerin – qu'on l'attend afin de le bien recevoir.

Le jour des morts

Odilon, supérieur du monastère de Cluny en Bourgogne, décide vers 1030 que le 2 novembre sera le jour des morts. C'est le lendemain du jour de tous les saints qu'on fête depuis 813. Et cette fête des morts sera célébrée dans les églises. Jusqu'au XIIe siècle cependant, des banquets funéraires continueront d'être servis sur les tombes.

Au programme : prière, travail, obéissance, humilité

Après Cluny, l'abbaye de Cîteaux va renforcer la règle de saint Benoît. Un moine qui en est issu, Bernard, va fonder à Clairvaux une nouvelle congrégation, celle des moines à l'habit blanc.

1098 : Robert de Molesme ne reviendra pas de Cîteaux

Cluny a du succès, Cluny s'enrichit ! Cluny se laisse emporter peu à peu par les facilités que provoque l'abondance de biens. Prenant pour prétexte que les églises doivent attirer les fidèles par leur magnificence, les moines les chargent plus qu'ils ne les décorent d'or et d'argent. Et cela ne plaît pas à tout le monde, notamment à Robert de Molesme qui décide de créer, en 1098, à Cîteaux, en Bourgogne, un autre ordre monastique appliquant à la lettre la règle de saint Benoît : prière, travail manuel, vie fraternelle, obéissance, humilité. Les offices sont minutieusement réglés en fonction des heures du jour et de la nuit, l'autorité du supérieur rappelle celle du pater *familias* romain (saint Benoît de Nursie vécut entre 480 et 548. Il établit son monastère au mont Cassin).

ARTS, CULTURE ET SCIENCES

Roman, gothique

On construit à cette époque – au XIe siècle – des églises massives, de style Roman en empruntant à l'architecture romaine le plan en croix, une nef centrale entourée de deux bas-côtés, une voûte d'arête. L'arc est en plein cintre. Leur intérieur paraît dépouillé, pourtant, elles abritent de magnifiques ornements : des bas-reliefs, des chapiteaux sculptés, des statues. Un siècle plus tard, naît le style gothique : on brise à l'intérieur des nouvelles églises, l'arc du plein cintre, on le remplace par une croisée d'ogives – arcs réunis en un point élevé. À l'extérieur, on ajoute contre la muraille qui subit la poussée allégée des arcs, des arcs-boutants. Le tout permet d'élever la construction, de diminuer l'épaisseur des murs, d'installer de grandes entrées de lumière où prennent place les vitraux racontant la Bible et la vie des saints.

Sitôt dit : Cîteaux fait, Bernard part, Clairvaux suit

Sitôt dit, Cîteaux fait : les moines adoptent l'habit écru, qui contraste fort avec l'habit noir de ceux de Cluny. Ils dépouillent de leurs ornementations les églises, jeûnent tant qu'ils peuvent, et promeuvent le culte de la Vierge Marie. Bernard – plus tard saint Bernard – veut encore faire mieux. Entré à Cîteaux en 1112, il en sort trois ans plus tard pour fonder l'abbaye de Clairvaux ; il quitte l'habit écru pour l'habit blanc. Son succès est considérable dans toute l'Europe. Bien organisées, ces abbayes reçoivent de nombreuses donations, commercialisent en abondance des produits du travail manuel livrés dans les cités, et forcément payés… De sorte que la richesse commence à prendre à revers les bonnes intentions du départ.

De Louis le Bègue à Hugues Capet

Les premiers pilotes de la toute neuve maison France peinent à s'installer sur leur trône. Ou bien la mort les fauche à la fleur de l'âge, ou bien les luttes de clan absorbent leur énergie et les empêchent de mener à bien leur projet de reconstituer l'empire de Charlemagne, projet abandonné au profit de tentatives plus ou moins réussies pour consolider le royaume de France. Un royaume dont le domaine royal est réduit à un tout petit noyau central qui va de Paris à Orléans, lorsque arrive sur le trône le fondateur d'une nouvelle dynastie : Hugues Capet !

Cent ans de rois – bègue, gros, simple, fainéant…

Nous avons laissé, le 10 avril 879, Louis II le Bègue mourir à trente-trois ans. Depuis, ont régné :

Trois Carolingiens

- Louis III, roi en 879, mort en 882, à dix-neuf ans.
- Carloman, roi en 879, conjointement avec son frère Louis III. Il meurt à dix-huit ans en 884.
- Charles III le Gros, roi en 884, et même empereur – le dernier – qui abandonna Paris aux Normands. Souffrant de maux de tête invalidants, il fut trépané – on ouvrit la boîte crânienne pour vérifier l'intérieur… Sans résultat : aux migraines s'ajoutèrent des sautes d'humeur telles qu'il fallut congédier ce souverain imprévisible et l'envoyer finir ses jours dans une abbaye en Forêt-Noire en 888.

Trois Robertiens

- Eudes, fils aîné de Robert le Fort, courageux contre les Normands, mais qui dut ou bien les payer pour qu'ils partent, ou bien les laisser aller vers la Bourgogne. Eudes est mort en 898.
- Robert Ier, le frère d'Eudes. Robert Ier prend le pouvoir pendant le règne de Charles le Simple, écarté. Règne éphémère puisqu'il se termine à la bataille de Soissons en 923 : Robert Ier y est tué.
- Raoul, beau-frère de Robert Ier, mort en 936, sans héritier. et mis sur le trône en 923, à la place d'un Charles le Simple trop ambitieux. Raoul meurt en 936, sans héritier.

Quatre Carolingiens

- Charles III le Simple – rappelez-vous, celui que Rollon le Normand (le *nordr mannr* : homme du nord) a fait tomber de son trône cul par-dessus tête ! Charles le Simple a été évincé par Robert Ier, puis par Raoul en 923. Emprisonné à Péronne, Charles le Simple y est mort en 929.
- Louis IV d'Outremer, le fils de Charles le Simple, débarqué d'Angleterre où il avait accompagné en 923 sa mère en fuite. Il devient roi, en 936, à la mort de Raoul. Louis IV d'Outremer est suivi comme son ombre par Hugues le Grand qui voudrait prendre la place, mais n'y parvient pas. Et puis ce Louis meurt en 954 de façon tragique : tué par un loup qu'il chassait.
- Lothaire, fils de Louis IV d'Outremer, couronné à Reims en 954, très tôt mis en concurrence avec le futur Hugues Capet.
- Louis V le Fainéant, l'ultime Carolingien, succède à son père Lothaire à la mort de celui-ci en 986. Mais il meurt d'un accident de chasse (décidément…) à vingt ans. Son surnom de fainéant est dû, non pas à une éventuelle tendance à la paresse, mais à la brièveté de son règne : il n'a pas eu le temps de faire grand-chose…

Gerbert d'Aurillac importe le zéro

Mine de rien, Gerbert d'Aurillac (940 - 1003) est celui qui a sans doute le plus changé notre vie quotidienne ! Jugez-en : élève dans le monastère clunisien d'Aurillac, Gerbert est envoyé poursuivre ses études en Catalogne où il découvre les travaux des savants arabes qui, pour la numération, utilisent le zéro. Les Arabes ont emprunté ce zéro aux Indiens chez lesquels ils vont commercer et qui nous ont légué aussi tous nos chiffres – chiffres indiens, dont la graphie seule est arabe, due aux savants de Kairouan. Les mots *zéro* et *chiffres* ont la même racine indienne : *sunya*, devenu *sifr* en arabe, qui signifie le vide représenté par le petit cercle du zéro. L'importation des chiffres arabo-indiens permet progressivement de se défaire d'un système de calcul romain laborieux et difficile à lire. Imaginez vos comptes aujourd'hui en chiffres romains ! Gerbert s'intéresse à tout, à la médecine, à la littérature, à la musique, aux sciences, à l'astronomie. Il écrit plusieurs traités scientifiques. Archevêque de Reims en 991, il devint pape sous le nom de Sylvestre II en avril 999, quatre ans avant sa mort.

Hugues Capet élu roi de… Paris et d'Orléans

Capet ! Ce nom qui apparaît en 987 s'apprête à dévaler plus de 800 ans…

Roi Hugues, quel est ton domaine ?

Capet, un surnom donné à Hugues parce qu'il portait souvent la cape de Saint-Martin-de-Tours, une relique de celui qui donna la moitié de son manteau (l'autre moitié appartenant à l'armée romaine – sinon, il aurait tout donné, vous vous le rappelez sans doute, mais on peut le souligner une nouvelle fois…).

Tout petit mon domaine !

Or donc – sonnez trompettes – il y eut Hugues Capet, en 987 ! Hugues Capet est le fils de Hugues le Grand qui suivait comme son ombre les rois, désireux qu'il était d'accéder au trône, ou d'y faire monter l'un des siens. C'est fait avec ce fils Hugues qui inaugure le long règne des Capétiens. Et ce fils, prudent, prend la précaution, l'année de son accession au trône, de désigner son successeur, de le faire élire par les grands et de le faire sacrer. Roi Hugues, quel est ton domaine ? Tout petit, mon domaine royal, c'est-à-dire ce qui m'appartient et me rapporte des revenus ! Tout petit : une vingtaine d'évêchés, des seigneuries, le tout couvre de façon discontinue le bassin parisien ! Tout petit, pas tant que ça, Hugues. Roi Hugues Capet, roi de la France entière !

UN ÉVÉNEMENT IMPORTANT

27 juin 992 : la bataille de Conquereuil

En 990, le comte de Rennes, Conan le Tort, s'empare de Nantes. La ville n'offre aucune résistance. Aussitôt, il construit une forteresse au sud-ouest de la cité, au lieu-dit le Bouffay. Il confie le gouvernement de la ville à l'évêque de Vannes Orscand. Branle-bas de combat à Paris et en Anjou ! Hugues Capet informé de ce renversement de l'équilibre dans les dominations territoriales de l'ouest s'en inquiète auprès de son vassal angevin Foulques Nerra qui est déjà en selle pour déloger ce comte envahisseur dont il ne supporte pas la présence sur le bord de la Loire. Conan a pour alliés le comte de Blois et de Chartres : Eudes. Et les deux mâchoires Conan-Eudes pourraient se refermer sur l'Anjou, et qui sait, aller plus loin !

La rencontre des armées angevines et rennaises va avoir lieu à mi-chemin de Rennes et de Nantes, près d'un tout petit village situé sur les bords d'une rivière appelée le Don : Conquereuil. C'est là que Conan décide d'attendre les Angevins et de leur tendre un piège. Sachant que leur point fort est la cavalerie, il fait creuser des fossés profonds dans lesquels des pieux à la pointe durcie au feu sont plantés. Ces fossés sont masqués par des branchages. Les Angevins attaquent les Bretons qui les attendent. Dès le premier assaut, ils perdent des centaines de chevaux et cavaliers qui tombent dans les fossés meurtriers. L'armée de Foulques tente de se rassembler : les Bretons fondent sur elle, Conan en tête. Mais Conan, ce 27 juin 992, décide de se reposer, il enlève son armure, s'assoit sous un bouquet d'arbres où il se fait surprendre par des Angevins qui le tuent. La victoire change de camp. Sans leur chef, les Bretons s'enfuient. Foulques est vainqueur ! Depuis ce temps, à Conquereuil, qui existe toujours, il ne s'est rien passé.

Je ne suis qu'un seigneur parmi d'autres

Qu'est-ce que cette Francie dont je suis roi ? Un ensemble de provinces mal délimitées, souvent en lutte les unes contre les autres. Si on me respecte, c'est que je suis un personnage sacré, tout roi tient son pouvoir de Dieu, mais surtout de Rome, et je dois protéger la chrétienté ! Pour ce qui est de la perception des impôts, je ne suis qu'un seigneur parmi d'autres, et ces autres sont souvent bien plus riches que moi ! On me menace de partout : Eudes de Blois me vole Melun ! Il faut que mes fidèles vassaux le duc de Normandie et le comte d'Anjou Foulques Nerra me viennent en aide pour reprendre la ville le 4 août 991 ! L'année suivante, Foulques Nerra reprend Nantes au comte de Rennes et me sauve ainsi d'une coalition (Conan comte de Rennes et Eudes de Blois) qui aurait pu être dangereuse pour l'avenir du pays ! Eudes de Blois est mort en 996. Et toi, Hugues, tu mourus la même année.

Les successeurs d'Hugues Capet

Robert, Henri, Philippe, Louis…

- Robert II le Pieux, son fils, roi en 996, un grand guerrier, un roi instruit, mais un cœur tendre réputé pour ses déboires conjugaux. On lui doit notamment la reconstruction de l'abbaye de Saint-Germain-des-Prés détruite par les Normands.
- Il y eut ensuite Henri Ier, son fils, roi en 1031, qui épouse Anne de Kiev, la fille du grand duc Iaroslav de Russie. Il maintient le domaine royal, sans l'agrandir.
- Il y eut en 1060, le fils d'Henri Ier : Philippe Ier, un bon vivant qui agrandit le domaine royal. Il est enterré dans l'église abbatiale de Saint-Benoît-sur-Loire.
- Vient ensuite Louis VI le Gros – gros comme son père obèse Philippe Ier – qui affranchit les paysans. Son fils, Louis VII, premier époux d'Aliénor d'Aquitaine, va conduire la deuxième croisade – cela vous est conté en détails dans les pages qui suivent…

Chapitre 6

1095 à 1337 : Des croisades au roi de fer

Dans ce chapitre :

- Vous allez comprendre la formidable et tragique aventure des croisades
- Trois grands rois vont vous étonner
- Vous n'ignorerez plus qui étaient les Templiers, ni pourquoi ils ont disparu

Le temps des croisades est un temps d'espoir : beaucoup de ceux qui s'engagent pour le voyage vers Jérusalem, rêvent d'y trouver – ou d'en rapporter – ce qui rendra leur vie meilleure. Hélas, même si le soleil est au rendez-vous sous les latitudes méditerranéennes, les résultats de l'entreprise ne correspondent guère à ce que l'imagination un peu naïve des croisés avait pu élaborer. Le commerce, en revanche, va se développer, et la civilisation décloisonner ses façons de prévoir et de penser, leur donner davantage de perspective et d'ampleur. Philippe Auguste est l'homme de ces temps décisifs : c'est à la fois un croisé lucide et courageux, et un habile stratège qui, à la bataille de Bouvines, va fonder la France. Après lui, Louis IX, croisé lui aussi, élève et nourrit sur les fondations établies par son grand-père, l'idée qu'une nation possède, comme un corps, un cœur d'où tout part et vers lequel tout converge.

De nombreux voyages vers Jérusalem

Pierre l'Ermite ouvre la voie aux barons vers Jérusalem, en passant par Constantinople que beaucoup ne dépasseront pas.

1096-1099 : Pierre l'Ermite et sa bande

Pierre l'Ermite ! On le considère déjà comme un saint quand il commence à prêcher dans les campagnes pour appeler les petites gens à s'engager pour la croisade. On arrache les poils de son âne pour en faire des reliques… Mais, aujourd'hui, il n'existe pas de saint Pierre l'Ermite. Pourquoi ? Lisez d'abord comment est né le projet de reconquête du tombeau du Christ à Jérusalem, comment le pape Urbain II a demandé des volontaires pour cette entreprise… Embarquez pour l'aventure !

Figure 6-1 : Pierre l'Ermite prêchant la croisade.

« Deus lo volt ! » : Dieu le veut

À Clermont est lancé le grand appel qui va mettre en mouvement une grande partie de l'Europe du Nord vers le tombeau du Christ tombé aux mains des infidèles, objectif idéal pour tous ceux, jeunes ou moins jeunes, qui se sentent à l'étroit dans leurs terres ou dans leur pays.

Togroulbeg, chef des Sekjoucides

Le 27 novembre 1095, le pape Urbain II – Eudes de Chatillon, d'origine française – vient de clore le concile qu'il a ouvert le 18 novembre à Clermont, en Auvergne, la ville aux cinquante-quatre églises. On a beaucoup parlé, au cours de ce concile, des Lieux Saints de Jérusalem. Ces Lieux Saints, où se trouve le tombeau du Christ, sont occupés par les infidèles : les musulmans. En effet, tout a commencé en 1055 avec l'arrivée des Turcs. Le chef de la tribu des Seldjoucides, Togroulbeg, s'empare de Bagdad, puis vainc l'empereur byzantin romain Diogène en Arménie. Fait prisonnier, l'empereur est libéré, mais, auparavant, on lui crève les yeux. Plus d'empereur à Byzance pour les contrarier, les Turcs foncent sur Jérusalem qu'ils prennent aux Arabes en 1078, puis ils s'emparent d'Antioche qui appartenait aux Byzantins.

CHEZ NOS VOISINS

Guillaume le Conquérant, fils de Robert et d'Arlette…

14 octobre 1066. Une troupe de chevaliers débarque en Angleterre. Ils sont Bretons, Flamands, Français. Mais les plus nombreux sont les Normands. Ils ont à leur tête Guillaume le Bâtard. Pourquoi le Bâtard ? Parce que son père, Robert, duc de Normandie et descendant de Rollon, a eu ce fils avec la fille d'un tanneur de Falaise, Arlette, en dehors de son mariage. Les 7 000 guerriers s'en vont combattre à Hastings Harold qui a pris la couronne anglaise alors qu'elle avait été promise à Guillaume par Édouard le Confesseur, son oncle, qui vient de mourir.

Harold s'est tranquillement installé sur la hauteur de Senhac, près de Hastings. Guillaume lance ses premiers assauts inefficaces. Il décide de s'engager dans la bataille. Mais une lance transperce son cheval et on le croit mort. Les Anglais rompent alors leurs rangs pour poursuivre les Normands saisis par un début de panique. À ce moment, Guillaume qui est bien vivant relève la visière de son casque. On le reconnaît. Tous ses soldats se rassemblent. Guillaume lui-même atteint le poste de commandement d'Harold qui se meurt, ayant reçu une flèche normande dans l'œil. C'est la déroute des Anglais, la victoire de Guillaume. À ce moment, l'adjectif *bâtard* laisse la place au triomphant *Conquérant* dont Guillaume lui-même n'a jamais voulu, se considérant comme un héritier légitime, et non comme un envahisseur ou un usurpateur. Il régna sur une Angleterre d'un million d'habitants, emportant avec lui la langue (presque) française qui a donné naissance à la langue anglaise contemporaine.

Délivrer le Saint-Sépulcre

La situation est grave : le tombeau du Christ est devenu la propriété des musulmans ! Il faut aller le délivrer ! Il faut aussi donner à une population française en forte progression (elle passe de cinq millions en l'an 1000 à dix millions en 1200) des horizons nouveaux, faire prendre l'air aux jeunes nobles turbulents et tenter d'ouvrir des voies commerciales avec cet Orient tout proche et qu'on connaît si mal. « *Deus lo volt !* » est la réponse au discours enflammé du pape Urbain II qui demande aux volontaires de se désigner pour l'*expédition de Dieu*. L'évêque Adhémar de Monteil est le premier. Aussitôt, il coud une croix rouge sur son vêtement. Dans les jours qui suivent, ce sont des milliers d'hommes qui *cousent la croix*, c'est-à-dire qui répondent à l'appel du pape et se préparent à partir pour Jérusalem sous le contrôle des seigneurs. L'expédition est minutieusement préparée par les barons qui se réunissent à Paris. Quatre armées distinctes sont formées, qui vont se diriger vers la Terre Sainte.

Le grand drame des petites gens

Après l'appel d'Urbain II, en 1095, un ancien soldat devenu moine, né en 1050 à Amiens et qui prétend que le Christ lui est apparu lors d'un voyage à Jérusalem, décide de sillonner les campagnes, de s'arrêter pour prêcher dans les petites villes, les villages. Il veut recruter une armée de croisés issus du peuple, une armée de gens simples. Il est monté sur un âne, marche pieds nus. Son nom ? Pierre l'Ermite. On l'écoute, il parle avec passion, avec fougue : il faut aller délivrer le tombeau du Christ à Jérusalem. La description qu'il fait de cette ville enflamme les imaginations et de braves gens vendent tout ce qu'ils ont pour suivre celui qui possède parfaitement l'art de la persuasion, mais pas grand-chose de plus. Des milliers d'hommes, de femmes, d'enfants, mais aussi de malades, d'infirmes et d'impotents le suivent ! Le 12 avril 1096, il arrive à Cologne où le départ pour cette croisade des pauvres gens est fixé. Ils sont près de 100 000 !

Vols, crimes, rapines

Que faire ? La foule s'impatiente des réticences des autorités à les laisser partir. Elle part même toute seule malgré les conseils de Pierre l'Ermite qui voudrait bien leur faire faire le chemin inverse, et s'en débarrasser. Trop tard ! Au bout de deux jours apparaît une grande ville. Beaucoup croient qu'ils sont déjà arrivés à Jérusalem... Pour continuer, il faut se nourrir. Cette bande va vivre de vols, de crimes, de rapines, tuant notamment les Juifs pour les voler tout en prétendant venger la mort du Christ. En août, cette triste équipée arrive à Constantinople.

Le coup de folie de Gautier-sans-Avoir

L'empereur byzantin Alexis, effrayé du nombre, envoie un peu plus loin cette troupe dont quelques centaines d'éléments s'emparent d'un château. Mais, assiégés à leur tour par les Turcs, les chrétiens ont besoin de renforts. Pierre l'Ermite s'en va en demander à Constantinople. Pendant son absence, son compagnon Gautier-sans-Avoir décide d'entraîner les croisés vers Nicée. Les Turcs leur tendent un piège et les massacrent tous. Des milliers de cadavres de gens simples et trop naïfs jonchent le sol de cette terre étrangère où le rêve est devenu cauchemar. Pendant des dizaines d'années, leurs ossements formeront – racontent des témoins – comme une petite montagne !

Les horreurs des croisades

Entre 1096 et 1270, ce sont huit croisades qui vont lentement s'ébranler vers la Terre Sainte, avec des fortunes diverses, mais toujours le même objectif : délivrer puis conserver le Saint-Sépulcre et, si possible, conquérir le plus possible de villes, de territoires aux alentours afin de multiplier les réseaux commerciaux. Mais les Turcs veillent et les affrontements sont sanglants.

Octobre 1097 : du Sarrasin bouilli

En automne 1096, la deuxième vague de la première croisade s'ébranle vers la Terre Sainte. Elle est conduite par deux nobles : Adhémar de Monteil et Godefroy de Bouillon – on l'appelle la croisade des barons. Dès qu'ils arrivent en Turquie, les croisés doivent livrer de terribles batailles. Les atrocités se succèdent. Par exemple, en octobre 1097, lors du siège d'Antioche, puissante cité entourée de deux murailles hérissées de 450 tours, les chrétiens qui n'ont plus rien à manger font bouillir le cuir de leurs harnachements ; ensuite, ils le mangent ! Puis, n'ayant plus rien – c'est le chroniqueur Graindor de Douai qui le rapporte –, ils puisent dans leur réserve de prisonniers sarrasins, et en font rôtir et bouillir…

1098 : Godefroy plus fort qu'un Turc

Ce n'est pas tout ! En 1098, celui qui, le premier, s'était désigné dans l'enthousiasme général, à Clermont, pour délivrer le saint tombeau, celui-là, l'évêque Adhémar de Monteil, promet à ses soldats douze deniers par tête de Sarrasin coupée. Et quand il en a une cinquantaine, il les place au bout de très longues perches, leur regard mort tourné vers l'ennemi… Ce n'est pas tout encore ! Godefroy de Bouillon, au cours d'un violent affrontement, coupe en deux morceaux, avec sa longue épée, un cavalier Turc, au niveau de la taille ! Le cheval poursuit sa route avec la partie inférieure du corps tranché, chevauchant encore, pendant que la partie supérieure mord la poussière…

1099 : les Juifs sont brûlés vifs dans la synagogue

UN ÉVÉNEMENT IMPORTANT

On a peine à le croire, mais il y a pire encore : le 7 juin 1099, les croisés arrivent devant Jérusalem. Ils exultent, remercient Dieu ! L'assaut est donné sous une chaleur écrasante le… 14 juillet ! Une tour de bois est approchée des remparts, et les croisés plantent le drapeau sur la muraille de la ville sainte. La garnison égyptienne qui défendait la ville est repoussée. Sous les ordres de Raymond de Saint-Gilles, comte de Toulouse, Tancrède de Hauteville et Godefroy de Bouillon, les croisés envahissent alors Jérusalem, et c'est l'horreur : un chroniqueur affirme que les chrétiens font un tel carnage que le sang des infidèles leur arrive aux chevilles ; un autre dit que les chevaux en ont jusqu'au poitrail. Exagérations mises à part, le massacre est abominable : les Juifs sont brûlés vifs dans la synagogue. Les entrailles des victimes sont fouillées parce que le bruit court qu'elles ont avalé, avant de mourir, des pièces d'or afin de les soustraire aux croisés enragés ! Quarante mille cadavres, hommes, femmes, enfants, vieillards, jonchent les rues de Jérusalem. Le 22 juillet 1099, alors que la ville sainte offre le spectacle affreux d'une ville martyre, la couronne de roi est proposée à Godefroy de Bouillon. Il la refuse parce qu'il ne veut pas de la couronne triomphante et précieuse là où le Christ a souffert puis est mort crucifié, la couronne d'épines sur la tête. Quelle humanité !

Aliénor d'Aquitaine, la belle croisée de Louis VII

Un monde d'hommes, les croisades ? Pourquoi donc ? On va y trouver aussi des femmes, et pas n'importe lesquelles ! Aliénor d'Aquitaine, par exemple… On ne dispose d'aucun portrait, d'aucune représentation d'Aliénor. Seuls les mots rendent compte de cette petite-fille du troubadour Guillaume d'Aquitaine, et il semble qu'à elle seule, elle incarne une sorte de poème parfait qui serait aussi un hymne à la beauté. Selon les témoins de ce temps, Aliénor surpasse en grâce, en intelligence, toutes celles qui l'approchent. Et ceux qui croisent son regard – les poètes réunis à la cour de Poitiers, les non-poètes aussi – y reconnaissent comme une source d'amour qui les trouble longtemps. Bref, elle est très, très belle, Aliénor d'Aquitaine !

« Je croyais avoir épousé un homme, et non un moine ! »

En 1137, elle a à peine quinze ans. Et qui devient, cette année-là, l'époux de ce brillant esprit, de cette perle rare, de cette beauté ineffable ? C'est un jeune homme timide né en 1120, fils de Louis VI le Gros et d'Adélaïde de Savoie, destiné à l'état clérical, mais qui, à la mort de son frère Philippe en 1131, va devenir le prétendant au trône de France : Louis VII. Peu doué pour l'exercice militaire, Louis est un tourmenté de l'âme. Cette caractéristique a sans doute été renforcée par son éducation auprès d'abbés austères et sévères. De sorte que, toujours triste, il conserve des habitudes, des réflexes, et une façon de penser qui feront dire un jour à la belle Aliénor : « Je croyais avoir épousé un homme, et non un moine ! »

Deuxième croisade : Louis se coud la croix

Devenu roi à dix-sept ans, en 1137, Louis VII déclare, le 25 décembre 1145, qu'il veut lui aussi se coudre la croix, c'est-à-dire partir pour la croisade. Sa décision suscite peu d'enthousiasme : Louis VII n'a guère l'apparence d'un chef de guerre. De plus, toujours confit en dévotions – ce qui ne l'empêche pas de consommer son mariage avec Aliénor qui donne naissance à deux filles – on l'a surnommé le Pieux (comme Louis Ier, le fils de Charlemagne). Pourtant, la croisade – la deuxième du nom – va partir, mais, à la différence des autres expéditions, les femmes sont autorisées à s'y joindre !

Prévôt des Juifs

Pieux à l'excès sans doute, triste, sûrement, mais stupide, sûrement pas ! Il est plutôt intelligent, Louis VII, sensible et éclairé. Beaucoup de ses initiatives en témoignent, notamment celles qu'il prend à l'égard des Juifs. À cette époque, l'usure était interdite par l'Église. Aussi, ceux qui avaient besoin d'argent s'adressaient-ils à des prêteurs juifs ; souvent, ils refusaient de rembourser l'argent qu'ils avaient emprunté, et les prêteurs n'avaient aucun recours. Pour pallier la malhonnêteté de ces emprunteurs, Louis VII crée une nouvelle fonction : prévôt des Juifs. Ils sont chargés de chasser les débiteurs de mauvaise foi.

Figure 6-2 : Louis VII se coud la croix à Saint-Denis.

1147 : Aliénor et la croisade caquetante

Pourquoi les femmes partent-elles en croisade ? Parce que le roi, amoureux – ou prudent – a demandé la permission aux évêques d'emmener Aliénor sa belle épouse. Permission accordée ! Les barons en font autant, si bien que c'est une croisade des plus caquetantes qui s'ébranle de Metz, le dimanche de la Pentecôte 1147. Toutes sortes de désordres vont se produire et se reproduire pendant le voyage vers Constantinople : les croisés et croisées – qui traversent ici une acception accidentelle du terme – s'accordent des écarts dans la fidélité du couple avec tant d'allégresse et de conviction que les ecclésiastiques accompagnateurs en sont scandalisés ! La chasteté a dû, elle aussi, être barrée d'une croix.

1148 : il est blond, il est beau, Raymond !

Après avoir été reçus fastueusement à Constantinople, les croisés parviennent en Terre Sainte près d'Antioche en 1148. Et qui est là pour recevoir Aliénor ? Raymond ! Oncle Raymond de Poitiers ! Il est blond, il est beau, Raymond ! Et, forcément, puisque l'accueil se déroule non loin de la plage, il sent bon le sable chaud ! Et puis, en quelque sorte, il est un peu légionnaire puisqu'il est à la guerre… Tous les ingrédients sont réunis pour qu'Aliénor, pendant les dix jours qu'elle va passer près de lui, s'abandonne à l'amitié très tendre qu'elle a toujours éprouvée pour cet oncle gai, drôle, plein d'esprit, bref, un Aquitain qui lui donne la nostalgie de sa cour bien aimée à Poitiers. Leurs affinités les auraient conduits, dit-on, à beaucoup plus. Ou plutôt, on ne le dit pas : ceux qui relatent le voyage font une espèce de grève parce que, prétendent-ils, la reine se comporte mal. Louis VII est humilié : en pleine nuit, il fait enlever Aliénor qui doit alors le suivre à

Jérusalem. Et Raymond, comment finit-il ? Tué l'année suivante, le 30 juin 1149, au cours d'une embuscade contre les Turcs. Sa tête est coupée et livrée au vainqueur dans un panier.

UN PORTRAIT

Parlez-moi d'amour, Ventadour !

En 1124, un archer et une boulangère unissent leurs destinées en Limousin. L'année suivante un bébé tout chaud naît au foyer des deux parents ravis. Ils l'appellent Bernard. Ce bébé grandit, devient un jeune homme. On le remarque pour sa belle voix et pour les paroles qu'il compose. Peu à peu, il va devenir le troubadour à la mode, ses airs deviennent des tubes de l'été, de l'hiver, de toutes saisons.

Cet Aznavour des cours, ce Moustaki des cœurs possède bientôt une telle renommée qu'il est appelé auprès d'Aliénor d'Aquitaine qui adore l'entendre parler d'amour, lui dire des choses tendres qu'elle n'est jamais lasse d'entendre au point qu'il la suit en Angleterre à la cour d'Henri II. Mais, pris du mal du pays, il revient en France, à Toulouse. Il finira sa vie dans un monastère cistercien, à Dalon, en Limousin. L'amour que chante Bernard de Ventadour est un amour de l'attente, il ne peut être totalement assouvi sous peine de disparaître. Voilà pourquoi il rejette l'idée du mariage qui tue l'amour puisqu'il permet de combler le désir instantanément, ou presque, jusqu'à plus soif. Bernard ne se mariera pas, désespérant ses nombreuses groupies.

Aliénor et Louis font bateau séparé

Au retour de Jérusalem, peu avant la mort de Raymond, les époux royaux regagnent la France en faisant bateau séparé. C'est fini ! Ils ne s'entendent plus. Ils ne se sont jamais entendus. Aliénor ne veut plus de ce mari indécis, mesquin, et Louis en a assez d'une Aliénor sur laquelle tout le monde se retourne et que tous les hommes convoitent. Le mariage est annulé le 21 mars 1152 (le divorce n'existe pas à cette époque). Quelques jours plus tard, elle échappe à deux tentatives d'enlèvement : deux barons voulaient la kidnapper pour l'épouser ensuite. Rien de moins !

L'ex de Louis, reine... d'Angleterre

UN ÉVÉNEMENT IMPORTANT

En 1154, la reine de France change non seulement de mari, mais aussi de pays ! Pas forcément pour son bonheur...

Il est blond, il est beau, Henri !

Aliénor ne reste pas longtemps seule. Il se trouve qu'à la cour d'Angleterre, un beau jeune homme de 21 ans n'attend que la femme de sa vie pour fonder un foyer et plus si affinités, c'est-à-dire agrandir le royaume. Ce jeune homme, c'est Henri II Plantagenêt. Il est blond, il est beau, vous connaissez la chanson... Aliénor a trente-deux ans lorsque le 17 décembre 1154, elle ceint la couronne de reine auprès de son jeune roi de cœur et de bonheur (et d'Angleterre aussi) Henri II. Incroyable nouvelle fortune ! La voici reine d'Angleterre, certes, mais aussi de plus de la moitié de la France anglaise : toute la façade Atlantique et celle de la Manche, des Pyrénées jusqu'à Calais. L'Empire angevin !

De l'abbaye de Winchester à l'abbaye de Fontevraud

Les années passent. La belle Aliénor ne trouve pas le bonheur auprès d'un époux toujours en quête d'aventures guerrières, et d'autres aventures… Pourtant, elle lui donne huit enfants dont deux garçons qui deviendront Richard Cœur de Lion et Jean sans Terre. Un jour, Aliénor apprend ce dont elle se doutait : Henri la trompe avec la belle Rosemonde – qui meurt mystérieusement empoisonnée. Aliénor se retire à Poitiers où elle s'entoure de poètes, dont Bernard de Ventadour. Elle pousse ses fils à se révolter contre leur père, mais celui-ci la fait enlever et l'enferme de longues années dans l'abbaye de Winchester. Elle n'en est libérée qu'en 1189, à la mort d'Henri II, par son fils Richard Cœur de Lion. En 1200, elle se retire de la vie et des affaires. À l'abbaye de Fontevraud, un soir de mars 1204, la nuit semble s'installer pour l'éternité. Dans les couloirs on marche à pas feutrés. On se répète sans y croire : Aliénor d'Aquitaine vient de mourir. Cela fait 800 ans. Huit cents ans qu'elle vit dans nos mémoires.

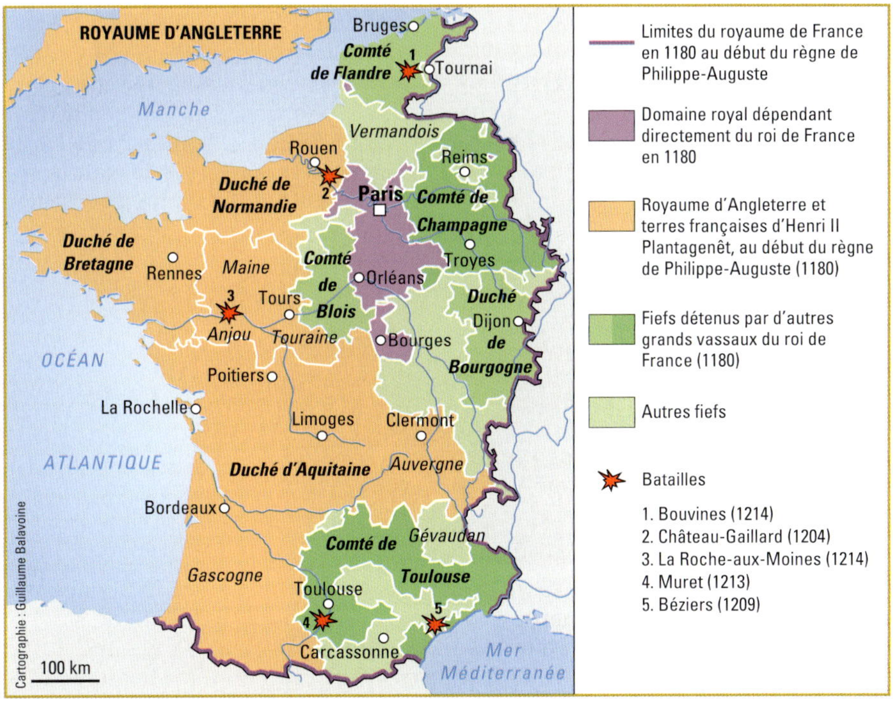

La France au début du règne de Philippe Auguste.

LE SAVIEZ-VOUS ?

La genèse des genêts

Plantagenêt ! Quel drôle de nom. La dynastie anglaise des Plantagenêts tient sa dénomination de Geoffroi d'Anjou, père d'Henri II, qui avait l'habitude de piquer dans son chapeau, une branche de genêt. Et qui était Heni II Plantagenêt ? C'était l'arrière-petit-fils de Guillaume le Conquérant. Tout simplement !

Philippe Auguste et Richard Cœur de Lion : deux styles

Il s'est bien fait attendre, Philippe Auguste ! Son père Louis VII, avec Aliénor d'Aquitaine, n'avait eu que des filles ; avec sa deuxième épouse aussi ! Il a fallu attendre le deuxième enfant de sa troisième femme pour que naisse enfin un garçon. Et quel garçon ! Sous le nom de Philippe II – que son biographe transformera plus tard en Philippe Auguste. Philippe II va régner quarante-trois ans, remporter des victoires déterminantes, participer à des croisades, celle par exemple où il doit se battre aux côtés du fils d'Aliénor d'Aquitaine et d'Henri II Plantagenêt, Richard Cœur de Lion.

Figure 6-3 : Richard I (1157-1199), roi d'Angleterre, conduit les croisés.

1187 : Saladin, le Turc reprend Jérusalem !

La troisième croisade (1189 - 1192) est celle de la contre-offensive musulmane, avec Saladin. Dans un premier temps, c'est un désastre pour Guy de Lusignan, le Français devenu roi de Jérusalem. Ayant lancé ses troupes vers Tibériade, il est encerclé et fait prisonnier avec tous ses combattants. Le 2 octobre 1187, Jérusalem est reprise par Saladin. La nouvelle se répand en Europe : une nouvelle armée de croisés est levée, conduite par Philippe Auguste, Richard Cœur de Lion et l'empereur germanique Frédéric III, dit Barberousse.

Philippe, le dompteur des superbes

Philippe Auguste ! En voulez-vous un portrait ? Le voici : selon un chanoine de Saint-Martin-de-Tours, le roi Philippe II est « un jeune homme beau et bien bâti, il est chauve. Son visage respire la joie de vivre. Il aime le vin, la bonne chère, et il est porté sur les femmes. Généreux avec ses amis, il convoite les biens de ses adversaires. Il est expert dans l'art de l'intrigue, il se montre dompteur des superbes, défenseur de l'Église, et nourrisseur des pauvres ». Cette description flatteuse est tempérée par celle qu'en fait un autre témoin de l'époque, assurant que Philippe II est plutôt intolérant et emporté, qu'il s'empresse surtout de satisfaire ses convoitises. C'est donc cet homme à la fois généreux et coléreux qui s'embarque pour aller secourir la troisième croisade en difficulté.

La mort de l'empereur germanique

L'empereur germanique Frédéric Barberousse s'est joint à la troisième croisade. À la tête de son armée qui doit rejoindre celle de Philippe et Richard, il gagne le sud de l'Asie Mineure – la Turquie –, fait halte en Cilicie. Le 10 juin 1190, par une chaleur torride, il décide de se baigner dans un torrent glacé, et s'y noie. Son armée désemparée se disperse. Il ne reste donc que Richard et Philippe, qui ont choisi de se rendre en Terre Sainte par la mer.

1190 : éviter d'en venir aux mains…

L'entente n'est pas bonne entre les deux rois. Aussitôt qu'ils se rencontrent, ils se querellent violemment. Pourquoi ? Parce que deux ans plus tôt, Philippe Auguste avait apporté son soutien à Richard Cœur de Lion dans sa lutte contre son propre père, Henri II Plantagenêt. Mais, immédiatement après avoir été couronné roi d'Angleterre, Richard s'était retourné contre la France. Aussi, pour éviter sans doute d'en venir aux mains – ce qui, pour deux rois, fait désordre – ils décident de faire bateau à part. Philippe Auguste embarque à Gênes, Richard Cœur de Lion à Marseille. Ils se retrouvent, pour se quereller de plus belle, en Sicile.

1191 : Richard les gros bras

De Sicile, Philippe part directement pour la Terre Sainte, tandis que Richard fait une halte à Chypre dont il s'empare, en mars 1191, pour créer une base arrière de ravitaillement. Les voici à Saint-Jean-d'Acre. Les choses ne s'arrangent pas : Richard arrive en triomphateur, il vient de remporter une belle victoire en mettant sous son aile Chypre. Et quelle prestance, quelle jovialité, quelle audace ! Ce n'est pas pour rien qu'on le surnomme Cœur de Lion ! Il a toujours été loué, admiré, fêté, mais là, c'en est trop pour Philippe Auguste. Ce Richard les gros bras, il ne le supporte plus. Si personne ne le retient, il va faire un malheur !

Puisque c'est comme ça, je m'en vais !

Philippe se domine – pas pour longtemps –, la ville d'Acre résiste, Philippe et Richard s'opposent violemment, se calment, recommencent leurs querelles, et cela dure trois mois, jusqu'au 13 juillet 1191 où la ville tombe enfin aux mains des croisés. Mais qui est le vainqueur dans l'esprit de tous ? C'est Richard ! Et qui passe pour le poltron de service, celui qui n'a que mollement participé aux assauts ? C'est Philippe ! Bien, puisque c'est comme ça, il s'en va, Philippe ! Et pour quelle raison ? Parce qu'il a été prévenu qu'un de ses fils est très malade, il souffre de la suette qui est une forme de fièvre typhoïde. En réalité, Philippe a d'autres idées derrière la tête… Il arrive à Paris le 27 décembre.

1192 : la France en vacance

Le roi Philippe Auguste rapporte une triste nouvelle dans son royaume : Philippe d'Alsace, le comte de Flandres, est mort sous les remparts de Saint-Jean-d'Acre le 1er juillet ! Triste nouvelle, certes, mais qui finalement arrange ses affaires et le détermine dans une politique qu'il ne va cesser de pratiquer. En effet, il va récupérer au plus vite, à son profit, les terres de Philippe d'Alsace – l'héritage flamand. De plus, de nombreux ducs, comtes et princes étant morts en Terre Sainte, il va profiter de cette vacance des responsables souvent turbulents ou menaçants pour asseoir son autorité et commencer une centralisation qui ne cessera plus.

Richard en fait trop !

Richard en fait trop ! Richard en a trop fait. Lors du siège de Saint-Jean d'Acre, il n'a pas supporté que Léopold, le duc d'Autriche, tente de lui ravir la vedette, en se vantant d'exploits plus imaginaires que réels ! Richard, en colère, s'est même saisi de la bannière du duc, et l'a jetée dans le fossé. Humiliation suprême pour Léopold qui va attendre son heure pour se venger. Ce qui arrive le 20 décembre 1192, lors du retour de Richard qui met le pied sur les terres de Léopold pour rentrer en Angleterre. Immédiatement, le duc le kidnappe et le fait emprisonner d'abord dans un cul de basse fosse, comme un vulgaire bandit, puis il le fait transférer sur les terres de l'empereur Henri VI qui installe le prisonnier dans une haute tour.

La rançon de l'amour

Philippe Auguste s'en frotte les mains ! Il s'empresse de conquérir la Normandie, propriété de Richard. De plus, il conseille à Henri VI – fils de l'empereur germanique Frédéric Barberousse qui s'est noyé en Turquie – de garder son prisonnier indéfiniment ! Mais Henri VI a déjà fixé une rançon énorme pour qui pourrait la payer et obtenir la libération de Richard. Et qui donc va réussir à rassembler cette rançon ? Aliénor la mère aimante et passionnée ! Oui, Aliénor, encore là, qui emporte elle-même les 100 000 marcs d'argent à Mayence. Et le 2 février 1194, Richard sort de sa prison.

Baillis et sénéchaux

Philippe Auguste est un organisateur exceptionnel. Il décide de s'adjoindre des hommes de grande qualité dont la rigueur dans la gestion et dans l'application de ses décisions sera irréprochable. Ces hommes qu'il envoie à travers le royaume sont appelés des *baillis* (de l'ancien français baillir : administrer). Dans le Midi de la France et dans l'Ouest, le *bailli* est appelé un sénéchal. Le *bailli* est à la tête d'un *baillage* ; le sénéchal, d'une sénéchaussée. Ce sont les ancêtres des préfets de la République. Mieux administré, le royaume s'enrichit. Cela permettra notamment à Philippe d'agrandir et d'embellir Paris dont il fait la capitale de son royaume. Il fait paver certaines rues, bâtir les halles, aménager le port, construire une enceinte et édifier la forteresse du Louvre dont les fondations sont visibles au sous-sol du musée.

Elle lui ferme les yeux

Aussitôt sa libération, Richard Cœur de Lion s'empresse de reprendre les armes pour récupérer la Normandie. Pendant cinq ans, Philippe et Richard vont s'affronter régulièrement. Jusqu'à ce 6 avril 1199 : au matin, devant Châlus (Haute-Vienne), Richard inspecte ses lignes, sans armure. Un arbalétrier, Bertrand de Gourdon, lui décoche une flèche qui l'atteint à l'épaule. La blessure ne semble pas importante, mais le médecin maladroit qui vient le soigner casse la flèche avant de l'extraire. Il doit inciser largement pour retirer le carreau – le carreau est le fer de la flèche en forme de losange à quatre pans. La blessure est colmatée avec du gras de lard… Quelques jours plus tard, la gangrène se déclare. Richard fait appeler sa mère Aliénor d'Aquitaine qui accourt de l'abbaye de Fontevraud. C'est elle qui lui ferme les yeux, le cœur brisé. Elle a quatre-vingts ans.

15 avril 1204 : Constantinople aux mains des croisés !

UN ÉVÉNEMENT IMPORTANT

Au terme de la troisième croisade, en 1192, Saladin demeure à Jérusalem, et les croisés, en accord avec lui, contrôlent la côte entre Saint-Jean-d'Acre et Jaffa. De plus, ils sont autorisés à aller se recueillir sur le tombeau du Christ dans la ville sainte. En 1198 est lancée la quatrième croisade dont l'objectif est l'Égypte, siège du pouvoir musulman. Faute d'argent, elle ne peut partir qu'en 1201, gagne Venise pour laquelle elle reprend la ville dalmate de Zara, aux mains des Hongrois. Cette victoire permet aux croisés d'être convoyés vers Constantinople où ils s'immiscent dans une vendetta de succession au point de mettre le sac à la ville et de s'en emparer le 15 avril 1204 ! Le comte Baudouin de Flandre qui participait à cette croisade est sacré empereur latin de Constantinople ! Les croisés conquièrent ensuite une grande partie de la Grèce méridionale.

27 juillet 1214 : Bouvines, la France devient adulte

UNE BATAILLE

Philippe Auguste est devenu un roi puissant. Ses ambitions ne plaisent pas à certains de ses vassaux – Renaud de Dammartin, le comte de Boulogne, et Ferrand, le comte de Flandre favorables à ceux qui garantissent la prospérité de leurs filatures, leurs fournisseurs de laine : les Anglais ! Elles déplaisent aussi à l'empereur germanique Otton de Brunswick, et bien sûr à Jean sans Terre qui n'a pas apprécié que Philippe Auguste projette d'envoyer en Angleterre son fils Louis, non pour un stage linguistique, mais pour en devenir le roi, tout simplement. La vengeance de Jean est en route. La plan est simple : il s'agit de prendre en tenailles le roi de France. Jean débarquera à La Rochelle. Otton et le reste des coalisés viendront par le nord. Et chacune des troupes s'en ira vers Paris. Simple, ce plan, il est vrai. Mais sur qui les mâchoires de la tenaille vont-elles se refermer ?

Le plan de Philippe Auguste

Le roi de France ne s'émeut pas de l'agitation du roi d'Angleterre, Jean sans Terre. Il lui fait face avec audace et sang-froid. Et le soir de Bouvines, la France devient adulte…

Otton veut en découdre

Jean débarque à la Rochelle en février 1214. Il franchit la Loire, il occupe Angers. Philippe tente d'arrêter Jean, mais celui-ci se dérobe. Philippe part alors vers le Nord ; Jean en profite pour réapparaître. Son prochain objectif : Nantes. Mais pour cela, il faut s'emparer de la forteresse de La Roche-aux-Moines qui barre la route. Jean l'encercle, l'assaille, mais elle résiste. Philippe y envoie en renfort son fils Louis. Le 2 juillet, à la vue des soldats de Louis, l'armée de Jean sans Terre décampe ! Pendant ce temps, Philippe a continué de monter vers Valenciennes, ville vers laquelle il sait qu'Otton file afin d'en découdre avec lui. Il sait que les Impériaux (les soldats des coalisés sous les ordres d'Otton de Brunswick, l'empereur germanique) stationnent non loin de cette ville, et il décide de les prendre à revers en passant par Bouvines et Tournai. Le 26 juillet, il franchit un pont sur la rivière la Marcq et s'installe à Tournai.

LE SAVIEZ-VOUS ?

Pourquoi sans Terre, Jean ?

Jean sans Terre. Pourquoi sans terre ? En 1202, Jean, fils d'Aliénor, enlève Isabelle d'Angoulême, la fiancée d'un seigneur poitevin. Ce seigneur se plaint de cet enlèvement à son suzerain, le roi de France, et lui demande que justice soit faite. Philippe Auguste est aussi le suzerain de Jean qui possède encore ses terres en France, terres dont il est le roi depuis qu'il a remplacé Richard au trône d'Angleterre. Jean est convoqué par Philippe Auguste, mais il refuse de se déplacer. Philippe Auguste s'empare donc de toutes les terres de Jean en France – Normandie, Maine, Anjou, Poitou. De sorte que Jean devient Jean sans Terre.

Frère Guérin voit juste !

Le plan du roi de France peut entrer dans sa phase finale. Mais Otton a tout appris et il s'est installé à Bouvines, choisissant un plateau solide pour l'excellente infanterie anglo-normande – avec le chaud soleil de juillet dans les yeux. On pense du côté des Français que les coalisés ne se battront pas un dimanche, jour de la paix de Dieu. Mais Frère Guérin – le conseiller de Philippe –, qui est monté sur un tertre et a vu les ennemis se ranger en position de combat, est sûr du contraire. Que faire ? Il est midi, ce dimanche 27 juillet 1214, quand la décision est prise : Philippe qui se repose sous un frêne, ayant déposé son armure et buvant du vin dans un saladier, apprend par frère Guérin que son arrière-garde est attaquée par Otton : il faut y aller ! L'armée de Philippe et celle d'Otton vont bientôt se faire face. Philippe dispose de 1 200 chevaliers, 1 500 sergents à cheval, et 5 000 fantassins. Otton peut compter sur 1 500 chevaliers et près de 8 000 sergents à pied.

La mêlée dure cinq heures

La bataille s'engage, sans aucune stratégie, sans tactique, on se lance simplement dans la mêlée en essayant d'aller le plus loin possible et de ne pas reculer. Philippe Auguste se trouve au centre de ses lignes. La piétaille (les gens à pied) des communes environnantes, venue prêter main forte aux chevaliers français, crée une telle mêlée que les armées ennemies en profitent et s'avancent jusqu'au roi Philippe ! Agrippé avec des piques, il est désarçonné, et il s'en faut de peu qu'un mauvais coup lui enlève la vie. Mais les chevaliers français qui ont vu la scène chargent et le libèrent. La bataille tourne alors en faveur des Français. Otton est désarçonné à son tour, son cheval est tué, il en enfourche un autre et s'enfuit. Philippe Auguste ordonne de ne pas le poursuivre. Il tient la victoire ! Le retour vers Paris est triomphal : toutes les cloches sonnent sur le passage des vainqueurs qui ramènent dans leurs bagages les deux comtes coalisés : Renaud et Ferrand. Ferrand qui permit au peuple en liesse d'ajouter un fleuron supplémentaire à la longue liste de ses phrases de circonstance : le voyant enchaîné et blessé, on lui lançait « Ferrand, tu es bien ferré » !

Les conséquences de Bouvines

L'empereur germanique était considéré, avant Bouvines, comme le personnage le plus important après le pape. Désormais, après ce 27 juillet 1214, c'est Philippe Auguste qui prend cette place de deuxième dans la hiérarchie de l'Occident chrétien. Il met en place pour longtemps l'autorité des Capétiens, comme Charlemagne avait assis celle des Carolingiens. De plus Otton doit céder sa place à Frédéric II, un allié du roi de France. Le domaine d'Hugues Capet était étroit et dispersé, Philippe Auguste a multiplié par trois celui qu'il a reçu. À sa mort, en 1223, Philippe lègue à ses héritiers, à l'Église, à sa famille, aux croisades futures une somme considérable. Il laisse à ses successeurs Louis VIII le Lion – dont le règne ne dure que trois ans et qui meurt (mais non ! pas d'un accident de chasse !) d'une dysenterie – et à Louis IX, le futur Saint-Louis, une France parfaitement organisée, centralisée et qui n'attend que la bonne autorité et les compétences de sa descendance. Philippe Auguste qui a fait la France est mort un… 14 juillet !

La croisade contre les Albigeois

Les croisades vont se poursuivre vers l'Orient, notamment avec Louis IX – Saint-Louis – mais une autre croisade va commencer en 1207 : il s'agit de reconquérir Toulouse et sa région qui ont quitté le giron royal et romain en décidant qu'il n'y avait pas un seul Dieu, mais deux Dieux, développant ce qu'on a appelé le catharisme. La croisade contre les Albigeois va se terminer en 1244.

Retour aux sources du catharisme

Pour connaître la source du catharisme, il faut opérer un petit retour en arrière, remonter en 1170 : un marchand lyonnais qui vient de se rendre compte qu'il n'entrera pas au paradis parce qu'il est trop riche vend tout ce qu'il possède et fonde une communauté de pauvres. Il met la Bible à la portée de tous en la traduisant en une langue simple et claire. L'important, pour lui, est de retourner au christianisme primitif, celui qui secourt les indigents, non pas celui qui enrichit Rome. Ce prêcheur, Pierre Valdo, excommunié par l'archevêque de Lyon donne naissance à ce qui a été appelé le mouvement vaudois. Les Vaudois seront pourchassés et se réfugieront dans les Alpes où leur religion sera pratiquée plusieurs siècles. Cette déviation du dogme catholique dans la chrétienté s'appelle une hérésie. Et ceux qui y adhèrent, des hérétiques. Ce sont les cibles toutes désignées pour ceux qui demeurent fidèles au pape. Dans le même esprit, une autre hérésie se développe au XIIème siècle. Elle concerne le Midi languedocien et porte ce nom lourd d'une histoire tragique : le catharisme.

Les cathares : les purs

Le catharisme se répand dans tout le sud-ouest aux XIIe et XIIIe siècles. Pourquoi les cathares attirent-ils ainsi les foules ?

Les Bons hommes

Cathare, en grec, signifie *pur*. Si le catharisme naît, c'est qu'il y a de l'impur dans l'air, et même sur terre, surtout, en ce Languedoc des années 1170 où la conduite du clergé se révèle désastreuse : beaucoup de prêtres se livrent à toutes sortes d'excès et de débauches. L'implantation des cathares, des purs, se fait sans difficulté. D'autant plus que cette religion chrétienne, mais pas catholique – donc hérétique – offre de séduisants aspects : se fondant sur les évangiles, et particulièrement sur celui de saint Jean, et rejetant l'Ancien Testament, le catharisme permet à chacun de vivre sa vie comme il l'entend ! Pour quelle raison, et de quelle façon ? Il suffit d'écouter les explications de ceux qui se nomment eux-mêmes dans l'hérésie cathare, les Bons Hommes.

Un Dieu ? Non, deux Dieux !

LE SAVIEZ-VOUS ?

Et que disent-ils, les Bons Hommes ? Ils disent qu'il n'y a pas qu'un Dieu, il y en a deux ! Et ces deux Dieux se livrent un combat quotidien acharné. Qui sont-ils, ces deux Dieux ? Il y a celui qui est bon et qui sauve les âmes, il est éternel, il est invisible. Et puis il y a le Dieu mauvais, celui du visible, du temporel, du corruptible, le tentateur, celui qui dévoie, qui pousse à toutes sortes de fautes. L'homme est à la croisée de ces deux créations : sa part divine, éternelle, composée de son esprit et de son âme, et sa part matérielle périssable, faite de chair et de sang, ce corps soumis au désir et à tous les désordres qu'il engendre. En conséquence, les écarts de conduite dus aux mauvais penchants sont jugés avec bienveillance par les prédicateurs – les Bons Hommes – qu'on appelle les parfaits : ils savent, eux, les parfaits, que la terre, c'est l'enfer ! Ces Bons Hommes, ces bons chrétiens, les amis de Dieu s'en vont par deux dans les campagnes, dans les châteaux ou dans les villes, vêtus d'une soutane de bure noire, ceinturés d'une corde blanche, accueillis à bras ouverts !

Le régime parfait

- Les parfaits, même s'ils sont nobles, doivent vivre du travail de leurs mains, ils exercent des métiers artisanaux.
- Ils doivent être humbles, pauvres, charitables.
- Les mots vulgaires ou blasphémateurs sont bannis de leur vocabulaire.
- Sur le plan sexuel, abstinence totale.
- Leur nourriture ? Jamais de viande car elle provient d'un acte procréateur, elle est donc impure !

- Pas de lait, de fromage, d'œufs. Seul le poisson est autorisé car on croyait à l'époque qu'il était asexué.
- De plus, les *parfaits*, s'ils sont menacés ou attaqués, n'ôtent jamais la vie, même en cas de légitime défense.

Les simples fidèles ou *croyants* ont à leur disposition un programme moins parfait, plus humain :

- Ils peuvent manger de la viande.
- Ils ont l'autorisation d'avoir des enfants autant qu'ils le veulent.
- Ils peuvent tuer pour se défendre.

Un seul sacrement : le consolament

À l'approche de la mort, s'ils veulent entrer dans la lumière éternelle, il leur faut au plus vite rencontrer un *parfait* qui va leur administrer le seul sacrement cathare : le *consolamentum* ou *consolament*. Ce *consolamentum*, en un clin d'œil, lave toutes les fautes commises, et l'âme, plus blanche que blanche, transparente comme l'eau claire, peut s'installer dans le silence éternel des espaces infinis pour toute l'éternité, au moins.

1207 : hold-up sur le Languedoc

Évidemment, l'Église de Rome, pape en tête, ne supporte pas ces hérétiques ascètes, les *parfaits*, dont on dit que les fidèles se livrent à toutes sortes de débauches puisqu'ils savent que juste avant la mort, tout est absous par le *consolament*. Et tout le Midi semble si accueillant à cette hérésie qu'elle pourrait progresser au-delà du supportable pour Rome et le roi de France – mais pas pour le roi d'Angleterre avec qui les comtes de Toulouse envisagent un rapprochement. Cela ne peut plus durer. Innocent III envoie un message à Philippe Auguste, qui refuse de s'occuper de l'affaire. Alors, le pape très chrétien envoie, en 1207, une lettre à ses évêques résidant en zone cathare : il les informe qu'il va se passer du roi de France en organisant une croisade afin de reconquérir les régions dissidentes. Il s'agit donc tout simplement d'effectuer un énorme hold-up sur le Languedoc, puisque le pape promet que les terres dont s'empareront par la force les croisés, d'où qu'ils viennent pour tuer l'hérésie, leur appartiendront !

1209 : « Tuez-les tous ! Dieu reconnaîtra les siens ! »

Incroyable commandement d'un chrétien contre des chrétiens. De terribles massacres se préparent. C'est la guerre des gens du Nord – les croisés – contre ceux du Sud. Les Nordistes composent une foule des plus disparates : ce sont surtout des petites gens attirées par un enrichissement facile, des mercenaires, des brigands, des aventuriers, des bourgeois aussi, des aristocrates et des militaires. Leur chef est Simon de Montfort, un organisateur exceptionnel, un soldat plein d'audace, mais un sanguinaire accompli. En juillet 1209, il lance ses troupes sur la ville de Béziers qui est vaincue : toute sa population est massacrée. Avant l'assaut, les croisés viennent demander au légat du pape comment reconnaître, dans la ville, un cathare d'un non-cathare ; celui-ci leur répond (ou leur aurait répondu…) : « Tuez-les tous ! Dieu reconnaîtra les siens ! » Puis c'est le tour de Carcassonne, du Quercy, de l'Agenais, de Muret, et enfin de Toulouse où, en juin 1215, Simon de Montfort fait son entrée, alors que Raymond VI, le comte de Toulouse, s'est réfugié en Angleterre, auprès de Jean sans Terre.

1229 : le Sud revient à la France

Finalement, Raymond VI se soumet, mais pas pour longtemps : les Toulousains se révoltent et Simon de Montfort, en 1218, est obligé de faire le siège de la ville qui l'a mis dehors. Toute la ville s'active contre les croisés de Montfort, les femmes en particulier qui actionnent des machines de guerre. L'une de ces machines, une catapulte, projette une grosse pierre avec tant de précision qu'elle atteint Simon de Montfort à la tempe, provoquant sa mort. Ses armées, immédiatement, se dispersent. C'est son fils Amaury qui lui succède, mais il est battu en 1224 par Raymond VII, le successeur de Raymond VI. En 1226, une nouvelle croisade s'organise pour rayer de la surface de la terre l'hérésie cathare. Louis VIII – le fils de Philippe Auguste – la conduit. Il prend Avignon dont les murs sont rasés, mais meurt de

UN ÉVÉNEMENT IMPORTANT

16 mars 1244 : Montségur

Comment traquer les cathares qui résistent dans le sud de la France ? Une seule solution : la violence et la torture ! Ce sera l'œuvre terrible et dégradante de l'Inquisition. Instituée en 1233 par le pape Grégoire IX, l'Inquisition est confiée aux dominicains, un ordre religieux fondé par Dominique de Guzman, plus tard devenu saint Dominique – celui-ci voulait concurrencer sur leur propre terrain les parfaits, tentant de regagner des fidèles en parcourant lui aussi, avec ses compagnons, la campagne pieds nus dans la poussière ! En vain ! On leur préférait les Bons Hommes à la voix douce et paisible, à la sérénité accueillante puisque chacun pouvait venir leur raconter ses misères ou ses déroutes sans aucune crainte.

L'Inquisition va donc se mettre en place au début du XIIIe siècle. Tout un arsenal de tortures est utilisé pour les réticents, les obstinés : pieds brûlés, torsion des membres, ingestion forcée de liquide. Et, pour terminer, le bûcher attend ceux qui refusent d'abjurer. En général, les conversions sont nombreuses, mais certains résistent, se réfugient dans des forteresses. Ainsi, en 1244, à Montségur, un château est construit sur un impressionnant piton rocheux, en plein cœur des Pyrénées. Attaqués dans ce nid d'aigle par Hughes d'Arcis, les purs résistent des mois, mais finissent par se rendre après la trahison d'un paysan qui a indiqué un passage secret. Les 210 parfaits, hommes, femmes, enfants, qui en sortent refusent d'abjurer. Ils vont périr sans offrir de résistance dans le bûcher dressé au pied du rocher. On raconte même que beaucoup d'entre eux se jetèrent d'eux-mêmes dans les flammes. Aujourd'hui encore, ce champ s'appelle le Prat des cramats (des brûlés).

dysenterie. Tout s'apaise en 1229, au traité de Meaux : les possessions des croisés tueurs de cathares reviennent à la France, et le comté de Toulouse sera français à la mort de Raymond VII.

Louis IX : justice, piété, et de l'épée dans le ventre

Louis IX, plus connu de nos jours sous le nom sans appel de Saint-Louis, va marquer son temps. Ce roi épris de justice va installer dans le royaume un réseau très efficace de baillis, sénéchaux et prévôts à la poigne de fer pour une justice parfois trop rigide. Il va faire de multiples démonstrations de sa piété fervente. Mais cela ne l'empêche pas de conseiller l'épée dans le ventre pour ceux qui portent atteinte à la cohésion de la religion.

Blanche de Castille l'impétueuse mère du roi

Jusqu'à l'année de sa mort en 1252, Blanche de Castille, petite-fille d'Henri II Plantagenêt et… d'Aliénor d'Aquitaine, va s'imposer dans la vie de son fils, le maintenant dans une piété rigoureuse et dans ses devoirs de souverain pratiqués avec une haute vertu qui ne s'embarrasse pas souvent de nuances. C'est elle qui assurera la régence pendant les six années d'absence du roi parti en croisade.

Figure 6-4 : Blanche de Castille, l'impétueuse mère du roi. D'après un dessin d'Antoine-François Sergent-Marceau, 1787.

Louis IX, roi à douze ans

Louis VIII meurt le 8 novembre 1226, d'une dysenterie foudroyante au château de Montpensier (Puy-de-Dôme). La reine Blanche de Castille – fille d'Alphonse VIII de Castille, mariée à douze ans – lui a déjà donné onze enfants et est enceinte du douzième. Elle va faire couronner l'aîné, l'héritier, le 27 novembre 1226 : Louis IX. Le jeune roi n'a que douze ans. Aussi Blanche de Castille, sa mère, devient-elle régente.

Blanche de Castille et Thibault de Champagne

Impétueuse, ambitieuse, elle doit faire face immédiatement à la rébellion, des barons qui ne supportent pas que cette étrangère gouverne ! Ils voudraient retrouver un rôle politique dont ils sont écartés depuis près d'un siècle. Plutôt que de composer avec Blanche l'inflexible, ils préfèrent nouer une alliance avec Henri III Plantagenêt, roi d'Angleterre – fils de Jean sans Terre mort le 19 octobre 1216 –, qui tente de reprendre… les terres de son père, notamment le Sud-Ouest. Mais Blanche a remarqué que Thibault de Champagne n'est pas insensible à son charme, c'est le plus puissant des barons. Elle le rallie à sa cause et les barons se tiennent tranquilles.

1228 : Blanche de Castille nue !

Blanche gouverne en véritable dame de fer. Elle qui vit dans la crainte et l'amour de Dieu, elle qui déclare qu'elle préférerait voir son fils Louis IX mort plutôt que coupable d'un péché mortel, devient, en 1228, l'objet d'une étonnante rumeur : des jaloux font circuler le bruit qu'elle est enceinte des œuvres de Frangipani, le légat du pape, son conseiller privé ! Blanche entre dans une violente colère. Elle décide de provoquer ses accusateurs afin de vaincre la rumeur : elle convoque un tribunal d'honneur devant lequel elle ôte un à un ses vêtements, se retrouvant nue !

Blanche a le ventre plat !

La constatation oculaire est sans appel, la reine a le ventre plat : point de fruit de légat, Blanche est blanchie. Habilement, elle fait mener deux campagnes militaires à son fils Louis qui n'a que seize ans : une contre le comte de Bretagne Pierre de Mauclerc, et l'autre pour protéger Thibault IV de Champagne. Ces deux campagnes victorieuses donnent au futur Louis IX l'autorité dont il a besoin lorsque sa mère lui laisse le pouvoir en 1234 - mais elle en demeure très proche, le conseille sans cesse, ne supporte pas qu'on l'approche, au point de nourrir une jalousie féroce contre sa belle-fille !

27 mai 1234, Louis IX épouse Marguerite

C'est un jeune homme de vingt ans, grand, maigre, blond, le visage aimable et souriant, qui prend pour épouse le 27 mai 1234 la jeune Marguerite de Provence couronnée reine quelques heures plus tard. Pendant trois jours et trois nuits, le tout nouveau mari qu'est Louis IX va demeurer en prière, respectant ainsi le commandement que l'Église faisait aux jeunes mariés. Et la mariée ? Elle attend patiemment dans sa chambre. Mais, le soir du troisième jour, c'est à la vitesse d'une flèche que Louis va rejoindre Marguerite… Parce que, s'il respecte scrupuleusement toutes les périodes où l'Église impose l'abstinence, en allongeant même certaines, le roi, dès qu'il se trouve libéré de toute contrainte, honore Marguerite avec une ardeur nocturne qui se poursuit même le jour. Et cette consommation diurne gêne la reine mère Blanche de Castille au point qu'elle vient tambouriner à la porte de la chambre afin que cessent les oaristys et les joutes amoureuses des époux.

Louis : une piété ardente, active, presque hargneuse…

Comment Louis IX est-il devenu Saint-Louis quelques années seulement après sa mort ? Louis est tout d'abord imprégné de l'éducation religieuse stricte et sévère qu'il a reçue de sa très pieuse mère Blanche. Il se lève même la nuit pour participer à l'office des matines. Et ce détail n'est rien par rapport au reste : il cherche dans toutes ses actions à faire des sacrifices, à se priver, se mortifier afin de contrarier les plaisirs qui pourraient le détourner de sa piété active.

Louis se fait fouetter

Par exemple, il cherche à manger ce qui est moins bon plutôt que ce qui est bon. Lorsqu'on lui apporte un plat fumant et assaisonné de délicieuses préparations, il verse dessus une grande carafe d'eau froide qui affadit tout. Il aime le vin, mais n'en boit qu'une toute petite quantité. Il n'aime pas la bière : il se force à en avaler pendant le repas. Il se soumet à de longues périodes de jeûne. Chaque vendredi, en souvenir de la mort du Christ, il se fait donner le fouet. Et il porte en permanence un cilice qui est une chemise de crin irritant sans cesse la peau !

De l'épée dans le ventre

Rappelez-vous Montségur : les derniers parfaits qui périssent sur le bûcher où ils se sont laissés conduire sans résistance. Eh bien, cela satisfait complètement Louis IX. Le roi très pieux ne supporte pas qu'on porte atteinte à l'intégrité du monde chrétien, et les cathares sont pour lui des gêneurs à supprimer, à passer par les armes. Ses paroles à ce sujet sont très dures : « Si quiconque s'avise de médire de la foi chrétienne, il ne faut la défendre qu'avec l'épée, et on doit donner de l'épée dans le ventre autant qu'elle peut y entrer. » Voilà qui est on ne peut plus clair.

Pas de gros mots !

Toutes ces habitudes de mortification, de pénitence sont assorties d'un comportement inhabituel pour un roi envers les pauvres ou les mendiants : il les accueille régulièrement à sa table, leur lave lui-même les pieds. Il fait distribuer des vivres aux malades. Il va même visiter un moine devenu lépreux et qui vit dans une demeure retirée. Ce moine a perdu ses yeux, son nez, ses lèvres sont fendues. Louis le nourrit lui-même, le panse avec patience. Il multiplie les fondations pour accueillir les pauvres, les déshérités, les âmes perdues. Mais, que vienne à passer une prostituée sur son chemin, il devient impitoyable : il la fait arrêter, emprisonner. Il interdit même la prostitution. Emporté par son élan de gardien de la morale, il proscrit les jeux de hasard, punit sévèrement ceux qui disent des paroles impies, qui blasphèment.

Le port de la rouelle jaune pour les Juifs

Il ne s'arrête pas là, Louis IX : en juin 1242, vingt-quatre charrettes remplies d'exemplaires du Talmud déversent leur cargaison place de Grève (près de l'Hôtel de Ville de Paris). Les livres sont brûlés ! Comme son grand-père Philippe Auguste, Louis IX se montre particulièrement agressif contre les Juifs : il leur interdit la pratique de l'usure. Si leurs enfants deviennent orphelins, ils seront rééduqués dans une école spéciale destinée à les convertir au catholicisme. Où trouver de l'argent pour organiser les croisades ? « Rançonnez les Juifs », conseille Louis IX ! En 1253, il ordonne que nombre d'entre eux soient expulsés du royaume. En 1259, il prend une décision dont la répétition plusieurs siècles plus tard prend une dimension qui glace : chaque Juif devra porter cousu sur son vêtement une pièce d'étoffe circulaire de couleur jaune : la rouelle. Celui qui n'accepte pas de la porter ou qui oublie de le faire peut être dénoncé. Son vêtement confisqué est alors offert au dénonciateur…

ARTS, CULTURE ET SCIENCES

La Sainte-Chapelle

Le 10 août 1239, deux dominicains rapportent de Byzance une relique étonnante que Louis IX vient d'acheter afin de renflouer les caisses de l'empereur d'Orient, Beaudoin II – cousin du roi de France –, menacé de toutes parts : la couronne d'épines du Christ ! Le peuple en liesse escorte les deux dominicains et leur cortège jusqu'à la cathédrale Notre-Dame presque achevée -sa construction décidée par Maurice de Sully en 1163 est définitivement terminée en 1300. Quelques années après l'achat de la couronne d'épines, Louis IX fait l'acquisition d'un morceau de la vraie croix, de la lance et de l'éponge. Il décide alors la construction d'un reliquaire géant, à l'intérieur même de son palais. Ce sera la Sainte-Chapelle, construite entre 1240 et 1246. Ses vitraux, réalisés dans les ateliers de Chartres, relatent le voyage de la couronne d'épines. La partie supérieure de la Sainte-Chapelle, fascinante hybridation de la lumière et de la pierre, était réservée au roi et à ses proches qui pouvaient adorer tranquillement les reliques. La construction de la Sainte-Chapelle coûta 40 000 livres, les reliques, presque trois fois plus… Mais le prix n'était pas trop élevé pour que Paris devienne ainsi le fer de lance de la chrétienté dans le monde occidental, la concurrente de Rome et Jérusalem !

Louis IX aime rendre la justice !

Le mot *justice* parcourt d'un bout à l'autre le règne de Louis IX.

Figure 6-5 : Louis IX rend la justice sous un chêne à Vincennes.

Comme Salomon !

Louis IX est obsédé par l'idée de justice. Il se rend régulièrement à Vincennes, s'assoit sous un chêne vénérable, et là, il écoute les plaignants, les pauvres gens qui sont menacés par des puissants. Il rend la justice ostensiblement, en tentant d'imiter le roi Salomon. On dirait aujourd'hui qu'il cultive son image et possède un sens aigu de la communication. En 1247, il fait entreprendre de vastes enquêtes à travers le royaume afin de traquer les abus de toute sorte.

1254 : les grandes ordonnances de justice

En 1254, de grandes ordonnances sont publiées, qui précisent les obligations des serviteurs de l'État, afin d'éviter tout abus. Des édits sont ensuite publiés qui interdisent qu'il y ait une justice des riches, plutôt favorable, et une justice des pauvres, impitoyable. L'*habeas corpus* avant la lettre s'impose : tout accusé qui n'est pas encore condamné est présumé innocent. On commence à consigner les appels de la cour royale.

1257 : ouverture de la Sorbonne

Un événement important

Ainsi se crée une jurisprudence, c'est-à-dire des cas identiques, des précédents auxquels on peut se référer lorsqu'un délit ressemblant est jugé. Justice aussi sur le plan des finances : le roi seul peut faire battre monnaie. Les premières pièces d'or françaises sont frappées, des écus qui deviennent la monnaie royale dans le pays entier (mais l'appellation *louis d'or* ne date que de Louis XIII). Justice aussi pour l'accès à l'enseignement : issu d'une famille modeste, Robert de Sorbon, confesseur de Louis IX, refuse que la situation matérielle conditionne l'accès à l'enseignement supérieur qu'il désire gratuit. Ainsi, la Sorbonne – dont le nom tiré de celui de son fondateur n'apparaît que trois siècles plus tard – ouvre-t-elle en 1257, avec l'appui du roi.

ARTS, CULTURE ET SCIENCES

Le Roman de la rose

Guillaume de Lorris, un auteur dont on ne sait presque rien sinon qu'il mourut vers l'âge de vingt-cinq ans, écrit, entre 1225 et 1230, l'œuvre majeure du temps : *Le Roman de la rose*. Dans ce roman, le poète Amant cherche à conquérir sa Rose, la jeune fille aimée. En 4 800 octosyllabes, il analyse les obstacles de la passion mais aussi ses douceurs. Ce roman, qui sera abondamment repris par la suite, constitue un véritable code de l'amour courtois avec ses délicatesses et sa poésie. Le long chemin pour atteindre la Rose est décrit avec beaucoup de raffinement. Quarante ans plus tard, entre 1270 et 1285, Jean de Mung ajoute près de 18 000 octosyllabes à l'œuvre originale. Celle-ci s'oriente alors vers la critique du pouvoir et des femmes.

Le roi en croisade

La cinquième croisade a lieu de 1217 à 1221. Elle se termine par la défaite des croisés à Mansourah, le 30 août 1221. Ils doivent quitter l'Égypte qu'ils voulaient soumettre. La sixième croisade (1228 - 1229) aboutit à la restitution par les Turcs de Jérusalem, Bethléem et Nazareth. La septième croisade est celle de Louis IX. Elle se déroule de 1248 à 1254.

Louis aux portes de la mort

En 1244, Jérusalem tombe à nouveau aux mains des Turcs. Dans le même temps, Louis IX tombe gravement malade au château de Pontoise, sa résidence préférée, à la fin de l'année 1244 : il souffre de paludisme. Le 20 décembre, il ne parle plus, ne bouge plus ; on le croit donc mort. Les femmes présentes qui l'ont entouré de tous leurs soins sont désespérées. En pleurs, elles tirent le drap blanc sur son corps. Mais, soudain, il revient à la vie ! Et par gratitude pour Dieu qui l'a renvoyé dans ses foyers, il décide de prendre la croix. Ses barons ne sautent pas de joie, mais acceptent de l'accompagner.

1248 à 1254 : six années d'absence

La préparation de la croisade pour reprendre Jérusalem dure deux ans. Un port est créé à Aigues-Mortes. Le 25 août 1248, 15 000 hommes et 2 500 chevaliers embarquent vers Chypre d'abord, puis vers la Terre Sainte. Les croisés vont demeurer absents de France pendant six ans ! Et pendant six ans, dans le royaume sans roi, aucun trouble n'éclate. C'est dire combien la reine mère Blanche de Castille – la reine de fer – veille au grain. C'est dire aussi combien le système mis en place par Louis IX est efficace : ses baillis, sénéchaux, prévôts et autres administrateurs appliquent à la lettre et même au-delà tout ce qui vise à appliquer la justice, créant parfois de nouvelles injustices – au point qu'à son retour le roi devra tempérer l'ardeur de ses représentants.

Les croisés prisonniers

Le 6 juin 1249, les croisés prennent Damiette, ville de la côte égyptienne. En novembre, ils marchent sur Le Caire. En 1250, c'est la seconde bataille de Mansourah (après celle de 1221). L'issue est d'abord favorable aux croisés – mais l'intrépide Robert d'Artois, frère du roi, y trouve la mort – puis la situation se retourne le mois suivant : ce qui reste de l'armée épuisée par la chaleur torride, engoncée dans les lourdes armures, ralentie par la dysenterie, est fait prisonnier par les Égyptiens. Damiette doit être restituée pour retrouver la liberté !

Figure 6-6 : La conquête de Damiette par Louis IX.

Louis IX en Palestine

Louis IX décide d'aller en Palestine. Pendant quatre ans, il fait fortifier les villes aux mains des croisés : Jaffa, Césarée, Saint-Jean-d'Acre, Sidon. C'est dans cette ville, en janvier 1253, qu'il apprend la mort de sa mère Blanche de Castille, décédée le 21 novembre 1252, à soixante-quatre ans. Sa douleur est telle qu'il refuse de parler, à ses proches ou ses intimes, pendant plusieurs jours. Cette attitude déçoit même son plus fervent admirateur : Jean de Joinville (1224 - 1317) qui le lui reproche – et le raconte dans la biographie du roi qu'il écrivit à son retour en France, après la canonisation de son maître : *Histoire de Saint-Louis*.

Le retour

En octobre 1254, Louis IX est de retour à Paris. De plus en plus pieux, il ne se vêt que d'étoffes strictes, noires et bleues. Son programme de moralisation des mœurs se durcit encore : ses représentants ne doivent ni mettre les pieds dans une taverne, ni recevoir quelque cadeau que ce soit. Pour ce qui concerne les bains publics, nombreux dans la capitale, et propices à toutes sortes de rencontres, de rendez-vous, il sera désormais interdit aux hommes et aux femmes de faire trempette ensemble ! Le roi qui savait être gai avant l'aventure croisée se transforme certains jours en triste sire que tout irrite.

La huitième croisade fatale à Louis IX

Louis IX, au retour de la septième croisade, désire faire la paix avec les Anglais. Mais la Terre Sainte l'obsède, jusqu'à sa mort…

28 mai 1258 : la paix avec les Anglais

Afin de mettre un terme aux querelles avec l'Angleterre, le traité de Paris est signé le 28 mai 1258 : le roi d'Angleterre, Henri III, renonce à ses droits sur la Normandie, l'Anjou, le Maine, la Touraine et le Poitou. En revanche, le Limousin, le Quercy et la Saintonge sont restitués. Mais la clause majeure de ce traité précise que le roi d'Angleterre redevient le vassal du roi de France. Et c'est, pour Louis IX et la politique de l'époque, l'essentiel, et le moyen le plus sûr d'éviter de nouveaux conflits.

Tunis : la famine, la dysenterie, le typhus

Louis IX, toujours préoccupé par la situation en Terre Sainte, par les revers que là-bas subissent les croisés, décide, en mars 1267, d'organiser une nouvelle croisade, la huitième et dernière – pour lui, la seconde. Son entourage le lui déconseille formellement. Mais le roi est obstiné et il obtient le départ de cette nouvelle expédition qui, vingt-deux ans après la septième (la première de Louis), part d'Aigues-Mortes en 1270. Direction Tunis dont il espère convertir le sultan afin de le dresser contre l'Égypte. Cela servirait les plans de Charles d'Anjou, son frère, roi de Sicile, et qui rêve de devenir empereur à Constantinople.

25 août 1270 : mort de Louis IX

UNE DATE À RETENIR

Le 17 juillet 1270, les croisés s'emparent de Carthage, puis attendent des renforts pour attaquer Tunis. Hélas, la chaleur conjuguée à la décomposition des cadavres provoque une épidémie de typhus. Le plus jeune des fils du roi en meurt. On n'ose annoncer la nouvelle à Louis IX, lui-même atteint. Le 25 août 1270, sous une chaleur insupportable, il sent sa fin arriver. Il reçoit l'extrême-onction et demande, en signe d'humilité, à être étendu sur un lit de cendres. Vers trois heures de l'après-midi, il rend l'âme, les bras en croix, à l'image du Christ. Le 4 août 1297, il est canonisé par le pape Boniface VIII.

Figure 6-7 : La mort de Saint Louis, 1270 par Gustave Doré.

Philippe le Hardi : quinze ans de règne

Quinze années de règne pour Philippe le Hardi, le fils de Louis IX, un règne pendant lequel la paix relative va se poursuivre dans un royaume qui se centralise de plus en plus.

Un roi influençable et pacifiste

UN PORTRAIT

Philippe III, dit le Hardi… Au chevet de Louis IX, son père mort, Philippe laisse éclater un chagrin que rien ne semble devoir consoler. Atteint lui aussi de dysenterie et de fièvre, il devient pourtant, en cet instant, roi de France. Sa réputation va bientôt être faite : Philippe, pour prendre une décision, consulte tout le monde, écoute tout le monde, mais surtout son favori Pierre de la Brosse qui sera victime d'une cabale calomniatrice, et pendu haut et court au gibet de Montfaucon en 1278. Il est influençable, et pourtant, on le nomme le hardi, sans doute parce que ce colosse blond aime se lancer souvent de façon irréfléchie vers le danger. Que retenir de son règne ? Il

ARTS, CULTURE ET SCIENCES

Les vêpres siciliennes

En 1855, Guiseppe Verdi s'inspira de l'épisode du massacre des Français par les Siciliens, massacre déclenché au signal convenu, le 30 mars 1282 : les premiers coups de cloches de l'office des vêpres, pour écrire un opéra. Il lui donne ce titre : *Les Vêpres siciliennes*.

poursuit la politique pacifiste de son père par le traité d'Amiens le 23 mai 1274 : il y rend à l'Angleterre le fief d'Aquitaine – limité à l'Agenais et au sud de la Saintonge – contre un serment de fidélité sans réserve !

Philippe en croisade contre l'Aragon

Philippe le Hardi doit lancer une croisade contre l'Aragon, Pierre d'Aragon s'étant emparé de la Sicile à la tête de laquelle se trouvait Charles d'Anjou, son oncle ; mais les Siciliens, fatigués des excès des soldats de Charles d'Anjou avaient décidé de les exterminer, et de passer au fil de l'épée tous les Français vivant là-bas – la goutte d'eau qui fait déborder le vase, c'est le jeune Français Drouet, soldat de Provence, qui conduit une cour obstinée et un peu trop insistante auprès d'une jeune fille de Palerme.

30 mars 1282 : aux premiers coups de cloches...

La révolte commence le 30 mars 1282. Au signal convenu – les premiers coups de cloche de l'office des vêpres – le massacre commença, il dura un mois. Les Français disparus – morts ou en fuite –, Pierre d'Aragon maître de la Sicile, Philippe le Hardi se décide à intervenir. La croisade est lancée. On y voit de nombreux combattants de valeur, dont un jeune colosse blond dont nous reparlerons tout à l'heure... La croisade se dirige vers Barcelone où Pierre d'Aragon se prépare à combattre, mais avant d'y parvenir, elle est décimée par une épidémie de typhus. Philippe le Hardi en meurt à Perpignan le 5 octobre 1285.

1285 à 1314 : Philippe le Bel : le roi de fer

Après le bref passage de Philippe le Hardi, Philippe le Bel va poursuivre l'œuvre centralisatrice de son grand-père Saint-Louis. Il va doter la France d'une administration solide. Il prend l'habitude de convoquer en assemblée les représentants de ses sujets. Ces assemblées où sont représentés le clergé, la noblesse et la bourgeoisie, vont devenir les états généraux. Ils sont consultés lorsque de nouveaux impôts doivent être levés. Ces impôts sont souvent insuffisants pour combler les besoins du royaume. Philippe le Bel va utiliser toute son énergie pour rassembler les sommes considérables dont il a besoin pour affermir son pouvoir.

Combattre les Anglais, soumettre le pape

Pour vaincre les Anglais, il faut de l'argent, pour trouver de l'argent, il faudrait imposer le clergé ; le pape s'y oppose, mal lui en prend…

Et voici le « biau roi »

Lors de l'expédition contre Louis d'Aragon, n'aviez-vous pas remarqué la bravoure d'une sorte de clone du colosse blond Philippe le Hardi. Ce colosse blond au beau visage n'était autre que le fils du roi, jeune homme à la belle figure qui devient, à la mort de son père Philippe III, le roi Philippe IV. Il devient surtout auprès des femmes, et même des hommes, tant son aspect physique en impose, Philippe le Beau, ou plutôt le Bel – on l'appelle le *biau roi*.

Les Anglais : l'éternel retour

Aussitôt qu'un nouveau roi de France apparaît, les vieux problèmes se rallument. Et parmi eux, les relations avec les Anglais. Et Philippe le Bel n'y échappe pas. Sacré à Reims en 1286, à dix-huit ans, il doit faire face, en 1293, à la défection du roi Édouard Ier qui ne répond pas à sa convocation à la suite d'incidents entre Anglais et Normands pour un différend de pêcheurs. Philippe le Bel déchoit Édouard Ier de ses possessions en France. Évidemment, la guerre est déclarée. Philippe veut prendre les devants et envahir l'Angleterre, mais il lui faut de l'argent. Comment faire ? Afin de trouver la solution, il se retire quelque temps, non pas dans un lieu secret de son palais, ou sous sa tente comme Achille, mais à l'abbaye de Maubuisson, une abbaye dont le cadre et le silence lui plaisent particulièrement. C'est là qu'il prendra les plus importantes décisions de son règne.

Le souci de Philippe : trouver de l'argent

Philippe vient de trouver ! Il se dit qu'il faut prendre l'argent où il est, et décide alors d'imposer le clergé. Et il ne demande pas l'accord du pape. Pas content, le pape refuse que soit prélevé cet impôt baptisé la décime, et menace Philippe d'excommunication. Philippe riposte en bloquant tout simplement l'argent de l'église de France qui va régulièrement dans les caisses du pape ! Un à un, balle

Faux-monnayeur !

Bernard Saisset, évêque de Pamiers, contestait la souveraineté des Capétiens sur le Languedoc, et ne manquait pas une occasion de manifester son opposition au roi. Lorsque celui-ci décide de dévaluer la monnaie pour relever les finances, Bernard Saisset l'accuse d'être devenu un faux-monnayeur, la monnaie frappée contenant une valeur or inférieure à sa valeur nominale. Évidemment, Saisset est aussitôt emprisonné. Mais le qualificatif dont il avait gratifié Philippe le Bel ne put être mis derrière les barreaux : Philippe le Bel, le faux-monnayeur, c'est encore un raccourci qu'on emploie aujourd'hui !

au centre ! Le pape se dit que finalement il est préférable d'autoriser cette décime. Ce qui est fait en 1297. Mais, en 1303, Philippe fait arrêter en France un protégé du pape, Bernard Saisset, évêque de Pamiers, qui a tenu des propos injurieux contre lui. Cette fois, Boniface VIII se fâche plus fort et convoque un concile afin de mettre en accusation le roi de France.

1303 : il faut déposer Boniface VIII !

Guillaume de Nogaret, juriste et conseiller du roi Philippe le Bel, décide qu'il faut attaquer pour se défendre. Et comment se défendre ? En arrêtant le pape Boniface VIII. Ni plus ni moins ! Une campagne de calomnies est lancée contre le pape qui est présenté comme un abominable individu aux mœurs douteuses qui aurait prétendu qu'il préférerait être un chien plutôt qu'un Français ! En mars 1303, une assemblée à Paris décide donc de déposer le pape et de convoquer un concile pour le juger à Lyon. C'est Guillaume de Nogaret qui est chargé d'aller annoncer la nouvelle à Rome, et de ramener le pape !

Paf sur le pif du pape !

Mais le pape a quitté Rome pour la petite cité d'Anagni où il se repose. Qu'à cela ne tienne ! Malgré la présence de l'agressive famille Colonna de Rome qui vient aussi demander des comptes au pape pour une tout autre affaire, Guillaume de Nogaret tente d'enlever Boniface VIII après lui avoir annoncé son prochain jugement. Il va même jusqu'à le brutaliser, le giflant presque. Il faut dire que Nogaret conserve une dent contre l'Église qui a fait brûler son grand-père cathare ! À partir de ce moment, Boniface le tenace n'est plus qu'un homme déçu, amer et brisé, qui retourne à Rome et s'y laisse mourir le 11 octobre 1303. Philippe le Bel a gagné ! Le successeur de Boniface, Clément V, s'empresse de reconnaître le bon droit du roi de France !

La Guyenne aux Anglais

Revenons-en aux Anglais en 1297. Le comte de Flandre a fait alliance avec eux. Ils occupent Lille. Philippe, qui n'aime pourtant pas guerroyer, met alors le siège devant la ville avec près de 100 000 hommes. La ville se rend après la bataille de Furnes contre les Flamands. Un traité de paix est rapidement signé en 1298. Il prévoit que l'Angleterre récupère la Guyenne moins Bordeaux. À cette attitude de conciliation, Philippe ajoute une clause matrimoniale : sa fille, Isabelle, sera fiancée au futur roi d'Angleterre Édouard II. Tout va donc pour le mieux… jusqu'en juillet 1302.

Courtrai : la bataille des éperons d'or

UNE BATAILLE

Les Flandres, à qui Philippe avait imposé le gouverneur Jacques de Châtillon, se révoltent de nouveau. Les Français sont dépêchés pour les attaquer à Courtrai. Ils sont sous les ordres de Robert II d'Artois, le cousin de Philippe. Les deux armées sont séparées par un canal boueux. Les Flamands, aux premiers tirs des archers français, font semblant de fuir. Les chevaliers français, qui avaient prévu d'opérer un mouvement tournant, décident de foncer tout droit sur leurs adversaires. C'est le piège : ils s'enfoncent dans la boue, et leurs lourdes armures les clouent au sol. Les Flamands font demi-tour, et le massacre commence. Le soir, le champ de bataille est couvert des éperons d'or des Français vaincus. Ce 11 juillet 1302 demeure ainsi celui de la bataille dite des éperons d'or qui décorèrent Notre-Dame-de-Courtrai, victoire flamande qui ravira le pape Boniface, pour une courte durée…

Août 1304 : la revanche de Mons-en-Pévèle

Le 10 août 1304, près de Mons-en-Pévèle, un an après la bataille de Courtrai, Philippe le Bel vient en personne affronter avec son armée 80 000 Flamands, avec l'idée fixe de la revanche. Les Flamands ont mis leurs chariots en cercle. Les Français, tirant les leçons de Courtrai, ont inspecté le terrain et lancent des attaques qui ne s'enliseront pas ! Ils utilisent des mangonneaux, bombardes qui lancent de grosses pierres. Les Flamands sortent de leur camp et vont les détruire. Le combat se poursuit jusqu'au soir au corps à corps. La victoire est indécise, les deux camps se retranchent dans leurs positions afin de reprendre des forces pour le lendemain.

Cinq mille Flamands tués

Dans la nuit, les Flamands dont les réserves de nourriture ont été détruites, investissent le camp français et pillent les tentes. Le roi s'éveille, on lui amène un cheval et une hache et le voilà à l'œuvre. Tous ses soldats l'imitent, et c'est le carnage : 5 000 Flamands sont tués, leur chef est décapité ; on met sa tête au bout d'une pique et on la montre à Philippe le Bel, qui ne la regarde pas mais dit : « C'est la victoire de Dieu, pas d'un homme ! » Le 23 juin 1305 est signée la paix d'Athis qui humilie et taxe lourdement les révoltés.

Philippe le Bel s'empare de l'argent des Templiers

De pauvres qu'ils étaient, les chevaliers du Temple sont devenus fort riches, trop riches pour le roi…

13 octobre 1307 : les Templiers sont arrêtés !

En septembre 1307, Philippe le Bel qui méditait depuis longtemps une action d'envergure contre les riches Templiers se décide : des ordres secrets sont envoyés dans tous les royaumes aux baillis et sénéchaux, là où les Templiers possèdent des établissements. Et le 13 octobre 1307, l'incroyable nouvelle se répand : les Templiers ont été arrêtés. Les fameux Templiers…

Les Pauvres Chevaliers

Qui sont les Templiers ? C'est un ordre religieux militaire fondé en 1119 à Jérusalem par Hugues de Payns, chevalier champenois, et neuf de ses compagnons. Le rôle qu'ils se sont donné au départ est de protéger à Jérusalem, sur le chemin du Saint-Sépulcre, les pèlerins contre les infidèles. Ils assurent en quelque sorte un rôle de police. Et comme ils sont pauvres et n'ont pas de maison, les Pauvres Chevaliers – c'est ainsi qu'ils se nomment à l'origine – vont loger dans une cabane près du temple de Salomon. Ils deviennent alors l'Ordre du Temple, ou Templiers, chevaliers du Temple.

Les riches Templiers

La règle de l'Ordre est établie à Troyes en 1128, règle sévère, austère. Les dons affluent bientôt, et l'ordre, présent dans tout l'Occident – Angleterre, Aragon, France, Portugal, et sur les bords du Rhin – s'enrichit considérablement et ne relève que du pape. Un pas de plus et les voici, grâce à la sûreté de leurs places – 5 000 commanderies – et de leurs méthodes, les banquiers de l'Europe ! Leurs richesses sont surtout constituées de terres et de biens immobiliers. Après l'effondrement du royaume franc de Jérusalem, ils sont 2 000 qui s'installent en France.

Des sacrilèges…

Dans un premier temps, Philippe le Bel est satisfait de l'installation des Templiers dans son royaume : il espère se faire admettre dans l'ordre, en devenir le Grand Maître afin d'user comme il l'entend des finances et des biens dont il disposera. Le refus est ferme. Dans l'ombre, le conseiller du roi, Guillaume de Nogaret qui déteste les Templiers – et qui a déjà vaincu le pape en 1303 –, suggère de s'en débarrasser. Il se trouve alors qu'un Templier, incarcéré pour meurtre à Toulouse, fait des révélations étonnantes à son compagnon de cellule : les Templiers ne sont pas ceux qu'on croit, ce sont des sacrilèges, ils crachent sur la croix, doivent baiser certaines parties du corps de leurs supérieurs, et même bien davantage.

18 mars 1314 : Jacques de Molay au bûcher

UNE DATE À RETENIR

Nogaret fait son miel des déclarations scandaleuses accusant les Templiers. Les arrestations du 13 octobre 1307, c'est son affaire. Après une enquête rondement menée, Jacques de Molay, le grand maître de l'Ordre, est traduit devant un tribunal. Il avoue tout ce dont on le soupçonne, alors que les Templiers nient en bloc ! Mais bientôt, les aveux se font nombreux, car le choix qui est proposé aux Templiers est simple : ou bien ils avouent, ou bien c'est la mort. Le grand Maître et les dignitaires sont condamnés à la prison à vie. Le 18 mars 1314, lorsqu'il entend la sentence sur le parvis de Notre-Dame, Jacques de Molay s'écrie que tout ce dont les Templiers ont été accusés n'était que calomnie ! Il se fait l'avocat de son Ordre : la foule l'écoute et commence à prendre son parti.

Figure 6-8 : Jacques de Molay, grand maître de l'ordre des Templiers, fut exécuté en 1314.

Le pape et le roi meurent dans les quarante jours…

Philippe le Bel informé de l'affaire décide que dès le soir, Jacques de Molay et trente-sept de ses compagnons seront brûlés sur un bûcher dressé sur l'île aux Juifs (square du terre-plein du Pont-Neuf). Jacques de Molay meurt en criant : « Les corps sont au roi de France, les âmes sont à Dieu. » Et puis dans ses dernières paroles, il cite le pape et le roi à comparaître devant Dieu dans les quarante jours : le pape Clément V meurt le 20 avril 1314, Philippe le Bel, le 29 novembre… Impressionnant ! Mais faux car cette anecdote a été inventée des années plus tard. Avouez cependant que, pendant une fraction de seconde, vous y avez cru ! Et si l'anecdote, finalement, n'était pas inventée…

Les rois maudits

« Tous maudits jusqu'à la septième génération ! » Jacques de Molay a eu le temps de lancer cette phrase ultime à l'adresse des rois de France, avant de disparaître dans les flammes. Le hasard – ou autre chose… – fait que les rois qui succèdent à Philippe le Bel – ses fils – sont marqués par un destin tragique, et ne laissent pas de descendance mâle : ce sera la fin des Capétiens directs. Maurice Druon, de l'Académie française, a reconstitué cette période trouble dans une série d'ouvrages adaptés en 1972 à la télévision par Claude Barma : *Les Rois maudits*.

1313 : la tragique histoire de Marguerite et Blanche

Philippe le Bel a horreur de la guerre, mais lorsqu'il est confronté à des situations qui nécessitent une intervention énergique, il n'hésite pas à se montrer d'une sévérité qui confine parfois à la férocité. Ainsi dans la tragique affaire de Marguerite et Blanche, les épouses de ses fils, convaincues d'adultère avec les frères d'Aulnay. Il faut dire que la légitimité de la descendance royale était en jeu, et qu'il fallait faire un exemple, mais à ce point là…

Trois belles belles-sœurs, belles-filles du roi

Elles sont belles, elles sont jeunes, elles ont entre dix-huit et vingt-trois ans. Elles sont trois : les deux sœurs Jeanne et Blanche de Bourgogne, mariées respectivement à Philippe et Charles, les fils du roi ; et puis la troisième : Marguerite, épouse du futur roi Louis X le Hutin. Leur belle-sœur, Isabelle, fille de Philippe le Bel, est mariée au roi d'Angleterre, Edouard II. En mai 1313, Isabelle vient en France en voyage officiel. C'est une reine triste, maussade : son roi de mari s'intéresse bien davantage aux jeunes pages qu'à elle. D'Angleterre, elle envoie des cadeaux, de temps en temps, à ses belles-sœurs Jeanne, Blanche et Marguerite, des aumônières par exemple. Le clou des festivités, lors du voyage d'Isabelle et de son royal époux, c'est lorsque Philippe le Bel arme chevaliers ses fils, et en profite pour conférer cette dignité aux deux frères d'Aulnay : Philippe et Pierre-Gauthier.

« Mon père, vos belles-filles ont des amants ! »

Tout à coup, pendant l'adoubement, Isabelle pâlit : elle vient de reconnaître à la ceinture des frères d'Aulnay, les aumônières qu'elle a offertes à Marguerite et Blanche ! Son instinct de femme ne fait qu'un petit tour et revient à toute vitesse avec cette certitude : Marguerite et Blanche ont pour amant, l'une Philippe et l'autre Pierre-Gauthier ! Et elle ne se trompe pas Isabelle la trompée ! Petite-fille de Saint-Louis, Marguerite adultère, ça fait désordre ! Rentrée en Angleterre, Isabelle se décide au bout d'un certain temps à envoyer une lettre à papa : « Mon père, vos belles-filles ont des amants, les frères d'Aulnay ! »

Les rendez-vous de la Tour de Nesle

Le bras terrible de Philippe le Bel va s'abattre sur les deux dévergondées et même sur Jeanne, coupable de n'avoir rien dit. Et elles avouent tout : oui, elles recevaient, la nuit, depuis plus de deux ans, leurs amants que le bourreau déjà charcute horriblement pour tirer d'eux aussi des aveux – Alexandre Dumas, dans une adaptation très libre (comme d'habitude…) de cette tragédie, a situé les rendez-vous à la tour de Nesle que la chronique du temps mentionne sous le nom de l'hôtel de Nesle (hôtel détruit au

XVIIe siècle et qui se trouvait à l'emplacement actuel de l'Académie française). On torture aussi les complices qui sont discrètement jetés à la Seine.

L'horrible châtiment des deux amants, les frères d'Aulnay

Le châtiment tombe : Marguerite et Blanche sont tondues, elles sont vêtues d'une robe de grosse toile rude et conduites dans un chariot tendu d'étoffes noires en la forteresse de Château-Gaillard, aux Andelys, dans deux cellules froides et humides. Jeanne est acquittée. Les frères d'Aulnay vont subir un atroce supplice : devant des milliers de spectateurs, il sont hissés sur une sorte d'estrade où le bourreau les émascule, puis il jette leur sexe aux chiens. On les descend ensuite et on les attache à des chevaux qui les traînent dans un champ, sur des tiges de paille pointues, restes de blé fraîchement moissonné. Ils sont détachés, toujours vivants. Le bourreau les remonte sur l'estrade et leur coupe la tête. Puis, les corps sont suspendus par les aisselles au gibet de Montfaucon.

Buridan échappe à la noyade...

Marguerite meurt l'année suivante, en 1315, dans sa cellule glacée. On murmure, à l'époque, que Louis X le Hutin l'a fait périr entre deux matelas, afin d'étouffer l'affaire. Blanche accepte l'annulation de son mariage et meurt à Maubuisson. Jeanne, la future reine de France, retrouve l'hôtel de Nesle où une légende lui attribue de nombreux amants, de jeunes étudiants qu'elle fait jeter ensuite dans la Seine – sauf Buridan qui, au courant du stratagème, prend soin de faire installer par ses amis une barque pleine de foin, qui le sauve de la noyade.

Mais où sont les neiges d'antan

Plus d'un siècle après la tragique histoire des trois belles-sœurs, François Villon (1431 – 14.., on ignore le lieu et l'année de sa mort, de sorte qu'on ne sait même pas s'il est mort...) se fait l'écho de la légende noire de Jeanne de Bourgogne, dans la célèbre *Ballade des dames du temps jadis* – mise en musique et chantée par Georges Brassens - : Semblablement, où est la reine / Qui commanda que Buridan / Fut jeté dans un sac en Seine / Mais où sont les neiges d'antan...

Chapitre 7

1337 à 1422 : Le royaume dans le malheur

Dans ce chapitre :

- Vous allez comprendre pourquoi Français et Anglais se sont battus pendant 115 ans
- La chevalerie française va sombrer devant vous, en quatre batailles décisives
- Vous allez être témoin des ravages de la peste noire
- Vous allez être étonné : en 1420, la France a trois rois, dont un Anglais

Pendant plus d'un siècle, de 1337 à 1453, les Anglais vont tenter de conquérir la France, et les Français vont essayer de résister d'abord, d'aller plus loin ensuite, projetant de conquérir aussi leurs voisins insulaires. Les deux pays vont s'épuiser en luttes incessantes où la chevalerie française, au cours de grandes batailles – Crécy, Poitiers – va faire preuve certes de bravoure, mais aussi d'un esprit d'individualisme qui va la conduire à sa disparition. En 1420, les Anglais vont réussir à monter sur le trône de France.

Au nord, à l'ouest, au sud, la France menacée

Les Anglais la menacent dans le pays de Flandre au nord, en Bretagne à l'ouest et en Guyenne au sud. La chevalerie s'apprête à la défendre avec des idées de bravoure qui sont déjà d'un autre âge, jalonnant l'époque de tristes rendez-vous guerriers. Autre menace, tapie dans l'invisible et l'imprévisible : la peste noire…

Pourquoi la guerre de Cent Ans ?

Tout va bien, pourtant, en France, dans les années 1330 : le roi d'Angleterre, Edouard III, a prêté l'hommage à son suzerain, le nouveau roi de France Philippe VI de Valois. En 1338, rien ne va plus : en plusieurs temps forts, une guerre de plus de cent ans va ravager le royaume ! Pourquoi ?

Le point sur les trois points chauds en 1338

Faisons le point sur les points chauds en ce début du XIVe siècle.

- Le premier est la riche Flandre, que nous avons déjà parcourue à plusieurs reprises. Elle bénéficie des investissements italiens et de la laine anglaise. Et de ces deux avantages, elle tire sa fortune en fabricant des étoffes qui se vendent fort bien et cher dans toute l'Europe ! Au roi de France qui l'écrase d'impôts, elle préférerait le roi d'Angleterre qui se montrerait certainement moins gourmand – c'est lui qui le promet, car il aimerait bien posséder la Flandre. De plus, ce roi lui garantirait la livraison constante, et dans de bonnes conditions, de cette matière première qui lui est indispensable : la laine !
- Le deuxième point chaud est la Guyenne – l'Aquitaine. On y produit du vin fort apprécié, du sel. La Guyenne est une possession anglaise…
- Le troisième point chaud est la Bretagne où se pose un problème de succession : le nouveau duc a fait appel au roi d'Angleterre !

Les trois objectifs de la longue guerre

Trois objectifs sont donc poursuivis lorsque la guerre qui va durer plus de cent ans se déclare entre la France et l'Angleterre :

- Empêcher les Anglais de s'emparer de la Flandre.
- Chasser les Anglais de Guyenne, car, territorialement, la région de Bordeaux fait partie de la France.
- Empêcher les Anglais de s'installer en Bretagne.
- Et maintenant, au travail !

1328 : le retour des rois guerriers

UN ÉVÉNEMENT IMPORTANT

Le changement de dynastie a pour conséquence un changement de style : les Capétiens sont des organisateurs, les Valois sont des guerriers.

Capétiens : on ferme !

Dans les premières années du XIVe siècle, la dynastie des Capétiens, fondée, rappelez-vous, par Hugues Capet en 987, vit ses dernières années. Petit retour en arrière pour un adieu à Philippe le Bel : le 4 novembre 1314, il chassait en forêt de Pont-Sainte-Maxence, le long de l'Oise, quand tout à coup, plus de son : plus une parole ne sort de sa bouche. Il est frappé de ce qu'on appelle aujourd'hui une aphasie. Le 29 novembre 1314, jour de sa mort, il sort de ce silence étrange pour dire à son fils âgé de vingt ans et qui ne va régner que dix-huit mois : « Pesez, Louis, pesez ce que c'est que d'être roi de France. » Lesté de cette phrase, Louis X, dit le Hutin, monte le jour même sur le trône. Il a tout juste le temps d'affranchir tous les serfs du domaine royal, d'apprendre la mort opportune de Marguerite, son épouse infidèle, de se remarier avec Clémence de Hongrie… Il meurt le 5 juin 1316 après avoir bu de l'eau glacée au retour d'une partie de chasse.

Pas de femme sur le trône !

Pas de roi de rechange : il est encore dans le ventre de sa mère. Mais, à peine né, celui qu'on appelle Jean le Posthume disparaît, de sorte que c'est le frère de Louis X le Hutin qui va monter sur le trône. Il est très mince, très grand, profil Saint-Louis, son arrière-grand-père, d'où son nom : Philippe V le Long. C'est un bon roi, mais il meurt prématurément le 2 janvier 1322. Charles IV le Bel lui succède pendant cinq ans, sans laisser d'héritage à l'histoire, mis à part celui de clore la dynastie des Capétiens – la loi salique, toujours en vigueur en 1322 interdisant que les femmes accèdent au trône.

Figure 7-1 : Philippe VI dit Valois, en habit de chevalier.

Valois : on ouvre !

Un roi tout désigné pourrait remplacer Philippe V le Long : Edouard III, roi d'Angleterre, neveu du roi de France défunt. Quoi ? Le roi d'Angleterre roi de France ? Non mais ! Rien n'empêche que soit créée une nouvelle dynastie. Et qui pour la fonder ? Philippe de Valois, autre neveu de Philippe le Bel. Les pairs y réfléchissent, se rappellent que la monarchie française est en théorie élective, passent au vote… C'est décidé : ce sera lui – ainsi l'appellera-t-on le roi *trouvé*, c'est-à-dire *parvenu !* Couronné à Reims le 29 mai 1328, il prend le nom de Philippe VI de Valois. Les Valois inaugurent non seulement une dynastie, mais aussi un style. Alors que les Capétiens avaient réussi à installer une administration rigoureuse et efficace, frustrant dans leurs prérogatives bien des seigneurs, les Valois lâchent la bride aux chevaliers, aux guerriers qui veulent en découdre à nouveau comme dans le bon vieux temps où les seigneurs s'étripaient à qui mieux mieux pour arrondir leurs fiefs. C'est dans cet esprit que va se déclarer le plus long conflit entre la France et l'Angleterre, il va durer 115 ans, de 1338 à 1453. Au XIXe siècle, on globalise et on lui donne le nom de guerre de Cent Ans.

La guerre de Cent Ans commence à l'Écluse

Le premier engagement sérieux de la guerre de Cent Ans est une bataille navale dont l'issue coûta fort cher au nouveau roi de France, Philippe de Valois.

La guerre ? La faute aux moutons !

La guerre de Cent Ans ? C'est la faute aux moutons ! Aux moutons anglais : leur laine, nous l'avons vu, garantit la fortune de la Flandre qui l'importe. Mais le roi de France ne cesse de harceler les Flamands. Jaloux de leurs bonnes relations avec l'Angleterre, il gêne leur commerce, les écrase d'impôts. Si bien qu'Édouard III, le roi d'Angleterre, excédé, décide de supprimer les exportations de laine en Flandres, et de ne plus en importer de drap. La réaction ne se fait pas attendre : les Flamands, pour éviter le chômage, décident de quitter le giron Valois et déclarent que le roi de France, c'est Édouard III, et personne d'autre, Philippe de Valois n'étant qu'un usurpateur ! C'est tout à fait ce qu'espérait le roi d'Angleterre !

Un chevalier et un financier pour amiraux !

Ce qui doit arriver arrive : les Anglais et les Français vont se rencontrer pour une bataille que chacun d'eux pense décisive. Ce n'est pas une bataille sur terre, mais sur mer, à l'Écluse, l'avant-port de Bruges, le 24 juin 1340. Les Français ont décidé d'interdire l'entrée du port flamand aux Anglais, et de détruire leur flotte. Ainsi, plus de laine, plus d'Anglais ! Commandés par deux spécialistes de la chevalerie et des finances (!), les Français forment alors, au moyen de leurs bateaux serrés les uns contre les autres et enchaînés, un barrage qu'ils pensent infranchissable.

D'habiles archers anglais

Mais l'habileté des manœuvres anglaises et surtout l'adresse des archers – qui ont le temps de tirer trois flèches pendant qu'un arbalétrier n'en ajuste qu'une – mettent en déroute ce barrage inefficace. La flotte française subit un désastre : 170 navires sur 200 sont perdus, 15 000 soldats sont morts, l'un des chefs de l'expédition, Hue Quiéret, est décapité à même le bastingage du bateau où il agonise, pendant que l'autre, Nicolas Béhuchet, est pendu au mât. Philippe de Valois qui envisageait un débarquement en Angleterre doit abandonner le projet. Il n'a pas le temps de reprendre son souffle : déjà, en Bretagne, un nouveau front de rébellion se développe.

À l'ouest, du nouveau : « La Bretagne aux Bretons ! »

Une femme peut-elle succéder à un homme ? La loi salique le refuse clairement ! La loi salique, en matière de succession, est observée par le royaume de France. Et qu'en est-il dans les fiefs comme la Bretagne lorsque le duc disparaît ? Philippe de Valois va tenter de donner une réponse à cette question en s'engageant sur le front breton dès 1341 !

Avril 1341 : Jean de Montfort s'allie à Édouard III

À l'ouest, du nouveau : le 30 avril 1341, de retour de Flandre, le duc de Bretagne Jean III meurt sans enfant. La succession s'annonce difficile : d'un côté, Jeanne de Penthièvre, elle est l'épouse de Charles de Blois, neveu de Philippe de Valois, le roi ; de l'autre, Jean de Montfort, le demi-frère de Jean III défunt. Le plus prompt est Jean de Montfort qui affirme que la Bretagne, étant un fief du royaume, doit être traitée selon les lois régissant la France et, de ce fait, interdire à une femme de succéder à un homme. Au cri de « La Bretagne aux Bretons ! », il rassemble une armée et s'en va à Windsor chercher un appui, assurant Édouard III qu'il le préfère nettement au roi de France Philippe de Valois ! Un front anglo-breton se prépare !

Jeanne de Montfort : une femme très amoureuse

Dans le même temps, la cour du roi de France désigne pour successeur à Jean III Jeanne de Penthièvre qui a épousé Charles de Blois – Jeanne cédant ensuite son titre à Charles. Celui-ci va devoir conquérir le duché de Bretagne pour sa femme ! Afin de mener à bien cette tâche, il demande l'aide du duc de Normandie, le futur roi Jean le Bon – fils de Philippe de Valois. Du 2 au 21 novembre 1341, ils font le siège de Nantes où les attend Jean de Montfort. Mais les bourgeois nantais craignant que leur ville soit mise à sac ouvrent les portes aux assaillants ! Jean de Montfort est alors fait prisonnier et emmené à Paris. Charles de Blois croit la partie gagnée. Il a oublié un élément capital : Jeanne de Flandre, l'épouse de Jean de Montfort, une femme très amoureuse qui n'abandonne pas son homme ainsi, et le remplace dans son rôle.

2 août 1343 : Olivier III de Clisson décapité

Jeanne de Flandre envoie dire à Édouard III qu'elle le considère roi de France, ni plus ni moins ! Son petit garçon de deux ans dans les bras, elle prend le commandement de 300 cavaliers, entre dans Hennebont sous les cris admiratifs de la foule en délire, et s'y installe. Bientôt, Édouard III débarque en Bretagne, pille les terres de Charles de Blois. Celui-ci tient Nantes et Rennes. La situation qui semble bloquée va se dénouer par l'intervention de deux cardinaux du pape Clément VI. Le 19 janvier 1343, les deux clans signent la paix, mais le dangereux face-à-face demeure. Paix fragile : le 2 août de la même année, au cours d'un tournoi, le roi Philippe de Valois fait arrêter Olivier III de Clisson qui cherche à se rapprocher des Anglais. Il le transfère à la prison du Temple, à Paris. Sans autre forme de procès, il le fait décapiter devant les halles. Sa tête est envoyée à Nantes où elle est fichée sur un pieu à l'une des portes de la ville : avis à ceux qui voudraient s'allier avec les Anglais !

1345 : la mort de Jean de Montfort

Jeanne de Belleville, épouse d'Olivier de Clisson, appelle à la vengeance. Le roi l'apprend et fait immédiatement décapiter dix autres chevaliers bretons le 29 novembre 1343, les jugeant coupables d'avoir soutenu Clisson dans son projet anglais. Mais le 26 septembre 1345, Jean de Montfort meurt. La lutte ne s'arrête pas, elle prend la forme d'une incessante guérilla. Les partisans de Montfort lui désignent pour successeur son fils, le futur Jean IV, qui sera élevé en Angleterre.

La déroute des chevaliers en 1346-1347 : Crécy, Calais

Un événement important

Philippe de Valois n'en a pas fini ! Les Anglais reviennent… Vainqueur à la bataille de L'Écluse, le roi d'Angleterre Édouard III se fait appeler « le roi des mers » ! Sur terre, il va faire une brillante démonstration des capacités de son armée qui va rencontrer celle du roi de France, désireux de prendre sa revanche. La chevalerie française va se heurter en cette année 1346, non seulement aux archers anglais, courageux et endurcis, à leurs gens à pied, mais aussi à ses propres limites : la fougue et la bravoure brouillonnes dont elle fait preuve deviennent ses pires ennemies.

26 août 1346 : Crécy, le crépuscule de la chevalerie

« Roi des mers », Édouard III est aussi roi des terres de Normandie. Il a décidé de venir mettre de l'ordre dans son fief qui pourrait lui échapper. Une terrible bataille se prépare…

Le débarquement en Normandie

La flotte française a été détruite à la bataille de l'Écluse ! Édouard III d'Angleterre qui n'a plus rien à craindre sur mer prend son temps, calfate ses bateaux, en fait construire d'autres, et prépare son débarquement en Normandie. Il a lieu le 12 juillet 1346 à Saint-Vaast-la-Hougue. Édouard III a l'intention de punir sévèrement les seigneurs fidèles au roi de France alors que beaucoup d'autres se sont révoltés. Il pille Saint-Lô, incendie Caen, prend Louviers. Désireux de rejoindre Calais, il cherche un passage sur la Seine, ravageant bourgades et villages. Il feint alors de marcher sur Paris, mais passe la Seine au pont de Poissy et, sans plus attendre, file vers le Nord.

La chasse aux Anglais

Le roi Philippe réunit alors une armée considérable qui prend en chasse les Anglais. Ceux-ci franchissent la Somme par un passage à gué dans la nuit du 22 au 23 août 1346 et s'installent près de la forêt de Crécy, se restaurent et se reposent. Les Français les suivent à une journée. La bataille est inévitable. Du côté anglais, on compte près de 2 000 chevaliers, 1 200 hommes d'armes, et surtout, ceux qui vont assurer un rôle important dans le cours de la bataille et de l'histoire, les 5 000 archers parfaitement entraînés.

LE SAVIEZ-VOUS ?

L'arc anglais : une mitraillette à flèches...

L'arc anglais est une petite merveille de précision, de puissance. Très léger, il est fait en bois d'if, mesure entre 1,60 et 2 mètres de hauteur. L'archer dispose d'un carquois rempli de flèches de frêne, un bois très dur et facile à rendre extrêmement pointu. Chaque tireur peut décocher jusqu'à dix flèches d'un mètre à la minute, elles ont une portée de près de 400 mètres et peuvent transpercer une épaisseur de bois de 5 centimètres.

Orage, ô désespoir des Génois !

UNE BATAILLE

Le 26 août 1346, les Français arrivent en vue des lignes anglaises à Crécy. Il est plus de midi. Vingt kilomètres viennent d'être couverts et la sagesse commanderait de reporter l'attaque au lendemain. Impatients, les chevaliers ont hâte d'en découdre avec ces envahisseurs arrogants trop bien installés sur les hauteurs de Crécy. Ils décident alors de s'élancer vers l'ennemi, mais un terrible orage éclate. Chacun reste sur ses positions et attend que l'averse passe. Du côté anglais, les archers protègent la corde de leur arme. Du côté français, les arbalétriers génois, des mercenaires, ne prennent pas cette précaution.

Figure 7-2 : La bataille de Crécy, illustration de Jean Froissart, extrait de Chronique.

Les Anglais inaugurent la bombarde

La bataille s'engage. Les arbalétriers génois sont en première ligne. Avec leurs armes aux cordes mouillées, ils tentent de lancer leurs flèches (leurs carreaux plus exactement), mais elles tombent à quelques mètres, ridicules ! En revanche, les archers anglais fauchent les rangs de leurs ennemis avec leur arme légère et leurs flèches de frêne ! De plus, une grêle de boulets de pierre s'abat sur les pauvres Génois, boulets lancés par des bombardes anglaises dont c'est la première utilisation au combat. Effrayés, ils reculent, alors que les chevaliers français ont lancé leurs montures au galop, et voudraient passer pour attaquer.

« Tuez toute cette ribaudaille ! »

Philippe VI prend alors une décision incroyable à l'encontre des Génois qu'il a payés : « Tuez toute cette ribaudaille, ordonne-t-il, en les désignant, ils nous empêchent la voie ! » Les Français se mettent alors à massacrer leurs arbalétriers génois sous l'œil incrédule des Anglais qui attendent ! Une brèche créée dans le rempart humain de première ligne, les chevaliers s'élancent dans un galop fou contre la ligne des archers anglais qu'ils enfoncent sans difficulté. Mais que vont-ils trouver au terme de cette charge héroïque et désordonnée ?

Les coutiliers comme des ouvre-boîtes

Les chevaliers français trouvent les troupes de gens armés du Prince de Galles, mur infranchissable. Et, lorsqu'ils veulent faire demi-tour, les autres corps d'armée anglais ont refermé la nasse. On remarque parmi eux un jeune chevalier à l'armure noire, et qui a fière allure – nous en reparlerons. Les chevaliers se battent avec l'énergie du désespoir, mais beaucoup sont désarçonnés, et les coutiliers entrent en action : ce sont des soldats munis d'un long poignard effilé, fixé à une pique de bois ; le poignard peut ainsi être introduit à distance dans les interstices de l'armure – comme un ouvre-boîte – et transpercer son occupant.

La charge héroïque de Jean de Luxembourg

Présent dans les lignes arrière, Jean de Luxembourg, roi de Bohême et aveugle, allié des Français, décide, malgré sa cécité, d'entrer dans la bataille. Il se fait enchaîner à ses chevaliers afin de ne pas se perdre en chemin. L'étrange attelage s'ébranle et fonce dans la mêlée où l'épée du vieillard s'abat, à l'aveuglette, sur n'importe quel combattant ennemi, ou ami… Bientôt, la bataille est perdue pour les Français. Philippe VI fait demi-tour avec le reste de son armée. Le combat a fait de nombreuses victimes dans le camp français, dont le vieux roi de Bohême enchaîné à ses chevaliers. Du côté anglais peu de victimes, une victoire éclatante, et la certitude d'avoir décimé la noblesse française : plus de 15 000 chevaliers des plus illustres sont restés sur le champ de bataille. Une trêve de trois jours est décidée. Les Français enterrent leurs morts.

1347 : Édouard III et les bourgeois de Calais

UN ÉVÉNEMENT IMPORTANT

Après Crécy, un épisode de la guerre franco-anglaise va durablement marquer les imaginations – jusqu'à l'époque moderne puisque le sculpteur Auguste Rodin en a fait le sujet de l'une de ses œuvres…

Qu'on les massacre tous !

Le 4 septembre 1346, fort de sa brillante victoire de Crécy qui lui a ouvert la route du Nord, Édouard III met le siège autour de Calais. Il veut absolument s'emparer de ce port afin d'en faire une base militaire sûre et une étape sur la route commerciale de la laine (la faute aux moutons…). Philippe VI vient sur place avec son armée – ce qu'il en reste – pour le déloger, mais y renonce. Après des mois de résistance et de privations à cause du blocus anglais, les Calaisiens se rendent. Édouard III décide qu'ils seront tous massacrés.

4 août 1347 : « Qu'on fasse venir le coupe-tête ! »

Gautier de Hainaut, passé au service du roi d'Angleterre intervient, à la demande du représentant des habitants de la ville vaincue : Édouard III décide alors que ce ne seront plus tous les habitants qui périront, mais six bourgeois choisis parmi les plus riches, et qui devront se présenter à lui la corde au cou, nus pieds, nu-tête, vêtus d'une simple chemise, afin de lui remettre les clés de la ville. Et le 4 août 1347, on voit s'avancer la pitoyable petite troupe des six bourgeois, serrés les uns contre les autres et qui savent qu'ils vont mourir. Ils remettent au roi Édouard III les clés de Calais. Insensible aux paroles apaisantes de ses chevaliers, il ordonne : « Qu'on fasse venir le coupe-tête ! » Mais à ce moment, sa femme, la reine Philippa de Hainaut qui est enceinte, se jette à ses pieds, relève son visage baigné de larmes et demande à son royal époux d'épargner la vie de ces hommes courageux. Édouard III libère alors les bourgeois. Mais garde les clés…

Figure 7-3 : Statue des Bourgeois de Calais à côté de l'hôtel de ville de Lille.

1348 : La peste noire

La guerre va s'interrompre : une terrible épidémie de peste noire ravage l'Europe. Le pape décide qu'une trêve de sept ans doit être observée.

Frissons, fièvre, état de stupeur…

Des frissons, de la fièvre très élevée, la démarche chancelante, un état de stupeur, puis de prostration, une sorte de panique mentale ; des bubons enflammés et très douloureux qui apparaissent à l'aine, sous les aisselles, ou ailleurs, et peuvent atteindre la taille d'une petite pomme ; la salive marquée de filets de sang. Et puis ces hémorragies sous la peau qui la rendent en peu de temps d'un noir marbré… Voilà les symptômes que ressentent, en 1347, les guerriers Tatars qui assiègent un port de Crimée, Théodosia. Et ils meurent au bout de trois ou quatre jours ! Le chef des assaillants, remarquant la contagion galopante de cette maladie, a l'idée, au lieu de charger ses catapultes de boulets, d'y mettre des cadavres – âmes sensibles, vous pouvez aller boire un thé. Les marchands italiens de la ville assiégée parviennent à s'enfuir, mais le terrible fléau est dans leurs navires. Et leurs navires accostent à Marseille début novembre 1347.

Un mal qui répand la terreur…

La nouvelle se répand aussi vite que la bactérie : la peste, la peste noire est de retour ! Elle avait déjà fait un passage au temps des Mérovingiens, mais on l'avait bien oubliée. Elle ravage le Languedoc, la vallée du Rhône, la Bourgogne. La voici à Paris en août 1348. Puis c'est l'Île-de-France, la Champagne, la Picardie, la Normandie, la Bretagne, le Nord. En 1349, elle passe en Allemagne et en Angleterre.

« Morbleu, une puce ! »

Comment la peste se transmet-elle ? Les responsabilités sont partagées entre le rat et la puce :

- Le rat pesteux est piqué par la puce qui absorbe son sang à la façon d'une seringue.
- La puce vient ensuite piquer la peau de l'homme. Si elle se contentait de lui pomper le sang, ce serait sans conséquence.
- En piquant l'homme, la puce vomit ce qu'elle a pompé chez le rat sur l'épiderme de l'homme.
- L'homme se dit « Morbleu, une puce ! » et se gratte au sang.
- Et les millions de bacilles que la puce a vomis entrent dans le système circulatoire de l'homme qui se condamne alors, sans le savoir, à mourir dans les trois jours.

- À cette peste bubonique peut s'ajouter ou se substituer la peste pulmonaire qui se transmet d'homme à homme par inhalation. Cette peste pulmonaire est la plus redoutable : elle peut tuer en quelques heures.

La mort pour une ou deux personnes sur trois !

Le nombre de victimes de ce fléau – peste signifie en grec fléau – s'élève en France à une personne sur trois. Et dans certaines régions, ce sont deux personnes sur trois qui disparaissent ! 45 000 personnes en meurent à Lyon, 80 000 à Paris. À Montpellier, dans un couvent de dominicains, 8 frères survivent sur 140.

Pour éviter la maladie…

La médecine, à cette époque, est bien impuissante devant l'ampleur du fléau. Quelques conseils sont cependant donnés :

- Brûler des troncs de chou et des pelures de coing !
- Allumer des feux de bois odoriférants.
- Se baigner dans de l'eau chaude, rôtir les viandes, faire bouillir l'eau.
- Faire abstinence de la femme.
- Pratiquer des saignées, administrer des laxatifs – le seul effet obtenu est l'affaiblissement du malade qui meurt un peu plus rapidement.
- L'organisation de processions religieuses solennelles – auxquelles les puces évidemment s'invitent…

Est-ce l'apocalypse ?

L'Europe traverse l'une des pires époques de son histoire. La race humaine est en train de disparaître ; rien, ni la pensée philosophique, ni l'art, ni la religion, encore moins la science n'apportent de secours ou d'explication au fléau qui raye de la carte des villages entiers. La raison humaine, la belle

Les Juifs en première ligne !

Le plus sûr, c'est de fuir ! Qui se retrouve en première ligne des soupçonnés, puis des accusés ? Les Juifs dont on dit qu'ils ont empoisonné les puits et les fontaines : on les y précipite ! Ils sont envoyés au bûcher à Carcassonne, à Narbonne. En Alsace, avant que la peste arrive, plus de 3000 sont brûlés en public ! À Chinon, ils sont jetés dans la Vienne ! Apparaissent aussi sur les routes les flagellants ou batteurs qui disent avoir été choisis par Dieu pour racheter les fautes des mortels. Ils se lacèrent le corps avec un fouet fait de trois lanières terminées par une lame métallique très coupante. Et ils appellent à l'extermination des Juifs. En 1349, ne pouvant les faire taire, on prend la décision de les envoyer au bûcher où leurs délires partent en fumée.

logique des Anciens, les certitudes de la foi, à tout cela se substitue, même chez les esprits les plus éclairés, une sorte de réflexe animal de survie, un repli singulier de l'être vers son inaliénable part animale.

Le clochard châtelain

Cette année 1348, la France devient le pays d'une sorte d'apocalypse où l'inimaginable s'installe dans le quotidien. Toutes les couches sociales sont atteintes par la peste. Elle rassemble dans une même angoisse les populations urbaines et rurales. Les habitants des villes se barricadent chez eux, ne laissant qu'une petite ouverture pour qu'on les ravitaille. Des charrettes précédées de clochettes transportent des monceaux de cadavres dans des fosses où on les recouvre de chaux vive. Beaucoup de citadins fuient dans une campagne dont les villages sont dépeuplés par la maladie, ou déserts ; ils transportent avec eux dans les bourgades encore épargnées le fléau qui va s'y abattre. Des familles entières disparaissent, laissant ou bien une masure, ou bien un château dont peut hériter un lointain et modeste parent, ou bien que peut investir le seul survivant du lieu et ce survivant peut être le clochard de la contrée, les imbibés d'alcool résistant beaucoup mieux à la bactérie pesteuse…

1349 : les loups entrent dans les villages

Les champs n'étant plus cultivés, une terrible famine se déclare en 1349. La chronique du temps raconte que les loups entrent dans les villages. Ils vont jusqu'aux berceaux que les mères n'ont plus la force de défendre. Les scènes d'anthropophagie ne sont pas rares. Certains vont même jusqu'à décrocher des gibets les condamnés afin de se nourrir… Tous les crimes, toutes les débauches et des excès inimaginables sont commis en ces jours où l'on pense que la fin du monde est toute proche. Cela n'empêche pas certains seigneurs et certains rois de penser à la prochaine guerre !

Jean le Bon au pouvoir : des ennemis à combattre

La peste se termine ou presque ? Ne perdons pas de temps, repartons à la guerre ! Décidément, il est bien difficile de trouver une éclaircie dans ce terrible XIVe siècle…

Un trône mal assuré

Très convoité le trône de France ! Jean II le Bon s'y installe légitimement puisqu'il est le fils de Philippe VI de Valois. Mais Edouard III d'Angleterre, n'oubliant pas que ce Philippe de Valois n'était qu'un roi trouvé, revendique la place ! Et Charles de Navarre s'estime lésé : son grand-père n'est-il pas Louis X le Hutin, le Capétien ? La période va être agitée.

Le roi gai, mais coléreux

Que reste-t-il du royaume après la peste noire ? Un paysage de désolation ! Philippe VI de Valois meurt à cinquante-sept ans le 22 août 1350. Un an auparavant, il avait épousé Blanche de Navarre, jeune fille de dix-sept ans dont l'ardeur – dit-on – n'aurait pas compté pour rien dans la mort du royal époux. Mais il serait plus sûrement mort de la peste qui sévissait encore. Son fils aîné qui lui succède, Jean II, dit le Bon, duc de Normandie, est déjà père de neuf enfants à trente et un ans. Parmi eux, se trouve le futur Charles V. Jean le *Bon*. Pourquoi ce qualificatif ? Il ne faut pas s'y tromper : ce terme ne signifie pas que le nouveau roi est un modèle de bonté, et d'une telle grandeur d'âme que sa conduite peut être donnée en exemple. Qu'on en juge : à peine sacré roi de France, il reçoit en son palais du Louvre Raoul de Brienne qui vient d'être libéré par les Anglais qui le détenaient depuis le siège de Caen. Et cette libération s'est faite contrairement à l'habitude, sans rançon.

Décapité sans jugement

La rumeur qui accompagne Brienne dit qu'il pourrait être devenu espion au service de l'Angleterre. Jean II s'empresse d'écouter la rumeur, et, dès que Brienne apparaît devant lui, il le fait mettre aux fers et décapiter deux jours plus tard, sans jugement ! Jean le Bon, c'est Jean l'intrépide, celui qui n'a pas peur du danger et qui s'est signalé par mille actions de bravoure. C'est un homme grand et plein de vigueur, gai mais coléreux, qui comprend lentement ce qu'on lui explique et quitte difficilement ses idées fixes. Son seul souci est d'ajouter à sa carrière de chevalier – il ne parle que de chevalerie – de nouvelles prouesses.

Charles le Mauvais jaloux de Charles d'Espagne !

Jean le Bon s'est fait de son cousin, le beau Charles d'Espagne, un ami, un confident, un intime. Tellement intime que certaines rumeurs vont circuler bon train : Charles serait le mignon de Jean ! Ces rumeurs s'amplifient au point que Charles de Navarre jaloux fait assassiner Charles d'Espagne le 8 janvier 1354. Celui-ci, seul et désarmé, faisait étape à Laigle avant de rendre visite à la duchesse d'Alençon. La jalousie est-elle le véritable motif du meurtre ? Non : cousin et gendre du roi, Charles de Navarre voulait signifier ainsi son désir de récupérer par la force la couronne de France dont il s'estimait davantage l'héritier que Jean le Bon. Charles le Navarrais est en effet le fils de Philippe III, comte d'Évreux, et de Jeanne II de Navarre – fille de Louis X le Hutin –, morte de la peste en 1349. Son surnom – le Mauvais – lui a été attribué par un chroniqueur, en 1571, plus de deux siècles après certaines de ses regrettables prouesses.

5 avril 1356 : Charles le Mauvais en prison

Jean le Bon lui accorde son pardon pour l'assassinat de Charles d'Espagne, mais c'est un pardon qui manque de conviction et de sincérité : lors d'un banquet, le roi le fait arrêter avec ses compagnons qui sont décapités le soir même. Le Mauvais est emprisonné au Louvre. Les partisans de Charles de Navarre, ses parents même, font alors appel au roi d'Angleterre pour le délivrer. Celui-ci s'empresse de répondre favorablement à cette demande. Il envoie le duc de Lancastre envahir la Normandie.

Le Prince noir, un vrai cauchemar !

Édouard III demande aussi à son fils, le Prince noir, de reprendre les chevauchées meurtrières entreprises deux ans plus tôt dans la région de Bordeaux où il se trouve. Le Prince noir, nom romanesque à mi-chemin du conte et du mystère, pourrait avoir laissé dans l'histoire une de ces belles légendes qui font rêver les jeunes filles. Mais c'est plutôt un cauchemar, ce Prince noir ! En 1355, il sillonne le Languedoc, y effectuant des razzias meurtrières. Partout, son passage n'est marqué que de pillages, d'incendies, de tueries. Un temps de repos, et le voici qui remonte vers le Berry et la Touraine. Cette fois, Jean le Bon a décidé d'en finir avec cette troupe qui terrorise les populations. Il se porte à sa rencontre. Les deux armées arrivent face à face le 18 septembre 1356. Le lendemain s'engage la bataille sur le site de Maupertuis, à dix kilomètres au sud de Poitiers.

UN PORTRAIT

The boy !

Enfant chéri d'Édouard III qui l'appelle « the boy », il ne rêve que de gloire chevaleresque. Il n'a qu'une hâte : se battre. Au point que, lorsque, à quinze ans, il est fait chevalier par son père en 1345, lors du débarquement en Normandie, il s'empresse de considérer les paysans normands comme des cibles ennemies. Sa troupe sans foi ni loi les massacre, pille et incendie leurs villages. L'aviez-vous remarqué, en 1346, à Crécy ? Il n'avait que seize ans et, dans son armure noire, il commandait un corps de troupe qui allait contribuer à la défaite française. Ce n'est qu'au XVIe siècle que ce nom de Prince noir lui sera attribué.

19 septembre 1356 : Poitiers, jusqu'à la lie !

UNE BATAILLE

Jean le Bon ! Plutôt guerrier que stratège, plutôt du muscle que du calcul, plutôt rugbyman qu'entraîneur… Où il eût fallu un habile tacticien doublé d'un meneur d'hommes, il y eut, à Poitiers, Jean le Bon…

Crécy n'a servi à rien

Vingt mille Français vont affronter 10 000 Anglais et Gascons. Crécy n'a servi à rien. Il ne vient pas à l'idée de Jean le Bon d'organiser la bataille, de prévoir une stratégie. Seule dans son esprit, dont la portée équivaut à une chevauchée d'assaut, compte la règle chevaleresque : bravoure, témérité, actes héroïques et personnels. Au matin du 19 septembre 1356, les Anglais qui occupent une position défensive au sommet d'un plateau font descendre une partie de leurs troupes que couvrent les archers dissimulés par des haies. Aussitôt que les soldats anglais sont en vue, 300 chevaliers à la lourde armure foncent vers l'ennemi, poussant tant qu'ils le peuvent leurs chevaux, la lance tendue à l'horizontale, dans le plus pur style de leur art : l'attaque de front.

La pitoyable attaque française

Folie que cette charge ! Sur leur flanc, les modestes archers anglais tirent leurs dix flèches de frêne à la minute sur les empanachés français ! Et ces flèches atteignent cruellement les chevaux, le flanc des combattants, les zones non protégées des jambes, des bras, du visage. À 150 mètres, un habile archer peut embrocher la jambe d'un chevalier, de sorte qu'elle soit aussi fixée au cheval dans lequel la flèche pénètre en profondeur ! C'est la retraite presque immédiate : les Français font demi-tour et galopent vers le lieu où se tient le roi Jean le Bon. Mais en chemin, ils rencontrent les gens de pied – la piétaille – qui allait prendre leur relais : eux aussi font demi-tour, croyant la bataille déjà perdue. D'autres cherchent leur capitaine et, ne le trouvant pas, attendent. D'autres enfin se font renverser par les chevaux au galop. C'est une cohue indescriptible dans le camp français.

UNE ANECDOTE

« Père, gardez-vous à droite ! Père, gardez-vous à gauche ! »

Le quatrième fils de Jean le Bon, Philippe, quinze ans, n'avait pas voulu quitter son père. Trop jeune pour porter une épée, il demeura pourtant à ses côtés, guidant ses coups et le prévenant de ceux que pouvaient lui porter ses adversaires, utilisant ces injonctions célèbres que les écoliers du siècle dernier apprenaient par cœur : « Père, gardez-vous à droite ! Père, gardez-vous à gauche ! »

Le roi Jean le Bon prisonnier

Jean le Bon, chevalier jusqu'au bout des gantelets, décide alors de se lancer dans la bataille. Mais auparavant, jugeant que l'issue du combat risque d'être catastrophique, il fait retirer de la mêlée trois de ses fils qui l'accompagnaient. Cela donne à certains mercenaires le signal du départ : jugeant eux aussi qu'il n'y a plus rien à gagner, ils préviennent leur maréchal – ils en ont le droit depuis une ordonnance de 1351 – et puis s'en vont panser à la maison leurs foulures et blessures. C'est à pied et la hache à la main que Jean le Bon va combattre. Il accomplit des actions héroïques qui le satisfont sans doute pleinement, mais ce qui doit arriver arrive sans tarder : il est entouré par des Gascons et des Anglais qui le neutralisent et se le disputent afin de le présenter au Prince noir qui leur paiera leur capture ! Les uns le tirent par les bras, les autres par les jambes, et il s'en faut de peu que la proie ne soit endommagée... Finalement, Jean le Bon se retrouve devant son vainqueur, le Prince noir, qui va l'exhiber fièrement lors de son retour par petites étapes vers Bordeaux.

Le roi de France en son hôtel anglais

En avril 1357, le prisonnier du Prince noir est embarqué pour Londres. Là-bas, il est accueilli comme un roi... Une excellente table l'attend et cela se répétera tous les jours. Les épices et les mets les plus rares lui sont réservés et préparés. On lui fait apporter quantité de livres de chevalerie qu'il dévore avec passion. Il dispose d'un astrologue personnel qu'il consulte pour tout ce qu'il doit faire. Des ménestrels viennent le distraire. Il ne boit que du vin de France qui est commandé spécialement pour lui. Veut-il jouer de la musique ? On lui fournit une harpe. Bref, on le choie, on le bichonne, on prend de lui un soin extrême, et cela plaît à Jean le Bon ! Mais les Français vont payer bien cher cet hôtel anglais aux mille étoiles mais qui donne du roi de France une image peu flatteuse : la rançon qui leur est demandée équivaut à deux années du revenu du royaume !

1357 à 1358 : Étienne Marcel, le roi de Paris

UN ÉVÉNEMENT IMPORTANT

Les Marcel de Paris ! Une famille immensément riche ! Si riche qu'elle aimerait un jour participer au pouvoir, jouer un rôle politique. Voici le moment venu : le roi est prisonnier en Angleterre. Il faut, pour diriger les affaires, un homme de terrain, un homme à poigne, quelqu'un qui connaisse bien le commerce, qui soit apprécié des Français, et surtout des Parisiens...

Le dauphin seul

Pendant que le roi vit son exil forcé et doré, des événements graves vont se produire en France. Après le désastre de Poitiers, le dauphin Charles prend la direction du royaume. C'est un grand jeune homme qu'une maladie infantile a laissé très pâle et la main enflée en permanence de sorte qu'il ne peut saisir les objets qu'avec difficulté. Mais son esprit est plein d'intelligence sensible et de finesse politique. Que faire face à la situation désastreuse dans laquelle il se trouve ? En 1356, il décide de convoquer les états généraux de langue d'oil (l'ensemble des acteurs de la vie politique, économique des pays du nord de la France – les pays du sud étant de langue d'oc ; oil et oc étaient les deux façons de dire oui dans chacune des parties nord et sud du royaume).

La France a besoin de bons conseillers, Étienne Marcel par exemple…

Étienne Marcel, député de la bourgeoisie, prévôt des marchands de Paris, y prend la parole plus souvent qu'à son tour, et finit par y imposer ses vues : si la France va mal, c'est que les conseillers du roi prisonnier Jean sont mauvais ! Il faut les remplacer par de bons conseillers nommés par les états généraux ! Et quel bon conseiller pourrait, par exemple, être désigné ? Étienne Marcel soi-même, bien sûr ! Les états généraux terminés, le dauphin Charles accepte de signer, l'année suivante, une ordonnance préparée par Étienne Marcel, le 3 mars 1357. Cette ordonnance permet au prévôt des marchands et à ses partisans d'accéder au pouvoir exécutif : ils vont avoir la mainmise sur les finances, l'armée et l'administration du royaume, ils vont pouvoir collecter tous les impôts comme ils l'entendent, et en faire l'usage qu'ils veulent !

1357 : Étienne, Charles ou le Mauvais ! Qui va gagner ?

Soudain, voici un troisième acteur sur la scène désertée par Jean le Bon : il s'agit de son gendre, Charles le Mauvais ! Parce qu'il ne cessait de comploter avec les Anglais, il avait été emprisonné à Château-Gaillard sur ordre de son beau-père ! Le 9 novembre 1357, il s'évade – ou plutôt, on lui ouvre les portes de sa prison, sur l'insistance de ses Navarrais – et vient s'installer à Paris ! Le dauphin est contraint de composer avec lui. L'atmosphère à Paris est délétère : le dauphin supporte mal la présence du Mauvais et d'Étienne Marcel qui veulent l'un et l'autre le pouvoir, chacun y allant de son discours auprès des Parisiens désireux avant tout de paix et de stabilité.

22 février 1358 : le coup de force du roi de Paris

Étienne Marcel, qui trouve que la situation s'enlise, et qui voudrait gouverner seul, va tenter un coup de force. Prétextant que le dauphin est mal conseillé, il convoque 3 000 mercenaires en armes qui bloquent le palais du Louvre le 22 février 1358. Il se rend ensuite dans la chambre du dauphin, et sous ses yeux, fait assassiner Jean de Conflans et Robert de Clermont, coupables à ses yeux d'avoir voulu dévaluer la monnaie afin d'assainir les finances ! Puis, en signe de protection, il coiffe le dauphin de son bonnet rouge et bleu, les couleurs de Paris. N'est-il pas nommé, lui, Étienne Marcel, le roi de Paris !

Le dauphin Charles s'enfuit

De nuit, le dauphin, effrayé par ce qui s'est passé, quitte la capitale et va chercher du secours en province, à La Ferté-Milon. Étienne Marcel comprend que c'est avec une armée que le dauphin Charles (ou plutôt régent de France, titre qu'il se donne à juste titre) va revenir pour reprendre Paris. *Le roi de Paris* s'allie alors avec les jacques, paysans de Beauce révoltés contre la stagnation du prix du blé et l'insécurité que font régner dans les campagnes les compagnies, bandes de brigands organisées composées de soldats sans emploi. Mais cette alliance se révèle périlleuse. Étienne Marcel s'en sépare.

Les jacques massacrés

La jacquerie se poursuit cependant, au point que des seigneurs normands viennent demander à Charles le Mauvais d'intervenir. Celui-ci convie alors pour des négociations de paix le commandant de la jacquerie Guillaume Carle. Mais le Mauvais, fidèle à sa réputation de fourbe, s'empare de Carle et le fait décapiter le 10 juin 1358 ! La répression qui s'abat sur les jacques est terrible : 15 000 d'entre eux sont massacrés, leurs maisons sont incendiées.

La jacquerie cannibale

La jacquerie, révolte des paysans, a un aspect beaucoup moins misérabiliste qu'on a pu le croire. Ceux qui la composent désirent avant tout travailler en paix. Ils reprochent aux seigneurs de ne pas la leur garantir, car ils sont régulièrement victimes des bandes d'Anglais et des Navarrais qui entourent Paris et tiennent des forteresses où ils se réfugient. Les paysans sont aussi victimes des troupes du dauphin Charles qui cherchent à reconquérir ces forteresses. Et puis il a fallu payer l'équipement des chevaliers et des soldats de Poitiers, si honteusement battus. Il faut maintenant payer la rançon de Jean Le Bon qui se dore la pilule à Londres ! De tout cela, Jacques Bonhomme, le nom qu'on donne au paysan, n'est pas content. Et il le fait savoir avec, parfois, une cruauté qui dépasse l'imagination. La chronique de l'époque rapporte qu'ayant investi un château et tué le seigneur du lieu, les jacques le dépècent, le mettent à la broche et obligent sa femme à goûter leur rôti !

Étienne Marcel aux abois, avant l'hallali

Étienne Marcel apprend fin juin 1358 que le dauphin, régent de France, non seulement marche sur Paris, mais qu'il va en faire le siège et couper toutes les voies d'approvisionnement. Le 19 juillet, une entrevue pour la paix rassemble le Mauvais, le régent et des représentants d'Étienne Marcel. Le régent promet l'indulgence aux Parisiens affamés à condition qu'ils se rallient à lui, ce qu'ils acceptent. Étienne Marcel sent que le pouvoir va lui échapper ! Il appelle au secours les Flamands qui n'auront pas le temps d'arriver.

Charles le Mauvais, presque roi de France…

Étienne Marcel ne dispose alors d'autre ressource que de faire entrer dans Paris la troupe des Navarrais de Charles le Mauvais – roi de Navarre, peu satisfait de l'entrevue de paix –, et celle des Anglais stationnés dans des forteresses environnantes ! Erreur fatale : des Anglais qui investissent la capitale ? Les Parisiens ne le supportent pas. Le 31 juillet 1358 au matin, Étienne Marcel s'en va ouvrir la porte Saint-Denis pour faire entrer de nouvelles troupes, celles de Charles le Mauvais qui est prêt à prendre le pouvoir. Le Mauvais, qui attend l'ouverture des portes, est certain de monter sur le trône dans les jours qui suivront l'installation de ses soldats dans la capitale ! Ainsi, il évincera du même coup Jean le Bon le prisonnier lointain, et son fils, le régent de France. Étienne Marcel deviendra son bras droit…

31 juillet 1358 : « Étienne, que fais-tu là ? »

Mais, près de la porte Saint-Antoine, en ce matin du 31 juillet 1358 un bourgeois parisien, Jean Maillard – plus riche encore qu'Étienne Marcel, et parrain de son fils… – surgit et lui demande des comptes : « Étienne, que fais-tu là à cette heure si matinale, pourquoi t'apprêtes-tu à ouvrir la porte… ? » Sans attendre la réponse qu'il connaît bien, Jean Maillard accuse de traîtrise Étienne Marcel, sort de sous son manteau une hachette de laquelle il frappe à la tête le prévôt des marchands et deux échevins qui l'accompagnaient. La nouvelle de la mort d'Étienne Marcel se répand dans la capitale dont les habitants donnent alors la chasse aux Anglais, aux Navarrais. Deux jours plus tard, le régent de France fait son entrée dans Paris, ville apaisée. Il rassure les Parisiens, décrète l'amnistie. Son pouvoir sort consolidé de cette rude épreuve.

LE SAVIEZ-VOUS ?

La Bastille : 1370 à 1789

Le 22 avril 1370, à Paris, à l'emplacement de la porte Saint-Antoine où Étienne Marcel a été assassiné, on pose la première pierre d'un château qui va porter le nom de la Bastille Saint-Antoine. Le mot bastille vient de bastide en provençal, et bastide a pour origine bâti. La bastille est un ouvrage de fortification qui peut avoir l'allure d'un château fort, ou même en être un à part entière. En cette année 1370, afin de prévenir de nouvelles invasions, les fortifications sont donc augmentées de cette bastille Saint-Antoine érigée grâce à la cassette personnelle de Charles V. Sa construction est confiée à l'architecte Hugues Aubriot qui en sera le premier occupant: accusé d'impiété, il y est emprisonné ! La Bastille était un château rectangulaire de 66 mètres sur 30, pour 24 mètres de hauteur. Elle comporte huit grosses tours reliées entre elles par un chemin de ronde. Ses murs à la base font plus de 3 mètres, et au sommet, moins de 1 mètre. Le tout est entouré d'un fossé large de 25 mètres et profond de 8 mètres ! On y entrepose des armes, des barils de poudre, des piques, des hallebardes, que tous les révolutionnaires s'empressent d'aller réclamer, jusqu'au 14 juillet 1789…

Édouard III d'Angleterre veut la couronne de France !

Pendant ce temps, à Londres, Jean le Bon boit du bon vin français, écoute ses ménestrels, consulte ses astrologues, et se laisse même aller à de douces amours… Plus pour longtemps.

Édouard III veut la couronne de France

En 1359, Édouard III veut faire signer à Jean le Bon, prisonnier à Londres, un traité qui restitue aux Plantagenêts toutes leurs possessions françaises ! Jean le Bon serait d'accord, mais son fils Charles, le régent, refuse tout net. Édouard III n'en tient pas compte ; il franchit une étape supplémentaire : il veut la couronne de France ! Elle lui revient de droit – prétend-il – à lui, et à lui seul, puisqu'il est le petit-fils de Philippe le Bel ! Il monte une expédition armée, débarque à Calais le 28 octobre 1359. Son objectif : Reims, afin d'y être sacré roi de France. Mais sur son chemin toutes les villes sont closes, les campagnes ravagées – le dauphin Charles (qui a sans doute lu l'histoire de Vercingétorix…) ayant ordonné la politique de la terre brûlée ! Édouard III se dirige alors vers la capitale, sans fourrage pour ses animaux, sans nourriture pour ses hommes. Il tente de mettre le siège devant Paris, mais le dauphin refuse le combat !

13 avril 1360 : les Anglais dans la boue de la Beauce

Les Anglais dépités lèvent le siège et se dirigent vers Chartres afin de trouver de quoi se nourrir et reprendre des forces. Mais le lundi 13 avril 1360, avant d'arriver à Chartres, ils sont pris sous un orage d'une violence inouïe, des grêlons gros comme des œufs affolent les chevaux, blessent des hommes. Les Anglais s'enlisent dans la plaine de la Beauce ! Avant que le ridicule s'installe, Édouard III – troublé par la colère du ciel – entame de nouvelles négociations à Brétigny, le 1er mai, près de Chartres.

La paix signée à Brétigny, le 8 mai 1360 :

- Édouard III se contente de l'Aquitaine et renonce à la couronne de France.
- La rançon du roi Jean le Bon est fixée à treize tonnes d'or.
- La France, incapable de payer, réglera sa dette en cinq ans.
- La première annuité sera versée le 25 octobre 1360 à Calais.

Le franc d'or naît à Compiègne le 5 décembre 1360

UN ÉVÉNEMENT IMPORTANT

L'annuité de sa rançon versée, Jean le Bon peut regagner Paris. Mais en cours de route, il s'arrête à Compiègne où, le 5 décembre 1360, il fait rédiger trois ordonnances royales qui constituent l'acte de naissance de la nouvelle monnaie du royaume : le franc d'or (3,88 g d'or fin). Pourquoi ce mot franc ? Parce que le roi était *franc* des Anglais, c'est-à-dire *libre* de ses geôliers de luxe – sa prison était l'*Hôtel de Savoie*, une somptueuse résidence bâtie par l'oncle d'Aliénor d'Aquitaine. Le franc d'or fin valait vingt sous, c'est-à-dire une livre.

LE SAVIEZ-VOUS ?

De la banque à la banqueroute

Le franc d'or fin, nouvelle monnaie stable, va ravir les prêteurs d'argent qui craignent les nombreuses dévaluations soudaines. Ces prêteurs sont des Lombards (des Italiens) et les Juifs, premières victimes lorsque les temps sont difficiles et que les endettés ne parviennent plus à rembourser leurs dettes. Dans ce monde de la finance existent aussi des changeurs qui s'installent sur les places ou dans les marchés avec leur banc. Ce banc est à l'origine du mot banque. S'ils ont fait de mauvaises affaires, ils cassent ce banc. Et comme beaucoup de ces changeurs sont d'origine italienne, le banc cassé, *banca rotta*, a donné banqueroute.

Jean le Bon et la douce comtesse de Salisbury

Le 13 décembre 1360, le roi Jean le Bon entre dans Paris, sa ville qu'il n'a pas revue depuis la bataille de Poitiers, en septembre 1356. Il y est acclamé par le peuple. Son fils Louis d'Anjou fait partie de quelques dizaines d'otages gardés à Calais, ville anglaise, comme garantie. Ils peuvent se promener librement en ville, faire ce qu'ils veulent, à condition qu'on les voie dans le logis qu'on leur a donné, une fois tous les quatre jours… Louis d'Anjou profite de ce régime de quasi-liberté et, en juillet 1363, il s'évade et rejoint son épouse qu'il n'a vue que quelques mois depuis son mariage. Lorsqu'il apprend cette nouvelle, Jean le Bon décide que son honneur est atteint, que son fils est un traître, enfin, il trouve toutes les raisons pour retourner dans son palais de *Savoie* à Londres. Parce que, là-bas, l'attend une vie de douceur et de plaisir auprès de sa maîtresse dont il se languit : la comtesse de Salisbury ! Jean le Bon repart donc pour Londres où il débarque le 14 janvier 1364. Il y meurt la même année, le 8 avril, à quarante ans, d'une étrange maladie inexpliquée.

Charles V : Anglais et Bretons en première ligne

Il a fallu neuf jours pour que la nouvelle de la mort de son père Jean le Bon parvienne à son fils Charles qui devient le nouveau roi de France : Charles V. Un roi qui va devoir faire face aux Anglais, puis aux Bretons, sans tarder…

Charles V se dote d'un bras droit guerrier

Mais qu'est donc devenu Charles le Mauvais depuis l'assassinat d'Étienne Marcel ? Le voici, et toujours aussi agressif : en août 1363, il revendique l'héritage bourguignon. Revendication illégitime estime le roi Charles V qui, pour punir le Mauvais, lui confisque ses possessions normandes. Cette confiscation ne peut devenir effective que par les armes, de sorte que Charles V doit faire appel à son bras droit : le connétable Bertrand du Guesclin – le roi ne peut combattre, il est paralysé… du bras droit. Bertrand du Guesclin va rencontrer les troupes de Charles le Mauvais à Cocherel (aujourd'hui Houlbecq-Cocherel), près d'Évreux, le 13 mai 1364, où il gagne, avant la bataille contre les Bretons à Auray, où il perd…

14 mai 1364 : Buch, l'Anglais, vaincu à Cocherel

UNE BATAILLE

Pour la bataille de Cocherel, Charles le Mauvais a délégué son commandement à Jean de Grailly qui lui-même va obéir aux alliés des Navarrais : les Anglais commandés par le captal Buch. Au matin du 14 mai 1364, Buch et ses troupes ont pris position sur une hauteur. Ils sont persuadés que les Français, comme à Crécy, comme à Poitiers, comme toujours, vont se ruer en chevaliers intrépides, et maladroits, sur les lignes des archers aux carquois pleins de flèches de frêne ! Mais du Guesclin n'est pas si bête : il attend deux jours et fait semblant de partir. Les Anglais impatients rompent leurs lignes et les poursuivent.

Pas si bête, du Guesclin !

Du Guesclin, avant la bataille, a fait raccourcir les lances des chevaliers afin que, descendus de leur monture, ils puissent s'en servir au combat à pied. Lorsque les archers anglais les rattrapent, les Français contre-attaquent. Leurs lances courtes leur permettent de venir à bout facilement d'archers impuissants dans le combat rapproché avec leurs flèches. Ou alors il leur faut utiliser l'arc à la façon d'un bâton, ou bien les flèches comme une badine sur les cuisses des chevaliers, ce qui est nettement insuffisant… Au soir de la bataille, Buch rend son épée à du Guesclin.

Jeanne de Penthièvre : la Bretagne pour elle toute seule !

Charles le Mauvais est vaincu. Charles V va-t-il pouvoir s'adonner sans souci à sa passion pour la lecture ? Non : le front de Bretagne se rallume soudain ! Jean IV de Montfort et Charles de Blois qui se disputent le fief breton accepteraient volontiers de faire la paix, mais Jeanne de Penthièvre, l'épouse de Charles de Blois, l'héritière du duché, refuse catégoriquement : elle veut la Bretagne pour elle toute seule – avant de la donner à Charles ! Des deux côtés on se prépare à une nouvelle bataille : Édouard III, le roi d'Angleterre continue de soutenir Jean de Montfort, et lui envoie son fils, le terrible Prince noir. Charles de Blois à qui du Guesclin est venu prêter main forte concentre ses forces à Josselin et se met en marche le 27 septembre, vers Auray.

ARTS, CULTURE ET SCIENCES

Charles V en sa librairie

Quatre paires de bésicles ! Il n'en fallait pas moins au roi Charles V pour lire en toutes occasions les livres qu'il adorait feuilleter, et dont il aimait s'inspirer dans son métier de roi. Après tant de sauvageries, de meurtres, de brutalité, voici le premier roi intellectuel et sensible. Malgré le handicap de sa main droite, il n'en demeure pas moins joyeux, répandant dès le matin la bonne humeur parmi les siens. Il faut l'imaginer passant de longues heures dans la lecture d'ouvrages de sciences politiques, dans la librairie, autre nom donné à une tour du Louvre où il a fait installer les œuvres qu'il aime. On y trouve tout, autant de livres qu'à la Sorbonne : des traités de philosophie, de grammaire, des ouvrages scientifiques, des bestiaires, *La Cité de Dieu* de saint Augustin – qui plaisait tant à Charlemagne –, *Le Roman de Renart, Le Roman de la rose*. Délicat et fin, Charles V. Il s'entoure d'intellectuels : Philippe de Mézières, Nicolas Oresme, Raoul de Presles. Sa bibliothèque sera dispersée à sa mort, le 13 septembre 1380. Mais son principe fut repris, et elle est considérée comme l'ancêtre de la Bibliothèque nationale.

29 septembre 1364 : à Auray, du Guesclin casse son épée

À Auray, le 29 septembre 1364, les deux armées se rencontrent sur une hauteur proche de la ville. Le Prince noir lance sur les troupes françaises une attaque d'une telle violence qu'il les taille en pièces. Charles de Blois est tué ! Olivier IV de Clisson perd un œil. Du Guesclin n'a plus en main qu'une épée cassée ! Le désastre est total. Vainqueurs et vaincus décident alors qu'ils se rencontreront à Guérande pour signer un traité de paix. Cette rencontre a lieu le 12 avril 1365 : Jeanne de Penthièvre renonce à ses droits. Jean de Montfort est reconnu duc, mais il doit l'hommage au roi de France.

Bertrand du Guesclin : la France et Tiphaine au cœur

Une pause : attardons-nous sur une existence exceptionnelle, une incroyable destinée : celle du petit noble breton Bertrand du Guesclin. Ne possédant rien d'autre qu'un courage et une bravoure hors du commun, il va devenir chef suprême des armées du royaume de France, et être enterré à Saint-Denis, à côté des rois !

À six ans, il renverse la table !

Enfant mal aimé de sa mère, Jeanne Malemains, une très belle femme, Bertrand du Guesclin est l'aîné d'une famille de dix enfants, famille de petite noblesse dont le manoir se situe à la Motte Broons, près de Dinan. Il est tellement laid que ses parents peuvent à peine le regarder. On le cache dans un coin sombre où il prend ses repas seul ! Mais il est d'une force herculéenne et, dès l'âge de six ans, se venge des injustices que lui fait subir sa mère, en renversant la lourde table du repas de famille d'où il était exclu !

À seize ans, il désarçonne tous ses adversaires

À seize ans, il s'échappe chez son oncle de Rennes et participe à l'important tournoi donné à l'occasion du mariage de Jeanne de Penthièvre et de Charles de Blois. Ne possédant rien, il doit emprunter armure et monture. Son allure est si maladroite que toute l'assistance se moque de lui. Mais dès le premier engagement, il est vainqueur de son adversaire qu'il désarçonne et dont il renverse le cheval. Deux fois, trois fois, dix fois consécutives il est victorieux. Il refuse une seule fois le combat : sous l'armure en face de lui, il a reconnu son père. Et ce père découvre tout à coup que le fils qu'il méprisait est en train de devenir, sous ses yeux, un héros ! Il le prend dans ses bras ; ce sera désormais son plus fidèle admirateur. Bertrand termine sous les ovations de la foule !

1355 : à Fougeray, il berne les Anglais

Sa carrière militaire vient de commencer. Il réunit alors une bande de combattants qui lui seront fidèles jusqu'à la mort, et s'installe dans la forêt de Paimpont – la mythique forêt de Brocéliande. Il y devient une sorte de Robin des Bois qui n'hésite pas à faire justice en faveur des pauvres. En France, de nombreuses bandes se sont constituées de la sorte, on les appelle des compagnies, mais elles ne sont pas toutes animées de nobles intentions et, la plupart du temps, se livrent au pillage. Dans la querelle de succession Montfort Penthièvre, du Guesclin prend le parti de Charles de Blois et combat pour lui. En 1355, il est à Fougeray (Ille-et-Vilaine), ville tenue par les Anglais qui soutiennent Montfort. Avec un compagnon, il se présente déguisé en paysan porteur d'un fagot de bois. Le guetteur de la tour est volontiers preneur du bois proposé, car la température est rude ce jour-là. Il vient soulever la herse d'entrée du château. Du Guesclin pose son fagot de façon qu'elle soit bloquée. Il lance alors son terrible cri de guerre : « Notre-Dame Guesclin ! » et tous ses compagnons dissimulés aux alentours se ruent dans le château qui est enlevé. Du Guesclin part ensuite délivrer Rennes de la présence anglaise. Charles de Blois l'y arme chevalier.

1363 : du Guesclin épouse Tiphaine, la perle

En 1359, il passe au service de Charles V, devient gouverneur de Pontorson. Ses exploits pour pacifier le Perche, le Maine, l'Anjou, la Normandie lui apportent une célébrité et un prestige considérables. Charles V le récompense en lui donnant un domaine et un château. Le voilà riche ! Il se rappelle alors le visage entrevu lors d'un combat singulier dont il était sorti vainqueur à Dinan : un visage de femme, la femme la plus belle qui soit ! Lui, l'homme le plus laid qu'on puisse imaginer ! Cette femme, c'est Tiphaine Raguenel, une perle rare, Tiphaine, très rare, jugez-en : elle est non seulement très belle, mais aussi intelligente, discrète, aimante. Elle appartient à l'une des plus anciennes familles bretonnes. Bertrand qui est habitué aux défis impossibles la demande en mariage ! Et elle se met à aimer ce guerrier couvert de gloire mais si disgracieux. Les noces ont lieu à Vitré, à l'automne 1363, dans un véritable délire populaire. Leur bonheur sera sans nuage. Tiphaine, pendant les longues périodes où Bertrand guerroie, aime se retirer au Mont-Saint-Michel.

« Cent mille doublons d'or ! »

Fait prisonnier à Auray – la bataille perdue contre le Prince noir –, du Guesclin est libéré grâce à la rançon versée par le roi de France qui le charge alors de délivrer le royaume des compagnies infestant les campagnes du royaume. Du Guesclin, auréolé de sa gloire de combattant invincible les rassemble sans mal à Châlon, et les conduit en Espagne affronter Pierre le Cruel. Mais, à la bataille de Najéra, le 3 avril 1367, le Breton et ses compagnies affrontent le Prince noir qui leur inflige une terrible défaite. Du Guesclin est emmené prisonnier à Bordeaux. Le Prince noir l'y garde une année au terme de laquelle il lui demande de fixer lui-même le montant de sa rançon : « Cent mille doublons d'or », répond fièrement du Guesclin. Le Prince noir lui répond : « Comment un pauvre chevalier breton pourra-t-il trouver une somme pareille ? » Alors du Guesclin a cette réplique passée dans l'histoire : « Sire, le roi de France en paiera la moitié, et le roi de Castille l'autre moitié. Et s'ils ne le veulent pas, toutes les femmes et les filles de France sachant filer s'useront les doigts pour ma délivrance ! » Le roi, le pape, Jeanne de Penthièvre et de nombreux seigneurs bretons paieront la rançon !

1370 : le connétable du Guesclin

Nommé connétable en 1370 – chef suprême des armées royales –, du Guesclin se bat contre les Anglais qui sont de retour en France. Il les chasse de Normandie, les combat en Guyenne, dans le Poitou, en Saintonge. En avril 1372, avec l'aide d'Olivier IV de Clisson (l'éborgné d'Auray, fils du décapité de 1341 Olivier III) qui combat aussi contre le duc de Montfort, du Guesclin conquiert tout le duché de Bretagne que gouverne Jean IV. Celui-ci s'enfuit en Angleterre. Charles V prend alors une décision politiquement très maladroite : il décide l'annexion du duché de Bretagne ! Les Bretons n'acceptent pas cet acte d'autorité, et rappellent Jean IV qui revient triomphalement dans son duché le 3 avril 1379 à Saint-Malo. Jeanne de Penthièvre qui a tant combattu les Montfort l'accueille à genoux : plutôt l'alliance que l'appartenance à la France ! Déçu par la tournure que prennent les événements, du Guesclin parti déloger une bande de pillards à Châteauneuf-de-Randon, en Gévaudan, y meurt d'une forte fièvre le 13 juillet 1380, épuisé. Depuis 1372, Typhaine Raguenel, sa femme aimée, trop tôt disparue, attendait son parfait chevalier au paradis des grandes amours.

ARTS, CULTURE ET SCIENCES

Christine de Pisan, biographe de Charles V

« Toutes êtes, serez et fûtes / De fait ou de volonté putes » Ces deux vers que Jean de Meung a écrit en 1285, dans son supplément au *Roman de la rose* écrit par Guillaume de Lorris entre 1225 et 1230, font bondir Christine de Pisan. Née à Venise en 1364, elle est la fille d'un médecin réputé appelé à la cour de Charles V qui comble de bienfaits la famille de Pisan. Mariée à quinze ans, veuve à vingt-cinq avec trois enfants, et bien seule depuis la mort de Charles V en 1380, elle est harcelée par les créanciers. Elle fait face avec courage, poursuit des études qui la passionnent. Elle dédie un recueil de poèmes au duc de Bourgogne qui lui passe commande d'un ouvrage sur la vie de son frère : *Le Livre des faicts et bonnes mœurs de Charles V*. Par elle beaucoup de détails de la vie de ce roi nous sont connus. Par elle la poésie s'est enrichie d'une créatrice exceptionnelle. Elle se montre en toutes ses actions féministe jusqu'au bout des ongles.

Le bilan de Charles V le Sage

Le roi Charles V, le Sage, très affecté par la mort de la reine, sa femme, Jeanne de Bourbon, en 1377, voit sa santé se dégrader rapidement. Une tuberculose qui le rongeait depuis longtemps accélère son évolution. Il est affecté de violents maux de reins, et ses mains sont déformées par la goutte. Le 13 septembre 1380, il meurt à l'âge de quarante-trois ans. Quel bilan tirer de ses seize années de règne ? Un bilan positif malgré les guerres incessantes, et qui se résume ainsi :

- La plupart des Anglais sont chassés du royaume de France.
- L'armée est réorganisée, les forteresses sont remises en état.
- Des compagnies d'archers sont créées, l'artillerie est renforcée.
- La flotte est agrandie, elle compte en 1377 trente-cinq grands navires.
- La perception des impôts est rendue efficace, sans pression fiscale excessive.
- L'unité française est reconstituée.
- La stabilité monétaire dure pendant plus de quinze ans, de 1365 à 1380.
- Toutes les conditions sont réunies pour que le commerce redevienne prospère.

Charles VI : de la folie !

« Malheur à toi, pays dont le roi est un enfant, et dont les princes font ripaille dès le matin ! » Ainsi parle l'Ecclésiaste dans la Bible – 10, 16. Malheur plus grand à toi, pays dont le roi est un fou, peut-on ajouter, car ce pays est connu de nous : c'est la France. Et ce roi l'est tout autant : c'est Charles VI. Et les grands malheurs du royaume dont le roi a perdu la raison vont se dérouler sous vos yeux ! Auparavant, suivons les débuts de son règne.

Les trois frères : une violente régence

UN ÉVÉNEMENT IMPORTANT

Les premiers désordres qui surviennent après la mort de Charles V concernent ce qui atteint le plus directement chaque sujet du royaume : les impôts ! Charles VI, trop jeune, décide de supprimer un impôt qui va ensuite être rétabli, ce qui provoque la colère des Parisiens. Les trois frères du roi Charles V, régents du royaume et grands dépensiers, vont tenter de remettre de l'ordre…

1382 : la révolte des maillotins

Charles V, souvent ému par les récits qu'on lui rapportait concernant la collecte des impôts où femmes et enfants se retrouvaient sans toit expulsés par les collecteurs, avait décidé de supprimer les impôts directs : les fouages, levés au temps où il fallait payer la rançon de Jean le Bon. Il restait, pour remplir les caisses royales, les impôts indirects sur les marchandises en circulation : les aides – ancêtres de la TVA. En 1380, Charles VI, dans un élan de générosité lors de son sacre à l'âge de douze ans, décide de les supprimer. D'un seul coup, le royaume se trouve alors privé de ressources ! Les caisses de l'État sont vides en très peu de temps et, un an plus tard, c'est presque la banqueroute ! Louis d'Anjou, oncle de Charles VI, et qui gouverne à la place du roi, décide en mars 1382 de rétablir les aides.

Deux mille maillets de plomb

L'annonce de ce rétablissement de l'impôt provoque à Paris une émeute soudaine : les artisans, les maîtres de métiers, mais aussi les marginaux de toutes sortes se ruent à l'Hôtel de Ville et s'emparent de 2 000 maillets de plomb entreposés là par le prévôt des marchands qui craignait quelque attaque anglaise ! Ils se répandent dans la ville, y cherchent les Juifs dont seize sont tués, les collecteurs d'impôts sont sommés de donner leurs registres bientôt brûlés. Les maillotins – appelés ainsi à cause des maillets de plomb – sont maîtres de la capitale à midi. Ils tendent des chaînes à travers les rues et ferment les portes de la ville. Charles VI reçoit une délégation de bourgeois inquiets qui exigent la suppression de l'impôt et l'amnistie pour ceux qui ont commis des crimes ; le roi refuse. La révolte explose : les portes des prisons sont brisées, les prisonniers libérés. Finalement, le roi accepte d'abolir l'impôt, et ne fait exécuter que douze meneurs…

Pompes à finances

En réalité, si les caisses du royaume sont vides en si peu de temps, c'est parce que les oncles de Charles VI y puisent à pleines mains pour leurs besoins personnels. Et s'ils veulent lever de nouveaux impôts, c'est aussi pour leurs intérêts privés :

- Louis d'Anjou, à la mort de son frère Charles V, s'est empressé d'aller à Vincennes chercher les 30 000 francs qu'il y savait déposés, et cela lui permet de régler ses dettes avant de revendiquer le royaume de Naples.
- Philippe de Bourgogne, dit le Hardi, autre frère du roi, a épousé la fille du comte de Flandre, et il espère rassembler la Bourgogne et la Franche-Comté. Il lui faut beaucoup d'argent pour réaliser ses ambitions vers les Pays-Bas, et même plus loin.
- Jean de Berry, troisième frère du roi, a besoin, lui aussi, de sommes considérables, non pour des visées conquérantes, mais parce qu'il aime le luxe, le faste, les arts et les femmes, tout simplement.

Ces trois pompes à finances ont donc mis à sec le trésor lorsque les maillotins se révoltent.

Le temps de la répression

À cette révolte des maillotins s'adjoint celle de villes importantes que les trois frères veulent assujettir à l'impôt : Compiègne, Saint-Quentin, etc. S'y ajoutent la Normandie, la Flandre. Le premier temps est celui du pardon relatif pour les maillotins et les autres mécontents. Mais le second temps est celui de la répression. Elle est féroce : à Rouen, on décapite les six meneurs, leurs têtes sont suspendues aux portes de la ville. Une amende ruineuse devra être versée au trésor du royaume.

On pend, on décapite

La répression s'étend à la Flandre : le 27 novembre 1382, 40 000 Flamands sont vaincus à Roosebeke par une armée de 40 000 Français sous les ordres du connétable Olivier IV de Clisson, chef des armées. On compte 20 000 victimes dont Artevelde, le chef des Flamands, tombé un des premiers, et qui voulait faire alliance avec les Anglais, afin d'éviter l'écrasante imposition française. Son cadavre est pendu. Dans toutes les villes qui s'étaient révoltées, on pend, on décapite, on descend les cloches des beffrois. À Paris, la répression est terrible : la hache s'abat des dizaines de fois sur le billot pour exécuter des bourgeois trop hardis lors de la révolte maillotine. Un tel traitement de choc permet de rétablir l'imposition : taxes sur les transactions, sur le sel, les boissons… Et les trois frères peuvent s'emplir les poches et rêver de conquêtes de toutes sortes.

Charles VI, l'insouciant époux d'Isabeau de Bavière

Le jeune roi Charles VI a atteint l'âge du mariage. Ses oncles vont lui offrir une jolie Bavaroise.

Il faut marier Charles VI

Charles V l'avait recommandé à ses frères en mourant : il faudra marier Charles VI, son fils, à une Allemande parce que le roi d'Angleterre est lui-même marié à une Allemande. Ainsi l'équilibre d'influences sera établi ! Les trois frères accomplissent la volonté de Charles V et cherchent en Bavière la jeune fille idéale qui pourra plaire au jeune roi – s'il ne la trouve pas à son goût, il peut la renvoyer dans ses foyers ! C'est donc un grand suspense qui plane dans le palais épiscopal d'Amiens, le vendredi 14 juillet 1385 au matin, car Charles VI, seize ans et demi, va rencontrer pour la première fois Isabeau de Bavière ; quinze ans, fille du duc Étienne de Bavière et de Tadea Visconti, une princesse milanaise. Isabeau a été vêtue et parée à la mode de la cour de France.

Cette nuit-là, Charles et Isabeau…

Isabeau n'est pas d'une grande beauté : son large visage aux gros traits, au nez épais, aux narines larges, est cependant illuminé par deux yeux malins et rieurs, mutins même ! De sorte qu'on remarque à peine qu'elle a les jambes trop courtes et une démarche légèrement chaloupée. Sous la haute salle du palais, elle s'avance vers le roi, s'agenouille devant lui, et attend. Charles VI, tout de suite, est conquis ! Il veut se marier sur le champ, et si rapidement que le père de la mariée n'a pas même le temps d'arriver pour le jour de la cérémonie, le 17 juillet 1385 ! Les deux jeunes gens sont si épris l'un de l'autre – Philippe le Hardi, l'oncle du roi, les qualifie même de « malades »… – qu'ils se retirent rapidement au soir de la noce dans leur lit nuptial. Et le chroniqueur de l'époque rapporte qu'ils eurent cette nuit-là beaucoup de plaisir ! Isabeau donnera douze enfants à Charles. Le onzième deviendra le roi Charles VII.

« Faites ce qu'il vous plaira ! »

Un peu plus de trois ans plus tard, le 3 novembre 1388, c'est l'anniversaire du sacre de Charles VI. C'est aussi le jour où le jeune roi qui a vingt ans décide de gouverner comme il l'entend. Il écarte ses trois oncles dépensiers et massacreurs. Il fait appel aux anciens conseillers de son père Charles V le Sage. Ces conseillers, issus de la bourgeoisie et de la petite noblesse, sont moqués et méprisés par les grands du royaume qui les surnomment les *marmousets*, du nom de figures grotesques qui servent d'ornement aux façades d'églises. Mais leur efficacité aux affaires est remarquable. Ils réorganisent la justice, les finances. Charles VI, d'abord d'un tempérament inquiet, anxieux, s'accommode fort bien de la présence des marmousets à ses côtés dans le gouvernement du royaume. Progressivement, il devient insouciant, fait la fête à s'en étourdir. À ses conseillers qui lui demandent son avis, il répond avec désinvolture : « Faites ce qu'il vous plaira ! »

Le roi Charles VI devient fou

Le front breton se rallume encore. Sur le chemin qui le conduit vers le fief du révolté Jean IV de Montfort, Charles VI ne sait pas que la déraison s'est embusquée. Et l'attend…

1392 : le roi n'est plus le roi

En mars 1392, le roi est soudain pris d'un accès de fièvre. Les médecins appelés au chevet du malade s'inquiètent non de l'état physique de leur royal patient, mais de son état mental : en effet, il peine à retrouver sa raison, il délire encore alors que la fièvre est tombée, il semble entré dans un monde où il perd son identité. Ce n'est pas la première fois que Charles VI donne de telles inquiétudes à son entourage. Mais, d'ordinaire, tout rentre dans l'ordre, et on oublie bien vite ces étranges épisodes où le roi n'est plus le roi.

5 août 1392 : « Noble roi, tu es trahi ! »

La même année, le 13 juin 1392, un attentat est commis contre le connétable Olivier de Clisson qui, après un bal où il s'est beaucoup amusé avec Charles VI, rentre dans son hôtel du Marais à Paris. Charles VI arrivé sur les lieux est très impressionné par la vue du sang. Clisson est encore vivant et va se remettre rapidement, mais Charles VI est entré dans un état d'agitation tel qu'on lui conseille d'aller en Bretagne châtier le duc Jean IV. Celui-ci a permis l'évasion vers l'Espagne de Pierre de Craon, auteur de l'attentat contre le connétable. Le 2 août 1392, l'armée se met en route en direction de la Bretagne. Le 5 août, Charles VI et sa troupe traversent la forêt du Mans. Soudain, un vieillard à l'air étrange, en haillons, et qui sort d'une léproserie toute proche, court vers le roi qui est à cheval. Les hommes d'armes veulent l'écarter, mais le lépreux brandit sous le regard du roi ce qui reste de ses poings rongés par la lèpre, et il lui crie : « Noble roi, ne va pas plus loin ! Fais demi-tour, tu es trahi ! »

« Je suis livré à mes ennemis ! »

Pendant de longues minutes, l'homme crie cette phrase de plus en plus fort, d'une voix caverneuse, effrayante, il accompagne le convoi malgré les efforts pour l'en écarter. Alors, tout à coup, le roi fixe ses yeux sur le visage du lépreux, une sorte de commotion le saisit. Au même instant, un page qui s'est endormi sur son cheval laisse tomber la lance royale. Elle va heurter une armure. Ce bruit provoque un terrible et inexplicable déclic dans la tête

LE SAVIEZ-VOUS ?

La schizophrénie de Charles VI

Charles VI souffre de ce qu'on appelle aujourd'hui la schizophrénie. De sorte qu'il connaît, entre deux crises, des périodes de rémission où il se comporte tout à fait normalement. Mais lorsque la maladie le saisit, souvent à l'improviste, il ne reconnaît plus sa femme, ses enfants, se met à crier de façon horrible, déchire au couteau les tapisseries et tentures. Il refuse de se laver, jeûne plusieurs jours, puis se met à manger gloutonnement, de façon grotesque, animale. Il danse de façon obscène et affirme s'appeler Georges.

Au bout de quelques années, Jean sans Peur a l'idée de placer auprès du roi fou une blonde, jeune et fort belle Bourguignonne : Odinette de Champdivers. Caressante et bonne, elle éprouve une immense tendresse pour son « roi fol ». Elle lui apprend à jouer aux cartes, elle le soigne avec toutes sortes de doux remèdes ; elle tempère l'ardeur des médecins qui veulent à tout prix, régulièrement, inciser le cuir chevelu du malade afin d'en faire sortir le mal de la folie… Odinette tente aussi de convaincre Charles qu'il n'est pas de verre : c'est en effet une obsession pour lui ; il est persuadé que s'il tombe il va se briser en mille morceaux ; alors, il se barde d'attelles de fer sur tout le corps afin d'éviter la catastrophe qu'il redoute ! Tendre, Odinette donne aussi de l'amour au roi : un an après leur rencontre, naît leur fille qu'ils prénomment Marguerite. Pendant trente années, les crises vont se succéder, entrecoupées de longues périodes de rémission, de sorte qu'on peut imaginer qu'Odinette et Charles connurent une forme de bonheur intense et rare. Jusqu'en 1422. Cette année-là, le 21 octobre, meurt le roi fou.

affolée du roi dont la raison s'effondre. L'incroyable survient : le roi tire son épée de son fourreau, il en transperce son homme d'armes qui meurt sur le coup. Puis il fait reculer son cheval, observe avec un regard fou son escorte terrifiée, et la charge au galop ! « Je suis livré à mes ennemis », ne cesse-t-il de crier. L'escorte se disperse pour éviter les coups meurtriers, mais le roi embroche quand même quatre hommes qu'il a poursuivis. Au bout d'une heure, son cheval est épuisé, son épée s'est brisée contre une armure. Il est descendu de sa monture, solidement attaché sur une civière, et le cortège lugubre et silencieux s'en va vers le Mans. Le roi est devenu fou !

Pendant ce temps… Le grand schisme d'Occident : 1378 à 1417

Rappelez-vous : 1303 : « Paf sur le pif du pape »… En 1305, la ville de Rome étant déchirée par des factions rivales, le nouveau pape Clément V s'installe à Avignon, à la grande satisfaction de Philippe le Bel. S'y succèdent les papes Jean XXII, Benoît XII, Clément VI, Innocent VI, Urbain V, Grégoire XI. Celui-ci, avant de mourir en 1378, émet le désir que le siège de la papauté redevienne Rome. Les cardinaux s'y réunissent et élisent un nouveau pape : Urbain VI qui refuse de s'installer à Avignon. Le 20 septembre, les cardinaux élisent un autre pape, le Français Robert de Genève. Il prend le nom de Clément VII. L'Église se trouve donc gouvernée par deux papes : celui de Rome et celui d'Avignon !

Cette situation va avoir des répercussions considérables dans une Europe qui se divise en deux : l'Empire germanique et l'Angleterre demeurent fidèles à Rome, la France et l'Espagne soutiennent les papes d'Avignon. L'enjeu, comme d'habitude, est la perception des bénéfices, des taxes, la possession de toutes sortes de biens, d'États… L'Église de France cherche à s'affranchir de la domination gourmande de Rome. En 1409, le pape avignonnais Benoît XIII et le pape romain Grégoire XII sont déposés par un concile qui en élit un troisième : Alexandre V ! Mais les deux autres papes refusent cette élection. Alexandre V meurt en 1410, il est remplacé par Jean XXIII, considéré comme un usurpateur ! Finalement les trois papes sont déposés et remplacés par un seul pape romain : Martin V élu le 8 novembre 1417. Il ramène l'ordre dans une église ouverte à toutes les dérives. Le grand schisme d'Occident s'achève.

28 janvier 1393 : le bal des ardents

UNE ANECDOTE

Que faire ? Il faut pour guérir le roi le distraire encore davantage, donner davantage de fêtes qui dissiperont ses crises. Le 28 janvier 1393 à l'hôtel Saint-Paul, résidence habituelle du roi, un grand bal est donné pour le mariage d'une fille d'honneur de la reine. Le roi et cinq de ses amis ont décidé de se déguiser en hommes sauvages. Au moment où ils entrent dans la salle de bal, leur costume très inflammable à cause de la poix dont ils sont faits, enduite d'étoupe de lin, se transforme en torche et leurs occupants meurent dans d'atroces souffrances. Sauf le roi qui a été enveloppé dans un grand manteau, sans qu'on ait deviné qu'il s'agissait de lui. Cet épisode, entré dans l'histoire sous le nom de « bal des ardents », est bientôt connu dans le royaume tout entier et le peuple s'irrite de ces fêtes données par les princes. La raison du roi est de plus en plus fragilisée. Son pouvoir aussi qui reprend une allure féodale avec d'une part la maison d'Orléans – Louis d'Orléans, frère du roi, puis son fils, Charles d'Orléans – et la maison de Bourgogne : Philippe le Hardi, oncle du roi, puis son fils Jean sans Peur.

La deuxième régence des oncles de Charles VI

Louis d'Orléans, le frère du roi, va être nommé régent du royaume. Mais Philippe de Bourgogne et Jean de Berry, oncles du roi et de Louis, jugeant celui-ci trop jeune, vont reprendre le pouvoir dont ils avaient été écartés.

Les trois ennemis : Louis, Philippe, Jean

Le roi devenu fou, ses marmousets, conseillers sages et efficaces, sont renvoyés. La reine Isabeau est mise à la tête d'un conseil de régence qui devient alors le lieu de l'affrontement entre le frère et les deux oncles du roi :

- Louis d'Orléans, frère du roi Charles VI, ennemi des Anglais, est un esprit brillant, amoureux des arts pour lesquels il dépense des fortunes. Il a épousé la belle Valentine Visconti, de Milan, et se prend de passion pour tout ce qui est italien. Il rêve même de conquérir l'Italie ! Il compense une grande piété démonstrative par une conduite débauchée et clandestine. Sa haute stature et sa belle prestance le conduisent notamment dans le lit de la reine Isabeau de Bavière !
- Philippe de Bourgogne, dit le Hardi, est comte de Flandre et d'Artois, il veut établir de bonnes relations avec l'Angleterre car il en va de l'intérêt des villes du nord productrices de drap. Il cherche à agrandir encore ses possessions dans l'Empire germanique. Il meurt en 1404. Son fils Jean sans Peur lui succède.
- Où est passé Jean de Berry, vous demandez-vous légitimement ? N'ayez crainte, il est vivant : il va pencher tantôt du côté de son frère Philippe de Bourgogne, tantôt du côté de son neveu Louis d'Orléans.
- Peut-être vous demandez-vous ce qu'est devenu Louis d'Anjou qui, avec Philippe de Bourgogne et Jean de Berry assurait la première régence, pompant avidement les finances du royaume pour régler ses dépenses personnelles ? Il est mort, en 1384.

23 novembre 1407 : Louis d'Orléans assassiné

UN ÉVÉNEMENT IMPORTANT

Le bruit court, continue de courir : Louis et Isabeau… Vous en êtes sûr ? Presque… Louis d'Orléans dans le lit d'Isabeau de Bavière ? C'en est trop ! Jean sans Peur, dominé, moqué par Louis d'Orléans, décide de se venger – Jean sans Peur est le fils de Philippe de Bourgogne mort en 1404. Le 23 novembre 1407, le bel et fier Louis d'Orléans sort en cachette de l'*Hôtel Barbette* dans le quartier du Marais où vit Isabeau de Bavière – elle y reçoit, dit-on, de nombreux amants. Dix-huit hommes à la solde de Jean sans Peur entourent Louis surpris. Le premier lui tranche la main avec une hache, le deuxième le fait tomber lourdement sur le sol, le troisième lui fracasse le crâne, les autres lui portent des dizaines de coups de dague. Dès lors, la guerre civile va déchirer la France.

ARTS, CULTURE ET SCIENCES

Les Très Riches Heures du duc de Berry

Le nom du duc Jean de Berry n'est pas associé à quelque assassinat ou à quelque bataille, mais au plus beau manuscrit réalisé à cette époque : *Les Très Riches Heures du duc de Berry*, aux magnifiques enluminures, dont vous avez pu admirer à la bibliothèque du musée Condé, au château de Chantilly, l'exemplaire original, entre le 31 mars et le 2 août 2004 (trop tard, dites-vous ? Allez-y quand même, vous en admirerez des reproductions...).

Les Armagnacs et les Bourguignons : une lutte à mort

La lutte entre les Armagnacs – le clan du fils de Louis d'Orléans, Charles – et les Bourguignons – le clan de Jean sans Peur - va se déchaîner. Pendant ce temps, le roi Charles VI alterne les périodes de folie et de lucidité. La guerre civile est en marche.

Jean sans Peur, chef des Bourguignons, rentre à Paris...

L'objectif de Jean sans Peur, duc de Bourgogne, petit-fils de Jean le Bon, est de devenir le roi de France ! Après son forfait, il ne fait guère honneur à son surnom acquis à la croisade de Nicopolis contre les Turcs en 1392 : il s'enfuit à Amiens. Il en revient en février 1408 pour faire une entrée triomphale à Paris où les bourgeois, les commerçants lui sont infiniment reconnaissants de les avoir débarrassés de l'énorme pression fiscale que faisait peser sur eux Louis d'Orléans. Le 7 octobre 1409, Jean sans Peur – le Bourguignon – décide de traquer et d'éliminer tous les partisans de Louis d'Orléans et de son fils – des Armagnacs - dans l'administration.

... et fait décapiter Jean de Montagu

Il commence par Jean de Montagu, maître absolu des finances royales au temps de Louis d'Orléans. Emprisonné, torturé, Jean de Montagu est emmené sur une charrette le 17 octobre 1409 sur le lieu de son supplice aux Halles. La foule le couvre de quolibets, de crachats, l'accuse de sorcellerie, de la folie du roi, de détournement des impôts. Avant de s'agenouiller près du billot, il ouvre sa chemise pour montrer sa poitrine marquée des traces de la torture qu'il a subie. Geste dérisoire qui précède une décollation en un seul coup de hache. Sa tête est mise au bout d'une pique, et son cadavre suspendu au gibet de Montfaucon. L'épuration va se poursuivre.

1409 : Jean sans Peur fait alliance avec Isabeau

Jean sans Peur sait qu'il ne peut accéder au trône parce que viennent avant lui la reine Isabeau de Bavière, et l'oncle paternel du roi, le duc Jean de Berry – tout occupé à ses *Très Riches Heures* et ses enluminures… Comment parvenir à gouverner ? Jean sans Peur n'hésite pas : il rencontre Isabeau de Bavière ! Celle-ci comprend qu'elle a tout intérêt à faire alliance avec le Bourguignon. Le 27 décembre 1409, c'est elle-même qui pousse Charles VI, lucide quelque temps, à accepter Jean sans Peur pour éducateur du futur Charles VII qui n'a que six ans.

1410 : Jean sans Peur presque roi de France

Le Bourguignon détient alors tout pouvoir sur le gouvernement – qui comporte encore beaucoup d'Armagnacs, peu enclins à obéir ! En l'année 1410, le voilà presque roi de France ! Mais les amis et les parents de Louis d'Orléans, l'assassiné, ne l'entendent pas de cette oreille. Son fils surtout : Charles d'Orléans. Il n'a que seize ans et vient d'épouser Bonne d'Armagnac. Autour de Charles d'Orléans se crée la ligue de Gien où se trouve le puissant seigneur d'Armagnac – principal seigneur du Midi –, son beau-père. Une armée de 10 000 hommes est réunie. Elle marche sur Paris. La vengeance des Armagnacs est en route ! C'est le vrai début de la guerre civile entre Armagnacs et Bourguignons.

1412 : Jean sans Peur a peur… des Armagnacs

L'armée des Armagnacs fait peur à… Jean sans Peur. Il décide de faire appel aux Anglais ! En septembre 1411, Jean et ses Bourguignons s'entendent avec eux pour mener une action commune contre les Armagnacs de Charles. En janvier 1412, les Armagnacs, à leur tour, sollicitent l'aide anglaise. Ils promettent au roi d'Angleterre de l'aider à recouvrer le duché d'Aquitaine et de lui livrer des places fortes françaises ! Rien de moins ! Mais les deux partis, soudain, prennent peur et comprennent tout le bénéfice que l'Angleterre peut tirer de leur mésentente. Ils signent la paix – la trêve… – à Auxerre à la fin d'août 1412.

Les écorcheurs de Simon Caboche

Les Anglais ne signent aucune trêve ! Ils reprennent leurs chevauchées en Normandie. Il faudrait lever une armée pour les combattre. Pour lever une armée, il faut de l'argent. Aussi, Charles VI, dans un accès de lucidité, convoque-t-il les états généraux pour le mois de janvier 1413. En attendant, depuis le printemps 1412, une corporation fait parler d'elle à Paris : celle des bouchers. Cette corporation est puissante et n'hésite pas à utiliser la violence. Son chef s'appelle Simon Caboche. Jean sans Peur et ses Bourguignons ont gagné sa sympathie en lui offrant, ainsi qu'à ses écorcheurs, d'énormes fûts de vins de Beaune !

28 avril 1413 : « À la Bastille ! »

Les Parisiens voient d'abord d'un bon œil cette alliance entre les bouchers et les Bourguignons : ils espèrent que la pression fiscale n'augmentera pas, Jean sans Peur s'y est engagé. Mais, lorsque les états généraux se réunissent, il apparaît nécessaire, pour chasser les Anglais, de lever de nouveaux impôts. Simon Caboche et ses bouchers se déchaînent alors. Face au péril qu'ils font courir, les états généraux décident de renvoyer les officiers royaux, coupables de dépenses excessives, de confisquer leurs biens. Mais cela ne suffit pas aux écorcheurs ! Le 27 avril 1413, Simon Caboche rassemble ses troupes de tripiers, artisans, boutiquiers, compagnons, place de Grève. Les Cabochiens marchent alors sur l'Hôtel de Ville où ils demandent des armes qui leur sont refusées. Qu'importe : le lendemain, ils prennent d'assaut… la Bastille où s'est réfugié le prévôt de Paris Pierre des Essarts que la rumeur accuse de vouloir enlever le roi !

Jean sans Peur s'enfuit ! Les Armagnacs s'installent à Paris

Caboche et les siens demandent de nouveau des armes ; elles leur sont de nouveau refusées ! Jean sans Peur tente de les calmer, en vain ! Au début de mai, ils décident de décapiter Pierre des Essarts. Jusqu'en juillet, les cabochiens font régner la terreur dans Paris. En même temps, ils proposent une série de réformes dans une ordonnance – l'ordonnance cabochienne – visant à mettre en place une monarchie modérée, et à éviter l'anarchie ! Ce qui ne les empêche pas de commettre de nombreuses atrocités qui horrifient les Parisiens. Courageusement, Jean sans Peur s'enfuit à Lille, fin août 1413 ! Il laisse la place aux Armagnacs qui vont réprimer la dictature des abattoirs et se livrer à une impitoyable traque des partisans bourguignons.

Pendant ce temps chez nos voisins

Tamerlan ou Timur Lang (1336 - 1405) fonde un immense et éphémère Empire turc ; Il conquiert l'Iran et l'Afghanistan, utilisant la terreur. Il se déclare le continuateur de Gengis Khan (1167 - 1227) qui fonda l'Empire mongol, conquit la Chine, l'Iran et l'Afghanistan entre 1206 et 1222.

Azincourt, la chevalerie et les Armagnacs décapités

En août 1414, le roi d'Angleterre Henri V, profitant de la confusion qui règne à Paris, demande à Charles VI de lui restituer le royaume de France tout entier, c'est-à-dire de devenir roi à sa place ! Pourtant, Henri V n'a aucun droit sur le royaume de France ; certes il descend des Plantagenêts, mais il fait partie de la nouvelle dynastie des Lancastre qui s'est installée sur le trône d'Angleterre par la force. Des tentatives de conciliations échouent. En juillet 1415, les Anglais débarquent en Normandie : Henri V d'Angleterre est déterminé : il veut monter sur le trône de France !

À cinquante mille contre dix mille...

Le 19 août 1415, Harfleur tombe aux mains des Anglais qui pillent la ville et se chargent d'un lourd butin. En octobre, ils franchissent la Somme puis se dirigent vers le Nord, vers Calais, leur ville, où ils projettent de prendre du repos. Mais, le 24 octobre 1415, leur marche est interrompue à Azincourt : les Français les attendent de pied ferme. Ils ont réussi à rassembler une armée de 50 000 hommes aux ordres de Charles d'Orléans, du duc de Berry, du duc de Bourbon, du connétable de Clisson, du connétable d'Albret ! Pas un seul Bourguignon ne va participer à cette bataille : Jean sans Peur, leur chef, a conclu un accord secret avec Henri V, il reste neutre.

Henri V d'Angleterre ne veut plus combattre !

Les Anglais, face aux 50 000 Français, ne sont qu'un peu plus de 10 000. Henri V hésite. Il n'a plus envie de combattre. Ses soldats sont atteints de dysenterie, beaucoup désertent. Il sait que la mer est mauvaise s'il doit embarquer en catastrophe après la défaite qu'il devine proche. Afin de ne pas aggraver sa situation, il propose au connétable d'Albret d'abandonner ses prétentions à la couronne de France ! Refus hautain : les Français, évidemment, sont sûrs de remporter la victoire.

L'enlisement de la chevalerie

Il pleut à verse les 24 et 25 octobre 1415. Les chevaliers décident de rester à cheval toute la nuit. Les pages, de temps en temps, promènent les chevaux avec le cavalier en selle de sorte que le terrain détrempé devient un champ de boue où s'enfoncent bêtes et gens. La lourde armure des chevaliers, leur cotte de maille, leur épée, le harnachement des chevaux, tout contribue à l'enlisement de cette fière – et un peu bête – armée qui ne pense pas à agir autrement qu'en respectant un code de combat aux effets désastreux.

Sauve qui peut !

La bataille s'engage le 25 octobre à midi : ne voyant pas les Français attaquer, les Anglais se sont lancés à l'assaut de leurs lignes en une sorte de charge désespérée, sûrs que c'est la seule qu'ils pourront mener. Les arbalétriers français répliquent, mais les chevaliers, les estimant inefficaces, les bousculent afin de prendre leur place. Ils descendent de cheval, tentent d'avancer vers l'ennemi, s'embourbent pendant que leurs propres chevaux effrayés par les flèches anglaises se ruent sur eux ! Henri V n'en croit pas ses yeux. Tant de bêtise, de stupidité, en si peu d'espace, c'est inespéré ! Les lignes de chevaliers français sont tellement compactes qu'aucun d'eux ne peut se servir de ses bras pour manier la lance ! C'est bientôt le sauve qui peut. Mais les chevaliers se sont encore davantage enfoncés dans la boue !

Une hécatombe d'Armagnacs

Les archers anglais se saisissent alors d'épieux, de haches, les coutiliers arrivent avec leurs longs couteaux ; tous font un carnage épouvantable parmi les rangs français. L'arrière-garde des chevaliers s'enfuit ! Henri V vit le plus beau jour de sa vie ! Il a fait 1 700 prisonniers. La bataille est gagnée. Mais, soudain, l'arrière-garde en fuite se ressaisit, ou fait semblant. Le roi d'Angleterre décide alors d'exécuter ses 1 700 prisonniers, ce qui est fait sur le champ par 200 archers ! Ainsi est décapitée la fine fleur de la chevalerie française. Ainsi disparaissent les têtes de grandes familles appartenant toutes au clan des Armagnacs, et cela sert parfaitement le projet du roi d'Angleterre qui veut favoriser les Bourguignons.

ARTS, CULTURE ET SCIENCES

Charles d'Orléans : « En regardant vers le païs de France… »

Parmi les quelques prisonniers épargnés, on trouve Charles d'Orléans. Le fils de Louis d'Orléans n'a que vingt et un ans lorsqu'il est emmené en Angleterre, à Douvres, en 1415. Il sera libéré en 1440 après avoir séjourné pendant vingt-cinq ans dans différentes prisons où il écrit de nombreux poèmes. Peut-être en avez-vous lu certains. Peut-être quelques vers seulement. Peut-être ceux-ci : « En regardant vers le païs de France / Un jour m'avint à Dovre sur la mer / Qu'il me souvint de la doulce plaisance / Que souloye oudit pays trouver. » Ou bien ceux-ci : « Le temps a laissé son manteau / De vent, de froidure et de pluye… » Bonne d'Armagnac morte en 1435, il se remarie avec Marie de Clèves. Son amitié pour le duc de Bourgogne le rendant suspect aux yeux du roi Charles VII, il se retire au château de Blois où il s'entoure de poètes, de jongleurs. Il organise des concours de poésie. Il y accueille, entre autres, un certain François Villon… En 1462, naît son fils Louis, le futur Louis XII.

1418 : les Bourguignons reprennent Paris

Après Azincourt, Jean sans Peur tente par tous les moyens de reprendre Paris aux Armagnacs décimés sur le champ de bataille. Pour atteindre cet objectif, il se rapproche un peu plus du roi d'Angleterre Henri V. Il le rencontre le 6 octobre 1416 à Calais, l'assurant qu'il le considère comme le seul roi de France ! Le royaume de France est en péril de mort. Jean sans Peur et ses Bourguignons ont mis le siège devant Paris. Les Armagnacs y font régner la terreur, augmentent les impôts, interdisent de se baigner dans la Seine, confisquent les armes. Mais, dans la nuit du 28 au 29 mai 1418, un jeune homme – Perrin Leclerc – qui hait les Armagnacs ouvre la porte de Saint-Germain-des-Prés aux Bourguignons commandés par le seigneur de L'Isle-Adam. Huit cents hommes en armes entrent dans la ville, rejoignent des Parisiens révoltés.

L'infâme Capeluche venge les Bourguignons

La vengeance des Bourguignons va commencer : le 29 mai 1418, c'est le début du massacre des Armagnacs. Ils sont entassés nus au coin des rues, au milieu de la boue. Dans les jours suivants, les bouchers, alliés des Bourguignons, ressortent leurs longs couteaux et vont égorger dans les prisons les Armagnacs qui y ont été jetés. D'autres sont précipités du haut de tours sous lesquelles les Parisiens se sont assemblés avec des piques tendues… D'autres sont découpés, brûlés. Sur le cadavre du connétable d'Armagnac, Jean de Villiers de L'Isle-Adam trace la croix des Bourguignons avec la pointe de son épée. Le bourreau de l'époque, Capeluche, monté sur son cheval noir, conduit une bande d'écorcheurs qui égorgent les femmes. Le comble de l'horreur est atteint lorsqu'il éventre des femmes enceintes. Arrêté et condamné à mort, il va préparer lui-même les instruments de son supplice, donner tous les conseils à son successeur pour que la hache lui tranche la tête du premier coup…

20 janvier 1419 : Y a-t-il quelqu'un pour signer la paix ?

Le 14 juillet de cette année 1418, les Parisiens en liesse, délivrés de la dictature des Armagnacs, ouvrent leurs portes à Jean sans Peur qui rentre de Troyes où il avait installé un gouvernement provisoire. Il est accompagné d'Isabeau de Bavière qu'il avait prise sous sa protection. La liesse parisienne est de courte durée : une terrible épidémie – de variole sans doute – fait plus de 50 000 morts dans la capitale. Pendant ce temps, la ville de Rouen est assiégée par les Anglais. Sans ravitaillement, les habitants en sont réduits à manger leurs chats, leurs chiens, les rats, les souris. Le 20 janvier 1419, Henri V d'Angleterre y fait son entrée, la Normandie est conquise ! Le roi d'Angleterre cherche un interlocuteur pour signer la paix. Mais à qui s'adresser ?

- À Jean sans Peur qui tient Paris ?
- À Isabeau de Bavière, la reine ?
- À Charles VII qui n'a que seize ans et réside dans le clan Armagnac chez son oncle le duc de Berry ?

10 septembre 1419 : Jean sans Peur est tué

Afin de ne pas se soumettre aux Anglais, Jean sans Peur et Charles VII tentent de s'entendre. Mais le 10 septembre 1419, au cours d'une de leurs rencontres au milieu d'un pont qui franchit l'Yonne à Montereau, la discussion s'envenime. Jean sans Peur met la main à son épée, ou du moins c'est l'interprétation donnée pour le geste qu'il esquisse. Les gens de Charles VII se ruent alors sur lui au cri de « Tuez ! Tuez ! », le crible de coups d'épée, lui fendent le crâne. C'est en fini de Jean sans Peur. L'assassinat de Louis d'Orléans est vengé. Mais la France est à terre !

1420 à 1422 : trois rois pour une seule France !

Jean sans Peur mort, Philippe le Bon, son fils, devient duc de Bourgogne. Il prépare avec Isabeau de Bavière un honteux traité qu'ils font signer à Charles le Fol, à Troyes, le 21 mai 1420. Il y est précisé que le dauphin Charles VII est bâtard, donc indigne de prendre la couronne ! Désormais le roi d'Angleterre Henri V est aussi roi de France. Il épouse, le 2 juin, Catherine, la fille de Charles VI, devenu roi *en viager*… – les rois d'Angleterre porteront, à partir de 1420, le titre de roi de France et d'Angleterre, jusqu'en 1802 ! Henri V, le nouveau roi de France est acclamé par les Parisiens las des massacres, il est bien accueilli par la France entière que les ravages des guerres incessantes ont épuisée. Tout le monde veut la paix. Henri V s'installe au Louvre le 1er décembre 1420. Ainsi, la France se retrouve, en réalité, avec trois rois :

- Le roi d'Angleterre Henri V
- Le roi fol Charles VI
- Le dauphin qui peut déjà se considérer roi de France, en raison de la folie de son père : Charles, le futur Charles VII !

Les loups sont entrés dans Paris

La puissance et la richesse d'Henri V n'apportent ni puissance ni richesse aux Parisiens qui continuent à former leurs files d'attente devant les boulangeries pendant que les Anglais font bombance au Louvre ! L'hiver 1421-1422 est terrible : partout en France, on meurt de faim. Le froid est si rude que les loups affamés entrent dans les villes. À Paris, ils franchissent la Seine, menacent les habitations. Dans les cimetières proches, ils sortent de leur cercueil les morts qui viennent d'être enterrés et les mangent !

1422 : Henri VI d'Angleterre, le roi nourrisson

L'année 1422 commence par un mariage que beaucoup attendaient : celui de l'infortuné dauphin Charles, exilé à Bourges, ce qui lui a valu le titre ironique de roi de Bourges. Il épouse, en avril, Marie d'Anjou, la fille de René d'Anjou. Tous ses fidèles assistent à la cérémonie. Le jeune couple représente pour beaucoup l'espérance d'une royauté légitime. Mais le trône est toujours anglais, et Charles VI toujours aussi fou ! Pas pour longtemps : le 31 août 1422, Henri V meurt ! Deux mois plus tard, le 21 octobre 1422, Odinette à son chevet, Charles VI rend le dernier soupir ! Catherine, l'épouse d'Henri V avait accouché d'un fils en janvier 1422. C'est lui l'héritier de la couronne anglaise et, par la même occasion, de la couronne française selon le traité de Troyes ! Et cet héritier de dix mois porte le nom d'Henri VI.

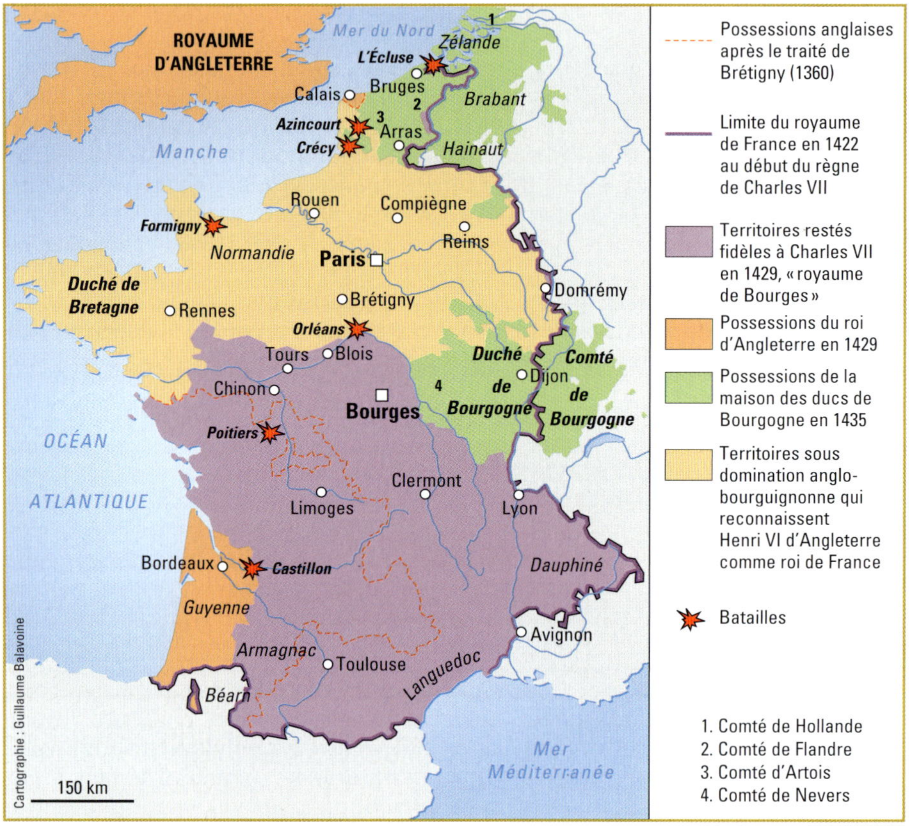

La France pendant la guerre de Cent Ans.

Chapitre 8

1422 à 1514 : Une patiente reconstruction

Dans ce chapitre :

- Suivez l'épopée de Jeanne d'Arc
- Apprenez à mieux connaître Louis XI
- Avec Charles VIII et Louis XII, faites vos premiers pas conquérants en Italie

Charles VII, le petit roi de Bourges, va recevoir la visite de Jeanne d'Arc qui lui donne le courage nécessaire pour reconquérir son royaume. Jeanne est bien mal récompensée par le roi qui retrouve son trône : il la laisse se faire brûler vive à Rouen ! Charles VII a pour successeur son fils Louis XI. Celui-ci, roi organisateur et centralisateur donne à la France une administration solide. À sa mort, Charles VIII, dernier des Valois directs qui règnent depuis 1328, épouse Anne de Bretagne. Il va tenter l'aventure italienne, aventure poursuivie par le seul représentant de la branche Valois-Orléans – Charles VIII étant mort sans descendance mâle – Louis XII.

Charles VII conquiert son royaume

Impensable en 1422 : que la France devienne le royaume de son roi légitime, Charles VII. Et pourtant, trente ans plus tard, c'est fait : les derniers Anglais sont vaincus à Castillon-la-Bataille.

Le roi de Bourges

Bien installés en France, les Anglais n'ont pas l'intention d'en partir. En attendant que leur petit roi Henri VI grandisse, une régence anglaise est assurée à Paris. Existe-t-il un espoir pour que la France retrouve son roi légitime Charles VII ? Oui ! Et cet espoir s'appelle Jeanne…

La reine Marie d'Anjou est presque nue

Pauvre Charles VII ! Jamais un roi de France ne fut plus démuni ! Il a si peu d'argent que son cordonnier ne lui livre une chaussure que lorsque l'autre est payée. En 1428, les habitants de Tours ont pitié de la reine Marie d'Anjou qui manque de vêtements : ils lui offrent du lin afin qu'elle puisse s'y tailler des chemises ! Le roi en est réduit à emprunter tout ce dont il a besoin. De plus, il est rongé par un doute : est-il oui ou non fils de roi ? N'est-il pas un bâtard de plus que sa mère, la dévergondée Isabeau de Bavière, a mis au monde ? D'ailleurs c'est elle-même Isabeau qui a déclaré que ce fils était bâtard, lorsqu'elle a rejoint le clan bourguignon ! Pauvre roi Charles VII qui se morfond dans la ville de Bourges où il a installé sa petite cour ! Quelques régions seulement lui restent fidèles dans le Midi et dans le Centre. Roi ? Peut-être, mais il ne peut même pas être sacré à Reims : les Anglais qui sont partout en barrent la route !

Le duc de Bedford régent de France

À Paris, c'est le duc de Bedford qui est régent de France en attendant que le petit Henri VI – d'Angleterre et de France – soit majeur. Charles VII, appelé par les Anglais *le soi-disant dauphin Charles*, tente de reprendre quelques places à ses ennemis avec des soldats écossais qui lui viennent en aide. Mais toutes ses tentatives sont des échecs. Le 6 mars 1426, même avec 15 000 hommes, Richemont, le chef des modestes armées de Charles, échoue devant Saint-James-de-Beuvron qui n'est défendue que par 700 Anglais.

La bataille des harengs : pauvre France…

UNE BATAILLE

Les Anglais décident de s'emparer d'Orléans afin de s'ouvrir la vallée de la Loire et le Sud qui restent fidèles à Charles VII. Les assiégeants anglais s'installent autour d'Orléans en janvier 1429. Mais, au bout d'un mois, manquant de vivres, ils font venir un convoi de plusieurs dizaines de chariots qui leur apportent des harengs… Le 12 février, le comte de Clermont décide alors avec l'accord de Charles VII d'attaquer ce convoi vital pour l'ennemi : c'est encore une catastrophe pour les Français que les archers anglais tirent comme des lapins. Le bilan de cette escarmouche appelée bataille des harengs est de 500 morts, tous soldats aux ordres du comte de Clermont.

Jeanne d'Arc, la virile pucelle au secours du roi !

Charles VII ne va pas tarder à voir arriver une jeune fille étrange, vêtue de noirs habits d'homme…

« Jeanne ! Jeanne ! », les voix de Donrémy…

« Jeanne ! Jeanne ! » Quelles sont donc ces voix qu'une modeste paysanne de Donrémy entend pendant l'hiver 1428 alors qu'elle est au champ vers midi ? « Jeanne ! Jeanne ! » Est-ce le vent ? Sont-ce des troubles de l'oreille moyenne, séquelles de mastoïdites à répétition dont aurait souffert la jeune Jeanne, et qui lui font entendre avec quelques heures de retard le bonjour de ses parents ? Ne serait-ce pas plutôt saint Michel, sainte Marguerite et sainte Catherine ? Ces saints ne supportant pas la présence des Anglais en France, n'auraient-ils pas décidé de rompre le silence coupable et éternel des espaces infinis pour suggérer à Jeanne, pucelle pure et pieuse, d'aller bouter ces intrus hors du royaume ? Eh bien si : la troisième proposition est la bonne ! Et Jeanne, immédiatement, se met en route.

Jeanne déniche Charles VII à Chinon

Elle va confier le contenu de sa communication avec les saints au capitaine Baudricourt, commandant la place de Vaucouleurs. Sans sourciller, Baudricourt, séduit par cette jeune fille en habits d'hommes, par son audace mêlée d'une grâce trouble, lui accorde une escorte. Et la voilà partie pour Chinon où se trouve le roi avec sa cour. Pendant dix jours, elle va voyager dans une campagne infestée de brigands de toutes sortes, d'Anglais, de Bourguignons. Vêtue de noir, les cheveux coupés au bol, montée sur une haridelle et entourée de son escorte composée d'une dizaine de gens en armes, elle arrive à Chinon précédée d'une rumeur qui la présente comme porteuse d'une incroyable nouvelle pour le roi Charles. On se demande bien ce que va révéler cette jeune fille de dix-sept ans !

8 mars 1429 : le roi enfin roi

UN ÉVÉNEMENT IMPORTANT

Charles souffre de tout ce que lui ont fait subir sa mère et Philippe le Bon en signant le honteux traité de Troyes. Plus pour longtemps : Jeanne va lui apprendre l'incroyable nouvelle… Le 7 mars 1429, après avoir passé la nuit dans une maison que le roi a choisie pour elle – mais ils ne se sont jamais rencontrés – Jeanne d'Arc est interrogée sur ses intentions. Elle répond : « J'ai reçu du roi des cieux le commandement de repousser les Anglais qui assiègent Orléans, et de conduire le roi de France à Reims pour qu'il y soit sacré et couronné ! » On s'étonne et on s'émerveille. Les évêques décident de laisser Jeanne agir. Le lendemain 8 mars, elle entre dans la grande salle du château de Chinon. Éclairée par une centaine de torches, cette salle est occupée par plus de 300 gentilshommes. Elle se répète un passage important de la communication qu'elle a eue avec les trois saints : « Va hardiment, lui ont-ils dit. Dès que tu seras devant le roi, il te recevra, et ce que tu lui diras, il le croira ! » Oui, mais voilà, où est le roi dans toute cette assemblée, elle ne l'a jamais vu !

Figure 8-1 : Jeanne d'Arc lors du couronnement de Charles VII à la cathédrale de Reims, par Jean Auguste Dominique Ingres.

« Gentil dauphin de France ! »

L'inexplicable arrive alors : elle s'avance vers l'estrade du roi, remarque un petit groupe d'hommes et s'agenouille devant celui à qui elle dit : « Gentil dauphin de France, Dieu vous donne longue vie ! » L'homme lui répond : « Ce n'est pas moi, c'est lui », en montrant son voisin le comte de Clermont de la bataille des harengs. Mais Jeanne insiste, affirme qu'elle ne se trompe pas, et délivre son message. Le roi est troublé. Il s'en va vers une fenêtre, discute une heure avec la pucelle et revient transfiguré parmi les siens : Jeanne vient de lui révéler un secret qui ôte définitivement le doute sur sa filiation. Il est bien roi de France et non bâtard. Dans les jours qui suivent, la foule chinonaise encourage le roi, la pucelle et l'armée qui partent vers Orléans, en faisant un petit détour de trois semaines par Poitiers. Pourquoi ? Pour que le Parlement et l'Université de Paris, transférés dans cette ville, s'assurent que Jeanne n'est pas une illuminée de plus, car l'époque en regorgeait, palliatif à une institution spirituelle en déshérence.

Une flèche dans l'épaule

UNE BATAILLE

Enfin, Jeanne arrive à Orléans assiégée par les Anglais. Elle réussit à entrer dans la ville avec quelques chevaliers, galvanise le courage des habitants. Les troupes françaises parviennent à la rejoindre et le combat commence le 4 mai 1429. Les premiers Anglais sont délogés des bastilles qu'ils occupaient. Le 7 mai, Jeanne est en train de placer une échelle contre une muraille, en pleine bataille, lorsqu'elle reçoit dans l'épaule un trait d'arbalète. Elle est transportée à quelque distance, mais, sans attendre de médecin, elle retire elle-même la flèche, y applique de l'huile et du lard. Soudain, sentant que son absence provoque la reculade de ses troupes, elle sort de sa courte retraite, et s'élance, son épée en main, son étendard de l'autre, l'huile et le lard à l'épaule, vers le lieu où l'engagement est indécis. Dix minutes plus tard, la victoire est acquise !

Jeanne gêne

Dans le mois qui suit, Jeanne ne cesse de remporter des succès qui ouvrent à Charles VII la route de Reims où il entre le 16 juillet 1429. Le 17, il est sacré roi de France. D'autres combats sont engagés, d'autres victoires sont remportées contre les Anglais, mais Paris reste à prendre ! Et, contrairement à ce qu'on peut penser, Charles VII n'est pas pressé de reprendre la capitale. Il préfère la négociation à l'affrontement. Et Jeanne la guerrière commence à le gêner dans ses démarches de paix. Bientôt, la pucelle se retrouve seule, presque abandonnée lorsqu'elle engage un siège devant une ville. Cela n'empêche pas le roi de l'anoblir ainsi que toute sa famille et la descendance de celle-ci.

24 mai 1430 : Jeanne capturée

La France s'est désormais réveillée. Elle se met en lutte contre l'occupant anglais, mais cela ne plaît pas à tous les Français, ceux du Nord en particulier qui s'accommodaient fort bien de la présence anglaise. De leur côté, les Bourguignons en veulent beaucoup à Jeanne : elle a fait couronner roi de France le petit roi de Bourges qui est aussi un petit Armagnac ! Les Bourguignons décident de capturer Jeanne. Le 23 mai 1430, ils assiègent la ville de Compiègne occupée par Jeanne qui tente alors une sortie avec ses combattants. Les Bourguignons la font reculer vers la porte d'où elle vient. Sa troupe peut se mettre à l'abri en rentrant dans la ville. Au moment où elle-même va passer le pont-levis, celui-ci se relève un peu trop tôt. Voilà Jeanne isolée au bord des douves pleines d'eau ; ses ennemis la capturent, la transfèrent au château de Jean de Luxembourg qui la vend aux Anglais pour 10 000 livres ! Ceux-ci n'ont qu'une idée en tête : la faire disparaître. Qui pourrait intervenir, la sauver ? Charles VII. Mais il n'en fera rien…

Jeanne jugée

UN ÉVÉNEMENT IMPORTANT

Du 21 février au 30 mai 1431, le procès de Jeanne d'Arc se tient à Rouen. Il faut trouver un motif acceptable pour la traduire devant le tribunal. Étant donné qu'elle ne semble pas reconnaître l'autorité de l'Église catholique, elle est jugée comme hérétique. On l'accuse aussi de sorcellerie ! Les auditions sont conduites par l'évêque de Beauvais : Pierre Cauchon. C'est un universitaire qui s'est rangé du côté des Bourguignons et s'est trouvé mêlé, en tant que recteur de l'université de Paris, à tous les troubles qui ont eu lieu dans la capitale au temps des cabochiens. Il est entièrement acquis à toutes les causes anglaises. Son rôle est de faire mourir Jeanne. Il n'est pas difficile à ce licencié en droit canonique, à ce docteur en théologie, de mettre en difficulté Jeanne qui se défend malgré tout avec adresse et à propos.

Figure 8-2 : Scène de Jeanne d'Arc, film de Luc Besson (1999).

Plutôt être décapitée sept fois…

Mais, le 23 mai 1431, quand Cauchon veut l'obliger à abjurer, à renier toute son action, elle refuse. In extremis, un élément de la sentence doit être examiné par des clercs. Cela lui donne le temps d'abjurer car, dit-elle, elle préférerait être décapitée sept fois plutôt qu'être brûlée. Le 28 mai, Cauchon vient voir Jeanne en sa prison. Et Jeanne lui dit que Dieu et les saints ont pitié d'elle parce qu'elle a trahi en abjurant, parce qu'elle a menti en reniant tout ce qu'elle a fait ! Cauchon exulte : elle est relapse, c'est-à-dire qu'elle vient de retomber dans l'hérésie. Il ne faut pas perdre de temps.

30 mai 1431 : Jeanne au bûcher

UNE DATE À RETENIR

Le 30 mai 1431, elle est coiffée d'une mitre sur laquelle on peut lire hérétique, relapse, apostate et idolâtre. À neuf heures du matin, 120 hommes en armes l'entourent place du marché à Rouen. Elle monte sur le bûcher. Jusqu'au dernier moment, Jeanne a espéré un soulèvement populaire, un complot qui la libérerait, l'intervention du roi, du pape… Rien ! Le bourreau lui lie les épaules, la taille, les cuisses et les genoux. Il tremble, il sait que Jeanne n'est pas une condamnée ordinaire ! Les membres du tribunal et les Anglais sont

La Pragmatique Sanction

En mai 1437, un concile se réunit à Bâle sous le pontificat d'Eugène IV. Les Pères envoient à Charles VII les décrets qu'ils ont pris afin d'affirmer l'autorité de l'Église. Charles VII en profite pour leur envoyer sa réponse ferme et précise qui porte le nom de « Pragmatique Sanction ». Elle comporte notamment ces termes : « La cupidité du fisc pontifical… » où l'on comprend que le roi ne veut plus que des taxes et bénéfices divers soient perçus directement par l'Église, sans son contrôle. Par ailleurs, il précise qu'il lui reviendra de nommer les évêques et abbés. Charles VII veut être libre en son royaume.

aux premiers rangs des spectateurs, Cauchon est le mieux placé. Tous attendent que le bûcher soit allumé, que la fumée s'élève, enveloppe Jeanne qui crie « Jésus ! » Puis, plus rien. Ils partent, satisfaits. En fin d'après-midi, les cendres de Jeanne sont dispersées dans la Seine.

Figure 8-3 : Jeanne d'Arc au bûcher.

La France de Charles VII en marche vers la paix

Charles VII va se révéler tout à fait apte à conduire les affaires du royaume, s'entourant de conseillers de valeur. Son fils, le futur Louis XI, va cependant lui donner quelques soucis…

13 avril 1436 : Paris libre

Jeanne partie en fumée, les Anglais sont comblés. Pourtant, en l'exécutant, ils ont perdu la partie : le martyre de la pucelle exacerbe le sentiment national, déchaîne la haine contre les occupants. Ceux-ci ne s'en soucient guère : le 16 décembre 1431, à Notre-Dame-de-Paris, ils couronnent leur petit roi d'Angleterre de neuf ans, Henri VI, roi de France ! Cette souveraineté est mal acceptée par les Français. Des complots s'organisent. Philippe le Bon et Charles VII se rapprochent. À Arras, ils signent un traité qui permet à Philippe le Bon de récupérer nombre de comtés et de châtellenies, des territoires au nord de la Somme, et surtout, il est affranchi de son devoir de vassalité envers le roi de France.

Armagnacs et Bourguignons s'embrassent !

Charles VII, de son côté, fait amende honorable pour le meurtre de Jean sans Peur, père de Philippe le Bon. Les deux partis, Bourguignons et Armagnacs, se réconcilient enfin ! Mais Paris reste à reprendre aux Anglais. C'est à cette tâche que s'attaquent les troupes de Charles VII et celles de Philippe le Bon. Leur tâche est facilitée par les Parisiens qui ne supportent plus la présence de l'occupant. Charles et Philippe entrent dans la capitale le 13 avril 1436.

Agnès Sorel, maîtresse de Charles VII

C'est un autre Charles VII qui va désormais gouverner la France. De timide et effacé, il devient rieur, dynamique, et prend beaucoup de plaisir à s'amuser. Il trouve également que le commerce amoureux n'est pas le plus mauvais des divertissements. Et celle qui va le distraire le plus efficacement s'appelle Agnès Sorel. Elle devient la favorite du roi qui lui offre en 1444 un manoir à Beauté-sur-Marne (Nogent-sur-Marne). Ainsi naît le jeu de mot désignant Agnès Sorel comme la dame de Beauté. Après avoir donné quatre filles au roi, elle meurt en janvier 1450 d'un flux de ventre en quatre jours. Charles VII tombe sous le charme d'une nouvelle maîtresse, Antoinette de Maignelais qui n'est autre que la cousine d'Agnès Sorel.

Charles le Bien servi

Le roi n'est pas seulement préoccupé par ses affaires de cœur, il sait conduire l'État en s'entourant de conseillers efficaces que lui recommandent ses maîtresses. Ainsi, Jean d'Estouteville, Pierre de Brézé, les Jouvenel des Ursins, les frères Bureau… Aucun d'eux n'appartient à une grande famille, mais leur action est remarquable, si bien que le roi Charles acquiert le surnom de Charles le Bien servi. En 1439, la grande Ordonnance supprime

LE SAVIEZ-VOUS ?

Les recettes de beauté d'Agnès Sorel

Agnès, la belle Agnès ! Belle et qui le sait ! Au point qu'elle n'hésite pas à montrer de sa personne ce qu'elle sait parfait : son sein – elle montre même les deux, lançant la mode des poitrines à l'air, mode qui ne recueille pas que l'enthousiasme dans son entourage…

Afin de posséder toujours un teint éclatant, la belle Agnès possède un onguent. C'est Jacques Cœur qui lui en a rapporté d'Orient la composition : un litre de crème fraîche dans lequel on laisse macérer des pétales de roses, des fleurs de fèves et des nénuphars. On cuit le tout au bain-marie jusqu'à ce que cela devienne une pâte onctueuse. Elle utilise aussi du shampooing à la camomille, des masques au miel pour la nuit, et puis une crème contre les rides qui se prépare de la façon suivante : mélanger de la bave d'escargot, un soupçon de cervelle de sanglier, de la fiente de chèvre, des pétales d'œillets rouges, et des vers de terre vivants. Le tout est placé dans un mortier et travaillé au pilon. On ajoute ensuite un verre de sang de loup, pour donner de la couleur. Agnès Sorel applique quotidiennement cette préparation sur son visage avant le maquillage. Pétales d'œillets, bave d'escargot, soupçon de cervelle, chaque matin. Parce qu'elle le vaut bien !

les armées seigneuriales et crée les troupes relevant du roi et entretenues par l'impôt en temps de guerre mais aussi en temps de paix. Dès l'année suivante, les seigneurs se révoltent contre cette décision. Et qui trouve-t-on à la tête de cette révolte ? Le fils de Charles VII, le futur roi Louis XI qui s'oppose à son père ! Cette révolte est appelée la Praguerie en souvenir des troubles occasionnés à Prague en 1412 par Jan Hus qui fut brûlé comme hérétique.

Le roi est un homme de Cœur...

Parmi ceux qui entourent de leurs conseils avisés Charles VII se trouve Jacques Cœur. Cet homme d'affaires est né à Bourges en 1395. C'est le fils d'un pelletier qui profite de la présence de Charles VII dans sa ville en 1418 pour s'introduire par son mariage dans les finances royales. Charles VII remarque ses astucieuses façons de travailler, qui se situent souvent à la limite de l'honnêteté, mais qu'importe, le roi a besoin d'argent. Jacques Cœur organise le commerce avec les pays lointains du Levant, et en 1439, il devient grand argentier du roi. Il lance de nombreuses entreprises commerciales et industrielles : exportation de drap, de bois, d'armes, de métaux, importations d'épices, de soie, de coton, de tapis, de pierres précieuses...

Fin de partie pour l'atout Cœur

UN ÉVÉNEMENT IMPORTANT

Tout cela lui permet, parce qu'il se sert au passage ou qu'il exige d'énormes pots-de-vin, de se bâtir une fortune colossale ! Il vit dans un luxe inouï. Sa puissance devient telle qu'il assure sur sa propre fortune le financement de la reconquête normande contre les Anglais. Mais il fait des jaloux, et surtout des débiteurs dont le roi fait partie ! Beaucoup de grands du royaume lui doivent des sommes colossales. On l'accuse alors de s'emparer des terres de ceux qu'il ruine, de faire du trafic d'armes avec l'Égypte, d'être l'amant d'Agnès Sorel... Il est arrêté en juillet 1451, emprisonné et torturé au château de Poitiers. Charles VII en profite pour s'emparer de tous ses biens ! Condamné à mort en 1453, il s'évade en 1454, rejoint le pape, et part combattre les Turcs. Il meurt à Chio en 1455.

LE SAVIEZ-VOUS ?

Naissance de l'impôt moderne

En cas de conflit, les troupes étaient entretenues par un impôt spécial : la taille des gens de guerre. Le conflit terminé, cette taille n'était plus exigée. En 1451, une réforme inspirée par Jacques Cœur va donner naissance à l'imposition moderne : on habitue les habitants à payer l'impôt chaque année, sans qu'il serve forcément à l'entretien de l'armée. Habitude conservée jusqu'à nos jours.

Charles VII chasse les Anglais

Jeanne voulait « bouter les Anglais hors de France ». Charles VII va s'y employer consciencieusement, jusqu'à ce que le dernier soit dehors…

15 avril 1450 : Formigny, morne plaine…

UNE BATAILLE

La cavalerie française se prépare à affronter les Anglais. Va-t-elle encore tomber dans leurs pièges ? La reconquête de la Normandie que finance Jacques Cœur est marquée par une bataille décisive où la stratégie fait enfin son apparition, reléguant dans l'histoire de l'héroïsme individuel les pratiques des chevaliers de Crécy, Poitiers ou Azincourt. Cette bataille se déroule à Formigny, entre Isigny et Bayeux, le 15 avril 1450. Les Anglais – commandés par Kyriel qui espère le secours de Sommerset – sont persuadés que les Français – commandés par Clermont qui espère le secours de Richemont – vont encore charger à l'aveuglette. Ils installent, pour briser les galops de l'attaque, des pieux fichés en terre. Ils disposent comme d'habitude leurs archers qui se préparent déjà à viser les naseaux des chevaux. Mais vers midi, une pluie de boulets s'abat sur les archers, décime les premières lignes ennemies. Avec leurs couleuvrines et leurs bombardes, les Français continuent de pilonner les Anglais surpris qui décident de monter à l'assaut de ces bouches à feu.

Soudain, joyeux, il dit…

L'Anglais Kyriel lance ses troupes dans un combat indécis. Il attend ses renforts avec impatience. Soudain, joyeux, il dit : « Sommerset ! » C'était Richemont ! L'espoir change de camp, le combat change d'âme, la mêlée en hurlant grandit comme une flamme. La batterie française écrase leurs carrés. La plaine où frissonnent les drapeaux déchirés, n'est plus, dans les cris des mourants qu'on égorge, qu'un gouffre flamboyant, rouge comme une forge, gouffre où les régiments, comme des pans de murs, tombent, ou se couchent comme des épis mûrs… Bref, ce 15 avril 1450, les Français remportent une victoire éclatante – et si vous n'avez pas reconnu, dans les lignes qui précèdent, la parodie du poème de Victor Hugo « Waterloo », tant pis pour vous !

Talbot reprend du service à 80 ans !

Reste la Guyenne, c'est-à-dire la province d'Aquitaine aux vins délicieux. Les Anglais n'ont pas l'intention de l'abandonner. Mais ils se sentent bien seuls pour faire face à la reconquête française. En effet, à Londres, la noblesse se déchire autour d'un Henri VI trop faible – c'est la guerre des Deux-Roses. Les villes de Guyenne se rendent alors une par une pour éviter des carnages. Mais soudain, c'est le revirement : une délégation de Bordelais qui refusent de payer l'impôt exigé par Charles VII est envoyée en Angleterre pour demander des renforts. Ces renforts anglais arrivent, commandés par Talbot que Jeanne d'Arc vainquit à Orléans et qui, à quatre-vingts ans, reprend du service !

17 juillet 1453 : Castillon-la-Bataille

C'est à Castillon, près de Libourne, que la bataille déterminante va avoir lieu. Les premiers détachements français entourent la ville occupée par les Anglais. Ceux-ci décident d'attaquer immédiatement avant que le reste des troupes soit arrivé. C'est la surprise dans le camp français qui se retranche derrière ses défenses de fortune. Que faire ? Les Français utilisent alors une ruse : ils lâchent leurs chevaux afin de faire croire qu'ils fuient. Talbot, tout heureux, fonce sur les lignes françaises où, croit-il, ne demeurent que quelques centaines de soldats. Mais soudain, des boulets par dizaines fauchent les lignes anglaises, tuent Talbot et son fils. Puis des détachements bretons, embusqués sur les hauteurs de Castillon, prennent l'ennemi à revers. C'en est fait des Anglais en Guyenne ! Bordeaux se rend trois mois plus tard. La guerre de Cent Ans est ter-mi-née !

Louis XI, l'universelle araigne

Silhouette recroquevillée sur elle-même, d'où sort un regard féroce et malsain face à une cage de fer où croupit un condamné implorant : cette silhouette, c'est le roi Louis XI surveillant un cardinal qu'il a mis en cage parce qu'il s'est opposé à lui… On se demandera longtemps pourquoi une certaine imagerie populaire s'est acharnée à ce point sur Louis XI ! Bien sûr, il a cherché à réduire ses opposants, mais tous les gouvernants en ont fait ou en font autant avec des moyens souvent bien plus radicaux. En revanche, tous les gouvernants ne possèdent pas ce souci constant qu'eut Louis XI de former un État solide et stable.

L'habit ne fait pas le roi

Un homme en modestes habits s'avance…

Est-ce un valet ?

Observez avec soin le portrait de cet homme, et devinez de qui il s'agit : jambes petites et grêles, couvertes de varices, un ventre proéminent, une calvitie précoce, le nez long et large, gros du bout, les lèvres minces et serrées, comme avares de tout, une sorte de double menton, de gros yeux enfoncés dans leurs orbites… Des maladies ? Oui : il souffre de crises de foie à répétition, de troubles de la rate, d'eczéma purulent, d'hémorroïdes au point que, parfois, il ne peut plus marcher ni recevoir assis les ambassadeurs. Est-il richement vêtu ? Non : voilà comment les gens d'Abbeville qui voient ce grand personnage entrer dans leur ville qualifient sa mise : « Cela semble mieux un valet qu'un chevalier ! Tout ne vaut pas vingt francs, pas plus le cheval que l'habillement de son corps ! »

Est-ce un bouffon ou un ivrogne ?

Son vêtement est court, noir ou gris, taillé dans du drap épais, c'est plus pratique pour les chasses fréquentes. Et puis ce vêtement est porté au-delà de la limite de l'usure. Ses gants sont reteints, ses boutons redorés. Sur sa tête un chapeau à poils ras, parsemé de médailles portant en relief des images de saints. Et ces médailles sont reliées par des fils de soie ! Et quand il se déplace dans une cité, il demande qu'on lui évite les harangues de bienvenue, ou alors, que ce soit très court. Arrivé souvent incognito, par les petites rues, il loge chez le bourgeois, fuit les mondanités. Un contemporain dit de lui : « Avec ses cuisses et ses jambes maigrichonnes, il n'avait, dès le premier abord, rien de beau ni d'agréable. Pire encore : si on le rencontrait en ignorant son identité, on pouvait le prendre plus pour un bouffon ou pour un ivrogne, de toute façon pour un individu de vile condition, que pour un roi ou un homme de qualité » Qui est-ce ?

Louis XI : une image déformée

Louis XI ! Louis XI le redoutable, le redouté, surtout par ceux qui sont victimes de leurs lectures : celles des chroniqueurs bourguignons, ses pires ennemis. Celles d'autres chroniqueurs partiaux et défavorables qui, cinquante ans plus tard, inventeront la légende noire du roi aux cages de fer qui n'ont jamais existé : ces prétendues cages sont en fait des cellules destinées à des prisonniers qui se sont évadés ; elles sont en bois, elles ont une dimension supérieure à ces chambres d'hôtel modernes où on trouve assez de place pour se reposer et rédiger quelques cartes postales ; elles possèdent un lit, une table… on est loin des illustrations qui collent à l'image de Louis XI. Voltaire, Walter Scott, Victor Hugo, Alexandre Dumas, les auteurs des manuels de l'école primaire (qui ont lu Alexandre Dumas, sans chercher plus loin), tous ceux-là ont installé dans l'imaginaire collectif une vision de Louis XI singulièrement rétrécie, déformée, et lugubrement insolite. Ce n'est qu'à partir de 1880 que des études sérieuses sont conduites sur ce personnage hors du commun, débarrassant les discours les plus délirants d'images qui satisfont une fantasmagorie de la cruauté au service d'on ne sait quel trouble dessein.

Louis et son père Charles VII : petit retour en arrière…

Jamais ils ne se sont entendus : Charles VII ne comprend pas ce fils qu'il trouve ténébreux ; Louis ne comprend pas que son père préfère sa maîtresse à sa femme, la reine. Effectuons un petit retour en arrière pour tout comprendre…

1439 : Charles envoie Louis en Languedoc

Louis XI n'est pas un démon ! Ce n'est pas un ange non plus. On dirait de lui aujourd'hui qu'il a beaucoup de mal à digérer son complexe d'Œdipe, c'est-à-dire qu'il ne parvient pas à s'entendre avec son père. Et ce père, Charles VII, ne fait rien pour arranger l'affaire. Élevé loin de ses parents, dans des milieux simples, ce qui lui donnera toute sa vie ce langage et cette allure qui le font prendre pour un homme issu du peuple, Louis rejoint son père à l'âge de quatorze ans. Ce ne sont pas les grandes amours entre le père et le fils, au point qu'en 1439, Charles VII envoie ce fils distant et sournois loin de lui : en Languedoc. Il a pour mission de ramener la paix dans la campagne mise à sac par des bandes de pillards. Son sens politique, ses habiletés diplomatiques font merveille. Il accomplit même sa mission au-delà de ce qui lui était demandé : non content d'avoir ramené à la raison les pillards mais aussi les seigneurs turbulents, il fait alliance avec ceux-ci pour mener la Praguerie, révolte contre le roi de France, son père, qui a décidé que les armées ne seraient plus seigneuriales ! Charles VII fort mécontent, et très jaloux, ordonne le retour immédiat de ce fils trop habile.

Louis en colère

Louis demande alors le Dauphiné. Cette province qui comprend les actuels départements de l'Isère, des Hautes-Alpes, d'une partie de l'Ain et de la Drôme revient, depuis 1349, à l'aîné des fils du roi, le Dauphin (Dauphin, Dauphiné, compris ?). On écrit Dauphin avec une majuscule car, à l'origine, il s'agit d'un prénom : Delphin ; le Dauphiné sera réuni à la couronne royale en 1560. Charles refuse de donner à Louis le Dauphiné ! Louis demande alors de l'argent pour s'installer dans ses meubles. Nouveau refus paternel ! Louis passe sa colère en se mettant à la tête d'une armée qui déloge les Anglais d'Harfleur.

26 août 1444 : Louis et ses écorcheurs vainqueurs

Louis revient vers son père qui s'empresse de l'envoyer dans le Midi mater le comte d'Armagnac en 1443. Mission difficile mais parfaitement réussie ! Retour à Paris. Charles VII trouve sans tarder une nouvelle mission à son fils, plus difficile, plus périlleuse encore… Il s'agit cette fois d'apporter de l'aide à l'empereur des États germaniques, Frédéric d'Autriche, à qui les terribles Suisses donnent du fil à retordre. Louis se met à la tête d'une bande d'écorcheurs qu'on veut éloigner du royaume. Deux mille Suisses les attaquent par surprise près de Bâle, la résistance est acharnée et finalement Louis remporte la victoire. Les 2 000 Suisses sont tués. Mais les Autrichiens s'effraient de la troupe de Louis qui se montre menaçante. Louis, calmement, négocie à la fois avec les Autrichiens qui lui donnent quelques villes d'Alsace, et avec les Suisses dont il apprécie l'efficacité guerrière.

Paf sur le pif d'Agnès !

Revenu à la cour, Louis a besoin d'argent. Nouveau refus paternel ! Louis comprend d'autant moins ce refus que Charles VII se montre fort généreux avec sa favorite : la belle Agnès Sorel ! Louis rumine sa colère, vit à l'écart de l'insouciante cour, se réfugie auprès de sa mère Marie d'Anjou, solitaire et bafouée dans sa dignité de femme. Il passe son temps à comploter. Lors d'une soirée de fête, en novembre 1446, Louis commet l'irréparable : il rencontre Agnès Sorel, lui reproche les relations qu'elle entretient avec son père, met la main à son épée, et finalement lui donne une gifle ! Charles VII est très choqué par cet événement. Éloigner ce fils violent devient une urgence : il lui accorde sans tarder le Dauphiné et l'y envoie dès le 1er janvier 1447. La mission de Louis : veiller aux intérêts du roi en Italie du Nord. Charles VII va gouverner encore pendant quinze années. Et pendant ces quinze années, le père et le fils ne se rencontreront plus !

François Villon, le mauvais garçon…

1431 à Paris : en deux jours, on pend au gibet de Montfaucon soixante-deux malandrins qui infestent les alentours de la ville. La famine sévit dans la capitale au point que le samedi 14 mai, 1 200 personnes, sans compter les enfants, quittent la ville parce qu'elles n'ont plus de quoi manger ! Cette année-là naît François de Montcorbier, tôt orphelin, et qui sera recueilli par maître Guillaume de Villon, chapelain de Saint-Benoît-le-Bétourné, près de la Sorbonne. Maître Villon donnera son nom au petit François. François Villon va devenir maître es Arts, mais il fréquente des bandes peu recommandables en ces temps troublés au point qu'il va être impliqué dans deux meurtres. Banni de la ville de Paris le 8 janvier 1463, il n'y reparaîtra plus. Et personne ne connaîtra sa fin. Il nous laisse Le Lais et *Le Testament*, deux œuvres majeures de la poésie française. Un extrait ? Voici : « *Hé ! Dieu, se j'eusse estudié / Ou temps de ma jeunesse folle / Et a bonnes meurs dédié / J'eusse maison et couche molle / Mais quoy ? je fuyoië l'escolle / Comme fait le mauvais enfant / En escripvant ceste parolle / A peu que cuer ne me fent.* » Le Testament (XXVI)

Ce n'est pas écrit La Poste

Louis s'épanouit enfin, en Dauphiné. Il prend très au sérieux son rôle. Il révise le système d'imposition qui comportait beaucoup d'exemptions au profit des plus riches. Il crée un parlement, une armée régulière, interdit les guerres privées entre les seigneurs locaux. Il réglemente la chasse, l'exploitation des forêts. Il installe des banquiers juifs à Briançon, crée une université à Valence. Il met au point un système de communications rapides entre les villes en utilisant des hommes à cheval qui emportent à toute allure des messages ou des paquets qui sont déposés dans des relais prévus à cet effet. Ce n'est pas écrit La Poste, mais c'est tout comme !

Le père ne supporte pas la réussite du fils

Charles VII suit tout cela de près, et il s'en montre encore jaloux ! Aussi, lorsque Louis lui demande d'épouser Charlotte de Savoie, la fille de son voisin – elle n'a que 11 ans – le roi se fâche et refuse son consentement. Il ordonne à Louis de revenir à la cour, afin de se soumettre à son souverain de père ! Louis n'en fait qu'à sa tête : il épouse Charlotte à Chambéry, le 9 mars 1451. La jeune épouse n'ayant que 11 ans, la consommation du mariage est remise à plus tard… Aussitôt, Charles VII menace d'envahir la Savoie. Des pourparlers sont engagés, qui traînent jusqu'en 1455.

Août 1456 : Louis s'enfuit chez Philippe

Août 1456 : Charles VII décide d'attaquer son fils ! Louis préfère s'enfuir. Il laisse le gouvernement du Dauphiné à un ami, Louis de Laval. Le 30 août, cinquante cavaliers l'accompagnent vers le nord. Il ne se sent en sécurité qu'à son arrivée sur les terres de Philippe le Bon, le Bourguignon, celui qu'il appelle affectueusement son oncle. Quel prétexte trouver pour aller se réfugier ainsi chez celui qui, malgré le rapprochement opéré contre les Anglais, demeure le rival de son père ? Louis en trouve un et en informe son père : s'il est allé chez le Bourguignon, c'est pour préparer une croisade ! Arrivé à Bruxelles, Louis y est reçu avec beaucoup d'honneurs, honneurs qui redoublent lorsque Philippe Le Bon, revenu d'une campagne aux Pays-bas le 15 octobre, est de retour.

Juillet 1457 : une superbe Charlotte de dix-huit ans !

Cependant, Philippe ne souhaite pas faire la guerre à Charles VII pour l'intérêt de Louis. Il préfère laisser faire le temps, en accordant à son neveu une pension royale et un château immense, celui de Genappe, au sud de Bruxelles. Dans cette pension dorée, Louis apprend que son père Charles a envahi son Dauphiné ! Le coup est rude, mais oncle Philippe est là : il console Louis en faisant venir à ses frais Charlotte de Savoie. Lors de son mariage avec Louis, elle n'avait que onze ans. Elle en a dix-huit maintenant, et c'est une superbe jeune fille que Louis voit arriver au château de Genappe en juillet 1457. Le couple peut alors consommer le mariage. En mai, l'année suivante, naît un petit Louis…

Louis l'avare

Louis déteste toujours autant son père Charles. Il a fait infiltrer la cour par des espions qui lui donnent presque chaque jour des nouvelles de la santé royale. Car Louis a prévu, dès la mort de papa Charles VII, de se mettre à cheval afin de se précipiter sur le trône ! Il craint que son frère Charles, duc de Berry, de Normandie et de Guyenne, s'en empare. En attendant, inscrit à l'université de Louvain, Louis perfectionne son italien. Il occupe ses loisirs à la chasse, respecte ses devoirs religieux. Mais, d'argent, point ! Si bien que Louis est contraint de faire des économies. Il acquiert alors une réputation d'avare qui le poursuit encore aujourd'hui.

22 juillet 1461 : une dent contre son fils…

Transportons-nous à Paris, le 10 juillet 1461 : Charles VII dont l'état de santé s'aggrave depuis 1458 a mal aux dents. À cette époque, on n'extrait pas les dents, on les arrache ! C'est ce qui se passe, et l'arrachage étant plutôt bûcheron, une infection se déclare rapidement, qui dégénère en phlegmon. Le phlegmon provoque une sorte de congestion cérébrale. Le roi est persuadé qu'on l'a empoisonné, il est presque sûr que ce sont des agents de son fils qui s'en sont chargés ! Cette dent qu'il conserve contre son fils est complètement étrangère à la dent arrachée : il est atteint simplement d'une septicémie ! Le 22 juillet, à cinquante-huit ans, cinq mois (et presque toutes ses dents), Charles VII rend le dernier soupir.

1461 : Charles VII meurt, Louis est ravi…

La mort de Charles VII n'est pas accueillie tristement par son fils qui devient Louis XI.

Cinquante chariots remplis d'or

Aussitôt qu'il apprend la nouvelle de la mort de son père, Louis, qui a trente-huit ans, revêt un habit aux couleurs vives et part à la chasse au triple galop, léger, sans aucun signe de douleur, au contraire : il attend cet instant depuis plus de vingt ans ! À son retour, il ordonne que ses malles soient bouclées et que son départ vers Reims s'effectue sans tarder. Il veut s'y faire sacrer au plus vite. On s'étonne quand même qu'il ne pense pas à porter l'habit de deuil, ni à faire célébrer un service funèbre, ce qu'il fait quand même, mais le 3 août ! Le bel oncle Philippe, tout heureux lui aussi depuis le décès, organise le sacre : cinquante chariots remplis d'or, de vaisselle précieuse, de tonneaux de vins de Bourgogne, entourés de plusieurs milliers de cavaliers, se dirigent vers Reims. Le sacre a lieu le 15 août 1461. C'est Philippe le Bon qui place la couronne sur la tête de Louis dont il espère toutes sortes de bienfaits et de bénéfices pour lui-même et pour ses amis.

L'universelle araigne

Louis XI n'a qu'une idée en tête : unifier le royaume, en démembrant la Bourgogne afin de la rattacher à la couronne, en soumettant la Bretagne, en reprenant la Normandie à son frère Charles. Désormais, il n'aura de cesse que tous ceux qui s'opposent à ses projets soient neutralisés, comme des insectes pris dans une toile. Sa façon d'agir est souple et inattendue. Il est, disent ses contemporains, ondoyant et divers. C'est, encore selon ceux qui le connaissent, l'universelle araigne – l'araignée. Aussitôt plongée dans l'entourage de son père, l'araignée renvoie tous les crabes qui encombrent le panier. Autrement dit, un travail d'épuration qui dure plusieurs mois s'effectue au profit des hommes que Louis choisit.

Figure 8-4 : Charles le Téméraire, duc de Bourgogne.

Louis XI contre Charles le Téméraire : quinze ans de lutte

Louis et Charles, les deux cousins, vont s'affronter pendant quinze ans. Louis l'organisé, Charles le brillant et brouillon…

1463 : la ligue du Bien public contre Louis

Le bon oncle Philippe le Bon ne recueille aucun bénéfice de son attitude protectrice – mais intéressée. Il s'en va, ulcéré ! En 1463, Louis récupère sans préavis les villes de la Somme. Ces villes appartenaient au comte de Charolais, et ce comte n'est autre que le futur Charles le Téméraire et duc de Bourgogne, fils de Philippe le Bon ! La rupture est consommée entre les deux hommes. Une rupture dont les conséquences prennent une ampleur inquiétante. En effet, Charles le Téméraire, Philippe le Bon son père, François II de Bretagne (que Louis a rencontré à Redon en mars 1462) s'allient à Charles de Berry et aux autres grands seigneurs du royaume. Ils nomment leur alliance la « Ligue du Bien public ».

« Si j'avais augmenté leurs pensions… »

L'objectif de la Ligue du Bien public : s'emparer du trône royal ! Apprenant l'existence de cette ligue, Louis XI déclare : « Si j'avais augmenté leurs pensions, et si je les avais autorisés à écraser leurs vassaux, il ne penseraient pas au Bien public… » L'affrontement est inévitable. Une bataille meurtrière se déroule à Monthléry, le 16 juillet 1465 entre les troupes de Louis et celles de la Ligue. La victoire est indécise. Louis XI décide alors de négocier : il accorde aux Grands tous les privilèges qu'ils exigent – mais dès l'année suivante, il va, progressivement, les supprimer !

Le rêve du Téméraire : une grande Bourgogne !

Le danger n'est pas écarté. Après la mort de son père Philippe le Bon, en 1467, Charles le Téméraire devient duc d'une Bourgogne au faîte de sa puissance : située sur les grandes routes commerciales, elle possède les Flandres, l'une des régions les plus dynamiques de l'époque ; sa cour est la plus brillante d'Europe, on y déploie un luxe incroyable pour l'habillement, les banquets. Charles le Téméraire ne rêve que d'expansions territoriales. Il aimerait constituer un État d'un seul tenant en conquérant ce qui sépare la Flandre de la Bourgogne, c'est-à-dire l'Alsace, la Lorraine, la Champagne ! Pour le Téméraire, le rêve serait une Bourgogne indépendante du Saint Empire romain germanique, agrandie de possessions françaises, une Bourgogne dont il serait nommé roi ! Afin de mieux y parvenir, il épouse la sœur du roi d'Angleterre Edouard IV, espérant l'aide militaire et financière de son beau-frère.

Saint Empire

Le Saint Empire romain germanique désigne l'Empire fondé par Otton Ier, en 962, et qui comprend la Germanie, l'Italie et, à partir de 1032, la Bourgogne. À sa tête se trouve un empereur élu par sept Grands Électeurs institués par une bulle papale. Plusieurs souverains français rêveront, sans y parvenir, de devenir empereur des Romains. Le Saint Empire ne cessera de perdre de son importance, jusqu'en 1806 où il sera dissous. Maximilien de Habsbourg – archiduc d'Autriche et Roi des Romains (1486 - 1519) – est élu empereur germanique en 1493. il le reste jusqu'à sa mort en 1519.

Les habiles manœuvres de Louis XI

Pour s'opposer au Téméraire, Louis XI ne possède que sa patience, son sens de l'intrigue et du calcul. Comment déstabiliser le Bourguignon ? En entretenant des foyers de rébellion, par exemple à Liège, une riche ville du Nord qui serait capable, si elle se révolte, d'entraîner la Flandre à sa suite, et toutes les possessions bourguignonnes. En même temps qu'il demande à Charles une entrevue à Péronne, afin d'éviter une nouvelle guerre, Louis envoie à Liège des messagers qui sont chargés d'appliquer son plan. Mission réussie : de graves troubles agitent la ville de Liège. Mais, pendant l'entrevue de Péronne, le 9 octobre 1468, le Téméraire l'apprend et comprend la trahison de son cousin Louis XI ! Il entre dans une colère folle et pense un moment à le tuer pour prendre sa place ! Mais il se calme : il le fait enfermer dans le château où se déroulaient les négociations.

Téméraire et cruel

Charles le Téméraire (1433 - 1477) est le fils d'un Philippe, comme Alexandre le Grand qu'il rêve d'égaler ! C'est un soldat remarquable qui aime les tournois. Il aime aussi le luxe : il assiste à la messe entouré d'une nombreuse escorte ; ses repas se déroulent selon un cérémonial pompeux et compliqué. Lorsqu'il va dormir, seize écuyers l'accompagnent, et dorment dans l'antichambre – enfin, ils font ce qu'ils veulent… (à l'époque, des rumeurs averties dirent le Téméraire inverti). Il est orgueilleux, impulsif et batailleur, ne supporte pas la défaite. Lorsqu'il remporte une victoire, il se montre d'une étonnante cruauté avec les vaincus, incitant à la torture ou aux mutilations. Après la dernière bataille qu'il dispute sous les murs de Nancy, le 5 janvier 1477 contre les Lorrains, les Alsaciens et les Suisses, on le cherche pendant deux jours. On retrouve enfin son cadavre raidi et nu sous la neige, à moitié dévoré par les loups, près de l'étang de Saint-Jean. Sa tête avait été fendue d'un coup de hache et il était percé de dizaines de coups d'épée, une lance était plantée dans son corps.

Vive la Bourgoingne ! Vive la Bourgoingne !

Louis tente d'amadouer Charles. Celui-ci ne s'en laisse pas compter et profite de la situation : il exige que la Champagne revienne à son allié, Charles de Berry, il demande la restitution des villes de la Somme. Puis, il l'emmène de force à Liège le 30 octobre 1468 où les révoltés qui ont été matés sont témoins de ce spectacle ahurissant : Charles le Téméraire pousse devant lui le roi de France Louis XI sur son cheval, et il l'oblige à crier : « Vive la Bougoingne ! Vive la Bourgoingne ! »

1471 : Jeanne Laisné et sa hachette !

Louis XI est libéré, retourne à Paris et, en novembre 1470, il revient sur tout ce qu'il a accordé ! En janvier 1471, il occupe les villes de la Somme. Le Téméraire se met encore en colère et se venge sur de petites villes dont il fait massacrer les habitants. Il reprend Amiens le 10 mars 1471, puis attaque Beauvais. Mais à Beauvais, ses Bourguignons aguerris sont vaincus par une femme ! Et quelle femme : elle s'appelle Jeanne Laisné. Postée sur les remparts de sa ville, elle galvanise le courage des hommes dont elle a pris le commandement. Alors que les troupes du Téméraire tentent d'entrer dans la ville, elle s'empare d'un étendard bourguignon. Ne possédant pour toute arme qu'une hachette, elle s'en sert pour abattre plusieurs ennemis, avec une détermination telle que tous les autres reculent ! La ville de Beauvais échappe aux Bourguignons, et Jeanne Laisné entre dans l'histoire sous le nom de Jeanne Hachette !

1477 : la fin du Téméraire

Charles le Téméraire subit ensuite les dérobades de ceux qui se disaient ses alliés comme l'empereur Frédéric III. Il est abandonné par Édouard IV d'Angleterre que

Louis XI a habilement conduit à signer un traité de paix à Picquigny. En 1476, le 2 mars, les terribles Suisses écrasent presque toute l'armée bourguignonne à Grandson, puis ils achèvent ses restes à Morat le 22 juin. Le Téméraire veut encore se battre ! Le 5 janvier 1477, ayant rassemblé 10 000 hommes, plutôt des va-nu-pieds, des traîne-misère et des maraudeurs, il tente de reprendre Nancy ! C'est sa fin, contée plus haut. Une fin à la mesure de sa cruauté.

Figure 8-5 : Jeanne Hachette pendant le siège de Beauvais.

La Bourgogne démembrée

Le Téméraire avait une fille, Marie, héritière des possessions bourguignonnes. Louis XI, se référant à la loi salique toujours en vigueur – et bien pratique – précisant que seul un homme peut gouverner, envahit les terres de celle dont il était le parrain. Mais Marie épouse en 1477 Maximilien de Habsbourg, le fils de l'empereur Frédéric III. Maximilien attaque aussitôt ou plutôt commence à harceler Louis XI sur les territoires qu'il estime revenir à sa femme. Mais, en 1482, Marie tombe de cheval et meurt quelques jours plus tard. Maximilien cesse de se battre et signe avec Louis XI le traité d'Arras où il abandonne ses prétentions sur la Bourgogne et la Picardie. Il donne le reste des possessions bourguignonnes à sa fille Marguerite qui est alors fiancée – à deux ans ! – au fils de Louis XI, le dauphin Charles. Pour plus de précautions, Marguerite va grandir à la cour de France en attendant son mariage ! Ainsi, la Bourgogne est démembrée. La France de Louis XI dépasse maintenant celle du traité de Verdun !

Louis XI revu et corrigé

Un habile politique

Alors, que penser de Louis XI ?

- Est-ce le monstre que dépeignent certaines pages d'histoire ou de littérature ?
- Est-ce le calculateur sans cœur que présentent certains films ou téléfilms qui reprennent complaisamment en l'accentuant encore la légende noire du monarque ?
- Est-ce le roi malsain entouré de cette âme damnée d'Olivier le Daim – pas plus damnée qu'une autre, en réalité – ou de Tristan Lhermitte son grand prévôt et son compère du château de Plessis-lès-Tours, forteresse où il se retire pour y mourir ?
- N'est-ce pas plutôt un habile politique qui préfère négocier, quitte à prendre de gros risques personnels plutôt que d'envoyer ses soldats se faire étriper ?
- N'est-ce pas l'unificateur du royaume qui y installe une administration et une justice efficaces et garantes de la stabilité dans tous les domaines ?

Un roi moderne

Louis XI, pendant tout son règne, parvient à relever la France que la guerre de Cent Ans avait laissée exsangue.

- Il ranime les foires, supprime les péages intérieurs, fait construire des routes, agrandir des ports.
- Il développe l'agriculture. Il attire les marchands et les meilleurs ouvriers étrangers, établit un système de libre échange avec l'Angleterre, développe la production minière.
- Il favorise l'entreprise de deux professeurs de la Sorbonne, Jean Heynlin et Guillaume Fichet qui, en 1470, introduisent l'imprimerie en France – après Gutenberg (Johann Gensfleisch) à Strasbourg en 1436.

En cette fin du Moyen Âge, Louis XI est un roi moderne qui s'éteint d'une hémorragie cérébrale, le 25 août 1483, dans sa forteresse de Plessis-les-Tours où il attendait la mort en la redoutant, ignorant sûrement que, pour sa mémoire, les Voltaire, Hugo, Scott, ou autres inventeurs de légendes étaient bien plus redoutables…

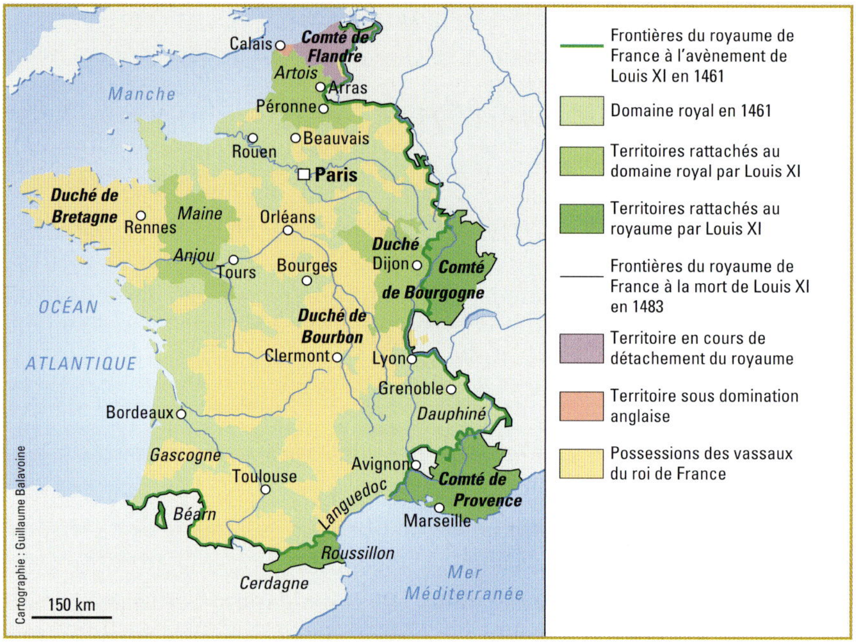

La France à la mort de Louis XI.

Charles VIII : avant l'Italie, le trône…

L'Italie ! Qu'a-t-on raconté au jeune Charles VIII, fils et successeur de Louis XI, pour qu'il se prenne d'amour passionné pour ce pays. Les ciels bleus ? Les rivages mythiques ? La magie impériale des siècles passés, dressée en moignons de marbre, pathétique ? Ou plus simplement le soleil, presque toute l'année, et si peu de ces pluies chagrines qui diluent et font déraper, été comme hiver, dans le château d'Amboise, les rêves d'exploits chevaleresques ? Mais voyons d'abord les conditions mouvementées dans lesquelles il va arriver au pouvoir.

Anne de Beaujeu : l'amour jusqu'à la guerre folle !

Anne de Beaujeu, la sœur de Charles VIII, est amoureuse du beau Louis d'Orléans, mais le beau Louis aime une autre Anne… De ces amours contrariées va naître une guerre folle, jusqu'à la bataille décisive de Saint-Aubin-du-Cormier.

Beaujeu, l'autoritaire

Lorsque son père Louis XI meurt en 1483, le jeune Charles, fils de Charlotte de Savoie – rappelez-vous, celle qui arriva, éclatante en ses dix-huit ans, pour consommer son mariage avec Louis exilé au château de Genappe – n'a que treize ans. Il est de petite stature, son corps est malingre. C'est Anne de Beaujeu, sa sœur âgée de vingt-deux ans, qui va assurer la régence. Anne est autoritaire, elle terrifie Charles. Il suffit qu'elle pose son regard sur lui lorsque, à table, il se tient mal, pour qu'il en perde l'appétit ! De l'autorité, il en faut pourtant à cette sœur qui veille au grain : en effet, les princes, dès la mort de Louis XI, relèvent la tête. À commencer par Louis d'Orléans – le futur Louis XII – qui voudrait déjà prendre le pouvoir. Louis d'Orléans est le petit-fils de… Louis d'Orléans, assassiné par Jean sans Peur. Il monte un complot contre les Beaujeu, prévoyant d'enlever Charles VIII à ce clan régent, ce que Charles VIII ne verrait pas d'un mauvais œil, tant il est dominé par sa sœur.

Ah ! Je l'ai trop aimé pour ne point le haïr…

Anne de Beaujeu ! De l'autorité, certes, mais aussi un cœur, un cœur de femme qui s'accélère dès que passe devant elle… Louis d'Orléans, grand séducteur, mais qui ne songe pas un instant à séduire Anne. Et pourtant, jour et nuit, elle se languit d'amour pour lui ! Louis d'Orléans a d'autres projets : marié de force à la fille de Louis XI, Jeanne la Difforme, il envisage de s'en séparer pour épouser une toute jeune fille qui lui plaît parce qu'elle est jolie et qu'elle s'appelle Anne. Mais ce n'est pas Anne de Beaujeu, c'est… Anne de Bretagne ! Alors, Anne la bafouée aime trop Louis pour ne le point haïr, et la *guerre folle* que se livrent les Beaujeu et le parti de Louis d'Orléans trouve en partie sa cause dans ce dépit d'amour.

1487 : Charles VIII abandonne le siège de Nantes

Après la découverte d'un nouveau complot contre Charles VIII, Louis se réfugie à Nantes. La Bretagne de François II devient alors un objectif de conquête pour les armées de Charles VIII qui, au printemps 1487, pillent Ploërmel, s'emparent de Vannes et vont mettre le siège devant Nantes. Échec : Nantes résiste. Charles VIII abandonne. Peu après, il regagne Paris avec ses troupes. Son équipée a fortement déplu aux Bretons qui reprennent Vannes le 9 mars 1488. Charles VIII envoie contre eux 12 000 hommes commandés par son lieutenant général La Trémoille. Celui-ci s'empare ainsi d'Ancenis, de Châteaubriant et de Fougères en avril.

26 juillet 1488 : la bataille de Saint-Aubin-du-Cormier

La grande rencontre a enfin lieu le 26 juillet 1488, à Saint-Aubin-du-Cormier. L'armée bretonne va affronter celle de Charles VIII ! Et qui voit-on au premier rang dans le camp breton, armé jusqu'aux dents ? Louis d'Orléans ! Le combat s'engage. L'armée bretonne a d'abord l'avantage, mais son flanc est attaqué, ses lignes se brisent, l'infanterie de La Trémoille l'écrase. Au soir du

26 juillet, l'armée bretonne laisse sur le champ de bataille de Saint-Aubin-du-Cormier plus de 7 000 morts. Louis d'Orléans est fait prisonnier.

Anne de Bretagne devient reine de France !

Celle que les Bretons appellent la Duchesse en sabots va épouser le roi de France. Bien qu'elle cherche par tous les moyens l'indépendance de son duché, son mariage constitue le premier pas de l'intégration de la Bretagne à la France.

Figure 8-6 : Charles VIII et Anne de Bretagne.

Charles aime Anne

Dinan, Saint-Malo se rendent. Le 20 août 1488, Charles VIII et le duc François II, brisé de chagrin après la défaite de Saint-Aubin-du-Cormier, signent le traité du Verger, près de Sablé. Ce traité apporte la paix à la Bretagne, mais ses conditions sont humiliantes. À peine un mois plus tard, le 9 septembre 1488, François II meurt, laissant la place à sa fille Anne. Elle n'a pas encore douze ans. Charles VIII se propose de devenir le tuteur du duché. Anne refuse ! Elle se fait couronner duchesse à Rennes et, afin de ne pas tomber aux mains des Français, se marie, par procuration, en décembre 1490, avec l'archiduc d'Autriche Maximilien de Habsbourg. Ainsi, la Bretagne devient une province autrichienne ! Alliance éphémère car Charles VIII veille : il rappelle que le traité du Verger interdit à Anne de prendre époux sans le consentement du roi de France. Et le roi de France, c'est lui, Charles VIII !

6 décembre 1491 : Charles épouse Anne à Langeais

Anne ne veut rien savoir ! Elle s'enferme dans la ville de Rennes devant laquelle Charles VIII envoie La Trémoille mettre le siège. Consciente des graves conséquences qu'elle ferait courir à son duché en persistant dans ses choix, Anne refuse le combat et préfère annuler son premier engagement avec l'Autrichien Maximilien. Qui va-t-elle épouser alors ? La question se pose à la cour de France. Louis d'Orléans ? Pas question ! dit Anne de Beaujeu, toujours amoureuse du beau Louis, et plus jalouse que jamais ! Pourquoi pas Charles VIII, le roi lui-même ? Certes, mais il est déjà promis à Marguerite, la… fille de l'Autrichien Maximilien – élevée à la cour de France après le traité d'Arras ! Et alors ? Il suffit de renvoyer la petite Marguerite à son père, voilà tout ! Et c'est ce qui arrive, de sorte que, au château de Langeais, en 1491, Charles VIII épouse Anne de Bretagne, éphémère épouse de Maximilien de Habsbourg. Elle devient reine de France !

Charles est laid

Elle a du mérite, Anne de Bretagne, car tous les contemporains de Charles VIII s'accordent pour souligner la laideur saisissante de ce roi petit comme un pygmée, assure un chroniqueur. De plus, il est affecté de mouvements convulsifs des mains vilaines à voir. Il a le regard fixe, s'exprime difficilement ; il est taciturne, emporté, s'intéresse si peu aux affaires dont on lui parle qu'un ambassadeur florentin avoue sa gêne extrême devant ce monarque si peu attentif, et pour tout dire marqué de l'expression des demeurés. Un buste de terre cuite le représentant est conservé au palais du Barggello de Florence, et atteste que l'air du roi ne traduit pas forcément l'intelligence la plus vive.

Anne aime Charles

Anne avait sans doute rêvé de l'empereur Maximilien, un homme qui aimait comme elle les arts et les sciences. Tant pis ! L'air demeuré peut-être, Charles VIII, mais plein de vigueur et d'empressement auprès de la belle Anne de Bretagne puisque dès l'année suivante, naît un enfant qui sera prénommé Charles-Orland – enfant qui mourra à quatre ans, Anne en perdra presque la raison. Cependant, la nuit de noces se passe fort bien : les détails en sont rapportés en des termes fort crus par six bourgeois rennais dont la tâche est de tout écouter afin de juger si le mariage a été consommé, si cela s'est fait sans violence, et pour la première fois… Et finalement, tout se passe si bien que, dans les jours qui suivent, Anne, selon un ambassadeur, se montre fort désireuse de son mari.

Le roi Charles réalise son rêve

1491, c'est l'année de la prise du pouvoir par Charles VIII, enfin libéré de sa sœur Anne de Beaujeu. Il fait sortir de sa prison Louis d'Orléans, et tourne sans tarder ses regards vers l'Italie. Ah ! L'Italie ! Le rêve de sa vie ! Mais aussi ce qu'il considère comme son héritage, ravi par le roi d'Aragon. Charles VIII prend ses précautions afin que personne ne contrarie son projet :

- Il offre à Maximilien d'Autriche l'Artois, la France-Comté et le Charolais.
- Il offre au roi Ferdinand d'Aragon, la Cerdagne et le Roussillon.
- Il donne au roi d'Angleterre 750 000 écus d'or !

1494 : la première guerre d'Italie

En 1494, libre de ses actions, il réunit une armée, et la première des guerres d'Italie va commencer. Louis d'Orléans est du voyage. Bon début pour Charles VIII qui entre triomphalement à Pavie, puis à Florence où le prieur du couvent de Saint-Marc, Girolamo Savonarole, excite la population contre les dépenses astronomiques des Médicis en fuite. Charles VIII assiste en sa compagnie aux derniers moments de l'humaniste italien Pic de la Mirandole qui s'éteint à trente et un ans. L'entrée à Naples en 1495 s'effectue dans la liesse générale : l'arrivée des Français signe la fin de la dictature des Aragonais. Le charme des Napolitaines est fort apprécié des soldats qui ramèneront en France le mal napolitain : la syphilis – que les Italiens appelleront le mal français…

Figure 8-7 : Entrée de Charles VIII à Florence par Francesco Granacci, 1518.

6 juillet 1495 : l'incroyable bataille de Fornoue

UNE BATAILLE

Venise, Milan, le pape, l'Espagne et l'empereur germanique se réveillent trois mois plus tard : Quoi ? Les Français installés à Naples ? Une ligue est créée pour les déloger d'Italie. Et les Napolitains eux aussi, agacés par les excès des soldats et par tout ce que Charles VIII s'apprête à emporter, jugent que les libérateurs sont devenus les envahisseurs. L'hostilité générale fait refluer l'armée de Charles VIII qui va trouver la route des Alpes barrée par les coalisés à Fornoue, le 6 juillet 1495. Dix mille Français font face à trente mille ennemis au bord d'un fleuve en crue. Les trésors amassés par l'armée français ont été mis en lieu sûr de l'autre côté du cours d'eau. Mais bientôt, la nouvelle court dans les rangs des combattants que les trésors ont été découverts. Il se passe alors quelque chose d'incroyable : les soldats italiens et albanais (et même des Français…) abandonnent le combat et vont se servir en or, en pierreries, en étoffes, en vivres… Seuls quelques irréductibles se battent encore. Parmi eux, le roi qui, isolé, est entouré d'Italiens. Il se défend comme un beau diable avant d'être sauvé de justesse par quelques chevaliers français qui l'aperçoivent en difficulté. Finalement, la *furia francese*, ainsi que les Italiens nomment l'armée française, regagne le pays.

UN PORTRAIT

Bayard, le chevalier sans peur et sans reproche

À la tête de la petite troupe de chevaliers qui surgissent à temps pour sauver Charles VIII à Fornoue se trouve un jeune homme de vingt-deux ans : Pierre du Terrail, né en 1473 près de Grenoble, dans le château familial de Bayard. Sa conduite à Fornoue lui vaut d'être armé chevalier. Dès lors, sa carrière militaire n'est plus qu'une suite d'exploits légendaires.

Par exemple, il charge avec tant d'ardeur cinquante Italiens devant Milan qu'il en franchit les portes de la ville… où il est fait prisonnier. Mais l'acte de bravoure est tel qu'il est relâché par les Milanais ! Plus fort : le 28 décembre 1503, en Italie, 200 soldats ennemis ont décidé de franchir le Garigliano pour aller battre les troupes françaises. Mais qui trouvent-ils en plein milieu du pont ? Un chevalier, un seul, et qui leur tient tête, avant l'arrivée des renforts : c'est Bayard qui acquiert son surnom « le chevalier sans peur et sans reproche » et renforce sa légende.

En 1513, il est fait prisonnier par le roi anglais Henri VIII qui lui propose d'entrer à son service. Refus de Bayard : par respect, il est remis en liberté. Au soir de la bataille de Marignan, c'est lui qui arme chevalier François Ier. Enfin, au printemps 1524, au siège de Rebec, près de Milan, contre l'armée espagnole, une pierre d'arquebuse lui brise la colonne vertébrale. On le transporte sous un arbre, la face vers l'ennemi, à sa demande.

Le connétable de Bourbon, passé dans le camp espagnol après la confiscation d'une partie de ses biens par François Ier, vient le voir et lui dit qu'il éprouve de la pitié pour lui. Bayard lui fait cette réponse pleine d'un ultime panache : « Monsieur, il n'y a point de pitié en moi car je meurs en homme de bien. Mais j'ai pitié de vous, de vous voir servir contre votre prince, et votre patrie, et votre serment. » Puis, ce 30 avril 1524, il rend le dernier soupir.

Le luxe à l'italienne

Si, dans l'aventure guerrière de Charles VIII, le bilan territorial est nul, la découverte du luxe à l'italienne va considérablement marquer les esprits. Toutes les richesses rapportées de Naples ou d'autres villes servent à aménager le château d'Amboise qui prend des airs méditerranéens. Et cette mode se répand en France. Le temps est à la fête, aux réjouissances. De grands bals sont donnés, des spectacles, des banquets. On s'amuse follement. Et qui voit-on qui danse et rit à perdre haleine, qui virevolte et passe devant la reine Anne de Bretagne en lui faisant mille grâces, et mille sourires – au point qu'elle lui fait la tête et qu'il doit s'en aller en son château de Blois ? C'est Louis d'Orléans, toujours aussi amoureux, toujours aussi impatient de monter sur le trône que son cousin occupe. Et de plus en plus impatient, car Charles et Anne n'ont point d'héritier mâle.

7 avril 1498 : mort sur un coup de tête !

La fête passée, Charles VIII songe déjà à organiser une deuxième expédition vers l'Italie. Il a la surprise de recueillir l'assentiment de ceux qui le combattaient, notamment l'Espagne qui, en novembre 1497, accepte de s'allier avec lui pour reconquérir le royaume de Naples. Mais le samedi 7 avril 1498, Charles VIII et Anne qui sortent de leur chambre à Amboise, décident d'aller voir les joueurs de paume non loin des fossés du château. Ils doivent pour cela passer dans une galerie obscure, si obscure que tout le monde, précise Commynes, le mémorialiste du temps, y « pissoit ». Que se passe-t-il exactement ? On ne le sait trop mais Charles glisse, heurte violemment le linteau de pierre d'une porte basse, et cela malgré sa petite taille. Il poursuit son chemin malgré tout, avec une grosse bosse, mais tout à coup, en regardant les joueurs de paume, il s'effondre, et plus aucune parole ne sort de sa bouche. On apporte en hâte une paillasse sur laquelle il demeure étendu, sans qu'on ose le bouger. Il parvient cependant à dire quelques mots, avant de mourir, à onze heures du soir.

Il en restera toujours quelque chose…

De quoi est-il mort exactement ? D'un traumatisme crânien ? D'une fracture du crâne ? D'un choc nerveux ? Ou bien d'un empoisonnement… Et déjà, vous imaginez que quelqu'un que vous connaissez bien maintenant aurait fait le coup, quelqu'un qui, par exemple, serait amoureux fou de la duchesse en sabots – ainsi qu'on appelle encore en Bretagne la reine Anne. Quelqu'un qui s'appellerait par exemple Louis d'Orléans ! Eh bien trêve de calomnie – il en reste toujours quelque chose, disait le philosophe anglais Francis Bacon. On n'en sait rien ! Et personne n'a jamais prouvé quoi que ce soit, dans un sens ou dans l'autre ! Il est possible que le choc contre le linteau soit seul responsable. Il est possible que non. On ne peut être plus clair !

Louis XII, le père du peuple

La Renaissance ! La voici qui arrive au galop des chevaux conquérants ou vaincus qui vont en Italie ou qui en reviennent ! Les campagnes de Louis XII vont donner à tous les domaines artistiques un prodigieux essor. En même temps, même si l'aventure italienne de Louis XII se termine par un échec à Novare, la paix intérieure est revenue, et l'économie assainie.

Quelle reine pour la France ?

On ne se demande pas longtemps qui va devenir reine de France. Il suffit de consulter le traité du Verger, signé près de Sablé après la défaite de Saint-Aubin-du-Cormier…

Papa Charles, maman Marie, et Louis

Vous souvenez-vous du chevalier épargné à Azincourt en 1414, et qui a vécu vingt-cinq ans dans les prisons anglaises en écrivant des poèmes – « En regardant vers le païs de France… » – avant de revenir à Blois où il tint une cour d'artistes ? Oui ? Savez-vous qu'il épousa Marie de Clèves, une fort belle princesse ? Eh bien Charles d'Orléans et Marie de Clèves étaient le papa et la maman de Louis d'Orléans ! Vous le saviez, et vous n'aimez pas qu'on vous parle comme à un enfant ! Vous avez raison ! Continuons : tout jeune, Louis d'Orléans a été marié de force par Louis XI à sa fille Jeanne. Jeanne est infirme et stérile – Louis XI pensait ainsi éteindre la branche des Valois-Orléans, puisque aucun enfant ne pourrait naître du couple ! Machiavélique, quand même !

27 mai 1498 : sacré, Louis XII épouse Anne de Bretagne

UN ÉVÉNEMENT IMPORTANT

Élément non négligeable dont vous fûtes récemment mis au courant : Louis d'Orléans est fort amoureux de l'épouse de son cousin décédé, le roi Charles VIII. Conclusion : si Louis parvient à faire annuler son mariage avec Jeanne la Difforme, il pourra convoler en justes noces avec Anne. Après son deuil de Charles VIII, Anne se demande ce qu'elle va devenir. Ou plutôt, elle ne se le demande pas longtemps, car elle se rappelle ce que personne n'a oublié : le contrat de mariage avec le roi de France prévoyait que, si celui-ci mourait avant sa femme, celle-ci devait épouser son successeur. Tout va donc pour le mieux dans le meilleur des royaumes : le 27 mai 1498, Louis XII est sacré à Reims. Et, après avoir fait annuler son mariage avec Jeanne par le pape Alexandre VI Borgia, il épouse, en janvier 1499, Anne qu'il aime avec passion, et impatience. La preuve : neuf mois plus tard naît une fille que ses parents ravis prénomment Claude. Elle deviendra l'épouse d'un certain François d'Angoulême, plus connu sous le nom de François Ier !

La méthode royale de Louis XII

Comment devenir populaire quand on vient d'être couronné roi ? Voici la méthode Louis XII :

- Baisser immédiatement et de façon importante des impôts !
- Améliorer la justice, avec l'obligation pour les juges de se soumettre à un contrôle de leurs connaissances.

- Agir en toute occasion de sorte que le peuple trouve en la personne et les décisions du roi, un père, et acquérir ainsi, au regard de ses contemporains, mais aussi des générations futures, le surnom de « Père du peuple » !

Exporter la guerre pour avoir la paix

Et comment préserver le pays de la guerre intérieure ? En l'exportant. En Italie par exemple puisque, descendant d'une Italienne – Valentine Visconti, sa grand-mère – on peut réclamer le duché de Milan. Cette réclamation prend la forme d'une guerre à rebondissements qui commence en 1499 sur le territoire italien et se termine par un retour vaincu en France en 1504. Trois ans plus tard, nouveau départ pour l'Italie, nouvelle guerre d'abord avec le pape Jules II, puis contre lui. Victoire de Ravenne, en 1512. Défaite de Novare en 1513. Retour à la case départ : la France – que les Anglais commencent à envahir par le nord, mais sans aller plus loin.

Adieu, Anne ! Bonjour Marie...

À la reine Anne de Bretagne qui meurt en 1514 va succéder, la même année, la jeune sœur d'Henri VIII d'Angleterre : Marie.

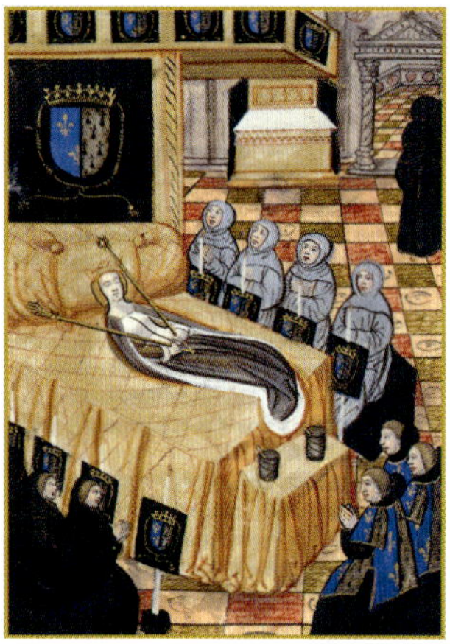

Figure 8-8 : La mort d'Anne de Bretagne.

9 janvier 1514 : la mort d'Anne de Bretagne

Pourquoi les Anglais interrompent-ils leur invasion ? Parce qu'ils vont se réconcilier avec les Français. Enfin – pour un temps seulement ! Et qui a eu cette riche idée ? Le pape Léon X lui-même, qui craint l'alliance hispano-autrichienne. Et comment sceller cette réconciliation entre France et Angleterre ? Par un mariage, évidemment ! Il se trouve que le 9 janvier 1514, dans une chambre du château de Blois, la reine Anne est morte à trente-sept ans, après les atroces souffrances que lui a causées la maladie de la gravelle, petits graviers, ou calculs, qui torturent les reins.

1514 : Louis, cinquante-deux ans, épouse Marie, seize ans

Louis est donc veuf, à cinquante-deux ans, malade d'hémorragies à répétition, de goutte, d'hémorroïdes. Le roi d'Angleterre Henri VIII, dix-huit ans, a une sœur. Elle s'appelle Marie. Elle est ravissante. Elle a seize ans. Vous hésitez à les marier ? Pas eux ! En octobre 1514, c'est fait, et Louis trouve une nouvelle jeunesse en compagnie de celle qu'on nomme sa poupée anglaise. Elle l'entraîne dans la fête et les banquets au-delà de minuit. Ils ne se lèvent qu'à midi passé (Marie est une Tudor…). Le 31 décembre 1514, Louis XII ne se lève pas, ne se relèvera plus. Le 1er janvier 1515, il meurt. La France a retrouvé le chemin de la prospérité, mais les caisses royales sont vides !

UN PORTRAIT

La reine Claude

Boiteuse – comme sa mère Anne de Bretagne –, disgracieuse, de petite taille et de forte corpulence : voilà Claude de France. Le 13 mai 1514, âgée de quatorze ans et demi, elle se marie. À qui ? Au plus beau, au plus grand : un jeune homme de dix-neuf ans : François d'Angoulême. En ce mois de mai 1514, on porte le deuil de la reine Anne de Bretagne morte en janvier, ce mois terrible où le froid fut si intense que les loups affamés attaquèrent bourgs, villages, fermes isolées, et que le pain manqua. Point de jeux, point de trompettes, ainsi en a décidé Louis XII. Et François d'Angoulême, futur François Ier, déclare à quelques proches, à propos de cette épouse sans grâce, mais qui l'admire tant : « Rien en la personne de cette fille de roi ne me séduit, je l'estime, mais je ne pourrai jamais l'aimer. »

Pourtant, neuf mois après son mariage, Claude de France, à quinze ans, va donner naissance à son premier enfant : Louise qui mourra à trois ans. Six grossesses consécutives vont suivre : Charlotte, morte à 8 ans, François, mort à 18 ans, Henri, le futur Henri II, Madeleine, morte à 17 ans, Charles, mort à 22 ans, et Marguerite, morte à 51 ans. Lorsqu'elle met au monde Marguerite, la reine Claude n'a que 24 ans ! En un peu moins de dix ans de mariage, elle aura été enceinte sept fois, et son septième accouchement sera le dernier. Lorsqu'il apprend qu'elle va mourir, François Ier s'attendrit tristement en disant : « Si je pensais la racheter par ma vie, je la lui donnerais de bon cœur. Je n'aurais jamais pensé que le lien du mariage fût si difficile à rompre. » Claude de France s'éteint le 26 juillet 1524. D'elle on conserve l'image d'une reine douce et bonne ; et celle d'une prune toute ronde, verte et parfumée, à laquelle elle donna son nom : la reine-claude.

Chronologie récapitulative

- 843 : traité de Verdun, naissance de la France
- 987 : Hugues Capet, roi de France, inaugure la dynastie des Capétiens directs (issus des Robertiens)
- 1096-1099 : première croisade conduite par Pierre l'Ermite et Godefroi de Bouillon
- 1147-1149 : deuxième croisade conduite par Louis VII
- 1180 : Philippe Auguste succède à son père Louis VII
- 1189-1192 : troisième croisade conduite par Philippe Auguste, Richard Cœur de Lion
- 1208-1244 : croisade contre les Albigeois
- 27 juillet 1214 : Philippe II Auguste remporte la bataille de Bouvines
- 1223 : Louis VIII succède à son père Philippe Auguste
- 1226 : Louis IX succède à son père Louis VIII, régence de Blanche de Castille
- 1248-1254 : septième croisade conduite par Louis IX
- 1270-1272 : huitième croisade conduite par Louis IX, mort à Tunis le 25 août 1270, puis par son frère Charles d'Anjou.
- 1328 : avènement des Valois, avec Philippe VI
- 1337-1453 : guerre de Cent Ans
- 1346 : défaite de Crécy contre les Anglais
- 1356 : défaite de Poitiers contre les Anglais
- 25 octobre 1415 : défaite d'Azincourt contre les Anglais
- 30 mai 1431 : Jeanne d'Arc brûlée vive à Rouen

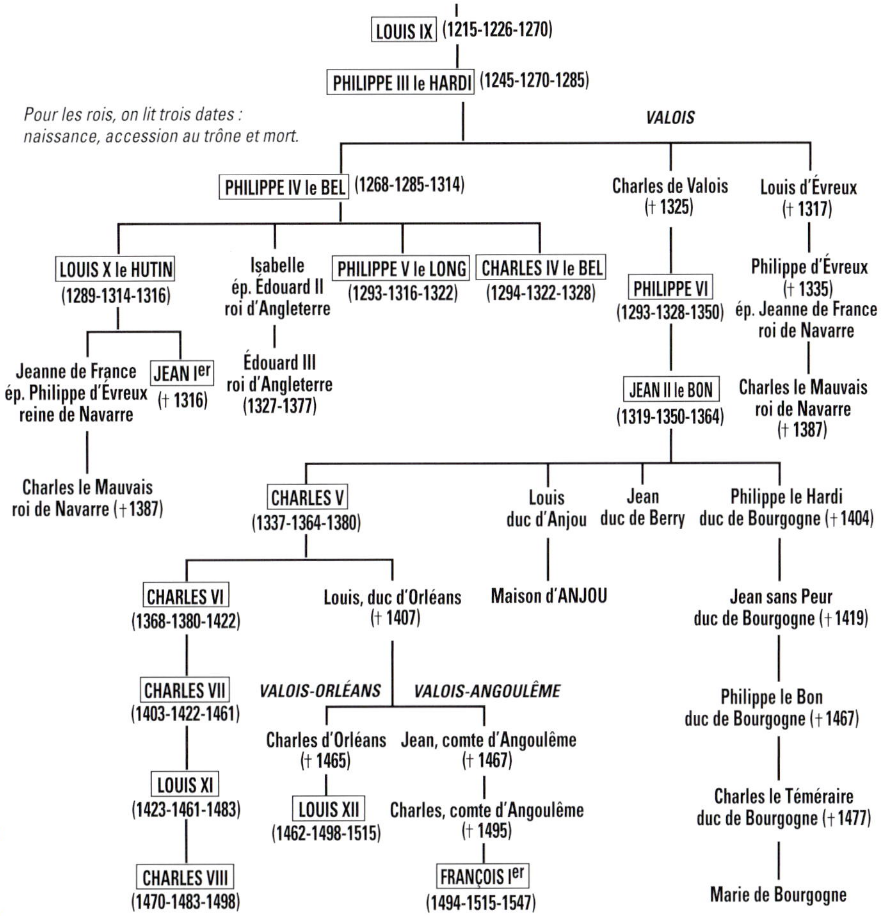

De Louis IX à François Ier.

Troisième partie

De 1515 à 1789 : la France dans tous ses états

Dans cette partie…

François Ier va développer sous vos yeux une certaine idée de l'absolutisme à la française qui ne disparaîtra qu'à la Révolution de 1789. Lui-même, son fils Henri II et ses petits-fils vont devoir faire face aux guerres de religion qui divisent la France avant qu'une sorte de cohabitation imaginée par Henri IV ne ramène une paix fragile, aménagée à leur façon par Richelieu et Louis XIII. Louis XIV va étendre sur presque tout le XVIIe siècle ses grandes ailes de guerrier, de bâtisseur et d'amoureux, avant que l'État, toujours menacé de banqueroute, cherche son équilibre dans un XVIIIe siècle des Lumières où naît l'espoir d'une société nouvelle garantissant la liberté, l'égalité et la fraternité. Ce sera l'œuvre des révolutionnaires de 1789.

Chapitre 9

1515 à 1594 : Guerres d'Italie, guerres de religion ; guère de répit !

Dans ce chapitre :

- Vous allez faire connaissance avec un grand amoureux de la vie et de l'Italie : François Ier
- En compagnie de Catherine de Médicis, vous allez tenter de faire face aux guerres de religion
- Henri III va vous surprendre

François Ier est fasciné par l'Italie. La Renaissance va, grâce à lui, s'épanouir en France. Mais il va devoir affronter les premiers troubles religieux : le protestantisme naissant se fait conquérant. C'est le début des guerres de religion qu'Henri II aurait aimé éviter – mais il meurt au cours d'un tournoi. Catherine de Médicis, avec un courage pas toujours inspiré, va tenter de mettre tout le monde d'accord, sans succès. Ses trois fils, tous les trois rois – François II, Charles IX et Henri III –, n'y pourront rien non plus. Il faut qu'Henri IV, conduisant une politique habile, se convertisse au catholicisme pour que les querelles s'apaisent.

François Ier : l'obsession italienne

L'Italie ! François Ier recherche tout ce qui y brille sous son soleil : les richesses, la gloire et les arts.

Figure 9-1 : François Ier, roi de France, par Jean Clouet.

Du petit François d'Angoulême au grand François Ier

Une mère très jeune, un vignoble robuste, un prénom qui semble décliner, façon latin d'école, le mot France : en voilà assez pour bâtir un roi qui chaussera sans tarder ses grandes bottes pour partir en Italie.

Dans les vignes de Cognac : un cri !

Petit retour en arrière : 12 septembre 1494. Transportons-nous à Cognac. Le soleil caresse les vignes qui promettent une excellente récolte. Une brume de fin d'été se dissipe avant le plein soleil. Il fait bon, la brise est tiède. Soudain, un cri : là-bas, sous l'arbre où s'est assise Louise d'Angoulême, dix-sept ans à peine. Mais, ce cri, c'est un cri d'enfant, un cri de nouveau-né. Il s'emplit les poumons du parfum des vignes de Cognac. Il est magnifique. Sa mère lui donne le prénom de François. Son arrière-grand-père est Louis d'Orléans, rappelez-vous, celui que la rumeur avait mis dans les bras d'Isabeau de Bavière, et que Jean sans Peur fit estourbir par ses sbires le 23 novembre 1407.

Un grand roi de deux mètres

UN PORTRAIT

François, l'arrière-petit-fils du bel assassiné, a hérité des gènes de son aïeul. Devenu jeune homme, il est grand – il fait presque deux mètres –, il est beau à faire craquer les centaines de femmes qu'il aimera. Et, de plus, il a le nez très long, ce qui ne gâche rien. Louis XII n'ayant que des filles, pas de frère, a pris sous son aile son cousin prometteur, et il en fait l'héritier du trône. Mais Louis XII a fait des folies avec sa jeune poupée anglaise. Et cette poupée Marie, sœur du roi d'Angleterre Henri VIII, va faire croire à François, lorsque Louis XII meurt, qu'elle est peut-être enceinte. Mais non, fausse alerte ! François peut devenir roi de France et prendre le nom de François Ier.

10 janvier 1515 : le cercueil tombe…

UNE ANECDOTE

Pas trop d'empressement tout de même : des funérailles dignes (et coûteuses…) doivent être faites au roi Louis XII, le 10 janvier 1515 ! Coûteuses alors que les caisses du royaume sont aussi vides que les poches d'un boursicoteur tunnelier ! Près de 15 000 livres seraient nécessaires pour payer les clercs de la chapelle royale et les moines de la basilique Saint-Denis qui organisent la cérémonie. Les clercs et les moines sentent bien que le paiement de leurs services ne pourra être honoré. Alors, les uns et les autres décident de se dédommager en se saisissant du drap d'or qui recouvre le cercueil du roi. Les clercs tirent de leur côté, les moines du leur, ils en viennent à se battre comme des chiffonniers, avec tant de conviction que le cercueil tombe sur les dalles de marbre avec un bruit qui résonne comme un abyssal reproche de l'Invisible… Du calme !

Des sous !

Les obsèques terminées, le roi n'a plus qu'une idée : trouver de l'argent, et vite. Où ? En Italie, pardi, en reconquérant le royaume de Naples et le duché de Milan acquis par cousin Louis XII, et perdu dix ans plus tard ! Mais pour mettre sur pied une armée, il faut des finances. Qu'à cela ne tienne : on fait fondre la vaisselle d'or du cousin défunt, et voilà de quoi payer des mercenaires et l'expédition qui va rassembler près de 40 000 hommes.

CHEZ NOS VOISINS

Pendant ce temps chez nos voisins

Le 12 octobre 1492, Christophe Colomb qui a quitté Palos de Moguer au sud de l'Espagne (Andalousie) le 3 août 1492 débarque sur les côtes des Bahamas, persuadé qu'il a atteint l'empire du Levant. Le 9 avril de la même année, les Juifs sont chassés d'Espagne. Entre 1519 et 1532, le Portugais Magellan entreprend le premier tour du monde au cours duquel il meurt, assassiné aux Philippines en 1521 – son lieutenant Sebastian Elcano rentre en Espagne en 1522 avec un seul navire sur les cinq engagés dans cette aventure. Le 21 septembre 1529, le souverain ottoman Soliman II le Magnifique arrive aux portes de Vienne, en Autriche ; il est repoussé par les troupes impériales. L'année suivante, en 1522, il s'était emparé de l'île de Rhodes.

Marignan : 14 septembre 1515

UNE BATAILLE

La première bataille de François Ier se déroule près de Milan. Elle est entrée dans l'histoire, mais on ignore que ce fut une vraie boucherie, l'une des batailles les plus meurtrières du XVIe siècle.

Quarante mille français

Entre le 13 et le 15 août 1515, les Français, François Ier à leur tête dans sa lourde armure, gravissent les Alpes en plusieurs passages parfois si étroits et vertigineux que les chevaux hésitent à avancer. Un mois plus tard, les montagnes derrière eux, les 40 000 combattants français font face aux troupes milanaises près de Marignan, ou plutôt les troupes suisses car le pape, à qui appartient le duché de Milan, leur a fait appel. C'est dans la plaine située près de cette petite ville que va se dérouler la bataille qui, curieusement, constitue la part inaliénable du savoir historique de chaque Français, et qui tient en une date délivrée immédiatement après le sésame Marignan… Marignan ? 1515 ! Comme si le triomphe de François Ier symbolisait la première pierre du savoir national. La dernière pierre aussi, parfois…

Attention : rizière !

Revenons sur le champ de bataille : nous sommes le 13 septembre 1515, vers trois heures de l'après-midi. Attention, ne conduisez pas votre cheval n'importe où, et si vous êtes un archer à pied, attention aussi, vous vous trouvez dans une zone de rizières et risquez de vous enfoncer ! Les Suisses attaquent en empruntant les chaussées solides et légèrement surélevées. Les Français reculent. Mais voilà François, François le Grand, le Grand François ! Il se lance à cheval dans la bataille avec 200 des siens, contre 4 000 Suisses à la solde des Milanais, et qui reculent ! La bataille se poursuit et produit tant de poussière qu'il faut interrompre le combat. Il fait déjà nuit.

Un carnage !

À quatre heures du matin, le 14 septembre, les Suisses attaquent. Trois heures plus tard, ils ont enfoncé l'aile gauche française, le combat tourne en leur faveur. Mais voici qu'arrivent les alliés des Français : les Vénitiens. Les Suisses reculent et reçoivent alors une pluie de boulets lancés par les canons de Galiot de Genouillac, l'habile commandant de l'artillerie française. Ils fuient en désordre ; la cavalerie les rattrape et transforme bientôt les fiers Helvètes en petits Suisses vaincus. Le carnage va se poursuivre jusqu'à la fin de l'après-midi du 14 septembre. Les épées tranchent, découpent, fouillent, écartèlent, lardent, désossent, embrochent, amputent, étourdissent, estourbissent tant qu'on dénombre près de 20 000 morts !

« Allons, Bayard, dépêchez-vous ! »

Et le soir – sonnez trompettes de la renommée, battez cœurs et tambours – le roi François le Grand fait appeler Pierre du Terrail, légende vivante, dont les exploits sont chantés dans l'Europe entière. « Bayard, mon ami… », dit François à la légende vivante qui vient de s'arrêter devant lui « Bayard, mon ami, je veux aujourd'hui soye fait chevalier par vos mains ! » « Sire… », lui répond Pierre du Terrail de Bayard sans peur et sans reproche, «… parce que vous fûtes oint vous êtes le chevalier des chevaliers… » « Allons, allons, Bayard dépêchez-vous ! », s'impatiente François sans doute à genoux sur quelque pierre pointue. Et Bayard s'exécute en posant sur l'épaule royale le plat de son épée. Plus tard, le compositeur du roi, Clément Janequin (1485 - 1558) immortalisa ces journées dans sa chanson *La Guerre* : « Escoutez, tous gentilz Galloys, La victoire du noble roy Françoys… », et un peu plus loin : «France courage, courage / Donnez des horions Chipe, chope, torche, lorgne / Pa ti pa toc tricque, trac zin zin / Tue! à mort ; serre / Courage prenez frapez, tuez. / Frapez dessus, ruez dessus » et on dit que la musique adoucit les mœurs…

Figure 9-2 : Le Clos-Lucé, la dernière demeure de Léonard de Vinci.

Léonard sans limite

En 1507, Louis XII prenait Milan et y découvrait un génie : Léonard de Vinci dont il s'empressait de faire son peintre et ingénieur personnel. En 1515, François Ier retrouve à Milan ce génie à qui il propose de venir s'installer en France. Léonard accepte et arrive en 1516 près du château d'Amboise, au manoir du Clos-Lucé. Il a apporté avec lui quelques tableaux, dont la Joconde. Son bras droit est paralysé, il ne peut plus tenir un pinceau. Mais son imagination est encore débordante, et il invente un lion mécanique dont les mouvements émerveillent la cour lors de grandes fêtes qu'il organise. Un tunnel relie la résidence royale au manoir de Léonard. Cela permet à François Ier de s'entretenir fréquemment avec son hôte d'exception. Le 2 mai 1519, dans sa chambre du Clos-Lucé, Léonard, à soixante-huit ans, rend le dernier soupir la tête posée dans les deux mains royales. Léonard : *la Joconde, Sainte Anne, la Vierge et l'Enfant, Saint-Jean-Baptiste* ; mais aussi des machines de toutes sortes, des machines volantes, des machines de guerre, le char d'assaut, la mitrailleuse, les bouches à feu multiples, ancêtres des sinistres orgues de Staline de la Seconde Guerre mondiale. Sans limite, l'imagination de Léonard, sans limite !

18 août 1516 : concordat de Bologne

À la suite de la célèbre victoire de Marignan – la chanson de Jannequin fut chantée dans tout le monde d'alors, jusqu'au Mexique même, emportée par les hidalgos – François Ier signa avec Rome un concordat qui ne fut supprimé qu'à la Révolution. Son contenu visait à déposséder le pape de ses droits sur le clergé de France, sur les évêchés, les archevêchés. Mais à qui ces droits furent-ils attribués ? Au roi François Ier soi-même ! Ce concordat, signé à Bologne le 18 août 1516, lui donnait ainsi le contrôle presque total de l'Église de France. Par ailleurs, un traité de paix est conclu avec les grands perdants de Marignan : les Suisses. Par la paix perpétuelle de Fribourg qui leur accorde de larges compensations financières, ceux-ci s'engagent à ne plus jamais combattre contre la France, et à ne répondre qu'aux appels d'offre des rois de France. Ainsi, jusqu'au XIXe siècle, les Suisses défileront à la parade ou au combat aux côtés des Français. Leur dernier contingent, sous Louis-Philippe, constituera le premier rameau de la Légion étrangère.

À table François !

François, suivi de sa cour fort nombreuse, a assisté à la messe vers dix heures. Le déjeuner aura lieu à midi. Dans la grande salle du château, on a répandu sur le sol des herbes odoriférantes. L'huissier entre suivi des officiers serveurs. L'écuyer tranchant apporte dans une vasque les couteaux, puis les viandes sont apportées par le maître d'hôtel et l'officier chargé du pain. Ces viandes sont des rôtis, des pièces de venaison, des volailles, des pâtés, des hachis, le tout somptueusement, artistement présenté. On trouve aussi des potages, des poissons. Gingembre, cannelle et muscade relèvent les plats. Une nouveauté : on mange dans des assiettes de faïence qui remplacent les écuelles en bois et les plats de métal. La fourchette ne fait son apparition qu'à l'époque d'Henri III qui l'a découverte à Venise. Elle ne possède alors que deux longues dents.

Devenir empereur : le rêve de François

Les électeurs qui pourraient transformer le rêve de François Ier en réalité sont des ecclésiastiques, pas insensibles à l'argent…

Sept électeurs pour un trône…

La gloire de Marignan fertilise dans le cœur de François Ier ce qui n'était qu'un petit rêve, mais qui se met à croître de façon démesurée, pour devenir un insistant désir : devenir empereur ! Empereur de quoi ? Du Saint Empire romain germanique ! Or voici qu'en 1519, l'empereur Maximilien d'Autriche meurt. Le trône est libre. Vite, François Ier rencontre les grands électeurs, ceux qui doivent voter pour désigner le successeur de Maximilien à la tête du Saint Empire. Ils sont au nombre de sept, à la fois princes et archevêques (de Mayence, Trêves, Saxe, etc.). Et comme tous les princes et tous les archevêques, ils ne sont pas insensibles aux dons. Lorsque ceux-ci se présentent sous la forme d'or, ils ne voient aucune raison de refuser quoi que ce soit à celui qui les en couvre !

Charles Quint vainqueur

François Ier va alors leur en offrir en tout une tonne et demie ! Il pense avoir gagné la partie. Mais son concurrent au trône du Saint Empire, Charles de Habsbourg, petit-fils de l'empereur défunt et de Charles le Téméraire, leur en offre deux ! Les grands électeurs, tout en conservant l'or de François Ier, élisent Charles de Habsbourg à la tête du Saint Empire ! Charles de Habsbourg qui n'a que dix-neuf ans, prend le nom de Charles Quint. Il est le maître de l'Espagne, des Pays-Bas, de l'Autriche, de la Franche-Comté, du royaume de Naples et de Sicile, de la Sardaigne, des colonies américaines qui lui fournissent l'or pillé en massacrant les Incas, les Aztèques, les Mayas.

7 juin 1520 : le camp du Drap d'or

Convaincre Henri VIII de faire alliance avec la France, voilà l'objectif de François Ier lorsqu'il décide cette rencontre du camp du Drap d'or.

Mille tentes…

François Ier se dit que, pour contrer la puissance de Charles Quint, il faut se garantir la sympathie du roi d'Angleterre Henri VIII. Pour ce faire, dans sa logique de roi à l'intelligence plus superficielle que profonde, il ne voit d'autre solution que d'accueillir avec le plus de luxe possible, le plus de faste, le roi à amadouer. Ainsi, le 7 juin 1520, Henri VIII arrive près de Calais dans une plaine où, depuis des semaines, on prépare ce qui va rester dans l'histoire comme l'une des entreprises de prestige les plus coûteuses et inutiles : le camp du Drap d'or. Pourquoi du Drap d'or ? Parce que mille tentes de drap d'or et d'argent ont été dressées pour recevoir les Anglais qui, de leur côté, ont rivalisé dans l'étalage de richesses, de sorte que l'ensemble éblouit, étourdit, et révolte à la fois.

Le camp des vanités

Les deux rois semblent s'entendre parfaitement, ils luttent même au cours des fêtes qui sont données pendant trois semaines : Henri VIII saisit par le cou François Ier qui l'envoie presque aussitôt à terre. On craint que le jeu soit allé trop loin, mais Henri se relève de bonne humeur et la fête continue, au grand regret de Louise d'Angoulême, la mère du roi. Elle aimerait bien que son fils passe aux choses sérieuses avec Henri VIII en rédigeant un traité. Mais rien ne sera fait, et le camp du Drap d'or démonté, Henri VIII rencontrera à Gravelines Charles Quint, modestement vêtu et entouré, avec qui il signera un traité secret visant à isoler le roi de France qui doit penser à rembourser les sommes exorbitantes empruntées pour dresser dans la plaine de Calais le camp des Vanités.

François et Charles, les deux cousins, se font la guerre

François Ier et Charles Quint entrent en conflit, bien qu'ils soient cousins – à un degré éloigné certes : tous deux ont pour ancêtre Jean le Bon.

Le désastre de Pavie et ses conséquences

François Ier croit en son étoile, Marignan est son auréole ! Il est certain que des victoires comme celle de 1515 peuvent se répéter indéfiniment. La France est bien seule désormais. En 1521, les hostilités reprennent, et les Français doivent évacuer en hâte l'Italie après la défaite de leurs troupes commandées par Lautrec, à Bicoque, en 1522, non loin de Milan. François se fâche et n'a plus qu'une idée en tête : reprendre le duché de Milan, en rééditant peut-être l'exploit de Marignan ! Voilà pourquoi il franchit de nouveau les Alpes, en octobre 1524. Galiot de Genouillac fait réaliser des prouesses à ses hommes afin que les canons franchissent les cols enneigés. La troupe forte de 30 000 hommes parvient bientôt devant la ville de Pavie, occupée par les Espagnols. Des attaques sont lancées pour la reprendre, mais elles échouent. François et son armée voient alors arriver au début de février 1525 des renforts espagnols qui viennent secourir les assiégés. Le voilà pris en sandwich ! L'affrontement est inévitable. François Ier va devoir lutter notamment contre le connétable de Bourbon qui était le commandant suprême des armées royales françaises ! En effet, celui-ci, a refusé de rendre à la couronne de France les possessions qu'il tenait de son épouse défunte, il est passé dans le camp de Charles Quint en 1523.

Heureux anniversaire, Charles !

Le 24 février 1525 au matin, la bataille s'engage : les canons espagnols tirent sur les lignes françaises, mais, mal réglés, leurs tirs vont s'échouer loin derrière ceux qu'ils visent. À son tour, l'artillerie de Galiot de Genouillac entre en action. Elle fait merveille (si l'on peut dire…) écrasant dans les lignes espagnoles tant d'hommes et de chevaux que la victoire semble acquise. Ou presque. Parce qu'il faut compter avec un roi de France impétueux, imprévisible et si impatient d'entrer dans le combat qu'il n'écoute personne et se lance au triple galop vers les lignes espagnoles. Les canons de Genouillac se taisent tout à coup ! Comment en effet continuer de tirer pour assurer la victoire sans écrabouiller le roi de France dont on aperçoit le panache blanc qui se fond dans les lignes ennemies ? C'est bientôt la déroute dans le camp français : François se débat seul, entouré d'Espagnols qui le cernent et le poussent à se rendre. Les chevaliers, plutôt que de fuir, enlèvent leur cuirasse pour se faire tuer plus vite ! Au soir de la bataille, le désastre est total : l'armée française est décimée, et le roi emmené prisonnier. Dans le camp espagnol, on exulte : personne n'aurait imaginé qu'un tel cadeau pût être fait à l'empereur Charles Quint, en ce 24 février 1525, jour de son anniversaire !

UN PORTRAIT

La vérité de La Palice

À la gauche de l'armée royale se trouvait le maréchal de La Palice. Qui était ce maréchal ? Certainement pas celui qu'on présente aujourd'hui comme une sorte de radoteur qui sans s'en rendre compte énonce deux fois la même chose, énoncé auquel on donne le nom de lapalissade ! Jacques de Chabanne, seigneur de La Palice (1470 - 1525) était un courageux maréchal qui se battit à Pavie avec une énergie qui força le respect du capitaine Castaldo à qui il se rendit. Mais survint une brute nommée Butarzo qui lui décocha un coup d'arquebuse à bout portant dans la cuirasse. Le maréchal de la Palice en mourut. Les soldats du maréchal, désolés de voir leur chef occis, écrivirent pour le chanter le petit quatrain que voici « Monsieur de La Palice est mort / Mort devant Pavie / Un quart d'heure avant sa mort / Il faisait encore envie » – il faisait envie tant son courage était exceptionnel. Un académicien, au XVIIIe siècle, transforma la fin du quatrain en « Un quart d'heure avant sa mort, il était encore en vie. » Cette évidence a donné naissance au profil d'un La Palice un peu simplet, qui ne voit pas plus loin que le bout de son nez.

Du traité de Madrid à la paix de Crépy-en-Laonnois

François Ier est emmené en Espagne, près de Valence. En septembre, il tombe gravement malade au point qu'il sombre dans le coma. Revenu à la vie, il commence à négocier les conditions de sa libération. Celles-ci, contenues dans le traité de Madrid, signé le 14 janvier 1526, sont les suivantes :

- Il est dépossédé de la Bourgogne, de l'Italie.
- Il doit livrer en otage ses deux fils : le dauphin François et Henri (le futur Henri II).

Libéré, le 17 mars 1526, François Ier s'empresse de dénoncer ce qu'il a signé le 14 janvier. Les hostilités vont reprendre, mais finalement, le roi et l'empereur se réconcilient et signent, en 1529, la paix de Cambrai, ou paix des Dames, car elle est négociée entre Louise de Savoie, mère de François Ier, et Marguerite d'Autriche, tante de Charles Quint. François – veuf de Claude de France morte en 1524 – accepte d'épouser la sœur de Charles Quint, Éléonore d'Autriche. Il conserve la Bourgogne, renonce à l'Italie. Les deux petits princes en exil seront restitués contre sept tonnes d'or, la moitié étant payable à leur mise en liberté ! Le mariage de François et Éléonore a lieu le 4 juillet 1530 près de Mont-de-Marsan. On croit la paix revenue. On a tort…

Le saviez-vous ?

Les diamants du Canada

Le 24 juillet 1534, un malouin, Jacques Cartier, financé par le roi de France qui lui a alloué 6 000 livres, prend possession de la péninsule de Gaspé, au nord-est du Canada. Il noue des relations amicales avec les Indiens Micmacs et les Iroquois, explore les côtes et quelques terres puis revient en France afin de mettre sur pied une nouvelle expédition dont l'objectif est de découvrir des gisements d'or. Le 19 mai 1555, il appareille de Saint-Malo. Le 10 août, il entre dans une baie qu'il nomme Laurent en l'honneur du saint du jour, devenue depuis la baie du Saint-Laurent qui termine le fleuve consécutivement du même nom. Puis il remonte le cours d'eau, guidé par les Indiens. À la mi-septembre, il atteint Stadaconé où sera plus tard fondée la ville de Québec. Le 2 octobre, il aborde à Hochelaga, site de la future ville de Montréal. Une troisième expédition est organisée en 1541. Jacques Cartier en revient avec ce qu'il croit être de l'or et des diamants. Hélas : l'or n'est que du cuivre, et les diamants sont du pur mica ! Ainsi naquit l'expression : « faux comme les diamants du Canada »…

La France et l'Espagne dans la même chambre !

François Ier ne supporte pas la supériorité de Charles Quint qui ne cesse de recevoir du Nouveau Monde de l'or, de l'argent. Après s'être rapproché des princes protestants allemands en 1531, il en arrive à faire alliance avec le sultan turc Soliman le Magnifique, laissant stupéfait le monde chrétien ! C'est ce qui déclenche une guerre en 1536, le temps que soient commises de nouvelles horreurs en Provence (destruction des fours, des moulins, incendie des blés, des fourrages, empoisonnement des puits, etc.), tout cela afin que l'armée de Charles Quint recule. Et tout cela pour rien puisque François Ier et Charles Quint se réconcilient à grands renforts d'embrassades, allant jusqu'à coucher dans la même chambre pour montrer que leur entente est celle de deux presque frères ! Six ans plus tard, le rêve italien de François Ier refait surface. Dans le même temps, Henri VIII et Charles Quint s'allient pour empêcher le roi de France de mettre le pied en Italie. Le 14 avril 1544, le comte d'Enghien remporte pour la France la victoire de Cérisole en Italie. Aussitôt, le roi d'Angleterre et l'empereur du Saint Empire attaquent, le premier Boulogne, le second la Champagne, mais l'argent se faisant rare de part et d'autre, on arrête les frais ! La paix est signée à Crépy-en-Laonnois.

UNE ANECDOTE

Françoise de Foix et François

Morlaix, printemps 1505. Dans la petite église en bord de mer, Anne de Bretagne assiste, recueillie, à une messe. On remarque dans l'assistance le seigneur Jean de Laval, un grand jeune homme de dix-neuf ans. Et ce jeune homme ne quitte pas des yeux une toute jeune fille, presque une enfant : Françoise de Foix. Elle a seulement onze ans ! Elle est déjà si belle que Jean de Laval en tombe amoureux fou. Que se passe-t-il après la messe ? On ne le sait trop, mais ce qui est certain, c'est que l'année suivante, Françoise de Foix, à l'âge où les élèves aujourd'hui entrent en cinquième, accouche d'un enfant dont le père est Jean de Laval ! En 1508, ils se marient. Pendant dix ans, le couple vit un bonheur sans nuage au château de Châteaubriant (aujourd'hui en Loire-Atlantique).

Mais François Ier qui ne s'illustre pas que sur les champs de bataille entend parler de la grande beauté de Françoise de Foix. Il invite le couple castelbriantais en son château de Blois. Méfiant, Jean de Laval s'y rend tout seul ! François Ier ruse et parvient à ses fins : Françoise de Foix devient son amante pour une liaison qui va durer dix ans. Grande, brune, altière et gracieuse, Françoise de Foix est de tous les voyages de François. Elle participe même au camp du Drap d'or aux côtés de la reine Claude de France ! Mais à son retour de captivité en Espagne, François tombe amoureux d'une jeune beauté : Anne de Pisseleu. En 1537, Françoise de Foix, délaissée, meurt dans sa chambre, au château de Châteaubriant. On soupçonne aussitôt Jean de Laval de s'être vengé en empoisonnant sa femme infidèle. Depuis, on dit que chaque année, la martyre d'amour fait une apparition dans les lieux mêmes où elle mourut, au douzième coup de minuit…

François Ier, ses châteaux et sa langue française

Somptueux, les châteaux de la Loire, somptueux, le *langaige maternel françois !* François Ier nous a laissé en héritage des demeures imitées de celles des fées, et la clé qui peut ouvrir toutes les forteresses : le langage.

La cour fait la fête

Plutôt nomade, la cour de François Ier est une foule joyeuse qui fait halte dans des résidences somptueuses.

Une foule itinérante

François Ier aime la fête, les jeux. Chaque jour doit être un tourbillon de joie, de rires, de divertissements, mais aussi d'élégance et de bon goût. François Ier aime qu'on cultive l'art de la conversation. Il s'entoure de lettrés et d'artistes, certains viennent d'Italie. Afin de canaliser l'énergie des seigneurs qui peuvent se montrer turbulents, François Ier les invite à la cour et les emmène de château en château. Cette cour devient alors une foule itinérante et pittoresque qui peut atteindre quinze à vingt mille personnes ! C'est une sorte d'immense caravane qui prend d'assaut un château choisi pour halte non loin des bords de la Loire, par exemple (Chambord, Chenonceaux, Azay-le-Rideau, etc.).

Figure 9-3 : Le château d'Azay-le-Rideau sur l'Indre (Loire).

Banquets, ballets, concerts, bals…

On y installe alors les meubles, les tapisseries, le lit du roi, tout cela transporté dans des charrettes. Des chiens, des ours, des chameaux, des lions font partie du convoi qui se donne des airs de cirque ambulant avec représentations pour faire frissonner les dames fort nombreuses autour du roi. Banquets, ballets, concerts, bals, théâtre, tout est prévu pour que jamais on ne s'ennuie, pour que seul le divertissement épuise les énergies. Le lieu de résidence préféré de François Ier deviendra peu à peu Fontainebleau où le style Renaissance française atteint son plein épanouissement. Deux artistes italiens, Le Rosso et Le Primatice, y animent des ateliers qui acquièrent une prestigieuse renommée.

LE SAVIEZ-VOUS ?

La voilà la blanche hermine…

En août 1532, les États de Bretagne se réunissent à Vannes. À l'ordre du jour, la demande suivante : que le dauphin de France fasse son entrée dans la ville de Rennes afin que soit concrétisé son rôle de duc et prince de Bretagne. Dans les actes de ces États de 1532, il est précisé que le duché fait désormais partie du royaume de France, à titre perpétuel, sous réserve de ses droits, libertés et privilèges. La Bretagne française conserve pourtant son drapeau avec les hermines qui y figurent : « Plutôt la mort que la souillure ! » Le motif héraldique de l'hermine n'est pas un apport breton, mais français. En effet, l'héritière du trône de Bretagne, Alix, fut mariée par Philippe Auguste à Pierre de Dreux, un prince du royaume de France, mort en croisade en 1250, qui portait dans ses armoiries personnelles un quartier d'hermine. Hermine qui s'est retrouvée sur le drapeau breton.

La langue française conquiert le royaume

UN ÉVÉNEMENT IMPORTANT

La langue française est bien faible encore par rapport au latin lorsque François Ier décide de la soigner, de lui donner toute la vigueur nécessaire pour conquérir son royaume. Il lui prépare une ordonnance…

10 août 1539 : l'ordonnance de Villers-Cotterêts

Le 10 août 1539, François Ier signe à Villers-Cotterêts une ordonnance de 192 articles que le Parlement enregistre le 6 septembre de la même année. Appelée aussi ordonnance Guilelmine, du nom de Guillaume Poyet qui en fut le rédacteur, elle comporte deux articles d'une importance capitale pour la langue française : celle-ci devient la langue du pouvoir royal, de l'administration, de la politique et de la littérature, doublant de façon définitive le latin qui lestait toute démarche orale et écrite de son appareil complexe dont la maîtrise échappait à beaucoup. De plus, cette langue désormais nationale va servir à enregistrer, selon la volonté du roi, les baptêmes et les enterrements. Ainsi naît l'état civil !

Le français d'Île-de-France

On n'oublie pas cependant de continuer d'enseigner le grec, le latin ou l'hébreu : Guillaume Budé, le bibliothécaire du roi, lui conseille de fonder pour cet enseignement qu'il veut largement ouvert à tout public un Collège royal, le futur Collège de France. Le Français dont il est question dans l'ordonnance de Villers-Cotterêts est la langue d'oïl, mais c'est surtout la langue de l'Île-de-France et des bords de la Loire. Autrement dit la langue du pouvoir. Elle va s'imposer peu à peu à tout le royaume. Peu à peu, car on s'apercevra à la Révolution française en 1789 que l'unité linguistique est loin d'être réalisée en France. Cette unité n'existe vraiment que depuis le milieu du XXe siècle, 500 ans après l'ordonnance signée par François Ier !

En langaige maternel françois…

La langue française – le patois de l'Île-de-France - avait déjà été adoptée en 1532 par le Parlement de Toulouse. Elle s'imposait aussi chez les notaires, dans le monde des affaires où le latin encombrait avec ses rigidités et subtilités excessives pour des esprits peu enclins à l'étude des langues anciennes. Voici les articles les plus importants de l'édit de Villers-Cotterêts, en orthographe et en syntaxe de l'époque. Les derniers mots de l'article 111 ont été longuement commentés, sans qu'on puisse apporter de réponse décisive à cette question : excluaient-ils toute forme de dialecte et de langue régionale, ou bien le latin seulement ?

Articles 110 et 111

Article 110 : Afin qu'il n'y ait cause de doubter sur l'intelligence desdits arrestz, nous voullons et ordonnons qu'ilz soient faictz et escriptz si clerement qu'il n'y ayt ne puisse avoir aucune ambiguïté ou incertitude, ne lieu a en demander interpretaction.

Article 111 : Et pour ce que telles choses sont souventesfois advenues sur l'intelligence des motz latins contenuz es dictz arrestz, nous voulons que doresnavant tous arrestz, ensemble toutes autres procedures, soient de noz courtz souveraines ou autres subalternes et inferieures, soient de registres, enquestes, contractz, commissions, sentences, testamens et autres quelzconques actes et exploitctz de justice ou qui en deppendent, soient prononcez, enregistrez et delivrez aux parties en langaige maternel françois et non autrement.

Embouteillage !

Du Bellay (1522 - 1560) et Ronsard (1524 - 1585) vont devenir les zélés serviteurs de la langue française nouvellement promue idiome national : ils puisent leur vocabulaire dans le langage des ouvriers, dans les vieux mots du terroir ; et, s'ils le jugent nécessaire, ils inventent des termes à partir du grec et du latin dont les unités signifiantes s'emboîtent si facilement pour rendre compte d'une idée ou d'un objet. Rabelais publie *Gargantua* en 1534, le *Tiers livre* en 1546. Ses inventions langagières témoignent d'une intelligence, d'une exubérance et d'une gaieté jamais égalées depuis. Montaigne livre à la réflexion du lecteur enchanté ses lumineux *Essais*. L'enthousiasme pour la création de mots nouveaux est tel que, quelques décennies plus tard, François de Malherbe (1555 - 1628) devra faire une sélection sévère parmi les centaines de termes apparus, et qui produisent dans la langue toute neuve une sorte d'embouteillage peu favorable à la claire circulation de la pensée.

« Car tel est notre plaisir »

Une langue : le français. Un lieu de pouvoir : la cour. Une formule : « Car tel est notre plaisir. » François Ier ne masque pas ses intentions : il veut unifier le royaume et centraliser le pouvoir. Le Conseil du roi qui, depuis les Capétiens, réunissait des princes de sang, des pairs de France, des ducs, des grands officiers, en nombre tel que les décisions pouvaient être prises après l'échange de multiples points de vue, se restreint de plus en plus. Louis XII l'avait allégé, François Ier le réduit à quelques confidents qui vont composer un Conseil étroit ou secret chargé d'approuver la volonté royale. Le pouvoir monarchique est si étendu et si efficace en France que les pays étrangers s'en étonnent.

« Le roi des bêtes ! »

L'empereur Maximilien en vient à dire un jour : « L'empereur n'est que le roi des rois. Un roi catholique n'est que le roi des hommes. Mais le roi de France est le roi des bêtes, car, en quelque chose qu'il commande, il est obéi aussitôt, comme l'homme l'est des bêtes ! » Centralisation, pouvoir absolu, mais pour quel but ? Éviter la concurrence des seigneurs, toujours dangereux lorsqu'ils se retrouvent seuls, éloignés, à la tête de leurs régions ; percevoir mieux et plus efficacement les impôts qui vont emplir les caisses du royaume pour organiser la vie des dix-huit millions de Français – l'Angleterre et l'Écosse réunies n'en comptent que cinq millions –, et surtout financer la guerre incessante, les expéditions en Italie, les fastes de la Renaissance, les dépenses de la cour, les tonnes d'or aux grands électeurs de l'Empire…

Le protestantisme naît dans la douleur

Rome et ses dîmes, ses impôts, ses idées, ça suffit ! L'Espagne et ses désirs hégémoniques relayés par la religion, ça suffit ! Les Florentins et leurs banques, assez ! Un mouvement de protestation commence à s'étendre contre toute cette dépendance qui empêche les États d'être vraiment libres. Et ce mouvement religieux, idéologique, va s'appeler le protestantisme.

La nuit des colleurs d'affiches

Le relâchement des mœurs du clergé catholique favorise l'éclosion d'une agitation qui traduit l'inquiétude spirituelle des pays d'Europe. En France, les idées nouvelles de Luther et Calvin vont se répandre comme une traînée de poudre.

Jusque dans la chambre royale...

Nuit du 17 au 18 octobre 1534. Des silhouettes enveloppées de capes noires se faufilent dans les rues de Paris, de Blois, d'Orléans, collant, clouant partout des affichettes, qu'on appelle à l'époque des placards. Un audacieux anonyme – peut-être un proche ou un familier du roi – entre même dans le château d'Amboise où réside la cour et où dort François Ier. Il colle sur la porte de la chambre royale l'une de ces affichettes. On dit même qu'il aurait poussé la porte et déposé une affichette dans la coupe où le roi mettait son mouchoir ! Au matin du 18, c'est la consternation : on prend conscience que ce qui n'était qu'une contestation dont les souverains pensaient s'accommoder en la tolérant aimablement, est devenu une lame de fond qui pourrait être suivie d'un raz de marée.

Un homme dans un morceau de pâte...

Aux faits, aux faits, demandez-vous, piqué par la curiosité. Patience, on y arrive... Voici l'essentiel de ce qu'on peut lire sur les tracts. Tout d'abord le titre : « Articles véritables sur les grands horribles et insupportables abus de la messe papale », puis cet article : « Il ne faut pas croire à la présence corporelle du Christ dans le pain et le vin. Il ne peut se faire qu'un homme de vingt ou trente ans soit caché dans un morceau de paste. » Le reste est à l'avenant, invitant à détruire les « idolâtres papistes ». Au matin du 18 octobre, le roi est atterré.

L'objectif de Luther et Calvin : se libérer de Rome

Les affiches reprenaient les idées d'un certain Martin Luther. Ce moine allemand, scandalisé par le commerce des indulgences, et bien soutenu par les Princes allemands, élabore une doctrine appelée à un bel avenir. Quelques années plus tard, elle est reprise et renforcée par un jeune humaniste : Jean Calvin. Dès lors, le massacre des protestants va commencer...

Un coup de tonnerre dans le cœur de Luther

UNE ANECDOTE

On identifie l'auteur de ce tract. Il s'appelle Antoine Marcourt. Il s'est empressé de s'enfuir en Suisse. Mais quelle est donc la perturbation originelle qui a déclenché cet ouragan ? Il faut remonter à l'été 1505 : ce jour-là, le jeune Allemand Martin Luther se promène dans la campagne, près d'Erfurt, où il termine ses études. C'est un fils de famille plutôt aisée, qui se destine à entrer dans la magistrature. Mais il est victime de fréquentes crises d'angoisse, craint la mort, et trouve que l'Église n'apporte pas de réponse apaisante à ses incertitudes. Aussi, en cet été 1505, lorsque la foudre tombe à ses pieds sous la forme d'une boule de feu, il considère ce signe comme une manifestation divine : Dieu l'a choisi !

Luther sans indulgence

Au grand désespoir de ses parents, Luther entre au couvent des frères augustins. Il y étudie directement les textes bibliques, obtient de nombreux diplômes. Il effectue un voyage à Rome où il est scandalisé par les excès de la vie de la famille Borgia et du pape lui-même. La vente des indulgences surtout le révolte : il s'agit pour le fidèle d'acheter une réduction du temps de son futur séjour en purgatoire… Et cette vente en ces temps d'inquiétude métaphysique est devenue prospère. C'est qu'il faut beaucoup d'argent au pape pour construire Saint-Pierre de Rome, il faut aussi beaucoup d'argent à Charles Quint et à François Ier pour payer les grands électeurs princes-archevêques qui doivent élire l'un d'entre eux !

Luther excommunié

La veille de la Toussaint 1517, Martin Luther affiche sur les portes de la chapelle de son monastère à Wittenberg, en Saxe, les « 95 thèses sur la vertu des indulgences » où il dénonce la vente des réductions de peine en purgatoire. Cette prise de position contre le pouvoir de Rome le conduit trois ans plus tard à l'excommunication : il ne fait plus partie de l'Église catholique, malgré une tentative de conciliation en présence de Charles Quint à la Diète (assemblée de responsables politiques qui votent des lois) de Worms le 18 avril 1521. Luther n'était pas le premier qui ait répandu des idées nouvelles en matière religieuse. Érasme (1469 - 1536), un humaniste hollandais, s'était déjà montré critique à l'égard de l'Église catholique. L'humanisme visait à redonner à l'homme, à l'esprit humain toute sa dignité, en puisant aux sources gréco-latines.

Érasme, Pic de la Mirandole, même combat !

Avant Érasme, le mouvement humaniste avait été profondément marqué par la personnalité et les idées de deux Italiens : Marsile Ficin, et Pic de la Mirandole (mort en 1494, dans les bras de qui ? Allez chercher la réponse dans les pages qui précèdent, si vous ne vous le rappelez déjà plus !). Luther cependant veut se démarquer des idées d'Érasme, il le trouve trop conciliant à l'égard de Rome. Bien sûr, au-dessous de toute cette agitation luthérienne, des aspects moins avouables conduisent les soutiens, notamment celui des princes allemands auprès de Luther. En effet, puisque celui-ci déclare qu'il n'est plus nécessaire d'obéir à Rome, tous les biens de l'église en Allemagne ou bien dans les pays qui se rallient à la doctrine de Luther peuvent être confisqués, ni plus ni moins ! Les paysans allemands, mis au courant, se ruent dans les églises qu'ils pillent. Mais les princes répriment durement cette révolte, en accord avec Luther qui désapprouve ces « briseurs d'images » !

LE SAVIEZ-VOUS ?

Ils protestent, les protestants !

En 1529, les premiers adeptes de la Réforme luthérienne protestent de leur foi à la Diète de Spire, contre un décret de Charles Quint qui veut interdire leur doctrine. Ainsi naît le nom de protestants, ceux qui protestent.

Créer un État fort, indépendant

En 1519, les premières brochures de Luther sont arrivées à Paris. Et ses idées se répandent comme une traînée de poudre, rejointes dans l'esprit de beaucoup par celles des « bibliens de Meaux », un cercle qui s'est formé autour de la sœur de François Ier, composé notamment d'humanistes tels que Lefèvre d'Étaples et Briçonnet qui étudient la Bible. Tous rêvent finalement de se libérer des tutelles, des influences du pape, de l'Espagne, de ne plus dépendre financièrement des banquiers de Florence. Ils veulent créer un État fort, indépendant, libre !

1529 : on brûle les intellectuels à Paris

Après l'excommunication de Luther, on commence à dresser des bûchers : en 1523, un ermite normand, Vallières, qui a répandu les idées de Luther est brûlé à Paris. En 1529, c'est un traducteur du moine allemand qui est étranglé puis brûlé. L'affaire des placards survient dans une atmosphère tendue et suscite une vive émotion. Beaucoup d'intellectuels qui se sont laissés gagner par les idées de la réforme sont envoyés au bûcher à Paris et en province.

Figure 9-4 : Portrait de Jean Calvin.

Jean Calvin favorable à la réforme

Un jeune humaniste, admirateur et défenseur des « bibliens de Meaux », Jean Calvin, né à Noyon en 1509, entre alors en scène. Grand lecteur d'Érasme et de Luther, il se fait le défenseur d'un texte réformiste écrit par Marguerite d'Angoulême, la sœur de François Ier. Menacé pour cette prise de position résolue, il doit s'enfuir en hâte à Bâle au début de 1535. Cela n'empêche pas les publications favorables à la Réforme de se multiplier. François Ier décide alors, la mort dans l'âme, d'interdire l'imprimerie qu'il a tant contribué à développer ! Le 21 janvier 1535, il participe à une immense procession expiatoire où sont sorties les reliques que Luther condamne et qualifie de superstitions : la couronne d'épines du Christ, une goutte de son sang, une goutte de lait de la Vierge. Et pour terminer la journée, six hérétiques sont brûlés sur le parvis de Notre-Dame !

Les catholiques pris de vitesse

La Réforme protestante prend de vitesse une réforme qui avait commencé à se dessiner dans l'Église catholique toujours lente à accepter le changement. Trop lente pour beaucoup de déçus qui vont adhérer aux idées de Luther avec d'autant plus de convictions qu'elles les libèrent de la dîme qu'il faut verser au clergé ! La Réforme catholique prend une tournure concrète en 1526 à peine dix ans après la publication des quatre-vingt-quinze thèses de Luther. Les frères capucins font le vœu de soulager la misère des humbles dans un esprit de pauvreté, opèrent un retour à la règle initiale de Saint-François d'Assise, les franciscains s'en étant trop écartés à leur avis. Ceux qu'on appelle les cordeliers – à cause de leur ceinture de corde – sont aussi, par esprit de sacrifice, les pompiers de Paris, jusqu'à la Révolution !

Le 15 août 1534, dans l'église de Montmartre, Ignace de Loyola, un religieux espagnol et boiteux – au siège de Pampelune par François Ier, sa jambe droite fut brisée en trois endroits – décide de créer la Compagnie de Jésus (les jésuites), entièrement dévouée à la cause catholique et soumise en tout au pape. Partout où la foi catholique est menacée, elle promet d'intervenir. Ancien soldat, Ignace de Loyola donne une organisation militaire à sa compagnie dont le supérieur porte le nom de général ! Ainsi, le terrain perdu par Rome est partiellement reconquis en France, en Allemagne, en Autriche, par la création de maisons où se donne en exemple une morale plus conquérante que tolérante. Des missions sont organisées pour l'étranger – en Amérique du Sud, par exemple. De 1545 à 1563, le concile de Trente permettra d'affermir l'autorité du pape, de condamner les abus de toutes sortes, de définir le dogme.

Des réactions violentes : 1545, le massacre de Cabrières

Massacres, tortures, le sinistre cortège des tragédies dues aux deux religions qui s'affrontent va commencer… Le traumatisme de la nuit des placards – octobre 1534 – conduit le pouvoir royal à promulguer un édit, en 1539, qui vise à « extirper du royaume les mauvaises erreurs ». On se rappelle que dans le Lubéron vivent les Vaudois issus d'un mouvement dissident dans l'Église catholique, au temps des cathares, au XIIe siècle. Ils sont un peu plus de 3 000 et forment une communauté paisible, tranquille. En 1545, on les assimile aux agitateurs luthériens et on envoie les soldats les égorger. Les femmes et les enfants se réfugient dans l'église de Cabrières : elle est incendiée, ils périssent tous brûlés vifs !

Torturés sous les yeux de leurs compagnons

À Paris, un imprimeur installé à Lyon, correcteur d'ouvrages avec Rabelais, et philologue (il étudie les textes à la lumière de leur histoire), est arrêté, emprisonné à Paris et brûlé, après avoir été étranglé, place Maubert, au milieu de ses livres. À Meaux, le 8 septembre 1546, les Réformés sont arrêtés où ils tenaient leurs réunions secrètes chez Étienne Mangin. Le parlement les juge : quatorze d'entre eux sont condamnés à être torturés sous les yeux de leurs compagnons puis à être brûlés vifs. La maison de Mangin est rasée et une chapelle est construite à la place… Malgré tout cela, les idées de la Réforme progressent.

UN PORTRAIT

Rabelais, vous aimez ?

François Rabelais ! Le merveilleux François Rabelais. Écrivain, moine, philosophe, médecin, notre Shakespeare ! Attention : Rabelais n'était pas rabelaisien, du moins pas au sens où le sens commun a fait échouer l'image d'un Rabelais ripailleur et grossier. En France, par ignorance ou légèreté, on confond souvent l'auteur et son œuvre. Il faut lire Rabelais entre les lignes. Au-delà du spectacle, au-delà des excès calculés, il y a une pensée humaniste exceptionnelle, une finesse et une intelligence rares. Il déteste, il hait tout ce qui lui apparaît « bas et malfaisant ». Il aime la sincérité dans le rire – ce qu'on a perdu –, le rendant parcellaire, étroit, acide, souvent stupide, soumis à des censures. Rabelais ne s'est jamais vautré dans la luxure, dans l'ordure, ne s'est jamais abreuvé comme un porc. Ce n'est pas lui qu'il décrit dans ses œuvres, il pointe le doigt vers ses contemporains, vers la nature humaine. On ne possède de lui aucun portrait. Tous ceux que vous pouvez voir dans les dictionnaires ou les histoires de la littérature sont des faux : on a imaginé qu'il pouvait avoir ce visage bien longtemps après sa mort ! Rabelais, l'ami du roi François Ier qui l'appréciait pour sa conversation brillante, son élégance, sa délicatesse. Et vous, Rabelais, vous aimez ?

Que propose le protestantisme ?

- Les Écritures saintes (la Bible) sont les seules sources pour découvrir les vérités de la foi.
- Trois sacrements au lieu de sept sont reconnus : le baptême, la pénitence et l'eucharistie. Les calvinistes ne reconnaissent que deux sacrements : le baptême et la cène (eucharistie).
- Les luthériens refusent la transsubstantiation (présence réelle du corps et du sang du Christ après la consécration du pain et du vin). Ils optent pour la consubstantiation (le Christ est présent mais le pain et le vin conservent leur substance).
- Les calvinistes décident, eux, que la présence du Christ dans le pain et le vin est seulement spirituelle.
- Pour les protestants, les fidèles sont égaux par le baptême, les pasteurs n'ont pas de caractère sacré, ils peuvent être mariés.
- Le culte de la vierge et des saints est aboli.
- Le salut dans l'au-delà s'obtient par la foi seule et non par les œuvres (charité, pratiques pieuses).
- L'autorité du pape est rejetée.

Que propose le catholicisme ?

- L'interprétation des Écritures est placée sous l'autorité de l'Église catholique.
- Les sacrements sont au nombre de sept : le baptême, la confirmation, la pénitence, l'eucharistie, le mariage, l'extrême-onction, l'ordre (ordination des prêtres).
- Le principe de la transsubstantiation est contenu dans l'eucharistie.
- Le pape, les évêques et les prêtres ont un caractère sacré, ils ont reçu le sacrement de l'ordre.
- La Vierge et les saints sont honorés.
- Le salut s'obtient par la foi et les œuvres charitables auprès du prochain.
- Le pape est infaillible (ce qu'il dit et décrète doit être observé et appliqué sans discussion, il ne peut se tromper).

LE SAVIEZ-VOUS ?

Les secrets de beauté de Diane de Poitiers

Éblouissante, déjà, à quinze ans, Diane de Poitiers, née en 1499, est mariée à Louis de Brézé qui a quarante ans de plus qu'elle ! Elle est dame d'honneur d'Éléonore de Habsbourg, la reine, et se trouve donc dans la proximité de François Ier qui en fait sa maîtresse. Elle le demeure jusqu'en 1547, lorsque François Ier s'éteint, victime d'une fistule tuberculeuse. Depuis dix ans cependant, elle n'est plus seulement maîtresse du roi, mais aussi du dauphin Henri II ! Né en 1519, il a vingt ans de moins qu'elle. Il la fait duchesse de Valentinois et lui offre le château de Chenonceaux ! Leur liaison qui fait enrager Catherine de Médicis, l'épouse d'Henri II et future reine, durera jusqu'au jour fatal de juin 1559 où, lors d'un tournoi, le roi sera mortellement blessé. Diane de Poitiers était d'une beauté éclatante, aussi belle, aussi fraîche à soixante-sept ans qu'à quinze ans ont prétendu les observateurs de l'époque.

Quels étaient ses secrets de beauté ? Peut-être son hygiène de vie : couchée à huit heures du soir, elle se lève à six heures du matin, prend un bain glacé, un sirop à base d'or, puis se met à cheval pour la chasse au fond des bois. Elle fait une sieste au retour, prend une collation et pratique des exercices physiques nombreux et variés qui réjouissent toute sa personne. Voulez-vous la recette de son « eau de pigeon » ? Elle se compose de jus de liseron, de concombre, de melon, de nénuphar, de fleurs de lys et de fèves. Dans cette mixture, vous faites macérer des pigeons hachés, ajoutez du beurre, du sucre en poudre, du camphre et de la mie de pain. Versez ensuite du vin blanc. Laissez reposer, puis distillez cet ensemble, et vous obtenez l'eau de pigeon de Diane de Poitiers. Ah, nous oublions les mains que vous voulez aussi blanches que les siennes : massez-les avec des décoctions de feuilles de bouleau et de millet. Le parfum de Diane ? Le musc, le benjoin, le girofle, la muscade, la gomme arabique ! Ce qu'elle porte pour dormir ? Le musc, le benjoin, le girofle…

Figure 9-5 : Diane de Poitiers, attribué à François Clouet, 1571.

Henri II, si différent de son père…

Henri II semble une antithèse de son père, le jovial François Ier. Il va cependant conduire honorablement les affaires du royaume.

Le roi en pied

L'avez-vous vu exposé au musée du Puy, peint par un artiste anonyme ? Barbu, un long nez, une sorte de galette noire, étoilée et empanachée, sur la tête… Pas vraiment gai, Henri !

Triste, morne, taciturne

25 janvier 1547. Le roi François Ier, qui n'est plus que l'ombre de lui-même depuis qu'une fistule tuberculeuse lui occasionne gêne et souffrances incessantes, apprend la mort d'Henri VIII. Il devient sombre et pensif : il a presque le même âge que le roi d'Angleterre, il se dit que la mort pourrait décider de les traiter à égalité. Il ne se trompe pas. Deux mois plus tard, le 31 mars, à Rambouillet, François Ier rend l'âme. Dès le lendemain, 1er avril 1547, son fils Henri devient le roi Henri II. Ah ! Quelle différence entre le fils et le père. Henri II est triste, morne, taciturne, austère : il chasse de la cour la plupart des femmes et recommande aux hommes d'être réservés, modestes et honnêtes en la compagnie des demoiselles, sous peine d'être sévèrement châtiés ! Il n'a jamais admis sa captivité en Espagne.

Henri et sa pétarade

Lors de sa libération, le 1er juillet 1530, à la question posée par le connétable de Castille chargé de leur surveillance qui leur demandait s'il aurait pu faire mieux, François, le dauphin, mort à dix-huit ans, avait aimablement répondu ; Henri avait fait une pétarade postillonnante avec sa bouche ! Henri aime par-dessus tout l'exercice physique. Il est bien bâti et robuste. Ce qu'il préfère, ce sont les tournois. Son mentor, celui à qui il se confie et confie presque toutes les affaires du royaume est un chef de guerre, plus habile diplomate que militaire efficace : le connétable Anne de Montmorency. Celle à qui il confie la conduite de son cœur, de sa passion sans limites, s'appelle Diane de Poitiers. Le 28 octobre 1533, il a épousé – non pas Diane de Poitiers, puisqu'à cette époque elle est aussi la maîtresse de son père François Ier –, mais Catherine de Médicis, la nièce du pape, une florentine qui appartient à la famille la plus riche d'Europe !

De bonnes conquêtes, un mauvais traité…

Les trois évêchés de Metz, Toul et Verdun, la ville de Calais, voilà ce qu'on peut mettre à l'actif d'Henri II. Mais, à l'issue du traité de Cateau-Cambrésis, l'Italie toute entière est abandonnée à l'influence des Habsbourgs, ce qui est ressenti comme une humiliation dans le royaume.

Figure 9-6 : Henri II reçoit les clés de Metz, Toul et Verdun.

Henri II acquiert Metz, Toul et Verdun

UN ÉVÉNEMENT IMPORTANT

Henri II poursuit la politique de son père, une politique d'alliance avec les Turcs ; il étend aussi cette alliance aux princes protestants révoltés contre son ennemi, Charles Quint. Ces princes protestants ont besoin d'argent pour conduire leur lutte. Henri II leur donne des sommes considérables, mais demande en échange les trois évêchés de Metz, Toul et Verdun, afin de consolider les frontières du royaume. Immédiatement, Charles Quint réagit en assiégeant Metz qui ne se rend pas, bien défendue par François de Guise entre octobre 1552 et janvier 1553. Henri et Charles se font encore la guerre, notamment en Italie, mais, leurs finances s'épuisant, ils décident de signer la paix à Vaucelles, en 1556.

UNE ANECDOTE

Le coup de Jarnac

Guy Chabot, baron de Jarnac, beau-frère d'Anne de Pisseleu, duchesse d'Étampes, aimait étaler un luxe et une magnificence que tout le monde devinait au-dessus de ses moyens. Un jour, le futur Henri II lui demanda d'où lui venait tout cet argent. Guy Chabot lui répondit que sa belle-mère l'entretenait. L'entretenait ? Henri s'en gausse et va répétant que Jarnac couche avec sa belle-mère ! Jarnac se fâche, mais ne peut régler l'affaire en duel, car Henri le dauphin de France n'est pas autorisé à se battre avec un simple gentilhomme. Henri désigne alors un remplaçant : le seigneur de La Châteigneraie. Mais La Châteigneraie est robuste, quasiment invincible. Jarnac est fluet, mince, fragile. François Ier refuse que le duel ait lieu. Aussitôt que son père meurt, Henri II autorise le combat qui doit écraser Jarnac ! La cour est réunie pour le spectacle le 10 juillet 1547 en forêt de Saint-Germain. Jarnac a eu le temps de prendre des leçons de maniement des armes auprès d'un maître italien qui lui a enseigné une botte secrète. Le combat commence. On n'a d'yeux que pour le puissant La Châteigneraie, on a pitié du chétif Jarnac ! Soudain, la foule des spectateurs n'est plus qu'un cri : Jarnac ! Jarnac vient de porter sa botte secrète, son fameux coup, le coup de Jarnac, celui qui surprend, un coup imprévu, mais parfaitement loyal : il a coupé le jarret gauche de La Châteigneraie qui s'effondre, perdant son sang en abondance. On l'emporte pour le soigner, mais le vaincu refuse qu'on arrête son sang, il ne peut survivre à cette défaite, il meurt dans la nuit. Alors, le coup de Jarnac ? De l'imprévu, mais rien de déloyal. De quoi corriger peut-être ce que vous croyiez jusqu'à présent…

Charles Quint : toujours la bouche ouverte !

UN PORTRAIT

Bouche ouverte ! Charles Quint a toujours la bouche ouverte, non pour parler, mais pour respirer. En effet, les végétations ont envahi son nez et sa gorge, elles ont proliféré au point que sa grande bouche au prognathisme aigu (sa mâchoire inférieure est interminable) apparaît comme un antre inquiétant où s'engouffrent à chaque repas des quantités impressionnantes de nourriture. Son médecin a beau lui dire de la fermer, il n'en fait rien, et, de plus en plus triste, gagné peu à peu par une sorte de stupeur ébahie, le fils de Jeanne la Folle décide d'abdiquer, le 16 janvier 1556. Il donne à son fils Philippe II l'Espagne, l'Italie, les Pays-bas et les Amériques. Son frère devient empereur d'Europe centrale.

Henri reprend Calais !

Que se passe-t-il sans tarder après l'abdication de Charles Quint ? Oui, vous l'avez deviné : la guerre contre la France ! Dans un premier temps, les Espagnols alliés aux Anglais remportent la victoire de Saint-Quentin le 10 août 1557. Le connétable Anne de Montmorency est fait prisonnier. Philippe II, le nouveau roi d'Espagne, décide alors, pour célébrer sa victoire ce 10 août 1557, jour de la Saint-Laurent, de donner au plan du palais de l'Escurial qu'il fait construire la forme de la grille du supplice subi par le saint martyr. Les Espagnols et les Anglais pourraient se ruer vers Paris. Ils ne le font pas. Henri II en profite pour reprendre Calais, ville anglaise depuis deux siècles !

UNE ANECDOTE

Charles Quint assiste à ses propres funérailles

Étonnant, étrange Charles Quint ! Le 21 septembre 1558, il meurt. Rien d'étonnant ou d'étrange direz-vous. Non, sauf que Charles Quint, un mois avant sa mort, avait décidé d'assister à ses propres obsèques ! Il les avait fait organiser exactement comme elles se dérouleraient quand il serait vraiment mort. Et il avait prié pour lui-même, pour le repos de son âme, encore bien installée dans son corps... Il s'était vêtu de noir, tenait un cierge à la main... Charles Quint, fils de Jeanne la Folle.

Mars-avril 1559 : traité de Cateau-Cambrésis

UN ÉVÉNEMENT IMPORTANT

La guerre va-t-elle continuer ? Non. Dans des conditions fort défavorables au royaume de France, le traité de Cateau-Cambrésis est signé en deux temps : les 12 mars et 2 avril 1559 avec l'Angleterre, et le 3 mars avec l'Espagne : la France renonce à la plupart de ses conquêtes et à ses prétentions sur l'Italie – en revanche, elle conserve Calais, Metz, Toul et Verdun. La paix est faite, les guerres d'Italie sont terminées par le mariage de la tante du roi, Marguerite, au duc de Savoie. Henri II, le fervent catholique qui a institué des chambres ardentes pour condamner à mort les hérétiques, a les mains et l'esprit libre pour s'attaquer aux Réformés qui l'effraient. Mais, le jeudi 30 juin 1559...

30 juin 1559 : le dernier tournoi d'Henri II...

UN ÉVÉNEMENT IMPORTANT

Henri II est un passionné d'exercice physique, il adore les tournois. La paix revenue, il va s'en donner à cœur joie...

Le Beau Ténébreux

Jeudi 30 juin 1559. Catherine de Médicis vient de s'installer dans les tribunes qui ont été dressées rue Saint-Antoine – au niveau de l'actuel n° 62 – à Paris pour fêter le traité de Cateau-Cambrésis. À ses côtés, sa rivale en amour : Diane de Poitiers, vêtue de noir et blanc, ses couleurs, celles du deuil qu'elle porte depuis la mort de son mari en 1532, cela fait vingt-sept ans ! Henri II, le Beau Ténébreux à la triste figure, porte pour le tournoi les couleurs de sa maîtresse, le noir et le blanc !

La prédiction de Nostradamus

Catherine de Médicis est terriblement angoissée : voilà bien des années, son astrologue Luc Gauric lui a demandé d'agir de sorte que son mari évite tout combat en champ clos, surtout vers sa quarantième année. Henri a quarante ans, et il va combattre en champ clos ! De plus, Nostradamus, consulté sur l'avenir du roi, a affirmé qu'il mourrait de façon cruelle. Ajoutez à cela que, de son troisième adversaire, Montgomery, Charles Quint a dit qu'il avait entre les deux yeux un signe néfaste qui présageait la mort d'un prince à la Fleur de Lys, l'emblème des rois de France. Enfin, pour couronner le tout, le cheval que monte le roi s'appelle… Malheureux !

Choc terrible !

Le premier tournoi est lancé : Henri est vainqueur. Le deuxième est indécis : est-ce Henri, est-ce Guise qui a gagné ? On ne le sait trop. Le troisième s'engage : la lance de bois terminée par une pointe de fer, Henri lance son cheval contre l'Anglais Montgomery. Le choc est terrible, mais les deux cavaliers demeurent en selle. Il est midi, il fait une chaleur étouffante. Montgomery demande l'arrêt du combat, conservant sous son bras sa lance cassée. Le roi refuse !

La lance dans l'œil, jusqu'à l'oreille !

Le maréchal de Vieilleville n'a pas le temps de raccrocher la visière du casque royal : déjà Henri II s'est saisi d'une nouvelle lance et galope vers Montgomery qui, sur son cheval au galop également, lui oppose sa lance cassée. Celle-ci glisse sur l'armure du roi et pénètre dans son casque qui s'ouvre sans difficulté. Les morceaux pointus de la lance cassée entrent dans la tête d'Henri II en cinq endroits, dans l'œil, le front, la tempe. Le plus gros morceau fait dix centimètres, il est entré par l'œil droit pour ressortir par l'oreille ! La tribune se lève, Henri II s'agrippe à l'encolure de son cheval, tombe dans les bras de ses pages. Catherine de Médicis s'évanouit. On appelle Ambroise Paré, Jean Chapelain, premier médecin du roi.

Henri, Catherine et Diane sur le poêle

Les blessures sont extrêmement graves. Dans les jours qui suivent, on fait même venir de Bruxelles, à bride abattue, André Vésale, un anatomiste flamand qui est le médecin de Philippe II d'Espagne ! Et puis, pour mieux comprendre l'état des lieux dans le royal cerveau, Ambroise Paré demande qu'on exécute six condamnés à mort à la prison du Châtelet, et qu'on lui apporte leurs têtes tranchées. Consciencieusement, il enfonce dans ces têtes des morceaux de bois comparables à ceux de la lance de Montgomery. En vain ! La blessure du roi s'envenime, il meurt le 10 juillet 1559, en fin de matinée. Sur le poêle (le drap qui couvre le cercueil) figurent – comme à Chenonceaux – les initiales H d'Henri, et C de Catherine de Médicis, la reine. Mais en y regardant mieux, on voit surtout, dans l'entrelacs des lettres majuscules, apparaître un D, un D majestueux d'insolence et d'amour : celui de Diane !

Catherine de Médicis, mère de trois rois, régente…

Catherine de Médicis, la mère de François II, de Charles IX et d'Henri III va dominer de sa présence active les trente années qui suivent la mort de son mari. Ses fils lui sont soumis et agissent selon ses conseils. Elle va devoir faire face à la lutte entre les catholiques et les protestants, une lutte sans merci qu'elle tente de maîtriser avec un vrai courage à défaut d'habileté politique.

Figure 9-7 : Portrait de Catherine de Médicis par François Clouet.

François II : « Les parties génitrices constipées »

« Il a les parties génitrices constipées », c'est ainsi qu'un chroniqueur décrit le nouveau roi : François II qui monte sur le trône le 10 juillet 1559. Le moins qu'on puisse dire c'est qu'il ne bénéficie pas d'une image positive aux yeux de ses contemporains, ni même à ceux des historiens qui le traitent de gros adolescent boutonneux, de pâle roitelet, de névropathe, de coléreux, de violent. Pourquoi ? Peut-être parce que son règne, commencé alors qu'il n'a que quinze ans, ne dure qu'un an et demi. Peut-être parce que, adolescent boutonneux effectivement, comme beaucoup d'autres, il aime passionnément celle que le choix politique a mis dans son lit : la ravissante et pure Marie Stuart, de deux ans son aînée, et plus d'un contemporain, plus d'un historien auraient aimé être à sa place ! Jaloux !

De Clermont à Louis-le-Grand

En 1550, Guillaume du Prat, évêque de Clermont, permet aux jésuites de s'installer dans son hôtel épiscopal rue de la Harpe. Dix ans plus tard, il leur lègue 6 000 livres afin qu'ils acquièrent l'*Hôtel de la Cour de Langres*, rue Saint-Jacques. Cet hôtel devient le premier Collège de la Société de Jésus. Il ouvre en octobre 1563. Son succès est immédiat. Les Parisiens et le Parlement le désignent sous le nom de Collège de Clermont. Ce Collège de Clermont, après bien des péripéties, deviendra en 1683 le collège Louis-le-Grand, puis, sous l'Empire, le lycée Louis-le-Grand, nom qu'il porte encore aujourd'hui.

Catholiques et protestants face à face

Le roi François II n'est pas plus sot qu'un autre, il se montre même plutôt intelligent en déléguant à sa mère Catherine de Médicis tous les pouvoirs. Celle-ci va les partager avec les oncles de Marie Stuart, François de Guise et le cardinal Charles de Lorraine, chefs du parti catholique. En face d'eux, les protestants conduits par Louis de Condé et son frère, Antoine de Bourbon qui est roi de Navarre, et les Coligny. La réforme ne va cesser de gagner du terrain, le calvinisme s'installe peu à peu, mais les catholiques réagissent avec une violence que vont imiter leurs adversaires.

Au bûcher, Michel Servet !

Depuis que nous l'avons laissé réfugié à Bâle, Jean Calvin a fait son chemin, il s'est installé à Genève où il fait respecter une discipline de fer. Et quiconque s'oppose à ses conceptions en matière de religion est tout simplement brûlé. C'est ce qui est arrivé à un médecin et philosophe célèbre, Michel Servet, qui, attaqué à Paris pour la liberté de sa réflexion humaniste, s'en va à Genève où il pense trouver compréhension et tolérance. Hélas, il ose contredire le grand Jean Calvin, en niant le péché originel ! Allez hop ! Au bûcher, Michel Servet ! Le 27 octobre 1553, ses illusions partent en fumée. Jean Calvin a-t-il des excuses ? Peut-on alléguer le fait qu'il souffre de goutte, de coliques néphrétiques, d'insupportables migraines, de fièvres à répétition, d'hémorragies qui lui font cracher le sang ? Peut-être. Peut-être pas !

La doctrine de Jean Calvin se répand

Toujours est-il qu'en France le calvinisme – la doctrine de Jean Calvin – séduit de plus en plus, surtout les gens de la ville, les élites, les négociants, les artisans, les juristes, les médecins, beaucoup de gens d'Église aussi qui trouvent dans cette nouvelle façon de traiter leur spiritualité une exigence morale qui les satisfait, les écarte des excès de l'Église catholique, de ses erreurs, de la vulgarité et de l'ignorance de ses prêtres. De grandes familles se sont converties au calvinisme : les Condés et les Bourbons – Antoine de Bourbon, notamment, roi de Navarre et père du futur Henri IV –, et ils donnent l'exemple. De même que les princes allemands voyaient d'un bon œil la doctrine de Luther qui pouvait leur permettre de s'emparer des biens de l'Église, les aristocrates désargentés, des bourgeois adhèrent au calvinisme avec une arrière pensée identique : si les biens de l'Église sont abandonnés par Rome, on ne sait jamais…

1560 : cent conjurés pendus au balcon d'Amboise

En 1560, on dénombre plus de deux millions de protestants en France ! Plus de 1 200 églises se sont implantées au nord et au sud. Tout le territoire est concerné par la propagation des idées nouvelles, même si la France paysanne dans son ensemble ne se soucie guère de ces tribulations qui ne font pas le poids au regard de leur fidélité au catholicisme traditionnel. Les protestants de France se décident à franchir une étape supplémentaire, leur plan est simple : ils veulent, dans un premier temps, enlever le roi François II au château d'Amboise, pour le soustraire à la tutelle des chefs catholiques, les Guise. Dans un deuxième temps, les Guise seront arrêtés, et Louis de Condé, chef des protestants, deviendra roi de France. Ni plus ni moins ! Hélas pour les Huguenots, le complot est découvert et les cent conjurés sont pendus au grand balcon de fer du château d'Amboise !

LE SAVIEZ-VOUS ?

Huguenots

C'est ainsi qu'on appelle les protestants depuis 1532 ; le mot *huguenot* vient de l'allemand *eidgenossen* qui signifie confédérés, associés pour un même objectif, par les mêmes idées.

Condé condamné à mort

Le 20 mai 1560, Catherine de Médicis choisit un négociateur qu'elle nomme chancelier : Michel de l'Hospital, un modéré. Il veut éviter le renouvellement de tout excès entre catholiques et protestants, cherche des terrains d'entente et de conciliation. C'est pourquoi il demande aux princes de sang dissidents de se présenter à Orléans afin de tenter de régler les différends en présence des représentants des trois ordres – les états généraux y sont réunis le 12 décembre 1560. Mais François II est rancunier : il fait arrêter, aussitôt qu'il arrive à Orléans, Louis de Condé qui avait voulu l'enlever. Il est mis au cachot et condamné à mort ! À quelques jours de son exécution, François II est de nouveau saisi, comme il l'a souvent été, d'un foudroyant mal d'oreilles. Il souffre horriblement – mastoïdite ou méningite, on ne sait trop –, crie pendant plusieurs jours et plusieurs nuits sa douleur avant de mourir le 5 décembre 1560. Condé pousse un soupir de soulagement !

Catherine rêvait d'harmonie

Le nouveau roi s'appelle Charles IX. Il n'a que dix ans. Catherine de Médicis, sa mère, reine de France, devient régente. Malgré tout ce qui a pu être mis sur son compte, malgré ses hésitations, ses erreurs peut-être, ses précipitations ou ses lenteurs, il faut lui reconnaître le souci constant d'avoir voulu rapprocher et faire cohabiter les deux partis. Elle s'est souvent retrouvée seule face aux deux factions qui ne la comprenaient pas, qui voulaient qu'un seul demeurât. Elle rêvait d'harmonie, d'une France des deux religions, et elle a tout tenté pour qu'il en fût ainsi.

Théodore de Bèze : « Pas question ! »

Par souci d'apaisement, le chancelier Michel de l'Hospital conseille à Catherine de libérer les protestants qui ont été emprisonnés après l'affaire d'Amboise. Puis, elle décide d'organiser un colloque à Poissy, afin que se rencontrent catholiques et protestants. Secrètement, elle espère que tout va s'arranger, que chacun cherchera à assouplir ses positions, et qu'une entente est possible. Le 9 septembre 1561, dans son discours d'ouverture, Michel de l'Hospital tient des propos apaisants et demande aux catholiques de rester attentifs à toute esquisse de rapprochement. Mais Théodore de Bèze, le représentant de Calvin, reste ferme : pas question de considérer que le corps du Christ est contenu dans l'hostie. La rupture semble consommée. Quelques mois plus tard, pourtant, l'édit de Saint-Germain-en-Laye autorise les protestants à célébrer leur culte dans les campagnes et les faubourgs des villes. En Béarn, Jeanne d'Albret, reine de Navarre, mère du futur Henri IV, institue officiellement le culte réformé.

LE SAVIEZ-VOUS ?

Roi de France et de Navarre

La Navarre était un royaume qui s'étendait au nord et au sud de la chaîne des Pyrénées, dans leur partie occidentale. Au XVe siècle, la Haute Navarre devient espagnole. La Basse Navarre, qui correspond au Béarn, c'est-à-dire à la partie orientale des Pyrénées-Atlantiques actuelles, est conservée par les Albret, famille de la mère d'Henri de Bourbon qui est devenu le roi de France Henri IV. La Navarre sur laquelle règne Jeanne d'Albret est donc un minuscule royaume. Mais il fait le maximum pour la tolérance religieuse. Jeanne d'Albret y instaure la liberté de culte. Un exemple que Catherine de Médicis aurait aimé suivre si elle avait pu. Jusqu'à Charles X en 1830, tous les souverains français porteront le titre de roi de France et de Navarre.

1562 à 1598 : huit guerres de religion

Trente-six ans ! Le conflit qui oppose les catholiques et les protestants va durer trente-six ans ! Années marquées par des luttes sans merci, des exécutions, des massacres au cours desquels vont s'affronter deux grandes familles : les Guise pour les catholiques, et les Coligny pour les protestants.

- La première : 1562-1563. Du massacre de Wassy à l'édit d'Amboise
- La deuxième : 1567-1568
- La troisième : 1569-1570
- La quatrième : 1572-1573. Massacre de la Saint-Barthélemy
- La cinquième : 1574-1576
- La sixième : 1576-1577
- La septième : 1579-1580
- La huitième : 1585-1598

Le massacre de Wassy et ses conséquences

UN ÉVÉNEMENT IMPORTANT

Une première provocation qui conduit à un massacre va faire date dans la lutte entre les catholiques et les protestants.

« Mort-Dieu ! Il faut tout tuer ! »

Les guerres de religion, terribles guerres civiles ! Trente-six années de troubles, de massacres, entre 1562 et 1598 ! La sinistre inauguration de ces noires décennies a lieu à Wassy, le 1er mars 1562. Le duc François de Guise veut se venger de Catherine de Médicis qui ne soutient pas l'évêque de Châlons, en désaccord avec les Réformés de son diocèse. Il bat la campagne avec ses troupes, arrive à Wassy en Champagne où les cloches sonnent pour la célébration du culte des Réformés. Il fait demander aux pasteurs en pleine cérémonie de se rendre auprès de lui. Ils sont accueillis à coups de pierres. Les cris de « Mort-Dieu ! Il faut tout tuer ! Au huguenot ! Tue ! » s'élèvent immédiatement et les arquebusiers entrent en action. Bilan : soixante-quatorze morts et 200 blessés parmi les protestants !

Poumons pourris

Cruel, Charles IX ? Sans doute ! Bizarre en tout cas, nerveux de façon maladive, sujet à des crises de mélancolie ou d'hystérie, d'hallucinations. À la chasse, il tue tous les animaux qu'il rencontre, y compris les ânes et les porcs ! Au Louvre, il lui arrive parfois de courir dans les couloirs, une selle sur le dos ! Bizarre… et malade des poumons : Ambroise Paré, ayant examiné le cadavre du souverain, écrit : « Les deux poumons du roi étaient pourris.»

Février 1563 : la mort de François de Guise

Dans les semaines qui suivent, les protestants réagissent avec le prince de Condé à leur tête en provoquant un soulèvement général. Ils s'emparent de plusieurs villes. Le 19 décembre 1562, dans la plaine de Dreux, les ennemis se rencontrent et livrent bataille. L'issue du combat est insolite : le chef des protestants, Louis de Condé, est fait prisonnier par les catholiques, et le chef de l'armée catholique, Montmorency, est fait prisonnier par les protestants… Le 4 février 1563, le duc François de Guise – on l'appelle le roi de Paris tant les Parisiens l'apprécient – met le siège devant Orléans, aux mains des Réformés. C'est là qu'il est mortellement blessé par un soudard, aventurier huguenot du nom de Jean Poltrot, qui lui décoche trois coups de pistolet dans le dos le 18 février.

Le Balafré II succède au Balafré I

Son fils Henri, 13 ans, le futur « second Balafré » (le premier Balafré étant son père lui-même dont Ambroise Paré avait tiré de la joue un morceau de fer au siège de Boulogne en 1545) l'assiste jusqu'à sa mort le 24 février. Désormais, il n'aura plus qu'une idée : venger son père, malgré les derniers mots de celui-ci qui l'invite à la modération. Le 18 mars, Poltrot est écartelé puis brûlé en place de Grève. Sa tête est fichée sur une pique plantée devant l'Hôtel de Ville. Le même jour, un traité de paix avait été signé à Amboise, qui confirme la liberté de conscience, déjà accordée par l'édit de Saint-Germain en janvier 1562, mais restreint la liberté de culte. La paix, certes, mais chacun sait que la lutte continue…

Catherine de Médicis : des efforts incessants pour la paix

Catherine désire installer la paix dans le royaume. C'est une gageure, car protestants et catholiques semblent ne jamais devoir s'entendre. Pourtant, avec courage, elle va tout tenter pour parvenir à ses fins !

Ici dormirent Charles IX et sa mère

Partout en France vont se dérouler des massacres, des tueries, à Orléans, Tours, Angers, dans le Dauphiné, en Languedoc. Après la paix d'Amboise, Catherine de Médicis commence le 24 janvier 1564, avec Charles IX devenu majeur le 18 août 1563 – mais qui a confirmé sa mère dans son rôle de régente – un tour de France destiné à présenter dans les principales villes l'édit d'Amboise qui autorise le culte huguenot dans les cités où ils sont en majorité. Elle achève ce tour de France en avril 1566. Voilà pourquoi dans beaucoup de villes, petites ou grandes, on peut lire aujourd'hui, dans les dépliants touristiques : « Catherine de Médicis et son fils le roi Charles IX passèrent la nuit ici… » En deux années, ils visitèrent des centaines de cités.

Les Français tuent les Français

En juin 1566, à Pamiers, alors qu'on croyait apaisées les rivalités, les protestants assaillent des églises. La répression est féroce : 700 calvinistes – dont de nombreux enfants – sont massacrés par les catholiques à Foix. Les protestants complotent alors de nouveau. En août 1567, ils mettent au point un plan pour enlever le roi et la reine. Mais, le 24 septembre, mis au courant dans la nuit, ceux-ci s'enfuient à Meaux. Dans le même temps, l'agitation protestante se poursuit : à Nîmes, le 29 septembre, les prêtres catholiques et les notables de la ville sont assassinés par les protestants. Dans le Languedoc, des religieux catholiques sont égorgés. Les protestants, qui ont à leur tête Henri de Condé et Gaspard de Coligny, massent leurs troupes aux portes de Paris !

1567 : la mort d'Anne de Montmorency

Le 2 octobre 1567, Louis de Condé occupe Saint-Denis. Il veut entrer dans Paris. Le 10 novembre ses troupes et celles du connétable Anne de Montmorency, soixante-quatorze ans, s'affrontent : le connétable est victorieux des protestants qui doivent quitter Saint-Denis, mais il reçoit un coup de feu dans les reins et meurt deux jours plus tard, malgré les soins d'Ambroise Paré – ainsi disparaît le plus grand propriétaire foncier de France à cette époque ; il était duc et pair ; il avait combattu à Marignan et Pavie. Voulez-vous voir sa statue équestre ? Elle vous attend à l'entrée de son château de Chantilly.

23 mars 1568 : la paix à Longjumeau

UN ÉVÉNEMENT IMPORTANT

Catherine de Médicis se désespère : son tour de France a été inutile ! Elle décide alors de traiter avec Condé le protestant ! La paix est signée à Longjumeau le 23 mars 1568. La Rochelle est laissée aux protestants. Coligny et Condé qui craignent pour leur vie s'y réfugient. Fin de la deuxième guerre de religion, ou presque : en octobre 1568, Coligny et Condé prennent Niort, Fontenay-le-Comte, Saint-Maixent et Angoulême. Attention, la troisième guerre de religion arrive tout de suite…

Catherine n'en peut plus !

Catherine de Médicis est fatiguée, Catherine de Médicis n'en peut plus. Il lui a fallu disgracier Michel de l'Hospital qui n'est apprécié ni des catholiques, ni des protestants. Il lui faut lutter sans cesse chaque jour pour trouver des solutions qui évitent le pire, et le pire est toujours à craindre ! En janvier 1569, elle est épuisée. Elle entre dans une sorte de dépression, de tristesse, d'infini découragement. Elle désespère du genre humain. Elle fond en larmes, demeure prostrée des heures. Tous ses efforts sont niés, tout est toujours à refaire ! Courageusement, elle se relève. Elle se rend à Metz pour tenter d'endiguer des troupes venues d'Allemagne au secours des protestants, mais elle tombe malade et doit s'aliter.

Le cadavre de Louis de Condé sur un âne

À Jarnac, le 13 mars 1569, les troupes catholiques et protestantes s'affrontent. Louis de Condé y trouve la mort. Henri d'Anjou, le futur Henri III qui a participé à la bataille, décide que le cadavre de Louis de Condé, chef des calvinistes, doit être chargé sur un âne et promené dans la ville ! Louis de Condé vient d'être traîtreusement abattu par le comte de Montesquiou d'un coup de pistolet à bout portant – sur ordre semble-t-il du futur roi ! – alors qu'il était à terre et gravement blessé.

30 septembre 1569 : le désastre de Moncontour

UNE BATAILLE

Le 30 septembre 1569, à Moncontour, près de Loudun, Henri d'Anjou remporte une brillante victoire contre les protestants commandés par Gaspard de Coligny. C'est un désastre pour les huguenots qui laissent 10 000 morts sur le champ de bataille. En 1570, Jeanne d'Albret, reine de Navarre et mère d'Henri de Bourbon, le futur Henri IV, propose à Catherine de Médicis un plan pour calmer le jeu meurtrier des deux partis. Celle-ci le refuse et part se reposer au château de Châteaubriant avec son fils Charles IX qui est excédé par les excentricités de son frère Henri d'Anjou et l'étrange complicité qu'il entretient avec leur sœur Margot.

8 août 1570 : la paix boiteuse et mal assise

UN ÉVÉNEMENT IMPORTANT

Les protestants sont massacrés à Orléans, aux Ponts-de-Cé, à Rabastens. Le 5 juillet, le chef des protestants et ses troupes occupent La Charité-sur-Loire. Cependant, peut-être parce qu'ils apprennent qu'ils n'auront pas de soutien de l'étranger, les deux partis décident, le 14 juillet 1570, de signer un armistice qui se concrétise, le 8 août par la paix de Saint-Germain-en-Laye, appelée paix de la reine, parce qu'elle la désirait par-dessus tout. On l'appelle aussi la paix boiteuse et mal assise, parce qu'elle a été négociée par un boiteux, Biron, et le seigneur Henri de Malassise ! Parce que, surtout, on la sent provisoire. Les protestants pourront exercer leur culte dans deux villes par province. Et quatre places de sûreté leur sont accordées : La Charité-sur-Loire, Cognac, Montauban et La Rochelle. Catherine respire !

CHEZ NOS VOISINS

Pendant ce temps chez nos voisins

Le 7 octobre 1571, don Juan d'Autriche qui commande la flotte de la Sainte Ligue chrétienne (Espagne, Venise et Rome) remporte la victoire de Lépante sur la flotte turque. Miguel de Cervantès, l'auteur de *Don Quichotte de la Manche* est blessé au cours de la bataille. En 1595, en Angleterre, William Shakespeare fait jouer *Roméo et Juliette*. En 1636, est fondée dans l'État du Massachusetts, à Cambridge, l'université Harvard, devenue la plus ancienne d'Amérique du nord.

L'amiral de Coligny bien en cour

Le massacre de la Saint-Barthélemy ne s'est pas déclenché soudainement. Voici comment il s'est préparé…

Marier Henri de Navarre et Marguerite

Les massacres reprennent à Orange en février 1571 ! Que faire ? Catherine tourne en rond. La solution ne serait-elle pas de tenter un rapprochement avec Jeanne d'Albret, la reine de la Navarre protestante ? Et puis, le fils de Jeanne d'Albret, Henri, pourquoi ne pas l'inviter à la cour ? Catherine a une fille, Marguerite – Margot… –, qui a l'âge du jeune Navarrais. Les marier pourrait former un couple à l'image d'une future France où vivraient unis catholiques et protestants… Jeanne d'Albret refuse ! Elle craint que la cour pervertisse son fils bien-aimé !

Coligny et Catherine veulent la paix

Catherine se tourne alors vers l'amiral Gaspard de Coligny, le chef des protestants. Coligny accepte de se rapprocher du pouvoir royal, mais exige des conditions financières exorbitantes. Catherine accepte ! Il exige aussi qu'une troupe importante de gentilshommes protestants l'accompagne à la cour. Elle accepte aussi ! Mais les Guise, chefs du parti catholique, sont mortifiés ! Ils préfèrent se retirer à Joinville. Le 12 septembre 1571, Coligny qui a exigé des garanties importantes pour sa sécurité arrive à Blois. Charles IX, Catherine et lui décident d'oublier le passé et de construire la paix. Tout va donc enfin pour le mieux, exactement comme ces calmes trompeurs qui précèdent les pires orages…

UNE ANECDOTE

« Ils ne me gagneront jamais ! »

Le 18 août 1572, le mariage de Marguerite de Valois – Margot qui a affirmé lorsqu'on lui a parlé de cette union : « Ils ne me gagneront jamais ! » – et d'Henri de Navarre est célébré dans la liesse, malgré l'atmosphère tendue entre les deux partis. Margot a revêtu une robe d'or et s'est couverte d'un manteau bleu dont la traîne fait près de cinq mètres. Comment marier un prince protestant et une princesse catholique ? La messe a d'abord lieu à Notre-Dame, mais la future épousée y assiste seule ! Puis, le cortège sort de la cathédrale sur le parvis de laquelle a été dressée une estrade. Sur cette estrade où sont montés les deux jeunes gens – ils ont tous les deux dix-neuf ans ! – le cardinal de Bourbon leur donne la bénédiction nuptiale. Margot l'avait affirmé : « Ils ne me gagneront jamais ! »… Le cardinal lui pose la traditionnelle question : « Acceptez-vous… » Silence ! Pas de réponse ! Margot reste muette, ne desserre pas les dents. Le roi Charles IX s'est placé à côté d'elle, prévoyant peut-être quelque réaction de sa sœur parfois fantasque. Il pose sa main sur son cou avec assez de force pour qu'elle le ploie. Le cardinal interprète ce ploiement comme un oui, et s'en contente…

L'amiral veut la guerre contre l'Espagne

Jeanne d'Albret décide enfin de se rendre à Blois où elle rencontre Catherine de Médicis. Le mariage d'Henri et de Margot est décidé le 11 avril 1572. Pendant ce temps, Coligny cherche peu à peu à convaincre Charles IX et sa mère qu'une guerre en Flandres serait nécessaire pour combattre la puissance espagnole – mais aussi soutenir les protestants qui s'y sont révoltés. Catherine ne veut pas en entendre parler. Coligny insiste. Déjà des protestants sont partis pour le nord de la France. Ils se sont emparés de Valenciennes, vite reprise par les Espagnols. Charles IX que Coligny gagne peu à peu à ses objectifs en Flandres est tenté par une politique anti-espagnole. Catherine de Médicis sort le grand jeu : si Charles IX entre en guerre contre les Espagnols, elle quitte la France ! Ah, mais !

Coligny et Henri de Navarre entrent dans Paris

Un événement tragique calme les esprits : le 9 juin 1572, Jeanne d'Albret meurt d'une pleurésie. Et seulement d'une pleurésie, c'est Dumas qui a inventé l'histoire de gants empoisonnés que Catherine aurait offerts à Jeanne, histoire qui offusque tant le Pécuchet de Flaubert… Les protestants sont désorientés, les catholiques sont ravis ! Coligny revient à la charge : il veut sa guerre en Flandres ! Charles IX remet sa décision à plus tard. Cela permet à Henri de Bourbon (Henri de Navarre, le futur Henri IV) de faire aux côtés de l'amiral de Coligny son entrée dans Paris, le 8 juillet 1572. Il est accompagné de 1 000 cavaliers. Le mariage se prépare activement, même si Margot affirme qu'elle ne prononcera jamais le *oui* attendu. Dans Paris, les esprits s'échauffent, les bagarres entre catholiques et protestants se multiplient. Coligny voudrait qu'une décision soit prise pour les Flandres. Obstiné, Coligny avec sa guerre en Flandres ! Tellement obstiné que ça pourrait lui jouer un mauvais tour…

24 août 1572 : le massacre de la Saint-Barthélemy

Coligny voudrait déclencher une guerre contre l'Espagne en attaquant la Flandre espagnole. Il espère ainsi trouver un ennemi commun à la France, l'Angleterre, et tous les pays qui voudront bien s'y joindre. Il a presque gagné l'accord de Charles IX. Presque…

10 août 1572 : furieux, Coligny !

Le 10 août 1572, une réunion se tient en présence du roi, de la reine, de conseillers et de Coligny. Ordre du jour… la guerre en Flandres. Il n'en démord pas Coligny, il la veut. Il ne l'aura pas ! Le roi dit non. Il est furieux, Coligny, furieux ! Il ferait mieux de profiter un peu de la vie, Gaspard qui atteint cinquante-trois ans. En effet, Catherine en a assez ! L'amiral a de nouveau tenté sa chance auprès de Charles IX qui n'a pas dit non… pour les

Flandres. Elle décide que, finalement, si Coligny disparaissait, ce ne serait pas un mal pour la paix ! Et, après s'en être confiée à la duchesse de Nemours, femme d'Henri de Guise, chef des catholiques, elle charge un nommé Maurevert d'accomplir la besogne !

Figure 9-8 : Catherine de Médicis découvrant les victimes du massacre, par E. Debat-Ponsan.

22 août 1572 : à deux doigts de la mort !

Le 22 août 1572, Coligny sort du Conseil, qui s'est tenu au Louvre, avec Charles IX. L'amiral sent qu'il grignote peu à peu l'accord du roi pour les Flandres. Il est heureux, et s'apprête à regagner son domicile, l'hôtel de Rochefort, rue de Béthisy, aujourd'hui rue de Rivoli. Soudain retentit un coup d'arquebuse. C'est Maurevert, l'homme de main de Catherine. Et cet homme de main ne réussit qu'à emporter l'index droit du vieux Gaspard, et à lui blesser le bras gauche ! On reconduit Coligny chez lui. Qui arrive en urgence avec notre esprit contemporain du gyrophare ? Ambroise Paré – toujours prêt – père de la chirurgie moderne qui inventa la ligature des artères au siège de Damvilliers en 1552 ! Ayant examiné les blessures de Coligny, il rassure tout le monde : ce n'est rien, Coligny n'a aucune inquiétude à avoir pour sa vie. Et pourtant, son index en moins, il est à deux doigts de la mort…

La panique !

Catherine a peur ! Elle a peur et elle est seule ! Depuis le mariage d'Henri de Navarre et de sa fille, mais surtout depuis la tentative d'assassinat de Coligny, les protestants n'ont cessé de s'échauffer l'esprit dans l'objectif d'une revanche. Et ils le font d'autant plus volontiers que le roi Charles IX lui-même a promis de tout faire pour châtier les auteurs de ce crime raté. Ce qu'il ignore, Charles IX, c'est que c'est Catherine sa mère qu'il devrait châtier s'il tenait sa promesse puisque c'est elle l'instigatrice de toute l'affaire. Mais il n'en sait rien, personne ne l'en a averti ! Le 23 août 1572 au soir, Catherine est saisie de panique : les protestants ne vont pas manquer de connaître la vérité, ils vont se ruer sur le Louvre, tuer les catholiques, la tuer, tuer ses enfants, un carnage se prépare, elle en est sûre !

23 août : « Qu'on les tue, mais qu'on les tue tous ! »

Que faire ? Elle rassemble Henri d'Anjou, Henri de Guise, le duc de Nevers et quelques autres et leur fait part du projet suivant : il faudrait tuer les chefs protestants au plus vite, et même dans la nuit qui vient ! Le plus dur est de convaincre le roi. Comment lui faire accepter d'ordonner la mort de celui qu'il appelle son presque père, l'amiral Gaspard de Coligny ? On dépêche alors auprès de Charles IX, dans son cabinet, à neuf heures du soir, Albert de Gondi, comte de Retz. Et il dit tout, Gondi : il apprend à Charles que c'est sa mère qui a voulu tuer Coligny, mais qu'il faut que Coligny meure parce que le royaume… et puis sa mère aimante… et puis la religion catholique… Il accomplit si bien son rôle que lorsque Catherine fait son entrée dans la pièce où ils se tiennent, Charles, qui n'a pas fait de crise nerveuse comme on le craignait, s'écrie « Eh bien, par la mort Dieu, qu'on les tue, mais qu'on les tue tous, qu'il n'en reste pas un pour me le reprocher ! »

Au son du tocsin…

Qu'on les tue tous ! Catherine n'en demandait pas tant ! Elle appelle dans ses appartements Henri de Guise et les siens. On dresse une liste de noms : Catherine en avance quatre ou cinq, pas plus ! Et, comme on sait que les protestants sont nombreux et bien armés, on décide de faire appel aux milices parisiennes et aux bourgeois. Le « Tuez-les tous » commence à circuler, répandu par on ne sait trop qui. Cet ordre d'un roi fragile psychologiquement se répercute dans les cerveaux de ceux qui n'attendaient que ces mots pour supprimer certes des huguenots, mais surtout des concurrents, des gêneurs, pour hâter des héritages, pour se venger, bref pour conduire la navrante sarabande de l'homme redevenu bête. Le prévôt de Paris a décidé que l'opération commencerait une heure et demie avant le jour. Le tocsin sera sonné et donnera le signal du massacre. Les maisons huguenotes ont été marquées d'une croix.

La mort de l'amiral Gaspard de Coligny

À quatre heures du matin, le 24 août 1572, Henri de Guise et ses hommes frappent à la porte de l'hôtel de l'amiral de Coligny. La porte est ouverte par un gentilhomme qui est poignardé. Les exécuteurs montent à l'étage, frappent à mort l'amiral Gaspard de Coligny qui s'écrie en voyant la trogne rouge de son exécuteur : « Encore, si c'était un homme ! C'est un goujat ! » Demeuré en bas, Henri de Guise demande à voir le cadavre. Ses hommes le font basculer par la fenêtre et il s'écrase aux pieds d'Henri de Guise qui donne sur le visage du vieillard un coup de talon (attention, Henri ! Ne fais jamais à autrui ce que tu n'aimerais pas qu'on te fasse un jour…). On lui coupe la tête ! Le cadavre est ensuite découpé en morceaux par une populace déchaînée. Le tronc est emporté et pendu au gibet de Montfaucon.

24 août 1572 : « Au Huguenot ! Tue ! Tue ! »

Le massacre est commencé. Bientôt le sang coule dans les rues, comme si une averse rouge venait de s'y abattre. Des scènes monstrueuses se déroulent : une jeune fille qui s'est jetée par la fenêtre, se cassant une jambe, tente de se cacher dans un grenier ; elle est rattrapée par les assassins qui lui coupent les mains pour lui prendre ses bracelets d'or, un peu plus tard, elle finit à la broche d'un rôtisseur. Les premiers massacrés ont été les orfèvres. En quelques instants, leurs magasins et échoppes ont été pillés. Des femmes qui tentent de se rattraper au parapet des ponts sont achevées à coup de pierre. Des enfants sont baignés dans le sang de leurs parents, les femmes enceintes sont mutilées puis noyées, les vieillards, passés au fil de l'épée. Des charrettes pleines de cadavres charrient vers la Seine leur chargement de chair encore tiède : des êtres tirés du lit, nus, ensanglantés, des nourrissons, des jeunes filles et des jeunes hommes, des vieillards.

Matin de noces

La nuit du 24 août, Margot, la jeune épouse, est allée rejoindre au lit Henri de Navarre qui est entouré d'une quarantaine de gentilshommes de sa suite. Elle ne sait rien de ce qui se trame. Au petit jour, Henri se lève et s'en va jouer au jeu de paume, l'ancêtre du tennis. Soudain, la porte de sa chambre s'ouvre et un homme en sang apparaît, il se jette sur elle et implore sa protection. Il s'agit du comte de Léran, un protestant que poursuivent pour l'achever les catholiques surexcités. Le capitaine de Nançay a déjà levé sa dague, mais il n'ira pas plus loin, Margot est reine de Navarre, fille de Catherine de Médicis. Dans un état de frayeur indescriptible, elle se lève et emmène Léran auprès du roi, demandant sa clémence. Comme matin de noces, on a vu mieux…

Embrochés par les Suisses

Les gentilshommes protestants sont amenés dans un couloir du Louvre. Ils attendent. On les pousse vers la sortie. Des soldats suisses et ivres les attendent et les embrochent sur leurs piques. Henri de Navarre et Henri de Condé sont épargnés : ce dernier, menacé par Charles IX lui-même qui a levé son poignard pour l'abattre, est sauvé grâce à Catherine de Médicis qui s'interpose : elle préfère conserver des protestants qui peuvent se retrouver à la tête du royaume plutôt que de laisser les mains totalement libres aux Guise, ces extrémistes enragés. Cinq jours durant, les pires violences, les pires atrocités vont être commises, même si le roi Charles IX, qui semble sortir d'une crise de délire, se rend compte de l'horreur qu'il a déclenchée, et appelle au calme sa ville qui n'est qu'une plaie.

Le pape jubile !

Pourtant, ce n'est pas l'ordre d'apaisement qui arrive dans les villes de province, mais le premier : « Tuez-les tous ! » La folie meurtrière atteint

Orléans et Bourges le 26 août 1572, Angers et Saumur les 28 et 29, Lyon, le 31, Troyes le 4 septembre, Rouen du 17 au 20 septembre, Bordeaux et Toulouse le 3 octobre. Nantes est épargnée grâce à sa municipalité qui refuse d'organiser quelque crime que ce soit. Le bilan de cette saison de Saint-Barthélemy est terrible : plus de 20 000 morts dans la France entière, sans compter ceux que la Seine ou d'autres cours d'eau en province ont emportés vers l'oubli. À Rome, le pape se réjouit de tous ces événements. Il fait chanter un Te Deum dans sa chapelle !

Figure 9-9 : Isabelle Adjani dans le film *La Reine Margot*, de Patrice Chéreau (1993).

« La mort ou la messe ! »

Au plus fort du massacre, Charles IX, écumant de rage, s'était adressé à Henri de Navarre en lui disant : « La mort ou la messe ! » Évidemment, Henri, pas si fou, avait répondu « La messe ! » Le 28 septembre 1572, un mois après la tuerie, il confirme son abjuration. Le voilà redevenu catholique, la religion de son enfance. Adolescent, il était protestant. Un peu plus tard, son père

UNE ANECDOTE

Miracle ! Une aubépine a refleuri au cimetière des Innocents !

Au lendemain du 24 août 1572, le bras des massacreurs commence à faiblir. Soudain, une rumeur folle se met à courir : on a vu une aubépine morte refleurir au cimetière des Innocents ! C'est un miracle ! Un signe que Dieu approuve ce que font les catholiques ! Il faut continuer à tuer, à tuer encore et sans cesse les hérétiques ! Le massacre repart. Pourtant certains curieux veulent approcher l'aubépine miraculeuse. Impossible, elle est gardée par plusieurs rangs de soldats agressifs. Tellement bien gardée qu'elle n'existe que dans la rumeur, lancée par qui ? On se le demande…

Antoine de Bourbon – qui passera ensuite dans le camp des Réformés –, le force à redevenir catholique. Puis sa mère Jeanne d'Albret, devenue reine de Navarre à la mort d'Antoine de Bourbon, le ramène au protestantisme. Protestant, il se marie avec Margot la catholique. Catholique il se fait pour éviter la mort le 24 août 1572 ! Protestant il redeviendra lorsqu'il s'évadera de la cour en s'éclipsant discrètement au cours d'une partie de chasse, en 1576 !

Henri III : mission impossible

Charles IX est remplacé par son frère Henri III. Les catholiques et les protestants s'affrontent de plus belle, et le roi de France va se sentir plus d'une fois menacé, jusqu'à son dernier jour…

Vers la Pologne en traînant les pieds…

« Ah ! Ma nourrice ! Que de sang, que de meurtres ! Que j'ai suivi un mauvais conseil ! » Ce sont les dernières paroles de Charles IX qui meurt le 30 mai 1574, rongé par la tuberculose. L'année précédente, en 1573, des places fortes protestantes se sont révoltées, notamment celle de La Rochelle de février à mai, mois où Henri d'Anjou apprend qu'il est devenu roi de… Pologne, en vertu des alliances diplomatiques. Henri d'Anjou n'est pas enchanté du choix des Polonais. C'est en traînant les pieds qu'il prend le chemin de son nouveau royaume. Il laisse en France celle qu'il aime, sa maîtresse : Marie de Clèves, l'épouse d'Henri de Condé.

Pour Marie

En Pologne tout est fait pour lui rendre la vie agréable, mais rien ne parvient à le distraire de sa nostalgie des fêtes du Louvre, de Paris et de son agitation insouciante. Le 14 juin 1574, il apprend par un message de sa mère Catherine de Médicis que son frère Charles IX est mort. Comment quitter son royaume de Pologne ? On ne le laissera certainement pas partir. Pourtant, il désire plus que tout retrouver la France, Marie de Clèves qu'il aime plus que jamais, et puis monter sur le trône afin que personne d'autre ne s'en empare.

Ce soir-là, au château de Wavel, en Pologne…

UNE ANECDOTE

16 juin 1574. La nuit est sans lune ce soir-là, au château de Wavel, en Pologne. Une corde pend d'une fenêtre faiblement éclairée, au deuxième étage. La fenêtre s'ouvre. Une silhouette enveloppée de noir saisit la corde et se laisse glisser jusqu'au sol où l'attendent quelques cavaliers. Un cheval sellé est prêt pour l'homme en noir qui l'enfourche. La petite troupe détale au trot pour n'éveiller personne : Henri d'Anjou vient de s'échapper de son royaume de Pologne ! Il s'élance vers le sud. Derrière lui, il fait détruire les ponts afin qu'on ne le rattrape pas ! Le lendemain soir, il est à la frontière autrichienne. Le 23 juin 1574, il arrive à Vienne où il est accueilli avec faste et

dépense une fortune. Puis il décide de se diriger vers le pays de sa mère, sans se presser : l'Italie ! Sa venue est annoncée à Venise. La ville lui prépare une fête grandiose. Des milliers de gondoles décorées d'or et de pourpre, des haies d'honneur, des dizaines de personnalités les plus éminentes, et le soir des feux d'artifices, des banquets, des bals, tout cela enchante Henri d'Anjou qu'il faut désormais appeler Henri III.

Belle Véronica

UNE ANECDOTE

Et puis, toutes les Vénitiennes sont sur le pied de guerre : le nouveau souverain français est beau, il est élégant, et il dépense sans compter : à Vienne, il a laissé 150 000 écus ! Henri III fait la rencontre de Véronica Franco, une rencontre favorisée par Alphonse d'Este, petit-fils de Louis XII et d'Anne de Bretagne. Véronica fait partie des courtisanes vénitiennes, des professionnelles dont on peut trouver les noms classés par numéros dans un petit guide des plaisirs distribué dans toute l'Italie. Afin d'être reconnues, elles portent un châle jaune, châle qu'on peut repérer même à la messe qu'elles fréquentent assidûment ! Véronica est d'une grande beauté : elle a servi plusieurs fois de modèle au peintre Le Tintoret, elle est cultivée, compose des poèmes et joue du luth. Henri possède une culture étendue et raffinée.

Le roi voleur !

Henri et Véronica se séduisent, se plaisent tant que le roi ne veut plus quitter Venise ! Il faut que Catherine de Médicis se fâche et envoie le duc de Savoie auprès de son fils pour que celui-ci consente à rentrer ! Une consolation : il demandera l'annulation du mariage de sa maîtresse Marie de Clèves, afin de l'épouser. Le 2 septembre, il est à Chambéry où il retrouve François d'Alençon, son frère, et Henri de Navarre. Le 6 septembre, sa mère vient l'accueillir à Lyon. Les Polonais qui ont appris sa fuite sont en colère : pour eux, ce roi qui s'est enfui la nuit est un voleur qui a dilapidé leur trésor, et un traître !

UNE ANECDOTE

Heureuse Louise !

Le 13 février 1575, Henri III s'apprête à entrer dans la cathédrale de Reims où il va recevoir la couronne et les onctions qui vont faire de lui le roi de France. Partant pour la Pologne deux ans auparavant, il avait rencontré en Lorraine Louise de Vaudémont. Il avait été frappé par sa ressemblance avec Marie de Clèves qui vient de disparaître. C'est elle qu'il a choisie pour épouse et reine ! Le jour du sacre, Henri III qui a cousu lui-même les pierreries sur ses étoffes cérémonielles change sept fois de tenue ! Lorsque le cardinal de Guise lui met la couronne sur la tête, il a un malaise car il a dû rester à jeun pour respecter la tradition. La couronne, à deux reprises, glisse sur sa tête, et il s'en faut de peu qu'elle tombe à terre. Autant de présages qui font dire aux superstitieux que le règne se passera mal. Le 15 février a lieu le mariage d'Henri et de Louise. C'est lui qui la coiffe ! Et il met tellement de temps à façonner les cheveux de la reine que la cérémonie doit être reportée dans l'après-midi ! Si Henri regrettera toujours Marie, la belle Louise, sa femme, lui voue une véritable admiration. Elle aime comparer sa vie à un conte de fées. Enfin quelqu'un d'heureux !

Octobre 1574 : pauvre Marie !

Malheur ! Le 30 octobre 1574, Henri III vient d'arriver à Avignon. La nouvelle qu'il y apprend le pétrifie et va le plonger dans une douleur affreuse, pendant dix jours, il refuse de s'alimenter. Il va alterner les cris de détresse et les processions de pénitents dans une sorte de délire mystique qui fait craindre pour sa raison : Marie de Clèves, celle qu'il aime, sa maîtresse, l'épouse d'Henri de Condé, vient de mourir en couches. Catherine s'en inquiète. Elle s'inquiète aussi des menées de Montmorency-Damville, gouverneur du Languedoc, fils de son ancien connétable, qui, après avoir vigoureusement défendu le parti catholique, penche maintenant pour celui des protestants.

Henri reçoit sa balafre

En septembre 1575, Catherine de Médicis apprend une nouvelle qui l'atterre : son fils, François d'Alençon, le frère du roi, vient de rejoindre le camp des huguenots, le camp des Condé, celui des rebelles ! C'est un coup dur qu'atténue un peu la victoire que remporte Henri de Guise à Dormans contre les protestants le 10 octobre. Au cours de cette bataille, il reçoit un méchant coup de pertuisane à la joue. Il en conservera une cicatrice qui lui procurera le même surnom que son père : le Balafré, ou, plus précisément, le second Balafré !

Mai 1576 : la paix de Monsieur

Henri de Navarre, son gendre, en fuite le 5 février 1576, François d'Alençon son fils passé dans le camp des protestants, Catherine, lasse de lutter, accepte de signer la paix à Étigny, près de Sens, paix qui sera confirmée le 7 mai 1576 par un édit de pacification : l'édit de Beaulieu. François d'Alençon, frère du roi, dicte les conditions :

- Il reçoit l'Anjou, le Maine, la Touraine et le Berry.
- La Guyenne est confiée à Henri de Navarre, la Picardie à Condé.
- Les protestants reçoivent huit places fortes.
- La liberté du culte protestant est rétablie – sauf dans Paris et les villes closes.
- Les victimes de la Saint-Barthélemy sont réhabilitées.

Ces conditions de la paix de Monsieur – appelée ainsi car elle est l'œuvre du frère du roi – très favorables aux Huguenots, vont déclencher la constitution de la ligue catholique.

1576 à 1580 : sixième et septième guerres de religion

En décembre 1576, les états généraux sont réunis où l'autorité du roi est remise en cause, de sorte que cette assemblée décrète en janvier 1577 que la paix de Monsieur est rompue, et que la religion réformée est supprimée ! Bientôt, Damville et le frère du roi – qui a finalement obtenu la dotation territoriale qu'il désirait… – regagnent le parti catholique. Deux nouvelles guerres vont ensuite se dérouler, limitées au Languedoc : la sixième et la septième.

La citadelle de Montpellier rasée

La sixième guerre commence en avril 1577. La ville de Montpellier en fait les frais : prise par les protestants, sa citadelle est rasée. Les catholiques en font ensuite le siège, mais la paix est signée à Bergerac le 17 septembre, elle reprend les conditions de l'édit de Beaulieu en atténuant les avantages des protestants.

La guerre des amoureux

La septième guerre porte le nom de guerre des amoureux. Pourquoi ? Parce que, à Nérac où vit la cour d'Henri de Navarre, les affaires amoureuses vont bon train ! Henri fait tourner la tête des filles d'honneur de sa femme Margot qui n'est pas en reste et fait tourner la tête de bien des hommes… Henri III qui entend parler de cette pagaille amoureuse s'en moque devant qui veut l'entendre. Mais sa sœur Margot l'apprend, s'en vexe : elle pousse ses amies

UN PORTRAIT

Quand Margot…

Ravissante, élancée, élégante, brune, mais portant une perruque presque rousse – la mode étant au blond –, Margot, la reine Margot, l'épouse d'Henri de Navarre, le futur Henri IV, n'a pas son pareil pour séduire et faire chavirer le cœur des hommes. De plus, elle est cultivée, écrit des vers, des nouvelles. Ses liaisons amoureuses ne se comptent plus – on prétend même à l'époque que le bel Henri de Guise le catholique ferait partie de la liste. Trop, c'est trop ! Elle est exilée à Nérac, en Navarre, à la cour de son mari. Là-bas, elle se lasse d'une vie conjugale houleuse, et décide de devenir nomade : elle se fait recevoir de château en château, jusqu'au jour où, considérant déplacé son comportement, notamment ses frasques amoureuses, la reine la fait placer en résidence forcée à Usson en Auvergne. Elle y poursuit en toute tranquillité ses excès.

Elle divorce en 1599, revient en 1605 à Paris d'où elle avait été chassée. Accueillie à bras ouverts par Marie de Médicis, sa remplaçante auprès d'Henri IV, elle est d'autant mieux acceptée par les Parisiens qu'elle se montre aimable et surtout charitable en toute occasion. Elle perd ses cheveux, ses dents, mais on lui prête encore des aventures galantes, jusqu'au jour de sa mort, le 27 mars 1615, avant sa résurrection sous la plume de Dumas au XIXe siècle. Dumas qui lui attribue l'hypocoristique dont nous usons, attendris et fascinés : Margot !

à exciter leurs hommes contre le roi Henri III. Et voilà pourquoi la septième guerre de religion a eu lieu, et qu'elle s'appelle *la guerre des amoureux !* C'est aussi navrant que cela, parfois ! Le 26 novembre 1580, François d'Alençon négocie la paix de Fleix : les protestants s'en tirent fort bien. De plus, les négociateurs ont prévu une trêve de six ans. Une trêve qui ne va pas durer six ans, on s'y attend, la huitième guerre est en marche !

1584 : trois successeurs pour un trône

Le 10 juin 1584, François d'Alençon, le frère du roi – Monsieur –, meurt de tuberculose. Aussitôt, les passions se rallument car Henri III n'ayant pas d'enfant, la succession est ouverte. Qui peut y prétendre ?

- Le plus proche parent du roi : Henri de Navarre. Sa grand-mère maternelle est Marguerite d'Angoulême, sœur de François Ier – elle a épousé en 1527 le roi de Navarre, Henri d'Albret, de qui elle a eu une fille : Jeanne d'Albret. Et Jeanne d'Albret est la mère d'Henri de Navarre. Ainsi il se rattache aux Valois. Par son père, il est descendant de Robert de Clermont, fils de Saint-Louis.
- Le cardinal de Bourbon peut, s'il renonce à ses vœux ecclésiastiques, devenir roi.
- Enfin, Henri de Guise qui est un descendant de Charles V, et qui a demandé à un généalogiste habile de prouver que sa branche remontait à Charlemagne, coiffant sur le poteau les deux autres prétendants.

1585 à 1598 : la huitième et dernière guerre !

Dans le cœur des Français, le Béarnais Henri de Navarre pourrait être le bienvenu, s'il n'était protestant ! Prudemment, pourtant, Henri de Navarre n'abjure pas immédiatement. Il ne veut pas s'aliéner son parti, et ne veut pas risquer le refus de l'autre. Il propose simplement son appui à Henri III. Les Guise, eux, reprennent du service : ils attisent les appétits de la ligue catholique qu'ils ont constituée. Ils signent avec l'Espagne un traité secret : contre 50 000 écus mensuels, le duc de Guise s'engage à tout faire pour que le cardinal de Bourbon devienne roi si Henri III disparaît. Et bientôt, ils passent à l'attaque en s'emparant de plusieurs villes !

La guerre des trois Henri

Catherine rencontre Henri de Guise. Elle le supplie de faire la paix, de cesser sa politique de conquête du pouvoir. Guise ne veut rien entendre. Le 7 juillet, Henri III accepte d'adhérer à la ligue catholique et se soumet aux volontés du Balafré en renonçant à toute tentative de conciliation entre les catholiques et les protestants. Il faut maintenant récupérer les places fortes huguenotes !

Henri de Navarre se retourne alors contre Henri III qui accepte une bulle du pape déclarant Henri de Navarre déchu de ses droits à la succession au trône. C'est la guerre, la guerre des trois Henri :

- Henri de Guise, le chef du parti catholique
- Henri III, le roi de France
- Henri de Navarre, le chef du parti protestant

Comment fut décapité le château d'Angers

Dix-sept tours en moellons de schiste ardoisier, coupées d'assises de grès ! Deux portes seulement, qui s'ouvrent sur l'extérieur : celle de la ville et celle des champs. Le château d'Angers passait pour imprenable ! Son édification avait été décidée par Louis IX – Saint-Louis – le 8 juin 1230. Au début de septembre 1585, son gouverneur, Donadieu de Puycharic, s'en absenta quelque temps. L'apprenant, trois aventuriers décidèrent l'impensable : s'emparer de la citadelle. Ils réussirent à y pénétrer en trompant les gardes et se rendirent maîtres de la place. Puis ils attendirent les offres d'achat que pourraient leur faire les huguenots ou les catholiques !

Mais les milices bourgeoises de la ville intervinrent rapidement. Le chef du trio des nouveaux propriétaires, du Hallot, fit baisser le pont-levis, s'avança vers eux pour leur proposer de partager le futur magot, il n'en eut pas le temps, il fut mis en prison. L'un de ses compagnons tenta de fuir, mais fut abattu. Le troisième ayant fait remonter le pont-levis ne se rendit qu'en ayant obtenu des garanties suffisantes pour partir avec un confortable dédommagement, ce qui fut fait. Les protestants et les catholiques qui avaient eu vent de l'affaire et comptaient s'emparer, eux aussi, du château arrivèrent trop tard : Puycharic en avait repris possession après avoir fait décapiter du Hallot. Henri III, mis au courant de toute l'histoire, s'en effraya. Il ordonna que le château fût rasé ! Mais les Angevins ne mirent guère de cœur à exécuter son ordre. La démolition traîna en longueur. Elle fut interrompue ; elle l'est toujours…

20 octobre 1587 : la bataille de Coutras

20 octobre 1587, Coutras (en Gironde). Les troupes royales commandées par le duc Anne de Joyeuse, catholique, premier mignon du roi, font face à celles d'Henri de Navarre, protestant. Joyeuse a pour mission d'arrêter les Navarrais qui, après s'être regroupés et reposés en revenant de leur place forte de La Rochelle, doivent faire leur jonction avec une armée de 35 000 hommes, reîtres allemands, Suisses, huguenots du Dauphiné, afin de marcher sur Paris. Henri de Navarre ne hâte pas cette avancée : il attend le versement de 100 000 écus d'or promis par la reine Elizabeth d'Angleterre. Voilà pourquoi il pratique contre Joyeuse une guérilla qui cependant ne peut durer.

La triste fin de Joyeuse

Près de Coutras, les deux armées de 7 000 hommes environ se rencontrent le 20 octobre 1587. Henri de Navarre a fait disposer son artillerie sur une petite éminence : la butte aux Loups. À dix heures du matin, elle entre en action. Son tir est si précis que l'armée de Joyeuse recule. Henri se lance à sa poursuite. Le combat se termine en corps à corps où le duc de Joyeuse, après s'être battu avec courage, se rend. Avant d'être abattu de deux coups de pistolet dans le dos, il a eu le temps de voir mourir son jeune frère, Claude de Saint-Sauveur. Au total, 2 000 soldats de l'armée royale gisent sur le champ de bataille. Henri de Navarre n'a perdu que quarante hommes !

Figure 9-10 : Portrait de Henri III, roi de Navarre, tendant une fleur à Marguerite de Valois, la sœur du roi Charles IX.

9 mai 1588 : Henri de Guise triomphe à Paris

À Paris, le clergé catholique qui suit de près les événements harangue les fidèles dans les églises, prononçant des sermons qui fanatisent le peuple. L'atmosphère est surchauffée dans la capitale. Les ligueurs ont interdit à Henri III de nouer quelque relation que ce soit avec les protestants. Et pour faire pression sur lui, ils ont demandé à leur chef, Henri de Guise, de venir à Paris. Le 9 mai 1588, malgré l'interdiction que lui en a faite Henri III, Henri de Guise fait son entrée dans la capitale. Les Parisiens lui font un triomphe. Henri III se méfie de la tournure que pourraient prendre les événements : il fait venir 4 000 Suisses en armes et 2 000 gardes françaises. Il les dispose autour du Louvre et de l'île de la Cité. Dans Paris le bruit court qu'ils sont là pour assassiner les catholiques !

12 mai 1588 : des barriques aux barricades !

Au matin du 12 mai 1588, des barriques par centaines commencent à barrer les rues, reliées par des chaînes. Ainsi, pour la première fois, apparaissent les barricades construites avec des tonneaux (barils, barriques, d'où ce nom, barricade, vous l'avez compris !), mais aussi des objets de toutes sortes. Cette première journée des barricades – qui sera suivie de beaucoup d'autres dans l'histoire – tourne à l'avantage d'Henri de Guise dont les hommes, au nombre de 100 000, vont jusqu'à défendre les Suisses d'Henri III, menacés par les Parisiens ! Le roi sent son autorité tellement amoindrie qu'il quitte Paris le 13 mai. Il se rend à Tours dont il fait sa nouvelle capitale. Le 15 juillet 1588, la ligue d'Henri de Guise triomphe : Henri III capitule devant leurs exigences et signe un édit qui vise à lutter de toutes les façons contre les protestants.

UN PORTRAIT

Henri III, un homme à femmes !

Cela peut étonner car, dans la mémoire collective, Henri III est demeuré celui qui entretenait des mignons, terme dont l'histoire oublie volontiers qu'il est dépourvu, à cette époque, de la connotation homosexuelle qu'on lui donne aujourd'hui. Certes, les favoris d'Henri III se fardent et se poudrent (comme tous ceux qui aujourd'hui passent à la télévision…), mais ce sont, comme leur protecteur, de fameux coureurs de jupons et des soldats qui savent prouver leur valeur sur le champ de bataille. La mort du duc de Joyeuse, le premier mignon du roi, en est l'exemple. Ils n'ont rien d'efféminé, ces mignons, malgré leurs anneaux aux oreilles, leurs dentelles et fanfreluches.

La vérité, c'est qu'on tolère mal, dans une cour qui a toujours promu la virilité brute et considéré le raffinement comme de la faiblesse, le penchant d'Henri III et de son entourage pour la culture, pour l'élévation de l'esprit, pour l'insouciance inspirée d'une fête sans limite. Henri III se dégage des reliefs de la féodalité musclée et machiste en cultivant une image différente, des apparences qu'une lecture myope et orientée s'empresse de faire basculer dans une famille de comportements qui a fait au long des siècles les frais d'un inexplicable instinct d'agression meurtrière. Le nazisme ne fut pas en reste dans ce domaine…

UN ÉVÉNEMENT IMPORTANT

23 décembre 1588 : « Ils n'oseraient pas ! »

Catherine de Médicis, Henri de Guise et ses partisans se déplacent à Tours, le 1er août 1588, pour convaincre Henri III de regagner la capitale. Il refuse. Les états généraux sont alors convoqués à Blois. Leurs 500 représentants élus sont surtout des catholiques ligueurs dont le comportement humilie le roi. Ils considèrent déjà Guise comme son remplaçant ! C'en est trop ! Henri III décide de se débarrasser d'Henri de Guise, si populaire dans la capitale qu'on l'appelle *le roi de Paris* ! Le 23 décembre 1588, au château de Blois, un conseil royal doit se tenir très tôt. Henri de Guise est invité à y participer. Il pense que le roi va enfin officialiser la charge de connétable qu'il a reçue de lui le 4 août. La veille, Henri de Guise a reçu cinq billets l'avertissant qu'un complot est organisé contre sa personne. Il les a négligemment jetés, assortissant son geste d'un méprisant et sûr : « Ils n'oseraient pas ! »

CHEZ NOS VOISINS

L'invincible Armada…

L'invincible Armada : 130 vaisseaux, 30 000 hommes dont 20 000 soldats. Des chevaux, des mules, un hôpital de campagne : en Espagne, tout est prêt pour envahir l'Angleterre en juillet 1588. Philippe II n'a pas lésiné sur les moyens, mais ce n'est pas lui qui nomme cette flotte *l'invincible Armada*, ce sont les Anglais qui lui donnent par ironie cette étiquette, après leur victoire. Le plan de Philippe II est le suivant : opérer une jonction de sa flotte avec les catholiques de Flandre, et ensuite débarquer dans le Kent, gagner Londres et forcer la reine d'Angleterre à des concessions en faveur des catholiques, et surtout l'obliger à cesser le harcèlement des Pays-Bas. Mais à Gravelines, en août 1588, les Anglais vont tirer au canon sur ces bateaux. en même temps, ils lâchent des embarcations pleines de poudre qui dérivent vers l'Armada ; elles explosent et provoquent à la fois une pagaille indescriptible et beaucoup de dégâts. Les bateaux espagnols dont les amarres sont coupées commencent à dériver vers le nord. Ils se dispersent. Ce qui reste de la flotte tente de rentrer en Espagne en contournant l'Écosse. Beaucoup de navires s'échouent en Irlande, leurs occupants sont massacrés. Bien peu de marins de l'Armada qui ne fut jamais invincible revirent l'Espagne !

« Il est encore plus grand mort que vivant ! »

Au matin du conseil, deux gentilshommes de sa suite se précipitent sur lui avant qu'il n'entre au château, l'exhortant à la prudence, lui demandant de faire demi-tour. Il les repousse ! Il gravit les marches qui le conduisent à la salle du conseil où il demande qu'on allume un feu : il a froid et il vient d'être pris d'un saignement de nez. Un peu plus tard, il se dirige vers la salle des gardes où il voit les Quarante-Cinq, garde rapprochée d'Henri III qui ont pris le prétexte, pour se trouver là, de lui demander d'augmenter leur solde. Les Quarante-Cinq le suivent. Il atteint la chambre du roi qui, caché dans son cabinet neuf, ne se montrera pas. Un huissier vient informer le Balafré que le roi le demande dans le cabinet vieux. Il doit donc faire demi-tour. Mais face à lui, d'autres Quarante-Cinq lui barrent le passage ! Henri de Guise comprend qu'il est cerné, qu'il va mourir. Son grand manteau l'empêche de dégainer son épée. Mais il se défend comme un beau diable, jette à terre quatre de ses adversaires, en blesse deux autres. Cependant, le nombre l'emporte, il est percé de toutes parts, il s'effondre. Il saigne abondamment. La mort ne viendra qu'au bout d'une demi-heure pendant laquelle il répète « Miserere Deus, miserere Deus… »

5 janvier 1589 : la mort de Catherine

Prévenu que la besogne est accomplie, Henri III vient voir son rival étendu. La chronique du temps lui attribue cette phrase : « Il est encore plus grand mort que vivant ! » Dans la salle du conseil, le cardinal de Guise et les principaux ligueurs sont arrêtés et exécutés le lendemain. Le corps des Guise est brûlé, leurs cendres jetées dans la Loire. Aussitôt après l'assassinat du duc de Guise, Henri III est monté à l'étage supérieur où sa mère Catherine lutte contre la maladie. Elle ne conçoit ni joie ni peine de cette exécution. Elle semble fatiguée de tout, exténuée. Malgré ses efforts incessants, elle a échoué dans son entreprise de réconciliation. Et cet assassinat ne fait qu'ajouter à la violence qu'elle a toujours dû subir et parfois déclencher par imprudence. Elle est victime d'accès de fièvre, délire, pleure. Elle meurt le 5 janvier 1589. Juste à temps pour être épargnée par un terrible chagrin qui aurait, quelques mois plus tard, transpercé son cœur de mère.

Henri et Henri s'allient

Henri III a fait alliance avec Henri de Navarre. Tous deux ont rassemblé une armée de plus de 30 000 hommes qui va faire le siège de Paris aux mains des royalistes qui ne pardonnent pas l'exécution du Balafré. Le 1er août 1589, à huit heures du matin, Henri III, installé à Saint-Cloud, est sur sa chaise percée dans sa chambre qui est tendue de violet depuis la mort de Catherine. Le procureur du parlement introduit auprès de lui un jeune moine jacobin de vingt-deux ans : Jacques Clément. Ce fils de paysans de Sens, impressionné par tout ce qu'il entend des prêtres catholiques, a décidé de tuer le roi qu'il prend pour un tyran. Il a confié son projet à ses supérieurs qui lui ont fourni tous les documents nécessaires afin d'approcher sans soupçon la personne du roi.

1er août 1589 : « Ah ! Méchant moine ! Tu m'as tué ! »

UN ÉVÉNEMENT IMPORTANT

Parvenu près d'Henri III, il demande que les gardes s'écartent car il est porteur d'un message secret. Il fait semblant de chercher une feuille dans ses vêtements, mais il en sort le long couteau à manche de bois avec lequel il a découpé sa viande la veille au soir. Il le plonge dans le bas ventre du roi. Celui-ci se lève, le frappe de ses mains en lui disant : « Ah ! Méchant ! Méchant moine ! Tu m'as tué ! » Henri III, le dernier Valois, ne se trompe pas : ses intestins ont été transpercés. Il désigne son successeur : Henri de Navarre et meurt au matin du 2 août 1589, au terme d'une douloureuse agonie, dans les bras de son neveu fidèle, Charles de Valois, fils illégitime de Charles IX, qu'il avait pris sous sa protection.

Deux prétendants pour un trône

Difficile pour Henri de Navarre, protestant, de prendre la succession d'Henri III dans un pays à majorité catholique ! De plus, le frère cadet d'Henri de Guise, Charles de Lorraine, appelé Mayenne – financé par l'Espagne –, a proclamé roi, sous le nom de Charles X, le cardinal de Bourbon qui est emprisonné à Chinon. Les deux camps, celui des catholiques avec Mayenne à leur tête, et celui des protestants avec Henri de Navarre, vont donc se faire la guerre ! Les affrontements se succèdent sans victoire décisive jusqu'au 14 mars 1590. Ce jour-là, à Ivry, à l'est de la plaine de Saint-André, sur l'Eure, Mayenne qui préfère les escarmouches au combat, sachant Henri de Navarre fin tacticien, aligne plus de 30 000 hommes. Henri ne lui en oppose que 12 000.

14 mars 1590 : « Ralliez-vous à mon panache blanc ! »

Trois jours auparavant, Henri de Navarre a exposé son plan d'attaque. Il adopte une disposition de ses lignes identique à celle qui lui avait donné la victoire de Coutras. Dans un premier temps, Mayenne a l'avantage. Avant d'engager le combat, Henri avait lancé à ses soldats : « Si vos cornettes vous manquent, ralliez-vous à mon panache blanc ! Vous le trouverez sur le chemin de la victoire et de l'honneur ! » Henri se lance donc, panache sur le casque, dans une charge folle. Celui qui le précède tombe mort, une balle entre les deux yeux ! Henri fonce dans la mêlée, tue sept ennemis et parvient à couper en deux l'armée de Mayenne dont les troupes se débandent. Ivry vient de devenir Ivry-la-Bataille. Il reste maintenant Paris à conquérir !

La conquête de Gabrielle

Difficile de conquérir la ville de Paris qui est ravitaillée par les Espagnols ! Le siège de 1590 ne sera pas couronné de succès. Un peu plus tard, il déguise ses soldats en paysans qui vont livrer de la farine dans la capitale ; massés près de la porte Saint-Denis, ils doivent fuir à toutes jambes car la ruse a été découverte. Il faudrait qu'Henri abjure, qu'il se convertisse au catholicisme : il entrerait dans Paris et le pays retrouverait la sérénité. Qui pourrait convaincre Henri d'abjurer ? Une de ses plus belles conquêtes : l'éblouissante Gabrielle dont vous allez suivre les étapes de la séduction…

18 juin 1590 : Henri ébloui !

C'est l'ennui qui domine parfois dans les rangs d'Henri IV alors que le siège de Paris s'étire en longueur, en 1590. Il faut se distraire. Aussi, voyant le roi un peu morose, Roger de Bellegarde, grand écuyer de France, propose à Henri IV de l'accompagner au château de Cœuvres, tout près de Compiègne où ils logent. Les voilà partis galopant dans la campagne. Il fait beau, ce lundi 18 juin 1590. Roger de Bellegarde souhaite présenter au roi sa nouvelle conquête féminine : Gabrielle d'Estrées, une jeune fille de dix-sept ans, si belle que le roi, dès qu'il la voit, est ébloui. Il ne la quitte pas une seconde des yeux, et Roger de Bellegarde se dit qu'il aurait mieux fait de ne pas conduire le roi à Cœuvres…

Gabrielle d'Estrées, dix-sept ans, et le roi à ses pieds !

Henri est fou amoureux, mais Gabrielle n'a que faire de ce barbu de quarante ans, tout roi qu'il est, et qui répand une odeur aigre où dominent l'ail et la certitude que la dernière toilette remonte au moins au semestre précédent – sa maîtresse Henriette d'Entragues, qui succèdera à Gabrielle, lui dit qu'il *pue comme charogne* ! Gabrielle, après avoir repoussé Henri, ne tarde pas à admettre, avec sa tante qui la conseille, que le lit du roi est plus adapté à ses ambitions que celui du beau Roger ! Mais avant de céder aux avances royales, elle agit de sorte que toute sa famille profite de son futur nouveau statut de maîtresse du souverain qui, de plus en plus amoureux, en vient à faire passer ses affaires de cœur avant les affaires d'État !

20 janvier 1591 : Gabrielle résiste, Gabrielle cède

La résistance de Gabrielle dure plus de six mois ! Enfin, un événement décisif survient : François d'Escoubleau de Sourdis, l'oncle de Gabrielle, est évincé du gouvernement de la ville de Chartres par les membres de la ligue catholique. Gabrielle s'en plaint à Henri. Que fait Henri ? Il conduit ses troupes vers Chartres. Et que fait Gabrielle ? Elle rejoint Henri dans le camp où il se trouve ! Que se passe-t-il entre eux, à l'intérieur du camp, sous la tente, et dans la nuit du 20 au 21 janvier 1591, avant la bataille de Chartres ? On le devine, ou alors, on y met de la mauvaise volonté !

10 avril 1599 : « La racine de mon cœur est morte ! »

En 1592, le roi marie Gabrielle à un seigneur complaisant : Nicolas d'Amerval. Gabrielle est de tous les déplacements du roi qui la comble de cadeaux. C'est elle qui va le convaincre de se convertir au catholicisme en 1593, et d'entrer ainsi dans Paris ! En 1594 naît leur premier fils : César, le futur duc de Vendôme. Deux autres naissances vont se succéder, celle de Catherine Henriette et celle d'Alexandre. Gabrielle est enceinte de sept mois lorsque son mariage avec Henri est sur le point d'aboutir, malgré l'opposition du pape. Mais, dans la nuit du 9 au 10 avril 1599, à quelques heures de la cérémonie nuptiale, Gabrielle est prise de convulsions dues à une crise d'éclampsie. Elle meurt au petit matin, à vingt-six ans. Henri IV, lorsqu'il apprend la disparition de sa maîtresse en est profondément affligé. Il déclare : « La racine de mon cœur est morte ! »

Chapitre 10

1594 à 1658 : L'apparence de la paix

Dans ce chapitre :

- Jugez de l'habileté d'Henri IV qui parvient à faire cohabiter catholiques et protestants
- Comprenez les objectifs de Louis XIII, et ceux de Richelieu qui préfère la guerre à la paix
- Suivez dans le détail la fronde parlementaire, puis la fronde des princes

Henri IV réussit un tour de force en maintenant dans son royaume les deux religions, mettant fin à des guerres épuisantes. Mais il disparaît, assassiné, en 1610. Marie de Médicis, couronnée reine la veille de l'assassinat, ne possède pas l'habileté politique de son mari, il s'en faut de peu que les guerres de religion reprennent de plus belle. Mais Richelieu, la main de fer dans un gant de velours, parvient par la force à éviter à la France le retour au chaos. Richelieu n'étant point éternel, après sa mort et celle de Louis XIII, à six mois d'intervalle, le royaume, à cause des Parlements, puis des princes, va s'enfoncer dans une période noire et désastreuse : la Fronde, révolte des uns et des autres pour prendre le pouvoir. Mazarin et Anne d'Autriche, qui assurent la régence, sortiront vainqueurs de cette période.

La France prospère et paisible d'Henri IV

Le bon roi Henri, le Vert-Galant, le Béarnais, à ces trois noms correspond un seul souverain : Henri IV. Habilement il ramène dans un royaume exsangue la paix religieuse en signant l'édit de Nantes qui accorde la liberté de culte aux protestants. L'agriculture et l'économie vont prospérer grâce à Sully et Laffemas. L'œuvre du bon roi Henri est tragiquement interrompue un jour de mai 1610…

Catholiques et protestants se réconcilient

Après les violences qui ont épuisé le royaume, Henri parvient à obtenir une paix qui va permettre la cohabitation entre les deux religions.

25 février 1594 : Henri sacré à Chartres

Petit retour en arrière pour voir Henri IV se convertir au catholicisme, le 25 juillet 1593 dans l'église de l'abbaye de Saint-Denis où le reçoit l'archevêque de Bourges. Le 25 février 1594, il est sacré roi dans la cathédrale de Chartres. Pourquoi Chartres ? Parce que Reims est encore aux mains des ligueurs catholiques extrémistes qui ne veulent toujours pas admettre pour roi Henri le Béarnais pourtant converti à leur religion, alors que la plupart des grandes villes de France se sont ralliées à son panache blanc ! Peu à peu, les Espagnols catholiques qui protègent les ligueurs sont invités à repartir au soleil ibère. Mais Paris reste encore à conquérir !

Cossé-Brissac ouvre les portes de Paris

La capitale est gouvernée par seize chefs ligueurs, un par quartier – d'où leur nom : les Seize. Ils fanatisent les Parisiens par l'intermédiaire du clergé ; ceux qui sont soupçonnés de complaisance avec les protestants sont pendus ! Mayenne perd peu à peu le contrôle de la situation. Il se retire à Soissons avec toute sa famille, prétendant qu'il va attendre le secours des Pays-Bas. C'est alors que les fidèles d'Henri IV entrent en contact avec le gouverneur militaire de Paris : Charles de Cossé-Brissac. Contre 200 000 écus et un bâton de maréchal, il accepte de laisser ouverte une porte de Paris par laquelle Henri pourra s'aventurer !

Henri IV en son royaume

Le 22 mars 1594, Henri et sa suite empruntent donc prudemment la Porte Neuve. Les clés de la ville leur sont remises. Bientôt, les Parisiens qui sont las des excès des catholiques font un triomphe à leur nouveau roi ! Cependant, l'Espagne n'est toujours pas convaincue par la bonne foi et le bon droit du nouveau roi de France. Il faut qu'Henri IV batte les troupes espagnoles et celles des ligueurs à Fontaine-Française le 5 juin 1595, et en plusieurs autres places, avant qu'en mai 1598 soit signé avec l'Espagne le traité de Vervins qui rétablit les clauses du traité de Cateau-Cambrésis. Un mois auparavant, le 13 avril, Henri avait signé l'édit de Nantes – ville où il avait reçu un accueil triomphal. Cet édit accordait aux protestants un véritable statut, quasi définitif. Henri pouvait enfin se sentir maître en son royaume.

Figure 10-1 : Entrée triomphale de Henri IV à Paris par Peter Paul Rubens, 1627-1630.

UN ÉVÉNEMENT IMPORTANT

Les jésuites expulsés en 1594

Le soir du 27 décembre 1594, Henri IV se dirige vers l'hôtel du Bouchage à Paris, où vit Gabrielle d'Estrées. Ce n'est pas un amant discret : c'est en cortège qu'il se rend chez sa belle, avec de nombreux gentilshommes qui portent des torches. Il est vrai qu'à l'époque, se promener seul, de nuit, dans la capitale pouvait relever de la tentative de suicide. Pendant qu'ils marchent, un jeune homme de dix-neuf ans, Jean Chastel, se glisse aux premiers rangs, et, lorsque le convoi s'arrête aux portes de l'hôtel, ce jeune homme sort de son vêtement un couteau dont il frappe Henri IV. Le coup a atteint la lèvre du roi et lui a cassé une dent. Le coupable est aussitôt arrêté.

On s'aperçoit que ce Jean Chastel a été élève chez les jésuites. Une perquisition permet de trouver au collège de Clermont des libelles virulents contre le pouvoir royal. Aussitôt, il est décidé que les jésuites doivent être expulsés de France, mis à part deux d'entre eux qui semblent complices de Chastel et sont pendus. Chastel, quant à lui, subit le programme complet du supplice des régicides dont le point culminant est l'écartèlement final qui rassemble toujours des foules considérables ! En 1603, Henri IV autorise les jésuites à revenir en France.

13 avril 1598 : l'édit de Nantes

Voici l'essentiel des quatre-vingt-douze articles de l'édit de Nantes qui va permettre aux catholiques et aux protestants de vivre ensemble, enfin !

- La liberté de conscience est étendue dans tout le royaume, sauf à Paris et dans une grande partie de la Bretagne.
- L'exercice du culte réformé est libre dans une ville par baillage ou sénéchaussée, ainsi qu'au domicile du seigneur haut-justicier.
- Les Réformés ne seront pas privés de leurs droits civils.
- Ils peuvent ouvrir des académies.
- Cent cinquante lieux de refuge leur sont accordés, dont cinquante et une places de sûreté.
- Ces places de sûreté pourront être défendues par une armée potentielle de 30 000 soldats.
- Une dotation de 45 000 écus est prévue pour le traitement des pasteurs.

Sully, son labourage et son pâturage…

Le royaume est dévasté par près de quarante ans de guerres de religion. Henri IV décide de redresser l'économie. Pour atteindre cet objectif, il va être aidé par un ami fidèle et dévoué qui va traquer tous ceux qui font des dépenses excessives, lançant, en quelque sorte, la chasse au gaspi…

Dans les rues en sang, un enfant de douze ans…

Le 24 août 1572, dans les rues de Paris ensanglantées, parcourues de fous furieux qui tuent les huguenots, un jeune garçon d'une douzaine d'années marche d'un bon pas. Il fixe le bout de ses souliers pour éviter le spectacle de la rue jonchée de cadavres, le regard des monstres, l'épée, le poignard ou la hache à la main. Il est enveloppé de sa cape d'écolier, tient sous son bras son livre d'heures. Qu'un exécuteur de fortune découvre qu'il est protestant et le voilà occis comme les autres ! Mais le jeune garçon parvient sans être reconnu par quiconque au collège de Bourgogne où il étudie. Le supérieur l'y cache pendant quatre jours, le temps que la tuerie se termine. Ce jeune garçon s'appelle Maximilien de Béthune.

Maximilien de Béthune, l'ami de trente ans

Quelques jours plus tard, il rencontre Henri de Navarre, épargné grâce à Charles IX – rappelez-vous : « La mort ou la messe ! » Ils sympathisent, deviennent amis. Une amitié indéfectible qui ne se démentira plus ! En effet, Maximilien suit Henri partout, à sa cour de Nérac comme au combat où il fait preuve d'une bravoure peu commune. En 1587, à la bataille de Coutras, il est blessé. À Ivry-la-Bataille, il est blessé de nouveau. À Chartres, en 1592, nouvelle blessure ! À la mort de son père et de son frère aîné, il devient baron de Rosny – ce n'est qu'en 1606 qu'il est duc et pair de Sully.

Labourage et pâturage…

Sully va se révéler un excellent gestionnaire, un redoutable chasseur de fraudeurs. En quelques années, grâce à lui, les finances de la France se redressent de façon spectaculaire.

La France en ruines

À la fin des quarante années de guerres de religion, la France est exsangue. Paris grouille de miséreux. Les pendus, pour vol ou chapardage, n'ont jamais été aussi nombreux au gibet de Montfaucon, place de Grève, place Maubert, et parfois au coin des rues. La famine, la peste, la variole font des ravages. La misère est partout en France. Le commerce, les routes, les canaux, les ponts, tout est en piteux état. Les brigands infestent les chemins peu sûrs. Dans la forêt de Machecoul, entre Bretagne et Anjou, un certain capitaine Guillery, bandit gentilhomme qui n'a jamais voulu se soumettre à Henri IV, a rassemblé une troupe de 500 brigands qui pillent, rançonnent et assassinent dans les régions environnantes – arrêté, il sera rompu vif sur la place du château à La Rochelle. Le commerce extérieur est ruiné !

Levé à quatre heures du matin

Dès qu'Henri IV devient roi de France, Sully est placé aux finances. Il devient surintendant unique en 1598. S'il aime la guerre, possède parfaitement l'art du siège des villes, Sully, en temps de paix, est un travailleur acharné. Levé chaque matin à quatre heures, il reçoit vers six heures ses secrétaires, puis viennent les audiences, le conseil avec le roi. La journée se termine à dix heures du soir.

Les deux mamelles de la France

Son but : remettre la France debout et faire entrer l'argent dans les caisses du royaume. Et pour cela, il sait prendre les mesures efficaces en réduisant les dépenses : suppression de tous les anoblissements accordés depuis vingt ans, surveillance étroite de la perception des impôts, mais aussi obligations, pour les titulaires d'offices, de payer au roi ce qu'ils lui doivent, poursuite des financiers malhonnêtes. Les comptables de l'administration royale doivent tenir des registres pour y inscrire quotidiennement les recettes et les dépenses. Son credo ? L'agriculture ! Il résume ses convictions dans une formule célèbre : « Labourage et pâturage sont les deux mamelles de la France, ses vraies mines et trésors du Pérou. » Il va s'efforcer par ailleurs de réaliser le vœu du roi Henri IV qui désire que chacun de ses sujets puisse mettre « une poule au pot tous les dimanches ».

Des ormes au bord des routes

Sully néglige les colonies qu'il considère trop éloignées. Le commerce intérieur souffre du manque de routes. Sully va lui redonner vie :

- Il entreprend de rénover les voies de communication. Les routes principales sont retracées, remblayées, pavées.

- Il décide de faire planter sur leurs bords des ormes, appelés ormes de Sully, ou, par métonymie, des Sully. Il en fait aussi planter sur les places de village. Ces arbres peuvent à l'occasion fournir le bois pour des affûts de canon, ou bien des vaisseaux pour la flotte royale.
- Des ponts sont construits, le creusement du canal de Briare est entrepris.

Bref, Sully se révèle un organisateur si habile que le pays retrouve une santé qu'il avait perdue depuis longtemps.

Sully déteste le luxe !

Amis pour tout, Henri IV et Sully. Tout ou presque, parce que si celui-ci privilégie l'agriculture, celui-là se passionne pour l'industrie. Sully ne veut pas en entendre parler : l'industrie, selon lui, conduit au goût du luxe. C'est notamment de la soie qu'il est question entre les deux inséparables : Henri IV veut encourager sa fabrication en France afin d'éviter l'importation ruineuse de matières premières ou de produits finis ; Sully s'y oppose et va même jusqu'à proposer des édits interdisant de porter des textiles de luxe !

La naissance du mercantilisme

Le mercantilisme, la théorie du tailleur du roi, Barthélemy de Laffemas va connaître une grande fortune, non seulement sous le règne d'Henri IV, mais tout au long des siècles qui suivent.

Le petit tailleur du roi se met à écrire !

Le roi s'obstine : un petit tailleur d'habits, Barthélemy Laffemas, qui a suivi Henri IV à Paris, se met à écrire des traités d'économie où il propose des solutions pour tirer le pays du marasme économique dans lequel il se trouve. Henri IV les lit, est séduit par la théorie développée, et ne demande pas mieux que de voir tout cela mis en pratique. Pour Laffemas, la France doit se suffire à elle-même, on ne doit acheter à l'étranger que des matières premières, non des produits manufacturés qui coûtent trop cher. De plus, ces matières premières peuvent fort bien être produites en France.

Dans chaque paroisse, une magnanerie

Première étape : produire en France ! Par exemple la soie : elle est achetée à prix d'or en Italie, des millions d'écus sont dépensés chaque année pour importer ce textile de luxe. En accord avec Henri IV, Barthélemy de Laffemas et Olivier de Serres, un agronome cévenol protestant, auteur de La Cueillette de la soie, encouragent la culture du mûrier, nourriture du vers à soie dont le cocon va produire le précieux fil à partir duquel, en France, on pourra tisser de riches étoffes. Le plan Laffemas-Serres est mis en œuvre :

- Vingt mille pieds de mûriers sont plantés aux Tuileries.
- Dix mille autres le sont à Saint-Germain.
- François le Traucat, jardinier de Nîmes, développe le mûrier de façon intensive dans le Midi de la France.
- Quatre millions de plants prennent racine en Provence et en Languedoc.
- En 1602, une ordonnance royale impose à chaque paroisse de posséder une pépinière de mûriers et une magnanerie, lieu où l'on élève les vers à soie.

UNE ANECDOTE

Port-Royal-des-Champs : vingt-cinq religieuses meurent d'épuisement !

Les guerres de religion ont pris fin. En même temps que l'économie se développe, l'église catholique connaît un renouveau qui offre deux directions possibles : celle de la confiance en l'homme, tendance représentée par les jésuites, et celle de la méfiance de l'âme, toujours soupçonnée d'être assaillie ou conquise par le mal, abandonnée de Dieu, livrée au diable. Cette dernière tendance, pessimiste et austère, va être développée par une jeune fille de dix-huit ans qui transforme la journée du vendredi 25 septembre 1609 en date historique. Voici comment :

Près de Paris, dans la haute vallée de Chevreuse (aujourd'hui sur la commune de Magny-les-Hameaux), s'élevait l'abbaye de Port-Royal-des-Champs. Jacqueline Marie Angélique Arnauld de Sainte-Madeleine, fille d'un avocat au Parlement de Paris, conseiller d'État sous Henri IV et farouche adversaire des jésuites, devient coadjutrice de l'abbesse de Port-Royal à huit ans. Elle fait partie d'une famille de vingt enfants, dont six filles qui deviennent toutes religieuses dans l'abbaye de la vallée de Chevreuse fort appréciée de la noblesse de robe parisienne friande de mondanités et de plaisirs divers ! À onze ans, la petite Jacqueline Arnauld montre une vocation religieuse exceptionnelle. À dix-huit ans, alors qu'elle est devenue abbesse, elle prend une décision irrévocable, le 25 septembre 1609 : son frère et son père étant venus lui rendre visite, elle refuse de les recevoir, fermant le guichet où les nonnes étaient accoutumées de s'entretenir avec leur famille. Désormais, s'ils veulent lui parler, ils le feront à travers une grille !

Ce vendredi 25 septembre 1609 demeure dans l'histoire la « journée du guichet ». Toutes les religieuses se conforment à cette décision : elles ne recevront plus leur famille. Jacqueline Arnauld, devenue Mère Angélique, ne fait que commencer son programme d'austérité qui vise à agir en élus de la grâce de Dieu, en éloignant toutes les tentatives que pourrait faire le Malin pour s'introduire dans l'âme. Travail, prière (huit heures de prière par jour, le premier office commence à deux heures du matin !), repos, sont les trois règles de l'abbaye, renouant avec la règle de saint Benoit de Nursie. À Port-Royal, on ne mange jamais de viande, on communique par gestes, on ne possède rien – posséder, c'est se livrer au mal, à la cupidité –, on couche sur une mauvaise paillasse. L'application de la règle est si stricte et la vie si austère qu'en trois ans, entre 1656 et 1659, vingt-cinq religieuses meurent d'épuisement ! Jacqueline Arnauld trouvera ensuite dans les idées de l'évêque d'Ypres, Cornélius Jansen, l'écho exact de ses théories sur la grâce – cette sombre doctrine, reposant sur l'œuvre de saint Augustin, l'*Augustinus*, deviendra le jansénisme.

Attirer l'or, l'argent

Les idées de Laffemas vont s'étendre à beaucoup d'autres domaines où on s'efforce d'appliquer cette règle :

- produire en France ;
- exporter le plus possible ;
- importer le moins possible ;
- attirer l'or, l'argent des pays étrangers, métaux si précieux pour leur faire la guerre…

Création de manufactures

Des manufactures sont créées, subventionnées, contrôlées dans leur fabrication de dentelles, de cuirs, de tapis, de verreries, etc. Dans la maison des Gobelins, à Paris, le roi installe des tapissiers flamands. Les voyages de Champlain vers le Canada sont encouragés. Tout cela est destiné à donner à la balance commerciale un penchant favorable aux caisses du royaume qui doivent se remplir.

Le mot naît de Montchrestien

Cette pratique économique n'était pas nouvelle. Louis XI avait déjà tenté de l'implanter avec les soieries à Lyon, afin de concurrencer les Italiens. Claude de Seyssel pour François Ier, Jean Bodin pour Henri III s'y sont essayés. C'est Antoine de Montchrestien (1575 - 1621) qui lui donne son nom : le mercantilisme. Même si les efforts du tandem Laffemas-Serres ne sont pas toujours récompensés, ils donnent à l'industrie, au commerce une impulsion dont vont profiter dans les décennies qui suivent les politiques de Richelieu et de Colbert.

Henri IV, dernier amour, dernier combat

La dernière guerre qu'Henri IV préparait a-t-elle été causée par sa dernière passion, une jeune adolescente d'à peine quinze ans qui lui écrit des lettres enflammées ? On l'a prétendu, on en est même presque sûr, pour ne pas dire : tout à fait sûr…

Janvier 1609 : Henri amoureux fou

UNE ANECDOTE

Vendredi 16 janvier 1609. Henri IV vient d'entrer dans un petit théâtre où on répète un ballet qui doit être donné à la salle de l'Arsenal et chez la reine Margot. Soudain, devant lui, sur la scène, une apparition : Charlotte ! Charlotte de Montmorency, elle n'a pas quinze ans. Elle est belle comme le jour, plus belle que le jour, fragile et délicieuse, presque nue dans sa robe de mousseline et de gaze. Marie et Margot ont invité leur mari Henri à cette répétition peuplée de jouvencelles. Henri a cinquante-six ans, et plus toutes ses dents. En effet, on a retrouvé dans ses comptes de santé des sommes importantes pour les plomber ou les remplacer par des quenottes en or. Il souffre de goutte, de séquelles de maladies vénériennes, mais, dès qu'un jupon passe, son cœur de Béarnais bon vivant bat la chamade !

Figure 10-2 : Portrait de Henri IV (gravure datant du XIXe siècle).

17 mai 1609 : Charlotte épouse Henri… de Condé

Charlotte ! Au cours de la répétition, elle pointe vers le cœur d'Henri une flèche dorée symbolisant l'amour : elle joue une nymphe dans le ballet *Les Nymphes de Diane*. Ah ! Henri demeure cloué sur place ! Cette beauté, ce raffinement, cette taille, cette fraîcheur – cette quasi- nudité aussi… ! Le voilà encore amoureux fou, plus fou que jamais ! Déjà promise à François de Bassompierre, Charlotte doit rompre ses fiançailles. Henri veut la marier à un homme qui acceptera de jouer les maris fictifs : Henri II de Condé, qui passe pour impuissant ! Mais Condé est vexé du rôle qu'on veut lui faire endosser :

Les distractions de la grosse banquière

La reine Marie de Médicis, qu'Henri a épousée en 1600 parce qu'il avait besoin d'argent et que son futur beau-père assortissait l'épousée d'une belle dot, aime organiser des spectacles. Elle a besoin de se distraire, Marie : au Louvre, elle s'ennuie et doit supporter les moqueries, l'ironie d'Henriette d'Entragues, la maîtresse du roi, qui la traite de *grosse banquière* ! De plus, chaque fois que Marie donne naissance à un enfant, Henriette, la maîtresse, en fait autant, un ou deux mois après ou avant - précisons au passage qu'Henri aura seize enfants de cinq femmes différentes, sans compter les nombreux autres égarés dans la nature (à propos, si vous remontiez votre arbre généalogique… on ne sait jamais !).

il demande au roi de ne pas donner suite à son projet. Trop amoureux, Henri n'en fait qu'à sa tête et, bientôt, Charlotte épouse Henri de Condé le 17 mai 1609.

Charlotte à Henri… IV : « Astre que j'adore… »

Mais le nouveau mari va mener bonne garde auprès de sa femme ! Le roi en est tout penaud : il ne peut approcher de celle qu'il aime à en perdre la raison, ni même lui parler. Il entame avec elle une correspondance enflammée. Elle commence ses missives par « Astre que j'adore… », il lui répond : « Aimez-moi ! Croyez-moi à vous… » Mais Condé, malgré l'insistance du roi, refuse de laisser Charlotte en sa compagnie. Il décide même, pour protéger sa jeune épouse, de fuir aux Pays-Bas ! Les Pays-Bas, pays de la catholicité espagnole. Charlotte s'y ennuie. Henri l'apprend. Il s'allie alors aux princes allemands. Objectif : attaquer les Pays-Bas toujours susceptibles d'abriter des comploteurs contre le royaume de France puis démanteler l'empire des Habsbourgs – mais surtout, aller récupérer la belle Charlotte ! L'entrée en guerre est fixée au 16 mai 1610. Le 13 mai, Marie de Médicis est couronnée reine, ainsi qu'elle le souhaitait depuis son mariage en 1600. Et le 14 mai…

« Rends-moi mon royaume ! Rends-moi mon royaume ! »

Le 14 mai 1610, Sully demeure allongé sur son lit. Depuis quelques jours, il est malade. Henri IV veut aller lui rendre visite. Comme Sully habite à l'Arsenal, tout près de la Bastille, il faut traverser une partie de la capitale. Le roi hésite à sortir. Depuis quelques jours, il est habité d'un sombre pressentiment. Pourtant, il a déjà été victime de quinze tentatives d'attentats. Toutes ont échoué, notamment celle d'un fou qui se prétendait descendant du roi légendaire Pharamond et qui s'était élancé sur le roi, un poignard à la main, en criant « Rends-moi mon royaume ! Rends-moi mon royaume ! » Henri avait demandé qu'il soit épargné, et interné dans un asile. Ce 14 mai, Henri n'est pas tranquille. À Marie de Médicis, la toute nouvelle reine de la veille, il demande sans cesse : « Ma mie, irai-je, n'irai-je pas ? » Il va ! Mais avant de monter dans le carrosse, il trace sur sa poitrine un grand signe de croix, geste qu'on ne lui voit jamais faire.

14 mai 1610 : « Je suis blessé ! » Henri meurt…

Puis le carrosse ouvert – tant il fait chaud ce jour de mai – s'engage dans la rue Saint-Honoré. Il faut prendre ensuite la rue de la Ferronnerie. Une charrette de foin l'encombre, au niveau de l'actuel n° 11. Les valets descendent du carrosse pour la faire dégager. Alors, une ombre surgit de la foule bruyante et des encombrements. C'est un homme à la barbe rousse et aux cheveux dorés. Il grimpe sur une borne, puis s'agrippe à l'une des roues du carrosse, sort un long poignard dont il frappe avec violence et par deux fois le roi Henri. Le premier coup a glissé sur une côte, le second est entré entre la cinquième et la sixième côte, a perforé le poumon et tranché l'aorte. Henri s'écrie : « Je suis blessé ! » Il perd connaissance. Le carrosse fait demi-tour, fonce vers le Louvre, il s'arrête dans la cour sud-ouest de la cour carrée. On veut en descendre le roi : il a cessé de vivre.

Figure 10-3 : L'assassinat de Henri IV le 14 mai 1610.

27 mai 1610 : du plomb fondu sur les plaies...

Son assassin s'appelle François Ravaillac. Né à Angoulême, il a trente-deux ans. Il a exercé plusieurs métiers dont celui de maître d'école. C'est un catholique exalté, déséquilibré, qui a, selon un chroniqueur de l'époque, *l'esprit embrumé*. Condamné à mort, il subit le supplice des régicides : on le torture à la tenaille. Sur ses plaies, on verse du plomb fondu et de l'huile bouillante. Ensuite, on imprègne sa main droite de soufre, puis on la brûle. Enfin, il est écartelé en place de Grève – aujourd'hui place de l'Hôtel-de-Ville. Malgré toutes les suppositions de complicité – l'Espagne, les ligueurs, Condé, Henriette d'Entragues qui n'avait jamais admis de n'être point reine alors que le roi le lui avait promis – il semble que Ravaillac ait agi seul, dans un contexte où l'exacerbation de la question religieuse pouvait conduire n'importe qui à n'importe quelle folie.

Marie de Médicis : la tentation espagnole

La mort du bon roi Henri réjouit le prince de Condé, le mari de Charlotte ! Mais elle afflige la France tout entière, elle plonge la reine Marie dans le désespoir. Pourtant, à peine deux heures après l'assassinat, elle a été désignée régente par le Parlement. Elle va prendre son rôle très au sérieux, au point que tous ceux qui l'entourent s'étonnent et s'émerveillent de sa grande capacité de travail.

Le dauphin : aurait pu mieux faire

Le jeune Louis XIII possédera-t-il au plus haut degré les qualités de son père ? Il possédera des qualités différentes que voici énumérées dans ce qui pourrait être une série d'appréciations dans son dossier scolaire...

Un élève qui préfère l'exercice physique…

Louis possède une bonne mémoire, un sens aigu du jugement ; cependant, lorsqu'il trouve la leçon trop longue, il montre avec quelque ostentation son ennui ; à douze ans, sa capacité à intégrer les subtilités de la langue latine a connu la saturation ; il possède peu de goût et de capacités pour les mathématiques et la géométrie ; il trouve de l'intérêt à l'histoire ; Louis est un élève qui préfère l'exercice physique à l'exercice intellectuel ; ses connaissances en roulements de tambour sont excellentes, il les identifie toutes sans se tromper, et souvent, se précipite dehors, dans la cour du palais, pour jouer de cet instrument dont il deviendrait un excellent professionnel –s'il n'était roi. Il adore le tir à l'arc ou à l'arquebuse, vise les oiseaux de passage ou, parfois, en cachette, les chevaux dans les prairies. En résumé, Louis possède des capacités, mais aurait pu mieux faire.

Figure 10-4 : Marie de Médicis.

« Ah ! Si j'eusse été là ! »

« Aurait pu mieux faire »… Telle pourrait être l'appréciation portée dans le dossier scolaire du jeune Louis XIII. Il faudrait ajouter à cela que l'assassinat de son père Henri IV le 14 mai 1610 l'a profondément marqué. Âgé de neuf ans à l'époque, il est devenu roi dès le lendemain, ne cessant de répéter à son entourage, à propos de Ravaillac : « Ah ! Si j'eusse été là, avec mon épée, je l'eusse tué ! » En attendant sa majorité qui sera atteinte à treize ans, c'est Marie de Médicis, sa mère, qui devient régente du royaume.

La régente et les Concini

Marie de Médicis est arrivée en France avec Leonora Dori, sa coiffeuse qui s'est laissé séduire par le comte de la Penna, une sorte d'aristocrate aventurier. Ce trio va occuper les premières places dans le royaume, jusqu'à la tragédie du 24 avril 1617…

Marie et sa coiffeuse

Marie de Médicis, selon les témoignages d'époque, est d'une intelligence moyenne, pour ne pas dire médiocre. C'est une femme dont il fut dit quand elle était jeune qu'elle était épanouie. Cet adjectif, au fil des ans, s'est transformé en robuste, pour ne pas dire davantage. Elle n'aime guère son fils, se montre distante et froide à son égard. Elle a une haute idée de sa fonction et ne supporte guère qu'il tente parfois de se montrer roi. Marie, en 1600, était arrivée en France avec sa femme de chambre qui est aussi sa coiffeuse : Leonora Galigaï (de son vrai nom : Eleonora Dori). C'est aussi sa sœur de lait, elles ont eu la même nourrice. Un beau jeune homme à fière allure était aussi du voyage de 1600 : Concino Concini, comte de la Penna. Concino Concini remarque les relations étroites des deux femmes. Aussitôt, il courtise assidûment Leonora qui bien vite tombe dans ses bras.

Du comte de la Penna au marquis d'Ancre : Concini

Voilà donc Concini aux avant-postes du pouvoir ! À Paris, il devient le confident de Marie qui le nomme premier maître d'hôtel – la Maison de la reine compte presque 500 personnes ! Il se rend utile aussi au roi Henri IV, amasse beaucoup d'argent, s'achète un luxueux hôtel. Après la mort du roi, Concini bénéficie d'une étonnante ascension : il est fait conseiller d'État aux finances le 26 juillet 1610 – Sully étant écarté, un farceur ayant même écrit sur sa porte, au lendemain de l'assassinat du roi : « Valet à louer » ! En septembre, en achetant une terre noble en Picardie, Concini devient marquis d'Ancre. Il devient aussi premier gentilhomme de la Chambre et acquiert une charge de Cour qui lui permet de faire partie de l'entourage intime du roi. Le 19 novembre 1613, Concini qui n'a jamais donné un ordre à un soldat est fait maréchal de France !

L'Espagne en vue

Concini continue à accumuler les richesses, en faisant de fructueuses affaires financières, notamment à Florence. Celui qu'on appelle alors le maréchal d'Ancre n'en poursuit pas moins la politique d'Henri IV qui vise à domestiquer les princes de sang. Il appuie Marie de Médicis dans son désir de rapprochement avec l'Espagne catholique. Ce rapprochement pourrait prendre la forme de mariages : Louis XIII épouse l'infante d'Espagne, Anne d'Autriche, et Élisabeth de France, l'héritier du trône d'Espagne.

15 mai 1614 : le traité de Sainte-Menehould

Un rapprochement avec les catholiques d'Espagne ? Condé et d'autres princes protestants ne veulent pas en entendre parler ! Ils menacent de prendre les armes. De plus, ils s'estiment injustement écartés du pouvoir. Concini négocie alors avec eux le traité de Sainte-Menehould qui prévoit la réunion des états généraux qui repréciseront le rôle des grands princes ; de plus, les mariages espagnols sont repoussés jusqu'à la majorité du roi qui interviendra cinq mois plus tard. Enfin, pour faire en sorte que Condé se tienne tranquille, Concini lui confie le gouvernement d'Amboise et lui fait verser la somme de 500 000 livres !

UNE ANECDOTE

« Qu'elle cherche une chambre ailleurs ! »

Le 27 septembre 1614, Louis XIII, à treize ans, atteint sa majorité. Mais c'est Marie, sa mère qui continue de gouverner, en le lui faisant sentir parfois de façon humiliante. Un jour, par exemple, dans la salle du conseil, elle le prend fermement par le bras et lui conseille d'aller jouer dehors ! Concini n'est pas en reste, par de petits détails de la vie à la cour, il montre de façon cruelle au jeune monarque qu'il n'est pas grand-chose dans la sphère gouvernante. Enfin, Leonora se permet de faire signifier au roi qui fait du bruit dans sa chambre que cela l'incommode parce qu'elle a la migraine ; ce à quoi Louis répond, excédé : « Si elle n'est pas satisfaite du Louvre, qu'elle cherche une chambre ailleurs dans Paris ! »

UN ÉVÉNEMENT IMPORTANT

1614 à 1615 : des états décevants

Les états généraux s'ouvrent le 27 octobre 1614 – ils vont se terminer en février 1615. Un certain Armand du Plessis de Richelieu, évêque de Luçon, y remplit la charge d'orateur du clergé. Le tiers état – qui ne représente alors que la bourgeoisie enrichie – demande l'abolition des pensions dont vivent les nobles, et qui grèvent le budget de l'État. Les nobles, quant à eux, exigent l'abolition de la paulette, une mesure financière prise en 1604 par Charles Paulet, ministre d'Henri IV, et qui instituait l'hérédité des charges moyennant une taxe annuelle, système qui bénéficie à la bourgeoisie. En fin de compte, rien n'est décidé durablement, les états généraux sont clos, les députés invités à renter chez eux en février 1615. Le roi fait de vagues déclarations aux députés qui ne veulent pas quitter la capitale sans certitudes. Il leur dit que la vénalité des charges est abolie et que les pensions sont diminuées – en réalité les pensions ne diminueront guère, et la paulette ne sera abolie qu'à la Révolution de 1789… Le grand vainqueur de ces états généraux est le pouvoir royal qui se trouve renforcé, les députés constatant qu'ils n'ont aucun moyen d'action contre le roi et ceux qui l'entourent, quels qu'ils soient : les privilégiés.

Les états passent, Richelieu demeure

En 1615, Richelieu qui a tout fait pour demeurer dans l'entourage du roi et de la régente parvient à se faire nommer, le 1er novembre, grand aumônier de la jeune Anne d'Autriche que le tout jeune roi découvre pour la première fois le 21 novembre à Castres où il est allé la chercher. C'est Leonora Galigaï qui a permis à Richelieu d'obtenir sa promotion. De son côté, Concini, qui avait remarqué les grandes qualités de l'évêque de Luçon, avait utilisé ses services dans les négociations qu'il menait avec les princes toujours turbulents.

1616 : Concini nomme Richelieu secrétaire d'État

Condé la menace ! Toujours là, Condé ! Fin juin 1616, Richelieu a été fait conseiller d'État. Il est tout à fait espagnol, c'est-à-dire qu'il épouse entièrement les vues de Marie de Médicis et des Concini. Condé, le protestant, accroît son prestige à la cour, au point qu'on imagine qu'il veut faire un coup de force, changer le gouvernement et prendre la place du roi ! Aussi, le 1er septembre, alors qu'il entre au Louvre, il est arrêté et emprisonné au château de Vincennes. Les Concini s'emploient ensuite à rénover le conseil du roi : ils en écartent les anciens, trop dévoués à la mémoire d'Henri IV qu'ils ont fidèlement servi. Ils les remplacent par une nouvelle génération dont fait partie Richelieu qui devient secrétaire d'État aux Affaires étrangères et à la Guerre.

UNE ANECDOTE

La fin de Leonora Galigaï

Toujours là, la foule anonyme et vorace, qui, le lendemain des obsèques discrètes de Concini, s'en va déterrer son cadavre, le suspend à un gibet au Pont-Neuf, puis se met à le découper en morceaux qui sont distribués même aux enfants; ils s'en vont un peu plus loin, tenter de les brûler. Certains charognards en emportent même chez eux afin de les exhiber comme un trophée. On cherche comment éliminer Leonora Galigaï. Quel motif trouver ? On se rappelle qu'elle avait fait ouvrir vivantes des volailles qu'elle mettait sur sa tête pour guérir de ses migraines. Sorcellerie ! Le mot est lâché, et la sentence arrive tout aussitôt : la mort par décapitation ! L'exécution a lieu en place de Grève le 8 juillet 1617. Innombrable la foule ! Prête aussi à la dépecer, après… Mais il se passe un phénomène étrange : Leonora Galigaï se montre digne et forte devant la mort, elle étonne. En regardant la foule, elle murmure : « Tant de personnes ici pour une pauvre malheureuse ! » Le bourreau prépare ses instruments. Leonora attend, et sa façon d'être sereine, patiente et résignée lui gagne la sympathie de cette foule qui la haïssait. Elle meurt admirée ! Ce qui ne l'empêche pas d'être brûlée immédiatement après sur le bûcher qui a été préparé à cet effet. Ses cendres sont dispersées au vent.

S'il tente de fuir…

Tout cela passe mal auprès des princes qui sentent que le pouvoir va leur échapper complètement, Concini plaçant dans tous les rouages de l'État des hommes qui lui sont fidèles. Mal lui en prend ! Les princes se préparent à lever une armée, ils complotent avec ardeur. Pendant ce temps, Charles de Luynes, marquis d'Albret, un ancien page d'Henri IV, dresseur de faucons, et qui a su gagner l'amitié du roi, entretient dans la haine de Concini un petit groupe d'amis qui deviennent bientôt des conjurés. Ils projettent l'assassinat de l'Italien, en parlent ouvertement devant le roi qui n'est pas mécontent de voir menacé celui qui l'humilie constamment. « Nous l'arrêterons d'abord, dit Luynes, et s'il tente de fuir… » « Nous le tuerons ! », répond un autre conjuré. Louis ne répond pas. Qui ne dit mot consent ! Le plan est mis à exécution.

24 avril 1617 : Concini assassiné

Le 24 avril 1617 au matin, celui que Sully désignait comme un « maraut d'étranger », Concino Concini, est abattu de cinq coups de feu alors qu'il franchit le pont de l'entrée du Louvre. Les projectiles ont atteint ses joues, son cou, une balle s'est logée entre ses deux yeux, il est mort sur le coup. Averti du complot et de l'attentat, Concini, aussi confiant qu'Henri de Guise, avait eu une formule ressemblant au « Ils n'oseraient ! » Ils osèrent.

Louis XIII et Richelieu : comme un seul homme !

Louis XIII, au début de son règne véritable – après l'assassinat de Concini – est un jeune roi qui aime chantonner, qui plaisante et sourit à tout le monde. Les soucis, le poids du pouvoir le plongeront bientôt dans une mélancolie dont il ne sortira guère. Après avoir chassé Richelieu qui faisait partie de l'entourage des Concini, il va, sur les conseils de sa mère, le prendre à son service. Et les deux hommes agiront comme s'ils n'étaient qu'un seul !

Le roi affronte sa mère

Les relations entre le jeune roi et le cardinal sont d'abord perturbées par l'assassinat de Concini, l'influence de Charles de Luynes, et par la guerre que se livrent la mère et le fils. Mais Richelieu rentre en grâces par l'entremise de Marie de Médicis. Ainsi naîtra l'un des tandems politiques les plus efficaces qu'ait connu la France.

« Sortez ! »

« Allez ! Otez-vous d'ici, sortez ! » Ce sont les paroles de Louis XIII à Richelieu qui vient se présenter à lui après l'assassinat de Concini. Louis XIII se méfie de ce personnage qui sut plaire à Leonora Galigaï et servit si bien Concini. Il veut faire place nette, au point qu'il exile sa mère Marie de Médicis à Blois, Richelieu la suit, mais préfère ensuite se retirer en son prieuré de Coussay, près de Loudun, où il commence immédiatement la rédaction de deux livres : le premier *intitulé Défense des principaux articles de la foi catholique*, et le second *Instruction pour les chrétiens*.

1617 : Charles de Luynes rappelle les barbons

Louis XIII pendant ce temps gouverne avec Charles de Luynes, son fidèle compagnon, celui qui fut si convaincant lors du projet d'élimination de Concini ! Luynes en est fort bien récompensé. Le voici maréchal de France le

23 mai 1617. Plus tard, il va s'approprier une grande partie des biens de Concini ! Les barbons, anciens conseillers d'Henri IV, ont été rappelés au Conseil du roi. Avec Luynes, ils vont tenter de gouverner une France qu'en raison de leur manque de clairvoyance et d'efficacité, il leur est difficile de stabiliser.

21 février 1619 : « J'ai le vertige ! »

« Non ! Je ne pourrai jamais descendre cette échelle de la sorte ! J'ai le vertige ! » Au château de Blois, dans la nuit du 21 au 22 février 1619, cette phrase inquiète les hommes du duc d'Épernon qui a décidé de faire évader Marie de Médicis. Finalement, elle se résout à enjamber le rebord de sa fenêtre, à descendre la première échelle comme si elle descendait un escalier, la face vers le vide. Évidemment, elle ne cesse de pousser de petits cris d'épouvante, terrifiée par le vide, et serrant contre elle sa cassette de diamants ! Par chance, les gardes du château ne l'entendent pas ! Parvenue à la terrasse où elle doit emprunter une deuxième échelle, elle refuse de continuer son parcours d'acrobate ! Elle préfère rouler au bas de la pente en empruntant un éboulis de terre, enveloppée dans son manteau. Elle rejoint ensuite le duc et d'autres partisans. Leur objectif : rassembler une troupe et combattre l'armée du roi ! La mère s'apprête à attaquer le fils !

5 septembre 1619 : « Comme vous êtes grandi ! »

Le roi qui a appris l'évasion de sa mère met sur pied une armée de 36 000 hommes. Luynes qui voit d'un mauvais œil cette entreprise décide de faire appel à Richelieu, exilé par Louis en Avignon qui est à l'époque une terre étrangère. Son rôle : réconcilier la mère et son fils ! Pour accomplir ce petit miracle, il demande l'aide de Pierre de Bérulle, le jésuite conseiller de Marie de Médicis. Bérulle est un homme au rayonnement exceptionnel, ami de Vincent de Paul, du philosophe Descartes – mais aussi fondateur de l'Oratoire, congrégation des religieux Oratoriens qui pratiquent l'autorité dans la douceur et le respect. Le 5 septembre 1619, au château de Couzières, près de Tours, Marie de Médicis retrouve son fils. Jamais elle n'a eu pour lui beaucoup d'affection, encore moins d'amour. Mais, le voyant, elle laisse passer une émotion toute maternelle traduite par cette phrase : « Mon dieu ! Comme vous êtes grandi ! » La mère et le fils sont réconciliés. Richelieu a réussi, la guerre est évitée.

7 août 1620 : les soldats fuient comme des lapins

Cela n'empêche pas qu'à peine un an plus tard, Marie de Médicis, qui n'accepte pas la paix imposée par son fils à Couzières, s'allie au duc d'Épernon. Celui-ci, aidé des princes révoltés et de Richelieu, réunit une armée et décide d'attaquer Louis XIII, parce qu'il refuse de s'associer à l'empereur du Saint Empire dans la lutte contre les protestants alors qu'il lui avait promis une armée en décembre 1619. Cette fois, la mère et le fils vont s'affronter. Le 7 août 1620, leurs troupes se rencontrent aux Ponts-de-Cé, près d'Angers. Mais il fait si chaud que les soldats de la reine, peut-être mal entraînés, ou mal payés, s'enfuient comme des lapins devant la troupe royale ! La paix est signée. La reine demande à retrouver sa place au Conseil du roi. Sa demande est exaucée. Louis XIII donne son pardon à Épernon.

Richelieu : la grandeur de la France avant tout !

Épernon pardonné ? Les protestants considèrent cet acte d'autorité royale inacceptable et, de leur place forte de La Rochelle, ils organisent la guerre civile. Jusqu'en décembre 1621, Louis XIII va remporter victoire sur victoire contre les cités qu'ils ont réussi à soulever. Luynes est peu à peu écarté : son indécision, sa lâcheté en certaines circonstances le font tomber dans une demi-disgrâce où vient le cueillir une fièvre pourpre, le 15 décembre 1621 ! L'heure de Richelieu a sonné. Richelieu qui va mettre en œuvre une certaine idée de la France…

Figure 10-5 : Portrait du Cardinal de Richelieu, par Philippe de Champaigne.

Place ! Place ! Voici Richelieu

La place est libre ! Aussitôt, Marie de Médicis qui n'est pas revenue seule aux affaires impose à Louis XIII la présence de Richelieu. Il est officiellement admis au Conseil royal le 29 avril 1624. Le 13 août de la même année, il en devient non seulement le chef, mais demande à Louis XIII de ne confier les affaires courantes ou complexes qu'à un seul conseiller : lui-même ! Voilà le cardinal définitivement installé dans la place. Il va pouvoir mettre en œuvre sa politique. Quelle est-elle ? Elle poursuit un double but : la restauration de l'autorité royale, et l'affirmation de la force de l'État. Il veut faire de la France le pays européen le plus important, le plus riche et le plus respecté. Bref, le pays phare ! Le roi doit se faire respecter à l'intérieur et redouter à l'extérieur.

UNE ANECDOTE

Un cri !

Les amours d'Anne d'Autriche – mariée pour des raisons d'État, et qui demeure une étrangère aux yeux de Louis XIII distant et froid – et de Georges Villiers, duc de Buckingham (Bouquinquant, comme l'appellent les Français), ont connu leur point culminant un soir de juin 1625. Ce soir-là, une grande fête est organisée à Amiens en l'honneur de la nouvelle reine d'Angleterre, Henriette, belle-sœur d'Anne d'Autriche. C'est le séduisant Anglais Buckingham qui escorte Henriette. Il fait très chaud, ce 14 juin, le soir est tombé, la nuit enveloppe les recoins et les allées. La duchesse de Chevreuse envoie dans une de ces allées, sous quelque prétexte, Anne d'Autriche, puis elle rencontre Bouquinquant (Buckingham...) à qui elle conseille de prendre la même allée. Soudain, jaillit de l'obscurité un cri ! C'est le cri d'Anne d'Autriche. La duchesse accourt et voit la reine dans un grand désordre, qui tente de reprendre son calme. Que s'est-il vraiment passé ? À vous de l'imaginer. Vous avez une heure...

Il faut détruire La Rochelle

Première étape : l'édit de Nantes, en 1598 ! Ce fut sans doute un édit qui ramena la paix, mais il a créé dans le royaume selon la formule connue du cardinal, un « État dans l'État ». L'urgence consiste donc à attaquer cet État protestant, à le réduire au point qu'il ne constitue plus jamais une menace. Cette menace est bien réelle. Elle se situe surtout dans la ville de la Rochelle. Ce port qui sert de refuge à de nombreux huguenots en des temps de troubles, reçoit l'aide des Anglais toujours prompts à intervenir lorsqu'il s'agit de mettre en péril le pouvoir royal. Et qui sait, cette place forte pourrait bien devenir comme une seconde capitale, le bastion d'où les protestants, financés par l'Angleterre, pourraient en peu de temps s'emparer de tout le territoire, le roi d'Angleterre portant toujours le titre de roi de France ! Il faut donc détruire La Rochelle !

Gaston d'Orléans : tuer Louis XIII, épouser Anne d'Autriche !

En attendant, le roi doit faire face à toutes sortes de rébellions ou de complots. Ainsi celui de son frère Gaston d'Orléans, un perpétuel agité qui projette de prendre la tête du royaume, de supprimer Louis XIII, et d'épouser Anne d'Autriche ! Le marquis de Chalais, Henry de Talleyrand, fait partie de cette conspiration qui est éventée. Condamné à mort, Chalais est exécuté à Nantes onze jours après le mariage fort joyeux, dans cette même ville, du vrai coupable, Gaston d'Orléans qui le jour du supplice, trouve plus prudent de se rendre à Châteaubriant !

Le supplice de Chalais

Chalais, le conspirateur à qui on a fait croire qu'il serait gracié s'il révélait tout du complot contre Louis XIII va payer cher tous ses aveux : il est condamné à mort et doit être exécuté à Nantes le 19 août 1626. Afin de retarder l'exécution, ses amis font enlever le bourreau. Qu'à cela ne tienne : on décide de le remplacer par un condamné. Un cordonnier tourangeau qui doit être pendu trois jours plus tard accepte de jouer le rôle d'exécuteur. Pour lui c'est une première. On lui prête une épée de Suisse qu'il ne prend pas le soin de faire affiler. Chalais vient au supplice, place du Bouffay, avec beaucoup de dignité et de sang froid. Il dit au bourreau qui lui tend un bandeau pour ses yeux qu'il n'en a pas besoin, et lui demande de faire vite. Hélas ! Chalais pose sa tête sur le billot, le cordonnier lève l'épée qui retombe lourdement sur le cou du condamné. Déséquilibré par le choc, Chalais tombe sur le plancher de l'échafaud, le cou à peine entamé. Le bourreau, aussitôt, lui donne trois coups moins violents, sans grand résultat ! Les Nantais présents s'empressent de chercher un autre instrument. Pendant que Chalais étendu, attend, un tonnelier apporte sa doloire, une sorte de hache à court manche de bois et à long tranchant. Le père des Roziers qui assiste le supplicié doit obliger l'exécuteur à le remettre sur le billot. Vingt-neuf coups de doloire seront nécessaires pour que le cou de Chalais soit détaché du corps ! Au vingtième coup, il vivait encore…

1627 : début du siège de La Rochelle

Le siège de La Rochelle commence en 1627. Buckingham, fort amoureux d'Anne d'Autriche – au point qu'un portrait de la reine est suspendu et constamment éclairé dans la cabine de son vaisseau – doit venir secourir les Rochelais. Madame de Chevreuse dépêchée à Londres lui a certifié qu'à coup sûr cette action éblouirait la reine ! Richelieu est mis au courant du projet de Bouquinquant ! Il fait fortifier les îles de Ré et d'Oléron. L'Anglais quitte Porsmouth avec 110 vaisseaux et 6 000 hommes. Le siège commence effectivement le 10 septembre 1627, après que les Rochelais tirent sur l'armée royale forte de 20 000 hommes déployés autour de la ville. Toutes les voies de communication par terre sont alors coupées par Richelieu. La ville ne peut plus être approvisionnée. L'espoir ne peut donc venir que de la mer.

Une digue de vingt mètres de haut

Buckingham s'est installé à l'île de Ré le 22 juillet 1627. Richelieu lui envoie Henri de Schomberg qui l'en chasse avant de le battre sur mer le 17 novembre. Bouquinquant – qui n'a ébloui personne – repart pour l'Angleterre ! La ville se trouve bien isolée, sans possibilité de se ravitailler. Cependant, elle possède des réserves. Quasiment imprenable par terre, elle doit se résoudre à attendre la prochaine expédition anglaise. Que faire ? se demande Richelieu. Attendre ? Le cardinal n'est jamais à court d'idées : il faut empêcher les Anglais de ravitailler les Rochelais. Comment ? En construisant une digue haute de vingt mètres, longue de 1 500 mètres, qui laissera cependant par un étroit goulet passer la marée. Des bateaux enchaînés seront coulés de chaque côté pour renforcer l'ouvrage sur lequel des canons seront disposés. Cette entreprise gigantesque est réalisée par 4 000 ouvriers.

LE SAVIEZ-VOUS ?

Les Trois Mousquetaires, d'Auguste Maquet

Publié en feuilleton en 1844 dans le journal *Le Siècle, Les Trois mousquetaires*, d'Auguste Maquet, écrit en collaboration avec Alexandre Dumas – ou plutôt l'inverse… – est un roman de cape et d'épée qui met en scène les amours d'Anne d'Autriche et de Buckingham. Anachronismes, libertés de toutes sortes prises avec l'histoire, inventions insolites, la narration ne s'embarrasse pas trop de vérité historique ! Inspirée d'un autre roman paru en 1709 – *Les Mémoires de Monsieur d'Artagnan*, de Courtilez de Sandras –, l'œuvre de Dumas-Maquet, passionnant tourbillon d'aventure et de suspense, est l'une des plus traduites dans le monde. Que les thuriféraires d'Alexandre Dumas ne se fâchent pas ! Auguste Maquet qui réunissait la documentation nécessaire à Dumas, et écrivait le premier jet, n'est ici présenté comme le véritable auteur des *Trois Mousquetaires* que par taquinerie ! C'est tout…

Mai 1628 : dehors, les femmes et les vieillards !

Les vivres commencent à s'épuiser dans la ville de La Rochelle. Les troupes royales, elles, sont grassement nourries ! Le 30 avril 1628, les Rochelais élisent un nouveau maire, le plus déterminé d'entre eux : Jean Guiton. Au début de mai, des dizaines de navires anglais arrivent face à la Rochelle, bourrés de vivres et d'armes. Ils doivent faire demi-tour ! La famine s'installe dans la ville. Alors une décision incroyable est prise dans la ville assiégée : comme à Alésia (rappelez-vous…), on décide de faire sortir les bouches inutiles, les femmes, les enfants, les vieillards !

L'agonie des innocents

C'est un spectacle pitoyable et déchirant qui commence : ces pauvres êtres chassés de leur ville s'en vont vers les lignes des troupes royales qui les empêchent d'approcher en déchargeant leurs fusils sur eux, en les canonnant ! Par centaines, ils errent des jours, sans espoirs, dans une longue agonie que le silence des siècles couvre encore. Dans la ville, la situation ne s'améliore pas. Une deuxième expédition anglaise a échoué devant la digue qu'elle a tenté d'incendier. Les Rochelais ont mangé leurs chevaux, leurs chats et leurs chiens. Ils dévorent les rats, et vont même plus loin. Le 3 octobre, de nouveau les Anglais arrivent en vue, mais ils ne passeront pas, malgré un échange de 5 000 boulets. La ville se rend le 28 octobre. Il y avait 28 000 habitants à La Rochelle. Ils sont 5 500 survivants à qui Louis XIII accordera son pardon.

Poule mouillée !

À la Rochelle, Richelieu n'était pas seul. Richelieu, le cardinal vêtu de pourpre, l'éminence rouge, n'a jamais été seul. Dans l'ombre, une autre éminence, l'éminence grise, couve et conseille le ministre de Louis XIII. Un jour, même, au moment où les Espagnols envahissent la Picardie en 1636, cette éminence grise traite l'intraitable cardinal de *poule mouillée* parce qu'il craint pour sa personne en allant se promener dans Paris ! L'éminence grise s'appelle François Joseph Leclerc du Tremblay – sa mère appartient à la famille La Fayette. D'abord soldat, il devient un capucin exemplaire qui se rend indispensable auprès de Richelieu en créant le premier service secret européen, d'une redoutable efficacité, composé de toutes sortes d'espions qui permettent non seulement de connaître tous les plans de l'ennemi, mais aussi d'agir pour l'affaiblir.

Le Père Joseph se déplace où Richelieu ne peut aller s'il ne veut trouver la place occupée à son retour. Il met en œuvre des plans diaboliques pour parvenir à ses fins. Ainsi, pendant la guerre de Trente Ans, l'éminence grise tente par exemple de soudoyer le plus valeureux des généraux de l'empereur d'Autriche. Ce général n'est pas sourd aux propositions financières qui lui sont faites. Aussitôt, le Père Joseph s'en va trouver l'empereur et lui révèle que son fidèle général est prêt à se laisser acheter ! L'empereur n'hésite pas : il sacrifie son plus grand chef ! Le Père Joseph se frotte les mains ! Un saint homme le Père Joseph ? Vous pouvez en juger…

Les Français sont dévots

La France va devenir un peu moins protestante, un peu plus dévote…

28 juin 1629 : la paix d'Alès

La Rochelle est vaincue ! La première étape du plan de Richelieu est confirmée le 28 juin 1629 par l'édit de grâce de Nîmes, appelé la paix d'Alès :

- La liberté de culte est toujours accordée aux protestants.
- Les places fortes sont démantelées, leurs fortifications rasées.
- Le culte catholique est restauré dans les régions dominées par les protestants.

Soulager la misère du peuple

Alors, la paix va-t-elle s'installer dans le royaume de France, ainsi que l'espèrent ceux qu'on appelle les dévots – et qui reflètent une bonne majorité des Français ? Ce parti qui a pris le relais de la Ligue des Guise est soutenu par Marie de Médicis et les frères Marillac – le chancelier et le maréchal. Les dévots voudraient instaurer une paix durable, ils sont pro-espagnols, considèrent que le roi d'Espagne et l'empereur à Vienne soutiennent le pape tout en servant de rempart contre le péril turc. Pour eux, le temps est venu de penser à soulager la misère du petit peuple, d'effectuer des réformes intérieures.

Duels : interdits sous peine de mort

Richelieu en a assez de constater, impuissant, la multiplication de duels meurtriers qui déciment la noblesse. Il interdit cette pratique féodale, désireux que le sang ne soit versé que pour défendre le royaume. Mais les nobles ne l'entendent pas de cette oreille. Ainsi, le comte François de Montmorency-Bouteville qui totalise vingt-deux duels à vingt-huit ans, s'en va-t-il jusqu'à provoquer le cardinal en se battant sous ses fenêtres contre le marquis de Beuvron. Le 22 juin 1627, Montmorency est exécuté en place de Grève, malgré l'intervention auprès du roi et de Richelieu de toute la cour en faveur du dernier rejeton d'une des plus grandes familles de France. Richelieu manifeste ainsi son autorité absolue, elle trouve sa raison dans l'idée que l'autorité ne doit pas être bravée, que le roi doit être respecté dans son royaume, peut-être aussi dans le souvenir que son frère a laissé la vie dans un duel, en 1619, contre le marquis de Thémines.

Marie contre le Cardinal

Soutenu par le Père Joseph, Richelieu va tenter de convaincre Louis XIII que sa politique est la seule possible. C'est compter sans Marie de Médicis, sans les dévots…

Faire la guerre aux Espagnols

La paix ? Richelieu ne l'entend pas de cette oreille ! Il n'en a pas fini avec son plan. Si la première étape est terminée, les huguenots étant mis au pas, la deuxième peut commencer. Laisser le champ libre aux Espagnols et aux Habsbourgs ? De la folie ! Ils entourent le royaume de France, et si la paix est signée, ils n'auront de cesse de grignoter le territoire, sournoisement, puis franchement, et de s'en partager les dépouilles ! La paix ? Non, la guerre ! Il faut leur faire la guerre ! Et pour cela, nouer des alliances les plus inattendues possibles – les Espagnols finiront par être vaincus à la bataille de Rocroi ! En attendant, le parti des dévots, connaissant les plans de Richelieu – et du Père Joseph, l'éminence grise –, se déchaîne, Marie de Médicis en tête.

« Richelieu ? Qu'on lui coupe la tête ! »

Soudain, un événement risque de bouleverser tous les plans du cardinal : le 21 septembre 1630, à Lyon, Louis XIII est atteint d'une terrible colique qui lui arrache des cris de douleur. Son médecin, Renaudot, ne parvient à améliorer l'état du royal patient qu'on déclare presque mort. Les reines Marie de Médicis et Anne d'Autriche parviennent à arracher au roi la promesse de disgracier Richelieu. Dans l'esprit des conseillers, c'est déjà fait et on se demande ce qu'on va faire du cardinal. Le chancelier Marillac propose qu'on lui coupe la tête !

LE SAVIEZ-VOUS ?

La gazette de Renaudot

En 1625, deux libraires parisiens ont une idée lumineuse pour gagner régulièrement un peu d'argent : créer une feuille qui informera les lecteurs de ce qui se passe ici ou là, en France. Ils intitulent cette feuille : *Nouvelles ordinaires de divers endroits*. Venu de Loudun à Paris, cette même année, Théophraste Renaudot (1586 – 1653), nommé médecin du roi, y ouvre un bureau d'adresses, l'ancêtre de l'ANPE. Un peu plus tard, il crée la *Feuille du bureau d'adresses* où sont publiées offres d'emplois et petites annonces.

En 1631, Théophraste Renaudot qui a remarqué la feuille des deux libraires se dit que lui aussi peut en faire autant, et même faire mieux en donnant aux nouvelles un tour plus concis sous forme de dépêches informant de ce qui se passe non seulement en France mais dans le monde connu. Ainsi naît la *Gazette* – de l'italien *Gazeta*, nom d'un journal créé à Venise et qui coûtait une pièce de monnaie appelée la… gazeta. Malgré la plainte des deux libraires pour contrefaçon, Renaudot obtient le privilège royal pour sa gazette dont Richelieu découvre l'utilité et le pouvoir. En effet, le cardinal utilise la feuille de Renaudot pour construire auprès du peuple son image, faire passer ses idées. Richelieu le moderne vient de découvrir le pouvoir et l'influence de la presse.

Par la petite porte…

Le 10 novembre 1630, revenu à Paris, Louis XIII est guéri. Richelieu n'a pas encore été averti de sa disgrâce. Le lendemain, Marie de Médicis qui est pressée par le parti des dévots, convoque en son palais du Luxembourg – l'actuel Sénat –, son fils le roi. Elle le réprimande vertement : qu'attend-il pour renvoyer Richelieu ? Richelieu tente d'accéder au lieu où se déroule cette conversation échauffée et décisive. Mais Marie de Médicis qui prévoit tout a pris soin de faire garder toutes les portes. Sauf une ! Une petite porte de service que Richelieu parvient à faire ouvrir par une servante. Il entre dans la pièce et se trouve au cœur de la mêlée !

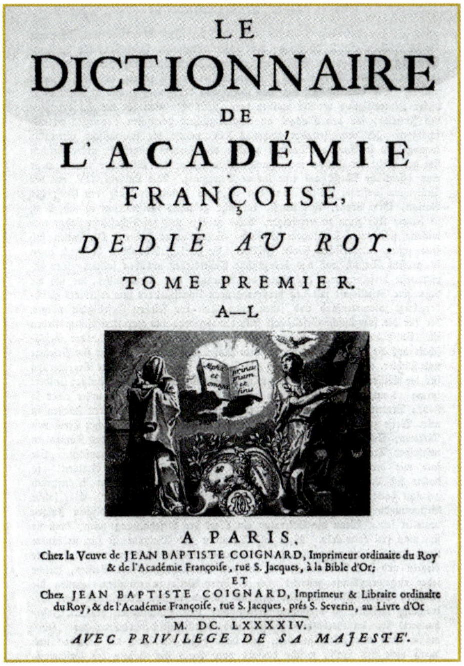

LE
DICTIONNAIRE
DE
L'ACADÉMIE
FRANÇOISE,
DEDIÉ AU ROY.
TOME PREMIER.
A—L

A PARIS,
Chez la Veuve de JEAN BAPTISTE COIGNARD, Imprimeur ordinaire du Roy & de l'Académie Françoise, ruë S. Jacques, à la Bible d'Or;
ET
Chez JEAN BAPTISTE COIGNARD, Imprimeur & Libraire ordinaire du Roy, & de l'Académie Françoise, ruë S. Jacques, prés S. Severin, au Livre d'Or
M. DC. LXXXXIV.
AVEC PRIVILEGE DE SA MAJESTE'.

Figure 10-6 : La première éditon du Dictionnaire de l'Académie française.

ARTS, CULTURE ET SCIENCES

L'Académie française

François de Malherbe (1555 - 1628), poète de cour, effectua en son temps une sorte de toilettage de la langue française après l'enthousiasme créateur de la Renaissance qui avait fourni de nombreux mots de vocabulaire. Une habitude était née : chercher quels termes, quelles règles allaient le mieux servir la langue, la clarté de la pensée, en discuter et décider. À la mort de Malherbe, des passionnés poursuivent sa tâche. Richelieu entend parler d'eux. Il leur propose de former un corps officiel qui se réunira régulièrement sous une autorité publique. Des statuts sont rédigés en 1635, qui sont enregistrés en 1637. Valentin Conrard, premier secrétaire de l'Académie, issu d'une famille protestante de banquiers et de commerçants, fixe à quarante le nombre d'académistes, rebaptisés académiciens, qui vont composer l'Académie française. L'article 24 des premiers statuts précise que : « *La principale fonction de l'Académie sera de travailler avec tout le soin et toute la diligence possibles à donner des règles certaines à notre langue, et à la rendre pure, éloquente, et capable de traiter les arts et les sciences.* » La rédaction d'un dictionnaire est prévue. La première édition paraît en 1694. Richelieu fait aussi bâtir le Palais-Royal, l'église de la Sorbonne qui renferme son tombeau.

10 novembre 1630 : la journée des dupes

La reine, tout étonnée, voit apparaître Richelieu, et cette apparition ne fait que redoubler sa colère bruyante d'Italienne déchaînée : elle crie au roi qu'elle ne veut plus de ce cardinal au Conseil, qu'il doit s'en séparer immédiatement ! En furie, elle sort, et annonce à son parti que c'en est (presque) fait de l'éminence rouge, que le roi a (presque) pris sa décision. On la félicite, on la congratule, on se réjouit que le cardinal soit déchu. Sans doute Marillac pense-t-il déjà à demander au bourreau d'affûter sa hache… Mais Louis XIII n'a rien dit. Il est parti à Versailles, le cerveau perturbé par les vociférations de son Italienne de mère ! Richelieu, dans la soirée, se rend auprès de lui. Le roi l'attend, debout et souriant : « Je veux que vous continuiez à me servir ! » On imagine la suite : emprisonnements et destitutions vont se succéder. Un courtisan, le comte de Serrant, aura cette phrase à propos du 10 novembre 1630 : « C'est la journée des dupes ! »

La guerre de Trente Ans : fin du rêve Habsbourg

De 1618 à 1648, une guerre aussi longue qu'atroce va diviser par deux la population de l'Allemagne. La France de Richelieu (et du Père Joseph…) va y prendre part.

Un empereur de trop

En 1618, à la mort de l'empereur d'Allemagne et roi de Bohème, son successeur, le très catholique Ferdinand II de Habsbourg n'est pas accepté par la diète (assemblée) de Prague qui investit un calviniste : Frédéric. Mal lui en prend : le nouvel empereur Ferdinand attaque la Bohème et s'en empare. Les Espagnols, encouragés par cette victoire, se lancent dans une politique de conquêtes et reconquêtes qui inquiète les protestants allemands. Ils font appel, en 1625, au roi du Danemark luthérien qui est vaincu en 1629 et signe la paix avec l'empereur catholique dont la mainmise s'étend alors jusque sur les rivages de la mer Baltique.

Le veilleur de Paris

Cela ne plaît pas au roi de Suède qui déclare la guerre aux catholiques et les écrase à Leipzig, le 17 septembre 1631. En 1634, les Suédois sont à leur tour défaits, et l'empereur catholique signe le 30 mai 1635 la paix de Prague avec les protestants. Cette paix place l'Allemagne dans les mêmes conditions que celles de la paix d'Ausbourg, permettant aux deux religions de cohabiter. L'Allemagne croit pouvoir tenter de se relever de la saignée qu'elle vient de subir. C'est compter sans la présence du veilleur de Paris, celui qui dort si peu, qui souffre de fièvres à répétition, de violentes migraines, de calculs rénaux et biliaires, d'abcès, d'hémorroïdes : Armand-Jean du Plessis, cardinal de Richelieu !

Détruire ponts et moulins !

Quoi ? L'empereur d'Autriche en a fini avec le conflit contre les protestants, l'Espagne est en paix ? Richelieu n'en dort plus : nul doute que les souverains de ces deux pays vont conspirer à la ruine du royaume de France. Leur position est trop avantageuse : ils encerclent le territoire. Ne pas les attaquer, c'est leur ouvrir la voie jusqu'à Paris ! Malgré l'état catastrophique des finances, le roi Louis XIII déclare la guerre à l'Espagne le 19 mai 1635. L'année suivante, l'empereur germanique déclare la guerre à la France, Condé ayant envahi la Franche-Comté ! Toute l'Europe entre en conflit ! La France s'est fait deux alliées : la Suède et les Provinces Unies. En 1636, les troupes espagnoles entrent en France, prennent Corbie en Picardie, s'ouvrant la route de Paris ! Afin de ralentir leur avance, les Français détruisent ponts et moulins de l'Île-de-France, puis ils repoussent les Espagnols à la frontière. C'est pendant cette avancée espagnole qu'un scandale est étouffé à la cour (ou presque puisqu'on en parle aujourd'hui encore…) : la reine Anne d'Autriche est prise en flagrant délit de correspondance avec l'ennemi !

Financer la guerre

La lutte contre l'Espagne et l'empereur germanique se poursuit, souvent incertaine. Son financement devient une priorité qui mécontente le peuple : en Périgord et dans le Quercy, de mai à juin, 30 000 croquants – paysans misérables qui en ont assez de se faire « croquer » par les collecteurs du roi – se révoltent contre l'impôt À la fin de l'automne 1639, les Va-nu-pieds de Normandie, au nombre de 20 000 appellent toutes les régions et même Paris à la révolte : le pouvoir royal veut établir la gabelle, l'impôt sur le sel dans la province qui comporte de nombreuses salines ! Des mercenaires étrangers vont conduire une cruelle répression et pendre des centaines de meneurs.

Les Espagnols décident d'envahir la France

Finalement le conflit va se terminer le 19 mai 1643. Les Espagnols ont décidé de pénétrer en France par les Ardennes. Leur décision a été précipitée par la mort du roi Louis XIII, le 14 mai 1643, et par celle de Richelieu. Le meilleur de l'armée espagnole va se heurter au commandement d'un jeune homme de vingt-deux ans, Louis II de Condé, duc d'Enghien, qu'on appellera plus tard le Grand Condé. Celui-ci va livrer, contre la vieille garde espagnole, réputée invincible, une bataille décisive.

L'éclatante victoire de Rocroi contre les Espagnols

UNE BATAILLE

Condé, ne serait-ce pas… ? Si ! C'est le fils de Charlotte de Montmorency ! Vous vous rappelez Charlotte, demi-nue sous ses voiles et sous l'œil affolé d'Henri IV dont ce fut le dernier amour… Condé a élaboré une stratégie : commandant l'aile droite de son armée, il a prévu d'enfoncer la cavalerie espagnole, mais de ne pas la poursuivre. Cette première étape réussie, il va alors opérer un habile mouvement par l'arrière des troupes adverses, attaquant à revers leur centre, puis leur aile droite. L'infanterie espagnole est pilonnée par les canons, et détruite. On dirait du Napoléon… La victoire est totale ! Le guerre de Trente Ans va se poursuivre par la défaite française de Tuttingen, en Allemagne, par les victoires de Condé et Turenne à Fribourg en 1644, à Nordlingen en 1645. Des négociations de paix vont s'ouvrir, qui se termineront en 1648, par le traité de Westphalie.

UNE ANECDOTE

Septembre 1642 : Cinq-Mars et de Thou à l'échafaud

Avant que le duc d'Enghien charge les Espagnols à Rocroi, un événement déterminant qui a décidé de l'offensive espagnole est survenu : la mort de Richelieu, le 4 décembre 1642. Épuisé par le travail, il a ressenti le 29 novembre une très forte douleur au côté. Une pleurésie venait de se déclarer qui l'emporte en cinq jours. Deux mois auparavant avait eu lieu une exécution qui mettait fin à un ultime complot pour supprimer le cardinal, afin de signer avec l'Espagne un traité de paix. Ce complot avait pour instigateurs les ennemis habituels du cardinal, dont Gaston d'Orléans, le frère du roi, le duc de Bouillon et la reine. Les exécuteurs étaient deux jeunes hommes : Henri Coiffier de Ruzé d'Effiat, marquis de Cinq-Mars, protégé de Richelieu qui trahissait ainsi son maître, et François de Thou, conseiller d'État. Seuls, ils furent exécutés, à l'issue de leur procès à Lyon. Gaston d'Orléans s'en tira encore une fois, sans honneur.

Leur exécution sur la place des Terreaux fut presque la réplique de celle de Chalais à Nantes – cependant, ils arrivèrent à l'échafaud non pas à pied, mais en carrosse ! Le bourreau en titre s'étant cassé la jambe, ce fut un remplaçant qui accomplit la besogne avec beaucoup de maladresse. Cinq-Mars refusa le bandeau qui lui fut tendu, de Thou l'accepta afin de ne pas voir le sang de son ami. Cette exécution suscita l'indignation contre le cardinal dont la mort fut fêtée par de grands feux de joie dans tout le royaume !

Mazarin, Anne d'Autriche, un tandem contesté

La France va continuer son voyage en empruntant un nouveau tandem. Il est composé d'Anne d'Autriche, la régente, et de Mazarin. Tantôt l'un pédale et l'autre tient le guidon, tantôt c'est l'inverse… C'est souligner plaisamment combien leur voyage fut celui de l'union, union qu'ils ont déclinée dans son sémantisme le plus complet !

Le dauphin, la régente et le cardinal

Très maternelle avec son petit Louis-Dieudonné, Anne d'Autriche va se prendre d'amitié, puis de tendresse et d'affection pour l'ondoyant cardinal Mazarin qui n'a qu'une idée en tête : accroître les impôts par tous les moyens.

Figure 10-7 : Jules Mazarin.

1643 : « Je m'appelle Louis XIV, mon papa ! »

UNE ANECDOTE

Trente ans après son avènement, le 14 mai 1643, Louis XIII meurt, rongé par la tuberculose, et malmené par les 215 lavements que son médecin, Bouvart, lui a prescrits en quelques mois ! Trois semaines auparavant, on lui avait amené le dauphin Louis, né le 5 septembre 1638 ; il venait d'être baptisé. On l'avait approché du roi très malade. « Comment vous appelez-vous désormais ? », avait demandé Louis XIII, et le dauphin de répondre, du haut de ses quatre ans et demi : « Je m'appelle Louis XIV, mon papa ! » « Pas encore ! », avait répondu le roi en souriant.

Douceur, souplesse, volonté : Mazarin

UN PORTRAIT

Le dauphin avait pour parrain Jules Mazarin. Mazarin est le fils de Pietro Mazzarino, intendant d'une grande famille italienne, les Colonna, et d'Ortensia Buffalini, issue d'une famille noble. Né en 1602, à Pescina, dans les Abruzzes, il a fait de brillantes études au collège des jésuites à Rome. Compagnon de chambre du jeune Colonna, il étudie à l'université d'Alcala, en Espagne. Unanimement apprécié pour ses qualités de fin diplomate, parlant le français – correctement mais avec un fort accent –, il rencontre le cardinal de Richelieu en janvier 1630 à Lyon. Cette rencontre est déterminante. Richelieu tombe sous le charme de cet Italien au ton doux, aux attitudes dont la souplesse masque habilement une volonté ferme et déterminée. Nommé cardinal, bien qu'il soit étranger, laïc, et né roturier par son père, il devient ministre et chef du Conseil à la mort des deux inséparables Louis XIII et Richelieu.

UN PORTRAIT

Monsieur Vincent

Paris, 1643. En plein jour, ou à la nuit tombée, on peut voir passer dans les rues un homme un peu tassé, un peu voûté, vêtu d'une soutane, et dont l'expression du visage traduit une immense bonté. Il se dirige, panier au bras, vers les lieux où les pauvres s'assemblent, vers ceux où les enfants sans famille cherchent refuge. Il mène pas à pas, obstinément, un combat contre la misère. On l'appelle Monsieur Vincent. Ce n'est pourtant pas n'importe qui, ce Monsieur Vincent qui trottine dans la boue des ruelles parisiennes : c'est lui qui tenait dans ses bras le roi Louis XIII lorsqu'il a poussé le dernier soupir ; c'est lui qui fut le confesseur de la belle reine Margot, l'ami de François de Sales (1567 - 1622) –, le fondateur avec Jeanne de Chantal, la cousine de Madame de Sévigné, des Sœurs de la Visitation. C'est lui qui, effrayé par la médiocrité du clergé de campagne, a créé la société des Prêtres de la Mission, appelés Lazaristes depuis que le prieur de Saint-Lazare leur a donné un local ; c'est lui qui a fondé l'ordre des Filles de la Charité, religieuses qui viennent en aide aux pauvres, recueillent les enfants trouvés.

Mais pour réaliser tout cela, il faut de l'argent, beaucoup d'argent ! Où Monsieur Vincent en a-t-il trouvé une partie ? Chez les Gondi, une riche famille d'origine florentine dont il a été le précepteur des enfants. Beau parcours pour Vincent, fils de paysans des Landes, né en 1581 près de Dax (vous pouvez visiter à Saint-Vincent-de-Paul la chaumière de sa naissance), ordonné prêtre à dix-neuf ans, prisonnier des barbaresques à Tunis, avant de revenir à Rome et de poursuivre sa vie à Paris. Monsieur Vincent, mort en 1660, fut canonisé en 1737. Il devint saint Vincent de Paul. Un saint Vincent qui déambule au fond des cœurs, vous emboîte le pas, et parfois réussit à vous faire chercher dans votre poche une pièce…

« Mes sens n'y ont point de part ! » Certes, mais…

Rappelez-vous le cri d'Anne d'Autriche lors de la fête donnée à Amiens, au cours de laquelle elle avait rencontré, dans l'obscurité, Buckingham ! Eh bien, ce cri n'est probablement pas issu d'une situation que vous aviez pu imaginer aussi torride que cette soirée de juin ! Anne d'Autriche, bien qu'elle ne fût ni amoureuse ni satisfaite de Louis XIII, ne se laissa jamais aller à de coupables entreprises où les sens s'affolent, jusqu'en 1643 – elle était surveillée de très près afin que la paternité d'un éventuel dauphin ne soit pas contestable. Et même si son affection, son amitié sont remarquées et sincères pour le cardinal lorsqu'elle commence à vivre dans sa proximité, rien n'est décelable qui pourrait confiner à l'amour. Elle-même s'en confie à une amie : « Je te l'avoue, je l'aime tendrement, mais mes sens n'y ont point de part. »

Anne et son Jules

Oui, certes ! Mais la tendresse et l'amitié sont des sentiments d'antichambre, ils peuvent fort bien y séjourner longtemps et s'en contenter. Il semble que pour Mazarin et Anne d'Autriche, ils se sont retrouvés de l'autre côté de la cloison. C'est même une certitude lorsqu'on lit les lettres qu'ils s'adressent. On pense même qu'ils contractèrent un mariage secret. Ce qui est certain, c'est que la régente Anne d'Autriche a aimé passionnément Jules Mazarin. Il faut souhaiter qu'elle fut payée de retour avec la sincérité qu'elle méritait, et que le cardinal ne se laissa aimer que parce qu'il le jugeait utile…

Des impôts, toujours des impôts

De l'argent, toujours de l'argent ! C'est l'objectif principal de Mazarin dès que lui est confiée la présidence du conseil de Régence. Comment trouver de l'argent pour poursuivre la politique de Richelieu ? En augmentant les impôts, en en créant de nouveaux. Ainsi, les conseillers de Mazarin découvrent qu'Henri II avait interdit que des constructions soient élevées autour de Paris, cela afin que sa défense fût mieux assurée au cas où la ville serait attaquée. L'ordonnance oubliée, des maisons se sont élevées un peu partout. Excellente occasion pour créer un impôt sur ces édifications illégales. C'est l'impôt du toisé qui sera perçu malgré l'opposition du parlement, mais ne rapportera guère.

LE SAVIEZ-VOUS ?

Noblesse de robe, noblesse d'épée

La noblesse de robe n'a cessé d'accroître son influence depuis le XVe siècle. Elle est composée de la haute bourgeoisie qui a pu acheter un office – une fonction – dans les Finances ou dans la Justice. Ces bourgeois ont été anoblis et, du fait de l'hérédité des offices, l'anoblissement aussi est devenu héréditaire. La noblesse de robe rachète à bas prix les terres des nobles d'épée, ceux qui ont été anoblis pour avoir défendu le royaume, souvent désargentés. Elle tire de ces propriétés rachetées des sommes considérables qui lui servent à mener un grand train de vie à Paris où elle possède de luxueux hôtels. Cette noblesse de robe et les bourgeois aisés composent une grande partie du Parlement qui, au temps de Richelieu, se tenait tranquille, mais qui se révolte lorsque Mazarin veut trouver de nouveaux impôts.

Traitants et partisans

Mazarin tente alors de créer un impôt sur les aisés qui est une sorte d'emprunt obligatoire auprès des grosses fortunes. Cela provoque une levée de boucliers telle que le projet est abandonné. Que reste-t-il ? La taille, la gabelle, les taxes aux octrois. Leur augmentation est décidée. Depuis le début du siècle, la perception de ces taxes et impôts est confiée à ceux qu'on appelle les traitants ou partisans. Ce sont des intermédiaires, souvent des étrangers, qui fournissent au roi les sommes dont il a besoin, et se chargent ensuite de percevoir les contributions, en gardant pour eux la différence, une différence importante !

1648 à 1652 : les excès de la Fronde

Avec un nom d'arme primitive, ce mouvement de révolte des Parlements et des princes va mettre à feu et à sang la France qui voit en Mazarin, le créateur d'impôts, un ennemi à abattre.

Le Parlement veut le pouvoir

L'objectif des Parlements de France, et surtout du Parlement de Paris qui va mettre le feu aux poudres, est de décider de la quantité et du montant des impôts qui seront prélevés, afin d'en utiliser à leur guise la totalité…

Supprimer Mazarin !

En province, les révoltes sont nombreuses contre les traitants et partisans, elles sont souvent soutenues par la noblesse et les parlementaires, ce qui rend ces derniers très populaires dans le petit peuple ! L'augmentation des impôts ne cesse d'accroître le mécontentement général dans toute la France ; la capitale est prête à la révolte. De plus, les officiers royaux – noblesse de robe et bourgeois fortunés – et les Grands – les princes – qui étaient tenus en respect par Richelieu et ses intendants n'acceptent pas la présence de Mazarin : il n'agit qu'à sa guise, ne les consulte jamais ! Ils projettent de s'en débarrasser.

Juillet 1648 : les victoires du Parlement !

Avant d'en arriver là, les députés décident de mettre au point une charte qui va limiter le pouvoir royal – c'est-à-dire celui de Mazarin… Le 2 juillet 1648, ils présentent à Anne d'Autriche vingt-sept articles réformant l'État : les intendants, trop zélés depuis Richelieu, sont révoqués, et les officiers royaux sont rétablis ! Mais l'essentiel de ces articles tient dans la proposition suivante : tout impôt nouveau doit être accepté par les parlementaires ! Et voilà pour Mazarin qui avait décidé d'en percevoir quand il voulait et comme il voulait !

Août 1648 : on ne touche pas à Broussel !

Anne d'Autriche et Mazarin acceptent – mais ne signent pas encore – ces vingt-sept articles sous la contrainte à la fin du mois de juillet. Le Parlement va-t-il s'enhardir et chasser le cardinal ? Non, car le 24 août 1648, Condé – fils de Charlotte… – remporte à Lens la victoire contre les Espagnols – il y a lancé à ses soldats en difficulté cette phrase passée à la postérité : « Il faut vaincre ou mourir ! » La reine se réjouit : Condé – celui qu'on appelle « Monsieur le Prince » – est son seul recours face aux menées des parlementaires : il lui a offert ses services, au cas où elle serait menacée. Et elle l'est ! Condé va la défendre, elle en est sûre ! Voilà pourquoi, le 26 août, elle décide de faire arrêter les principaux meneurs de la réforme, notamment le conseiller Broussel qui s'est rendu très populaire par la modestie de son existence et sa violente critique du luxe. Erreur fatale : Paris qui aime Broussel se couvre de plus de 1 000 barricades ! Le 28 août, Broussel est libéré. Il rentre en triomphe dans la capitale ! L'émeute menace : la cour se transporte d'urgence à Rueil le 12 septembre. Le 22 octobre 1648, à Saint-Germain, Anne d'Autriche, en pleurs, signe les vingt-sept articles, et rentre à Paris en novembre.

ARTS, CULTURE ET SCIENCES

Riche, mais pas chiche : Mazarin !

Jules Mazarin ! Peut-être l'homme le plus riche que la France ait jamais connu et connaîtra jamais – encore que Richelieu ait, lui aussi, amassé une fortune astronomique, sans compter bien d'autres avant eux, et après... La fortune de Mazarin équivalait, dit-on, à plus de la moitié du budget du pays ! Il détient les revenus de l'évêché de Metz et de vingt-neuf abbayes. Les gouvernements d'Alsace, d'Aunis, de Provence, d'Auvergne, les duchés de Rethel et de Nevers sont entre ses mains. Il est actionnaire dans de multiples compagnies de navigation. Mais, prodigue, Mazarin distribue des pensions aux artistes, fait construire le palais Mazarin, le collège des Quatre-Nations – aujourd'hui Institut de France qui abrite notamment l'Académie française. Il collectionne les tableaux, les statues. Sa bibliothèque est à l'origine de la bibliothèque Mazarine.

Le 26 octobre 1660, au Louvre, un comédien de trente-huit ans joue devant lui deux pièces de sa composition : *L'Étourdi* et *Les Précieuses ridicules*. À la fin de la représentation, le cardinal se penche vers Colbert et lui dit : « Il faudra continuer à marquer de l'estime à Molière, l'État peut tirer parti de son génie comique... » Il avait recommandé au même Colbert, Jean-Baptiste Lully, Ménage, et de nombreux autres artistes ou écrivains. C'est lui, Mazarin, qui introduit en France l'opéra. La cour va pouvoir commencer à se donner, avec Louis XIV, de grands airs...

Les princes entrent en révolte

La fronde du Parlement a donné des idées aux princes. En effet, le frère de Condé, le prince de Conti et leur sœur, la duchesse de Longueville, la Grande Mademoiselle, la cousine du roi, fille de Gaston d'Orléans, et puis La Rochefoucauld, Paul de Gondi, Bouillon et quelques fidèles décident de renverser Mazarin. Ainsi naît, au début de 1649, la fronde des princes.

Petit Louis et sa mère dans le grand froid

UNE ANECDOTE

Fuir ! Il ne reste que cette solution pour Anne et Jules : dans la nuit du 5 au 6 janvier 1649, vers deux heures, Anne d'Autriche et ses deux enfants – Louis XIV et son frère Philippe, duc d'Anjou – Gaston d'Orléans et Mazarin quittent Paris pour Saint-Germain. Il gèle à pierre fendre ! À leur arrivée au château de Saint-Germain, personne ne les attend. Ils trouvent un mauvais lit que va prendre la reine et deux lits d'enfant, en piteux état ! Le petit roi et son frère les occuperont. Les quelques serviteurs qui les ont accompagnés vont chercher de la paille afin de l'étendre sur le sol pour dormir. La reine n'a plus d'argent, plus rien !

1649 : Anne et Louis acclamés

En février et mars, pendant qu'on apprend qu'en Angleterre le roi Charles Ier vient d'être décapité, Condé – encore du côté d'Anne – se met à la tête de l'armée royale afin de reprendre Paris ! Il en organise le blocus. À Charenton et à Longjumeau les milices parisiennes tentent de forcer ses barrages : elles sont battues. Les princes, à Paris, font appel à l'Espagne, à l'Allemagne, à quiconque pourrait leur apporter un peu d'aide pour se débarrasser de l'Italien. Mais le moral des Parisiens est bientôt atteint, ils se lassent du blocus qui rend difficile l'approvisionnement. Le Parlement préfère traiter avec Anne d'Autriche : le 11 mars 1649, la paix est signée à Rueil. Les princes en tirent un grand bénéfice. Anne d'Autriche et son petit Louis vont pouvoir revenir dans la capitale le 18 août. Ils y sont acclamés, mais leur prestige et leur autorité sont sérieusement atteints.

UNE DATE À RETENIR

Fin de la guerre de Trente Ans : les traités de Westphalie

Le 24 octobre 1648, à Osnabrück et à Münster en Allemagne, les traités de Westphalie sont signés. Ils mettent fin à la guerre de Trente Ans : ils donnent aux princes allemands la liberté de religion dans leurs États. La possession des trois évêchés de Metz, Toul et Verdun est confirmée pour la France. De plus, elle reçoit la majeure partie de l'Alsace.

1650 : Condé en prison

En 1650, Condé s'estime trop peu récompensé par Anne d'Autriche : il veut obtenir des privilèges exorbitants. Anne le supporte d'autant moins que pour l'amadouer, il a tenté de lui donner, contre son gré, un amant ! Elle décide alors de se rapprocher des princes frondeurs et d'organiser avec eux l'arrestation de Condé. Ce projet est mené à bien grâce à la complicité du prince de Gondi à qui est promis, pour prix de sa trahison, le chapeau de cardinal ! Condé, son frère Conti, et Longueville, son beau-frère, sont mis sous les verrous ! Mais, fin janvier 1650, leurs épouses parviennent à fuir de Paris pour aller allumer la guerre en province : la Normandie, la Bourgogne et la Guyenne se soulèvent. Mais les révoltes sont bientôt matées. Tout semble rentrer dans l'ordre. Mazarin et Anne d'Autriche peuvent se considérer maîtres de la situation. Mais ils ont oublié un détail…

Gondi n'a pas eu son chapeau…

À qui avaient-ils promis le chapeau de cardinal pour avoir trahi ses amis ? À Gondi ! Et il ne l'a pas eu ! Gondi, c'est le futur cardinal de Retz, l'auteur des Mémoires, publiées au début du XVIIIe siècle, un régal de lecture ! Il entre alors en relation avec le frère du roi qui rompt avec Anne d'Autriche. Ils s'allient au Parlement pour demander à la reine par la voix de son président, le 20 janvier 1651, la libération des princes. Elle refuse ! Que fait Mazarin ? Dans la nuit du 6 au 7 février 1651, il quitte discrètement la capitale pour Saint-Germain où il espère qu'Anne d'Autriche et le jeune roi vont le rejoindre. La reine s'apprête à le faire, mais le 8 février, les portes de la ville sont fermées et sévèrement gardées ! Les Parisiens se sont doutés de l'entreprise.

Février 1651 : la grande peur de Louis XIV

C'est alors que se déroule, dans la nuit du 8 février 1651, un événement qui va profondément marquer le jeune Louis XIV : le peuple envahit le palais du Louvre, cherche la chambre du roi, en ouvre les portes afin de voir s'il ne s'est pas enfui. Leur violence est telle qu'il craint pour sa vie. Mais cette foule surexcitée s'en va et laisse le roi marqué par une humiliation dont il ne cessera de se venger plus tard. Le palais de Mazarin est pillé et ses biens sont confisqués. Il s'enfuit alors près de Cologne au château de Brühl après avoir fait libérer les princes qui avaient été dirigés vers le Havre. Condé rentre à Paris en triomphateur où il retrouve son nouvel allié Gondi !

Septembre 1651 : le roi et sa mère en campagne

Le 7 septembre 1651, la majorité de Louis XIV est proclamée : il a treize ans ! Tous les grands viennent lui rendre hommage, sauf Condé qui s'est retiré en Guyenne afin de lever une armée et de marcher sur Paris. En octobre, le jeune Louis XIV juge cette attitude comme une trahison. Il prend avec sa mère Anne la tête d'une petite armée qui parvient à faire reculer Condé jusqu'en Dordogne. Celui-ci, ayant fait appel aux Espagnols, est déclaré rebelle et traître ! Mazarin, toujours en exil, et qui aurait pu attendre la fin des événements – il utilisait, pour correspondre avec Anne, un certain Jean-Baptiste Colbert – se dit alors qu'il doit voler au secours du roi. Il se dirige vers Poitiers avec une petite armée de 8 000 hommes. Mal lui en prend : sa tête est mise à prix : le Parlement de Paris promet une récompense de 50 000 écus à qui le livrera. Les Espagnols refusent leur aide à Condé. Il fait appel aux Anglais ! Sans succès.

1652 : la Grande Mademoiselle fait tirer sur Turenne !

En janvier 1652, la troupe du roi met le siège devant Angers qui s'est révoltée contre la trop grande sévérité de son gouverneur royal. La ville capitule en février. À Saumur, en mars, Turenne qui avait fait alliance avec les frondeurs se rallie au roi. Le 7 avril, avec Hoquincourt il rencontre l'armée de Condé à Bléneau. Il n'y a ni vainqueur ni vaincu. Bléneau semble seulement le point de départ pour la conquête de Paris. L'armée de Condé s'arrête à Saint-

Cloud, celle de Turenne à Saint-Denis. La course à la capitale va se terminer le 2 juillet 1652. Ce jour-là, Louis XIV et Mazarin regardent ensemble, du haut de la colline de Charonne, l'affrontement entre Turenne et Condé. Celui-ci commence à quitter le faubourg Saint-Antoine alors situé hors les murs. Turenne l'attaque : Condé est presque battu. Mais un événement incroyable survient : la Grande Mademoiselle, la princesse la plus riche d'Europe, cousine de Louis XIV, fille de Gaston d'Orléans, s'est installée à la Bastille. Soutien de Condé, elle fait ouvrir la porte Saint-Antoine : les frondeurs, Condé en tête, peuvent ainsi être sauvés. De plus, elle ordonne que le canon soit pointé sur les troupes de Turenne, et elle fait tirer ! Les troupes de Turenne battent en retraite !

Les horreurs de la guerre civile

L'horreur ! Après la libération de Condé, en février 1651, les gens de guerre pillent l'Île-de-France et ravagent tout sur leur passage. Les missionnaires de Vincent de Paul rapportent des scènes de famine où les paysans mangent des racines, des écorces, et se laissent aller à bien pire, comme à l'accoutumée en ces temps d'abomination. Les cadavres pourrissent dans les champs où poussent les herbes sauvages, plusieurs lieues autour de Paris. Les villes ont été désertées, les loups rôdent partout !

Un invraisemblable charivari !

La capitale est livrée à l'anarchie ! Condé qui est maître de Paris envoie une bande de soudards massacrer des bourgeois, des magistrats et des curés rassemblés à l'Hôtel de Ville de Paris, et qui tentaient de trouver des solutions pour éviter les émeutes. On relève quarante morts ! Après quoi l'Hôtel de Ville est incendié. Condé devient général des armées, le frère du roi l'assiste en tant que lieutenant général, un gouverneur de la ville est nommé, Beaufort, et le vieux Broussel est nommé prévôt des marchands. Les Espagnols profitent de l'état de confusion extrême pour envahir le Nord en juillet 1652. Turenne qui a quitté Paris en toute hâte parvient à les repousser, mais ils prennent Dunkerque et Gravelines. La situation est confuse, absurde. En août, les bourgeois de Paris n'en peuvent plus : ils veulent absolument se débarrasser de Condé. Ils opèrent un rapprochement avec Anne d'Autriche, mais exigent pour son retour à Paris que Mazarin disparaisse. Celui-ci accepte de quitter la France et gagne la Belgique.

Vainqueur de la Fronde : Louis XIV

De retour à Paris, Mazarin est accueilli avec soulagement : le peuple est las des aventures où l'ont conduit le Parlement et les Princes.

Mazarin acclamé !

Les négociations avec Anne d'Autriche ayant abouti, les bourgeois demandent au roi et à la reine de revenir dans la capitale. Le 21 octobre 1652, le roi Louis XIV, quatorze ans, y fait une entrée triomphale ! Il s'installe au palais du Louvre. Le lendemain il décide une amnistie générale, sauf pour les plus agités dont le vieux Broussel. En janvier 1653, la capitale retrouve son calme. En février, Mazarin rentre à Paris. La foule qui a tant réclamé son départ l'acclame : elle est lasse de tous les désordres, consciente de la ruine dans laquelle le pays a été plongé. Mazarin commence par nommer Nicolas Fouquet surintendant des Finances : ce procureur au Parlement de Paris a su préserver et accroître la fortune du cardinal pendant son exil !

La fin de la Fronde

Mais de nouveaux troubles éclatent en Guyenne où un gouvernement indépendant s'est constitué. Une armée recrutée par Mazarin part pour reprendre Bordeaux qui capitule le 3 août 1653. Condé, passé aux Espagnols et qui commandera une de leurs armées contre la France jusqu'en 1658, est condamné à mort. C'en est fini de la Fronde, de cet invraisemblable charivari qui a tant dévasté les campagnes, tant fait souffrir les pauvres gens ! La révolte du Parlement, celle des bourgeois et celle des princes ont échoué. La victoire revient au pouvoir royal qui sort renforcé de ces épreuves.

Chapitre 11

1658 à 1715 : L'État, c'est moi !

Dans ce chapitre :

- Comprenez qui est vraiment le roi Louis XIV
- Entrez dans les calculs de l'économiste Colbert, du guerrier Louvois
- Faites connaissance, au château de Versailles, avec les femmes du roi

Roi sans partage, Louis XIV va l'être de 1661 à 1715. Seul, il va prendre toutes les décisions importantes de son règne, réduisant au minimum le nombre de ses conseillers qu'il n'écoute guère. Ainsi vont se succéder des guerres désastreuses et ruineuses, ainsi va se construire un château certes prestigieux, mais gouffre à finances, ainsi va être révoqué l'Édit de Nantes qui va mettre à la porte du royaume 300 000 protestants ! Colbert et Vauban auront beau tenter de freiner leur roi dans ses appétits, il n'entendra rien. Et lorsqu'à sa mort il avouera à son arrière-petit-fils qui lui succède – le futur Louis XV – « J'ai trop aimé la guerre », on n'a pas de mal à le croire.

Le temps de la régence

La régence a commencé dès la mort de Louis XIII en 1643, Louis-Dieudonné n'avait que cinq ans. Elle se poursuit alors que nous le retrouvons en 1655 : la Fronde a fait son œuvre, et l'enfant-roi a compris tous les dangers que représente un pouvoir qui manque de fermeté, d'autorité…

1655 : Louis-Dieudonné ne s'en laisse pas conter

UN ÉVÉNEMENT IMPORTANT

Traumatisé par tout ce qu'il a vécu, le jeune Louis-Dieudonné n'est pas disposé à laisser filer le pouvoir entre les mains du Parlement. C'est lui le roi, même si la régence d'Anne d'Autriche et Mazarin se poursuit !

13 avril 1655 : les parlementaires mis au pas !

Pas content, Louis-Dieudonné, ce 13 avril 1655 ! Pas content du tout ! Il chassait tranquillement en forêt de Vincennes, et voici qu'on vient lui rapporter que le Parlement est en train d'ergoter sur les édits qu'il a fermement enregistré trois semaines auparavant ! La noblesse de robe, la bourgeoisie fortunée veille à préserver en toute occasion ses intérêts, et les décrets en question comportent quelques aspects qui lui sont défavorables. Alors, puisque le roi se distrait en forêt de Vincennes, puisqu'il passe le plus clair de son temps à courir le jupon, grignotons ce qu'il décide, se disent les parlementaires, on verra bien !

Louis, en habit rouge, en bottes et en éperons !

Alors ils voient ! Ils voient arriver en pleine séance, ce 13 avril 1655, le jeune roi qui n'a pas dix-sept ans. Il n'a pas même pris le temps de se changer. En habit rouge à parements dorés, chaussé de ses bottes à sangliers, aux pieds ses éperons qui claquent et peut-être font des étincelles… En tout cas, des étincelles, il en sort de ses yeux en furie ! Du haut de son mètre soixante-cinq – plus tard, avec des talons hauts comme un piédestal et une perruque élevée en choucroute, il atteindra un mètre quatre-vingt-sept ! ah, mais ! –, il leur lance : « Chacun sait combien vos assemblées ont excité de troubles dans mon État ! Et combien de dangereux effets elles ont produit ! J'ai appris que vous prétendiez encore les continuer sous prétexte de délibérer sur les édits qui naguère ont été lus et publiés en ma présence. Je suis venu ici tout exprès pour en défendre la continuation ! » Ce petit discours autoritaire et énervé est devenu, sous la plume de ceux qui aiment les formules : « L'État, c'est moi ! »

Petit Louis-Dieudonné, presque mort…

Louis-Dieudonné a reçu l'onction sacrée qui le fait roi de France l'année qui précède son coup de force au Parlement, c'était le 7 juin 1654. Roi de France, Louis-Dieudonné ! Pourtant, il a bien failli ne jamais le devenir :

- Il avait à peine cinq ans lorsqu'un jour, dans le jardin du Palais-Royal, il a glissé dans un bassin, on l'en a retiré *in extremis*, de l'eau plein les poumons !
- Plus tard, à l'âge de neuf ans, le 10 novembre 1647, il est tombé malade, pour la première fois ! Ce n'était pas n'importe quelle maladie, elle emportait plus des trois quarts de ceux qui en étaient atteints. Forte fièvre, apparition de pustules sur tout le corps, croûtes… Vous l'avez reconnue : la variole, appelée à l'époque la petite vérole ! Dix jours plus tard, le 21 novembre 1647, il est déclaré mort, ou presque. Seule sa mère, Anne d'Autriche, désespérée, le tient dans ses bras, toute une nuit. Et lui redonne la vie !

- Le 30 juin 1648, Louis XIV a dix ans. Il assiste à la prise de Bergues dans le Nord. Au camp de Mardyck, il est victime d'une grave intoxication alimentaire, si grave qu'on lui donne les derniers sacrements ! Le 10 juillet, alors qu'on pense déjà à la succession, un médecin d'Abbeville donne au roi un émétique – une potion qui fait vomir – et voilà Louis-Dieudonné debout !

UNE ANECDOTE

Ô Marie, si tu savais…

Elle n'était pas jolie, ni gracieuse, Marie Mancini, la nièce du cardinal Mazarin, mais elle possédait la beauté de l'esprit, la plus puissante des armes. C'est ainsi qu'elle conquit le jeune roi, en septembre 1658, projetant de devenir reine de France. C'était sans compter avec l'oncle qui fronça le sourcil : Louis XIV marié avec sa nièce ? Quoi ? Trop modeste, ce parti ! Et l'amour alors ? Eh bien on s'en passera ! Louis et Marie doivent se séparer après avoir vécu une aventure pleine de romantisme et de douceur.

Plus tard, Jean Racine, dans sa tragédie *Bérénice*, mettra en scène cet amour sans espoir. Sa note latine liminaire « *Inuitus inuitam dimisit* » qui signifie « Malgré lui, malgré elle, il la renvoya » est une claire allusion aux deux amants éperdus. Et Louis XIV, lors de la représentation en 1670, dix ans après sa rupture forcée avec Marie Mancini, ne retiendra pas ses larmes en entendant Bérénice dire à Titus qui la renvoie : « Vous êtes empereur, Seigneur, et vous pleurez ! », ce sont presque les paroles prononcées par son aimée le 22 juin 1659 lorsque Mazarin avait dit non au mariage : « Ah ! Sire, vous êtes roi, vous pleurez, et je vais partir ! » Marie se consolera dans les bras du connétable du royaume de Naples – il n'est de noble chagrin qui ne trouve riche consolation… Qui lui avait trouvé cet avantageux parti ? Marie-Thérèse d'Autriche qu'épousa Louis XIV…

Figure 11-1 : Louis XIV enfant, par Frans Pourbus le Jeune.

1659 : le traité des Pyrénées, un mariage à la clé

Enfin, la guerre contre l'Espagne est remplacée par un projet matrimonial et machiavélique concocté, avant sa mort, par le malin cardinal Mazarin.

L'amour, pas la guerre !

Cent ans de guerre contre l'Espagne ! Il est temps de signer la paix ! C'est ce que pense Mazarin en 1659. Cette paix, il l'a préparée en décidant que si le temps de la guerre était terminé, celui de l'amour pouvait commencer. L'amour, ou plutôt l'amour forcé puisque Louis a le cœur ailleurs. Il n'empêche : il épousera la fille du frère de sa mère : sa cousine germaine – elle est la fille d'Élisabeth de France, elle-même fille de Marie de Médicis et d'Henri IV. Élisabeth de France a épousé Philippe IV d'Espagne, le frère d'Anne d'Autriche ! On ne s'embarrasse guère, à l'époque, de considérations morales ou génétiques sur la consanguinité. D'ailleurs, Anne d'Autriche demandera pour son second fils Philippe d'Orléans – qui adore se poudrer, se parfumer et se déguiser en femme – la main d'Henriette d'Angleterre, petite-fille d'Henri IV, la fille de la sœur de Louis XIII. Elle deviendra, comme tant d'autres, la maîtresse du roi Soleil dont le grand-père était aussi Henri IV ! Louis XIV épouse donc Marie-Thérèse d'Autriche le 9 juin 1660 à Saint-Jean-de-Luz. Dès le soir, bien que sa femme ne parle pas un mot de français, le jeune mari l'honore fougueusement – d'après témoins. Il l'a vue pour la première fois trois jours plus tôt !

« Madame se meurt, Madame est morte !… »

Henriette d'Angleterre ! Qu'elle est belle lorsque Louis XIV la redécouvre en 1661, le jour où elle se marie avec Monsieur, le frère du roi ! Louis avait dit à son frère qu'il se mariait avec un sac d'os ! Il conservait l'image de la fillette arrivée d'Angleterre où son père Charles Ier s'était fait décapiter. Elle était venue chercher refuge en France. Louis, lorsqu'il la revoit la trouve tellement belle qu'elle devient sa maîtresse, même si elle est sa cousine germaine. Et pour cacher leur liaison, elle met en écran une superbe demoiselle d'honneur : Louise de la Vallière…

Revenons à Henriette : Louis XIV l'a envoyée en ambassade auprès de Charles II d'Angleterre : elle obtient un franc succès diplomatique ! À son retour, elle s'étourdit dans les fêtes, les bals, au grand désespoir de Monsieur, frère du roi, le parfumé fort jaloux que sa femme cherche aussi de la tendresse dans les bras du comte de Guiche, l'homme qu'il aime… Elle fait bien de profiter du temps qui passe, Henriette qui atteint vingt-six ans. Le 29 juin 1670, au début de l'après-midi, elle est prise de douleurs atroces au côté. Elle boit un verre d'eau de chicorée, la douleur ne cesse de croître. Et dans la nuit, vers deux heures du matin, elle rend le dernier soupir, sans avoir cessé de souffrir. Fut-elle empoisonnée ? Non, l'autopsie a démontré qu'elle souffrait de graves affections ayant causé une péritonite. Bossuet qui l'a assistée jusqu'à la fin, prononcera dans son oraison funèbre, le fameux : « O nuit désastreuse ! Ô nuit effroyable, où retentit tout à coup, comme un éclat de tonnerre, cette étonnante nouvelle : Madame se meurt, Madame est morte !… »

Sur six enfants, un survivant

Le mariage de Louis XIV et de Marie-Thérèse d'Autriche n'est qu'une clause du traité des Pyrénées, signé le 7 novembre 1659 dans l'île aux Faisans (rebaptisée depuis l'île de la Conférence), située sur la Bidassoa, près d'Hendaye. Les clauses territoriales sont autrement importantes que cette union consanguine aux six enfants dont un seul survivra – le troisième fils du Grand Dauphin survivant, Louis de Bourgogne sera le père du futur Louis XV !

L'impossible dot : 500 000 écus d'or !

Le traité des Pyrénées comporte les clauses suivantes :

- L'Espagne cède à la France le Roussillon, la Cerdagne, l'Artois – moins Saint-Omer et Aire, plusieurs villes en Flandre, en Hainaut et Luxembourg.
- La France restitue des villes et territoires dans le Nord, en Italie et en Franche-Comté.
- Marie-Thérèse d'Autriche devra apporter en dot 500 000 écus d'or ; le versement effectué – en trois fois, car la somme est astronomique ! –, la reine s'engage à ne pas revendiquer l'héritage de son père lorsque celui-ci mourra. Cela signifie que de toute façon, tôt ou tard, comme l'Espagne ne pourra jamais payer cette dot au-dessus de ses moyens, Louis XIV revendiquera, lui, au nom de sa femme, les Pays-Bas espagnols ! Et ce sera reparti pour une guerre !

Le traité des Pyrénées concerne aussi Condé qui a été l'allié des Espagnols. Le roi Louis XIV pardonne tout au grand Condé, son cousin, qui a mis à feu et à sang le pays pendant la Fronde, causant au petit peuple d'inimaginables souffrances, des tortures, des viols, des assassinats. On passe l'éponge !

Louis XIV seul maître

Lorsque Mazarin disparaît en 1661, deux ans après le traité des Pyrénées, on s'attend à voir arriver sur la scène politique un roi qui a certes mis les Parlementaires au pas en 1655, mais qui, depuis, s'est habitué à prendre toutes sortes de plaisirs. On pense qu'il va se lasser bien vite du gouvernement, et le laisser à ceux qui ne rêvent que du pouvoir. On se trompe…

« Vous m'aiderez, quand je vous le demanderai... »

« Il faudra donc quitter tout cela ! », ce sont les paroles que prononce Mazarin mourant, le 6 février 1661, en regardant une partie de la fortune qu'il va léguer, tout entière, au roi Louis XIV. Un mois plus tard, le 9 mars, le cardinal rend l'âme après d'atroces souffrances causées par des calculs rénaux, de l'urémie, de l'œdème, de l'hydropisie, des hémorroïdes, de la goutte et une inflammation des poumons ! Dès le lendemain, le 10 mars 1661, à sept heures du matin, Louis XIV convoque son Conseil : le chancelier Séguier, les ministres et secrétaires d'État. Le roi demeure debout, et d'une voix assurée, déclare : « Monsieur, je vous ai fait assembler avec mes ministres et secrétaires d'État pour vous dire que jusqu'à présent j'ai bien voulu laisser gouverner mes affaires par feu Monsieur le Cardinal ; il est temps que je les gouverne moi-même. Vous m'aiderez de vos conseils quand je vous les demanderai ! »

L'heure de la revanche

Ensuite le roi se tourne vers ses secrétaires d'État : « Et vous, mes secrétaires d'État, je vous défends de ne rien signer, pas une sauvegarde, pas un passeport, sans mon ordre, de me rendre compte chaque jour à moi-même et de ne favoriser personne dans vos rôles du mois ! » Enfin, il fixe le surintendant des Finances, Nicolas Fouquet : « Et vous Monsieur le surintendant, je vous ai expliqué mes volontés, je vous prie de vous servir de Colbert que feu Monsieur le Cardinal m'a recommandé. » Tout est dit : Louis XIV est le maître absolu ! Il est loin le temps où le petit roi aux vêtements élimés dormait dans la paille du château de Saint-Germain, redoutant les princes frondeurs en folie, volant parfois à ses valets de quoi se nourrir ! L'heure de la revanche a sonné. Elle va sonner pendant cinquante-quatre années !

LE SAVIEZ-VOUS ?

Le Roi-Soleil

La place du Carrousel à Paris, devant le Louvre, vous connaissez ? En 1662, du 5 au 7 juin, une grande parade à cheval – un carrousel – y est donnée pour fêter, avec un peu de retard, la naissance du dauphin. Près de 20 000 spectateurs y assistent, et voient se succéder dans une atmosphère de liesse, des jeux équestres, des ballets. Le roi y est symbolisé par le soleil. C'est de ces journées mémorables que Louis XIV tient son nom composé : le roi-soleil, ou plutôt, le Roi-Soleil ! C'est aussi ce jour-là qu'il prend pour devise : *Nec pluribus impar*, ce qui signifie qu'il est supérieur à tout le monde, qu'à lui seul il en vaut plusieurs, bref, qu'il est le chef et que ça ne se discute pas !

Figure 11-2 : Louis XIV avec les plans de Versailles.

Colbert contre Fouquet

Louis XIV au pouvoir, Fouquet se croit promis à une grande destinée. Il était presque sûr que Mazarin, qu'il a aidé à acquérir sa fortune colossale l'a chaudement recommandé au nouveau roi. Il va tomber de haut ! Mais qui est Fouquet ? Qui est Colbert ?

Il était une fois, à Angers, un riche négociant…

Il était une fois, à Angers, un négociant en soie et en laine qui avait gagné beaucoup d'argent. Il se dit alors que ses recettes pourraient être plus importantes encore dans la capitale. Voici donc notre homme qui s'installe à Paris. Son fils, habile en affaires, devient le bras droit de Maximilien de Béthune – vous vous rappelez ? Oui, Sully ! Le ministre d'Henri IV ! Ce fils se marie et a un fils qu'il prénomme Nicolas. Il est temps de connaître le nom de cette famille à la fulgurante ascension, ce qui, à l'époque n'était pas rare : Fouquet !

« Quo non ascendam »

Nicolas Fouquet entre au service de Richelieu, puis d'un autre cardinal dont il contribue à accroître la fortune – en même temps que la sienne – : Mazarin. « *Quo non ascendam* » (jusqu'où ne grimperai-je pas ?), c'est la devise du petit Nicolas – il n'est pas beaucoup plus grand que Louis XIV. L'emblème de la famille Fouquet est l'écureuil. Surintendant des Finances en 1653, il fait merveille pour trouver l'or nécessaire à la poursuite de la guerre d'Espagne. Sa fonction lui permet de se livrer à une spéculation sauvage et audacieuse auprès de financiers européens, spéculation dont bénéficie surtout le cardinal Mazarin. Mais Fouquet se réserve d'importants pourcentages sur les juteuses opérations qu'il effectue.

La couleuvre étouffe ses proies !

Mazarin meurt assez tôt pour que jamais quelque instance de justice ne lui demande des comptes sur sa fortune personnelle… Louis XIV adore son parrain le cardinal. Ne vient-il pas de lui léguer, à sa mort, toute sa fortune ? Fouquet, en 1661, sûr de sa faveur auprès de Louis XIV, est sûr de succéder au cardinal Mazarin, devenant Premier ministre ! L'écureuil ! Jusqu'où ne grimpera-t-il pas ? Attention : une couleuvre ! Un reptile sournois qui étouffe ses proies orne le blason de l'intendant privé de Mazarin. Cet intendant s'appelle Jean-Baptiste Colbert.

Un homme à tout faire

LE SAVIEZ-VOUS ?

Jean-Baptiste Colbert n'est pas, comme la légende le présente souvent, le fils d'un modeste marchand de drap de Reims, mais le descendant d'un puissant lignage de marchands banquiers champenois. Si son père n'a pas fait de florissantes affaires, son cousin, Saint-Pouange, est le premier commis du département de la Guerre au temps de Louis XIII et Richelieu. Saint-Pouange lui obtient un brevet de conseiller d'État en 1648, le marie à Marie Charron de Mesnard, issue d'une riche famille orléanaise. Enfin, Michel le Tellier, beau-frère de Saint-Pouange, secrétaire d'État à la Guerre, offre Colbert à Mazarin qui cherchait un homme à tout faire, surtout à faire des affaires…

Colbert n'est pas un saint !

Fouquet ! On le prévient : le roi veut sa perte, travaille à sa chute. Comme Henri de Guise, comme Concini, Fouquet, sûr de lui, certain que toutes les malhonnêtetés qu'il a commises et qui se retrouvent par héritage dans la poche du roi, le couvriront, utilise, pour répondre, une formule parente du fameux : « Il n'oserait ! » Il va oser, Louis XIV, il ne va pas se priver ! L'occasion est trop belle de charger Fouquet, de l'accuser de toutes les malversations commises au profit du cardinal ! Colbert se charge de perdre auprès de Louis XIV celui qu'il veut abattre. Colbert n'est pas un saint : il a lui aussi conduit des affaires tout aussi frauduleuses que celles de Fouquet pour plaire à son maître Mazarin, et lui aussi, il s'est enrichi au passage !

Tartuffes !

Mais ce qui va l'emporter dans l'esprit de Louis XIV – un esprit disposant, s'il faut en croire l'euphémisme d'époque, d'une intelligence robuste ; certains contemporains parlent même d'une tête bien faite, mais pas forcément bien pleine : des jaloux, sans doute… – c'est la sympathie de Fouquet pour le parti dévot, la Compagnie du Saint-Sacrement. Ce parti, cette compagnie agace le roi ! C'est la bande des anciens frondeurs, ceux qui affichent, sans forcément la pratiquer, une rigueur morale ostentatoire. Molière, en 1664, dans son *Tartuffe* – la version définitive date de 1669 –, poursuivra la lutte engagée par Louis XIV contre ceux qui sont scandalisés par ses nombreuses maîtresses. Le parti dévot est aussi contre la monarchie absolue, contre la construction d'un État fort, pour une guerre maritime dirigée contre le Grand Turc ! Et Fouquet fait partie de ce grand réseau dévot qui, dit-on, n'hésite pas à recourir au poison pour éliminer ses adversaires !

Figure 11-3 : Tartuffe, interprété par le comédien Jacques Weber au théâtre Antoine.

Colbert, Fouquet, Vaux la merveille

Fouquet ! Il a acheté Belle-Île, il la fait fortifier. Ce sont des travaux d'entretien davantage qu'un renforcement des défenses. Mais Colbert saute sur l'occasion : si Fouquet consolide les remparts de Belle-Île, c'est qu'il est à la tête d'un complot qui va menacer le pouvoir du roi ; et le roi écoute Colbert avec attention. Son intelligence robuste le pousse à décider l'arrestation de celui qui se voit déjà Premier ministre. Louis XIV, au courant comme tout le monde, que le château de Vaux-le-Vicomte, propriété de Fouquet, vient de bénéficier de quelques années de travaux le transformant en une pure merveille, demande à y être invité.

Le mufle, le malotru, le goujat !

UNE ANECDOTE

Tout heureux, Fouquet organise une fête de légende qui se déroule le 17 août 1661. Les 6 000 assiettes et les 400 plats sont en argent massif. Tout y brille de mille feux : il faut éblouir le roi. Fouquet y est entouré des artistes qu'il finance : La Fontaine, Molière dont *Les Fâcheux* sont joués, Le Nôtre, Nicolas Poussin, Pierre Puget, Charles Le Brun, La Quintinie… Des feux d'artifice illuminent la nuit ! Les yeux de Louis XIV étincellent du plaisir de la vengeance : il sait, lui, que Fouquet est perdu. Et d'autant mieux perdu que le petit Nicolas a lui-même ajouté une dernière touche à sa disgrâce en tentant de séduire Louise de la Vallière. Louise de la Vallière, la toute nouvelle maîtresse du jeune roi ! Fouquet lui a proposé une grosse somme d'argent pour obtenir ses faveurs ! Le mufle, le malotru, le goujat !

D'Artagnan à Nantes

Nous sommes à Nantes, le 5 septembre 1661. Louis XIV, Colbert et Fouquet sont arrivés d'Angers la veille. Le Conseil a lieu. Lorsqu'il est terminé, le roi devise aimablement avec Fouquet, afin que tout le monde s'en aille et que l'arrestation prévue se déroule calmement. À la porte, attend d'Artagnan, le commandant de la brigade des mousquetaires – ne le confondez pas avec le personnage de Dumas, c'est le même effectivement, mais dans le roman *Les Trois Mousquetaires*, on ne le reconnaît pas ! Une nuée de quémandeurs assaille alors Fouquet qui disparaît dans la foule. Raté !

L'écureuil est en cage !

UN ÉVÉNEMENT IMPORTANT

Louis XIV est furieux. D'Artagnan court derrière la chaise à porteur qui emmène celui qu'il devait arrêter. Il la rattrape place de la Cathédrale. Fouquet n'oppose aucune résistance tant sa surprise est grande. Emprisonné d'abord au château d'Angers, il est transféré à la Bastille. Le Fouquet – l'écureuil en patois angevin – est en cage ! Durant tout son procès qui a lieu trois ans plus tard, Louis XIV, aidé de Colbert, fait pression sur les juges. Il espère la peine de mort, mais le jugement s'en éloigne tant que c'est le bannissement qui semble devoir l'emporter. Corneille, La Fontaine, Madame de Sévigné tentent de sauver leur ami. Alors, le roi décide lui-même de la sanction : Fouquet sera emprisonné à vie dans la forteresse de Pignerol située dans le Piémont, en Italie ! Fouquet y mourut le 23 mars 1680, emportant dans la tombe bien des secrets qui, révélés, eussent stupéfié le roi, et peut-être l'histoire.

Le colbertisme : importer peu, exporter beaucoup

Les méthodes de Colbert pour développer l'économie française sont-elles vraiment nouvelles ? Vous allez pouvoir en juger.

Enrichissons-nous !

Enfin aux commandes, Colbert ! Tout seul, ou presque, il y a quand même au-dessus de lui Dieu ou presque – Louis XIV, parce qu'on le lui a sans cesse seriné se croit une sorte d'émanation de Dieu, il n'est pas tout à fait homme, il a quelque chose en plus, un brin d'immatérialité divine ! Donc, Louis-Dieudonné nomme Jean-Baptiste Colbert, non pas Premier ministre, cette charge est supprimée, mais contrôleur général des Finances. Progressivement, Colbert va cumuler tous les ministères (Finances, Intérieur, Marine, Culture, Commerce, Justice, etc.), sauf le ministère de la Guerre et des Affaires étrangères, chasse gardée de Le Tellier et ensuite de son fils Louvois ! Le roi ne va cesser de monter Colbert et Louvois l'un contre l'autre afin de les amener à se surpasser. L'un trouve de l'argent pour faire la guerre, l'autre fait la guerre. Trouver de l'argent ! C'est le but unique, l'obsession de Colbert ! Comment faire ? C'est simple, et Colbert ne cesse de répéter son credo à qui veut l'entendre :

- « Il faut attirer l'argent du dehors et le conserver au-dedans ! »
- Oui, mais de quelle façon s'y prendre ?
- « Il faut le prendre aux États voisins ! »
- Oui, monsieur Colbert, mais…
- « Il n'y a que le commerce seul et tout ce qui en dépend, qui puisse produire ce grand effet ! »
- Merci Monsieur Colbert. Allons, enrichissons-nous !

Décourager les importations

Nous allons donc augmenter à la limite du possible les droits de douane afin de décourager les importations, donc la fuite de l'argent. Effet immédiat : la Hollande et l'Angleterre relèvent à la limite du supportable aussi leurs droits de douane sur… les vins ! Colbert est bien tranquille, il écrit à son plénipotentiaire de La Haye en 1669 : « On n'a jamais acheté tant de vin de France que ces années-ci… » C'est que, malgré les droits de douane, le vin français demeure excellent à l'étranger ! Mais le vin ne fait pas tout ! La puissance commerciale de la Hollande agace Colbert. Il lui réglera son compte plus tard. Pour l'instant, il faut poursuivre le plan qui vise à enrichir le pays.

Des transferts à prix d'or…

Puisqu'on n'importe plus, ou le moins possible, il faut donc fabriquer les produits manufacturés en France. Et qui dit produits manufacturés dit manufacture. Mais, dans une manufacture, il faut d'excellents fabricants, des ouvriers spécialisés. Où aller les chercher ? Dans les pays voisins, en les convaincant de franchir le pas au moyen d'un pont d'or ! Ainsi, à Abbeville, s'installe un certain Van Robais, originaire de Middlebourg aux Pays-Bas. C'est le grand spécialiste du drap fin. Il a reçu un prêt de 80 000 livres, et un don de 20 000 livres ! De partout en Europe vont arriver des ouvriers réputés pour leur savoir-faire : des Vénitiens qui coulent des glaces, des fondeurs de cuivre de Liège, des chapeliers d'Espagne, des brodeurs d'Italie, des fondeurs d'Allemagne… Attention : les ouvriers immigrés ne doivent sous aucun prétexte retourner dans le pays d'où ils viennent, sous peine d'emprisonnement d'abord, puis sous peine de mort !

La compagnie Saint-Gobain

Les manufactures ne poussent pas spontanément comme des champignons : il faut les financer ! Deux solutions pour atteindre cet objectif :

- Ou bien le roi puise dans ses caisses, auquel cas les manufactures sont déclarées manufactures d'État ; c'est le cas pour la manufacture des Gobelins, pour celle de la Savonnerie, pour les ateliers militaires ou les manufactures d'armes comme celle de Saint-Étienne.
- Ou bien Colbert encourage les particuliers à créer des sociétés capitalistes : les compagnies.

Il faut aussi assurer aux manufactures un monopole de fabrication, sinon il peut s'en installer n'importe où qui se concurrenceront de façon sauvage. Les privilèges sont régionaux, ou nationaux. Ainsi est accordé un privilège régional à une fabrique de miroirs dans le faubourg Saint-Antoine, puis un autre, pour une fabrique de miroirs également, à Tourlaville, près de Cherbourg. La réunion de ces manufactures donnera naissance à la compagnie Saint-Gobain.

Colbert se frotte les mains

Et la qualité des produits ? Elle doit être irréprochable ! Des règlements précis sont créés, et si le fabricant ne s'y conforme pas, si sa marchandise ne respecte pas la charte de production, il est lui-même exposé, un carcan autour du cou en place publique avec des échantillons de sa marchandise défectueuse ! La qualité atteinte par ce que produisent les manufactures françaises est bientôt telle que les ambassadeurs reconnaissent que, de partout, on demande des marchandises de France, ce qui, observent-ils encore, se fait au grand dommage des pays voisins, contraints de la sorte d'envoyer beaucoup d'argent en France ! Colbert peut se frotter les mains !

Les Français terre à terre

Continuons de suivre Colbert dans son parcours : il faut non seulement développer les manufactures, mais tenter de concurrencer les Hollandais et les Anglais sur mer. Créons et subventionnons de grandes compagnies commerciales, se dit Colbert, en 1664 (commerce avec la Baltique, les Indes Orientales, etc.). Pour cela, faisons appel aux capitaux des particuliers en leur faisant miroiter de substantiels bénéfices par le système des actions. Hélas, les compagnies sont un échec dès 1669, les Français préfèrent dépenser leur argent en l'engloutissant dans le rachat de terres, plutôt que de le faire naviguer sur des bateaux incertains. Pourtant, la puissance maritime va se développer de façon spectaculaire : dans le port de La Rochelle, par exemple, le nombre de navires en construction est multiplié par quatre. Et comment fait-on pour fournir à ces vaisseaux le nombre de rameurs nécessaires ? Tout délit, ordonne Colbert, devra désormais être sanctionné par la peine des galères, même ceux qui, à cette époque, étaient punis de mort !

Figure 11-4 : Fabrique de boutons au temps de Louis XIV.

Colbert crée les Allocations familiales, au Canada…

Autre direction de la politique économique de Colbert : les colonies. Le Canada, en particulier. Il faut le peupler. Ainsi, la Pitié, annexe de l'hôpital général de Paris – paroisse de Saint-Sulpice – se vide régulièrement d'importants contingents d'orphelines (de Paris, Normandie, Bretagne, d'Île-de-France) devenues jeunes filles à marier – des jeunes gens ayant déjà émigré. Les mariages doivent être précoces, ils sont obligatoires ! Si un jeune homme n'est pas marié à vingt ans, une jeune fille à seize ans, les parents ou les célibataires paient une forte amende ! Et ces mariages doivent peupler la colonie : une somme de 300 livres est allouée à tout ménage ayant dix enfants au moins. Colbert, créateur des Allocations familiales !

Colbert, l'homme de marbre

Quel homme, ce Colbert ! Quelle imagination, quelle énergie ! Que dit-on de lui à l'époque ? On le surnomme l'homme de marbre tant il reçoit ses visiteurs avec froideur, sans bouger le sourcil, sans sourire, sans manifester quelque signe qui traduirait sa pensée. Pour la marquise de Sévigné, Colbert n'est qu'un grand glaçon qu'elle appelle : le nord… Il se lève très tôt, se couche très tard, ne cesse de travailler, comme les écrivains qui ont accepté sans vraiment réfléchir une date de remise du manuscrit qui ne leur laisse pas le temps de souffler ! Colbert souffre comme beaucoup à cette époque de crises de goutte, et de gravelle. La gravelle ou maladie de la pierre, ce sont les calculs rénaux, en général des oxalates de calcium qui obstruent les reins et occasionnent d'insupportables souffrances. Colbert en mourra en 1683. Ses rapports avec Louis XIV avaient pour thème principal l'argent qu'il fallait faire rentrer dans les caisses.

Louvois aurait fait mieux !

Louis XIV avec son Versailles, ses maîtresses, ses nobles à pensionner, et ses guerres dépense sans compter ; et Colbert, sou par sou, veille à comprimer des dépenses qu'il estime exorbitantes. Les reproches au fil des années se font plus insistants, au point qu'un jour Colbert se fâche, demandant au roi un peu de bon sens ! Louis-Dieudonné le prend de haut et lui répond, méprisant, qu'il regrette de l'avoir comblé de tant de bienfaits ! Il se plaint ensuite que Versailles coûte trop cher, il en rend Colbert coupable et lui dit – c'est le coup de grâce – que Louvois, à sa place, aurait sûrement fait mieux ! Ce reproche atteint Colbert au-delà du supportable. Il a soixante-quatre ans, il est usé par le travail, il est amer. Il en veut à ce roi à l'intelligence robuste… Il s'alite, souffre et meurt le 6 septembre 1683.

L'armée de Louvois : 300 000 soldats

Entre les guerres du petit Louis et les guerres du Grand Louis, Louis demeure identique à lui-même : il veut toujours gagner, coûte que coûte ! Et cette obstination finira par coûter fort cher !

Les guerres du petit Louis

Pour faire plaisir à Louis-Dieudonné, pour le distraire, Mazarin lui avait fait construire un fort dans les jardins du Palais-Royal. Et le petit roi, chaque jour, simulait avec ses compagnons de jeu des batailles, des sièges, et il gagnait toujours ! Cette habitude du jeu guerrier ne le quittera jamais. Le problème c'est qu'il substitua aux jardins du Palais-Royal l'arène européenne avec les puissances prêtes à en découdre pour gagner régions et territoires. Dès que le traité des Pyrénées est signé en 1659, Louis XIV sait qu'un jour il déclarera la guerre à ceux avec qui il signe la paix. En effet, la dot de Marie-Thérèse d'Autriche, trop élevée, ne pourra être payée. Et si elle n'est pas payée, le roi peut réclamer l'héritage espagnol !

1667 à 1668 : guerre de dévolution, Louis vainqueur !

Louis XIV va d'abord demander le Brabant espagnol, une province qui couvre aujourd'hui une partie de la Belgique et des Pays-Bas. Ayant fait travailler une petite armée de juristes sur les droits de succession brabançons, il apprend, au moment de la mort de son beau-père, qu'une coutume de cette province, appelée la coutume de la dévolution, rend héritière de cette possession la fille du premier lit du roi décédé. C'est le cas de Marie-Thérèse d'Autriche, sa femme, la reine ! Il réclame donc le Brabant en 1665. Non : il va le chercher ! Il le conquiert en 1667, avec Turenne, à la grande satisfaction de Colbert qui se rapproche de la Hollande, l'ennemie à abattre ! L'Europe s'inquiète de ce roi conquérant qui accepte de signer le traité d'Aix-la-Chapelle, le 2 mai 1668. Ce n'est pas la paix, ce n'est qu'une pause !

50 000 chevaux, du bleu, du rouge, du gris

Alors, et la Hollande ? Ses navires effectuent les quatre cinquièmes du commerce mondial ! Il faudrait peut-être penser à la harceler et puis à l'écraser ! Voilà, à peu près, ce que réclame Colbert à Louis XIV en 1670 ! Souhait exaucé : le roi entre en guerre en avril 1672. Comment l'armée se présente-t-elle ? L'armée n'a plus rien à voir avec celle du siècle précédent. Michel Le Tellier, un bourgeois, ancien intendant, en a entrepris la réforme. Son fils Louvois la poursuivra. Turenne et Vauban – les y aideront. Voici l'essentiel de leurs innovations :

- Des inspecteurs généraux des armées sont créés. Ils sont chargés d'élaborer des règlements précis qui devront être respectés, d'encadrer la formation des soldats.
- Des grades supplémentaires non achetables sont ajoutés dans la hiérarchie existante, afin que des hommes de commandement puissent être nommés sans avoir besoin de faire l'acquisition d'une compagnie, ce qui nécessitait une petite fortune personnelle et ne favorisait pas forcément que des génies militaires !
- Le recrutement est étendu : dans toutes les paroisses, on recrute des miliciens parmi les hommes non mariés de vingt à quarante ans, leurs noms sont tirés au sort.
- Le port de l'uniforme est généralisé : les soldats de la Maison du roi sont habillés en bleu, les Suisses en rouge, et tout le reste en gris.

Vauban meurt d'une bronchite

« Je perds un homme fort affectionné à ma personne et à l'État. » C'est Louis XIV qui s'exprime ainsi, à propos de celui qui vient de disparaître le 30 mars 1707, à l'âge de soixante-quatorze ans, après une mauvaise bronchite. Cet homme à qui Louis XIV rend hommage s'appelle Sébastien Le Prestre de Vauban. Retiré des affaires – et ses affaires, c'était l'armée, la guerre, les sièges –, il a écrit un livre destiné au roi et qui propose une réforme totale du système de l'imposition, en supprimant les inégalités. Le livre n'a pas plu au roi, mais Vauban n'a pas été disgracié, et n'est pas mort d'avoir contrarié son souverain, ainsi qu'une légende tenace le fait toujours croire !

À Vauban, on doit de remarquables fortifications tenant compte des progrès de l'artillerie. Cent vingt places fortes en bénéficient, dont beaucoup sont encore intactes aujourd'hui. « Ville fortifiée par Vauban, ville imprenable, ville assiégée par Vauban, ville prise », avait-on coutume de dire à son époque. Et c'était vrai ! Vauban a aussi introduit dans l'armée le fusil auquel il a fait ajouter la baïonnette (qui était déjà utilisée en Suède). La réalité économique et sociale, il la connaît mieux que quiconque, parcourant sans cesse la France du nord au sud, de l'est à l'ouest pour surveiller ses constructions ou livrer quelque bataille. Son livre, *Projet d'une dîme royale*, est donc l'ouvrage d'un homme de bon sens qui aurait pu modifier le siècle à venir. Mais le roi Louis pour ses humbles sujets avait l'oreille si loin du cœur !

- La cavalerie perd de son importance, au profit de l'infanterie, mais elle comporte encore près de 100 régiments – 50 000 chevaux !
- L'ensemble de l'armée, en 1700, ne comptera pas moins de 300 000 hommes !

1672 – 1679 : la guerre de Hollande

Le pays des marchands de fromage ! C'est ainsi que Louis XIV désigne la Hollande avec un rien de condescendance. Il croit n'en faire qu'une bouchée, il va s'y casser quelques dents…

Guillaume d'Orange fait ouvrir ses digues !

La Hollande ! La guerre de Hollande est déclarée en 1672. Louis XIV s'est allié contre ces provinces protestantes au commerce florissant, à Charles II d'Angleterre, qui est fort intéressé par la ruine des ports d'Amsterdam et Rotterdam. En juin, Guillaume d'Orange convainc ses sujets, les Hollandais, d'ouvrir leurs digues afin d'empêcher les Français d'atteindre Amsterdam. Une grande partie des territoires conquis sur la mer se retrouvent ainsi inondés. L'année suivante, les Français assiègent Maastricht qui capitule le 30 juin – d'Artagnan y laisse la vie, ayant reçu une balle dans la gorge.

Figure 11-5 : Louis XIV en Hollande : le passage du Rhin.

1678 à 1679 : les traités de Nimègue

UNE DATE À RETENIR

Des succès français interviennent ensuite en Flandre et en Franche-Comté. Cependant, les soldats de l'empereur germanique envahissent l'Alsace. Turenne y court et les repousse, mais, le 27 juillet 1675, alors qu'il effectue un parcours de reconnaissance pour installer une batterie, il est mortellement atteint par un boulet (voulez-vous voir ce boulet ? Il est exposé dans une vitrine du musée des Invalides à Paris). La Guerre de Hollande va se terminer par la signature des traités de Nimègue le 10 août, puis le 17 septembre 1678, et le 5 février 1679. Si Louis XIV a renoncé aux Pays-Bas, il a consolidé les frontières nord et est – la Franche-Comté est acquise. À l'issue de ce traité, le roi de France a considérablement accru son prestige. Mais, si on y regarde de près, ces six années de guerre coûteuse et meurtrière qui ont pourtant valu au monarque le titre de Louis le Grand n'ont rien enlevé au territoire de la Hollande qui a même obtenu la suppression des tarifs douaniers exorbitants mis en place par Colbert ! Pas facile d'abattre cette République que Louis XIV appelait avec mépris « le pays des marchands de fromage » !

CHEZ NOS VOISINS

Pendant ce temps, chez nos voisins

En Angleterre est votée la loi de l'Habeas corpus qui protège contre les arrestations arbitraires. Le grand vizir turc Kara-Mustapha et son armée de 300 000 hommes font le siège de Vienne, en Autriche. Certains d'entre eux creusent de nuit des galeries afin de surprendre la garnison autrichienne dans la ville. Mais les ouvriers boulangers perçoivent les coups de pioche et donnent l'alerte. La défense s'organise et les Turcs sont définitivement battus à Kalhenberg. En souvenir de cette victoire, les boulangers confectionnent une pâtisserie imitant la forme du symbole se trouvant sur le drapeau turc : le croissant !

Versailles, le piège à nobles

Vous l'attendiez ! Nous y voilà ! Entrez, entrons dans Versailles, émerveillons-nous, étonnons-nous, retenons nos rires, nos haut-le-cœur ou nos larmes.

Que de gibier à Versailles !

Des lapins peureux, des lièvres fuyards, des pigeons en tout genre, des buses, des perdrix, des sangliers grognons, des cerfs à grandes cornes, de douces biches et des chevreuils graciles, des colombes sauvages, des corbeaux et des pies, on trouve tout cela à Versailles, petit village de 500 habitants, le lieu est giboyeux à souhait. Voilà pourquoi le roi Louis XIII, en 1624, y a fait construire un pavillon de chasse pour remplacer un vieux donjon dans lequel il étendait, à même le sol, de la paille pour dormir lorsqu'il rentrait trop tard d'une battue, ou qu'un cerf l'avait emmené trop loin pour rentrer à Paris avant la nuit. Lorsque Louis XIV fait la connaissance de mademoiselle de la Vallière (Françoise-Louise de la Baume Le Blanc, duchesse – en 1667 – de la Vallière, pour être complet), il fait rouvrir le château qui avait été abandonné à la mort de Louis XIII. Les amants y ont de tendres rendez-vous.

Figure 11-6 : Fontaine située à l'ouest du chateau de Versailles.

1664 : les plaisirs de l'île enchantée

Dès 1661, les travaux à Versailles commencent. Le Nôtre dessine les jardins. Louis XIV y donne de nombreuses fêtes sur les premiers plans d'eau, telle celle du 7 mai 1664 : « Les plaisirs de l'île enchantée ». Cette fête a été préparée par Louis pour Louise ! Tout le monde le sait, même si la reine Marie-Thérèse, si effacée, et qui parle si mal le français, est la marraine de ces réjouissances. Une loterie clôt la soirée. Évidemment, la reine remporte le gros lot ! Mais il y a aussi des pierreries de grand prix… qui sont gagnées par Louise, prête à défaillir de bonheur ! Versailles ! Le roi et sa cour s'y installent en 1682. La gloire du souverain ne va cesser d'y croître.

Cinq millions de pieds de charmille

De larges allées, des perspectives à n'en plus finir, comme des allégories de l'éternité où doivent s'inscrire le règne et le château du plus grand roi du monde ! Des milliers d'ormes, des marronniers d'Inde, des chênes, des tilleuls, cinq millions de pieds de charmille – tout cela est planté en 1684. Les jardins sont confiés à Le Nôtre ; la décoration intérieure, à Charles Le Brun ; les travaux d'aménagement, à Le Vau. Et l'architecte en chef ? De 1678 à 1708, c'est Jules Hardouin-Mansart – à Paris, il réalise aussi la Place des Victoires, le dôme des Invalides, la place Louis-le-Grand, devenue la place Vendôme.

LE SAVIEZ-VOUS ?

La pompe à eau de Marly

Pour le château, Louis XIV veut des fontaines, et pour ces fontaines, il faut de l'eau. L'étang tout proche de Clagny n'en contient pas suffisamment. Que faire ? En 1681, un charpentier de Liège, Rennequin Sualem, va proposer au roi une machine qui peut pomper l'eau à sept kilomètres, dans la Seine, à Bougival, et la conduire à Versailles. Malgré la dépense énorme, Louis XIV n'hésite pas. Plus de 10 000 ouvriers vont travailler pendant quatre ans pour la construire ! Au terme de ces quatre années, la machine fonctionne à merveille, mais elle ne débite pas suffisamment : 3 000 m^3 au lieu des 6 000 m^3 prévus. Elle servira alors à approvisionner les fontaines de Marly, d'où son nom : la machine de Marly.

Le château déploie ses ailes

Dès qu'il est à pied d'œuvre, Hardouin-Mansart donne des ailes au château, à la démesure du monarque : celle du midi, où vont loger les princes de sang, puis celle du nord. Ensuite sont élevées les grandes et les petites écuries, une nouvelle chapelle, le grand et le petit Trianon, le château de Marly. Mais, ce qui va émerveiller tous les visiteurs qui viennent à Versailles – encore aujourd'hui –, c'est la transformation d'une terrasse, au centre de la façade orientée au couchant, en galerie dont les hauts murs sont habillés de miroirs : la galerie des glaces. Et que trouve-t-on dans la galerie des glaces ? La représentation des actions héroïques du plus grand roi du monde, lors des guerres contre la Hollande, contre l'Espagne. Le Brun se surpasse : tout tremble, tout est saisi de terreur, même la divinité symbolisant le Rhin, à la vue de ce conquérant légendaire !

Figure 11-7 : Les jardins de Versailles.

La matinée à Versailles dans les années 1670-1700...

Elle est minutée, réglée comme du papier à musique afin que dans l'incessant ballet qui tourbillonne autour du roi, jamais un faux pas ne soit commis. Louis de Rouvroy, duc de Saint-Simon, qui a tant écrit sur la vie à la cour en trempant souvent sa plume dans le vinaigre – la jalousie peut-être ! – affirmait qu'avec une montre et un almanach, on pouvait, à 300 lieues du roi, dire ce qu'il faisait. Et que faisait-il ? Eh bien voici, vous n'avez qu'à suivre :

Les premières entrées

- 8 h : Trois personnes pénètrent dans la chambre du roi. Son premier médecin, son premier chirurgien, et son premier valet de chambre qui lui dit (comme Yves Montand à Louis de Funès dans le film La Folie des grandeurs) « Sire, voilà l'heure ! »
- 8 h 10 : Le premier médecin et le premier chirurgien prodiguent au roi une sorte de massage doux et lui enlèvent sa chemise souvent mouillée de sueur.
- 8 h 15 : Le grand chambellan ouvre la porte de la chambre du roi à ceux qui ont le privilège de ce qu'on appelle les grandes entrées. Ils sont peu nombreux. Ce sont le frère, les fils et petits-fils du royal éveillé sur les mains duquel le premier valet de chambre verse de l'alcool de vin. Puis, le grand chambellan présente à Louis son livre de prière et de l'eau bénite. Le roi prie dix minutes, dans son lit, puis il se lève, chausse ses mules.

Les secondes entrées

- 8 h 30 : Voici les secondes entrées, des seigneurs tout réjouis d'avoir obtenu le privilège extrêmement recherché de se trouver là, tout près du roi, pénètrent dans la pièce ; on voit aussi les porteurs de chaise d'affaires – ce sont les chaises percées, des espèces de toilettes ambulantes ; on voit le barbier qui rase le roi une fois tous les deux jours et lui passe une perruque légère. Molière, invité permanent – jusqu'en 1673... –, ce qui est exceptionnel, est très souvent présent. Le roi parle de chasse, s'entretient avec tel ou tel, ce qui va déclencher la jalousie de tous ceux qui n'attendent que cet honneur suprême.
- 9 h : Après les secondes entrées, le roi a demandé ce qu'il appelle sa chambre, métonymie désignant une foule de toutes sortes de gens au service du monarque et qui vont envahir ladite chambre : des conseillers d'État, des capitaines des gardes, des maîtres d'hôtel, des architectes, des aumôniers, des huissiers, des artistes, des tapissiers, des gardes du corps, un dentiste, un oculiste, un rebouteur, au cas où le roi se serait démis quelque membre...

Le déjeuner de sa majesté, avant la messe

- 9 h 15 : Sa majesté déjeune. Un bouillon lui suffit, trempé d'un peu de pain parfois. Lorsqu'il a terminé, c'est son fils le dauphin qui lui tend la serviette dont il s'essuie les lèvres. Le roi quitte sa robe de chambre, sa chemise de nuit. Il ne lui reste plus rien à enlever ! Le roi est nu ! Vous tentez de voir…Vous ne verrez rien : deux valets ont tendu la robe pour faire écran ! Ouf !
- 9 h 30 : Un valet donne au dauphin la chemise royale. Le dauphin la présente au roi qui l'enfile après avoir installé autour de son cou les reliques qu'il porte toujours sur lui. Il ceint ensuite son épée, revêt une petite veste, une veste plus longue, le justaucorps, noue sa cravate. On lui tend une soucoupe sur laquelle se trouve un mouchoir dont il se saisit. On lui tend aussi son chapeau, sa canne et son manteau. Le roi prie une dernière fois, puis il passe dans son cabinet afin de discuter de l'avancement des travaux de son palais doré et adoré !
- 10 h : La messe. Afin de se faire remarquer du roi – et peut-être choisir pour la nuit, ou la vie, qui sait… –, les femmes tournent souvent le dos à l'autel ! La messe terminée, cabinet de nouveau avec les ministres. Au programme : les affaires du pays.

Voyage aux Pays-Bas

À Versailles, point de lieux d'aisance, les courtisans ou les visiteurs – déjà nombreux – vont faire leur commission n'importe où : sous l'escalier, dans un recoin, un passage discret, de sorte que l'atmosphère du château est empestée en permanence ! Les chaises percées existent, certes, mais elles sont en nombre insuffisant : seulement 274, et elles appartiennent aux ducs, aux comtes, aux marquis, aux princesses… Celles-ci reçoivent souvent – comme le font les hommes – sur leur chaise percée. Deux domestiques sont chargés de soulever la robe afin que s'installe, sur la selle nécessaire, le précieux popotin (de là vient le terme les selles désignant, par métonymie, la matière fécale). Et parce qu'elles parlent de tout, de rien, parce qu'elles caquètent, on donne à la chaise percée le nom habituel du siège haut, pratique pour la conversation : la caquetoire. Le modèle le plus en vogue a la forme d'une pile de livres qui porte sur sa tranche l'inscription : Voyage aux Pays-Bas !

Point de chichis…

Midi : le roi passe sur sa chaise percée. Qu'est-ce que cette chaise percée ? C'est l'ancêtre de nos toilettes verrouillées, que nous avons limitées à une place dans un espace relégué souvent au fond du couloir à gauche… Au temps de Louis XIV, on n'entretient pas avec la défécation une intimité close, contrite, presque coupable en ce qu'elle signale inévitablement, dans la proche atmosphère où elle s'est déroulée, le passage de son auteur. Non, chez Louis XIV, point de chichis… On s'installe sur sa chaise percée en toute simplicité, tout en recevant des amis, en discutant, en jouant aux cartes.

Cette chaise est installée dans une chambre, dans un cabinet, pièce attenante à la chambre, lieu de réunion, notamment pour les ministres et le roi. Le mot cabinet désignant nos toilettes contemporaines est d'ailleurs emprunté à ce lieu où on apportait au roi sa chaise percée. Elle était, nous dit un témoin – et auditeur – de l'époque, en aventurine (pierre fine) du Japon, ornée de paysages et d'oiseaux en relief. Elle comportait plusieurs tiroirs garnis de velours rouges.

Honneur suprême : le brevet d'affaires

Et voici l'étonnant, le singulier et presque l'incroyable pour nous : les gentilshommes, descendants, cousins ou parents des anciens frondeurs ou révoltés de toutes sortes, ceux-là qui avaient tant menacé le pouvoir royal, ces nobles se seraient battus à mort pour avoir l'honneur d'obtenir un *brevet d'affaires* ! Qu'était-ce que ce *brevet d'affaires* qui coûtait une petite fortune ? C'était le droit, l'honneur si recherché, d'appartenir au cercle d'intimes qui conversaient avec le roi pendant qu'il occupait sa chaise percée ! C'est l'une des grandes réussites de Louis XIV : avoir domestiqué la noblesse, l'avoir asservie, abaissée au point que son idéal se réduise au partage de l'instant où le souverain sacrifiait, selon l'expression d'époque, aux « dernières misères auxquelles la nature nous assujettit » : le colombin !

À table Louis-Dieudonné !

Midi ! Le roi s'installe devant sa petite table carrée, dans sa chambre, face à la fenêtre. La foule des courtisans est accourue, elle n'a rien dans l'estomac, elle ! Elle va se nourrir du spectacle du monarque attrapant de ses mains prestes les viandes qui vont être portées à sa bouche avec une gourmandise gloutonne inégalable. Point de fourchette, ça se passe comme ça chez Louis XIV ! Et pourtant, ce n'est pas une restauration rapide : près de 400 personnes ont préparé le repas royal qui va être convoyé jusqu'à la table à grands renforts de fifres, de tambourins, de maîtres d'hôtel, de gentilshommes servants, de gentilshommes tranchants, d'écuyers, d'échansons…

Et que mange le roi ? Retenez un instant votre souffle… Devant vous, le roi va manger – en partie, mais quand même ! – du potage de tortue, de la bisque de pigeonneaux, du potage de mouton aux navets, de la queue de mouton aux figues, de la cuisse de chevreuil, du poulet d'Inde à la framboise, du cochon à la dombe, du poupeton – du ris de veau avec des crêtes de coq et de la viande hachée - ; du héron, du faisan, de la gelinotte, du dos de sanglier, du faon, du héron ; voici les entremets, c'est-à-dire ce qui est servi entre les mets plus copieux : de la tétine de vache, de l'oreille de cerf, du foie de chevreuil, des beignets de moelle ! Attendez, ce n'est pas terminé, il reste le dessert ! On apporte des confitures au parfum, des tourtes au musc, de la crème à l'ambre, des pralines. Fin du repas du midi. Le roi mangera-t-il ce soir ? Bien sûr, à dix heures : douze pigeons, trois chapons, six poulets, du veau, des poulardes, un faisan, des perdrix… Tout cela est arrosé des vins les plus fins ! Et presque tous les matins, Louis se plaint d'avoir fait des cauchemars dans la nuit !

1680 : un trou dans le palais royal !

En 1680, le roi a mal aux dents. Son premier médecin, Antoine Daquin, décide de lui extraire une molaire cariée. Hélas, il ne la lui extrait pas, il la lui arrache ! Un abcès se forme, suivi d'une inflammation des sinus. Le roi souffre horriblement. Mais tout cela n'est rien : Daquin, jugeant la situation dangereuse, décide de poursuivre, non l'extraction, mais l'arrachage. Il décide que toutes les dents de la mâchoire supérieure doivent disparaître ! Ce qui est fait ! Mais Daquin a mis tant de cœur et de conviction dans sa tâche que la moitié du palais royal, ou presque, est venue avec les dents ! La mâchoire a éclaté, l'os s'est infecté. Bref, il a fallu recourir au moyen radical de l'époque pour éviter infection et gangrène : le bouton de feu. Qu'est-ce ? Il s'agit d'une tige de fer, maintenu rougie dans les braises, et qu'on applique sur une plaie afin de brûler les chairs où se déclarerait une inflammation souvent fatale. Et pour réparer le palais du roi, ou tenter de boucher le trou consécutif à la dévastation daquine, le bouton de feu a été appliqué quinze fois ! Évidemment, le roi ne peut plus mâcher ses aliments ! Et, comme il mange fort goulûment, ceux-ci, à cause du trou dans le palais, ressortent parfois par le nez !

Haleine et caquetoire

Retrouvons Louis XIV après son repas. Voici la deuxième partie de sa journée : le roi va prendre l'air, toujours entouré d'une foule babillarde de courtisans et courtisanes. Cette promenade est salutaire pour tout le monde. En effet, en milieu clos, on reconnaît la présence du roi… à son odeur : non seulement il ne se lave jamais – comme ses contemporains, on accuse l'eau de donner des maladies –, mais ses problèmes dentaires lui donnent une telle haleine que lui-même, pour ne pas gêner ceux qui lui tiennent compagnie, va ouvrir toutes grandes les fenêtres afin de dissiper les mauvaises odeurs, et cela par tous les temps – le roi ne connaît pas le froid. De même, en carrosse, il exige que les vitres soient toujours ouvertes ! Enfin, le roi trop glouton est puni de sa gourmandise par une entérite presque constante qui le fait séjourner plus longtemps et plus souvent que tout autre sur sa caquetoire…

Les nuits de la robuste intelligence

Après la promenade, le roi va chasser. C'est un excellent tireur, il adore chevaucher pendant des heures à travers la forêt, et il conservera cette habitude jusqu'à la fin de sa vie. À soixante-seize ans, il chasse encore plus de cinq heures consécutives ! Vers six heures, il rentre au château, tient conseil avec ses ministres, dîne à dix heures, puis joue au billard, danse – c'est un excellent danseur qui aime se produire devant ses courtisans. Ensuite vient le grand coucher. Le roi, dans sa chambre, nourrit ses chiens favoris, puis les courtisans entrent. Le roi a désigné celui qui va tenir son bougeoir. Un dernier séjour sur la chaise percée. Au lit, Louis XIV ! Tout le monde se retire. Mais le roi va entamer sa nuit secrète : conduit dans l'obscurité par son valet auquel il est attaché par un cordon de soie, il va retrouver, dans les chambres voisines, celles qui vont se laisser galamment entretenir par la robuste intelligence du monarque…

Les femmes et Louis XIV

Il a bien fallu que la reine Marie-Thérèse s'y accoutume : Louis aime les femmes. Et sa vigueur ne connaît point de crépuscule. Elles vont inévitablement tenter d'influencer ses choix, ses décisions. Et parfois, elles réussiront !

Louise, Françoise-Athénaïs

Il y a Louise, il y a Françoise-Athénaïs qui ont longtemps retenu près d'elles un roi dont la liste des conquêtes peut impressionner. Ou agacer.

La douce Louise de la Vallière

Douce, naïve, pieuse, excellente cavalière, telle est Louise de la Baume le Blanc de la Vallière. Elle est née à Tours, a grandi à Blois chez Gaston d'Orléans avant de venir à Paris. Elle entre pour la première fois à Versailles à dix-sept ans, en 1661. Elle est magnifique, blonde, le teint lumineux ; le roi la remarque, lui envoie des billets doux auxquels elle répond avec flamme : elle est follement éprise de lui. La suite est simple à imaginer. Elle lui donnera quatre enfants, puis, remplacée dans le cœur du roi par la marquise de Montespan, elle ira finir sa vie au monastère des Dames de la Visitation. Elle porte la robe de bure, se coupe les cheveux, y devient sœur Louise de la Miséricorde, et reçoit la visite de la reine, de courtisans, et même de sa remplaçante dans le lit du roi ! Elle meurt à soixante-six ans d'une occlusion intestinale, en 1710.

La caustique marquise de Montespan

Françoise-Athénaïs de Rochechouart de Mortemart, marquise de Montespan, c'est la joie de vivre, la répartie vive et taquine, parfois mordante et caustique, c'est l'ironie, l'intelligence calculatrice. Elle séduit le roi par son esprit, sa beauté aussi. C'est en 1666 que Louis XIV est attiré par son allure, il hésite à se défaire de Louise de la Vallière qui lui voue toujours une admiration sans limite. Le voici donc avec trois femmes : la reine, Louise et Françoise-Athénaïs. C'est cette dernière qui va l'emporter, Louise vaincue par la jalousie se retire au monastère. Marie-Thérèse d'Autriche, la reine, meurt le 30 juillet 1683, à quarante-cinq ans, des suites d'un cancer du sein – la mère du roi, Anne d'Autriche, en mourut aussi, le 20 janvier 1666, à soixante-cinq ans.

Marie-Angélique, l'adolescente

La marquise de Montespan protège à la cour La Fontaine, maintient Molière dans l'affection du roi contre toutes les attaques dont il était l'objet, suggère à son royal amant de faire écrire son histoire par Jean Racine, l'auteur tragique, et par Nicolas Boileau. Elle commet l'imprudence de lui présenter, en 1678, Mademoiselle de Fontanges - Marie Angélique de Scoraille de Roussille, duchesse de Fontanges -, née en 1661. Marie-Angélique, dix-sept ans, d'une beauté sans égale ! Elle devient immédiatement la maîtresse du roi. Mais elle met au monde un enfant né avant terme qui ne survit pas. Mal remise de cet accouchement, elle meurt en 1681. Elle a vingt ans. La marquise de Montespan va être accusée de l'avoir empoisonnée ! Louis XIV protège sa maîtresse, mais peu à peu perd confiance en elle. Elle cède la place à Madame de Maintenon.

Les secrets de beauté de la marquise

Que buvez-vous le matin ? Thé ? Café ? Chocolat ? L'un des trois sans doute. Eh bien, pour la marquise de Montespan, rien de tout cela ! Chaque matin, à jeun, la marquise avale… si vous êtes une âme sensible, ou bien si vous êtes prêt à passer à table, il est encore temps de détourner votre regard de ces lignes ; revenez après le déjeuner, finalement, cela ne vaudra guère mieux, donc lisez plutôt : la marquise de Montespan avale chaque matin un grand verre d'urine de mule ! Oui, de l'urine de mule, parce qu'un charlatan lui a assuré que cette urine lui garantirait l'œil brillant et le teint frais ! Ensuite, elle consomme un mélange de lait sucré, de farine de fèves, d'orge, de riz et de lentilles. Pour son maquillage, elle utilise en abondance du blanc de céruse qui est du carbonate de plomb dont l'usage a été interdit en 1905, à cause de sa grande toxicité… Contre les inévitables rides ? Voici la recette de la marquise : un mélange de saindoux, de moelle de bœuf et de bouse de vache ! Si, si, de la bouse de vache ! Elle en fait même distiller afin de s'en servir comme dépuratif au printemps !

Louis et Françoise d'Aubigné

Cette fois, Louis le conquérant est conquis : Françoise d'Aubigné le tient et ne le lâchera plus. Avec elle, point de façons : dans l'intimité, il se laisse souvent aller à ses tristesses, parfois même éclate en sanglots devant elle. Elle peut tout voir, tout savoir et tout consoler.

Petite-fille et femme de poète

D'Aubigné ? Le poète ? L'auteur des *Tragiques*, le protestant ancien écuyer d'Henri IV ? Oui, Agrippa d'Aubigné est bien le grand-père de Françoise d'Aubigné, mariée, parce qu'elle ne veut point entrer au couvent, à un homme de quarante-deux ans plus âgé qu'elle : le poète Scarron. Elle l'épouse le 4 avril 1652, elle a seize ans, lui cinquante-huit ! Pendant sept ans, elle va vivre auprès de cet homme infirme, intelligent, brillant, qui lui donne une solide culture mais la laisse veuve à vingt-cinq ans, sans le sou ! Elle fait alors la connaissance de la marquise de Montespan qui lui confie l'éducation de ses enfants au royal père. Louis XIV adore rendre visite à sa progéniture. Il rencontre ainsi la belle Françoise d'Aubigné qu'il trouve d'abord un peu pincée et maniérée.

Madame Quatorze

Mais bientôt, elle le fascine par son esprit et par sa culture. Elle l'étonne aussi par son caractère ferme et déterminé : lui, le roi, habitué à ce que toutes les femmes qu'il sollicite lui cèdent en un rien de temps lorsqu'il est malmené par sa robuste constitution, trouve en Françoise d'Aubigné une citadelle à conquérir. Et elle va le faire attendre, Françoise qui sait bien ce qu'elle fait, qui ferre son poisson, si fort que ce sera jusqu'à la mort ! En effet, celle qui va épouser secrètement Louis le 10 octobre 1683, après la mort de Marie-Thérèse, va devenir ce qu'on appelle une épouse morganatique (cachée) –, mais tout le monde est au courant. On la surnomme « Madame Quatorze » ! La marquise de Sévigné lui donne le nom de « Madame de Maintenant » ! Celle que le roi ne cessera d'honorer jusqu'en 1715 où il meurt, va s'éteindre à Saint-Cyr, maison d'éducation pour jeunes filles nobles et pauvres, le 15 avril 1719, à l'âge de quatre-vingt-quatre ans !

Le temps de l'intolérance et de la guerre

L'édit de Nantes qui avait apporté la paix religieuse va disparaître, des guerres longues et coûteuses vont se succéder ; celle de la ligue d'Augsbourg, celle de la succession d'Espagne, pour le simple maintien des frontières…

1685 : la révocation de l'édit de Nantes

L'image de Louis XIV est associée au château de Versailles qui peut nous étonner, nous intriguer, nous fasciner. Elle est également indissociable d'une décision politique qui étonne, intrigue ou consterne : la révocation de l'édit de Nantes ! Il s'agit tout simplement de mettre à la porte du royaume de France, des centaines de milliers de protestants !

Sus aux protestants !

Entre les courtisans empressés, les gelinottes, les chevreuils, les biches, entre Louise, Françoise et Françoise, les parties de chasse, la danse, le billard, la caquetoire, et autres occupations fort nécessaires, Louis trouve quand même le temps de s'occuper des affaires du pays. Quel Roi ! Oui, mais le Roi va bientôt se transformer en roi dans ce qui est considéré par beaucoup d'historiens comme l'erreur majeure de son règne : la révocation de l'édit de Nantes. Rappelez-vous Henri IV qui, sagement, en 1598, signe cet édit permettant aux deux religions de cohabiter. Rappelez-vous son fils Louis XIII qui lutte contre les protestants, refusant avec son ministre Richelieu, qu'ils constituent un État dans l'État, avec pour tragédie le siège de La Rochelle ; et puis cette paix d'Alès qui supprime les places fortes des Réformés. L'obsession de Louis XIV, c'est de donner à la France son unité religieuse. Tout son entourage de dévots l'y encourage, Bossuet en tête. Louvois imagine même un procédé très efficace pour convertir les protestants récalcitrants : ses dragons, soldats paillards et avinés, s'en vont chez eux, s'y installent. Leur mission consiste à les ramener dans la foi catholique. Si ceux-ci refusent, les dragons violentent les hommes, parfois les tuent, violent les femmes, martyrisent les enfants !

La religion réformée interdite

Après le traitement de choc des dragonnades de Louvois, il ne reste presque plus de protestants en France, c'est ce qu'on affirme au roi-soleil. Et il le croit ! Dans ce cas, à quoi bon maintenir ce que grand-père Henri IV avait signé : l'édit de Nantes ? Et puis – et c'est surtout ce qui va emporter la

UNE ANECDOTE

God save the King !

Cela devait arriver, c'est arrivé : à force de manger comme un glouton, d'alterner entérite et constipation, et de lutter contre tout cela par des clystères (des lavements rectaux) de toutes sortes, le roi, le grand roi est affecté d'une fistule anale ! Une fistule, c'est un petit conduit naturel qui pratique une ouverture non autorisée dans quelque région du corps. Pour Louis XIV, cette ouverture clandestine se situe dans la partie anale de son organisme humain – on laisse de côté, pour l'occasion, la part divine. Après quatre années de souffrances, il se décide à autoriser les médecins à l'opérer. Hélas, son chirurgien Félix n'a jamais opéré de fistule ! Il va donc faire fabriquer un bistouri d'argent – on ne sait jamais, le métal précieux peut circonvenir l'incompétence.

Après avoir tenté des interventions sur d'autres patients, Félix, le 18 novembre 1686, s'attaque à la fistule ! Dès le lendemain on déclare le roi guéri, c'est faux : il faudra encore huit opérations et beaucoup d'affreuses souffrances pour qu'il se remette. Mais le peuple voit dans la guérison soudaine de son monarque un signe divin, un miracle ! Lulli est chargé de composer un hymne pour célébrer l'infinie bonté du Créateur, sauveur des hommes et de leurs fistules. Madame de Brinon, la supérieure de Saint-Cyr, fief confit en dévotions de Madame de Maintenon, compose les paroles : « Grand Dieu sauve le roi ! Longs jours à notre roi… » En 1714, Haendel, le compositeur allemand installé en Angleterre depuis 1712, vient à Paris, entend l'hymne qui le charme. Il en note la musique, repart en Angleterre, demande au pasteur Carrey de lui traduire en anglais les paroles. Cela donne : « God save our gracious King… » Haendel signe l'ensemble de son nom ! Puis il offre son œuvre au roi George Ier. Ainsi naquit l'hymne national anglais qui, aujourd'hui – God save the Queen ! –, continue de remercier Dieu d'avoir guéri le roi de France de sa fistule anale !

décision dans l'esprit de Louis XIV – en 1683, l'empereur Léopold a vaincu les Turcs devant Vienne. Il risque de passer pour le seul défenseur de la chrétienté. Que va-t-il advenir alors du plus grand roi du monde qui ambitionne de se faire élire empereur des catholiques romains ? Il prend sa décision : le 18 octobre 1685, l'édit de Nantes est révoqué par l'édit de Fontainebleau ! La religion réformée est interdite en France !

Le robuste exil

L'intelligence robuste du roi-soleil n'a pas prévu que près de 300 000 protestants, excellents commerçants, artisans, banquiers, ouvriers, vont quitter le royaume et s'en aller enrichir la Hollande, par exemple ! Bien sûr, on a dit que la révocation de cet édit ne fut pas une si mauvaise affaire : elle permit d'étendre les réseaux commerciaux avec les pays voisins, elle répandit la langue française en Europe. Sans doute ! Mais l'exil, l'image de ceux qui s'en vont parce qu'ils ne pensent pas comme il faut, quelle tache, quelle défaite, jusqu'à la fin des siècles !

1689 à 1713 : ligue d'Augsbourg et succession d'Espagne

Louis aime la guerre – il s'en accuse avant de mourir. Et les souverains d'Europe, toujours inquiets des désirs d'expansion du Roi-Soleil lui donnent beaucoup d'occasions d'assouvir sa passion.

Le gendre protestant détrône le beau-père catholique

Il se passe toujours quelque chose pendant le règne du Roi-Soleil ! À peine vient-il de révoquer un édit que, déjà, une nouvelle guerre se prépare. En effet, une ligue s'est formée contre Louis XIV : les pays d'Europe craignent les appétits belliqueux du roi de France. Cette coalition qui prend le nom de Ligue d'Augsbourg regroupe l'empereur d'Autriche Léopold Ier, Charles II, le roi d'Espagne, Charles XI, le roi de Suède, la Savoie, la Saxe, la Bavière, les Provinces-Unies, et enfin l'Angleterre avec Guillaume d'Orange, le *sthatouder* de Hollande. Celui-ci, champion du protestantisme, détrône, en 1688, le roi anglais Jacques II, son beau-père. Il prend sa place, devenant ainsi le nouveau roi, Guillaume III d'Angleterre. Jacques II se réfugie en France, auprès de Louis XIV.

Louis corrige Louvois à coups de pincettes !

La guerre de la ligue d'Augsbourg va durer presque neuf ans, de 1689 à 1697. Louis projette d'abord de déclarer la guerre à l'Angleterre afin d'y rétablir Jacques II – c'est un échec. Auparavant, il faut éviter qu'à l'Est les armées de l'empereur germanique soient tentées d'envahir le royaume. Comment atteindre cet objectif ? Louvois, le ministre de la Guerre, propose alors le pire des plans : il faut ravager le Palatinat où les troupes étrangères pourraient se ravitailler. Et ce plan est appliqué : Manheim, Spire, Heidelberg sont ravagées. Louvois s'apprête à ordonner que Trêves soit brûlée ! Mais Louis XIV désapprouve la politique de son ministre, désastreuse pour l'image de la France. Louvois s'obstine ; le roi en vient à le frapper avec des pincettes afin de le persuader d'interrompre ses ravages ! Trêves ne sera pas brûlée, mais le mal est fait : l'Europe est horrifiée par ce qui s'est passé dans le Palatinat ! La guerre ne s'en poursuit pas moins avec quelques victoires pour Louis XIV, mais aussi de sévères défaites, ainsi celle de La Hougue, bataille navale où la marine française perd la plupart de ses vaisseaux après une défense héroïque.

Les traités de Ryswick en 1697

La guerre de la Ligue d'Augsbourg se termine par les traités de Ryswick, en 1697, les 20 septembre et 30 octobre :

- La France restitue à la Hollande toutes ses conquêtes depuis la paix de Nimègue en 1678.
- Toutes les conquêtes faites au détriment de l'Espagne retournent au roi Charles II.
- Louis XIV cède à l'empereur Léopold Ier le Palatinat, la Lorraine – contre Strasbourg.
- Louis XIV doit reconnaître pour roi d'Angleterre son ennemi Guillaume III !

Succession d'Espagne : où l'on reparle de Jeanne la Folle

La dernière guerre de Louis XIV va être longue, treize ans, de 1701 à 1714. Quelles sont les raisons de ce conflit appelé la guerre de succession d'Espagne ? Le roi d'Espagne, Charles II, n'est plus, depuis longtemps, qu'un mort vivant. Enfant de mariages consanguins successifs, il a été nourri au sein jusqu'à l'âge de quatre ans tant il était chétif. Il a pour aïeule Jeanne la Folle, souffre d'épilepsie, de syphilis. C'est un triste sire dont l'Europe attend la disparition avec une certaine inquiétude, car, malgré son mariage avec Marie-Louise d'Orléans, nièce de Louis XIV, il n'a pas d'enfant.

Marlborough s'en va-t-en guerre…

Qui donc pourra lui succéder ? Son petit-neveu, duc d'Anjou, petit-fils de Louis XIV, ou bien son autre neveu, Charles, fils de l'empereur Léopold Ier d'Autriche ? Charles II d'Espagne meurt à trente-huit ans, le 1er novembre 1700. La lecture de son testament fait l'effet d'une bombe : alors qu'on espérait qu'il laisserait la voie libre à un partage de l'Empire entre ses neveux et quelques autres puissances, c'est le duc d'Anjou qui l'emporte et devient roi d'Espagne. Louis XIV accepte ce testament et décide que son petit-fils ne renoncera pas à ses droits sur la couronne de France ! Aussitôt, les puissances européennes se liguent contre la France. La voici engagée de nouveau dans la guerre ! La France est d'abord victorieuse, mais elle rencontrera sur son chemin l'Anglais Marlborough qui s'en va en guerre – c'est bien lui, celui de la chanson, mironton, mironton, mirontaine ! Marlborough – John Churchill, l'ancêtre de Winston…

LE SAVIEZ-VOUS ?

Mironton, mironton, mirontaine

John Churchill, duc de Marlborough, juge bon de quitter le service du roi Jacques II, détrôné par son gendre, pour celui de Guillaume d'Orange, le nouveau souverain d'Angleterre. Marlborough va consacrer toute son énergie à se battre contre la France. À la bataille de Malpaquet, le 11 septembre1709, le bruit court qu'il est mort. Dès le lendemain, les Français, ayant appris qu'il est sain et sauf, composent, malgré tout, une chanson où ils l'enterrent, lui dressant ainsi, pour les siècles qui suivent, une sorte de stèle musicale en forme de comptine, mélange de malice et d'irrévérence.

Le point sur tous les fronts

Espagne, nord de la France, Italie, Louis XIV doit faire face sur tous les fronts :

- Sur le front espagnol, deux événements importants servent les coalisés en Espagne : Charles III, le fils de l'empereur Léopold s'implante à Barcelone, il menace directement Philippe d'Anjou ; le Portugal abandonne la France et s'allie aux Anglais. Ceux-ci profitent de leur présence au sud de l'Espagne pour s'emparer de Gibraltar, le 25 juillet 1704 – rocher qu'ils ne lâcheront plus. Puis ils prennent Minorque, envahissent la Sardaigne. Les voilà maîtres de la Méditerranée !
- Sur le front nord en France, Lille capitule en 1708. Marlborough ravage la Flandre.
- Sur le front italien, rien ne va plus : les Français sont contraints d'évacuer les positions qu'ils occupent.

27 avril 1709 : des conditions inacceptables

La situation est presque désespérée pour Louis XIV qui est contraint de demander la paix. Le 27 avril 1709, les alliés lui dictent des conditions inacceptables : envoyer en Espagne des troupes afin de chasser son petit-fils, et abandonner Lille, Toul et Verdun ! Le roi répond alors : « J'aime mieux continuer à faire la guerre à mes ennemis plutôt qu'à mes enfants ! »

Les Français touchés par le vieux roi

Mais l'argent manque, et l'armée se dépeuple ! Tout est-il perdu ? Louis XIV va-t-il devoir accepter, malgré tout, les conditions humiliantes qu'on veut lui imposer ? Non : le vieux roi lance un appel pathétique à ses sujets. Le 12 juin 1709, il leur écrit une lettre lue dans toutes les églises, elle est si touchante que des milliers de jeunes gens volent au secours de leur souverain en péril : ils s'enrôlent dans l'armée.

Malpaquet, 30 000 morts, pour qui la victoire ?

Le 11 septembre 1709, les troupes françaises rencontrent à Malpaquet, dans le Nord, celles de Marlborough et du prince Eugène de Savoie – prince au service de l'Autriche. Les coalisés alignent 110 000 hommes ; les Français, 70 000 ! La bataille acharnée se déroule au corps à corps, à la baïonnette. Finalement, le maréchal de Villars qui commande les troupes françaises décide le repli en bon ordre. Marlborough semble se contenter de l'affaire, car il ne poursuit pas la bataille. La victoire est donc indécise. Le nombre de morts, lui, est très important : 10 000 du côté français, 20 000 du côté des coalisés. Cependant, l'avantage de cette bataille va à la France qui a mis en échec l'avance de ses ennemis.

Utrecht, Rastadt, 1713 : une paix honorable, mais plus de sous !

Front espagnol : en 1710, Charles III s'est emparé de Madrid, en a chassé Philippe V. Pas pour longtemps : Louis XIV envoie à son secours Louis-Joseph de Bourbon, duc de Vendôme, le meilleur chef de guerre qu'il ait jamais eu à son service. Il remporte, à Villaviciosa, au nord-est de Madrid, une victoire qui permet à Philippe V d'être désormais assuré de son trône. Front nord : en juillet 1712, le prince Eugène marche sur Paris ; le maréchal de Villars décide, malgré son infériorité numérique, de lui barrer la route. Il se lance avec ses cinquante-deux bataillons contre les lignes du prince et parvient à les rompre, à la baïonnette, sous un feu nourri ! La France est sauvée, encore une fois. Toutes ces victoires permettent au roi de France de négocier la paix dans de bonnes conditions. D'abord à Utrecht en Hollande, le 11 avril 1713, puis à Rastadt en Allemagne :

- Philippe V conserve le trône d'Espagne et les colonies américaines.
- Les Pays-Bas, le Milanais, la Sardaigne et Naples deviennent des possessions autrichiennes.
- L'Angleterre conserve Minorque et Gibraltar.
- La France doit détruire les fortifications de Dunkerque.
- Elle renonce à l'Acadie, à Terre-Neuve, au commerce dans la baie d'Hudson, à l'île antillaise de Saint-Christophe.
- Les Provinces-Unies obtiennent le droit de tenir garnison dans plusieurs villes des Pays-Bas afin de constituer une barrière défensive au cas où il prendrait encore à la France l'envie de les envahir.

Bilan de ces treize années de guerre :

Qu'en est-il des frontières de la France ? Et si on se penchait sur les caisses du royaume…

- Les Bourbons demeurent installées en Espagne.
- La France est intacte, mais considérablement affaiblie sur le plan européen.
- L'économie des Provinces-Unies est presque ruinée.
- L'Angleterre est la grande triomphatrice de cette guerre.
- Les caisses du royaume de France sont non seulement vides, mais le produit de l'impôt pour plusieurs années à venir est déjà dépensé !

LE SAVIEZ-VOUS ?

1711 : on rase le Port-Royal de la « Petite pimbêche ! »

L'homme est un être malfaisant, égoïste, orgueilleux. Ses actions n'ont qu'un seul but : la recherche du plaisir concupiscent. Il est sous le pouvoir de Satan. Mais il existe des hommes justes que Dieu décide de sauver en leur accordant sa grâce. Attention, cette grâce qui transforme le cœur de pierre en cœur de chair, qui libère de l'amour-propre et porte à faire le bien en toute occasion, peut à tout moment être retirée !

Cette théorie bien pessimiste de saint Augustin est encore assombrie par Jansenius, l'évêque d'Ypres, qui écrit en 1636 l'*Augustinus*, ouvrage publié en 1640, après sa mort, et qui est immédiatement adopté par Port-Royal – rappelez-vous la journée du guichet ! Les jésuites qui voient en l'homme, certes un pécheur, mais aussi un être capable de se prendre en main, d'agir, condamnent ceux qui partagent les idées de Jansenius, et qu'ils appellent les jansénistes.

Ceux-ci ont fondé les Petites écoles de Port-Royal où un enseignement fondé sur de nouvelles méthodes est dispensé. On y applique des méthodes douces, pas de punitions corporelles – ce qui n'est pas le cas chez les jésuites ! Un élève de ces Petites écoles va devenir célèbre : Jean Racine. Port-Royal aura d'ardents défenseurs. Blaise Pascal, par exemple.

Mais Louis XIV n'aime pas Port-Royal qui manifeste trop d'indépendance d'esprit. Il y envoie l'archevêque Hardouin de Péréfixe. Sa mission : faire signer aux religieuses cinq propositions condamnant le jansénisme. Hardouin le demande d'abord poliment. Refus ! Il l'exige. Nouveau refus ! Il se met en colère, traite la supérieure de « petite pimbêche ! »... La petite pimbêche ne veut rien entendre ! Refus définitif ! Des religieuses « pures comme des anges mais orgueilleuses comme Lucifer... », dira-t-il plus tard. Persécutées, placées sous la tutelle des jésuites leurs ennemis, privées de sacrements, elles seront dispersées, et l'abbaye de Port-Royal-des-Champs sera rasée en 1711.

1711 à 1715 : les deuils et la fin du grand roi

La maladie était redoutable au temps de Louis XIV. Plus redoutables encore étaient les médecins et leurs remèdes : dans sa pièce *Le Malade imaginaire*, Molière fait dire à Argan : « Presque tous les hommes meurent de leurs remèdes et non pas de leurs maladies. » Les médecins de Louis XIV, au nombre de quarante-quatre, se succèdent au chevet des malades illustres, essayant chacun un remède miracle. La plupart de leurs illustres patients n'y survivront pas…

Son fils, sa belle-fille, ses petits-fils ; l'hiver…

La part divine du grand roi va être sollicitée, ébranlée par des deuils qui, sans doute, eussent été évités aujourd'hui, mais qui, à l'époque, suivaient de près la bonne volonté acharnée des médecins si bien décrits par Molière…

1711 : la mort du Grand Dauphin

En 1711, le fils du roi, le Grand Dauphin, celui qui devait lui succéder, meurt de la petite vérole – la variole. C'est une perte immense pour le royaume, le futur roi s'annonçant un esprit ouvert et éclairé. Le fils du Grand Dauphin – petit-fils de Louis XIV – le duc de Bourgogne, devenu dauphin à son tour, s'effraie de devoir un jour régner. Il considère que faire la guerre, c'est pratiquer le brigandage. Fénelon, son précepteur, tente de lui ôter de l'esprit cette vision de son futur métier de roi. Il lui écrit un roman à clés : *Les Aventures de Télémaque*, où le souverain idéal est décrit – Louis XIV l'interprétera comme une violente critique de sa politique.

1712 : « Princesse aujourd'hui, demain rien… »

Vains efforts pour Fénelon : une épidémie de rougeole sévit de nouveau en février 1712. La jeune dauphine, duchesse de Bourgogne – épouse du dauphin, duc de Bourgogne –, charmante et vive, que Louis XIV aime beaucoup, s'alite d'abord le 5 février ; elle est atteinte d'une forte fièvre et souffre de violents maux de tête. Les médecins la saignent abondamment jusqu'au 12 février. Ce jour-là, on l'entend prononcer ces paroles : « Princesse aujourd'hui, demain rien, dans deux jours oubliée ! » ; puis elle meurt, à vingt-sept ans. Au lendemain de la mort de sa femme, le dauphin s'alite pour ne plus se relever. Il expire le 19 février. Le 22 février, ils sont tous les deux enterrés, conduits à Saint-Denis dans la même voiture. Le roi est profondément atteint par la cruauté de ces événements. Il n'en a pourtant pas terminé !

Des médecins acharnés…

Le 28 février 1712, le fils du duc et de la duchesse de Bourgogne qui viennent de disparaître, le petit duc de Bretagne âgé de cinq ans, est à son tour atteint de la rougeole pourprée qui a emporté ses parents. Il en meurt le 8 mars. Il est surtout victime des neuf médecins qui se sont acharnés sur lui, ont pratiqué quantité de saignées, lui ont fait boire des émétiques – pour le faire vomir. Son petit frère qui a deux ans est sauvé par sa nourrice : elle s'oppose catégoriquement aux médecins venus le soigner… Elle l'emmène à la campagne, le garde au chaud. Il guérit. C'est le futur Louis XV, arrière-petit-fils du grand roi. Après tous ces deuils, Louis XIV confie à Philippe d'Orléans, son neveu : « Par tous ces deuils, Dieu me punit, lui dit-il, et si Dieu me punit, c'est que je l'ai bien mérité ! »

1687 à 1717 : un petit âge glaciaire

Des fagots de bois pour étrennes ! C'est ce qui s'offre en janvier 1715 ! L'hiver est sibérien, la Seine est complètement gelée. C'est une sorte de répétition du terrible hiver de l'année 1709 qui lui-même reprenait en l'augmentant celui de 1694 – année de la naissance de Voltaire. Pendant trente ans, de 1687 à 1717, l'Europe connaît un petit âge glaciaire. Les étés sont pluvieux, les hivers extrêmement rigoureux.

Le courrier et son cheval dévorés par les loups

Pendant l'hiver 1709, la mer s'est transformée en banquise le long des côtes ; le roi Louis XIV qui ne craint pourtant pas les intempéries est même resté au coin de son feu ; le sol a gelé à soixante-dix centimètres de profondeur. Tout a été perdu : les céréales, les arbres fruitiers, les vignes. Le gibier est mort de froid, les loups se sont attaqués aux hommes. Ainsi, le courrier d'Alençon et son cheval ont été découverts dévorés par une meute de loups affamés ! Il aurait fallu acheter du blé à l'étranger ! Du blé, mais comment le payer ? Les caisses du royaume sont vides, en permanence, car la guerre épuise le budget ! Louis XIV a décidé alors de faire fondre sa vaisselle d'or, imité par plusieurs grands seigneurs. 1709 a marqué les mémoires ! Et maintenant 1715 ! Quand donc les malheurs cesseront-ils de s'abattre sur la pauvre France ruinée ?

Louis le Grand face à la mort

Louis XIV va livrer sa dernière bataille ; la mort prend son temps avant de l'emporter au matin du premier jour de septembre 1715, après cinquante-quatre années d'un règne sans partage.

25 août 1715 : le roi perd connaissance

Fatigué ! Le roi descend de cheval en faisant la grimace ! Ce 10 août 1715, il ressent une violente douleur dans la jambe gauche. Fagon, son premier médecin, Boudin, son médecin ordinaire, Mareschal, son premier chirurgien, et Biot, son apothicaire, diagnostiquent une sciatique. Mais bientôt, des taches brunes apparaissent : c'est la gangrène sénile qui se déclare ! Elle évolue rapidement. Le 25 août, jour de la Saint-Louis, il veut célébrer comme à l'accoutumée sa fête. À ses médecins inquiets, il dit : « J'ai vécu parmi les gens de ma cour, je veux mourir parmi eux ! », mais lorsque les vingt-quatre violons font leur entrée au cours de son dîner, Louis, le grand Louis perd connaissance ! Cela dure quinze minutes. Lorsqu'il revient à lui, Louis se sait perdu, il demande l'extrême-onction.

« J'ai trop aimé la guerre »

Le cardinal de Rohan lui donne les derniers sacrements. Le roi est persuadé qu'il va mourir dans la nuit ; aussi, il fait ses adieux – très dignes – à ceux qui l'entourent et qui pleurent. Le lendemain matin, il est presque fringant ! Pas pour longtemps, la maladie continue de progresser, mais il demeure lucide. On lui amène le futur Louis XV. L'enfant de cinq ans regarde avec curiosité et crainte cet arrière-grand-père qui lui dit : « Mignon, vous allez devenir le plus grand roi du monde ! J'ai trop aimé la guerre, ne m'imitez pas en cela, non plus que dans les grandes dépenses. Prenez conseil en toutes choses. Soulagez vos peuples, et faites ce que j'ai eu le malheur de ne pouvoir faire moi-même. »

« M'aviez-vous cru immortel ? »

Le 27 août, la cour de nouveau est rassemblée autour de Louis XIV. Et c'est une nouvelle fois des adieux déchirants, l'émotion est à son comble quand le royal moribond lâche cette phrase majestueuse : « Messieurs, je m'en vais, mais l'État demeurera toujours ! » Ses serviteurs sont affligés et versent beaucoup de larmes. Louis XIV a pour eux cette autre phrase demeurée dans l'histoire : « Est-ce que vous m'aviez cru immortel ? » Bien ! Mais la mort ne vient toujours pas ! Le roi se porte mieux, il mange avec appétit de petits biscuits. On prend des paris : jusqu'à quand va-t-il tenir ? Le vendredi 30 août au soir, le roi semble inconscient. Le 31, la gangrène a atteint la cuisse, la jambe est dans un état de décomposition avancée. Le 31 au soir, l'agonie commence. Au début de la nuit, on entend le roi dire : « Oh, mon Dieu ! Venez à mon aide ! Hâtez-vous de me secourir ! »

« Dieu seul est grand ! »

Dieu attendra le lendemain, dimanche 1er septembre, à huit heures un quart du matin, pour délester le plus grand roi du monde de son corps misérable. Afin de remettre à sa place l'image de l'homme de chair et de sang, un peu décalée par ce roi trop persuadé qu'il possédait une part divine, l'évêque et prédicateur Jean-Baptiste Massillon commença son oraison funèbre par un très ferme : « Dieu seul est grand ! »

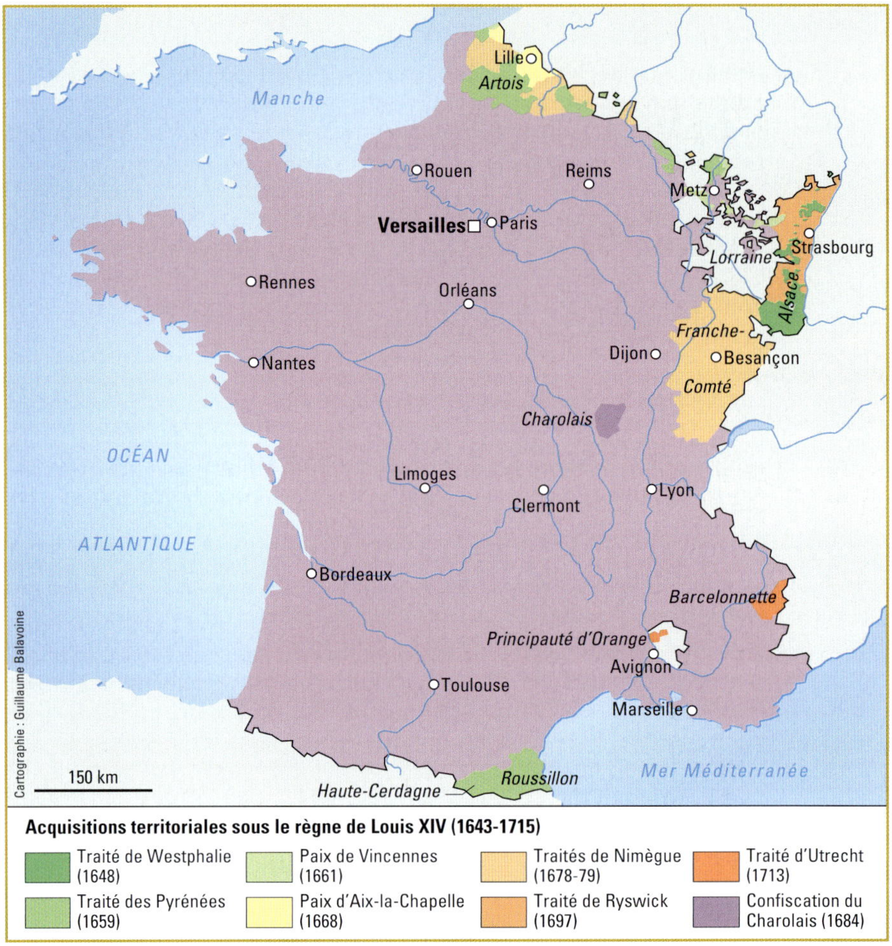

La France à la mort de Louis XIV.

Chapitre 12

1715 à 1789 : Les Lumières du XVIIIe siècle

Dans ce chapitre :

- Suivez toutes les étapes d'un des plus grands krachs financiers de l'histoire
- Observez et analysez l'énigmatique Louis XV, ses guerres et ses femmes
- Comprenez les hésitations de Louis XVI dans la première partie de son règne

Le régent qui gouverne à la place du petit roi Louis XV tente de faire face à une situation financière catastrophique. C'est John Law qui va l'en sortir en proposant, contre l'or qu'on lui prête, du papier. L'opération est un succès pour les caisses du royaume – mais la ruine pour les petits porteurs, comme d'habitude… Louis XV va ensuite s'efforcer de gouverner avec un Parlement opposé à toute réforme portant atteinte aux privilèges des fortunés. La France semble figée dans ses habitudes séculaires : guerres de succession, frasques amoureuses de son souverain. Ainsi vont se succéder la guerre de succession de Pologne, la guerre de succession d'Autriche et la guerre de Sept Ans. Ainsi la Jeanne Poisson, marquise de Pompadour, va remplacer la duchesse de Châteauroux, puis être remplacée elle-même par Jeanne Bécu la comtesse du Barry. Mais le faible – ou trop humain – Louis XVI, ultime rempart d'une société qui n'en peut plus de ses inégalités, va céder en tout, jusqu'à en mourir !

Philippe d'Orléans : un régent habile et viveur

Le régent Philippe d'Orléans va s'employer à trouver de quoi combler le déficit abyssal laissé par Louis XIV ; John Law va l'aider dans cette entreprise en ruinant de nombreux petits – ou grands et gros – porteurs… En politique, Philippe d'Orléans se montre un habile constructeur de paix, et il serait injuste de ne conserver de lui que l'image du bambocheur complaisamment décrite par une certaine veine historique.

1716 à 1720 : Law, un krach !

Pour remplir des caisses vides, il suffit d'aller chercher l'argent où il se trouve, c'est-à-dire chez les particuliers fortunés, et si possible de ne pas le leur rendre. Comment réaliser ce tour de force quand on ne dispose pas d'Arsène Lupin ? On s'adjoint l'aide d'un aventurier écossais : John Law…

Une catastrophe !

Plus qu'une catastrophe, c'est un désastre : les finances du royaume sont tellement délabrées que c'est la banqueroute qui devient la plus vraisemblable des perspectives ! L'État serait déclaré en faillite ! Plus de deux années d'impôts sont déjà dépensées. Le remboursement annuel de la dette excède largement les recettes fiscales. De plus, la politique financière menée dans les années du règne de Louis XIV a contribué à l'évasion des capitaux vers la Hollande ou l'Angleterre.

Mai 1716 : John Law, le joueur…

Que faire ? Bien sûr, on tente de réaliser des économies en réduisant les pensions, en taxant quelques grosses fortunes, en emprisonnant quelques spéculateurs, en exposant au pilori quelques fripouilles, mais ce qui rentre dans les caisses représente une misère au regard du gouffre ! C'est alors que surgit John Law, fils d'un orfèvre d'Edimbourg. Il a été obligé de s'expatrier à la suite d'un duel où il a tué son adversaire. C'est un aventurier de la finance, joueur invétéré, qui propose au Régent de faire de la France le royaume le plus riche d'Europe. Il suffit d'appliquer le système qu'il a inventé. Cela sent bien sûr le charlatan, mais au point où la France en est, pourquoi ne pas tenter d'appliquer la recette miracle ?

Des pièces incommodes

La pensée de Law est simple : la richesse d'un pays, c'est le commerce. Pour que le commerce soit prospère, il faut que la monnaie existe en abondance et qu'elle circule rapidement de main en main, de portefeuille en portefeuille. De quoi dispose-t-on en France jusqu'à présent comme moyen de paiement ? D'or et d'argent, des pièces incommodes, difficiles à transporter, gênantes dans les poches ou qui nécessitent l'emploi de cassettes ou de coffres, tout cela lambinant à loisir dans les circuits commerciaux alors que les transactions sont faites.

Fabriquer de l'or avec du papier

Quelle est la solution ? La monnaie de papier ! Voilà l'avenir ! Et qui va l'émettre ? L'État qui garantira sa valeur sur l'or et l'argent drainés de partout qui, eux, ne bougeront plus, sauf si on veut les récupérer ; cela ne posera aucun problème puisque l'État lui-même, ayant fait des affaires avec ces métaux précieux, en aura augmenté la quantité. Prudent, le Régent permet à Law de créer une banque privée développant son système. Elle ouvre en 1716. C'est un succès considérable. Tout le monde y trouve son compte : les prêteurs qui peuvent récupérer leur or quand ils le veulent ou les emprunteurs qui, pour faire du commerce, y trouvent un taux d'intérêt de 5 % alors qu'il grimpait auparavant à 30 % !

1718 : le paradis sur terre

Le Régent se dit que, finalement, le système Law pourrait bien régler le problème des finances du royaume. En 1718, la banque Law est reconnue banque d'État. Oui, mais… Il faut que l'État fasse des affaires. Où et comment ? Rien de plus simple répond Law : nous allons partir pour les terres lointaines, des paradis sur terre, des lieux de rêve où les récoltes se font trois fois par an, où on trouve de l'or, de l'argent. Tout cela permettra de donner aux milliers d'épargnants, qui ne manqueront pas de faire l'acquisition d'actions, de substantiels bénéfices ! Soit. Les actions sont émises et grimpent vertigineusement. La rue Quincampoix où se trouve l'établissement émetteur des actions est quotidiennement prise d'assaut. Des fortunes s'y font, d'autres s'y perdent : tel riche bourgeois maladroit en affaires se retrouve au service de sa cuisinière dont les petites recettes pour spéculer ont garni le portefeuille !

Du paradis à l'enfer

Oui, mais… L'essentiel demeure à faire : peupler ces terres lointaines de Français qui vont retrousser leurs manches afin que soient récoltés denrées ou métaux précieux. Et on ne se bouscule pas sur les navires en partance. En partance pour quel paradis ? Pour la Louisiane notamment – essentiellement –, la plus riche terre de l'univers, annonce-t-on aux actionnaires dont les yeux brillent comme des diamants ! Mais le regard des pionniers qui y arrivent est bien triste d'avoir si longtemps voyagé pour découvrir de magnifiques plages, sans doute, mais un climat auquel ils ne s'habituent pas et qui devient, pour eux, un enfer. Ils fuient vers le Mexique ou la Nouvelle Angleterre. Alors, on y envoie des détenus de droit commun, des vagabonds, des déserteurs, des contrebandiers, des galériens. La peine de mort est même commuée en voyage pour la Louisiane ! Des femmes emprisonnées dans des maisons de force pour des raisons multiples, notamment celle qu'on imagine, débarquent aussi au paradis. Puis viennent des orphelines élevées par des religieuses, pourvues d'un trousseau appelé la cassette – les hommes se battent pour les épouser, elles et leur cassette !

5 janvier 1720 : Law contrôleur général des Finances

La Louisiane ! Elle demeure un pays hostile aux nouveaux arrivants. C'est plus tard qu'on prendra conscience du magnifique espace agricole qu'elle offre, du paradis qu'elle est si on sait l'aimer ! En attendant, bien que Law ait été nommé contrôleur général des Finances le 5 janvier 1720, son système s'enlise dans les rêves qu'il a proposés, et le cauchemar va commencer. Le coup d'envoi est donné par deux Grands : le duc de Bourbon et le prince de

Conti, amis des frères Pâris que le système gênait furieusement parce qu'il allait remplacer la ferme générale, perceptrice des impôts et génératrice d'énormes bénéfices. Les deux Grands qui ont engagé une fortune dans le système afin de spéculer réclament du jour au lendemain le remboursement en or de leurs billets.

Juin 1720 : c'est la panique !

Aussitôt, en juin 1720, le bruit se répand que les princes ne font plus confiance à Law : la spéculation part à la baisse, de façon effrénée. Devenu contrôleur général des Finances, Law prend des mesures radicales : il interdit la possession d'or aux particuliers ! C'est la panique : tout le monde veut récupérer son métal précieux et sûr. Les petits porteurs de billets se ruent aux guichets, on se bouscule, on s'étouffe, quatre personnes y laissent la vie. Pendant ce temps, tranquillement, on déménage par une porte secrète des tonnes d'or qui sont entassées dans les carrosses du duc de Bourbon qui attend sagement leur retour, chez lui !

La ruine des uns pour le bonheur des autres

Le cours des actions de la Compagnie des Indes – qui rassemblait celle de Louisiane, des Indes, et autres terres promises du commerce – tombe à 20 livres. Certaines s'étaient négociées à 20 000 livres ! C'est la déroute, la banqueroute ! Law est exilé en Italie où il meurt en 1729. L'État français a fait quant à lui une excellente affaire en laissant le champ libre à Law :

- Les trois quarts de la dette publique sont résorbés !
- Beaucoup de petits débiteurs ont pu régler leur dette avec du papier.
- De nouvelles terres sont exploitées, les prix à la production augmentent.
- Le commerce et l'industrie ont bénéficié d'un coup de pouce inespéré.
- Des routes, des ponts, des canaux sont construits, les villes s'embellissent.
- On découvre enfin le charme de la Louisiane où des plantations de riz, de tabac et de maïs sont florissantes, la Nouvelle-Orléans est construite.
- Le port de Lorient (l'Orient) pousse comme un champignon qu'a fertilisé la Compagnie des Indes…

En revanche beaucoup de familles qui avaient tout investi dans les produits miracles de l'Écossais en fuite sont ruinées à jamais, beaucoup de communautés religieuses aussi qui apprirent ainsi que boursicoter est un vilain défaut !

Le Régent et la rumeur

Porté au pouvoir à la mort de Louis XIV, le Régent traîne depuis près de trois siècles une réputation sulfureuse, réputation qui occulte ses réelles qualités avec lesquelles vous allez faire connaissance. Vous allez suivre aussi ses tentatives pour obtenir la paix, au moyen d'alliances les plus inattendues.

Champagne !

Qu'il en a fait couler de l'encre, le régent ! Que n'a-t-on pas dit de lui ! Quelles fantasmes ou fantasmagories ne se sont développés avec de gourmandes complaisances voyeuristes autour des soirées débraillées qui eurent lieu en sa présence, avec sa caution, sa participation ! Ce qui a été raconté comporte une grande part de vérité : les dîners fins suivis de parties fines dans une atmosphère surchauffée au nouveau vin que vient de mettre au point dom Pérignon : le champagne. Mais il n'y a rien de neuf ! Sauf le lieu et la façon : de Versailles, la cour est venue s'installer au Palais-Royal ; de clandestines, les orgies sont devenues publiques.

Au temps du surveillant général...

En effet, à Versailles, surtout dans la dernière partie du règne de Louis XIV, l'oisiveté a produit les mêmes conséquences sur les mœurs des courtisans que celles dont il est question lorsqu'on parle du Régent Philippe d'Orléans. Mais, à Versailles, le surveillant général Louis, encouragé par sa dévote Madame Quatorze, pouvait tout voir, et tout savoir. Alors s'ajoutaient à la turpitude les délices du clandestin et de l'interdit. On peut même dire que les fêtes orgiaques du Palais-Royal délivraient sans doute moins de saveur, moins d'intensité voluptueuse que celles du règne précédent. Il n'en reste pas moins qu'elles eurent lieu, sous les yeux des Parisiens, et puisque – c'est Villon qui le dit – il n'est bon bec que de Paris, tout fut dit !

Triste contredanse !

Trois semaines après la mort du roi, Philippe d'Orléans fait ouvrir l'opéra au public, au Palais-Royal. Un grand bal y a lieu trois fois par semaine. Pour une somme dérisoire, tout le monde peut y venir danser de dix heures du soir à quatre heures du matin ! On y voit souvent le Régent qui devient très populaire, avant que la postérité ne lui joue une triste contredanse !

Philippe d'Orléans : paix, justice et liberté

Pourtant, le Régent n'est pas (n'est pas que... diront ses adversaires) cette espèce de paillard ivre et lubrique qui se vautre en éructant, dans le stupre. L'histoire l'a bien malmené ! C'est un homme d'une grande intelligence, fort cultivé, doué en musique au point de composer habilement toutes sortes de pièces. Il est passionné par les arts, par les sciences. Il possède même un laboratoire de chimie – il sera, à cause de cette curiosité scientifique, accusé de sorcellerie ! Il est épris de liberté, de justice et de paix.

Louis était jaloux de Philippe...

Parce que Louis XIV se méfiait de lui, et savait qu'il pouvait devenir aimé et populaire, il l'avait envoyé faire la guerre. Philippe d'Orléans y fit preuve de dons si remarquables que le monarque en prit ombrage. Quoi ? Un Orléans pourrait lui voler la vedette ? Jamais de la vie ! Et Philippe d'obéir, de quitter l'armée qu'on lui interdit. Amer, il développe une philosophie du plaisir, liée à celle du scepticisme. Il est trop clairvoyant pour espérer mieux de ceux qui entourent le roi de leurs lâchetés complices. Amoureux de la paix – il avait fait la guerre en s'efforçant toujours d'épargner les vies –, il va décider des alliances qui vont la garantir pour plus de vingt-cinq années, même si ces alliances paraissent, à l'époque, dès qu'elles sont connues, inattendues !

La politique du cardinal Dubois

Le cardinal Dubois va assister et conseiller le Régent en attendant que Louis XV gouverne. Les résultats qu'il obtient tant à l'extérieur qu'à l'intérieur ramènent la paix dans le royaume.

Des alliances avec les ennemis d'hier

Philippe d'Orléans décide de se rapprocher de l'Angleterre, l'ennemie, en 1716. En 1717, l'autre ennemie, la Hollande, devient une alliée. Et en 1718, c'est l'empereur d'Autriche qui se joint à l'alliance ! Ainsi, au cas où Philippe V d'Espagne revendique ses droits à la couronne de France – le petit Louis XV est de santé si fragile... –, il trouvera à qui parler ! Mais l'Espagne, en 1721, se rapproche de la France. C'est toute l'Europe qui semble décidée enfin à vivre en paix ! Cette réussite est l'œuvre du fils d'un apothicaire de Brive : Guillaume Dubois, ancien précepteur du Régent qui l'a conservé à ses côtés. L'abbé Dubois devient Premier ministre en 1722. À l'intérieur du pays, le Régent prend le contre-pied de la politique de Louis XIV : l'édit du 15 septembre 1715, deux semaines après la mort du roi, rend au Parlement son droit de remontrance, un droit qu'il va largement utiliser jusqu'en 1789.

L'incurie des grands aristocrates

Contenue par Louis XIV, la haute aristocratie est rétablie dans ses fonctions dès 1715 par le Régent. Frustrée du pouvoir depuis des décennies, elle est tout heureuse de se retrouver répartie en sept conseils qui siègent deux fois par semaine. Chacun de ces conseils a été substitué à un ministre ; c'est ce qu'on appelle à l'époque la polysynodie. Mais les grands aristocrates se montrent peu assidus au travail, ils désertent les conseils et préfèrent chasser ou pratiquer d'autres distractions ! Tout le travail revient aux magistrats, au point que la polysynodie est supprimée en 1718. Les ducs et pairs, la haute aristocratie ont suffisamment montré leur incompétence, et leur incurie ! Les secrétaires d'État sont rétablis dans leurs fonctions.

UNE ANECDOTE

Pontcallec, Couëdic, Talhouët, Montlouis : décapités

Tout est prévu pour que Philippe V d'Espagne ne vienne pas rôder autour du trône de France, à moins que des comploteurs... Justement : l'ambassadeur d'Espagne, Cellamare, à qui le bouillant Premier ministre espagnol Alberoni – inspiré par les jésuites – a demandé de renverser le Régent, rencontre le duc du Maine. Celui-ci n'est autre que le bâtard de Louis XIV et de sa maîtresse, Madame de Montespan, selon le vœu de Louis XIV, ce fils pouvait devenir roi de France ! Les jésuites et Cellamare disposent donc de ce roi potentiel. Ils se disent alors qu'il serait intéressant d'allumer un foyer de révolte en Bretagne, les Espagnols pourraient y débarquer en quantité suffisante pour mener la sédition, et supprimer le Régent. Ils entrent en contact avec le marquis de Pontcallec, les comtes du Couëdic, de Talhouët et de Montlouis, afin de conduire à son terme le projet. Mais l'affaire est éventée et, le 29 septembre 1719, les conjurés bretons sont arrêtés dans le Morbihan. Le 26 mars 1721, place du Bouffay, à Nantes, ils sont décapités. Le duc de Maine, pour sa peine, subira un an d'emprisonnement dans la forteresse de Doullens. Cellamare retournera en Espagne. Et les jésuites ne seront pas inquiétés...

Des pierres contre le carrosse !

Les parlementaires, quant à eux, ne cessent de reprocher au Régent de favoriser les Grands, ils commencent à agiter en sous-main les Parisiens. Ceux-ci couvrent souvent d'injures et de projectiles son carrosse, si bien que le 15 juin 1722 il décide que la cour va regagner Versailles. Le 16 février 1723, Louis XV, dont la santé s'est finalement affermie, est déclaré majeur. Il a treize ans, et demande au Régent et à l'abbé Dubois de continuer à l'assister. Ce qu'ils font, bien sûr, mais pas pour longtemps : Dubois meurt le 10 août, à soixante-sept ans, d'un abcès à la vessie, et Philippe d'Orléans le suit, le 2 décembre, à quarante-neuf ans, emporté par une attaque d'apoplexie.

LE SAVIEZ-VOUS ?

Remontrance au roi

Le droit de remontrance est le droit, pour le Parlement, de signifier au roi que la décision qu'il a décidé de prendre comporte des inconvénients et qu'il serait bon de l'examiner de nouveau, voire d'y renoncer. Le roi peut tenir compte de la remontrance, ou bien passer outre et avoir recours au lit de justice, petite assemblée où le roi dicte lui-même sa volonté et la fait mettre en application. Louis XIV limite le droit de remontrance au point de le supprimer : en effet, ce droit ne peut être utilisé par les parlements qu'après son enregistrement ! Dès la mort de Louis XIV, le droit de remontrance est accordé de nouveau à des parlements – de Paris et province – qui vont s'en servir pour limiter le pouvoir absolu.

Louis XV, le bien-aimé

Le Régent laisse la place au roi. Un roi qui va d'abord combler son royaume, puis s'en faire détester. Voyons comment…

Il faut marier le roi !

Le petit roi est de santé tellement fragile dans les années qui suivent la mort de son arrière-grand-père Louis XIV qu'on pense davantage à lui trouver un successeur qu'une épouse. On lui dresse cependant une liste de cent prétendantes…

Un Orléans sur le trône de France ?

Inquiet, très inquiet, Louis-Henri IV de Bourbon-Condé, fils aîné de Louis III de Condé et de Louise-Françoise, fille de Louis XIV et de Madame de Montespan. Inquiet, Louis-Henri – nouveau Premier ministre – parce que le roi Louis XV a été fiancé à onze ans, en 1721, à l'infante espagnole, Marie-Anne Victoire, fille du roi Philippe V, et cela parce que les deux royaumes ont décidé de restaurer de bonnes relations. Mais la fiancée n'a que trois ans ! Dans le meilleur des cas – toutes les filles ne s'appellent pas Françoise de Foix –, la future reine ne donnera d'héritier mâle que dans une bonne douzaine d'années, cela peut même demander vingt ans ! Et si Louis XV n'a pas d'héritier, s'il disparaît, c'est un Orléans qui monte sur le trône !

Février 1725 : « Sitôt guéri, sitôt marié ! »

Un Orléans sur le trône de France ? Louis-Henri IV de Bourbon-Condé ne peut l'imaginer ! Louis-Henri qu'on appelle le duc de Bourbon est immensément riche. Homme sans grâce, violent et borgne, c'est lui qui, pendant que la foule des spéculateurs tentait de récupérer en s'étouffant, les miettes du système Law, attendait tranquillement chez lui qu'arrivent les pleins carrosses d'or passés par une porte discrète. Marier Louis XV sans tarder, à une femme qui puisse enfanter immédiatement ! C'est ce qu'il a décidé de faire. L'affaire est d'autant plus urgente que le roi est fréquemment malade, il s'épuise à la chasse et, souvent, perd connaissance. En février 1725, on pense même qu'il va mourir. À son chevet, le duc de Bourbon ne cesse de répéter, à voix basse : « Sitôt guéri, sitôt marié ! »

Marie Leszczynska, l'élue

Cent noms sont présentés au duc par son secrétaire d'État aux Affaires étrangères, Morville. Il en élimine quatre-vingt-douze : pas assez riches, pas assez âgées, trop âgées, calvinistes… Enfin apparaît l'élue : la fille du roi détrôné de Pologne, Stanislas Leszczynski : Marie Leszczynska. Aussitôt, un courrier à cheval galope à bride abattue jusqu'à Wissembourg en Alsace où vit Stanislas depuis qu'il a été déposé en 1709, entretenant une petite cour grâce à l'argent du Régent et du duc de Lorraine. Aussitôt qu'il ouvre la dépêche, Stanislas la lit, pâlit et s'évanouit ! Son bonheur est total ! Marie, la future reine, fille unique de Stanislas, est née le 23 juin 1703. Elle a sept ans de plus que Louis XV.

5 septembre 1725 : sept preuves de tendresse…

Le 4 septembre 1725, à Fontainebleau, le roi rencontre Marie pour la première fois. Le lendemain a lieu la bénédiction nuptiale que donne le cardinal de Rohan, une cérémonie magnifique où l'on voit s'avancer la jeune épousée à la tête du cortège, dans un manteau de velours violet, semé de fleurs de lys qui étincellent ; la traîne mesure plus de dix mètres ! Un grand festin est donné ensuite, au cours duquel on joue *Le Médecin malgré lui* de Molière. Vers dix heures du soir, le couple se retire, et dans une intimité toute relative – des témoins oculaires et auriculaires ne sont pas loin afin de pouvoir attester de l'union –, il peut commencer avec entrain sa nuit de noce. *Entrain* est le mot adapté puisque le jeune roi confie le lendemain au duc de Bourbon qu'il a donné sept preuves de tendresse à Marie. Une honnête moyenne…

Fleury et Orry équilibrent le budget

Le mariage passé, Louis XV se montre très agacé par la collaboration étroite entre le duc de Bourbon et les Pâris-Duverney qui ont si bien travaillé à la ruine du système Law. Il le disgracie. Celui qui va désormais faire la politique de la France se nomme le cardinal de Fleury, fils d'un petit receveur d'impôts, évêque de Fréjus, qui ne prendra jamais le titre de Premier ministre, mais dont l'influence sera toujours déterminante au sein des conseils. Il nomme Philibert Orry – pour qui un sou est un sou – contrôleur général des Finances ; en quinze ans, il va assainir le budget qui, pour la première fois depuis 1671, est équilibré en 1738 !

1738 : en passant par la Lorraine, avec Stanislas…

Et pourtant, Fleury n'a pu lui éviter la guerre de succession de Pologne, commencée en 1733 et qui a duré cinq ans : la France, l'Espagne, la Sardaigne et la Bavière se sont opposées à la Russie et à l'Autriche à propos de la succession d'Auguste II, roi de Pologne. L'Autriche et la Russie proposent Auguste III, fils du défunt, la France soutient Stanislas Leszczynski qui, retourné sous un déguisement dans son pays, est reconnu et acclamé par le peuple. Élu par la diète de Varsovie, il est bientôt assiégé par Auguste III. Il attend des renforts de Louis XV, de tout petits renforts qui le forcent à sa retirer à Dantzig. La paix est signée le 18 novembre 1738 à Vienne : Auguste III est roi de Pologne ; à Stanislas – qui mourra à quatre-vingt-neuf ans en 1766, brûlé dans sa cheminée – revient le duché de Lorraine dont héritera Marie Leszczynska, c'est-à-dire la France…

LE SAVIEZ-VOUS ?

Bien-aimé

Après avoir arraché à la coalition austro-anglaise Cambrai, Lille, Maubeuge et Ypres, pendant la guerre de succession d'Autriche, Louis XV séjourne à Metz le 10 août 1744. Qui l'accompagne dans ses pérégrinations guerrières ? La reine ? Non, sa maîtresse, la duchesse Marie-Anne de Châteauroux. Depuis le 8 août, Louis XV ne se sent pas bien : il est fébrile, souffre de violentes migraines. Il ne dort plus. Ses médecins La Peyronie, Marcot, Chicoyneau, Casteras et Dumoulin rassemblent leurs savantes connaissances pour décider de pratiquer… une saignée, comme d'habitude ! Mais l'état du roi empire. Le royaume tout entier va se mettre en prière. Les Français aiment ce roi qui leur paraît humain, à leur mesure, courageux. Le 11 août, le roi est au plus mal, mais il est bien gardé par sa maîtresse qui interdit qu'on l'approche.

Monseigneur Fitz-James refuse alors de donner au roi les derniers sacrements : le roi doit se séparer de sa maîtresse ; celle qui doit être là si le mourant expire, c'est la reine – qu'on est allé chercher d'urgence à Versailles. La maîtresse part, son carrosse est criblé de jets de pierre, d'œufs et de fruits pourris – on l'accuse de la maladie du roi ! La reine est en route ! C'est à ce moment que l'image de Louis XV va être ternie dans l'histoire, davantage que dans le royaume. En effet, le parti dévot exige du roi une confession publique qui va être lue dans toutes les églises, une confession où Louis avoue ses fautes. L'effet escompté est mitigé : la surprise passée, le peuple n'en veut pas longtemps à son souverain (personne n'ignore que derrière les dévots se cache le Parlement qui n'a qu'un intérêt : discréditer le roi par tous les moyens).

Le 17 août, la reine arrive à Metz, le roi implore son pardon. Le 18, la fièvre diminue, le 19, il se lève. La France déborde de joie en apprenant que son roi, le « Bien-aimé » – adjectif composé pour l'occasion par un poète – est guéri ou presque. Le 9 septembre, il coiffe sa perruque et tient son conseil. Quelques jours plus tard, il est à cheval à la tête de ses armées. Le temps de l'allégresse passé, le roi devenu vieux, des Français se rappelleront la confession du souverain qui perdra son titre de Bien-aimé, au point qu'à sa mort, en 1774, on n'osera pas lui faire des funérailles publiques.

Autriche, Espagne : deux guerres pour rien

Louis XV va conduire deux guerres dont il ne tirera aucun bénéfice. En revanche, la tragédie de l'Acadie, engendrée par la guerre de Sept Ans, va être fatale aux colons français.

1740 à 1748 : la guerre de succession d'Autriche…

En 1740, l'empereur Charles VI d'Autriche, roi de Bohème et de Hongrie, meurt après avoir légué par testament l'ensemble de ses États à sa fille aînée Marie-Thérèse, épouse de François V, duc de Lorraine. Marie-Thérèse, une femme ! Une femme sur le trône jusque-là occupé par un homme ? Jamais de la vie ! L'héritage est immédiatement revendiqué par plusieurs électeurs de l'Empire, par le roi d'Espagne, et, sur l'insistance du duc de Belle-Isle – petit-fils de Nicolas Fouquet – par la France ! Pendant huit ans, de 1740 à 1748, l'Europe va ainsi se transformer en un gigantesque champ de bataille ! Non seulement l'Europe, mais aussi les Indes et les colonies. C'est le premier conflit qui pourrait être qualifié de mondial – ce ne sera hélas pas le dernier !

...pour le roi de Prusse !

La France a pour alliées la Prusse, la Bavière, la Saxe et l'Espagne, et pour ennemies l'Autriche et l'Angleterre. La grande bénéficiaire de cette opération de longue durée sera la Prusse qui gagne la Silésie. Marie-Thérèse d'Autriche fait élire son mari François de Lorraine empereur germanique. En vingt-neuf ans de mariage, ce couple prolifique aura seize enfants, dont le futur empereur d'Autriche Joseph II et Marie-Antoinette, reine de France… La France, après avoir caracolé sur les champs de bataille durant les huit années de guerre, et même envahi les Provinces-Unies, avec le maréchal de Saxe – militaire jouisseur et violent, fils naturel de Frédéric II, le roi de Pologne, et peut-être arrière-grand-père de… George Sand – ne conservera, au traité d'Aix-la-Chapelle en 1748, aucun de ses avantages acquis. Ainsi a-t-elle travaillé pour le roi de Prusse !

UNE BATAILLE

Fontenoy : « Messieurs les Anglais, tirez les premiers ! »

En 1744, les territoires belges appartenant à la Maison d'Autriche sont envahis par les forces françaises. Les troupes du roi assiègent la ville de Tournai qu'une armée hollandaise, britannique, et autrichienne vient secourir. Elle arrive en vue des Français le 9 mai 1745. La bataille va se dérouler à quelques kilomètres au sud-est de la ville de Tournai. Le maréchal de Saxe et Louis XV commandent les troupes françaises. Les troupes adverses sont placées sous le commandement du duc de Cumberland. La bataille commence le 11 mai 1745, à cinq heures du matin. Les Hollandais qui sortent d'une légère brume face à Fontenoy sont d'abord repoussés, mais Cumberland tente de percer les lignes françaises, vers onze heures du matin. C'est à ce moment que le comte d'Anteroches, s'adressant aux adversaires britanniques, leur aurait crié : « Messieurs les Anglais, tirez les premiers ! » Et c'est ce qu'ils font, les Anglais, avec une redoutable efficacité : ils couchent le tiers des effectifs français de première ligne, parvenant à effectuer une percée qui pourrait les conduire vers la victoire ! Mais les troupes du maréchal de Saxe forment immédiatement une contre-attaque d'une efficacité redoutable. À deux heures de l'après-midi, la victoire est acquise pour le camp français.

1756 à 1763 : la guerre de Sept Ans, sept ans de malheur

La Silésie ! Marie-Thérèse d'Autriche ne peut se faire à l'idée d'avoir perdu cette partie de son empire. Elle veut la récupérer. Évidemment, la Prusse qui en est nouvelle propriétaire va s'y opposer, elle va demander de l'aide à l'Angleterre toute contente de trouver l'occasion d'affronter la France, alliée de l'Autriche qu'elle avait combattue ! Toutes les forces de la France vont être monopolisées par les affrontements en Europe, alors que, pendant ce temps, ses colonies sont démantelées. Cet effet correspond exactement à ce que souhaitaient les colons d'Amérique, gênés dans leur commerce par l'Empire colonial français ! Tantôt vainqueurs, tantôt vaincus, Frédéric II, les Français et les Autrichiens, épuisés, déposent les armes en 1763. La France se rend compte alors des pertes irrémédiables subies dans son Empire colonial. Voyons ce qui s'est passé…

La tragédie acadienne

La France est présente notamment au Canada, en Inde. À l'issue de la guerre de Sept Ans, elle ne le sera plus, ou presque plus. Cela commence dès juillet 1755 : les Anglais à qui était revenue, au traité d'Utrecht en 1713, l'Acadie – aujourd'hui la Nouvelle-Écosse située au nord-est du Canada – décident d'en expulser les habitants d'origine française. La présence de ceux-ci, descendants de Tourangeaux établis au début du XVIIe siècle, était tolérée depuis 1713, les Anglais se contentant d'occuper les ports acadiens afin d'y effectuer leur commerce. Les Anglais se disent que si la guerre éclate contre la France, des troupes françaises viendront tenter de récupérer l'Acadie, et les descendants de Tourangeaux n'accepteront jamais de se battre contre leurs frères ! Leur déportation est décidée.

Le Grand Dérangement

C'est alors que commence le Grand Dérangement, 15 000 Acadiens sont déportés vers les colonies du sud, la Nouvelle-Angleterre notamment, dans la région de Boston. Ce peuple paisible qui a mis en valeur pendant plus d'un siècle les territoires de l'Acadie en est dépossédé du jour au lendemain. Il est poursuivi, traqué. Certains parviennent à fuir, à se cacher dans les forêts. Les Anglais massacrent, pillent et tuent en Acadie. Les biens, les cheptels, les récoltes, tout est confisqué au profit de la Couronne britannique.

Morts de chagrin, de misère

Plus de 7 000 Acadiens sont déportés par bateau vers les colonies anglaises d'Amérique : 300 à New York, 2 000 au Massachusetts, 500 en Pennsylvanie, 700 au Connecticut, 1 200 en Virginie, 1 000 au Maryland, 500 en Caroline du Nord, 500 en Caroline du Sud et 400 en Géorgie. Mal acceptés, décimés, leurs familles démembrées, leurs enfants enlevés pour en faire de bons protestants, les survivants s'enfuient vers la Louisiane où ils vont former la colonie des Cajuns (déformation d'Acadiens). En 1765, soixante-dix-huit familles acadiennes furent dirigées vers Belle-Île-en-Mer que l'Angleterre venait de restituer à la France. À cette époque, l'île presque inhabitée appartenait à Louis XV qui s'était ému du sort tragique des Acadiens. Chaque famille devint propriétaire d'une concession située dans une des quatre paroisses de l'île. Une majorité d'entre eux décida cependant, en 1785, de s'embarquer vers la Louisiane avec l'espoir de retrouver là-bas des parents déportés. Trente années de souffrance s'achevaient pour les Acadiens. Beaucoup d'entre eux, pendant ces trente années, moururent de chagrin et de misère.

Québec aux mains des Anglais

En Inde, le 23 juin 1757, les Anglais s'assurent la domination du Bengale. Le 17 février 1759, ils battent le Français Lally-Tollendal devant Madras. En août, la marine française est vaincue à Lagos, au large du Portugal. Au Canada, le 13 septembre est un jour noir pour les Français : l'Anglais Wolfe s'empare du plateau d'Abraham qui domine la ville de Québec. Sans attendre les renforts, Montcalm, à la tête des troupes françaises, attaque Wolfe. Wolfe est tué au cours du combat. Montcalm aussi. Les Anglais repoussent les Français dans la ville de Québec. Pierre de Rigaud de Cavagnol, marquis de Vaudreuil, gouverneur de la ville, en ordonne l'évacuation et signe la capitulation.

Montréal capitule

Les troupes anglaises qui rassemblent 11 000 hommes commandés par le général Jeffery Amherst s'avancent vers Montréal. Le chevalier de Lévis à la tête de 2 400 soldats français s'apprête à leur faire face, mais le marquis de Vaudreuil lui ordonne de se rendre sans combat afin de préserver la vie des habitants – cet acte lui vaudra l'embastillement à son retour en France. La capitulation de Montréal est signée le 8 septembre 1760. Après la conquête anglaise, les membres de la noblesse française retournent en France. Les Écossais, attirés par le commerce de la fourrure, et des loyalistes fuyant la Révolution américaine, s'installent dans la ville où leurs descendants peuplent aujourd'hui le quartier de Westmount.

Le temps des traités

Le temps des guerres terminé, vient celui des traités ; la France n'y gagne rien, l'Angleterre rafle la mise…

10 février 1763 : Adieu l'Ohio, les Grenadines…

Sept ans de guerre vont trouver leur épilogue le 10 février 1763, à la signature du traité de Paris dont l'Angleterre sort grande bénéficiaire :

- Choiseul, le protégé de Madame de Pompadour, qui joue le rôle de Premier ministre, cède aux Anglais le Canada, les îles du Cap-Breton, les îles du Saint-Laurent, les colonies américaines, la vallée de l'Ohio, la rive gauche du Mississipi, la Dominique, Grenade et les îles Grenadines, l'île de Minorque…
- L'ouest de la Louisiane est donné par la France à l'Espagne qui cède la Floride aux Anglais.
- Aux Indes, cinq comptoirs demeurent français : Pondichéry, Karikal, Yanaon, Chandernagor, Mahé.

1768 : bonjour, la Corse !

UNE DATE À RETENIR

Occupée par les Génois depuis le XIIIe siècle, la Corse est divisée en de multiples clans qui s'unissent de temps en temps pour lutter contre cet occupant qu'ils ne parviennent pas à chasser. En 1729, ne pouvant plus entretenir des forces d'occupation en Corse, la république de Gênes demande à Louis XV d'y envoyer des troupes. Les troupes s'installent à Bastia, Ajaccio, Calvi, Bonifacio. Elles y demeurent des années, jusqu'en 1768 où Choiseul va demander à la république de Gênes de payer l'aide qu'elle a reçue. Elle paie cette aide… en livrant l'île à la France. Un an plus tard, le 15 août, à Ajaccio, l'un des garçons nés ce jour-là reçoit, de sa mère Laetitia Ramolino, le prénom de Napoléon…

LE SAVIEZ-VOUS ?

Parmentier et la pomme de terre

Antoine-Augustin Parmentier né le 12 août 1737 à Montdidier, et devenu garçon apothicaire, participe à la guerre de Sept Ans. Il est fait prisonnier en Prusse. On lui sert de la nourriture pour les cochons : de la bouillie de pommes de terre. Il trouve cela excellent et n'aura de cesse que cette nourriture soit acceptée en France, ce qui sera fait en 1785, de la façon que voici : Parmentier a fait ensemencer la plaine des Sablons (près des Champs-Élysées) avec des pommes de terre. La troupe garde jour et nuit le champ où poussent les légumes. Le peuple qui répugne à consommer la pomme de terre – Diderot, dans l'Encyclopédie, n'a-t-il pas affirmé qu'elle donnait la gale – se dit que si la garde interdit l'approche de la culture en cours, c'est qu'elle doit être précieuse !

Lorsque les pommes de terre sont parvenues à maturité, Parmentier demande que la garde de nuit soit abandonnée. Dès la première nuit, des voleurs viennent déterrer les tubercules et les consomment. Ils les trouvent excellents et répandent la nouvelle ! Parmentier a gagné sa bataille ! En 1800, Bonaparte le fera premier pharmacien des armées. Parmentier est un touche à tout génial qui préconise la vaccination contre la variole dans les rangs de la Grande Armée, qui jette les bases de disciplines modernes comme l'œnologie, l'agrobiologie, etc. Il n'a qu'un objectif : améliorer la vie de ses semblables. Mais son action n'est pas reconnue à sa juste valeur de son vivant. Ce champion du tubercule meurt à soixante-seize ans, de la tuberculose, ses dernières années marquées par de nombreuses difficultés et déceptions. Si son nom n'est pas gravé, comme il l'eût mérité, sur l'Arc de Triomphe, au moins peut-on le trouver dans le métro. Parmentier possède sa station, sur la ligne 3, entre République et Père Lachaise, sous terre, en ce lieu où naissent et croissent ses chères pommes de terre.

Louis XV et ses femmes

Autant que l'exercice du pouvoir, les femmes ont constitué pour Louis XV une passion sans limite, au point que la postérité conserve de lui l'image d'un consommateur effréné d'innombrables nymphes, ou de femmes mûres dont il accepte de suivre les conseils et qui font sa politique. Image déformée sans doute, comme toutes les images, mais qui contient une part de vérité.

De la constance à l'inconstance

D'abord époux fidèle, Louis XV, en bon Bourbon, va laisser le gène de la dynastie développer son programme d'infidélités conjugales…

« Toujours coucher, toujours accoucher ! »

Huit ans ! Pendant huit ans, Louis XV est resté – presque – fidèle à la reine Marie Lescszynska. S'il lui a donné sept preuves de tendresse la nuit de ses noces, sept ans plus tard, Marie est mère de sept enfants. Elle n'en peut plus. D'ailleurs elle dira elle-même : « Toujours coucher, toujours grosse, toujours accoucher ! » Aussi, lorsque Louis XV prend une maîtresse, la reine aura ces mots, en privé : « Puisqu'il en faut une, pourquoi pas celle-là ! »

Louise programme Pauline : erreur fatale

UNE ANECDOTE

Celle-là s'appelle Louise-Julie, elle a le même âge que le roi, vingt-trois ans. Mariée à seize ans au comte de Mailly qui ne s'occupe guère d'elle, elle est devenue dame d'honneur de Marie. Elle est follement éprise du roi. Leur histoire d'abord clandestine va éclater au grand jour en mai 1737 pour son plus grand bonheur. En 1738, elle est installée dans un appartement voisin de celui du roi qui va dîner publiquement chez elle. Louise, pour distraire son royal amant, lui présente sa sœur Pauline le 22 septembre de la même année. Erreur fatale : Louis XV déprogramme Louise de son cœur pour y installer Pauline ! Mais Pauline meurt en 1741, en mettant au monde un fils du roi.

La belle histoire de Jeanne Poisson

Jeanne Poisson, devenue Madame de Pompadour, va acquérir peu à peu le statut de presque reine de France.

Ce jour-là, le roi chassait en forêt de Sénart…

UN PORTRAIT

Louise console Louis et – deuxième erreur fatale – lui présente la quatrième de ses sœurs : Marie-Anne ; elle tombe dans les bras du roi, et fait chasser Louise qui quitte le château en pleurant ! En novembre 1742, Marie-Anne devient aux yeux de la cour la nouvelle maîtresse du roi. Mais elle meurt d'une congestion pulmonaire, le 7 décembre 1744. Depuis l'été 1743, le roi, qui chasse en forêt de Sénart, a remarqué une cavalière altière mais au regard de velours, son allure est tout simplement royale ! Il s'agit de Jeanne-Antoinette Poisson, fille de François Poisson, commis des banquiers Pâris. Son père, à la suite d'une mauvaise affaire, a dû s'exiler. Elle a reçu une excellente éducation. Sa mère a réussi à s'établir à Paris grâce à un important héritage.

Figure 12-1 : Madame de Pompadour, d'après une peinture de François Boucher.

Un arbre tombe amoureux de Diane

À vingt ans, Jeanne la splendide est mariée à Guillaume Lenormand d'Étioles. Ce n'est pas un mariage d'amour, mais Jeanne tente de rendre son mari heureux en lui donnant deux enfants. Elle a vingt-deux ans lorsque le roi la rencontre en forêt de Sénart. Elle a vingt-quatre ans lorsqu'au cours d'un bal masqué, le 26 février 1745 – elle est déguisée en Diane, il est déguisé en arbre (un if) –, on remarque que Louis ne se sépare pas d'elle. Trois jours plus tard, elle se donne à lui. La suite, on l'imagine : le mari mécontent est écarté, la divorcée ravie est faite marquise. Désormais, Jeanne Poisson s'appelle la marquise de Pompadour !

Il faut supprimer le Parlement !

Il semble que les relations du roi et de la marquise ne demeurèrent pas longtemps celles d'un amant et d'une maîtresse malmenés par leurs sens. La marquise devient celle en qui le roi met sa confiance. Elle prend sur lui un ascendant considérable qui contrarie à l'extrême le Parlement, si engagé dans une lutte incessante contre le pouvoir absolu, un Parlement qui sent son pouvoir menacé. La marquise envisage même, tant la lutte est féroce entre les conseillers du roi et les parlementaires, de supprimer le Parlement, tout simplement !

La marquise de Pompadour découvre un jeune compositeur

ARTS, CULTURE ET SCIENCES

Habituée par sa mère à la fréquentation des artistes, Jeanne-Antoinette aime s'entourer des esprits les plus brillants de l'époque, qu'elle encourage et protège. Voltaire, en 1734, avait, par ses écrits, fortement déplu au roi. Jeanne-Antoinette les réconcilie en 1744 et obtient à l'auteur des *Lettres philosophiques* la charge d'historiographe et de gentilhomme de la Chambre ! Elle fait la connaissance d'un jeune compositeur qui recopie de la musique pour vivre. Il s'appelle Jean-Jacques Rousseau… – oui, oui, l'auteur de la *Nouvelle Héloïse*, des *Confessions*, etc. Il lui présente son opéra : *Le Devin de village*. Elle l'apprécie et le fait jouer en 1752. Les peintres Quentin Latour, Nattier, Van Loo multiplient ses portraits parce qu'elle adore se voir représentée. Elle passe des commandes à l'architecte Gabriel, aux peintres Boucher et La Tour, au graveur Cochin, à l'ébéniste Œben, au sculpteur Pigalle.

UNE ANECDOTE

L'interminable exécution de Damiens

« Je n'en reviendrai pas, allez me chercher un confesseur ! » Ainsi parle Louis XV alors qu'il vient d'être atteint d'un coup de stylet de huit centimètres au sein, entre la troisième et la quatrième côte. Il perd beaucoup de sang. On a dit que la blessure était insignifiante. Pas tant que cela, et si le roi n'avait été couvert de plusieurs épaisseurs d'étoffes à cause du froid, il est à peu près certain que le cœur aurait été atteint.

Ce 5 janvier 1757, le roi est venu de Trianon à Versailles pour rendre visite à Victoire, sa fille malade – Madame Cinquième, car, à la cour, on a numéroté les filles du couple royal, Victoire est la cinquième fille. Il fait nuit, il fait froid, et malgré la double haie de gardes qui va du haut de l'escalier au carrosse qui attend portière ouverte, Robert-François Damiens, l'assassin, va tenter son mauvais coup en bousculant deux gardes. Aussitôt arrêté, il est interrogé sous la torture, on chauffe des pincettes, on lui brûle les pieds et les tendons d'Achille (c'est la coutume à l'époque…). Il affirme avoir agi seul. Évidemment, il va être condamné à mort.

Le 28 mars 1757, il subit le même supplice que celui de Ravaillac (vous pouvez aller en relire la description…). L'écartèlement est effectué, sous les yeux d'une foule innombrable, en place de Grève, foule qui compte un nombre impressionnant de femmes dont les yeux ne se détourneront jamais du spectacle alors que beaucoup d'hommes ont tourné les talons ! Mais les chevaux sont trop vifs, ce jour-là, et les deux qui sont attachés aux jambes s'en vont rejoindre leurs compagnons attachés, eux, aux bras. La situation – qui dure une heure et demie – est telle que le bourreau demande à ses aides de démembrer au couteau le régicide qui se retrouve alors à l'état de tronc, toujours vivant, et conscient ! Les aides jettent alors le tout dans le bûcher, et c'en est enfin fini de Damiens ! Ceci se passait à Paris, tout près de l'Hôtel de Ville, il y a deux siècles et demi…

La marquise à l'Élysée !

La marquise de Pompadour achète et transforme l'hôtel que fit construire en 1718 le comte d'Évreux. Cet hôtel porte actuellement le nom de Palais de l'Élysée… Sur une idée du financier Pâris-Duverney, son protégé, elle fonde l'École militaire –construite par Gabriel – pour les cadets de famille sans fortune, école qui comptera parmi ses élèves, en 1784, un certain Napoléon Buonaparte ! Mais comment fait-elle Jeanne-Antoinette pour demeurer ainsi dans la faveur du roi, pour mener comme elle l'entend ses entreprises ? Elle a compris, Jeanne, qui est son royal amant : un homme attachant, sans doute, étrange, irrésistible certes, mais sans caractère, un indécis. C'est un faible qui est victime de fréquentes crises de mélancolie, ou bien il se laisse aller à de violentes colères. Il ne déteste rien tant que la compagnie. L'idéal pour lui, c'est une table d'une douzaine de personnes, pas plus. Et lorsqu'il arrive dans une pièce, il demande qu'on ne se lève pas, qu'on ne fasse point de cérémonie autour de sa personne.

Les biches du Parc-aux-Cerfs

UNE ANECDOTE

Et puis surtout, Louis XV est un Bourbon. Et la plupart des Bourbons, depuis Henri IV, le Vert-Galant, adorent les femmes, et collectionne les aventures amoureuses. La marquise de Pompadour le sait mieux que personne, mais elle ne peut satisfaire à elle seule l'insatiable Louis, d'autant plus que deux maladies sournoises et rampantes rongent ses forces : tuberculose et salpingite. Alors, pour conserver toute son influence, toute son emprise sur le monarque, elle va faire aménager dans le quartier de la cathédrale, à Versailles, au lieu-dit le Parc-aux-Cerfs – parce que Louis XIII y élevait des cerfs et des daims –, une garçonnière où Louis reçoit en toute tranquillité et clandestinité des filles du peuple, du monde ou du demi-monde, fraîches et disponibles, dont l'âge se situe entre quinze et dix-huit ans.

UN PORTRAIT

Le Bien-aimé à l'étrange bravoure

Étrange, oui, Louis XV l'est : il est fasciné par la mort, il parle souvent de la sienne ; on se rappellera longtemps son comportement à Fontenoy où il va le cœur joyeux, se plaçant sur un plateau pour observer la bataille. Celle-ci se rapproche, dangereusement, met sa vie en danger. Les boulets tombent autour de lui – tout près, même – il ne bouge pas ! Étonnante bravoure ! Le maréchal de Saxe lui-même est obligé d'envoyer des estafettes pour le ramener dans une zone plus sûre ! En revenant, de passage à Reims, le peuple qui l'adore – malgré l'affaire de Metz – crie « Vive le roi », et le roi se lève en lançant un vibrant « Vive mon peuple ! » Le Bien-aimé ne l'est pas sans raison : il a tout fait pour instaurer une imposition égalitaire, évidemment repoussée par les riches parlementaires. Passionné par la physiocratie, il crée les chambres d'agriculture chargées de diffuser dans le royaume les nouvelles techniques de culture, il crée les écoles vétérinaires. Il développe une industrialisation à la française. Son règne personnel dure cinquante et un ans. Voltaire, le révolutionnaire avant la lettre, qui aimait beaucoup Louis XV, a écrit ceci : « Si Dieu envoyait sur terre un ministre de sa volonté céleste pour réprimer nos abus, il commencerait par faire ce qu'a fait Louis XV. »

La mort de Jeanne Poisson

Rien d'extraordinaire dans cette surconsommation de jouvencelles, que ce soit à cette époque – Louis XV est largement battu au nombre de conquêtes par Casanova… – ou à notre époque, il se trouve toujours suffisamment de candidats pour établir ce genre de records ; mais le séducteur du Parc-aux-Cerfs est roi de France : les révolutionnaires de 1789 sauront épingler ses dérives amoureuses pour dégrader l'image de la monarchie absolue. Jeanne Poisson, marquise de Pompadour, dont les poumons sont fragiles, est atteinte d'une congestion pulmonaire au début de mars 1764. Elle en meurt le dimanche 15 avril, à Versailles.

Enfin, Jeanne Bécu vint…

Entre Louis XV et Jeanne Bécu, comtesse du Barry, trente-trois ans de différence, mais une entente et une complicité de tous les instants – Jeanne, dernière actrice des frasques royales de l'Ancien Régime, sera sacrifiée sur l'autel de la Révolution.

« Je suis frite ! »

Le roi et sa maîtresse s'occupent agréablement pendant que le café chauffe. Soudain, il déborde : « La France ! Ton café fout le camp ! » Jeanne Bécu, celle que Louis XV fit comtesse du Barry, a-t-elle vraiment prononcé cette phrase qui lui convient pourtant à merveille ? C'est sans doute pour cette raison qu'on la lui prête ! Il est certain en revanche qu'elle dit, un soir où elle venait de perdre une grosse somme à la table de jeu : « Je suis frite ! », ce qui lui attira l'immédiate répartie d'un courtisan qui soulignait ainsi les origines modestes et populaires de la comtesse : « Vous devez vous y connaître, Madame ! »

Prostituée de luxe

La comtesse du Barry est née Jeanne Bécu. C'est la fille naturelle d'un moine et d'une couturière aux nombreux amants. Dès l'âge de quinze ans, Jeanne séduit tous ceux qui l'approchent. Elle devient la maîtresse de Jean du Barry qui renfloue ses finances en la prostituant – dans les bulletins des inspecteurs de police de l'époque, elle figure à la rubrique « prostituées de luxe ». Trois ans plus tard, elle est présentée à Louis XV qui va la marier au frère complaisant du proxénète du Barry, afin de la faire comtesse ! Elle s'installe à Versailles en 1768, quatre ans après la mort de l'autre Jeanne, marquise de Pompadour. Elle a vingt-cinq ans, et son amant de roi en a cinquante-huit. Elle va jouer malgré elle un rôle politique : Choiseul s'étant ouvertement déclaré son ennemi, elle le fait renvoyer et remplacer par un de ses intimes, le duc d'Aiguillon. Le roi lui offre le château de Louveciennes, tout près de Marly. Elle y vivra jusqu'en 1774, année de la mort du roi.

Jeanne Bécu condamnée à mort

Elle continuera d'y vivre avec son nouvel amant, le duc de Cossé-Brissac. En 1791, on lui vole dans son château des bijoux dont la valeur actuelle est estimée à soixante millions d'euros ! Elle publie un avis promettant une récompense à qui les retrouvera – publiant du même coup l'état de sa fortune ! Ils sont découverts à Londres où elle fait plusieurs voyages pour les récupérer. Mais qui dit voyage à Londres au temps de la Révolution sous-entend aide aux émigrés ! Jeanne Bécu est arrêtée, condamnée à mort.

« Encore un moment, monsieur le bourreau ! »

Le récit de Charles-Henri Sanson, le bourreau qui l'exécuta le 8 décembre 1793, montre une femme alourdie par l'embonpoint, terrifiée à l'idée d'être décapitée. Secouée d'incessants sanglots, elle le supplie : « Pas tout de suite ! Encore un moment, monsieur le bourreau, encore un moment, je vous en prie ! » Pendant trois minutes, les quatre aides de Sanson vont avoir fort à faire pour la maîtriser et l'installer sur la planche basculante. Elle hurle. Le peuple, dont elle est issue, se tait. Puis c'est le grand silence. Le condamné suivant, un certain Jean-Baptiste Noël, député des Vosges, demande à Sanson : « Avez-vous bien essuyé le couteau ? Il ne convient pas que le sang d'un républicain comme moi soit mêlé à celui d'une prostituée ! »

Pendant ce temps chez nos voisins américains

En 1774, les colons américains se révoltent contre l'Angleterre. À Philadelphie, les représentants des treize colonies anglaises révoltées rédigent la déclaration des Droits. En 1775, la guerre des Insurgents – les révoltés – commence contre les Anglais. George Washington est nommé général en chef des Insurgents par le Congrès. Le 4 juillet 1776, le Congrès américain vote la déclaration d'Indépendance des États-Unis. En 1787, la constitution américaine est votée. George Washington devient président des États-Unis en 1789 –, il meurt en 1799. De 1801 à 1809, sous la présidence de Jefferson, la conquête de l'Ouest commence par l'achat de la Louisiane à la France.

Les remontrances du Parlement : un goût de révolution

Politiquement, Louis XV tente des réformes, mais les parlementaires ne cessent d'user du droit de remontrance. Quel est donc leur intérêt pour agir ainsi ?

Le chahuteur La Chalotais

Le Parlement ! Pour Louis XV, voilà l'ennemi. Depuis que le Régent lui a accordé le droit de remontrance, le Parlement ne cesse d'en user et d'en abuser, bloquant volontairement des réformes fort utiles, notamment fiscales, et qui eussent sans doute atténué le phénomène révolutionnaire. Il faut dire que ces réformes fiscales, si elles avaient été appliquées, n'auraient guère arrangé les affaires des parlementaires eux-mêmes, dont la majorité était composée de riches propriétaires fonciers ! L'obstruction aux décisions de Louis XV est donc systématique. Le magistrat Louis-René de Caradeuc de la Chalotais, par exemple, à Rennes, entraîne, en 1763, toute la noblesse bretonne dans la défense des privilèges locaux, cela contre le représentant du roi, le jeune duc d'Aiguillon.

Des lettres anonymes

La Chalotais est un voltairien – dont Voltaire lui-même dit qu'il écrit avec un cure-dents trempé dans du vinaigre… Ayant agi efficacement pour l'expulsion des jésuites en 1764, le député breton s'enhardit : il envoie au roi des lettres anonymes qui critiquent le pouvoir absolu. Mais, découvert ou dénoncé, il est incarcéré à Saint-Malo, en attendant de comparaître devant un tribunal. Mais qui va le juger ? Les Parlements refusent de le faire et font en quelque sorte la grève ! La Chalotais est alors libéré.

1771 : le coup de majesté

Aussitôt, La Chalotais décide le Parlement de Rennes à faire un procès au duc d'Aiguillon. Le Parlement de Paris se joint à celui de Rennes dans la contestation du pouvoir absolu, à travers Aiguillon. Le roi s'obstine. La mesure est pleine, il décide un coup de force, un « coup de majesté » : en 1771, il ordonne que soient démantelés les Parlements, et qu'ils soient remplacés par six cours supérieures devenant seulement des cours d'appel. Le rôle politique du Parlement est ainsi supprimé, les parlementaires deviennent l'équivalent de simples fonctionnaires.

L'éphémère révolution royale

La Chalotais et beaucoup d'autres parlementaires sont exilés. Derrière cette révolution, on trouve un *triumvirat* fort efficace composé du chancelier Maupéou, de l'abbé de Terray, contrôleur général, et du duc d'Aiguillon. La révolution royale ne durera pas. Louis XV meurt de la petite vérole – la variole – en 1774. Son petit-fils Louis XVI, sur le conseil de ses tantes, rappelle le comte de Maurepas que leur père avait disgracié. Maurepas rappelle et rétablit tous les parlementaires. La Chalotais qui, dans son essai sur l'éducation nationale, fustigeait les méthodes des jésuites – il y niait notamment la valeur pédagogique de l'enseignement du latin, conseillant de le remplacer par les langues vivantes – effectue un retour triomphal !

Les jésuites expulsés : adieu la Compagnie !

La Chalotais n'est pas le seul critique de la Compagnie de Jésus. La vieille querelle entre l'esprit janséniste, frileux et figé, et son contraire, l'esprit jésuitique, va connaître un épilogue qui fait l'effet d'une bombe en 1764 : les jésuites sont expulsés du royaume de France. C'est le duc de Choiseul qui est à l'origine de cette décision. Il l'a prise afin de s'acquérir la sympathie des Parlements qui se méfient de ces jésuites banquiers, capables de les menacer dans leur sécurité foncière…

Riche comme Crésus, la Compagnie de Jésus !

« Innocents de tout ce que les Parlements disent contre eux, coupables de ce qu'ils ne disent pas, condamnés à être lapidés avec les pierres de Port-Royal » Décodons un peu ce qu'écrit Voltaire – s'il accuse plaisamment La Chalotais d'écrire avec un cure-dents trempé dans du vinaigre, lui, François-Marie Arouet (Arouet le jeune, Arouet L.I. dont il a fait l'anagramme Voltaire), trempe son stylet dans l'acide. Coupables de ce qu'ils ne disent pas, les jésuites ? Sans doute : ce qu'ils ne disent pas n'est guère avouable ou publiable. Il se trouve qu'ils sont devenus de véritables banquiers – des remplaçants, en quelque sorte, de l'ancien ordre des Templiers que Philippe IV le Bel détruisit ! Les jésuites inspirent confiance, on leur confie de partout des sommes considérables. Habiles à gérer les biens dont ils sont dépositaires, ils accroissent de façon exponentielle leurs richesses propres.

Choiseul exilé

Le duc de Choiseul (1719 - 1785) bénéficie pendant douze ans de la confiance totale du roi Louis XV. Il en devient en quelque sorte le Premier ministre. Auteur d'une coûteuse réforme de l'armée, il prépare une éventuelle revanche contre l'Angleterre en s'alliant à l'Espagne – le traité de 1763 ayant ruiné l'Empire colonial français. Il rend possible l'intervention de la France dans la guerre d'indépendance américaine. Cherchant à plaire à tout le monde plutôt qu'à réformer, il pousse le roi à chasser les jésuites, au grand soulagement des Parlements. Finalement, Louis XV disgracie et exile sur ses terres de Chanteloup son ministre plus courtisan qu'efficace, et qu'il laissait gouverner les yeux fermés.

Les gallicans contre les ultramontains

L'inconvénient, c'est que les jésuites sont des ultramontains, c'est-à-dire que leur autorité suprême se situe au-delà des monts, des montagnes, à Rome puisque cette autorité, c'est le pape ! Insupportable pour le Parlement qui est plutôt janséniste et gallican – de *gallus* : gaulois, l'adjectif gallican signifiant que l'église catholique de France s'estime indépendante de l'autorité du pape qui ne peut s'empêcher de fouiller dans la poche des propriétaires fonciers afin d'y trouver quelque monnaie, quelque impôt. Louis XIV, champion de la chrétienté, avait anéanti Port-Royal et sa petite pimbêche ; le Parlement, sous Louis XV, réhabilite l'esprit janséniste, un esprit qui préfère l'immobilisme garantissant les avantages acquis, plutôt que l'imagination et les initiatives jésuitiques échappant à leur contrôle.

Un jésuite perd les jésuites

UNE ANECDOTE

L'occasion de réduire à néant l'ordre des jésuites en France va être offerte au Parlement par… un jésuite. En effet, parce que l'un des leurs, le Père de la Valette a fait de mauvaises affaires, et que sa victime le traduit en justice, le représentant du général des jésuites en France, le Père de Sacy, fit appel au Parlement pour le défendre. Il comptait sur la fidélité d'anciens élèves. Certes, les anciens élèves des jésuites ne manquaient pas au Parlement, mais ils avaient été tellement bien éduqués par les pères eux-mêmes à une certaine fourberie, à la reconnaissance toute relative des bienfaits reçus, qu'ils votèrent en masse l'expulsion de la congrégation ! En novembre 1764, après de nombreuses péripéties judiciaires, un édit royal confirme la suppression de la Compagnie de Jésus en France. Les jésuites sont dépossédés de tous leurs biens et expulsés.

LE SAVIEZ-VOUS ?

Les fabuleuses récoltes des fermiers

Comment conserver la viande quand il n'y a pas de réfrigérateur ? On la met dans de grands récipients de terre cuite bourrés de sel, qu'on appelle à l'époque des charniers. Indispensable, le sel, si on veut subsister jusqu'à la saison nouvelle ! C'est justement cette denrée dont l'État s'est réservé la vente exclusive, le sel est devenu depuis longtemps un impôt qui porte le nom de gabelle. Un impôt injuste car toutes les provinces n'y sont pas soumises de la même façon. Il y en a même qui en sont dispensées ! Cela alimente une contrebande très active : les faux-sauniers passent avant les vrais, les gabelous.

La perception de la gabelle et d'autres impôts est confiée depuis Colbert aux fermiers généraux, les ancêtres des percepteurs qui, en 1726, sont regroupés sous la forme d'une association de quarante fermiers établie à Paris. Cette association comporte quarante-deux directions provinciales qui rémunèrent plusieurs milliers de personnes. Le principe est simple : les fermiers généraux versent au roi la somme qu'il leur a été demandée – contrat établi sous la forme d'un affermage, d'un bail, de *firmus*, en latin : *convenu* –, et récupèrent ensuite cette imposition auprès des particuliers. Évidemment, ils profitent de la situation ! À la veille de la Révolution, ils versent quarante millions de livres au roi, et en prélèvent 140 millions ! Leur fortune dépasse l'imagination !

Louis XVI et la reine : « Nous régnons trop jeunes ! »

Sans doute auraient-ils fait un couple ordinaire, se contentant d'un bonheur un peu avare de sensualité et de passion, mais prodigue de tendresse, s'il n'y avait eu cette obligation de régner, d'occuper les temps les plus périlleux pour la monarchie absolue. Ils vont tenter de gouverner avec Turgot, Necker, Calonnes, Brienne, Necker encore… Jusqu'à l'ébullition de 1789.

Le mariage des différences

Louis aime l'agriculture avec passion, il adore faire bonne chère, reprendre de tous les plats ; Marie-Antoinette ne jure que par le délicat, elle pignoche, les plaisirs qu'elle recherche ne sont pas ceux de la table ; à Versailles, l'Autrichienne s'ennuie pendant que son mari chasse, et que la France souffre.

Figure 12-2 : Portrait de Louis XVI, par Adolf Ulrich Westmuller.

Louis-Auguste : un passionné de science

Vous arrivez à Versailles, en 1774. Vous demandez à rencontrer le dauphin, le futur roi Louis XVI. Où vous envoie-t-on ? À la bibliothèque où il est plongé dans la lecture de livres scientifiques ! Louis-Auguste s'intéresse à tout : les progrès techniques, l'agriculture, les arts. On peut vous envoyer aussi dans un petit atelier où il aime se détendre, un atelier de serrurerie, avec des clés, des étaux, des limes ; il vous accueille la mine réjouie et les mains sales, pleines de graisse – la future reine Marie-Antoinette le lui reproche assez ! Hâtez-vous de lui parler, il se prépare pour sa distraction favorite : la chasse ! Bientôt, il va gouverner la France.

Un temps pour se battre, un temps pour s'aimer

Que de guerres ils se sont livrées, les Bourbons et les Habsbourg ! Que de traités de paix ont été signés, et dénoncés. Maintenant, voici venu le temps de l'amour : Maria Antonia de Habsbourg, quinzième des seize enfants de Marie-Thérèse d'Autriche et de l'empereur François de Lorraine, née le 2 novembre 1755 à Vienne, épouse le 16 mai 1770 le fils du dauphin Louis-Auguste, duc de Berry, né le 23 août 1754, à Versailles. Louis-Auguste avait un frère aîné, Louis-Joseph Xavier de France, duc de Bourgogne, enfant aimé de sa mère, de son entourage, de la cour qu'il émerveillait par son savoir, son intelligence vive. Mais le petit duc de Bourgogne est mort à dix ans, de tuberculose, le 22 mars 1761. Leur père, le dauphin Louis, né en 1729, premier fils de Louis XV, est mort le 20 décembre 1765, à Fontainebleau, de tuberculose aussi. Louis-Auguste, petit-fils du roi Louis XV, est alors devenu le dauphin de France.

16 et 17 mai 1770 : cinq mille invités au mariage !

Plus de 5 000 invités assistent aux festivités du mariage, les 16 et 17 mai 1770, à Versailles. Le dîner commence à dix heures du soir, le 16 mai. Tout est somptueux, brillant, magnifique, sauf l'appétit de la dauphine : Maria-Antonia, désormais Marie-Antoinette, touche à peine à la nourriture, on ne sait trop ce qui, ou qui, lui coupe l'appétit. Le dauphin, lui, a bon appétit ! Soudain, un orage terrible éclate ! Les éclairs zèbrent le ciel. On dirait une lame bleutée, folle, cruelle. Et dans le silence, le tonnerre et son tambour lancent d'effrayants roulements.

Louis, quinze ans, Marie-Antoinette, quatorze...

L'orage se prolonge. On décide alors de ne pas tirer le feu d'artifice. Les deux jeunes gens – adolescents plutôt, Louis a quinze ans et Marie-Antoinette quatorze... – se dirigent alors vers la chambre suivie de dizaines de témoins qui pourront attester que le futur roi et la future reine ont bien été vus allongés l'un près de l'autre avant qu'on ne ferme les rideaux et qu'on les laisse seuls ou presque. Tôt, le lendemain matin, Louis part à la chasse, Marie-Antoinette s'accorde une grasse matinée. On commence déjà, à la cour, à remarquer le peu d'empressement du dauphin auprès de sa femme.

Feu d'artifice, le 30 mai 1770 : cent trente morts !

UNE ANECDOTE

Les fêtes du mariage se poursuivent jusqu'au 30 mai, jour où est tiré à Paris un grand feu d'artifice. Des centaines de milliers de Parisiens se sont approchés le plus près possible du lieu où vont partir vers le ciel les fusées : la place Louis XV, l'actuelle place de la Concorde. À cette époque, elle est entourée de larges fossés. Les premières fusées sont tirées dans le calme. Mais soudain, l'une d'elles retombe prématurément sur un groupe de spectateurs, qui cherchent à fuir. La panique s'empare de la foule. Hommes, chevaux, femmes, carrosses, enfants, cavaliers, la mêlée est indescriptible. Beaucoup tombent dans les fossés profonds qui entourent la place. Le lendemain, on compte plus de 130 morts !

10 mai 1774 : Louis et Marie-Antoinette à genoux

UNE DATE À RETENIR

Louis XV frissonne. Louis XV s'alite, il a la fièvre. Après les fêtes de Pâques, il a préféré se retirer, ce 27 avril 1774, au Petit Trianon. Jeanne du Barry est bien sûr à ses côtés. Lemonnier, premier médecin du roi, diagnostique, trois jours plus tard, la variole noire, la plus terrible ! Le 4 mai, le roi se sait perdu. Son calvaire va durer jusqu'au 10 mai. La variole noire laisse son corps informe, défiguré. Point d'obsèques publiques, le peuple est trop mécontent : le coût de la vie augmente, les récoltes de 1773 ont été catastrophiques. Dès que le roi est mort, les courtisans se précipitent dans l'appartement où se tiennent Louis et Marie-Antoinette. À défaut d'être amants, ils sont de très bons amis de cœur, et se retrouvent toujours avec beaucoup de plaisir. Lorsque les portes s'ouvrent sur eux, ils tombent à genoux, se tiennent embrassés, presque terrorisés. Louis s'écrie : « Mon Dieu, gardez-nous, protégez-nous ! Nous régnons trop jeunes ! »

Figure 12-3 : Marie Antoinette, par Elizabeth Louise Vigée-Lebrun, 1788.

UNE ANECDOTE

Au lit, Louis et Marie-Antoinette !

Rien ! Entre Louis et Marie-Antoinette, il ne se passera rien pouvant conduire à la procréation, et cela pendant des années ! Louis ne consommera son mariage que sept ans après les festivités de mai 1770 à Versailles, exactement le 18 août 1777 ! Le frère de Marie-Antoinette, Joseph, appelé par sa sœur, inquiète de ne pas encore avoir donné d'héritier au trône, vient s'entretenir avec Louis du petit problème mécanique qui l'empêche d'aller au bout de ses entreprises : un resserrement du prépuce (le prépuce est la peau qui recouvre le gland ; la circoncision consiste en son ablation) ; cette légère malformation est appelée phimosis, ce qui signifie en grec… resserrement.

Le témoignage oculaire de Joseph (de oculus, l'œil en latin) est formel : Louis fonctionne bien, se montre ferme dans ce qu'on peut appeler la première phase du projet. Mais les choses s'arrêtent là : il demeure immobile une ou deux minutes, dit Joseph, qui précise encore que l'affaire est pourtant bien engagée. Cependant, de la même façon que le feu d'artifice fut remis à plus tard le soir du mariage, point d'explosion ! Après une conversation intime, d'homme à homme, Louis accepte la petite opération qui, de la même façon qu'on débride une mécanique, va le libérer. Et le 18 août 1777, au soir… Alléluia ! Ou quelque chose dans ce genre-là…

Les efforts de Turgot et Necker : vains sur vains

Turgot et Necker, mais aussi Calonne et Brienne, ces quatre ministres vont tenter, chacun à leur façon, de lutter contre le déficit chronique des finances du royaume. Turgot est un libéral – sa doctrine, opposée à ce que fut le « colbertisme », va prendre le nom de « turgotisme ». Necker pratique au contraire une économie dirigiste ; les deux autres vont improviser…

« Laissez faire, laissez passer ! »

Les filles de Louis XV, tantes du nouveau roi Louis XVI, ont dit à celui-ci : « C'est Maurepas qu'il vous faut ! » Maurepas fait son retour à la cour, et chasse Maupéou qui avait exilé le Parlement en 1771. Maurepas devient ministre d'État, chef du conseil royal des Finances. Il rappelle les Parlements – qui vont faire parler d'eux, leur seul objectif est de combattre le pouvoir royal ! Le 24 août 1774, Maurepas fait entrer dans le bureau de Louis XVI Anne-Robert Turgot qui en ressort contrôleur général des Finances. Turgot est un magistrat, passionné d'économie, qui a été nommé, en 1761, intendant du Limousin. Son action y a été fort remarquée : il a supprimé la corvée due par les paysans pour la remplacer par une taxe répartie sur la population avec justice et égalité. De plus, il a autorisé la libre circulation des grains.

12 mai 1776 : « N'oubliez pas, Sire, que c'est la faiblesse… »

Devenu ministre, fervent adepte de la physiocratie, Turgot va étendre la libre circulation des grains à tout le royaume, appliquant la théorie du « Laissez faire, laissez passer. » Cette liberté dans la circulation des marchandises permet – selon Turgot – de faire monter les prix, de créer la richesse favorisant l'augmentation de la production tout en remplissant les caisses de l'État. Le « turgotisme » se heurte à un violent tir de barrage : celui des fermiers généraux, des profiteurs de toute sorte qui, se servant copieusement dans la manne des taxes menacées de suppression, craignent la ruine ! Bien que Voltaire et Condorcet le défendent, Turgot va être victime de la cour, de la reine, des fermiers généraux, et finalement du roi qui lui avait promis de le suivre dans toutes ses décisions ! Turgot est renvoyé le 12 mai 1776. Dans l'une des lettres qu'il écrit au roi, il tente de le prévenir des conséquences de son attitude : « N'oubliez pas, Sire, que c'est la faiblesse qui a mis la tête de Charles Ier sur le billot ! »

Turgot, le physiocrate

Turgot fait partie de ceux qu'on appelle les physiocrates. Le théoricien de la physiocratie, le docteur François Quesnay, était un protégé de Madame de Pompadour ; le roi Louis XV qui l'appréciait et l'appelait *le penseur* l'avait installé au-dessus de ses appartements à Versailles. Pour les physiocrates, la terre est la première et unique source de richesses, et c'est l'agriculture qui multiplie ces richesses capables d'assurer le bonheur de la population. Les agriculteurs – seulement les propriétaires de leurs terres, les autres n'intéressent pas Turgot… – constituent donc la seule classe productive. Tous ceux qui s'occupent du commerce, de l'industrie composent une classe stérile. Cependant, observent les physiocrates, le commerce est indispensable, mais il ne doit subir aucune surveillance, aucune entrave, autrement dit, il ne doit être soumis à aucune taxe !

« Laissez faire, laissez passer » ? Non et non !

Non ! Le « laissez faire, laissez passer » ne peut rien produire de bon ! Non, un ordre naturel harmonieux ne peut naître spontanément de la liberté accordée à tout, tous et n'importe quoi ! Il est nécessaire de contrôler le commerce de près – comme le faisait Colbert – pour protéger les pauvres ! C'est Jacques Necker qui l'affirme. Ce protestant, d'origine anglaise, mais établi à Genève, a fait fortune en spéculant sur la Compagnie des Indes. Il a pu créer sa banque en France. Sa femme reçoit dans son salon les grands philosophes, et le pousse à mettre en œuvre ses théories.

1776 : Necker ? C'est un dieu !

La chute de Turgot le 12 mai 1776 tombe à point nommé : Necker va être appelé pour le remplacer, ou plutôt pour conseiller le nouveau contrôleur – Necker, protestant et étranger, ne pouvant prétendre au titre de contrôleur. La guerre d'Amérique vient de commencer – la guerre d'Amérique, c'est la guerre contre l'Angleterre ! Il faut financer cette guerre, mais comment ? Par l'impôt ? Necker ne s'y résout pas : l'impôt est impopulaire ! Quelle solution alors ? L'emprunt ! L'emprunt, c'est indolore, invisible, miraculeux. D'ailleurs, Mirabeau, l'ironiste du siècle, dira de Necker : « Il a fait la guerre sans lever d'impôt ! C'est un Dieu ! » Oui, mais… L'emprunt, il faudra le rembourser ! Ou plutôt les emprunts, car ils seront au nombre de sept, les derniers à 10 % d'intérêts ! Le trou de la dette publique va devenir un gouffre !

1781 : « Compte rendu au roi » : 100 000 exemplaires !

UN ÉVÉNEMENT IMPORTANT

Un philanthrope, Necker ! Il fonde avec sa femme, un hôpital, rue de Sèvres – aujourd'hui Necker-Enfants malades –, il abolit la torture préalable (celle qui est pratiquée pour faire avouer…), se préoccupe du sort des mendiants. Tout cela est fort bon pour sa popularité, mais il faut regarder en face la situation des finances : elle n'est pas brillante et le contraint à demander à tous les ministères de faire des économies. Il tente aussi de s'attaquer aux pensions versées aux courtisans. Par ailleurs, il imagine la création d'assemblées provinciales – ancêtres des conseils régionaux – et de municipalités élues qui répartiraient l'impôt de façon plus équitable. Ses projets de réforme menacent tant la Ferme générale, les privilégiés, la reine, les princes, le Parlement, les intendants, qu'il est renvoyé le 19 mai 1781 ! Auparavant, il a eu le temps de publier un petit livre qui s'est vendu en quelques semaines à 100 000 exemplaires : le *Compte rendu au roi*. Il y a présenté de façon avantageuse sa gestion des affaires du royaume, mais aussi, il y a révélé les dépenses de la cour et le montant des pensions versées aux courtisans…

Calonnes et Brienne bien empruntés !

Des réformes, ce n'est pas ce qui manque dans l'imagination ou dans les projets des ministres qui se succèdent. Mais, de quelque côté qu'ils se tournent, ils ne recueillent que réprobations et sont contraints de recourir à l'emprunt.

8 avril 1787 : l'impôt sur tous les revenus ? Vous n'y pensez pas !

Voici Charles-Alexandre de Calonnes, un ancien élève des jésuites qui, ayant parfaitement assimilé leur enseignement, se montre d'abord d'une ruse et d'une habileté qui parvient à cacher – pour un temps – la vérité. Sa politique de grands travaux permet aux banquiers de croire que tout va pour le mieux dans le meilleur des royaumes. Ils accordent tous les emprunts sollicités. Le gouffre creusé par Necker prend l'allure d'un abîme ! Il faut réagir ! Pourquoi ne pas imaginer un impôt que tout le monde paierait, même la noblesse, même le clergé ? Un impôt selon le revenu de chacun ? C'est viser trop directement l'aristocratie, tous les privilégiés ! La réforme ne passe pas ! Calonnes, le 8 avril 1787, est renvoyé.

24 août 1788 : l'impôt sur tous les revenus ? Et puis quoi encore…

Voici Étienne Charles de Loménie de Brienne ! Que va-t-il tirer de son chapeau de futur cardinal ? Eh bien, l'emprunt, toujours l'emprunt ! La libre circulation des grains, des assemblées provinciales où la représentation du tiers état est égale à celle de la noblesse et du clergé, l'impôt foncier et l'impôt sur le revenu pour tout le monde ! Échec sur toute la ligne. Brienne va donc recourir à… l'emprunt, un emprunt énorme que le Parlement n'accepte d'enregistrer que contre la promesse de la réunion des états généraux. Mais la situation se dégrade partout. Le 7 juin 1788, à Grenoble, le roi ayant décidé d'exiler leur parlement, les habitants de la ville jettent sur les soldats de la garnison des tuiles arrachées aux toits. Brienne accorde la convocation des états généraux. Puis il démissionne le 24 août 1788. Le trésor est toujours à sec !

26 août 1788 : Necker, roi de France !

Non, Necker n'est pas roi de France. Mais, lorsque Louis XVI le rappelle, le 26 août 1788, Mirabeau ironise : « Voici M. Necker roi de France ! » Rien ne va plus à Paris, des émeutes éclatent un peu partout, réprimées sans ménagement. Et Necker, que va-t-il faire, qu'espère-t-il ? Necker qui n'apprécie guère le Parlement se le concilie malgré tout en lui accordant tout ce qu'il a pu perdre. Il agit de cette façon car il attend que de nouveaux impôts capables de combler le déficit abyssal soient votés lors de la réunion des états généraux !

Et voici le bulletin météo pour 1787 et 1788

Informations météorologiques qui ont leur importance : les années 1787 et 1788 sont désastreuses pour les récoltes : grêle, pluies incessantes ont détruit vignes et cultures, fait pourrir en terre les semences, empêché la fenaison, les moissons. L'hiver 1789 est terrible : les rivières sont gelées, les moulins ne tournent plus, la disette menace dans les campagnes où, faute de fourrage, on doit sacrifier une partie du bétail. Les réserves de grains sont au plus bas. Pourtant, le 1er janvier 1789, une bonne nouvelle arrive : le Conseil du roi s'est prononcé pour le doublement des députés du tiers état ! Le tiers état aura donc autant de députés que la noblesse et le clergé réunis ! La France en liesse donne au roi Louis XVI le titre de « Père du peuple, restaurateur de la liberté française » ! Oui, mais le vote demeure un vote par ordre. Et le résultat sera toujours deux à un, en faveur de l'équipe noblesse-clergé !

LE SAVIEZ-VOUS ?

Le siècle de la pensée

On pense beaucoup tout au long du XVIIIe siècle, on sent bien que la monarchie absolue décline, que les guerres ne laissent que défaites et amertume, on sait que l'Angleterre ne cesse d'étendre sa domination, que la Prusse devient une puissance menaçante. Tout cela est commenté dans les salons, les cafés ou les clubs : on y refait le monde, on imagine une autre société, moins hiérarchisée, moins figée, plus juste surtout. Mais la vieille noblesse s'accroche à ses prérogatives, les Parlements cherchent à servir leurs intérêts.

On écoute le discours des penseurs dans le salon des dames : celui de madame du Deffand qui reçoit Fontenelle, le vulgarisateur des sciences, Marivaux, le délicat aquarelliste des passions, Montesquieu, l'esprit libéral et rigoureux, le sceptique et cynique à la fois, l'utopiste, le sociologue avant la lettre ; on peut aussi être reçu chez madame Geoffrin, rue Saint-Honoré, où font halte les mêmes, ou bien encore d'Alembert, le spécialiste des équations différentielles. Chez Julie de l'Espinasse, on croise Turgot, Condillac qui réfléchit sur le langage, Condorcet…

Et puis, on lit Voltaire, on lit Rousseau. Le premier est une gloire sulfureuse qui a déstabilisé les adeptes de la tradition avec son dictionnaire philosophique, brocardé la justice, proposé des solutions à l'anglaise, bref, il a clairement souhaité la révolution ! Le second a rêvé une société égalitaire, misant sur la bonne volonté collective, il a proposé une nouvelle façon de transmettre le savoir, et même un dieu tout neuf : l'être suprême ! Denis Diderot publie une encyclopédie des savoirs que tous les esprits curieux dévorent avec gourmandise, découvrant que les voies du salut s'accommodent mieux de la science que de la conscience. Beaumarchais, quant à lui, fait dire à son *Figaro* : « Sans la liberté de blâmer, il n'est point d'éloge flatteur », et surtout, à l'adresse de l'aristocrate : « Qu'avez-vous fait pour tant de biens ! Vous vous êtes donné la peine de naître, et rien de plus. »

C'est dire combien en ce XVIIIe siècle où le peuple souffre de la domination écrasante des Grands, où la bourgeoisie n'en peut plus de l'arrogance des pouvoirs qui grincent dans leurs vieux cadres, l'esprit révolutionnaire s'est développé dans le cocon de la pensée, prêt pour l'envol dans le printemps de l'espoir, celui de 1789, par exemple…

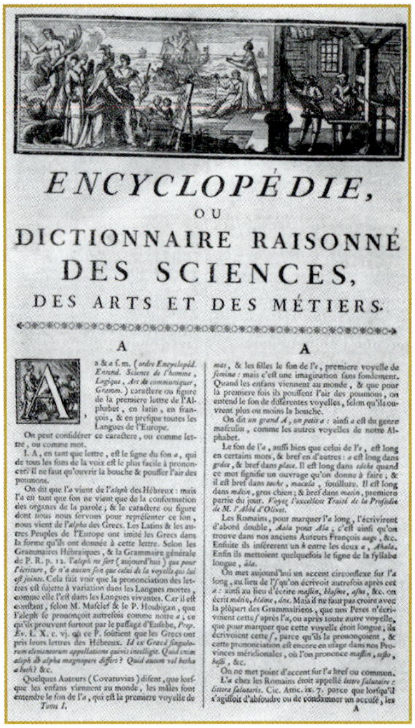

ENCYCLOPÉDIE,
OU
DICTIONNAIRE RAISONNÉ
DES SCIENCES,
DES ARTS ET DES MÉTIERS.

A A

A, a & a ſ. m. (*ordre Encyclopéd. Entend. Science de l'homme, Logique, Art de communiquer, Gramm.*) caractere ou figure de la premiere lettre de l'Alphabet, en latin, en françois, & en preſque toutes les Langues de l'Europe.

On peut conſidérer ce caractere, ou comme lettre, ou comme mot.

I. A, en tant que lettre, eſt le ſigne du ſon *a*, qui de tous les ſons de la voix eſt le plus facile à prononcer. Il ne faut qu'ouvrir la bouche & pouſſer l'air des poumons.

On dit que l'*a* vient de l'*aleph* des Hébreux : mais l'*a* en tant que ſon ne vient que de la conformation des organes de la parole ; & le caractere ou figure dont nous nous ſervons pour repréſenter ce ſon, nous vient de l'*alpha* des Grecs. Les Latins & les autres Peuples de l'Europe ont imité les Grecs dans la forme qu'ils ont donnée à cette lettre. Selon les Grammaires Hébraïques, & la Grammaire générale de P. R. p. 12. l'*aleph ne ſert* (aujourd'hui) *que pour l'écriture, & n'a aucun ſon que celui de la voyelle qui lui eſt jointe.* Cela fait voir que la prononciation des lettres eſt *ſujette* à variation dans les Langues mortes, comme elle l'eſt dans les Langues vivantes. Car il eſt conſtant, ſelon M. Maſclef & le P. Houbigan, que l'aleph ſe prononçoit autrefois comme notre *a* ; ce qu'ils prouvent ſurtout par le paſſage d'Euſebe, *Prep. Ev.* L. X. c. vj. où ce P. ſoûtient que les Grecs ont pris leurs lettres des Hébreux. *Id ex Græcâ ſingulorum elementorum appellatione quivis intelligit. Quid enim aleph ab alpha magnoperè differt ? Quid autem vel betha à beth ?* &c.

Quelques Auteurs (Covaruvias) diſent, que lorſque les enfans viennent au monde, les mâles font entendre le ſon de l'*a*, qui eſt la premiere voyelle de *mas*, & les filles le ſon de l'*e*, premiere voyelle de *femina* : mais c'eſt une imagination ſans fondement. Quand les enfans viennent au monde, & que pour la premiere fois ils pouſſent l'air des poumons, on entend le ſon de différentes voyelles, ſelon qu'ils ouvrent plus ou moins la bouche.

On dit *un grand A, un petit a* : ainſi *a* eſt du genre maſculin, comme les autres voyelles de notre Alphabet.

Le ſon de l'*a*, auſſi bien que celui de l'*e*, eſt long en certains mots, & bref en d'autres : *a* eſt long dans *grâce*, & bref dans *place*. Il eſt long dans *tâche* quand ce mot ſignifie un ouvrage qu'on donne à faire ; & il eſt bref dans *tache*, *macula*, ſouillure. Il eſt long dans *mâtin*, gros chien ; & bref dans *matin*, premiere partie du jour. *Voyez l'excellent Traité de la Proſodie de M. l'Abbé d'Olivet.*

Les Romains, pour marquer l'*a* long, l'écrivirent d'abord double, *Aala* pour *Ala* ; c'eſt ainſi qu'on trouve dans nos anciens Auteurs François *aage*, &c. Enſuite ils inférerent un *h* entre les deux *a*, *Ahala*. Enfin ils mettoient quelquefois le ſigne de la ſyllabe longue, *āla*.

On met aujourd'hui un accent circonflexe ſur l'*a* long, au lieu de l'*ſ* qu'on écrivoit autrefois après cet *a* : ainſi au lieu d'écrire *maſtin*, *blaſme*, *aſne*, &c. on écrit *mâtin*, *blâme*, *âne*. Mais il ne faut pas croire avec la plûpart des Grammairiens, que nos Peres n'écrivoient cette *ſ* après l'*a*, ou après toute autre voyelle, que pour marquer que cette voyelle étoit longue ; ils écrivoient cette *ſ*, parce qu'ils la prononçoient, & cette prononciation eſt encore en uſage dans nos Provinces méridionales, où l'on prononce *maſtin*, *teſto*, *beſti*, &c.

On ne met point d'accent ſur l'*a* bref ou commun.

L'*a* chez les Romains étoit appellé *lettre ſalutaire : littera ſalutaris.* Cic. Attic. ix. 7. parce que lorſqu'il s'agiſſoit d'abſoudre ou de condamner un accuſé, les

Tome I. A

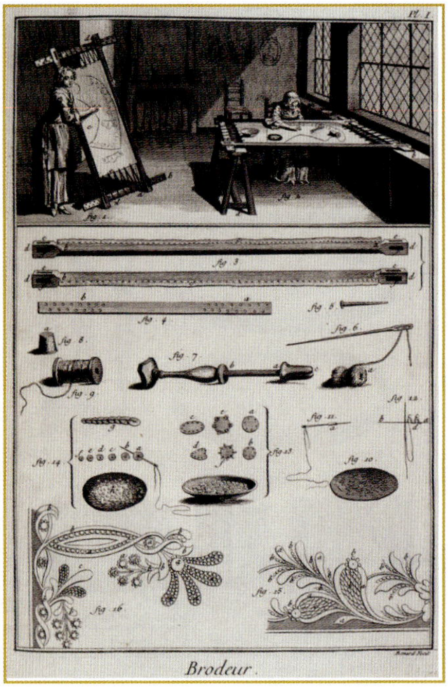

Figure 12-4 : 1ère page de l'édition 1751 de l'encyclopédie de Diderot. À droite : Planche de l'Encyclopédie représentant des pièces et les techniques du métier à tisser.

Chronologie récapitulative :

- 1515 : victoire de François Ier à Marignan
- 1547 : mort de François Ier, Henri II lui succède
- 1559 : paix de Cateau-Cambrésis, mort d'Henri II
- Nuit du 24 août 1572 : massacre de la Saint-Barthélemy
- 1598 : l'édit de Nantes établit la paix religieuse
- 1685 : révocation de l'édit de Nantes ; 300 000 protestants quittent la France
- 1715-1774 : règne de Louis XV, Philippe d'Orléans régent jusqu'en 1722
- 1763 : traité de Paris, la France perd ses colonies
- 1788 : Louis XVI convoque les états généraux

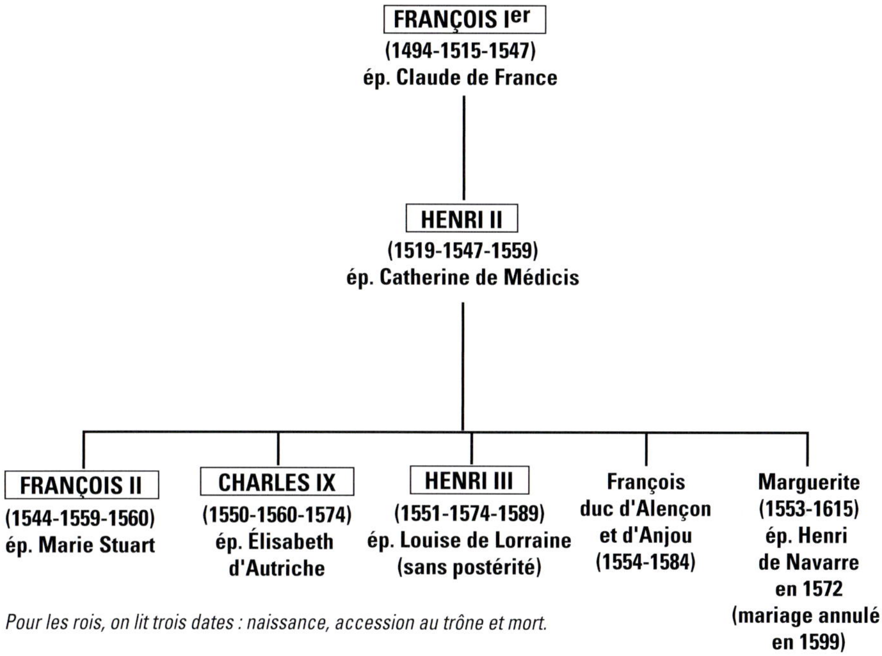

Les Valois-Angoulême.

Pour les rois, on lit trois dates : naissance, accession au trône et mort.

Quatrième partie

De 1789 à 1815 : C'est une Révolution

Dans cette partie…

Dans cette partie, vous allez assister à l'irrésistible ascension d'une idée : la société injuste et cloisonnée, hiérarchisée peut changer, il suffit de le vouloir. Et cet effort de volonté, parfois aveugle, parfois excessif, mais si généreux est fourni par les révolutionnaires de toutes les catégories sociales. Pour eux, il faut tenir coûte que coûte, jusqu'à ce que le pouvoir revienne au peuple, dans une république de la liberté, de l'égalité et de la fraternité. Bonaparte va traiter à sa façon cet idéal, et dans un style très personnel en devenant l'empereur Napoléon Ier. Les quinze années de son épopée guerrière ont marqué l'Europe entière pour des siècles.

Chapitre 13

1789 à 1791 : La Révolution : échec au roi

Dans ce chapitre :

- Installez-vous à Versailles pour assister à la première étape de la Révolution
- Transportez-vous à Paris et criez avec les sans-culottes : « À la Bastille ! »
- Relisez la déclaration des Droits de l'homme et du citoyen, de 1789
- Ramenez au cœur de son royaume le souverain qui s'est enfui

L'idée n'est pas neuve : la société française pourrait revoir à la baisse les hiérarchies qui se sont installées, affinées et figées au cours des siècles. Elle pourrait faire l'économie des arrogances qui la parcourent à cheval et en carrosse, qui la fouaillent et l'humilient. Elle pourrait tenter le pari de la liberté, de l'égalité, de la fraternité. Eh bien les députés qui se réunissent en 1789 ne se doutent certainement pas que trois années plus tard, la République va être proclamée, et remplacer l'une des plus anciennes traditions monarchiques du monde ! La Révolution est en marche dès l'ouverture des états généraux. Bientôt le peuple va faire entendre sa voix, désordonnée souvent, excessive parfois, mais sincère dans sa misère. Il s'attaque aux symboles – la Bastille par exemple, le 14 juillet 1789. Une première assemblée – la Constituante – donne une constitution à la France ; elle est remplacée par une autre assemblée chargée de rédiger des lois écrites : la Législative. Des tentatives de cohabitation avec le roi sont expérimentées. Elles ne satisfont personne. L'Ancien Régime encombre, tente de reprendre la main. Et pour mieux y parvenir en rejoignant les émigrés aux frontières, le roi et sa famille s'enfuient le 20 juin 1791 ! C'est la rupture avec la France de l'espoir. Le monarque a quitté le cœur de ses sujets.

1789 : l'année de l'audace

Les états généraux de la mauvaise humeur

L'atmosphère, à la veille de la réunion des états généraux, est explosive. La vieille société française, installée dans ses trois ordres déséquilibrés, craque de partout.

« Qu'est-ce que le tiers état ? Tout ! »

Rien ne va plus en France : partout des pillages, partout des émeutes. À Paris, au faubourg Saint-Antoine, une violente manifestation fait 200 morts et 300 blessés, les 27 et 28 avril : la manufacture de papiers peints Reveillon est pillée, de la cave au grenier ! Tout le monde sait que les états généraux vont se réunir, tout le monde prend conscience que c'est un événement majeur : les derniers se sont réunis en… 1615 ! En ce mois de mai 1789, tout le monde espère un sort meilleur. Y compris les privilégiés : le système de vote leur sera de toute façon favorable, ainsi seront préservés leurs droits, et ils souhaitent même qu'augmentent leurs pensions et leur pouvoir politique ! Cependant, derrière cette façade trop facilement triomphante et qui déchantera sous le couteau de la guillotine, le peuple des campagnes et des villes reprend comme un refrain les trois questions et les trois réponses qu'Emmanuel-Joseph Sieyès, député du tiers état de la ville de Paris, a posées dans la brochure qu'il a publiée en janvier :

- Première question : « Qu'est-ce que le tiers état ? – Tout ! »
- Deuxième question : « Qu'a-t-il été jusqu'à présent dans l'ordre politique ? – Rien » ;
- Troisième question : « Que demande-t-il ? – À y devenir quelque chose ! »

C'est l'une des impulsions décisives qui vont faire basculer l'archaïque société française dans la modernité.

Le clergé, la noblesse, le tiers état

Examinons en détail ces trois ordres dont la composition est moins simple qu'on ne l'imagine.

Le clergé : des hauts et des bas

Le clergé est double : celui qui est issu du peuple en conserve les habitudes et surtout la pauvreté et l'humilité ; celui qui vient de l'aristocratie demeure excessivement attaché aux biens terrestres du royaume de France qui ne constituent pourtant pas, selon le Nouveau Testament, le meilleur passeport pour le royaume des cieux…

La dîme de Charlemagne

Premier ordre du royaume, le clergé est fort riche, il possède à peu près 10 % des terres, sans compter les biens immobiliers, à la ville comme à la campagne. Et puis il y a la dîme, cet impôt si injustement ressenti par ceux qui le paient : la dîme a été instituée par Charlemagne. Elle consiste, pour les possesseurs de terres, à verser à l'Église une partie de ce qu'elle produit – récoltes ou animaux. Cette part versée en général à celui qui est chargé de la percevoir – le décimateur, titulaire d'un office – est environ de 10 %. Mais le décimateur en conserve souvent pour lui une partie importante, ne donnant au clergé modeste que la « portion congrue » – du latin *congruus* : convenable –, celle qui est tout juste nécessaire pour vivre.

La portion congrue

Qui donc jouit des immenses richesses du clergé ? Non pas le bas clergé à la portion congrue qui travaille, trime et vaque à ses occupations d'enseignement, d'état civil, de secours aux nécessiteux, mais le haut clergé, dont la plupart des membres sont issus de la noblesse. Pour devenir archevêque, évêque ou bien chanoine, il faut prouver qu'on appartient à une noble lignée depuis plusieurs générations. Ces prélats vivent dans l'opulence, ce sont des seigneurs qui profitent des bénéfices de leurs abbayes, de leurs terres et de l'argent que leur envoie le bas clergé qui, lui, n'en peut plus de cette injustice et se rapproche du tiers état.

La noblesse : le rêve de Monsieur Jourdain

La noblesse ! Ah la noblesse qui a tant fait rêver Monsieur Jourdain, personnage du *Bourgeois Gentilhomme* de Molière ! Quels fantasmes de grandeur, de magnificence n'a-t-elle pas fait germer dans les chaumières ou les bergeries ! Quelles naïvetés étourdies n'a-t-elle pas couvertes de ridicule ! Quelles médiocrités elle a travesties de sa particule ! La noblesse ! Élégance des manières, mais arrogance ; esprit – peut-être –, savoir, mais suffisance : c'en est assez pour le tiers état ! Il faut la mettre au pas ! Mais quelle est-elle cette noblesse que le peuple se promet de pendre à la lanterne ?

« Ah, ça ira, ça ira ! »

Le bien connu « Ah ! Ça ira, ça ira, ça ira, les aristocrates à la lanterne, les aristocrates, on les pendra ! » sera écrit en mai 1790 par un ancien soldat devenu chanteur à la mode : Ladré. Lui-même ne faisait que reprendre une célèbre contredanse composée en 1786, par un violoniste nommé Bécourt. Il l'avait intitulée Le Carillon national. Marie-Antoinette adorait l'interpréter au clavecin ! L'expression elle-même « Ça ira, ça ira ! » est tirée d'un tic de langage de Benjamin Franklin – l'inventeur du paratonnerre, le rédacteur de la déclaration d'Indépendance des États-Unis, l'homme aux verres de lunettes cassés – qui répétait, comme pour se donner du courage lorsqu'on lui parlait de la Révolution américaine : « Ah, ça ira, ça ira ! »

La noblesse d'épée : l'impôt du sang

Les nobles, ce furent d'abord ceux qui payaient l'impôt du sang, en allant se faire tuer sur les champs de bataille – ils étaient donc dispensés des autres impôts. Mais l'impôt du sang chez ces aristocrates qu'on appelle les nobles d'épée s'est fait rare au fil des siècles, sans toutefois se trouver remplacé par l'impôt en espèces sonnantes et trébuchantes ! Cette noblesse d'épée décorative vit à la cour où elle bénéficie des grasses pensions octroyées par le roi, pensions qu'elle dépense si rapidement – il faut briller à Versailles – qu'il lui faut recourir à l'emprunt. Ou bien elle vit en province, sur ses terres dont les faibles revenus ne lui garantissent pas un train de vie bien élevé.

La noblesse de robe : la noblesse de fortune

Il existe une autre noblesse, méprisée par la noblesse d'épée – la noblesse d'épée ! celle qui s'estime la vraie, la seule, celle du muscle, des gros bras et de la chevalerie de Crécy, Poitiers ou Azincourt… – il s'agit de la noblesse de robe. Elle est composée, en grande majorité, de bourgeois qui ont amassé la fortune nécessaire pour s'acheter un rôle, un office dans la justice, les finances ou le conseil royal. Il fallait, pour acquérir un titre de noblesse, en général associé à un office, payer l'équivalent de deux millions d'euros ! Cette noblesse occupe les parlements et l'administration, c'est une noblesse active qui cherche à devenir indépendante du pouvoir royal, à combattre l'absolutisme sous toutes ses formes afin de disposer des leviers de commande du pays.

La caste à abattre

On peut donc parler non pas de la noblesse, mais des noblesses dont les unes jalousent les autres. Cependant, dès que leurs intérêts communs sont menacés – l'impôt qu'on veut leur faire payer, les privilèges qu'on veut leur enlever –, elles font bloc contre l'adversaire. Et l'adversaire se découvrant de plus en plus dans les années qui précèdent 1789, elles se sont refermées sur elles-mêmes. La noblesse est alors ressentie par le petit peuple comme une caste à abattre, parce qu'elle s'octroie tous les biens, tous les pouvoirs, s'arroge tous les droits.

Le tiers état ? Un malentendu…

Attention : si vous entendez par tiers état le menu peuple, celui des pauvres, des miséreux, des petites gens, des petits métiers, des ouvriers, vous vous trompez ! Dans l'esprit de Sieyès – et de sa brochure –, ce tiers état est si peu intéressant qu'on n'en parle pas – ça vous révolte un peu, non ?

« Tout » n'est pas si simple !

Le tiers état ! Sieyès a cru le définir en le résumant dans son hâtif « Tout » ! Mais « Tout » n'est pas si simple ! Si le tiers état compose effectivement tout ou presque tout, à savoir 96 % de la population française, il est bien plus composite que le clergé et la noblesse. En effet, le tiers, ce sont les pauvres paysans, sans doute, les manœuvres, les ouvriers sans le sou, les va-nu-pieds, les traîne-misère et les traîne-savate, les artisans modestes, les compagnons, les apprentis, les porteurs d'eau, les domestiques, mais c'est aussi le procureur, le notaire, l'avocat ou l'apothicaire, c'est le médecin, le chirurgien, le greffier ou le magistrat, c'est l'essayiste et l'écrivain, toute une petite et moyenne bourgeoisie, soucieuse de son ascension sociale, et qui sait, par de multiples détails dans sa vie quotidienne, montrer sa différence par rapport à ceux qu'elle prend de vitesse.

Le tiers… du tiers

Le tiers état, c'est aussi la bourgeoisie de l'industrie, celle des fabriques, des marchands, des grossistes et des détaillants aux énormes revenus. C'est enfin la bourgeoisie d'affaires, la riche bourgeoisie, celle dont la fortune est telle qu'elle prête de l'argent au Trésor royal ! Celle qui perçoit les intérêts de la dette publique, et ces intérêts, ce sont des centaines de millions de livres pas an ! Alors, qu'est-ce que le tiers état, Monsieur Sieyès ? Ne serait-ce pas, sous votre plume, un malentendu ? Et dans votre esprit qui n'a sélectionné que la bourgeoisie, ce tiers qui aspire à devenir quelque chose dans l'ordre politique, ne représenterait-il pas le tiers… du tiers ?

Les cahiers de doléances : bilans et espoirs

Le roi a donné la parole à ses sujets : il leur a demandé de rédiger, dans des cahiers, leurs doléances, leurs désirs pour une vie meilleure.

Émouvants et légitimes

À la veille de 1789, les trois ordres vont livrer au roi et à la postérité une sorte de mémoire socio-économique national : les cahiers de doléances ! Ces cahiers sont de vrais cahiers, des feuilles assemblées sur lesquelles sont écrites les revendications du clergé, de la noblesse et du tiers état, lorsque chacun de ces ordres s'est réuni en présence de son représentant. Ceux qui assistent aux séances de rédaction peuvent dire tout ce qu'ils ont sur le cœur, exprimer leurs craintes, leurs désirs.

Craintes et désirs

Et quelles sont ces craintes et ces désirs ? Évidemment, le haut clergé et la noblesse craignent surtout qu'on s'attaque à leurs privilèges, et ne désirent qu'une chose : que la monarchie devienne constitutionnelle, autrement dit que le pouvoir ne soit plus absolu, que la noblesse et le clergé en aient leur part définitive, attestée par écrit ! Le tiers état, celui des petites gens, des petits paysans, des petits artisans, bref, celui des petits en général – mais pas celui des très pauvres, si nombreux, et qui, eux, seront écartés de ces revendications –, ce tiers état des modestes se tourne vers l'aristocratie et l'Église.

- Il demande que les droits seigneuriaux et féodaux soient diminués ou abolis.
- Il demande que l'impôt soit payé par tout le monde.
- Il souhaite que la dîme versée au clergé diminue ou disparaisse.
- Il voudrait surtout que, lorsqu'ils ont payé la taille, la gabelle, les aides, le champart, le vingtième, leurs baux divers, il leur reste davantage que 20 % de ce qu'ils ont gagné !

80 % des revenus disparaissent

Les paysans voient disparaître chaque année 80 % du fruit de leurs efforts en impôts, en charges diverses, pourcentage presque identique pour tout le tiers état de la petite bourgeoisie rurale. Quant à ceux qui n'ont pas la parole, il ne leur reste rien, puisque, de toute façon, ils ne possèdent rien. Les cahiers primaires sont rédigés la plupart du temps selon un modèle. Des rédacteurs se chargent ensuite d'en extraire l'essentiel. C'est cela qui sert à la rédaction du cahier de doléances définitif de chaque baillage ou sénéchaussée. Un compte rendu général de toutes ces réclamations sera effectué par le comte de Clermont-Tonnerre le 27 juillet 1789, devant l'Assemblée. La Révolution sera déjà en marche !

L'approche du grand soir !

Les 60 000 cahiers de doléances rédigés, il reste à les emporter au roi. Et tout le monde espère qu'il les lira, de la première ligne à la dernière, et que, thaumaturge tenant de Dieu son pouvoir absolu, prenant conscience des misères de son peuple, il étendra son bras justicier sur son royaume bien-aimé ; et celui-ci sera secoué d'une commotion de générosité contagieuse, figé dans une pamoison de félicité, comme au pied d'un immense sapin, un soir de nativité… Vision utopique ? Pas tant que cela : si Noël est loin lors de la réunion des états généraux, le grand soir est proche !

Ils sont venus, ils sont tous là !

UN ÉVÉNEMENT IMPORTANT

4 mai 1789. Ils sont venus, ils sont tous là, leurs petits cahiers sous le bras ! Depuis des mois qu'ils le préparent, ce grand rendez-vous ! Ils sont arrivés en grand carrosse, à cheval, en coche d'eau, ou bien en turgotine – cette diligence de quatre ou huit places tirée par six chevaux et mise à la mode par Turgot. Des quatre coins du royaume, ils ont répondu à la convocation des états généraux. Et dans le vent coupant de ce 4 mai 1789, ils défilent dans les rues de Versailles. Toutes les cloches sonnent ! Partout des oriflammes, des gonfalons, des bannières, des tapisseries à fleurs de lys ! Tiens, voici le duc d'Orléans, descendant de Louis XIII et du régent – père du futur Louis-Philippe. Voici les frères de Louis XVI – les futurs Louis XVIII et Charles X. Voici Mirabeau, voici Danton, voici Camille Desmoulins. Et puis voici le roi qui s'avance, porté par l'immense ovation à laquelle il répond par

des gestes de la main. Et puis voici la reine Marie-Antoinette qui vient de quitter le chevet de son fils de sept ans, le petit dauphin mourant. À sa vue, le silence est total. Plus un bruit. Rien que du mépris pour « l'Autrichienne » !

Le Contrat dans la poche

UN PORTRAIT

Tiens, qui est ce jeune homme à l'allure stricte, petit et maigre, aux cheveux blond-châtain, bien coiffé, bien poudré, et qui marche dans la foule de ce 4 mai 1789, un cierge à la main, comme tout le monde ? C'est un jeune noble qui a été élu député du tiers dans le baillage de l'Artois. Il a l'air plutôt froid et distant, impassible ; en réalité, il est très nerveux, très sensible. Ses lèvres sont minces, ses yeux sont bleu-vert. Dans sa vie, pas de femme, pas d'amours. Dans sa poche, un exemplaire du livre qui est devenu sa bible : *Du Contrat social*, de Jean-Jacques Rousseau. C'est à travers cet ouvrage que le jeune homme en question se fait une idée du peuple, un peuple vertueux, bon, généreux, un peuple comme le voit Rousseau. Mais ce peuple existe-t-il ailleurs que dans une rêverie studieuse où il est si facile d'occulter l'âpreté du quotidien et de ceux qui le traversent ?

Le peuple ? Quel peuple ?

Le jeune homme qui passe sous vos yeux, jeune aristocrate, n'a jamais eu, et n'aura jamais vraiment de contact avec le peuple, le vrai, pas celui des livres de philosophie, mais celui du quotidien. Par exemple celui qui, dans les quartiers de misère, se désespère. Ce peuple-là, si on le pousse un peu, est capable de dépecer Launay, le gouverneur de la Bastille, de transporter ses tripes aux quatre coins de la capitale, de couper la tête de la princesse de Lamballe avec un couteau de boucher, la mettre au bout d'une pique. Entre autres… Le nom de ce jeune noble : Maximilien de Robespierre.

5 mai 1789 : ouverture des états généraux

UNE DATE À RETENIR

Le défilé qui transporte l'image des inégalités se termine le 4 mai en milieu d'après-midi. Dès le lendemain, ces inégalités vont être remises en cause, lors de l'ouverture des états généraux.

Chapeau, le tiers !

Quelle différence entre les députés de la noblesse, du clergé, et ceux du tiers état. Le 4 mai 1789, lors du défilé qui a commencé à sept heures du matin, le clergé venait en tête, dans ses habits d'apparat, les plus ornés, les plus brodés de fils d'or. Ensuite, c'était la noblesse, vêtue de noir avec des parements d'or ; sur la tête, un chapeau à plumes blanches ; aux pieds, des souliers à boucle d'argent. Puis venaient les députés du tiers, en simple habit noir et cravate. À Notre-Dame-de-Versailles, à la fin de la procession, des députés représentant le peuple le plus humble ont remonté l'allée centrale et sont allés s'asseoir dans les premiers rangs. Ils ont immédiatement été refoulés à leur place : au fond !

Figure 13-1 : Ouverture des états généraux.

Le bon sens de Louis XVI

Le lendemain, 5 mai, dans la salle des Menus-Plaisirs, au château de Versailles, la séance d'ouverture des états généraux est présidée par le roi qui garde sur sa tête son chapeau à plumes blanches. La noblesse reste couverte. C'est l'usage. L'usage veut aussi que les inférieurs que sont les députés du tiers se découvrent avec respect. Eh bien, non ! Les députés du tiers ne se découvrent pas ! On attend, tous les chapeaux restent sur les têtes. C'est le silence, presque comique ! Le roi fait alors preuve de bon sens : prenant le prétexte qu'il fait trop chaud, il se découvre, et tout le monde en fait autant !

« Ce jour que mon cœur attendait… »

Le roi déclare ouverts les états généraux qui ne se sont pas réunis depuis… 1615 ! Aux députés des trois ordres, il dit : « Messieurs, ce jour que mon cœur attendait depuis longtemps est enfin arrivé ! Une inquiétude générale, un désir exagéré d'innovations se sont emparés des esprits… » Barenton, le garde des Sceaux, prononce ensuite un discours à peine audible, et interminable. Puis, voici Necker. Il est applaudi à tout rompre ! Il commence son discours, fort long aussi, ponctué – au début seulement – de soudaines ovations déclenchées par ceux qui ont l'avantage de l'entendre. Fini ! C'est la fin ! Déjà ! Le roi se lève, les députés crient « Vive le roi ! » La reine se lève ! L'affront de la veille est soudain réparé : on entend l'ensemble des députés qui crient : « Vive la reine ! » Elle répond à cette acclamation par un sourire et une gracieuse révérence.

On pourrait vendre du tabac râpé, en Bretagne…

Aucune des questions essentielles n'a été abordée. Quelle déception ! Necker a simplement déclaré que le déficit n'était pas aussi important qu'on le prétendait, qu'il suffisait pour le combler de lever de nouveaux impôts, et pourquoi pas d'étendre la vente du tabac râpé en Bretagne ! Tant de mois d'espérances écrites dans les cahiers de doléances ! Tant d'enthousiasme tout neuf pour changer la vieille société poussive pour ce résultat ! Les députés du tiers sont consternés !

17 juin 1789 : la naissance de l'Assemblée nationale

UNE DATE À RETENIR

Après un moment de flottement, des députés résolus décident de se déclarer Assemblée nationale.

La pagaille dans la salle des Menus-Plaisirs

Rien ne va plus ! Le 6 mai qui est la première journée de travail des états généraux, les députés du tiers se sont installés dans la salle des Menus-Plaisirs. Où sont les députés de la noblesse ? Ceux du clergé ? Ils ne veulent pas continuer de siéger avec le tiers ! Ils ont choisi des salles particulières. C'est la pagaille dans la salle des Menus-Plaisirs. Tout le monde veut prendre la parole. Aucun président de séance n'est désigné. On commence à entendre des insultes à l'adresse des députés de la noblesse, de ceux du clergé.

Mirabeau, l'idole

Premier travail : la vérification des pouvoirs – il s'agit de contrôler si toutes les opérations ayant conduit à l'élection de chaque député se sont déroulées normalement. Les députés du tiers veulent que les trois ordres s'assemblent pour effectuer cette vérification. Évidemment, les nobles refusent avec hauteur ! Le clergé hésite, mais finalement se range à l'avis de la noblesse. Le tiers tient bon ! Au soir du 6 mai 1789, il prend le nom de « Communes », comme la chambre des Communes anglaise ! Mirabeau, député du tiers, n'est pas pour rien dans cette agitation. Procès, scandales, poursuites, condamnations, Mirabeau a connu tout cela. Il a même été condamné à avoir la tête tranchée pour l'enlèvement de celle qui l'aime à la folie : Sophie de Monnier. Mais il s'en tire toujours, Mirabeau. La preuve : il est devenu l'idole des foules, l'idole du tiers !

Une Assemblée nationale est née

UN ÉVÉNEMENT IMPORTANT

Le 7 mai, la situation est bloquée. À Paris, la farine manque, la récolte a été désastreuse l'année précédente. Le mécontentement ne cesse de croître. Le 10 juin 1789, alors que le clergé tend de plus en plus à se rapprocher du tiers – surtout les curés et vicaires de campagne –, l'abbé Sieyès, député du tiers, propose d'envoyer une invitation aux deux autres ordres afin de vérifier leurs pouvoirs. Trois curés seulement se présentent, aucun noble ! Le 15 juin, c'en est assez : les députés de la noblesse et du clergé ? Le tiers s'en passera ! Il lui faut maintenant se trouver un nom. Mirabeau propose : « Représentants du peuple français » ; Sieyès avance : « Assemblée nationale » ; ce que proposaient les autres députés : « Assemblée légitime des représentants de la majeure partie de la nation agissant en l'absence de la mineure partie » est abandonné, jugé un peu long… Le 17 juin, Sieyès propose que les députés qui ont refusé de se joindre au tiers ne puissent plus voter de loi. Le roi ? Seul un droit de veto – le droit de dire non – lui sera accordé. Les députés passent au vote : 491 oui, 89 non ! L'Assemblée nationale vient de naître !

20 juin 1789 : le serment du Jeu de paume

C'est sous la pluie, le 20 juin 1789, que les députés du tiers et ceux du clergé se mettent en marche pour trouver une salle : à Versailles, on leur a fermé la porte au nez !

La collusion du tiers

Le 19 juin 1789, le clergé, par 149 voix contre 137, décide de rejoindre le tiers. « Il faut fermer la salle des Menus-Plaisirs ! », c'est ce que se disent Marie-Antoinette et les princes ! Ainsi, les députés du tiers et du clergé ne pourront se réunir, et eux, reine et princes, vont gagner du temps, s'organiser pour riposter ! Le 20 juin, alors que le roi chasse le cerf en forêt, les députés du tiers, comme prévu, trouvent donc la salle des Menus-Plaisirs close ! Qu'à cela ne tienne, ils vont trouver un autre local. Soudain, le député Joseph Guillotin (oui, le vulgarisateur de la guillotine…) se dit que, dans Versailles, à dix minutes de marche, une grande salle, la salle du jeu de paume – l'ancêtre du tennis –, pourrait bien contenir les députés sans local. Tous se mettent en marche, acclamés sur leur passage par les Versaillais. Arrivés dans cette salle à dix heures du matin, ils décident « de ne jamais se séparer et de se rassembler partout où les circonstances l'exigeront jusqu'à ce que la Constitution du royaume soit établie et affermie sur des fondements solides ». Le texte du serment du Jeu de paume, rédigé par le député Target, et lu par Bailly, est signé par tous les députés du tiers état, sauf un !

« Eh bien ! F… ! Qu'ils restent ! »

Le 21 juin, Necker conjure le roi de s'adoucir ! Pas question de s'attendrir, déclare Marie-Antoinette – que son frère Joseph, le futur empereur Joseph II, appelait « Tête à vent »… – et les princes la soutiennent ! Le 22 juin, 150 députés du clergé rejoignent le tiers. Deux nobles, timidement, effectuent la même démarche. Le 23 a lieu dans la salle des Menus-Plaisirs la séance royale. Le maître de cérémonie, le marquis de Dreux-Brézé, fait entrer, fort cérémonieusement par la grande porte, les députés de la noblesse et ceux du clergé. Dehors, il pleut à verse ! Les députés du tiers sont volontairement maintenus sous les trombes d'eau, ils attendent dans la boue qu'une petite porte leur soit ouverte. Trempés, ils entrent quand même pour entendre le roi, conseillé par la reine et les princes, qu'il pourrait bien, s'il le voulait, dissoudre les états généraux !

« Allez dire à ceux qui vous envoient... »

La séance levée, les députés du tiers, et beaucoup de ceux du clergé ne bougent pas ! Le marquis de Dreux-Brézé s'approche : « Le roi a levé la séance, il vous ordonne de partir. » Alors, comme dans *Cyrano*, comme dans les romans de cape et d'épée, comme au théâtre, des répliques vont jaillir et couvrir de leur panache la postérité toujours médusée quand elle les entend – même si on prétend qu'elles ont été inventées après coup.

- C'est Bailly qui d'abord répond à Dreux-Brézé : « La Nation assemblée ne peut recevoir d'ordres ! »
- C'est Mirabeau qui tonne à l'oreille des générations futures : « Allez dire à ceux qui vous envoient que nous sommes ici par la volonté de la Nation, et que nous n'en sortirons que par la force des baïonnettes ! » Non mais !
- Tout penaud, le marquis s'en va porter intacte la phrase au roi qui répond : « Ils veulent rester ? Eh bien ! F... ! Qu'ils restent ! »

« La famille est complète ! »

Dès le 24 juin 1789, la plupart des députés du clergé ont rejoint le tiers état. Le vote par tête – et non plus par ordre qui garantissait la victoire à la noblesse et au clergé – est décidé. Les élus sont 1 139 au total :

- Le clergé : 291 députés, dont 208 curés, 47 évêques et 36 abbés.
- La noblesse : 270 députés.
- Le tiers état, depuis qu'il a été décidé de doubler le nombre de ses représentants, rassemble 578 élus.

Le vote par tête leur garantit la majorité. Le 25 juin, quarante-sept députés de la noblesse franchissent le pas : les voilà avec le tiers. À leur tête, le duc d'Orléans. À Paris, on veut le faire roi ! Le 27 juin, tout Paris et tout Versailles sont illuminés : le roi a donné l'ordre au reste de la noblesse, au reste du clergé, de se rallier à l'Assemblée nationale. Bailly peut alors dire : « Et voilà ! La famille est complète ! »

14 juillet 1789 : la prise de la Bastille

Acte révolutionnaire, la prise de la Bastille répond aussi à un réflexe de peur : les Parisiens se savent encerclés par des soldats dont ils ignorent les intentions : ils vont alors tenter de trouver des armes pour se défendre. La prise de la Bastille va avoir dans toute l'Europe un retentissement considérable : les philosophes allemands et anglais de l'époque considèrent cet événement comme le triomphe des idées nouvelles, la fin d'un monde.

Trente mille hommes armés encerclent Paris

Louis ! Louis XVI ! Louis Capet ! Que faites-vous ? Des troupes se massent autour de Paris, autour de Versailles ! Plus de 30 000 hommes en armes. Déjà, lorsque Mirabeau a lancé sa fameuse réplique où il est question des baïonnettes, elles étaient là, ces baïonnettes, dehors, prêtes à entrer en action, contre les poitrines des représentants du peuple. Bien sûr, il faut comme vous le dites protéger les députés, mais à ce point, est-ce raisonnable ? Bien sûr, l'agitation dans Paris est inquiétante, et même l'armée n'est pas sûre ! Voilà pourquoi, Louis, vous avez demandé à des mercenaires suisses et allemands de cerner les villes où l'inquiétude progresse en même temps que la démocratie. Des bruits courent : les aristocrates ont ourdi un complot, Marie-Antoinette et les princes en sont la tête pensante ! L'assaut va être donné contre la capitale !

Figure 13-2 : La prise de la Bastille.

9 juillet : l'Assemblée nationale se proclame constituante

Il faut faire vite ! Le 7 juillet 1789, à l'Assemblée nationale, un comité de trente membres est chargé de préparer la constitution. Le 8 juillet, cette commission demande au roi – sur les conseils de Mirabeau – d'éloigner les troupes massées autour de la capitale. Le souverain répond par un non ferme. En fait, il écoute, à Versailles, la vieille garde, celle des princes, cette vieille France de dix siècles aux jambes trop lourdes pour avancer ! Le 9 juillet, l'Assemblée nationale se proclame Assemblée constituante. C'est une décision lourde de sens : cela signifie qu'elle ne reconnaît plus au roi son pouvoir, et que ce pouvoir est aux mains des élus du peuple ! Le 9 juillet 1789, l'Ancien Régime n'est plus !

« Prenons tous des cocardes vertes ! »

Que faire ? se demande Louis. La reine et les courtisans le poussent à congédier Necker, le populaire Necker. Son renvoi mettrait le feu aux poudres. Necker est quand même renvoyé le 11 juillet. Dès le lendemain, Camille Desmoulins, un familier de Mirabeau, un ancien condisciple de Robespierre à Louis-le-Grand, harangue la foule qui s'est assemblée dans le jardin du Palais-Royal : « Aux armes ! Prenons tous des cocardes vertes, couleur de l'espérance ! Ils ont renvoyé Necker ! C'est une Saint-Barthélemy des patriotes qui se prépare ! Arrachons les feuilles de marronnier, formons-en une cocarde en signe de ralliement ! Je vous appelle, mes frères, à la liberté ! » Piètre orateur – il est bègue –, mais excellent bâtisseur de discours, Desmoulins n'a pas de mal à convaincre la foule qui se précipite dans les jardins des Tuileries. La troupe charge mais ne parvient pas à disperser les manifestants. Le 13 juillet, quarante barrières de l'octroi de Paris sont pillées, saccagées et incendiées. Partout, on cherche des armes : la grande crainte est que le roi donne à la troupe qui entoure Paris l'ordre d'attaquer ! Il est trouvé 360 fusils à l'Hôtel de Ville. À l'aube du 14 juillet 1789, un fourrier nommé Labarthe crie : « Il y a des armes à la Bastille ! »

« À la Bastille ! »

« À la Bastille ! À la Bastille ! » Près de 1 000 Parisiens se dirigent vers cette construction vieille de plus de 400 ans, où le roi fait emprisonner, par lettres de cachet, dans des conditions extrêmement confortables, des fous, des faussaires ou des fils de famille. Les prisonniers y emportent leurs meubles, y reçoivent comme chez eux, la nourriture y est excellente ! Peu utilisée, la Bastille doit être détruite, d'autant plus que ce n'est pas un chef-d'œuvre d'architecture. Ce que les Parisiens désirent, ce sont les 30 000 fusils qui y sont entreposés, et les canons installés sur ses tours. Quatre-vingt-deux invalides et trente-deux Suisses la défendent. Et dans les magasins, sont entreposés 125 barils de poudre. Le pont-levis a été relevé, mais à coups de hache, deux hommes parviennent à briser les chaînes qui le libèrent. Les assiégeants se précipitent alors dans la cour de la Bastille. À ce moment seulement, le gouverneur, le marquis Bernard de Launay, constatant que les Parisiens sont armés, fait tirer une décharge de mousquets. Les premiers rangs tombent.

Deux fous, un débauché, un sadique…

UNE BATAILLE

C'est la stupeur chez les assaillants ! Alors, un cri s'élève : « Trahison ! La Bastille tire sur ses Parisiens ! » L'assaut va reprendre dans l'après-midi, mais les invalides décident de se rendre. Launay menace dans un premier temps de tout faire sauter, mais il se rend aussi, sur la promesse que toute sa garnison et lui-même auront la vie sauve. Les portes sont ouvertes. Les assiégeants se ruent alors dans la cour, tuent et pendent des invalides et des Suisses. Ils s'emparent de Launay pour le conduire à l'Hôtel de Ville, mais, en cours de route, ils l'assassinent et lui coupent la tête qu'ils installent au bout d'une pique. Toute la troupe arrive à l'Hôtel de Ville où le prévôt des marchands, Flesselles, subit le même sort que Launay. Un cuisinier ivre, nommé Desnots, assure le découpage des victimes dont les entrailles vont être portées en triomphe, et même consommées, dans un Paris plutôt interloqué par ces atrocités. Dans la capitale circulent librement les prisonniers de la Bastille qui ont été libérés : quatre faussaires, deux fous, un débauché et un sadique !

UNE ANECDOTE

« Non, sire, c'est une révolution ! »

14 juillet 1789. Il fait nuit à Versailles. Louis XVI s'est endormi après quelques heures de chasse. Comme à l'accoutumée, il a mis à jour le carnet où il note ce qu'il a rapporté. Ce jour-là, il est revenu bredouille. Il a écrit : « Rien ». Le grand-maître de la garde-robe, le duc de La Rochefoucauld-Liancourt, l'un des chefs de l'aristocratie libérale, apprend dans la nuit ce qui s'est passé à Paris. Il décide de réveiller le roi : « Sire, la Bastille a été prise ! », « La Bastille ? Prise ? » répond Louis XVI qui sort difficilement de son sommeil. « Oui, sire, prise par le peuple. Le gouverneur a été assassiné, et puis Flesselles. Leurs têtes ont été portées dans la ville, au bout d'une pique… » « Mais, c'est une révolte ! », s'écrie Louis XVI qui semble sortir d'un songe de mille ans. Et Liancourt de lui donner cette réplique fameuse qui lui était quand même servie sur un plateau royal : « Non, sire, c'est une révolution ! »

« Le peuple a reconquis son roi ! »

Au lendemain de la prise de la Bastille, le roi décide d'aller vers le peuple afin d'éviter d'autres débordements. Le 15 juillet, il prend soin de nommer le populaire La Fayette commandant général de la Garde nationale ; le même jour, Bailly est proclamé maire de Paris. Le 16 juillet, Louis XVI rappelle Necker. Le 17, le peuple se réunit devant l'Hôtel de Ville. La Fayette a demandé à ses troupes de porter la cocarde tricolore qu'il vient d'imaginer : le bleu et le rouge, couleurs de Paris, entourant le blanc de la royauté. La foule est nombreuse, bruyante. Soudain, le silence se fait : voici le roi ! Aussitôt qu'il arrive, Bailly s'avance vers lui, une cocarde à la main. Le roi la prend volontiers et la met à son chapeau : « Sire, dit alors Bailly, Henri IV avait reconquis son peuple. Aujourd'hui, le peuple a reconquis son roi ! » Une immense ovation s'élève, le peuple en liesse se dit que la révolution est terminée, que son souverain va désormais agir pour le bonheur de tous ses sujets !

UNE ANECDOTE

La Fayette appelle son fils… George Washington

Autres temps, autres mœurs : le 11 avril 1774, Marie Paul Joseph Gilbert Motier – le marquis de La Fayette - seize ans et demi, épousait dans la chapelle du château de Noailles, rue Saint-Honoré, à Paris, Marie-Adrienne de Noailles, quatorze ans et demi ! Trois ans plus tard, il s'embarque pour l'Amérique afin d'apporter son aide aux colonies qui se battent pour leur indépendance. George Washington le renvoie en France. Sa mission ? Convaincre le roi d'organiser un véritable corps expéditionnaire.

De retour aux États-Unis, La Fayette reçoit le commandement des troupes de Virginie, et participe à la bataille de York Town au terme de laquelle les États-Unis deviennent indépendants. Rentré en France en 1782, il est député de la noblesse en 1789, membre fondateur de la Société des amis des noirs et francs-maçons. Il rêve de devenir le Washington français ! D'ailleurs, il admire tellement le premier président des États-Unis qu'il appelle son propre fils… George Washington ! Sa popularité est immense jusqu'au 17 juillet 1791. Ce jour-là, La Fayette fait tirer sur les Parisiens qui manifestaient au Champ-de-Mars.

Le 19 août 1792, voulant rétablir une monarchie constitutionnelle, il est déclaré traître à la nation. Réfugié à Liège, capturé par les Prussiens puis les Autrichiens, il n'est libéré qu'en 1797. Durant le premier Empire, il vit retiré des affaires publiques, puis se rallie aux Bourbons en 1814. En 1824, les États-Unis l'accueillent pour une tournée triomphale dans 182 villes. 200 000 dollars et 12 000 hectares en Floride lui sont offerts. En 1830, il soutient Louis-Philippe à qui il donne la cocarde tricolore. La Fayette meurt à Paris le 20 mai 1834. Il est enterré au cimetière de Picpus, à Paris.

Juillet - août 1789 : la grande peur dans les campagnes

UN ÉVÉNEMENT IMPORTANT

Dès le lendemain de cette scène de fraternisation autour de la cocarde tricolore devant l'Hôtel de Ville de Paris, les aristocrates commencent à émigrer : le comte d'Artois, le prince de Condé, le prince de Conti, le duc d'Enghien, le maréchal de Broglie, le baron de Breteuil. En province où personne n'est au courant de la réconciliation autour de la cocarde, c'est le début de la Grande Peur : la rédaction des cahiers de doléances a excité les paysans contre les seigneurs. L'annonce des événements révolutionnaires parisiens sert de déclencheur : dans les campagnes, on s'attaque aux châteaux ; les archives sur lesquelles sont inscrites les dettes sont brûlées, on pille les abbayes, on massacre aussi.

23 juillet 1789 : on arrache le cœur de l'intendant de Paris

À Paris, la béatitude cocardière n'a pas duré. Les bruits les plus fous circulent : les émigrés arrivent avec des troupes pour reprendre leurs droits. La reine veut faire sauter l'Assemblée sur une mine, et ensuite lancer des troupes contre la capitale pour faire égorger tous les Parisiens ! Les Parisiens craignent l'attaque de leur ville. Plus de pain ! Ils ont faim. La foule s'empare du conseiller d'État Joseph Foulon de Doué, accusé d'affamer volontairement les habitants, et le pend près de la place de Grève. Son gendre, Louis Bertier, intendant de Paris, est massacré au couteau. Ses assassins arrachent son cœur et le lancent sur un bureau de l'Hôtel de Ville.

La nuit du 4 août 1789 : un rêve passe, et s'arrête…

Les privilèges féodaux sans cesse reviennent sous la plume des rédacteurs des cahiers de doléances. Les paysans, par exemple, ne comprennent pas pourquoi ils n'ont pas le droit de chasse, pourquoi ils doivent la corvée… Dans un grand élan romantique, tout cela va disparaître, au cours d'une nuit mémorable.

Sur une idée du duc d'Aiguillon

La peur gagne Versailles, les députés eux-mêmes ! Les voici face aux conséquences de ce qu'ils ont déclenché. Et tous maintenant sont réunis au chevet de cette France saisie de convulsions, de fièvre dangereuse ! La solution vient du club breton, le 3 août. Et c'est l'homme le plus riche du royaume, le duc d'Aiguillon, qui l'imagine. Sa proposition est simple : « Et si on abolissait les privilèges féodaux ? Ils nous seraient remboursés, évidemment. » Charité bien ordonnée… Le vicomte de Noailles, beau-frère de La Fayette, est lui aussi favorable à cette proposition qu'il défend le 4 août à l'assemblée, séduit par l'option rachat qui lui servira à payer ses dettes astronomiques. Aussitôt dit, aussitôt fait : dans la nuit du 4 août 1789, les députés, dans ce qu'on pourrait nommer une sorte d'ivresse patriotique, proposent :

- l'égalité devant l'impôt ;
- l'abolition de tous les droits ressortissant au régime féodal ;
- la suppression des servitudes et des corvées, des droits de chasse, de colombier, la suppression des doits de mainmorte, des rentes foncières perpétuelles, des dîmes ecclésiastiques…

Trois heures du matin : tout est consommé

Tout ce qui peut être supprimé, rappelant le régime seigneurial, l'est dans un enthousiasme où se mêlent les trois ordres gouvernés par une fraternité et une solidarité toutes neuves. Il faut dire que tout le monde lâche du lest d'autant plus volontiers qu'il faut du spectaculaire pour calmer les désordres en cours. À trois heures du matin, il ne reste apparemment plus rien à supprimer. Les députés se séparent après avoir, en quelques heures, démonté des siècles d'habitudes, de coutumes, de soumissions, d'excès, d'égoïsmes, les rangeant dans l'histoire afin de laisser la place à l'imagination, à l'innovation, que tous espèrent meilleures que ce qui fut.

Édifices féodaux : on démonte !

Pendant ce temps, l'entrepreneur Palloy emploie de plus en plus d'ouvriers – jusqu'à 2 000 – pour démolir la Bastille, en leur demandant de travailler le plus lentement possible ! Étrange ? Non : il faut que la démolition de la Bastille devienne le symbole visible et durable de la destruction du régime féodal, de la royauté, du pouvoir absolu ! Palloy fait même sculpter quatre-vingt-trois représentations de la forteresse qui seront envoyées aux quatre-vingt-trois départements tout neufs ! D'autres pierres servent à construire le pont de la Concorde, d'autres à confectionner des encriers, des souvenirs, vendus par le patriote – et astucieux – Palloy, dans toute la France !

26 août 1789 : la déclaration des droits de l'homme

UNE DATE À RETENIR

Inspirée d'un philosophe anglais du XVIIe siècle, la déclaration des droits de l'homme et du citoyen range l'absolutisme au rayon des antiquités…

Ouf !

Les droits féodaux sont abolis – mais, au grand désespoir des privilégiés, l'option rachat a été écartée ! Que faire encore qui puisse donner au peuple la certitude que tout va changer, que tout a changé. En 1778, aux États-Unis, la déclaration d'Indépendance était précédée d'un *Bill of the rights* – liste des droits – lui-même inspiré des écrits du philosophe anglais John Locke (1632 - 1704). Dès le mois de juin 1789, des groupes ont été constitués qui doivent rédiger un projet de déclaration des droits de chaque Français, qui servira de préambule à la constitution. Le projet retenu a été rédigé par le groupe de l'archevêque de Bordeaux : Champion de Cicé. Il est intitulé « Déclaration des droits de l'homme et du citoyen ». L'article premier parle de liberté, d'égalité : « Les hommes naissent libres et égaux en droits… », « naissent » et non pas « sont », ainsi que certaines transcriptions fautives – et erronées – le laissent parfois entendre. Cette déclaration est adoptée le 26 août 1789. Elle a bien failli ne comporter que seize articles, mais, quelques minutes avant qu'elle soit déclarée définitive, on a ajouté l'article 17… : « La propriété étant un droit inviolable et sacré, nul ne peut en être privé », qui a été transcrit au milieu de centaines de « ouf » absolument indécelables et silencieux !

Figure 13-3 : La Déclaration des Droits de l'Homme et du Citoyen.

La déclaration des droits de l'homme et du citoyen

Voici la version intégrale de la déclaration des droits de l'homme et du citoyen de 1789 :

- Article premier - Les hommes naissent et demeurent libres et égaux en droits. Les distinctions sociales ne peuvent être fondées que sur l'utilité commune.
- Article 2 - Le but de toute association politique est la conservation des droits naturels et imprescriptibles de l'homme. Ces droits sont la liberté, la propriété, la sûreté et la résistance à l'oppression.
- Article 3 - Le principe de toute souveraineté réside essentiellement dans la Nation. Nul corps, nul individu ne peut exercer d'autorité qui n'en émane expressément.
- Article 4 - La liberté consiste à pouvoir faire tout ce qui ne nuit pas à autrui : ainsi, l'exercice des droits naturels de chaque homme n'a de bornes que celles qui assurent aux autres membres de la société la jouissance de ces mêmes droits. Ces bornes ne peuvent être déterminées que par la loi.
- Article 5 - La loi n'a le droit de défendre que les actions nuisibles à la société. Tout ce qui n'est pas défendu par la loi ne peut être empêché, et nul ne peut être contraint à faire ce qu'elle n'ordonne pas.

- Article 6 - La loi est l'expression de la volonté générale. Tous les citoyens ont droit de concourir personnellement ou par leurs représentants à sa formation. Elle doit être la même pour tous, soit qu'elle protège, soit qu'elle punisse. Tous les citoyens, étant égaux à ces yeux, sont également admissibles à toutes dignités, places et emplois publics, selon leur capacité et sans autre distinction que celle de leurs vertus et de leurs talents.
- Article 7 - Nul homme ne peut être accusé, arrêté ou détenu que dans les cas déterminés par la loi et selon les formes qu'elle a prescrites. Ceux qui sollicitent, expédient, exécutent ou font exécuter des ordres arbitraires doivent être punis ; mais tout citoyen appelé ou saisi en vertu de la loi doit obéir à l'instant ; il se rend coupable par la résistance.
- Article 8 - La loi ne doit établir que des peines strictement et évidemment nécessaires, et nul ne peut être puni qu'en vertu d'une loi établie et promulguée antérieurement au délit, et légalement appliquée.
- Article 9 - Tout homme étant présumé innocent jusqu'à ce qu'il ait été déclaré coupable, s'il est jugé indispensable de l'arrêter, toute rigueur qui ne serait pas nécessaire pour s'assurer de sa personne doit être sévèrement réprimée par la loi.
- Article 10 - Nul ne doit être inquiété pour ses opinions, mêmes religieuses, pourvu que leur manifestation ne trouble pas l'ordre public établi par la loi.
- Article 11 - La libre communication des pensées et des opinions est un des droits les plus précieux de l'homme ; tout citoyen peut donc parler, écrire, imprimer librement, sauf à répondre de l'abus de cette liberté dans les cas déterminés par la loi.
- Article 12 - La garantie des droits de l'homme et du citoyen nécessite une force publique ; cette force est donc instituée pour l'avantage de tous, et non pour l'utilité particulière de ceux à qui elle est confiée.
- Article 13 - Pour l'entretien de la force publique, et pour les dépenses d'administration, une contribution commune est indispensable ; elle doit être également répartie entre les citoyens, en raison de leurs facultés.
- Article 14 - Les citoyens ont le droit de constater, par eux-mêmes ou par leurs représentants, la nécessité de la contribution publique, de la consentir librement, d'en suivre l'emploi, et d'en déterminer la quotité, l'assiette, le recouvrement et la durée.
- Article 15 - La société a le droit de demander compte à tout agent public de son administration.
- Article 16 - Toute société dans laquelle la garantie des droits n'est pas assurée, ni la séparation des pouvoirs déterminée, n'a point de Constitution.

- Article 17 - La propriété étant un droit inviolable et sacré, nul ne peut en être privé, si ce n'est lorsque la nécessité publique, légalement constatée, l'exige évidemment, et sous la condition d'une juste et préalable indemnité.

Où sont les femmes, en 1789 ?

Des troupes autour de Paris, des banquets au château de Versailles où on foule au pied la cocarde tricolore : les Parisiens s'inquiètent, les Parisiennes se mettent en colère ! Des canons devant le château pour le protéger, la garnison des défenseurs de la place acclamée : les nouvelles vont vite, gagnent Paris où Marat échauffe les esprits des hommes et des femmes.

Figure 13-4 : Louis XVI et Marie-Antoinette avec leurs enfants à Versailles, le 6 octobre 1789, par Gyula Benczur.

Louis, qu'avez-vous fait ?

Louis ! Louis XVI ! Qu'avez-vous fait, le 14 septembre 1789 ? J'ai fait venir de Douai à Versailles le régiment de Flandre. Pourquoi cela ? Parce que j'ai peur des émeutes, je me sens si isolé depuis que les gardes françaises ont fraternisé avec le peuple ! Le 23 septembre, les 1 100 hommes du régiment de Flandres entrent à Versailles. Ils installent leurs canons, les pointant vers l'extérieur au cas où on nous attaquerait, étalent leurs munitions. Que s'est-il passé le 1er octobre ? Le 1er octobre ? La reine et moi-même avons été acclamés par la garnison de Versailles et le régiment de Flandres, au cours d'un grand banquet, au château, dans la salle de l'opéra ! Et trois jours plus tard ? Eh bien, trois jours plus tard, Paris a commencé à gronder : on banquette à Versailles et les Parisiens manquent de pain !

5 octobre 1789 : elles approchent…

Marat, le terrible Marat, celui que son séjour de dix ans outre-Manche a transformé en représentant des droits à l'anglaise, ce médecin qui souffre terriblement d'une maladie de peau au point qu'il porte souvent une espèce de turban sur son air lugubre, Jean-Paul Marat qui publie le journal *L'Ami du Peuple* a lancé, dans son numéro du 3 octobre 1789, cet appel « Tous les citoyens doivent s'assembler en armes… » En fait de citoyens, ce sont des citoyennes qui vont se réunir, le 4 octobre, au Palais-Royal et sur les Boulevards : il paraîtrait que les dames, à la cour de Versailles, ont donné leur mains à baiser à ceux qui acceptaient de porter la cocarde blanche royaliste, il paraîtrait que la cocarde tricolore a été foulée au pied par le régiment de Flandres ! Et puis le bruit court que des monceaux de farine sont conservés en lieu sûr à Versailles. Les femmes affamées décident d'aller les chercher, ces monceaux de farine ! Elles approchent ! Les voici !

Figure 13-5 : À Versailles, à Versailles !

6 octobre 1789 : « Je vais lui arracher le cœur ! »

« Tue ! Tue » « À mort l'Autrichienne ! » « Je vais lui ouvrir le ventre, je vais y fourrer mon bras jusqu'au coude, et je vais lui arracher le cœur ! » Les voici, les femmes, en ce petit matin du 6 octobre 1789, qui arpentent le labyrinthe du château de Versailles ! Elles ont quitté Paris à pied le 5 octobre au matin. Lorsque à midi, ce même 5 octobre, elles arrivent à Versailles, le roi chasse dans les bois de Meudon, la reine est à Trianon, les enfants royaux sont en promenade. Les 6 000 femmes sont trempées, crottées tant la pluie s'est déchaînée sur leur troupe que dirige un nommé Maillard, commis aux écritures.

La ruée ruisselante à la buvette

Louis XVI revenu au château accueille une délégation qu'il rassure et restaure, et qui est copieusement huée par celles qui sont restées dehors, grelottant de froid ! Des hommes les ont suivies, ou se sont glissés parmi elles, déguisés en femmes ! Et puis, qui clôt la marche à distance, vient La Fayette avec les Gardes nationaux, prêts à endiguer tout débordement. Dans la nuit, toute cette ruée populaire et ruisselante a envahi la salle de l'Assemblée, elle a insulté ceux qu'on appelle les « monarchiens » – les anglomanes, partisans d'une monarchie constitutionnelle –, elle s'est fait ouvrir la buvette, a beaucoup bu, s'est installée sur la place d'Armes du château en attendant le petit matin.

La reine sans peur

Petit matin, cour du château de Versailles, 6 octobre 1789. La foule se rue dans les appartements, cherche la reine qui a tout juste le temps de quitter sa chambre et de se réfugier dans celle du roi, avec ses enfants. Les gardes françaises chargent et réussissent à dégager le château. La foule crie au dehors, appelle le roi. La Fayette conseille à Louis XVI de paraître en famille à la fenêtre, ce qu'il fait. Les femmes et les hommes qui s'apprêtaient à décharger leurs armes sur Marie-Antoinette se figent : elle vient sans peur s'offrir à leur colère.

« Le boulanger, la boulangère et le petit mitron »

« Tête à vent » disait son frère, oui, mais pas forcément sans cervelle lorsque l'heure est tragique. Et elle l'est, parce que des têtes de gardes du château sont déjà plantées au bout des piques qui vont ouvrir la marche de retour vers Paris. Le roi et sa famille acceptent de quitter Versailles qu'ils ne reverront jamais ! Ils s'en vont vers la capitale escortés des Parisiennes et des Parisiens qui dansent autour du carrosse et chantent : « Nous ramenons le boulanger, la boulangère et le petit mitron ! Ils nous donneront du pain ! Ou bien ils verront… » La famille royale est installée au château des Tuileries, sous bonne garde, prisonnière de la Révolution.

La Constituante au travail

Le 9 juillet 1789, l'Assemblée nationale a pris le nom d'Assemblée constituante afin de donner une constitution à la France.

Les départements : noms de fleuve, de montagne

Pendant que les femmes ramènent le roi à Paris, l'Assemblée constituante travaille : pour mieux unir, il faut mieux diviser, c'est-à-dire substituer à l'ancienne division du royaume en 34 provinces, 135 diocèses, 40 gouvernements militaires, 13 parlements judiciaires, de nouvelles unités qui seront à dimension humaine et éviteront la dispersion des responsabilités. Le 11 novembre 1789, l'assemblée décide que la France sera divisée en 75 à 85 départements auxquels seront donnés des noms de fleuve, de rivière, de montagne. Tout habitant d'un département devra être capable d'atteindre son chef-lieu en une journée de cheval (au triple galop sans doute dans certains cas de figure…).

Retour à la case gauloise

Sans s'en apercevoir, ceux qui vont créer les départements vont recréer les territoires des anciennes… tribus gauloises : autour de Nantes se situe l'ancien pays des Namnètes, autour de Vannes, celui des Vénètes, près de Reims, les Rèmes, près de Poitiers, les Pictones, autour de Paris, les Parisii… Ces départements seront dirigés par un conseil de département (ces conseils sont supprimés le 4 décembre 1793, et rétablis le 17 février 1800, sous le nom de conseil général) de 28 membres, élu par les citoyens. Le décret du 15 janvier officialise la naissance de 83 départements. Ils contiennent les 44 000 municipalités dont la création avait été décidée deux mois auparavant.

2 novembre 1789 : les biens de l'Église confisqués

L'Église, l'Église de France, si riche, les caisses de l'État, si vides… Le 2 novembre 1789, tous les biens ecclésiastiques : les terres, les abbayes, les monastères, tout ce dont l'Église est propriétaire tombe dans l'escarcelle de la Nation qui en a grand besoin pour payer ses dettes ! D'un seul coup ! Talleyrand l'avait imaginé, Mirabeau l'a proposé, l'Assemblée constituante l'a fait ! Elle l'a décidé d'autant plus volontiers que Talleyrand a précisé que l'Église n'était pas vraiment propriétaire de ses propriétés : celles-ci n'ont jamais été destinées aux intérêts des personnes que sont les membres de l'Église, elles sont seulement une sorte d'outil pour leurs fonctions.

La planche à billets

Comment transformer les biens du clergé en métal précieux qui permettra à l'État de rembourser ses créanciers ? Les députés décident de créer un billet portant l'indication d'une valeur garantie sur les biens du clergé. Garantie, c'est-à-dire assignée. D'où le nom d'assignat donné au billet lui-même. Le procédé est simple : les particuliers qui possèdent de l'or ou de l'argent échangent ces métaux précieux contre des billets en papier qui leur rapportent un intérêt de 5 %, et leur donnent la possibilité d'acquérir ensuite des biens d'église.

Il est prévu de n'émettre qu'un nombre limité d'assignats afin de garantir leur valeur. Ils doivent même être brûlés lorsqu'ils auront servi à l'achat des biens d'église ! Mais l'État se garde bien de procéder à cette incinération. Au contraire, la planche à billets fonctionne de plus en plus, créant une inflation galopante. L'assignat qui est devenu la monnaie en vigueur baisse vertigineusement et entraîne un énorme désordre dans la vie quotidienne et le petit commerce. En 1796, la planche à billets est solennellement détruite. L'assignat ne vaut plus rien ou presque.

Les prélats moins riches, les curés moins pauvres

Deuxième étape : le 12 juillet 1790, l'Assemblée vote la constitution civile du clergé. Le pape ? Il n'est plus le chef de l'Église de France – le gallicanisme triomphe. Les évêques et les curés sont élus par ceux qui ont été sélectionnés en fonction de leurs revenus pour élire les administrations locales. Le nombre de diocèses est réduit à quatre-vingt-trois : un par département. La résidence et le traitement des ecclésiastiques, quels qu'ils soient, sont réglés par la loi. Ainsi, les riches prélats seront beaucoup moins riches, et les pauvres curés vont devenir un peu moins pauvres ! Le 27 novembre 1790, tous les prêtres sont contraints de prêter le serment de fidélité à la Nation, au roi et à la constitution civile du clergé. Ceux qui acceptent vont être appelés jureurs, les autres deviennent les réfractaires.

Le roi gagne et perd

On pourrait croire la France heureuse de son nouveau sort et de son roi en 1790, lors de la fête de la Fédération. Le roi, lui, n'est pas heureux de son sort : il va s'enfuir vers la frontière qu'il n'atteindra pas.

14 juillet 1790 : la fête de la Fédération

UNE DATE À RETENIR

La Bastille est prise depuis un an. Une grande fête rassemblant des centaines de milliers de personnes va se dérouler au Champ-de-Mars.

Les municipalités libres

Qu'est-ce que la Fédération ? Revenons un peu en arrière : lors de la Grande Peur, les villes de province se sont transformées en municipalités libres, se séparant du centralisme parisien. Ces municipalités ont fait respecter les décisions de l'Assemblée constituante où siégeaient leurs députés. Enfin, toutes ces municipalités se sont regroupées en une fédération nationale, fédération dont c'est la grande fête au Champ-de-Mars, face à l'École militaire à Paris, en ce 14 juillet 1790 ; Bailly, le maire de Paris, a proposé cette date. Talleyrand a approuvé, précisant que cette fête est celle de la France armée – au nom des mille qui ont pris la Bastille – et non de la France délibérante ! Trompettes, tambours, trombes d'eau, près de 400 000 personnes trempées jusqu'aux os y assistent ! Ce sont donc des soldats qui vont défiler, des délégués des gardes nationales venus de toutes les nouvelles municipalités de France, y compris celle de Paris. Ils sont 14 000.

LE SAVIEZ-VOUS ?

Le double jeu de Mirabeau

Un absent lors de la fête de la Fédération : Mirabeau. Mirabeau le tribun ! En secret, il s'est désolidarisé de la Révolution en 1790, jouant un double jeu. Le 3 juillet 1790, il est reçu à Saint-Cloud par le roi et la reine. Il s'agenouille devant eux et leur déclare : « La monarchie est sauvée ! » – et ses dettes remboursées par la générosité du roi. Cette duplicité ne sera découverte qu'après sa mort, le 2 avril 1791 à quarante-deux ans. En attendant, toute la France le pleure. Il est enterré en grande pompe au Panthéon. Deux ans plus tard, en 1793, on découvrira sa correspondance secrète avec les souverains, tout sera révélé : il sortira du Panthéon sous les vociférations et les crachats laissant la place à Marat !

La fête de l'ovation

Le roi et la reine sont aux anges : on les acclame, on les ovationne. Marie-Antoinette sourit comme jamais, elle lève vers la foule le petit dauphin, le futur Louis XVII… Les ovations redoublent ! La Nation, la vraie Nation vient de naître. Talleyrand, entouré de 300 prêtres ayant ceint l'écharpe tricolore, célèbre la messe sur l'autel de la patrie. La Fayette prononce le serment de fidélité à la Constitution. Le roi jure à son tour qu'il sera fidèle à la Nation et à la loi. Qu'entend-on qui s'élève et plane sur le Champ-de-Mars. Vous l'avez deviné : une ovation de plus ! Le soir arrive : tout le monde danse, tout le monde s'embrasse ! Il n'y a plus de serfs, plus de classes oppressantes, plus d'hommes victimes des hommes : chaque Français est un citoyen dans l'esprit de la liberté, de l'égalité et de la fraternité ! On pourrait croire, ce jour-là, la Révolution terminée.

20 juin 1791 : le roi s'enfuit en famille

UN ÉVÉNEMENT IMPORTANT

La confiscation des biens de l'Église et la constitution civile du clergé ont troublé beaucoup de notables, de gens du peuple, notamment dans le Midi et en Bretagne où des troubles ont éclaté. Le roi très catholique n'a pas accepté non plus cette mainmise de la Révolution sur le clergé. Certain qu'il recueillera l'approbation d'une grande partie du pays, il décide de fuir avec sa famille, et de retrouver à la frontière rhénane l'armée de Condé, une armée de nobles français émigrés qui n'attend qu'un signal pour envahir le royaume.

Le bel Axel conduit l'attelage

Que se passe-t-il ? Dans la nuit du château des Tuileries, des ombres glissent contre les murs, courent dans les jardins, franchissent une petite porte et s'engouffrent dans une voiture de louage. Aussitôt le cocher fouette les chevaux. Un rayon de lune dans cette nuit claire du 20 juin 1791 vous a permis de reconnaître Axel de Fersen. Même si vous ne l'avez pas reconnu, soyez en sûr : c'est bien lui ! C'est bien l'amant de Marie-Antoinette, ce Suédois d'origine écossaise qui s'est exilé pour tenter d'éteindre sa flamme. Et sa flamme a redoublé.

Figure 13-6 : Retour de la famille royale à Paris le 25 juin 1791.

La grosse berline prend du retard !

Dans la nuit de Paris, le cocher aux yeux de braise conduit porte Saint-Martin ses passagers. Une grosse berline verte les y attend. Les deux voitures sortent sans encombre de la capitale. La scène qui se déroule au relais de Bondy est à la fois pathétique et insolite : Fersen, l'amant, fait ses adieux à sa maîtresse, la reine, puis au mari : le roi ! Chut… Paris dort. Il est deux heures du matin. Les fugitifs ont deux heures de retard sur l'horaire prévu. Dans la voiture somnolent le petit dauphin et sa sœur, et puis la sœur du roi, Madame Élisabeth, la gouvernante, Madame de Tourzel, et puis, fragiles et seuls plus que jamais, Louis et Marie-Antoinette. Tous les douze kilomètres, il faut changer les chevaux tant la berline est lourde et chargée. Le retard ne cesse de croître !

« Le roi s'est enfui ! »

21 juin, huit heures du matin. Paris. Un cri : « Le roi s'est enfui ! » La Fayette envoie dans toutes les directions des soldats pour l'arrêter ! Où est-il parti ? En Bretagne ? En Belgique ? Dans l'Est ? Onze heures, la grosse berline est à Montmirail. Midi, Fromentières ! Tout le monde descend ! On se dégourdit les jambes, on repart. Quatorze heures ! Chaintrix ! Tout le monde descend encore, même si le retard est de trois heures et demie ! À mesure que le temps passe, Louis XVI se rassure : il sait qu'au pont de la Somme-Vesle, le jeune Choiseul l'attend avec soixante cavaliers armés.

Un gros homme myope...

Le pont de la Somme-Vesle est atteint à dix-huit heures. Personne ! Les cavaliers, jugeant que la berline ne viendrait plus, sont partis depuis deux heures. Étape suivante, vingt heures, la berline s'arrête devant la maison de poste de Sainte-Menehould. Le détachement armé qui devait s'y trouver n'est pas là non plus. Mais une rumeur parcourt la petite ville : le roi vient de passer. Au conseil de la ville, réuni à la hâte, le maître de poste, Drouet, qui n'a pas reconnu le roi, décrit le passager de la berline comme un « gros homme myope, avec un long nez aquilin, un visage bourgeonné ».

Marche funèbre

Drouet saute à cheval et dépasse la voiture à vingt-trois heures à l'entrée de Varennes-en-Argonne. Dix minutes plus tard, elle s'arrête sous les voûtes de l'église Saint-Gengoult. Les passagers cherchent leur route. C'est Marie-Antoinette qui tente de lire la carte routière : ils sont perdus ! Les patriotes entourent la voiture. Bien que les passeports soient en règle, Drouet exige que la famille royale descende de la berline et passe la nuit dans l'arrière-boutique de l'épicier Sauce, qui est aussi procureur de la commune. Le lendemain matin, à six heures, deux émissaires de l'Assemblée, Romeuf, aide de camp de La Fayette, et Bayon arrivent à Varennes. À neuf heures du matin, le 22 juin, la berline repart pour Paris. Le 25 juin, elle entre dans la capitale au son lugubre des tambours. Le peuple est silencieux, atterré. Certains sont armés de couteaux, de sabres. Personne ne bouge. On dirait une marche funèbre qui n'en finira plus.

Figure 13-7 : Salle du serment du Jeu de Paume.

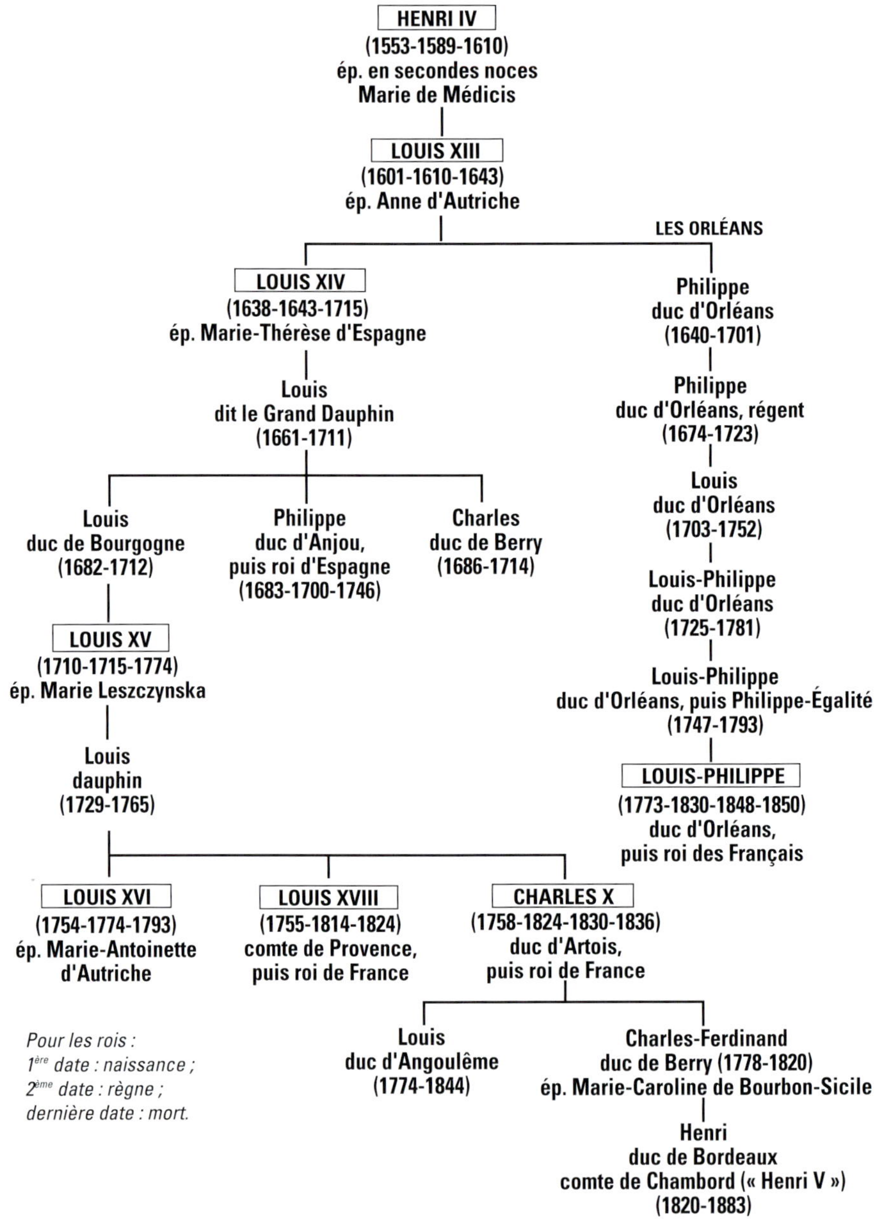

Les Bourbons.

Chapitre 14

1791 à 1795 : La Révolution : l'avènement de la République

Dans ce chapitre :

- Comprenez l'influence des clubs sur l'esprit révolutionnaire
- Prenez conscience de l'œuvre des assemblées constituante, législative, et de la Convention
- Assistez à la naissance de la République
- Vivez les grands épisodes tragiques de la Révolution, jusqu'à la fin de Robespierre

Les Assemblées possèdent certes un grand pouvoir de décision, mais l'inspiration provient souvent des clubs que vous allez apprendre à connaître. Danton, Robespierre, Marat, les ténors de la Révolution en sont les piliers. L'œuvre de la Constituante va être poursuivie par celle de l'Assemblée législative, elle-même remplacée par la Convention qui va proclamer la République puis condamner à mort le roi déchu le 10 août 1792. Exécuté le 21 janvier 1793, Louis XVI laisse la place à l'affrontement sans merci entre les Montagnards, essentiellement parisiens, et les Girondins, partisans de la décentralisation. Les Girondins éliminés, Danton qui veut la paix et Robespierre qui veut la guerre se livrent une lutte sans merci. L'un et l'autre vont faire connaissance avec le bourreau Charles-Henri Sanson et avec sa veuve…

Des victoires politiques et militaires à tout prix

L'effervescence et l'enthousiasme gouvernent les clubs qui inspirent l'Assemblée. Le peuple quant à lui subit parfois de rudes revers pendant que la guerre arrive aux frontières et que le roi est emprisonné…

Bienvenue aux clubs !

Pour comprendre comment naissent, se développent et circulent les idées en cette période révolutionnaire et effervescente, il faut opérer un petit retour en arrière, revenir en mai 1789. Vous allez être témoins de la naissance des clubs où s'agitent les pensées novatrices. Les clubs ne sont pas une invention révolutionnaire : pendant tout le XVIIIe siècle, les philosophes ont créé des groupes où la société est remise en question, ou de multiples théories sont élaborées pour la transformer. En 1789, la philosophie se fait politique, et la politique des clubs associe étroitement la théorie à la pratique !

Rendez-vous au café Amaury

Tout est parti d'un café, le café *Amaury* à Versailles. En mai 1789, des députés bretons s'y réunissent afin de préparer les séances de l'Assemblée, définir précisément les questions qui seront posées. Qui sont-ils ces députés qu'on imagine réunis autour d'une table dans l'effervescence, le brouhaha des énergies qui rêvent la France nouvelle ? On aperçoit un avocat de Rennes, Isaac Le Chapelier, le comte Jean-Denis Lanjuinais, conseiller aux états de Bretagne, Joseph-Jacques Defermon des Chapellières, député de Châteaubriant – président de l'Assemblée nationale en 1791. Venus d'autres régions, Barnave, du parlement de Grenoble, Sieyès, l'excellent orateur Jacques Pétion de Villeneuve, qui vient de Chartres, les frères Lameth, de Péronne.

Populaire, le club des Jacobins ? Pas vraiment…

Lorsque l'Assemblée nationale devient Constituante et migre à Paris, le club breton la suit et s'installe rue Saint-Honoré, au couvent des Jacobins – ainsi appelés parce qu'à l'origine ce couvent était établi rue Saint-Jacques. Le club breton devient alors la « Société des amis de la constitution », et par métonymie, le club des Jacobins. Les rangs s'enrichissent de la présence de Mirabeau, La Fayette, Brissot, Robespierre, Talleyrand… Populaire, ce club ? Pas vraiment : il faut, pour y être admis, bénéficier de la recommandation de trois parrains, prêter un serment, et surtout, s'acquitter d'un droit d'entrée de 25 000 livres, c'est-à-dire une petite fortune !

Les Jacobins : un réseau national bien organisé

De 1 000 adhérents en 1789, dans toute la France, le club des Jacobins passe à plus de 10 000 en 1791, répartis en 800 filiales. C'est un réseau fort efficace que la maison mère de Paris irrigue de ses idées, rapidement transmises par une abondante correspondance. Son influence sur les décisions prises par l'Assemblée est importante. Les opinions qui y sont développées sont pro-révolutionnaires, mais demeurent modérées.

L'espoir pour cotisation

Vingt-cinq mille francs ! Où trouver vingt-cinq mille francs quand on habite au temps de la Révolution le Quartier Latin, l'un des quartiers les plus pauvres de Paris ? Est-ce qu'on doit pour autant se mettre en marge du mouvement révolutionnaire, et laisser travailler seulement l'Assemblée constituante inspirée par le grave et sérieux séminaire des penseurs Jacobins ? Non ! Au Quartier Latin, ce n'est pas une cotisation qui permet de militer pour la liberté, c'est l'espoir, l'immense espoir de tous, sans distinction. Dans les cafés on discute, dans les quarante-huit sections de la commune de Paris, on s'échauffe, des dizaines de petits groupes se constituent qui publient leur feuille souvent chaque jour.

Jacques Hébert, « Homère de l'ordure »

On dénombre 340 titres de journaux à Paris, près de 500 en province ! Au quartier latin, l'une de ces feuilles est particulièrement engagée, son langage est direct, souvent violent, il frappe comme un coup de poing. Son titre : *Le Père Duchesne*. Son rédacteur principal ? Jacques Hébert, un domestique, ancien contrôleur au théâtre des Variétés. Hébert est issu du peuple, il est le peuple ! Sa plume embroche les aristocrates, tous les riches, quels qu'ils soient, et tous ceux qu'il considère les ennemis des siens : les pauvres oppressés, exploités, épuisés par l'impôt, révoltés par l'injustice. Excessif parfois, Hébert récolte le surnom d'« Homère de l'ordure ».

UN PORTRAIT

George Danton et sa hure au club des Cordeliers

Suivons jusqu'à son club Jacques Hébert qui vient de distribuer son *Père Duchesne*. Il emprunte la rue de L'École-de-Médecine, s'arrête au niveau de la rue de Hautefeuille. Il pénètre dans l'ancien couvent des Cordeliers, ces moines qui faisaient vœu de pauvreté, possédant tout en commun. Assis autour des tables, debout, on parle fort, c'est une effervescence d'idées dans une atmosphère surchauffée où se côtoient des artisans, des ouvriers, des domestiques, des laissés pour compte, des rêveurs, des femmes, des enfants. Vous venez d'entrer au club des Cordeliers, fondé en avril 1790 ! Qui sont ceux-là, que vous venez de remarquer sans peine à leur air décidé, à leurs emportements ? Ce sont les meneurs : George Danton et sa hure sculptée par la charge d'un taureau qui lui avait arraché la lèvre supérieure alors qu'enfant il tétait une vache ! Camille Desmoulins qui se bagarre avec les syllabes, Jean-Paul Marat à l'épiderme malade, Fréron, créateur d'une feuille, *L'Orateur du peuple* qu'il signe du nom de Martel, Chaumette qui vient de Nevers et qui rêve de créer une déesse nommée Raison. Le voilà, ce club des Cordeliers, le foyer le plus vif, le plus enflammé, le plus déterminé de la Révolution, avec tout ce que cela peut entraîner.

17 juillet 1791 : La Fayette fait tirer sur le peuple

Le club des Cordeliers, radical dans les solutions qu'il propose, veut déposer sans tarder le roi, afin d'instaurer un système politique dont le peuple sera le maître.

Le roi a été enlevé !

« La République ! » Voilà ce que réclament les Cordeliers. Ils ont une devise, forgée en 1791, avant même la fuite du roi : « Liberté, égalité, fraternité ». Chez les Jacobins, on se montre moins convaincu de l'utilité d'une république, on préfère temporiser. On préfère demander la déchéance du roi. Barnave – rappelez-vous, le Grenoblois du café *Amaury* en 1789 – ne partage pas l'enthousiasme des Cordeliers. Il se montre même méfiant, il craint les débordements, cette crainte est partagée par ceux qu'on appelle les constitutionnels, députés modérés qui en ont assez du climat révolutionnaire. Le roi s'est enfui ? Non, disent en chœur Barnave et les constitutionnels, il a été enlevé par l'étranger qui voulait le protéger ! Mensonge, répliquent les Cordeliers et leurs troupes populaires en colère ! Mensonge : Louis XVI lui-même a laissé une lettre rendue publique où il a expliqué pourquoi il s'est enfui ! Oui, répondent les députés constitutionnels, mais elle est sans valeur ! Et ils rétablissent dans ses fonctions Louis XVI pardonné, le 15 juillet 1791. C'en est trop pour les Cordeliers !

« Tirez, chargez, sabrez ! »

Les Cordeliers lancent une pétition le 16 juillet 1791. Le 17, ils sont plus de 5 000 au Champ-de-Mars qui viennent signer cette pétition sur l'autel de la patrie. La garde nationale, aux ordres de La Fayette est chargée de contenir les débordements. Des pierres sont lancées sur la garde, on se bouscule, on se bat, un nommé Fournier pose le canon de son pistolet sur la poitrine de La Fayette. La garde recule, se met en position, tire, charge et sabre ! Le peuple de Paris recule et laisse plus de cinquante morts sur le terrain.

Les sans le sou mis au pas !

Le lendemain, Barnave justifie à l'Assemblée ce coup de force qui rassure les conventionnels : le monde menaçant des citoyens sans avoir, des sans le sou, est mis au pas par celui des citoyens propriétaires ! Les agitateurs du peuple, Marat, Danton, Hébert, sont activement recherchés et doivent se cacher. Au club des Jacobins, rien ne va plus : on regarde de travers la Fayette. Lameth, Barnave quittent le club et vont s'installer un peu plus loin, à la terrasse de l'ancien couvent des Feuillants, fondant ainsi le club du même nom. Les Jacobins cependant tiennent bon, avec à leur tête Robespierre le pur, et Brissot, pour un temps encore…

La Constituante : de fiers services rendus à la France

LE SAVIEZ-VOUS ?

Elle avait été commencée le 9 juillet 1789, elle vient d'être votée en ce 14 septembre 1791 : la constitution de la France, œuvre de l'Assemblée constituante ! Quels changements en deux ans !

- La France est divisée en départements, districts cantons et communes.
- Les privilèges féodaux sont abolis.
- L'égalité devant l'impôt devient effective. Celui-ci comporte trois volets : la contribution foncière sur le revenu des terres, la contribution mobilière calculée sur la valeur locative des habitations, et la patente perçue sur les revenus de l'industrie et du commerce.
- La presse est libre.
- Les droits de citoyen sont accordés aux juifs, aux protestants.
- Les progrès en matière de justice sont considérables : l'accusé qui paraît devant ses juges dans les vingt-quatre heures bénéficie de l'assistance d'un avocat, il ne subira plus la torture, sa peine sera décidée par un jury populaire composé de citoyens tirés au sort.
- Une cour de cassation est créée afin de vérifier l'application des lois.
- Un code pénal est rédigé, sur le modèle de l'ancien code romain.
- Le roi ? Il ne lui reste plus qu'un droit de veto suspensif, c'est-à-dire un seul mot s'il n'est pas d'accord avec ce que décide, seule, l'assemblée : non !

UN ÉVÉNEMENT IMPORTANT

L'abbé Grégoire : « Il faut donner aux Juifs des droits économiques et politiques ! »

Une monarchie constitutionnelle ? Impossible ! La peine de mort ? Il faut la supprimer ! La République ? Il faut la proclamer ! Voici en quelques mots ce que défend l'abbé Henri Grégoire (1750 - 1831), curé d'Embermesnil en Lorraine. Né dans une humble famille de paysans, il est devenu député du clergé aux états généraux. Il n'a qu'une idée : la tolérance. Il ne comprend pas que les communautés juives en France soient privées de leurs droits économiques et politiques. Lié au rabbin, Isaac Behr-Bing, il va présenter à l'Assemblée une motion où est réclamée pour les Juifs « la faculté de s'établir dans tous les lieux du royaume, d'exercer tous les arts et métiers, d'acquérir des immeubles, de cultiver des terres ». Le décret accordant la citoyenneté aux membres des communautés juives est promulgué le 27 septembre 1791. Le 15 mai 1791, il avait obtenu que les gens de couleur, nés de père et de mère libres, bénéficient des doits politiques accordés à tout citoyen. Hélas, cette dernière décision demeura lettre morte pour longtemps.

Bref, la Constituante a bien mérité de la patrie, elle peut entrer dans l'histoire, on parlera longtemps d'elle, du grand ménage qu'elle a fait, toujours en bien !

1er octobre 1791 : bienvenue à l'Assemblée législative

Sur une idée de Robespierre, les députés de la Constituante avaient voté leur non-rééligibilité. La nouvelle assemblée qui se réunit le 1er octobre 1791, l'Assemblée législative, est donc composée de nouveaux députés. Parmi eux, 400 avocats.

Feuillants à droite, Jacobins à gauche

Une constitution, c'est bien, mais il faut aussi des lois afin de décider des droits et des devoirs de chacun. Voici maintenant l'Assemblée législative. Elle siège au lendemain de la dernière séance de la Constituante qui a lieu le 30 septembre. Le 1er octobre 1791, 745 nouveaux députés viennent siéger à l'Assemblée. On y trouve un centre composé de 449 éléments favorables à la monarchie constitutionnelle. Les Feuillants, au nombre de 160, se sont assis à droite : ce sont les partisans du roi et de l'aristocratie. À gauche ont pris place 136 députés composés de Jacobins et de Cordeliers.

Le sans-culotte Gilbert, le major Brutus

Pauvre poète, très pauvre, le poète Gilbert, en 1769, vingt ans avant la Révolution. Il est si démuni qu'il porte, au lieu de la culotte des gens de bonne société, le pantalon. Et Gilbert le poète qui connaît les philosophes plus prompts à se réunir dans les salons qu'à se mêler au peuple pour connaître ses misères, les invective souvent, ce qui leur déplaît. Alors, pour se moquer de lui, ils l'appellent le sans-culotte ! Ainsi les riches désignent-ils alors avec mépris ceux qui ne sont pas vêtus comme eux. Ce nom de sans-culotte est utilisé dans un journal contre-révolutionnaire en 1791 pour désigner ironiquement ceux qui, dans les rues de Paris, sèment le trouble, réclament la justice sociale, et surtout du pain. Le nom composé est fièrement repris par ceux qui sont visés.

À quoi reconnaît-on le sans-culotte ? Il porte un pantalon rayé de grosse étoffe – l'aristocrate porte des bas de soie et la culotte courte qui s'arrête aux genoux. Il est chaussé de sabots remplis de paille, porte sur la tête le bonnet phrygien rouge rappelant l'affranchissement des esclaves. En main, le sans-culotte tient une pique. Son drapeau est le drapeau rouge, signe de la loi martiale, celui qu'on lève dans l'armée lors de ses révoltes. Il retrouve ses semblables à la section où sont prises les décisions. Son idéal ? L'égalité qu'il pratique en tutoyant tous ceux qu'il rencontre, et qui sont pour lui des citoyens et des citoyennes, un point c'est tout. Le sans-culotte est contre les grands propriétaires, mais approuve la petite propriété. Il abandonne son nom de baptême pour prendre les glorieux noms de l'antiquité. Ainsi le major Léopold-Sigisbert Hugo, le père de Victor, sacrifiera-t-il à cette mode, adoptant le nom de Brutus !

La révolution menacée ?

La situation du pays, en ce début d'octobre 1791, est catastrophique : la valeur des assignats est en chute libre, les prix grimpent chaque jour, des spéculateurs qu'on appelle les accapareurs stockent des farines, provoquant des émeutes. Les boulangeries sont partout prises d'assaut. À Saint-Domingue, les esclaves se sont soulevés, des plantations ont brûlé. On commence à parler d'un complot : l'empereur d'Autriche et le roi de Prusse ont fait alliance pour anéantir la Révolution en France à l'aide des nobles qui ont émigré !

La guerre aux frontières

Aux frontières, des troupes sont massées qui pourraient entrer en France et rétablir la royauté dans ses droits. C'est ce que Louis XVI espère. Mais la guerre est souhaitée aussi par certains révolutionnaires.

Que devient Louis XVI ?

Et que devient le roi dans toute cette incertitude, toute cette agitation ? On lui présente ce que l'Assemblée législative vient de décider : les princes émigrés doivent immédiatement rentrer en France, sinon ils seront punis de mort et leurs biens seront saisis ; les prêtres réfractaires doivent prêter le serment constitutionnel dans la huitaine ; le roi doit exiger que l'électeur de Trèves disperse les émigrés séjournant sur son territoire et menaçant à tout instant d'envahir la France. Louis XVI accepte le troisième décret, mais, disposant de son droit de refus – le *veto* –, refuse les deux premiers. Ainsi naît le surnom que le peuple en colère lui donne : Monsieur Veto !

« Les imbéciles ! »

À l'Assemblée, Brissot s'emporte contre le veto du roi, et avec lui protestent tous ceux qui composent le groupe venu de la Gironde, ou leurs sympathisants : les Girondins. Cependant, le troisième décret accepté ouvre une perspective qui va servir à la fois le roi et les Girondins : le roi ne cherche qu'une occasion pour déclarer la guerre à l'étranger, espérant qu'elle sera perdue par les soldats de la Révolution, et que les souverains étrangers viendront le rétablir sur son trône. Les Girondins, eux, désirent la guerre pour exporter la Révolution au-delà des frontières, effectuer une grande croisade contre les tyrans, libérer les peuples européens et créer une immense république ! « Les imbéciles ! Ils ne voient pas qu'ils nous servent ! » Le bel Axel de Fersen entend cette réflexion à propos des Girondins. De qui vient-elle ? De Marie-Antoinette…

Chant de guerre pour l'armée du Rhin

La guerre ! Seul Robespierre s'y oppose : il sait que les troupes révolutionnaires sont faibles en nombre, mal entraînées, sans chef de valeur, et qu'elles seront battues à plate couture dès le premier engagement ! Trop modérés, les ministres feuillants sont remplacés par des brissotins – ou girondins. Le 20 avril 1792, le roi propose à l'Assemblée un vote pour décider si la guerre doit être déclarée : le résultat est à la hauteur de ses espérances et de celles des Girondins : l'unanimité moins une voix ! La guerre est donc déclarée au « roi de Bohème et de Hongrie », c'est-à-dire à l'Autriche seule dont le nouvel empereur s'appelle François II, le neveu de Marie-Antoinette – Léopold étant mort un mois plus tôt. Cinq jours plus tard, le 25 avril 1792, Rouget de Lisle compose à Strasbourg un chant de guerre pour l'armée du Rhin, la future *Marseillaise*.

Mauvais départ

La guerre commence fort mal, ainsi que l'avait prévu Robespierre. Les soldats n'obéissent pas, les chefs sont incompétents, l'intendance est inexistante. Aux Pays-Bas, le général Dillon a même été massacré par ses troupes dont il ordonnait la retraite ! À cette guerre désastreuse s'ajoutent des troubles dans l'ouest, suscités par les prêtres réfractaires. L'Assemblée vote alors trois décrets :

- l'emprisonnement des prêtres réfractaires ;
- la dissolution de la garde du roi ;
- la constitution d'un camp de 20 000 gardes nationaux fédérés – c'est-à-dire fidèles à la Révolution – près de Paris.

20 juin 1792 : la journée des Tuileries

UN ÉVÉNEMENT IMPORTANT

Louis XVI dispose du droit de veto, un droit dont il use dès qu'il sent son pouvoir personnel menacé, ce qui contribue à semer le doute dans l'esprit des révolutionnaires, on parle de complot…

« À bas le veto »

Monsieur Veto s'oppose au premier et au troisième décrets, dévoilant ainsi ses pensées et intentions profondes. De plus, il renvoie ses ministres girondins. Quelques jours plus tard, le 20 juin 1792, plus de 6 000 personnes conduites par le brasseur Santerre – à la fortune confortable – se ruent à l'Assemblée. Les hommes sont armés de couteaux, de tranchets, de piques, de doloires. Sur des pancartes, on peut lire : « À bas le veto ». Puis, Santerre ordonne à sa troupe d'envahir le château des Tuileries. Il est quatre heures, les grilles sont enfoncées. Le roi est entouré par la foule menaçante. On lui fait coiffer le bonnet rouge, boire du vin à la bouteille, comme un vrai sans-culotte. Mais il maintient son veto. Courageusement.

UNE ANECDOTE

« J'étais heureuse quand vous m'aimiez ! »

Les femmes aussi ont défilé devant le roi le 20 juin 1792. Et devant la reine. L'une d'elles l'insulte. Marie-Antoinette l'interpelle : quel mal lui a-t-elle fait ? La femme lui répond et l'accuse de vouloir tromper la nation. Très digne, Marie-Antoinette répond alors : « C'est vous qu'on a trompée. J'ai épousé le roi de France, je suis la mère du dauphin, je suis Française, je ne reverrai jamais mon pays. Je ne puis être heureuse ou malheureuse qu'en France. J'étais heureuse quand vous m'aimiez... » La femme alors fond en larmes : « Ah ! Madame, pardonnez-moi, je ne vous connaissais pas, je vois que vous êtes bonne. »

La patrie en danger !

Malgré la détermination du roi, les soldats fédérés sont en route pour Paris, ils arrivent de toute la province afin de célébrer l'anniversaire de la prise de la Bastille dont la démolition se termine. Soudain, au début de juillet 1792, la Prusse entre en guerre, par solidarité avec l'Autriche, mais aussi parce que la France se présente comme une proie facile... Les Prussiens avancent rapidement vers la France, vers la patrie qui, le 11 juillet, est déclarée en danger. Aussitôt, près de 20 000 volontaires sans-culottes s'enrôlent pour partir vers les frontières.

10 août 1792 : la chute de la royauté

UNE DATE À RETENIR

Un message que fait rédiger Axel de Fersen, l'ami de la reine, et qui menace les révolutionnaires, va précipiter la chute de la royauté.

Les menaces du bel Axel

Parmi les fédérés qui continuent d'arriver à Paris, les Marseillais marchent au rythme du *Chant de guerre de l'armée du Rhin* qui devient ainsi *La Marseillaise !* Cela n'empêche pas les Prussiens de poursuivre leur avance. Leur général, Charles Brunswick, adresse alors aux Parisiens médusés un manifeste rédigé par un immigré, à l'instigation du bel Axel réfugié en Belgique. Ce manifeste menace de livrer Paris à une exécution militaire s'il est fait le moindre mal à la famille royale. La capitale réagit à cette maladroite menace par une explosion de colère !

LE SAVIEZ-VOUS ?

Un souffle d'air frais sur la nuque

Place de Grève. 25 avril 1792. La foule se presse pour voir la première exécution publique d'un condamné, elle est effectuée avec une machine… révolutionnaire : la guillotine ! C'est Joseph-Ignace Guillotin qui l'a proposée à la Constituante. Il ne l'a pas inventée, elle existe déjà dans d'autres pays. Guillotin affirme que la sensation du supplicié au moment où le tranchant lui coupera le cou ressemblera à un souffle d'air frais sur la nuque !

Donc, ce 25 avril 1792, Nicolas-Jacques Pelletier va être exécuté. La foule se presse autour de la machine, on essaie de voir… Le couperet tombe, c'est déjà fini ! Soudain, des cris s'élèvent : on hue le bourreau ! Le supplice est trop court, la guillotine trop efficace ! La Terreur saura utiliser cette efficacité, installant dans la capitale plusieurs machines dont certaines exécuteront plus de cent condamnés par jour.

Les bourreaux aussi sont de plus en plus efficaces. À la fin de la Terreur, ils vous expédient votre homme – déjà préparé, il est vrai – en trois minutes à peine ! Cette facilité effraie Guillotin lui-même qui fait fabriquer, à l'attention de ses amis, des pastilles de poison qu'ils pourraient prendre au lieu de subir la décapitation.

Toutes les cloches se mettent à sonner

La rumeur d'un complot aristocratique ne cesse de s'amplifier dans la capitale : le roi serait complice de tous ces ennemis qui se sont massés aux frontières et qui veulent envahir la France pour le rétablir sur son trône ! Les sections de sans-culottes demandent alors la déchéance de Louis XVI le 3 août 1792. L'Assemblée fait la sourde oreille jusqu'au 9 août. Mais le soir du 9 août, tous les bourdons, toutes les cloches de la capitale commencent à sonner, dans un lugubre concert, grave de menaces ! Bientôt ne demeure que le tocsin, ce battement effaré de la cloche la plus aiguë, comme un cœur qui palpite.

« Les feuilles tombent bien tôt, cette année ! »

Des groupes se forment autour des Tuileries, ils sont armés, silencieux, inquiétants ! Toute la nuit le tocsin va sonner, s'arrêtant au petit matin. Grand silence. Bruits des pas sur le pavé : des faubourgs ont surgi tous ceux qui ont décidé de prendre d'assaut le château. Ils sont des milliers. Ils braquent douze pièces de canon sur les Tuileries. Le roi est emmené dans les locaux de l'Assemblée. Pendant le court trajet qui l'y conduit, traversant le jardin des Tuileries, il remarque des tas de feuilles amassées par les jardiniers. Alors, tristement résigné, il murmure : « Les feuilles tombent bien tôt, cette année ! »

Tous les Charles et tous les Louis, c'est fini !

Au matin du 10 août 1792, les sans-culottes attaquent les Tuileries. Les gardes du palais ouvrent le feu. Des dizaines de Parisiens tombent, leur troupe recule. Mais voici les volontaires marseillais et brestois : ils mettent en batterie les canons qu'ils roulent depuis le faubourg Saint-Antoine. Des coups de feux et des boulets sont échangés. Puis les Suisses et tous ceux qui gardent le château déposent les armes, le roi leur ayant envoyé l'ordre de cesser le feu. Ils sont alors tués sur place, détroussés, dénudés, et pour beaucoup décapités (petite parenthèse dans le récit : regardez, là-bas, légèrement en retrait, ce militaire de petite taille, anodin, qui observe la scène, et qui a failli tout à l'heure être traversé par une balle perdue ! Voulez-vous connaître son nom ? Il s'appelle Napoléon Buonaparte… Fermons la parenthèse). Alors, Robespierre, Marat, Danton demandent que le roi soit définitivement suspendu de ses fonctions. Ce qui est fait. La famille royale va être conduite à la prison du Temple. Clovis, Charlemagne, Hugues Capet, tous les Charles, tous les Henri, tous les François, et tous les Louis, c'est fini ! Ou presque…

Les massacres de septembre 1792

UN ÉVÉNEMENT IMPORTANT

Le roi déchu, la guerre aurait dû cesser, l'Europe considérant vainqueurs les révolutionnaires. Ce n'est pas le cas…

Marat enrage

Plus de roi, mais la guerre continue. Brunswick le Prussien est en Champagne, il avance lentement mais sûrement vers Paris. Il s'est emparé de Longwy, de Verdun. La Fayette a déserté – mais il a été arrêté derrière la frontière par les ennemis qui vont l'emprisonner durant cinq ans ! Les bruits du complot des aristocrates contre la France se renforcent. Marat, l'enragé, sort de ses gonds. Dans son journal, *L'Ami du peuple*, il appelle les citoyens, tous les patriotes, à l'action directe, de sorte que fin août le comité de surveillance de la commune de Paris a signé un arrêté qui ordonne de juger tous les prisonniers séjournant dans les geôles.

LE SAVIEZ-VOUS ?

« De l'audace, encore de l'audace, toujours de l'audace »

Danton, le 2 septembre 1792, termine son discours à l'Assemblée par cette phrase demeurée célèbre : « Pour vaincre les ennemis de la patrie, il nous faut de l'audace, encore de l'audace, toujours de l'audace. » Il invitait le peuple français à se mobiliser contre tous ceux qui pourraient menacer l'œuvre de la révolution en marche. Des rumeurs de complot circulaient partout en France. Les massacres venaient de commencer…

« À la Force ! »

L'ordre de Marat va être suivi au pied de la lettre : des exécuteurs sont recrutés dans les faubourgs, les 31 août et 1er septembre 1792. Ils passent la nuit en libations diverses et dès l'aube, ivres, se ruent sur les prisons. Un tribunal sommaire est mis en place. À la prison de l'Abbaye, chaque prisonnier entend le juge Maillard lui dire : « À la Force ! » – il n'y aura qu'une dizaine d'épargnés. Les condamnés croient alors qu'ils vont être transférés à la prison de la Force. Ils sont dirigés vers la sortie et précipités sur une quinzaine de tueurs avinés qui les transpercent de leur sabre, de leur baïonnette, de leur couteau ou bien leur brisent le crâne avec des masses de fer ou des haches. Les massacres durent trois jours, les 2, 3 et 4 septembre. Ils font 1 400 victimes à Paris, beaucoup moins en province.

UNE ANECDOTE

Marie-Thérèse de Savoie-Carignan, princesse de Lamballe

Au matin du 3 septembre 1792, vers dix heures, la délicieuse et ravissante princesse de Lamballe est tirée de son cachot. Elle est malade, fiévreuse. Terrorisée par les bruits qu'elle entend, elle demande ce qui se passe : « Levez-vous, il faut aller à la prison de l'Abbaye ! », lui disent les deux gardes qui l'emmènent devant Hébert. « Dites que vous haïssez le roi et la reine » « Je ne le puis, cela n'est pas dans mon cœur ! » « Jurez-le ou vous êtes morte ! » Elle détourne la tête. « Élargissez madame ! », dit alors Hébert. On prend la princesse par les aisselles, on la porte dehors, un sabre s'abat sur son cou. Aussitôt, elle est entièrement dévêtue. Son cadavre est exposé pendant deux heures contre une borne devant laquelle défilent, obscènes, des curieux. Vient ensuite un nommé Charlat qui la relève pour poser son cou sur la borne ; il la décapite avec un couteau de boucher, et met la tête au bout d'une pique. Vient aussi un nommé Grison qui lui ouvre la poitrine et en tire le cœur. Eux deux, suivis d'une foule haineuse, vont porter la tête au bout de la pique sous les fenêtres de la prison du Temple. En reconnaissant le visage de son amie, sa confidente, Marie-Antoinette s'évanouit.

20 septembre 1792 : Valmy, la victoire sous la pluie

UNE BATAILLE

Sur le front des opérations militaires, l'armée des sans-culottes se trouve face aux Prussiens, le 20 septembre 1792 à Valmy, près de Sainte-Menehould, dans la Marne. Brunswick, avec ses 80 000 hommes, dont 5 000 émigrés seulement, s'apprête à ne faire qu'une bouchée de l'armée française placée sous les ordres de Dumouriez et de Kellermann, et qui n'aligne que 50 000 combattants !

« Vive la Nation ! »

Dumouriez a choisi de se placer sur la butte de Valmy, dominée par un moulin. Le combat s'engage au matin par un bombardement ennemi sur le moulin de Valmy. Les Français répondent par un violent tir d'artillerie. À treize heures, les Prussiens passent à l'attaque, mollement ; les Français ripostent aux cris de « Vive la Nation ! ». Il pleut à verse. À seize heures, Brunswick, pour une raison qu'on ne s'explique pas encore, décide d'arrêter la bataille et de retirer ses troupes ! C'est donc la victoire pour les Français ! Une victoire dont l'impact psychologique est énorme pour les révolutionnaires.

Figure 14-1 : Sculpture évoquant la bataille de Valmy, au Panthéon.

Les mystères de Valmy

LE SAVIEZ-VOUS ?

Étrange cette bataille qui, opposant au total 130 000 hommes, ne fait – si l'on peut dire – qu'un peu plus de 300 morts, alors que les pertes auraient dû se chiffrer en milliers, vu le nombre de canons, de fusils, de coups tirés. Étrange ce retrait de Brunswick en plein après-midi, alors qu'il pourrait vaincre ! Afin d'expliquer ce mystère, on a émis des hypothèses :

- La plus inattendue : les Prussiens étaient atteints de dysenterie, avec les conséquences qu'on imagine à chaque assaut.
- La plus choquante : Dumouriez ayant réussi à se procurer les diamants de la reine, les aurait offerts à Brunswick en échange de la victoire !

- La plus stratégique : Brunswick n'aurait pas voulu faire le jeu de l'empereur d'Autriche, allié mais aussi rival du roi de Prusse.
- La plus extravagante : selon l'écrivain Guy Breton, un spectre serait apparu au roi de Prusse avant la bataille, le dissuadant, s'il ne voulait pas mourir, de livrer le combat.
- La plus complice : Dumouriez le Français, et Brunswick, le Prussien, francs-maçons tous deux, n'ont pas voulu d'une lutte fratricide.
- La plus vraisemblable : les Français auraient gagné, tout simplement ! À moins que...

Place à la Convention et à la République

Le roi ayant été déchu de ses pouvoirs au soir de la journée des Tuileries, une nouvelle assemblée va être élue afin d'élaborer une constitution adaptée à la situation. Cette assemblée prend le nom de Convention nationale.

Le temps des Girondins et des Montagnards

D'abord unis dans les clubs par le même souci de changement, ils se sont divisés parce que leurs conceptions de la nouvelle société s'opposent totalement. Leur combat est une lutte à mort.

Jacobins de droite, Jacobins de gauche

Au soir du 10 août 1792, l'Assemblée législative estime sa mission achevée. Elle laisse la place à la Convention, c'est-à-dire à une assemblée qui dispose des deux pouvoirs : législatif et exécutif, une assemblée identique à celle que Cromwell avait mis en place après l'exécution de Charles Ier en Angleterre en 1649. La Convention se réunit pour la première fois le 21 septembre 1792. Les élus girondins – Jacobins de droite – occupent le tiers des sièges ; les modérés, appelés ironiquement le marais, en occupent le quart. Le reste est réservé aux Jacobins de gauche et aux Montagnards, appelés ainsi parce qu'ils siègent sur les plus hauts degrés de l'Assemblée.

Danton, Robespierre, Marat

Trois noms se détachent de la minorité jacobine de gauche et montagnarde, très active et jugée terroriste : Danton, Robespierre et Marat. Dans deux ans à peine, tous les trois auront disparu tragiquement ! Aux côtés de Danton, son secrétaire, Fabre d'Églantine, le poète qui composa cette chanson que Marie-Antoinette aimait tant : *Il pleut, il pleut, bergère !*, l'auteur aussi du délirant discours qui justifie à la France entière les abominations des tout récents massacres de septembre ! Dès son ouverture, le 21 septembre, la

Convention abolit la royauté. Le lendemain, sur une proposition de Billaud-Varenne, elle décide de dater les actes de l'An I de la République – la République naît ainsi, sans grande cérémonie, le 22 septembre 1792. Elle est déclarée une et indivisible – ce sera le premier article de la constitution de l'an I –, mais en réalité, au moment même de sa naissance, elle est profondément fissurée : d'un côté, la bourgeoisie possédante – fortunée –, de l'autre, les classes populaires – et les classes moins fortunées…

Des temps nouveaux

Pendant un an, à partir du 22 septembre 1792, les mathématiciens Romme et Monge, et le poète Fabre d'Églantine vont mettre au point le calendrier républicain. Il est destiné à mettre sur un pied d'égalité tous ceux qui l'utiliseront, en supprimant toute référence à la religion. L'année commence à l'équinoxe d'automne, le 22 septembre. Le calendrier compte 12 mois de 30 jours, ce qui fait en tout 360 jours. Et les cinq jours restants ? Ce sont des jours de fêtes appelés les sans-culottides ! Tous les quatre ans – années bissextiles –, on ajoute un sixième jour (an III, an VIII, an XI). Adopté par la Convention les 21 et 24 octobre 1793, il entre donc en vigueur l'an II de la République ! Les jours portent des noms d'animaux domestiques, de plantes ou d'outils. Les mois sont groupés par trois et riment en fonction de la saison. En voici le détail :

Mois et jours du calendrier républicain

LE SAVIEZ-VOUS ?

Le calendrier révolutionnaire va demeurer en vigueur jusqu'au 10 nivôse de l'an XIV, c'est-à-dire le 31 décembre 1805.

- Les mois d'automne (terminaison en *aire*) : vendémiaire, mois des vendanges (22 septembre - 21 octobre) ; brumaire, mois des brumes (22 octobre - 20 novembre) ; frimaire, mois des frimas (21 novembre - 20 décembre).
- Les mois d'hiver (terminaison en *ôse*) : nivôse, mois de la neige (21 décembre - 19 janvier) ; pluviôse, mois de la pluie (20 janvier - 18 février) ; ventôse, mois du vent (19 février - 20 mars).
- Les mois du printemps (terminaison en *al*) : germinal, mois des germinations (21 mars - 19 avril) ; floréal, mois des fleurs (20 avril - 19 mai) ; prairial, mois des prairies (20 mai - 18 juin).
- Les mois d'été (terminaison en *idor*) : messidor, mois des moissons (19 juin - 18 juillet) ; thermidor, mois de la chaleur (19 juillet - 17 août) ; fructidor, mois des fruits (18 août - 16 septembre)
- Les dix jours des décades : primidi, duodi, tridi, quartidi, quintidi, sextidi, septidi, octidi, nonidi, décadi.
- Les six jours supplémentaires de fin d'année (sans-culottides) : jour de la vertu (17 septembre) ; jour du génie (18 septembre) ; jour du travail (19 septembre) ; jour de l'opinion (20 septembre) ; jour des récompenses (21 septembre) ; jour de la Révolution (seulement les années bissextiles).

Girondins et Montagnards : deux mondes

Voici donc face à face deux factions, deux façons de penser. Les Girondins, plutôt originaires des grands ports, condamnent les massacres de septembre – même s'ils n'ont rien fait pour les arrêter. Ils représentent la bourgeoisie fortunée, possédante, industrielle et commerçante.

- Leur grand projet est de décentraliser le pouvoir.
- Ils l'ont ébauché en créant les quatre-vingt-trois départements et ils voudraient que Paris ne représente qu'un quatre-vingt-troisième d'influence, comme chacun des autres départements.
- Le commerce et les prix doivent être libres.

Les Montagnards représentent la bourgeoise moyenne et les classes populaires. Cette bourgeoisie moyenne va se servir des sans-culottes comme d'une main armée. Les idées montagnardes sont exactement inverses :

- Paris est le centre de la France.
- Pour les députés de la Montagne, la plupart élus parisiens, tout doit converger vers la capitale.
- Le gouvernement doit ajouter à la centralisation une autorité sans faille, y compris dans le commerce qui est rigoureusement surveillé et organisé !
- La Révolution doit être sauvée par tous les moyens, même les plus impopulaires.

Les Montagnards sont là !

Deux hommes dominent cette Montagne : Danton, dit l'aboyeur – ou le corrompu – et Robespierre l'incorruptible, son Rousseau toujours en poche et en bouche. Sans tarder, les Girondins attaquent Danton : ils l'accusent d'avoir détourné des fonds lorsqu'il était ministre. Ils attaquent Robespierre : il n'a cessé de tyranniser l'Assemblée. Ils attaquent Marat : il a excité les septembriseurs, les massacreurs de septembre ! Halte là ! Les Montagnards sont là : en réponse à ces accusations, après la découverte le 20 novembre 1792 d'une armoire de fer contenant la correspondance de Louis XVI avec l'étranger, Robespierre va exiger que se tienne le procès du roi. Et demander sa mort !

« Guerre aux châteaux, paix aux chaumières ! »

Le projet de Robespierre est voté, par 707 voix sur 718. Le 11 décembre 1792, Louis XVI comparaît à la barre de la Convention pour la première fois. Les réponses qu'il fournit aux questions posées sont embarrassées. Il sait trop bien quelle sera l'issue de son procès. Le 25 décembre, il rédige son testament. Le lendemain, il comparaît pour la deuxième fois à la Convention : son procès s'ouvre enfin. Les Girondins vont tenter de sauver le roi, quitte à renier leurs discours enflammés contre le pouvoir monarchique, prononcés quelques mois auparavant. Mais le 4 janvier 1793, Bertrand Barère, le président de la Convention, invite clairement les députés à prendre leurs responsabilités, sans tenir compte de l'indulgence contenue dans les arguments des Girondins. Quelle peine doit être prononcée contre le roi Louis XVI ? L'Assemblée passe au vote le 18 janvier :

- 361 députés se prononcent pour la peine de mort, dont Philippe d'Orléans, devenu, dans le style sans-culotte, Philippe-Égalité. Philippe-Égalité est le cousin du roi, le descendant du frère de Louis XIV, le père du futur Louis-Philippe.
- 360 députés votent contre la peine de mort.

Louis XVI, trente-neuf ans, calme et déterminé

Louis XVI a dormi paisiblement dans la nuit du 20 au 21 janvier. À son réveil, il s'est mis en prière, puis il s'est préparé.

Paris sous la neige

21 janvier 1793. Six heures du matin. Louis XVI entend la messe. À huit heures, Santerre – le riche brasseur – se présente à la prison du Temple avec les officiers municipaux. Sur la place Louis-XV où est dressée la guillotine – place de la Concorde –, les spectateurs ont commencé à s'attrouper depuis une heure du matin ! Paris est couvert de neige. À huit heures, Louis, vêtu d'une chemise, d'un gilet de molleton blanc, d'une culotte et de bas gris, s'assoit dans le carrosse de couleur sombre qu'entourent 1 500 soldats. Un déploiement de force étonnant maintient Paris dans une atmosphère étrange. Cet homme qui va être décapité est le roi ! Il a trente-neuf ans. Un complot a-t-il été préparé pour l'enlever ? Sans doute : les conjurés auraient prévu d'emprunter un petite rue coupant celle du trajet, forçant la garde et s'emparant du roi. Au dernier moment, ils auraient renoncé.

Ferme et courageux

Pendant deux heures, le cortège roule dans les rues enneigées. À dix heures, le roi parvient au pied de l'échafaud. Il enlève son gilet, accepte après avoir esquissé un mouvement de refus, de se laisser lier les mains. Il accepte aussi qu'on lui coupe les cheveux. Il gravit l'escalier raide qui le conduit sur la plateforme, lentement, avec assurance. Tout le monde note son air déterminé, courageux, sa fermeté et son calme.

« Fils de Saint-Louis, le ciel vous attend ! »

Les tambours de l'escorte ne cessent de battre. Ils s'arrêtent un moment lorsque Louis fonce vers ceux qui l'attendent depuis le cœur de la nuit. On l'entend alors dire avec force : « Je meurs innocent des crimes dont on m'accuse ! Je pardonne aux auteurs de ma mort ! Je prie Dieu que mon sang ne retombe pas sur la France. » Santerre est là qui fait repartir le roulement des tambours. Louis crie à la foule des mots que les plus rapprochés ont pu reconnaître : « Dieu… Sang… France… » On entend aussi son confesseur, l'abbé Edgeworth, lui dire : «Allez, fils de Saint-Louis ! Le ciel vous attend ! »

Le sang du roi

Louis est plaqué contre la planche verticale qui bascule sur son axe. Il se retrouve à l'horizontale, le cou engagé dans le demi-cercle de bois, sous la lame. La pièce coulissante destinée à lui maintenir la nuque glisse aussitôt. Puis la lame tombe. La tête est détachée du corps. Charles-Henri Sanson, le bourreau, la saisit par les cheveux et la montre au peuple assemblé. Des Marseillais, des Brestois trempent dans le sang du roi leur mouchoir, leurs mains, ou bien des enveloppes qu'ils placent au bout de leur pique. Un citoyen se hisse près de la guillotine, prend des caillots qui se sont formés, et les lance sur la foule. 10h22, place Louis-XV, le paroxysme de l'horreur vient d'être atteint.

La guerre de Vendée

Il faut à la Convention de plus en plus de soldats pour lutter contre l'envahisseur prussien et autrichien. La Vendée sollicitée par la Convention va répondre à sa façon.

Les Blancs de Cathelineau

La mort du roi ne résout rien. Elle provoque même le déchaînement des monarchies européennes contre la France ! L'armée révolutionnaire, galvanisée par la – fausse ? – victoire de Valmy, poursuit sa politique de conquête qui est pour elle une politique de libération des peuples opprimés par les rois : les généraux qui conduisent les troupes françaises à l'assaut de l'Europe justifient leur action par cette formule : « Guerre aux châteaux, paix aux chaumières ». Une victoire suit celle de Valmy : Jemmapes. Mais les revers ne tardent pas : en mars 1793, Dumouriez est battu à Neerwinden ; puis Custine doit évacuer la rive gauche du Rhin. C'est le moment que choisissent Dumouriez et le futur Louis-Philippe pour trahir leur camp et passer à l'ennemi !

La fleur de lys pour emblème

Après la défaite de Neerwinden, la retraite de Custine, il faut réagir : la Convention décide la levée en masse de 300 000 hommes. Des administrateurs sont envoyés dans tous les départements dans les villes, les villages pour tirer au sort des hommes parmi les célibataires. Mais en Vendée, ces administrateurs sont molestés, et bientôt, c'est une armée de Vendéens qui se constitue, contre la Révolution ! Elle a pour emblème, non pas la fleur de lys – ce n'est pas une armée qui défend la royauté – mais le sacré-cœur : elle se bat pour conserver sa religion, protéger ses prêtres réfractaires.

17 juillet 1793 : la mort de Cathelineau

Cathelineau, un ancien colporteur, et Stofflet, l'officier royaliste lorrain, en prennent le commandement, en même temps que les nobles d'Elbée, Charrette, La Rochejaquelin. Ces Vendéens qu'on appelle les Blancs s'emparent de Cholet le 14 mars 1793, puis de Chalonnes le 22 mars. Le 9 juin, ils prennent Saumur. Trois jours plus tard, Cathelineau est nommé généralissime de l'armée catholique et royale. Il veut diriger ses troupes sur Tours, puis sur Paris ! Mais il juge plus prudent d'investir pour l'instant Angers, puis Nantes où il est gravement blessé d'un coup de mitraille pendant que ses troupes battent en retraite. Il meurt le 17 juillet à Saint-Florent le Vieil.

Blancs, Bleus, chouans

Contre les Vendéens, les soldats de la République – les Bleus – sont envoyés au cours de l'été 1793. Les Blancs – les Vendéens – battent les Bleus à Torfou, en septembre. Les Bleus battent les Blancs à Cholet, le 17 octobre 1793. Les Vendéens doivent franchir la Loire. La plupart de leurs chefs ont été tués. Ils sont 80 000 hommes, femmes, enfants, longue et lente colonne sans ordre et sans grand espoir qui s'en vont alors vers Granville. C'est ce qu'on appelle la virée de galerne – d'un mot celtique qui désigne le vent du nord-ouest. Ils espèrent le secours des émigrés et des Anglais qui combattent aussi la Révolution.

Mais rien ne viendra. Ils échouent dans leur tentative de prendre Granville, se replient sur Angers, puis sont refoulés vers Le Mans où les Bleus de Marceau les écrasent. Le reste repart vers Savenay – en Loire-Atlantique – où Kléber, Marceau et Westermann les achèvent le 23 décembre : 15 000 morts jonchent les terres de Savenay. Les prisonniers, femmes et enfants compris, ont été fusillés, dépouillés de leurs vêtements. Jusqu'en mai 1794, la Vendée va être parcourue par les colonnes infernales de Turreau qui vont brûler, détruire, piller, assassiner les populations dans des conditions atroces : des jeunes filles sont écartelées, les jambes attachées à des branches d'arbres, des femmes enceintes sont écrasées sous des pressoirs, des enfants sont embrochés et rôtis.

En février 1795, une paix temporaire est signée avec Charrette. Mais, dès l'été, le 27 juin 1795, des émigrés et des Anglais débarquent à Quiberon. Ils se joignent aux chouans de George Cadoudal. Les chouans sont les combattants du nord de la Loire, initialement sous les ordres de Jean Cottereau dont le grand-père, contrebandier du sel, imitait le cri du chat-huant, cri repris comme signe de ralliement. Les 16 et 17 juillet 1795, les chouans et leurs alliés sont battus. Les 751 prisonniers sont condamnés à mort et exécutés. Stofflet et Charrette sont arrêtés et fusillés. Les guerres de Vendée ont fait 150 000 morts.

2 juin 1793 : la fin des Girondins

UNE DATE À RETENIR

L'armée révolutionnaire accumule les défaites. Pour les expliquer, à Paris, circule le bruit d'un complot royaliste ! Et qui seraient les complices de ce complot ? Les Girondins…

La loi du maximum

Dans la capitale, il n'y a plus de pain ! Dans tout le pays, les assignats ne valent plus rien ! Des émeutes éclatent partout ! Tout cela, selon les extrémistes révolutionnaires, ne peut avoir qu'une cause : les Anglais qui se seraient joints aux royalistes pour convaincre les Girondins de terminer cette Révolution française qui n'en finit pas ! La solution est trouvée par Marat et Robespierre : au début d'avril 1793, ils demandent l'arrestation des députés girondins ! En même temps, afin de se concilier le peuple, ils font voter la loi du maximum qui fixe un prix plafond pour les grains : les prix ne grimperont plus ! Comment les Girondins ripostent-ils aux accusations de Marat et Robespierre ? Ils commettent une maladresse : Marat s'étant répandu en injures contre eux dans son journal, ils le font traduire devant le tribunal révolutionnaire créé le 10 mars 1793 et dont l'accusateur public se nomme Antoine Fouquier-Tinville – fils d'un riche cultivateur picard.

Figure 14-2 : Marat par Jacques-Louis David.

Les Girondins experts en maladresses

Évidemment, Marat compte nombre d'amis ou sympathisants dans ce tribunal. Il est triomphalement acquitté ! Experts en maladresses, les Girondins en commettent une deuxième : l'arrestation de deux révolutionnaires « enragés » Hébert et Varlet. Les délégués de la commune de Paris viennent dès le lendemain réclamer leur libération. Troisième maladresse : le bruit court – et il n'est pas faux – que les Girondins auraient réuni une armée en Normandie pour marcher sur Paris. Quatrième maladresse : le député girondin Isnard leur répond que si les insurrections continuent, il fera raser Paris, au point même qu'on se demandera si la capitale a existé !

Trois jours de tocsin !

Aussitôt, les sections populaires parisiennes sont mises au courant de cette menace. Elle a pour effet d'exciter le peuple qui réagit en sonnant le tocsin pendant trois jours, en rassemblant 100 000 hommes autour de la Convention commandés par un ténor de la rue Mouffetard : Hanriot ; des canons sont pointés sur l'Assemblée ! Le 2 juin 1793, la partie est gagnée. Au total, cinquante députés girondins sont arrêtés ! Certains vont réussir à s'enfuir en province, tentant de soulever les populations, les autres vont être emprisonnés et attendre leur procès qui aura lieu quelques mois plus tard.

UN ÉVÉNEMENT IMPORTANT

« J'ai bien le droit d'être curieuse, je n'en ai jamais vu ! »

Elle naît le 27 juillet 1768 aux Champeaux, à la ferme du Ronceray. Elle est le quatrième enfant de petits nobles. Son père, Jacques-François de Corday d'Armont est l'arrière-petit-fils de Marie Corneille, sœur de Pierre Corneille. Elle grandit, lit Rousseau, se passionne pour ses idées. Marat aussi lit Rousseau. On l'a même vu un jour, près du jardin des Tuileries, déclamer des passages du *Contrat social* devant des dizaines de révolutionnaires qui applaudissaient à tout rompre ! Mais la jeune fille des Champeaux n'aime pas Marat. Elle l'appelle le massacreur de septembre. Pour elle, c'est un dictateur, c'est celui qui a fait guillotiner le confesseur de sa mère disparue, c'est un fou, un sanguinaire ! Il faut le tuer, elle va le faire !

Le 9 juillet 1793, après avoir fait ses adieux à ses amis sans leur révéler son projet, après avoir brûlé tous ses papiers, elle part pour Paris. Elle y arrive le 11 juillet, loue une chambre à l'hôtel de la *Providence*. Le 13 juillet, vers huit heures, elle se rend au Palais-Royal où, dans une boutique, elle achète un couteau de table, à manche de bois brun, à virole d'argent. Le même jour, à onze heures, elle tente de se faire introduire chez Marat, prétextant qu'elle détient des renseignements sur les Girondins de Caen, mais elle n'est pas reçue. Elle y retourne le soir. Marat soigne son eczéma chronique dans sa baignoire. Elle lui dicte la liste des députés de Caen, il se penche pour écrire, elle lui plante son couteau dans la poitrine sous la clavicule droite, sectionnant l'artère sous-clavière ; Marat meurt aussitôt.

Arrêtée sur place, elle est emprisonnée à la Conciergerie. Le mercredi 17 juillet, l'accusateur public Fouquier-Tinville obtient contre elle la peine de mort. Elle reste debout dans la charrette qui la conduit à l'échafaud, passe rue Saint-Honoré où Robespierre, Camille Desmoulins et Danton se penchent à la fenêtre. L'attelage débouche bientôt, sous un violent orage, place de la Révolution où se trouve la guillotine. Charles-Henri Sanson, le bourreau, se place devant la jeune condamnée afin de lui éviter la vue de l'instrument du supplice. Elle l'écarte en lui disant : « J'ai bien le droit d'être curieuse, je n'en ai jamais vu ! »

Sanson dit qu'elle est douce et grande, qu'elle est courageuse, qu'elle est belle. Ses longs cheveux châtains ont été coupés à la Conciergerie, elle est prête, elle va d'elle-même se placer contre la planche. Fermin, l'aide de Sanson, la pousse, elle bascule, le couperet tombe. Elle s'appelait Marie-Anne Charlotte de Corday d'Armont. Charlotte Corday. Elle avait vingt-cinq ans.

Les récits de ceux qui arrivent à Caen impressionnent tant une jeune fille de vingt-cinq ans – Marie-Anne Charlotte de Corday d'Armont – qu'elle décide de monter à Paris. Son objectif : tuer Marat.

1793 à 1794 : Robespierre et la dictature de la vertu…

UN ÉVÉNEMENT IMPORTANT

La constitution de l'an I est votée en juin 1793, mais elle ne sera jamais appliquée : les révolutionnaires, Robespierre en tête, décident de la mettre de côté… Ils sentent la République tellement menacée qu'ils vont avoir recours à des moyens plus qu'autoritaires.

La République une et indivisible

Depuis la chute de la royauté, la France se trouve sans constitution. Celle qui est adoptée le 24 juin 1793 est l'œuvre des Montagnards. Cette constitution de l'an I est très démocratique. Ses auteurs principaux sont Saint-Just et Hérault de Séchelles. Elle confie le pouvoir législatif à une assemblée élue pour un an, au suffrage universel. Cette assemblée nomme pour deux ans vingt-quatre membres d'un conseil chargé du pouvoir exécutif. De nombreux droits sociaux sont accordés aux citoyens : droit au travail, à l'instruction, à la subsistance pour les indigents. Elle est approuvée par référendum – deux millions de voix favorables, cinq millions d'abstentions. Mais les conventionnels eux-mêmes la jugent inapplicable en raison des dangers qui menacent la République. Le texte va être enfermé dans une arche de cèdre… pour n'en plus jamais sortir ! Son article premier précise : la République est une et indivisible.

Figure 14-3 : Portrait de Robespierre.

6 avril 1793 : formation du comité de salut public

Plus de Gironde à Paris – plus de Marat non plus… –, mais Paris n'est pas la France tout entière : en province, les Girondins parviennent à soulever de grandes villes comme Bordeaux, Bayonne, Marseille, Toulon ! Plus de la moitié des départements se révoltent. En Corse, Paoli se déclare le seul maître de l'île. Les Anglais ont débarqué à Dunkerque et Toulon ! Les Espagnols vont s'emparer du Roussillon ! La République est menacée de partout. Alors, l'incorruptible Robespierre, l'idéaliste, le rêveur d'un monde meilleur abandonne pour un temps son bréviaire « rousseauiste » : il décide d'organiser la dictature ! Mais une dictature à sa façon. Il l'appelle la « dictature de la vertu ». Cette dictature comprend deux comités et un tribunal :

- Un comité de salut public qui devient le véritable gouvernement, créé le 6 avril 1793. On y trouve Danton, Saint-Just, Carnot, Couthon, Billaud-Varenne, Collot d'Herbois. Ils siègent en permanence aux Tuileries, ne rentrant pas même dormir chez eux, couchant sur des lits de fortune.
- Un comité de sûreté générale à qui est confié le rôle de police politique, c'est-à-dire l'arrestation, sur dénonciation, des traîtres ou des trop peu convaincus des idées révolutionnaires.
- Danton crée le tribunal révolutionnaire composé de cinq juges, et que préside le fils d'un riche propriétaire picard : Fouquier-Tinville.

LE SAVIEZ-VOUS ?

Carrier et ses mariages républicains

« Ce monstre est d'une taille assez avantageuse. Il est presque tout en jambes et en bras. Il a le dos voûté, le visage oblong et d'un caractère très prononcé. Son nez aquilin rend encore son regard plus affreux ; son teint est d'un brun cuivré ; il est maigre et nerveux. Quand il est à la tribune et un peu animé, il semble tirer son discours de ses entrailles déchirées, prononçant les R comme un tigre qui gronde. »

Ce portrait de Jean-Baptiste Carrier est écrit par le journaliste Fréron. Il faut ajouter que Carrier, depuis sa jeunesse, est atteint d'alcoolisme chronique. En juin 1793, il est envoyé à Rennes, puis, en octobre, à Nantes. On lui a ordonné de nettoyer les prisons surchargées de cette ville, parce que, dit-on, les Anglais vont arriver ! Alors il imagine – ou approuve – un procédé radical qu'il appelle la déportation verticale. En effet, au lieu de la déportation vers les îles lointaines, il fait embarquer les condamnés sur des barques à fonds plats qui sont coulées au milieu de la Loire.

Les premiers exécutés de la sorte sont des prêtres. Certains d'entre eux s'agrippent au bateau qui les a conduits au lieu du supplice. Leurs bourreaux, parmi lesquels certains reconnaissent leurs anciens paroissiens, leur coupent les mains. Des milliers d'hommes, de femmes, d'enfants périssent dans ce que Carrier appelle la « baignoire nationale ». Pour se distraire, il fait lier face à face, avant de les noyer, un homme et une femmes étrangers l'un à l'autre, nus. Il appelle cette mise en scène le mariage républicain. Il fait fusiller dans la plaine de Gigant près de Nantes, guillotiner sur la place du Bouffay ; il s'installe à la fenêtre de son appartement et parfois, en prenant son café, ivre, fait un signe d'adieu aux condamnés. Rappelé à Paris, Carrier sera guillotiné le 16 décembre 1794.

La province n'est pas oubliée : des représentants en mission y sont envoyés. Ils doivent faire appliquer par tous les moyens les décisions prises par le Comité de salut public, et, autant qu'ils le peuvent, faire régner la terreur, ce que va particulièrement réussir l'envoyé en mission à Nantes, le sinistre Carrier…

Septembre 1793 : la terreur à l'ordre du jour

La création des deux comités et du tribunal satisfait parfaitement les révolutionnaires enragés – ainsi appelle-t-on les partisans d'Hébert, l'Homère de l'ordure, celui qui en veut toujours plus, qui ne cesse de réclamer des têtes ! Dans son journal *Le Père Duchesne*, il milite pour l'arrestation immédiate de tous les suspects. Il entraîne les sans-culottes à une grande manifestation où ils réclament du pain et la guillotine. Dès lors, la situation aux frontières, dans le sud et dans l'ouest, étant plus que préoccupante, les désirs d'Hébert sont exaucés : Robespierre met la terreur à l'ordre du jour le 5 septembre 1793.

17 septembre : adoption de la loi des suspects

Tous les ennemis de la République sont visés par les mesures qui seront prises. Douze extrémistes entrent au Comité de salut public. Le 17 septembre, la loi des suspects est adoptée : toute personne ne pouvant

« Je vais rejoindre votre père »

Trois jours après que Robespierre et Saint-Just ont décidé que désormais, jusqu'à la paix, ils gouverneraient seuls, le procès de Marie-Antoinette, trente-huit ans, commence. Elle comparaît le 14 octobre devant le tribunal révolutionnaire présidé par Herman. Elle est assistée de deux avocats : Chauveau-Lagarde et Tronçon du Coudray. L'accusateur public Fouquier-Tinville lit l'acte d'accusation qui souligne les relations de la reine avec l'ennemi, et son rôle dans la dilapidation des deniers publics.

Le procès pourrait tourner en faveur de la reine, car elle se défend avec maîtrise et habileté. Mais le substitut du procureur, l'enragé Hébert, voyant que sa future victime pourrait lui échapper, lance contre la mère du dauphin d'immondes accusations qu'il a publiées dans son journal : la reine aurait eu des relations incestueuses avec son fils. La reine prononce alors ces mots qui demeurent à jamais émouvants dans leur simplicité, leur vérité : « J'en appelle à toutes les mères… » Les avocats de la défense interviennent : ils sont jugés trop indulgents et arrêtés en pleine audience ! À quatre heures du matin, Marie-Antoinette entend sa condamnation à mort. Au petit jour, elle va être préparée pour l'échafaud. Vêtue d'une robe blanche, les épaules couvertes d'un fichu blanc, elle monte dans la charrette des criminels, demeure debout, le dos tourné au cheval. Seule.

Durant le parcours, son regard scrute attentivement le numéro des maisons : elle sait que dans l'une d'entre elles, un prêtre réfractaire va lui donner sa bénédiction – on lui a imposé un prêtre jureur. Elle va monter rapidement les degrés de l'échafaud. Lorsque Sanson la dirige vers la planche verticale, elle lui monte sur le pied et s'excuse aussitôt : « Monsieur, je vous demande pardon, je ne l'ai point fait exprès. » Le bourreau l'attache contre la planche et l'entend : « Ma fille, mes enfants ! Adieu ! Je vais rejoindre votre père. »

justifier de ses moyens de subsistance – les spéculateurs par exemple –, toute personne appartenant à la famille d'un émigré, tous ceux qui par leurs propos ou leurs écrits se montrent ennemis de la Révolution, ceux à qui on a refusé un certificat de civisme, tous ceux-là sont des suspects qui peuvent être emprisonnés, jugés et condamnés, en général à la peine de mort. Cette peine est exécutoire dès le lendemain, sans appel ! Les comités révolutionnaires dressent la liste de ces suspects. C'est dans ce contexte d'exacerbation de toutes les tendances que le procès de Maria Antonia de Habsbourg, l'Autrichienne, la reine de France, va se dérouler les 14 et 15 octobre 1793. Le mercredi 16 octobre, elle est exécutée.

31 octobre 1793 : l'humour jusqu'à la mort

Après Marie-Antoinette, les Girondins vont passer devant le tribunal révolutionnaire. Ils sont vingt et un. Ils ont préparé de longues harangues pour leur défense. Mais, trois jours plus tard, le verdict tombe : la mort pour tous. L'un d'eux, Valazé, se poignarde. Les autres vont être conduits à l'échafaud le 31 octobre 1793, dans quatre charrettes, une cinquième étant réservée au cadavre de Valazé. Le premier article de la constitution de 1793 déclarant : « La République est une et indivisible », Jean-François Ducos, ancien député de la Législative, lance ce trait d'humour, au pied de l'échafaud : « Quel dommage que la Convention n'ait pas décrété l'unité et l'indivisibilité de nos personnes ! » Le 6 novembre, c'est Philippe d'Orléans, le régicide, dit Philippe-Égalité, qui est guillotiné. Le 10 novembre, c'est Manon Roland.

UNE ANECDOTE

Manon !

Le 10 novembre 1793, Jeanne-Marie Roland, dite Manon, la gracieuse et délicieuse Manon, l'égérie du parti girondin, monte à l'échafaud. Depuis les massacres de septembre, elle voue une haine féroce à celui qui laissa se dérouler ces horreurs : Danton. Son mari, Jean-Marie, ministre de l'Intérieur, a démissionné en janvier 1793 et s'est enfui de Paris en mai. Elle ne l'a pas suivi, elle est restée auprès de celui qu'elle aime passionnément : le député François Buzot. Elle a tout avoué à Jean-Marie qui en a profondément souffert avant son exil à Rouen.

Ce dimanche 10 novembre 1793, Manon, alors qu'elle se trouve sur l'échafaud, aperçoit une statue représentant la liberté. Alors, selon le bourreau Sanson qui le rapporte dans ses mémoires, elle dit d'une voix haute et ferme : « Ô Liberté, comme on t'a jouée ! » – devenu sous des plumes un peu emphatiques le fameux « Ô Liberté, que de crimes on commet en ton nom ! »

Jean-Marie Roland apprend la mort de sa femme quelques jours plus tard. Il quitte alors, avec sa canne épée, la maison où il logeait. Il marche en direction de Paris. Au soir, il pénètre dans l'allée d'une forêt, tire sa canne épée et se transperce de deux coups. Sur lui, il laisse ce message : « Qui que tu sois, respecte mes restes ; ce sont ceux d'un homme qui est mort comme il a vécu : vertueux et honnête. » François Buzot, l'amant de Manon, en fuite en Bretagne, se suicide aussi, dans la campagne. On retrouvera son corps une semaine plus tard, dévoré par des loups !

Le bonheur pour chacun

Pendant ce temps, les armées révolutionnaires deviennent victorieuses : Toulon est reprise aux Anglais, les Vendéens sont vaincus par Kléber, Marceau et Westermann, les Autrichiens sont écrasés par Jourdan, pendant qu'à l'est, Hoche remporte des victoires décisives. Puisque la République n'est plus menacée, la terreur n'a plus de raison d'être, c'est ce que pense Danton. Il tente d'en persuader Robespierre. En vain ! Celui-ci tient à poursuivre sa « dictature de la vertu », coûte que coûte, jusqu'à ce que le bonheur soit garanti pour chacun !

14 mars 1794 : Hébert à l'échafaud

Robespierre, le seul maître, le dictateur froid. Hébert, à Paris, ne cesse d'agiter le peuple, il réclame sans cesse des exécutions, demande que le terrorisme s'accentue. Robespierre le juge excessif, lui et les siens : il les envoie à l'échafaud le 14 mars 1794 ; le club des Cordeliers est supprimé. Danton, Camille Desmoulins, Fabre d'Églantine et Hérault de Séchelles continuent de demander l'arrêt de la terreur. Danton commence à négocier avec l'ennemi pour une cessation des hostilités. Robespierre le juge trop indulgent. Il le fait arrêter avec ses amis qu'il accuse d'avoir trempé dans la liquidation frauduleuse de la Compagnie des Indes.

5 avril 1794 : « Tu montreras ma tête au peuple ! »

Le procès des dantonistes a lieu du 2 au 4 avril 1794. Le talent oratoire de Danton est tel qu'il risque de retourner les jurés en sa faveur : on le fait taire, puis on le fait sortir, son procès se poursuit sans lui ! La mort attend Danton et les dantonistes. Le 5 avril, ils sont conduits au supplice. Passant devant la maison Duplay où loge Robespierre, Danton lance, de sa charrette : « Tu te caches Robespierre, mais tu vas me suivre ! » Parvenu sur l'échafaud, ses yeux s'embuent lorsqu'il pense à la femme et l'enfant qu'il laisse. Mais il se reprend et, tonnant comme aux grands jours, il crie au bourreau Sanson : « Tu montreras ma tête au peuple, il n'en voit pas tous les jours de pareilles ! » (La fin est transformée plus tard en «… elle en vaut la peine ! »)

« Adieu, ma Lucile, ma chère Lolotte… »

Camille Desmoulins écrit le 4 avril, veille de son exécution, une dernière lettre qui va parvenir à sa Lucile tendrement aimée : « Adieu, ma Lucile, ma chère Lolotte ! Ô ma chère Lucile, j'étais né pour faire des vers, pour défendre les malheureux, pour te rendre heureuse ! J'avais rêvé une république que tout le monde eût adorée ! Je n'ai pu croire que les hommes fussent si féroces et si injustes ! Ma Lucile, mon bon Loulou, vis pour Horace, notre fils, parle-lui de moi, tu lui diras ce qu'il ne peut entendre, et que je l'aurais bien aimé ! »

13 avril 1794 : « Je vais retrouver Camille ! »

Lucile, Lolotte, va se retrouver sur l'échafaud, une semaine après Camille, le 13 avril 1794. Lucile Desmoulins et la femme d'Hébert sont accusées avec plusieurs autres d'avoir conspiré pour faire évader Danton. Lucile va au supplice avec le sourire, elle réconforte sa compagne. À ceux qui veulent les consoler, elle répond : « Regardez donc si mon visage est celui d'une femme qui a besoin d'être consolée ! Depuis huit jours, je ne forme plus qu'un vœu, celui d'aller retrouver Camille ! Et ce vœu va s'accomplir ! »

Cécile Renault : « Voir comment est fait un tyran »

Robespierre est de plus en plus seul, de plus en plus craint. On redoute ses interventions à la tribune, elles sont souvent des condamnations à mort. Il fait le vide autour de lui, un vide vertigineux. Il poursuit sans faillir son programme de dictature de la vertu, ne supporte aucun écart : dans les premiers jours de juin 1794, une jeune fille simplette, Cécile Renault, se présente à la maison Duplay où loge Robespierre. Elle demande à le rencontrer. On lui en demande la raison. « C'est parce que j'aimerais voir comment est fait un tyran. » Ses grands yeux étonnés découvriront dès le lendemain, en larmes, la guillotine, Robespierre n'ayant pas apprécié la demande…

Juin-juillet 1794 : la Grande Terreur

Au lendemain de la fête de l'Être suprême – un Dieu de substitution, imaginé par Robespierre, lecteur de Rousseau –, le 10 juin 1794, la Convention vote un texte qui désigne presque la France entière comme suspecte ! Plus d'avocat lors des procès, plus d'instruction, plus de témoin, et une seule peine : la mort. Fouquier-Tinville se frotte les mains : en deux mois, pendant ce qu'on appelle la « Grande Terreur », plus de 1 300 personnes sont condamnées à faire connaissance avec celle qu'on appelle, selon le moment ou l'air du temps : la cravate à Capet, l'abbaye de Monte-à-Regrets, la bascule, la lucarne, le vasistas, le rasoir à Charlot, la petite chatière, la veuve, le raccourcissement patriotique, ou bien, la Sainte Guillotine ! Le pourvoyeur se réjouit de voir les têtes tomber, dit-il, comme des ardoises !

« Comme un dernier rayon, comme un dernier zéphyr… »

La triste liste des guillotinés s'allonge. On y trouve le savant Lavoisier. On y trouve celui qui a écrit *La Jeune Tarentine*, celui qui va dédier son poème *la Jeune Captive* à Aimée de Coigny, prisonnière comme lui ; celui qui dans sa solitude carcérale compose les Iambes : « *Comme un dernier rayon, comme un dernier zéphyr / Animent la fin d'un beau jour / Au pied de l'échafaud j'essaie encor ma lyre. / Peut-être est-ce bientôt mon tour. / Peut-être avant que l'heure en cercle promenée / Ait posé sur l'émail brillant, / Dans les soixante pas où sa route est bornée, / Son pied sonore et vigilant ; / Le sommeil du tombeau pressera ma paupière. / Avant que de ses deux moitiés / Ce vers que je commence ait atteint la dernière / Peut-être en ces murs effrayés / Le messager de mort, noir recruteur des ombres, / Escorté d'infâmes soldats…* », le poète André Chénier, exécuté le 7 thermidor, deux jours avant la chute de Robespierre ! Son père meurt de chagrin l'année suivante. Son frère, Marie-Joseph Chénier (1764 - 1811), ami de Robespierre et auteur du fameux *Chant du départ* : « La victoire, en chantant, nous ouvre la barrière… », hymne de l'Empire, eût-il pu le sauver ? Oui, c'est presque certain…

8 thermidor : Robespierre s'acharne

Fleurus ! Le 26 juin 1794, les Autrichiens sont repoussés par l'armée de Sambre-et-Meuse aux ordres de Jourdan, Kléber, Lefebvre, Marceau… D'autres victoires suivent, qui garantissent les frontières. La Belgique va être conquise, les armées, Pichegru à leur tête, s'en vont vers la Hollande. Pourtant, Robespierre s'acharne à vouloir faire tomber encore des têtes, encore des ennemis supposés de la Révolution ! Un complot se forme bientôt. Robespierre sent le danger, il prend les devants en annonçant, le 26 juillet 1794 – 8 thermidor - une nouvelle liste de prochaines arrestations, mais il commet l'erreur de ne pas donner de noms.

9 thermidor : Robespierre tombe

Tout le monde se regarde, on ose lui répondre, on l'accuse de tyrannie ! Tétanisé, Robespierre qui sait ce qui l'attend, s'assoit sur le banc de l'Assemblée, devient livide. Dans la soirée, il tente de reprendre l'avantage avec les sections de la Commune, mais elles répondent mollement. Il se réfugie alors à l'Hôtel de Ville le 9 thermidor – 27 juillet. C'est là qu'au cours de la nuit, les troupes de la Convention, conduites par Barras, investissent la pièce où se trouvent Robespierre et ses amis. Que se passe-t-il alors ? Des coups de feu éclatent : Robespierre gît sur le sol, la mâchoire gauche fracassée. A-t-il voulu se suicider ? Est-ce le gendarme Merda qui l'a atteint presque à bout portant, comme il s'en vantera longtemps ?

Un cri terrible

Dès le lendemain de l'attaque de l'Hôtel de Ville, Robespierre et vingt de ses amis, dont Saint-Just, Couthon, Hanriot, Simon, sont conduits à l'échafaud. Robespierre avait été sommairement pansé : sa mâchoire fracassée tenait

Devinette

Qu'est-ce qui mesure 1/10 000 000 de la longueur du quart nord du méridien de Paris ? La réponse vous est donnée par Borda, Lagrange, Laplace, Monge et Condorcet qui, depuis 1790, sur une proposition de l'inévitable Talleyrand, ont concocté un système de poids et mesures qui va être décrété le 7 avril 1795 par la Convention : il s'agit du mètre !

Les savants de l'Académie des sciences ont travaillé pendant presque cinq années pour mettre au point le nouveau système qui va s'imposer, lentement, dans toute la France. Are, hectare, gramme, kilogramme, litre, bar… autant de nouveaux mots qui vont remplacer la toise, le pied, le boisseau, la pinte. La Convention, c'est aussi la création du Muséum d'histoire naturelle, par Lakanal, c'est l'agrandissement du jardin des Plantes. La Convention, c'est encore la création de l'école Polytechnique, de l'école des Mines, du Conservatoire national de musique, de l'école des Langues orientales. C'est, pour les éditeurs, l'obligation de déposer à la Bibliothèque nationale deux exemplaires de chaque livre publié, c'est l'institution de la propriété littéraire, par Lakanal. Merci, Monsieur Lakanal…

grâce à des bandes enroulées autour de sa tête. Capable de marcher, il monte seul, sans être aidé, sur la plateforme. Sanson demande à un de ses aides d'enlever les bandages du blessé, car ils risquent d'entraver le bon fonctionnement du couperet dont l'action peut s'interrompre en plein milieu de sa tâche séparatrice – cela s'était déjà vu… L'aide enlève alors sans ménagement le bandage, mais emporte la mâchoire qui pend en morceaux ! Robespierre pousse un cri terrible, effrayant ! Il est poussé sur la planche. Sa tête tombe. Elle est montrée au peuple qui applaudit longtemps. Ce 28 juillet – 10 thermidor – 1794, les averses d'orage des jours précédents ne sont plus qu'un mauvais souvenir. Le ciel s'éclaircit. Il fait un grand soleil !

Qui étaient les 16 594 guillotinés dans toute la France ?

LE SAVIEZ-VOUS ?

« Les aristocrates à la lanterne », chantaient les révolutionnaires ! Les aristocrates ne furent pas pendus, mais guillotinés, comme tout le monde. Cependant, contrairement à ce qu'on pourrait penser, ils ne représentent qu'un faible pourcentage de ceux qui passèrent entre les mains du bourreau Charles-Henri Sanson. Ceux qui ont payé le plus lourd tribut à la Sainte Guillotine sont les ouvriers et les paysans.

- 31 % d'ouvriers
- 28 % de paysans
- 25 % de bourgeois
- 8,5 % d'aristocrates
- 6,5 % de prêtres
- 1 % n'entrent pas dans ce classement

La réaction thermidorienne

La réaction à la dictature de la Montagne ne se fait pas attendre. Ceux qui en prennent la tête, les thermidoriens – ceux qui ont fait tomber Robespierre le 9 thermidor –, sont réalistes : ils poursuivent la guerre, sachant que tant que les Anglais la financent, il est inutile d'espérer signer une paix durable avec l'Espagne, la Prusse, ou la Hollande ! Le peuple tente de reprendre la main, en vain. Pendant ce temps, une jeunesse dorée et insouciante s'en prend aux Jacobins auxquels elle fait la chasse, permettant le retour des royalistes dont la révolte va être matée par un petit général sans le sou : Bonaparte…

Figure 14-4 : Portrait de Louis XVII au Temple, par Joseph-Marie Vien.

Religions : pas de signes ostensibles…

La liquidation de la terreur va se poursuivre pendant quelque temps : le 16 décembre 1794, Carrier et ses complices sont guillotinés. Le 7 mai 1795, c'est Fouquier-Tinville qui monte à l'échafaud, tout étonné, ne cessant de répéter : « Je n'ai pourtant fait qu'obéir aux ordres… » Sur le plan intérieur, la Convention thermidorienne vote le décret définissant la séparation de l'Église et de l'État : la liberté des cultes est étendue à tout le royaume, mais l'État n'en subventionne aucun, ne rémunère plus aucun ecclésiastique. L'entretien des églises qu'on ouvre de nouveau est confié aux communes. Tous les signes extérieurs – et ostensibles… – d'un culte sont proscrits. Cette même Convention thermidorienne organise l'enseignement primaire, crée une école secondaire dans le chef-lieu de chaque département.

Ça suffit comme ça !

En mars 1795, les députés girondins sont réintégrés à l'Assemblée. Le peuple, lui, continue d'avoir faim, il vient comme au temps des Montagnards, manifester bruyamment son mécontentement. Mais les temps ont changé. La Convention hausse le ton : désormais, les attroupements sont interdits, les insultes, les appels à l'émeute sont punis de prison, voire davantage ! Il est bien fini, le temps de la Commune effervescente, turbulente. La rue n'aura plus la parole ! Les terroristes sont désarmés, les derniers robespierristes, Barère, Billaud, Collot d'Herbois, vont être déportés à Oléron. Les quarante-huit sections de la capitale sont regroupées en douze arrondissements.

20 mai 1795 : la chute de Romme

Cependant, le 20 mai 1795, Paris a une nouvelle poussée de fièvre. Le mathématicien Romme, celui qui a créé avec Fabre d'Églantine le calendrier républicain, prend la tête d'une insurrection qui envahit encore la Convention ! Avec cinq de ses compagnons, il constitue un gouvernement provisoire qui ne dure que quelques heures. Tous les cinq sont arrêtés, condamnés à mort. En prison, à l'aide de deux couteaux, ils tentent de se suicider. Deux d'entre eux, dont Romme, réussissent. Les autres, blessés, sont conduits à l'échafaud. Les 20 et 21 mai, le peuple des faubourgs tente de nouveau d'envahir les Tuileries. Cette fois, ils sont reçus par les soldats de Murat qui les repoussent et envahissent les quartiers constituant une menace pour l'ordre.

LE SAVIEZ-VOUS ?

Qui était l'enfant du Temple, mort le 8 juin 1795 ?

Le 13 août 1792, un petit garçon de sept ans, prénommé Louis-Charles, monte l'escalier de la grosse tour de l'enclos du Temple – qui appartenait au Xe siècle, aux Templiers. Il suit ses parents Louis XVI, roi de France, et sa mère la reine Marie-Antoinette, ainsi que sa sœur Marie-Thérèse, et sa tante, Madame Élisabeth. Ils y sont prisonniers. L'enfant, devenu roi de droit sous le nom de Louis XVII, le 21 janvier 1793, après l'exécution de son père, est séparé de sa famille le 3 juillet 1793 au soir. Sans quitter la tour-prison du Temple, il est confié au cordonnier Antoine Simon, chargé de républicaniser le petit citoyen Louis-Charles Capet.

Loin du monstre parfois décrit, Simon aidé de sa femme s'attache à l'enfant, le distrait et tente de l'instruire. Est-ce parce qu'il montre trop d'intérêt pour le jeune Louis XVII qu'il est guillotiné en 1794 ? On l'ignore. Louis-Charles est alors logé sous la surveillance de quatre commissaires dans une petite pièce sombre et humide où sa santé se dégrade rapidement – il souffre de tuberculose osseuse. Le lundi 8 juin 1795, vers trois heures de l'après-midi, il rend le dernier soupir dans les bras de l'un des commissaires qui se relaient à son chevet : Lasnes.

Après la mort de Louis-Charles, le bruit court qu'une substitution ayant eu lieu – peut-être avec la complicité de Simon, ce qui expliquerait son exécution – le jeune roi serait toujours vivant. Plus de trente Louis XVII se feront ainsi connaître au XIXe siècle, dont le fameux Nauendorff, pseudonyme d'un certain Luis Capeto, nom fantaisiste de circonstance, horloger, marié aux Açores en 1803. Il semble cependant que Louis XVII, que ses surveillants vigilants n'ont jamais quitté d'un œil – on venait chaque jour trois fois vérifier s'il était bien dans sa chambre, et si c'était bien lui… – est bien mort le 8 juin 1795 au Temple.

Le 19 avril 2000, le prince Louis de Bourbon, duc d'Anjou, successeur des rois de France, annonçait à la presse que les analyses génétiques effectuées sur quelques fragments de cœur confirmaient que l'enfant de dix ans mort à la prison du Temple en 1795 était bien le fils de Louis XVI et de Marie-Antoinette. Dans les journaux, cette nouvelle fut lue par certains comme la dernière page d'un beau roman qu'ils s'étaient bâti, avec, cependant, une autre fin… Le cœur du dauphin Louis XVII a été transféré dans la basilique Saint-Denis le 8 juin 2004.

1795 : la terreur blanche

Une certaine jeunesse, celle de la petite bourgeoisie marchande, de l'administration, ou des métiers de la justice sort d'une espèce de léthargie apeurée où l'avaient plongée les excès de la Montagne. Ils ont leur quartier au Palais-Royal, au café de *Chartres* – actuellement le *Grand Véfour*. Leur mise est élégante pour contraster avec celle des sans-culottes qu'ils pourchassent avec un gourdin, leur pouvoir exécutif ! Ils se poudrent et se parfument outrageusement au musc – d'où ce nom qu'on leur donne : les Muscadins. Les jeunes filles se promènent dans des tenues presque transparentes, ce sont les Merveilleuses. Ils font aussi la chasse aux Jacobins dont ils obtiennent la fermeture du club. Les républicains sont menacés partout en France, c'est ce qu'on appelle la Terreur blanche. À Lyon, Nîmes, Marseille, Montélimar, Toulon, Aix, de jeunes chasseurs de Jacobins envahissent les prisons, y massacrent les partisans de la République qui viennent d'y être enfermés !

Figure 14-5 : Le Grand Vefour, rendez-vous des Muscadins et des Merveilleuses.

Le réveil des royalistes

En interdisant au peuple ses manifestations spontanées de mécontentement, la Convention veut endiguer les excès de la gauche extrémiste. Mais ne risque-t-elle pas de favoriser les extrémismes de droite ? C'est ce qu'elle tente de prévenir en décrétant, le 30 août 1795, que les deux tiers des membres de la prochaine assemblée doivent avoir été membres de la Convention. Évidemment, les royalistes sont ainsi écartés du pouvoir ! Ils réagissent, les royalistes, dans toute la France : dans la vallée du Rhône, en Bretagne, en Vendée ; les émigrés débarquent à Quiberon – sans succès. À Paris, le 2 octobre 1795, les royalistes décident d'attaquer la Convention. Les Muscadins, les incroyables et les bourgeois se sont joints à eux. Cette armée improvisée n'a qu'une vague idée de l'action violente. Barras, personnage plutôt louche, ancien ami de la comtesse de la Motte, ancien député du Var qui a joué un rôle déterminant dans la chute de Robespierre, vient d'être chargé d'endiguer cette poussée de fièvre. Il ne sait comment il va s'y prendre.

UNE ANECDOTE

Une histoire d'amour…

mElle s'appelle Thérésa Cabarus, elle est née en 1773. Fille d'un richissime banquier madrilène, elle s'est mariée à quatorze ans, en France, au marquis de Fontenay, puis s'en est séparée. En 1793, jugée suspecte, elle est internée près de Bordeaux. Craignant pour sa vie, elle demande au représentant en mission, Jean-Lambert Tallien, une entrevue dans la cellule de sa prison : elle a des révélations à lui faire… Ils passent la nuit ensemble ! Le lendemain, elle s'installe chez lui ! Elle va désormais s'employer à sauver des têtes. Tallien rentre à Paris, elle le suit. Robespierre la déteste, parce qu'elle parvient à éviter la guillotine à certains de ses adversaires. Il la fait emprisonner. Tallien n'ose s'opposer au tyran, jusqu'au jour où Thérésa, le 7 thermidor, lui envoie un billet où elle lui annonce qu'elle va être exécutée le 9 ! Elle l'accuse de lâcheté. Que fait Tallien ? Il provoque la chute de Robespierre, le jour prévu de l'exécution : le 9 thermidor ! Le 11, Thérésa sort triomphalement de prison, elle devient, dans ses robes légères, la reine du Paris insouciant. On lui donne le nom de Notre-Dame de Thermidor ! L'histoire, c'est si souvent une histoire d'amour…

Le petit général…

C'est alors qu'il pense à un jeune général sans le sou, un petit Corse : Napoléon Bonaparte ! Le 5 octobre 1795 – 13 vendémiaire de l'an IV – la Convention est entourée par les forces armées. Joachim Murat, sous les ordres de Bonaparte, s'empare des canons restés dans la plaine des Sablons, et qui vont servir à repousser les émeutiers. Le dernier îlot de résistance se situe à l'église Saint-Roch. Il faut tirer à bout portant sur les récalcitrants, enlever une barricade à la baïonnette. Mais le soir, l'ordre est rétabli, la République est sauvée ! Grâce au petit général, devenu, aux yeux du peuple, *le général Vendémiaire*…

UN PORTRAIT

« La paille au nez » !

Sous les arcades du Palais-Royal, depuis le 15 septembre 1795, un petit général erre, l'âme en peine. Son visage de jour en jour jaunit, pâlit, il a faim, il n'a plus rien à manger. Ses vêtements sont élimés. Il n'a plus un sou ! Il tente de se faire inviter dans les salons à la mode pour subsister. Il a des idées noires, et certains soirs, même, une dangereuse mélancolie l'envahit. Il a été radié de la liste des généraux employés par le Comité de salut public. Pourquoi ? Parce qu'il était le protégé du frère de Robespierre.

Le petit général n'est pas si petit que cela, il mesure 1,68 m. Ses ancêtres habitaient l'Italie, en Toscane. Ils sont venus s'installer en Corse, cette île devenue française en 1768. Le petit général – qui n'est autre que le *petit caporal*, vous l'avez deviné... – est né à Ajaccio le 15 août 1769. C'est le deuxième des treize enfants de Charles Bonaparte, un avocat au conseil supérieur de Corse, et de Marie-Letizia Ramolino. Ils lui ont donné pour prénom : Napoléon ! Napoléon enfant est d'un tempérament plutôt sombre mais plein de fougue, il est volontiers querelleur. Il vient en France faire des études au collège d'Autun, en compagnie de son frère Joseph, leur père ayant obtenu une bourse d'enseignement.

À son arrivée à Autun, en décembre 1778, Napoléon devient vite une curiosité pour ses camarades : il ne parle presque pas français et répond par un curieux Napolioné, quand on lui demande son prénom. Il est alors surnommé « la paille au nez » ! À onze ans, il est inscrit à l'École militaire de Brienne, dans l'Aube, réservée aux enfants de la noblesse pauvre. Entré en 1784 à l'École militaire de Paris, il en sort l'année suivante. À seize ans, il est lieutenant d'artillerie ! Il se retrouve en garnison à Valence, puis à Auxonne, en Côte-d'Or, où Monsieur Pillet lui refuse la main de sa fille Manesca : il envisage pour elle des partis plus prometteurs ! Le lieutenant Bonaparte séjourne souvent en Corse dont il aimerait devenir l'un des hommes importants, mais il se brouille avec le nationaliste Paoli.

Le 11 juin 1793, les Bonaparte doivent s'exiler précipitamment en France, leur maison est détruite par les partisans de Paoli ! Ils débarquent à Toulon où les royalistes se sont révoltés, aidés des Anglais. Sous les ordres du général Dugommier, Bonaparte fait si habilement manœuvrer son artillerie que la manifestation est écrasée ! Les Anglais quittent la ville le 18 décembre 1793. Bonaparte devient alors général de brigade, il a vingt-quatre ans. Rayé de son grade par les thermidoriens, il erre sous les arcades du Palais-Royal, lorsque Barras qui se rappelle Toulon pense à lui...

26 octobre 1795 : le début du Directoire

UNE DATE À RETENIR

Deux assemblées, cinq directeurs, huit ministres, le Directoire va vivre cinq années avant le coup d'État du 19 brumaire, le 9 novembre 1799.

Cinq directeurs

Le 22 août 1795, sous l'influence de Boissy d'Anglas, l'Assemblée vote la Constitution de l'an III pour remplacer la Constitution de 1793 jamais appliquée. Tout a été pensé, dans cette nouvelle constitution, pour éviter une dictature : les députés vont composer deux assemblées au lieu d'une. Ce seront le conseil des Cinq Cents qui discute et vote les résolutions, et le conseil des Anciens – 250 membres – qui transforme ou non les résolutions votées en loi. Pour siéger au conseil des Anciens, il faut avoir plus de quarante ans. Ces députés sont élus au suffrage censitaire, c'est-à-dire que seuls les électeurs disposant d'une petite fortune votent. Le terme Directoire vient du mot directeur. Élus pour cinq ans par le conseil des Anciens, les cinq directeurs qui le composent sont renouvelables à raison d'un seul par an. Ils nomment huit ministres. Bref, le spectre de Robespierre le dictateur, est maintenu à distance !

Figure 14-6 : Exécution de Marie-Antoinette place de la Révolution, aujourd'hui place de la Concorde.

Place de la Concorde

Il y eut la place Louis XV. Il y eut la place de la Révolution. Il y a désormais la place de la Concorde ! Ainsi en décident les membres de la Convention avant de se séparer le 26 octobre 1795 ! Ils espèrent que cette place deux fois débaptisée ne connaîtra plus jamais d'explosions de colère – ils ignorent le moteur à explosion… Une amnistie générale est votée, sauf pour les émigrés et les déportés. Le même jour, Bonaparte dont la silhouette s'est remplumée depuis qu'il a été nommé général de division le 16 octobre 1795, devient commandant en chef de l'armée de l'intérieur. Le même jour encore, ce 4 brumaire de l'an IV – le 26 octobre –, la Convention est remplacée par le nouveau gouvernement : le Directoire.

Chapitre 15

1796 à 1815 : Bonaparte, Napoléon, Austerlitz, Waterloo

Dans ce chapitre :

- Suivez Bonaparte dans ses campagnes d'Italie et d'Égypte
- Assistez à l'ascension du consul Bonaparte
- Devenez les témoins de l'Empire et de son épopée guerrière

Le petit général sans le sou qui hante les arcades des jardins du Palais-Royal en 1795 cachait un profil étonnant qui va entrer de son vivant dans la légende. Devenu consul après ses campagnes victorieuses sous le Directoire, il désire apporter la paix et la stabilité à la France. Mais il va devoir lutter contre la Prusse, l'Autriche, contre l'Angleterre surtout, qui le laisse tenter d'unifier par le fer et le sang l'Europe continentale, pendant qu'elle s'assure la maîtrise définitive des mers, voies les plus sûres vers toutes les parties du monde. Qu'on l'aime ou le déteste, l'empereur Napoléon ne laisse pas indifférent. Beaucoup de rues de la capitale, d'avenues, de monuments parlent de lui, des hommes qui l'on suivi, mettant leurs pas dans les pas des géants d'anciennes mythologies, celles qui inspirent à la fois la terreur et la pitié ; mais qui souvent aussi font rêver.

Les sept coalitions contre la France

Les puissances européennes s'allient contre la France entre 1792 et 1815. Elles forment sept coalitions successives. L'empereur Napoléon va faire face aux quatre dernières.

- Première coalition, 1792-1798 : Angleterre, Autriche, Espagne, Hollande, Prusse.
- Deuxième coalition, 1799-1802 : Angleterre, Autriche, Naples, Suède, Russie.

- Troisième coalition, 1804-1805 : Angleterre, Autriche, Naples, Suède, Russie.
- Quatrième coalition, 1806-1807 : Angleterre, Prusse, Suède, Russie.
- Cinquième coalition, 1808-1809 : Angleterre, Autriche.
- Sixième coalition, 1813-1814 : Angleterre, Autriche, Prusse, Suède, Russie, bientôt rejoints par les États allemands, membres de la Confédération du Rhin.
- Septième coalition, 1815 : Angleterre, Autriche, Prusse, Suède, Russie.

Bonaparte en campagnes

En Italie, contre les Autrichiens, le pauvre général Vendémiaire devient le Petit Caporal, surnom familier que lui donnent ses soldats à qui il offre la gloire de victoires fulgurantes. Puis, c'est l'Égypte, une épopée incertaine habilement transformée en conquête aux multiples victoires. Au retour de l'Égypte, il conduit une campagne victorieuse qui lui donne le pouvoir grâce au coup d'État du 19 brumaire… Juste avant de repartir pour l'Italie où les Autrichiens remuent encore. De retour en France, il est nommé consul à vie. Il entame alors une campagne d'organisation du pays, le réforme en profondeur, y installe des codes et des structures qui nous gouvernent encore…

1796 à 1797 : l'Italie, Arcole et Rivoli…

L'Italie n'avait pas réussi à Charles VIII, ni à Louis XII, ni à François Ier, finalement, qui y échoua à Pavie. Napoléon Bonaparte ne prend pas, comme ces trois rois, la tête d'une ruée de chevaliers prétentieux engoncés dans leurs armures incommodes, il se met à la tête d'une troupe de va-nu-pieds à qui il s'adresse ainsi : « *Soldats vous êtes nus, mal nourris ; le gouvernement ne peut rien vous donner. Vous n'avez ni souliers, ni habits, ni chemises, presque pas de pain et nos magasins sont vides. Ceux de l'ennemi regorgent de tout, c'est à vous de les conquérir. Je vais vous conduire dans les plus fertiles plaines du monde…Vous y trouverez bonheur, gloire et richesse. Partons !* » Et ils partent vers Milan, vers Mantoue, déloger les Autrichiens qui dominent les princes italiens et menacent la France. Mais revenons un instant vers le Directoire et ses problèmes d'argent…

L'assignat dévalué de… 99 %

Le Directoire n'a qu'un souci, le premier de tous les soucis : la situation financière ! Elle est catastrophique, les caisses sont vides ! L'assignat s'est dévalué de 99 % – à titre de comparaison, l'action Eurotunnel, entre son cours le plus haut et son cours le plus bas a accompli à peu près la même performance… Pendant que des bandes de spéculateurs, de parvenus du commerce et de la finance, multiplient les scandales et s'enrichissent outrageusement, le pays tout entier meurt de faim ! Supprimé en 1796, l'assignat est remplacé par un nouveau papier monnaie : le mandat territorial. Le résultat est pire : il doit être lui aussi supprimé. Finalement, la banqueroute de l'État est déclarée aux deux tiers, le 30 septembre 1797. Cependant, depuis 1796, la guerre a repris, une guerre qui, dans l'esprit de ceux qui l'ont provoquée, doit rapporter de l'argent rapidement. Or, dans les premiers temps, ce n'est pas le cas…

Bonaparte vainqueur !

C'est Lazare Carnot, l'un des directeurs, responsable militaire, qui a préparé un plan d'attaque au début de 1796 : deux armées, confiées à Jourdan et Moreau, doivent traverser l'Allemagne pour atteindre Vienne et contraindre l'Autriche à céder à la France ses frontières naturelles, la barrière du Rhin. Une troisième armée, moins importante, devra battre les princes italiens, sous la domination des Autrichiens. Mais cette troisième armée étant la plus démunie, on ne compte sur elle que pour opérer une diversion. On la confie au petit général Bonaparte. Jourdan traverse le Rhin, s'avance vers Cologne, rencontre l'archiduc autrichien Charles, frère de l'empereur François II – et neveu de Marie-Antoinette – qui le bat à plate couture ! Moreau qui avait fait reculer les Autrichiens jusqu'au Danube et espérait les renforts de Jourdan doit opérer une retraite délicate. Un seul général est victorieux depuis avril 1796, sur toute la ligne : Bonaparte !

LE SAVIEZ-VOUS ?

Le plus joli du monde

« *Elle avait le plus joli* – ici, le terme employé par Bonaparte est censuré, on peut trouver l'équivalent de sa pensée, si tant est qu'en ce domaine c'en est une, dans le dictionnaire, au mot callipyge – *du monde !* » Marie-Josèphe Rose Tascher de La Pagerie – surnommée Yéyette dans son enfance martiniquaise – devient l'épouse de Bonaparte le 9 mars 1796. Veuve d'Alexandre de Beauharnais, guillotiné cinq jours avant le 9 thermidor, elle a bien failli elle aussi monter à l'échafaud. Aussitôt son mariage, Bonaparte part pour la campagne d'Italie. Il supplie Joséphine (Marie-Josèphe) de l'y rejoindre. Elle y va, accompagnée de… son amant, le beau lieutenant des hussards Hyppolite Charles !

Afin de se procurer de l'argent, elle trempe dans un trafic de chapeaux de paille et de saucissons destinés à l'armée ! Elle dépense beaucoup, Joséphine ! Aime-t-elle son mari ? Ce n'est pas sûr : ils envisagent même le divorce en 1799. Mais lorsque le vent tourne en faveur de Bonaparte, Joséphine se ravise. Impératrice en 1804, répudiée en 1810, elle meurt en 1814. L'amour qui n'avait peut-être jamais existé entre les époux impériaux avait été remplacé par la tendresse et la fidélité du cœur.

15 mai 1796 : Bonaparte entre à Milan

Vainqueur partout, Bonaparte ! Vainqueur à Montenotte, en Italie du Nord, le 12 avril 1796, à Dego le 13, vainqueur à Mondovi le 21 ! Le 28 avril, l'armistice est signé avec les Sardes et le roi de Sardaigne à Cherasco. Au traité de Paris, le 15 mai suivant, la France gagne Nice et la Savoie. Et ce n'est qu'un début ! Sus aux Autrichiens ! Voici Lodi, le 10 mai 1796, où les troupes de Bonaparte entraînées par Berthier, Augereau, Lannes et Masséna franchissent un pont alors que la mitraille siffle de partout ! C'est la victoire ! La route de Milan est ouverte ! Napoléon entre dans la ville en libérateur le 15 mai 1796, on lui fait un triomphe.

Rendez-vous à Mantoue

Le Directoire ordonne alors à Bonaparte de se diriger vers l'Italie centrale. Bonaparte trouve cette stratégie stupide : il faut aller d'abord à Mantoue, le point d'appui autrichien. Sans demander l'avis de quiconque, il y va, assiège la ville ! Les Autrichiens, sous le commandement du maréchal Wurmser, accourent alors pour secourir la cité en danger qu'ils libèrent de l'assiégeant ! Bonaparte revient à la charge, chasse les Autrichiens de Mantoue, puis les attaque à Lonato le 3 août 1796 : victoire. À Castiglione, ensuite, le 5 août : victoire – Augereau, sous l'Empire deviendra duc de Castiglione. À Bassano, le 8 septembre : victoire ! Il y a bien Caldiero, le 12 novembre : les Autrichiens, poursuivis par Bonaparte à Bassano ont trouvé refuge dans Mantoue et demandé des renforts. Ceux-ci, 45 000 hommes sous les ordres d'Alvinczy, déployés dans Caldiero, résistent aux Français.

15 novembre 1796 : Arcole et son pont...

Le peintre Antoine-Jean Gros (1771 - 1835) a immortalisé, dans un tableau qu'on peut voir au musée du Louvre, aile Sully, 2e étage, section 54, l'expression résolue de Bonaparte lorsqu'il décide d'entraîner ses hommes sur le pont d'Arcole. Élargissons le plan et voyons, dans les trois paragraphes qui suivent, ce que fut cette bataille d'Arcole…

Prendre Alvinczy en tenailles

Les Français – ils sont 15 000 – sont ralentis à Caldiero, certes, mais c'est pour mieux rebondir ! Le plan de Bonaparte est simple : les Autrichiens d'Alvinczy stationnent autour de Caldiero à une dizaine de kilomètres au nord – ils sont encore plus de 40 000 ! Il va envoyer vers sa gauche Masséna, puis vers sa droite Augereau. Les deux divisions françaises prendront en tenailles l'armée ennemie. Le 15 novembre 1796, le plan est mis en application : Augereau franchit le fleuve Adige, traverse une zone de marécages, et atteint le pont qui enjambe la rivière Alpone et mène à l'entrée du village d'Arcole. Mais dès qu'il veut s'engager sur ce pont, les Autrichiens de la division Mitrowski qui tiennent le village déclenchent un tir nourri et font reculer les Français. Trois fois, Augereau lance ses hommes à l'assaut, trois fois il est repoussé !

Figure 15-1 : Napoléon Bonaparte sur le Pont d'Arcole par Antoine-Jean Gros.

Muiron meurt pour Bonaparte

La situation devient grave : Alvinczy a eu connaissance de la manœuvre, il commence à descendre de Caldiero par les marais, Masséna ne pourra l'arrêter. Napoléon quitte alors son refuge du bord de l'Adige, Ronco, afin de donner du courage à ses hommes. Mais il tombe dans le marais, s'enlise. On le tire de la boue, il prend un drapeau et s'engage sur le pont. La mitraille redouble. Alors, le colonel Muiron, comprenant que Bonaparte va à la mort, lui fait un rempart de son corps. Une balle l'atteint en plein cœur. Galvanisés par cet acte héroïque, les soldats sont sur le pont, ils tentent de passer sur l'autre rive. En vain !

Sonnez, trompettes…

Le 16 novembre 1796, les Français font semblant de battre en retraite et attirent les Autrichiens dans leur piège, mais la bataille n'est pas décisive. Il faut une ruse étonnante pour dénouer la situation le lendemain : Bonaparte

LE SAVIEZ-VOUS ?

Napoléon vole comme l'éclair…

« Napoléon vole comme l'éclair et frappe comme la foudre. Il est partout et il voit tout. Il sait qu'il est des hommes dont le pouvoir n'a d'autres bornes que leur volonté quand la vertu des plus sublimes vertus seconde un vaste génie. » Qui écrit cela ? Bonaparte lui-même ! Ces lignes sont publiées dans le *Courrier de l'armée d'Italie*. Napoléon vient de découvrir les avantages de l'autopromotion et de la propagande. Il écrit lui-même sa légende ! Plus tard, ce seront les *Bulletins de la Grande Armée* où, même vaincu, il est vainqueur ! Et nous, lecteurs, peut-être dupes, peut-être pas. Fascinés, sans doute, horrifiés parfois. Jamais indifférents.

envoie sur les arrières d'Alvinczy quelques dizaines de soldats qui, avec leurs trompettes, vont sonner la charge ! Alvinczy s'y laisse prendre, croit avoir été débordé par son ennemi. Son dispositif se désunit. Augereau passe l'Alpone sur un pont de fortune, au sud d'Arcole, et prend les Autrichiens à revers. Masséna franchit enfin le pont d'Arcole, Alvinczy poursuivant les trompettes…

14 janvier 1797 : Rivoli

Alvinczy est opiniâtre : il veut absolument atteindre Mantoue ! Certain qu'il va vaincre Bonaparte numériquement inférieur, il divise son armée en six colonnes chargées d'opérer l'encerclement du Français Joubert que Bonaparte a placé sur le plateau de Rivoli. Le 13 janvier 1797, Alvinczy attaque Joubert. La bataille se déroule dans un terrain montagneux, accidenté. Alvinczy ne lance pas d'offensive décisive tant il est sûr de la victoire pour le lendemain. La nuit du 13 au 14 janvier va servir Bonaparte : un magnifique clair de lune éclaire tout le paysage et laisse nettement apparaître les feux de bivouacs de l'armée adverse. Bonaparte peut alors mettre au point sa manoeuvre du lendemain avec précision. De plus, les renforts de Masséna venant de Vérone sont arrivés : ils ont parcouru 140 km en deux jours – mieux que les légions de César, dira Bonaparte !

Masséna : l'enfant chéri de la victoire

Le 14 janvier, à sept heures du matin, les Autrichiens attaquent, les Français reculent. Joubert n'a plus de munitions, tous les combattants sont menacés par l'encerclement total ! Mais le canon tonne : Masséna est là ! Les Autrichiens ne l'avaient pas prévu ! Il inverse la situation – Bonaparte va l'appeler l'enfant chéri de la victoire ! La contre-attaque française s'organise, l'adversaire se débande. Le colonel Joachim Murat à la tête de la division Rey coupe la retraite de l'ennemi. À dix-huit heures, les Autrichiens sont écrasés !

18 octobre 1797 : Campoformio

Et voilà ! Bonaparte fait son entrée le 2 février 1797 dans Mantoue où Wurmser a capitulé. Il décide alors de se diriger vers Vienne ! Le 6 avril, il en est à cent kilomètres ! Des préliminaires de paix sont alors signés avec l'Autriche à Loeben. Bonaparte, en vainqueur, revient à Milan et s'installe au château de Montebello, avec Joséphine. Le 18 octobre 1797, les Autrichiens sont contraints de signer le traité de Campoformio. La France y gagne la Belgique, le Milanais, la Lombardie, la rive gauche du Rhin jusqu'à Cologne, les îles Ioniennes. L'Autriche obtient Venise et conserve ses possessions jusqu'au fleuve l'Adige.

Bonaparte remplit les caisses du Directoire

Tout cela est certes fort intéressant pour la France – même si le principe révolutionnaire du droit des peuples à disposer d'eux-mêmes est plutôt bafoué dans le nord de l'Italie… Mais ce qu'apprécient beaucoup le

Directoire, les députés, bref, tous ceux que l'état des finances en France inquiétait, c'est que Bonaparte sait, dans les traités de paix, exiger du vaincu des sommes astronomiques dont il envoie la plus grande partie dans les caisses qui commencent à se remplir. Le reste, c'est-à-dire des sommes énormes, il le garde pour sa convenance personnelle. Il n'est jamais tout seul dans ces campagnes, Bonaparte le Corse ! Il est rejoint par sa nombreuse famille, et il distribue à ses frères, ses sœurs, sa mère, des gratifications fort confortables… L'ancien pauvre est résolument décidé à s'inscrire dans la liste des plus grandes fortunes de l'histoire !

UN PORTRAIT

Babeuf : l'égalité à tout prix

L'égalité ! Il en rêve, le petit commis d'arpentage, François-Noël Babeuf, né à Saint-Quentin en 1760 ! Il voudrait que cessent les injustices. Et pour cela, il a imaginé le système suivant : il faut supprimer les classes sociales et la propriété individuelle. Ensuite, tout le monde travaillera pour le même salaire, exactement. Les biens produits seront mis en commun, distribués de façon équitable. Voilà pour la théorie qui est le fondement même du communisme.

Babeuf qui a pris le nom des Gracchus – Romains qui tentèrent une réforme agraire au Ier siècle avant J.-C., redistribuant aux pauvres les terres accaparées par les aristocrates – expose ses convictions dans son journal. Il est approuvé par d'anciens robespierristes, d'anciens Montagnards, des déçus de tout bord. Il s'entoure de partisans de qualité parfois discutable. Ainsi Buonarotti, un conspirateur qui se prétend le descendant de Michel-Ange. Au début de 1796, une conspiration visant à renverser le Directoire est élaborée par Gracchus Babeuf et ses compagnons. Cette conspiration des Égaux parvient aux oreilles de la police du gouvernement. Les conjurés sont arrêtés le 8 mai. Trois semaines plus tard, Babeuf et son compagnon Darthé montent à l'échafaud. Les autres sont déportés.

1798, l'Égypte : « Soldats, du haut de ces pyramides… »

UN ÉVÉNEMENT IMPORTANT

Même si Bonaparte est sollicité par les directeurs en cas de coup d'État, même s'ils lui demandent parfois des conseils, ils ne voient pas toujours d'un bon œil son ascension fulgurante.

Au diable, Bonaparte !

Mais qu'est-ce que c'est que ce petit général qui se permet d'ignorer les ordres, qui inonde de ses *Courriers d'Italie* la France ébahie par tant de bravoure, de gloire ? Il fait de l'ombre au Directoire ! Il est grand temps de l'éloigner, de l'envoyer au diable, ou du moins, en enfer, c'est-à-dire dans un lieu de fournaise, sous un climat où le soleil peut être fatal, et surtout dans une zone géographique qui représenterait une première étape avant les Indes d'où il faudrait chasser les Anglais : l'Égypte ! 280 navires de guerre, 55 navires de transport ! 54 000 hommes ! Les plus valeureux généraux : Berthier, Murat, Davout, Lannes, Marmont, Duroc, Bessières, Friant, Kléber, Desaix. Le départ a lieu de Toulon, le 19 mai 1798. Le 9 juin, l'île de Malte est prise.

Figure 15-2 : La bataille de Caire contre les Mamelouks.

« ... quarante siècles vous contemplent ! »

UNE ANECDOTE

Le 1er juillet, l'expédition arrive à Alexandrie, après avoir réussi à échapper à Nelson, l'amiral anglais lancé aux trousses de Bonaparte. La ville d'Alexandrie est prise en une journée, le 2 juillet. L'armée marche sur Le Caire. Le 21 juillet, la cavalerie turque des Mamelouks lui barre la route. Napoléon dope alors ses soldats avec cette phrase : « Soldats, songez que du haut de ces pyramides, quarante siècles vous contemplent ! » Quelques heures plus tard, les Mamelouks sont écrasés. La voie est libre vers Le Caire où les troupes françaises entrent le 23 juillet 1798. Bonaparte établit dans la ville son quartier général. Une semaine passe, et c'est la catastrophe : Nelson prend habilement en sandwich la flotte française, et la détruit. Napoléon est coupé de l'Europe, prisonnier de sa conquête !

Février-mars 1799 : prise de Gaza et de Jaffa

Pas de panique ! Il faut s'organiser : il s'installe en Égypte. Il y crée un institut où vont travailler les savants qui l'ont accompagné : Monge et Berthollet qui lèvent des cartes du pays, étudient les monuments, le naturaliste Geoffroy Saint-Hilaire. Desaix va s'efforcer de pacifier le pays. Mais les Turcs veulent reprendre leur possession. Bonaparte devance leur attaque en marchant sur la Syrie en février 1799. Il s'empare de Gaza le 24 février 1799, puis de Jaffa le 7 mars. Dans cette ville, les 3 500 hommes de la garnison se rendent sur la promesse qu'ils auront la vie sauve.

« Que voulez-vous que j'en fasse ? »

Lorsqu'il apprend l'existence de ces prisonniers, Bonaparte s'exclame, en colère : « Que voulez-vous que j'en fasse ? » Et il ordonne qu'ils soient exécutés. Mais pour faire des économies de balles, ils le seront au sabre et au couteau ! La tâche accomplie, le combat continue… Quelques jours plus tard, le 16 avril, Kléber et Bonaparte se retrouvent à un contre dix Turcs au mont Thabor. Qu'importe : Kléber et Bonaparte gagnent la bataille ! Mais le vent tourne : le siège de Saint-Jean-d'Acre, commencé en mars, s'achève le 20 mai sur une défaite, malgré de nombreux assauts. Les troupes françaises refluent vers Jaffa en une longue colonne de blessés, de malades et surtout de pestiférés !

Figure 15-3 : Détail du tableau Napoléon visitant les malades de la peste à Jaffa, par Antoine-Jean Gros.

LE SAVIEZ-VOUS ?

Les pestiférés de Jaffa : c'est Gros !

Le peintre Gros a représenté Bonaparte, héros qui ne craint rien, pas même la peste, rendant visite à ses troupes atteintes de la terrible maladie, à Jaffa. Certains prétendent qu'il n'y est jamais allé, restant à l'écart des zones empestées, un mouchoir imbibé de vinaigre sous le nez, tant il avait peur d'être contaminé. On a dit tant de choses : qu'il a bombardé la mosquée du Caire, qu'il a fait décapiter des centaines de rebelles dont les têtes, apportées dans d'immenses sacs ont été déversées sur la grande place de la capitale égyptienne pour édifier les foules. On a même prétendu que les pestiférés de Jaffa, non seulement n'auraient pas été visités par leur héros, mais que ce héros les aurait fait liquider. Oui, Bonaparte aurait demandé, par humanité, que soient exécutés ces hommes qui auraient pu tomber aux mains des Turcs, et être torturés –, Napoléon lui-même l'aurait révélé à Bertrand, à Sainte-Hélène ! Mais que n'a-t-on pas dit ! Que n'a-t-on pas inventé ! Tout le monde s'y est mis : les historiens, les écrivains, les témoins, les soldats, les peintres, Gros ! Et même Napoléon…

25 juillet 1799 : « À l'attaaaaaaaaaaaaque ! »

Bonaparte, à la tête de ses troupes en piteux état, entame sa traversée du désert pour rejoindre Le Caire. Les Anglais en profitent pour faire débarquer à Aboukir une armée turque. Les Français, malgré leurs éclopés, les battent en une journée, le 25 juillet 1799. C'est au cours de cette bataille que Joachim Murat va recevoir la seule blessure grave de sa carrière de militaire : à la tête de ses cavaliers, il lance un assaut contre les Turcs. Et pour les entraîner, il se place à leur tête, son cheval au triple galop ! Il crie « À l'attaque ! » en prolongeant les « Aaaaaaaaaaa » en écartant le plus possible la mâchoire du haut de celle du bas. Heureusement ! Car une balle turque entre dans sa bouche, lui coupe la glotte et va se loger dans une vertèbre ! On le transporte au faiseur de miracles : le chirurgien Dominique Larrey. Et Larrey fait un miracle – avec son bistouri cependant. Il extrait la balle, cautérise la plaie et quelques jours plus tard, Murat peut crier : « À chevaaaaaaaaaaaaaaaal ! »

Avez-vous lu le journal ?

Après la victoire – terrestre – d'Aboukir du 25 juillet 1799, destinée à effacer le désastreux Aboukir naval du 1er août 1798 – un plénipotentiaire anglais vient discuter de la reddition de ses troupes. Il apporte à Bonaparte un paquet de journaux français. Geste de sympathie ? Ou bien cadeau calculé ? On ne le saura pas, mais l'effet est le suivant : Bonaparte se met le soir même à lire les journaux. Il y découvre que la République est de nouveau menacée par une coalition qui rassemble l'Angleterre, l'Autriche, la Russie, la Suède, l'Empire ottoman. Les Autrichiens et les Russes menacent la République helvétique. Masséna et Lecourbe sont déjà partis en opérations. Les 25, 26 et 27 septembre 1799, ils vont remporter la bataille de Zurich. Les Russes sont rejetés au-delà du Rhin, les Autrichiens sont contenus. Pas une minute à perdre : Bonaparte – auquel, parfois, manque un fox terrier qui s'appellerait Milou – décide de s'embarquer pour la France.

Le coup d'État du 19 brumaire au 10 novembre 1799

Des victoires en Italie, mais il n'y a pas que la gloire. On a beau devenir une légende après ces coups de main magistraux contre un ennemi un peu lent à réagir, on n'en prévoit pas moins l'avenir. C'est ce qu'il fait, Napoléon Bonaparte, en décidant que le Directoire dont il remplit les caisses ne disposera pas comme il l'entend de la manne austro-italienne. La solution ? Un coup d'État, puis, tout le pouvoir, ou rien.

Bonaparte aide et conseille le Directoire

Après l'Italie, revenons un peu en France. Au Directoire, on joue au balancier : un coup à gauche, un coup à droite. Un coup à gauche en déjouant la conspiration des Égaux de Gracchus Babeuf, ce qui évite le retour des Jacobins. Un coup à droite avec le coup d'État du 18 fructidor de l'an V – le 4 septembre 1797 – qui écarte les royalistes devenus majoritaires dans les assemblées, royalistes qui cherchent à évincer les républicains. Pour réussir ce coup d'État, les directeurs ont fait appel à Bonaparte à qui ils demandent des conseils ! Il leur a envoyé l'efficace Augereau. Lui-même a fait un passage à Paris le 5 décembre, accueilli par une foule en délire, avant d'en repartir le 4 mai 1798, pour la campagne d'Égypte que nous venons de suivre.

Les grandes oreilles du petit général

Au printemps 1799, deux tendances s'affrontent au sein du Directoire : les révisionnistes – parmi eux Talleyrand – qui veulent confier le pouvoir à la bourgeoisie riche. Et puis, deuxième tendance : les néo-Jacobins qui n'admettent pas d'être écartés des décisions importantes. Ils parviennent à faire destituer trois directeurs ! La situation est dangereuse. Et cela arrive aux grandes oreilles du petit général qui tourne en rond dans le sable égyptien. Le 22 août 1799, il laisse le commandement de son armée à Kléber, et revient en France. Il fait une halte en Corse où il distribue des kilos d'or à ses amis, narguant ceux qui saccagèrent la maison Bonaparte en juin 1793 ! Et maintenant, à l'attaque !

Opération Bonaparte !

Tout aurait pu très mal tourner et, dans l'histoire de France, on aurait lu : « Un petit général corse, Napoléon Buonaparte, qui avait tenté de s'emparer du pouvoir par la force, est déclaré hors la loi par le conseil des Cinq Cents, et exécuté le lendemain, en même temps que son frère Lucien et Joachim Murat, son complice qu'il avait fait général de division en Égypte, au soir de la bataille d'Aboukir… » Il s'en est fallu de si peu…

Un 18 brumaire soigneusement préparé

Les grands financiers, irrités par l'emprunt sur les riches qu'avait décidé le Directoire, financent l'opération Bonaparte qu'on connaît sous ce nom : le coup d'État du 18 brumaire. Dans un premier temps, le 18 brumaire – 9 novembre 1799 –, il est décidé que, à cause de l'agitation néo-jacobine, le conseil des Cinq Cents, celui qui fait les lois, est provisoirement transféré à Saint-Cloud, sous la protection du général Bonaparte. Il a débarqué le 9 octobre à Fréjus ; le 17 octobre, il était à Paris où il a préparé – et payé – la démission de deux directeurs, Sieyès et Ducos, et l'arrestation de leurs deux autres collègues.

Bonaparte se débarrasse de Barras

Le cinquième directeur, Barras, lui, n'est paraît-il au courant de rien… ! On va le prévenir chez lui. Il est dans son bain, refuse d'abord de recevoir les visiteurs qu'on lui annonce. Il se décide enfin à leur parler, feignant la surprise… Les deux visiteurs sont des envoyés de Bonaparte qui apportent à Barras l'équivalent des gains de six bons numéros au loto, multipliés par un coefficient qu'il est préférable de taire… Barras, le maître de la France pendant le Directoire, l'image même de la corruption, ainsi acheté, va s'enfuir lâchement. Il n'apparaîtra plus dans la vie politique. Tout va bien, ce 18 brumaire : le pouvoir exécutif n'existe plus ! On va donc pouvoir faire appel à qui ? À Bonaparte suffisamment populaire et audacieux pour prendre la situation en main.

Bonaparte à la guillotine !

Le lendemain, 19 brumaire – 10 novembre 1799 –, Bonaparte pénètre au conseil des Cinq Cents où les événements de la veille ont mis tout le monde en effervescence ! Il y est accueilli aux cris de « À bas le dictateur ! » Ensuite, c'est une véritable bagarre qui se déclenche entre les députés, les spectateurs qui sont venus assister aux débats, et même les soldats, une indescriptible mêlée où tout le monde se bat à coups de poings, de pieds, les vêtements sont déchirés, on se tire les cheveux, les oreilles… Bonaparte est bousculé, il semble apeuré, il va s'évanouir ! On le transporte à l'extérieur. Où est passé le petit caporal, le grand général, le vainqueur de Lodi, d'Arcole, de Rivoli ? Les députés ne se laissent pas faire : ils préparent un vote de mise hors-la-loi. Et si ce vote est majoritaire, comme il le fut pour Robespierre, Bonaparte va être jugé, mis hors la loi, et, lui qui n'est déjà pas très grand, raccourci à la guillotine !

Murat charge

C'est l'instant le plus critique de la vie politique de Bonaparte. Son frère Lucien réussit à retarder le vote fatal. Puis il monte à cheval et va persuader Murat que cette assemblée en veut à la vie de son général – ce qui n'est pas faux ! Murat fait alors battre les tambours, charge et disperse dans un brouhaha indescriptible le conseil des Cinq Cents. C'en est fini du Directoire !

Bonaparte Premier consul, Bonaparte consul à vie

Le Directoire disparu, il faut penser à donner une nouvelle constitution à la France. Bonaparte va en occuper le centre, la circonférence, bref, il l'occupe tout entière.

13 décembre 1799 : une constitution sur mesure

« Qu'y a-t-il dans la constitution ? Il y a Bonaparte ! » Au lendemain du coup d'État du 19 brumaire, une commission exécutive provisoire a été nommée. Elle est composée de trois consuls : Bonaparte, Sieyès et Ducos – dans l'ordre d'importance. Il faut peu de temps avant qu'une nouvelle constitution voie le jour. Elle est proclamée le 13 décembre 1799 – 22 frimaire an VIII. Elle comporte quatre-vingt-quinze articles. C'est l'œuvre personnelle du premier consul – même s'il a laissé à Sieyès l'impression de l'avoir créée.

« La décision du premier consul suffit »...

Le pouvoir législatif y est organisé de telle façon que ceux qui discutent les lois ne les votent pas, et que ceux qui les votent ne les discutent pas ! Le pouvoir exécutif se retrouve aux mains de trois consuls, mais pour toute décision, un article de la constitution prévoit que « la décision du premier consul suffit »... Autrement dit, Bonaparte possède les pleins pouvoirs. C'est l'homme fort. Il veut absolument conserver les acquis de la Révolution, éviter un retour à la monarchie, mais, tout ce qu'il va faire tend vers cet objectif : écarter le peuple de la vie publique. Plus jamais d'invasion spontanée de l'Assemblée, plus jamais de désordres, tout va être contrôlé, surveillé, policé.

Rémunérations impériales

Bonaparte crée les préfets, les conseillers généraux, les conseillers d'arrondissement, les maires, les conseillers municipaux. Et par qui ces fonctionnaires sont-ils nommés ? Par le premier consul, auquel ils sont évidemment entièrement dévoués. Les juges ? Nommés par le premier consul ! Il crée aussi le Conseil d'État qui rassemble quarante-cinq membres chargés de rédiger les lois, de les interpréter en prêtant toujours une oreille attentive à celui qui les nomme et qui les rémunère – déjà – impérialement ! Le suffrage universel est rétabli, mais les citoyens ne disposent que du droit de désigner des candidats parmi lesquels le gouvernement fait son choix...

De l'ordre et de la concorde

De l'ordre ! De l'ordre partout ! Voilà l'obsession de Bonaparte car, dit-il, « sans l'ordre, l'administration n'est qu'un chaos, point de finances, point de crédit public ». De l'ordre et de la concorde ! Les Vendéens, les émigrés, tous sont invités à prendre part au grand projet de réconciliation nationale. Cet appel est entendu par George Cadoudal, chef de la chouannerie, qui obtient du général Brune, le 14 février 1800, un compromis de paix. Les émigrés commencent à revenir en France. Tout va donc pour le mieux dans le meilleur des consulats ! Les financiers décident alors de miser sur cet homme étonnant, ce Bonaparte qui est capable de leur fournir un terrain national stabilisé dans lequel leur capital va être ensemencé, avec la promesse de récoltes fabuleuses puisqu'elles ne craignent pas les intempéries.

De la concorde dans le Concordat

Jureurs et réfractaires ! Mais prêtres les uns et les autres ! Pendant la révolution, les Français ne savent trop où donner de l'âme : ou bien ils s'adressent à ceux qui ont prêté serment à la constitution civile du clergé, et se rendent ainsi infidèles au pape, le chef de l'Église catholique ; ou bien ils font confiance aux ecclésiastiques demeurés fidèles à Rome, mais qui exercent alors en pleine illégalité, par rapport aux nouvelles lois françaises !

Bonaparte va ramener la paix dans les églises et les chapelles, dans les chaumières et les séminaires. Le 16 juillet 1801, à deux heures du matin, il signe un concordat avec le pape Pie VII : le catholicisme y est reconnu pour la religion pratiquée par la majorité des Français. Le premier consul nomme les évêques qui lui prêtent un serment de fidélité, mais le pape leur donne l'investiture canonique. Les acquéreurs de biens nationaux ne seront pas inquiétés par Rome, en revanche, un salaire convenable est accordé aux évêques et aux curés. Que faire des prêtres jureurs qui avaient renié le pape ? Eh bien, quand ils reviendront dans le sein de l'Église, on tournera la tête, et on fera semblant de croire qu'ils n'en sont jamais sortis…

13 février 1800 : création de la banque privée de France…

Tout va très vite : le 13 février 1800, une association de banquiers fonde ce qui s'est appelé la Banque de France, mais qui n'était encore qu'une société privée par actions. Son succès est considérable. En 1803, elle reçoit le monopole de l'émission des billets de banque. Le ministre des Finances Gaudin fait de son côté des merveilles en reprenant et en prolongeant les idées de deux ministres du Directoire : Ramel et François de Neuchâteau qui avaient installé dans chaque département, une agence des contributions directes, créé une sorte d'impôt sur le revenu, réorganisé la patente, la contribution foncière, la contribution mobilière, et introduit peu à peu l'impôt indirect. Tout cela est fort efficace : en 1802, le budget est équilibré. L'année suivante, le 28 mars 1803 – 7 germinal an XI – est créée une monnaie qui va rester stable jusqu'à la Première Guerre mondiale : le franc germinal, qui contient cinq grammes d'argent fin. L'effigie du premier consul figure sur toutes les monnaies dont la tranche porte cette inscription : « Que Dieu protège la France » !

1800 : campagne d'Italie II, le retour !

La France du premier consul a besoin de stabilité. Voilà pourquoi Bonaparte adresse des offres de paix à l'Angleterre, à l'Autriche, offres rejetées. Il va falloir garantir les frontières par la guerre !

UN PORTRAIT

« Entre mes mains, un pareil homme aurait fait de grande choses »

Cadoudal ! Un élève brillant au collège Saint-Yves de Vannes où il se signale par son sens de la répartie, par son esprit vif dans un corps qui en impose. Adulte, Cadoudal est un géant qui trouve dans la chouannerie bretonne une aventure à sa mesure. Elle lui permet de quitter son bureau poussiéreux de clerc de notaire. En 1793, à vingt-deux ans, il refuse avec éclat la conscription, se retrouve au combat, est blessé, emprisonné à Brest, puis libéré. Lors du débarquement franco-anglais de Quiberon, le 27 juin 1795, c'est lui qui commande la troupe des chouans, jusqu'au désastre.

En 1796, il accepte de faire la paix avec Hoche, mais, en 1797, il se rend en Angleterre, est nommé commandant en chef de la Basse-Bretagne par le comte d'Artois (le futur Charles X). Il lève une armée de 20 000 hommes et reprend le combat en 1799. Février 1800 : il signe la paix, davantage par contrainte que par volonté. Quelques mois plus tard, il participe à l'organisation de l'attentat de la rue Saint-Nicaise où Bonaparte aurait dû trouver la mort : une machine infernale composée de barils de poudre installés sur une charrette explose entre la voiture du premier consul et celle de Joséphine – on compte dix morts, des dizaines de blessés ; Bonaparte est indemne et demande que sa voiture poursuive son chemin, sans se préoccuper de son épouse…

Retour en Angleterre pour Cadoudal. Louis XVIII le nomme commandant en chef des armées de l'ouest. En 1803, il revient pour enlever Bonaparte, avec Pichegru, Moreau, et quelques autres. Arrêté le 9 mars 1804 à Paris, il est jugé et condamné à mort. Avec onze de ses compagnons, il est guillotiné le 25 juin 1804. Son corps est donné aux étudiants en médecine : le chirurgien Larrey garde son squelette, et le monte sur fil de fer afin de l'utiliser pour ses cours d'anatomie. Aujourd'hui, les restes de George Cadoudal reposent à Auray, au mausolée de Kerléano. Bonaparte qui avait eu avec lui, en 1800, une entrevue plutôt houleuse, et qui cherchait à le sauver, eut ces mots : « Entre mes mains, un pareil homme aurait fait de grandes choses ! »

Mars 1800 : alerte ! Les Autrichiens assiègent Masséna !

Alerte ! Les Autrichiens se préparent – encore ! – à attaquer la France par le sud. La Paix ? Ils ne veulent pas en entendre parler ! Le 18 février 1800, Bonaparte n'a pas le temps de savourer le résultat du plébiscite qui accueille sa nouvelle constitution (déjà mise en œuvre depuis décembre 1799…) : plus de trois millions de oui, et seulement 1 562 non ! Mais environ quatre millions d'abstentions… En mars, il prépare son plan d'attaque. Son idée : lancer deux armées qui vont converger sur Vienne. L'une d'elles passe par la Bavière, elle est confiée à Moreau. L'autre, l'armée d'Italie, retrouve son chef adoré qui a décidé de déboucher par surprise dans la plaine du Pô. Il lui faut porter secours au plus vite à Masséna, isolé dans Gênes, car les troupes autrichiennes occupent toute l'Italie du Nord. Par où faut-il passer pour arriver sur l'ennemi en le surprenant, lui qui s'acharne à faire le siège de Gênes, ce qui va laisser à Bonaparte toute liberté d'action ? Il faut franchir les Alpes en passant par le Grand-Saint-Bernard !

14 au 23 mai 1800 : puisque Hannibal l'a fait…

Les habitants de la montagne déclarent qu'il est impossible d'effectuer ce parcours : la neige, en altitude, fait plus de trois mètres d'épaisseur, et les sentiers sont à flanc de montagne. Impossible ? Hannibal l'a bien fait au IIe siècle avant Jésus-Christ ! C'est sans doute encore faisable ! Voilà pourquoi Bonaparte décide que son armée, 60 000 hommes, 100 canons, des centaines de caisses de munitions et de vivres, vont franchir les Alpes ! Les canons sont démontés. Des arbres sont abattus, évidés de sorte qu'ils prennent la forme d'une auge où le fût est déposé. Puis cent hommes s'y attellent avec des cordes. En deux jours, la pièce se retrouve de l'autre côté de la montagne !

8 juin 1800 : Lannes vainqueur à Montebello

Du 14 au 23 mai 1800, Bonaparte et son armée ont franchi l'infranchissable ! Cet exploit va avoir un retentissement considérable dans toute la France. Bonaparte va alors se diriger vers l'armée autrichienne. Le 8 juin, l'avant-garde de Lannes s'élance avec 8 000 hommes contre 18 000 Autrichiens – et surtout contre leurs canons et leurs fusils – à Montebello. En deux heures, les Français, malgré les boulets qui pleuvent, les balles qui sifflent, sont vainqueurs. Le lendemain, Lannes peut dire à Bonaparte : « Les os de mes grenadiers craquaient sous les balles autrichiennes comme un vitrage sous la grêle ! »

14 juin 1800 : les Français bousculés à Marengo

Bonaparte commet alors une légère erreur de jugement qui a bien failli lui être fatale : il pense que les Autrichiens se dérobent, qu'ils commencent à s'enfuir. Aussi, disperse-t-il son armée afin de la lancer à sa poursuite. Mais, au contraire, les Autrichiens se sont rassemblés en trois colonnes massives qui se mettent en mouvement dès huit heures du matin le 14 juin 1800. Les Français disposent de quinze canons. En face, cent canons autrichiens vont entrer en action ! L'avant-garde française est bousculée et repoussée jusqu'au village de Marengo. Bonaparte ne dispose que des corps d'armée de Victor et Lannes, de la garde consulaire et de la division Monnier. Il a envoyé chercher Desaix et ses 5 000 hommes, mais où sont-ils vraiment ? Arriveront-ils à temps ?

Toussaint Louverture

Il est né esclave des Espagnols et des Anglais en 1743 à Saint-Domingue. La révolte contre les planteurs blancs, c'est lui qui la conduit. Le 4 février 1794, les députés français abolissent l'esclavage. Toussaint Louverture chasse de son île les Anglais et les Espagnols. Il fait alliance avec les Français. Excellent administrateur, il donne à Saint-Domingue une constitution où il est précisé que l'île est autonome, mais qu'elle demeure dans l'Empire colonial français. La sécurité des planteurs y est garantie, et le commerce devient florissant. Intolérable pour Bonaparte ! Il envoie, en février 1802, 20 000 hommes qui vont tout casser et tout gâcher : Toussaint Louverture – qui devait son nom aux brèches qu'il savait pratiquer dans les lignes ennemies – est fait prisonnier. Il est emmené en France, détenu au fort de Joux, dans le Doubs. Il y souffre des rigueurs du climat mais aussi des brimades, des vexations et des humiliations que lui font subir ses gardiens, parce qu'il est noir. Il meurt de chagrin le 17 avril 1803.

Figure 15-4 : La bataille de Marengo.

« Pourquoi ne m'est-il pas permis de pleurer ? »

À deux heures de l'après-midi, l'armée française est décimée, elle va entamer une retraite prudente. Bonaparte a suivi cette déroute du haut d'un clocher. Il sait maintenant que Desaix est en route pour le rejoindre, mais il va sans doute arriver trop tard. Desaix est au galop avec ses troupes fraîches. Il se guide au son du canon et, bientôt, il parvient en vue du champ de bataille de Marengo. Il place ses hommes et leurs armes en ordre de bataille, il fait donner le canon, et bientôt la victoire change de camp : les Autrichiens sont vaincus. Mais, dès le début de l'engagement, Desaix, Louis Desaix, le pacificateur de l'Égypte qui y avait acquis le surnom de « Sultan juste », son cheval lancé contre l'ennemi, a reçu une balle en plein cœur. Bonaparte qui l'appréciait est atterré. Ce soir-là, il dit, devant la dépouille de son général et ami : « Pourquoi ne m'est-il pas permis de pleurer ? » Le même jour, au Caire, Kléber qui était resté en Égypte est assassiné par un fanatique à la solde des Turcs.

25 mars 1802 : la paix d'Amiens

Battus au sud, les Autrichiens, mais encore présents et belliqueux à l'est ! Moreau va les écraser à Hohenlinden, en Bavière, le 3 décembre 1800, prenant leur colonne sous un feu nourri, dans une clairière entre deux forêts. Moreau les poursuit, se dirige vers Vienne où il pourrait faire son entrée. Mais il fait demi-tour, ce que Napoléon lui reprochera jusqu'à Sainte-Hélène ! La paix est ensuite signée à Lunéville le 9 février 1801, une paix qui renforce le traité de Campoformio, accordant à la France la rive gauche du Rhin, les territoires belges. Bonne nouvelle aussi du côté des Anglais qui signent le 25 mars 1802 la paix d'Amiens : l'Égypte est restituée à la Turquie, la France récupère ses colonies. Cette paix est accueillie avec enthousiasme, mais rien n'est réglé en profondeur : la France et l'Angleterre demeurent de farouches rivales sur le plan commercial et industriel. Un semblant de paix s'installe cependant.

Bonaparte organise la France

Pas de temps à perdre : Bonaparte possède un génie de l'organisation qui fait merveille pour remettre en ordre une France qui va acquérir des structures dont beaucoup nous servent encore aujourd'hui, quotidiennement.

Au cas où Joséphine…

Bonaparte profite de la paix pour continuer à organiser la France à sa façon : les écoles centrales départementales sont jugées trop souples dans leur enseignement, on a le tort d'y penser librement. Elles sont transformées en lycées à la discipline militaire où la pédagogie vigoureuse va s'inspirer des pratiques jésuites. Depuis 1789, un code de lois uniques a été entrepris, jamais achevé. Bonaparte crée une commission chargée de le terminer. Il participe à la rédaction de certains articles, notamment ceux qui renforcent considérablement, dans la famille, l'autorité du père sur sa femme et ses enfants. Il impose le divorce par consentement mutuel – on ne sait jamais, Joséphine ne parvient pas à lui donner d'enfant ! Il y fait ajouter un règlement détaillé pour les militaires.

Figure 15-5 : Joséphine de Beauharnais par Robert Lefevre.

Un code fleuve aux sources multiples

Un événement important

Par ailleurs, le droit à la propriété est affermi, l'égalité des citoyens garantie, leur liberté également ; le principe de la laïcité est adopté – l'État ne s'occupe pas des croyances religieuses. Le code civil n'est pas une œuvre personnelle et originale du premier consul. Il puise ses sources dans le droit romain, dans les anciennes coutumes du royaume de France, dans les ordonnances royales, dans les lois de la révolution. Dans une France où les règles du droit ne sont pas les mêmes à Rennes, à Toulouse ou à Paris, le code civil va instituer une loi pour tous identique.

Le code Cambacérès

Cambacérès, avocat, député de l'Hérault à la Convention, avait déjà présenté le projet d'un code unique pour tous les Français le 9 août 1793 à l'Assemblée. Projet sans suite à l'époque, car une commission de rédaction n'avait pu être réunie. Le 12 juin 1796, Cambacérès ressort l'ébauche de son code civil, mais il ne convainc pas le Directoire. En 1800, Bonaparte est séduit ; un comité de rédaction, composé de Bigot de Préameneu, Malevile, Portalis et Tronchet, se réunit au domicile de celui-ci, rue Saint-André-des-Arts, et rédige, en quatre mois, une première version du code qui sera discuté entre le 17 juillet 1801 et le 21 mars 1804 durant 109 séances du Conseil d'État dont cinquante-sept sont présidées par Bonaparte, et cinquante-deux par Cambacérès. Le 21 mars 1804 naît officiellement le code civil des Français, un code rédigé de façon claire, sobre et précise, et qui va obtenir beaucoup de succès à l'étranger.

Hochets de la vanité

Créée par décret du corps législatif le 29 floréal an X – le 19 mai 1802 –, la Légion d'Honneur, est destinée à récompenser les meilleurs serviteurs de l'État. La première distribution des étoiles d'or ou d'argent qui distinguent ceux qu'on appelle alors légionnaire (et non chevalier), officier, commandant (et non commandeur comme aujourd'hui) et grand-officier, a lieu le 26 messidor de l'an XII, le 15 juillet 1804. Des milliers de ces distinctions ont depuis été attribuées à ceux qui en ont été jugés dignes. Napoléon, dès qu'il les a crées, les a appelées des « hochets de la vanité ». Hochet qu'il porta en permanence sur le revers de sa veste…

Août 1802 : « Bonaparte sera-t-il consul à vie ? »

Bravo pour la paix d'Amiens signée avec les Anglais ! Pour récompenser Bonaparte, le Sénat l'élit consul pour dix ans. Bonaparte fait la moue : il aurait préféré davantage… Voilà pourquoi il pose, par la voie des urnes, cette question à ceux qui votent : « Bonaparte sera-t-il consul à vie ? » Oui : plus de trois millions et demi ; non : 8 300… Bonaparte est donc proclamé consul à vie en août 1802. Certains vont dire « non » à leur façon : Cadoudal et ses complices – exécutés le 25 juin 1804, après la découverte de leur complot.

21 mars 1804 : le duc d'Enghien fusillé

Qui donc devait devenir roi après l'assassinat du consul à vie, projeté par Cadoudal et ses amis ? Pour Bonaparte, il s'agissait du duc d'Enghien, petit-fils du prince de Condé, chef de l'armée des émigrés. Voilà pourquoi, dans la nuit du 14 au 15 mars 1804, les hommes de main de Bonaparte l'enlèvent au château d'Ettenheim, dans le duché de Bade, non loin de Strasbourg. Bien qu'il n'ait pas fait partie du complot de Cadoudal, le duc d'Enghien est traduit en conseil de guerre, sommairement jugé, et fusillé le 21 mars 1804, dans les fossés du donjon de Vincennes. De cette façon, si la France doit être dirigée par un roi – ou un empereur… – son nom sera ou bien Bonaparte, ou bien Napoléon Ier !

L'empereur Napoléon Ier conquiert l'Europe

Ludwig von Beethoven – vous connaissez sans doute les premières notes de sa *5e Symphonie* : pom pom pom pom… – admire Bonaparte. Pour lui, ce général a su développer les généreux idéaux de la Révolution française, il est en train de donner naissance à un monde plus juste. Sur le conseil du ministre de la Guerre du Directoire, Jean-Baptiste Bernadotte, général de l'armée d'Italie, futur roi de Suède, Beethoven écrit une symphonie en l'honneur de Bonaparte, la 3e. Mais les dernières notes à peine écrites, Bonaparte décide de devenir l'empereur Napoléon. Beethoven entre alors dans une colère terrible : il arrache la première page de son manuscrit, le jette à terre et s'écrie : « Ainsi, ce n'est donc qu'un homme ordinaire, et rien de plus ! Désormais, il foulera au pied les droits de l'homme et ne vivra que pour sa propre vanité ; il se placera au-dessus de tout le monde pour devenir un tyran. » Donc, le 2 décembre 1804, à Paris…

Sacré, Napoléon…

Napoléon n'est pas sacré empereur, il se sacre lui-même, sous les yeux du pape Pie VII au regard vague et triste – du moins c'est ainsi que le représente David dans son immense reportage accroché aux murs du musée du Louvre…

Figure 15-6 : Napoléon en costume de sacre, par Jacques-Louis David.

« Si notre père nous voyait... »

« Joseph, si notre père nous voyait... » Ces paroles, Napoléon Bonaparte les prononce alors qu'il vient tout juste de devenir... Napoléon Ier. Le sacre de l'Empereur a été minutieusement préparé. Le lieu du sacre, Paris, n'a pas été choisi au hasard : Paris, et non Reims, lieu du sacre des Capétiens, ou Rome qui intronisa Charlemagne. Le peuple a été consulté : les 3 500 000 voix habituelles ont approuvé la transformation du consul à vie en empereur – on compte seulement 2 569 non ! La France est alors la première puissance d'Occident : la France, c'est Paris, Bruxelles, Amsterdam, Aix-la-Chapelle, Genève, Mayence, Turin, c'est le Sénégal, les Antilles, l'île de la Réunion. 130 départements au total et près de cinquante millions d'habitants.

UNE ANECDOTE

Joséphine : un pas en arrière...

Le pape Pie VII grelotte ce 2 décembre 1804 dans la cathédrale Notre-Dame décorée de carton pâte, à l'antique, où il a été installé depuis neuf heures du matin. C'est Talleyrand qui l'a invité à venir à Paris pour le sacre. Convoqué plutôt qu'invité... À onze heures, les vingt-cinq voitures du cortège partent des Tuileries. Le carrosse de Napoléon est tiré par huit chevaux de couleur isabelle, empanachés de blanc, des pages en tenue vert et or l'encadrent. L'arrivée dans la cathédrale est solennelle, mais l'atmosphère familiale n'est pas au beau fixe : les sœurs de Napoléon détestent Joséphine. Elles ont été chargées de tenir sa traîne. Joséphine qui est de petite taille redoute que cette traîne l'emporte vers l'arrière. C'est ce qui arrive presque lorsque, volontairement, les sœurs traîtresses tenant le voile ralentissent brusquement. Joséphine rétablit son équilibre à grand peine...

UNE DATE À RETENIR

2 décembre 1804 : « Vive l'empereur ! »

Il neige sur Paris, le 2 décembre 1804. Toutes les heures, pendant la nuit, le canon a tonné. Napoléon – trente-cinq ans et soixante-quatre jours – entre dans Notre-Dame au son d'une marche guerrière. Les 6 000 invités crient d'une seule voix : « Vive l'empereur ! » Au cours de la cérémonie religieuse, Napoléon se lève, enlève sa couronne de laurier et place lui-même sur sa tête sa couronne d'empereur – le peintre David en fait un tableau qu'il n'achèvera qu'en 1808, et dont Napoléon, ébloui, dira : « Ce n'est pas de la peinture, on marche dans ce tableau ! David, je vous salue ! » ; David y a pourtant ajouté une grande absente le jour du couronnement : la mère de l'empereur, fâchée contre son fils ! Ensuite, l'impérial couronné tourne le dos à Pie VII et couronne Joséphine.

Plus de 14 juillet, plus de Marseillaise...

Vers trois heures de l'après-midi, alors que Napoléon vient de prononcer, la main sur l'évangile, son serment en terminant par ces mots : « Je jure de gouverner dans l'intérêt de la gloire et du bonheur du peuple français », le héraut de la cérémonie crie : « Le très glorieux et très auguste Napoléon, empereur des Français, est sacré et intronisé. » Quatre cents porteurs de torches conduisent ensuite le cortège aux Tuileries. C'en sera bientôt fini de la Révolution : on ne fêtera plus le 14 juillet, la *Marseillaise* disparaît, le nom même de République n'apparaîtra plus, en 1807, dans les formules de publications de lois. En 1808, sur les pièces de monnaie, la « République française » cèdera la place à l'« Empire français » !

L'Angleterre sauvée à Trafalgar

Si l'amiral français Villeneuve n'avait pas été battu au large des côtes d'Espagne à Trafalgar par Nelson, s'il avait pu revenir en Manche comme l'espérait Napoléon, si… C'est toujours avec des si qu'on a envahi l'Angleterre…

Figure 15-7 : La bataille de Trafalgar.

Tunnel sous la Manche : ajourné…

Présent en Allemagne dont il devient une sorte d'arbitre en ayant réduit à quatre-vingt-deux les 350 États du Saint Empire, présent en Suisse et en Belgique, en Hollande et en Italie, en Méditerranée, présent en Inde, à Saint-Domingue, en Louisiane, Napoléon, plutôt que de se laisser harceler sans cesse par les Anglais, aimerait débarquer dans la Grande Île, très inquiète de l'ascension du petit Corse, très soucieuse pour son commerce. Des dizaines de projets lui sont présentés, du tunnel sous la Manche à la montgolfière, en passant par le plus raisonnable : les navires. Les préparatifs vont bon train à partir de Boulogne, de 1803 à 1805, où un immense camp pouvant contenir 100 000 hommes est installé. Des centaines de bateaux à fond plat, prêts à être entraînés vers le large, des chaloupes canonnières, des corvettes, et des espèces de barges de débarquement pouvant emporter cinquante chevaux attendent au mouillage. Des forts, des arsenaux, des poudrières, des postes d'observation hérissent la côte. Tout est prêt, ou presque.

18 août 1805 : Napoléon dans une colère noire !

En mars 1805, Napoléon a donné l'ordre à l'amiral Villeneuve, qui a pris le commandement de la flotte à Toulon, de rejoindre à Fort-de-France les autres escadres françaises, afin d'épuiser Nelson l'Anglais qui va les poursuivre. Ensuite, ils reviendront éloigner en les canonnant les soixante-dix vaisseaux anglais qui barrent, au large de Boulogne, la route vers l'Angleterre. Mais Villeneuve ne suit pas les ordres donnés, s'estimant incapable d'affronter la puissance des navires anglais. Il se réfugie dans Cadix, en Espagne. Le 18 août 1805, mis au courant de la défection de Villeneuve, Napoléon se met alors dans une colère noire : ses plans en Manche ne peuvent plus se réaliser ! Il donne à Villeneuve l'ordre de sortir de Cadix pour aller effectuer une mission à Tarente en Italie. Villeneuve obéit, mais sur son chemin, au nord-ouest de Gibraltar, il rencontre l'amiral Nelson qui ne le quitte pas d'une frégate ! Le cap au large duquel va se dérouler la bataille navale qui oppose le même nombre de vaisseaux porte le nom de Trafalgar.

LE SAVIEZ-VOUS ?

Le coup de Trafalgar

Le 21 octobre 1805, l'amiral Villeneuve file vers Gibraltar, il commande trente-trois vaisseaux français et espagnols. Au large du cap Trafalgar, Nelson l'attend avec ses vingt-sept navires puissamment armés. Mais au lieu de se placer en une ligne parallèle, Nelson, qui a préparé son plan d'attaque plusieurs jours à l'avance, ordonne à ses navires de composer deux lignes qui vont attaquer perpendiculairement la file de Villeneuve ; la surprise de celui-ci est totale. En très peu de temps, la ligne des trente-trois navires est coupée en trois groupes qui sont en même temps bombardés par les Anglais, et presque tous coulés – il n'en rentre que neuf à Cadix !

Ce « coup de Trafalgar » donne à Nelson une victoire éclatante dont il ne profite pas : il est atteint d'une balle dans les reins une heure après le début de la bataille. Il meurt trois heures plus tard. Son corps est placé dans un baril d'eau de vie et ramené à Londres où, avant d'être inhumé, il est placé dans un morceau du grand mât de *l'Orient*, vaisseau amiral de la flotte française battue à Aboukir. Villeneuve, après avoir été prisonnier des Anglais, débarque à Morlaix le 15 avril 1806. Il se rend ensuite à Rennes, à l'*Hôtel de la Patrie*, 21 rue des Foulons. C'est là que, le 22 avril 1806, il est retrouvé mort, un long stylet planté dans le cœur. On a dit qu'il craignait de passer en conseil de guerre, et qu'il se serait suicidé…

En route pour Austerlitz !

Premier temps : les Autrichiens sont encerclés dans Ulm en octobre. Deuxième temps : Murat entre dans Vienne en novembre. Troisième temps : la bataille des trois empereurs va avoir lieu près du village d'Austerlitz, le 2 décembre…

Vite ! La troisième coalition est annoncée…

Surprendre ! Toujours surprendre l'ennemi, c'est l'idée fixe de Napoléon. Prendre de vitesse les troupes adverses, surgir où personne ne l'a prévu ! Villeneuve battu, la flotte française désormais insuffisante, les espoirs de débarquement en Angleterre anéantis, Napoléon veut frapper un grand coup. Frapper qui ? Les Autrichiens et leurs alliés, les Russes – troisième coalition qui comprend aussi l'Angleterre et le royaume de Naples – qui menacent de s'avancer dangereusement vers la France. Frapper où ? Là où personne ne l'attend. Près de 200 000 hommes sont disponibles. Mais il faut en laisser à Boulogne, en Italie. Cent mille vont partir vers l'Autriche, s'en aller le plus loin possible, le plus vite possible, et pourquoi pas, entrer dans Vienne !

20 octobre 1805 : Ulm, Napoléon vainqueur !

Le départ a lieu le 28 août 1805. Ce n'est pas une marche qu'effectue l'armée de Napoléon – soldats, chevaux, canons, fourgons, munitions, etc. –, c'est presque une course ! De sorte qu'au fil des semaines, seuls les plus résistants demeurent dans les rangs. Déjà, le général autrichien Mack est sur les bords du Rhin, il s'est installé avec 80 000 hommes dans la ville d'Ulm. Avec une rapidité qui sidère l'adversaire, Napoléon s'empare des ponts sur le fleuve et coupe la route vers Vienne aux Autrichiens qui se sont laissés enfermer. Seul l'archiduc Ferdinand s'enfuit avec 20 000 hommes, mais ils sont rattrapés par Joachim Murat qui fait de nombreux prisonniers et s'empare du trésor qu'ils transportent ! La ville d'Ulm est bombardée le 16 octobre. Le 20 octobre 1805, le général Mack se rend. Napoléon s'empare de soixante canons, et fait défiler pendant cinq heures devant lui les 27 000 prisonniers qu'il vient de faire !

13 novembre 1805 : Joachim Murat entre dans Vienne

Objectif Vienne ! Et surtout les troupes austro-russes qui reculent, reculent au point qu'elles semblent vouloir attirer les Français dans certaines solitudes continentales où elles n'en feraient qu'une bouchée ! Le 13 novembre, le Prince et maréchal Joachim Murat entre triomphalement dans Vienne. Les troupes françaises ont couvert, en un peu plus de soixante jours, 1 200 kilomètres ! Napoléon va s'installer au château de Schoenbrunn.

Le plateau de Pratzen laissé à l'ennemi !

Une semaine plus tard, l'empereur et ses troupes partent vers Brünn, puis atteignent le village d'Austerlitz qui est immédiatement occupé. Entre Brünn et Austerlitz se trouve un plateau, le plateau de Pratzen. Non loin d'Austerlitz stationnent les troupes ennemies. La logique militaire ordinaire conduit tous ceux qui accompagnent Napoléon à croire qu'il va continuer d'occuper Austerlitz, et surtout, concentrer ses troupes sur le plateau de Pratzen d'où il pourra lancer ses attaques. Eh bien non ! Napoléon, à la surprise générale, décide d'abandonner non seulement le village d'Austerlitz, mais aussi le plateau de Pratzen ! Certains pensent alors qu'un stratège qui désirerait la défaite n'agirait pas autrement !

UNE DATE À RETENIR

2 décembre 1805 : Austerlitz !

Les deux empereurs qui vont l'attaquer, François II l'Autrichien, et Alexandre Ier le Russe, sont persuadés que Napoléon, se sentant en situation d'infériorité numérique se prépare à rentrer en France. Des éclaireurs sont revenus vers eux avec la nouvelle de l'abandon d'Austerlitz et de Pratzen. Aussitôt, ils mettent leurs troupes en marche. Cent mille Austro-Russes investissent le petit village, puis la plupart d'entre eux s'installent sur le plateau stratégique. Le 29 novembre, l'aide de camp du tsar, le prince Dolgorouki, vient proposer à Napoléon un armistice. Mais les conditions sont tellement exorbitantes qu'il n'est pas même question de négociations. Avant que Dolgorouky reparte, Napoléon feint de redouter une attaque ennemie tant, dit-il, sa situation matérielle est précaire. Dupé, et tout fier, l'aide de camp va rendre compte de son ambassade au tsar et à l'empereur d'Autriche qui sentent alors la victoire à portée de sabre !

« Je suis fait comme un rat !... »

En réalité, Napoléon est en train de dicter ses volontés à ses ennemis qui les accomplissent à leur insu. Son départ d'Austerlitz et du plateau de Pratzen était comme une invitation aux Austro-Russes : « Venez, installez-vous confortablement sur ce site qui domine la plaine, tâchez d'étirer vos troupes sur toute la longueur du plateau de sorte que leur épaisseur diminue, dinimue... ! Et puis regardez donc à votre gauche, mon aile droite, elle est bien faible, et si vous parvenez à l'écraser, vous me coupez la route de Vienne, vous m'encerclez par le sud, je ne peux plus faire demi-tour, je suis fait comme un rat ! »

UNE ANECDOTE

« La plus belle soirée de ma vie ! »

Soir du 1er décembre. Veille de la bataille. Napoléon, qui est allé avec quelques officiers effectuer une reconnaissance non loin des lignes ennemies, revient vers ses troupes qui sont presque invisibles dans la nuit. Il a d'ailleurs recommandé de ne pas faire de grands feux afin que ceux d'en face ne puisse rien observer qui leur donnerait des indications pour le lendemain. Mais, alors qu'il revient vers ses lignes, Napoléon trébuche. Un soldat s'approche, allume une torche, le reconnaît, d'autres imitent son geste. Il est bientôt entouré d'une dizaine de flambeaux.

Tout à coup, c'est tout le camp français qui s'illumine de torches – comme les briquets s'allument dans un concert moderne... – pendant que des milliers de cris de joie s'élèvent, étrange et douce rumeur en ce lieu où la mort va frapper : les soldats viennent de se rappeler qu'un an auparavant, le 2 décembre, leur petit caporal était devenu l'empereur Napoléon Ier. Et ce soir du 1er décembre, c'est la veille de son anniversaire ! Des « Vive l'empereur ! » résonnent longtemps, sous l'œil satisfait des alliés qui croient que les Français brûlent leur campement afin de déguerpir plus vite le lendemain matin... « La plus belle soirée de ma vie ! » dira plus tard Napoléon.

Koutouzov, au lit !

Le 1er décembre, tout se passe comme l'a prévu Napoléon. Sans se presser tant la victoire leur paraît certaine, les Austro-Russes commencent effectivement à se porter vers la droite française qui, avec 9 000 hommes, Davout à leur tête, va devoir, le lendemain, en arrêter 30 000 ! Victoire certaine… pas pour tout le monde dans le camp russe : le vieux maréchal Koutouzov qui connaît bien Napoléon pour l'avoir déjà affronté tente de dissuader le tsar Alexandre d'engager la bataille. Il pressent un piège. Alexandre l'envoie dormir !

2 décembre 1805, 8 heures : le soleil d'Austerlitz…

Le 2 décembre, à sept heures trente, la bataille commence. Comme l'avait prévu Napoléon, les Austro-Russes attaquent son aile droite. La cavalerie de Murat et l'infanterie de Lannes – son aile gauche – s'apprêtent à en découdre avec les régiments du Russe Bagration. Napoléon se trouve sur un tertre, non loin du champ de bataille dont une grande partie est plongée dans le brouillard. Soudain, le soleil apparaît vers huit heures, dissipant un instant la brume, le temps pour Napoléon de constater que le centre austro-russe s'est bien dégarni, comme il l'avait prévu. Les hommes de Soult, massés au pied du plateau, s'impatientent.

La victoire sur un plateau

Finalement, l'ordre d'assaut est donné. Les régiments de Soult escaladent le plateau de Pratzen, émergent du brouillard et surgissent au centre dégarni de l'armée austro-russe dont les deux ailes ne se rejoindront plus ! Les soldats de Koutouzov sont ahuris : d'où sortent ces Français qui déferlent dans leurs rangs ? Les deux empereurs comprennent immédiatement dans quel traquenard ils sont tombés. Ils tentent de lancer une contre-attaque, mais leurs troupes sont désormais coupées en deux, en trois, en quatre, et celles de Napoléon s'acharnent sur chacun de ces tronçons dont l'un termine sa course sur les étangs gelés, près de l'aile droite française. Napoléon fait donner le canon sur les glaces qui se brisent. Des milliers d'Austro-Russes vont périr noyés !

2 décembre 1805, Austerlitz, 16 heures…

Quelques heures ont suffi à Napoléon pour conduire une bataille qui demeure considérée comme la bataille des batailles, comme un exemple de stratégie – à condition de combattre un ennemi aux analyses un peu courtes !

« Voilà un brave ! »

Au soir de la bataille, Napoléon fait cette proclamation : « Soldats, je suis content de vous. Vous avez, à la journée d'Austerlitz, justifié tout ce que j'attendais de votre intrépidité. Vous avez décoré vos aigles d'une immortelle gloire… » Il vous suffira de dire : « J'étais à la bataille d'Austerlitz », pour qu'on vous réponde : « Voilà un brave ! »

On peut imaginer ce qu'aurait été Austerlitz si on avait écouté Koutouzov au lieu de l'envoyer dormir ! Ou bien on n'imagine rien et on se penche sur le bilan de la plus célèbre des victoires de l'empereur :

- À seize heures, la bataille d'Austerlitz est terminée !
- Elle a duré neuf heures.
- On l'a appelée la bataille des trois empereurs – Napoléon, François II d'Autriche et Alexandre Ier de Russie.
- Elle s'est étendue sur un front de près de vingt kilomètres.
- 65 000 Français ont battu 100 000 Austro-Russes.
- Les Français se sont emparés de 185 canons sur 278 – le bronze des canons d'Austerlitz servira à l'érection de la première colonne Vendôme.
- 45 drapeaux ont été pris à l'ennemi – un seul drapeau français a disparu.
- Du côté des Autrichiens et des Russes : 12 000 morts ou blessés.
- Du côté français, 6 000 morts ou blessés.

Le Saint Empire : c'est la fin…

UN ÉVÉNEMENT IMPORTANT

La paix est signée à Presbourg, le 26 décembre 1805.

- L'Autriche perd ce que le traité de Campoformio lui avait accordé ; ainsi, les routes du Rhin et des Alpes lui sont fermées. Plus de Habsbourgs en Allemagne ! De plus, elle doit payer à la France – et à Napoléon – des indemnités astronomiques !
- Les Bourbons de Naples, qui faisaient partie de la coalition, sont chassés. Napoléon offre leur royaume à son frère Joseph.
- Au nord de la France, il transforme la république batave en royaume de Hollande, et il l'offre à un autre de ses frères : Louis !
- Il crée un nouvel État sur la rive droite du Rhin, le grand-duché de Berg, et le donne à son beau-frère : Joachim Murat.
- Puis, en juillet 1806, il crée, avec les princes d'Allemagne du Sud et de l'Ouest, la Confédération du Rhin, fondant ainsi une certaine grande Allemagne qui allait faire parler d'elle…

Ainsi prenait fin le Saint Empire romain germanique fondé plus de huit siècles auparavant !

1806-1807 : la quatrième coalition échoue contre Napoléon

Iéna, Auerstadt en 1806, Eylau et Friedland en 1807, autant de batailles, autant de victoires de Napoléon contre la quatrième coalition !

Napoléon à Berlin, le 27 octobre 1806

La puissance de la France est à son zénith. Ce pourrait être la paix définitive. Non ! Une quatrième coalition se prépare. Elle va rassembler la Russie, l'Angleterre – toujours là ! – et la Prusse, mécontente de l'influence que la France a prise en Allemagne ! La Prusse mécontente ? Et, de plus, elle déclare la guerre ? Non mais ! Napoléon fonce vers la Saxe, rencontre les armées prussiennes à Iéna, en Allemagne orientale, le 14 octobre 1806. Les 80 000 hommes de Napoléon écrasent les 50 000 combattants du Prussien Hohenlohe. L'empereur croit avoir battu toute l'armée prussienne, mais il ignore qu'en même temps 80 000 autres Prussiens sous les ordres de Brunswick et du roi de Prusse ont cru bon de se retirer vers l'Elbe. Mal leur en a pris : sur leur route, à Auerstadt, il y avait Davout avec 25 000 hommes seulement. Et qui les a battus, leur prenant 115 canons, au grand étonnement de Napoléon qui en ressent peut-être une pointe de jalousie… En une semaine, l'armée prussienne est détruite. Napoléon fait son entrée à Berlin le 27 octobre 1806.

Protéger Königsberg, la ville de la Raison pure

Au tour des Russes ! Ils se sont enfoncés dans les plaines immenses et gelées de la Prusse orientale. À leur tête Bennigsen qui refuse le combat. Mais, parvenu à trente kilomètres de Königsberg (entre Pologne et Lituanie aujourd'hui, dans l'enclave russe, Kaliningrad) près du village d'Eylau, il décide de protéger la ville d'Emmanuel Kant de l'invasion française – Kant, le père de la philosophie contemporaine, de *La Critique de la raison pure*. Bennigsen dispose en ordre de bataille ses 72 000 hommes dont 10 000 Prussiens, et ses 400 canons. Napoléon l'attaque avec 53 000 hommes et 200 canons.

8 février 1807 : la terrible bataille d'Eylau

Le 8 février 1807, en pleine tempête de neige, la bataille s'engage. Le pilonnage d'artillerie est particulièrement meurtrier de chaque côté. De plus, les régiments français d'Augereau, manquant de visibilité à cause de la tempête de neige, attaquent les lignes frontales russes non pas de face, mais de biais, de sorte qu'ils défilent devant un feu nourri et incessant, et qui fauche bon nombre de leurs rangs. Le centre de l'armée française a presque disparu ! L'une de ses ailes est coincée dans un cimetière où les combattants s'affrontent au corps à corps ! C'est alors que Napoléon fait dire à Murat : « Nous laisseras-tu dévorer par ces gens-là ? » La plus célèbre charge de cavalerie de l'histoire va commencer : 10 000 cavaliers fondent sur les

Russes et les mettent en déroute ! À sept heures du soir, Bennigsen ordonne à ses troupes la retraite vers Königsberg. La victoire est indécise. Le bilan est très lourd : plus de 40 000 tués ou blessés au total !

UNE ANECDOTE

Larrey désarmé

Sur le champ de bataille, les blessés agonisent. On a commencé à creuser le sol gelé pour enterrer les milliers de cadavres. En rentrant à son bivouac, Napoléon a rencontré Larrey, le chirurgien de la Grande Armée qui accomplit à chaque instant des exploits pour sauver les blessés, qu'ils soient français ou russes ! Napoléon remarque que Larrey ne porte plus d'épée, en fait la remarque au chirurgien qui répond : « Des Prussiens me l'ont prise ! » Alors l'empereur lui tend la sienne : « Prenez celle-ci, et gardez-la, en souvenir des immenses services que vous me rendez sur tous nos champs de bataille ! »

UNE ANECDOTE

« Pour te dire que je t'aime... »

On est certes un guerrier, on n'en est pas moins homme : Napoléon s'assoit à sa table, épuisé, ce 9 février 1807, au soir d'Eylau. Il laisse alors son cœur s'envoler vers sa Joséphine à qui il écrit, vers trois heures du matin « Mon amie, il y a eu hier une grande bataille. La victoire m'est restée, mais j'ai perdu bien du monde. La perte de l'ennemi, qui est plus considérable encore, ne me console pas. Enfin, je t'écris cette lettre moi-même, quoique je sois bien fatigué, pour te dire que je suis bien portant et que je t'aime. Tout à toi. »

LE SAVIEZ-VOUS ?

Eylau !

Louis-Joseph Hugo (1777 - 1853), qui avait participé à la bataille d'Eylau, la raconta à son neveu Victor encore enfant. Plus tard, en 1853 sur son île, en exil, Victor Hugo, le poète, se souvient de ce récit. Il raconte en vers la bataille où son oncle affronte les Russes dans le fameux cimetière où les troupes françaises ont été acculées. « Eylau ! C'est un village en Prusse ! Un bois, des champs de l'eau. Le soir on fit les feux et le colonel vint. Il dit « Hugo ! » « Présent ! » « Combien d'hommes ? » « Cent vingt ! » « Bien ! Prenez avec vous la compagnie entière ! Et faites-vous tuer ! » « Où ? » « Dans le cimetière » Et je lui répondis : « C'est en effet l'endroit ! » La suite quand vous voulez, dans les œuvres complètes de Victor Hugo… »

UN ÉVÉNEMENT IMPORTANT

25 juin 1807 : la rencontre de Tilsitt

Victoire incertaine à Eylau ? Le 14 juin 1807, les pendules sont remises à l'heure à Friedland, au sud de Königsberg : le général russe Bennigsen attaque les Français qui l'encerclent dans le méandre d'un fleuve où 25 000 de ses hommes vont périr – contre 6 000 Français. C'est bien Napoléon le plus fort, se dit alors le tsar de Russie qui, mécontent de la part prise au combat par ses alliés, déçu que l'Angleterre ne le finance pas davantage, décide de signer la paix avec l'empereur français. Il rêve même d'une alliance qui permettrait une domination franco-russe de l'Europe ! Le 25 juin 1807, les deux empereurs se rencontrent sur un radeau aménagé au milieu du fleuve Niémen, à Tilsitt. Leurs premiers mots ont fait le tour du monde et de l'histoire : « Je hais les Anglais autant que vous ! », dit Alexandre. Et Napoléon de répondre : « Alors, la paix est faite ! »

La Pologne pour Marie !

La paix, elle passe par la création du royaume de Westphalie que Napoléon offre à son frère Jérôme, par le paiement d'une énorme indemnité de guerre que devra acquitter la Prusse, complètement démembrée, par la création du duché de Varsovie – en réalité d'un État polonais ! Et cela ravit celle que Napoléon a rencontrée l'année précédente, en 1806, à Varsovie : Marie Walewska. Mariée au comte septuagénaire Walewski, elle a été poussée dans les bras de l'empereur à des fins politiques. Mais elle deviendra réellement amoureuse de cet amant aux grandes ailes, au point de lui donner un enfant – qui deviendra ministre de Napoléon III – et d'aller lui rendre visite, en 1814, dans son premier exil de l'île d'Elbe !

Contre l'Angleterre : le blocus continental

Comment abattre l'Angleterre ? En ruinant son commerce ! Quel moyen utiliser pour y parvenir ? Le blocus continental ! En quoi consiste-t-il ? Aucun navire anglais ou ayant relâché dans un port anglais n'entrera plus dans les ports de l'Empire français. Ce blocus continental répond au blocus maritime que pratique l'Angleterre depuis mai 1806. En décembre 1807, le décret de Milan précise : « les îles britanniques sont en état de blocus sur mer comme sur terre ». C'est un séisme pour les deux économies : l'Angleterre constate un effondrement catastrophique de ses exportations, son industrie est mise à mal, mais, dans un premier temps, elle se ressaisit rapidement et trouve de nouveaux débouchés en Orient, en Amérique latine, aux États-Unis ou en Europe du Nord. Ces débouchés étant insuffisants, une grave crise s'installe outre-Manche. Elle aboutit, ainsi que Napoléon l'avait souhaité, au chômage, à la famine, au soulèvement des ouvriers qui vont briser les machines des industriels endettés.

1808-1809 : de l'Espagne à Wagram

La cinquième coalition contre Napoléon ne va pas connaître le succès escompté, mais l'édifice impérial se lézarde quelque peu, subit des revers, notamment en Espagne. Des lézardes qui pourraient devenir des brèches…

Novembre 1807 : le Portugal puni !

Après l'application du blocus continental, les ports qui, en France, commerçaient avec les Anglais sont ruinés. On remplace le sucre de canne par du sucre de betterave, et le café par de la chicorée, ce qui permet au nord de la France de prendre son essor. Mais l'industrie et l'agriculture souffrent considérablement ! De plus, si en France le blocus est respecté, ce n'est pas forcément le cas ailleurs : le Portugal, par exemple, qui ne vivait que de son commerce avec l'Angleterre, ignore les ordres de Napoléon qui le punit par une invasion des troupes françaises aux ordres de Junot, en novembre 1807. La famille royale portugaise s'enfuit au Brésil. En 1808, Napoléon décide d'envoyer des renforts à Junot que les Anglais prévoient d'attaquer. Ainsi, Murat peut entrer en Espagne où la famille royale se déchire. Napoléon écarte alors cette famille du pouvoir qu'il donne immédiatement à son frère Joseph – Murat devenant roi de Naples.

2 mai 1808 : Dos de Mayo…

UNE DATE À RETENIR

Mais les Espagnols, loin d'approuver le coup de force de Napoléon, se soulèvent. Le 2 mai 1808 – le Dos de Mayo – le peuple de Madrid se révolte contre les Français. À Napoléon, ils crient : « Tu régneras en Espagne, mais sur les Espagnols jamais ! » La répression menée par les mamelouks de Murat est atroce. Atroce également la guérilla qu'organisent les Espagnols, tout en faisant appel aux Anglais qui débarquent alors au Portugal et, sous les ordres de Wellesley – futur duc de Wellington –, battent Junot le 21 août 1808 à Vimeiro. Apprenant cette défaite, Napoléon envoie 200 000 hommes afin de rétablir la paix. En vain. Lorsque, en 1813, les troupes françaises en déroute, chassées d'Espagne par les Anglais, arriveront à Bayonne, elles laisseront derrière elles, morts au combat ou en embuscades au cours de cinq années de luttes cruelles et féroces, plus de 300 000 soldats !

31 mai 1809 : la mort de Jean Lannes à Essling

UNE BATAILLE

Autriche, Angleterre, Espagne. La cinquième coalition poursuit ses objectifs. L'Autriche décide d'envahir la Bavière en avril 1809. Du 19 au 23, en quatre jours, les troupes françaises qui comprennent aussi celles de la Confédération du Rhin, remportent cinq victoires dans les boucles du Danube : Tengen, Abensberg, Landshut, Eckmül et Ratisbonne où Napoléon, le 23 avril, en lançant l'assaut, reçoit l'unique blessure de toute sa carrière militaire : une estafilade au pied droit ! Puis c'est l'indécise bataille d'Essling, le 22 mai 1809. L'armée napoléonienne y est mise en difficulté par d'importantes crues du Danube qui emportent les ponts jetés sur le fleuve. Le maréchal Lannes y reçoit un boulet sur les jambes. Il doit être amputé et meurt quelques jours plus tard.

LE SAVIEZ-VOUS ?

Le phare d'Eckmühl

À la suite de la bataille livrée contre les Autrichiens le 22 avril 1809, Davout est fait prince d'Eckmühl par Napoléon. Beaucoup plus tard, en 1892, la fille de Davout lègue à sa mort une somme importante afin que soit construit un phare en Bretagne, à la pointe de Penmarch. Quel nom lui donner ? Sans hésiter, on le baptise : le phare d'Eckmühl !

5 et 6 juillet 1809 : Wagram ou la tragique méprise

La bataille de Wagram oppose les 5 et 6 juillet 1809, les coalisés et les Français. Ils alignent environ 150 000 hommes et 600 canons chacun. C'est au cours de cette bataille que se déroule un événement incroyable : les soldats italiens qui font partie de l'armée de Napoléon ne reconnaissent pas les Français de Bernadotte qui, devant eux, sont partis à l'assaut du plateau de Wagram. Ils les prennent pour des Autrichiens et envoient sur eux un feu nourri ! Pris entre deux feux, les Français font demi-tour. Les Italiens croient alors à une attaque et battent en retraite ! Tout cela sous le regard médusé des Autrichiens qui sont témoins du spectacle et conservent le plateau. Pas pour longtemps car, le lendemain, il est enlevé par les troupes de Napoléon ! Le bilan humain est très lourd : plus de 80 000 hommes ont été tués ou blessés !

1810 : Napoléon épouse Marie-Louise d'Autriche

L'Empire est né le 2 décembre 1804, un empire présenté comme le successeur des empires mérovingiens et carolingiens – on a soigneusement évité de faire allusion aux Capétiens… Cet Empire est héréditaire, c'est-à-dire que c'est le fils de Napoléon qui remplacera son père. Mais pour l'instant, ce fils se fait attendre…

Joséphine désespérée

Des enfants ! Napoléon n'en manque pas, il lui en est né de-ci de-là, au cours de ses campagnes, au fil de ses conquêtes et de ses ruptures – « En amour, disait-il, une seule victoire : la fuite ! » –, mais d'héritier, point ! Joséphine ne parvient pas à lui donner ce successeur qu'il espère tant. La solution ? Le divorce. Le 30 novembre, 1809, il l'annonce à l'impératrice qui se jette à ses genoux, se tord les bras de douleur, de détresse, de désespoir, et d'inquiétude pour son avenir matériel, pour les revenus qui lui permettent de faire face à ses dépenses colossales ! « Alors, tout est fini ? », dit-elle. Presque : son Napoléon de mari va lui allouer une indemnité et un revenu annuel si confortables qu'elle met peu de temps, finalement, à se résoudre à l'affreuse réalité !

« J'épouse Marie-Louise »

Le 6 janvier 1810, Napoléon apprend que le tsar Alexandre hésite à lui donner en mariage sa jeune sœur Anne, encore impubère. Le lendemain, il fait savoir à l'ambassadeur d'Autriche, Schwarzenberg, convoqué aux Tuileries, qu'il épouse l'archiduchesse Marie-Louise que lui avait proposée Metternich, ministre des Affaires étrangères d'Autriche. Personne à Vienne n'est au courant de cette soudaine décision, mais dès le soir, en France, la nouvelle est publiée ! Personne ou presque : le chancelier autrichien

Metternich se frotte les mains. En effet, c'est lui qui, jugeant trop dangereux cet empereur avide, a tout fait pour lui faire savoir indirectement que s'il demandait la main de la fille de l'empereur d'Autriche, celui-ci était tout disposé à la lui accorder. Voilà donc qui est fait !

LE SAVIEZ-VOUS ?

Napoléon, petit-neveu de Louis XVI

Napoléon qui se marie avec Marie-Louise d'Autriche entre dans une famille qui va le rendre, par alliance, petit-neveu de Marie-Antoinette et de Louis XVI, ses enfants trouveront parmi leurs ascendants Louis XVI et Charles Quint, et dans leur cousinage plus ou moins éloigné, les Condé. Donc, le duc d'Enghien…

« Un ventre… »

« J'épouse un ventre ! » Ainsi s'exprime Napoléon lorsqu'il présente à son entourage son mariage avec Marie-Louise de Habsbourg-Lorraine, dite Marie-Louise d'Autriche, née le 12 décembre 1791. Il a besoin d'un héritier. Marie Waleska lui a prouvé, en lui donnant un enfant, qu'il n'était pas stérile. Marie-Louise n'a pas encore dix-huit ans quand elle découvre, le 27 mars 1810, celui qu'elle a longtemps appelé, comme tout le monde à la cour de Vienne, le monstre ! On l'a fait changer d'avis, progressivement, pour raison d'État…

27 mars 1810 : « C'est l'empereur ! »

UNE ANECDOTE

Le 27 mars 1810, Napoléon est tout excité. La rencontre est prévue à Soissons, mais, n'y tenant plus, il file en compagnie de Murat vers Reims. Il rencontre alors le cortège de 300 personnes qui accompagne la promise impériale. Il ouvre la porte du carrosse de Marie-Louise qui, somnolente, est prise d'un mouvement de recul devant ce petit homme au teint jaune. « C'est l'empereur », lui dit-on, et elle se laisse embrasser.

Douce, bonne, naïve et fraîche

À Soissons, l'étape est brève. Le cortège repart vers Compiègne. Napoléon demande aux Murat qui l'accompagnaient de le laisser seul avec Marie-Louise dans le carrosse. Et tout le monde remarque, à l'arrivée, que la robe de Marie Louise est toute chiffonnée, que sa coiffure a souffert, bref, qu'il a dû s'en passer, des choses… Et ce n'est pas terminé : un grand banquet doit être servi à Compiègne. On attend les deux tourtereaux une heure, deux heures. À minuit, ils ne sont toujours pas là. Le maître des cérémonies annonce, l'œil égrillard, que leurs majestés se sont retirées… Un ventre ! Napoléon s'aperçoit que Marie-Louise ne se réduit pas seulement à cet élément anatomique. Le lendemain, il conseille à Savary, son aide de camp : « Mon cher, épousez une Allemande, ce sont les meilleures femmes du monde, douces, bonnes, naïves et fraîches comme des roses ! »

UNE ANECDOTE

Fait d'hiver

En 1791, Marie-Louise est née, et Bonaparte a bien failli mourir : en effet, jeune lieutenant de vingt-deux ans, il est en garnison à Auxonne, en Côte-d'Or. Le 5 janvier, alors que les fossés de la forteresse sont gelés, il patine avec deux autres militaires, en attendant le repas de midi. Soudain, la cloche sonne, indiquant que l'heure de passer à table est arrivée. Bonaparte, le ventre creux, ne suit pas ses deux amis qui insistent pour qu'il effectue avec eux un dernier tour sur la glace. Ils s'élancent. Moins d'une minute plus tard, dans un bruit mat, amplifié par les murs de la forteresse, la glace se fend et engloutit les deux jeunes hommes qui meurent aussitôt ! Un peu moins d'appétit, et Napoléon Bonaparte eût pour toujours glissé dans la rubrique obscure des faits divers oubliés…

20 mars 1811 : il est né, le roi de Rome !

UN ÉVÉNEMENT IMPORTANT

Dix-neuf. Vingt ? Vingt et un… Vingt-deux ! Si le premier enfant de Marie-Louise avait été une fille, les Parisiens savaient qu'ils n'entendraient que vingt et un coups de canon. Au vingt-deuxième, ils savent que c'est un garçon, un héritier impérial ! Cent coups de canon sont tirés ce 20 mars 1811. Napoléon est fou de joie ! Pourtant, l'accouchement a été difficile : consulté, l'empereur a décidé que si une seule des deux vies devait être sauvée, ce serait celle de Marie-Louise. Pendant un temps, on croit l'enfant mort-né. Finalement, tout se termine bien, et l'enfant nouveau-né est prénommé : Napoléon-François-Joseph Charles. Il est, en naissant, roi de Rome !

1812 : la Grande Armée fond dans la neige

Moscou ! Napoléon en rêve ! Il va tout sacrifier pour y parvenir, y demeurer malgré tous les conseils de prudence qui lui sont donnés. Lorsqu'il donnera l'ordre d'en repartir, il sera trop tard.

La Grande Armée cosmopolite

Il faut imaginer 600 000 hommes, peut-être 700 000 ! On y trouve des Suisses, des Croates, des Italiens, des Espagnols, des Portugais, des Saxons, des Polonais, des Allemands, des Illyriens, des Napolitains, des Prussiens, des Westphaliens, des Hessois, des Wurtembergeois, des Autrichiens et… des Français ! C'est la Grande Armée, celle qui s'ébranle en juin 1812 vers la Russie. Que s'est-il donc passé puisque le tsar Alexandre Ier et Napoléon avaient uni les destinées de leurs pays pour la vie – ou presque – à Tilsit ? Le blocus ! Le commerce souffre beaucoup du blocus continental destiné à asphyxier l'Angleterre. Aussi Alexandre Ier, en 1810, a-t-il autorisé l'ouverture du port de Riga. Des marchandises anglaises ont de nouveau envahi la Russie comme au bon vieux temps, et les exportations ont pu reprendre peu à peu. Le plan de Napoléon contre l'Angleterre tombe à l'eau, l'eau de la Baltique.

« Lui faire faire des marches, des contremarches… »

La Suède fait alliance avec le tsar. Et qui est roi de Suède ? Bernadotte, oui, Jean-Baptiste Bernadotte, que Napoléon a fait maréchal d'Empire en 1804, qui s'est distingué à Austerlitz ! C'est lui, Bernadotte, qui souffle à Alexandre les conseils pour battre la Grande Armée : « Il faut éviter les grandes batailles, travailler l'armée de Napoléon au flanc, il faut l'obliger à s'étirer en détachements, lui faire faire des marches, des contremarches… » C'est ce que vont faire les Russes qui, réclamant à Napoléon la Poméranie suédoise qu'il a envahie, l'obligent à pénétrer en Russie. Il le fait après avoir tenu une cour des souverains européens à Dresde du 9 au 21 mai 1812. Complètement adapté à sa nouvelle alliance autrichienne, Napoléon, en leur présence, plaint le sort qui fut réservé, en 1793, à son « pauvre oncle Louis XVI » et à sa « pauvre tante Marie-Antoinette »… Et puis le voilà qui s'enfonce dans les plaines immenses d'un monde qu'il ne connaît pas.

7 septembre 1812 : Borodino la meurtrière

La bataille de Borodino, prélude à l'entrée dans Moscou, va apparaître sous le nom de la bataille de la Moskova, dans le *Bulletin de la Grande Armée*, organe de propagande de la machine napoléonienne. La Moskova, c'est un peu, pour ses lecteurs, en France, l'écho de Moscou, la ville mythique bientôt prise.

La Moskova

Des marches, des marches ! Le conseil a été entendu. Il ne faut pas attendre Napoléon, il faut utiliser la même stratégie que la sienne : aller vite. Voilà pourquoi l'armée russe se dérobe, continue sa marche vers l'est, comme si elle voulait faire atteindre à l'empereur le point de non retour. Moscou ! Le laissera-t-on entrer dans Moscou ? Non ! Il faut tenter de l'arrêter ! Voilà pourquoi va se dérouler une bataille indécise, dont l'histoire et l'empereur ont décidé qu'elle était une victoire française : la Moskova. En réalité, la rivière la Moskova ne joue aucun rôle dans cet affrontement qui commence à six heures du matin le 7 septembre 1812, et se déroule à Borodino. Mais le nom Borodino ne disant rien aux Français, l'empereur va préférer celui de la Moskova ; ainsi, tout le monde comprendra qu'il est tout près de Moscou ! Il en est quand même à 150 kilomètres… Donc, à six heures du matin, 120 canons français tirent sur les lignes russes. Trop court ! Il faut les déplacer et cela prend un temps fou.

Caulaincourt commande à la redoute

Davout est tenu en échec par le Russe Bagration – qui va mourir dans la bataille. Il faudrait prendre une grande redoute – ouvrage de fortification avancé – tenue par les Russes tout près de Borodino. Il faudrait prendre aussi la colline des Trois Flèches où ils se sont installés. Ney, puis Junot vont s'y essayer à sept heures du matin. Trois heures plus tard, elles sont à eux. Ils en sont chassés, mais y reviennent définitivement à onze heures trente. Soixante-dix canons français bombardent alors la grande redoute toujours russe. À quatorze heures, Auguste Caulaincourt la prend à revers, à la tête des cuirassiers du général Montbrun qui vient d'être tué. Caulaincourt à son tour tombe sous les balles. Le prince Eugène de Beauharnais – le fils de Joséphine – prend le relais. Vers quinze heures, cette redoute se hérisse enfin des drapeaux français. Il suffirait alors que Napoléon envoie sa garde de 30 000 hommes pour que la victoire soit totale. Il hésite, ne le fait pas car il est persuadé que Koutousov qui s'est retiré un peu plus loin sur les crêtes reprendra le combat le lendemain. Mais Koutousov, le lendemain, sera parti, et Napoléon, surpris et sans doute comblé, va se diriger vers Moscou.

« Puisqu'ils en veulent, donnez-leur-en ! »

51 000 tués ou blessés du côté russe, 30 000 du côté français ! La bataille de la Moskova est la plus meurtrière des campagnes napoléoniennes. Elle a duré douze heures. Cent trente coups de canon à la minute ont été tirés, en moyenne ! La grande redoute prise, les Russes ne quittant pas le champ de bataille, Napoléon a dit au général d'artillerie Sorbier : « Puisqu'ils en veulent, donnez-leur-en ! » : 400 canons français ont *vomi la mort*, selon le commandant Lachouque pendant près d'une heure sur les ennemis. « Jamais je ne vis briller dans mon armée autant de mérite », dit Napoléon au soir de la bataille. Jamais non plus, il n'a perdu dans la même journée, quarante-huit généraux ! Le soir même, il écrit à Marie-Louise : « Ma bonne Louise, j'ai battu les Russes ! », pendant qu'en face, Koutouzov envoie à la sienne ces quelques mots : « Je me porte bien : j'ai gagné la bataille »...

15 septembre 1812 : Moscou brûle !

L'empereur entre dans la capitale russe le 14 septembre. Le lendemain, elle est en flammes. Elle va brûler pendant trois jours. Napoléon attend. Il attend un signe du tsar. N'est-il pas dans sa ville ? La paix devrait être signée ! Les jours passent. Rien. Le 20 septembre arrive, toujours rien ! Le 13 octobre, les premières neiges tombent. Napoléon décide d'aller hiverner à Smolensk d'où, au printemps, il pourra partir attaquer Saint-Pétersbourg. Mais il faudrait emprunter une route au sud afin de trouver nourriture et fourrage ! Koutouzov barre cette voie du salut. En revanche, les cosaques l'empruntent et peuvent ainsi lancer des raids de destruction contre l'armée française qui est contrainte de suivre la route du nord balayée de vents glacés, couverte de neige. Le repli devient retraite. Et bientôt, c'est la débâcle : aucun vêtement d'hiver n'a été prévu, aucune fourrure : on éventre les chevaux pour trouver un peu de chaleur par les -30° ou -40° nocturnes, puis on les mange. Les blessés sont abandonnés.

LE SAVIEZ-VOUS ?

Le père de Victor ?

Incroyable : dans la nuit du 22 octobre 1812, à Paris, un général quitte la Maison de santé du docteur Dubuisson où il était assigné à résidence. Il annonce partout la mort de l'empereur, obtient une salle à l'hôtel de ville afin d'y faire siéger son gouvernement provisoire. Il fait transmettre ses ordres à l'armée qui obéit au point que, vers midi, il est maître des trois quarts de la capitale. Il fait libérer Victor Faneau de Lahorie et Emmanuel Guidal, des royalistes emprisonnés qu'il se prépare à promouvoir à des postes importants, les ministres de Napoléon ayant été destitués et incarcérés à la Force.

Mais, un autre général connaît bien les étrangetés de Malet, il déjoue le complot. Malet, Lahorie, Guidal et une douzaine d'officiers sont arrêtés, jugés et condamnés à mort – il ne leur est pas même venu à l'idée, annonçant la mort de Napoléon, qu'il avait un fils, le roi de Rome... Ils sont fusillés le 29 novembre 1812. Lahorie ! Victor Faneau de Lahorie, l'un des trois conjurés qui tombent sous les balles connaît intimement la femme d'un général d'Empire ; elle a pour nom Sophie Trébuchet, elle est mère de trois enfants : Abel, Eugène et Victor. Lahorie a donné son prénom à ce dernier dont il est le parrain. Certains ont même prétendu qu'il était son père ! Mais il semblerait que ce soit faux : Lahorie ne serait pas le père de Victor... Hugo !

La retraite de Russie : 380 000 tués ou blessés

« Il neigeait. On était vaincu par sa conquête. / Pour la première fois l'aigle baissait la tête. / Sombres jours ! L'empereur revenait lentement, / Laissant derrière lui brûler Moscou fumant. / Il neigeait. L'âpre hiver fondait en avalanche. / Après la plaine blanche une autre plaine blanche. / On ne connaissait plus les chefs ni le drapeau. / Hier la grande armée, et maintenant troupeau... » Nul mieux que Victor Hugo n'a décrit la retraite de Russie. Vous pouvez lire la suite de *L'Expiation* dans *Les Châtiments*.

Henri Beyle – Stendhal - passe la Bérézina

Les attaques de cosaques sont incessantes. Le 25 novembre, l'empereur et sa troupe arrivent au bord de la rivière, la Bérézina. Plus de 100 000 Russes les attendent. Napoléon ne dispose que de 25 000 hommes valides, de 30 000 autres à demi blessés, moribonds. C'en est fait se disent les Russes, la Grande Armée a vécu ! Mais, en amont de leur position, les Français trouvent un passage à gué sur lequel ils construisent des ponts au prix d'incroyables sacrifices en vies humaines ! Du 26 au 28 novembre 1812, ce qui reste de l'armée franchit ces ponts par -20° ou -30°. Parmi eux, un commissaire aux approvisionnements, nommé Henri Beyle, connu en littérature sous le pseudonyme de Stendhal...

12 décembre 1812 : Murat fuit à Naples

À neuf heures du matin, le 29 novembre, les cosaques attaquent le reste des Français n'ayant pas encore franchi les ponts qui doivent alors être détruits pour protéger la retraite. Huit mille soldats restés sur la berge vont être massacrés par les Russes ! Le 5 décembre, Napoléon confie le commandement de ce qui reste de son armée à Murat qui, considérant la partie perdue, s'enfuit le 12 dans son royaume de Naples ! Le 13 décembre, les soldats repassent le Niémen. Le 18 décembre, l'empereur est à Paris. Il laisse derrière lui 380 000 tués ou blessés, 180 000 prisonniers ; seuls quelques milliers de soldats en armes atteindront le lieu d'où, six mois auparavant, étaient partis 700 000 hommes !

L'Empire français en 1813.

UN ÉVÉNEMENT IMPORTANT

« Tuez-le ! Je prends tout sur moi ! »

Murat, né en 1767, fils de Jeanne Loubières et de Pierre Murat, aubergistes à Labastide-Fortunière – depuis, Labastide-Murat – dans le Lot-et-Garonne. Murat l'intrépide, Murat la folie à la tête de ses charges de cavalerie auxquelles rien ne résiste. Murat d'Austerlitz, d'Eylau, de Wagram, Murat de la Moskova, mais pas de Waterloo… Murat qui, au combat, pare son cheval de la peau de panthère d'apparat, et se pare lui-même avec tant de couleurs, d'uniformes extravagants que même les ennemis se le montrent du doigt, étonnés et amusés ! Murat, le beau-frère de Napoléon qui l'a fait roi de Naples. Après la défaite de Leipzig en 1813 : il quitte la Grande Armée, rentre dans son royaume italien, commence à l'administrer. Allié à l'Autriche, il va combattre les Français en 1814 ! En 1815, lors des Cent-jours, il attend l'appel de Napoléon. Cet appel ne viendra pas. Murat manquera cruellement à Waterloo ! Louis XVIII demande au congrès de Vienne qu'un Bourbon soit rétabli sur le trône de Naples. À la suite de diverses aventures, Murat est arrêté en Calabre, le 8 octobre 1815. C'est à Naples que les ambassadeurs décident de son sort. L'Autriche, la Prusse et la Russie optent pour la prison. L'Espagne et l'Angleterre demandent la mort. L'ambassadeur anglais ajoute : « Tuez-le, je prends tout sur moi ! » Le 13 octobre 1815 au matin, Joachim Murat, quarante-huit ans, prince de Pontecorvo, se rend sur les lieux où va être exécutée la sentence. Il adresse aux soldats qui l'attendent, contraints d'obéir, des paroles de compassion. Il va commander lui-même le peloton d'exécution. Dans ses mains il serre un médaillon où figure le portrait de sa femme, la reine Caroline. Les yeux ouverts, il crie « Feu ! »

1813 : la campagne d'Allemagne

Rien ne va plus ! En mars 1813, la Confédération du Rhin qui, depuis 1806, permettait de gonfler la Grande Armée, est dissoute. En Prusse, des milliers de volontaires affluent pour aller combattre l'oppresseur Napoléon. Bernadotte apporte son alliance aux Anglais. Bernadotte, le mari de la première fiancée de Napoléon, Désirée Clary ! Il porte tatoué sur son bras le bonnet phrygien, et la devise : « Mort aux rois ! », pourtant, il deviendra l'excellent roi Charles XIV de Suède, jusqu'en 1844. La sixième coalition est en route ! Elle rassemble l'Angleterre, la Russie, la Suède, l'Autriche – qui se joint lentement aux autres –, et la Prusse. Napoléon évalue ses effectifs : 600 000, peut-être 700 000 hommes en rappelant les classes plus âgées. La campagne d'Allemagne où vont se dérouler les opérations militaires peut commencer.

Aussi braves que des vétérans !

Napoléon ne réussira à rassembler que 200 000 combattants, parmi lesquels se trouvent nombre d'étrangers qui peuvent fort bien changer de camp en plein combat ! La campagne d'Allemagne s'ouvre le 2 mai par la bataille de Lützen au cours de laquelle les jeunes recrues – appelées les Marie-Louise – se comportent avec autant de bravoure que des vétérans, selon Napoléon, avec autant de générosité face à la mort également puisque 18 000 d'entre eux jonchent les abords du village de Kaïa. Battus, les Russo-Prussiens sont rattrapés par l'empereur le 20 mai 1813 à Bautzen, près de Dresde. Cent trente mille Français battent les 100 000 Russo-Prussiens qui leur font face, et chacun des adversaires laisse, au soir du 21 mai, plus de 20 000 morts sur le champ de bataille. Un armistice est signé le 4 juin. Ce n'est qu'une pause ! Dans le sud de l'Empire, Wellington, l'Anglais, remporte victoire sur victoire, et se rapproche des Pyrénées, s'en va lentement, sans le savoir, vers un petit village de Belgique qu'il atteindra en juin 1815…

Octobre 1813 : Leipzig, la bataille des nations

UNE BATAILLE

Un million d'hommes pour la coalition, 500 000 pour Napoléon qui a réussi à gonfler ses rangs, grâce aux contingents saxons. En août, les Français subissent leurs premiers revers. En septembre, toutes les forces en présence convergent vers Leipzig où, le 16 octobre, commence le combat. Dès le premier jour, il va faire 26 000 morts du côté français ! Le lendemain, 17 octobre, Bernadotte et Bennigsen ajoutent leurs 500 000 hommes au nombre des coalisés qui alignent 15 000 canons ! Les Français vont devoir se battre à un contre trois ! Le 18 octobre, la canonnade commence vers dix heures : 200 000 coups sont tirés sur les Français. Les soldats saxons font volte-face : ils passent dans les rangs des coalisés ! Vingt mille tués ou blessés sont encore dénombrés dans les rangs de l'empereur qui décide d'ordonner la retraite.

Le pont s'effondre !

Il faut sortir de Leipzig par un petit pont sur l'Elster, le seul pont disponible, que canonnent sans cesse les ennemis auxquels se sont joints d'autres combattants qui ont imité les Saxons ! Les troupes françaises s'engagent sur le pont. Minés par les boulets, il s'effondre ! Plus de 15 000 soldats demeurent sur la rive, ils vont être massacrés ou faits prisonniers. Certains tentent de passer la rivière à la nage, tel MacDonald qui y parvient, ou le maréchal Poniatowski qui se noie. Le 21 octobre, Napoléon est en route pour la France, suivi d'une centaine de milliers d'hommes qui vont livrer quelques batailles à la frontière avant de regagner la capitale. Les alliés, au début de décembre, annoncent qu'ils vont poursuivre la guerre, non contre la France, mais contre Napoléon. La campagne de France va commencer dès janvier 1814 !

1814 : la campagne de France

Le repli commencé en Allemagne s'accentue : la France devient le champ de bataille où s'affrontent les coalisés et les troupes de l'empereur vainqueur à plusieurs reprises.

Champaubert, Montmirail, Montereau

Trois cent mille coalisés commandés par Blücher, Schwartzenberg, Bernadotte, vont affronter les 50 000 soldats de Napoléon ! 27 janvier 1814 : bataille de Saint-Dizier : Napoléon vainqueur ! 29 janvier, bataille de Brienne : victoire des Français ! À la Rothière, le 1er février, ils sont un contre trois et doivent battre en retraite. Le 10 février, les 30 000 hommes de Marmont, Ney et Mortier écrasent sans mal les 5 000 soldats du général Olsouviev à Champaubert ! Le 11 février, à Montmirail, victoire de Napoléon contre l'avant-garde de Blücher. Le 14 février, deuxième victoire de Montmirail contre Blücher qui n'avait pas pris au sérieux la défaite de son avant-garde. Le 17 février, bataille de Mormant contre les Russes : Napoléon vainqueur ! Le 18, à Montereau, il s'empare du pont, les coalisés reculent ! Le 24 février 1814, l'empereur entre dans la ville de Troyes qu'il vient de libérer, la foule l'acclame !

30 mars 1814 : la capitale capitule !

Dans le sud, Wellington poursuit sa remontée. Les Autrichiens sont à Lyon. Murat et ses Napolitains combattent désormais les Français ! Blücher, l'Autrichien, que Napoléon poursuit, fuit vers Laon où les Français, après une victoire à Craonne le 7 mars 1814, sont défaits le 9 mars. Malgré cette victoire, les coalisés sont découragés. Napoléon les poursuit partout, il attaque où on ne l'attend pas, libère des villes prises. Mais le 19 mars, Schwarzenberg qui opérait un mouvement de retraite fait demi tour, afin d'essayer une dernière fois de battre l'imbattable qui ne dispose plus que de 25 000 hommes. L'empereur prend la tête de la charge, comme s'il voulait en finir avec la vie ! Le 23 mars, les combattants sont las, Napoléon prépare un plan d'attaque dont il envoie le détail à Marie-Louise : les soldats de Blücher s'emparent du message.

« Je voudrais vous serrer tous sur mon cœur… »

Blücher connaissant alors les projets de l'empereur peut les déjouer. Pendant que Napoléon se bat à Saint-Dizier, il approche de Paris. Le 30 mars 1814, il occupe Montmartre, bombarde la capitale qui capitule. Dès le lendemain, la troupe bigarrée des coalisés nomades campe sur les Champs-Élysées… Le tsar Alexandre et le roi de Prusse entrent dans Paris. Ils décident avec Talleyrand de nommer un gouvernement provisoire. Le 2 avril, Napoléon et sa famille sont déchus du trône. Après bien des hésitations, Napoléon accepte le 5 avril 1814, de signer son abdication. Le 11 avril, il apprend qu'il conserve son titre impérial et reçoit l'île d'Elbe. Le 12 avril, à Fontainebleau, il tente de se suicider. Le 20, il fait ses adieux à sa vieille Garde : « Adieu, mes enfants, je voudrais vous serrer tous sur mon cœur »… Puis il part pour son île où il va régner sur 13 800 habitants. En France, on respire ! La paix va enfin revenir.

Le congrès de Vienne : affaiblir la France

Vienne, en Autriche. De novembre 1814 à juin 1815 va se tenir un congrès auquel participent les grandes puissances européennes. Leur objectif : se partager les dépouilles de l'Empire napoléonien, ramener la France à ses frontières de 1789, et surtout l'affaiblir de façon durable, sinon définitive, sur le plan politique et économique. L'ambiance est à la fête dans la capitale autrichienne : 1 000 coups de canon ont ouvert le congrès en novembre ; réceptions, banquets, bals, chasses vont se succéder pendant plusieurs mois ! La musique a sa place : Beethoven dirige lui-même (fort mal, rapporte-t-on…) deux de ses œuvres : *Fidelio*, et la 7e *Symphonie* dont l'allegretto est bissé ! Metternich pour l'Autriche, Nesselrode pour la Russie, Castelreagh, puis Wellington pour l'Angleterre, le baron Humboldt et le prince de Harenberg pour la Prusse – Talleyrand est l'observateur français – décident que la Confédération du Rhin créée par Napoléon en 1806 est transformée en Confédération germanique de trente-neuf États autonomes englobant la Prusse et l'Autriche.

Le roi Louis XVIII sur le trône de France

La première Restauration de la monarchie va succéder à l'Empire : le frère de Louis XVI prend le nom de Louis XVIII – le jeune Louis XVII étant mort à la prison du Temple en 1795. Le tsar de Russie Alexandre Ier est tout heureux de l'accueillir à Paris. Pas pour longtemps…

Alexandre Ier : « Je viens vous apporter la paix »

Tout heureux, le tsar Alexandre Ier. Il vit un rêve : il est entré vainqueur dans Paris, il a battu Napoléon et, maintenant, le voici pour peu de temps aux commandes de la France, ou presque ! Le voici dans ce pays dont il aime la culture, la langue. Il est plein de bonnes intentions. « Je viens vous apporter la paix ! », a-t-il déclaré à la population parisienne, en franchissant la porte Saint-Denis, le 31 mars à midi, en compagnie du roi de Prusse. Alexandre ! Il s'est fait un allié solide en la personne de Talleyrand, l'évêque d'Autun, le conseiller de l'empereur, qui change de camp avec beaucoup d'aisance et de naturel – Talleyrand qui, depuis longtemps, a mis son mouchoir d'oubli sur la remarque que lui a faite Napoléon ce jour de 1809 où il a appris que l'évêque au pied bot le trahissait avec les Russes : « Tenez, lui avait lancé l'empereur, vous êtes de la merde dans un bas de soie ! » Donc, Alexandre Ier, qui retrouve finalement en Talleyrand un vieux complice, soutient le comte de Provence qui monte sur le trône de son frère Louis XVI, et prend le nom de Louis XVIII.

UNE ANECDOTE

Alexandre vert de rage !

À Paris, les Russes sont partout : les cosaques construisent des huttes sur les Champs-Élysées, ils sillonnent enveloppés dans leurs peaux de bête les grands boulevards. On croise aussi des Tartares, des Sibériens, des Kalmouks. Leurs petits chevaux poilus étonnent même le petit Victor Hugo qui les décrira plus tard dans ses souvenirs d'enfance. En exil en Angleterre depuis des années, le comte de Provence arrive le 29 avril à Compiègne. C'est un homme de cinquante-huit ans, obèse et presque impotent. Alexandre attend des remerciements ou tout au moins une attitude sympathique de la part de ce Louis XVIII à qui il donne un trône. Mais le souverain se montre si condescendant, si méprisant qu'Alexandre en est choqué ! Lors du souper de cérémonie qui suit leur rencontre, le nouveau roi entre dans la salle à manger sans se préoccuper de son invité, et s'assoit dans le seul fauteuil disponible. De plus, il demande à être servi le premier ! Dès la fin du dîner, le tsar fait demander sa voiture et rentre à Paris, vert de rage et d'humiliation !

La personne du roi : inviolable et sacrée

Voici donc la Restauration qui commence. Le 2 mai 1814 au château de Saint-Ouen – qui n'existe plus –, devant le Sénat qui a constitué un gouvernement provisoire après la déchéance de l'empereur, Louis XVIII prononce une déclaration où apparaissent les grandes lignes de la charte constitutionnelle qui sera présentée officiellement au Palais Bourbon le 4 juin 1814. Cette charte comporte soixante-quatorze articles. Louis XVIII a préféré le terme « charte » à celui de « constitution », trop révolutionnaire à son goût. En voici l'essentiel :

- Les conquêtes de la révolution et du consulat y sont sauvegardées : la loi est la même pour tous, les biens nationaux sont conservés par leurs acquéreurs, la liberté de culte est confirmée, et le code civil continue d'être utilisé.
- Le pouvoir exécutif va être exclusivement réservé au roi qui tient à affirmer le caractère « inviolable et sacré » de sa personne.
- Le roi peut approuver ou suspendre les lois, dissoudre la chambre des députés.

- Le droit de vote n'est accordé qu'aux Français bénéficiant de confortables revenus fonciers, c'est-à-dire 12 000 personnes sur trente millions d'habitants ! Quant au poste de Premier ministre que Talleyrand espérait pour récompense des services rendus, il n'existe pas, Louis XVIII l'estime inutile !

1815 : Napoléon, le retour et la fin

La France ne peut se séparer de son héros. Il le sait, il le sent, il revient ! Il quitte son île pour cent jours – cette période, du 20 mars au 18 juin 1815, qu'on appelle… les Cent-jours –, avant de faire connaissance avec un exil définitif, sur une autre île, dans un autre hémisphère, un autre monde…

Les Cent-jours

Napoléon remet le pied sur le sol de France le jour du printemps 1815. Il entame sa dernière saison conquérante…

« L'Aigle volera de clocher en clocher… »

La charte de Louis XVIII coupe la France en deux : d'un côté les royalistes, de l'autre les républicains. La lutte qui s'engage va être interrompue en mars 1815 par une arrivée surprise, celle de… Napoléon ! En effet, on l'avait oublié un peu vite. Napoléon s'ennuie en exil. Le 26 février 1815, une petite flottille de sept bâtiments de commerce quitte l'île d'Elbe. À leur bord, peu de commerçants, mais 700 soldats et l'empereur ! Ils trompent la vigilance des navires anglais en patrouille et débarquent le 1er mars à Golfe-Juan. Deux proclamations vont être répandues en France. Elles appellent au soulèvement contre les Bourbons, contre le drapeau blanc des émigrés. Dans sa proclamation à l'armée, Napoléon lance cette phrase : « La victoire marchera au pas de charge ; l'Aigle, avec les couleurs nationales, volera de clocher en clocher jusqu'aux tours de Notre-Dame. » Vingt jours de vol, et l'Aigle arrivera à Paris ! Voyons les détails de ce coup d'aile…

« Si l'un d'entre vous veut tuer son empereur… »

Après son débarquement à Golfe-Juan, Napoléon se dirige vers Grenoble par la route des Alpes afin d'éviter les populations royalistes de la vallée du Rhône. Le 7 mars, à Laffrey, au nord de Grenoble, le 5e régiment d'infanterie, envoyé par Louis XVIII, tombe nez à nez avec la petite troupe de l'empereur ! Que va-t-il se passer ? Napoléon demande à ses hommes de mettre l'arme au pied. Il s'avance seul vers les soldats chargés de l'arrêter. Il ouvre sa redingote, montre sa poitrine et dit : « Soldats du 5e ! Si l'un d'entre vous veut tuer son empereur, qu'il le fasse ! » Le responsable du détachement crie :

« Feu ! » Aucun coup ne part. Les soldats baissent leurs armes et crient « Vive l'empereur ! », s'embrassent et passent derrière lui pour grossir ses rangs !

Ney tombe dans les bras de Napoléon

À Paris, le maréchal Ney qui a rallié le camp de Louis XVIII est chargé d'arrêter le vol de l'Aigle. Mais, le 17 mars, à Auxerre, Ney tombe lui aussi dans les bras de son empereur en déclarant à ses soldats : « La cause des Bourbons est à jamais perdue ! » Le 19 mars, Napoléon est à Fontainebleau. Louis XVIII s'enfuit à Gand, en Belgique ! Le lendemain, 20 mars, jour du printemps, l'empereur fait son entrée à Paris où l'acclame une foule en délire ! En peu de temps, Napoléon va organiser une armée afin d'aller combattre l'ultime coalition qui s'est formée contre lui.

18 juin 1815 : Waterloo, morne plaine...

UNE DATE À RETENIR

Les souverains européens veulent en finir avec l'Ogre corse. Ils disposent de 700 000 hommes qui peuvent envahir la France à tout moment. Napoléon compte en réunir beaucoup plus pour la fin de l'année 1815. Mais les forces ennemies se sont concentrées en Belgique. Il faut les attaquer ! C'est près de Bruxelles que va avoir lieu la dernière bataille de l'empereur.

Figure 15-8 : La bataille de Waterloo.

Les Français se battent à un contre deux

La nouvelle campagne se prépare. Soult, Ney et Grouchy sont aux commandes avec un peu plus de 100 000 hommes. Ils vont à la rencontre des troupes de l'Anglais Wellington qui comportent seulement un tiers d'Anglais, pour deux tiers de Belges, de Hanovriens, de Hollandais, de Nassauviens...

Ils auront aussi à combattre les 120 000 soldats de Blücher, le Prussien, régulièrement vaincu depuis 1806. Les Français vont donc se battre à un contre deux ! Napoléon choisit d'éliminer d'abord les Prussiens. Ensuite, il s'occupera des Anglais. Le 16 juin, en Belgique, à Ligny, les Prussiens sont repoussés, non pas battus ! Le 18 juin, à Waterloo, sur un terrain détrempé, Napoléon, qui a choisi une position défensive au sud du Mont-Saint-Jean, attaque les troupes de Wellington à onze heures trente. Il a envoyé Grouchy poursuivre Blücher et ses Prussiens jusqu'à Wavre. Mais ceux-ci le contournent et reviennent en force vers Waterloo.

Napoléon fait donner la Garde !

Des attaques et contre-attaques inutiles et parfois maladroites se succèdent. Des charges héroïques, magnifiques de bravoure, sont conduites contre les Anglais par le maréchal Ney qui lance à ses soldats : « Regardez comment sait mourir un maréchal d'Empire ! » Mais il ne parvient pas à se faire tuer ! La situation devient critique. Alors, Napoléon fait donner la vieille Garde.

ARTS, CULTURE ET SCIENCES

Waterloo, Waterloo, Waterloo, morne plaine...

Voici comment, dans son poème Waterloo, Victor Hugo raconte la fin de la vieille Garde impériale : *« Et lanciers, grenadiers aux guêtres de coutil,/ Dragons que Rome eût pris pour des légionnaires,/ Cuirassiers, canonniers qui traînaient des tonnerres, / Portant le noir colback ou le casque poli, / Tous, ceux de Friedland et ceux de Rivoli, / Comprenant qu'ils allaient mourir dans cette fête, / Saluèrent leur Dieu debout dans la tempête, / Leur bouche, d'un seul cri, dit: « Vive l'Empereur ! » / Puis, à pas lents, musique en tête, sans fureur, / Tranquille, souriant à la mitraille anglaise, / La garde impériale entra dans la fournaise ! »...*

« Soudain, joyeux, il dit : "Grouchy !", c'était Blücher ! »

C'est Ney qui prend la tête de la garde impériale, la vieille Garde ! Il le fait à pied, l'épée à la main ! Il sait ce qui l'attend si la victoire échappe à l'empereur, il cherche la mort avec obstination. Napoléon aussi, vers sept heures du soir, au sein d'un carré de la garde, commandé par Cambronne, s'expose dangereusement... Il attend Grouchy qu'il a fait revenir de Wavre. Mais Grouchy n'arrivera pas. C'est Blücher qui s'approche au point de faire sa jonction avec Wellington à la tombée de la nuit, vers neuf heures.

Cent mille tués ou blessés

La panique s'est emparée des rangs français, on crie à la trahison, des groupes de soldats sont alignés par les ennemis et fusillés, d'autres sont poursuivis, sabrés avec fureur. C'est fini ! Près de 100 000 tués ou blessés jonchent le champ de bataille ! Le 21 juin, Napoléon s'installe à l'Élysée. Deux jours plus tard, le 23, il signe sa seconde abdication. Son fils Napoléon II devient empereur des Français. Pas pour longtemps : Louis XVIII prépare sa rentrée ! Napoléon a un dernier sursaut : il propose de combattre encore les Prussiens. Mais une commission gouvernementale exige alors son départ pour Rochefort.

Napoléon est mort à Sainte-Hélène

Après avoir séjourné à la Malmaison, Napoléon quitte Paris le 29 juin. Niort, Saint-Georges-du-Bois, Surgères. Muron. Et puis voici Rochefort où il attend cinq jours un sauf-conduit qui va lui permettre – du moins l'espère-t-il – de gagner les États-Unis. De Rochefort, il se rend à l'île d'Aix où il va passer ses dernières journées sur le sol français. Le sauf-conduit n'arrive pas – Fouché a refusé qu'il soit délivré… Napoléon s'embarque alors sur le brick *L'Épervier* qui le conduit sur *Le Bellérophon* où il est livré aux Anglais. C'est à bord du *Northumberland* qu'il gagne l'île Sainte-Hélène dans l'Atlantique Sud. Au cours de la traversée, son comportement ne laisse paraître aucun signe de dépression ou de désespoir. Au contraire, il se distrait, joue aux cartes, mise un peu, et gagne, par exemple, le 15 août, jour de son anniversaire, 80 napoléons ! À Sainte-Hélène, il dicte au comte de Las Cases qui l'a suivi ses mémoires qui seront publiées en 1823. C'est dans cette île de l'Atlantique Sud qu'il meurt le 5 mai 1821, de la maladie dont sont morts son père et sa sœur : un cancer de l'estomac.

Figure 15-9 : La tombe de Napoléon aux Invalides.

Chronologie récapitulative :

- 5 mai 1789 : réunion des états généraux
- 14 juillet 1789 : prise de la Bastille
- 10 août 1792 : la monarchie est renversée
- 5 septembre 1793 : la terreur
- 27 juillet 1794 : chute de Robespierre
- 26 octobre 1795-9 novembre 1799 : le Directoire
- 1796-1797 : Bonaparte, première campagne d'Italie
- 1798 : Bonaparte, campagne d'Égypte
- 10 novembre 1799 (19 brumaire) : coup d'État, Bonaparte consul
- 1800 : deuxième campagne d'Italie
- 2 décembre 1804 : Bonaparte devient l'empereur Napoléon Ier
- 2 décembre 1805 : Austerlitz
- 1808 : campagne d'Espagne
- 20 mai 1811 : naissance du roi de Rome, fils de Marie-Louise et Napoléon
- 1812 : retraite de Russie
- 1813 : campagne d'Allemagne
- 1814 : première abdication, île d'Elbe
- 18 juin 1815 : Waterloo (Napoléon meurt le 5 mai 1821 à Sainte-Hélène)

Cinquième partie

De 1815 à 1914 : Une montée en puissance

Dans cette partie...

Dans cette partie, vous allez assister au retour des Bourbons : les deux frères de Louis XVI, Louis XVIII et Charles X vont tenter, l'un par la douceur, l'autre par la force, de rétablir un semblant d'Ancien Régime bientôt remplacé, en 1830, par la Monarchie de Juillet pendant laquelle la bourgeoisie s'enrichit alors que la misère du peuple s'accroît. La révolution de 1848 sonne le retour de la République avec Louis-Napoléon Bonaparte, prince-président qui devient l'empereur Napoléon III. C'est l'époque où la France cherche – à l'intérieur de ses frontières, par l'industrialisation, et à l'extérieur, par la colonisation – à accroître sa puissance face à une grande Allemagne naissante et menaçante. À la France prospère du second Empire, vaincue en 1870 par les Prussiens, succède une période politique incertaine, avec des épisodes sanglants – celui de la commune en 1871 – ou décisifs – l'instauration de la IIIème République en 1875. La fin du siècle est marquée par la montée de l'antisémitisme, dramatiquement illustrée par l'affaire Dreyfus. Les tensions entre la France et l'Allemagne se multiplient, la revanche de 1870 se prépare : il faut reprendre l'Alsace et la Lorraine. En 1914, l'Europe explose.

Chapitre 16

1815 à 1848 : Le retour des rois

Dans ce chapitre :

- Suivez les efforts de Louis XVIII pour concilier les extrêmes
- Assistez aux Trois Glorieuses qui renversent Charles X
- Comprenez la misère du peuple sous la Monarchie de Juillet, sa bourgeoisie et ses conservateurs

Louis XVI avait deux frères qui vont successivement monter sur le trône de France : Louis XVIII, un souverain modéré, qui tente d'apaiser – jusqu'à sa mort en 1824 – l'opposition entre les ultraroyalistes et les libéraux, et Charles X, l'ultraroyaliste que les libéraux vont conduire à l'abdication en 1830. C'est un Orléans – un descendant du frère de Louis XIV – qui prend le pouvoir ensuite sous le nom de Louis-Philippe. Si la bourgeoisie fait fortune sous son règne, le peuple malheureux déclenche la révolution de 1848 qui va conduire à la renaissance de la République.

1815 à 1830 : un royalisme militant

Pendant quinze ans, les royalistes vont tenter de réinstaller en France les dominantes de l'Ancien Régime, menaçant ainsi les acquis de la Révolution.

Louis XVIII le conciliant

Après le départ de Napoléon pour Sainte-Hélène, une île d'où il ne s'échappera plus, les royalistes vont prendre leur revanche contre les Bonapartistes et les Jacobins. Une chambre ultraroyaliste va même être élue…

La Chambre introuvable

Les Cent-jours ont entraîné un cortège de volte-face, de palinodies ou de revirements en tous genres. Les royalistes, après Waterloo, vont se venger. Dans le Midi se développe ce qu'on a appelé la Terreur blanche : des

Bonapartistes et des Jacobins sont massacrés. À Marseille, des Égyptiens ramenés lors de l'expédition de Bonaparte quinze ans plus tôt sont passés par les armes ! Pour s'être rallié à Napoléon pendant les Cent-jours, le maréchal Brune est tué de deux coups de pistolet et son corps jeté dans le Rhône. Ce sont de jeunes exaltés, les Verdets se réclamant du comte d'Artois, le futur Charles X, qui commettent en toute impunité ces crimes. L'exacerbation royaliste aboutit à l'élection d'une chambre des députés où figure une grande majorité d'ultraroyalistes. Louis XVIII la qualifie même de *Chambre introuvable*, tant il n'aurait jamais pensé qu'elle fût à ce point favorable à l'Ancien Régime ! La Chambre introuvable n'a qu'un projet : supprimer tous les acquis de la Révolution et de l'Empire, redonner le pouvoir à la noblesse et au clergé ! C'est dans ce contexte que va être exécuté Ney, que vont être bannis Fouché et le peintre David.

« Soldats, droit au cœur ! »

Rentré à Paris, Ney est en danger, il le sait : les royalistes ne vont pas lui pardonner d'avoir soutenu l'empereur pendant les Cent-jours. Le Conseil de guerre désigné pour le juger se déclare incompétent. Ney va comparaître devant la Chambre des pairs. Au moment où on commence à énumérer tous ses titres, il interrompt le lecteur pour dire : « Cela suffit ! Dites Michel Ney, et un peu de poussière ! » Malgré les brillantes plaidoiries de ses avocats, le maréchal Ney est condamné à mort. Il est conduit près de l'Observatoire le 7 décembre 1815. Fils d'un tonnelier de Sarrelouis, Michel Ney, le « brave des braves » – ainsi l'appelait Napoléon –, le « rouquin » pour ses hommes, le prince de la Moskova, lui que Louis XVIII avant les Cent-jours, avait fait pair de France, se retrouve devant le peloton d'exécution. Il refuse qu'on lui bande les yeux. Ses dernières paroles sont pour le peloton qu'il commande lui-même : « Soldats, droit au cœur ! »

Introuvable, et dissoute le 5 septembre 1816

Le futur Charles X n'est pas pour rien dans cette agitation fiévreuse qui vise à rétablir la royauté à l'ancienne. Il met en place une solide organisation qui permet d'accroître l'influence ultraroyaliste dans les départements. Partout, on plante des croix dans les campagnes, pour expier ce qui est qualifié de crimes par ceux qui n'ont jamais accepté la Révolution. Les Jésuites reviennent, ouvrent des collèges, des séminaires. Bientôt, la Chambre introuvable exige le suffrage universel parce que la population française, essentiellement paysanne, est en majorité royaliste ; elle exige aussi le régime parlementaire qui permettrait de ne plus tenir compte de l'avis des ministres que le roi nomme afin de rétablir l'équilibre. Trop, c'est trop ! Elle en demande trop cette chambre que Louis XVIII, son ministre de la Police, Élie Decazes, et son ministre des Affaires étrangères, le modéré Armand de Richelieu – le descendant du Grand Richelieu - décident de dissoudre le 5 septembre 1816.

Louis à Élie : « Mon cher enfant ! »

Une nouvelle Chambre est élue, modérée, mais Armand de Richelieu qui ne partage pas les mêmes idées que Decazes sur les questions électorales démissionne, ce qui laisse le champ libre à Decazes. Celui-ci pratique une politique libérale, fait voter des lois en faveur de la presse. Le vieux roi Louis XVIII, bien seul aux Tuileries, s'est fait de Decazes plus qu'un ami : il le considère comme le fils qu'il n'a jamais pu avoir. Il l'appelle « Mon cher enfant ! », languit lorsqu'il ne reçoit pas de message d'Élie. Tout cela déchaîne la jalousie, presque la rage des ultraroyalistes qui traitent le faux fils préféré d'« huissier gascon » – Decazes est originaire de Guyenne –, de « parvenu roturier » ou encore de « champignon » ! Mais Decazes n'en a cure ! Le roi l'a marié à une jeune fille d'à peine seize ans, qui appartient à la noblesse allemande : Édégie de Sainte-Aulaine. Il demande à être parrain du premier-né du couple. Et toujours, avant de prendre quelque décision que ce soit, Élie est consulté, de sorte que certains commencent à parler d'Élie Ier…

Figure 16-1 : Louis XVIII et sa famille.

14 février 1820 : le duc de Berry assassiné

UN ÉVÉNEMENT IMPORTANT

Hélas ! Mille fois hélas ! Dans la nuit du 13 au 14 février 1820, le duc de Berry, neveu de Louis XVIII, héritier du trône, est assassiné en sortant de l'opéra au bras de sa femme Marie-Caroline. C'est un fanatique, Louis-Pierre Louvel, qui a porté le coup au cœur, à l'aide d'une alène de cordonnier – Louvel, réformé à cause de sa faible constitution, est sellier ; il a suivi Napoléon à l'île d'Elbe puis à Waterloo ; dès 1815, il a formé le projet d'assassiner le duc de Berry, le seul capable de perpétuer la branche aînée des Bourbons. Évidemment, les ultras en profitent pour accuser Decazes de complicité, ce qui est invraisemblable, mais il doit démissionner. Et Chateaubriand commente fielleusement : « Le pied lui a glissé dans le sang ! » Que devient Decazes ? Louis XVIII continue à lui témoigner une affection qui se traduit par une nomination d'ambassadeur à Londres. Puis, revenu d'Angleterre, Decazes crée dans l'Aveyron les forges de… Decazeville, ville où il meurt le 24 octobre 1860.

Les Ultras retroussent leurs manches

Les Ultras ! Le retour ! La démission de Decazes leur ouvre une voie royale. La Chambre élue en 1821 est majoritairement royaliste. Le comte de Villèle, le Toulousain plus royaliste que le roi, est nommé Premier ministre. 1824 : nouvelles élections. La majorité royaliste y est écrasante ! Il ne reste plus qu'une quinzaine de libéraux. C'est une Chambre introuvable bis : la Chambre retrouvée ! Villèle et ses proches, depuis 1821, retroussent leurs manches. La répression est active : les sociétés secrètes, les comploteurs sont arrêtés, jugés et condamnés. Quatre jeunes sergents de La Rochelle, par exemple, Bories, Goubin, Pommier et Raoulx, qui, appartenant à la société secrète de la Charbonnerie – composée de républicains, de bonapartistes, de libéraux –, n'ont pas voulu dénoncer leurs chefs. Le 21 septembre 1822, ils sont exécutés en place de Grève devant une foule muette qui admire leur courage.

Figure 16-2 : Marie-Caroline, duchesse de Berry, par Sir Thomas Laurence.

Marie-Caroline, duchesse de Berry

Parce qu'il ne reste plus de descendant mâle de la branche aînée des Bourbons, et que ce sont les Orléans qui risquent de monter sur le trône, Louis XVIII a décidé de marier son neveu – qui est le fils du futur Charles X –, le duc de Berry, à Marie-Caroline de Naples qui appartient à la famille des Bourbons-Sicile et descend, par sa mère, de la Maison des Habsbourg ! La rencontre entre Marie-Caroline et le duc de Berry a lieu en forêt de Fontainebleau, au carrefour de la croix Saint-Herem.

Marie-Caroline est belle. Pleine de grâce et de légèreté, elle séduit tous ceux qui l'approchent, et, ce jour de juin 1816, lorsque, délaissant tout protocole, elle court se jeter aux pieds du roi et du duc de Berry, les témoins de cette rencontre sont à la fois attendris et conquis par celle qui pourrait devenir reine de France. Le 17 juin 1816 a lieu le mariage dans la cathédrale Notre-Dame. Trente-six carrosses dorés, décorés de plumes, prennent ensuite la direction des Tuileries ! C'est le bonheur. Marie-Caroline rayonne ! Elle conquiert bientôt le cœur de la France entière ! La tragédie du 13 février 1820 la jette dans l'ombre jusqu'en 1832 où elle tente de revenir sur la scène politique pour assurer l'avenir de son fils le comte de Chambord. Après avoir débarqué dans des conditions difficiles à Marseille, elle rejoint la Vendée où elle espère rallier de nombreux partisans. Mais les temps ont changé : ils ne se manifestent guère !

Entrée dans la clandestinité, elle vit en nomade, de château en château, de ferme pauvre en grange à foin. Elle se réfugie enfin dans une soupente à Nantes où, trahie, elle est arrêtée puis conduite en détention à Blaye. Déshonorée parce que mère en 1833 d'une fille de père inconnu, elle est privée d'avenir politique. Elle meurt en 1870.

Charles X, le premier des émigrés

Charles X est né en 1757, à Versailles. Il n'a jamais supporté son frère Louis-Auguste, et il le supporte encore moins quand il devient Louis XVI ! Il lui reproche son indécision, ses atermoiements. En 1789, il s'enfuit à l'étranger dès le 17 juillet. Il se fixe pour un temps à Bruxelles, puis à Coblence. Il connaîtra aussi Turin, Vienne, Londres, Edimbourg. Beaucoup d'aristocrates vont imiter son exemple. Il élabore de nombreux plans pour reconquérir le pouvoir, notamment celui qui le conduit à l'île d'Yeu afin de secourir les Vendéens en 1795. Mais, craignant les armées de la République, il rembarque avec ses alliés les Anglais, au grand désespoir de ceux qu'il allait secourir. Il poursuit ses tentatives de restauration du pouvoir pendant l'Empire, revient à Paris avec son frère Louis XVIII en 1814, s'enfuit à Gand avec lui lors des Cent-jours.

Figure 16-3 : Charles X en habit de sacre.

Des réflexes d'Ancien Régime

À soixante-sept ans, le comte d'Artois devient Charles X, en remplaçant Louis XVIII sur le trône de France. Il annonce immédiatement la couleur : ce sera la cocarde blanche. Il se fait sacrer à Reims, comme au bon vieux temps de sa chère monarchie absolue. Son habit de sacre est violet, des esprits

UN ÉVÉNEMENT IMPORTANT

Le roi Louis XVIII est mort

La gangrène ! C'est ce qui a emporté Louis XIV, c'est ce qui emporte son arrière-arrière-arrière-petit-fils, Louis XVIII : son pied et sa colonne vertébrale en sont atteints ! Au début de septembre 1824, le roi, diabétique depuis son enfance, s'est alité pour ne plus se relever. Cependant, il ne perd pas l'esprit qui le caractérise : son médecin Portal, le croyant inconscient, demande à ses aides : « Qu'on lui enlève sa chemise ! » Et Portal entend son royal patient lui répondre : « Monsieur Portal, je m'appelle Louis XVIII, vous devez donc dire : Qu'on enlève la chemise de sa majesté ! »... Et puis Louis XVIII s'excuse auprès de la duchesse d'Angoulême d'une syncope dont il a été victime la veille : « Madame, quand on meurt, on ne sait pas très bien ce qu'on fait »...

Le 15 septembre, il prend congé de sa famille. Le soir, il entre en agonie par une chaleur étouffante. On recouvre de paille les rues qui environnent le Palais des Tuileries afin que le bruit des charrois ne trouble pas le repos du souverain moribond. Dans la nuit 16 septembre 1824, à quatre heures du matin, Louis XVIII ne respire plus. On approche de sa bouche une bougie dont la flamme demeure parfaitement verticale. C'est fini.

bien informés et bien intentionnés font alors courir le bruit que le roi s'est fait évêque et qu'il va célébrer chaque matin la messe aux Tuileries ! La presse reprend avec une certaine mauvaise foi cette information : les journalistes n'ignorent pas, en effet, que Charles X porte le deuil de son frère et que la couleur du deuil royal est le violet…

École normale supérieure : on ferme !

L'ultraroyalisme se développe d'autant plus rapidement pendant le règne de Charles X que la révolution de 1789 a traumatisé le nouveau roi : il craint en permanence qu'un complot se prépare contre sa personne. Des décisions sont prises par son parti, qui ne sont pas forcément les meilleures pour calmer l'opposition :

- L'université est confiée à un évêque, monseigneur de Frayssinous qui organise lui-même son épuration.
- L'École normale supérieure est fermée. Guizot, le grand historien libéral, est interdit de cours !

ARTS, CULTURE ET SCIENCES

Chateaubriand : un homme de plume

Saint-Malo. Le Grand-Bé. C'est là que François-René de Chateaubriand (1768 - 1848), le vicomte, a désiré être enterré, debout, face à la mer. Depuis, il a reçu des milliers de visiteurs, pas toujours très romantiques – Jean-Paul Sartre, par exemple… Le vicomte a vécu son enfance et son adolescence dans le lugubre château de Combourg, non loin de Rennes. Devenu sous-lieutenant, il a effectué un voyage en Amérique pour fuir la Révolution, avant de se rallier à l'armée du prince de Condé et d'être blessé au siège de Thionville. Il se rapproche du consulat et du consul Bonaparte avec qui il n'entretiendra jamais de bons rapports, celui-ci ne l'estimant guère, le considérant surtout vaniteux et opportuniste.

Après un voyage en Orient, Chateaubriand se retire dans sa propriété de La Vallée-aux-Loups près de Sceaux. Toutes les gloires de l'Empire lui échappent et excitent en lui une jalousie qui éclate à la Restauration dans le pamphlet *De Buonaparte et des Bourbons*. Nommé pair de France, il devient ministre des Affaires étrangères de Louis XVIII, après la réussite d'une expédition en Espagne où les libéraux sont vaincus grâce au duc d'Angoulême à la bataille du Trocadéro – la place qui commande l'accès à la baie de Cadix. Congédié comme un laquais – ce sont ses mots… –, il passe dans le parti libéral ! Après l'avènement de Louis-Philippe, il revient dans le camp royaliste. Accusé de complot et arrêté en 1833, il va connaître la gêne matérielle, vivant des avances de son éditeur pour lequel il écrit les *Mémoires d'outre-tombe*. On connaît le succès de cette œuvre ! Elle montre assez que, si Chateaubriand ne fut pas forcément un homme de poids, il fut au moins un homme de plume…

- La loi sur le milliard des émigrés est votée : elle vise à indemniser les aristocrates qui ont fui la France pendant la Révolution. Ils percevront vingt fois le revenu perçu sur leurs biens en 1789 ! Et où prendre cet argent pour quelques milliers de privilégiés ? En abaissant l'intérêt annuel de la rente, ce qui, dans les faits, conduit à puiser dans les poches des trente millions de Français qui peuplent le royaume…
- Des ecclésiastiques sont nommés à la tête des lycées, les instituteurs sont contrôlés par les curés.
- La liberté de la presse est de plus en plus réduite.

Face à cet inquiétant recul des acquis de la révolution, l'opposition s'organise autour de Guizot. Aux élections de 1828, les libéraux l'emportent et Villèle démissionne.

La monarchie de Juillet

Le peuple travaille de l'aube au soir, il souffre et ne récolte presque rien de tous ses efforts, à peine de quoi manger. L'explosion sociale survient en plein été 1830.

27, 28, 29 juillet 1830 : les Trois Glorieuses

UNE DATE À RETENIR

Les excès des ultraroyalistes d'abord, puis de Charles X qui refuse de changer d'attitude malgré la victoire des libéraux aux élections vont provoquer une flambée de colère populaire.

De…gnac en…gnac

Villèle sur la touche, Charles X décide de confier la direction du ministère à un libéral : Martignac. Échec. Il s'adresse alors à Jules de Polignac – un autre …gnac –, très impopulaire. C'est un curieux personnage, Jules de Polignac : il prétend que la vierge lui apparaît chaque matin et qu'il suit ses conseils. Est-ce alors la Vierge qui a soufflé de dire, le 28 juillet 1830, lorsqu'on vient l'avertir que la troupe fraternise avec le peuple : « Eh bien, qu'on tire sur la troupe ! », ce n'est pas certain. Et puis, tant qu'à faire, la Vierge aurait pu lui annoncer ces journées révolutionnaires, au nombre de trois, connues sous le nom des Trois Glorieuses, et qui vont conduire à l'abdication du roi Charles X !

12 juillet 1830 : les libéraux vainqueurs aux élections

C'est la nomination de Polignac qui a tout déclenché : la Chambre libérale s'est montrée fort mécontente de ce choix. Deux cent vingt et un députés, le bourgeois Royer-Collard en tête, lui ont envoyé une sorte de pétition où ils affirment vouloir prendre en main le destin du royaume ! Charles X l'a dissoute afin d'organiser de nouvelles élections qui se déroulent en juin et juillet 1830. Les libéraux y sont plus que jamais représentés !

« J'aime mieux monter à cheval qu'en charrette ! »

Une Chambre de députés pleine de libéraux ! Charles X enrage ! Que faire ? Serrer la vis à tout ce monde qui veut installer en France un régime parlementaire ! On va bien voir ! Fort du succès de l'expédition d'Algérie – la France est allée s'emparer d'Alger, sur une idée de Polignac –, et sans tenir compte du déséquilibre de la nouvelle Chambre qui ne compte que 43 ultras contre 274 libéraux, Charles X signe quatre ordonnances destinées à affermir son pouvoir. Il refuse les concessions : « Ce sont les concessions qui ont perdu mon frère Louis XVI, dit-il, j'aime mieux monter à cheval qu'en charrette ! » Décidément, ces Bourbons, quel sens de la formule !

27 juillet 1830 : l'explosion

Charles X ne va monter ni à cheval ni en charrette, il va être mis à pied par les événements de juillet. Les quatre ordonnances prévoient

- de museler la presse, de dissoudre la Chambre (encore une fois !),
- de modifier la loi électorale afin que seuls les propriétaires fonciers votent, et…
- d'organiser de nouvelles élections en septembre.

Allumer une bombe n'aurait pas davantage d'effet : le 26 juillet 1830, les ordonnances sont signées, le 27, c'est l'explosion. Dans Paris où la troupe investit les imprimeries qui ont bravé l'interdit de publication, la population se masse aux carrefours. Les soldats chargés de les disperser reçoivent sur la tête des pots de fleurs, des tuiles, des bûches. Des barricades commencent à barrer les petites rues. Des cocardes tricolores font leur apparition. Les républicains, pleins d'espoir, sont en première ligne.

28 et 29 juillet : le peuple fait la Révolution

Dans la nuit du 27 au 28 juillet, on dépave les rues, on prépare les munitions et les armes après avoir pillé les magasins d'armurerie, on brise les réverbères. Tout cela en criant « À bas les Bourbons ! » Le 28 juillet, les rues sont couvertes de tessons de bouteille, les arbres des grands boulevards ont été abattus ; une partie de la troupe va bientôt fraterniser avec le peuple. Le 29, le Palais Bourbon est pris par les insurgés qui, vers treize heures, envahissent le Louvre.

Aide-toi, le ciel t'aidera

Une commission municipale s'installe à l'Hôtel de Ville, se proclame gouvernement provisoire. Ses membres font partie de la société *Aide-toi, le ciel t'aidera*, composée de francs-maçons aux aspirations démocrates, dont le membre le plus important est François Guizot. En trois journées, les 27, 28 et 29 juillet, appelées les Trois Glorieuses, le régime de Charles X est renversé. Une grande question se pose : vers qui vont aller les bénéfices de ce changement ? Vers les républicains ? Vers les bourgeois libéraux ?

LE SAVIEZ-VOUS ?

Les utopies de Charles Fourier

Peut-on imaginer une société harmonieuse, où les passions de chacun seraient totalement satisfaites – où l'insécurité, la pauvreté, endémiques en 1830, n'existeraient plus ? Vous en avez rêvé ? Charles Fourier l'a fait !

Pour Fourier (1772 - 1837), Claude de Saint-Simon (1760 - 1825) qui prétend organiser la société pour favoriser l'industrie est un charlatan ! Fourier considère que les sociétés humaines sont des forêts de sentiments inexplorés, attaqués et repoussés par l'État et la religion, sentiments qu'il faut identifier comme on a pu le faire pour les végétaux. Il recense donc les passions (sensuelles, affectives, distributives) et imagine des unités de vie où les habitants sont rassemblés en fonction de leur passion dominante.

L'identification de la passion dominante permet de régler harmonieusement l'activité du groupe : les « cabalistes » qui ont la passion de l'organisation conduisent les travaux ; les « papillonnes » qui aiment le changement assurent les tâches saisonnières ou temporaires ; les « petites hordes » sont composées d'enfants chez qui on a remarqué une passion pour la manipulation d'immondices : ils vont servir d'éboueurs… Ainsi est obtenue une société qu'il qualifie de chimiquement parfaite.

Chaque unité de vie, la phalange – qui remplace la famille, source de conflits et d'autorité –, compte 1 600 personnes, hommes et femmes à égalité. Elle est logée dans un phalanstère. C'est une sorte de palais en forme d'étoile au milieu d'un parc de 400 hectares Le logement et la nourriture y sont collectifs. Les salaires sont déterminés sur la base du capital, du travail et du talent. Tout y est réglé au préalable, jusqu'à la façon de s'habiller. La polygamie y est étendue à tous afin de ne plus contrarier les sentiments et de parvenir à une nouvelle forme de chasteté…

Le phalanstère comporte des galeries marchandes, des bibliothèques, un temple pour accueillir 1 500 personnes. 90 % des phalanstériens sont des cultivateurs ou des artisans ; les 10 % restants sont des artistes et des savants. Les enfants sont élevés en commun, l'éducation conjugue théorie et pratique, chaque membre – connaissant vingt métiers – en pratiquera cinq ou six par jour.

Les disciples de Fourier tentent de réaliser l'utopie du maître : c'est un échec total. Seul le fabricant de poêles Godin (1817 - 1888) obtiendra des résultats positifs. Il crée en 1856 – à Guise dans l'Aisne – au lieu du phalanstère, le familistère. Il y institue le système coopératif. Ce familistère comporte 500 logements – familiaux et traditionnels… – au confort moderne : eau courante, toilettes, vide-ordures, luxe incroyable à l'époque. On y trouve aussi un théâtre, des économats, des écoles, des pouponnières, une piscine, un lavoir, un parc… Le familistère, enfant de l'utopie fouriériste – qu'on peut visiter aujourd'hui à Guise – est tombé dans l'escarcelle capitaliste en l'an… 1968 !

Le Thiers état...

Le 30 juillet, les Parisiens ont pu lire sur les murs une affiche dont le texte a été rédigé par Adolphe Thiers, un libéral, ami de Talleyrand et du banquier Laffitte : « Charles X ne peut plus entrer dans Paris : il a fait couler le sang du peuple. La République nous exposerait à d'affreuses divisions : elle nous brouillerait avec l'Europe. Le duc d'Orléans est un prince dévoué à la Révolution. Le duc d'Orléans ne s'est jamais battu contre nous. Nous n'en voulons point d'autre ! » Le duc d'Orléans est le fils de Philippe-Égalité qui est mort sur l'échafaud et qui a voté la mort de Louis XVI ! Le duc d'Orléans, descendant du frère de Louis XIV, va devenir non pas le roi de France, mais, dans un souci de rapprochement avec le peuple, roi des Français ! Le 31 juillet 1830, le nouveau roi qui prend le nom de Louis-Philippe se rend à l'Hôtel de Ville où La Fayette l'accueille. Un grand drapeau tricolore a été préparé. La Fayette en enveloppe Louis-Philippe, l'embrasse. La foule qui adore les signes, les symboles et les paraboles, applaudit à tout rompre, sans s'apercevoir que le parti bourgeois confisque sous ses yeux, sous ses vivats, le bénéfice des Trois Glorieuses...

LE SAVIEZ-VOUS ?

Louis XIX ou Henri V ?

Déposé par le peuple des Trois Glorieuses, Charles X fait mijoter l'illusoire petite cuisine de sa succession. Voyons, qui pourrait bien prendre la suite ? Le dauphin, évidemment ! Charles X signe donc son abdication le 2 août 1830. À ses côtés se tient le duc d'Angoulême – le dauphin – à qui il tend la plume, lui proposant de signer aussi, ou de ne pas signer, son abdication. La France, en cet instant, a donc un nouveau roi : Louis XIX. Mais la plume se pose sur l'acte de renoncement, Louis XIX abdique après deux minutes de pouvoir ! Il reste Henri V, le fils de Marie-Caroline et du duc de Berry assassiné en 1820. Le petit roi de dix ans, vêtu d'un uniforme de colonel de cuirassiers, modèle réduit, est présenté à la troupe royale, enthousiaste. Mais ce sera tout ! Avant 1873...

Louis-Philippe et ses banquiers

Les Trois Glorieuses se déroulent à la fin de juillet. La monarchie qui en est issue va porter le nom de ce mois de plein été : la Monarchie de Juillet.

Les républicains ont tiré les marrons du feu

LE SAVIEZ-VOUS ?

Louis-Philippe, roi des Français ! Roi bourgeois qui porte un chapeau, et se promène partout avec son célèbre parapluie. Avec Marie-Amélie, la fille du roi de Naples dont il a eu huit enfants, il forme un couple uni. Habile gestionnaire de sa propre fortune, il est immensément riche, et ne jure que par le système politique anglais ! La Chambre des députés lui accorde sa confiance le 7 août 1830, par 219 voix sur 252. Ainsi naît ce qu'on appelle la « Monarchie de Juillet », un régime qui s'installe au milieu de trois oppositions :

- Celle des républicains qui ne digèrent pas d'avoir tiré les marrons du feu lors des Trois Glorieuses (« tirer les marrons du feu » signifie se brûler les doigts au bénéfice de celui qui regarde et va manger lesdits marrons lorsqu'ils seront froids. Tirer les marrons du feu, c'est donc se sacrifier pour le bénéfice de quelqu'un d'autre, et non, se réserver les avantages d'une entreprise, sens déformé qui est souvent attribué à l'expression).
- Celle des bonapartistes qui se sont mis dans la tête que le neveu de l'empereur, le prince Louis-Napoléon, pourrait bien faire parler de lui.
- Celle des royalistes, ou plutôt des légitimistes – Chateaubriand à leur tête – qui voient en Louis-Philippe une sorte d'usurpateur, surnommé le « roi des barricades ».

Figure 16-4 : Le roi Louis-Philippe.

À mort les ministres de Charles X !

Et puis il y a le peuple, le peuple mécontent de la baisse d'un tiers des salaires, de la montée du prix du pain, de l'accroissement du chômage… Le peuple sans cesse dans les rues, qui manifeste et provoque des émeutes, telles celles d'octobre et de décembre 1830, à Paris, où la mort des anciens ministres de Charles X, détenus au fort de Vincennes, est réclamée. Déclarés coupables, les ministres seront condamnés à la prison à vie.

2 novembre 1830 : le banquier Laffitte

Louis-Philippe s'est entouré de plusieurs ministres banquiers, Jacques Laffitte, par exemple, qui devient président du conseil le 2 novembre 1830 – fils de charpentier de Bayonne, immense fortune, gouverneur de la Banque de France en 1814, et qui a marié sa fille, en 1827, au fils du maréchal Ney. Laffitte ne parvient pas à calmer le mécontentement populaire qui prend la forme d'émeutes dans les grandes villes de France. Il démissionne le 11 mars 1831.

13 mars 1831 : le banquier Périer

Laffitte est remplacé par Casimir Périer, le 13 mars 1831 – Perier, banquier lui aussi… Son programme se résume en un mot : l'ordre. Les ouvriers de la soie, les canuts – ainsi appelés par ironie par les bourgeois parce qu'ils utilisent une canne pour leur métier –, se révoltent à Lyon. Le perfectionnement des métiers à tisser a provoqué la chute de leur salaire. Ils réclament une augmentation que leur accorde le préfet. Casimir Périer, qui n'accepte pas qu'une augmentation ait été ainsi décidée, juge qu'il y a là une manifestation de désordre ! Il envoie à Lyon une armée de 26 000 hommes, sous le commandement du fils du roi, le duc d'Orléans, et du maréchal Soult qui décide que 150 canons seront également nécessaires, car les canuts, mis au courant de l'entreprise, entendent se défendre ! Le préfet trop compréhensif est renvoyé, l'augmentation qu'il avait décidée est supprimée. La rébellion est matée au prix de 600 vies humaines !

CHEZ NOS VOISINS

Pendant ce temps chez nos voisins

En 1827, la Grèce devient indépendante à la signature du traité de Londres entre la France, l'Angleterre et la Russie. En 1829, l'Angleterre annexe l'Australie. En 1830-1831, la Pologne se soulève pour obtenir son indépendance de la Russie. Le soulèvement est durement réprimé, ce qui provoque l'émigration vers la France de 9 000 Polonais, dont le poète Adam Mickiewicz. La reine Victoria monte sur le trône anglais en 1837. En 1848, le Mexique cède le Texas aux États-Unis. Le servage est aboli en Russie en 1861. Cette même année, le royaume d'Italie est proclamé avec pour souverain Victor-Emmanuel et pour capitale Turin – Florence à partir de 1865. En 1867, la Russie vend l'Alaska aux États-Unis ; les colonies anglaises du nord s'unissent sous la forme d'un dominion : le Canada. En 1870, Rome devient la capitale de l'Italie.

L'industrialisation progresse, la misère s'accroît

Le pouvoir des banquiers intransigeants conduit à une politique d'où les préoccupations du peuple – échapper à la misère endémique – sont exclues. De nombreuses émeutes vont se succéder.

5 juin 1832 : les obsèques du général Lamarque

La rébellion des canuts de Lyon n'est pas un cas isolé. Il en survient d'autres, même si Casimir Périer est victime de l'épidémie de choléra qui sévit à Paris à partir du 26 mars 1832 – 18 000 victimes pour une population de 800 000 habitants ; Casimir Perier était allé visiter le 1er avril les victimes du choléra dans les hôpitaux ; le 5 avril, il est atteint de la maladie qui va l'épuiser et le conduire à la mort le 16 mai. Les 3 et 4 juin 1832, en Vendée, les légitimistes luttent contre la troupe qui a été envoyée contre eux. Le 5 juin, à Paris, lors des obsèques du général Lamarque – un héros d'Austerlitz –, les républicains transforment la cérémonie en émeute et décident de porter le cercueil au Panthéon. Des coups de feu sont tirés on ne sait de quel côté, mais le régiment de dragons présent fait usage de ses armes et les premières victimes tombent. Le lendemain, les combats se poursuivent. Trois mille émeutiers, beaucoup de jeunes de vingt ans – parmi lesquels on trouve Alexandre Dumas – se réfugient dans le quartier Saint-Merri d'où ils sont sortis par la troupe. Le bilan est lourd : 800 morts !

« Je suis tombé par terre… »

5 juin 1832. On se bat derrière la barricade de la rue de la Chanvrerie – supprimée aujourd'hui par la rue Rambuteau, elle reliait les rues Saint-Denis et Mondétour – dans le quartier des Halles. Pendant que les balles sifflent, un petit garçon, passé devant la barricade, chante en allant, de mort en mort, vider les gibernes ou les cartouchières : On est laid à Nanterre / C'est la faute à Voltaire / Et bête à Palaiseau / C'est la faute à Rousseau… Soudain, une balle mieux ajustée que les autres atteint l'enfant feu follet. Il tombe, se redresse, s'assied sur son séant, un long filet de sang raie son visage. Il chante encore : Je suis tombé par terre / C'est la faute à Voltaire / Le nez dans le ruisseau / C'est la faute à… Il n'achève pas. Une seconde balle l'arrête. Il s'abat, la face contre le pavé. Sa petite grande âme vient de s'envoler. Vous l'avez reconnu à travers les mots de l'imaginaire hugolien : Gavroche, le fils des Thénardier ! Non loin se trouvent Jean Valjean, Marius et Javert, encore vivant…

10 avril 1834 : le drapeau noir flotte sur Fourvière

Deux ans plus tard, le 9 avril 1834, débute la seconde insurrection des canuts, les députés ayant voté une loi restreignant la liberté des associations. L'armée occupe la ville, tire sur la foule désarmée. Les ouvriers s'organisent, prennent d'assaut des casernes, élèvent des barricades. Le 10 avril, le drapeau noir flotte sur Fourvière. Le 11, le quartier de la Croix-Rousse est bombardé par la troupe ! À Paris, des barricades s'élèvent dans le Marais ; 40 000 soldats mobilisés sont dépêchés par Adolphe Thiers et Bugeaud pour mater la révolte.

14 avril 1834 : rue Transnonain, on massacre les bébés

Le 14 avril, alors qu'un détachement militaire passe rue Transnonain à Paris – rue Beaubourg, aujourd'hui –, un coup de feu est tiré d'une fenêtre du numéro 12. Les soldats envahissent alors l'immeuble et massacrent tous ses habitants, les hommes, les femmes, les enfants, les bébés, les vieillards ! Honoré Daumier, le dessinateur, en a laissé un témoignage poignant. À Lyon, l'armée reconquiert la ville le 15 avril. Six cents morts, 10 000 prisonniers dont la plupart seront déportés ou emprisonnés, tel est le bilan de ces journées lyonnaises demeurées dans l'histoire sous le nom de Semaine sanglante.

Figure 16-5 : *Le Fardeau*, par Honoré Daumier.

Tout le monde au charbon !

Partout, l'agitation sociale menace en même temps que l'industrialisation se développe. En 1847, plus de six millions d'ouvriers travaillent en France, pour la production de soie, d'étoffes, mais aussi pour celle du fer qui sert à construire des machines, notamment des machines à vapeur, et pour extraire des mines ce qui alimente ces machines, le charbon ! L'industrie du fer est en plein essor. C'est l'époque de la naissance d'usines métallurgiques, comme l'usine Schneider du Creusot qui est la plus grosse entreprise française – les conditions de travail y sont déplorables.

8 mai 1842 : la première catastrophe ferroviaire

Le chemin de fer commence à se développer, malgré les réticences des investisseurs bourgeois et de la population. La première ligne, entre Paris et Saint-Germain, est inaugurée le 24 août 1837 ; mais, le 8 mai 1842, la première catastrophe ferroviaire a lieu à Bellevue, sur la ligne Paris-Versailles : les wagons déraillent, le convoi prend feu. Les passagers cherchent à sortir mais ne le peuvent pas : les portières sont fermées à clé après le départ ! On dénombre 150 morts, dont Dumont d'Urville, le découvreur de la Terre Adélie – du prénom de sa femme. Le découvreur de la *Vénus de Milo* perd également la vie dans cette catastrophe –, il avait rapporté cette statue en 1819 de l'île de Milos, en Grèce ; elle est aujourd'hui exposée au Louvre.

LE SAVIEZ-VOUS ?

Bugeaud, la casquette et le choléra

Bugeaud avait-il une casquette si remarquable qu'elle demeure l'élément de sa personne, et presque de sa vie, qu'on connaît le mieux ? Oui, il semble que cette casquette était en réalité une sorte de shako auquel il avait fait ajouter une visière arrière afin de se protéger du soleil. La conquête de l'Algérie qu'il a menée de 1836 à 1844, malgré l'habile résistance de l'émir Abd el-Kader, en fut sans doute facilitée… Cette conquête fut musclée, effectuée par de redoutables colonnes expéditionnaires. Elle lui valut le bâton de maréchal. Il mourut du choléra le 10 juin 1849.

La bande à Thiers

Pendant toute la Monarchie de Juillet, la bande d'Adolphe Thiers surveille de près les journalistes ! Elle empêche que toute information poussant à la haine du roi – c'est-à-dire révélant la misère du peuple – soit publiée. Pourtant, cette misère est immense. Les enquêtes menées par les docteurs Villermé à Lyon, Guépin à Nantes, attestent d'une situation alarmante : les logements sont des taudis, l'état général de la santé physique est plus qu'alarmant. Plus de 50 % des jeunes ouvriers sont réformés pour déficience physique, l'espérance de vie ne dépasse pas trente ans ! Pendant ce temps, la haute bourgeoisie « louis-philipparde » surveille chaque matin en dégustant sa brioche le cours de ses actions, s'enrichit sans scrupule et sans pitié !

Guizot, le conservateur : « Enrichissez-vous »

La bourgeoisie craint avant tout le désordre qui pourrait naître de l'accroissement de la misère. Celle-ci peut être combattue, selon Thiers et Guizot, par l'enrichissement des classes possédantes, enrichissement qui aura quelques retombées sur les classes populaires et diminuera la misère, et par l'instruction des masses qui ne se laisseront pas gagner par n'importe quelle idéologie subversive.

Les enfants de cinq ans à la mine

LE SAVIEZ-VOUS ?

Thiers et Guizot ne s'inquiètent guère de la misère. Pour eux, le problème social se réglera de lui-même lorsque l'enrichissement général aura atteint un niveau suffisant. Le résumé de cette conception du progrès social pourrait tenir en deux mots « Enrichissez-vous », prononcés par Guizot, mais cette formule fait partie des mots historiques inventés, et il n'en existe aucune trace dans les archives ! Cette théorie singulièrement floue laisse le champ libre aux profiteurs, aux prédateurs de tout poil. Ni l'État, ni les élus – les riches en petit nombre – ne désirent faire quoi que ce soit pour améliorer le sort des ouvriers. Chacun sait, dans les fabriques où les conditions de travail sont inhumaines, que seule la révolution permettra de diminuer les journées de quinze ou dix-huit heures, sans repos, sans vacances, sans protection sociale, d'augmenter les salaires dérisoires qui ne couvrent pas les besoins du ménage, et d'empêcher que les enfants de cinq ans travaillent et meurent dans les mines, ou sous les métiers à tisser !

Le remède Guizot : l'instruction !

Les doctrines révolutionnaires ! C'est, pour Guizot, le pire des dangers, c'est le ferment des soulèvements, le poison, la peste, le choléra, bref, comment éviter que les classes populaires se laissent gagner par des théories dangereuses pour la bourgeoisie riche ? Il n'y a qu'un remède : l'instruction ! Guizot y croit d'autant plus que les républicains ne cessent de réclamer l'alphabétisation des masses, et que, les créant avant eux, il va les battre sur leur propre terrain ! Ainsi sont créées les écoles primaires publiques – par la loi Guizot de 1833.

La naissance de deux écoles

Que faire alors des écoles des congrégations religieuses ? Thiers se méfie de ces établissements. Il ne verrait pas d'un mauvais œil leur suppression. Cependant, les cléricaux ne l'entendent pas ainsi. Il faut qu'une loi soit votée – la loi Falloux, qui ne le sera que le 15 mars 1850 – pour que naissent les deux écoles :

- d'une part, l'école publique, fondée et entretenue par les communes, les départements ou l'État ;
- d'autre part l'école libre, fondée et entretenue par des particuliers ou des associations.

Les intentions de Guizot ont d'heureuses conséquences : elles font reculer de façon considérable l'analphabétisme, et contribuent à donner son véritable envol à la langue française, dans le pays tout entier.

Louis-Philippe six fois raté !

Né sous une bonne étoile, Louis-Philippe, ou victime de maladroits : il échappe à six attentats entre 1832 et 1846 :

- Le 27 février 1832, Bertier de Sauvigny tire d'un cabriolet sur Louis-Philippe. Échec. Sauvigny est acquitté.
- Le 19 novembre 1832, le journaliste Louis Bergeron est accusé d'avoir tiré sur Louis-Philippe au moment où celui-ci traversait le Pont-Royal. Bergeron est acquitté.
- Le 28 juillet 1835, la machine infernale de Fieschi, faite de vingt-cinq canons de fusil fixés sur un châssis – l'ancêtre des orgues de Staline… –, se déclenche au passage du cortège royal. Le maréchal Mortier – qui fit sauter le Kremlin en octobre 1812 sur ordre de Napoléon – est atteint d'une balle au cœur. On compte dix-huit morts et vingt-deux blessés. Le roi Louis-Philippe s'en tire avec un peu de noir au front, une balle l'a effleuré !
- Le 27 décembre 1836, Meunier tire un coup de pistolet sur le roi qui sortait du palais des Tuileries. Encore raté ! Meunier obtient sa grâce !
- Le 15 octobre 1840, un certain Darmès se cache derrière un réverbère, quai des Tuileries, dégaine son pistolet au passage de Louis-Philippe, tire… Raté ! Darmès est condamné à mort et exécuté en 1841.
- Le 16 avril 1846, le roi se promène en forêt de Fontainebleau. Un ancien garde forestier, Pierre Lecomte, le vise avec son fusil, tire deux coups : raté ! Considéré comme fou, il est enfermé dans une maison de santé.

Louis-Philippe est mort dans son lit, le 26 août 1850, en Angleterre !

Chapitre 17

1848 à 1870 : La IIe République, le second Empire : l'économie décolle

Dans ce chapitre :

- Assistez à la naissance de la IIe République et du second Empire
- Promenez-vous dans un Paris qui se rénove, dans une France qui progresse
- Suivez les étapes de l'aventure mexicaine, et celles de la tragédie de Sedan

Le peuple qui souffre va réclamer et obtenir la République en 1848. Il veut éviter qu'on lui confisque sa victoire, mais n'y parviendra pas. Cependant, son niveau de vie va augmenter pendant le second Empire qui succède à la IIe République en 1852. C'est le prince-président Louis-Napoléon qui a voulu renouer avec le passé prestigieux de Napoléon Ier en instituant cet Empire qui, malgré ses succès économiques, va sombrer pitoyablement dans la ville de Sedan assiégée par les Prussiens.

1848 à 1852 : de la IIe République au second Empire

L'Europe entière souffre en 1848, la crise qui l'atteint ne va pas épargner la France qui vit sa IIe République.

La IIe République, en 1848 : romantique et tragique

Un grand élan romantique conduit par le poète Lamartine rend au peuple l'espoir qu'il avait perdu : sa condition va s'améliorer, il en est sûr. Mais ce genre d'espoir ne peut en général aller bien loin si le canon des fusils barre la route…

Une crise européenne

Mauvaises récoltes de pommes de terre, de blé, inondations catastrophiques, la Loire, le Rhône débordent. 50 % des ouvriers du textile au chômage, et tous les jours des usines qui ferment. Les travaux du chemin de fer s'arrêtent. Les riches eux-mêmes perdent le moral ! Cette crise est non seulement française, mais européenne : l'hiver 1847-1848 est d'une telle rigueur que les ouvriers berlinois meurent en grand nombre. En Irlande, la famine fait un million de morts ! En France, rien ne va s'améliorer : le prix du pain ne cesse d'augmenter, les faillites se multiplient, le nombre de chômeurs dépasse un million – pour environ trente-cinq millions d'habitants.

La France banquette !

Que faire ? Même s'il n'est guère possible d'agir sur les événements climatiques, ou sur la conjoncture européenne, des mesures d'urgence peuvent être prises afin de soulager la misère du peuple. Mais le gouvernement de Guizot ne veut pas en entendre parler : il est coupé des réalités par un système électoral qui approuve automatiquement tout ce qu'il fait, tout ce qu'il pense. L'opposition décide alors de lancer une grande campagne de banquets ! L'idée peut paraître étrange, mais c'est le seul moyen de diffuser des idées de réforme dans une France tenue en laisse par le parti bourgeois qui surveille tout. Au cours de soixante-dix banquets est lancée l'idée que tout peut changer avec un peu de chance et d'audace ! Guizot et le roi informés de la situation ne veulent rien entendre. Il est alors décidé d'organiser à Paris un grand banquet qui sera suivi d'une manifestation.

Guizot renvoyé

La manifestation et le banquet sont interdits. Qu'importe ! Le jour prévu, le 22 février 1848, la foule se rassemble de La Madeleine au Palais-Bourbon. Des incidents éclatent et font un mort. Cela n'empêche pas Adolphe Thiers d'aller dormir en disant à qui veut l'entendre que les régiments de dragons ont ramené le calme et que tout est rentré dans l'ordre. Pour lui, tout est fini. En réalité, tout commence le lendemain, le 23 février. Sous une pluie battante, les manifestations reprennent : on demande la démission de Guizot, on veut la réforme du code électoral, et même le suffrage universel ! Guizot est donc le jour même renvoyé.

« On égorge le peuple ! »

Vers neuf heures du soir, boulevard des Capucines, un coup de feu part. La troupe harcelée par des jets de pierres depuis le matin croit à un signal et ouvre le feu sur les manifestants : cinquante-deux d'entre eux sont fauchés par la mitraille ! On charge leurs corps sur des charrettes qui sont promenées toute la nuit dans la capitale. Partout s'élève un cri : « On égorge le peuple ! » Le lendemain, le 24 février 1848, Louis-Philippe abdique en faveur de son petit-fils, le comte de Paris. Alors apparaît en pleine lumière celui qui est chéri dans le cœur de ces dames – et dans l'esprit des hommes – : le poète Alphonse de Lamartine. Depuis des années, il œuvre pour améliorer le sort des classes populaires. C'est lui qui va former le gouvernement provisoire.

Le grand soir !

La foule rassemblée sur la place de l'Hôtel de Ville ne quitte pas les lieux. Elle campe sur place, et le 25 février 1848 au matin, elle est là, qui réclame la proclamation de la République et le drapeau rouge. La République est proclamée, mais Lamartine, prudent, conserve le drapeau tricolore. Tout va très vite alors :

- La Chambre des députés est dissoute, celle des pairs est dispersée.
- Le principe du suffrage universel est adopté.
- Le droit au travail est proclamé – sur la proposition du théoricien socialiste Louis Blanc.
- L'esclavage dans les colonies est aboli – l'écrivain et ministre Victor Schoelcher fera appliquer cette décision.
- La liberté de la presse est rétablie, celle de se réunir est de nouveau accordée, au grand bonheur de tous ceux qui créent et vont développer des clubs politiques.
- La peine de mort pour délit politique est abolie, l'emprisonnement pour dettes est supprimé.

L'enthousiasme est considérable ! Lamartine orchestre ce vaste élan romantique où les bourgeois et les ouvriers, main dans la main, croient que le grand soir est arrivé !

Le cœur au château

La belle entente est de courte durée : la Chambre dissoute, de nouvelles élections doivent avoir lieu. Les révolutionnaires de Blanqui craignent qu'elles leur soient défavorables. En effet, le suffrage universel étant effectif, tous les Français vont voter. Or, la France est un pays encore rural et les paysans ont davantage le cœur au château que la tête en révolte. Blanqui et les siens n'obtiennent qu'un report de ces élections qui se déroulent le 25 avril et donnent une forte majorité aux républicains modérés et aux monarchistes !

Figure 17-1 : Lamartine à l'Hôtel de Ville.

« Lamartine ! Ta lyre est cassée ! »

Les socialistes de Blanqui sont battus. Ils tentent alors un coup de force et de colère le 15 mai 1848 : des flots d'hommes déguenillés – selon l'expression de Victor Hugo – envahissent le Palais-Bourbon. Lamartine essaie de les ramener à la raison. On lui répond : « Assez de guitare ! Ta lyre est cassée ! » Mais l'affaire tourne court, et les meneurs sont arrêtés : Blanqui, Raspail, Barbès et l'ouvrier Albert – ils sont condamnés, l'année suivante, à la détention perpétuelle. Ce 15 mai, la peur du peuple et de ses débordements naît à l'Assemblée. Les événements qui surviennent ensuite sont guidés par le souci de garantir l'ordre.

Le peuple au désespoir

Créés sur une idée de Louis Blanc, les ateliers nationaux qui ont fonctionné deux mois, et donné du travail pour quelques jours à des milliers d'ouvriers au chômage, mais deviennent des foyers de révolte, sont supprimés le 21 juin 1848. C'est le désespoir dans le peuple : le 23 juin, des centaines de barricades barrent les rues de la capitale. Le 24 juin, l'état de siège est proclamé, le général Cavaignac est chargé de rétablir l'ordre. Le 25, 50 000 insurgés sont encerclés par les troupes de Cavaignac dans le faubourg Poissonnière, celui du Temple, de Saint-Jacques.

George Sand : « J'ai honte aujourd'hui d'être française ! »

L'archevêque de Paris, Monseigneur Affre, est envoyé vers les insurgés, une croix à la main pour les convaincre de se rendre : il tombe une balle dans le cœur ! Des généraux venus parlementer sont massacrés. Le lendemain, le 26 juin 1848, les troupes donnent l'assaut qui fait des milliers de morts parmi les révoltés, et 900 chez les assaillants ! Des horreurs sont commises par la troupe, elles font dire à George Sand qui apprend à Nohant les événements parisiens (la province demeure tranquille) : « J'ai honte aujourd'hui d'être française, je ne crois plus aujourd'hui en une république qui commence par tuer ses prolétaires ! »

20 décembre 1848 : Badinguet prince-président

Cavaignac a bien mérité de la République ! Il est nommé président du Conseil ! Les députés sont rassurés et peuvent travailler à la rédaction d'une constitution. Imitée de celle des États-Unis, elle est adoptée le 4 novembre 1848 : une assemblée unique possède le pouvoir législatif, un président de la République sera élu pour quatre ans au suffrage universel, mais ne sera pas rééligible, afin d'éviter tout retour à des formes de dictature.

74,2 % des voix pour « l'imbécile »

C'est alors que surgit le prince Charles-Louis Bonaparte, neveu de Napoléon, évadé du fort de Ham, et qui rentre de Londres où il s'était réfugié. Il en a profité pour séduire une riche demoiselle Howard qui a mis à sa disposition toute sa fortune – ça aide ! « Mon nom, dit-il en proposant sa candidature pour les élections à la présidence de la République, se présente à vous comme un symbole d'ordre et de sécurité ! » Un symbole d'ordre ? Le mot qui sonne comme un programme est fort bien accueilli jusqu'au fin fond des campagnes où le souvenir du Petit Caporal et du Grand Empire sont encore vifs ! Pourtant, à Paris, la silhouette, l'allure empruntée et timide du neveu n'impressionnent guère. On le trouve même ridicule. Lamartine le qualifie de chapeau sans tête, et Ledru-Rollin, d'imbécile ! Les 10 et 11 décembre 1848, les élections ont lieu. Le 20 décembre, les résultats définitifs sont proclamés : *l'imbécile* obtient 74,2 % des voix, Cavaignac, 20 %, Lamartine 1 %…

Et voici Badinguet !

Qui est Badinguet ? C'est un ouvrier maçon qui, en réalité, s'appelle Pinguet. Mais ses compagnons l'appellent Badinguet. Badinguet travaille au fort de Ham. Et dans ce fort réside un prisonnier illustre ou qui se prend pour tel. En effet, ce prisonnier s'appelle Charles-Louis-Napoléon Bonaparte. Troisième fils de Louis Bonaparte – l'ancien roi de Hollande – et de Hortense de Beauharnais, donc neveu de Napoléon Ier le Grand, il est persuadé que, depuis la mort de Napoléon II, le duc de Reichstadt en 1832, son destin, c'est la France ! À deux reprises, en 1836 à Strasbourg, et en 1840 à Boulogne, il a tenté de prendre la place de Louis-Philippe, mais les deux tentatives ont sombré dans le ridicule, et lui, dans le fort de Ham. C'est là qu'il demeure prisonnier pendant six ans avant de s'en évader en revêtant les vêtements de Pinguet, dit Badinguet, ce qui lui vaudra, jusqu'à la fin de sa vie, le surnom de l'ouvrier maçon : Badinguet !

Comment rester au pouvoir ?

L'assemblée législative élue en 1849 marque le triomphe des monarchistes qui vont dominer une minorité de républicains ! Elle se met au travail sans tarder. Tout d'abord, le 31 mai 1850, la loi électorale est revue : il faut désormais justifier de trois ans de présence dans un canton pour pouvoir voter. Ainsi sont éloignés des urnes les éléments dangereux que sont les ouvriers mobiles et séditieux ! La presse ! Il faut s'occuper immédiatement de la presse, la museler si possible, elle est si dangereuse ! Une loi est votée : tout article considéré comme une offense au président de la République devient un délit ! Pendant ce temps, Louis-Napoléon semble ne pas approuver cette politique impopulaire ; il effectue de nombreux voyages en province où, partout, il est acclamé, rassurant à la fois le peuple et la bourgeoisie. Son seul désir ? Rester au pouvoir. Mais comment faire puisque la constitution prévoit que son mandat se termine au bout de quatre ans ?

Le coup d'État du 2 décembre 1851

Rester au pouvoir, c'est tentant. Et facile… Il suffit de se garantir le concours de l'armée et de la lancer dans les lieux où se prennent les décisions – l'Assemblée par exemple. C'est ce que va faire le prince-président…

Attendre le 2 décembre !

Comment faire pour rester au pouvoir ? Attendre le 2 décembre ! Pourquoi ? Allons, un petit effort de mémoire, le 2 décembre !… Le 2 décembre, c'est l'anniversaire du couronnement de l'empereur Napoléon Ier en 1804, c'est aussi l'anniversaire de la bataille d'Austerlitz, en 1805 ! Et tout cela est gravé dans la mémoire des Français, c'était la grande époque, celle du prestige ! Donc Louis-Napoléon attend la nuit du 1er au 2 décembre 1851. Il fait envahir l'Assemblée, arrêter tout ce qui bouge ou résiste – Thiers par exemple. Mais la partie n'est pas gagnée : le 3 décembre, dans le faubourg Saint-Antoine, des députés crient « Aux armes ! » et vont en chercher !

Les insurgés ? Des insensés !

Des barricades hérissent les boulevards. Rue Beaubourg, une fusillade éclate, suivie de l'exécution sommaire de dizaines d'émeutiers. Le 4 décembre, la troupe investit les quartiers en révolte et tue tous ceux qui ont une arme à la main ! Vers trois heures de l'après-midi, le calme est revenu. Sur le boulevard qui va du Gymnase à la Madeleine, les badauds sont venus voir les soldats occuper la place en rangs serrés. Soudain, un coup de feu éclate d'on ne sait trop où ! La troupe réplique on ne sait trop pourquoi, et tire sur la foule désarmée ! C'est un vrai carnage qui fait plus de 1 000 tués ou blessés ! En province, trente-deux départements sont mis en état de siège. Le président de la République qualifie d'« insensés » les insurgés ! Tout rentre peu à peu dans l'ordre, alors que 30 000 arrestations ont été effectuées dans la France entière en quelques jours ! De nombreux opposants sont jugés, certains déportés à Cayenne, en Algérie. D'autres s'exilent. Victor Hugo, par exemple !

ARTS, CULTURE ET SCIENCES

« Demain, dès l'aube, à l'heure où blanchit la campagne… »

« Je veux être Chateaubriand ou rien ! » C'est la profession de foi du jeune Hugo Victor, né en 1802. C'est aussi la réponse à son père qui aimerait le voir fréquenter l'École Polytechnique. Marié en 1822, l'année de ses vingt ans, à Adèle Foucher, Victor Hugo devient le chef de file des romantiques. Bien en cour sous Louis XVIII et Charles X où il affiche des idées monarchistes – peut-être en souvenir de sa mère Sophie Trébuchet qui ne fut pas si monarchiste qu'il le laissa entendre… –, il adopte les idées des libéraux lorsque, en 1829, le pouvoir interdit la revue qu'il a fondée, *Le Conservatoire littéraire*. On le voit ensuite qui fréquente assidûment les Tuileries de Louis-Philippe, tout en ayant dans la tête des idées républicaines ! Élu à l'Académie française en 1841, il est fait pair de France en 1843 ; c'est aussi à cette époque qu'il rencontre celle qui va devenir sa maîtresse à vie – et sa photocopieuse, puisque son rôle consistera, entre autres, à lui recopier ses manuscrits – Juliette Drouet, auteur de plus de 20 000 lettres d'amour à son lion, à son Toto ! C'est aussi en 1843, le 4 septembre, qu'un drame atroce le frappe : sa fille Léopoldine se noie à Villequier en compagnie de son mari, Charles Vacquerie – chaque année il écrira un poème en souvenir de cette disparition, le plus connu commence ainsi : « Demain, dès l'aube, à l'heure où blanchit la campagne / Je partirai ! Vois-tu, je sais que tu m'attends… » En 1848, il est définitivement républicain. Il soutient d'abord Louis-Napoléon, mais à partir du 2 décembre 1851, il devient son adversaire le plus farouche, le qualifiant de Napoléon le Petit ! Il doit s'exiler en Belgique, puis au Luxembourg à Jersey, et à Guernesey enfin où il écrit *Les Misérables*. Revenu en 1870, il jouera encore un rôle politique, puis, après de nombreux deuils familiaux, il cultive l'art d'être grand-père. Il meurt d'une congestion pulmonaire le 22 mai 1885. Ses obsèques sont suivies par deux millions de personnes ! Il est tout droit conduit au Panthéon, dans le corbillard qu'il a lui-même choisi : celui des pauvres !

1852 à 1870 : la prospérité et les échecs du Second Empire

Forcément, Louis-Napoléon est tenté par l'aventure qu'entreprit en 1804 son oncle Napoléon Ier : créer un empire héréditaire. Cela se fera d'autant plus facilement que l'épopée napoléonienne compte encore beaucoup de témoins en France, sinon d'acteurs.

Napoléon III organise, muselle, colonise…

Dans ses premières années, le second Empire ne donne pas dans la nuance : tout ce qui pourrait porter le ferment de la sédition est étroitement surveillé, réglementé. La politique intérieure est autoritaire, la politique extérieure se fait conquérante.

Oui ou non ?

Les 21 et 22 décembre 1851, le prince-président Louis-Napoléon pose par référendum cette question au peuple : « Le peuple français veut le maintien de Louis-Napoléon Bonaparte, et lui délègue les pouvoirs nécessaires pour établir une constitution » Oui, ou non ? Oui : 7 500 000. Non : 650 000 ! Le 1er janvier 1852, Louis-Napoléon quitte l'Élysée pour les Tuileries – le château d'oncle Napoléon !

- Le 6 janvier, il fait supprimer la devise : « Liberté, égalité, fraternité » !
- Le 14 janvier, la constitution est proclamée : le président possède seul l'initiative des lois.
- Le 16 février, la fête nationale est fixée le 15 août, anniversaire de la naissance de Napoléon le Grand.
- Le 17 février, des lois sont votées qui musellent la presse.
- Le 20 mars, un décret étonnant paraît : il est interdit aux professeurs de porter la barbe, car elle est considérée comme un symbole d'anarchie !

Figure 17-2 : Napoléon III et sa femme Eugénie de Montijo.

« Les ouvriers reconnaissants »…

Dans un discours qu'il prononce à Bordeaux, le 9 octobre 1852, le prince-président Napoléon affirme que, si l'Empire ce fut la guerre, pour lui, l'Empire, c'est la paix. Le 16 octobre, il fait une entrée triomphale à Paris où il peut lire, à l'entrée du jardin des Tuileries : « À Napoléon III, empereur, sauveur de la civilisation moderne », et c'est signé : « Les ouvriers reconnaissants » ! Il ne reste plus qu'à passer à l'action : le vote des 21 et 22 novembre rétablit l'Empire par 7 900 000 oui, contre 250 000 non ! Le 2 décembre 1852, le prince-président Louis-Napoléon devient officiellement l'empereur Napoléon III.

UN PORTRAIT

Belle et charitable Eugénie

Dans Eugénie, il y a génie. D'après les témoignages des contemporains du second Empire, l'Eugénie que Napoléon III épouse le 29 janvier 1853 n'en possède guère en politique. Son père est un noble d'Espagne, sa mère qui a eu pour amis Mérimée et Stendhal est la fille d'un marchand de vin et de légumes. Habilement pilotée par sa mère, Eugénie se retrouve dans les bras de Napoléon III qui l'épouse, lui est fidèle trois mois, et la laisse s'occuper de politique afin qu'elle ne lui fasse pas trop de ces scènes de jalousie dont elle est coutumière. Très populaire – elle est belle et charitable –, l'impératrice Eugénie donne à son mari volage un héritier, le 16 mars 1856 : le prince impérial Louis. Elle est inspirée en affaires : elle apporte son soutien à son cousin Ferdinand de Lesseps pour le percement de l'isthme de Suez. Elle l'est moins en politique : c'est elle qui pousse son mari à intervenir au Mexique, à soutenir Maximilien, jusqu'au désastre ; c'est elle qui lui conseille de déclarer la guerre à la Prusse en 1870…

« L'Empire, c'est la paix ! »… et la guerre !

L'obsession de Napoléon III : faire de la France une grande puissance ! Pour atteindre cet objectif :

- L'expansion coloniale est poursuivie en Afrique – Sénégal et Algérie.
- En Cochinchine, la ville de Saigon est occupée le 17 février 1859.
- Plus tard, ce sera le Cambodge.

Afin de rompre la traditionnelle alliance des États chrétiens d'Europe contre l'Empire français, et de démontrer la validité de son assertion initiale « L'Empire, c'est la paix », Napoléon s'allie avec l'Angleterre afin de repousser l'avance russe en mer Noire, et de défendre les Turcs, afin de pouvoir s'installer peut-être dans ces zones fort convoitées… C'est la guerre de Crimée qui commence en 1854.

L'expédition de Crimée

Les 13 et 14 septembre 1854, les Français débarquent à Eupatoria, au nord de Sébastopol, où les Russes ont établi leurs défenses sur la rivière de l'Alma. Le maréchal de Saint-Arnaud attaque les Russes et les bat sur l'Alma le 19 septembre 1854 – Napoléon III décide de construire à Paris un pont portant ce nom, il est inauguré le 2 octobre 1856. Le 8 septembre 1855, Mac-Mahon s'empare du fort de Malakoff qui défend la route de Sébastopol. La ville est évacuée par les Russes. Après un an de siège au cours duquel 100 000 Français sont tombés, elle se rend. De février à avril 1856, le traité de Paris qui met un terme au conflit est établi. L'Angleterre en est la grande bénéficiaire.

La France se modernise

Haussmann aime Paris, il veut lui donner un visage de ville ouverte et moderne. Les grands travaux qu'il entreprend font encore aujourd'hui de la capitale l'une des plus belles villes du monde. Les capitaux et les locomotives se mettent à circuler, à prendre de la vitesse… La France devient prospère.

Figure 17-3 : Grands travaux à Paris.

L'Empire, ce sont les affaires !

Les petites rues où des barricades poussent en cinq minutes, ça suffit ! Il faut transformer Paris, embellir la capitale, et surtout créer de larges et longues avenues où on puisse, en cas de besoin, transporter rapidement l'artillerie nécessaire à mater les révoltes ! Mais ce n'est pas seulement cet objectif militaire qui commande la transformation de Paris. La ville du Moyen Âge est insalubre, beaucoup de maisons menacent de s'effondrer. Les rats pullulent dans les rues, dans les caves. Les égouts sont inefficaces. Tout cela va être transformé par Haussmann en dix-sept années de travaux gigantesques qui, parfois, dans l'enthousiasme mal maîtrisé, suppriment ici une église chargée d'histoire, là une abbaye, là encore un théâtre… Mais apparaissent les grands axes est-ouest, nord-sud. En dix ans, de 1858 à 1868 :

- L'île de la Cité est transformée.
- Des espaces verts apparaissent : le bois de Boulogne, le bois de Vincennes, les parcs Monceaux et Montsouris, les Buttes-Chaumont.
- Haussmann fait construire l'opéra par Garnier, le théâtre du Châtelet par Davioud, et les Halles par Baltard.
- 271 kilomètres d'aqueduc et 600 kilomètres d'égouts sont réalisés.
- Un vaste réseau de canalisations apporte l'eau et le gaz à tous les étages.
- Les rues sont éclairées.

Haussmann est bien mal récompensé de ses efforts : un pamphlet intitulé *Les Comptes fantastiques d'Haussmann*, le soupçonnant de malversations – alors que son honnêteté est indiscutable – contribue à le faire destituer !

L'attentat d'Orsini

Le 14 janvier 1858, considérant Napoléon III traître à la cause italienne – l'Italie cherche à s'affranchir de tous les jougs qui l'empêchent de devenir un État indépendant –, l'Italien Felice Orsini et ses complices Rudio, Gomez et Pieri, lancent trois bombes sur le cortège impérial qui arrivait à l'Opéra par la rue Le Pelletier. Cet attentat fait huit morts, plus de 150 blessés, mais le couple impérial est indemne. Tout Paris s'illumine alors et acclame les souverains. Orsini est condamné à mort, il est exécuté le 13 mars 1858 après avoir crié : « Vive l'Italie, vive la France ! »

La circulation des capitaux : capitale !

L'argent circule enfin grâce aux disciples de l'économiste et philosophe français Claude-Henri de Saint-Simon qui préconise l'investissement au lieu de la sécurité du placement. Ainsi sont créés :

- en 1852, le Crédit foncier ;
- en 1863, le Crédit Lyonnais ;
- en 1864, la Société générale.

Tout cela permet de financer la modernité : le chemin de fer, par exemple, prend un essor considérable. De 4 000 kilomètres de rails en 1848, le réseau passe à 20 000 kilomètres en dix-huit ans ! Les locomotives se perfectionnent et dépassent les cent kilomètres à l'heure. D'autres secteurs connaissent un progrès considérable : le procédé Bessemer, inventé en 1856, permet de quadrupler la production de fonte, de quintupler celle de l'acier. Les navires à vapeur se multiplient, le canal de Suez, construit par le Français Ferdinand de Lesseps, est inauguré en 1869, les ports s'agrandissent ; l'agriculture améliore ses méthodes, importées d'Angleterre, et ses rendements ; les grands magasins apparaissent : le Bon Marché, le Printemps, la Samaritaine ; l'exposition universelle de 1855 reçoit cinq millions de visiteurs, celle de 1867, onze millions !

ARTS, CULTURE ET SCIENCES

L'art dans le collimateur

Attention : le bourgeois du second Empire aime le progrès, mais déteste le désordre ou tout ce qui est accusé d'en porter le germe, de quelque façon que ce soit. Qu'on en juge : en février 1857, le roman de Gustave Flaubert, *Madame Bovary*, est jugé immoral ! Son auteur est traduit devant les tribunaux, il évite de justesse une condamnation pour atteinte aux bonnes mœurs. Six mois plus tard, Charles Baudelaire se retrouve lui aussi dans le box des accusés : il vient de faire paraître *Les Fleurs du mal*, recueil de poèmes dont certains – selon l'acte d'accusation – portent offense à la morale publique ! Il est condamné à retirer de son œuvre les poèmes incriminés, à payer une amende élevée. De plus, le tribunal le prive de ses droits civiques, sanction appliquée également à son éditeur ! Des peintres comme Manet sont accusés d'incitation à la débauche ! Courbet représente les petites gens au travail, n'hésitant pas à faire apparaître la trace de la poussière, de la terre et de la sueur : il est jugé vulgaire ! Une sorte de terrorisme sourd et souterrain menace et veille. L'ordre sacro-saint devient presque assassin !

L'aventure mexicaine

UN ÉVÉNEMENT IMPORTANT

Créer un vaste empire en Amérique centrale, voilà le rêve de l'empereur Napoléon III. L'aventure va mal se terminer…

Objectif Mexico !

En 1860, au Mexique, Benito Juarez renverse le président conservateur Miramon, et s'en prend aux ressortissants espagnols, français et anglais dont beaucoup sont massacrés. La flotte des trois nations agressées bombarde alors Veracruz en décembre 1861. L'objectif consiste surtout à obliger Benito Juarez à honorer les dettes de son pays ! L'Espagne et l'Angleterre finissent par se retirer mais Napoléon III envisage de transformer le Mexique en grand empire catholique latin afin de contrebalancer la toute puissance protestante voisine et en guerre de Sécession : les États-Unis. La couronne de cet empire serait offerte à Maximilien d'Autriche, le frère de l'empereur François-Joseph Ier qui deviendrait à coup sûr un allié ! Un détachement de 6 000 Français entre alors en action sous les ordres du général Lorencez. Son objectif : Mexico. Mais la route de Mexico passe par Puebla. Attaqués dans les deux forts où ils se sont retranchés, les Mexicains conduisent une défense héroïque qui oblige les Français au repli sur Orizaba où ils sont harcelés par la guérilla des partisans de Juarez. Lorencez est limogé, et remplacé par le général Forey qui, avec 30 000 hommes, met le siège devant Puebla en mars 1863.

UNE BATAILLE

Camerone

Le 30 avril 1863, un détachement de la Légion étrangère aux ordres du capitaine Jean Danjou, trente-cinq ans, se porte au devant d'un convoi venant de Veracruz et transportant de l'argent et des armes pour les Français. Sa mission est de le protéger des attaques des Mexicains. Attaqué à Palo Verde, le 30 avril à sept heures du matin, le détachement de soixante-deux hommes se réfugie dans la cour de l'auberge de Camerone, cour entourée de murs de trois mètres de haut. Danjou décide de fixer là les Mexicains le plus longtemps possible afin que le convoi ne soit pas attaqué. Un officier mexicain, considérant la disproportion des forces en présence – ils alignent 600 cavaliers et 1 200 fantassins ! – propose à Danjou de se rendre. La réponse ne se fait pas attendre. L'attaque commence à dix heures du matin.

À midi, Danjou est tué d'une balle en pleine poitrine. À deux heures, le sous-lieutenant Vilain tombe à son tour. Les Mexicains mettent le feu à l'auberge. Les légionnaires tiennent bon. À cinq heures, le sous-lieutenant Maudet résiste encore avec douze hommes ! Une heure plus tard, l'assaut final est donné. Il ne reste que cinq hommes retranchés au fond de la cour, baïonnette au canon, et qui déchargent leur arme dès que les Mexicains investissent la cour. Maudet et deux légionnaires tombent. Il ne reste que le caporal Maine et deux autres soldats qui résistent encore. Le colonel mexicain leur demande de se rendre. Ils ne le font qu'à la condition de conserver leurs armes. Ce à quoi l'officier leur répond : « On ne refuse rien à des hommes comme vous ! »

Les soixante-deux hommes de Danjou ont résisté pendant onze heures aux 2 000 combattants mexicains qui vont compter dans leurs rangs 600 tués ou blessés. Chaque année, le 30 avril, au Mexique, à Camerone de Tejapa, dans l'État de Veracruz, on peut voir deux détachements de militaires, l'un mexicain, l'autre français, unis, qui rendent hommage aux soixante-deux héros de Camerone.

« Pauvre Charlotte ! »

Puebla finalement tombe le 7 mai 1863. Forey entre dans Mexico le 7 juin. Saligny, l'ambassadeur français proclame alors l'empire du Mexique. L'empereur Maximilien et sa femme Charlotte viennent s'y installer. Le maréchal Bazaine, envoyé par Napoléon III pour soutenir Maximilien, se met à comploter contre lui avec sa toute jeune compagne mexicaine, remplaçant sa femme qui s'est suicidée. Napoléon III, impressionné par la victoire des Prussiens contre les Autrichiens à Sadowa, se dit qu'il va avoir besoin de toutes ses ressources militaires, et malgré les supplications de Charlotte venue à Paris demander des renforts, il fait rapatrier Bazaine ! Charlotte en devient folle. Maximilien, resté avec une poignée d'hommes au Mexique, est bientôt arrêté, jugé et condamné à mort. Il est exécuté avec deux de ses fidèles le 19 juin 1867 au Cerro de las Campanas, une butte qui domine Queretaro. « Pauvre Charlotte » sont ses derniers mots !

Figure 17-4 : L'exécution de Maximilien.

La dépêche d'Ems : un caviardage de Bismarck

La Prusse fabrique des canons et n'attend qu'un prétexte pour attaquer la France, s'emparer des minerais de l'est, et fabriquer encore plus de canons pour d'autres attaques…

800 000 contre 300 000 !

En Europe, pendant ce temps, la Prusse a développé de façon considérable son potentiel militaire. Son armée de 800 000 hommes bien entraînés dispose des canons robustes et précis qui sortent de la société Krupp. Le chancelier Bismarck a réussi à réaliser l'unité allemande – en éliminant l'Autriche – et à rendre extrême l'hostilité à la France en révélant les projets d'annexion d'États frontaliers que celle-ci a proposé en sous-main à la Prusse. Il ne reste plus qu'un prétexte pour que les 800 000 Prussiens fondent sur les 300 000 Français qui peuvent être mobilisés !

Par l'aide de camp ?

Ce prétexte naît, au début de 1870, d'une querelle à propos de la couronne d'Espagne qui pourrait échoir à un Hohenzollern, Léopold, parent du roi de Prusse, Guillaume Ier. La France refuse une telle éventualité, obtient satisfaction et demande que le refus prussien soit définitif. Le 13 juillet 1870, la réponse, écrite à Ems par Guillaume Ier, est télégraphiée à Bismarck qui se trouve à Berlin. Bismarck en donne à la presse une version caviardée –

tronquée… La dépêche – connue sous le nom de dépêche d'Ems – devient insultante : « L'ambassadeur de France a prié Sa Majesté de l'autoriser à télégraphier à Paris que S.M. s'engageait à ne jamais permettre la reprise de la candidature. S.M. a refusé de recevoir à nouveau l'ambassadeur et lui a fait dire par l'aide de camp de service qu'elle n'avait plus rien à lui communiquer. » Par l'aide de camp ? Quel mépris…

L'humiliante défaite de Sedan

UNE BATAILLE

Napoléon III – conseillé, entre autres, par Eugénie - déclare alors la guerre à la Prusse le 19 juillet. Bismarck est ravi ! C'est pour lui le dernier acte de l'unité allemande ! Le réseau de chemin de fer très développé en Allemagne permet aux Prussiens de se porter en très peu de temps sur le Rhin, avec leur puissante artillerie. L'armée française, dont beaucoup d'officiers ne possèdent pas même une carte d'état major de la région où ils se trouvent, recule dès les premiers affrontements. Bazaine se laisse enfermer dans Metz. Le 31 août, l'armée qui vole à son secours est encerclée à Sedan, d'où le 2 septembre Napoléon III décide de sortir afin de se rendre au vainqueur – l'empereur n'est pas en mesure de commander son armée : il souffre horriblement de calculs de la vessie, au point qu'il faut le monter sur son cheval. C'est un désastre ! En deux jours, à Sedan près de 20 000 soldats français ont été tués ou blessés, 83 000 autres sont faits prisonniers ! Longtemps, les Prussiens fêteront cette victoire rapide sous le nom de Sedantag, le jour de Sedan !

Figure 17-5 : Le désastre de Sedan.

Chapitre 18

1870 à 1914 : La croissance tourmentée de la IIIe République

Dans ce chapitre :

- En même temps que les Prussiens, devenez les témoins de la Commune de Paris
- Assistez à la naissance de la IIIe République
- Suivez le déroulement de l'affaire Dreyfus
- Comprenez comment s'est installée une laïcité à la française

La IIIe République couvre la période allant de 1870 à 1940. En réalité, elle naît vraiment dans les faits en 1875. Si elle apporte de réels progrès sociaux en offrant aux Français l'école primaire gratuite et obligatoire, elle est traversée par la fantaisie simpliste du boulangisme. Elle est surtout marquée par l'antisémitisme montant : le capitaine Alfred Dreyfus est accusé à tort d'espionnage au profit des Allemands, il est condamné au bagne en 1894. Il n'est complètement acquitté qu'en 1906 ! Jaurès qui avait défendu Dreyfus tente ensuite d'éviter la guerre contre les Allemands. En vain…

Pression prussienne et incertitude politique

Ils sont là ! Ils sont aux portes de Paris, sûrs d'eux, arrogants, exigeants. La France entière attend on ne sait trop quel sursaut de patriotisme : c'est la capitulation qui devient la solution la plus plausible et la plus insupportable. La Commune de Paris va résister avant d'être écrasée par les Versaillais, la royauté va s'accrocher de façon pathétique et dérisoire à son drapeau blanc… La République en gestation se cherche.

Les Prussiens à Paris

Après l'euphorie qui suit la chute du second Empire, les suites de la défaite de Sedan sont catastrophiques : les Prussiens encerclent Paris, s'en vont à Versailles où ils proclament leur… IIe Reich, leur second Empire !

Vive la République !

Napoléon III vaincu ? Napoléon III en fuite vers Kassel en Westphalie ? C'est la liesse à Paris ! Partout retentissent des « Vive la République » ! Le dimanche 4 septembre 1870, elle est proclamée. Un gouvernement provisoire est composé par les députés de Paris qui se choisissent un président : le général Louis-Jules Trochu. Celui-ci sollicité accepte à condition que chacun de ses ministres se fasse le défenseur de la famille, de la propriété et de la religion. Il affirme alors posséder un « plan de défense » de la capitale. Ne voyant rien s'organiser pour défendre leur ville, les Parisiens font du « plan Trochu » un sujet de plaisanterie. En réalité, dans l'esprit du nouveau président, le seul plan qui soit applicable pour sauver la capitale, c'est la capitulation…

S'il n'en reste qu'un…

Jamais le second Empire ne s'est enraciné dans les cœurs, seulement dans les portefeuilles qui se sont bien garnis et ne font jamais de sentiment. Le lundi 5 septembre, Victor Hugo est de retour à Paris après dix-huit ans d'exil. « S'il n'en reste qu'un, je serai celui-là », avait-il promis, jurant ainsi qu'il ne reviendrait pas avant que son ennemi, Napoléon le Petit, soit parti ! Il a tenu parole. Il est accueilli en triomphe et ne sait plus où donner de la formule pour satisfaire ses admirateurs qui réclament, presque à chaque carrefour, un discours : « Paris va terrifier le monde ! », s'écrie-t-il entre deux salves d'applaudissements ; puis : « Le Panthéon se demande comment il va faire pour recevoir tous les héros du peuple qui vont bientôt mériter son dôme ! » Ça fait beaucoup…

Bismarck veut l'Alsace, la Lorraine et ses minerais…

Au fait, les Prussiens… Les voici, ils arrivent ! Comment défendre la capitale ? Cent vingt mille jeunes recrues venues de tous les départements composent la garde mobile – on les a surnommés les moblots. Il s'y ajoute 300 000 citoyens parisiens qui s'improvisent soldats et composent la garde nationale. Jules Favre, le nouveau ministre des Affaires étrangères, tente de négocier secrètement avec Bismarck. C'est inutile ! Le chancelier prussien n'a qu'une idée : obtenir l'Alsace, et une partie de la Lorraine – celle qui contient les minerais de fer… Les casques à pointe – les Prussiens – encerclent la capitale le 19 septembre et se préparent à la bombarder.

Gambetta ravi en montgolfière !

UNE ANECDOTE

La province ! Que fait la province ? Ne va-t-elle pas agir seule, se gouverner à sa façon, organiser ses propres élections ? Il faut y envoyer d'urgence un membre du gouvernement. Mais comment franchir la ceinture prussienne ? Une seule solution : la montgolfière. Qui mettre dedans ? Jules Favre hésite, il a le vertige. On demande à Léon Gambetta. Il est ravi, et, le 7 octobre 1870, 5 000 Parisiens, parmi lesquels se trouve Alphonse Daudet, viennent assister à l'envol vers Tours du ministre de l'Intérieur et de la Guerre.

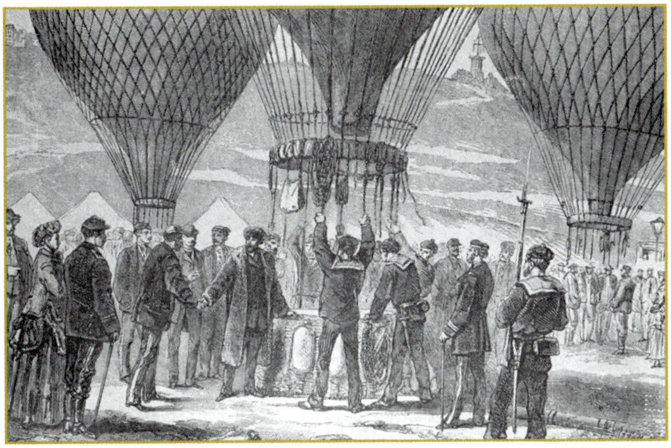

Figure 18-1 : Gambetta, ministre de l'Intérieur et de la Guerre, s'envole vers Tours en montgolfière.

Le IIe Reich proclamé à Versailles !

Tout va mal, très mal : le 27 octobre 1870, Bazaine qui a négocié en secret avec Bismarck, livre aux Prussiens ses 173 000 hommes ! Thiers, après une tournée en Europe où il a demandé de l'aide, revient bredouille. Il tente lui aussi une négociation avec Bismarck qui ne veut rien entendre ! Fin

UNE ANECDOTE

« Un rat ? Tout de suite ! Choisissez… »

« Un rat ? Tout de suite ! Choisissez-le dans la cage, je le pousse vers la sortie ! Non, vous ne l'emportez pas vivant, il pourrait vous échapper ! Mon chien va vous l'étrangler, il fait cela très proprement ! Vous me devez quinze sous ! » Voilà une scène de marché ordinaire en ce début de l'année 1871 à Paris. Les Prussiens ont si efficacement organisé le blocus de Paris qu'il n'y a plus rien à manger ! Ou presque… Le rat est devenu un mets apprécié, le chien et le chat aussi qui se font rares. Les oiseaux, du plus gros comme le corbeau au plus petit comme le moineau, ont disparu… On mange aussi les chevaux, même les deux trotteurs, d'un prix inestimable, qui avaient été offerts à Napoléon III par le tsar Alexandre II ! On mange aussi de la viande de buffle, d'antilope, de zébu, de casoar, de chameau, d'ours, de zèbre, de girafe, d'hippopotame, de yack, de serpent, tous pensionnaires du jardin d'Acclimatation ! On mange, hélas, en boudin, en pâté et en filet, Castor et Pollux, les deux éléphants que connaissaient tous les petits Parisiens !

novembre, les Parisiens tentent des sorties contre les Prussiens. Ceux-ci, non contents de les repousser, décident de marcher sur Bourges et Le Mans. Le gouvernement se replie à Bordeaux. En janvier 1871, Paris est bombardée pendant trois semaines au moyen d'obus qui sèment la panique. Le 18 janvier, à Versailles, c'est l'apothéose prussienne : la Bavière, la Saxe et le Bade-Wurtemberg ayant adhéré à la confédération germanique, l'Empire allemand, le IIe Reich est proclamé dans la galerie des Glaces du palais de Louis XIV !

1870 : quel régime politique pour la France ?

À l'issue des élections remportées par les royalistes, l'homme de toutes les situations, presque de tous les partis, va refaire surface, le voici : Adolphe Thiers !

La République ? Chambord ? Le comte de Paris ?

Le 19 janvier 1871, le général Trochu, poussé par les Parisiens affamés et qui ne voient pas son plan venir…, tente de forcer les lignes prussiennes : il revient au pas de course après avoir laissé 5 000 morts au-delà des fortifications ! Le 22 janvier, les Parisiens s'affrontent : certains sont partisans d'une nouvelle sortie pour dégager la capitale, d'autres s'y opposent violemment. L'ordre est alors donné aux moblots de tirer sur les Parisiens, ce qu'ils font immédiatement : la fusillade fait plus de cinquante morts ! Finalement, le plan Trochu va être appliqué : le 28 janvier, Paris capitule ! Un armistice est signé à Versailles, mais Bismarck veut traiter avec une assemblée élue légalement. Des élections sont alors rapidement organisées. La campagne électorale est rapide. Royalistes et républicains s'y affrontent :

- Les royalistes promettent la paix.
- Les républicains veulent poursuivre la guerre.

Les royalistes l'emportent !

Plus de 400 royalistes sont élus – en grande majorité par la province –, contre 200 républicains – dont Hugo et Georges Clemenceau – et quelques bonapartistes ! La nouvelle assemblée se réunit à Bordeaux, dans le théâtre. Adolphe Thiers y est nommé, le 17 février 1871, chef du pouvoir exécutif de la République française, cela en attendant qu'il soit statué sur les institutions du pays. On ne sait trop, en effet, si la République va être reconduite, ou bien si Henri V, comte de Chambord – rappelez-vous, c'est le fils de Marie-Caroline et du duc de Berry, fils de Charles X – va monter sur le trône dont il est l'héritier légitime, à moins que le comte de Paris, petit-fils de Louis-Philippe, un Orléans, se mette sur les rangs !

La France perd l'Alsace-Lorraine

Adolphe Thiers vient à Versailles, investi des pleins pouvoirs, pour établir avec Bismarck les préliminaires du traité de paix, qui sont signés le 26 février 1871 :

- La France abandonne l'Alsace et une partie de la Lorraine – en Moselle. Elle conserve le Territoire de Belfort.
- La France est contrainte de payer une « indemnité » de guerre de cinq milliards de francs.
- Humiliation suprême : les Prussiens doivent entrer dans Paris le 1er mars !

Les Prussiens sur les Champs-Élysées

Les Prussiens vont défiler sur les Champs-Élysées ? À cette nouvelle, les gardes nationaux – ceux qui ont été recrutés parmi les Parisiens – transportent les canons qu'ils ont achetés par souscription, et qu'ils considèrent comme leur propriété, sur les hauteurs de Montmartre, aux Buttes-Chaumont et à Belleville ! Pas question qu'ils tombent aux mains des Allemands ! Parmi les chefs de cette opération, on trouve une femme : Louise Michel. Le 1er mars, comme prévu, suprême humiliation pour les Français, les régiments prussiens arrivent devant l'Arc de Triomphe, descendent les Champs-Élysées, s'arrêtent place de la Concorde : au-delà, Paris appartient encore aux Parisiens ! Le 3 mars, la Garde nationale se donne le statut de fédération ; on appellera désormais ceux qui la composent des fédérés.

L'arbre de Noël

C'en est fait : l'Alsace est perdue en 1871 ! C'est un déchirement pour les Français qui vont alors adopter, en souvenir et en hommage à la province passée de l'autre côté de la frontière, une de ses coutumes : placer dans la pièce principale de la demeure un sapin, à Noël, et le décorer ! Disons pour être plus précis que cette coutume existait déjà dans certaines villes ou régions, mais qu'elle va se généraliser dans tout le pays ! L'arbre de Noël est né d'un chagrin national !

La Commune de Paris

Ce sont les classes les plus modestes de la capitale qui vont s'insurger contre le gouvernement royaliste issu des élections de février 1871, contre Thiers, contre la province qui se méfie des Parisiens, contre la bourgeoisie.

Figure 18-2 : La grande barricade des fédérés, place de la Concorde à Paris.

« Nous brûlerons Paris ! »

« Ce sont nos canons, nous les avons payés ! Si on nous les arrache, nous brûlerons Paris ! » Voilà qui est clair : les fédérés ne veulent pas s'en laisser conter, ils vont résister ! Thiers se frotte les mains : l'occasion est belle, il va écraser une révolution, et de façon si brutale, si féroce que cet exemple coupera l'envie d'en faire autant aux générations futures ! D'ailleurs, les gens d'affaires, les banquiers, les industriels lui réclament de rétablir l'ordre, et de commencer d'abord par cette affaire des armes de Montmartre : « Vous ne parviendrez jamais à faire d'opération financière, lui ont-ils dit, si vous n'enlevez d'abord ces canons aux fédérés ! » Le 10 mars, l'Assemblée se transporte de Bordeaux à Versailles. Elle prend deux mesures qui ressemblent à des mises à feu : le délai accordé aux Parisiens pour payer leur loyer – en raison des événements – est abrogé ; la solde des gardes nationaux – seule ressource pour la plupart d'entre eux – est supprimée ! Le 15 mars, Adolphe Thiers s'installe à Paris, au quai d'Orsay. Le 17 mars, il ordonne l'enlèvement des canons de Montmartre. L'explosion est imminente !

« Feu ! » sur les déserteurs…

Comme des chenilles processionnaires, les soldats du gouvernement de Thiers ont envahi les XVIIIe et XIXe arrondissements. On leur a dit que les canons qu'ils doivent rapporter ont été dérobés à l'État par des voleurs et des assassins – les Parisiens. Vers dix heures du matin, les soldats tiennent toute la Butte-Montmartre. Ils attendent les chariots pour transporter les canons. Chariots qui n'arrivent pas. Les femmes de la Butte sortent alors de leurs logis, elles apportent des boissons et des sourires qui réchauffent les hommes de troupe. Beaucoup se laissent gagner par leur sympathie et passent du côté des fédérés. Bientôt, aux battements des cœurs pleins d'espoir de paix, le tocsin répond, se met à sonner ! Le général Lecomte qui commande la troupe gouvernementale menace de mort ceux qui viennent de déserter. Les repérant dans la foule mêlée de femmes, d'hommes et d'enfants, il les fait mettre en joue, crie « Feu ! », mais ses soldats lèvent la crosse, fraternisent avec les Montmartrois dans la liesse générale. Au milieu de l'après-midi, Lecomte et un autre général, Clément Thomas, sont emmenés au Château-Rouge. Ils sont exécutés contre le mur d'un jardin, de plusieurs balles à bout portant.

Thiers panique !

Quoi ? Les soldats fraternisent avec le peuple ? Au ministère des Affaires étrangères, Thiers est pris de panique ! Il s'enfuit à Versailles, suivi de nombreux bourgeois que le pouvoir de la rue effraie. Le 18 mars 1871, à onze heures du soir, le comité central de la Commune – nom qui sera adopté le 26 mars – est installé à l'Hôtel de Ville de Paris. C'est l'enthousiasme général dans un Paris plein de rêves et de printemps. Jules Vallès, l'écrivain, l'insurgé, exulte ; dans son journal *Le Cri de Paris*, il parle de flambée d'espoir et de parfum d'honneur. Cette flambée, ce parfum vont durer soixante-douze jours, pas un de plus.

Un mouvement parisien

Du 18 au 26 mars, le printemps de la capitale se répand en province : Toulouse, Narbonne, Marseille, Lyon, Saint-Étienne installent des communes autonomes, mais elles sont vite supprimées par les autorités en place. Malgré le soutien apporté par certains départements, par des pays européens, le mouvement va demeurer essentiellement parisien, manquant

LE SAVIEZ-VOUS ?

La commune : une idée du Moyen Âge

L'idée de la commune est née de l'essor du commerce au XIe siècle. La commune, c'est un groupe humain correspondant à une ville, petite ou moyenne, dans laquelle les liens entre les individus vont être renforcés par un pacte de concorde, par l'assurance que chacun va agir pour la paix. Il s'agit pour les gens des villes, quelles qu'elles soient, de s'assurer une sorte d'indépendance par rapport au seigneur. Indépendance morale et financière. Leur direction est assurée par les membres les plus influents du groupe – en général par les marchands fortunés. La ville draine le fruit du commerce qu'elle effectue, elle redistribue ses richesses, notamment par l'utilisation du crédit.

Peu à peu, au XIIe siècle, les communes favorisent l'émergence de la classe bourgeoise qui concurrence l'aristocratie et le clergé. Elle permet également à beaucoup de petites villes, de petits bourgs de demander l'exemption des charges les plus lourdes exigées par le pouvoir central. Celui-ci va réagir avec Louis IX – Saint-Louis – qui, voyant le pouvoir monarchique s'émietter et prendre le risque de disparaître, exige de tous les maires, en 1256, un état annuel des comptes de leur commune. Le pouvoir central reprend ses droits, par la ruse ou par la force, et peu à peu, les communes se fondent dans l'unité nationale. Mais jamais l'idée de commune n'a disparu. Elle revit pendant la Révolution, entre 1789 et 1795. Elle renaît en 1871, pour soixante-douze jours.

de temps, d'argent – les réserves de la banque de France ne seront pas touchées par les communards qui ne veulent pas être pris pour des voleurs, alors que Thiers en bénéficiera pour atteindre ses objectifs – pour s'organiser et se développer.

Plus de pain frais !

Les séances de la Commune, à Paris, sont brouillonnes et houleuses dans les premiers jours. Cependant, des décisions sont prises :

- Le drapeau rouge est adopté.
- Le calendrier révolutionnaire est rétabli.
- Le 2 avril 1871, la séparation de l'Église et de l'État est votée.
- La laïcité est proclamée.
- L'enseignement devient entièrement gratuit pour les garçons et pour les filles.
- Des écoles professionnelles sont ouvertes.
- Tous ceux qui ont déposé des effets au Mont-de-piété peuvent aller les reprendre gratuitement.
- Le travail de nuit des boulangers est supprimé – mesure qui désole les Parisiens qui adorent le pain frais…
- Le traitement des fonctionnaires est limité, le cumul des fonctions, interdit.
- Les jeux de hasard sont interdits, les maisons de tolérance fermées, les ivrognes arrêtés.

Attaqués par des bêtes féroces

Toutes ces décisions s'inscrivent dans un projet bien plus vaste qui vise à la décentralisation : pour reprendre l'idée née au XIIe siècle, des communes autonomes seraient créées dans toute la France, rassemblées dans une grande fédération de la liberté. La toute puissance de l'État serait supprimée. C'est l'antithèse du jacobinisme centralisateur qui est en marche ! Mais les rêves des communards vont être éphémères. Dès le 3 avril 1871, ils subissent une défaite contre les Versaillais lors d'une sortie tentée au mont Valérien : deux de leurs chefs sont fusillés, de nombreux prisonniers sont emmenés à Versailles où la commune de Paris a été décrite par des gens bien intentionnés comme une fête orgiaque, une bacchanale ininterrompue organisée par des hommes devenus des monstres ! Les prisonniers qui défilent sont alors couverts de crachats, lacérés, certains ont les oreilles arrachées, les yeux crevés. Voyant leurs blessures, des témoins croiront qu'ils ont été attaqués par des bêtes féroces.

UNE ANECDOTE

Le mirliton

La colonne Vendôme ! Le symbole de la barbarie guerrière ! Le souvenir des guerres impériales ! Il faut la détruire. La décision est prise le 12 avril 1871. Elle ne sera exécutée que le 16 mai 1871. Le peintre Gustave Courbet, membre du comité central de la Commune, dirige la destruction de ce qui, malgré tout, ressemble à une œuvre d'art – mais qu'il appelle le mirliton. Un lit de fumier et de fagots a été préparé pour la recevoir au sol. Malheureusement le lit n'est pas assez épais : elle s'écrase, et se brise en mille morceaux ! Beaucoup des débris sont jetés, on récupère ce qu'on peut – c'est-à-dire très peu – du bronze des canons d'Austerlitz… En juin, Courbet sera arrêté et emprisonné, puis rendu responsable de la destruction de la colonne. Enfin, on le contraindra à financer sa reconstruction. Il devra s'exiler en Suisse, l'État français se payant en confisquant ses œuvres ! La nouvelle colonne Vendôme est identique à la première, mais contient fort peu de souvenirs concrets de la bataille du 2 décembre 1805.

21 au 28 mai 1871 : la semaine sanglante

UNE DATE À RETENIR

L'aventure des communards va se terminer dans le sang et l'horreur. La société dont ils rêvaient, dont ils avaient tracé les plans, et qu'ils se préparaient à bâtir, est écrasée par le rouleau compresseur des Versaillais de Thiers et ses soldats en majorité venus de province.

Le traître Ducatel

« Paris sera soumis à la puissance de l'État comme un hameau de cent habitants ! » C'est ce qu'affirme haut et fort Adolphe Thiers qui déclare la guerre à outrance aux Communards. La terrible semaine sanglante va commencer, le 21 mai 1871. C'est un fédéré, un nommé Ducatel, qui va jouer les traîtres et indiquer aux Versaillais sous les ordres de Mac-Mahon, que le bastion 64 des remparts, situé près de la porte de Saint-Cloud, n'est pas gardé, qu'ils peuvent passer en toute tranquillité ! Delescluze, un idéaliste républicain, commande les communards, sans parvenir à asseoir une autorité suffisante

UN PORTRAIT

La vierge rouge

Au cœur de la mêlée : Louise Michel, surnommée La vierge rouge de la Commune. Fille naturelle d'une femme de chambre et d'un aristocrate, elle est née en 1830. Devenue institutrice, fascinée par Victor Hugo, elle lui envoie ses poèmes et le rencontre en 1851. Défenseur des droits de la femme, engagée en politique aux côtés de Vallès – de Théophile Ferré aussi, son seul amour, jamais déclaré, et qui, à vingt-quatre ans sera exécuté le 8 novembre 1871 –, elle lutte de toutes ses forces contre les Versaillais. Après la Commune, elle sera déportée en Nouvelle-Calédonie où elle soutiendra les Canaques. Revenue en France, elle publie de nombreux ouvrages et donne des conférences. Elle meurt en 1905.

pour que les troupes se montrent efficaces contre les 70 000 Versaillais qui se répandent dans Paris au cours de la nuit du 21 au 22 mai.

Paris brûle !

Le 23 mai, ils occupent Montparnasse, les Invalides, la gare Saint-Lazare. Les communards élèvent en hâte cinq cents barricades supplémentaires – celles qui ont déjà été construites ressemblent à des fortifications. Le mot d'ordre qui s'est répandu parmi les communards tient en une formule : « Plutôt Moscou que Sedan ! » Moscou, c'est le souvenir de l'incendie du 14 septembre 1812 ! Le 23 mai 1871, Paris brûle : le palais des Tuileries – qui ne sera pas reconstruit –, la bibliothèque du Louvre, l'Hôtel de Ville, le quai d'Orsay, le palais de Justice, le Palais-Royal, tout cela a été arrosé de pétrole, bourré de poudre, tout explose et flambe ! Le 24 mai, la troupe des Versaillais – troupe rurale à qui Thiers a dit : « Soyez impitoyables ! » – fusille tous ceux qu'elle rencontre. Les fédérés décident une riposte qui va multiplier l'ardeur de la vengeance : Monseigneur Darboy et des prêtres otages depuis quelques semaines sont passés par les armes.

Trente mille victimes

Le bilan de la Commune – ou guerre civile – est terrible : plus de 30 000 victimes en une semaine ! La Terreur en 1793-1794 en avait fait cinq fois moins en cinq fois plus de temps ! Les survivants sont arrêtés et jugés. Des milliers de condamnations à mort, aux travaux forcés ou à la déportation en Algérie, en Nouvelle-Calédonie sont prononcées. Thiers triomphe et justifie son action en transmettant aux préfets cette déclaration : « Les condamnations doivent apprendre aux insensés qu'on ne défie pas en vain la civilisation. » Autre déclaration, celle d'Émile Zola : « Ceux qui brûlent et qui massacrent ne méritent pas d'autre juge que le coup de fusil d'un soldat ! Une justice implacable a été conduite dans les rues. Les cadavres se sont décomposés avec une rapidité étonnante, due sans doute à l'état d'ivresse dans lequel ces hommes ont été frappés ! »... À l'issue de la Commune, Paris a perdu ses peintres, ses plombiers, ses couvreurs, ses cordonniers, sa foule de petits artisans, ses rêves d'indépendance. Il faudra attendre une quarantaine d'années avant que la Commune de Paris quitte l'optique des Versaillais qui la présentaient comme l'action irréfléchie d'une masse d'ivrognes en goguette ! Seuls Verlaine, Rimbaud et Victor Hugo eurent pour elle un regard lucide et généreux. Flaubert, dans sa correspondance, veut noyer tous les communards, tous les ouvriers dans la Seine... Théophile Gautier, les frères Goncourt, Ernest Renan, Alphonse Daudet, George Sand sont du même avis...

Des enfants de cinq ans fusillés

Le 25 mai, les fusillades se multiplient. Delescluze tombe sur une barricade. Louise Michel se bat avec l'énergie du désespoir à Montmartre. Le 26 mai, les fédérés exécutent quarante-sept otages, des prêtres, des séminaristes et des gendarmes. Le 27 mai, les Versaillais investissent le cimetière du Père-Lachaise occupé par des centaines de fédérés, dont beaucoup de blessés.

Tous sont exécutés. Le 28 mai, vers onze heures, Belleville se rend. À quinze heures les combats prennent fin, et Mac-Mahon peut déclarer : « Paris est délivré ! » À quel prix ! Des enfants de cinq ans ont été alignés contre un mur, et fusillés ! Des femmes et leurs bébés au sein sont tombés sous les balles ! Les passants qui portaient des vêtements, des chaussures rappelant la couleur des fédérés ont été massacrés. Dans les hôpitaux, les Versaillais ont tué au fusil, à la baïonnette ou au couteau les blessés, les malades, hommes, femmes, enfants, vieillards. Plus tard, l'un des massacreurs aura cette excuse facile et dérisoire : « On était comme fous ! »

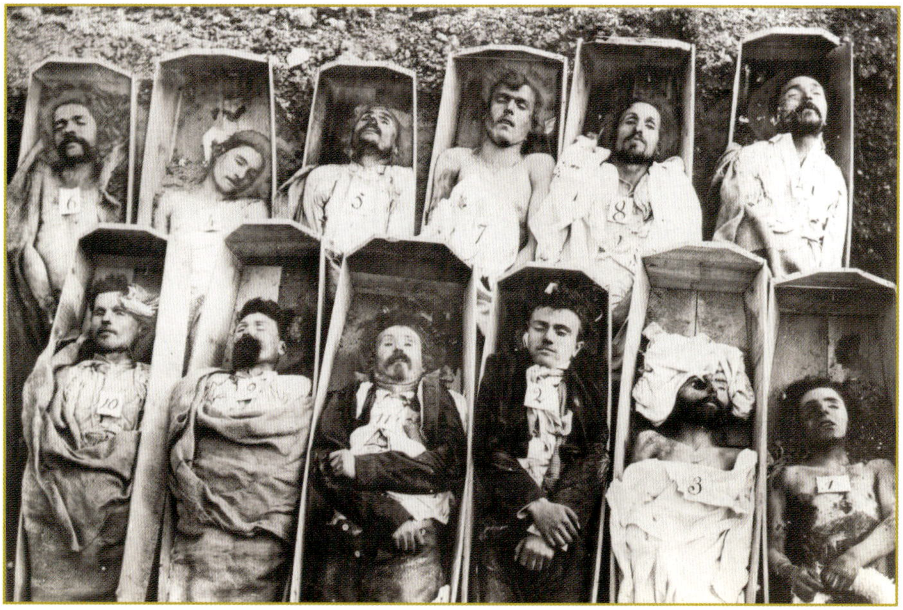

Figure 18-3 : L'aventure des communards se termine dans le sang et l'horreur.

LE SAVIEZ-VOUS ?

La brasserie *Lipp*

Le 26 février 1871, les préliminaires de paix avaient été signés avec Bismarck. Le 10 mai suivant, à Francfort, le traité de paix définitive confirmait la dette de cinq milliards de francs-or due par la France – occupée jusqu'à la fin du paiement. Aux Alsaciens-Lorrains qui vont devenir Allemands est proposée une clause d'option : jusqu'au 1er octobre 1872, les habitants ont le droit d'adopter la nationalité française, à condition d'émigrer en France. Soixante mille d'entre eux – sur un total de 1 600 000 – vont opter pour la nationalité française et s'installer dans les grandes villes – à Paris, par exemple, un certain Lipp installe sa brasserie – ou en Algérie. Après la Commune, Thiers décide de régler rapidement la dette de guerre. Deux emprunts sont alors émis en France et couverts bien au-delà des besoins, ce qui témoigne de la richesse incroyable d'une certaine partie du pays. En septembre 1873, six mois avant l'ultime échéance prévue, la dette est payée, le territoire est libéré de la présence prussienne !

Le comte de Chambord et son drapeau

Le comte de Chambord – Henri V, le fils de Marie-Caroline et du duc de Berry assassiné – annonce la couleur : si on veut de lui sur le trône, ce sera la cocarde blanche. Sinon, rien !

6 juillet 1871 : « Seul le drapeau blanc... »

UNE ANECDOTE

Qui, désormais, après la sanglante guerre civile, va gouverner la France ? L'Assemblée élue avant les événements, en février 1871, comporte une large dominante de monarchistes. On se tourne donc vers le comte de Chambord dont l'heure semble venue. Mais celui-ci fait savoir, dans un manifeste daté du 6 juillet 1871, que son retour est subordonné à l'adoption du drapeau blanc, et qu'il n'acceptera en aucun cas le drapeau tricolore ! Même les monarchistes les plus acharnés sont affligés par ce manifeste. En effet, ce drapeau blanc n'a jamais flotté sur la monarchie de l'Ancien Régime – qui ne possédait pas de drapeau national – puisqu'il n'est apparu qu'en 1815 pour être supprimé en 1830 ! Le 31 août, les députés se déclarent alors Assemblée Constituante et donnent le titre de président de la République à Adolphe Thiers. Comprenant que la restauration de la monarchie va être impossible en raison de l'entêtement de Chambord, Thiers se rallie à l'idée d'une république conservatrice. Mais les partisans du pouvoir royal veillent...

LE SAVIEZ-VOUS ?

L'ordre moral du maréchal

L'ordre moral ! Lorsque le maréchal Mac-Mahon, président de la République, lance cette petite phrase-programme le 26 mai 1873 à l'Assemblée, il ne se doute pas de la fortune qu'elle va connaître ! Que comporte ce retour à l'ordre moral ? La volonté de l'Église, et de la société attachée aux traditions, de lutter par tous les moyens contre le socialisme et tout ce qui lui ressemble. Les processions se multiplient dans les campagnes, on plante des croix à tous les carrefours, dans tous les villages. Le mois de Marie est inventé, de même que le culte de l'Immaculée conception. Les lieux d'apparition deviennent des buts de pèlerinage d'autant plus encouragés que les miracles s'y multiplient ! À Paris, on met en œuvre le projet qu'avait formulé au Mans, le 17 octobre 1870 en pleine occupation prussienne, le père Boylesve : construire une basilique consacrée au Sacré-Cœur, à Paris, sur la Butte Montmartre.

24 mai 1873 : Mac-Mahon président, en attendant...

Thiers, devenu trop républicain pour l'Assemblée, doit démissionner le 24 mai 1873. Le nouveau président de la République est légitimiste. Son nom n'est pas inconnu, c'est le défait de Sedan, le chef des troupes versaillaises : le maréchal Mac-Mahon. Il promet le retour à l'ordre moral au moyen d'un gouvernement énergique. En réalité, les monarchistes l'ont élu à ce poste parce qu'ils espèrent que le comte de Chambord va se décider à occuper le trône qui l'attend. Pourtant, le comte – Henri V – qui poursuit son exil en Autriche, est sans descendance. Qu'à cela ne tienne ! Les monarchistes ont tout prévu : dans quelque temps, le comte de Chambord monte sur le trône, il meurt – le plus vite possible… – et il est remplacé par le comte de Paris, un Orléans, petit-fils de Louis-Philippe. L'avantage, avec le comte de Paris, c'est que sa descendance est nombreuse, elle permet d'envisager que le régime monarchique durera pour des siècles, des siècles…

23 octobre 1873 : « Le drapeau blanc ou rien ! » Rien…

Le 5 août 1873, une commission de députés rend visite au comte de Chambord près de Salzburg. Cette commission croit comprendre que le comte est prêt à monter sur le trône de France. Il n'a pas été question du drapeau blanc, mais on imagine qu'il ne s'obstinera pas. Tout se prépare alors pour le grand jour : carrosses, costumes, le trône lui-même, artistement ouvragé dans le style Grand Siècle, on met au point la cérémonie, le parcours du cortège. Tout ce que la France compte de comtes, de comtesses, de barons, de ducs et de petits marquis, froufroute de partout ! Hélas ! Le 23 octobre 1873, de son château autrichien, le comte de Chambord lance cette terrible nouvelle : le drapeau blanc ou rien. Ce sera rien ! Les monarchistes sont consternés ! Ils espèrent encore que le petit-fils du frère de Louis XVI va revenir sur sa décision. À l'initiative de leur chef, le comte de Broglie, ils prolongent le mandat du président Mac-Mahon, instituant ainsi le septennat présidentiel.

Les grandes heures et les erreurs de la IIIe République

La IIIe République qui s'installe officiellement dans les faits et dans les textes en 1875 va offrir aux Français l'école primaire gratuite et obligatoire. Mais elle va aussi se fourvoyer dans le boulangisme, s'enliser dans la colonisation, se mesurer à l'antisémitisme avec l'affaire Dreyfus. Tout cela en préparant la terrible revanche de 14-18…

Mac-Mahon le monarchiste président de la République

Un mot : république. Il n'était utilisé depuis la défaite de 1870 qu'à titre provisoire et non officiel. S'il existait dans les esprits, il n'était pas encore inscrit dans les textes. Il fait son apparition de façon presque accidentelle dans un amendement voté en janvier 1875. La IIIe République, indécise depuis le 4 septembre 1870, est ainsi fondée. Elle disparaîtra le 10 juillet 1940.

30 janvier 1875 : l'amendement Wallon

UNE DATE À RETENIR

Mais alors, qu'est-ce que c'est que ce régime qui guette la venue de son roi ? Est-ce une monarchie ? Est-ce une république ? Il faut attendre le 30 janvier 1875 pour que l'Assemblée, décidée à sortir du provisoire, vote un amendement d'apparence anodine proposé par Henri-Alexandre Wallon, un député modéré, rédigé ainsi : « Le président de la République est élu à la majorité des suffrages par le Sénat et la Chambre des députés réunis en Assemblée nationale. Il est nommé pour sept ans. Il est rééligible. » Cet amendement est voté par 353 voix contre 352 ! Le mot *république* vient d'entrer dans les lois constitutionnelles de la France ! Cet amendement est court, mais dense. Il installe les deux chambres : celle des députés et le Sénat. Il définit le premier personnage de l'État :

- Le président de la République est élu pour sept ans par les deux chambres.
- Il nomme le président du conseil.
- Il est rééligible.
- Il a l'initiative des lois, peut dissoudre la Chambre des députés avec l'accord du Sénat.

Bref, étant donné l'étendue de ses pouvoirs, le président de la République est presque un roi !

Gambetta : « Le cléricalisme, voilà l'ennemi ! »

Avant d'installer les deux nouvelles chambres, celle des députés et le Sénat, il faut les élire. Les élections ont lieu en février et mars 1876. Leur résultat est sans appel : 360 républicains, 160 monarchistes ! Quel chef de gouvernement (Premier ministre) choisir ? Mac-Mahon, toujours aussi monarchiste – et président – refuse de prendre le républicain Gambetta qui a été élu dans plusieurs circonscriptions – comme Thiers, soixante-dix-neuf ans, qui disparaît un an plus tard. Gambetta lance alors, dans un discours à l'Assemblée, le fameux : « Le cléricalisme, voilà l'ennemi ! » Mac-Mahon n'en a cure : il a choisi le républicain modéré Jules Simon pour chef de gouvernement, mais, le 16 mai 1877, à la suite d'une critique du président sur son rôle dans un débat concernant la presse, Jules Simon démissionne.

Gambetta : « Se soumettre ou se démettre »

Mac-Mahon remplace Simon par le monarchiste Broglie, puis dissout la Chambre des députés avec l'accord du Sénat. Il espère qu'à l'issue de nouvelles élections, les monarchistes seront de retour ! Gambetta – spécialiste en formules qui demeurent – résume ainsi la situation : « Quand la France aura fait entendre sa voix souveraine, il faudra se soumettre ou se démettre ! » Octobre 1877, les élections ont lieu. Les républicains l'emportent : Mac-Mahon ne se démet pas immédiatement : il renvoie Broglie, prend des ministres de la majorité. En janvier 1879, les larmes aux yeux, il s'en va !

1879 : Jules Grévy président moyen

Jules Ferry, ministre, puis président du conseil du président Jules Grévy, a deux objectifs : chasser les jésuites afin d'instaurer la laïcité en France, et développer les colonies afin de favoriser le placement des capitaux.

« La France est un éblouissement pour le monde ! »

Il aura donc fallu, huit années, de 1871 à 1879, pour que la république s'installe définitivement. Pendant ces huit années, l'économie de la France, exsangue après l'invasion prussienne, s'est relevée rapidement. Les banques ont ouvert leurs portes et leurs coffres, les ouvriers ont retrouvé du travail, l'industrie progresse, les ports sont plus prospères qu'à la fin du second Empire. Cette réussite acquise en moins de dix ans va s'afficher triomphalement lors de l'Exposition universelle de 1878, inaugurée par Mac-Mahon, quelques mois avant sa démission. Le discours qu'y prononce Gambetta se termine par une nouvelle formule, sans doute moins inspirée, mais qui fait parfaitement écho aux palais du Champ-de-Mars et du Trocadéro, érigés pour l'occasion, et qui seront rapidement détruits : « La France est un éblouissement pour le monde ! »

1879 : le 14 juillet, le drapeau tricolore, la Marseillaise…

Le 30 janvier 1879, la Chambre des députés et le Sénat élisent un nouveau président de la République : c'est Jules Grévy, une sorte de bourgeois moyen et sage, qui appartient à la gauche républicaine. Gambetta ne s'est pas présenté. Il sait que sa faconde endiablée et ses allures de tribun ne plaisent pas à tout le monde ! Il est cependant élu président de la Chambre des députés, un peu dépité par le retour à la sagesse dans les esprits satisfaits de retrouver leur fête nationale, le 14 juillet, et leur hymne national, la *Marseillaise* – le drapeau tricolore va être définitivement adopté un an plus tard !

Gambetta : « L'âge héroïque est clos »

C'en est fini des errances, des incertitudes. Allons, Gambetta, une petite formule pour exprimer cela ? La voici : « L'âge héroïque est clos ! » En février, Grévy reçoit la démission du ministère. On se dit que le nouveau président du conseil ne peut être que le tribun Gambetta. Mais non : Grévy le méticuleux n'apprécie pas Gambetta le débraillé, et la réciproque est vraie ! Le 5 février 1879, les ministres choisis par le nouveau président du Conseil au nom bien oublié – Waddington – sont sans relief : « De simples numéros sortis au hasard de la foule », dit Gambetta l'écarté !

1879 – 1885 : les combats de Jules Ferry

Le ministre puis président du Conseil, Jules Ferry, va se battre sur trois fronts : la religion, l'instruction, la colonisation.

Figure 18-4 : Jules Ferry croqué par un caricaturiste.

15 mars 1879 : Jules Ferry vise les jésuites

Parmi les ministres de Waddington, on trouve Jules Ferry, ministre de l'Instruction publique et des Beaux-Arts. Le 15 mars 1879, il dépose un projet de loi dont l'article 7 contient la proposition suivante : « Nul n'est admis à diriger un établissement d'enseignement public ou privé s'il appartient à une congrégation religieuse non autorisée. » Cela signifie que, si la loi est votée, ce sont plus de 500 congrégations qui vont devoir fermer leurs portes, et que 20 000 enseignants vont devoir abandonner leur poste. Qui est visé plus précisément par Jules Ferry ? Les jésuites ! Jules Ferry a déclaré qu'il voulait leur arracher l'âme de la jeunesse française !

Coups de pieds, coups de poings à l'Assemblée !

Au mois de juin, à l'Assemblée, le projet Ferry déclenche des batailles rangées : Gambetta en perd son œil de verre, des gifles partent en pleine séance, des chaussures s'envolent, des boutons et des faux-cols sautent, les sonnettes agitées frénétiquement pour ramener le calme perdent leur battant qui frappe au hasard des crânes rouges de colère ! Le 10 juillet 1879, l'article 7 passe : la laïcité de l'enseignement est adoptée en France. Adopté par le Sénat le 23 février 1880, il trouve sa première application concrète dans l'expulsion des jésuites de la rue de Sèvres à Paris, expulsion qui va aussi avoir lieu dans plus de trente départements, le même mois. L'esprit gallican souffle dans la République…

Jules Ferry : instruisons !

UN ÉVÉNEMENT IMPORTANT

Le 19 septembre 1880, Jules Ferry devient président du Conseil. Le 16 juin 1881, l'enseignement primaire public est déclaré gratuit. Le 28 mars 1882, la loi devient plus précise :

- L'instruction primaire devient obligatoire et laïque dans les écoles publiques, de six à treize ans.
- Les instituteurs devront y dispenser une instruction morale et civique.
- Un jour de congé est prévu, en dehors du dimanche – le jeudi –, afin d'assurer l'enseignement religieux.
- L'enseignement religieux sera dispensé en dehors des édifices scolaires publics.

Jules Ferry organise par ailleurs l'enseignement secondaire des jeunes filles jusque-là placé sous la responsabilité des religieuses. La religion quitte donc l'école, mais Jules Ferry, s'il a atteint son but, n'en professe pas moins une laïcité tolérante. Il est aussi à l'origine de la loi sur la liberté de la presse, le 29 juillet 1881 – la censure est supprimée. C'est également l'homme de la légalisation des syndicats par la loi du 21 mars 1884.

Figure 18-5 : Une salle de classe au temps de Jules Ferry.

Jules Ferry : colonisons !

Jules Ferry, c'est enfin celui qui a donné, à partir de 1880, une impulsion décisive à la colonisation : la présence française va progresser en Tunisie, au Congo, dans le Sud-Algérien, en Afrique occidentale, à Madagascar, en Indochine, à Tahiti. Cet aspect de son action subit de violentes attaques de la droite et de l'extrême gauche – non parce qu'on trouve la colonisation humainement déplorable, mais parce qu'on l'estime trop coûteuse ! Jules Ferry la justifie en avançant les arguments suivants :

- Elle favorise les placements de capitaux, l'exportation des marchandises.
- Elle permet aussi de libérer le pays des déclassés, des marginaux qui ne trouvent pas leur place en France…
- Elle permet d'affirmer la supériorité de la culture occidentale et de la diffuser auprès des populations colonisées, considérées comme arriérées !

Ces justifications ne choquent pas vraiment à l'époque. Si on reproche à Jules Ferry les investissements coloniaux, c'est qu'on préfère préparer activement – et financièrement – la reconquête de l'Alsace-Lorraine !

Galliéni, Lyautey, Doumer…

La colonisation, c'est le temps de l'exploitation, sur place, d'une main d'œuvre à bon marché, malmenée, méprisée ; c'est le temps des terres confisquées, les meilleures de celles qui se situent sur les onze millions de kilomètres carrés de l'Empire colonial français. Mais c'est aussi le temps des passionnés : la voie avait été ouverte par René Caillé (1799 - 1838) qui était allé jusqu'à Tombouctou. Savorgnan de Brazza (1852 - 1905) explore le Congo qui accepte de se mettre sous tutelle française. Brazza – Vénitien naturalisé français en 1874 – organise le pays de façon remarquable, cherchant par tous les moyens à protéger les Africains des nuées d'exploiteurs qui s'abattent sur le pays. Ses efforts sont réduits à néant : il est relevé de ses fonctions en 1897, afin de laisser le champ libre aux concessionnaires et à leurs pratiques scandaleuses. La colonisation, ce sont aussi les missionnaires – les Pères blancs du cardinal Lavigerie –, c'est Gallieni et Lyautey à Madagascar, c'est Paul Doumer en Indochine. Autant d'hommes qui croient en leur rôle de civilisateurs, créant des écoles, développant l'agriculture, l'artisanat…

Les députés affairistes

Le 10 novembre 1881, Jules Ferry démissionne de la présidence du Conseil. Il laisse la place à celui qui l'attend depuis longtemps : Léon Gambetta. Mais on ne se précipite pas autour de lui : ses projets semblent flous, davantage portés par de belles paroles que par des évaluations réfléchies. En réalité, Gambetta inquiète surtout la haute finance qui voit d'un mauvais œil son souhait d'instaurer l'impôt sur le revenu, de réviser la constitution et, peut-être, de dissoudre la Chambre des députés devenus de plus en plus affairistes. Le ministère est cependant formé, composé en majorité d'amis de Gambetta, on va parler d'une équipe de camarades. Mais, dès le 26 janvier 1882, le ministère Gambetta tombe. Il est remplacé par celui que forme Charles Freycinet, utile appui pour Jules Ferry qui se retrouve à l'Instruction publique.

UNE ANECDOTE

Le pistolet de Gambetta

Le 27 novembre 1882, dans une maison de Ville-d'Avray, on entend un coup de feu ! On accourt et on trouve Léon Gambetta, sérieusement blessé au bras : une artère est touchée. En déchargeant son pistolet pour le nettoyer, il a fait un faux mouvement. Immédiatement, des rumeurs circulent : c'est un attentat des jésuites, des anarchistes, c'est la vengeance de Léonie Léon, sa maîtresse. Le médecin prescrit alors du repos au bouillant député. Erreur fatale : ce repos contraint exacerbe une inflammation du péritoine dont Gambetta souffre depuis longtemps. Une grave occlusion intestinale se déclare. On ne sait trop si on doit opérer. La mort vient dissiper le doute : elle survient le 31 décembre 1882. Léon Gambetta avait quarante-quatre ans.

Pas de crédits contre la Chine

L'Annam – Viêt Nam du centre – et le Tonkin – Nord-Viêt Nam –, deux objectifs de Jules Ferry dans son programme de colonisation, presque deux obsessions ! Pour l'Annam, tout va bien : son empereur se place sous le protectorat de la France, et la Chine renonce à sa suzeraineté sur cette partie de l'Indochine. Mais pour le Tonkin, c'est une autre entreprise : la Chine attaque un détachement français – bataille de Lang Son, le 3 février 1885. Jules Ferry tente alors de demander des crédits pour envoyer des renforts combattre les Chinois. Ils lui sont refusés par les députés le 30 mars 1885. Le même jour, 20 000 personnes se sont rassemblées sur la place de la Concorde, émues par le sort des soldats dans le lointain Orient. Aux cris de « À bas Ferry ! », le ministère est renversé. C'est une fort mauvaise affaire pour les républicains qui voient arriver avec crainte les élections d'octobre 1885. Malgré le refus des crédits, un blocus de la Chine est effectué par l'amiral Courbet, la France contrôle alors le Tonkin. Deux ans plus tard, l'Union indochinoise est créée, elle comprend la Cochinchine – Viêt Nam du Sud – l'Annam, le Tonkin, le Cambodge, et, en 1893, le Laos.

Le boulangisme : la poudre aux yeux !

Gorges Clemenceau, médecin, républicain vendéen, et homme politique dont la carrière s'annonce longue et mouvementée, promeut un autre George : le général Boulanger. Il met peu de temps à comprendre qu'il a fait une erreur en donnant la parole à ce militaire aux idées myopes qui menacent la République. Pourtant, Boulanger va pousser les Français – et les Françaises qui adorent les uniformes – au délire ! Avant de sombrer lamentablement…

Clemenceau pousse Boulanger sur la scène

Comme prévu, les élections d'octobre font perdre aux républicains leur belle majorité. Une centaine de républicains d'extrême-gauche, qu'on appelle les radicaux, siègent avec plus de 200 conservateurs de droite pour une majorité gouvernementale de 260 députés. La rupture s'est produite surtout entre les républicains qu'on a appelés les opportunistes soutenant Jules Ferry dans ses visées colonialistes – opportunistes trouvent dans le terme affairistes une rime riche et justifiée – et les radicaux à la tête desquels on trouve George Clemenceau. Clemenceau, républicain vendéen, né à Mouilleron-en-Pareds, est devenu médecin après des études à Nantes et à Paris. Député de la Seine à partir de 1871, il est devenu le chef du noyau dur de l'extrême gauche, c'est lui qui a poussé Ferry à la démission. C'est lui aussi qui va faire entrer sur la scène politique un général fort populaire pour avoir substitué à la gamelle de ses soldats une assiette et une fourchette, les avoir autorisés à porter la barbe, et fait peindre leurs guérites en tricolore : le général Boulanger !

Le brave général Boulanger

UN PORTRAIT

Georges Boulanger est né à Rennes en 1837. Il est d'origine modeste, il a de la prestance, une maîtresse qui le domine complètement, et des idées qui font mouche :

- Ministre de la Guerre, en 1886, il fait rayer des cadres de l'armée tous les chefs de grandes familles ayant régné sur la France. Et voilà gagnée la sympathie indéfectible des républicains.
- Envoyé pour réprimer une grève, il ordonne que pas un coup de fusil ne soit tiré. Cette fois c'est le peuple qui lui tresse des lauriers.
- Enfin, à la suite d'un incident de frontière avec l'Allemagne en 1887, il se déclare prêt pour la revanche ! Les patriotes de Déroulède – un poète nationaliste et antisémite – se rangent alors derrière lui !

Il devient vite le brave général Boulanger derrière lequel se rassemblent les déçus de toute sorte.

Un œillet rouge à la boutonnière !

Gênant, dangereux pour certains, Boulanger est mis à la retraite le 17 mars 1888, un an après que le président de la République, Jules Grévy, a démissionné pour une sombre histoire de trafic de décorations dans laquelle a trempé son gendre ! Celui qui a remplacé Grévy, le 3 décembre 1887, Sadi Carnot, petit-fils du grand Lazare Carnot qui fut homme de la Révolution, du consulat, de l'Empire et de la Restauration, fait pâle figure à côté du général

Boulanger qui contente tout le monde avec un programme plutôt vague résumé en trois mots : « Dissolution, constituante, révision ». Révision ? Beaucoup de monarchistes voient dans ce mot un synonyme de restauration ! Clemenceau se mord les doigts d'avoir promu ce général ambigu, qui ne mesure pas vraiment la portée de ses mots, et qui, sans s'en apercevoir, menace la République ! Il devient alors le plus farouche adversaire de Boulanger qui porte et fait porter à ses partisans un œillet rouge. En 1888, le boulangisme bat son plein à Paris et en province.

12 juillet 1888 : Boulanger, blessé en duel, vacille…

UNE ANECDOTE

Le 15 avril 1888, lors d'élections partielles, Boulanger est élu dans le Nord et en Dordogne. Le 19 avril, il fait son entrée au Palais-Bourbon, accompagné d'une foule de ses partisans. Jules Ferry craint le coup d'État ! Le 12 juillet, Boulanger affronte violemment à la tribune de l'Assemblée le président du Conseil Floquet à qui il demande la dissolution de la Chambre des députés – elle contient, pour lui et ses partisans, trop de notables républicains. L'affrontement connaît le lendemain un épilogue privé : les deux hommes s'affrontent en un duel à l'épée, et Floquet blesse à la gorge le général qui vacille sur la prairie de l'affrontement, mais aussi dans certains esprits qui trouvent déplacé ce règlement de compte. Cela ne l'empêche pas d'être triomphalement élu député de la Seine le 27 janvier 1889, lors de législatives partielles ! 245 236 voix sont allées à Boulanger, son adversaire, le républicain Jacques en a récolté 162 875, quant au blanquiste, Boulé, il en compte 17 038 !

Figure 18-6 : La tour Eiffel en construction.

« À l'Élysée ! Non merci, je rentre chez Marguerite… »

Soir du dimanche 27 janvier 1889 : Boulanger est majoritaire partout – sauf dans le IIIe arrondissement. Alors qu'il dîne près de La Madeleine, son œillet rouge à la boutonnière, une foule immense se met à scander : « À l'Élysée ! À l'Élysée ! » Le coup d'État est à sa portée, quelques centaines de mètres, et le voici maître de la France entière ! Mais Boulanger sait que sa maîtresse, la vicomtesse Marguerite de Bonnemain, l'attend. Il craint fort qu'elle n'approuve pas ce projet de coup d'État ! N'y perdrait-elle pas un peu de son général adoré qu'elle veut tout pour elle ? Au lieu d'aller à l'Élysée, Boulanger, au grand désespoir de ses partisans, va donc la retrouver, dans l'intimité de leur appartement de la rue Dumont d'Urville ! Début avril, le bruit court que Boulanger va être arrêté pour mise en danger de la sécurité de l'État. L'ayant appris, il s'en effraie : s'il est emprisonné, il sera séparé de Marguerite ! Les voici donc qui s'enfuient tous deux en Belgique, le 2 avril 1889 !

LE SAVIEZ-VOUS ?

La tour la plus haute du monde

1889 ! Trente millions de visiteurs vont se presser à l'exposition universelle inaugurée par le président Sadi Carnot le 6 mai. C'est le centenaire de la réunion des états généraux, première étape de la Révolution française, en 1789. On inaugure à cette occasion la tour Eiffel qui porte le nom de son concepteur ; il l'a imaginée en 1884, en a livré les plans définitifs en 1886. En 1887, sa construction a commencé. Le 21 août 1888, le deuxième étage était achevé – malgré une pétition d'artistes, Maupassant, Victorien Sardou, Charles Gounod, entre autres, qui s'opposent à son érection, la trouvant d'une laideur absolue. Et le 6 mai 1889, la tour la plus haute du monde est assaillie par une file de visiteurs ininterrompue jusqu'à nos jours…

UNE ANECDOTE

« Il est mort comme il a vécu : en sous-lieutenant ! »

Suivons encore un peu dans le temps les deux amoureux Marguerite et Georges : installé à Ixelles, le général lance, le 11 novembre 1889, en direction de la France, un appel à former une République populaire. Aucune réponse. De personne ! Sauf d'une dizaine d'irréductibles devant le Palais-Bourbon, mais qui déguerpissent en vitesse à l'arrivée des forces de l'ordre ! Plus rien jusqu'au 16 juillet 1891 : ce jour-là, à Ixelles, Marguerite, depuis quelques années atteinte de tuberculose, s'éteint dans les bras du général qui la soignait sans relâche ! Le 30 septembre suivant, ne supportant pas la disparition de celle qu'il aimait, le général Georges Boulanger se rend au petit cimetière d'Ixelles. Il est sombre et déprimé. Vers midi un quart, il prend un pistolet de gros calibre dont il place le canon sur sa tempe gauche. Il presse la détente. La balle ressort par la tempe droite. La mort est instantanée. Clemenceau aura cette phrase assassine pour son ancien protégé : « Boulanger est mort comme il a vécu : en sous-lieutenant ! »

Affairisme, enrichissement, anarchisme

Les petits épargnants, les petits porteurs ne sont pas à la fête à partir de 1881. En effet, si le percement de l'Isthme de Suez fut un succès, celui de Panama va ruiner bon nombre de modestes investisseurs. De grosses fortunes, dans le même temps, deviennent immenses, déclenchant une inquiétante vague de terrorisme.

1881 : achetez du Panama !

En dix ans, de 1859 à 1869, Ferdinand de Lesseps, cousin de l'impératrice Eugénie, avait réussi, sans l'aide des banques, à mener à bien le percement de l'isthme de Suez. Une dizaine d'années plus tard, en 1881, il fonde la Compagnie interocéanique qui rassemble les fonds drainés auprès de petits épargnants. Objectif : Panama ! Il s'agit tout simplement de creuser un canal qui reliera les deux océans, le Pacifique et l'Atlantique, entre les deux Amériques. Mais les travaux n'avancent que fort lentement : il faut franchir une cordillère montagneuse, une épidémie de fièvre jaune se déclare. Les fonds sont bientôt totalement épuisés. Il faut de nouveau faire appel aux épargnants. Lesseps verse alors de grosses sommes à la presse – dont *La Justice*, le journal de Clemenceau – afin que d'élogieux articles bernent les candidats au placement Panama ! Mais cela ne suffit pas, l'entreprise devient un tel gouffre qu'il faut lancer un emprunt national, et pour cela, le faire voter par les députés.

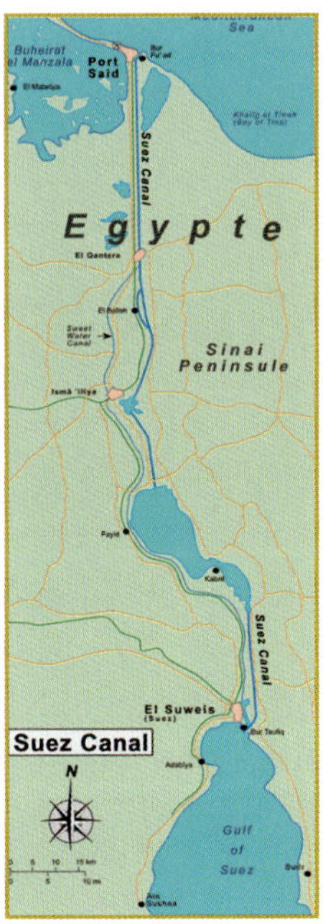

Figure 18-7 : Carte du canal de Suez.

1888 : acheter les députés…

Comment convaincre les députés ? En associant Eiffel à l'entreprise, mais aussi, en fournissant à ceux qui l'acceptent un chèque tout à fait convaincant ! Trois financiers – le baron de Reinach, Cornélius Herz et Lévy-Crémieux – se chargent de cette démarche. L'emprunt est accordé mais, peu de temps après, l'entreprise Panama fait faillite et de nombreux petits épargnants sont ruinés. Le scandale éclate en septembre 1892. Reinach est retrouvé mort à son domicile ! Herz s'enfuit, mais prend le soin de livrer à la presse le nom des 140 députés achetés ! Et Clemenceau, l'ami de Cornélius Herz, va disparaître de la scène politique pour quelques années !

1892 : achetez de l'emprunt russe !

Déçus, ruinés, ou les deux à la fois, les petits – et moins petits – épargnants vont se tourner alors vers des placements sûrs ou qu'ils jugent tels : ils commencent, en 1892, par les emprunts russes… C'est le début d'investissements à l'étranger qui vont provoquer l'exportation de sommes considérables, sommes qui, pour certaines, ne reviendront jamais. Par ailleurs, cet argent que les épargnants tentent de faire fructifier sous d'autres cieux va cruellement manquer à la modernisation de l'économie française.

1892 à 1894 : de Ravachol à Caserio

L'affairisme, l'enrichissement de la bourgeoisie provoquent une violente réaction anarchiste. « La société est pourrie ! Partout, dans les ateliers, dans les champs, dans les mines, il y a des êtres humains qui travaillent et souffrent, sans pouvoir espérer acquérir la millième partie du fruit de leur travail ! » C'est sur cette profession de foi que repose la vague d'attentats qui va secouer la France – Paris surtout – entre 1892 et 1894, se terminant par l'assassinat du président de la République, Sadi Carnot. Lorsqu'il est jugé, l'anarchiste Émile Henry ajoute à cette profession de foi un complément qui explique ainsi l'action du groupe auquel il appartient : « Nous livrons une guerre sans pitié à la bourgeoisie ! » Voici la liste des actions menées jusqu'en 1894 :

Les attentats de 1892 :

- 29 février 1892 : un attentat fait exploser le hall de l'hôtel du prince de Sagan à Paris. Pas de victimes.
- Le 11 mars, attentat contre le domicile d'un magistrat qui préside le procès des auteurs d'un autre attentat.
- Le 14 mars, attentat contre la caserne Lobau, à Paris.
- Le 30 mars, arrestation de l'auteur des deux derniers attentats : François-Claudius Koenigstein, recherché pour meurtre et surnommé Ravachol – c'est le nom de sa mère.

- Le 25 avril : explosion meurtrière au restaurant *Véry* où Ravachol a été arrêté : deux morts, une dizaine de blessés.
- Le 26 avril, le procès de Ravachol commence en cour d'assises. Il est condamné aux travaux forcés. Mais, pour avoir – quelques années auparavant – déterré une baronne afin de lui voler ses bijoux, et étranglé un vieillard fortuné, il est exécuté le 11 juillet 1892.
- Le 5 novembre, une bombe explose dans un commissariat de police de Paris.

Les attentats de 1893 et 1894

- 9 décembre 1893 : l'anarchiste Vaillant lance une bombe à la Chambre des députés. Le président, imperturbable, ayant constaté qu'elle avait fait peu de dégâts déclare : « Messieurs ! La séance continue ! »
- Le 5 février 1894, Vaillant, condamné à mort, est exécuté.
- Le 12 février 1894, une bombe est lancée dans le café *Le Terminus* de la gare Saint-Lazare. Bilan : un mort, dix-sept blessés.
- Le 21 mai 1894, l'anarchiste Émile Henry, auteur de l'attentat du 12 février, est exécuté.
- Le 24 juin, à Lyon, le président Sadi Carnot inaugure une exposition. Le soir, alors qu'il se rend au théâtre, il est assassiné par l'anarchiste italien Caserio qui venge ses amis Vaillant et Henry.
- Du 6 au 12 août 1894, trente anarchistes sont jugés à Paris. Condamné à mort, Caserio est exécuté le 16 août.

LE SAVIEZ-VOUS ?

Six mois et dix-huit jours !

Sadi Carnot assassiné, c'est Jean-Casimir Perier qui est élu président de la République. C'est un républicain modéré qui va être rapidement handicapé par son immense fortune. En effet, ses adversaires le surnomment Casimir-Perier d'Anzin, sachant que le nouveau président est le principal actionnaire de ces mines où souffrent quotidiennement des milliers de mineurs. Jaurès et les socialistes l'attaquent avec tant de virulence qu'il jette l'éponge, donnant sa démission le 16 janvier 1895. C'est le mandat le plus court de l'histoire de la République : six mois et dix-huit jours !

1894 à 1906 : l'affaire Dreyfus

Une affaire d'espionnage, dans un contexte de revanche contre l'Allemagne, va mettre en effervescence la France entière : Alfred Dreyfus, un officier français, est accusé d'avoir livré aux Allemands des informations confidentielles. Il est innocent, cette accusation est un coup monté : Dreyfus est Juif, les antisémites l'ont choisi pour discréditer toute la gauche. Mais, peu à peu, grâce à l'obstination du frère de Dreyfus, la vérité va éclater !

Des documents confidentiels livrés à l'Allemagne

Jamais la perte de l'Alsace et de la Lorraine – et de ses riches minerais… – n'a été admise en France, l'esprit de revanche ne cesse de se développer. La tension est vive pour tout ce qui concerne les relations entre la France et la Prusse. Tout est surveillé, même les corbeilles à papier ! C'est dans l'une d'elles qu'est découvert, à l'ambassade d'Allemagne, un bordereau rédigé par un officier français. Ce bordereau annonce l'envoi de documents confidentiels à l'attaché militaire allemand Schwarzenkoppen.

Alfred Dreyfus arrêté

Qui donc a pu transmettre ces documents ? De quels indices dispose-t-on ? De l'écriture de l'envoyeur, bien visible sur le bordereau. C'est mince ! Mais c'est suffisant pour le ministre de la Guerre, le général Mercier : il croit reconnaître, puis il reconnaît l'écriture du capitaine Afred Dreyfus, polytechnicien, ancien élève de l'École de guerre ! Dreyfus tombe des nues : il clame son innocence, en vain ! Il est Juif, et le sentiment antisémite est exacerbé dans l'armée tout entière. Le 15 octobre 1894, après une enquête du commandant du Paty de Clam, il est arrêté et écroué à la prison du Cherche-Midi.

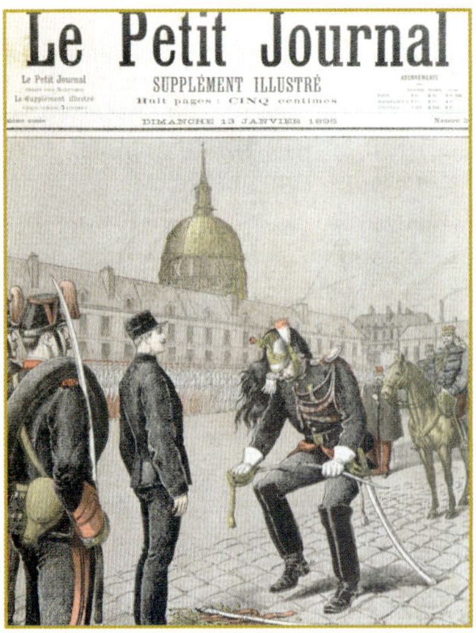

Figure 18-8 : La dégradation du capitaine Dreyfus, dans *le Petit Journal* du 13 janvier 1895.

1894 : Jaurès « Pour Dreyfus ? La peine de mort ! »

Alfred Dreyfus va passer en conseil de guerre. Le 22 décembre, le général Mercier communique au juge, à l'insu des avocats de Dreyfus, des preuves secrètes destinées à accabler l'accusé. En réalité ces preuves sont des faux ! Dreyfus est reconnu coupable, il est condamné à la dégradation militaire, et à la déportation à perpétuité. Jaurès – qui rattrapera plus tard cette déclaration… – affirme à la Chambre des députés, le 24 décembre 1894, qu'il se lave les mains du sort de ce capitaine juif, et que la peine qui lui est infligée est bien trop douce, la mort eût été préférable ! Le 5 janvier 1895, dans la cour des Invalides, Dreyfus est dégradé. Le 21, il embarque pour l'île du Diable, en Guyane.

Mathieu Dreyfus défend son frère

Dans le camp de Dreyfus, on ne désarme pas. Son propre frère, Mathieu, n'admet pas le silence coupable qui entoure l'affaire. Il trouve une aide précieuse auprès d'un officier du service des renseignements, le colonel Picquart. Celui-ci détient la preuve qu'entre l'attaché militaire allemand, Schwarzenkoppen, et un officier français d'origine hongroise, Esterhazy, joueur invétéré, existe une abondante correspondance secrète. Picquart sait qu'il tient le coupable : Esterhazy ! Il en informe le chef de l'état-major, le général de Boisdeffre qui, pour toute réponse, l'envoie poursuivre sa carrière dans… le Sud tunisien ! Mathieu Dreyfus s'adresse alors au journaliste Bernard-Lazare qui publie en 1896 une brochure où l'innocence du capitaine est démontrée. Personne ne s'y intéresse, sauf un vieux Sénateur, Scheur-Kestner, qui publie dans le journal *Le Temps* un article résumant la brochure. Le lendemain, Mathieu Dreyfus livre le nom de l'auteur du bordereau : Esterhazy !

1898 : Jaurès « Dreyfus est innocent ! »

Le 10 janvier 1898, Esterhazy passe devant le conseil de guerre… qui l'acquitte ! Dès lors, partout en France, dans les usines, dans les bureaux, dans les chaumières, les campagnes, les familles, dans les ménages même, deux camps vont s'affronter, parfois violemment : les dreyfusards – toute la gauche radicale, les socialistes qui suivent Jaurès, revenu de son jugement de 1894… – et les anti-dreyfusards – la droite nationaliste, autour de Déroulède, soutenue par la presse catholique. Émile Zola suit l'affaire. Convaincu de l'innocence de Dreyfus, il déclare : « La vérité est en marche, rien ne peut plus l'arrêter ! » Conscient de l'immensité du mensonge qui, depuis quatre ans, n'inquiète que fort peu les bonnes consciences, il propose au journal *L'Aurore* une lettre ouverte au président de la République. Jean Jaurès rattrape, quant à lui, son jugement de 1894, présentant ainsi Dreyfus en août 1898, dans le journal *La Petite République* : « Alfred Dreyfus est seulement un exemplaire de l'humaine souffrance en ce qu'elle a de plus poignant. Il est le témoin vivant du mensonge militaire, de la lâcheté politique, des crimes de l'autorité. Il est innocent, je le démontrerai ! »

Cruciale Fachoda

Fachoda, c'est une petite ville, au cœur du Soudan, sur les bords du Nil blanc. Le 18 septembre 1898, le capitaine Jean-Baptiste Marchand qui dirige une expédition française baptisée Congo-Nil, voit arriver une armée britannique de 20 000 hommes sous les ordres du général Kitchener. Le projet de la République française est de constituer en Afrique un axe ouest-est – du Sénégal à Djibouti. Celui des Anglais consiste à installer un axe nord-sud, de l'Égypte au Cap. Et Fachoda est le point crucial – le point au centre de la croix – de ces deux volontés colonialistes. Qui va passer ? Faut-il que la France et l'Angleterre se déclarent la guerre pour Fachoda ? Le ministre des Colonies, Delcassé, farouche partisan de la revanche contre l'Allemagne, envisage une alliance avec l'Angleterre pour récupérer l'Alsace et la Lorraine. Il décide donc de laisser l'avantage aux Anglais à Fachoda : Marchand est sommé de se retirer ! Le 21 mars 1899, les Anglais entrent en possession de la totalité du bassin du Nil ! En France, cette décision choque l'opinion, mais les passions déchaînées par l'affaire Dreyfus font bien vite passer au second plan la plus que fâcheuse reculade de Fachoda.

13 janvier 1898 : le titre de Clemenceau : « J'accuse »

Georges Clemenceau qui tient une rubrique dans le journal *L'Aurore* apporte son soutien à Dreyfus. Il le fait d'autant plus volontiers qu'il est tenu à l'écart de la vie politique depuis l'affaire de Panama ! C'est lui, Clemenceau, qui trouve le titre choc de l'article de Zola : « J'accuse ». Le 13 janvier 1898, l'article paraît. Sentant que la vérité pourrait éclater, des officiers antidreyfusards, dont le colonel Henry, fournissent, de nouveau, de fausses preuves de la culpabilité du capitaine ! Quant à Zola, il est déféré devant la

Félix Faure sans connaissance

Le médecin : « Monsieur le Président a-t-il toujours sa connaissance ? » Les domestiques : « Non ! On l'a fait sortir par derrière ! » C'est le dialogue qu'on a pu entendre le 16 février 1899 à l'Élysée : le président de la République Félix Faure – très hostile à la révision du procès Dreyfus – vient d'avoir un malaise dans les bras de sa « connaissance » Marguerite Steinhel, une demi-mondaine. Il ne s'en relèvera pas. Le président Soleil comme on l'appelait à cause de son goût pour le faste – c'est un ancien ouvrier qui a fait fortune – collectionne les conquêtes jusqu'à ce jour fatal. Il n'est pas le seul : Clemenceau affiche lui aussi une robuste santé, multipliant les aventures féminines – son épouse américaine se console dans les bras de ses amants jusqu'au jour où le Tigre la découvre en pleine consolation, et la renvoie aux États-Unis, en troisième classe sur le bateau, après en avoir divorcé ! La palme de la vigueur revient sans doute à Ferdinand de Lesseps : à soixante-quatre ans, il épouse une jeune fille de vingt-deux ans qui lui donnera douze enfants ; ce qui ne l'empêche pas de rendre des visites régulières dans les maisons closes. À quatre-vingt-cinq ans, il manifeste encore sa présence auprès de trois ou quatre de leurs pensionnaires, plusieurs jours par semaine…

cour d'assises de la Seine, condamné à un an de prison et à 3 000 francs d'amende ! Le 18 juillet, sa condamnation est confirmée. Aussitôt, Clemenceau lui conseille de fuir, ce que fait Zola qui fonce en automobile vers Calais ; puis il prend un bateau pour l'Angleterre !

31 août 1898 : Henry retrouvé suicidé

Le 8 juillet 1898, le colonel Picquart, dans une lettre ouverte au président du Conseil, affirme que les pièces qui ont fait condamner Dreyfus en 1894 sont des faux. Cinq jours plus tard, il est arrêté et emprisonné ! Esterhazy est également emprisonné, mais pour escroquerie. En août, coup de théâtre : convoqué le 30 par le ministre de la Guerre Godefroy Cavaignac, le colonel Henry avoue enfin avoir créé de toutes pièces de faux documents pour faire condamner Dreyfus ! Aussitôt, il est enfermé au mont Valérien ; on prend le soin de lui laisser des affaires de toilette, dont son rasoir. Le lendemain, 31 août, Henry est retrouvé mort ! Le scandale est énorme. Le ministre démissionne. Son remplaçant, Dupuy, ordonne la révision du procès.

Figure 18-9 : J'accuse.

Dreyfus réhabilité

Dreyfus quitte l'île du Diable. Il débarque en août 1899 à Quiberon. Il est transféré à Rennes où s'ouvre son second procès. Le 11 septembre, Dreyfus est reconnu… coupable avec circonstances atténuantes ! Le verdict paraît absurde : le nouveau président de la République, Émile Loubet, gracie le capitaine Dreyfus. Mais ses défenseurs souhaitent un acquittement complet. Il n'interviendra que le 12 juillet 1906, sous le gouvernement de Clemenceau. Le jugement cassé, Dreyfus réintégrera l'armée avec le grade de chef d'escadron. Picquart, celui dont le courage a fait éclater la vérité, sera nommé d'abord général, puis ministre de la Guerre de Clemenceau !

Dreyfus cible d'un exalté

Le jeudi 4 juin 1908, en présence du président de la République Armand Fallières, de nombreuses personnalités politiques et d'une foule importante, les cendres d'Émile Zola, mort asphyxié dans sa chambre en 1902 – les causes de cette asphyxie demeurent mystérieuses –, sont transférées au Panthéon. Soudain, un exalté, Suthelme, dit Grégory, reporter militaire au journal Le Gaulois, tire deux coups de feu sur le commandant en retraite Alfred Dreyfus qui avait pris place près du catafalque ! Alfred Dreyfus est légèrement blessé à l'avant-bras droit. Profondément marqué par toute l'affaire qu'il a vécue avec beaucoup de courage et de dignité, Dreyfus s'éteindra à Paris en 1935. Yves Duteil, l'auteur de la chanson *Prendre un enfant par la main*, désignée meilleure chanson du siècle dernier, est son petit-neveu.

République et laïcité

La loi du 1er juillet sur les associations va avoir des conséquences considérables sur le progrès de la laïcité.

4 juin 1899 : des coups de canne sur la tête du président !

Les suites de l'affaire Dreyfus vont donner l'avantage à un gouvernement de défense républicaine. L'antisémitisme qui s'est déchaîné est victime de ses outrances, de ses dérives. Aux obsèques de Félix Faure, Paul Déroulède, le créateur de la Ligue des patriotes, tente un coup d'État qui échoue piteusement : le régiment qu'il voulait entraîner à sa suite vers l'Élysée pour prendre le pouvoir n'avance pas d'un centimètre. Les nationalistes ne désarment pas : le nouveau président Émile Loubet est assailli le 4 juin 1899 par une bande d'agités sur le champ de courses d'Auteuil, il est traité de président des Juifs, le baron Christiani lui donne même des coups de canne sur le tête !

À la porte, Déroulède !

Des coups de canne sur la tête d'Émile Loubet, le président ! C'en est trop : Pierre Waldeck-Rousseau – républicain qui, avec Ferry, a fait voter en 1884 la loi sur les syndicats professionnels – devient président du conseil. Son gouvernement de défense républicaine est composé de radicaux, mais aussi d'Alexandre Millerand, le Premier ministre socialiste de la République. Le trublion Déroulède est condamné au bannissement, les chefs de la ligue antisémite sont poursuivis. En octobre 1900, Waldeck-Rousseau prononce à Toulouse un discours qui va faire grand bruit : il y dénonce les moines ligueurs et les moines d'affaires, il montre du doigt les religieux congrégationnistes, parle du milliard des congrégations !

La loi sur les associations : 1er juillet 1901

UNE DATE À RETENIR

Un pas de plus est franchi le 1er juillet 1901 : afin que les congrégations religieuses ne puissent plus proliférer sans le contrôle de l'État, une loi sur les associations est votée. Désormais, les associations de personnes peuvent se former librement. Cependant, une déclaration rendant publique la création de l'association est obligatoire. Un décret publié le 16 août précise que, pour ce qui concerne les congrégations religieuses, la demande doit être adressée au ministère de l'Intérieur qui fait procéder à une instruction et transmet le dossier au Conseil d'État. Le barrage est prêt à fonctionner !

Hypocoristiquement : « Le petit père Combes »

Le 4 juin 1902, Waldeck-Rousseau, gravement malade, démissionne. C'est alors qu'arrive sous les projecteurs de la scène politique, un Sénateur radical, le plus radical des radicaux : Émile Combes – « le petit père Combes », hypocoristique créé par l'histoire. C'est un ancien séminariste. Reçu docteur en théologie avec une thèse sur saint Thomas d'Aquin en 1860, il commence à enseigner, mais à la manière de Renan, une petite voix lui susurre au tréfonds de ce qu'il ne nomme plus alors son âme mais sa conscience « Ce n'est pas vrai, tout cela n'est pas vrai ! » ; bref, il devient athée. Non seulement athée, mais pris d'une sorte de frénésie vengeresse contre le goupillon ! Devenu médecin, il exerce un temps puis est élu Sénateur en 1885. Président du Conseil, ministre de l'Intérieur et des Cultes en mai 1902 –, il a soixante-sept ans – il prend pour levier la loi de 1901 et fait basculer dans l'illégalité des centaines de congrégations non autorisées. Son objectif avoué est de les supprimer toutes jusqu'à la dernière !

L'anticléricalisme masque le malaise social

Bloc républicain, bloc de la défense républicaine, ou bloc des gauches ? Ces trois noms recouvrent une coalition de parlementaires de gauche soutenant Waldeck-Rousseau depuis 1889. Elle soutient aussi Dreyfus et triomphe aux élections législatives d'avril 1902, réunissant des socialistes, des républicains modérés, des radicaux socialistes et des radicaux. Ces derniers sont les plus nombreux, Combes à leur tête. Dans leur collimateur, l'Église ! Ils vont développer un anticléricalisme tellement outré que les socialistes vont prendre leurs distances par rapport à cette attitude qui masque le malaise social, et n'agit pas pour l'atténuer ; les grèves organisées par la CGT se multiplient. Le parti socialiste se réorganise. Le bloc des gauches éclate en 1905 lorsque la Section française de l'Internationale ouvrière est créée : la SFIO.

4 novembre 1904 : des fiches, une gifle, Combes tombe

En 1904, une loi est votée qui interdit d'enseignement les membres des congrégations, même autorisées ! Cette fois, le pape Pie X s'en mêle : les relations diplomatiques sont rompues avec le Vatican ! Combes exulte. Pas pour longtemps : on découvre que le ministre de la Guerre, le général André

– du cabinet Combes –, a mis au point un système de fiches qui détermine l'avancement des officiers en fonction de renseignements d'ordres religieux et politiques, et ces renseignements sont obtenus auprès des loges maçonniques. Le 4 novembre 1904, au milieu d'un débat fort houleux à la Chambre, le député nationaliste Syveton gifle le général André. Ça fait désordre… Combes est obligé de démissionner le 19 janvier 1905, laissant à ses successeurs le soin de régler le problème du concordat qui bat de l'aile.

Avril 1905 : la séparation de l'Église et de l'État

C'est Aristide Briand le successeur de Combes au ministère de l'Intérieur et des Cultes qui va apaiser les esprits et faire voter la loi sur la séparation de l'Église et de l'État. Cette loi met fin au concordat – signé le 16 juillet 1801 à deux heures du matin par le Premier consul. Désormais, la République assure la liberté de conscience, garantit le libre exercice des cultes, mais n'en reconnaît ni n'en subventionne aucun. La laïcité à la française est née. Les biens détenus par les églises deviennent la propriété de l'État qui se réserve le droit de les mettre à la disposition des associations cultuelles qui pourront en disposer gratuitement. La république des radicaux a donc réussi à créer les conditions nécessaires à un changement profond des mentalités.

Tous ensemble, égaux, pour la paix et la guerre

Les instituteurs – les hussards noirs de la République – prennent en main les consciences – dont Jules Ferry avait promis qu'elles seraient enlevées aux religieux. Ils enseignent une autre sorte de foi : la foi dans le progrès, dans l'unité républicaine. Ils assurent à chacun des conditions d'égalité pour avoir accès au savoir – la richesse n'est plus une condition nécessaire pour aller vers les diplômes. La pensée républicaine installée dans les jeunes générations – qui éduqueront elles-mêmes leurs enfants de la même façon –, une deuxième unité peut alors être envisagée : celle de l'action. Et cette action que chacun souhaite depuis 1870, c'est la revanche, la guerre au terme de laquelle l'Alsace et la Lorraine reviendront dans le giron national !

Georges Clemenceau partisan de l'ordre à tout prix

Avant d'être le « le Père la victoire » de 1917, Georges Clemenceau est un grand partisan de l'ordre républicain qu'il fait régner, soit par la négociation, soit par des méthodes autoritaires et parfois excessives.

1906 : le premier flic de France

« Je suis le premier flic de France ! » Qui parle ainsi de lui-même ? George Clemenceau, ministre de l'Intérieur en 1906 ! Et il le démontre : les syndicalistes révolutionnaires qui se sont proclamés politiquement indépendants veulent aller droit au but, et prendre le pouvoir, par tous les moyens, même et surtout par la violence. Il faut, disent-ils, agir contre le patronat, et non contre une façade parlementaire qui n'est qu'un leurre. Et pour agir contre le patronat, la seule action, c'est la grève générale.

Jules Bonnot, Raymond la science, l'homme à la carabine…

« La caisse ! » L'employé de la Société Générale de la rue Ordener à Paris hésite. Les bandits, eux, n'hésitent pas : ils ouvrent le feu, blessent grièvement le caissier, et s'enfuient dans une automobile pétaradante ! Nous sommes le 21 décembre 1911. C'est le début de l'épopée sanglante d'une bande commandée par Jules Bonnot, un ouvrier mécanicien, faux-monnayeur et militant syndicaliste. On y trouve Raymond Callemin, dit Raymond la Science tant sa soif de lecture est grande ! On y trouve Soudy qui n'a rien à perdre : tuberculeux, pauvre, l'aventure tragique le rend célèbre, il devient l'homme à la carabine. On y trouve Carouy, un ancien tourneur sur métaux, une armoire à glace ! On y trouve deux anciens déserteurs : Garnier et Valet. Cette bande va de nouveau attaquer la Société Générale le 25 mars 1912, à Montgeron et Chantilly, tuant deux employés.

Le 24 avril, à Ivry, les bandits sont cernés dans une maison. Ils sont presque tous arrêtés. Jules Bonnot, qui a tué le sous-chef de la police, est parvenu à s'enfuir. Il s'est réfugié chez un garagiste à Choisy-le-Roi. Le 29 avril 1912 à l'aube, le garage est encerclé. Le préfet de police, le chef de la sûreté, le procureur de la République et une nuée de reporters sont là ! Tous se sont donné rendez-vous pour l'hallali : la bête féroce va être abattue. Trente mille curieux se pressent sur les lieux. L'assaut est donné. Bonnot se défend comme un diable, mais tombe sous les balles. Le 15 mai, Garnier et Valet sont rattrapés à Nogent-sur-Marne, et abattus !

Anarchiste, Bonnot ? Plutôt l'homme d'une idée, l'idée du théoricien du groupe, un certain Kilbatchiche, fils d'immigrés russes né à Bruxelles. L'anarchie théorique qu'il développe est transformée par Bonnot en actes criminels. Les deux hommes rompent leurs relations. Bonnot s'enfonce dans le crime. Kilbatchiche, à l'issue du procès du 28 février 1913 – Raymond la Science et l'Homme à la carabine sont condamnés à mort, l'armoire à glace aux travaux forcés à perpétuité –, écope de cinq années de réclusion. Libre, il deviendra l'écrivain Victor Serge, collaborateur de Trotski. Il mourra en 1940, à Mexico.

1908 : les fonctionnaires interdits de grève

Pendant quatre ans, les syndicats qui ont développé une tendance anarchiste vont tenter de s'emparer du pouvoir. Mais Clemenceau, président du Conseil, est là : il donne des ordres précis aux préfets qui les appliquent et font tirer sur les manifestants lorsqu'ils menacent l'ordre public. En juillet 1908, à Draveil et à Villeneuve-Saint-Georges, les dragons et les cuirassiers chargent, et font plus de 10 morts et 200 blessés ! Les postiers, les instituteurs se mettent en grève à leur tour. La réaction des députés est immédiate : sur les conseils de Clemenceau, ils votent une loi interdisant le droit de grève aux fonctionnaires.

Briand la répression, Caillaux la paix, Poincaré la guerre

Jusqu'en 1914, l'idée ne cesse d'obséder tous les gouvernements : il faut reprendre à l'Allemagne l'Alsace et la Lorraine ! Caillaux réussit à maintenir la paix. Poincaré, qui le remplace, renforce les alliances avec l'Angleterre et la Russie. Bientôt, la guerre éclate.

5 avril 1910 : la retraite à soixante-cinq ans

Les ouvriers perdent confiance en Clemenceau. Il est remplacé par Aristide Briand en 1909. C'est un ami de Jaurès avec qui il a fondé le Parti socialiste français (PSF) qui s'oppose aux doctrinaires marxistes, tel Jules Guesde, un socialiste indépendant qui n'a pas accepté la création de la SFIO. Aussitôt qu'il devient président du Conseil, il fait voter des lois afin d'améliorer le sort des ouvriers. Du 26 mars au 5 avril 1910, la loi sur la retraite des ouvriers est discutée par les députés. Adoptée par 365 voix contre 4, elle est promulguée le 5 avril : l'âge de la retraite est fixé à soixante-cinq ans. Le régime s'applique à tous les salariés gagnant moins de 3 000 francs par an. Son financement est assuré par les cotisations des salariés et des patrons. Bonnes intentions d'un côté, répression de l'autre : Briand refuse la grève des cheminots, il prononce leur réquisition dans l'intérêt national. Des émeutes sanglantes se produisent, de nouvelles grèves surviennent. Désavoué, Briand se retire le 27 février 1911.

1911 : Caillaux contre la guerre

Le nouveau président du Conseil s'appelle Joseph Caillaux. C'est un républicain de droite qui est passé à gauche et qui milite pour une entente avec l'Allemagne. En 1911, il évite de justesse la guerre : une canonnière allemande est pointée sur Agadir afin de contester l'influence de la France au Maroc ! Caillaux, à l'insu de son ministre des Affaires étrangères, réussit à calmer le jeu. Il signe des accords de compensation avec l'Allemagne. La guerre est évitée, mais Painlevé et Clemenceau l'attaquent violemment à la Chambre, et il doit démissionner en 1912. Les modérés succèdent aux radicaux. Le 17 janvier 1913, Raymond Poincaré est élu président de la République. C'est un Lorrain, né à Bar-le-Duc en 1860. À dix ans, il a été un jeune témoin traumatisé par l'occupation prussienne dans sa ville.

1913 : trois ans de service militaire

Poincaré est un républicain convaincu, un défenseur de la laïcité. Avocat, il a été élu conseiller général puis député. Dreyfusard en 1898, ministre des Finances en 1906, président du Conseil en 1912, il n'a pas accepté les accords secrets signés par Caillaux, se montre ferme envers l'Allemagne et renforce l'alliance avec la Russie et l'Angleterre. S'il a pu se déclarer défavorable à la guerre, il y pense fortement. Le 19 juillet 1913, une loi fixant à trois ans le service militaire est votée, malgré l'opposition des socialistes, de la CGT qui est à l'origine d'une manifestation ayant rassemblé 150 000 participants contre ce projet, au Pré-Saint-Gervais. L'âge de l'incorporation est fixé à vingt ans. Vingt ans, ce sera l'espérance de vie des générations de jeunes gens, entre 1914 et 1918.

Chronologie récapitulative

- 1815-1824 : règne de Louis XVIII, frère de Louis XVI.
- 1824-1830 : règne de Charles X, frère de Louis XVI
- 27, 28, 29 juillet 1830 : les Trois Glorieuses
- 1830-1848 : règne de Louis-Philippe, descendant du frère de Louis XIV –Monarchie de Juillet
- 25 février 1848 : IIe République (Louis-Napoléon Bonaparte élu président le 10 décembre 1848)
- 2 décembre 1851 : coup d'État de Louis-Napoléon Bonaparte
- 1852-1870 : second Empire
- 2 septembre 1870 : Napoléon III capitule à Sedan contre les Prussiens
- 19 septembre 1870 : siège de Paris par les Prussiens
- 28 janvier 1871 : capitulation de Paris
- 18 mars au 28 mai 1871 : Commune de Paris
- 30 janvier 1875 : IIIe République
- 16 juin 1881 : loi Jules Ferry sur la gratuité de l'enseignement primaire
- 1894-1899 : affaire Dreyfus
- 1913 : Raymond Poincaré président de la République

Sixième partie

De 1914 à 1945 : La tragédie européenne

Dans cette partie…

La première moitié du XXe siècle vit une tragédie telle que l'humanité n'en avait encore jamais vue : deux guerres mondiales vont faire des dizaines de millions de morts. L'Europe est à feu et à sang. La première guerre, celle de 1914-1918 devait durer peu de temps, quelques mois seulement, parce qu'on avait conscience que les nouvelles armes étaient très meurtrières : au total, jusqu'en 1945, elles vont vomir la mort pendant dix ans. Les enjeux sont complexes : derrière l'idéologie fasciste qu'il faut combattre se cache un problème d'identité des États européens, identité économique, identité politique que les deux conflits n'ont pas totalement résolu.

Chapitre 19

1914 à 1918 : La Première Guerre mondiale : un massacre !

Dans ce chapitre :

- Assistez au début de la guerre de mouvement, puis à la guerre de position
- Devenez les témoins des batailles de Verdun, de la Somme, du Chemin des Dames
- Comprenez les mutineries, assistez à la signature de l'armistice

Il faut récupérer l'Alsace et la Lorraine, leitmotiv incessant depuis la guerre de 1870. L'Alsace et la Lorraine vont être récupérées, provoquant bien des échancrures sur la pyramide des âges de la population française…

La Triple entente contre la Triple alliance

L'équilibre est fragile en Europe depuis le début du XXe siècle ; il s'en est fallu d'un rien en 1911 pour que la guerre éclate. En 1914, c'est, pour tous les revanchards, le grand soir.

28 juillet 1914 : l'Autriche déclare la guerre à la Serbie

UNE DATE À RETENIR

Tout le monde le sait, tout le monde l'attend : la guerre va éclater. La mèche est allumée par un étudiant serbe…

La poudrière

Depuis 1904, l'entente cordiale est établie entre la France et l'Angleterre. L'épisode de Fachoda est jeté aux oubliettes ! Cette entente cordiale s'est étendue à la Russie qui a pris sous sa protection la Serbie indépendante. Ainsi est née la Triple entente. Face à elle, la Triple alliance – ou Triplice –

rassemble l'Allemagne, l'Autriche et l'Italie. La course aux armements n'a cessé depuis le début du siècle, de sorte que chacun des pays se sent prêt à en découdre avec l'adversaire. On imagine que la guerre sera courte tant les arsenaux regorgent d'armes – sa brièveté est une nécessité, car les dernières inventions en matière d'armement sont très meurtrières : six mois, pas plus ! Et l'Alsace-Lorraine aura repris sa place à l'intérieur des frontières et de l'industrie française !

La mèche

Oui, mais il faut bien un déclencheur à ce conflit que tout le monde sait proche, et dont personne ne connaît ni le jour, ni l'heure. Le déclencheur, c'est un étudiant serbe : Gravilo Princip. Il appartient à une organisation terroriste, la Main noire. Le 28 juin 1914, il assassine l'archiduc héritier de la double monarchie d'Autriche-Hongrie, François-Ferdinand, et son épouse, la duchesse de Hohenberg, au cours d'un voyage qu'ils effectuent à Sarajevo. Aussitôt, c'est l'engrenage : l'Autriche accuse la Serbie d'avoir organisé cet attentat. Le 30 juillet, afin de défendre son allié serbe, le tsar donne l'ordre de mobilisation générale à ses troupes, et cela malgré les conseils de prudence de la France. L'Allemagne lance alors un ultimatum à la Russie, lui demandant de cesser cette mobilisation. Le 1er août, l'ultimatum est rejeté, l'Autriche déclare la guerre à la Russie. Le même jour, le tocsin sonne partout en France pour annoncer la mobilisation générale.

Figure 19-1 : François-Ferdinand et son épouse, quelques instants avant l'assassinat qui allait mettre le feu aux poudres...

L'explosion

Ce 1er août 1914, les hommes, dans les campagnes effectuent les moissons. Ils laissent leurs faux, les blés sous le soleil. Des centaines de milliers de jeunes gens – ils seront le 18 août, la mobilisation terminée, 1 700 000 –, ruraux ou citadins sont prêts en quelques jours et se préparent à partir à la rencontre de l'armée allemande. Où ? Personne ne le sait vraiment. Le 2 août, l'Allemagne a adressé un ultimatum à la Belgique, pourtant neutre, afin d'obtenir le libre passage de ses troupes qui ont déjà atteint le Luxembourg. L'Angleterre demande à l'empereur Guillaume II de renoncer à l'invasion de la Belgique. Il refuse. Le lendemain, 3 août, prétextant le survol par des avions français des villes de Karlsruhe et Nuremberg sur lesquelles auraient été lâchées des bombes, l'Allemagne déclare la guerre à la France. Le 4 août, les armées allemandes envahissent la Belgique, le roi des Belges Albert Ier se met à la tête de ses troupes. Le 5 août, la Grande-Bretagne déclare la guerre à l'Allemagne. Enfin, le 11 août, la France déclare la guerre à l'Autriche-Hongrie ! Les armes ont le champ libre !

4 août : l'union sacrée

La guerre, qui la fait ? Tous les Français, de toutes les tendances politiques. Dès la fin de juin, après l'attentat de Sarajevo, l'atmosphère de réconciliation domine, les divergences politiques disparaissent sous la nécessité de faire face à un ennemi dont l'arrivée en France est imminente. La CGT, opposée à la guerre, vient de perdre son orateur le plus enflammé, le plus opposé au conflit : Jean Jaurès qui a été abattu par un exalté, Raoul Vilain, le 31 juillet à 21 h 40, au *Café du Croissant*, rue Montmartre. Dans la nuit même, le comité confédéral du syndicat repousse l'ordre de grève générale et déclare que tous les socialistes feront leur devoir : ils iront se battre ! Dans l'après-midi du 4 août, Poincaré, le président de la République, déclare dans le discours qu'il prononce devant les députés : « La France sera défendue par tous ses fils dont rien ne brisera, devant l'ennemi, l'union sacrée. »

1914 : la guerre de mouvement

Les Français et les Allemands croyaient à une guerre courte et joyeuse. Dès la fin de 1914, ils pressentent que sa durée ne peut plus s'évaluer en mois : ce n'est pas parce que l'armée française est entrée dans Mulhouse – d'ailleurs rapidement reprise par les Allemands – que l'Alsace est libérée ! Après la guerre de mouvement où les ennemis cherchent à se déborder, viendra la longue guerre de position.

Le plan XVII de Joffre en échec

Joffre ne l'avait pas prévu, ou du moins il avait pensé que les Allemands n'oseraient pas le faire : la Belgique est envahie, la voie vers Paris est ouverte…

De Gaulle sur le pont !

Joffre avait pourtant préparé un plan – le plan XVII – qui intégrait la neutralité de la Belgique : les Allemands ne pouvaient utiliser son territoire. Aussi a-t-il concentré ses forces dans l'est – Belfort, Nancy, Montmédy, Bar-le-Duc. Il prévoit de couper en deux l'armée allemande, rééditant, en plus grand, la stratégie de Napoléon Ier à Austerlitz. Mais Alfred von Schlieffen – dès 1898 ! – avait prévu lui aussi sa stratégie pour entrer en France. Modifié par von Moltke, le généralissime des armées allemandes, ce plan violait la neutralité belge, trompant du même coup Joffre et ses troupes. L'armée française cependant tente de faire face, malgré ses faibles effectifs déployés dans le nord : le 13 août, le 33e régiment d'infanterie, qui compte dans ses rangs le lieutenant Charles de Gaulle, entre en Belgique. Le 15, ce régiment arrive à Dinant – la capitale belge du travail du cuivre, la dinanderie – et s'engage sur le pont qui franchit la Meuse. Le lieutenant de Gaulle y est blessé. Transporté à Paris, il est opéré à l'hôpital Saint-Joseph. Le 20 août, les troupes allemandes entrent dans Bruxelles.

Le feu tue !

Dès les premières semaines de la guerre, la France a perdu plus de 50 000 hommes. Les Allemands beaucoup moins. Cela tient à la différence de tactique de combats : les Français s'avancent vers l'ennemi le fusil à la main, la baïonnette au canon, en terrain découvert, vêtus d'un uniforme qui comporte un pantalon rouge garance ! Ce pantalon les fait aisément repérer par les Allemands qui, eux, se cachent dans les replis des terrains de combat, et attendent les offensives françaises derrière leurs puissantes mitrailleuses ! Les officiers français qui ont surtout fait des guerres coloniales et croient obstinément que seule l'attaque est l'attitude la plus efficace – le repli n'est jamais envisagé – apprennent à leurs dépens, après des reculades successives, que le rouge est visible de loin – contrairement au kaki des Allemands. Cette constatation est alors résumée dans la formule : « Le feu tue ! »

7 septembre 1914 : les taxis de la Marne

Pénétrant en Belgique, les Allemands pensent encercler les Français dans un vaste mouvement tournant. Si Joffre pense imiter Napoléon Ier à Austerlitz, ceux qui lui font face pensent, eux, reproduire, à plus grande échelle, Sedan où dut se rendre Napoléon III ! La Belgique franchie, ils approchent dangereusement de Paris. Le 2 septembre, ils sont à Senlis – la capitale n'est plus qu'à quarante-cinq kilomètres ! Mais Joffre, sans perdre son sang-froid, organise la retraite, et lance une contre-offensive du 5 au 12 septembre : c'est la bataille de la Marne. Gallieni a été nommé gouverneur de Paris. Il imagine alors un moyen pour conduire au plus vite quelque 10 000 soldats sur le front tout proche : le transport par taxi ! C'est ainsi que, réquisitionnés, les taxis parisiens transportent les troupes fraîches qui, avec les britanniques, contribueront à la victoire de la Marne. Le 29 août, sur le front de l'est, les Russes, malgré leur supériorité numérique, sont vaincus à Tannenberg.

Figure 19-2 : Les taxis de la Marne.

18 septembre au 15 novembre : la course à la mer

Les Allemands reculent vers l'Aisne, mais leur objectif est de s'emparer des ports du Pas-de-Calais. C'est aussi l'objectif des Français. Une course à la mer s'engage alors, du 18 septembre au 15 novembre. Les cavaleries françaises et allemandes se battent d'abord sur la Scarpe – combat dans le style des siècles passés auquel va se substituer l'affrontement à la mitrailleuse, aux canons de gros calibres capables de lancer des obus de plus en plus gros et meurtriers. Foch tente ensuite de coordonner des attaques disparates, d'établir une stratégie qui ne va déboucher sur aucune victoire décisive. La course à la mer qui représente une limite – et non un point de départ pour l'Angleterre – est le dernier mouvement d'une guerre qui va s'installer dans les tranchées, jusqu'en novembre 1918 !

Les poilus : des jeunes gens de dix-huit...

Les tranchées : creusées dans la hâte en plusieurs séries parallèles, elles sont reliées par des boyaux, bordées de refuges précaires éclairés de lampes à pétrole. Le soldat y vit dans une insécurité constante : les sapeurs ennemis creusent parfois sous les tranchées et les boyaux des galeries où sont déposées des mines qui explosent ! Dans les premières semaines, les lignes de tranchées sont si proches que les soldats des deux camps fraternisent, vite rappelés à l'ordre ! La peur, le froid, la faim, la présence des rats, celle des cadavres qui se décomposent, parfois suspendus aux barbelés de protection : l'existence de ceux qui sont appelés les poilus, parce qu'ils n'ont pas toujours le temps, les moyens ou l'envie de se raser, est terrible. Ces poilus sont des jeunes gens de dix-huit ans, des pères de famille, de toutes les catégories sociales, et qui proviennent de toutes les régions. La guerre va en broyer près d'un million et demi en quatre ans !

Figure 19-3 : Dans les tranchées. Deux poilus capturent un soldat allemand.

LE SAVIEZ-VOUS ?

Alain-Fournier tué aux Éparges

Dans les tranchées, des écrivains, des poètes : Charles Péguy, tué à Villeroy, près de Meaux, le 5 septembre 1914, alors qu'il criait aux hommes de sa compagnie d'infanterie : « Tirez ! Tirez toujours ! » Alain-Fournier, l'auteur du *Grand Meaulnes*, tué le 22 septembre 1914 à Saint-Rémy-la-Calonne près des Éparges, dans la Meuse. Louis Pergaud, l'auteur de La Guerre des boutons, tué en 1915. Blaise Cendrars blessé en Champagne en 1915, amputé du bras droit. Guillaume Apollinaire blessé à la tête, et trépané. On trouve aussi Maurice Genevoix, Jean Giono, Louis-Ferdinand Céline, George Duhamel, Roland Dorgeles ; les peintres Derain – il fait Verdun, la Somme, le Chemin des Dames –, Braque qui est grièvement blessé le 11 mai 1915, trépané. Maurice Ravel qui se bat à Verdun en 1916…

L'année 1915 : des offensives sans grand succès

L'uniforme qui a délaissé le pantalon garance se fond dans un paysage où la mort peut tomber à tout instant, tomber ou planer en vagues de brume jaune : le terrible gaz moutarde, l'ypérite.

1915 : cent mille morts pour cinq kilomètres

L'année 1915 est celle des efforts multipliés, sans grand résultat. Le front occidental s'étend de la mer du Nord à la frontière suisse, immobile ! Du 15 février au 18 mars, l'offensive lancée par les Français en Champagne échoue. Le 22 avril, près d'Ypres, en Belgique, les Allemands, malgré l'interdiction qui en est faite par le pacte de La Haye datant de 1899, utilisent, lors d'une attaque, un gaz dont l'emploi va sa généraliser sous le nom de gaz moutarde. On va aussi l'appeler l'ypérite – du nom d'Ypres, où les Allemands l'utilisent pour la première fois, le 22 avril 1915. Ce gaz détruit bronches et poumons en quelques instants, ou bien laisse des séquelles atroces qui font mourir à petit feu ceux qui en ont été victimes. L'effet de ces gaz, parfois, se retourne contre ceux qui en font usage, lorsque le vent change brusquement de direction. Du 9 mai au 18 juin, des offensives alliées sont lancées en Artois. Cinq kilomètres de terrain – parfois davantage, parfois moins selon le lieu – peuvent coûter jusqu'à 100 000 morts !

Un casque, des bandes molletières...

UNE ANECDOTE

En juillet 1915, le soldat français, dont la tête était couverte d'un képi d'étoffe renforcée, bénéficie d'un vrai casque, le modèle Adrian. Les officiers ont enfin admis que le rouge garance du pantalon des soldats n'était pas la meilleure façon de camoufler leurs troupes : l'uniforme est maintenant bleu horizon. Cet uniforme comporte un élément singulier qui a irrité des générations de militaires tant son utilisation peut être malaisée : les bandes molletières ! Ce sont des bandes de drap dont il faut entourer les mollets, en serrant juste assez pour que l'ensemble ne tombe pas en accordéon sur les chevilles, ralentissant marches et manœuvres ! Elles resteront en usage jusqu'au début de la Seconde Guerre mondiale où elles seront remplacées non par des bottes, mais par des guêtres.

25 septembre au 6 octobre : Champagne et Artois

UNE DATE À RETENIR

Le nouvel équipement n'a aucun effet sur les offensives françaises en Champagne et en Artois, lancées du 25 septembre au 6 octobre 1915. Sur le front de l'Orient, les alliés tentent en février 1915 une expédition dans les Dardanelles pour prendre Istanbul. De mai à septembre, les Russes subissent des pertes considérables contre les Austro-Russes. Le 23 mai, l'Italie entre en guerre contre les empires centraux. Le 6 octobre, la Serbie est envahie par les Allemands. Le 12 octobre, les Français débarquent à Salonique afin de limiter l'avance allemande dans les Balkans.

1916 : Verdun !

UNE BATAILLE

Presque toutes les familles de France ont un ancêtre qui a fait Verdun. Cette bataille a commencé en février 1916. Interrompue en juillet, elle ne s'est vraiment terminée qu'en décembre, le front n'ayant quasiment pas bougé. 1916, c'est aussi la bataille de la Somme.

21 février 1916 : en neuf heures, des millions d'obus !

Il faut rompre le front, par tous les moyens. En janvier 1916, Falkenhayn, le général allemand, décide de porter un coup décisif à l'armée française, de la saigner à blanc. Il décide d'atteindre Verdun dont il est tout proche ! Fin décembre 1915, Joffre a commencé à préparer, avec les autres généraux, une offensive prévue pour l'été : les franco-britanniques devront rompre le front dans la Somme, sur une largeur d'une trentaine de kilomètres. Falkenhayn n'attend pas l'été, il passe à l'action le 21 février 1916, à sept heures quinze. La préparation d'artillerie va durer neuf heures ! Lorsqu'elle se termine, vers seize heures, plusieurs millions d'obus ont été tirés. L'infanterie allemande entre en action immédiatement après, bousculant ce qui reste des première et deuxième lignes françaises. Pour la première fois, des lance-flammes sont utilisés.

Figure 19-4 : Les ruines de l'église de Montfaucon, Verdun.

Pétain : « Courage, on les aura ! »

Les 23 et 24 février, les Allemands avancent, s'approchent de Verdun. Le 25, ils s'emparent du fort de Douaumont. Pétain prend alors la direction des opérations dans ce secteur, clamant le célèbre : « Courage, on les aura ! » En 24 heures, 6 000 camions montent vers le front afin d'y conduire des troupes fraîches. Ils empruntent une route qui va prendre le nom de *Voie sacrée*. Pétain va organiser les attaques de sorte que s'y succèdent sans cesse de nouveaux effectifs : c'est le tourniquet – ou la noria – des combattants. Il ordonne de tenir à tout prix. À quel prix ! Il n'y a pas - au début de la bataille – de tranchées, seuls les trous d'obus servent de refuge ; les arbres sont hachés, déchiquetés, les terres parcourues de monstrueux labours ; et les hommes agonisent dans ce paysage sans nom !

Mars 1916 : de Gaulle est mort ?

Le 2 mars 1916, Charles de Gaulle, devenu capitaine depuis Dinant, défend le fort de Douaumont. Dans un corps à corps, il est blessé d'un coup de baïonnette et fait prisonnier. Transporté et soigné à Mayence, il est ensuite interné dans un camp de prisonniers à Osnabrück. Dans son unité, on le croit mort. Le fort de Douaumont est enlevé par les Allemands le 4 mars. Des combats acharnés vont rendre tristement célèbres des noms de lieux insignifiants jusqu'alors : le Mort-Homme, le bois des Corbeaux, le bois de la Caillette, le bois des Caures, le fort de Vaux, le fort de Fleury, de Froideterre. Et la fameuse côte 304 qui, le 21 février, le jour de l'attaque, a été rabotée de sept mètres sous le déluge d'obus ! Le premier mai, au prix de dizaines de milliers de morts, Pétain a réussi à contenir l'avance de l'armée allemande. Il est nommé commandant de l'armée du centre, et remplacé, à Verdun, par le général Nivelle.

LE SAVIEZ-VOUS ?

La tranchée des baïonnettes

Le 11 juin 1916, les deux compagnies du 137e régiment d'infanterie de Fontenay-Le-Comte, composé de Vendéens et de Bretons, relève le 337e RI à proximité de la ferme de Thiaumont, près de Verdun. Pendant qu'une section aux ordres du lieutenant Polimann s'apprête à défendre sa position, un violent bombardement s'abat sur le secteur et se poursuit une partie de la nuit, ce qui annonce une offensive pour le lendemain. Le 12 juin, au petit matin, les soldats attendent dans une tranchée, baïonnette au canon, grenade à la main. Soudain, une série d'obus s'abat en avant et en arrière de cette tranchée, en rapprochant les bords, ne laissant dépasser que les baïonnettes de cinquante-sept soldats qui vont mourir enterrés vivants. Ces baïonnettes pointées vers le ciel semblent, aujourd'hui encore, monter la garde. Une garde éternelle.

Une bataille chasse l'autre

Les Allemands aimeraient en finir avec Verdun, sachant que l'offensive française sur la Somme est imminente. Le 22 juin, ils lancent leurs terribles bombes à gaz, le phosgène, mortel en quelques secondes. Mais sans cesse, des renforts français sont envoyés au combat et parviennent à contenir l'ennemi. Les ordres d'attaque, côté allemand, ne seront suspendus par Falkenhayn que le 12 juillet au soir : l'offensive sur la Somme vient de commencer.

L'attaque sur la Somme

Les chars d'assaut anglais font leur apparition lors de cette offensive sur la Somme qui ne va pas permettre de réaliser les objectifs de Joffre.

Français et Anglais au coude à coude

La grande offensive de la Somme est lancée le 1er juillet 1916. L'objectif de Joffre est d'atteindre les communications de l'ennemi sur lesquelles se situent Cambrai et Maubeuge. Dès le 2 juillet, la VIe armée, commandée par Fayolle et Foch, atteint les environs de Péronne. Les Français ont avancé de dix kilomètres, faisant 10 000 prisonniers. L'avance anglaise de la IVe armée, rudement contre-attaquée par les Allemands après le 14 juillet, est moins rapide. Le 30 juillet, Joffre lance une nouvelle attaque qui va échouer complètement. Malgré tout, il demeure persuadé qu'il faut enfoncer les lignes adverses en cette partie du front, et il compte sur les renforts britanniques – l'armée anglaise compte bientôt plus d'un million d'hommes.

Les Allemands ont perdu la bataille de Verdun

Le 3 novembre, le fort de Vaux, au nord-est de la ville de Verdun, est repris par les Français. Joffre déclare : « Les Allemands ont perdu la bataille de Verdun ! » Le 29 août, Falkenhayn, considéré comme le responsable de la défaite, avait été relevé de ses fonctions et remplacé par Ludendorff et Hindenburg. Mais il faut attendre décembre et la reprise des attaques pour que la victoire soit définitive. Entre le 15 et le 25 décembre – date à laquelle Joffre est fait maréchal de France et Nivelle nommé commandant en chef des armées françaises –, les Français repoussent les Allemands, faisant près de 15 000 prisonniers et prenant une centaine de canons. Cette fois, Verdun, c'est bien fini !

Le bilan de cette bataille qui a duré dix mois est terrible : du côté français, on compte 378 777 morts, blessés ou disparus ; du côté allemand, 335 000. Entre le 21 février et le mois de juillet 1916, les Allemands ont labouré le secteur de Verdun en y lançant près de vingt-cinq millions d'obus de 120 mm ! Les Français ont riposté au moyen de dix millions d'obus de 75 mm. Le 25 décembre 1916, les positions des deux camps étaient les mêmes qu'en février…

En six mois : 1 200 000 morts !

L'attaque reprend le 3 septembre. Les Français s'emparent de Cléry. Le 15 septembre, les Anglais emploient d'énormes chars d'assaut qui leur permettent d'avancer de quelques kilomètres en trois heures. Dix jours plus tard, ils ont repoussé les lignes allemandes jusqu'au village de Combles, à mi-chemin de Bapaume et Péronne. Les combats vont se poursuivre jusqu'en octobre. L'offensive se termine le 18 novembre. Joffre n'a pas atteint ses objectifs, même s'il s'est avancé d'une dizaine de kilomètres et qu'il s'est emparé d'un territoire que l'ennemi avait puissamment fortifié. Ces dix kilomètres ont été gagnés au prix de 1 200 000 tués ou blessés – Français, Britanniques et Allemands – en à peine six mois !

1917 : le Chemin des Dames, les mutineries

Le général Nivelle lance, en 1917, l'offensive du Chemin des Dames. C'est une telle boucherie que des mutineries vont se déclencher dans l'armée, durement réprimées.

La paix ? Jamais !

Deux années ! Deux années pour rien ! Le front ne bouge pas, la guerre de position dure et se profile dans une sorte de flou effrayant où disparaissent les jeunes générations. L'hémorragie est déjà énorme : des millions de morts en Europe. Et la fin de cette folie ne s'annonce d'aucune façon. Dans les troupes, une propagande pacifiste se développe, notamment par l'intermédiaire de journaux comme le *Bonnet Rouge*. Au mois de janvier, les Allemands font des offres de paix, mais, parce qu'ils réclament les minerais de fer de Lorraine, elles échouent ! Au mois de mars, le prince Sixte de Bourbon-Parme s'efforce de négocier la paix avec l'Autriche – le nouvel empereur, Charles, est son beau-frère. Vains efforts : la France et l'Angleterre déclarent ne pas vouloir négocier avec l'Autriche, mais vouloir la fin des empires centraux. La guerre va donc continuer. Une nouvelle offensive se prépare du côté français – une de plus.

« C'est à Craonne, sur le plateau… »

Entre Cerny-en-Laonnois et Craonne, une crête s'élève, entre deux rivières, l'Aisne et l'Ailette. C'est là qu'au XVIIIe siècle, Louis XV avait fait ouvrir et entretenir un chemin qui permettait à ses filles – les Dames de France – de regagner leur château de Bove. C'est là que va se dérouler la nouvelle offensive contre les Allemands. Le site du Chemin des Dames constitue une sorte de barrage naturel, avec des pentes abruptes dont il faudrait tenir compte. Mais Nivelle ne se préoccupe guère du terrain. Il est persuadé de l'emporter facilement. Sa solution ? Une préparation d'artillerie, puis l'attaque menée par l'infanterie. On ne peut imaginer plus simple. Hélas, les Allemands sont mis au courant des projets français. Ils renforcent discrètement leurs effectifs, construisent des casemates bétonnées sous lesquelles sont dissimulées des mitrailleuses, leurs abris sont creusés à dix ou quinze mètres de profondeur. Lancer des hommes contre ce dispositif, c'est courir au suicide !

« … qu'on doit laisser sa peau ! »

UNE BATAILLE

Pourtant, au matin du 16 avril 1917, Nivelle ordonne sa préparation d'artillerie qui atteint les premières lignes ennemies, mais ne produit pas l'effet escompté. L'infanterie française est alors lancée contre les pentes du Chemin des Dames. Les mitrailleuses allemandes se dévoilent et se déchaînent. Les soldats tombent par milliers sous leurs tirs croisés. Au soir de l'attaque, des régiments entiers ont disparu ! Les fantassins survivants se terrent au bas des pentes où les cherchent les balles des mitrailleuses qui ne cessent de tirer. Derrière, les ordres sont les ordres : il faut avancer ! À la fin du premier assaut, 40 000 Français sont tombés sous les balles. Nivelle persiste, il s'obstine pendant six semaines. C'est un désastre, les pertes sont énormes : 270 000 hommes !

La chanson de Craonne

L'inutile boucherie de Nivelle met au plus bas le moral des soldats. Née à Verdun, cette chanson est adaptée pour la bataille du Chemin des Dames, pour Craonne, en particulier, où les combats ont été les plus meurtriers : « Adieu la vie, adieu l'amour / Adieu toutes les femmes. C'est bien fini, c'est pour toujours / De cette guerre infâme. C'est à Craonne, sur le plateau / Qu'on doit laisser sa peau / Car nous sommes tous condamnés /Nous sommes les sacrifiés. /C'est malheureux d'voir sur les grands boul'vards / Tous ces gros qui font leur foire / Au lieu de s'cacher, tous ces embusqués / F'raient mieux d'monter aux tranchées / Pour défendr'leurs biens, car nous n'avons rien / Nous autr's, les pauvr's purotins. / Tous les camarades sont enterrés là / Pour défendr'les biens de ces messieurs-là / Ceux qu'ont l'pognon, ceux-là r'viendront / Car c'est pour eux qu'on crève / Mais c'est fini, car les trouffions / Vont tous se mettre en grève / Ce s'ra votre tour, messieurs les gros, / De monter sur l'plateau, / Car si vous voulez la guerre, / Payez-la de votre peau ! » Les mutineries de 1917 vont bientôt suivre.

1917 : quarante-neuf mutins fusillés

La tuerie du Chemin des Dames déclenche – comme le laisse entendre la chanson – des grèves, davantage même, des mutineries. Les soldats ne supportent pas d'être poussés à la mort comme du bétail, ils ne supportent plus de voir, lorsqu'ils vont en permission, les embusqués qui font la fête et les regardent parfois avec mépris ou ironie. Deux régiments entiers se révoltent et menacent de marcher sur Paris pour demander au Parlement une paix immédiate. Des officiers qui interviennent pour tenter de ramener l'ordre sont pris à partie. Au début de juin 1917, un général reçoit même des pierres, sa fourragère et ses étoiles sont arrachées !

Novembre 1917 : Clemenceau, le Père la victoire

Figure 19-5 : Georges Clemenceau (1841-1929), le Père la victoire.

À l'arrière – Rennes, Paris – des grèves éclatent. Nivelle est relevé de ses fonctions. Pétain le remplace. La répression commence : 554 condamnations à mort sont prononcées. Quarante-neuf soldats sont exécutés. Pétain s'efforce par la suite d'améliorer le quotidien de ces combattants de vingt ans, les poilus, le rythme des permissions s'accélère, les repas et les cantonnements s'améliorent. Mais le défaitisme persiste. C'est alors que Poincaré, le président de la République, fait appel à Clemenceau. Celui-ci, très populaire auprès des soldats – il publie un journal où il ridiculise les généraux incompétents –, se met à visiter les tranchées, appuyé sur sa canne, répétant partout, près des soldats ou à l'Assemblée : « Ma politique intérieure : je fais la guerre ; ma politique extérieure : je fais la guerre ! » Il y gagnera le titre de « Père la victoire ». En attendant, la guerre continue.

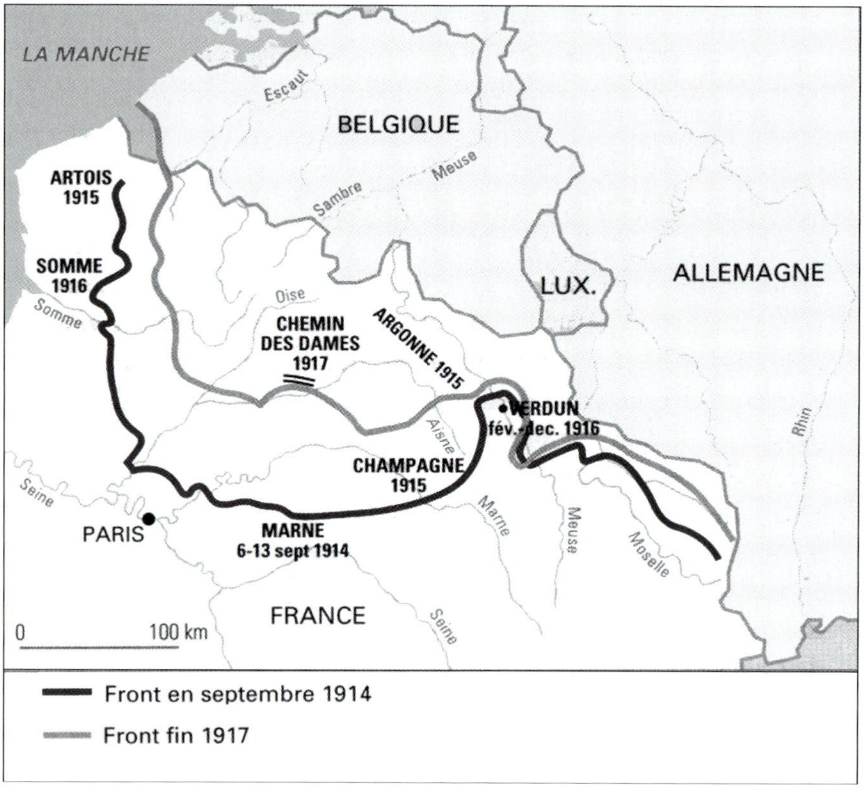

Le front en 1914 et 1917.

1918 : l'intervention américaine, l'armistice

Le 13 juin 1917, les premiers contingents américains débarquent à Boulogne. Ils sont commandés par le général Pershing. Les Américains n'ont pas accepté que 128 des leurs périssent dans le naufrage du paquebot anglais *Lusitania*, coulé par un sous-marin allemand, le 7 mai 1915, près des côtes irlandaises. Ils ont demandé réparation à l'Allemagne qui n'a rien voulu entendre, intensifiant au contraire sa guerre sous-marine.

L'énorme Krupp : la Grosse Bertha

Entre juillet et novembre, les Britanniques qui ont engagé la bataille d'Ypres ne réussissent pas à dégager les côtes de Flandre. Le 21 mars 1918, les Allemands lancent une offensive qu'ils espèrent décisive en Picardie. Leur avancée est telle qu'ils menacent la coordination des troupes alliées. Les 24 et 25 mars, ils atteignent la Somme. De la colline de Montjoie près de Crépy-en-Valois, ils commencent à bombarder la capitale avec des canons lançant d'énormes obus de 220 mm, longue portée – l'un de ces canons est surnommé la Grosse Bertha par les Parisiens, du prénom de la fille du fabricant : Krupp. Le 29 mars, la Grosse Bertha envoie sur le toit de l'église Saint-Gervais un obus qui crève le plafond et éclate parmi les fidèles, en pleine cérémonie du vendredi saint. Le bilan est terrible : quatre-vingt-onze morts, des dizaines de blessés ! Les bombardements se poursuivent jusqu'au 16 septembre ; ils font plusieurs centaines de morts.

Figure 19-6 : La Grosse Bertha préparée par des soldats allemands et autrichiens.

Un million d'Américains en renfort

Les Allemands accumulent les victoires. Du 27 au 30 mai, ils déclenchent une nouvelle offensive du Chemin des Dames. Ils atteignent la Marne, à soixante kilomètres de Paris ! Le 30, ils surprennent Foch – nommé généralissime des armées alliées le 26 mars – et font 60 000 prisonniers ! Mais le 18 juillet 1918, la contre-attaque alliée est lancée. Six cents avions, et, surtout, 1 000 chars – des Renault, maniables, moins massifs que les premiers dont le réservoir d'essence était situé à l'avant… – vont soutenir l'attaque. Un million d'Américains sont présents aux côtés des Anglais, des Français et de tous ceux qui sont venus des colonies prêter main forte à la métropole.

Onze heures du matin, le 11 novembre 1918…

UNE DATE À RETENIR

Les Allemands menacés d'encerclement reculent. Ils vont se retrouver à la fin du mois d'août à leur point de départ, la ligne Hindenburg. C'est la déroute. Les alliés conduisent en Artois une dernière offensive victorieuse. L'armistice est signé le 11 novembre, à six heures du matin, dans le wagon du maréchal Foch qui est stationné dans la clairière de Rethondes, près de Compiègne. Le cessez le feu est appliqué à onze heures. Les cloches se mettent à sonner partout en France. La joie domine sans doute, mais pour les femmes qui ont perdu leur mari, pour les pères et mères dont les fils ne reviendront pas – attardez-vous devant un monument aux morts : parfois, quatre ou cinq noms identiques se suivent, ce sont souvent quatre ou cinq frères – la victoire est celle des larmes, de la douleur, sans fin.

Chapitre 20

1919 à 1939 : L'entre-deux-guerres : des crises successives

Dans ce chapitre :

- Suivez les tentatives du Bloc national et du Cartel des gauches pour faire payer l'Allemagne
- Assistez à la montée de l'idéologie fasciste
- Vibrez aux espoirs que fait naître le Front populaire
- Observez tous les signes qui annoncent la Seconde Guerre mondiale

La droite va tout faire pour que l'Allemagne s'acquitte d'une dette qu'elle ne paiera finalement jamais. La gauche qui la remplace n'est pas assez unie pour définir ses choix, elle réussit cependant à faire barrage au fascisme en se regroupant sous le nom de Front populaire ; ce qui permet la négociation et la signature des fameux accords de Matignon – les congés payés – avant le retour de la guerre…

Chambre bleu horizon, Cartel des gauches : mêmes échecs

Les moyens et les idées ne sont pas les mêmes, mais les objectifs sont identiques : redresser l'économie de la France et stabiliser le franc qui dégringole. La Chambre bleu horizon, celles des anciens poilus, et le Cartel des gauches échouent. C'est finalement un seul homme qui va guérir le franc : Raymond Poincaré !

28 juin 1919 : signature du traité de Versailles

UNE DATE À RETENIR

Le traité de paix signé à Versailles va considérablement modifier le visage de l'Europe.

Désarmer l'Allemagne

Tout fier, Bismarck avait proclamé le IIe Reich allemand dans la galerie des Glaces du château de Versailles le 18 janvier 1871. C'est dans cette même galerie que les Allemands vont signer le traité qui ramène la paix, le 28 juin 1919, mais qui ne calme l'inquiétude de personne.

Figure 20-1 : Lloyd George, Georges Clemenceau et Woodrow Wilson pendant les négociations du traité de Versailles.

- Il est décidé que les alliés occuperont la rive gauche du Rhin pendant quinze ans.
- L'Allemagne – jugée responsable – devra acquitter des réparations financières. Ces réparations financières sont fixées en 1921 à 132 milliards de marks-or !
- Le visage de l'Europe se transforme : l'Empire austro-hongrois laisse la place à deux États de dimension modeste : l'Autriche et la Hongrie.
- De nouveaux États apparaissent : la Tchécoslovaquie, la Yougoslavie. La Roumanie s'agrandit. Ces métamorphoses portent tous les germes de possibles embrasements : les minorités allemandes dans les nouveaux pays posent un problème difficile à résoudre.

- L'indépendance de la Pologne est restaurée, mais elle réclame un libre accès à la mer. Il est donc décidé d'ouvrir un corridor à travers la Prusse afin de le lui accorder. Au bout de ce corridor se trouve une ville libre sous le contrôle de la Société des nations – créée le 28 avril 1919, afin de régler les conflits futurs : Dantzig.
- Enfin, et surtout, l'Alsace et la Lorraine sont restituées à la France !

LE SAVIEZ-VOUS ?

La der des ders

La Grande Guerre, le dernière des dernières – la der des der – la Grande Boucherie, le Massacre des Innocents, liesse et douleur le 11 novembre 1918, mais quel bilan ? Il est affligeant : près d'un million et demi de victimes en France – huit millions en Europe –, des millions de blessés, amputés, gazés, des vies brisées, des familles privées de père, de fils, l'innommable désespoir de tout un peuple. Plus de 500 000 maisons détruites. Des villages entiers disparus à jamais. Des millions d'hectares de terres, de forêts, éventrés sous l'apocalypse des canons. La cathédrale de Reims broyée sous plus de 400 obus. Et puis, comme si la folie des hommes ne suffisait pas, une épidémie de grippe très virulente apparaît en février 1918, à Canton, en Chine. Les militaires américains l'en rapportent puis viennent en Europe où elle installe son premier foyer à Bordeaux. Bientôt, elle touche l'Espagne, d'où son nom : la grippe espagnole. En quelques mois, elle va faire près de 500 000 morts en France (près de trente millions dans le monde) – dont le poète Guillaume Apollinaire.

L'Allemagne tarde à payer…

La chambre des députés élue au lendemain de la guerre comporte une forte majorité de catholiques, anciens combattants. Ils n'ont qu'une obsession : que l'Allemagne paie sa dette de guerre. L'après-guerre, c'est aussi une vague de spéculation qui se déchaîne pour éviter les méfaits de la dévaluation des monnaies. C'est enfin le retour de Poincaré qui tente de faire appliquer le traité de Versailles.

UNE ANECDOTE

Le Président est nu – ou presque

Un soir de mai 1920, Paul Deschanel prend le train en direction de Montbrison où il va inaugurer un monument, en compagnie de plusieurs ministres. Au milieu de la nuit, sans que quiconque s'en aperçoive, il quitte son wagon-lit et tombe sur la voie. On le retrouve le lendemain matin, en caleçon, chez un garde-barrière. Un peu plus tard, le 10 septembre, il décide de se mettre presque nu à Rambouillet afin de se baigner dans les bassins. Dix jours plus tard, il démissionne.

La Chambre bleu horizon

L'économie est détruite, la production inexistante, l'industrie anéantie, la situation financière est devenue très difficile. Pourtant, la vie va reprendre son cours, et la politique retrouver ses habitudes. Aux élections de 1919, la majorité se situe à droite et au centre. Le Bloc national qui en est issu est appelé la Chambre bleu horizon, par allusion à la couleur de l'uniforme qu'ont porté presque tous les députés. Ce sont pour la plupart des catholiques qui n'imaginent pas, à la fin du mandat de Poincaré, en 1920, élire un président athée, même s'il s'appelle Clemenceau. Celui-ci se retire alors de la vie politique le 18 janvier 1920. Après un voyage triomphal aux États-Unis en 1922, il écrit plusieurs livres avant de mourir en 1929, à Paris. Le successeur de Poincaré s'appelle Paul Deschanel, il est élu le 18 février 1920. Mais bien vite, on se rend compte que l'homme élégant et affable cache un malade bizarre qui se croit persécuté du monde entier. Il est bientôt remplacé par Alexandre Millerand.

L'Allemagne paiera…

La dette de l'Allemagne est énorme envers la France. Elle a commencé à la payer, mais avec une telle irrégularité qu'il est permis de se demander si un jour elle ne sera pas atteinte d'une amnésie qui lui serait salutaire ! Le Bloc national, les Bleu horizon qui ont souffert dans les tranchées sont particulièrement attachés au paiement de cette dette, ils ont pour leitmotiv : « L'Allemagne paiera ! » Aristide Briand – un socialiste de négociation et d'apaisement, rappelez-vous la séparation de l'Église et de l'état – élu pour un an président du Conseil en 1921, tente un rapprochement avec l'Allemagne à l'indignation du Bloc national ! Dans le même temps, le franc ne cesse de se dévaluer. On achète alors tout ce qui peut représenter un placement sûr – de l'or, des bijoux, des terres – ou moins sûr – des Van Gogh, des Utrillo, des Valadon, des Modigliani – qui peuvent se révéler des investissements aux très heureuses retombées. Le monde de l'argent s'expose avec une telle obscénité dans les casinos et tous les lieux de plaisir que toutes les tendances politiques s'en offusquent.

… quand elle pourra !

Poincaré, l'ancien président, le Lorrain rigoureux, est alors rappelé aux affaires : on sait qu'il va appliquer fermement et même davantage le traité de Versailles. Cette fermeté se traduit par la décision d'occuper la région de la Ruhr et de ses riches minerais. Ainsi, l'Allemagne paiera sous la forme d'un « gage productif ». Mais les ouvriers allemands, face à cette décision, se mettent en grève : ils ne veulent pas travailler seulement pour la dette de guerre, et pratiquent une résistance passive. Poincaré décide alors de les faire remplacer par des ouvriers français – qui, inévitablement, doivent affronter au cours de heurts violents et sanglants, les Allemands qui les empêchent d'accéder sur leurs lieux de travail. Finalement, un nouveau calendrier du paiement de la dette est établi. Tout s'apaise avec les accords de Locarno, en Suisse, le 16 octobre 1925, où l'Allemagne, la France et la Belgique échangent la promesse de ne se livrer à aucune attaque ou invasion, bref, de ne plus se faire la guerre ! La paix définitive semble devoir s'installer lorsque, sur la proposition d'Aristide Briand en 1926, l'Allemagne est admise à la Société des nations !

La naissance du Parti communiste

L'égalité ! Le rêve de théoriciens comme Babeuf, Fourrier, Marx ! Le rêve se réalise enfin, à partir de 1917. Le rêve, c'est du moins ce qui est annoncé, car cette centralisation s'accompagne d'une dictature politique et économique difficiles à supporter, et ceux qui la refusent subissent des persécutions. Mais, vu de loin, ce système que Lénine, puis Staline, les dirigeants communistes, s'efforcent de rendre présentable aux yeux du monde – aux yeux de nombreux intellectuels français aussi, qui reviennent enchantés de leurs voyages en Russie soviétique, avant d'en revenir… – rassemble de nombreux espoirs. Ainsi naît, en décembre 1920, à Tours, le Parti communiste français. Il va trouver son soutien essentiel dans le monde ouvrier. Maurice Thorez en devient le secrétaire du bureau politique en 1930.

Le franc s'enfonce dans les abîmes

Après le Bloc national de droite, le Cartel des gauches s'installe aux commandes. Cette gauche est tellement disparate qu'elle n'inspire guère confiance aux financiers. C'est encore Poincaré qu'on va chercher pour stabiliser la situation !

Une gauche composite

Mis à part son intransigeance envers l'Allemagne, le Bloc national dont le bilan est dressé aux élections de 1924, ne s'est pas illustré par une reprise en main efficace de l'économie. Au contraire : le franc ne cesse de glisser vers l'abîme, face à la livre anglaise qui grimpe vers les sommets ! Aussi les électeurs mettent-ils en place l'opposition de gauche, plutôt composite puisqu'elle rassemble la gauche radicale, le groupe radical et radical-socialiste, et les socialistes. C'est ce qu'on appelle le Cartel des gauches.

Herriot : droit dans le mur de l'argent

Aussitôt élu, le 11 mai 1924, ce Cartel exige la démission du président de la République Alexandre Millerand. Il est remplacé par Gaston Doumergue, élu le 13 juin. Édouard Herriot, président du Parti radical, devient président du Conseil. Il tente de faire appliquer à l'Alsace et à la Lorraine la loi de la séparation de l'Église et de l'État dont ces deux provinces avaient été exclues puisqu'elles étaient allemandes lors des décisions du petit père Combes. En vain : l'Alsace et la Lorraine, encore aujourd'hui, vivent sous le régime du concordat de 1801. Les catholiques lui refusent leur confiance, les banquiers ne sont pas davantage convaincus. Les capitaux fuient d'autant plus vite le pays qu'il tente de créer un impôt… sur le capital. Il démissionne, accusant de son échec ce qu'il appelle le « mur d'argent ».

1926 à 1929 : le redressement financier

En 1926, la situation financière est désastreuse. Herriot tente de former un nouveau gouvernement, en vain. Il faut aller chercher celui par qui la confiance et les finances vont revenir…

Si c'est « ronds », c'est Poincaré !

Raymond Poincaré – ne le confondez pas avec le mathématicien Henri Poincaré ! C'est lui qu'on va chercher parce que le franc va très mal ! On se dit qu'il peut le guérir ! Il va le faire. Président du Conseil à partir du 23 juillet 1926, il forme un gouvernement d'Union nationale qui s'appuie sur les radicaux et les centristes. Sa recette pour soigner la monnaie défaillante : la baisse des dépenses de l'État, et l'augmentation des impôts indirects. Il réussit à enrayer la chute du franc qui ressort dévalué de 80 % par rapport à sa valeur de 1914, ce qui constitue pour les créanciers de l'État une perte considérable, mais donne un fameux coup de fouet aux exportations ! Le franc stabilisé, la croissance repart, la vie des Français s'améliore peu à peu.

Briand l'infatigable

Pendant ce temps, Aristide Briand, infatigable ministre des Affaires étrangères, s'est efforcé de prolonger les accords de Locarno par des actions concrètes visant au rapprochement des deux pays. Ainsi, en 1928, est signé le pacte Briand-Kellog – Kellog est le secrétaire d'État américain – qui, avec l'assentiment des États-Unis, met la guerre hors-la-loi. En août 1929, un allègement de 70 % des réparations dues par l'Allemagne est accepté à la conférence de La Haye – Briand y propose aussi la création des États-Unis d'Europe, mais l'idée n'est pas suivie. En 1930, les alliés évacuent la Rhénanie – ils n'en devaient partir qu'en 1935. Finalement, tout irait pour le mieux dans le meilleur des « entre-deux-guerres » possibles, en cette année 1929, si d'une part Raymond Poincaré ne devait subitement démissionner après une grave et soudaine opération ; et surtout si, d'autre part, en d'autres lieux, à New York, la Bourse n'allait s'effondrer !

En ligne : Maginot

Le désir de paix est augmenté de précautions qui, bien concrètes, rassurent mieux que les bonnes intentions. Il faut, selon les hommes politiques de l'époque qui entrevoient la possibilité d'un nouveau conflit, fortifier la frontière est de la France. On opte pour le projet d'André Maginot, le ministre de la Guerre. Il prévoit une organisation fortifiée en Alsace et en Lorraine. La trouée de la Sarre, entre ces deux régions, serait protégée par un système d'inondations artificielles en cas d'attaque allemande. Les travaux gigantesques et qui engloutissent des milliards de francs sont effectués de 1930 à 1936. Et le nord, la Belgique ? Rien ou presque n'est prévu ! Les Allemands, si l'envie leur prend d'envahir de nouveau la France, n'utiliseront certainement pas deux fois, traîtreusement, ce passage ! Il faut voir…

Figure 20-2 : La ligne Maginot et ses environs.

1929 : les assurances sociales

Poincaré absent, la situation devient confuse. André Tardieu, président du Conseil, et Pierre Laval, ministre du Travail, tentent de la stabiliser au centre droit. Cette stabilisation permet de voter une importante loi sur les assurances sociales – qui avait été préparée par Poincaré : tous les salariés dont le revenu annuel ne dépasse pas 15 000 francs devront être immatriculés au régime obligatoire dont le financement est assuré à parts égales par l'employeur et l'employé. Ce progrès social ne peut masquer une économie qui demeure archaïque : les entreprises sont peu concentrées, la rationalisation du travail ne parvient pas à être mise en place. Paradoxalement, ce retard va être favorable à l'économie : en effet, le krach du 24 octobre à Wall Street ne va atteindre l'économie française qu'en 1931, en raison même de ses structures vieillottes ! La crise, en France, est moins importante qu'ailleurs, et le chômage demeure limité.

La France instable des années trente

L'instabilité ministérielle conduit à l'émergence d'idéologies d'extrême-droite, toujours promptes à proposer des solutions rapides, ou plutôt à pointer le doigt vers des responsables tout désignés. La gauche va alors s'unir pour former un front commun, le Front populaire.

Un président assassiné, des ministres sans imagination

De 1930 à 1934, la situation empire sur tous les fronts : Aristide Briand qui aurait pu ramener la confiance dans le pays est évincé au profit d'un président qui va finir sous les balles d'un exalté. Les ministres qui se succèdent ensuite échouent dans leurs tentatives de redressement économique.

Paul Doumer assassiné

Le 13 juin 1931, le septennat de Gaston Doumergue s'achève. Qui peut le remplacer ? Tout le monde pense à Aristide Briand qui ne se fait pas trop prier pour se présenter. Tardieu et Laval lui promettent l'appui des modérés. Il a celui des socialistes, des radicaux… Mais Tardieu et Laval complotent contre lui ! Et Briand est mis en minorité. Il ne s'en relève pas, et meurt le 7 mars 1932. C'est Paul Doumer qui est élu, mais pas pour longtemps : onze mois après sa prise de fonction, le 6 mai 1932, alors qu'il participe à la vente des anciens combattants rue Berryer, dans l'hôtel *Rothschild*, un Russe émigré, Davel Gorgulov, décharge son pistolet sur lui. Doumer meurt quelques heures plus tard.

De 1932 à 1934 : cinq ministères radicaux

Le républicain modéré Albert Lebrun lui succède le 10 mai. Il doit composer avec une Chambre des députés élue deux jours plus tôt, le 8 mai, avec une majorité de gauche. De 1932 à 1934, cinq ministres radicaux se succèdent – Paul-Boncour, Édouard Daladier, Albert Sarraut, Camille Chautemps, et Daladier de nouveau. Ils font face à la situation sans grande imagination, limitant les importations, augmentant les droits de douane, réduisant la production intérieure afin de combattre la chute des prix, diminuant les salaires, les dépenses publiques, le nombre des fonctionnaires. Sans grand succès.

Le succès des ligues nationalistes

Profitant d'une atmosphère d'incertitude et de doute, les ligues nationalistes multiplient leurs démonstrations de force. L'affaire Stavisky va servir leurs intérêts.

1934 : thérapie nerveuse pour une dépression

La France est alors si fatiguée, si déprimée en 1934, qu'elle est capable de se laisser aller à n'importe quelle idéologie l'assurant d'une guérison rapide. Cette idéologie se présente alors sous la forme des ligues nationalistes – les Camelots du roi qui sont liés à l'Action française. Ces ligues prétendent posséder toutes les solutions pour sortir le pays de la crise. Qui est responsable du malaise de la France ? Les républicains ! Que faut-il faire alors pour guérir la France ? Des réformes institutionnelles qui vont renforcer le pouvoir exécutif ! Comment impressionner son patient, la France ? En organisant des démonstrations de rues, en uniforme, avec l'air menaçant ! Et sur quoi prendre appui ? Sur une escroquerie dans laquelle, si possible, on trouve un Juif, cela afin d'aviver l'antisémitisme toujours prêt à surgir, comme un monstre qui attend son heure.

« Suicidé d'une balle tirée à trois mètres »

L'affaire ? Elle se présente le 6 février 1934 : Alexandre Stavisky, un Juif d'origine russe, qui, depuis plus de vingt ans, vit d'escroqueries diverses, a réussi à tromper – ou à acheter – de nombreux hommes politiques et des magistrats, jusqu'au jour où ses malversations sont découvertes. Alors qu'il va être arrêté, il est retrouvé, le 8 janvier 1934, mort dans une villa près de Chamonix. Le scandale allait être tellement énorme qu'il a dû se suicider. Ou bien qu'on l'a abattu. Le Canard enchaîné titre d'ailleurs : « Stavisky s'est suicidé d'une balle tirée à trois mètres. » Pendant tout le mois de janvier, des manifestations d'extrême droite se succèdent aux cris de « À bas les voleurs », se déchaînant contre la « racaille des spéculateurs » en des termes d'une violence tellement inquiétante que le nouveau président du Conseil, Édouard Daladier, renvoie le préfet de police fort apprécié de la droite : Jean Chiappe. C'est mettre le feu aux poudres.

Place de la Concorde : on ne passe pas

Le 6 février 1934, jour de la présentation du nouveau gouvernement au Palais Bourbon, les ligues d'extrême droite – l'Action française, les Jeunesses patriotes, les Croix de feu – appellent à une gigantesque manifestation à laquelle vont participer aussi les anciens combattants républicains de tendance communiste. Ce qu'ils veulent, c'est atteindre le Palais Bourbon. Mais il faut pour cela passer le pont de la Concorde sur lequel sont massés des gardes à cheval, et qui vont immédiatement tirer sur les premiers manifestants qui tentent de s'avancer. De dix heures du soir à trois heures du matin, les émeutiers tentent de franchir le pont. Sans succès. La manifestation a fait plus de vingt morts et 2 000 blessés. Daladier doit démissionner. Le président Lebrun fait appel à l'un de ses prédécesseurs, Gaston Doumergue, pour former un gouvernement d'union nationale.

14 juillet 1935 : « Travail, paix, liberté »

Les événements de février 1934 font craindre un coup de force fasciste. Toutes les forces de gauche s'unissent. Le parti communiste lui-même se joint au mouvement antifasciste sous l'impulsion de Moscou. Maurice Thorez souhaite alors un Front populaire qui rassemblerait communistes, socialistes et radicaux. C'est chose faite en 1935, le 14 juillet. Un immense défilé de 500 000 personnes s'étire de la Bastille à la République. Édouard Daladier, Maurice Thorez et Léon Blum, le chef de la SFIO, y sont acclamés. Les trois maîtres mots de cette manifestation sont : « Travail, paix, liberté ». Toujours dans la crainte du fascisme, les socialistes et les communistes reforment une CGT unifiée.

CHEZ NOS VOISINS

Pendant ce temps chez nos voisins

En 1917, en Russie, le 2 mars (15 mars de notre calendrier), le tsar Nicolas II abdique ; depuis le 23 février (8 mars), les bolcheviques – ouvriers russes dont Lénine est le chef du parti – ont manifesté et appelé à la grève, les soldats se sont mutinés contre les officiers. Ensemble, ils se sont emparés des bâtiments publics et ont formé un gouvernement provisoire. Ce premier temps de la Révolution est suivi d'un second : le 24 octobre (6 novembre) de la même année, les bolcheviques s'emparent du Palais d'hiver et des points stratégiques dans la capitale Petrograd. La ville est aux mains des insurgés le 25 octobre (7 novembre). Le deuxième congrès des soviets se réunit, il élit le conseil des commissaires du peuple composé uniquement de bolcheviques et présidé par Lénine. En février 1920, Mussolini fonde le parti fasciste italien. Le 31 janvier 1933, en Allemagne, Hitler devient chancelier du Reich ; en mars, il obtient les pleins pouvoirs. Le 14 octobre 1933, l'Allemagne annonce qu'elle se retire de la SDN. Le 30 juin 1934, la « Nuit des longs couteaux » permet à Hitler d'éliminer ses adversaires ; le 2 août, après la mort du maréchal Hindenburg, il devient chef de l'État. Le 11 décembre 1937, l'Italie se retire de la SDN.

1936 : le Front populaire améliore la condition ouvrière

UN ÉVÉNEMENT IMPORTANT

Le Front populaire naît du désir de barrer la route au fascisme qui est en train de gagner du terrain, et qui pourrait l'emporter dans une France désorientée. Il signe les accords de Matignon qui augmentent les salaires et, surtout, vont faire découvrir aux salariés français les congés payés !

Une immense vague d'espoir

En 1936, une immense vague d'espoir donne la victoire au Front populaire, lors des élections du 3 mai. Près de deux millions d'ouvriers se mettent spontanément en grève afin de créer la pression nécessaire pour que soient prises des décisions en leur faveur. Léon Blum est chargé de former un nouveau gouvernement, soutenu par les communistes – qui n'y participent pas – et composé de socialistes et de radicaux. Innovation hardie pour cette époque où les femmes n'ont pas le droit de vote : elles sont trois choisies par Blum comme sous-secrétaires d'État : Cécile Brunschvicg à l'Éducation nationale, Irène Joliot-Curie à la Recherche scientifique et Suzanne Lacore à la Protection de l'enfance.

Figure 20-3 : Léon Blum en 1936 manisfeste pour la paix.

La course à la mer 2, le retour

Les 7 et 8 juin 1936, à la demande de Léon Blum, des négociations s'ouvrent entre le patronat et la CGT. Peu avant une heure du matin, le 8 juin, les accords de Matignon sont signés, entérinés par les lois votées pendant l'été 1936. Ces accords prévoient :

- L'augmentation de 7 à 15 % des salaires.
- La liberté syndicale.
- Quarante heures de travail hebdomadaire – au lieu de quarante-huit.
- La nationalisation des industries de l'armement.
- La prise de contrôle par l'État de la Banque de France qui, depuis sa création par Napoléon, était une banque privée dont les 200 plus importants actionnaires – les 200 familles – orientaient la politique.
- Et enfin les congés payés, la cerise estivale sur le gâteau des loisirs naissants !

Quinze jours à ne rien faire, sans perte de salaire ! Bientôt va commencer – pacifiste après la belliciste de 1914 – une nouvelle course à la mer…

Le fascisme, l'Espagne, Munich, bientôt la guerre

Le fascisme se développe en Allemagne avec Hitler, en Italie avec Mussolini. L'Espagne de Franco bénéficie de leur soutien. L'Europe s'achemine à grands pas vers un nouveau conflit que ne voient pas venir ceux qui apprennent la signature des accords de Munich : pour eux, la paix est sauvée…

Les menées fascistes du chancelier Adolf Hitler

Efficaces, les grèves des ouvriers pour faire aboutir les revendications ! Efficaces aussi, ces grèves, pour inquiéter les milieux financiers, faire fuir les capitaux, affaiblir la monnaie et provoquer, par la hausse des salaires, une hausse des prix ! Il est temps de remettre les pieds sur terre : Léon Blum annonce, en 1937, une pause dans les réformes sociales. Cette pause est rendue d'autant plus nécessaire qu'il va falloir penser à réarmer le pays : Adolf Hitler, devenu chancelier du Reich allemand en 1933, et qui – de même que Mussolini en Italie –, développe et applique, les mains libres, l'idéologie fasciste, a décidé, le 7 mars 1936, de franchir le Rhin et de réoccuper la zone démilitarisée ! Et cela au mépris du traité de Versailles, des accords de Locarno.

Intervenir en Espagne ?

Les républicains espagnols auraient besoin d'aide pour lutter contre les nationalistes. Beaucoup de Français vont passer la frontière pour leur prêter main forte, Malraux par exemple. D'autres voudraient renforcer les rangs de Franco…

Malraux et son escadrille, Claudel et son Ode…

Mais ce n'est pas tout : l'Espagne vient d'entrer dans une terrible guerre civile – qui va durer jusqu'en 1939. Tout porte à croire que les nationalistes de Franco vont gagner. Il faudrait aider les républicains, mais la France s'y refuse, craignant un embrasement général de l'Europe. Le gouvernement ferme cependant les yeux sur la contrebande d'armes organisée à la frontière espagnole. Des volontaires de tous les pays vont affluer pour combattre aux côtés des républicains espagnols ; ainsi André Malraux, à la tête de son escadrille Espana, et qui publie, en 1937, dans son roman l'Espoir, son expérience de combattant – pendant que Paul Claudel se fend d'une *Ode à Franco*…

UN ÉVÉNEMENT IMPORTANT

La guerre civile espagnole : un terrain d'entraînement pour Hitler

Depuis 1931, l'Espagne est devenue une république parlementaire et démocratique. Mais elle doit faire face à l'opposition des conservateurs – grands propriétaires fonciers, cadres de l'armée et clergé catholique – qui sont hostiles aux réformes sociales et à la démocratie. En 1936, les partis républicains – socialistes, radicaux, communistes et anarchistes – se sont réunis pour former un *frente popular*, frère de celui de France. Ce *frente popular* gagne les élections législatives de 1936.

Les forces de l'opposition refusent leur défaite. Le 17 juillet 1936, elles organisent un soulèvement militaire, sous la direction du général Franco. Hitler, le nazi, Mussolini, le fasciste italien, Salazar, le dictateur portugais, apportent leur soutien à Franco : plus de 100 000 soldats, des centaines d'avions de combat, de blindés, de canons, des tonnes de munitions, et des instructeurs militaires. L'Andalousie, la Galice, les Asturies, la Navarre, et la vieille Castille sont gagnées par les nationalistes. Madrid et Barcelone et le Pays basque constituent le cœur de la résistance républicaine.

La guerre civile espagnole va servir aux armées allemandes et italiennes de terrain d'expérimentation pour les armes et les nouvelles techniques de terreur sur les populations. Ainsi, le 26 avril 1937, les cinquante appareils de la légion Condor – unité allemande chargée de répandre la terreur – expérimentent l'attaque en piqué sur la petite ville de Guernica, près de Bilbao, dans le Pays basque. Les cinquante tonnes de bombes incendiaires lâchées en deux heures et demie font près de 2000 morts parmi une population où se trouvaient de nombreux réfugiés espérant gagner la France par le train.

Finalement, la dictature franquiste va l'emporter, face à des républicains qui manquent d'unité dans leur idéologie – les communistes et les anarchistes tentant mutuellement de se supprimer ! Franco maintiendra son régime jusqu'en 1975, désignant pour lui succéder le roi Juan Carlos de Bourbon.

Le suicide de Roger Salengro

L'extrême droite, favorable à une intervention de la France aux côté des nationalistes espagnols de Franco, contre les républicains, se déchaîne contre le gouvernement de Léon Blum. Celui-ci décide alors la dissolution du groupe nationaliste les Croix de feu, du colonel Laroque, groupe formé en 1927, et qui rassemble ceux qui ont reçu une croix pour leur bravoure au feu pendant la guerre de 14. Cette dissolution, placée sous la responsabilité du ministre de l'Intérieur Roger Salengro, rend encore plus virulente la presse d'extrême-droite, notamment le périodique *Gringoire* qui tire à 500 000 exemplaires. Roger Salengro y est calomnié, accusé d'avoir déserté en 1915 – alors qu'il a été fait prisonnier en tentant d'aller chercher près des lignes ennemies un camarade mort au combat. Bien qu'un jury d'honneur le lave de tout soupçon, il se suicide le 18 novembre 1936. Un million de personnes assistent à ses obsèques dans la ville de Lille dont il était l'excellent maire.

Figure 20-4 : Jean Gabin et Michèle Morgan dans *Quai des Brumes*, un film de Marcel Carné, 1938.

Fin du Front populaire, retour des capitaux

Harcelé sans cesse par la droite, Léon Blum est attaqué par la gauche en 1937 : les communistes lui reprochent de maintenir son refus d'intervenir dans la guerre d'Espagne, les radicaux n'admettent pas qu'il éprouve le besoin de faire une pause face aux revendications sociales. En juin 1937, son gouvernement est renversé. Le Front populaire se maintient cependant jusqu'en avril 1938. Édouard Daladier forme alors un gouvernement radical allié à la droite. Aussitôt, les capitaux reviennent, et reviennent d'autant plus vite que Daladier a décidé, en accord avec l'Angleterre et les États-Unis, une dévaluation du franc de 12 %. Les capitaux de retour, l'activité industrielle reprend, surtout celle de l'armement.

À Vienne, en Autriche, les Juifs persécutés

UN ÉVÉNEMENT IMPORTANT

Le souci d'Adolphe Hitler est de donner au peuple allemand ce qu'il appelle son espace vital, le plus vaste possible – et qui aura l'avantage de faire barrage au communisme qui, de Moscou, tente par tous les moyens de conquérir l'Europe.

- Première étape : l'Autriche. Les troupes allemandes l'envahissent du 11 au 14 mars 1938 – c'est l'*anschluss*, le rattachement –, n'attirant de la part de la France qu'une timide protestation. Aussitôt, les nazis s'installent à Vienne et commencent les persécutions contre la communauté juive.

- Deuxième étape, les Sudètes. Dans cette région située en Tchécoslovaquie – état créé par le traité de Versailles –, vit une population de trois millions d'Allemands. Prétextant des troubles qui s'y dérouleraient, Hitler décide d'intégrer la Tchécoslovaquie tout entière au IIIe Reich !

Sur l'initiative de Mussolini, Chamberlain l'Anglais et Daladier le Français vont rencontrer Adolf Hitler à Munich afin d'arrêter l'engrenage conduisant à une nouvelle guerre européenne. Cette rencontre se déroule à Munich les 29 et 30 septembre 1938.

Munich : drôle de paix avant la drôle de guerre

Les accords qui sont signés à Munich précisent que les territoires des Sudètes seront évacués par les Tchèques, puis occupés par l'armée allemande. Tout cela permet d'espérer la paix, puisque Hitler a affirmé qu'après les Sudètes, c'en était terminé de ses revendications territoriales ! Forts de cette décision, l'Anglais et le Français rentrent chez eux. Le Français s'attend à être hué tant la drôle de paix qu'il rapporte ressemble à une supercherie. Il est fêté comme un sauveur ! À Paris, c'est du délire : 500 000 personnes font une haie d'honneur à Daladier, de l'aéroport du Bourget jusqu'à Paris ! On lui lance des bouquets, on l'applaudit, on parle de donner son nom sur le champ à une rue de Paris ! Mais, ceux dont la vision de la situation est moins myope, sont atterrés : avoir cédé devant Hitler, c'est lui ouvrir le route de n'importe quelle invasion, et même, la voie vers Paris ! Léon Blum se dit partagé entre un lâche soulagement et la honte.

ARTS, CULTURE ET SCIENCES

Sur le grand écran, et en librairie…

Depuis le début du siècle, l'industrie du cinéma n'a cessé de progresser et d'offrir à un public de plus en plus nombreux des films de qualité. En 1927, Abel Gance propose son film muet *Napoléon*, un véritable chef-d'œuvre. Il en donnera une version sonorisée et remontée en 1934. En 1931, c'est *Marius* de Marcel Pagnol que les spectateurs vont voir dans les salles obscures. En 1936, *Les Temps modernes* de Charlie Chaplin remporte un énorme succès, de même que, en 1937, *La Grande Illusion* de Jean Renoir, ou bien en 1938, *Hôtel du Nord*, *Le Quai des brumes* de Marcel Carné. En 1940, Charlie Chaplin termine un film tragiquement d'actualité : *Le Dictateur*. En littérature, Jules Romains a fait jouer *Knock* en 1923, André Breton a publié le *Manifeste du surréalisme* en 1924, Louis-Ferdinand Céline a raté le Goncourt 1932 avec *Voyage au bout de la nuit*, André Malraux l'a obtenu en 1933 avec *La Condition humaine*. 1938 est l'année du roman de Jean-Paul Sartre : *La Nausée*. Un peu de musique ? Voici le *Boléro* de Ravel en 1928 ; deux ans plus tard, le 26 septembre 1930, au Casino de Paris, Joséphine Baker interprète *J'ai deux amours* ; en 1939, lors d'un trajet dans le rapide Paris-Toulouse, Charles Trenet écrit *La Mer*, qui ne sera chantée qu'en 1942, sans aucun succès ! Ce n'est qu'à partir de 1945 qu'elle déroulera ses harmonies dans le monde entier !

Chapitre 21

1939 à 1945 : La Seconde Guerre mondiale : collaboration et résistance

Dans ce chapitre :

- Assistez à ce qu'on a appelé la « drôle de guerre »
- Visitez la France du maréchal Pétain
- Comprenez quelle fut l'action du général de Gaulle

La Seconde Guerre mondiale commence de façon étrange. En effet, l'armée française semble attendre un ennemi qui a choisi une date à sa convenance pour engager les hostilités, sans prévenir personne ! Mais la guerre va hélas commencer ses ravages, diviser le pays, faire subir aux Juifs de terribles souffrances, avant que les alliés arrivent enfin et libèrent le pays et l'Europe du nazisme.

La planète en état d'alerte

Ce qui se passe en Europe inquiète la planète tout entière. À juste titre : le conflit va concerner tous les États du monde.

3 septembre 1939, la France déclare la guerre à l'Allemagne

UNE DATE À RETENIR

La disparition de la Tchécoslovaquie est consommée lorsque les troupes allemandes occupent Prague le 15 mars. Quelle nouvelle étape pour l'appétit d'Hitler ? L'URSS à coup sûr ! Non : l'Union des républiques socialistes soviétiques signe avec l'Allemagne un pacte de non-agression. C'est la stupeur dans le monde, car ce pacte signifie qu'au terme d'accords secrets un partage de la Pologne a été négocié. Mais sous quel prétexte l'Allemagne peut-elle l'envahir ? Des détenus de droit commun allemands sont alors habillés d'uniformes polonais par des SS. Leur mission est de s'emparer de la station de radio allemande de Gleiwitz. Évidemment elle échoue, les (faux) Polonais sont découverts, les vrais Polonais sont envahis, le vendredi 1er septembre 1939. Les premiers soldats du Reich entrent en Pologne à quatre heures quarante-cinq du matin.

La guerre devient mondiale

L'Angleterre qui avait signé, le 25 août 1939, un traité d'alliance avec la Pologne, somme les troupes nazies de s'en retirer. À la suite du refus d'Hitler, l'Angleterre déclare la guerre à l'Allemagne, le dimanche 3 septembre à onze heures du matin. La France l'imite à dix-sept heures, le même jour, suivie de l'Australie et de la Nouvelle-Zélande. L'Italie, l'Irlande et la Belgique se déclarent neutres. Deux jours plus tard, ce sont les États-Unis qui se rangent dans le camp de la neutralité, mais le Congrès américain votera le 4 novembre la loi Cash and Carry, qui autorise la vente de matériel militaire aux belligérants. La Seconde Guerre mondiale vient de commencer.

Des lanciers contre des panzers

Le 10 septembre, le Canada déclare à son tour la guerre à l'Allemagne, quatre jours après l'Afrique du Sud – l'Espagne affirme sa neutralité, mais Franco se déclare favorable aux plans allemands. Les armées d'Hitler pénètrent rapidement en Pologne. Les Russes font semblant de s'en inquiéter et prétextent la protection de leurs ressortissants pour envahir à leur tour la Pologne. En réalité, le plan secret germano-russe était en train de se réaliser. Les Polonais résistent héroïquement et lancent contre les panzers – les chars allemands – leurs lanciers à cheval ! Le 29 septembre, la Pologne capitule, comme prévu, au terme d'une guerre éclair – la *Blitzkrieg* en allemand. Pour la quatrième fois de son histoire, elle est rayée de la carte du monde. Son gouvernement se réfugie en France, à Angers.

1939 à 1940 : La drôle de guerre

De la fin de l'année 1939 au début de 1940, tout le monde attend qu'Hitler se décide à poursuivre ses opérations dont on pressent trop bien la nature.

Un immobilisme stratégique

Le 6 octobre 1939, Hitler propose de faire la paix. Simple leurre puisqu'il diffère son attaque à l'ouest afin qu'elle se déroule dans les conditions les plus favorables. Ses offres sont immédiatement refusées, et tout le monde attend ! C'est la drôle de guerre, rien ne se passe. Les troupes françaises ne comprennent pas l'immobilisme et la stratégie uniquement défensive qui ont été décidés. Le pays demeure dans une expectative plutôt insouciante derrière sa ligne Maginot et ses armées inoccupées. Une initiative est cependant prise par Paul Reynaud, le nouveau chef du gouvernement français : il propose, au début d'avril 1940, de couper la route du fer aux Allemands, en conseillant aux Anglais de poser des mines dans les eaux norvégiennes, proches du port de Narvik. Les Allemands réagissent immédiatement en occupant les ports norvégiens et le Danemark. Cela n'empêche pas une tentative de débarquement des troupes franco-britanniques en Norvège. Vaincus, elles doivent battre en retraire. Le mois de mai 1940 arrive, et la France attend toujours. Plus pour longtemps…

Les troupes françaises et anglaises encerclées

Le 10 mai 1940, la Wehrmacht attaque la Belgique et la Hollande. De plus, elle lance une offensive dans les Ardennes dont la percée est réalisée le 13 mai, à Sedan. Les armées alliées sont enfoncées en un point réputé infranchissable par les chars… L'aviation et les panzers allemands se montrent d'une efficacité d'autant plus redoutable que, curieusement, peu d'avions français ne contrarient l'avance allemande, et que les rares chars ne se montrent guère. Les troupes alliées sont coupées en deux. La partie qui se trouve au nord est rapidement encerclée par les Allemands, et reflue vers Dunkerque. Sous les bombardements, les Britanniques décident alors d'évacuer vers l'Angleterre au moyen d'une flottille les soldats pris au piège. C'est l'opération Dynamo qui permet de sauver, entre le 28 mai et le 4 juin 1940, près de 360 000 hommes – dont le corps expéditionnaire anglais. Les autres vont être faits prisonniers par les Allemands. Constatant que la situation est désespérée en France, l'Italie en profite pour l'attaquer dans le dos le lundi 10 juin, sans grand succès cependant.

Le triste exode de juin 40

Les troupes de Hitler, que le général Weygand, bientôt ministre de la Guerre de Pétain, n'a pu contenir, entrent dans Paris le 14 juin 1940. Un exode massif des populations du nord de la France, de Paris et de sa région commence alors. Plus de huit millions d'hommes, de femmes, d'enfants et de vieillards se retrouvent sur les routes, embarqués dans toutes sortes de véhicules, ou bien à pied, dans le désordre, la surprise, la stupeur ou la résignation. Le 15 juin, le gouvernement français se replie à Bordeaux. Le 16 juin, le président du Conseil, Paul Reynaud, se refuse à demander un armistice aux Allemands, il démissionne. Albert Lebrun fait alors appel au maréchal Pétain qui – à quatre-vingt-quatre ans ! – prend la place de Reynaud. À minuit, le gouvernement français demande l'armistice. Le 17 juin, Pétain s'adresse à la nation française : « C'est le cœur serré que je vous dis aujourd'hui qu'il faut cesser le combat. Je me suis adressé cette nuit à l'adversaire pour lui demander de mettre un terme aux hostilités. »

Figure 21-1 : Hitler et ses officiers à Paris.

La signature de l'armistice

Le 19 juin, les Allemands sont à Nancy, Vichy, Rennes… À Saumur, les cadets de l'École de cavalerie résistent héroïquement à la Wehrmacht. Le vendredi 21 juin, dans la clairière de Rethondes, près de Compiègne, le wagon du maréchal Foch où fut signé l'armistice le 11 novembre 1918 est de nouveau utilisé, mais cette fois, ce sont les Français qui sont vaincus, chez eux. Hitler, Göring, Keitel et Brauchitsch y assistent à la signature de l'armistice par les plénipotentiaires français, obtenue le 22 juin 1940. Hitler ordonne alors que le wagon soit transporté à Berlin afin d'y être brûlé, et que soit dynamité le monument commémoratif qui avait été construit sur place.

LE SAVIEZ-VOUS ?

Londres, de Gaulle et ses trois appels de juin 1940

Pendant que Hitler visite Paris, le général de Gaulle, sous-secrétaire d'État à la Guerre du gouvernement Reynaud, s'est rendu à Londres où il va retrouver Winston Churchill. Apprenant que l'armistice a été demandé par Pétain, il lance, de la BBC, la radio anglaise, un premier appel à tous les Français, le 18 juin à dix-sept heures. Cet appel n'est pas enregistré. On en possède seulement le texte. Il diffère, dans la forme seulement, du texte d'un deuxième appel, celui d'une affiche placardée sur les murs de Londres et qui reprenait les mêmes idées : inciter les Français à résister contre l'envahisseur. C'est dans le texte de cette affiche qu'on trouve la formule choc : « La France a perdu une bataille ! Mais elle n'a pas perdu la guerre ! » Le 19 juin, un troisième appel est lancé, de la BBC, par de Gaulle, plus bref, plus direct : « Tout Français qui porte encore les armes a le devoir absolu de continuer la résistance... »

Figure 21-2 : Le général de Gaulle en juin 1940.

3 juillet 1940 : les Anglais coulent les bateaux français !

La France est alors coupée en deux par une ligne de démarcation : la zone nord est occupée par les Allemands, la zone sud est libre. L'Alsace et la Lorraine sont annexées à l'Allemagne. L'Angleterre désormais est seule intacte et capable de prendre les décisions qu'elle estime nécessaires à la lutte contre les Allemands. Ainsi, craignant que ceux-ci s'emparent de la flotte française, Churchill ordonne que les cuirassés français qui mouillent à Mers-el-Kébir sur la côte algérienne soient coulés ! Les navires anglais en envoient trois par le fond, un quatrième réussit à s'échapper. Cette opération cause un vrai massacre : 1 500 marins français trouvent la mort !

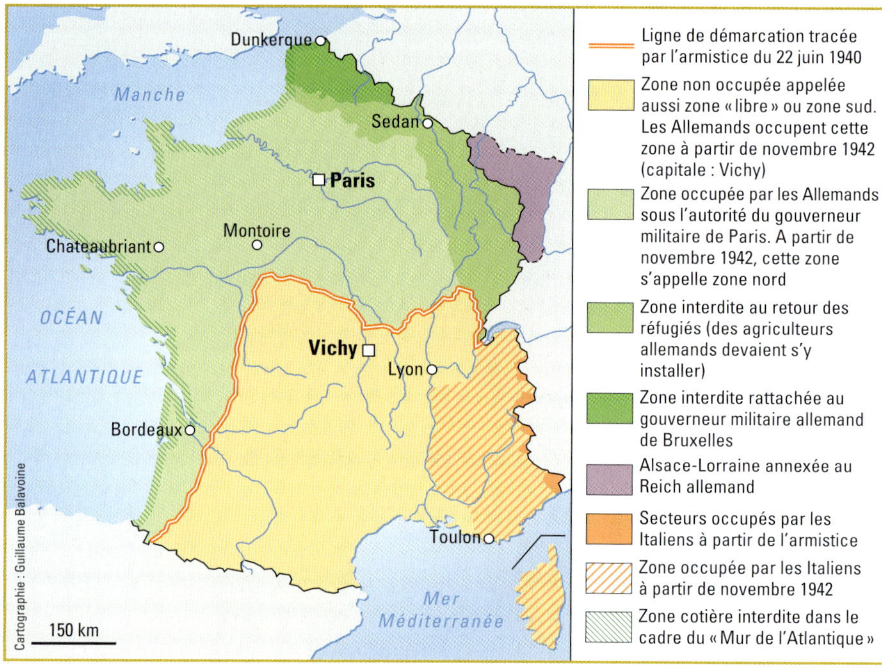

La France après l'armistice du 22 juin 1940.

Guy Môcquet, 17 ans...

Le 20 octobre 1941, le lieutenant-colonel Holtz est abattu dans une rue de Nantes. Hitler décide immédiatement de faire fusiller cinquantes otages français, en représailles. Le 22 octobre, vingt-sept d'entre eux sont rassemblés dans une baraque du camp de Choisel, à Chateaubriant, puis conduits sur le lieu de leur supplice, dans une carrière proche de la ville : La Sablière. Ils sont fusillés entre 15h50 et 16h10. Ces représailles cruelles, exercées aussi à Bordeaux, vont animer l'esprit de résistance. Le plus jeune des fusillés de la Sablière n'a que 17 ans. Il s'appelle Guy Môcquet. Quand vous passerez ligne 13, dans le métro, à Paris, rappelez-vous...

La France de Pétain

Le maréchal Pétain reprend du service alors qu'il est déjà entré dans ce qu'on appelle aujourd'hui le quatrième âge. La France qu'il dirige est celle de la collaboration, bien davantage – au début tout au moins – que celle de la Résistance. L'occupant n'éprouve aucune difficulté à obtenir de la police française l'arrestation des Juifs et, de la milice, l'espionnage des réseaux de résistance. De son côté, le général de Gaulle que concurrençait le général

Giraud devient, en 1943, à Alger, chef du gouvernement provisoire de la République française.

Plume de corbeau

Les Français vont s'installer peu à peu dans une confortable collaboration avec l'occupant. Les fournisseurs s'empressent de répondre à ses besoins, d'autant plus qu'il paie bien, et comptant ! Le service des postes fonctionne lui aussi à plein régime : des lettres sans signature arrivent tous les jours dans les kommandanturs ! On y dénonce le voisin qui cache des Juifs, celui qui ravitaille la résistance, on révèle la véritable identité d'un étranger qui vient d'arriver sous un faux nom, on précise où se trouve l'aviateur anglais qui a été récupéré dans la nuit, on ajoute que l'argent parachuté pour la résistance a disparu, on se venge d'un amour déçu... Bref, beaucoup de villes, petites ou grandes, beaucoup de villages sont devenus des corbeautières où s'installent des haines tenaces qui, souvent, vont se transmettre sur plusieurs générations.

Cependant, la collaboration n'empêche pas les occupants de se livrer au pillage économique de la France, avec pour conséquence des denrées contingentées et distribuées contre des cartes de rationnement. Ce système permet le développement du marché noir : des denrées devenues rares sont vendues sans scrupule à prix d'or par ceux qui les possèdent ou par des intermédiaires. Untel fait du marché noir ? Vite, mon encre noire, et ma plume de corbeau...

« La terre ne ment pas »...

Pétain décide d'installer le gouvernement à Vichy. Albert Lebrun se retire – en 1944, il sera arrêté par les Allemands et déporté. Pierre Laval, le vice-président du Conseil, décide alors de modifier la constitution, ce qui met fin à la IIIe République. Elle laisse la place à l'État français et à sa devise : « Travail, famille, patrie ». Le 10 juillet, une large majorité parlementaire vote les pleins pouvoirs au maréchal Pétain qui devient alors le chef de l'État détenant tous les pouvoirs. Toute une propagande, orchestrée par l'amiral Darlan, dauphin de Pétain et vice-président du Conseil, diffuse jusque dans les plus petits villages de France la célébration de la personne du maréchal autour d'un passé glorieux et du mythe rural de « la terre qui, elle, ne ment pas ». Terre dont la fécondité doit se communiquer aux hommes et aux femmes qui plaisent au maréchal lorsqu'ils lui présentent leur nombreuse famille ! Un hymne est composé, dont les premières paroles sont déjà tout un programme : « Maréchal, nous voilà... » Les nouvelles générations sont encadrées dans des Chantiers de Jeunesse. Tout cela constitue ce qui porte le nom de Révolution nationale – mais ne remporte qu'un succès de façade.

Figure 21-3 : Pierre Laval et le maréchal Pétain, alors âgé de 81 ans, à Vichy en 1942.

La déportation des Juifs vers les camps de la mort

L'inimaginable se met en marche : les Juifs vont être traqués, dénoncés, arrêtés, dépossédés de leurs biens, déportés dans des camps où ils découvrent l'horreur absolue. La Shoah – l'anéantissement – a fait six millions de victimes.

7 juin 1942 : une étoile jaune sur la poitrine

Les autorités françaises de Vichy vont reprendre à leur compte le programme nazi de persécution des Juifs. Elles vont le faire avec une ardeur qui étonnera les nazis eux-mêmes… Cela commence dès le 3 octobre 1940 par l'élaboration d'un statut des Juifs : la plupart des professions leur sont interdites. Le 29 mars 1941, un Commissariat général aux questions juives (CGQJ) est créé. Il est placé sous la responsabilité de Xavier Vallat, parlementaire d'extrême-droite et antisémite notoire. Il décide la confiscation des biens juifs et leur mise sous administration « aryenne ». Été 1942 : le CGQJ change de responsable : Vallat est remplacé par Darquier, dit de Pellepoix. C'est un avocat véreux qui n'hésite pas à s'enrichir sur les biens juifs. La politique antisémite devient de plus en plus sévère : à partir du 7 juin 1942, en zone occupée, tous les Juifs de plus de six ans doivent porter l'étoile jaune.

Figure 21-4 : Vichy antisémite : « Par ordre du Commissariat général aux questions juives : l'entrée des Juifs dans les salles de l'Hôtel des Ventes est interdite d'une manière absolue. »

Plaire à l'occupant : traquer les Juifs !

Darlan est écarté du gouvernement de Vichy à la demande des Allemands qui ont perdu confiance en lui à la suite d'une négociation ambiguë au terme de laquelle l'Angleterre parvient à occuper la Syrie. Il est remplacé par Pierre Laval qui devient, le 18 avril 1942, chef du gouvernement. Laval donne une nouvelle impulsion à la collaboration avec l'ennemi, décidée dès le 24 octobre 1940 par Pétain lors de l'entrevue avec Hitler à Montoire. Le nouveau chef du gouvernement – Laval – affirme que le rapprochement de la France et de l'Allemagne est la condition nécessaire et indispensable à la paix en Europe. Pour faciliter cette entente, il faut plaire à l'occupant qui traque les Juifs, efficacement secondé par le CGQJ.

Juillet 1942 : la rafle du Vél'd'Hiv

UN ÉVÉNEMENT IMPORTANT

Laval, considérant que l'ardeur déployée pour l'arrestation des Juifs n'est pas suffisante, décide, avec René Bousquet, secrétaire général de la police au ministère de l'Intérieur, d'une vaste opération au cours de laquelle les Juifs de la zone occupée seront arrêtés pour être déportés en train vers les camps de concentration. Cette rafle est prévue entre le 16 et le 30 juillet 1942. Elle porte le nom à la fois cynique et poignant de « Vent printanier ». Dans la nuit du 16 au 17, à quatre heures du matin, l'opération commence. Sept mille policiers français pénètrent de force chez les Juifs en plein sommeil, arrêtent les hommes, les femmes, les enfants qui sont conduits au vélodrome d'Hiver, dans le XVe arrondissement. Plus de 20 000 Juifs vont alors être transférés à Drancy, de même que, un peu plus tard, 12 000 enfants ! Les convois vont acheminer régulièrement les Juifs arrêtés vers les camps de la mort – y compris les enfants séparés de leur famille. Au total, ce sont presque 100 000 Juifs qui vont quitter le sol français pour se retrouver dans l'horreur des camps d'extermination. Bien peu en reviendront. En Europe, six millions de Juifs furent exterminés par les nazis !

Figure 21-5 : Le camp de Drancy.

La milice française collabore avec la gestapo

Après l'occupation de la zone libre à la fin de 1942, le maréchal Pétain perd une grande partie de sa popularité auprès des Français qui constatent son impuissance à endiguer les volontés allemandes. C'est Pierre Laval qui est devenu l'homme du pouvoir. Hitler lui accorde sa confiance, à condition qu'il recrute en France des centaines de milliers de travailleurs qui seront employés dans les usines en Allemagne ou ailleurs pour les intérêts du Reich. Ainsi est créé le STO (Service du travail obligatoire) auquel bon nombre de jeunes gens vont se soustraire en entrant dans les maquis de résistants. Le 30 janvier 1943, afin de mieux pénétrer ces maquis où sont organisées des actions de sabotage contre l'occupant, Laval crée une milice française qui va lutter aux côtés de la gestapo. Cette milice va se rendre, jusqu'à la fin de la guerre, tristement célèbre, utilisant les moyens les plus lâches pour parvenir à ses fins. Au total, ce sont presque 700 000 travailleurs obligatoires qui vont aller en Allemagne, beaucoup moins que ce qui avait été prévu par les autorités françaises.

La guerre mondiale

Le 7 décembre 1941, le Japon qui s'est allié à l'Allemagne et à l'Italie lance une attaque surprise, sans déclaration de guerre, contre l'escadre américaine qui est ancrée à Pearl Harbour, dans l'île d'Ohau – îles Hawaii. 250 avions sont détruits, 6 cuirassés, 3 contre-torpilleurs, 3 croiseurs… C'est un vrai désastre ! À la suite de cette attaque, l'Allemagne et l'Italie déclarent la guerre aux États-Unis. La guerre devient mondiale.

La Résistance se met en place

Un appel à la résistance, si convaincant soit-il, ne suffit pas à déclencher un mouvement de grande ampleur capable de gêner l'occupant. Peu à peu, cependant, cet appel fait son chemin, et les mouvements de résistance vont agir avec courage et détermination jusqu'à la Libération.

De Gaulle bien seul le 18 juin...

Résister. Lorsque de Gaulle lance son appel à Londres le 18 juin 1940, il est bien seul ! Les ralliements qu'il obtient au départ sont très limités : les pêcheurs de l'île de Sein, René Cassin, le général Catroux... Mais peu à peu, de Gaulle gagne le ralliement de l'Afrique équatoriale française, du Cameroun, de la Nouvelle-Calédonie et des îles du Pacifique. Ces ralliements lui suffisent pour créer à Brazzaville, le 27 octobre 1940, le Conseil de défense de l'Empire colonial français, puis, le 24 septembre 1941, le Conseil national français qui assure l'exercice provisoire des pouvoirs publics. Il devient alors un interlocuteur acceptable pour l'Angleterre et les États-Unis – qui cependant se méfient de sa conception personnelle du pouvoir.

21 juin 1943 : Jean Moulin arrêté à Caluire-et-Cuire

Plusieurs mouvements de résistance qui se sont développés indépendamment de Charles de Gaulle vont progressivement reconnaître en lui le chef de la France Libre. Il envoie en mission en zone occupée l'ancien préfet Jean Moulin afin d'unir tous les résistants sous la même bannière. Celui-ci parvient à créer le CNR (Conseil national de la résistance) – Georges Bidault en prendra la tête, élaborant le programme d'action suivant : insurrection contre la présence allemande, mais aussi, pour plus tard, la nationalisation des moyens de production, et de vastes réformes sociales. Au moment de la création du CNR, Jean Moulin est arrêté sur dénonciation par la gestapo le 21 juin 1943, à Caluire-et-Cuire dans le Rhône, lors d'une réunion des principaux chefs de la Résistance. Torturé à Lyon, dans les services de Klaus Barbie, il ne livre aucun renseignement ni aucun nom aux nazis. Il meurt probablement dans le train qui le conduit en Allemagne. Ses cendres sont transférées au Panthéon le 19 décembre 1964, pendant qu'André Malraux prononce son célèbre : « Entre ici, Jean Moulin, avec ton terrible cortège... »

Darlan, de Gaulle ou Giraud ?

Le 8 novembre 1942, les Anglo-Américains débarquent à Alger et à Casablanca. Ce débarquement a été soigneusement préparé et tenu secret afin que de Gaulle n'en sache rien. En effet, le président américain Roosevelt n'apprécie pas de Gaulle en qui il voit un futur dictateur, c'est-à-dire un responsable politique et militaire qui n'hésitera pas à s'opposer à la volonté des États-Unis. C'est alors que le dauphin de Pétain, l'amiral Darlan, qui a des ambitions nationales, se trouve en Algérie et propose aux Américains d'assumer le pouvoir de chef de l'État français. Les Allemands l'apprenant et n'appréciant pas ce double jeu envahissent alors la zone française demeurée libre. En représailles, ils décident de s'emparer de la flotte demeurée intacte à Toulon. Mais l'amiral de Laborde donne l'ordre de saborder tous les navires : 135 bâtiments sont coulés ! Darlan au double jeu est assassiné le 26 décembre 1942.

Qui va représenter la France auprès des Américains et des Anglais ? Le général de Gaulle – arrivé à Casablanca en catastrophe – ou le général Giraud anti-allemand, mais favorable à Vichy, ce qui rendrait plus aisée la prise de contrôle des militaires français ? Dans un premier temps, Churchill et Roosevelt parviennent à unir les deux généraux dans un même commandement, mais c'est compter sans la rivalité de Gaulle-Giraud qui va aboutir à la démission du général Giraud, le 27 octobre 1943. De Gaulle devient le seul chef du Gouvernement provisoire de la République française.

1944 : les alliés débarquent, les Allemands capitulent

L'Allemagne a commencé à reculer après les grandes batailles sur le front russe. La gigantesque opération de débarquement des troupes alliées sur les plages de Normandie, le 6 juin 1944, va conduire au dénouement d'une guerre dont l'armistice est signé le 8 mai 1945.

Dès 1942, l'Allemagne vacille

Depuis 1943, l'Allemagne essuie des revers. Ce tournant dans la marche agressive et victorieuse du IIIe Reich a commencé le 1er septembre 1942 : la 6e armée du maréchal Paulus a commencé le siège de Stalingrad, bataille terrible qui va se terminer par une défaite spectaculaire le 31 janvier 1943, suivie d'une retraite désastreuse. Le 8 septembre suivant, l'Italie se rend sans condition. Le 27 janvier 1944, après 872 combats et 1 000 000 de morts, les Allemands abandonnent le siège de Leningrad ! Les opérations destinées à vaincre l'Allemagne nazie, décidées par Roosevelt, Churchill et Staline le 1er décembre 1943 à Téhéran, vont être mises en œuvre et commencer par l'opération Overlord.

LE SAVIEZ-VOUS ?

Deux poètes disparus

Il était né à Quimper, le 11 juillet 1876. Peintre et poète, esprit fin, subtil et cultivant l'humour avec délectation, il avait décidé d'entrer à l'abbaye de Saint-Benoît-sur-Loire en 1921. Il est arrêté par la gestapo le 24 février 1944. Conduit à la prison d'Orléans, puis au camp de Drancy, il y meurt d'épuisement. Il s'appelait Max Jacob.

Une fourmi de dix-huit mètres / Avec un chapeau sur la tête / Ça n'existe pas, ça n'existe pas !... Le Pélican de Jonathan / Au matin pond un œuf tout blanc... Poèmes pour enfants, mais aussi : « J'ai tant rêvé de toi que mes bras habitués en étreignant ton ombre à se croiser sur ma poitrine ne se plieraient pas au contour de ton corps, peut-être... » Celui qui a écrit ces poèmes était né en 1900. Il a été arrêté par la gestapo deux jours avant Max Jacob. Déporté à Buchenwald, il est mort au camp de concentration de Teresin. Il s'appelait Robert Desnos.

6 juin 1944 : Américains, Anglais, Canadiens à l'assaut !

UNE DATE À RETENIR

Le 22 janvier 1944, les alliés débarquent à Anzio, en Italie. Le 5 juin, ils entrent dans Rome. Le lendemain, 6 juin 1944, l'opération Overlord commence sur les plages de Normandie – de Gaulle, selon le souhait du président américain, n'en a été averti que la veille ! 15 000 avions, 5 000 navires, 650 000 soldats américains, anglais, français, canadiens... et 20 000 véhicules vont débarquer entre Sainte-Mère-Église et Ouistreham, sous le feu nourri des Allemands qui ont hérissé la côte de blockhaus, de mitrailleuses, de barbelés, et installé toutes sortes d'obstacles sur les plages. C'est la plus formidable opération militaire de tous les temps ! Le général américain Eisenhower – qui en a choisi le jour et l'heure – en assure la direction.

Figure 21-6 : Le Débarquement : les Américains débarquent en Normandie.

18 au 25 août : « Paris martyrisé ! Mais Paris libéré ! »

Les combats en Normandie sont acharnés. En deux mois, deux millions d'hommes, 500 000 véhicules et trois millions de tonnes de matériel sont débarqués dans les ports artificiels qui ont été construits en Normandie ! Il faut cependant attendre le 1er juillet pour que les alliés déclarent que l'opération Overlord a réussi. Du 18 au 25 août, Paris est libérée grâce aux 16 000 hommes, 4 000 véhicules et 500 blindés de la 2e DB du général Leclerc ! Le 26 août, le général de Gaulle descend les Champs-Élysées, acclamé par la foule en liesse à laquelle il offre une des formules choc dont il a le secret : « Paris outragé ! Paris brisé ! Paris martyrisé ! Mais Paris libéré ! »

Figure 21-7 : Le 25 août 1944 : Paris… libéré !

8 mai 1945 : l'Allemagne capitule

UNE DATE À RETENIR

Paris libéré, certes, mais la guerre se poursuit ! Le 15 août 1944, les alliés débarquent en Provence. Le 4 septembre, le général américain Patton franchit la Meuse ; les Allemands n'ont pas perdu toutes leurs ressources. Ils lancent depuis la Poméranie des fusées V2 qui, à la vitesse de Mach 5, atteignent la Grande-Bretagne. Le 23 novembre, le général Leclerc entre dans Strasbourg. Malgré des contre-attaques allemandes meurtrières, Berlin est bombardée le 3 février 1945. Les 13 et 14 février, Dresde est rayée de la carte : les trois vagues de bombardements alliés feront 250 000 morts dans la

Le retour

Par le train, par bateaux traversant la mer Noire, la mer Égée, pour arriver à Marseille, à pied parfois, ou dans n'importe quel convoi, ils reviennent après cinq années passées en Allemagne, en Pologne, en Autriche : les prisonniers de guerre, ceux qui avaient été encerclés en 1940, victimes de l'impéritie de l'état-major. Certains d'entre eux, lorsqu'ils furent emmenés dans les camps nazis, avaient déjà accompli presque trois années de service militaire. Transférés aux confins de la Prusse, dans des usines, ou dans la plaine viennoise, dans quelque ferme, avec un grand KG – *Krieg gefangener* : prisonnier de guerre – peint dans le dos, ils devaient passer cinq années dans l'incertitude totale sur la date de leur retour. Certains furent libérés, pacifiquement, par les Américains, d'autres, de façon moins pacifique, par les Russes. Ceux qui s'attardèrent un peu en cours de route eurent la surprise de constater que, considérés morts, ils avaient déjà bénéficié de messes dites à leur mémoire.

À Paris, l'hôtel Le *Lutétia* qui avait servi de *kommandantur*, fut réquisitionné pour l'accueil des déportés, ceux qui avaient survécu aux camps de la mort, à des conditions de détention inimaginables de cruauté et de sadisme.

population de cette ville ! Le lundi 30 avril, dans son bunker de Berlin, Hitler et Eva Braun, sa compagne, se suicident. Leurs corps brûlés sont retrouvés dans la cour de la Chancellerie, par les Russes. Enfin, le 8 mai 1945, le maréchal Keitel signe l'acte de la capitulation définitive du IIIe Reich !

LE SAVIEZ-VOUS ?

Entre 40 et 50 millions de victimes

Dans le monde, la Seconde Guerre mondiale a fait entre quarante et cinquante millions de morts dont vingt millions de civils ! Six millions de Juifs ont été exterminés. En France, le nombre de tués est de près de 600 000. Les États-Unis ont perdu 300 000 combattants, la Grande-Bretagne près de 500 000, de même que l'Italie et la Tchécoslovaquie, et la Pologne 5 800 000 ! En URSS, ce sont vingt millions de personnes qui ont été tuées. L'Allemagne a perdu 3 300 000 soldats, mais, au total, en comptant ceux qui vivaient dans différents pays d'Europe centrale, le total des victimes s'élève à cinq millions. Enfin, pour la première fois, la bombe atomique est utilisée : le lundi 6 août 1945, le bombardier américain *Enola Gay* lâche sur la ville japonaise d'Hiroshima, à neuf heures trente, la première bombe atomique de l'histoire. Le 9 août, une seconde est lâchée sur Nagasaki. Elles font des centaines de milliers de morts. Les survivants sont atrocement brûlés.

Chronologie récapitulative

- 3 août 1914 : l'Allemagne déclare la guerre à la France
- Février à juillet 1916 : bataille de Verdun
- Juillet à octobre 1916 : offensive sur la Somme
- Mai-juin 1917 : mutineries dans l'armée française
- 11 novembre 1918 : armistice
- 28 juin 1919 : signature du traité de Versailles avec l'Allemagne
- 1924 : victoire du Cartel des gauches aux élections législatives
- 1936 : victoire du Front populaire aux élections législatives
- 7 juin 1936 : accords Matignon
- 3 septembre 1939 : la France déclare la guerre à l'Allemagne
- 14 juin 1940 : entrée des troupes allemandes à Paris
- 18 juin 1940 : appel du général de Gaulle
- 16-17 juillet 1942 : rafle du Vél'd'Hiv
- 6 juin 1944 : débarquement allié en Normandie
- 8 mai 1945 : capitulation allemande

Septième partie

De 1945 à nos jours : la France et l'Europe

Dans cette partie…

Vous allez comprendre combien l'instabilité ministérielle de la IVe République a pesé dans les hésitations face à la décolonisation. De Gaulle au pouvoir, la Ve République qui nous régit toujours se met en place. L'Algérie obtient son indépendance, et, après les remous de mai 68, la France s'engage sur le chemin de la modernité. Georges Pompidou, Valéry Giscard d'Estaing, François Mitterrand et Jacques Chirac, ainsi que leurs gouvernements et les Assemblées, ont permis de réussir l'intégration de la France dans une Europe résolument tournée vers le progrès.

Chapitre 22

1946 à 1958 : La IVe République : le pouvoir aux partis

Dans ce chapitre :

- Suivez les péripéties de la IVe République
- Devenez les témoins des premiers pas de l'Europe
- Faites connaissance avec Pierre Mendès-France
- Assistez au début de la guerre d'Algérie

Après les vengeances de toutes sortes au lendemain de la guerre, la paix est à reconstruire. C'est ce que vont tenter de faire les hommes politiques de la IVe République dans un inconfort parlementaire et gouvernemental permanent qui ne va pas faciliter la résolution des problèmes que posent l'agitation sociale et la décolonisation.

L'épuration commence

Les souffrances subies pendant les années de guerre ont pour conséquence l'épuration qui, dès juin 1944, vise à punir ceux qui ont collaboré avec l'occupant. Et cette punition consiste souvent en une exécution sommaire.

Quarante mille exécutions sommaires

C'est la revanche du Vél'd'Hiv : ce vélodrome dans lequel avaient été rassemblés les Juifs avant leur départ pour les camps de la mort va s'emplir, à partir d'août 1944, de toutes sortes de collaborateurs en attente d'un jugement qui en conduira beaucoup devant un peloton d'exécution improvisé. Partout en France, ceux qui ont collaboré, ou sont soupçonnés de l'avoir fait, vont subir le même sort : ou bien ils sont passés par les armes – il y aura entre 30 000 et 40 000 exécutions sommaires – ou bien ils sont emprisonnés.

Figure 22-1 : Les femmes soupçonnées d'avoir collaboré avec des Allemands sont tondues.

Pétain condamné à mort

Les femmes qui ont eu avec l'occupant une attitude trop accueillante sont tondues et promenées dans les villes ou villages sous les huées et les crachats des habitants. Une confusion vengeresse, proche de l'anarchie, s'est emparée de la France. Des hommes politiques – dont Pierre Laval et l'écrivain Robert Brasillach – sont condamnés à mort et exécutés. Pétain est lui aussi condamné à mort, mais sa peine est commuée par le général de Gaulle en détention à vie. Charles Maurras, Pierre Benoît, Jean Giono et Sacha Guitry sont emprisonnés, pendant que d'autres dont la collaboration est pourtant avérée demeurent libres.

CHEZ NOS VOISINS

Pendant ce temps chez nos voisins

Du 10 janvier au 14 février 1946, la première assemblée générale de l'ONU se tient à Londres. Le 14 mai 1948, l'État d'Israël est créé, son gouvernement est assuré par Ben Gourion, jusqu'en 1963. En Tchécoslovaquie, en février 1948, les communistes s'emparent du pouvoir avec l'appui de l'URSS. Le 21 septembre 1949, la République populaire de Chine est proclamée, Mao Tsé-Toung en est le président, Tchang Kaï-Chek s'enfuit à Taiwan. De 1948 à 1962, la tension entre les deux blocs constitués par les États-Unis et l'URSS, et leurs alliés respectifs, est extrême ; c'est la première phase de ce qu'on appelle la Guerre froide.

Octobre 1946 à septembre 1958 : la IVe République

De Gaulle aurait aimé disposer d'un pouvoir personnel étendu, et de deux chambres évitant toute précipitation dans les décisions. C'est le contraire qui lui est offert : il préfère s'en aller. L'instabilité politique va alors s'installer avant que le plan Marshall ne garantisse le renouveau économique et que l'idée de l'Europe ne fédère les énergies.

Vingt-cinq gouvernements en douze ans...

Une moyenne d'un gouvernement tous les six mois ! La constitution de la IVe République favorise le système des partis. C'est pourtant un pouvoir fort et stable qui serait nécessaire pour aborder avec détermination le problème de la décolonisation dont la solution n'a pas encore été trouvée.

21 octobre 1945 : le vote des femmes

Après sa descente triomphale des Champs-Élysées le 26 août 1944, le général de Gaulle forme un nouveau gouvernement provisoire qu'il préside. Il fait organiser un référendum qui aboutit à l'élection d'une assemblée constituante. À cette occasion, une ordonnance datant du 21 avril 1944 est appliquée : les femmes, en ce 21 octobre 1945, votent pour la première fois !

13 octobre 1946 : une IVe République nous est née...

Élu chef du gouvernement, le général de Gaulle désirerait une constitution qui lui donne de larges pouvoirs, ainsi que deux chambres, une Chambre des députés et un Sénat. Mais le Parti socialiste et le Parti communiste préfèrent une assemblée unique et un président aux pouvoirs réduits. Finalement, les partis l'emportent et de Gaulle démissionne le 20 janvier 1946. Vincent Auriol est alors élu président de l'Assemblée constituante. Celle-ci élabore une constitution qui est adoptée par référendum le 13 octobre 1946. La IVe République est née ! La souveraineté populaire y est assurée par le Parlement, ce qui va conduire au renforcement des partis et à l'instabilité ministérielle. De 1946 à 1958, on ne comptera pas moins de vingt-cinq gouvernements !

16 janvier 1947 : Vincent Auriol président de la République

Le 10 novembre 1946, les députés de la nouvelle assemblée nationale sont élus à la proportionnelle. Le parti communiste, le Mouvement républicain populaire (MRP, fondé le 26 novembre 1944 par des chrétiens de gauche résistants), et les socialistes (SFIO) obtiennent 72 % des voix ! Le 16 janvier 1947, le socialiste Vincent Auriol est élu président de la République. Il charge Paul Ramadier – socialiste – de former le premier gouvernement. Ce gouvernement est celui du tripartisme associant communistes, socialistes et républicains populaires.

La naissance de FO et de la FEN

Les grèves d'octobre 1947 se transforment en insurrections. Les manifestants interrompent le trafic ferroviaire, obstruant les voies, de sorte que la capitale n'est plus ravitaillée. Près de 80 000 réservistes sont alors rappelés. La police réprime le mouvement, et la CGT demande la reprise du travail le 9 décembre 1947. Se séparant de la CGT, les syndicats Force ouvrière (FO) et la Fédération de l'Éducation nationale (FEN) vont voir le jour.

1947 : pénurie et guerre froide

Dans un contexte de pénurie – les cartes de rationnement sont toujours en vigueur – et d'inflation, les difficultés apparaissent sans tarder. Elles prennent la forme de grèves de plus en plus étendues, dont la CGT prend la tête. Ramadier exclut alors les ministres communistes de son gouvernement le 2 mai 1947. Ils espèrent revenir au pouvoir, mais la guerre froide commence – face à face belliqueux entre les États-Unis et l'URSS, avec création de part et d'autre d'un arsenal nucléaire ; la France se rangera le 4 avril 1949 du côté des États-Unis en adhérant à l'OTAN, l'Organisation du traité de l'Atlantique nord. En octobre 1947, les produits alimentaires ayant augmenté de presque 50 %, et les salaires de 10 % à peine, une grève générale dans la métallurgie et dans les mines est déclenchée. Ramadier et son gouvernement démissionnent. Robert Schuman, MRP, entre en lice le 19 novembre 1947. Il se montre ferme face à la grève.

L'État-providence

L'après-guerre permet l'application rapide du programme du Conseil National de la Résistance. En réalisant le programme des nationalisations – Renault, les quatre plus grandes banques privées, l'électricité et le gaz, les transports aériens, les houillères –, l'État, imprégné des idées socialistes et communistes, devient le cœur d'une économie d'inspiration dirigiste. Le volet social comprend l'extension à tous les salariés de la Sécurité sociale. Elle est financée par des cotisations patronales et salariales, et gérée par des représentants des salariés. Elle prend en charge non seulement la maladie, mais aussi la vieillesse et l'invalidité. L'État prend aussi en charge l'indemnisation du chômage. Peu à peu, au fil des responsabilités financières et humaines qu'il accumule auprès des Français, il devient cet État sur lequel tout le monde compte désormais : l'État-providence.

Le SMIG voté par la troisième force

UN ÉVÉNEMENT IMPORTANT

À partir d'octobre 1947, une troisième force politique naît de l'opposition au parti communiste et au parti fondé par de Gaulle, le RPF. Cette troisième force composée de socialistes et de MRP refuse la politique extérieure de l'Union soviétique et préfère se rapprocher des États-Unis. Elle permet d'enrayer l'inflation galopante et de voter, le 11 février 1950, un salaire minimal qui va longtemps porter le nom de SMIG – salaire minimum interprofessionnel garanti. L'homme fort de cette époque est le président du Conseil Henri Queuille qui parvient à piloter la troisième force en écartant à la fois les réticences des gaullistes et celles des communistes.

UN PORTRAIT

Pierre Mendès-France

Quinze ans, bac en poche ! Seize ans : Sciences Po ! Dix-sept ans : adhésion au parti radical, opérations coup de poing contre les Camelots du roi et l'Action française. Dix-neuf ans : plus jeune avocat de France. Service militaire dans l'aviation. En 1932, élu député de l'Eure – plus jeune député de France. Vous l'avez reconnu, il est né le 11 janvier 1907 à Paris : Pierre Mendès-France. En 1938, il fait partie du deuxième gouvernement du Front populaire, Léon Blum l'ayant nommé sous-secrétaire d'État au Trésor.

Aviateur pendant la campagne de France en 1940, il part ensuite avec d'autres parlementaires afin de continuer la lutte au Maroc. Rapatrié, il est arrêté et condamné au terme d'un procès inique. Il s'évade et rejoint Londres en février 1942. Il retrouve son escadrille lorraine en 1943, participant à des combats dans la Ruhr et dans le nord de la France. En 1943, de Gaulle l'appelle afin de lui confier le poste de commissaire aux Finances du Comité français de libération nationale. En 1944, Mendès est ministre de l'Économie du gouvernement provisoire. À son plan de rigueur, de Gaulle préfère celui de René Pleven qui prône la relance par l'emprunt et la fiscalité.

En 1953, il échoue à la présidence du Conseil. Il reçoit alors le soutien d'un nouveau magazine hebdomadaire, *L'Express*, fondé par Jean-Jacques Servan-Schreiber et Françoise Giroud. Cet hebdomadaire – lieu de rencontre des trois M : Mendès, Mauriac, Malraux – va mobiliser l'opinion en sa faveur. Le 18 juin 1954, Pierre Mendès-France est investi à la présidence du Conseil. Il conçoit son action gouvernementale comme un contrat avec la Nation, la considérant adulte et jugeant qu'il n'est pas utile de lui cacher les difficultés auxquelles elle doit faire face. Chaque samedi, il s'adresse simplement aux Français à la radio. Pour lui, la conjoncture de l'époque nécessite la décolonisation : il règle la crise indochinoise, commence son action en faveur de l'indépendance des États africains, mais la guerre d'Algérie va avoir raison de lui. Le 5 février 1955, après sept mois et dix-sept jours de présidence du Conseil, il démissionne, l'Assemblée lui ayant refusé sa confiance.

Président du parti radical, il devient ministre d'État du gouvernement Guy Mollet en janvier 1956, mais démissionne en mai, n'approuvant pas la politique menée en Algérie. Soutien de Mitterrand en 1974 et 1981, il s'engage pour la paix au Proche-Orient, organise des rencontres entre Israéliens et Palestiniens. Le 18 octobre 1982, il s'éteint à sa table de travail. Le pays tout entier lui rend hommage en lui faisant des funérailles nationales.

Le plan Marshall : des finances pour reconstruire

Grèves, hausses des prix, salaires qui ne progressent pas. La guerre a tant épuisé la France et l'Europe entière que les États-Unis lancent un plan de reconstruction de l'Europe, imaginé par le secrétaire d'État du président américain Truman : George Marshall. Ce plan qui porte son nom est accepté par la France, la Grande-Bretagne, par d'autres pays européens, mais refusé par la Russie et les pays de l'Est.

1950 : les premiers pas de l'Europe avec Jean Monnet

À partir de 1950, l'économie française va connaître un développement rapide. Les naissances augmentent : la population passe de quarante millions d'habitants en 1946 à quarante-cinq millions en 1958. C'est l'effet de ce qu'on appelle le baby-boom. La guerre commence à s'éloigner, et à laisser la place à la coopération européenne. Le 9 mai 1950, sur une idée de Jean Monnet, le ministre des Affaires étrangères, Robert Schuman, propose la mise en commun des ressources en charbon et en acier de la France et de l'Allemagne. Le 18 avril 1951, la CECA (Communauté européenne du charbon et de l'acier) voit le jour ; elle comprend la France, l'Allemagne, l'Italie, la Belgique, les Pays-Bas et le Luxembourg – ces trois derniers pays formant le Benelux. En mars 1957, le traité de Rome qui fonde la Communauté européenne est signé par ces six pays.

Figure 22-2 : À Dien-Bien-Phu : les parachutistes français et vietnamiens s'apprêtent à combattre les troupes du Viet minh.

UNE BATAILLE

Dien-Biên-Phu, le 7 mai 1954

La Seconde Guerre mondiale favorise, en Indochine, l'émergence d'un homme politique formé au communisme en France : Ho-Chi-Minh. Il crée un front de résistance au colonialisme dans son pays qui s'identifie alors à la cause communiste : le Viêt-minh. Profitant de la confusion qui règne en France et en Europe en 1945, il proclame l'indépendance du Viêt Nam à Hanoi, jugeant inadmissible l'exploitation économique de son peuple par les Français. Les responsables politiques, en France, hésitent sur l'attitude à adopter, certains préférant la négociation à l'affrontement. Celui-ci intervient cependant sous la forme du bombardement de Haiphong, le 23 novembre 1946. Ho-Chi-Minh prend le maquis, la guerre commence le 19 décembre suivant.

Après 1949, les Vietnamiens, qui utilisent une forme de guérilla très efficace, bénéficient de l'aide de la Chine communiste. Cette guerre apparaît alors comme le double fer de lance de la guerre froide – les États-Unis venant en aide à la France. L'armée française subit des revers successifs. En janvier 1954, plus de 12 000 soldats sont encerclés par le Viêt-minh dans la plaine de Dien-Biên-Phu, choisie comme point de fixation par les Français afin d'épuiser les forces ennemies. En réalité, ce sont les Français qui subissent un désastre et doivent se rendre le 7 mai 1954. Sur les 12 000 hommes, 5 000 sont morts, 5 000 autres, prisonniers, mourront dans les semaines qui suivront.

Pierre Mendès-France parvient en un mois à la signature des accords de Genève : le 17e parallèle partage le Viêt Nam en deux. Au nord, la République démocratique, de régime communiste, et au sud, un régime proaméricain, les États-Unis prenant la relève de la France. Le Laos et le Cambodge deviennent indépendants. Les derniers soldats français quittent Hanoi le 9 octobre 1954. Le 5 février 1955, après s'être fréquemment opposé au parlement, Mendès-France démissionne.

En Afrique, la Tunisie et le Maroc deviennent indépendants en 1956, les États africains le sont en 1960, conservant avec la France de solides liens politiques, économiques et culturels.

1952 : Antoine Pinay, l'homme au chapeau

En 1952, le président du Conseil qui succède au gouvernement d'Edgar Faure – qui voulait augmenter les impôts de 15 % – s'appelle Antoine Pinay. Presque aussitôt sa nomination, il trouve un excellent moyen de drainer de l'argent : l'émission de l'emprunt qui porte son nom, un emprunt à 3,5 %, indexé sur l'or, mais surtout exonéré des droits de succession ! C'est la ruée sur cet emprunt Pinay qui permet à « l'homme au chapeau » de restaurer le franc, d'endiguer l'inflation et de réduire les dépenses publiques. Pinay deviendra, au fil du temps, un thaumaturge – un faiseur de miracles – qu'on va consulter comme un oracle dès que la monnaie se convulsionne. En attendant, son cabinet est bientôt renversé. En 1958, il devient ministre des Finances. Son action aboutit en 1960 à la création du nouveau franc : cent francs ne valent plus qu'un franc. Outre l'efficacité économique de cette mesure, il faut admettre que ses conséquences sur les capacités personnelles des Français en arithmétique ne furent pas négligeables…

Le début de la guerre d'Algérie

Des attentats en 1954 en Algérie, la rébellion armée qui s'étend en Kabylie et dans le Nord-Constantinois : la guerre d'Algérie commence…

1er novembre 1954 : la création du FLN

UN ÉVÉNEMENT IMPORTANT

Le 1er novembre 1954, des Algériens créent un Front de libération nationale (FLN) et réclament l'indépendance de leur pays en commençant une série de sabotages, d'attaques de bâtiments civils et militaires, d'attentats. Le gouvernement de Pierre Mendès-France – François Mitterrand étant ministre de l'Intérieur – prend des mesures de sécurité et propose des réformes. Mais, entre le 20 et le 31 août, le FLN de la région du nord de Constantine attaque une trentaine de centres européens. Il y a 123 morts – dont 71 européens. Ce massacre provoque une rupture totale entre Européens et Algériens.

1956 : l'envoi des soldats du contingent

L'armée est alors appelée pour des opérations de maintien de l'ordre. En 1956, Guy Mollet devient président du Conseil alors que les élections ont porté au pouvoir un gouvernement de Front républicain. Son cabinet comprend notamment Mendès-France, ministre d'État, François Mitterrand à la justice, Gaston Defferre à la France d'outre-mer. Guy Mollet se rend en Algérie où, après avoir affronté la colère des Européens, il décide de porter la durée du service militaire à vingt-sept mois, et d'envoyer les soldats du contingent. De janvier à juillet 1956, leur nombre passe de 200 000 à 400 000.

CHEZ NOS VOISINS

Pendant ce temps chez nos voisins

En février 1953, Nikita Khrouchtchev devient le premier secrétaire du Comité central du Parti communiste, après la mort de Staline – il se fait le champion de la déstalinisation. Du 1er au 21 novembre 1956, l'URSS écrase la révolution hongroise, les troupes russes réoccupent Budapest. Le 5 octobre 1957, l'URSS lance le premier vaisseau de l'espace : le Spoutnik.

Le village de Sakhiet Sidi Youssef bombardé

Le FLN mène contre les soldats français une épuisante et incessante guérilla. Le 22 octobre 1956, l'avion dans lequel a pris place le dirigeant du FLN, Ahmed Ben Bella, qui se dirige vers la Tunisie, venant du Maroc, est contraint par les autorités françaises de se poser à Alger. Ben Bella est fait prisonnier et interné en France jusqu'en 1962 – il deviendra le premier président de la République algérienne, de 1963 à 1965. En 1957, le GPRA – Gouvernement provisoire de la République algérienne – est créé en dehors de l'Algérie afin d'en diriger le soulèvement. Au début de 1958, l'aviation française bombarde le village tunisien de Sakhiet Sidi Youssef, en représailles des raids de l'Armée de libération nationale algérienne. Les manifestations d'Européens se multiplient à Alger. Celle du 13 mai 1958, entraînée par le leader des étudiants Pierre Lagaillarde, se termine par l'occupation du Gouvernement général après une faible résistance des compagnies de CRS qui gardent le bâtiment.

Figure 22-3 : Jean-Paul Belmondo et Jean Seberg dans *À bout de souffle*, de Jean-Luc Godard (1960).

Un soir de mai, à Colombey...

Au soir du 13 mai, un comité de salut public est formé, présidé par le général Massu. Le soir même, le général Salan qui avait reçu du gouvernement français les pleins pouvoirs en Algérie, déclare qu'il « prend en main les destinées de l'Algérie française ». Il fait appel au général de Gaulle qui, depuis 1953, s'est retiré de la vie politique, et vit à Colombey-Les-Deux-Églises. Le 15 mai 1958, à dix-sept heures, le général de Gaulle, dans un communiqué, déclare qu'il se sent prêt à assumer les pouvoirs de la République. Le 29 mai, le président de la République, René Coty, sollicite le général de Gaulle afin qu'il forme un gouvernement. Le dimanche 1er juin, à quinze heures, de Gaulle se présente devant l'Assemblée. À vingt et une heures quinze, les résultats du vote sont proclamés : 329 députés – contre 224 - accordent l'investiture au gouvernement du général.

ARTS, CULTURE ET SCIENCES

Photos, films, livres et sport

Savez-vous que la fameuse photo de Robert Doisneau *Le Baiser de l'Hôtel de Ville* a été prise en 1950 ? Cette même année, Fernand Léger peint *Les Constructeurs* ; Matisse et Nicolas de Staël, en pleine maturité créatrice, offrent au public le meilleur de leur création : le premier en 1951 achève la décoration de la chapelle du Rosaire de Vence, le second, en 1952, commence, avec *Les Grands Footballeurs*, une sorte de révolution contre l'abstraction absolue. Au cinéma, on va voir, en 1949, *Jour de fête* de Jacques Tati, ou bien, en 1956, *Et Dieu créa la femme*, de Roger Vadim, avec Brigitte Bardot, ou bien encore, en 1960, *À bout de souffle* de Jean-Luc Godard, avec Jean-Paul Belmondo et Jean Seberg. Albert Camus, en 1947, écrit *La Peste*, Eugène Ionesco, *La Cantatrice chauve*, en 1950 ; la même année, Marguerite Duras publie *Un barrage contre le Pacifique*. Des exploits sportifs ? En 1948, Marcel Cerdan est champion du monde de boxe, aux États-Unis ; en 1954, Louison Bobet remporte son deuxième tour de France et devient champion du monde de cyclisme ; en 1956, Alain Mimoun remporte l'épreuve du marathon aux jeux Olympiques de Melbourne ; Just Fontaine devient, en 1958, le meilleur buteur de la coupe du monde de football en marquant treize buts !

Chapitre 23

1958 à 1969 : La Ve République : le pouvoir au président

Dans ce chapitre :

- Assistez à la fin de la guerre d'Algérie
- Immergez-vous dans la France du général de Gaulle
- Vivez – ou revivez – les événements de mai 1968

L'Algérie devient indépendante dans la douleur et dans la tragédie. De Gaulle ensuite organise la France en tentant de lui donner son indépendance par rapport aux États-Unis. En 1968, le mouvement contestataire du monde étudiant, puis du monde ouvrier, le déstabilise. Son projet de régionalisation lui est fatal en 1969.

Une solution pour l'Algérie

C'est pour se retrouver face au devenir de l'Algérie que Charles de Gaulle sort de sa retraite de Colombey-Les-Deux-Églises. Il faut d'urgence mettre en place une nouvelle constitution, ce sera celle de la Ve République qui est encore la nôtre.

La Ve République : place au président !

Charles de Gaulle fait préparer par l'un de ses fidèles, Michel Debré, ministre de la Justice, une nouvelle constitution qui est présentée publiquement le 4 septembre 1958, place de… la République. Soumise aux Français par référendum, elle est massivement approuvée – 79,26 % de oui. La Ve République vient de voir le jour ! La nouvelle constitution accorde au président de la République une place importante. Il est élu pour sept ans, par un collège de 80 000 grands électeurs – l'élection au suffrage universel sera décidée plus tard, par référendum, le 28 octobre 1962 : 61,75 % de oui. Cette constitution précise que :

- Le président peut dissoudre l'Assemblée nationale, soumettre aux Français certains projets de loi au moyen du référendum, et détenir les pleins pouvoirs en cas de menace exceptionnelle.
- Le président nomme tous les ministres à la tête desquels on ne trouve plus le président du Conseil, mais le Premier ministre.
- L'Assemblée nationale, qui vote les lois, peut contrôler le gouvernement par des motions de censure ou par la question de confiance.
- Le gouvernement dispose, lui, d'un article de la constitution lui permettant d'engager sa responsabilité si l'Assemblée est réticente : le 49.3. Les députés peuvent alors voter une motion de censure, et ainsi de suite…

L'Algérie : vers les accords d'Évian

Deux tendances opposées s'affrontent jusqu'aux accords d'Évian en 1962 : l'autodétermination décidée par le général de Gaulle, et l'Algérie française, désirée par la population européenne. Après le putsch des généraux français qui tentent de prendre le pouvoir dans la capitale algérienne, l'opposition au projet du président de la République devient clandestine et violente, avec l'OAS. Jusqu'à la signature des accords, suivie de l'arrivée de centaines de milliers de rapatriés…

Figure 23-1 : Un soldat harki devant un village détruit.

Pour l'Algérie, quel devenir ?

L'Algérie : de Gaulle semble d'abord favorable à l'Algérie française. Il propose la « paix des braves » ainsi que des réformes économiques et sociales. Mais ces propositions n'ont aucun effet sur les Algériens. De Gaulle commence alors à parler d'autodétermination – le droit pour les Algériens de décider de leur avenir. Les Européens manifestent leur opposition au projet : le 24 janvier 1960, une émeute fait vingt-deux morts dans le quartier des facultés à Alger. Des barricades se dressent dans la ville. L'armée n'intervient pas – le général Massu n'avait-il pas déclaré qu'elle était hostile à l'autodétermination, et favorable à l'Algérie française ? Mais de Gaulle reste ferme.

20 février 1961 : Pierre Lagaillarde fonde l'OAS

Finalement, les émeutiers abandonnent la partie et, le 2 février, Pierre Lagaillarde en tête – l'instigateur du mouvement – se rendent aux forces de l'ordre. Le référendum sur l'autodétermination en Algérie a lieu le 8 janvier 1961. Le oui l'emporte avec 75 % des suffrages. Le 16 janvier, le GPRA annonce qu'il est prêt à négocier avec la France, un de ses représentants va rencontrer en secret Georges Pompidou. De son côté, Pierre Lagaillarde, réfugié en Espagne, fonde, le 20 février 1961, l'Organisation de l'armée secrète (l'OAS) destinée à agir par tous les moyens pour que l'Algérie demeure française.

22 avril 1961 : Challe, Zeller, Jouhaud, Salan…

« Le cœur parfaitement tranquille. » C'est ainsi que de Gaulle qualifie son sentiment, le 11 avril 1961, lorsqu'on lui demande de quelle façon il envisage l'indépendance de l'Algérie. Parmi ceux qui l'entendent et refusent l'éventualité de l'indépendance, trois généraux, Challe, Zeller et Jouhaud, vont tenter de rééditer le coup de force de Massu et Salan du 13 mai 1958 : le 22 avril 1961, aidés de parachutistes, ils se rendent maîtres du gouvernement général d'Alger, arrêtent le ministre Robert Buron qui se trouvait là en mission et reçoivent le renfort de Salan qui arrive d'Espagne où il s'était réfugié. La population européenne est enthousiaste, mais ils ne sont guère suivis.

« Un quarteron de généraux en retraite… »

Le lendemain, 23 avril, le général de Gaulle se fait accorder les pleins pouvoirs, en vertu de l'article 16 de la constitution. Dans un discours prononcé le même jour, il dénonce l'action de ce qu'il appelle « un quarteron de généraux en retraite »… Se sentant isolé, ce « quarteron » abandonne la partie : Challe et Zeller se rendent, mais Jouhaud et Salan s'en vont renforcer les rangs de l'Organisation de l'armée secrète.

1961 : l'Algérie s'enfonce dans le chaos

Août 1961. L'OAS se montre de plus en plus active : les attentats sont de plus en plus nombreux et meurtriers en France et en Algérie, alors que, du 20 mai au 13 juin, les négociations avec le FLN ont échoué à Évian à cause du pétrole du Sahara et des garanties données à la Communauté européenne. En novembre, de nouvelles manifestations éclatent à Alger, elles font près d'une centaine de morts. FLN et OAS multiplient leurs actions dans une Algérie qui s'enfonce dans le chaos, pendant que le général de Gaulle est attaqué de tous côtés – et même conspué à Marseille.

8 février 1962 : neuf morts au métro Charonne

Le 7 février 1962, un attentat contre André Malraux rend aveugle une petite fille dont la photo publiée dans la presse rend l'opinion française très défavorable à l'OAS. Le lendemain, une manifestation communiste est organisée contre cette organisation terroriste : elle est réprimée avec violence par la police au métro Charonne. Le bilan est lourd : 200 blessés et 8 morts aux obsèques desquels assistent 500 000 personnes.

19 mars 1962 : le cessez-le-feu en Algérie

UNE DATE À RETENIR

La reprise des négociations avec le GPRA est décidée en février 1962 – des rencontres secrètes ont eu lieu aux Rousses dans le Jura. La signature des accords d'Évian – ville où se sont déroulés les pourparlers – a lieu le 18 mars, Krim Belkacem représentant le GPRA, Louis Joxe, Robert Buron et Jean de Broglie, le gouvernement français. Ces accords prévoient que les ressortissants français auront trois ans pour choisir leur nationalité – l'armée ne quittant le pays qu'au terme d'un délai identique. L'Algérie recevra une aide financière de la France – plan de Constantine – qui exerce un droit de préférence dans la distribution des permis de recherche et d'exploitation du pétrole, pendant six ans. Le 19 mars 1962 est proclamé le cessez-le-feu en Algérie, à midi.

Figure 23-2 : Le général de Gaulle en Algérie.

La valise ou le cercueil

L'OAS n'accepte pas la signature des accords. Le 26 mars lors d'une manifestation qu'elle organise, rue d'Isly à Alger, une unité de tirailleurs ouvre le feu. La fusillade fait quatre-vingts victimes. L'armée secrète lance alors une campagne d'assassinats de musulmans. Les Européens se rendent compte rapidement que la cohabitation est impossible. Ils vont être près d'un million à tout quitter pour gagner la France, préférant « la valise au cercueil », après une colonisation qui aura duré 130 ans. Le 8 avril, en métropole, les accords d'Évian sont approuvés par référendum – 90 % de oui. Un second référendum a lieu en Algérie le 1er juillet : le oui obtient 99,7 % des voix. Entre 1954 et 1962, la guerre d'Algérie aura coûté la vie à près de 30 000 Français, à 140 000 combattants algériens et plusieurs centaines de milliers de civils.

Le drame des harkis

L'Algérie est évacuée rapidement par les Européens. Mais des Algériens étaient entrés au service de la France : des militaires, des fonctionnaires, des élus – on les appelle les harkis, du mot *harka*, en arabe qui signifie mouvement et désigne leur organisation. Ces 250 000 musulmans représentaient environ un million de personnes avec leur famille. À la veille de l'indépendance, le FLN promet de ne pas exercer de représailles contre eux. Personne n'est dupe : les harkis sont en danger de torture et de mort. Les officiers reçoivent l'ordre de les désarmer. Leur embarquement pour la France est formellement interdit !

Cependant, des officiers français vont braver ces ordres, ne se décidant pas à abandonner leurs hommes. C'est ainsi que des milliers de harkis vont arriver en France, représentant au total, avec leur famille et leurs proches, un groupe d'environ 100 000 personnes. Ceux qui restent en Algérie vont subir une vengeance terrible pendant les semaines qui suivent le cessez-le-feu. Plus de 50 000 d'entre eux sont massacrés. En France, les harkis ont été répartis dans plusieurs dizaines de camps d'accueil pendant des années. Ils composent aujourd'hui, avec leurs descendants, environ 1 % de la population française. Le drame de ces rapatriés clandestins est revenu dans l'actualité des années 1990. En 2001, le président Jacques Chirac a décidé, par décret, que le 25 septembre serait désormais la journée des *Harkis*.

1962 à 1969 : de Gaulle et la grandeur de la France

Le général de Gaulle va se montrer soucieux en toute circonstance de donner à la France une indépendance qui lui fait retrouver son importance sur le plan international.

Le coup d'État permanent

La guerre d'Algérie terminée, le monde de la politique ne verrait pas d'un mauvais œil que le général de Gaulle retourne à Colombey-Les-Deux-Églises écrire ses mémoires. Mais l'homme du 18 juin 1940 ne l'entend pas ainsi, même si les balles de l'attentat organisé contre lui au Petit-Clamart, le

22 août 1962, l'évitent de peu. Après avoir fait approuver par les Français sa décision d'être élu au suffrage universel, il choisit pour Premier ministre Georges Pompidou – le ministre des Finances étant Valéry Giscard d'Estaing. À l'Assemblée, une large majorité gaulliste laisse espérer au général une élection confortable à la fin de son septennat en 1965. Mais le centre-droit préfère voter Jean Lecanuet, et de Gaulle doit affronter au deuxième tour François Mitterrand qui dénonce la pratique gaulliste, la qualifiant de « coup d'État permanent » – situation dont il s'accommodera seize ans plus tard… De Gaulle l'emporte sur Mitterrand avec 55 % des voix, ce n'est qu'un demi-succès.

OTAN, suspends ton vol

Le général de Gaulle pratique alors une politique de « grandeur » afin de redonner à la France son rôle de puissance internationale. Pour ce faire, il prend ses distances par rapport aux États-Unis, en devenant, en 1964, la première puissance à reconnaître la Chine communiste. Puis, la France possédant depuis 1960 la bombe atomique, il lui fait quitter l'OTAN, en demeurant cependant dans l'Alliance atlantique. Favorable au dialogue avec l'Allemagne, il se méfie tant de l'Angleterre qu'il s'oppose à son entrée dans la Communauté économique européenne. D'ambitieux programmes sont mis en route qui aboutissent au lancement du paquebot France et à l'envol du Concorde, deux magnifiques réussites techniques et esthétiques, mais deux gouffres financiers – si on omet l'aspect laboratoire de recherche et d'essai que fut le projet Concorde, aux retombées économiques considérables.

CHEZ NOS VOISINS

Pendant ce temps chez nos voisins

En 1961 est construit à Berlin, un mur qui sépare la zone est, capitale de la RDA (République démocratique allemande) de la zone ouest, rattachée à la RFA (République fédérale d'Allemagne). Le 11 octobre 1962 s'ouvre à Rome le concile Vatican II. Le 22 novembre 1963, le président des États-Unis John Kennedy est assassiné à Dallas, au Texas. En août 1964, les États-Unis s'engagent massivement dans la guerre du Viêt Nam. Le 4 avril 1968, le leader noir Martin Luther King est assassiné ; le 5 novembre de la même année, Richard Nixon est élu président des États-Unis. Le 11 septembre 1973, un coup d'État renverse et tue le président Salvador Allende au Chili, le général Pinochet prend le pouvoir.

Mai 68 : après le printemps, la plage

Les idées de 68 vont bouleverser le contenu des mentalités, supprimer nombre de blocages, changer bien des aspects de la société.

Six cents arrestations à la Sorbonne, le 3 mai 68

Mai 68. L'extrême gauche anarchiste et trotskiste progresse dans les milieux étudiants imprégnés de l'exemple du révolutionnaire cubain Che Guevara. L'heure est à la remise en cause d'une société dite de consommation, d'asservissement et d'inégalité, dans un climat qui donne l'illusion d'une rapide conquête de toutes les libertés. Au début de mars, à la faculté de Nanterre, des étudiants ayant manifesté contre la guerre du Viêt Nam sont arrêtés. La riposte du campus est immédiate : les locaux administratifs sont occupés. L'agitation devient telle que le recteur fait fermer la faculté le 2 mai. Le 3 mai, une manifestation de solidarité a lieu à la Sorbonne dont le doyen fait appel à la police pour une évacuation sans ménagement – 600 arrestations.

Figure 23-4 : Les leaders étudiants Daniel Cohn-Bendit et Jacques Sauvageot le 13 mai 1968, après l'évacuation de la Sorbonne.

Cohn-Bendit expulsé

L'UNEF (Jacques Sauvageot) et le SNESup (Alain Gesmar) – Union nationale des étudiants de France et Syndicat national de l'enseignement supérieur – deux syndicats de tendance communiste, fortement influencés par l'idéologie maoïste et anarchiste – lancent alors un ordre de grève. Partout, on commence à voir et entendre celui qui donne les impulsons décisives au mouvement : Daniel Cohn-Bendit. Animateur de la tendance libertaire. Arrêté le 27 avril, il est expulsé vers le pays d'où il est venu : l'Allemagne.

« La réforme, oui, la chienlit, non ! »

Dans la nuit du 10 au 11 mai 1968, des barricades s'élèvent dans le quartier latin, des voitures sont incendiées, les affrontements entre les étudiants et les forces de l'ordre font plus de 1 000 blessés. Bientôt les syndicats ouvriers rejoignent le mouvement étudiant. Le 13 mai, une manifestation gigantesque rassemble 900 000 personnes qui défilent de la République à Denfert-Rochereau. En tête, notamment : Mendès-France, Mitterrand, Waldeck-Rochet – secrétaire général du parti communiste – Sauvageot, Geismar et Cohn-Bendit, revenu sans s'annoncer… De Gaulle déclare alors, le 19 mai : « La réforme oui, la chienlit, non ! » Le 27 mai, le Premier ministre, Georges Pompidou, tente de calmer les esprits en signant les accords de Grenelle qui relèvent le SMIG, réduisent la durée du travail pour ceux qui font plus de quarante-huit heures par semaine, et renforcent le droit syndical dans l'entreprise. Mais le climat demeure tendu.

UN ÉVÉNEMENT IMPORTANT

Peace and love

À Paris, l'Odéon, la Sorbonne, les Beaux-Arts deviennent des forums permanents où le monde ne cesse de se reconstruire. On sait que le mouvement est planétaire, qu'aux États-Unis, la guerre du Viêt Nam est de plus en plus contestée, que des colonies de hippies nomades commencent à jeter aux orties les portefeuilles bourrés des bonnes actions de leurs parents, pour partir vers Katmandou avec pour seul bagage un bissac où ballotte et souffre leur viatique pour les générations futures : *peace and love !*

Cependant, au-delà de certains clichés, le mouvement de mai 68 permet, dans le pays tout entier, une prise de parole collective qui ressemble à bien des égards à ce qui fut entrepris en 1789 pour la rédaction des cahiers de doléances. Les cadres traditionnels et souvent archaïques explosent, le féminisme, l'écologie prennent leur essor. Sur les murs fleurissent des slogans qu'on dit nouveaux, révolutionnaires : « Il est interdit d'interdire »… – ce sont, pour beaucoup, les mêmes que ceux qu'on a retrouvés sur les murs de Pompéi, cité des plaisirs pour les Romains, enfouie sous les cendres du Vésuve en l'an 79 ; la roue tourne…

30 mai 1968 : de Gaulle « Je ne me retirerai pas ! »

UNE DATE À RETENIR

29 mai 1968. Vous n'auriez pas vu le général ? Où est passé le général ? Mystère ! Il s'est envolé ! Et ce n'est pas une image : il s'est envolé vers l'Allemagne, plus précisément pour Baden-Baden où sont stationnées les Forces françaises d'Allemagne (les FFA) qui ont à leur tête une vieille connaissance du chef de l'État : le général Massu. Que se disent-ils ? On ne le

saura pas, mais dès le lendemain, 30 mai, de Gaulle est de retour. À la radio, il annonce fermement : « Je ne me retirerai pas ! » et le soir, un million de personnes se rassemblent sur les Champs-Élysées pour le soutenir. Il dissout l'Assemblée, annonce des élections qui se déroulent les 23 et 30 juin. Les candidats gaullistes triomphent. Mai 68, c'est fini. Les Français s'en vont tranquillement sur les plages dès le 1er juillet.

Figure 23-5 : Le Général de Gaulle de retour de Baden-Baden.

1970 : Marianne pleure son chêne abattu

Le 9 novembre 1970, celui qui confia un jour à son ministre de l'Intérieur Alain Peyrefitte : « Toute ma vie, j'ai fait comme si ! » entrait dans la liste prestigieuse des grands acteurs de l'Histoire.

« Si le non l'emporte... »

Qu'imaginer, après 68, pour répondre aux aspirations du pays ? La régionalisation ! De Gaulle y croit et se persuade que le pays l'attend. Elle permettrait une décentralisation qui accorderait davantage de pouvoirs aux élus des vingt et une régions-programme créées en 1964. Par ailleurs, dans les entreprises, une politique de participation est mise à l'étude afin d'associer les salariés aux bénéfices. Tout cela est soumis aux Français par référendum. De Gaulle prévient : si le non l'emporte, il se retire.

« La France est veuve »

Le 27 avril 1969, le non l'emporte – 53,18 %. De Gaulle rentre à Colombey-les-Deux-Églises, pour ne plus jamais revenir. Il meurt le 9 novembre 1970, à quatre-vingts ans. « La France est veuve ! », déclare Georges Pompidou. Jacques Faizant, dans Le Figaro, représente une Marianne – la France – qui pleure sur un chêne abattu. À Notre-Dame, le 12 novembre, une cérémonie religieuse réunit des chefs d'État venus du monde entier.

ARTS, CULTURE ET SCIENCES

La pilule, des chansons et des films

Bien des choses ont changé dans les années 60-70. On pense évidemment au projet du chanteur Antoine dans ses *Élucubrations*, en 1968 : mettre la pilule en vente dans les Monoprix. La pilule contraceptive se banalise à partir de la fin des années 60, conduisant à une liberté sexuelle jamais connue encore. La pilule a été découverte en 1956 aux États-Unis.

La chanson, quant à elle, pense et souffre en ces temps où on écrit encore les textes autant que les mélodies : Brel, en 1959, interprète *Ne me quitte pas*, Gainsbourg, en 1963, *La Javanaise*, et Léo Ferré offre au public, en 1970, ce titre magnifique : *Avec le temps*. Changement de cap avec les yéyés : leurs chansons musclées ou tendres exploitent davantage les rythmes – twist ou slow – empruntés aux Étasuniens que l'écriture ciselée de leurs aînés… Johnny Halliday fait un malheur avec *Retiens la nuit* ou *Le Pénitencier*, Sylvie Vartan est *La plus belle pour aller danser*, Françoise Hardy chante *Tous les garçons et les filles de mon âge*, Jacques Dutronc *Et moi, et moi, et moi…*, et le sautillant Claude François *Belles, belles, belles*.

Des films marquent cette époque : *Jules et Jim* de François Truffaut en 1962, *La Grande Vadrouille* de Gérard Oury en 1966, *Ma Nuit chez Maud* d'Éric Rohmer en 1969, avec Jean-Louis Trintignant, *Les Choses de la vie*, de Claude Sautet, en 1970, avec Michel Piccoli. La télévision, les réfrigérateurs, les congélateurs colonisent en masse les foyers modestes qui se reconnaissent dans un petit personnage sympathique et futé, né sous les plume et pinceau de René Goscinny et Albert Uderzo en 1959 : Astérix le Gaulois.

Chapitre 24

1969 à 1995 : Le prix de la modernisation : la rigueur

Dans ce chapitre :

- Découvrez le débonnaire Pompidou
- Visitez la France de Giscard
- Faites des économies avec Raymond Barre
- Modernisez-vous pendant les quatorze années Mitterrand

Après la disparition de Charles de Gaulle, son Premier ministre Georges Pompidou devient président de la République. L'homme à la cigarette, à la voix grave et ferme plaît à la France qui s'attriste sincèrement de sa mort en 1974. Valéry Giscard d'Estaing le remplace ; il tente d'installer en France ce qu'il appelle la « société libérale avancée », vaste programme qui se réduit, sous la contrainte économique, à la chasse au gaspi de Raymond Barre en 1979. En 1981, François Mitterrand va être élu président de la République, mandat renouvelé en 1988. Deux cohabitions plutôt réussies vont marquer ces quatorze années de présidence.

Pompidou, Giscard : la marche vers la rigueur

Il est difficile de prendre la succession d'un homme tel que Charles de Gaulle. Pourtant, le pari est réussi par l'homme à la cigarette, l'ami des poètes dont la voix grave et le propos précis séduisent une France sensible à la simplicité.

Pompidou et la nouvelle société

Georges Pompidou, issu d'un milieu modeste, image de la réussite d'un fils d'instituteur – Louis-le-Grand, Normale Sup', reçu premier à l'agrégation de lettres – laisse le souvenir d'un président débonnaire et proche du peuple.

15 juin 1969 : Georges Pompidou président

UNE DATE À RETENIR

George Pompidou, Michel Rocard pour le PSU, Gaston Defferre pour le PS, Jacques Duclos pour le PC, Alain Krivine pour les trotskistes, Louis Ducatel, un indépendant, et Alain Poher proposent aux Français d'être parmi eux un successeur au général. C'est Georges Pompidou qui l'emporte le 15 juin, et devient le président de la République. Jacques Chaban-Delmas, ancien résistant, maire de Bordeaux, premier président de l'Assemblée nationale en 1958, est choisi comme Premier ministre.

Nouvelle société, nouvel avion…

Les années 70 sont le temps des grandes réalisations dans le domaine des industries de pointe – Airbus, la fusée Ariane –, le temps de la « nouvelle société » où les patrons et les salariés s'engagent à développer le partenariat social. C'est aussi le temps de l'Europe qui s'agrandit au Royaune-Uni, à l'Irlande, au Danemark – le 23 avril 1972, Georges Pompidou propose aux Français par voie de référendum cette nouvelle carte européenne, il récolte 50 % d'abstentions…

Figure 24-1 : Atterrissage d'un Airbus A 320.

2 avril 1974 : la mort de Georges Pompidou

La gauche ne demeure pas inactive : au congrès d'Épinay, les 11 et 12 juin 1971, François Mitterrand prend la direction du parti socialiste. En 1972, il signe avec les communistes un programme commun de gouvernement. Cette alliance inquiète le pouvoir en place, mais un autre souci commence à s'emparer de tous les Français : le président est malade. Ils l'ont lu dans les journaux, ils l'ont vu à la télévision : Georges Pompidou, physiquement, a changé, son embonpoint traduit l'évolution de sa maladie, une maladie rare – un cancer sanguin, la maladie de Waldenstrom – dont il va mourir le 2 avril 1974, après avoir lutté courageusement, jusqu'au bout.

La fin de l'exode rural

En un peu plus d'un siècle, la France a vécu une mutation sans précédent. En effet, si en 1850 on compte, dans les campagnes, environ 80 % de la population totale du pays, en 1975, année où s'achève l'exode rural commencé au milieu du XIXe siècle, 80 % – parfois même 90 % – des habitants de l'Hexagone vivent dans les villes ou les zones périurbaines. L'industrialisation, la création du réseau ferré voilà 150 ans, la croissance des « Trente Glorieuses » après la Seconde Guerre mondiale, autant de raisons qui ont poussé, non seulement vers Paris, mais vers toutes les grandes villes, une grande partie de la population française. Aujourd'hui, beaucoup recherchent la maison individuelle avec le petit jardin dans un cadre préservé de la pollution des grandes cités. Ainsi s'est amorcé l'exode urbain, facilité par les moyens de transport modernes et rapides.

Giscard d'Estaing, le polytechnicien

Grande bourgeoisie, Polytechnique, ENA, combattant en Allemagne dans la 1re armée de De Lattre, croix de guerre : c'est Valéry Giscard d'Estaing. Esprit brillant à l'humour aiguisé, parfois coupant, il fait de louables efforts pour se rapprocher d'un peuple qui ne lui refuse pas sa sympathie, son image étant assouplie par les pitreries d'un Thierry Le Luron et d'un Pierre Desproges qui exacerbent dans leurs imitations ses effets de manche et de bouche…

Figure 24-2 : Affiche du candidat Valéry Giscard d'Estaing en 1974.

Giscard, Mitterrand, Arlette… ?

1974, c'est la fin d'une période de trente années de croissance – 1945 à 1974 – que l'économiste Jean Fourastié appelle les « Trente Glorieuses ». Celui qui va commencer à écrire l'histoire de la période suivante – que certains historiens appellent par ironie ou dérision *les trente piteuses* – se trouve parmi les candidats qui se présentent à la présidence de la République le 18 avril 1974 : Valéry Giscard d'Estaing, François Mitterrand, Jacques Chaban-Delmas, René Dumont pour les écologistes, Alain Krivine, Arlette Laguiller pour Lutte ouvrière, et Jean-Marie Le Pen pour le Front national.

Les trois Simone

« Il me paraît impossible d'imaginer pour l'Europe une renaissance qui ne tienne pas compte des exigences que Simone Weil a définies. » C'est Albert Camus qui l'affirme à propos de Simone Weil, née le 5 décembre 1909. Sœur du célèbre mathématicien André Weil, élève du philosophe Alain, normalienne et agrégée de philosophie, elle a laissé une œuvre considérable, bien que la tuberculose l'ait emportée à trente-quatre ans. Sa pensée tient dans la conviction qu'il faut réhabiliter le rôle de l'individu dans la société dominée par les machines et les choses. Issue d'une famille bourgeoise, elle veut connaître de l'intérieur la condition ouvrière, au point de se faire embaucher aux usines Renault en 1935. Engagée aux côtés des républicains et des anarchistes en Espagne en 1936, elle doit rentrer en France à cause d'une blessure. Pendant la guerre, elle trouve refuge aux États-Unis puis à Londres où elle ne peut s'entendre avec les gaullistes. Elle meurt le 24 août 1943, au sanatorium d'Ashford. Ses œuvres complètes sont publiées en 1988.

Simone de Beauvoir est née le 9 janvier 1908 à Paris. Agrégée de philosophie, elle a partagé la vie de Jean-Paul Sartre. Si elle partage avec lui les convictions existentialistes, elle enracine son expérience d'écriture dans le concret, dans l'autobiographie qui lui permet de conduire une réflexion directe sur le vécu. En 1949, la parution de son œuvre *Le Deuxième Sexe* crée une onde de choc : elle y démonte de façon énergique et engagée l'idée de la prétendue infériorité naturelle de la femme. *Le Deuxième Sexe* devient l'ouvrage de référence du mouvement féministe dans le monde entier. Simone de Beauvoir soutient Sartre dans ses activités politiques, voyage beaucoup, poursuit son action pour la libération de la femme. Elle est l'une des premières à prôner la libéralisation de l'avortement. Elle obtient en 1954 le prix Goncourt pour son roman *Les Mandarins*. Simone de Beauvoir est morte à Paris le 14 avril 1986.

Il reviendra à une autre Simone d'obtenir, en 1975, une loi sur l'interruption volontaire de grossesse : Simone Veil (avec un V, et non un W). Née le 13 juillet 1927, à Nice, Simone Jacob est arrêtée en mars 1944 par la gestapo et déportée à Auschwitz avec sa mère qui y mourra ainsi que l'une de ses sœurs. Libérée au camp de Bergen-Belsen en 1945, elle revient en France. En octobre 1946, elle épouse Antoine Veil, futur collaborateur de Michel Debré. Après une carrière dans la magistrature, Simone Veil occupe le poste de ministre de la Santé de 1974 à 1979. Elle devient ensuite la première présidente du Parlement européen, jusqu'en 1982. Ministre d'État de 1993 à 1995, elle prend en charge les Affaires sociales, la Santé et la Ville. Depuis 1998, Simone Veil est membre du Conseil constitutionnel.

UNE ANECDOTE

« Vous n'avez pas le monopole du cœur ! »

La campagne électorale se prépare activement. Le 11 mai, un face à face télévisé est organisé entre Giscard et Mitterrand. Plus de vingt-cinq millions de téléspectateurs le suivent – sur presque trente millions d'électeurs. Une phrase de Giscard, qu'on dirait presque tirée de *Cyrano de Bergerac*, traverse alors l'écran – on a dit que c'est elle qui a fait de son auteur le nouveau président de la République : à Mitterrand qui analyse avec des compassions calculées la situation économique et sociale, Giscard répond : « Monsieur Mitterrand, vous n'avez pas le monopole du cœur ! » Résultat du scrutin : Giscard : 50,8 % ; Mitterrand : 49,2 %. La petite phrase a parlé !

La société libérale avancée

Jacques Chirac devient Premier ministre de Giscard le 27 mai 1974. Le nouveau président de la République décide de réduire la distance qu'impose sa fonction dans ses relations avec les Français. Il affiche une simplicité qui devient à la fois un atout et une cible. Plus généralement, il veut « décrisper » la vie politique. Son grand projet est la « société libérale avancée ». Des réformes sont conduites à bien, des décisions sont prises : la majorité est abaissée à dix-huit ans ; le ministre de la Santé, Simone Veil, fait voter une loi dépénalisant l'avortement ; l'ORTF (Office de la radiodiffusion et de la télévision française) éclate en trois chaînes publiques. Cependant, les réformes économiques et sociales peinent à se mettre en place. De plus, des tensions sourdes se développent entre le président et le Premier ministre qui, le 25 août 1976, déclarant ne pas disposer des moyens nécessaires pour exercer sa fonction, démissionne.

CHEZ NOS VOISINS

Pendant ce temps chez nos voisins

Le 4 novembre 1980, Ronald Reagan devient président des États-Unis, il succède à Jimmy Carter. Le 31 octobre 1984, le Premier ministre indien Indira Gandhi est assassinée. En novembre 1989, le mur de Berlin est détruit, c'est la chute du régime communiste. Le 3 novembre 1992, Bill Clinton devient le 42e président des États-Unis, il est réélu en 1996. En 1994, d'avril à juillet, au Rwanda, des extrémistes hutus massacrent les Tutsis. En décembre 2000, George W. Bush est élu président des États-Unis, son père avait occupé cette fonction de 1989 à 1993.

Les objectifs du professeur Barre

Raymond Barre, professeur agrégé d'économie à l'Institut d'études politiques, parvient à convaincre une France qui s'ignorait dépensière qu'il faut éteindre la lumière dans les pièces inoccupées, plutôt enfiler un pull qu'augmenter le chauffage, bref, qu'il faut faire des économies. Et il y réussit !

Le pays en plans

Jacques Chirac est remplacé par Raymond Barre, professeur d'économie politique et ministre du Commerce extérieur depuis janvier 1976. Il dispose d'une importante marge de manœuvre puisque le ministère de l'Économie et des Finances lui est aussi confié. Il va conduire, à l'aide de plans successifs, une politique d'austérité visant à combattre l'inflation : blocage des prix et des salaires élevés, augmentation des impôts. L'opposition se réjouit de ces mesures autoritaires et impopulaires qui, pense-t-elle, vont lui faire gagner des électeurs. Contre toute attente, c'est le contraire qui se passe puisqu'aux élections législatives du 19 mars 1978, la majorité obtient 290 sièges et l'opposition – qui n'avait pas réussi à se mettre d'accord sur le programme commun de la gauche – 201 sièges.

Mai 1979 : la chasse au gaspi

Raymond Barre est reconduit dans ses fonctions de Premier ministre. Mais la réussite de ses méthodes est mise à mal par le deuxième choc pétrolier en mai 1979 – le premier, en 1973, avait compromis la croissance, augmenté le chômage et l'inflation. C'est alors qu'est lancée une chasse au gaspi : on cherche par tous les moyens à faire des économies d'énergie afin de limiter les importations de pétrole ; l'adoption de l'heure d'été en 1976 poursuivait déjà cet objectif. Malgré tous les efforts de Raymond Barre, le nombre de chômeurs atteint 1 500 000, et l'inflation est de près de 14 % par an !

D'abord un bruit léger, pianissimo, murmure et file...

Une étonnante rumeur commence à ramper, puis à courir dans les salles de presse et un peu partout à partir du mois d'octobre 1979 : le président Valéry Giscard d'Estaing aurait reçu, à plusieurs reprises, et à titre personnel, des diamants de la part de l'empereur de Centrafrique, Bokassa Ier ! Exploitée par l'opposition, cette rumeur ne va pas s'éteindre. Elle se mêle à la campagne électorale de 1981 et remplace la petite phrase de 1974... – sans qu'il faille cependant lui attribuer un rôle décisif ! Valéry Giscard d'Estaing, au second tour des élections présidentielles de 1981, obtient 48,25 % des suffrages, et François Mitterrand 51,75 %.

François Mitterrand : quatorze années de présidence

Aucune hyperbole n'est de trop lorsque François Mitterrand arrive au pouvoir. L'« état de grâce » dure trois ans, la rigueur économique finissant par s'imposer. Elle est d'autant plus difficile à faire passer que le chômage ne cesse de progresser. C'est Laurent Fabius qui est chargé de faire admettre la rigueur aux Français, avant que la droite revienne et que se mette en place la première cohabitation. En 1988 débute un deuxième état de grâce qui porte pour un second mandat à la présidence François Mitterrand, image de la « Fransunie ». Celui-ci tente une ouverture au centre en nommant Michel Rocard Premier ministre qui règle le problème calédonien, instaure le RMI, crée la CSG. Édith Cresson le remplace en 1991. Elle laisse, dans le florilège des déclarations de responsables politiques, quelques métaphores piquantes, et certains jugements à l'emporte-pièce qui contribuent à l'écarter du gouvernement au profit de Pierre Bérégovoy, l'honnête homme dont on connaît la fin tragique.

Figure 24-3 : 21 mai 1981 : investiture de François Mitterrand.

1981 : la France de Mitterrand

François Mitterrand, né à Jarnac en 1916, est le cinquième d'une famille de huit enfants. Son père, d'abord cadre des Chemins de fer, est devenu industriel vinaigrier. François Mitterrand, en 1981, a déjà une longue carrière politique derrière lui : député de la Nièvre en 1946, il occupe divers postes ministériels – dont celui des Anciens combattants, et celui de l'Intérieur sous

Mendès-France – pendant une dizaine d'années. En 1965, aux présidentielles, il met de Gaulle en ballottage. En 1974, aux mêmes élections, il est battu de justesse par Valéry Giscard d'Estaing. En 1981, il est élu à la présidence de la République.

La vie en rose

L'élection du président François Mitterrand, le 10 mai 1981, déclenche des manifestations d'enthousiasme. Le 21 mai 1981, il pénètre seul dans le Panthéon et dépose trois roses sur le tombeau de Victor Schoelcher – qui abolit l'esclavage en 1868 –, sur ceux de Jean Jaurès et de Jean Moulin. Le même jour, le maire de Lille, Pierre Mauroy, est nommé Premier ministre. Son gouvernement va comporter quatre ministres communistes. Le 22 mai, l'Assemblée nationale est dissoute. Le 21 juin, alors que se déroule la première fête de la musique imaginée et lancée par Jack Lang, le parti socialiste remporte la majorité à l'Assemblée nationale aux élections législatives – 285 sièges contre 196 à l'opposition.

10 octobre 1981 : abolition de la peine de mort

Les lois permettant d'appliquer le programme du candidat Mitterrand sont rapidement votées : la peine de mort est abolie le 10 octobre 1981. Le 13 janvier 1982 paraissent les décrets sur les trente-neuf heures de travail par semaine, et sur la cinquième semaine de congés payés. Le 3 mars, les lois Defferre sur la décentralisation sont promulguées. Elles renforcent considérablement la responsabilité des élus dans les départements et les régions ; le président du Conseil général et celui du Conseil régional disposent désormais d'un pouvoir exécutif. Le SMIC – salaire minimum interprofessionnel de croissance, qui a remplacé en 1970 le SMIG – et les prestations sociales sont augmentés afin de relancer la croissance. Mais aucune mesure ne permet d'enrayer l'inflation qui demeure élevée, ni le chômage qui continue de progresser : deux millions de travailleurs sans emploi en 1983.

Pierre Mauroy bloque les salaires et les prix

Le gouvernement Mauroy décide alors d'instaurer la rigueur : blocage des salaires et des prix, augmentation des impôts – la recette Barre. Les rêves de mai 1981 s'évanouissent dans les urnes : la gauche perd trente et une villes de plus de 30 000 habitants aux élections municipales en 1983, et recule nettement aux élections au Parlement européen du 17 juin 1984 – ce jour-là, 43,2 % des Français s'abstiennent de voter – le Front national obtient 11 % des suffrages exprimés.

Quid du grand service public d'enseignement ?

Parmi les projets et promesses du candidat Mitterrand, celui concernant la création d'un grand service public laïc unifié – c'est-à-dire celui de la nationalisation de l'enseignement privé – vient à l'ordre du jour en mars

1984, Alain Savary étant ministre de l'Éducation. Cette éventualité provoque, le 24 juin, à Versailles, le rassemblement de plus d'un million de personnes qui manifestent contre le projet Savary – projet abandonné aussitôt par François Mitterrand qui reconnaît publiquement, le 12 juillet 1984, que la position qu'il avait prise était une erreur. Une semaine plus tard, Pierre Mauroy donne sa démission.

1984 : Faire accepter la rigueur

Laurent Fabius a tout pour réussir. Il réussit d'ailleurs parfaitement, dans un premier temps, la mission que lui confie le Président. Mais l'affaire du *Rainbow Warrior* et celle du sang contaminé vont nuire à son image et à sa carrière.

Le plus jeune Premier ministre donné à la République

UN PORTRAIT

Normale Sup, agrégation de lettres, Sciences Po, ENA, et, à trente-sept ans, le plus jeune Premier ministre donné à la République ! Difficile de faire mieux que Laurent Fabius qui, succédant à Pierre Mauroy, prend ses fonctions le 18 juillet 1984. Tout, dans son attitude, ses interviews télévisées, traduit sa volonté de se concilier l'opinion afin de remplir le rôle que Mitterrand lui a

Mauvaises affaires

Laurent Fabius va être atteint de plein fouet par deux affaires qui vont hypothéquer sa carrière. La première concerne les essais nucléaires français dans le Pacifique, sur l'atoll de Mururoa : un bateau de l'organisation Greenpeace, le *Rainbow Warrior*, est coulé dans la rade d'Auckland, en Nouvelle-Zélande, le 10 juillet 1985. Cet attentat fait un mort : le photographe Fernando Peireira.

Une enquête aboutit à la conclusion suivante : les services secrets français ont voulu retarder la venue du bateau de Greenpeace à Mururoa, lieu des essais français, en le plastiquant. Deux suspects sont arrêtés, les époux Turenge, qui se révèlent être un colonel et un capitaine de l'armée française... Le 27 août, le président Mitterrand disculpe les services secrets français. Quelques semaines plus tard, Charles Hernu, ministre de la Défense, démissionne. Enfin, le 22 septembre, le Premier ministre Laurent Fabius, face à des preuves matérielles incontestables, admet que les services secrets français ont ordonné l'attaque du *Rainbow Warrior*.

La deuxième affaire qui atteint Laurent Fabius est celle du sang contaminé par le virus du sida, et transfusé à des hémophiles, en toute connaissance de cause, pour des raisons financières, alors qu'il aurait fallu le retirer du circuit de distribution. Administrativement innocent pour l'affaire du sang contaminé, Laurent Fabius est parfois jugé distant de ses ministres par l'opinion qui lui accordait sa confiance (Georgina Dufoix – « responsable, mais pas coupable » – sera relaxée lors du procès de 1999, et Edmond Hervé sera condamné, mais dispensé de peine ; Laurent Fabius sera également relaxé). Après ces deux affaires, le plus jeune Premier ministre donné à la République a entamé un retour progressif à la vie politique.

assigné : faire passer la rigueur nécessaire à l'incessante montée du chômage – alors que l'inflation a pu être réduite à 5 %.

Expliquer

Laurent Fabius utilise efficacement l'outil télévisuel, usant d'un langage simple, multipliant les interventions où il explique son action ; cette façon de s'adresser aux Français n'est pas sans rappeler le style des samedis soir radiophoniques de Pierre Mendès-France en 1954. Sa cote de popularité ne cesse de monter, mais, dans son parti, cette réussite n'est pas appréciée : les militants du PS lui préfèrent Michel Rocard au congrès de Toulouse en 1985, et choisissent Lionel Jospin pour conduire la campagne des élections législatives en 1986.

Première cohabitation : le libéralisme économique

À la suite des élections de 1986, la majorité de gauche et l'opposition de droite vont devoir faire chambre commune !

« Au secours, la droite revient »...

« Au secours, la droite revient. » Ce slogan lancé par la gauche avant les élections législatives du 16 mars 1986 n'a aucun effet : la droite revient effectivement, ce qui oblige le président de la République à choisir un Premier ministre qui en est issu ; la première cohabitation de la Ve République va commencer : Jacques Chirac, Premier ministre, va gouverner jusqu'aux présidentielles de 1988. Le dirigisme socialiste n'étant plus à l'ordre du jour, une série de privatisations est entamée : Havas, Matra, CGE, TF1, la Société Générale, Paribas, Suez. Ainsi est inauguré un libéralisme économique à l'anglaise qui rétablit la liberté des prix, permet de licencier sans autorisation préalable. Dans le domaine fiscal, l'impôt sur la fortune disparaît tandis que l'imposition directe entame une marche arrière.

Actions tragiques

L'année de la première cohabitation, 1986, coïncide avec une vague de terrorisme : entre le 4 et le 17 septembre, plusieurs attentats, dont le plus meurtrier a lieu rue de Rennes à Paris, coûtent la vie à onze personnes. Le 17 novembre, le PDG de Renault, George Besse, est assassiné par des membres de l'organisation Action directe. L'année se clôt sur la mort d'un étudiant, Malik Oussekine, victime d'un malaise après avoir été frappé par les CRS au cours d'une manifestation, à Paris, contre la réforme Devaquet qui veut élever les droits d'inscription à l'université. Les manifestants l'accusent de vouloir pratiquer une forme de sélection.

UN ÉVÉNEMENT IMPORTANT

Les enfants d'Izieu

Le 11 mai 1987 commence le procès de Klaus Barbie, devenu après sa carrière de chef de la police nazie à Dijon pendant la guerre, agent au service des Américains pour la lutte contre l'URSS. En 1972, Beate et Serge Klarsfeld (fils d'un déporté mort à Auschwitz), les chasseurs de nazis, retrouvent sa trace en Bolivie, et le 5 février 1983 il est livré à la justice française. Barbie, c'est le responsable de nombreuses rafles de Juifs qui seront déportés, dont celle des enfants d'Izieu, dans l'Ain, le 6 avril 1944 : quarante-quatre enfants de trois à treize ans sont arrêtés avec les cinq adultes qui s'occupent d'eux. Tous sont transférés vers Drancy, puis vers les camps de la mort dont pas un ne reviendra. Barbie, c'est aussi le tortionnaire de Jean Moulin. Le 3 juillet 1987, après trente-six jours d'audience, Barbie est condamné à perpétuité pour crimes contre l'humanité. Le 25 septembre 1991, il meurt en prison à Lyon.

1988 : François Mitterrand réélu

François Mitterrand va effectuer un second mandat de sept ans. Il devient ainsi l'homme politique français ayant exercé le plus longtemps la fonction de président de la République. C'est Michel Rocard qui va devenir Premier ministre.

Rocard : l'ouverture au centre

Le premier tour des élections présidentielles a lieu le 24 avril 1988, et donne les résultats suivants : Mitterrand : 34,09 % ; Chirac : 19,94 % ; Barre : 16,54 % ; Le Pen : 14,39 % ; Lajoinie : 6,76 % ; Waechter : 3,78 % ; Juquin : 2,10 % ; Laguiller : 1,99 %. Le 8 mai, au second tour, François Mitterrand l'emporte avec 54,01 % des voix. Porté par la « génération Mitterrand », et se situant alors au-delà de la gauche, il désigne Michel Rocard comme Premier ministre, tentant ainsi une ouverture au centre – Michel Rocard a milité aux côtés de Pierre Mendès France ; il incarne une « deuxième » gauche, plutôt décentralisatrice et autogestionnaire.

Rocard : FLNKS, RCPR, RMI, CSG

Le 14 mai 1988, François Mitterrand dissout l'Assemblée nationale. Aux élections du 12 juin, les socialistes obtiennent 277 sièges, les communistes 27, l'UDF 130, et le RPR 128. Le Front national n'a plus qu'une élue : Marie-France Stirbois. Le gouvernement Rocard, après avoir apaisé la situation en Nouvelle-Calédonie – le FLNKS de Tjibaou demande l'indépendance de l'île, le RPCR de Jacques Lafleur désire qu'elle reste dans la République – s'emploie à la tâche sociale. Le RMI est créé (Revenu minimum d'Insertion) et l'impôt sur la fortune est rétabli. Un nouvel impôt fait son apparition : la CSG (Contribution Sociale Généralisée) qui s'applique à tous les revenus.

Les grands travaux

Le 4 mars 1988, le président Mitterrand inaugure la pyramide du Louvre. L'architecte chinois, naturalisé américain, Ieoh Ming Pei a imaginé cette construction de verre qui semble négocier quotidiennement son intégration à un environnement d'une autre époque – et l'obtenir sans mal dans les effets du couchant qui confond les formes. D'autres constructions marquent les deux septennats de François Mitterrand : le Bibliothèque nationale de France qui porte son nom, l'opéra Bastille – inauguré le 13 juillet 1989–, l'Arche de la Défense, le Grand Louvre, l'Institut du monde arabe, la Cité de la musique. La série des « grands travaux » s'est interrompue en 1995.

1989 : affaires louches

1989 : le mur de Berlin tombe dans la fièvre, l'allégresse, et dans une soudaineté que suivent de très près la réunification de l'Allemagne et la désagrégation du système soviétique. À Paris, les « affaires » commencent avec l'inculpation d'un ami personnel de François Mitterrand – Roger-Patrice Pelat. Il est accusé de recel de délit d'initié à l'occasion d'une opération boursière. Peu de temps plus tard, le 22 juin 1989, c'est Gérard Monate, l'ancien patron de la société Urba, qui est à son tour inculpé : le cabinet d'études qu'il a dirigé a servi au financement du parti socialiste.

LE SAVIEZ-VOUS ?

18 mai 1990 : la rame TGV A n° 325 atteint la vitesse record de 515,3 km/h

Le TGV ! Le Train à grande vitesse qui fend l'air avec son nez de fin limier pistant le temps perdu prend forme, locomotive et wagons (ou « voitures » pour adopter la terminologie qu'a choisie le marketing SNCF, car « wagon » sonne un peu ferraille...) le 22 septembre 1981. Ce jour-là est inauguré le tronçon sud de Saint-Florentin (km 117) à Sathonay (km 389). En 1989, le 20 septembre, le TGV Atlantique dont la construction avait été décidée le 27 janvier 1982, est inauguré de Paris à Connerré dans la Sarthe. Le 18 mai 1990, il atteint la vitesse record de 515,3 km/h, battant ainsi le record du monde de vitesse sur rail !

Jean-Pierre Chevènement et la tempête

Le 2 août 1990, l'Irak envahit le Koweït, et l'annexe ! La France envoie des troupes qui vont participer à l'opération « Tempête du désert », après un ultime plan de paix proposé par Paris en janvier 1991. Des courants pacifistes se manifestent alors, réunissant les tendances les plus diverses ; leur action est encouragée par un événement dont le retentissement est international : le ministre français des Armées, Jean-Pierre Chevènement, ne partageant pas les options du gouvernement auquel il appartient, démissionne de son poste. Il est remplacé par Philippe Marchand.

Édith et les hommes

Au début d'avril, les forces alliées vainquent l'Irak. L'affaire Chevènement a aggravé des relations déjà tendues entre François Mitterrand et son chef de gouvernement Michel Rocard. Celui-là demande à celui-ci de démissionner et le remplace, le 25 mai 1991, par la première femme à occuper le rôle de chef de gouvernement : Édith Cresson. Onze mois plus tard, le 2 avril 1992, n'ayant pas réussi à s'imposer face à une présence masculine en majorité hostile, elle démissionne. Elle est remplacée par Pierre Bérégovoy.

Les affaires continuent…

Régulièrement, des nouvelles surprenantes sont livrées par la presse qui commente les démêlés de Bernard Tapie avec la justice, le cancer dont le président est atteint, ou bien ce suicide étrange de l'ancien Premier ministre…

Des jeux, un Tapie

1992, c'est l'année des jeux Olympiques d'Albertville qui se déroulent du 8 au 23 février. La chorégraphie des cérémonies d'ouverture est signée Philippe Découflé. 1992, c'est aussi l'année Tapie qui devient ministre de la Ville, poste qu'il doit quitter le 23 mai lors de sa mise en examen pour abus de biens sociaux – le 28 novembre 1995, il sera condamné à deux ans de prison, dont huit mois fermes, peine accomplie en 1997.

Un malade, drôles d'affaires…

1992, c'est encore, le 11 septembre, l'annonce du cancer de la prostate dont le président Mitterrand est atteint. En réalité, le président souffre d'un cancer depuis son élection en 1981 ! Mais il a décidé qu'il n'en serait jamais question, préférant produire de faux bulletins de santé avec la complicité de son médecin, le docteur Gubler. 1992, c'est enfin le retour des affaires avec l'inculpation de Pierre Botton, gendre de Michel Noir, maire RPR de Lyon ; inculpation également pour le maire PS d'Angoulême, Jean-Michel Boucheron, en fuite en Argentine.

Le suicide de Pierre Bérégovoy, l'homme des berges

Les affaires aux nombreux rebondissements ternissent considérablement l'image de l'homme politique en France. Le 1er mai 1993, l'irréparable survient dans une atmosphère de suspicion qui poursuit depuis quelques mois le Premier ministre Pierre Bérégovoy (en russe : l'homme des berges), qui vient d'être remplacé par Édouard Balladur. Accusé d'avoir reçu un prêt d'un million de francs sans intérêt de la part de Roger-Patrice Pelat, afin de s'acheter un appartement, Pierre Bérégovoy se suicide sur les berges du canal de Nevers, ne supportant pas que son honnêteté soit mise en cause.

Euh… oui !

Timide, le « oui » des Français, le 20 septembre 1992 ! On leur demandait s'ils acceptaient le traité de Maastricht, ville des Pays-Bas où avait été signé le traité européen prévoyant des conditions drastiques pour faire partie de l'Union : limitation à 3 % du déficit public, dette publique limitée à 60 % du PNB. « Oui », quand même, ont répondu 34,36 % des Français, le « non » réunissant 32,95 % des suffrages.

1993 : Édouard Balladur cohabite et privatise

Le Premier ministre, après les législatives de 1993, favorables à la droite, s'appelle Édouard Balladur. Il possède une riche expérience du monde et des fonctions politiques, mais cette expérience ne suffit pas à vaincre la mauvaise humeur qui se déclenche un peu partout en France, et provoque de nombreuses manifestations, dont celles des étudiants en 1994.

Les privatisations, Hue, les étudiants

Les 21 et 28 mars 1993 ont lieu les élections législatives. La droite l'ayant emporté, le président Mitterrand entame une seconde cohabitation, cette fois avec Édouard Balladur qui devient Premier ministre le 29 mars. Une nouvelle série de privatisations est décidée : Elf-Aquitaine, Rhône-Poulenc, BNP, UAP, AGF, etc. L'année suivante, au cours du 28e congrès du parti communiste, du 25 au 28 janvier 1994, Georges Marchais cède son poste de secrétaire général au maire de Montigny-lès-Cormeilles, Robert Hue. Ces nouveautés politiques n'empêchent pas le mécontentement de plusieurs catégories de Français : les marins-pêcheurs d'abord qui défilent dans les rues de Rennes le 4 février 1994 – lançant des fusées dont l'une tombe dans les combles du Parlement de Bretagne qui est la proie des flammes. Les lycéens et étudiants défilent aussi, en mars 1994 : ils protestent contre le projet du CIP – le contrat d'insertion professionnelle – qui permettrait de rémunérer un jeune à 80 % du SMIC. Ce projet qui était proposé par Édouard Balladur doit être retiré.

L'autre Tonton

L'actualité mitterrandienne, en 1994, devient fort sombre : son conseiller François de Grossouvre se suicide, le 7 avril, dans le bureau qu'il occupe au Palais de l'Élysée. Par ailleurs, en septembre, paraît le livre du journaliste Pierre Péan, *Une jeunesse française*, où le passé du président de la République est révélé, avec l'assentiment de celui-ci. C'est un Mitterrand bien différent du « Tonton » débonnaire et paternaliste des années 80 qui apparaît alors, notamment lorsque son passé vichyste est évoqué. L'ouvrage de Pierre Péan provoque un trouble durable dans une France qui se prépare déjà aux élections présidentielles de 1995.

Figure 24-4 : Janvier 1996 : les journaux annoncent la mort de Mitterrand.

Chapitre 25

1995 à 2004 : Jacques Chirac : de Juppé à Raffarin

Dans ce chapitre :

- Revivez le premier septennat du président Jacques Chirac
- Faites le bilan des cinq années de cohabitation
- Informez-vous sur les réformes mises en place par le gouvernement Raffarin depuis 2002

Élu président de la République, Jacques Chirac nomme Alain Juppé Premier ministre. Le coup d'envoi de réformes importantes va être donné, provoquant de nombreux mouvements sociaux. En 1997, la dissolution de l'Assemblée nationale ouvre une période de cohabitation de cinq années. La gauche plurielle de Lionel Jospin est celle de la croissance qui culmine en 2000 à 3,9 %. Depuis, elle décroît régulièrement. Le gouvernement Raffarin, installé après la réélection de Jacques Chirac en 2002, tente de la relancer.

1995 : Jacques Chirac, président de la République

Beaucoup d'élections importantes reposent sur une petite phrase. Vous vous souvenez sans doute de « Monsieur Mitterrand, vous n'avez pas le monopole du cœur ! » de Valéry Giscard d'Estaing ; vous imaginez sans peine celles qui ont serti les diamants du même Giscard en 1981… En 1995, c'est la grande époque des Guignols de l'Info sur Canal+ – à cette époque, ils sont inspirés, incisifs et drôles : on voit apparaître un Jacques Chirac dont le parti politique est le premier de France, et qui sait que le mois de mai 1995 comblera ses désirs. En attendant, il répète son slogan qui sent bon le verger paisible et la patience végétale : « Mangez des pommes ! » Les pommes, sa force tranquille…

La fracture sociale en action

Le 7 mai 1995, 52,64 % des Français élisent Jacques Chirac président de la République. Lionel Jospin recueille 47,36 % des voix. Au premier tour, les voix s'étaient réparties ainsi : Jospin : 23,30 % ; Chirac : 20,84 ; Balladur : 18,58 % ; Le Pen : 15 % ; Hue : 8,64 % ; Laguiller : 5,30 % ; de Villiers : 4,74 % ; Voynet : 3,32 %. La « fracture sociale », thème majeur de la campagne de Jacques Chirac, va bientôt quitter son statut de formule gagnante pour devenir dans les faits un gigantesque mouvement social – le plus important depuis 1968 – qui concerne surtout le secteur public, en novembre et décembre 1995 : SNCF, RATP, EDF-GDF, La Poste, les enseignants.

Le secteur public en plan

Le Premier ministre Alain Juppé – choisi par Jacques Chirac le 18 mai 1995 – affronte la situation en maintenant le plan de réforme de la Sécurité sociale qui a mis le feu aux poudres. Ce plan prévoit la mise en place d'un régime universel d'assurance maladie, une révision des régimes spéciaux de retraite, l'allongement de la durée de cotisation pour une retraite à taux plein – allongement progressif de 37,5 à 40 années –, l'imposition des Allocations familiales, la réforme des caisses locales et nationales de sécurité sociale – création d'un conseil de surveillance –, réforme de l'hôpital, etc. Des grèves importantes se déclenchent alors à la SNCF, la RATP, EDF-GDF, La Poste, et dans l'Éducation nationale. Les grandes villes sont paralysées. Mais le mouvement s'épuise et, le 18 décembre 1995, la reprise du travail est générale. La plupart des réformes prévues vont, au fil des années qui suivent, se mettre en place.

Les sans-papiers d'Ababacar

Depuis le 18 mars 1996, des immigrés africains sans papiers ont décidé d'occuper des églises afin de sensibiliser le pouvoir à leurs problèmes. Après avoir été expulsés de l'église Saint-Ambroise dans le IXe arrondissement de Paris, et de quelques autres lieux de culte catholique, ils se retrouvent, en août, réfugiés dans l'église Saint-Bernard dans le XVIIIe arrondissement. C'est là que les forces de l'ordre donnent l'assaut, le 23 août, en forçant les portes à coup de hache afin d'expulser les 220 sans-papiers qui l'occupent. Cette opération, largement médiatisée, crée un malaise considérable. Malgré les efforts de celui qui a pris la tête du mouvement, Ababacar Diop, la régularisation des sans-papiers se révèle lente et difficile au regard d'une législation pleine de contradictions.

1996, c'est aussi

- le 27 mars, l'enlèvement de sept moines français au monastère de Tibéhirine en Algérie. Deux mois plus tard, ils sont décapités par des membres du GIA qui les ont enlevés.
- Le 28 mai, l'annonce par Jacques Chirac de la suppression du service militaire et de son remplacement par le « rendez-vous citoyen ».
- Le 3 juillet : l'interdiction de l'amiante, son action cancérigène étant établie.
- Du 19 au 22 septembre, le cinquième voyage de Jean-Paul II en France. Il y célèbre le 1 500e anniversaire du baptême de Clovis.
- Le 23 novembre, le transfert des cendres d'André Malraux au Panthéon.
- Le 3 décembre, l'attentat dans le RER de Port-Royal, extension à la France de la guerre civile algérienne.

UN ÉVÉNEMENT IMPORTANT

Touvier, Papon, la France face à la collaboration

Cour d'assises de la Gironde, à Bordeaux. 8 octobre 1997 : le procès de Maurice Papon, secrétaire général de la préfecture de la Gironde sous le régime de Vichy, s'ouvre. Maurice Papon est accusé de crime contre l'humanité : sous le régime de Vichy, numéro deux officiel de la région de Bordeaux, supervisant le service des questions juives, il a ordonné l'arrestation de près de 1 600 Juifs entre 1942 et 1944, hommes, femmes, enfants, personnes âgées, la plupart déportés à Auschwitz.

Papon est le deuxième Français qui va être jugé pour crime contre l'humanité, le premier étant Paul Touvier, condamné à la réclusion à perpétuité le 20 avril 1994 par la cour d'assises des Yvelines. Paul Touvier, ancien chef du service de renseignements de la milice de Lyon, était accusé de complicité dans l'assassinat de sept otages juifs fusillés par les Allemands, à Rillieux-la-Pape, en juin 1944.

Le 2 avril 1998, Maurice Papon est condamné à dix ans de réclusion criminelle pour complicité de crime contre l'humanité. Il se pourvoit en cassation, et peut ainsi rester en liberté. En octobre 1999, refusant de se présenter à la prison à la veille de sa comparution pour l'examen de son pourvoi en cassation, il prend la fuite pour la Suisse. Retrouvé et arrêté, il est aussitôt emprisonné le 22 octobre.

Trois ans plus tard, le 18 septembre 2002, il est remis en liberté, en raison de son âge – quatre-vingt-douze ans – et de son état de santé, libération qui ne manque pas de susciter de nombreuses polémiques. Désapprouvée par les uns, approuvée par les autres – dont Robert Badinter, ancien garde des Sceaux et ancien président du Conseil constitutionnel – elle a été rendue possible par une loi votée le 4 mars 2002, précisant que les prisonniers peuvent être libérés s'ils souffrent d'une maladie incurable ou si leur incarcération se révèle dangereuse pour leur santé.

1997 à 2002 : cinq années de cohabitation

Après la dissolution de l'Assemblée nationale décidée par Jacques Chirac, la gauche qui remporte les législatives va, à son tour, être appelée à cohabiter avec le président.

Cohabitation : troisième épisode

Afin de mieux asseoir son gouvernement, de lui donner une nouvelle légitimité, le président Jacques Chirac décide de dissoudre l'Assemblée nationale le 21 avril 1997, un an avant la date prévue des législatives. Les élections qui ont lieu le 25 mai donnent l'avantage à la gauche, à la surprise générale, avantage confirmé au second tour, le 1er juin : la gauche obtient 320 sièges – 249 PS, 37 PC et 8 écologistes –, la droite 256, et le FN un seul. Une troisième cohabitation se met en place : Lionel Jospin devient Premier ministre le 4 juin 1997.

1997 : la gauche plurielle

Le gouvernement de Lionel Jospin est celui de la « gauche plurielle » composé de socialistes, de communistes et d'écologistes. Le 19 juin, dans sa déclaration de politique générale, il annonce la création de 700 000 emplois pour les jeunes, la mise en place de la semaine de trente-cinq heures dans les cinq années à venir, et cela sans perte de salaire, l'augmentation de 4 % du SMIC à partir du 1er juillet 1997, l'attribution des Allocations familiales sous conditions de ressources, de nouvelles lois sur l'immigration, l'indépendance de la justice, la transparence de la police.

Mammouth : Allègre au rayon froid

Dans le même temps, le 24 juin 1997, une déclaration de politique particulière, effectuée par le nouveau ministre de l'Éducation nationale, va mettre en effervescence le monde enseignant : Claude Allègre, en quelques phrases, monte en épingle l'absentéisme supposé des professeurs, et parlant de l'excès de bureaucratisation de l'Éducation nationale, il projette de « dégraisser le mammouth » – un « mammouth » qui va se mettre à bouder son ministre à la métaphore sibérienne qui a jeté entre eux un froid définitif.

UN PORTRAIT

« Je suis une gamine finie ! »

Le 4 août 1997, décède, à l'âge de 122 ans, la doyenne de l'humanité : Jeanne Calment. Elle était née le 22 février 1875, plus jeune de quinze jours que Maurice Ravel… Dans le magasin de couleurs que tenait son père à Arles, elle se rappelle avoir vu Vincent Van Gogh. À la fin de sa vie, elle prétend même avoir eu l'occasion d'une danse avec lui – ce qui est plausible puisqu'au cours du séjour de Van Gogh non loin de chez les Calment, Jeanne avait, en 1888-1889, treize-quatorze ans. Elle a cinq ans à la naissance d'Apollinaire, dix ans à la mort de Victor Hugo, vingt-huit ans à la naissance de Marguerite Yourcenar. Elle survit à trois guerres et un mari. À 90 ans, elle vend en viager sa maison à un notaire qui lui verse 500 euros par mois; à la mort de Jeanne, la maison doit lui revenir. Hélas pour lui, il meurt avant elle, à 77 ans, en 1996 ! Sa famille doit continuer à payer les mensualités ! En 1996, à 121 ans, elle enregistre son premier CD : *La Farandole* sur un rythme de rap. Elle y chante « Je suis une gamine finie ! »… et meurt quelques semaines plus tard.

6 février 1998 : Claude Érignac assassiné

UN ÉVÉNEMENT IMPORTANT

La France abasourdie apprend dans les premiers jours de février 1998 qu'un préfet de la République est assassiné en Corse.

La loi du silence

Une tragédie marque le début de l'année 1998 : le 6 février, le préfet de la région Corse, Claude Érignac, est abattu de trois balles de revolver dans la nuque, dans une rue d'Ajaccio, alors qu'il se rendait au théâtre. Cet assassinat du représentant de l'État suscite de vives réactions d'indignation dans l'île et sur le continent. Il faudra des semaines d'enquête pour qu'au-delà de la loi du silence des indices suffisamment sûrs puissent permettre l'arrestation puis le procès des auteurs de l'attentat. Ce procès se déroule en juin et juillet 2003 à Paris.

Colonna en prison

Après six semaines d'audience et huit heures de délibération, le verdict tombe dans l'après-midi du 11 juillet 2003 : la cour d'assises spéciale de Paris condamne à la réclusion criminelle à perpétuité les deux cerveaux du crime. Six autres prévenus écopent de peines qui vont de quinze à trente ans de réclusion. L'assassin présumé, Yvan Colonna, aujourd'hui en prison après une cavale de quatre ans, a été arrêté le 4 juillet 2003, dans le sud de l'île, près de Propriano où il était berger, par les policiers du RAID. Son procès devrait avoir lieu dans les deux années qui viennent.

1998 : la France gagne au tiercé

Pauvre Aimé Jacquet ! Pendant toute la période de préparation de l'équipe de France qui va participer à la coupe du monde de football, il est la cible des journalistes, des critiques de toutes sortes. On le ridiculise, on le désapprouve ! Pourtant, il demeure ferme sur ses choix, sur sa politique d'entraînement. Les matches se déroulent en juin dans plusieurs villes de France. Le grand favori est le Brésil. C'est alors que se produit l'inattendu, mais pas l'inespéré : l'équipe de France de football se retrouve en finale contre le Brésil le dimanche 12 juillet 1998 ! Mieux : l'équipe de France de celui que tout le monde adule maintenant, et affuble de l'hypocoristique « Mémé » – Aimé Jacquet – bat le Brésil ! 3 buts à 0 ! C'est la première fois que la France remporte la coupe du monde de football depuis sa création. Les joueurs devenus des héros sont acclamés sur les Champs-Élysées par plus d'un million et demi de personnes. Le tiercé gagnant « black-blanc-beur » enrichit (d'espoirs, d'énergie, d'optimisme) la France tout entière – du moins celle qui aime le football.

Figure 25-1 : Champions du monde ! L'équipe de France chante la Marseillaise.

1998, c'est aussi :

- Le 28 janvier, l'inauguration du Stade de France par Jacques Chirac.
- Le 10 février, l'adoption du projet de loi sur les trente-cinq heures de Martine Aubry – bien accueille dans certaines grandes entreprises, elle l'est moins dans les petites qui se heurtent à des problèmes d'organisation. Les trente-cinq heures, c'est aussi la naissance de la fameuse RTT (réduction du temps de travail) dont le cumul des heures crée de nouvelles plages de loisirs.

- Le 22 mars, les 44,97 % d'abstentions au second tour des élections cantonales remportées par la gauche avec 47,32 % des suffrages.
- Le 2 septembre, le grave accident d'anesthésie qui plonge le ministre de l'Intérieur Jean-Pierre Chevènement dans le coma – il sortira de l'hôpital le 27 octobre.
- Le 5 novembre, le voyage à Craonne dans l'Aisne, de Lionel Jospin qui réhabilite la mémoire des soldats mutinés en 1917 et qui furent fusillés pour l'exemple.

1999 : « Gai, gai, pacsons-nous ! »

En janvier 1999 commencent les discussions qui vont conduire le 15 novembre au vote de la loi concernant le PACS : le pacte civil de solidarité. Le PACS est un contrat passé devant le greffe du tribunal d'instance, et qui permet à deux personnes majeures, de sexe différent ou de même sexe, d'avoir une vie commune. Il apporte, en dehors du mariage, des avantages fiscaux, des solutions juridiques, de protection sociale ou de succession qui répondent à une attente et suppriment une certaine précarité dans des couples hétérosexuels ou homosexuels. Cette nouvelle possibilité d'union de deux êtres déclenche des réactions de rejet dans la plupart des sensibilités religieuses qui voient là une remise en question du mariage traditionnel et une fragilisation des valeurs de la conjugalité. Des manifestations sont organisées – dont l'une le 31 janvier 1999 qui rassemble 100 000 personnes. Cependant, le lundi 15 novembre 1999, la loi sur le PACS est votée.

1999, c'est aussi :

- Le 24 mars, l'incendie d'un camion dans le tunnel du Mont-Blanc, provoquant la mort de plus de quarante personnes.
- Le 13 juin, les élections européennes qui consacrent la victoire… des abstentionnistes : 53,24 %.
- Le 19 juin : la mort d'Henri d'Orléans, 90 ans, prétendant au trône de France – il était le descendant de Louis-Philippe.
- Le 11 août, l'éclipse totale de soleil.
- Le 12 août, le saccage par les militants aveyronnais de la Confédération paysanne, du McDonald's de Millau. À leur tête, José Bové qui va faire partie de tous les combats contre la mondialisation.
- Le 12 décembre, le naufrage d'un pétrolier, l'Erika, au large du Finistère qui déclenche une marée noire. 400 kilomètres de côtes sont pollués.
- Du 26 au 28 décembre, une tempête qui fait plus de cent morts en Europe provoque d'énormes dégâts dans une grande partie de la France.

Avril 2000 : du bruit dans Quévert

En six ans, à partir de 1994, une douzaine d'attentats sont commis en Bretagne. Celui qui secoue le McDo de Quévert va être fatal à une jeune femme de vingt-six ans.

Un engin explosif au McDo

La scène se passe à Quévert, sur la route de Dinan, dans les Côtes d'Armor. Le mercredi 19 avril 2000, Laurence Turbec, une employée du McDonald's ouvre une porte latérale du restaurant dans lequel elle prend son service vers dix heures du matin. Un engin explosif qui a été déposé là explose et la tue. Ce drame provoque colère et émotion. Qui a pu organiser cet attentat, l'ARB – Armée révolutionnaire bretonne – qui aurait voulu elle aussi son heure médiatique, comme celle de José Bové ? La police arrête de nombreux militants, plusieurs sont emprisonnés.

« Des bricoleurs approximatifs »

L'enquête continue jusqu'au procès qui a lieu quatre ans plus tard à Paris. Le 26 mars 2004, au terme des réquisitoires et plaidoiries, un acquittement général est prononcé pour Quévert : personne ne sait qui a déposé la bombe du McDo. En revanche, les dirigeants de l'ARB – des « bricoleurs approximatifs » selon un des juges – sont condamnés pour association de malfaiteurs ou pour leur participation à une série de douze attentats commis entre 1994 et 2000 : onze ans de prison pour Christian Georgeault ; trois ans pour Gaël Roblin, porte-parole d'Emgann, mouvement autonomiste breton ; cinq autres militants écopent de quatre à huit ans de prison, quatre ont été acquittés.

2000, c'est aussi :

- Le 17 janvier 2000 : la publication du livre de Véronique Vasseur, *Médecin chef à la prison de la Santé*, lève le voile sur les conditions de vie dramatique dans les prisons françaises.
- Le 9 février : la publication de chiffres qui démontrent que l'économie de la France se porte bien, que le chômage diminue, que l'excédent budgétaire dépasse trente milliards de francs.
- Le 25 juillet, le crash du Concorde d'Air France après son décollage de l'aéroport de Roissy. La catastrophe fait 113 victimes.
- Le 24 septembre, le référendum sur la durée du mandat présidentiel, ramenée à cinq ans. Le oui l'emporte, mais 70 % des Français se sont abstenus de voter.

Municipales de 2001 : Bertrand Delanoé maire de Paris

2001 : les municipales ! Le 11 mars se déroule le premier tour. Point de résultats vraiment tranchés ; la majorité gouvernementale marque le pas, l'opposition résiste. Il faut noter la défaite de deux ministres du gouvernement Jospin : Jean-Claude Gayssot à Béziers, et Dominique Voynet à Dole. Une victoire remarquée : celle de François Hollande qui l'emporte dès le premier tour à Tulle, dans les terres chiraquiennes. Le taux d'abstention, au niveau national, est de 38,73 % ! Le second tour est marqué par la victoire de la gauche à Paris – Bertrand Delanoé va en devenir le maire – et à Lyon. À Toulouse, la liste de Philippe Douste-Blazy l'emporte – Toulouse fait partie des quarante villes de 15 000 habitants qui sont gagnées par la droite : Strasbourg, Orléans, Rouen, Quimper, Blois, Nîmes, Châteauroux, Argenteuil, Épinay-sur-Seine, Lisieux, etc.

UNE DATE À RETENIR

11 septembre 2001 : les Tours jumelles en feu

2001 : il est à peine quinze heures en France, il est à peine neuf heures à New York ce mardi 11 septembre 2001. Dans le ciel de Manhattan, l'avion assurant la liaison Boston-Los Angeles – un Boeing 767 d'American Airlines – survole les gratte-ciel, se dirige vers le World Trade Center. Les témoins le voient qui fonce tout droit sur la tour nord qu'il percute, pénètre avant d'exploser, séparant les derniers étages de toute possibilité d'évacuation. Tous les passagers de l'avion sont morts, ainsi que les occupants des étages dévastés. Moins de vingt minutes plus tard, un avion identique assurant la même liaison pour United Airlines amorce un virage au-dessus de New York, au terme duquel il s'encastre dans la tour sud. Entre-temps, un Boeing-757 d'American Airlines qui avait décollé de Dulles à destination de Los Angeles s'écrase sur le Pentagone, le ministère américain de la Défense.

Presque à la même heure, un quatrième avion – Boeing 757 d'United Airlines –, parti de New York pour San Francisco, s'écrase près de Pittsburgh en Pennsylvanie. Les avions transportaient 276 passagers et membres d'équipage. Le monde entier est consterné par la tragédie que vivent les États-Unis, par cet attentat abominable qui va provoquer la mort de 3 000 personnes dans des conditions atroces. Le 13 septembre, Colin Powell désigne officiellement le milliardaire islamiste d'origine saoudienne Oussama Ben Laden, réfugié en Afghanistan, à la tête de son réseau Al-Qaida, comme le principal suspect de la vague d'attentats. La « croisade contre les forces du mal, afin d'éradiquer le démon du terrorisme » engagée alors par George Bush conduira l'armée américaine en Irak.

21 septembre 2001 : « Ô Toulouse... »

2001, Toulouse ! Toulouse et son nouveau maire, Philippe Douste-Blazy. La ville rose de Nougaro « Ô mon pays... » ! L'eau verte du canal du Midi, et la brique rouge des Minimes ! Douceur capitoline et délices de la table ! Toulouse, 10 h 17, le 21 septembre 2001, la tragédie : une explosion indescriptible fait trembler la ville. Elle provient de l'usine pétrochimique AZF – fabrication d'engrais – qui appartient au groupe Total-Fina-Elf. Le bilan est terrible : 30 morts, plus de 10 000 blessés dont 2 500 seront hospitalisés. Des entreprises, des bâtiments publics et municipaux et plus de 30 000 logements sont endommagés.

Figure 25-2 : Septembre 2001 : explosion dans l'usine AZF.

Une lente indemnisation

Le traumatisme est énorme. Des habitants ont tout perdu. D'autres sont obligés de quitter leur logement éventré. Des milliers de vitres ont été brisées dans un rayon de plusieurs kilomètres. Malgré des enquêtes, malgré leurs révélations et leurs conclusions, malgré des mises en examen dont la première intervient le 7 novembre, l'indemnisation des sinistrés s'effectue lentement et beaucoup d'habitants voient avec crainte l'hiver approcher alors que leurs fenêtres sont brisées. Aujourd'hui, même si on pense avoir trouvé la cause de l'explosion – un mélange accidentel de deux substances –, le traumatisme est toujours vif dans une ville qui mettra longtemps encore à panser toutes ses plaies.

LE SAVIEZ-VOUS ?

L'euro et son pluriel français

Il va bien falloir s'y faire ! Depuis déjà un certain temps, dans les magasins, le double étiquetage a permis de s'habituer à l'euro ! Voici maintenant, en ce 1er janvier 2002, les pièces et les billets qui portent l'inscription « Euro » – billets anonymes représentant des idées de ponts, d'arches, de portes ou de portiques, de fenêtres à vitraux, tout ce qui filtre la lumière, laisse passer l'air ou le vent. On y lit : « 20 Euro », sans « s » !

Il n'en faut pas davantage à ceux dont le bagage grammatical est resté en transit dans quelque année scolaire indécise pour déclarer que le mot Euro est invariable ! Invariable certes, sur les billets et les pièces puisque ceux-là et celles-ci sont destinés à circuler dans une Europe où la règle du « s » pluriel n'est pas en vigueur partout ! En France elle l'est, « euro » est un nom commun, comme un autre ; et écrire avec son stylo ou avec son clavier « vingt euro, cent euro… », c'est faire la même erreur d'accord que celle qu'on remarque dans : « vingt banquier, cent million… » – au passage, remarquons que la liaison doit être faite : puisqu'on prononce « vingt-t-ans , quatre-vingts-z-ans », on prononce également : « vingt-t-euros, quatre-vingts-z-euros, cent-t-euros, cinq cents-z-euros ».

Inviolables, ces nouveaux billets ! Leur réputation a tenu pendant au moins trois mois : les premières falsifications ont commencé à sortir des scanners sophistiqués au printemps 2002, et poursuivent, par intermittence, leur carrière que la carte de crédit concurrence de plus en plus. Cependant, le système Monéo – la monnaie électronique –, mis au point pour les petits paiements, ne semble pas remporter le succès escompté : méfiants, les commerçants n'ont pas accepté qu'une commission jugée excessive soit prélevée sur chaque transaction.

Élection présidentielle : le choc du 21 avril 2002

L'élection présidentielle d'avril 2002 se prépare dans une sorte de consensus de l'incertitude : c'est Lionel Jospin qui devrait l'emporter, ou peut-être Jacques Chirac – les instituts de sondage ne parviennent pas à se mettre d'accord. La campagne distille comme d'habitude son lot de petites phrases, jusqu'au 21 avril…

Chirac ou Jospin ? Le Pen…

UN ÉVÉNEMENT IMPORTANT

Chirac ou Jospin ? Jospin ou Chirac ? Le choix semble se résumer à ces deux candidats dès le premier tour des élections présidentielles d'avril 2002, tant les sondages effectués auprès des électeurs sont ajustés, dit-on, à la réalité. Le dimanche 21 avril au soir, la réalité montre un autre visage : devant des

Français incrédules, les résultats s'affichent, excluant de la bataille du second tour Lionel Jospin (16,18 %) ! C'est Jean-Marie Le Pen qui arrive en deuxième position (16,86 %). Jacques Chirac a obtenu 19,88 % des voix. Viennent ensuite : François Bayrou (UDF, 6,84 %), Arlette Laguiller (Lutte Ouvrière, 5,72 %), Jean-Pierre Chevènement (MDC, 5,33 %), Noël Mamère (Verts, 5,25 %). Le PC n'obtient que 3,37 %, En revanche, l'extrême gauche trotskiste rassemble 13,71 % pour trois candidats. Des manifestations contre la présence du candidat du Front national au second tour se déroulent dès le lendemain des élections qui provoquent également de nombreuses réactions internationales.

Figure 25-3 : Le président Jacques Chirac (à droite) et son premier ministre Lionel Jospin en 2002.

Jean-Pierre Raffarin, qui êtes-vous ?

Au second tour, le dimanche 5 mai, Jacques Chirac recueille 82,21 % des voix face à Jean-Marie Le Pen (17,79 %). L'abstention s'élève à 19,26 %. Le 6 mai, un nouveau Premier ministre est nommé. Il s'agit de Jean-Pierre Raffarin. Qui est Jean-Pierre Raffarin ? Né le 3 août 1948 à Poitiers, c'est le fils de l'ancien député de la Vienne, Jean Raffarin qui fut aussi ministre de Pierre Mendès-France. Diplômé de l'École supérieure de commerce de Paris, il commence sa carrière professionnelle en occupant le poste de chef de produits chez Jacques Vabre. De 1976 à 1981, il occupe des fonctions de communication au cabinet du secrétaire d'État au travail manuel, Lionel Stoléru. Directeur général de Bernard Krief communication, il devient ensuite président du Conseil général de Poitou-Charentes en 1988, et Sénateur de la Vienne en 1997. Il est aussi député européen en 1989, réélu en 1994. Son gouvernement comporte vingt-huit membres dont Nicolas Sarkozy ministre de la Sécurité intérieure et des Libertés locales ; Dominique de Villepin ministre des Affaires étrangères ; Michèle Alliot-Marie ministre de la Défense ; Luc Ferry ministre de l'Éducation nationale ; Francis Mer ministre de l'Économie et des Finances.

17 juin 2002 : dix femmes au gouvernement

Les élections législatives ont lieu le 9 juin 2002. La droite est en tête dès le premier tour, et confirme cette position au second tour du 16 juin. L'UMP, formation unique de la droite, née le 23 avril pour les élections législatives, obtient la majorité absolue à l'Assemblée avec 355 sièges, contre 140 au PS. Dès le lendemain, le 17 juin, le Premier ministre Jean-Pierre Raffarin est reconduit dans ses fonctions. Son équipe comprend douze nouveaux membres et compte dix femmes. Par exemple Noëlle Lenoir aux Affaires européennes et Claudie Haigneré à la Recherche. Le 25 juin, Jean-Louis Debré, député UMP-RPR de l'Eure, est élu à la présidence de l'Assemblée nationale.

La croissance

Entre 1995 et 2000, la croissance se maintient à un niveau supérieur à ce qu'elle était au cours des quinze années précédentes. En 1998, par exemple, elle est de 3,5 %, en 1999, de 3 %, en 2000 de 3,9 %. Cette croissance est accompagnée d'une baisse du chômage qui passe de 12 % en 1998 à 9 % en 2000. En trois ans, entre 1997 et 2000, près de deux millions d'emplois sont créés ! La France s'efforce de demeurer dans les limites imposées par le traité européen de Maastricht, et elle y réussit, même si, en 2003, Jean-Pierre Raffarin est obligé de défendre bec et ongle son budget un peu trop déficitaire face à l'Europe des finances. Qu'en est-il de la croissance ces trois dernières années ? Elle diminue : 2,1 % en 2001, 1,2 % en 2002, 0,2 % en 2003, son niveau le plus bas depuis 1993. Pour 2004, les économistes ont prévu qu'elle se situerait aux environs de 1,5 %.

Le train des réformes sur les rails de la rigueur

L'allongement de la durée de la vie, la baisse du nombre de cotisants conduit à l'adoption de la réforme des retraites : il sera nécessaire de travailler davantage. Les intermittents du spectacle doivent, eux aussi, fournir davantage d'heures pour percevoir une couverture sociale, ce qu'ils ne sont pas tous en mesure de réaliser facilement.

Une retraite moins précoce

C'est en août 2003 que la loi portant sur la réforme des retraites a été adoptée.

La France sexagénaire de 2040

2003, c'est le remue-ménage : le 1er février une journée nationale de manifestations se déroule à l'appel de l'ensemble des syndicats. Ils réclament une négociation avec le gouvernement sur la réforme des retraites rendue nécessaire pour différentes raisons, notamment celle de l'allongement de la durée de la vie : un Français sur trois aura plus de soixante ans en 2040 – contre un Français sur cinq aujourd'hui ! Deux jours plus tard, Jean-Pierre Raffarin, le Premier ministre, répond à cet appel en précisant la méthode et le calendrier de la réforme qui comportera une concertation avec les partenaires sociaux en février et mars. Ensuite aura lieu un débat parlementaire, puis, ce sera, avant l'été, le vote d'un projet de loi.

40 années de cotisations

Le 3 avril 2003, les syndicats – sauf la CFDT – organisent une nouvelle manifestation. Le 12 avril, les orientations générales de la réforme sont présentées par le ministère : allongement progressif de la durée de cotisation d'ici 2020, incitations pour que les salariés restent en activité au-delà de 60 ans, modification des règles de calcul des pensions pour les régimes de base ; pour les fonctionnaires la durée de cotisation passera en 2008 de 37,5 à 40 ans.

Pour vous, les salariés

La loi sur la réforme des retraites a été votée le 21 août 2003, et publiée le 22 août au *Journal officiel*. L'allongement de la durée d'assurance est programmée jusqu'en 2012 en deux étapes :

- Jusqu'en 2008, salariés et non-salariés doivent passer de 37,5 années de cotisations à 40 années, à raison de deux trimestres par année, soit 160 trimestres pour les assurés nés en 1948.
- Jusqu'en 2012, l'allongement de la durée d'assurance se fait à raison d'un trimestre par an, afin d'atteindre 41 ans, soit 164 trimestres pour ceux qui sont nés en 1952.

Pour vous, les fonctionnaires

Les fonctionnaires peuvent toujours demander la liquidation de leur retraite dès qu'ils ont quinze ans de services effectifs, soit par radiation d'office, soit parce qu'ils ont demandé leur retraite et qu'ils sont âgés de 60 ans, occupant un emploi sédentaire, 55 ans s'ils occupent un emploi actif depuis 15 ans. Les femmes fonctionnaires peuvent prendre leur retraite à n'importe quel âge, dès qu'elles justifient de 15 ans de services et remplissent des conditions d'ordre familial, notamment avoir élevé trois enfants pendant 9 ans, ou être mère de trois enfants. Ce qui change, avec la nouvelle loi, c'est que la durée de cotisation à taux plein passe de 37,5 ans à 40 ans en 2008, à raison de deux trimestres de plus par an.

Les intermittences du spectacle

Le mois de mai 2003 est traversé de grèves à répétition. Le mouvement est particulièrement suivi par les enseignants qui se mobilisent de plus en plus. En juin, rien ne s'arrange : aux manifestations reconduites contre la réforme des retraites s'ajoutent celles des intermittents du spectacle pour la défense de leur régime d'indemnisation du chômage. Ils devront avoir fait 507 heures de travail en dix mois et demi pour les artistes, en dix mois pour les techniciens, au lieu d'un an, afin de prétendre à une indemnisation de huit mois au lieu de douze.

Les abus des sociétés audiovisuelles

Ce nouveau système pousse beaucoup d'artistes sans grandes ressources vers le RMI, alors que les abus constatés dans les sociétés audiovisuelles employant des intermittents dans des conditions précaires se poursuivent. Beaucoup de festivals, de manifestations artistiques sont annulés dans les mois qui suivent. En août, le Centre Georges Pompidou est occupé à Paris. La loi de la réforme de leur statut est cependant votée et mise en application le 1er janvier 2004.

L'été meurtrier

Voici l'été 2003 et son soleil qui se lève de plus en plus chaud, au point que les nuits ne le tempèrent même plus ! Les plages sont envahies, et les rues de l'insouciance pullulent de chapeaux sous lesquels on ne pense presque plus. Pendant ce temps, les prompts secours ne cessent de conduire vers les hôpitaux tous ceux que l'âge a rendu fragiles et que l'air brûlant fait souffrir, fait mourir ! Plus de 15 000 décès supplémentaires vont intervenir en cette période de canicule exceptionnelle. La prise en compte de cette catastrophe se fait tardivement, les mesures prises arrivent après la bataille qu'ont livrée, sans grands moyens, les urgentistes, le personnel des hôpitaux. La rentrée va s'effectuer dans une atmosphère lourde de deuil et de reproche.

Cantonales, régionales : à gauche toutes – ou presque

Les élections cantonales et régionales vont se traduire en mars 2004 par un net changement de cap qui crée quelques surprises.

29 mars 2004 : l'aurore aux doigts de rose

Le printemps 2004 est celui de la fièvre préélectorale : dans chaque camp, on fourbit ses armes pour remporter les élections régionales ou cantonales – seule la moitié de chaque conseil général est renouvelée, l'autre moitié le sera en 2007, année des élections municipales. Le 21 mars, à l'issue du premier tour pour les élections régionales, la gauche totalise 40,24 % des voix auxquelles s'ajoutent les 4,99 % de l'extrême gauche. À droite, les résultats sont les suivants : UMP : 23,3 %, UDF : 11,9 % ; extrême droite : 16,32 %, divers : 3,25 %. Le bélier de la gauche est-il en train d'enfoncer la forteresse de la droite ? Le lundi 29 mars, sur toute la France se lève celle qu'Homère appelait l'aurore aux doigts de rose : le ciel est en effet tout rose sur la ligne d'horizon vers sept heures, l'heure à laquelle les Français prennent conscience que c'est désormais la couleur de leurs conseils régionaux – sauf l'Alsace.

Le PS, premier conseiller général de France

Pour ce qui concerne les élections cantonales, sur 2 034 sièges renouvelés, 834 vont au parti socialiste, 200 aux divers gauche, 108 au parti communiste, 44 aux radicaux de gauche, 4 à l'extrême gauche, 4 à l'extrême droite, 468 à l'UMP, 265 aux divers droite, 68 à l'UDF, et 23 aux divers et inclassables. Le parti socialiste devient ainsi le premier parti de France dans les conseils généraux. Pour la première fois depuis leur création par la Constituante en 1789, certains conseils généraux passent à gauche – ainsi celui de Loire-Atlantique. Au total, dix assemblées départementales de plus passent à gauche – Charente, Charente-Maritime, Cher, Doubs, Drôme, Oise, Saône-et-Loire, Seine-et-Marne, Loire-Atlantique, Ille-et-Vilaine –, la droite ne gagnant que la Corse-du-Sud.

Jean-Pierre Raffarin reconduit dans sa fonction

Peu de surprises dans le nouveau gouvernement dont la composition est annoncée le dernier jour de mars.

Le téléphone sonne…

Au lendemain des élections roses, tout le monde se demande ce que va faire le président de la République : dissoudre l'Assemblée nationale ? Changer de gouvernement ? La réponse est rapide : Jean-Pierre Raffarin qui est venu présenter la démission de son gouvernement est reconduit dans ses fonctions. Aussitôt, le traditionnel ballet des limousines aux vitres teintées commence à Matignon. L'arrondi des virages s'efforce de mimer les temps forts des films d'espionnage où la gomme sur l'asphalte pousse son cri d'orfraie… Les téléphones sonnent, ou ne sonnent pas…

31 mars 2004 : Sarkozy aux Finances, Fillon à l'éducation

Finalement, à dix-neuf heures trente, le 31 mars 2004, la composition du nouveau gouvernement est annoncée : Nicolas Sarkozy devient ministre de l'Économie, des Finances et de l'Industrie ; François Fillon, ministre de l'Éducation nationale, de l'Enseignement supérieur et de la Recherche ; Dominique de Villepin, ministre de l'Intérieur, Jean-Louis Borloo de l'Emploi, Michel Barnier des Affaires étrangères, Philippe Douste-Blazy à la Santé, Dominique Perben demeure à la Justice, Michèle Alliot-Marie à la Défense, Jean-François Lamour à la Jeunesse et aux Sports.

Francis Mer (Finances), Noëlle Lenoir (Affaires européennes), Luc Ferry (Éducation nationale) et Jean-Jacques Aillagon (Culture) s'en vont.

Une tâche gigantesque pour le gouvernement

Les années qui viennent vont être consacrées, notamment, à la réduction du déficit de la dette publique. Le gouvernement s'y est engagé ; des réformes souvent difficiles à accepter sont entreprises.

Dans le rouge…

Le nouveau gouvernement qui offre un visage plus social va se mettre au travail sans tarder. La tâche est énorme : la dette publique française est colossale, la politique financière menée depuis deux ans – baisse des impôts, dépenses multipliées ou amputation de recettes diverses : exonération de taxes professionnelles aux entreprises, restaurateurs, chercheurs, filière porcine, laitière, buralistes, hôpitaux… – a fait passer les comptes de la France dans le rouge.

Dette publique de la France : 1 000 000 000 000 d'euros !

LE SAVIEZ-VOUS ?

La France est désormais le plus mauvais élève de l'Europe, avec le déficit public le plus élevé : 4,1 % de la richesse nationale produite. L'ensemble de la dette publique s'élève à 1 000 milliards d'euros, soit 16 000 euros par Français ! De plus, les 1,7 % de croissance espérés pour 2004 sont revus à la baisse et ramenés par les experts de l'INSEE à 1,4 %. Le premier grand chantier du nouveau gouvernement échoit à Philippe Douste-Blazy, le nouveau ministre de la Santé, remplaçant Jean-François Mattei, emporté par le coup de chaleur meurtrier de l'été 2003. Le nouveau ministre – né à Lourdes, non loin de la grotte de Massabielle – doit tenter de limiter le déficit chronique de l'assurance maladie : 11 milliards en 2003, 29 milliards en 2010, et, si rien n'est fait, 66 milliards en 2020 ! Il faudrait vraiment un miracle…

2004, c'est aussi :

- 4 mars : mort de Claude Nougaro, poète aux cinquante ans de chanson.
- 5 au 7 avril : la Reine d'Angleterre Elisabeth II et son Altesse Royale Philip, duc d'Edimbourg, effectuent une visite d'État en France. Accueillis par le président de la République, ils viennent célébrer le centenaire de l'Entente cordiale, accords conclus par le Royaume-Uni et la France le 8 avril 1904.
- 1er mai : depuis minuit, l'Europe des quinze est devenue l'Europe des vingt-cinq, dix nouveaux pays s'étant ajoutés à la Communauté qui compte désormais plus de 450 millions d'habitants. Huit de ces nouveaux pays ont fait partie de l'ex-bloc communiste : l'Estonie, la Lettonie, la Lituanie, la Pologne, la Slovaquie, la République tchèque, la Hongrie, et la Slovénie ; les deux autres sont des îles méditerranéennes : Malte et Chypre.

L'Europe : une devise, un hymne, une journée

L'Europe ! Sa devise : *In varietate concordia*, en latin ; et en français : *L'unité dans la diversité*. Son hymne : *L'Ode à la joie*, tiré de la 9e Symphonie de Beethoven. Sa journée : le 9 mai ; ce jour est la date anniversaire du discours dans lequel Robert Schuman, en 1950, proposait une première ébauche de l'Europe.

2004, suite et fin :

- 5 juin : député-maire de Bègles, près de Bordeaux, Noël Mamère célèbre le premier mariage de deux homosexuels en France. Le 15 juin, il est suspendu de ses fonctions pour un mois, par le gouvernement qui avait demandé l'annulation de cette union, annulation obtenue auprès de la cour d'appel de Bordeaux, le mardi 19 avril 2005.

- 15 août : Laure Manaudou, 18 ans, 1,80 m, devient championne olympique du 400 m nage libre – la dernière médaille d'or française remonte à 1952 ! Le lendemain, elle termine médaille de bronze au 100 m dos, et le vendredi 20 août, elle décroche la médaille d'argent au 800 m nage libre ! À peine un an plus tard, le dimanche 24 juillet 2005, elle remporte la finale du 400 m libre dames des championnats du monde de natation à Montréal.
- 21 décembre : détenus depuis le 20 août par l'armée islamique en Irak, les journalistes Christian Chesnot (Radio-France Internationale) et Georges Malbrunot (Le Figaro) recrouvent la liberté. Ils sont accueillis le lendemain à l'aéroport de Villacoublay par le chef de l'État, le chef du gouvernement, plusieurs ministres, et par leurs familles.

CHEZ NOS VOISINS

Tsunamis du 26 décembre 2004 : 300 000 morts !

Le dimanche 26 décembre, peu après 7 h du matin (heure locale), un séisme de magnitude 9, survenu au large des côtes nord de l'île de Sumatra, provoque une série de tsunamis (raz de marée) qui dévastent les côtes d'Indonésie, celles du Sri-Lanka, du sud-est de l'Inde. La Thaïlande, la Birmanie, la Malaisie, le Bangladesh et les îles Maldives sont également touchés. Le bilan définitif de cette catastrophe s'élève à près de trois cent mille morts.

Constitution européenne : la France boude

Vingt-cinq pays peuvent-ils vivre en harmonie et en toute liberté sous un même toit, celui de l'Europe ? Sans doute, encore faut-il construire, ou consolider ce toit afin qu'il préserve ses protégés de toute sorte d'intempérie. Il est ensuite nécessaire de définir ou de préciser les compétences, les droits de chacun, pour que l'ensemble forme une unité dans sa diversité… Voilà, traduit en quelques images simples, le projet de Constitution européenne qui tente de se mettre en place.

L'appel du 14 juillet

Mercredi 14 juillet 2004. Cent deux hommes de la Queen's Company of the Grenadier Guards ouvrent le traditionnel défilé sur les Champs-Élysées. Ainsi est célébré le centenaire de l'Entente cordiale entre Français et Anglais. Traditionnelle aussi, en ce jour de fête nationale, l'interview du président de la République. Aux journalistes qui l'interrogent – Arlette Chabot et Patrick Poivre d'Arvor –, Jacques Chirac annonce que les Français seront appelés aux urnes afin de se prononcer par référendum sur la ratification de la Constitution européenne. Le chef de l'État juge que cette Constitution européenne est un *bon texte*, et déclare qu'il pèsera de tout son poids pour que le oui l'emporte. À peine un an plus tard, la France donne sa réponse…

Oui ou non ?

« Approuvez-vous le projet de loi qui autorise la ratification du traité établissant une Constitution pour l'Europe ? » On a vu et lu plus simple comme question référendaire destinée au plus grand nombre, à tous les habitants d'un pays dont on sollicite le suffrage pour une cause qui impressionne par son ampleur, et fait osciller l'opinion entre l'enthousiasme et l'anxiété. Dans la presse, on ne s'embarrasse pas de complications lexicales et syntaxiques, le choix se résume ainsi : oui ou non à la Constitution européenne. C'est clair ! Le dimanche 29 mai 2005 au soir, la réponse s'affiche sur les écrans de télévision : 54,68 % de non. C'est clair, également…

Oui et non

L'observation de la carte des résultats montre une France qui rejette massivement cette constitution que seuls approuvent les Yvelines, le Rhône, la Haute-Savoie, le Bas-Rhin, les Hauts-de-Seine, Paris, et sept départements situés dans les Pays de Loire et la Bretagne. Quatre-vingt-quatre départements ont dit non, avec des pointes de 69,5 % pour le Pas-de-Calais, 66,8 % pour la Somme, 66,75 % pour l'Aisne, 65,08 % pour la Seine-Maritime. Une analyse approfondie des résultats montre que le oui est plutôt la réponse des grandes villes, et que le non l'emporte dans les zones rurales ou dans les banlieues et les villes ouvrières aux prises avec l'emploi – Rouvroy, par exemple, dans le Pas-de-Calais, vote non à 84 %.

Historique d'un « bon texte »

Bon texte… L'appréciation du président Chirac qualifie le résultat d'une action qui a été menée à bien grâce à l'impulsion, au dynamisme d'un autre président de la République française (entre 1974 et 1981) : Valéry Giscard d'Estaing. Comment ce bon texte est-il né ? Petit retour en arrière…

Nice, Laeken, Rome…

En décembre 2000, le Conseil européen se réunit à Nice où la Charte des droits fondamentaux de l'Union européenne est proclamée. Ce même Conseil décide qu'il devient urgent de délimiter les compétences de l'Union, d'en simplifier les traités, et de préciser le rôle des parlements des pays qui la composent. Pour ce faire, une Convention européenne voit le jour après le sommet de décembre 2001 qui se tient à Laeken, en Belgique. De mars 2002 à juin 2003, cette Convention travaille sans relâche. Et le 18 juillet 2003 à Rome, le président de la Convention, Valéry Giscard d'Estaing, et le président du Conseil européen d'alors, Silvio Berlusconi, tout sourire, peuvent présenter à la presse le projet de Constitution européenne.

CHEZ NOS VOISINS

Deux cents morts à Madrid

Madrid. Jeudi 11 mars 2004. Entre 7 h 39 et 7 h 42, dix bombes explosent dans quatre trains de banlieue à Madrid. Le bilan est terrible : 198 morts et 1 430 blessés. Jamais l'Europe n'a connu une série d'attentats aussi meurtrière. L'opinion espagnole attend anxieusement que ses responsables lui désignent les auteurs de ce carnage. Le gouvernement de José Maria Aznar – le Premier ministre espagnol, chef du parti populaire – désigne alors l'organisation indépendantiste basque ETA. Mais la piste d'al-Qaida apparaît bientôt la seule crédible, une revendication enregistrée sur cassette vidéo précise que l'organisation terroriste a voulu venger " les crimes commis en Afghanistan et en Irak ". Trois jours après les attentats, les élections législatives se déroulent en Espagne. Le parti populaire est sanctionné par les électeurs qui lui reprochent ses engagements en Irak et la gestion hésitante de la crise terroriste. José Luis Rodriguez Zapatero, secrétaire général du parti socialiste espagnol – le PSOE – devient Premier ministre.

La marche triomphale

En décembre 2003, au sommet de Bruxelles, on ne sourit plus : l'Espagne et la Pologne qui se sentent défavorisées par rapport à l'Allemagne et la France, demandent que ce projet soit remis sur le métier. Ce qui est fait. Le 29 octobre 2004, enfin, le projet de traité constitutionnel européen est signé à Rome. Le processus de ratification est alors engagé dans les pays de l'Union, soit par voie parlementaire, soit par référendum pour les pays dont la constitution autorise ce recours. C'est d'abord une marche triomphale, les adhésions semblent se faire dans l'enthousiasme général.

Oui, oui, oui…

- La Lituanie, le 11 novembre 2004, est le premier État à ratifier la Constitution européenne : soixante-seize parlementaires ont voté pour, quatre contre et un député s'est abstenu.
- La Hongrie, le 20 décembre 2004, adopte la Constitution par voie parlementaire : trois cent vingt-deux voix pour, douze contre et huit abstentions.
- La Slovénie, le 1er février 2005, approuve le projet par soixante-dix-neuf voix pour, quatre voix contre et sept abstentions.
- L'Espagne, le 20 février 2005, utilise la voie référendaire. Avec 76,73 % de oui, on n'est pas loin du plébiscite…
- L'Italie, le 6 avril 2005, est le premier pays fondateur de l'Union à ratifier la Constitution européenne. Le Sénat l'approuve par deux cent dix-sept voix contre seize.

- La Slovaquie, la Grèce, ratifient le traité le 11 mai 2005, par voie parlementaire.
- L'Autriche, le 25 mai 2005, dit oui à la Constitution par voie parlementaire également.
- L'Allemagne, le 27 mai 2005, en fait autant.
- Le 29 mai 2005, les Français votent…

La France remplit ses urnes, et vide son sac…

Permettre de renégocier le traité, refuser une Europe trop libérale, préserver l'indépendance de la France, s'opposer à l'entrée de la Turquie dans l'Union européenne… Mais surtout, exprimer un ras-le-bol général, un fort mécontentement face à la situation économique et sociale actuelle. Tout cela a conduit plus de la moitié des Français vers le non. Pourtant, à la mi-mai, certains sondages donnaient encore le oui gagnant…

LE SAVIEZ-VOUS ?

Clés et points-clés de la Constitution européenne

Que propose la Constitution européenne ? Aux valeurs déjà affirmées dans les précédents traités européens – le respect de la dignité humaine, la liberté, la démocratie, l'égalité, l'état de droit – s'ajoutent le respect des droits des minorités, la non-discrimination, la justice, le pluralisme, la tolérance, la solidarité, l'égalité entre les femmes et les hommes…

De nouveaux objectifs sont définis : l'action pour le développement durable, la promotion du commerce libre et équitable, l'élimination de la pauvreté, la mise en place d'une économie sociale de marché, la protection des droits de l'enfance, le respect de la diversité culturelle et linguistique… Par ailleurs, la Constitution confirme les institutions existantes – le Parlement européen, le Conseil européen, la Commission européenne, le Conseil des ministres, la Cour de justice ; elle crée une nouvelle fonction : le ministre européen des Affaires étrangères. Elle précise la répartition des compétences au sein de l'Union.

Elle confirme la Charte des droits fondamentaux adoptée par le Conseil européen de Nice en 2000 – droits civils, droits politiques propres à la citoyenneté européenne, droits économiques et sociaux. Six grands principes universels sont précisés : la dignité – rejet de traitements dégradants ; la liberté – de religion, de conscience, d'expression… ; l'égalité – protection des enfants, des personnes âgées, des handicapés ; la solidarité ; la citoyenneté – liberté de circulation et de séjour ; la justice – présomption d'innocence, interdiction de la double peine.

La constitution actualise l'ensemble des décisions prises par les traités précédents, en matière de politique sociale – protection des travailleurs, lutte contre les discriminations ; de politique économique – davantage d'autonomie pour la zone euro ; de politique étrangère et de défense – une diplomatie plus affirmée ; et de politique intérieure – un espace de liberté, de sécurité, de justice.

Laurent Fabius : non

On trouve toutes les tendances politiques sous le bulletin du non que beaucoup ont fourbi pendant des semaines comme une arme, ou une alarme. Le non le plus spectaculaire est prononcé le dimanche 12 septembre 2004, sur France 2, par le numéro 2 du parti socialiste : Laurent Fabius. Il réclame une Europe beaucoup plus sociale. Tous les socialistes ne suivent pas Laurent Fabius, loin s'en faut. Jusqu'au dernier jour avant les élections, François Hollande, le premier secrétaire du PS, tente de fédérer toutes les énergies autour de sa foi en l'Europe, de son oui que reprend avec conviction un ancien numéro 1 du même parti : Lionel Jospin, sorti de sa réserve pour l'occasion.

Nicolas Sarkozy : oui

À droite, le oui l'emporte nettement dans le camp de la majorité présidentielle. Nicolas Sarkozy en est un fervent promoteur – de même que Jean-Pierre Raffarin dont la cote de popularité est en berne. On parle alors, par précaution, d'un oui de droite et d'un oui de gauche… En même temps, il faut aussi constater que la même distinction doit être faite pour le non : sous la bannière du non de droite, on trouve Philippe de Villiers, Jean-Marie Le Pen ; sous celle du non de gauche, on voit se succéder, plus convaincus que jamais, Olivier Besancenot (Ligue communiste révolutionnaire), Marie-George Buffet (secrétaire nationale du PCF), Arlette Laguillier (Lutte ouvrière), Jean-Pierre Chevènement (Mouvement républicain et citoyen)…

Dominique de Villepin aux commandes

Lorsque le verdict des urnes tombe, les réactions sont unanimes : les Français ont utilisé leur bulletin pour manifester leur mécontentement face à une politique intérieure qui les inquiète. Leur non est bien davantage celui de la grogne sociale que celui du rejet de l'Europe. Dès le mardi 31 mai, Jean-Pierre Raffarin quitte le gouvernement. Dominique de Villepin, son remplaçant, forme un nouveau gouvernement qui comprend trente et un ministres au lieu des quarante de l'équipe Raffarin. Peu de changements, si ce n'est le retour de Nicolas Sarkozy qui devient ministre de l'Intérieur, la nomination au Quai d'Orsay de Philippe Douste-Blazy, ministre des Affaires étrangères, celle de Gilles de Robien à l'Éducation (en remplacement de François Fillon qui s'en va).

Figure 25-4 : Dominique de Villepin remplace Jean-Pierre Raffarin à Matignon.

Un plan B ? Non, un plan D…

Et l'Europe ? Possède-t-on un plan B qui tiendrait compte du non ? Non ! Passé le temps des passions, la Communauté européenne va poursuivre sa voie, ainsi que l'a précisé, le 17 juin 2005, lors de la première journée du Conseil européen, Jean-Claude Juncker, président en exercice de l'Union : *Le processus de ratification poursuit son chemin. Il n'y aura pas de renégociation parce qu'il n'y a jamais eu de plan B, mais il y a un plan D de « dialogue » et de « débat ». Les États membres qui procéderont par voie parlementaire le feront au moment qu'ils jugeront opportun. Les États membres qui procéderont par voie référendaire le feront également au moment où ils le jugeront opportun. Tous les membres du Conseil européen ont exprimé de la compréhension pour le fait que les États qui procéderont par voie référendaire auront besoin de plus de temps.*

CHEZ NOS VOISINS

Londres, Charm el-Cheikh, des attentats meurtriers

Jeudi 7 juillet 2005, une série d'attentats à la bombe secoue le centre de Londres. Les premiers ont lieu à 8 h 50, heure locale, dans les stations de métro Liverpool Street, King's Cross et Edgware Road. À 9 h 47, une autre bombe explose dans un autobus à impériale, à Tavistock Square. Le bilan officiel et définitif, établi le 18 juillet, s'élève à 56 morts et 700 blessés. Les enquêteurs identifient bientôt les auteurs de ces actes terroristes, quatre kamikazes – trois d'entre eux sont des Britanniques d'origine pakistanaise. Revendiqués par l'« Organisation secrète, al-Qaida en Europe » qui les relie à la guerre en Irak, ces attentats coïncident avec l'ouverture du G8 de Gleneagles, en Écosse. La capitale londonienne est de nouveau la cible d'attaques terroristes, quinze jours plus tard, le 21 juillet 2005. Trois rames de métro et un bus sont visés, mais les explosifs font long feu et les terroristes s'enfuient. Quelques jours plus tard, la police londonienne parvient à identifier et arrêter les auteurs de ces nouveaux attentats revendiqués également par « al-Qaida en Europe ».

Les terroristes frappent encore, mais en Égypte, cette fois, dans la nuit du 22 au 23 juillet 2005, à 1 h 15, heure locale. Une voiture chargée d'au moins trois cents kilos d'explosifs fonce sur la façade de l'hôtel Ghazala Gardens, à Charm el-Cheikh, la station balnéaire à la fois la plus prisée et la plus sécurisée de la mer Rouge. Une deuxième voiture explose, presque au même moment, à l'entrée du souk, pendant qu'une dernière charge dévaste, dans un lieu tout proche, un ensemble de commerces et de restaurants. Ces trois attaques font 88 morts et 200 blessés.

Non, oui, gel, oui…

- Les Pays-Bas, le 1er juin 2005, votent non à 61,6 %, pour un taux de participation de 64,8 %.
- La Lettonie, le 2 juin 2005, ratifie le traité par voie parlementaire.

- Le Royaume-Uni, le 6 juin 2005, par la voix de Jack Straw, devant la Chambre des Communes, décide de geler [QUOI ?] prévoyant l'organisation d'un référendum sur le traité constitutionnel européen. Cette décision est consécutive au rejet du texte par la France et les Pays-Bas.
- Chypre, le 30 juin 2005, ratifie la Constitution européenne, par voie parlementaire.
- Malte, le 6 juillet 2005, en fait autant.
- Le Luxembourg, le 10 juillet 2005, approuve la Constitution européenne, avec 56,52 % de oui.
- L'Estonie, la Suède et la Finlande, utilisent la voie parlementaire.
- Le Danemark, le Portugal et l'Irlande, ont opté pour le référendum.

2005, c'est aussi :

- 5 janvier : la journaliste Florence Aubenas et son chauffeur Hussein Hanoun sont enlevés en Irak. Leur captivité qui aura duré 157 jours – prend fin le 11 juin dans l'après-midi, au grand soulagement des comités de soutien qui s'étaient constitués afin que les deux otages ne soient pas oubliés.

UN ÉVÉNEMENT IMPORTANT

L'envol d'un géant

Toulouse. Mercredi matin, 27 avril 2005. Sous le ciel bleu, l'atmosphère qui règne autour des pistes de l'aéroport de Blagnac est un mélange de fièvre, de fête et d'attente. Dans le monde entier, des millions de téléspectateurs ne quittent plus leur écran où le géant des airs, majestueux et débonnaire, a roulé vers la piste 32, celle de l'envol prévu à 10 h 30. Pendant de longues minutes, les pilotes Claude Lelaie et Jacques Rosay effectuent les vérifications nécessaires avant le décollage. Ils sont assistés de Gérard Desbois, mécanicien navigant d'essais, gestionnaire des systèmes – alimentation en carburant, circuit hydraulique, électrique... –, et de trois autres ingénieurs navigants d'essais : Fernando Alonso, Jacky Joye et Manfred Birnfeld. Avant eux, des milliers d'autres ingénieurs, techniciens, ouvriers ont accumulé des millions d'heures de travail depuis plus de dix ans, afin que tout soit prêt...

À 10 h 28, lorsque les quarante mille spectateurs présents sur le site comprennent que l'envol est imminent, le silence devient impressionnant. Les réacteurs sont bientôt poussés au maximum. On les entend à peine. L'avion roule, prend de la vitesse, décolle... Il est 10 h 29. Pour la première fois, avec une aisance étonnante, l'Airbus A 380, le plus gros avion du monde, vient de faire connaissance avec son élément : l'air. Bientôt, il pourra parcourir 15 000 km sans escale, emmenant jusqu'à 860 passagers à 1 080 km/h !

- 2 avril : les Catholiques de France et du monde entier sont en deuil : le pape Jean-Paul II s'éteint au Vatican, à 21 h 37, à 84 ans, après un pontificat de 26 ans et 168 jours. Le 19 avril 2005, après 24 heures de conclave – l'assemblée des cardinaux électeurs –, le cardinal allemand Joseph Ratzinger devient le 265e pape sous le nom de Benoît XVI.
- 16 mai : malgré un rappel à l'ordre du Premier ministre Jean-Pierre Raffarin qui avait décidé de rayer de la liste des jours fériés le lundi de la Pentecôte afin d'en affecter les bénéfices à l'aide aux personnes âgées, les Français menacent de faire grève le 16 mai. Cependant, le mouvement demeure limité : on compte entre 3 % et 30 % de grévistes selon les secteurs, bien que la grogne soit générale… Le 19 juillet 2005, un rapport présenté au nouveau Premier ministre, Dominique de Villepin, démontre qu'il vaudrait mieux choisir une autre solution pour aider les personnes âgées… Le lundi de la Pentecôte pourrait demeurer férié en 2006.

UN ÉVÉNEMENT IMPORTANT

1945 - 2005. Auschwitz : « Plus jamais ça ! »

Le cœur serré par l'émotion, c'est à vous tous, ici rassemblés, que je m'adresse. Il y a soixante ans, les barrières électrifiées d'Auschwitz-Birkenau tombaient, et le monde découvrait avec stupeur le plus grand charnier de tous les temps. Plus d'un million et demi d'êtres humains avaient été assassinés : le plus grand nombre d'entre eux gazés dès leur arrivée, simplement parce qu'ils étaient nés Juifs. Sur la rampe, toute proche d'ici, les hommes, les femmes, les enfants, brutalement débarqués des wagons, étaient en effet sélectionnés en une seconde, sur un simple geste des médecins SS. Mengele s'était ainsi arrogé droit de vie ou de mort sur des centaines de milliers de Juifs, qui avaient été persécutés et traqués dans les coins les plus reculés de la plupart des pays du continent européen.

Ainsi commence l'allocution prononcée par Madame Simone Veil au nom des anciens prisonniers juifs, à l'occasion de la cérémonie internationale de commémoration du 60e anniversaire de la libération du camp d'Auschwitz-Birkenau par l'armée soviétique. Cette commémoration s'ouvre le 27 janvier 2005 ; elle commence par le sifflement et le bruit d'un train qui freine brusquement, rappelant ainsi l'arrivée des sinistres convois au camp d'extermination. La France est représentée par le président de la République, Jacques Chirac, la Russie par Vladimir Poutine, l'Allemagne par Horst Kholer – qui demeurera silencieux –, l'Italie par Silvio Berlusconi, la Suisse par Samuel Schmid, la Grande-Bretagne par Jack Straw, son ministre des Affaires étrangères, Israël par Moshe Katsav, son président, et les États-Unis par Dick Cheney, vice-président. Madame Simone Veil, elle-même déportée à Auschwitz, a terminé ainsi son allocution :

Venus de tous les continents, croyants et non croyants, nous appartenons tous à la même planète, à la communauté des hommes. Nous devons être vigilants, et la défendre non seulement contre les forces de la nature qui la menacent, mais encore davantage contre la folie des hommes. Nous, les derniers survivants, nous avons le droit, et même le devoir, de vous mettre en garde et de vous demander que le « plus jamais ça » de nos camarades devienne réalité.

- 6 juillet, 13 h 48 : ce sera Londres… À l'issue de sa 117e session, tenue à Singapour, le Comité international olympique (CIO) a désigné Londres ville organisatrice des XXXes Olympiades de l'ère moderne, par 54 voix, la ville de Paris n'obtenant que 50 voix, après l'élimination de New York, Moscou et Madrid. La déception est grande dans la capitale française, mais *l'essentiel est de participer*, n'est-il pas ?…

Chronologie récapitulative

- 13 octobre 1946 : naissance de la IVe République
- 7 mai 1954 : chute de Dien-Bièn-Phu
- 1er novembre 1954 : début de la guerre d'Algérie
- Janvier 1957 : bataille d'Alger
- 21 décembre 1958 : Charles de Gaulle, président de la République
- 18 mars 1962 : accords d'Évian, 3 juillet : indépendance de l'Algérie
- 19 décembre 1965 : de Gaulle élu président de la République au suffrage universel
- Mai 1968 : importantes manifestations des étudiants et des ouvriers
- 15 juin 1969 : Georges Pompidou, président de la République
- 1974 : mort de Pompidou (2 avril), élection du président Valéry Giscard d'Estaing (19 mai)
- 10 mai 1981 : François Mitterrand, président de la République. 1986 : première cohabitation
- 8 mai 1988 : François Mitterrand réélu président. 1993 : deuxième cohabitation
- 7 mai 1995 : Jacques Chirac, président de la République. 1997 : troisième cohabitation
- 5 mai 2002 : Jacques Chirac réélu président
- 28 mars 2004 : la gauche remporte les élections régionales et cantonales
- 29 mai 2005 : 54,68 % des électeurs français disent non à la Constitution européenne

Présidents de la République française

	Date de naissance	Date d'élection (R = réélu)	Fin du mandat
IIe République			
Louis Napoléon Bonaparte	20-4-1808	10-12-1848	2-12-1852 (coup d'état)
IIIe République			
Adolphe Thiers	18-4-1797	17-2-1871	24-5-1873 (démission)
Maurice de Mac-Mahon	13-7-1808	24-5-1873	31-1-1879 (démission)
Jules Grévy	15-8-1807	30-1-1879 R 28-12-1885	3-12-1887 (démission)
Sadi Carnot	11-8-1837	3-12-1887	24-6-1894 (assassiné)
Jean Casimir-Perier	8-11-1847	27-6-1894	15-1-1895 (démission)
Félix Faure	30-1-1841	17-1-1895	16-2-1899 (décès)
Emile Loubet	31-12-1838	18-2-1899	18-1-1906
Armand Fallières	6-11-1841	18-1-1906	18-1-1913
Raymond Poincaré	20-8-1860	18-1-1913	17-1-1920
Paul Deschanel	13-2-1855	17-1-1920	21-9-1920 (démission)
Alexandre Millerand	10-2-1859	23-9-1920	13-6-1924 (démission)
Gaston Doumergue	1-4-1863	13-6-1924	13-6-1931
Paul Doumer	22-3-1857	13-6-1931	6-5-1932 (assassiné)
Albert Lebrun	29-8-1871	10-5-1932 R 5-4-1939	10-7-1940 (déposé par Pétain)
IVe République			
Vincent Auriol	27-8-1884	16-1-1947	23-12-1953
René Coty	20-3-1882	23-12-1953	8-1-1959 (démission)
Ve République			
Charles de Gaulle	22-11-1890	8-1-1959 R 15-12-1965	28-4-1969 (démission)
Georges Pompidou (décès)	5-7-1911	15-6-1969	2-4-1974
Valéry Giscard d'Estaing	2-2-1926	19-5-1974	24-5-1981
François Mitterrand	26-10-1916	10-5-1981 R 8-5-1988	 17-5-1995
Jacques Chirac	29-11-1932	7-5-1995 R 5-5-2002	

Présidents de la République française

Huitième partie

La partie des dix

Dans cette partie…

Des affaires passionnelles, des affaires de mœurs, des affaires d'honneur, d'autres où la justice fut trop lente, ou partiale, ou aveugle, voilà ce que vous allez découvrir, étonné ou ébahi, dans cette partie. Pour vous reposer, vous ferez halte dans dix des plus beaux, des plus prestigieux châteaux de France ; vous allez vous y promener entre des secrets, des mystères et des révélations surprenantes ! Continuez par un parcours dans le génie de l'invention : Ampère, Pierre et Marie Curie, et même Roland Moreno… Ils vont vous étonner ! Paris enfin ! Paris en dix lieux prestigieux dont chaque centimètre carré est porteur d'histoire, ou d'histoires…

Chapitre 26

Les dix affaires qui ont marqué l'histoire

Dans ce chapitre :

- D'Abélard et Héloïse à l'affaire du collier de la Reine, dix histoires étonnantes

D'une histoire d'amour aux épisodes surprenants dans la France de Louis VI à l'embarras de la femme de Louis XVI devant une rivière de diamants qu'elle n'a jamais commandée, en passant par l'infortuné Jean Calas que défendit, après sa mort, Voltaire, voici dix histoires qui ne vont pas vous laisser indifférent…

Une affaire passionnelle : Abélard et Héloïse, 1115

Plutôt une belle histoire d'amour – mais, pour Abélard, une mauvaise affaire… François Villon (1431 - 1463) a célébré Héloïse et Abélard dans sa ballade des *Dames du temps jadis* : « Dites-moi (…) Où est la très sage Héloïse / Pour qui fut châtré et puis moine / Pierre Abélard à Saint-Denis / Pour l'amour d'elle, il eut cette peine. » Exista-t-il amours plus fortes que les leurs ? Jugez-en…

Elle a seize ans, il en a trente-neuf

Elle a seize ans. Elle est belle, connaît le latin, le grec, l'hébreu, c'est une sorte de surdouée qui, de plus, appartient à une excellent famille fortunée : les Montmorency. Nous sommes en 1115, dans la maison du chanoine Fulbert, son oncle. Elle vient de quitter le couvent d'Argenteuil pour poursuivre ses études à Paris. Un soir, on frappe à la porte : c'est le célèbre professeur de théologie Pierre Abélard, trente-neuf ans, philosophe adulé des Parisiennes, sorte de chevalier de l'esprit, au corps idéal, qui vient demander au chanoine Fulbert de le loger parce que, dit-il, il réside trop loin du lieu où il dispense son enseignement – en réalité, il est déjà séduit par la beauté éblouissante d'Héloïse, son élève, et par son savoir.

Ils sont amoureux fous

Amoureux fous l'un de l'autre, Héloïse et Abélard pratiquent au-delà du raisonnable les conséquences physiques de leur attrait mutuel. Et ils ont de l'imagination, c'est Abélard lui-même qui le dit dans ses mémoires : « Si l'amour pouvait ajouter quoique ce soit d'inusité, nous l'ajoutions… » Mais bientôt Fulbert les surprend dans l'inusité… Il chasse l'amant à grand fracas. Héloïse est enceinte ! Abélard l'enlève alors et l'emmène en Bretagne, près de Nantes, dans la petite ville du Pallet où il est né. Elle y accouche d'un fils : Astrabale.

Il perd ses attributs

Héloïse rentre à Paris après avoir épousé secrètement Abélard. Elle est alors nommée prieure du couvent d'Argenteuil – quoique mariée… Fulbert, parrain et tuteur d'Héloïse, n'accepte pas cette situation. Au comble de la fureur contre le couple passionné – car Abélard est venu retrouver son épouse dans son couvent – il recrute des écorcheurs et les charge de châtrer l'amant ! Le scandale est énorme ! Le roi Louis VI, mis au courant de l'affaire, ordonne que la justice soit promptement rendue. Ce qui est fait : les deux châtreurs sont à leur tour châtrés, et, de plus, on leur crève les yeux. Fulbert qui, pourtant, est le donneur d'ordres, ne subit que la privation des bénéfices liés à son chapitre !

Elle l'aime quand même

Abélard et Héloïse n'en continuent pas moins de s'aimer – surtout Héloïse –, mais leur passion devient plus spirituelle. Abélard doit quand même quitter Paris. Pendant un certain temps, il va mener une vie errante qui le conduit à Saint-Denis, puis en Bretagne, à Saint-Gildas-de-Rhuys, et enfin en Champagne où saint Bernard, régulièrement, le morigène. Il l'oblige à vivre dans une vallée sauvage. C'est là, près de Nogent-sur-Seine, qu'il fonde l'abbaye du Paraclet, voué à l'esprit saint consolateur. Et qui donc en devient la première abbesse ? Héloïse, que son mari va élever vers la plus fine spiritualité ! Elle le restera pendant trente-trois ans, jusqu'à sa mort en 1164 !

De plus en plus

En attendant, elle ne cesse d'écrire à Abélard, lui posant par exemple quarante-deux questions sur les problèmes de l'interprétation des écritures saintes, terminant par le véritable objet de ses demandes d'éclaircissement : peut-on pécher en accomplissant ce qui est permis et même ordonné par Dieu ? Autrement dit, sont-ils tous les deux coupables de s'aimer dans leur chair au point d'avoir eu un enfant hors des lois de la religion ? Abélard ne répond que mollement à toutes ces lettres, il paraît distant et se raccroche à une certaine idée du mariage où il est préférable de réprimer les désirs de la chair. Il est vrai qu'il ne peut guère défendre une autre thèse désormais.

Pour l'éternité

Abélard poursuit sa carrière de théologien et philosophe, mais les positions qu'il prend et les thèses qu'il défend ne plaisent pas à sa hiérarchie : il est condamné à deux reprises, au concile de Soissons en 1121, et de Sens en 1140. Il meurt le 21 avril 1142, à Saint-Marcelles-Chalons, auprès de l'abbé de Cluny, Pierre le Vénérable. Son corps, sans tarder, est transporté au Paraclet, chez Héloïse. Lorsqu'elle meurt, vingt-deux ans après son amant, sa dépouille rejoint celle d'Abélard. La légende rapporte que, lorsque Héloïse fut déposée dans le cercueil, le bras d'Abélard qui semblait l'attendre se referma doucement sur elle. Aujourd'hui, les amants sont réunis pour toujours au cimetière du Père Lachaise à Paris sous un monument néogothique, avec cette épitaphe : « Tous les deux réunis jadis par l'étude, par l'esprit, par l'amour, par des nœuds infortunés et par le repentir. »

Figure 26-1 : La tombe d'Héloïse et Abélard au cimetière du Père-Lachaise à Paris.

Une affaire d'honneur : le combat des Trente, 1351

Les Montfort ou les Penthièvre ? Quel clan va l'emporter dans la guerre de succession qu'ils se sont déclarée pour gouverner le duché de Bretagne au milieu du XIVe siècle ? Les Anglais sont venus compliquer la lutte en soutenant les Montfort, ce qui leur permet de piller les campagnes et de rançonner les paysans ! En 1351 va se dérouler un surprenant épisode de cette histoire de succession. Il s'agit d'un combat à la fois héroïque et sans réelles conséquences sur les affaires bretonnes. Un combat inclassable, une affaire d'honneur : Jean de Beaumanoir va lancer aux Anglais un incroyable défi !

Tête de Blaireau !

En colère, le chef breton Jean de Beaumanoir, fidèle du clan Penthièvre ! En colère contre Tête de Blaireau. Qui est Tête de Blaireau ? Il s'agit de Richard-Robert Bemborough. Les Bretons l'appellent par dérision et déformation du nom : Pen broc'h, ce qui signifie… tête de blaireau. Ce capitaine anglais qui combat pour le compte du clan Montfort vient de bénéficier d'une promotion par le lieutenant général du roi d'Angleterre en Bretagne : il a été nommé commandant de la garnison de Ploërmel (dans le Morbihan actuel). Mais il se comporte en tyran avec la population des environs. Jean de Beaumanoir, commandant de la place de Josselin – située à douze kilomètres de Ploërmel –, en est si scandalisé qu'il décide d'aller signifier son mécontentement à Tête de Blaireau. Le 23 mars 1351, il se met en chemin pour Ploërmel.

Des paysans enchaînés

Son indignation atteint son comble lorsqu'il rencontre une troupe de pauvres paysans enchaînés par deux et que des soldats anglais poussent devant eux, comme du bétail. Arrivé à Ploërmel, il exige de Bemborough des adoucissements dans le traitement des populations environnantes. L'entrevue tourne court : Bemborough ne veut rien entendre ! Alors, avant de quitter les lieux, Jean de Beaumanoir lui lance un défi : ce conflit peut se régler de façon chevaleresque. Il suffit de réunir dans chaque camp trois chevaliers qui s'affronteront à mort, selon les règles de l'honneur. Le vainqueur y gagnera la place forte commandée par l'autre ! Séduit par l'idée, Tête de Blaireau accepte, mais pour un combat de trente chevaliers dans chaque camp.

Choc terrible

Le 26 mars 1351, les soixante combattants se rassemblent au lieu-dit « La lande de Mi-voie », entre Josselin et Ploërmel. Ils se disposent en deux lignes de part et d'autre d'un gros chêne, sous le regard d'une foule nombreuse à laquelle il est interdit de porter secours aux adversaires sous peine de mort. Au signal, les chevaliers aux lourdes armures s'élancent les uns contre les autres. Le choc est terrible. Le combat fait rage et bientôt, l'un des Bretons de Josselin est fait prisonnier par les Anglais, deux de ses compagnons sont tués. De part et d'autre, la fatigue se fait sentir et une trêve est décidée d'un commun accord. Chacun en profite pour se rafraîchir. Puis, c'est la reprise. Tête de Blaireau se précipite sur Beaumanoir et lui demande de se rendre. Il reçoit alors un violent coup au visage, tombe, se relève, exige encore la reddition de Beaumanoir, mais un coup de hache lui coupe définitivement la parole. Tête de Blaireau est mort ! C'est un coup dur pour les Anglais.

« Bois ton sang, Beaumanoir ! »

Beaumanoir doit s'interrompre : il a tant reçu de coups de toutes sortes qu'il va s'asseoir sous le chêne. Le sang lui coule dans la bouche. Il demande à boire. Un de ses adversaires passant par là lui répond : « Bois ton sang, Beaumanoir ! La soif te passera ! » Le combat se poursuit, violent, acharné. La situation est indécise. Guillaume de Montauban, fidèle de Beaumanoir, va dénouer la situation : il enfourche son cheval et bouscule les Anglais qui s'étaient formés en carré. Les Bretons s'engouffrent dans la brèche, et se battent avec une ardeur telle que leurs ennemis se rendent. Ils sont emmenés prisonniers à Josselin où les vainqueurs sont accueillis en héros. Bien des années plus tard, un vieux chevalier vint s'asseoir à la table du roi de France ; son visage couturé de cicatrices témoignait de sa bravoure. Ce chevalier qu'avait invité le roi Charles V, fasciné par l'exploit breton, s'appelait Even Charuel de Plouigneau : c'était un survivant du combat des Trente.

Une affaire criminelle : Gilles de Rais, 1437

Jamais sans doute il n'exista pire meurtrier que Gilles de Rais. Ses crimes dépassent l'imagination et remplissent d'horreur ! Des petits pâtres, des enfants insouciants que leurs parents, paysans, cherchent des jours et des nuits, et ne reverront jamais. Des centaines de disparitions signalées dans les forêts de Machecoul, de Tiffauges. Jusqu'au jour où…

Le seigneur de Tiffauges

Gilles de Rais. Un nom à faire frémir ! Et pourtant, ce compagnon de Jeanne d'Arc, présent à Orléans et au sacre de Reims, fait maréchal de France par Charles VII, s'est distingué par une carrière militaire exemplaire. Lorsque Jeanne est brûlée vive, Gilles retourne dans ses terres vendéennes, au château de Tiffauges. Gilles de Rais est né à Champtocé, en Anjou, à l'automne 1404. C'est l'arrière-petit-neveu de Bertrand du Guesclin, il appartient à l'une des familles les plus puissantes du royaume. Son père, Guy de Laval, étant mort le 28 septembre 1415, son grand-père Jean de Craon, un homme taciturne et cruel, va se charger de son éducation.

Jeannot Roussin, 9 ans, Perrot Dagaye, 10 ans…

C'est à la mort de ce grand-père détesté en 1432 que les crimes de Gilles de Rais vont commencer. À la tête d'une petite troupe de rabatteurs et d'assassins, il va tuer des enfants et des adolescents dans ses quatre résidences : Tiffauges, la maison de Suze à Nantes, Champtocé et Machecoul. Dans les campagnes, les paysans ne cessent de signaler la disparition de leurs enfants : Jeannot Roussin, 9 ans, Jean Degrepie, 12 ans, Jean Hubert, 14 ans, Jean Fougère, 12 ans, Perrot Dagaye, 10 ans… La liste, si elle était complète, comporterait plus de 800 noms !

Une longue cape noire

Chaque fois la présence d'un personnage vêtu d'une longue cape noire et le visage couvert d'un voile est évoquée. Il s'agit de Gilles de Sillé, compagnon de Gilles de Rais, et qui se charge de la plupart des enlèvements. Les enfants sont emmenés alors qu'ils gardent leurs bêtes, ramassent du bois en forêt ou demandent l'aumône. Ils sont alors livrés au monstre dans une salle d'une de ses quatre résidences. C'est lui-même qui les suspend à des crochets de fer, leur inflige d'inimaginables tortures avant de prendre plaisir à les voir mourir, d'en rire, et de démembrer ensuite les corps, exposant les entrailles, conservant les plus belles têtes qu'il se plaît à contempler. Il est aidé dans ses abominables besognes par un certain Poitou, engagé en 1437, et qui égorge souvent les victimes, par Henriet Griard, un Parisien, Eustache Blanchet, le sorcier Prelati.

Dans l'église, la hache à la main

Dans le même temps, Gilles de Rais dépense sa fortune, s'adonne à la magie noire, à l'alchimie. Le 15 mai 1440, à peu près ruiné, il entre de force dans l'église de Saint-Étienne-de-Mer-Morte, brandissant une hache, il injurie l'officiant à qui il a vendu sa châtellenie, puis il se retranche à Tiffauges. Cette fois c'en est trop : Gilles de Rais est arrêté le 14 septembre 1440. Son procès a lieu à Nantes, les débats sont conduits par l'évêque de Nantes, Jean de Malestroit. Dans les premiers jours, l'accusé se montre arrogant, insulte ses juges, mais à partir du 15 octobre, il reconnaît la compétence du tribunal, devient coopérant, implore le pardon de Dieu et s'excuse auprès des parents des enfants torturés.

Pendu, brûlé, avant un mausolée…

Le 23 octobre, il est condamné à mort. Il a avoué tous ses crimes face à la foule, s'accusant, se condamnant lui-même avec une telle éloquence qu'il lui en tire des larmes ! Il a obtenu d'être exécuté avant ses compagnons. Le 26 octobre 1440, à neuf heures du matin, après la messe, l'évêque de Nantes sort de la cathédrale, suivi des chanoines du chapitre, du duc de Bretagne et des représentants de la ville. Les condamnés marchent vers leur supplice, dans ce lent cortège, jusqu'aux prairies de Biesse, au-delà des ponts de Nantes. Dans un dernier discours, l'assassin implore son pardon. Il est pendu, puis livré aux flammes du bûcher. Ses restes sont déposés en l'église Notre-Dame du Carmel à Nantes. Un mausolée lui est construit ! Mausolée qui sera réduit en poussière par les révolutionnaires, en 1789.

L'affaire des possédées de Loudun, 1642

Branle-bas au couvent des ursulines, à Loudun : une mystérieuse silhouette a été aperçue dans la nuit et dans les couloirs…

Il est grand, il est beau, Urbain

Il est grand, il est beau, Urbain Grandier, il est intelligent, il est curé de l'église Saint-Pierre-du-Marché à Loudun. Lorsqu'il monte en chaire, les paroissiennes se pâment de plaisir, en silence, il est si éloquent, si raffiné ! Et puis, peut-être qu'elles vont avoir la chance de séduire cet ecclésiastique qui n'en est pas moins homme et considère comme un vivier ce parterre de paroissiennes dont il use et parfois abuse au point qu'il connaît à plusieurs reprises la prison. Dix-sept ursulines vivent dans le couvent de Loudun. Une nuit, l'une des sœurs voit le fantôme d'un homme qui court dans les couloirs. C'est sans doute leur aumônier qui a été emporté par la peste quelques mois plus tôt – à moins que ce soit Urbain Grandier qui galope à son rendez-vous secret dans la cellule d'une nonne…

Les oiseaux se cachent pour mourir

Bientôt, le bruit se répand : les religieuses sont possédées du démon. Et l'une d'elles lâche un nom : Urbain Grandier. Il s'est livré auprès d'elles à des séances d'exorcisme qui ont semble-t-il manqué d'efficacité. Il est arrêté pour sorcellerie. Son procès commence le 8 juillet 1634. Condamné à mort, il est torturé puis brûlé sur la place du marché. Son souvenir va continuer d'agiter les nuits des religieuses et des femmes en fantasmes pendant deux années encore. Urbain Grandier quant à lui va se débrouiller pour effectuer régulièrement des excursions dans le visible. On le voit ainsi dans *Léon Morin, prêtre, Les oiseaux se cachent pour mourir*, avec, auprès des paroissiennes, un succès qui ne se dément pas…

L'affaire des poisons, 1675

Le jour où Louis XIV voit la liste de ceux qui sont compromis dans l'affaire des poisons, il pâlit, ne dit pas un mot ! Plusieurs de ses proches – et même très proches… – sont mentionnés dans les listes que son lieutenant de police vient de lui apporter. L'affaire des poisons est en route…

« La Brinvilliers est en l'air ! »

Le 25 mars 1675 est arrêtée, à Liège où elle était en fuite, la marquise de Brinvilliers, recherchée depuis trois ans par les hommes du lieutenant de police royale La Reynie. Qui est la marquise de Brinvilliers ? Elle est née Marie-Madeleine d'Aubray, c'est la fille d'un conseiller d'État. Charmante, gracieuse, avec de grands yeux bleus, elle est mariée au marquis de Brinvilliers. On l'arrête parce qu'elle s'est débarrassée, en les empoisonnant, de ses deux frères, de son père, et de l'un de ses amants – condamnée plus tard au bûcher, elle mourra dignement selon la marquise de Sévigné qui ajoute dans son témoignage : « Enfin, c'en est fait ! La Brinvilliers est en l'air ! »

La poudre de succession

Pour supprimer frères, père et amant, la Brinvilliers a eu recours aux services de Catherine Deshayes, épouse Monvoisin, surnommée la Voisin, une aventurière née en 1640. La Voisin, femme grassouillette, prépare à qui en fait la demande et paie ce qu'il faut, ce qu'on appelle la poudre de succession, un mélange de poisons très efficaces qui permet de recevoir bien plus rapidement les héritages attendus ! La Reynie, au terme de son enquête, est tombée sur des carnets où sont répertoriés les familiers de la Voisin. On y trouve des noms fort connus. Et bientôt on s'aperçoit que des familiers du roi sont mêlés à l'affaire, et pas n'importe qui !

Nue, sur l'autel, la marquise !

La marquise de Montespan par exemple figure parmi ceux qui sont soupçonnés d'avoir eu recours à la Voisin ! Et d'une façon plutôt choquante. En effet, afin de se garantir la faveur du roi, elle a participé à des messes noires au cours desquelles celle qui effectue une demande particulière doit s'étendre sur l'autel, nue, afin qu'un horrible office dont on peut se passer des détails, se déroule. Un ecclésiastique, l'abbé Guibourg, sans doute tout droit sorti des enfers, conduit ces cérémonies abjectes ! Le roi, effrayé par l'importance de l'affaire laisse se dérouler le procès où l'on démêle mal l'invraisemblable de ce qui peut être considéré comme des mensonges arrachés sous la torture. Mais sa confiance est largement entamée, et la marquise de Montespan va être peu à peu écartée de la cour, au profit de la sage et prude madame de Maintenon.

Figure 26-2 : Portrait de la marquise de Montespan, maîtresse de Louis XIV.

Le détail qui tue

Trente-quatre condamnations à mort seront prononcées dans l'affaire des poisons, dont celle de la Brinvilliers et de la Voisin qui se débattit autant qu'elle le put en descendant de la charrette pour le bûcher, place de Grève. On jeta de la paille sur elle afin que les flammes s'en emparent, elle repoussa cinq fois cette paille en jurant ! C'est la marquise de Sévigné qui écrit tous ces détails à sa fille. Elle précise qu'un aide du bourreau lui révèle, pendant l'exécution, qu'il a reçu pour consigne – par égard au sexe de l'accusée – d'abréger ses souffrances en lui lançant à travers les flammes, de grosses bûches avec force sur le crâne. Il doit ensuite utiliser un crochet de fer afin de lui arracher la tête ! « Vous voyez bien, ma fille, précise la marquise de Sévigné, que ce n'est pas si terrible qu'on le pense… » Impayable cette marquise, drôle, spirituelle, toujours soucieuse, dans ses lettres, du détail qui tue…

L'affaire de l'homme au masque de fer, 1680

Il fait encore rêver, l'homme au masque de fer. On fait encore des films où son visage caché semble chercher lui aussi la vérité. Depuis le XVIIe siècle où apparut cet étrange personnage, on a pourtant découvert la vérité, mais personne n'est obligé de la croire…

Un masque de velours

L'homme au masque de fer ne portait pas un masque de fer. Il portait une sorte de loup de velours – ce qui est beaucoup plus confortable et romantique – retenu par des attaches de métal. Qui était-il ? Si on fait confiance à l'abbé de Soulavie qui a écrit en 1790 les mémoires fantaisistes de Richelieu, ce masque de fer serait le jumeau de Louis XIV, né huit heures après lui ! Évidemment, Alexandre Dumas a adopté cette hypothèse romanesque mais complètement erronée dans le Vicomte de Bragelone, Victor Hugo l'a suivi, et bien d'autres crédules qui défendent encore cette thèse.

Un fils du Roi-Soleil, mis à l'ombre ?

On a dit – et c'est la princesse Palatine, la belle-sœur cancanière de Louis XIV qui l'affirme (l'invente) – que c'était un milord anglais compromis dans un complot qu'elle n'a d'ailleurs pas trop su expliquer. On a dit aussi que cet homme mystérieux était l'enfant secret de Mazarin et d'Anne d'Autriche. On a prétendu que c'était l'un des nombreux fils naturels du Roi-Soleil, et qu'il l'aurait mis à l'ombre ! On a dit encore que cet individu, compromis dans les affaires mazarines, avait été chargé par le parti dévot, d'empoisonner Fouquet – le masque de fer s'installe à Pignerol le 2 mai 1679, Fouquet meurt à Pignerol le 23 mars 1680, bizarre coïncidence… Certains affirment que c'était un bâtard de Charles II, ou bien un patriarche arménien, ou bien le chevalier de Rohan, sans oublier Molière dont on se demande bien quel rôle on lui aurait fait jouer sous ce masque…

Hercule-Antoine Mattioli démasqué

On a dit enfin que le masque de fer, mort finalement à la Bastille en 1703, était un certain comte Hercule-Antoine Mattioli, ou Marchioli, ou de Marchiel, né à Boulogne le 13 décembre 1640. Mattioli s'est marié avec Camilla Paleotti, il en a eu deux enfants. Au service du duc de Mantoue, il trahit son maître en révélant contre de l'argent les conditions particulières de l'achat de la place forte par Louis XIV. Celui-ci le fait enlever à Venise (avec son masque ?) et enfermer à Pignerol. C'est donc une sorte d'agent double de la finance qui, après Pignerol, est transféré à la Bastille en 1698. C'est là qu'il meurt le 19 novembre 1703. Louis XIV confia sur son lit de mort le secret du masque de fer au régent Philippe d'Orléans. Et le régent ne voulut jamais révéler ce que Louis XIV avait dit. Peut-être que, tout simplement, n'ayant rien compris, il n'avait pas osé faire répéter…

L'affaire Sirven, 1760

Les Dames Noires, la démence d'une jeune fille, un père huguenot, et puis la mort qui survient après une disparition. Tous les ingrédients sont réunis, en janvier 1762, pour condamner à mort un innocent. Mais Voltaire veille…

Élisabeth morte au fond du puits

Le 6 mars 1760, Pierre-Paul Sirven, notaire à Castres et huguenot, constate la disparition de l'une de ses trois filles, handicapée mentale, Élisabeth. Après une courte enquête, elle est retrouvée chez les Dames Noires, une institution catholique recueillant les filles de protestants enfermées par lettre de cachet. Malgré sa douleur, il se tait, mais le 9 octobre 1760, Élisabeth est victime de crises de démence consécutives aux mauvais traitements dont elle est victime. L'évêché décide alors de la rendre à ses parents. Les Sirven s'installent à Saint-Ably, près de Mazamet. Le 16 décembre, Élisabeth disparaît. Le 3 janvier 1762, trois enfants découvrent son cadavre au fond d'un puits. Le 20 janvier, les Sirven que la rumeur accuse du meurtre de leur fille ont le temps de s'enfuir en Suisse.

La mort pour Sirven

Le 29 mars 1764, Sirven est condamné par contumace à la roue, sa femme à la pendaison et ses deux filles au bannissement. À Mazamet, on brûle leur effigie sur la place le 11 septembre ! Les Sirven prennent alors contact avec Voltaire qui, sept ans plus tard, va obtenir une révision du procès. Afin que celui-ci se déroule de nouveau, Sirven se constitue prisonnier, il est incarcéré à Mazamet. Le traumatisme causé par l'exécution, en 1762, du protestant Jean Calas qui était innocent, conduit les juges à reconstruire sans les excès du fanatisme toute la vérité. Le 25 septembre 1771, le Parlement de Toulouse prononce la cassation du jugement de Mazamet (1764). La ville de Mazamet est contrainte de verser une indemnisation à la famille Sirven.

L'affaire Calas, 1761

Un commerçant protestant dans une population catholique. Son fils meurt. La rumeur catholique se déchaîne. Une situation idéale pour que se déploie la verve de Voltaire.

Marc-Antoine veut se convertir

Jean Calas, né près de Castres en 1698, de famille protestante, épouse en 1731, Anne-Rose Cabibel, protestante comme lui. Il s'établit comme marchand linger, rue des Filatiers à Toulouse. Le couple donne naissance à quatre enfants : Marc-Antoine, Pierre, Louis et Donat. En 1756, sans doute sous l'influence de la très pieuse – et catholique – servante des Calas, Jeanne Viguière, Louis Calas se convertit au catholicisme. Trois ans plus tard, son frère est reçu bachelier en droit, mais ne pouvant soutenir sa licence parce qu'il est protestant, il envisage lui aussi de se convertir au catholicisme.

Si on invitait Gaubert...

Le 13 octobre 1761, Gaubert Lavaisse, jeune avocat de Toulouse, décide de rentrer chez ses parents afin d'y passer quelques jours. Il cherche un cheval de louage. Il fait alors la rencontre de Jean Calas et de son fils Marc-Antoine qui se promènent dans la ville. Gaubert reconnaît alors son ami Marc-Antoine et se dirige vers les deux hommes avec un large et bon sourire qui font sa réputation d'homme à la sympathie communicative. Il remarque immédiatement de la tristesse sur le visage de Marc-Antoine et cela ne l'étonne qu'à demi : Gaubert sait que depuis quelque temps l'aîné des Calas souffre de ce qu'on appelle aujourd'hui un état dépressif. Jean Calas se dit alors qu'inviter Gaubert à sa table pour le repas du soir distrairait son fils de ses pensées noires. Gaubert accepte.

La mort de Marc-Antoine

Le repas se déroule dans une atmosphère détendue. Mais avant la fin, Marc-Antoine demande à son père la permission de se retirer. Personne ne le reverra vivant : le repas terminé, Marc-Antoine est retrouvé mort par strangulation au rez-de-chaussée de la demeure des Calas ! Dès le lendemain, Jean Calas, son fils Pierre et Gaubert Lavaisse sont interrogés et, ne sachant pas ce qui s'est passé, soutiennent la thèse du meurtre par un inconnu, puis sur le conseil de leurs avocats, disent avoir trouvé Marc-Antoine pendu. Le 18 novembre 1761, les capitouls (magistrats municipaux) de Toulouse concluent à la culpabilité de tous ceux qui participaient au repas de ce soir-là : Jean Calas, Anne-Rose son épouse, Pierre son fils, Gaubert Lavaisse et Jeanne Viguière ! Cette sentence est le reflet d'une rumeur qui n'a cessé d'enfler : dans la bonne ville de Toulouse, le protestant Calas a assassiné son fils qui voulait se convertir au catholicisme !

Après le supplice de Calas, Voltaire intervient

Les accusés plaident leur innocence et font appel devant le Parlement de Toulouse. Le 9 mars 1762, se fondant sur l'enquête des capitouls, le Parlement condamne Jean Calas au supplice de la roue ! Il est exécuté le lendemain, 10 mars 1762, place Saint-Georges, clamant son innocence avec une fermeté remarquable, sous les coups du bourreau. Pierre Calas est banni, sa mère, Gaubert Lavaisse et Jeanne Viguière sont acquittés ! C'est alors que Voltaire reprend l'enquête, il démontre sans difficulté l'innocence de Calas et souligne les invraisemblances de l'enquête guidée par le fanatisme religieux.

Calas réhabilité

Le 1er mars 1763, la famille Calas est reçue à Versailles par Louis XV, la demande en cassation étant jugée recevable. Anne-Rose supplie Louis XV d'intervenir auprès du Parlement de Toulouse afin que son mari soit réhabilité. Après bien des réticences, l'incarcération des Calas pour que le procès puisse de nouveau avoir lieu, et la publication du traité sur la tolérance à l'occasion de la mort de Jean Calas, la réhabilitation de Jean Calas est obtenue le 9 mars 1765, à l'unanimité. Le capitoul David de Beaudrigue qui avait tout manigancé est simplement destitué.

L'affaire du chevalier de la Barre, 1764

Chef d'œuvre de l'intolérance, du mensonge et de la lâcheté, l'affaire du chevalier de la Barre fait frémir d'horreur. Elle est l'une des illustrations les plus dramatiques du fanatisme religieux au XVIIIe siècle.

Belleval lorgne l'abbesse gaie

Abbeville, 1764. Une abbesse gaie et enjouée est importunée par un sexagénaire de sa connaissance, nommé Belleval – il est lieutenant du tribunal –, qui voudrait entretenir avec elle davantage qu'une intimité platonique. Elle fait alors venir auprès d'elle son neveu, le jeune chevalier de la Barre qui, à dix-sept ans, admoneste vertement le sexagénaire. Quelque temps plus tard, on trouve sur le pont d'Abbeville un crucifix profané – mais qui a probablement été accroché par une charrette. Qui a fait cela ?

La Barre fait face

La consternation générale est telle qu'il faut trouver des coupables. Le sieur Belleval désigne alors le jeune chevalier et trois de ses compagnons qui sont passés quelque temps auparavant, à trente mètres d'une procession du Saint-Sacrement sans enlever leur chapeau ! De plus, il demande aux domestiques du chevalier de le dénoncer car il aurait, à la fin d'un banquet, chanté une chanson impie ! Emprisonné, le chevalier est condamné à avoir la langue arrachée, la main droite tranchée. Il va faire appel au Parlement au moment où celui-ci est accusé d'encourager l'impiété, ayant chassé les jésuites : l'appel est rejeté.

Voltaire s'enfuit…

Le roi Louis XV veut faire un exemple. Le 1er juillet 1766, le jeune chevalier innocent, âgé de dix-neuf ans, va mourir sur le bûcher, après qu'on lui a arraché la langue jusqu'à la racine, et coupé le poing ! On brûle avec lui un exemplaire du dictionnaire philosophique de Voltaire – celui-ci, menacé d'arrestation à cause de cette affaire, s'est enfui au pays de Vaud, en Suisse, avant de demander asile au despote éclairé Frédéric II le Grand, roi de Prusse. Voltaire tentera, de Prusse – après l'exécution –, de faire réhabiliter le chevalier, en vain. Il faut attendre la Convention, en 1793, pour que cette réhabilitation soit effective, le chevalier de La Barre devenant un martyr du fanatisme.

L'affaire du collier de la reine, 1784

« Tête à vent » fait des siennes ! « Tête à vent », rappelez-vous, c'est la reine Marie-Antoinette ainsi surnommée par son propre frère qui reproche à sa royale sœur sa légèreté ! En août 1784 commence une escroquerie dont elle va se trouver bien involontairement le centre, cible toute désignée pour la vindicte populaire qui va se déchaîner en 1789. Voici l'histoire :

Ce soir-là, derrière les charmilles…

La lune joue à cache-cache avec les nuages en cette nuit du 11 au 12 août 1784. Près de la grille de l'Orangerie à Versailles, derrière une charmille, une femme somptueusement vêtue remet à un homme une rose et lui dit à mi-voix : « Vous savez bien ce que cela veut dire… » L'homme sent son cœur s'emballer : cette femme, c'est la reine Marie-Antoinette. Lui, le cardinal de Rohan, lui qu'elle boudait, vient donc de rentrer en grâce, mieux même, peut-être…

La reine n'est pas la reine

Hélas, la reine n'est pas la reine. C'est une fille du peuple, la jeune Oliva qu'une aventurière a placée là. Cette aventurière, Jeanne de la Motte, prétendue comtesse qui dit descendre de Charles IX, vient de mystifier Rohan. Le cardinal reçoit ensuite de nombreuses fausses lettres d'amour de sa royale maîtresse – écrites par l'amant de Jeanne de la Motte, Marc de Villette. De plus, son conseiller l'encourage à poursuivre cette relation prestigieuse. Qui est ce conseiller ? C'est Joseph Balsamo, proxénète, escroc, guérisseur, magicien, inventeur d'un élixir d'immortalité qu'il vend une fortune, et faux comte de Cagliostro…Rohan – bien conseillé – n'hésite donc pas à accepter de payer en quatre fois un collier de diamants que la reine aurait commandé aux joailliers Bôhmer et Bassenge, le roi Louis XVI lui refusant ce cadeau.

Le collier court toujours…

L'amant de Jeanne de la Motte qui se fait passer pour l'envoyé de Marie-Antoinette se fait remettre le fameux collier. Le comte de la Motte – mari de Jeanne… – part aussitôt en Angleterre le négocier. Le cardinal apprend la supercherie, refuse de payer les joailliers qui s'en vont bientôt à Versailles réclamer leur dû ! C'est alors qu'éclate l'affaire du collier de la reine. La reine est innocente, mais lorsque le peuple apprend tous les détails de l'escroquerie, et les extrapolations qu'on en fait, il s'en sert pour aiguiser sa haine de celle qui n'est jamais entrée dans leur cœur : l'Autrichienne ! Marie-Antoinette réclame pourtant un procès public : Rohan est déchargé de toute accusation mais banni dans son abbaye de La Chaise-Dieu ; Jeanne de la Motte est condamnée à la prison à perpétuité – elle s'évade au bout de dix mois. Oliva n'est pas même jugée, étant de trop modeste origine ; Cagliostro est exilé – il meurt enfermé au château de Saint-Léon, près d'Urbino en Italie, en 1795. Et le collier court toujours…

Chapitre 27

Dix châteaux en France

Dans ce chapitre :

- Une forteresse imprenable, un krak, un rêve de pierre, un rêve d'eau… laissez-vous séduire par dix châteaux.

Château ! Le mot seul délivre dans l'imaginaire tout un cortège d'images enchantées, celles qui demeurent tapies dans quelque recoin des siècles lointains, au temps des fées, de la magie… Au temps des rudes seigneurs aussi.

Bonaguil, l'imprenable

Vous avez décidé d'effectuer une plongée dans le Quercy, vous avez visité les grottes du Pech-Merle à Cabrerets, vous vous êtes émerveillé devant les décorations de ce sanctuaire paléolithique. Vous avez séjourné à Cahors, bu de son excellent vin, puis vous avez quitté la ville par le pont Valentré commencé en 1308. Trente kilomètres vers le nord, et vous voilà à Labastide-Murat, où naquit en 1767 Joachim… Murat, le roi de Naples, maréchal de la Grande Armée. Ensuite, vous faites halte dans la pittoresque cité de Rocamadour aux fortifications médiévales. Quelques kilomètres encore – vous pénétrez dans le Lot-et-Garonne – et il apparaît, époustouflant de puissance silencieuse, planté comme un défi sur son éminence rocheuse, au milieu des bois : Bonaguil.

Il a fallu quarante ans pour construire ce nid d'aigle qui pointe avec arrogance ses tours vers l'infini du ciel. Elle est l'œuvre de Bérenger de Roquefeuil, un seigneur amer d'avoir perdu devant le parlement de Toulouse un procès l'opposant aux habitants de sa châtellenie de Castelneau-Montratier ; à partir de 1483, il multiplie les extensions du château familial datant du XIIIe siècle, en tenant compte des nouvelles armes à feu : mousqueterie, canonnières. Bérenger de Roquefeuil meurt en 1530, léguant à la postérité et au paysage l'une des dernières bravades féodales, jamais prise au cours des siècles, parce que… jamais attaquée !

Carcassonne : une forteresse dans la citadelle

Bâtie sur la rive droite de l'Aude, Carcassonne, avec son noyau fortifié, son château comtal et sa double enceinte, est la plus grande forteresse d'Europe.

La cité de Raymond-Roger

Carcassonne, c'est une longue histoire : prospère dès la haute antiquité, elle devient wisigothe au Ve siècle, sarrasine pour trente-cinq ans en 724, comté autonome au IXe siècle, vicomté sous la dynastie des Trencavel. C'est l'un d'eux, Roger Ier Trencavel, mort en 1167, qui remanie l'enceinte gallo-romaine de la ville afin de l'adapter aux nécessités militaires de l'époque. Le château est construit à cette époque et terminé par Raymond-Roger Trencavel, petit-fils de Roger Ier, entre 1204 et 1209. Cette année-là, Raymond-Roger, décrété hérétique cathare par Rome, doit faire face à la croisade contre les Albigeois. Les croisés assiègent Carcassonne pendant quinze jours. Le 15 août, les assiégés manquent d'eau. Raymond-Roger décide d'aller négocier avec les assiégeants, mais leur chef, Simon de Montfort, le fait assassiner – Raymond-Roger avait vingt-quatre ans. Montfort prend sa place.

Le déclin

Annexée à la couronne de France en 1226, la cité de Carcassonne renforce ses capacités défensives avec Saint-Louis qui en fait un point de défense stratégique. Le château devant lequel est édifié une vaste barbacane en demi-cercle devient alors une véritable forteresse dans la citadelle. Les travaux se poursuivent pendant tout le XIIIe siècle. Au XVIIe siècle, les frontières françaises sont repoussées jusqu'aux Pyrénées. La ville perd son rôle stratégique. Sous l'Empire, elle devient un arsenal, une caserne, ses tours inutilisées sont vendues par l'armée.

Mérimée et la nouvelle Carcassonne

Carcassonne ! Ses trois kilomètres de remparts, ses quarante tours, ses deux portes monumentales, son château aux neuf tours avec ses chemins de ronde crénelés, ses escaliers, ses chicanes et poternes, ses courtines en fossés, ses bretèches en échauguettes, tout cela aurait peut-être disparu sans l'intervention de l'écrivain Prosper Mérimée (1803 - 1870). Inspecteur général des monuments historiques, il sauva les murs de la citadelle d'une destruction qu'avait décidée le conseil municipal ! À partir de 1860, Viollet-Le-Duc – qui avait déjà restauré, en 1844, la cathédrale Saint-Nazaire – entreprend une restauration des remparts et du château que vous pouvez découvrir aujourd'hui.

Château-Gaillard : « Quelle est belle, ma fille d'un an ! »

« Qu'elle est belle ma fille d'un an ! » C'est Richard Cœur de Lion qui parle ainsi de Château-Gaillard en 1198 : en construisant cette forteresse, il a décidé de couper la route de Rouen à Philippe Auguste qui veut lui reprendre la Normandie. Sa « fille d'un an » se dresse comme une menace au sommet de la falaise qui domine la rive droite de la Seine et le vallon du Petit-Andely (dans l'Eure, aux Andelys).

Figure 27-1 : Château-Gaillard.

Un krak !

La construction de Château-Gaillard, décidée en 1196, n'a duré qu'une année. Château-Gaillard est un krak, c'est-à-dire une construction inspirée des ouvrages de défense édifiés en Syrie (« krak » vient du syriaque *karak* signifiant « forteresse »), comportant de nombreuses tours, un triple mur d'enceinte, et de profonds fossés. Richard a rapporté ce type d'architecture de la croisade qu'il a faite avec Philippe Auguste, croisade terminée par sa captivité chez l'empereur germanique Henri VI. Il n'aura guère le loisir de contempler sa fille d'un an : il meurt lors du siège de Châlus en 1199.

Comme à Alésia !

Quelques années plus tard, au début de septembre 1203, Philippe Auguste qui combat Jean sans Terre décide de s'emparer de la redoutable forteresse. Elle est défendue par Robert de Lascy. Tous les habitants des environs s'y sont réfugiés – Château-Gaillard remplit son rôle traditionnel de château fort protégeant hommes, femmes, enfants et vieillards. Philippe Auguste reprend la stratégie de César devant Alésia : il fait creuser des fossés autour du site et empêche tout ravitaillement de parvenir aux assiégés.

Comme à La Rochelle

Comme à Alésia en -52, comme à La Rochelle en 1629, les habitants réfugiés dans le château sont chassés. Pendant des semaines, des scènes atroces vont se dérouler sous les yeux des soldats de Philippe Auguste. Ils ne s'en soucient guère et parviennent, grâce à leurs machines de guerre – et à l'habileté de l'un des leurs, Bogis, qui se glisse dans la deuxième enceinte par… les latrines – à pénétrer dans le château, puis à s'emparer du donjon – aux murs de cinq mètres d'épaisseur à leur base ! Prison des belles-filles de Philippe le Bel, puis de Charles le Mauvais, la forteresse de Château-Gaillard est démantelée sur l'ordre d'Henri IV en 1603.

Haut-Koenigsbourg : le château de Barberousse

Fondé dans la première moitié du XIIe siècle par Frédéric II de Hohenstaufen, le château de Haut-Koenigsbourg – entre Strasbourg et Mulhouse, près de Selestat – est une forteresse perchée à 800 mètres de haut sur un éperon rocheux, dans un environnement idéal pour conduire à la rêverie des temps anciens. En ces temps-là, donc, Frédéric II, dit « le Borgne », aimait faire construire des châteaux un peu partout, afin de créer en Alsace une ligne de défense, au point qu'on disait familièrement qu'il avait un château accroché à la queue de son cheval. Il meurt en 1147.

Son fils, Frédéric III, devient empereur germanique en 1155. Vous le connaissez pour l'avoir rencontré en Turquie le 10 juin 1190, jour de sa mort, dans un torrent glacé où il se baignait : Frédéric III, l'empereur Barberousse !

Au XVe siècle, le château est habité par des seigneurs qui pillent les environs avec tant de conviction qu'une armée en fait le siège en 1462. Les mauvais seigneurs sont massacrés et le château est rasé. Reconstruit à partir de 1479, ravagé de nouveau en 1633 pendant la guerre de Trente Ans, il est en ruines au début du XXe siècle lorsque l'empereur Guillaume II décide de le faire restaurer en entier, confiant la tâche à un architecte de Brême : Bodo Ebhardt. Au traité de Versailles, en 1919, le château revient à la France. On dit que le Haut-Koenigsbourg est le plus beau château fort de France. Vous ne connaissiez pas ? Courez-y vite ! Il est ouvert tous les jours. Ou bien regardez le film *La Grande Illusion* de Jean Renoir : il fut tourné au château de Haut-Koenigsbourg en 1937 !

Des châteaux pour la vie !

Les six châteaux de la Loire que vous allez découvrir sont comme les trois mousquetaires qui étaient quatre… Eux, ils sont quarante-deux (Chinon, Loches, Amboise, Langeais, Gien, Sully, Meung-sur-Loire, Beaugency, Talcy, Beauregard, Valençay, Saché, le Lude, Montsorerau, Montreuil-Bellay, Brissac-Quincé, Le Plessis-Macé, etc. Tous ne sont pas au bord de la Loire, mais le fleuve n'est jamais bien loin). Les six châteaux présentés ici le sont en raison de la richesse de leur passé historique ; les autres, tout aussi riches, vous apporteront autant de plaisir tant par leur architecture que par leur environnement. Suivez le guide…

Chambord : le rêve de pierre

La merveille du Loir-et-Cher, Chambord est bâti sur le plan des châteaux féodaux : un donjon central à quatre tours et une enceinte. François Ier, après Marignan, est revenu d'Italie avec mille désirs de magnificence. Aujourd'hui, il nous comble !

Les plans de Léonard

Peut-on affirmer que le château de Chambord dépasse celui de Versailles ? Sans aucun doute si on aime déceler dans l'apparence de l'un et de l'autre l'invitation au rêve. Chambord, c'est François Ier ! C'est aussi et surtout Léonard ! Léonard de Vinci qui conçut juste avant de mourir cette merveille aux 365 cheminées, aux 440 pièces. Voulez-vous visiter le plus grand, le plus majestueux des châteaux de la Loire ? Gagnez Blois, dans le Loir-et-Cher, puis faites dix-huit kilomètres vers l'est, dans le canton de Bracieux. Au bord d'une allée, vous découvrirez la merveille ! Lorsque François Ier remarque au cour d'une chasse en 1518 le petit château construit par les comtes de Blois, il ordonne immédiatement qu'il soit rasé et remplacé par ce qui va devenir son rêve de pierre.

Double révolution

Il va engloutir des sommes considérables dans cette construction, sacrifiant même le remboursement des sommes dues à l'Espagne pour la libération de ses fils otages à sa place… En 1527, il projette de faire détourner la Loire afin qu'elle passe au pied du château ! Le projet est finalement abandonné, et c'est le petit Cosson, modeste cours d'eau, qui fera l'affaire. En 1545, le logis royal est achevé. François Ier meurt deux ans plus tard. Louis XIV y séjourne neuf fois entre 1660 et 1685, Molière y fait jouer pour la première fois *Le Bourgeois Gentilhomme*. En 1809, Napoléon le donne à Berthier qui se contente de vendre le bois de ses environs. Entre 1871 et 1873, le petit-fils de Charles X, le comte de Chambord, s'y installe, exigeant pour devenir le roi de France, Henri V, que soit conservé le drapeau blanc d'Henri IV ! Vous connaissez la suite… Ne manquez pas de vous pencher sur l'architecture de l'impressionnant escalier à double révolution ; en le gravissant ou en le descendant, sachez que vous vous promenez dans l'idée qui germa un jour dans le cerveau d'un génie : Léonard de Vinci !

Chenonceaux : le rêve d'eau

Chenonceaux ! L'incroyable vision d'un double château dans le reflet du Cher traversé : celui de l'air et celui de l'eau. Sa pierre blanche est entourée de verdure, ses arches plongent vers le ciel, vers l'infini. Élégant, fin, mystérieux, il porte bien son nom : le château des dames !

Le pont de Diane

La construction de Chenonceaux commence en 1512 par l'arasement d'un ancien moulin dont seul le donjon est conservé. Thomas Bohier, l'intendant des Finances de François Ier a décidé de faire construire selon les plans qu'il a imaginés un nouveau château. En réalité, c'est sa femme, Catherine Briçonnet, qui va surtout guider la progression des travaux. À la mort de ses parents endettés jusqu'au cou – et pour cause… – leur fils lègue Chenonceaux à François Ier qui va y séjourner régulièrement. Son fils Henri II le donne ensuite à celle qui l'a séduit pour la vie, bien qu'elle soit de vingt ans son aînée : Diane de Poitiers. C'est elle qui fait construire le pont aux cinq arches reliant le château à l'autre rive du Cher. Mais en 1559, Henri II meurt dans un tournoi. Dehors, Diane !

Les galeries de Catherine

Catherine de Médicis, la reine, épouse de feu Henri II, reprend le château, y fait de fréquents séjours – visitez son cabinet vert, une petite merveille ! Elle fait élever sur toute la longueur du pont (soixante mètres) une galerie à double étage. Des fêtes somptueuses, des bals magnifiques y sont donnés. Le temps de la tristesse vient ensuite : Louise de Lorraine, qui avait reçu de Catherine le château de Chenonceaux en héritage, va pleurer jusqu'à la fin de sa vie la tragique disparition de son époux Henri III, assassiné par le moine Jacques Clément. Sur le Cher, ne manquez pas la promenade en barque ! Dans le reflet des frondaisons sur les eaux tranquilles apparaîtront, dans votre rêverie, les visages apaisés des dames du temps passé.

Azay-le-Rideau : le rêve de verdure

Vers 1200, entre Tours et Chinon, au milieu d'une magnifique forêt, le seigneur de Ridel, armé chevalier par Philippe Auguste, fit bâtir un puissant château au lieu-dit Azay. En 1418, en pleine lutte entre les Armagnacs et les Bourguignons, Charles VII est conspué, alors qu'il est de passage à Azay, par la garnison bourguignonne ! La vengeance est terrible : le château est assiégé, investi puis brûlé ! Les 400 soldats qu'il abrite sont exécutés ! Cette répression demeure dans le nom même du lieu jusqu'au XVIIIe siècle : Azay-le-Brûlé.

Le château actuel a été construit entre 1518 et 1527, sur une petite île de l'Indre. Il est l'œuvre du couple Berthelot : tourelles d'angle en surplomb, hautes cheminées, toit élevé, chemin de ronde à mâchicoulis (en avancée par rapport à la muraille, afin de « mâcher le cou » des ennemis). Philippa Lesbahy, l'épouse, l'a rêvé, Gilles, le mari, l'a fait – payé plus exactement… En 1528, François Ier qui le trouve à son goût le confisque et l'offre à l'un de ses compagnons d'armes au retour d'Italie : Antoine Raffin. Le château appartient ensuite à plusieurs propriétaires. Il est racheté par l'État en 1905. Si vous allez le visiter, prenez la précaution, avant, de commencer à lire un conte de fées : il y trouvera tout naturellement sa place.

Saumur : le rêve aérien

Étonnant, le château de Saumur : de loin, on le dirait en suspension dans l'air, ou du moins, pris dans une sorte de lévitation qui l'absout de toutes les pesanteurs terrestres. Construit, détruit, reconstruit, détruit de nouveau, l'édifice a tourné les pages turbulentes de son histoire jusqu'à la fin du XIVe siècle où le duc d'Anjou lui donne son assise actuelle. Tel il fut dessiné dans les riches heures du duc de Berry, tel vous pouvez l'admirer aujourd'hui. Il eut même l'allure d'un vrai château de conte de fées au début du XVe siècle : ses toits étaient recouverts d'or ! Il est fortifié au XVIe siècle par Duplessy-Mornay, juriste et diplomate surnommé le « pape des huguenots ».

Le château devient ensuite la résidence des gouverneurs de Saumur sous Louis XIV et Louis XV. Depuis, il a servi de prison et de caserne. Aujourd'hui, il abrite deux musées : celui des Arts décoratifs, et celui du cheval, musées hélas fermés depuis la nuit du 20 au 21 avril 2001, lorsque s'est effondré le rempart nord. Ils seront de nouveau ouverts en 2006 ou 2007, et vous pourrez alors emprunter l'escalier à double révolution situé dans la tour nord, datant du XIVe siècle, et qui vous conduira près des toits d'où vous découvrirez un paysage à couper le souffle. Notez déjà cela dans votre agenda…

Cheverny : le rêve du capitaine

Feuilletez Tintin, la bande dessinée qui met en scène le reporter en pantalon de golf imaginé par Georges Rémi, dit Hergé (R.G., ses initiales) ; voyez-vous le château de Moulinsart ? Eh bien, c'est Cheverny sans ailes ! Hergé s'est en effet inspiré du château de Cheverny afin de constituer à l'un de ses personnages, le capitaine Haddock, un héritage qui lui vient de son ancêtre récompensé par Louis XIV ! Le nom, Moulinsart, vient de l'inversion des syllabes d'un village du Brabant wallon : Sart-Moulin. Le château de Cheverny, situé à quinze kilomètres de Blois, dans le Loir-et-Cher, a été bâti entre 1624 et 1634 par le comte Hurault dont la famille est établie à Cheverny, sans discontinuer, depuis 1338 !

Figure 27-2 : Le chateau de Cheverny en Gironde.

Il est construit en pierre de Bourré dont la propriété est de blanchir avec le temps, ses toits sont en ardoise. La Grande Mademoiselle, cousine de Louis XIV, l'appelait « le Palais enchanté ». À l'époque où il fut construit, on s'efforçait de montrer que la guerre était loin, et qu'on avait confiance en la paix en ne construisant pas de remparts ! Cette pure merveille dont l'intérieur vous éblouira – sculptures, marbres, lambris polychromes, dorures, meubles somptueux, tableaux rares – comporte une exposition permanente des aventures de Tintin : « Les secrets de Moulinsart ». Elle est présentée dans l'ancienne forge du château.

Blois : le vertige de Marie

Le château de Blois est une encyclopédie de l'histoire en quatre tomes… Bâti sur un promontoire au-dessus de la Loire, dans le Loir-et-Cher, il est d'abord habité par les comtes de Blois dont le dernier vend à Louis d'Orléans tous ses domaines. Celui-ci est assassiné à Paris sur l'ordre de Jean sans Peur. Sa veuve, Valentine Visconti, vient se retirer dans la propriété de son feu mari où elle meurt deux ans plus tard, ayant logé son chagrin dans cette devise d'amertume gravée sur les murs : « Rien ne m'est plus, plus ne m'est rien. » Charles d'Orléans, revenu en France en 1440, après avoir été prisonnier en Angleterre, y tient sa cour où il reçoit Villon, et s'y remarie avec Marie de Clèves – elle a quatorze ans, il en a cinquante !

Louis XII, leur fils, successeur de Charles VIII dans le cœur des Français et dans celui d'Anne de Bretagne, choisit Blois pour résidence royale. Louis et Anne en profitent pour transformer le château, l'agrandir et l'embellir. Puis, François Ier y séjourne ; il y fait construire la façade des Loges, en 1515, et son escalier. En 1588, Henri de Guise qui espérait devenir roi de France y est assassiné sur l'ordre du… roi de France Henri III (qui sera assassiné l'année suivante !). Marie de Médicis, mère de Louis XIII qui l'y avait fait enfermer, s'en évade par une échelle le 22 février 1619, malgré un terrible vertige ! Gaston d'Orléans, membre actif de la Fronde contre Mazarin, y meurt en 1660.

Chapitre 28

Les dix grands inventeurs français

Dans ce chapitre :

- Les Français n'ont pas tout inventé, mais dix d'entre eux méritent votre attention

Vous preniez le mot Ampère pour un nom commun ? Vous ne connaissiez pas Denis Papin ? Vous ignoriez que les Montgolfier inventèrent la montgolfière, que ceux qui inventèrent le cinéma étaient vraiment des Lumière ? Dans ce chapitre 28, allez de découverte en découverte !

Denis Papin : à toute vapeur !

Denis Papin est né à Blois le 22 août 1647. Après des études de médecine à Angers, ce protestant découvre les possibilités de la vapeur d'eau. Mais la révocation de l'édit de Nantes en 1685 l'oblige à s'exiler en Angleterre, puis en Allemagne. C'est là, à Kassel, qu'il va faire naviguer son premier bateau à vapeur encore rudimentaire, mais suffisamment porteur de promesses pour que les bateliers, se sentant menacés dans leur avenir, le détruisent à coup de pioche, de scie et de marteau ! Il invente aussi un cuiseur à pression (l'ancêtre de la cocotte-minute)

Retourné en Angleterre, il poursuit ses recherches, mais ses ressources s'épuisent et il meurt dans la misère et dans l'oubli en 1712 à Londres. Ses travaux ont inspiré Joseph Cugnot (1725 - 1804) qui, en 1770, réalise la première voiture automobile à vapeur, puis l'année suivante, son fameux fardier, à roues très basses, destiné à transporter l'artillerie en temps de guerre, mais qui se révéla un peu lent en cas de retraite…

Les Montgolfier : deux têtes en l'air

Joseph (1740 - 1810) et Étienne (1745 - 1799) Montgolfier, deux des seize enfants de Pierre Montgolfier, fabricant de papier de Vidalon-lès-Annonay en Ardèche, n'ont qu'une idée ; faire voler des ballons ! Après plusieurs expériences, ils invitent les conseillers généraux du Vivarais, le 4 juin 1783, dans la cour du couvent des Cordeliers à Annonay, pour le premier envol de leur ballon à air chaud – 12 mètres de diamètre, 770 m^3 qui s'élève à 1 000 mètres, pendant 10 minutes, et parcourt 3 kilomètres. L'expérience est répétée à nouveau près de Versailles le 19 septembre 1783, en présence du roi Louis XVI et de la cour.

Le ballon de 1 000 m^3 monte à 600 mètres et parcourt 3,5 kilomètres. On y a suspendu un panier en osier dans lequel se trouvent un mouton, un coq et un canard en pleine forme à l'arrivée. Le mouton, devenu un héros, est placé dans la ménagerie de la reine ! Le 21 novembre 1783, Pilâtre de Rosier et le marquis d'Arlandes sont les premiers humains à s'élever au-dessus du sol, à bord d'une montgolfière de 2 200 m^3. Ils s'envolent du parc du château de la Muette, devant 500 personnes ; ils survolent Paris et se posent à la Butte aux Cailles, à 10 kilomètres environ. Le vol a duré une demi-heure à peine. Des Montgolfier venait de naître la montgolfière !

Figure 28-1 : Le premier vol en montgolfière, le 21 novembre 1783.

Lavoisier : rien ne se perd, rien ne se crée

« Il ne leur a fallu qu'un moment pour faire tomber cette tête et cent années peut-être ne suffiront pas pour en reproduire une semblable ! » Celui qui prononce ces paroles le 9 mai 1794 est le mathématicien Joseph-Louis Lagrange. Il ne comprend pas que le tribunal révolutionnaire ait pu envoyer à la guillotine son collègue, le savant Antoine Laurent de Lavoisier, père de la chimie moderne. C'est parce qu'il faisait partie des fermiers généraux que Lavoisier a été exécuté. Demandant quinze jours de délai avant son exécution afin de terminer une expérience, il obtient cette réponse : « La république n'a pas besoin de savants ! »

Il est né en 1743 à Paris. Brillant élève, il devient avocat, mais, attiré par les sciences, il est nommé régisseur des poudres et salpêtres, et réside à l'arsenal. Il y entreprend des expériences de chimie, parvient à faire l'analyse de l'air, à identifier l'oxygène et l'azote, établit la composition du gaz carbonique, démontre que l'eau est obtenue par combustion de l'hydrogène. Avec Guyton de Morveau, Fourcroy et Berthollet, il modifie la nomenclature chimique, substituant aux noms fleuris et fantaisistes de l'alchimie, des termes précis tels sulfates, acétates et borates afin de désigner les sels. « Rien ne se perd, rien ne se crée, tout se transforme », ainsi a-t-il résumé sa théorie générale.

Ampère : une vie intense

Il est né à Lyon, le 20 janvier 1775, dans la paroisse de Saint-Nizier, quai Saint-Antoine. Son père, Jean-Jacques Ampère, lui donne pour prénom André-Marie. Jean-Jacques Ampère, fervent lecteur de Jean-Jacques Rousseau, s'inspire de *L'Émile* pour éduquer son fils : celui-ci n'ira pas à l'école, il découvrira tout par lui-même ! L'intelligence exceptionnelle d'André-Marie s'accommode de cette méthode périlleuse. Malheureusement, à dix-huit ans, ce père aimé est guillotiné en 1793, sur ordre de la Convention venue punir Lyon.

André-Marie en perd presque la raison, mais la rencontre de sa femme le sauve et il commence à publier des mémoires scientifiques importants qui le font remarquer du monde savant. Deuxième drame : son épouse meurt de tuberculose. Il quitte la région de Lyon. En 1809, on le retrouve professeur à l'École polytechnique où il enseigne l'analyse mathématique. Mathématicien, chimiste, physicien – et philosophe –, il se rend célèbre par ses découvertes dans le domaine de l'électromagnétisme. Il est l'inventeur du galvanomètre, du télégraphe électrique, de l'électro-aimant. Son nom a été donné à l'unité de mesure de l'intensité du courant électrique. Il meurt à Marseille en 1836.

Laennec : un homme de cœur

René Laennec est un enfant de Quimper, il y est né le 17 février 1781. Mais c'est à Nantes où son oncle était le premier directeur de l'école de médecine fondée par Napoléon en 1808 qu'il a commencé ses études médicales, dès quatorze ans ! En 1801, il est à Paris, suit les cours de Corvisart et de Bichat. Il publie des articles dans les revues médicales. Reçu premier au concours général de médecine et de chirurgie, il ouvre son propre cours d'anatomie pathologique à vingt-deux ans.

Des difficultés financières l'obligent à donner, en plus de son enseignement, des consultations qui lui amènent d'illustres patients, dont Chateaubriand, mais aussi de nombreux pauvres auprès desquels il se dévoue. En 1816, il est nommé à l'hôpital Necker où il enseigne la pathologie médicale. C'est alors qu'il invente un instrument qui va en même temps fonder l'auscultation médicale : le stéthoscope. Cet appareil révolutionnaire dans le monde médical va lui permettre de décrire avec précision les maladies des poumons et du cœur. Atteint de tuberculose, il est obligé de se retirer en son manoir de Kerlouarnec en Bretagne où il meurt à quarante-cinq ans.

Louis Braille : sur le bout du doigt

Le petit Louis Braille, né le 4 janvier 1809 à Coupvray, petit village de France situé à l'est de Paris, n'a que trois ans lorsqu'il se blesse dans l'atelier de bourrellerie de son père, avec une serpette. Son œil droit est gravement atteint, puis s'infecte. Le gauche est contaminé, et le petit Louis perd la vue ! À dix ans, il est admis à l'Institution royale des jeunes aveugles de Paris. Il est intelligent, tenace, travailleur. Il n'a que douze ans lorsqu'un capitaine, Barbier de la Serre, présente à l'Institut royal son invention d'écriture en relief destinée aux soldats qui peuvent ainsi communiquer pendant la nuit sans bruit et sans lumière. Louis l'étudie, propose des améliorations, puis met au point son propre système.

À dix-huit ans, il devient professeur dans son institution. Il enseigne l'histoire, la géographie, la grammaire, l'arithmétique, l'algèbre, la géométrie, le violoncelle, le piano ! Il rédige alors un *Procédé pour écrire les paroles, la musique et le plain-chant.* Avec la parution de la première édition de ce procédé naît officiellement le système Braille, en 1829. C'est ce système qui est encore en vigueur aujourd'hui. Louis Braille meurt le 6 janvier 1852, à quarante-trois ans, d'une tuberculose dont il était atteint depuis plus de quinze ans. En 1952, ses cendres sont transférées au Panthéon.

Pasteur : la rage de vaincre

Louis Pasteur est né le 27 décembre 1822 à Dole, dans le Jura. Après avoir intégré l'École normale supérieure en 1843, il entre à la faculté de Strasbourg où il devient professeur de chimie. En 1854, devenu doyen de la faculté des sciences de Lille, il se lance dans l'étude des fermentations. Il va mettre au point une technique permettant de réduire le niveau de contamination d'un milieu grâce à un chauffage de quelques minutes entre 55 et 60 °C en l'absence d'air. Ce procédé va porter le nom de pasteurisation. Pasteur découvre ensuite que les maladies infectieuses chez l'homme et les animaux sont dues à des micro-organismes.

Entre 1878 et 1880, il identifie trois espèces de bactéries : le streptocoque, le staphylocoque et le pneumocoque. Il affirme que chaque maladie est causée par un micro-organisme et établit les grands principes de l'asepsie. Le taux de mortalité consécutif aux opérations diminue alors considérablement grâce à ses découvertes. En 1880, il parvient à vacciner des poules contre le choléra. Ses travaux sur la rage conduisent à l'ouverture en 1888 du premier institut Pasteur. Il découvre enfin le vaccin contre cette terrible maladie. Il meurt le 28 septembre 1895, à Marnes-la-Coquette.

Figure 28-2 : Louis Pasteur dans son laboratoire.

Louis et Auguste Lumière : quel cinéma !

Il y eut Edward Muybridge connu pour ses séries photographiques sur le mouvement, et qui conçut, dès 1878, une batterie de vingt-quatre chambres noires permettant de décomposer les allures d'un cheval. Il y eut en 1882 le Français Étienne Jules Marey qui expérimenta un fusil photographique, capable de prendre très rapidement une série de photos et de réaliser une image unique et synthétique du mouvement, au moyen de dix images par seconde. Il y eut, en 1889, l'Américain George Eastman qui inventa la première caméra, et puis Thomas Edison, en 1891, qui invente ce qu'il appelle le Kinétoscope : l'image est regardée directement dans le projecteur par un unique spectateur ! Enfin, les frères Lumière vinrent…

Louis et Auguste, issus d'une famille de Lyon, photographes à succès, chercheurs, inventeurs, déposent en 1895 le brevet d'une caméra qui fait office d'appareil de projection et de tireuse. Son nom ? Le cinématographe ! Leur premier film sort le 22 septembre 1895 à Lyon. Son titre : *La Sortie des usines Lumière*. Suivront : *L'Arrivée d'un train à La Ciotat, L'Arroseur arrosé, Le Déjeuner de bébé*… Le cinéma des Lumière fait désormais partie des nourritures de l'imaginaire, c'est le dessert du rêve – mais aussi, parfois, une purée de navets !

Pierre et Marie Curie : un rayonnement universel

En 1895, Pierre Curie, titulaire de la chaire de l'école de physique et de chimie de Paris, fils d'un médecin protestant, épouse Marie Sklodowska, une jeune Polonaise venue poursuivre ses études scientifiques à la Sorbonne en 1892. Reçue à l'agrégation des sciences physiques en 1896, Marie Curie s'intéresse alors de près aux récentes découvertes de Wilhelm Roentgen sur les rayons X et d'Henri Becquerel qui a découvert la radioactivité en 1896. Son mari décide de l'aider dans ses recherches et, en 1898, ils publient leurs premiers résultats annonçant la découverte de deux nouveaux radioéléments : le polonium et le radium. En 1902, Marie reçoit avec son mari et Henri Becquerel le prix Nobel de physique. Elle est la première femme à recevoir un tel prix.

Malheureusement, Pierre Curie meurt brutalement en 1906, écrasé par un camion. Marie se retrouve seule avec ses deux filles, Irène et Ève. En 1911, elle obtient le prix Nobel de chimie pour ses travaux sur le radium et ses composés. Pendant la Première Guerre mondiale, elle dirige les services radiologiques de l'armée. En 1921, elle participe à la création de la Fondation Curie. Mais les expositions répétées aux rayonnements du radium qu'elle subit depuis des années ont raison de sa santé : elle meurt d'une leucémie en 1934.

Figure 28-3 : Pierre et Marie Curie dans leur laboratoire.

Roland Moreno : le marché aux puces

Roland Moreno, né au Caire en 1945, reçoit en cadeau à onze ans un livre qui le passionne : *Jean-François électricien*. Il se découvre alors une vocation de bricoleur qui va le conduire à fonder après son bac et des débuts dans le journalisme la société Innovatron dont le but est de trouver des idées et de les vendre. En 1974, il fait connaissance avec les circuits à mémoire. Et son génie de bricoleur le conduit à inventer la carte à puce qui offre une sécurité bien plus importante que les cartes à piste magnétique. Roland Moreno dépose ses brevets de 1974 à 1979. La télécarte pour le téléphone voit le jour en 1983 ; les banques décident d'équiper d'une puce les cartes de paiement en 1992. Depuis, ce système n'a cessé de trouver d'autres applications dans le domaine des télécommunications, de l'informatique. Et le marché aux puces demeure ouvert à toutes les innovations…

Chapitre 29

Les dix grands monuments parisiens

Dans ce chapitre :

- Paris : dix visites capitales

Dix grands monuments, seulement ? Non, il y en a cent, il y en a mille à Paris, mais les dix qui sont choisis seront vos points de départ pour en visiter un autre qui n'est pas cité ici, puis un autre, un autre encore ; et, disposant de l'histoire des premiers, vous comprendrez mieux les prochains puisque, dans les siècles passés, tout est lié, tout est cousin, tout est parent dans les vieux murs. Ainsi, vous avez découvert l'histoire et les trésors du Louvre : prolongez votre visite en allant au Palais-Royal ; vous rappelez-vous les personnages qui y sont passés, les événements qui s'y sont déroulés – tout cela se trouve dans les chapitres précédents, si vous avez bien suivi… Vous allez donc pouvoir imaginer sous ses arcades Bonaparte, Camille Desmoulins, et puis dans son bassin, Louis-Dieudonné qui se noie presque… Bonne visite !

Arc de triomphe de l'Étoile : un grand Chalgrin

50 mètres de hauteur, 45 mètres de largeur ! L'Arc de triomphe qui se situe à l'extrémité des Champs-Élysées est sorti de terre en 1806. Les architectes – Chalgrin dont c'est l'œuvre majeure, et son adjoint Raymond - auxquels Napoléon en commanda la construction avaient d'abord décidé de l'installer place de la Concorde… La première pierre est posée le 15 août 1806 – le jour de l'anniversaire de l'empereur. La dernière ne l'est qu'en juillet… 1836 ! Il faut dire qu'entre temps, l'Empire a disparu. Le monument reçoit sa consécration officielle le 15 décembre 1840, à l'occasion du retour des cendres de Napoléon.

Il existe un autre arc de triomphe, aux dimensions plus modestes : celui du Carrousel (14,60 m de hauteur, 17,60 m de longueur et 10 m de profondeur). Sa construction avait été décidée par Napoléon en 1806. Il servait d'entrée monumentale au Palais des Tuileries dont l'élévation avait été décidée par Catherine de Médicis au XVIème siècle. Le Palais brûlé en 1871 lors de la Commune, il n'est resté de lui que cette entrée. Si l'Arc de Triomphe de l'Etoile est un grand Chalgrin, celui du Carrousel n'est donc qu'un petit souvenir…

Les Invalides : un hôtel élevé en pleine campagne

En 1670, Louis XIV et Louvois décident – en prévision des nombreuses guerres qu'ils projettent – de créer un hôtel accueillant les soldats invalides qui seront entretenus aux frais des abbayes. La première pierre en est posée le 30 novembre 1671. Il s'élève alors en pleine campagne, dans la plaine de Grenelle, près du faubourg Saint-Germain. L'architecte en est Libéral Bruant. En 1677, Jules Hardouin-Mansart achève l'église Saint-Louis des Invalides et fait construire le dôme – 107 mètres de hauteur – sous lequel se trouve depuis 1840 Napoléon dans un tombeau de porphyre. À l'occasion du bicentenaire de la Révolution française, en 1989, 550 000 feuilles d'or, soit 12,65 kg, ont redonné au dôme son éclat d'origine.

Figure 29-1 : 550 000 feuilles d'or ont redonné au dôme son éclat d'origine.

Le Jardin des Plantes : le souffle de Buffon

En 1635, un édit du roi Louis XIII crée le Jardin royal des plantes médicinales. Ouvert au public dès 1640. Les Parisiens vont pouvoir y contempler des plantes rapportées du monde entier par des explorateurs et botanistes tel Joseph de Jussieu (1704 - 1779) qui parcourt le Pérou et l'Équateur. Son frère Bernard rapporte en 1734 deux pieds de cèdres du Liban, non pas dans son chapeau comme le veut la légende mais dans un pot… qui tombe à terre et se brise quelques mètres avant le lieu de son implantation dans le Jardin royal ; les plants terminent quand même le trajet en chapeau ! Le naturaliste Buffon (1707 - 1788) contribue à l'essor du Jardin du roi en faisant construire l'amphithéâtre, le belvédère et les galeries. C'est Bernardin de Saint-Pierre (1737 - 1814) – l'écrivain, auteur de *Paul et Virginie* – qui en est nommé intendant à la Révolution. Le Jardin royal devient le Muséum d'Histoire naturelle le 10 juin 1793. Aujourd'hui il porte le nom de Jardin des Plantes.

Figure 29-2 : Le jardin des Plantes au XIXe siècle.

Notre-Dame de Paris : à chœur ouvert

Elle fut commencée en 1163 et vraiment terminée en 1300 ! Elle a abrité quantité de grandes heures de l'Histoire de France : Saint-Louis y a déposé la couronne d'épines du Christ avant son transfert à la Sainte-Chapelle. Philippe le Bel y a ouvert les premiers états généraux du royaume. Le maréchal de Luxembourg – un moment mêlé à l'affaire des poisons – est envoyé guerroyer par Louis XIV en Flandres. Il s'y couvre de gloire et rapporte tant de drapeaux ennemis qu'il acquiert le surnom de « tapissier de Notre-Dame ». La démolition de Notre-Dame fut décidée à la Révolution. En sursis, elle devint entrepôt pour le fourrage, les vivres, et même écurie ! Ses cloches ont été fondues – sauf le gros bourdon –, ses statues brisées. Elle a failli brûler pendant la Commune, elle a risqué la destruction pendant la Libération. Mais elle est toujours là, debout devant les siècles – et dans le roman de Victor Hugo. *Notre-Dame de Paris !* Depuis plus de 800 ans, le chœur toujours ouvert…

Sacré-Cœur : sacrée foi !

Soixante-dix-huit projets présentés, exposés sur les Champs-Élysées en 1874 – avec un dôme pour la plupart – un seul retenu, celui qui a été réalisé sur la Butte Montmartre : le Sacré-Cœur ! La construction d'un monument destiné à installer dans les mémoires que la France avait été battue par les Prussiens et que, tôt ou tard, Dieu aiderait les Français – emplis de foi – à prendre leur revanche, fut décidée dès 1870, en pleine occupation prussienne. La première pierre fut posée le 16 juin 1875. Sa construction engloutit des sommes considérables, notamment dans les fondations composées de 83 piliers enfoncés à 33 mètres et reliés entre eux par de solides armatures – travaux bien plus importants que prévu ! La basilique ne fut complètement achevée qu'en juillet 1914 ; sa consécration était prévue le 17 octobre de la même année. Mais, le 2 août, les Français partaient – pour quatre ans et 1 350 000 morts – à la reconquête du terrain perdu en 1870 : l'Alsace et la Lorraine…

Le Panthéon : aux grands hommes – et grandes femmes !

Rappelez-vous Louis XV, malade à Metz en août 1744, au point qu'il est contraint par les dévots de confesser à toute la France ses péchés ! Et son vœu, s'il guérissait, de remplacer la vieille église Sainte-Geneviève par un édifice digne de ce nom ! Eh bien cet édifice, vous l'avez devant les yeux lorsque vous regardez le Panthéon. Ce monument où reposent les grands hommes – et les grandes femmes… – auxquels la patrie est reconnaissante, est en effet la nouvelle église Sainte-Geneviève, construite par Soufflot à partie de 1758. Trop vaste pour l'époque – 110 mètres de long, 84 de large et 83 de haut – il souffre, dès que ses murs sortent de terre, de mouvements du sol, et son architecte est discrédité. Terminé par Rondelet, élève de Soufflot, l'église Sainte-Geneviève est transformée en 1791 en temple républicain où sont accueillis les restes de Voltaire et de Rousseau. On y a installé Victor Hugo à sa mort en 1885. Des femmes ? Oui, elles sont deux (c'est tout !) :

Sophie Berthelot en 1907, et Marie Curie en 1995. En visitant la crypte du Panthéon, on remarque que de nombreuses places sont inoccupées. Vous qui lisez ce livre d'histoire de France, pensez-y…

Figure 29-3 : Pierre et Marie Curie entrent au Panthéon le 20 avril 1995.

La tour Montparnasse : 120 000 tonnes debout

Construite en quatre ans, de 1969 à 1973, la tour Montparnasse culmine à 209 mètres. De son cinquante-neuvième étage, on découvre la capitale dans son ensemble ou certains de ses détails – tout près, par exemple, dans le cimetière du même nom, on peut apercevoir les tombes de Baudelaire, Maupassant, Gainsbourg… Elle va chercher son assise à 70 mètres de profondeur, afin que ses 120 000 tonnes se tiennent bien droit !

Le Louvre : il était une fois, les loups…

« Les loups sont entrés dans Paris »… En des temps où Serge Reggiani n'existait pas pour chanter cette chanson, les loups entraient vraiment dans Paris, par temps de grande famine et de grands froids ! Il fallait donc entretenir des meutes capables de les chasser. Lorsque Philippe Auguste décide de construire une muraille pour clore la ville aux modestes dimensions vers 1200, elle passe sur l'emplacement d'un ancien chenil de limiers spécialisés dans la chasse au loup, le lieu ayant conservé le nom de lupara – chasse au loup –, devenu le Louvre. Le Louvre de Philippe Auguste n'occupe qu'un emplacement restreint, marqué dans la cour carrée (celle-ci date du XVIe siècle) par un dallage spécial. Sans cesse en travaux d'agrandissement au cours des siècles, le Louvre a bénéficié des apports de François Ier, Henri II, Henri IV, Louis XIII, Louis XIV – la colonnade qui date du XVIIIe siècle est l'œuvre, notamment, du frère du conteur Charles Perrault –, Napoléon Ier, Louis XVIII, et surtout Napoléon III. Le Grand Louvre de François Mitterrand – et sa pyramide de verre –, décidé en 1981, est inauguré en 1993.

Figure 29-4 : Dans la pyramide du Louvre.

La Tour Eiffel : 210 485 130 visiteurs !

Certes, vous avez déjà fait sa connaissance p. 538. Mais peut-on imaginer la passer sous silence dans un chapitre consacré aux grands monuments de la capitale ? Voulez-vous des chiffres ? Sa hauteur totale avec antenne : 324 m. Son poids total : 10 100 tonnes. Le nombre de rivets qui la font tenir debout : 2 500 000. Le nombre de pièces métalliques qui la composent : 18 038. Le temps qu'il a fallu pour la construire : 2 ans, 2 mois, 5 jours, entre 1887 et 1889. Le nombre de visiteurs qu'elle a reçus depuis sa construction : 210 485 130. Le nombre de visiteurs en 2003 : 6 103 978. Le nombre de visiteurs qui l'ont regardée sans y monter : on ne sait pas… Le nombre de marches jusqu'à son sommet (ainsi, le connaissant, vous ferez seulement semblant de les compter…) : 1665. Repeinte dix-sept fois - environ une fois tous les sept ans ; elle est passée du brun-rouge à l'ocre jaune et, aujourd'hui, au bronze - elle réclame 60 tonnes de peinture pour se refaire une beauté, peinture appliquée par 25 peintres, du haut en bas, pendant une année. Avez-vous remarqué, sur la frise des quatre façades de la tour, le nom de soixante-douze savants auxquels Eiffel voulut rendre hommage ; on y trouve Ampère, Lavoisier, Becquerel, Arago, Monge, Daguerre, Cuvier, Bichat… Un dernier chiffre ? A vous de le trouver : depuis combien de temps n'y êtes-vous pas monté ?...

Beaubourg : des plaisirs infinis

Un beau bourg pour des plaisirs sans aucune limite, et pas chers ! Voilà ce qu'était le Beaubourg d'hier. Ce l'est encore aujourd'hui : dans le Centre Pompidou – construit en 1977 par Richard Rogers et Renzo Piano –, qui rayonne de ses couleurs vives pendant que grimpe le long de sa façade un serpent anthropophage, on peut, pour pas cher, trouver d'infinis plaisirs intellectuels en contemplant les collections permanentes ou les œuvres temporaires exposées au public admiratif et ébahi ! Des modernes les plus engagés aux surréalistes les moins illisibles, on trouve tout à Beaubourg. Braque, Picasso, Duchamp, Chagall, Kandinsky, Mondrian, Delaunay, De Chirico, Dali, Magritte, Ernst… L'extérieur annonce l'intérieur : l'art, c'est l'audace !

Figure 29-5 : L'art, c'est l'audace. Vue du centre Pompidou.

Quiz des champions

Vous voilà arrivé au terme de ce voyage dans plus de deux millénaires d'Histoire. Mais qu'avez-vous retenu ? Répondez à 200 questions portant sur des thèmes variés et testez votre QH... Votre Quotien Historien, bien sûr ! Qui sait ? Peut-être avez-vous manqué votre vocation ! Un petit conseil : répondez d'abord aux dix « questions très faciles », histoire de commencer en douceur ! Et si vous séchez, il n'est pas interdit de tourner les pages du livre, toutes les réponses sont à l'intérieur. Rendez-vous page 763 pour les résultats !

I - Les grandes dates

1 – Vercingétorix est battu par Jules César à Alésia. Cela se passe :

a – en 42 av. J.-C.
b – en 52 av. J.-C.
c – en 42 ap. J.-C.
d – en 205 GTI (Graduation en temps international)

2 – Le Moyen Âge commence à la fin de l'Empire romain, c'est-à-dire en l'année :

a – 513 de l'ère arabe
b – 476 de notre ère
c – 499 de notre ère
d – 555 de l'ère gothe

3 – Charlemagne est couronné empereur par le pape Léon III le :

a – 25 décembre 800, jour de Noël, à Rome
b – 24 décembre 800 au milieu d'une immense crèche, à Aix-la-Chapelle
c – 4 novembre 800, jour de la Saint Charlemagne
d – 15 août 800 en la cathédrale Notre-Dame de Paris

4 – Dans le sud-ouest de la France, les derniers Cathares réfugiés dans la forteresse de Montségur sont vaincus par les chevaliers le :

a – 16 mars 1344, ils sont décapités
b – 16 mars 1244, ils sont brûlés vifs
c – 16 mars 1144, ils sont écartelés
d – 16 mars 1444, ils sont enterrés vivants

5 – « Tous maudits jusqu'à la septième génération ! » Cette phrase de vengeance est lancée d'un bûcher enflammé le :

a – 18 mars 1314, par Jacques de Molay, grand maître des Templiers
b – 30 mai 1431, par Jeanne d'Arc
c – 8 juillet 1617, par Léonora Galigaï
d – 27 octobre 1553, par Michel Servet

6 – La plus célèbre des batailles de François Ier, Marignan, s'est déroulée le :

a – mardi 14 septembre 1515
b – mardi 21 septembre 1515
c – mardi 28 septembre 1515
d – mardi 5 octobre 1515

7 – Que se passe-t-il de dramatique à Paris, le 1er août 1589 ?

a – la Seine, asséchée par la canicule, est traversée à pied sec
b – Jacques Clément assassine Henri III
c – Henri III assassine Jacques Clément
d – Henri III et Jacques Clément se noient dans la Seine

8 – Lors de la 4ème guerre de religion, les Protestants sont massacrés par les Catholiques :

a – le 24 août 1574, jour de la Saint Barthélemy
b – le 23 août 1573, veille de la Saint Barthélemy
c – le 26 août 1569, surlendemain de la Saint Barthélemy
d – le 24 août 1572, jour de la Saint Barthélemy

9 – L'explorateur français Samuel de Champlain fonde Québec en :

a – 1555
b – 1655
c – 1608
d – 1495

10 – L'année 1778 est marquée à Paris par le décès, à deux mois d'intervalle, de deux grands penseurs :

a – Montesquieu et Diderot
b – Voltaire et Rousseau
c – Bouvard et Pécuchet
d – Beaumarchais et Bartolo

11 – L'abolition des privilèges féodaux est votée par les députés de l'Assemblée nationale :

a – dans la nuit 2 au 6 août 1789
b – dans la nuit du 3 au 4 août 1789
c – pendant une représentation de *La Nuit des rois* de Shakespeare, le 31 septembre 1789
d – dans la nuit du 4 au 5 août 1789

12 – L'édit de Nantes permettait aux Protestants de célébrer leur culte. Louis XIV le révoque :

a – le 18 octobre 1685, à Fontainebleau
b – le 25 décembre 1661, à Nantes
c – le 1er septembre 1715, à Versailles
d – le 5 septembre 1638, à Paris

13 – La chute de Robespierre, qui marque la fin de la terreur, est provoquée :

a – le 4 floréal an III de la République
b – le 19 ventouse an IX de la République
c – le 22 frimeur an XX de la République
d – le 9 thermidor an II de la République

14 – La proclamation du Second Empire a lieu :

a – le 2 décembre 1851
b – le 2 novembre 1850
c – le 2 décembre 1849
d – le 2 décembre 1852

15 – Après la défaite de Napoléon III, la IIIe République est proclamée le :

a – 4 septembre 1870, dans la salle du trône, aux Tuileries
b – 14 juillet 1871, place de la Bastille
c – 31 septembre 1869, aux Invalides
d – 1er janvier 1872, au palais de l'Élysée

16 – En 1914, l'Allemagne déclare la guerre à la France le :

a – 28 juillet
b – 3 août
c – 4 août
d – 11 novembre

17 – Lors de la Seconde Guerre mondiale, le général de Gaulle, qui se trouve à Londres, lance un appel à la résistance le :

a – 18 juin 1939
b – 18 juin 1940
c – 18 juin 1942
d – 18 juin 1944

18 – Le débarquement des forces alliées en Normandie, lors de la Seconde Guerre mondiale, a commencé le :

a – 8 mai 1945
b – 6 juin 1945
c – 6 juin 1944
d – 10 mai 1944

II – Les grandes histoires d'amour

1 – Clovis est né des amours entre son père Chidéric Ier et la reine d'un pays voisin en 461. Il s'agit de :
- a – la reine d'Angleterre, Victoria Abrila Ire
- b – la reine de Thuringe, Dame Basine
- c – la reine des Poméraniens
- d – la reine d'Espagne, Conchita II

2 – Charlemagne, en 770, épouse la troisième de ses quinze femmes. Quel âge a-t-elle le jour de ses noces ?
- a – 35 ans, l'âge d'une maman
- b – 50 ans, l'âge d'une grand-maman
- c – 16 ans, l'âge d'une lycéenne de seconde
- d – 13 ans, l'âge d'une élève de quatrième

3 – Le fils clandestin de Robert le Diable, duc de Normandie, et d'Arlette sa maîtresse, gouvernera l'Angleterre en 1066. Il s'agit de :
- a – Richard Cœur de Lion
- b – Guillaume d'Urhan
- c – Guillaume le Conquérant
- d – Guillaume Apollinaire

4 – En 1115, le philosophe Abélard, 39 ans, séduit Héloïse, 16 ans. Le chanoine Fulbert, oncle de la jeune fille, se venge :
- a – il fait châtrer Abélard
- b – il le fait poignarder
- c – il l'étrangle
- d – il l'étouffe

5 – La belle Aliénor d'Aquitaine, reine de France, aime et épouse, en 1154 :
- a – Louis VII
- b – sa dame d'honneur, Aline Delonne
- c – le roi d'Angleterre Henri II
- d – le roi Sully-Tsair Ier

6 – En 1314, Philippe le Bel ordonne le châtiment des frères d'Aulnay que ses belles-filles recevaient la nuit. Ils vont être :
- a – noyés dans la Seine
- b – émasculés, puis attachés à la queue de chevaux fous
- c – brûlés à petit feu
- d – dévorés par des ours

7 – En 1385, Charles VI, seize ans, épouse une princesse de quinze ans. Qui est cette princesse ?
- a – Erika du Chomedu
- b – Isabeau de Bavière
- c – la princesse de Clèves
- d – la princesse Palatine

8 – Devenu fou en 1392, Charles VI va se consoler avec une belle Bourguignonne, est-ce :
- a – Odinette de Champdivers
- b – Louisette des Préverts
- c – Odette de Reconnaissance
- d – Odiverse de Champdinette

9 – Charles VII fait scandale en prenant pour maîtresse la Dame de Beauté, en 1444. De qui s'agit-il ?
- a – Agnès Soral
- b – Agnès Sorel
- c – Charlotte Kainsbur
- d – Agnès Borel

10 – En 1491, Charles VIII, laid, petit et bègue, va être aimé d'une splendide duchesse :
- a – Anne de Beaujeu
- b – Anne de Bretagne
- c – Anne de Pairdhu
- d – Edith de Retrouvet

11 – L'une des mille maîtresses de François Ier est aussi celle de son fils Henri II. Il s'agit de :
- a – Diane de Montfort
- b – Anne de Moitié
- c – Diane de Poitiers
- d – Fanny de Metz

12 – En 1609, Henri IV, à cinquante-six ans, tombe amoureux d'une jeune fille de 15 ans, est-ce :
- a – Henriette d'Entragues
- b – Henriette du Mans
- c – Charlotte de Montmorency
- d – Gabrielle d'Estrées

13 – La mère de Louis XIV, Anne d'Autriche, a aimé un grand personnage :
- a – le cardinal Mazarin
- b – le cardinal de Richelieu
- c – le cardinal Quatrepoints
- d – le cardinal de Retz

14 – En1659, Louis XIV doit rompre avec son plus grand amour qui n'est pas de sang royal. Il s'agit de :

a – Marie Mancini, nièce de Mazarin
b – Louise de la Vallière
c – la marquise de Montespan
d – Mademoiselle de Fontenay

15 – La marquise de Pompadour, maîtresse de Louis XV, s'appelait :

a – Marie Leszczynska
b – Jeanne Bécu
c – Jeanne Poisson
d – Jeanne Cherhal

16 – Marie-Antoinette eut une relation de cœur avec un beau Suédois qui s'appelait :

a – Harry de Vatanen
b – Axel de Fersen
c – Jean-Baptiste Bernadotte
d – Olaf Rheubonhome

17 – Joséphine et Marie-Louise ont été les femmes de Napoléon, mais qui fut sa maîtresse polonaise ?

a – Marie Vetsera
b – Marie Waleska
c – Marie Walesa
d – Marie Poppinska

18 – Victor Hugo fut un exilé politique de 1853 à 1870. Sa maîtresse ne le quitta pas d'une semelle. Elle s'appelait :

a – Erica Renoult
b – Juliette Capulet
c – Juliette Drouet
d – Julie Montagu

19 – Le 30 septembre 1891, le général Boulanger se suicide sur la tombe de sa maîtresse en Belgique. Elle s'appelait :

a – Marguerite de Bonnemain
b – Thérèse Quiry
c – Elise Cantonlat
d – Georgette des Groseilles

20 – Le général de Gaulle fut fidèle toute sa vie à la même femme ; les Français l'avaient surnommée :

a – Tante Lucie
b – Cousine Odette
c – Tante Yvonne
d – Bonne marraine

III – Les événements clés

1 – La guerre de Cent Ans qui opposa les Français aux Anglais a duré :

a – cent ans, de 1353 à 1453
b – cent seize ans, de 1337 à 1453
c – cent sept ans, de 1338 à 1445
d – cent vingt-deux ans, comme Jeanne Calment

2 – En 732, un événement qui décide de l'avenir de l'Occident se déroule à Poitiers :

a – Charles Martel y arrête les Arabes
b – Charles Martel y fait la paix avec les Arabes
c – les Arabes mettent Charles Martel en déroute
d – les Arabes inventent le premier téléphone

3 – L'instruction primaire devient obligatoire et laïque en 1882. Qui est à l'origine de cette loi ?

a – Marc Ferro
b – Luc Ferry
c – Jules Ferry
d – Léo Ferré

4 – Le 21 mars 1804, Bonaparte publie un document essentiel à la vie des Français :

a – le code pénal
b – le code civil
c – le livre de la cuisine française
d – le code de la route

5 – La Convention nationale (1792 à 1795) met en service :

a – la carte d'identité
b – le permis de conduire
c – la contravention
d – le système des poids et mesures (mètre, hectare, gramme, etc.)

6 – En 1936, le Front populaire obtient deux semaines de congés payés pour les salariés en signant :

a – le traité de Versailles
b – le décret des Maquignons
c – les accords de Matignon
d – les accords de Munich

7 – Le 22 septembre 1792, la Convention proclame :
a – le Directoire
b – le Consulat
c – la République
d – le Premier Empire

8 – En 1520 est construit le camp du Drap d'or, près de Calais. François Ier veut y éblouir :
a – Bismarck
b – Henri VIII d'Angleterre
c – Philippe II d'Espagne
d – Joseph II d'Autriche

9 – La naissance de la France date :
a – du traité de Verdun en 843
b – de la fin de l'Empire romain
c – du début du Moyen Âge
d – du traité de Paris en 1259

10 – Qui est à l'origine de l'ordonnance de Villers-Cotterets qui a imposé l'emploi de la langue française :
a – Louis IX, en 1249
b – Louis XIV en 1679
c – François Ier en 1539
d – Charles X en 1829

11 – La prise de la Bastille, prison royale, eut lieu :
a – le matin du 14 juillet 1789
b – en fin d'après-midi, le 14 juillet 1789
c – le soir du 14 juillet 1792
d – dans la nuit du 13 au 14 juillet 1789

12 – En 1431, après avoir presque bouté les Anglais hors de France, Jeanne d'Arc est :
a – décapitée puis brûlée à Paris
b – étranglée puis brûlée à Bourges
c – brûlée vive à Rouen
d – écartelée à Caen

13 – En 1894, le capitaine Alfred Dreyfus est accusé à tort d'espionnage au profit d'un pays européen :
a – l'Angleterre
b – l'Italie
c – l'Allemagne
d – l'Espagne

14 – Émile Zola publie en 1898 un article intitulé *J'accuse* pour prouver l'innocence de Dreyfus. Qui en écrit le titre ?
a – Émile Zola lui-même
b – Mathieu Dreyfus, frère d'Alfred
c – Jean Jaurès
d – Georges Clemenceau

15 – La Ve République commence :
a – en septembre 1958
b – en août 1946
c – en mai 1968
d – en mai 1981

16 – La Commune, révolte des Parisiens contre le pouvoir des Versaillais, a duré :
a – 100 jours
b – 7 ans
c – 70 jours
d – 1 semaine

17 – Lors de la dernière guerre mondiale, Paris fut libérée :
a – en mai 1945
b – en août 1944
c – en décembre 1944
d – en novembre 1945

18 – Le cessez-le-feu qui marque la fin de la guerre d'Algérie est proclamé le :
a – 19 mars 1962
b – 19 mars 1961
c – 8 mai 1964
d – 10 mai 1958

19 – Jugé trop indulgent par Robespierre, ce tribun de la Révolution est guillotiné le 5 avril 1794. Il s'agit de :
a – Honoré Mirabeau
b – Georges Danton
c – Jean-Baptiste Carrier
d – Bernard Thappy

20 – La Première Guerre mondiale est déclenchée, à Sarajevo, par l'assassinat de :
a – Gravilo Princip
b – François-Ferdinand, l'héritier d'Autriche-Hongrie
c – l'ambassadeur de France
d – l'ambassadeur d'Allemagne

IV – Les rois

1 – Le premier roi de France est :

a – Charlemagne
b – Clovis
c – Charles II, le Chauve
d – Clodion le chevelu

2 – Saint-Louis, c'est :

a – Louis VI
b – Louis V
c – François II
d – Louis IX

3 – En 1572, Henri IV épouse :

a – Marguerite de Navarre
b – Marguerite de Valois
c – Marguerite du Rat
d – Marguerite d'Angoulême

4 – Qui succède à Louis XII ?

a – Louis XIII
b – Henri II
c – François Ier
d – Charles X

5 – Le règne personnel de Louis XIV dure :

a – 75 ans
b – 33 ans
c – 107 ans
d – 54 ans

6 – Au sous-sol du Grand Louvre, on peut voir les fondations du palais de :

a – Philippe le Bel
b – Philippe Auguste
c – Philippe Égalité
d – Philippe-Gilles d'Ass

7 – Le 21 janvier 1793, Louis XVI fut guillotiné. Il avait :

a – 67 ans
b – 77 ans
c – 39 ans
d – 49 ans

8 – Louis XV est :

a – le fils de Louis XIV
b – le petit-fils de Louis XIV
c – l'arrière-petit-fils de Louis XIV
d – le petit-neveu de Louis II Funès

9 – Rue de la Ferronnerie, à Paris, le 14 mai 1610, Henri IV est assassiné par :

a – Ravachol
b – Ravaillac
c – Clyde Barrow
d – Damiens

10 – Dans la chanson bien connue, quel roi est évoqué sous le nom de Dagobert afin d'éviter la censure ?

a – Charles VII
b – Louis XVIII
c – Louis XVI
d – Henri Ier

11 – Louis XI fait de la France un pays stable et centralisé. Il est surnommé :

a – l'universelle araigne
b – le petit manitou
c – tonton Louis
d – Loulou Bécane

12 – Le bras droit de Charles V (paralysé du bras droit...) s'appelait :

a – Braco Derecha
b – Bertrand du Guesclin
c – Jean de Montfort
d – Pierre de Dreux

13 – En 1559, Henri II meurt après que cinq éclats de bois lui entrent dans la tête :

a – pendant qu'il réparait sa lance
b – à la fin d'un tournoi
c – en chevauchant dans un sous-bois
d – en bricolant

14 – Les Anglais établis en France, il ne reste à Charles VII qu'une partie de son royaume. On l'appelle :

a – le roi d'Orléans
b – le roi de Tours
c – le roi de Parthénia
d – le roi de Bourges

15 – Ce roi de France vécut de 1356 à 1360 dans une prison dorée à Londres, c'est :

a – Charles d'Orléans
b – Henri V
c – Jean le Bon
d – Philippe le Bon

16 – Fiancé à la gracieuse Marie Stuart, ce roi mourut en 1560, d'une méningite, à seize ans :

a – Philippe IV
b – François II
c – François III
d – Charles XII

17 – Le 8 avril 1498, pourquoi le roi Charles VIII meurt-il subitement ?

a – Il est empoisonné
b – Il heurte le linteau d'une porte
c – Il se voit dans un miroir
d – Il fait une chute de poney

18 – La reine Clotilde confie ses trois petits-enfants au roi Clotaire son fils. Qu'en fait-il ?

a – Il assure leur éducation guerrière
b – Il en égorge deux, le troisième s'échappe
c – Il les exile
d – Il les fait tondre

19 – Louis XI souffre de :

a – troubles de la rate
b – eczéma purulent
c – hémorroïdes
d – de tout cela à la fois

20 – Le 24 avril 1617, Louis XIII fait assassiner le conseiller de sa mère qui le méprise. Il s'agit de :

a – Concino Concini
b – Le Père Joseph
c – Sully Prudhomme
d – Charles de Luynes

V – Les événements insolites

1 – Clovis tue un de ses soldats qui avait refusé quel partage ?

a – celui du vase de Soissons
b – celui des captives, butin de guerre
c – celui des tâches ménagères
d – celui des paquetages

2 – En 1421, la France est gouvernée par :

a – une femme (Isabeau de Bavière)
b – un évêque (Mgr Jagaillot)
c – trois rois (Henri V d'Angleterre, Charles VI et VII)
d – deux empereurs (Frédéric Ier et II)

3 – En 1564, Charles IX prend une décision qui modifie les habitudes des Français :

a – l'année commencera le 1er janvier dès 1565
b – la durée d'une heure est portée à 120 demi-minutes
c – le travail de nuit est créé
d – la première semaine de congés payés est instaurée

4 – Gerbert d'Aurillac importe le zéro en France, en 999. Ce mot vient de l'indien sunya qui signifie :

a – cercle vide
b – trou plein
c – ovale à remplir
d – vacuité

5 – Charlemagne qui réorganise l'enseignement ne sait pas :

a – lire
b – écrire
c – compter
d – chahuter

6 – L'hymne anglais *God save the Queen* fut écrit par Lully pour remercier Dieu :

a – d'avoir guéri la fistule anale de Louis XIV
b – d'avoir gommé les vergetures de Madame de Maintenon
c – d'avoir créé le lavement
d – d'avoir logé les Anglais dans une île

7 – La marquise de Montespan utilisait une préparation contre les rides à base de saindoux et :

a – de poudre de plomb
b – d'huile de soja
c – de bouse de vache
d – de limaille d'or

8 – Pas de toilettes dans le Versailles de Louis XIV, mais combien de chaises percées ?

a – 12
b – 969
c – 1 820
d – 274

9 – Henry Chalais qui avait conspiré contre Louis XIII est décapité à Nantes. Le bourreau occasionnel doit lui donner :

a – 29 coups d'épée sur le cou
b – 112 coups de masse sur le corps
c – 63 coups de marteau sur la tête
d – 37 coups de pistolet dans le dos

10 – Charles IX était un peu bizarre. Il lui arrivait de courir dans les couloirs du Louvre :

a – avec une selle de cheval sur le dos
b – avec un serpent tenu en laisse
c – sans aucun vêtement
d – complètement nu

11 – Marié à Marie-Louise d'Autriche, Napoléon devient, par alliance, le :

a – neveu de Louis XVIII
b – petit-neveu de Louis XVI
c – oncle de Charles X
d – cousin de Louis-Philippe

12 – « Robespierre ira loin, il croit tout ce qu'il dit !... » cette phrase est prononcée par :

a – Mirabeau
b – Camille Desmoulins
c – Danton
d – Adolphe Thiers

13 – « Vous n'avez pas le monopole du cœur ! » Cette phrase est prononcée en 1974, lors d'un débat télévisé, par :

a – Mitterrand qui répond à Giscard
b – Giscard qui répond à Mitterrand
c – PPDA qui s'adresse aux téléspectateurs
d – le professeur Chabrol au professeur Barnard

14 – « La réforme oui, la chienlit non ! », le général de Gaulle prononce cette phrase en mai 1968 :

a – lors d'une allocution télévisée
b – en conseil des ministres
c – à Baden-Baden
d – à la Sorbonne

15 – Le président de la République Paul Deschanel est atteint de troubles mentaux en 1920. On le remarque parce qu'il :

a – se met nu dans les bassins de Rambouillet
b – se promène avec un entonnoir sur la tête
c – prend son chien pour un électeur
d – arrive à l'Elysée à dos de chameau

16 – En avril 1912, la Bande à Bonnot comprend Bonnot lui-même, l'homme à la carabine et :

a – Pierrot le Fou
b – Marcel le Flingueur
c – Raymond la Science
d – Pépé le Moko

17 – En 1870, alors que les Prussiens encerclent Paris, Gambetta réussit à fuir en province grâce à :

a – un vélo de course
b – des patins à roulettes
c – une montgolfière
d – une catapulte

18 – En 1830, Charles X abdique. Louis XIX lui succède. Combien de temps son règne dure-t-il ?

a – deux ans
b – deux semaines et quatre jours
c – deux heures et demie
d – deux minutes, car il signe aussitôt son abdication

19 – Sur le Northumberland qui l'emmène à Sainte-Hélène, Napoléon joue le jour de son anniversaire, il gagne :

a – une canne anglaise
b – le bicorne de Nelson
c – 80 napoléons
d – 80 louis

20 – La Fayette, admirateur des jeunes États-Unis, prénomme son fils :

a – Georges Washington
b – Colorado
c – Thomas Jefferson
d – Sinatra

VI – Les grands personnages

1 – Colbert, surintendant de Louis XIV, est d'un abord si froid que Madame de Sévigné l'appelle :

a – l'Arctique
b – le Pôle
c – le Nord
d – le Frigo

2 – Fouquet qui est devenu plus riche que Louis XIV va mourir :

a – décapité à l'épée
b – après dix-huit ans de forteresse à Pignerol
c – de rire
d – aux galères

3 – Richelieu, le ministre de Louis XIII, est surnommé :

a – la main de velours dans un gant de fer
b – le pied de taureau dans un escarpin
c – la cheville cavaleuse
d – la main de fer dans un gant de velours

4 – Sully, surintendant d'Henri IV, croit en l'agriculture. Ne dit-il pas : « Labourage et pâturage sont :

a – les deux pieds de la France »
b – les deux mains de la France »
c – les deux mamelles de la France »
d – la plus belle paire de France »

5 – En 1588, on prévient Henri de Guise que les proches du roi vont l'assassiner. Il répond :

a – Ils n'oseraient pas !
b – Je n'attends que cela !
c – Je les assassinerai ensuite !
d – Peuh !...

6 – Henri de Guise est assassiné le 23 décembre 1588. Henri III, en voyant le cadavre, déclare :

a – Il est gravement mort !
b – Pourtant, il le savait !
c – À votre guise, Guise !
d – Il est encore plus grand mort que vivant !

7 – Un huissier présente à de Gaulle Jacques Tati en lui disant : « Mon oncle » – titre d'un de ses films. De Gaulle répond :

a – Excellent film !
b – Je suis très fier de votre neveu !
c – Bravo !
d – Super !

8 – Afin de lutter contre le déficit en calcium, en 1954, Pierre Mendès-France institue, dans les maternelles :

a – le verre de jus de pomme
b – le verre de vin rouge pour les institutrices
c – le verre de lait
d – la douzaine d'huîtres

9 – Au soir de la bataille de Marignan, Bayard :

a – est armé chevalier par François Ier
b – arme chevalier François Ier
c – désarme les chevaliers ennemis
d – prend sa retraite

10 – En 1228, Blanche de Castille est soupçonnée d'attendre un enfant du légat du pape. Pour faire face à ces accusations :

a – elle se met nue devant un jury d'honneur
b – elle réunit ses accusateurs et les fait exécuter
c – elle fait exécuter le légat du pape
d – elle met des boules Quiès

11 – De 1643 à 1661, Mazarin a amassé une fortune évaluée :

a – à la moitié du budget de la France
b – au dixième du budget de la France
c – à la valeur de Versailles
d – au prix d'un cinq-pièces dans le XVIe arrondissement de Paris

12 – Pendant les campagnes napoléoniennes, le Maréchal Murat ne fut blessé qu'une fois, par une balle :

a – dans la bouche, en criant « À l'attaque »
b – dans les jambes, en criant « Aïe, aïe, aïe ! »
c – dans une autre partie du corps…
d – au pied, en montant à cheval

13 – Le maréchal Ney fut condamné à mort par les royalistes en 1815. Il commanda lui-même son exécution en criant :

a – Soldats, droit au cœur !
b – Feu !
c – Vive l'empereur !
d – Vive Napo !

14 – Compagnon de Jeanne d'Arc, ce maréchal de France est accusé, en 1440, du meurtre de près de mille enfants. Il s'agit de :

a – Jules de Ré
b – Gilles II de Retz
c – Gille de Rais
d – J.L. Deray

15 – La Fayette imagine et impose la cocarde tricolore :

a – le 17 juillet 1789, en présence du roi
b – le 20 septembre 1792, après Valmy
c – en mars 1815, pour le retour de Napoléon
d – le 2 août 1830, lors de l'abdication de Charles X

16 – Outre ses dons d'homme politique, le Régent Philippe d'Orléans qui succède à Louis XIV est aussi :

a – un excellent compositeur de musique
b – un bon jardinier
c – un serrurier hors pair
d – un parfait cuisinier

17 – De 1716 à 1720, un financier écossais crée en France une bulle spéculative au moyen du papier monnaie. Il s'agit :

a – d'Averell Dalton
b – de John Silver
c – de John Law
d – de Johnny Walker

18 – Excellent administrateur de Saint-Domingue, cet ancien esclave est emprisonné par Bonaparte au fort de Joux où il meurt en 1803. Il s'agit de :

a – Serge Makélélé
b – Toussaint Louverture
c – Christophe Hispaniola
d – Leolel Fernandez

19 – Beaumarchais critique le pouvoir royal en faisant dire à Figaro dans l'une de ses pièces : « Sans la liberté de blâmer,

a – il n'est point de vérité »
b – on ne fait pas son beurre »
c – la cruche ne s'emplit pas »
d – il n'est point d'éloge flatteur »

20 – Voltaire réhabilite la mémoire d'un protestant toulousain injustement accusé du meurtre de son fils. Il s'agit de :

a – Lally-Tholendal
b – Jean Calas
c – Jean Calvin
d – Pierre l'Ermite

VII – Les lieux de l'Histoire

1 – En 1952, en Côte-d'Or, un vase de bronze de 208 kg – trouvé dans la commune dont il porte le nom – est découvert dans une tombe datée de 2500. On l'appelle :

a – le critère de Vax
b – le cratère de Vix
c – le cratère de Sax
d – le cratère de Sex

2 – En mai – 52, Vercingétorix met Jules César en échec. Cela se passe à Gergovie qui se trouvait à l'emplacement de :

a – Dijon
b – Clermont-Ferrand
c – Malo-Brédune
d – Perpignan

3 – À partir de 797, Charlemagne se fixe à proximité de sources qui calment ses rhumatismes. Elles se trouvent près de :

a – Vichy
b – Aix-les-Bains
c – Aix-la-Chapelle
d – Perrier-Picon

4 – Compostelle, en Galice, lieu de pèlerinages dès 950, signifie :

a – le champ d'étoiles
b – dans la compote
c – le bon compost (bonne terre)
d – contrôleuse des chemins de fer

5 – Une sanglante bataille a failli déplacer, en 992, le centre politique de la France vers l'ouest. Elle a eu lieu à :

a – Concarneau
b – Le Pouldu
c – Conquereuil
d – Saint-Molf

6 – Où se trouve le piton rocheux de Montségur, place forte des derniers Cathares ?

a – En Ardèche
b – En Ariège
c – Dans les Pyrénées-Atlantiques
d – Dans la Somme

7 – La première bataille navale de la guerre de Cent ans se déroule à L'Écluse, c'est-à-dire :

a – dans l'avant-port de Bruges
b – dans l'avant-port de Bordeaux
c – dans le port d'Amsterdam
d – dans le port de Cherbourg

8 – En 1711, Louis XIV fait raser l'abbaye de Port-Royal-des-Champs, dans la vallée de Chevreuse. On peut voir ce qu'il en reste à :

a – Choisel
b – Magny-les-Hameaux
c – Million-la-Chapelle
d – Chevreuse

9 – Pendant la Première Guerre mondiale, des dizaines de milliers de soldats tombent au Chemin des dames qui se trouve :

a – entre Cerny-en-Laonnois et Craonne
b – entre Saint-Quentin et Boué
c – entre La Ferté-Milon et Villers-Cotterets
d – entre Charly et Château-Thierry

10 – L'auteur du *Grand Meaulnes*, Alain Fournier, tombe aux Éparges le 22 septembre 1914, dans le département de :

a – la Meurthe-et-Moselle
b – la Marne
c – la Haute-Marne
d – la Meuse

11 – Six millions de Juifs disparaissent dans les camps de la mort pendant la dernière guerre. Parmi eux, la mère et la sœur de Simone Veil, mortes à Auschwitz qui se trouve :

a – en Pologne
b – en Slovaquie
c – en Tchéquie
d – en Allemagne

12 – Partant de Paris, pour aller à Colombey-les-Deux-Églises où a vécu le général de Gaulle, il faut prendre la direction de :

a – Chaumont en Haute-Marne
b – Chaumont dans le Loir-et-Cher
c – Chaumont dans l'Oise
d – Châteaubriant

13 – En 1863, 62 légionnaires tiennent en échec 1 800 ennemis pendant une journée. Il y a trois survivants. Cela se passe :

a – au Cameroun
b – à Camerone, au Mexique
c – à Camaret, en Bretagne
d – à Campoformio

14 – La Grande Armée de Napoléon doit traverser la Bérézina gelée lors de la retraite de Russie. Cette rivière se trouve :

a – en Ukraine
b – en Russie
c – en Biélorussie
d – en Poldévie

15 – Nelson bat la flotte française le 21 octobre 1805, lors de la bataille de Trafalgar qui se situe :

a – au large des Açores
b – au large des côtes sud d'Espagne
c – près du cap Gris-Nez
d – au large d'Alexandrie

16 – Le 20 juin 1791, le roi Louis XVI et sa famille fuient Paris, mais sont arrêtés à Varennes. Où se trouve cette ville ?

a – près de Rennes
b – près de Verdun
c – près de Rennes-le-Château
d – près de Sète-Rottar

17 – « J'y suis, j'y reste ! », crie Mac-Mahon, le 8 septembre 1855, à la tête de ses troupes qui se sont emparées du fort de Malakoff. Où ?

a – en Crimée
b – au sud de Paris
c – au centre de Nantes
d – près de Saint-Pétersbourg

18 – En mars 1560, pour avoir voulu enlever le roi, cent protestants sont pendus au balcon :

a – de Diane de Poitiers
b – du château d'Amboise
c – du château de Versailles
d – du 14 juillet

19 – Des travaux mettent au jour en 1869 les arènes de Lutèce, datant du IIe siècle. Où se trouvent-elles ?

a – au sud de Nîmes
b – près du Lutétia, à Paris
c – métro Monge, à Paris
d – au Clos-Lucé

20 – L'armistice du 11 novembre 1918 est signé dans un wagon, à Rethondes, petite commune située :

a – à l'est de Compiègne, dans l'Oise
b – près de Versailles
c – à la Villette
d – au sud de Paris

VIII – Les grandes inventions et découvertes

1 – En 1770, il invente le fardier, un chariot à vapeur très lent et très bas :

a – Valéry Bougnat
b – Jean-Denis Bredin
c – Joseph Cugnot
d – Jean Moncorgé

2 – La première montgolfière s'envole le 4 juin 1783, à Annonay. On y a mis :

a – un mouton, un coq et un canard
b – un serpent, une rose et un renard
c – une vache, trois éléphants et deux girafes
d – une chèvre, une poule et chien

3 – « La République n'a pas besoin de savants. » Ainsi, Lavoisier est envoyé à la guillotine le 9 mai 1794. Il était :

a – le père de la physique moderne
b – le père de la chimie moderne
c – le père de la mécanique moderne
d – le fils de la rhétorique ancienne

4 – André-Marie Ampère, inventeur de l'électro-aimant, du galvanomètre, a donné son nom à la mesure de :

a – l'intensité du courant électrique
b – la puissance du courant électrique
c – l'intensité du champ électrique
d – les coups de foudre

5 – Nommé professeur à l'hôpital Necker en 1816, il invente un instrument d'auscultation, le stéthoscope. Il s'appelle :

a – Marcel Debalbec
b – Yann Poullaouec
c – René Laennec
d – Jean Charcot

6 – Né à Versailles en 1712, l'Abbé de L'Épée conçoit une méthode qui, depuis, a secouru de nombreuses personnes. Cette méthode concerne :

a – le sauvetage en mer
b – la fabrication des prothèses
c – l'asepsie
d – le langage des sourds-muets

7 – Devenu aveugle à trois ans, il met au point, en 1829, un système de lecture en relief qui porte son nom :

a – Didier l'Embrouille
b – Vincent Braille
c – Louis Braille
d – Bernard de Breteuil

8 – Louis Pasteur (1822-1895) découvre le vaccin contre :

a – la peste
b – le choléra
c – le tétanos
d – la rage

9 – Issue d'une famille de Lyon, les frères Lumière sortent le premier film en 1895. Ce sont Louis et :

a – Joseph
b – Ignace
c – Octave
d – Auguste

10 – En 1902, pour la première fois, une femme reçoit un prix Nobel. Il récompense ses travaux en physique. Il s'agit de :

a – Marie Curie
b – Isabelle Huppert
c – Mariah Carey
d – Irène Jolliot-Curie

11 – Ce père de l'aviation est aussi le père du mot « avion ». Son prototype, l'Éole, ressemblait à une chauve-souris. Il s'agit de :

a – Louis Blériot
b – Clément Ader
c – Louis Bréguet
d – Maxime Loiseau

12 – Brevetée en 1830 pour le point de chaînette, la machine à coudre est née du savoir-faire d'un tailleur du Rhône, du nom de :

a – Barthélemy Thimonier
b – Isaac Singer
c – Yakel Quicout
d – Théophile de Cannette

13 – Inventeur du phonographe avant Edison, du principe de la photo des couleurs, excellent poète, il est mort méconnu et misérable en 1888. Qui est-ce ?

a – Paul Verlaine
b – Stéphane Mallarmé
c – Charles Cros
d – Guy-Charles Cros

14 – En 1921, deux médecins biologistes découvrent le vaccin contre la tuberculose. Ce sont :

a – Albert Guérin et Camille Calmette
b – Albert Calmette et Camille Guérin
c – Albin Guéral et Camille Bermette
d – Alain Juppin et Jean-Pierre Raffaré

15 – La première greffe du rein est réalisée à Paris en 1959 par le professeur :

a – Jean Burger
b – Jacques Berger
c – Jean Hamburger
d – Jacques Hamberger

16 – Le squelette de Lucy, une australopithèque, est découvert en Éthiopie par une équipe de paléontologues dirigée par le Français :

a – François Coppée
b – Yves Coppens
c – l'Abbé Badis
c – Raymond Copain

17 – En 1794, la première ligne de télégraphie aérienne est installée entre Paris et Lille, par ses inventeurs :

a – Gustave et Maxime du Camp
b – Thibault et Thierry Chmonfisse
c – Claude et Ignace Chappe
d – Robert et Marc Chapatte

18 – La Société des Gens de Lettres a été fondée en 1838 par un romancier du XIXe siècle :

a – Émile Zola
b – Honoré de Balzac
c – Victor Hugo
d – Guy de Maupassant

19 – Nicéphore Niepce a inventé :

a – l'eau chaude
b – la photographie
c – le fil à couper le beurre
d – la corde à nœuds

20 – Né au Caire en 1945, Roland Moreno a inventé :

a – le collier anti-puces
b – l'antibiotique anti-tiques
c – la carte à puce
d – le GSM

IX – Les guerres et batailles

1 – À Tolbiac, face aux Alamans, Clovis demande à Dieu la victoire. En échange :

a – il construit une cathédrale
b – il offre une tonne d'or à son curé
c – il embrasse le culte de Clotilde, la reine
d – il continue de s'occuper de son propre culte

2 – À la bataille de Fontenoy, le 11 mai 1745, Louis XV manifeste un étrange comportement alors que les boulets tombent dangereusement autour de lui :

a – il refuse de bouger
b – il essaie de les attraper
c – il fuit vers l'ennemi
d – il réprimande son cheval

3 – Napoléon a bénéficié d'un allié inattendu, le 2 décembre 1805 au matin, contre les Austro-Russes :

a – le brouillard d'Austerlitz
b – la lune d'Austerlitz
c – le soleil d'Austerlitz
d – les oies d'Austerlitz

4 – À Waterloo, le 18 juin 1815, Napoléon croit voir arriver les renforts français de Grouchy, mais ce sont les troupes :

a – du maréchal Nouvoy-Lha
b – du Prussien Blücher
c – de l'Autrichien Moincherh
d – de l'Anglais Marlborough

5 – Le 27 juillet 1214, Philippe Auguste remporte la bataille de Bouvines ; c'était un :

a – dimanche
b – lundi
c – samedi
d – vendredi

6 – À la bataille de Crécy, le 26 août 1346, afin de faire fondre ses chevaliers sur l'ennemi, Philippe VI de Valois prend l'incroyable décision de :

a – tuer son avant-garde à pied
b – transpercer les chevaux trop lents
c – crier des horreurs
d – chanter du Claude Françoué

7 – La bataille de Crécy est remportée par les Anglais dont les archers utilisent des flèches de frêne d'un mètre de longueur. Ils en tirent :

a – deux à la minute
b – soixante-dix à la minute
c – dix à la minute
d – une par ci, une par là

8 – À Azincourt, en 1415, pourquoi les 50 000 chevaliers français ont-ils été battus par à peine 10 000 Anglais ?

a – ils avaient oublié leurs lances
b – ils essayaient de nouveaux casques intégraux
c – ils se sont enlisés
d – ils n'avaient pas nourri leurs chevaux

9 – À Azincourt, après la bataille, 1 700 chevaliers français désarmés sont décapités par 200 Anglais. L'un des rares épargnés est le poète :

a – Charles Péguy
b – Charles d'Orléans
c – Charles Le Quintrec
d – François Villon

10 – La dernière bataille de la guerre de Cent Ans se déroule le 17 juillet 1453 à :

a – Formigny, en Normandie
b – Bordeaux
c – Castillon-la-Bataille
d – Dysney (Landes)

11 – Marignan, 1515. Mais, où se trouve Marignan ?

a – près de Milan, en Italie
b – près de Zermatt, en Suisse
c – dans le Liechtenstein
d – au sud d'Innsbruck, en Autriche

12 – Une bataille à deux : le robuste seigneur de la Châteigneraie contre le fluet baron de Jarnac. Le baron utilise son fameux coup… de Jarnac :

a – il lui tranche le jarret
b – il lui crève les yeux
c – il lui fait un croc en jambe
d – il lui donne un coup très mal placé…

13 – 1588 : l'invincible Armada ! 130 vaisseaux, 30 000 hommes, mais un échec total. Elle était lancée par :

a – les Français contre les Espagnols
b – les Espagnols contre les Français
c – les Anglais contre les Espagnols
d – les Espagnols contre les Anglais

14 – De juin 1627 à octobre 1628, Richelieu fait le siège de La Rochelle, ville protestante. Sur 28 000 habitants, les survivants sont au nombre de :

a – 17 500
b – 5 500
c – 11 200
d – 13 400

15 – En 1689, Louis XIV corrige physiquement Louvois qui avait fait ravager le Palatinat (nord de l'Alsace). De quelle façon ?

a – il lui donne une gifle
b – il lui décoche un crochet du gauche
c – il lui assène un coup de pincettes
d – il lui botte le derrière

16 – « Malbrouk s'en va-t-en guerre… » Le duc de Marlborough (Malbrouk) a bien existé. Il fut régulièrement vainqueur des Français. C'est l'ancêtre de :

a – Winston Churchill
b – Margaret Thatcher
c – Arnold Schwarzenegger
d – Mickey Rooney

17 – « Messieurs les Anglais, tirez les premiers ! » Au début de quelle bataille cette phrase fut-elle prononcée ?

a – Waterloo
b – Austerlitz
c – Wagram
d – Fontenoy

18 – De février à novembre 1916, Verdun fait 700 000 morts. En mars, un capitaine français, emmené prisonnier à Mayence, est déclaré mort. Il s'agit de :

a – Roger Salengro
b – Charles de Gaulle
c – Jean Giono
d – Louis Destouches

19 – Juillet 1942. Des dizaines de milliers de Juifs sont arrêtés en France lors de la rafle du Vél d'Hiv, puis déportés vers les camps de la mort. Cette opération porte le nom cynique de :

a – Vent printanier
b – Brise d'été
c – Souffle estival
d – Vent de juillet

20 – La dernière bataille de la guerre d'Indochnie, Dien-Bien-Phu, est un désastre pour les Français qui doivent se rendre aux forces viêt-minh le :

a – 8 mai 1953
b – 7 mai 1954
c – 7 mai 1953
d – 8 mai 1954

X – Les monuments historiques

1 – La Sainte Chapelle, sur l'île de la Cité à Paris, coûta 40 000 livres. Combien coûtèrent les reliques du Christ qu'elle abritait ?

a – 40 000 livres
b – 10 000 livres
c – 120 000 livres
d – 500 livres

2 – Tintin rend souvent visite au capitaine Haddock dans le château de Moulinsart, dessiné par Hergé qui avait pris pour modèle le château de :

a – Saumur
b – Cheverny
c – Chambord
d – Argol

3 – 365 cheminées ! 440 pièces ! Un escalier à double révolution ! Tel est le château de Chambord, construit à partir des plans de :

a – Michel-Ange
b – Jean Perrel-Nouvault
c – Léonard de Vinci
d – Tom Hatt

4 – La première pierre de l'Arc de Triomphe de l'Étoile construit à la gloire de la Grande Armée fut posée le 15 août 1806. Il fut inauguré le :

a – 29 juillet 1836
b – 15 décembre 1840
c – 2 avril 1810
d – 18 juin 1950

5 – Le dôme des Invalides, œuvre d'Hardouin-Mansart en 1677, a été redoré en 1989 au moyen de 550 000 feuilles d'or totalisant un poids de :

a – 500 tonnes
b – 5 000 tonnes
c – 12,65 kg
d – 126,5 kg

6 – Construite de 1164 à 1300, la cathédrale Notre-Dame de Paris possède un bourdon de 13 tonnes dans sa tour sud. Quel nom Louis XIV lui a-t-il donné ?

a – Maya
b – Emmanuel
c – Sylvia
d – Kristel

7 – Le Panthéon est dédié aux Grands hommes. Abrite-t-il cependant des femmes ?

a – En principe, non
b – Non
c – Oui, deux
d – Oui, quatorze

8 – Les loups ont souvent menacé Paris en des temps très anciens. Il fallait pour les chasser entretenir une meute située :

a – au Louvre
b – rue de la Grange-aux-Loups
c – square Saint-Lou
d – avenue Queue-Leu-Leu

10 – Quelle est la hauteur totale de la tour Eiffel depuis janvier 2005 ?

a – 324 m
b – 324 m le jour, 324,5 m la nuit
c – 342 m
d – 312 m

11 – Quel écrivain fut nommé intendant du Jardin royal – aujourd'hui Jardin des Plantes –, à Paris, pendant la Révolution ?

a – Jean-Jacques Rousseau
b – Bernardin de Saint-Pierre
c – Philippe Sollers
d – Restif de la Bretonne

12 – Construite en quatre ans, de 1969 à 1973, la Tour Montparnasse comporte combien d'étages ?

a – 37
b – 137
c – 59
d – 69

13 – Le centre Pompidou a été construit en 1977 sur les plans de :

a – Richard Roggers et Enzo Ferrari
b – Richard Rogers et Renzo Piano
c – Jean Reynaud et Enzo Pleyel
d – José Luis Borgès et Emile Cioran

14 – La cité fortifiée de Carcassonne qui date du XIIe siècle fut sauvée de la destruction sous le Second Empire par l'Inspecteur général des monuments historiques :

a – Prosper Mérimée
b – Alphonse de Lamartine
c – Gérard de Nerval
d – Roger Trencavel

15 – « Qu'elle est belle ma fille d'un an ! » Qui parle ainsi de la forteresse de Château-Gaillard qu'il vient de faire construire en deux ans, de 1196 à 1198 ?

a – Philippe Auguste
b – Philippe le Bel
c – Richard Cœur de Lion
d – Richard Peter

16 – Dans ce château du XIIe siècle, entièrement restauré au début du XXe siècle, fut tourné le film de Jean Renoir *La Grande Illusion*, en 1937. Il s'agit du château :

a – du Haut-Koenigsbourg
b – de Combourg
c – de Langeais
d – d'Angers

17 – Le Mémorial de Caen, seul musée au monde à offrir une vue d'ensemble de l'Histoire de 1918 à nos jours, a été inauguré le :

a – 18 juin 1983
b – 8 mai 1985
c – 6 juin 1988
d – 11 novembre 1988

18 – Édifié à partir de 1335, en vingt ans, le Palais des Papes, à Avignon, accueille chaque année dans sa cour d'honneur les représentations du festival créé par :

a – Jean Marais en 1933
b – Jean Vilar en 1947
c – Jean Carmet en 1955
d – Jean Rochefort en 1904

19 – À l'emplacement de la forteresse de la Bastille s'élève la Colonne de Juillet sous laquelle reposent les restes des Parisiens tués :

a – lors des révolutions de 1830 et 1848
b – en 1789
c – pendant les guerres napoléoniennes
d – en 1870

20 – 260 sections de colonnes noir et blanc occupent la cour d'honneur du Palais-Royal à Paris, depuis 1986. Elles sont l'œuvre de :

a – Dany The Red
b – Jacques Tong
c – Daniel Buren
d – Fernand Burin

Questions très faciles

1 – Louis XIII est appelé :

a – le Roi-Soleil
b – le Juste
c – le Sage
d – le Fol

2 – Le mot Carolingien a pour origine :

a – Charles Ier le Grand (Charlemagne)
b – Charles le Chauve
c – Carole Lhor Ire
d – Carolin

3 – Épouse d'Henri II, elle est mère de trois rois :

a – Marie de Médicis
b – Simone de Médicis
c – Catherine de Médicis
d – Catherine II

4 – Le 9 mars 1796, Bonaparte épouse :

a – Marie-Louise d'Autriche
b – Joséphine de Beauharnais
c – Marie-Louise de Beauharnais
d – Joséphine d'Autriche

5 – Napoléon est mort :

a – sur l'île d'Elbe
b – sur l'île de Sainte-Hélène
c – à Waterloo
d – aux Invalides

6 – De 1648 à 1652, la révolte des princes et des parlementaires s'appelle :

a – les canons de Navarone
b – la Fronde
c – l'Arbalète
d – l'escampette

7 – En mai 1968, qui est l'animateur de la tendance libertaire ?

a – Daniel Cohn-Bendit
b – Gabriel Cohn-Bendit
c – Maurice Cohn-Bendit
d – Maurice de Saxe

8 – Le 1er mai 2004 à minuit, combien l'Europe compte-t-elle de pays ?

a – 15
b – 25
c – 52
d – 18

9 – L'hymne de l'Europe, l'Ode à la joie est tiré d'une symphonie de Beethoven :

a – la 9e
b – la 5e
c – la12e
d – la 3e

10 – Les deux grands fondateurs du protestantisme au XVIe siècle sont :

a – Marek Lutin et Jean Calvaire
b – Martin Luther et Jean Calvin
c – Martin Luther King et Calvin Chew
d – Jean Luver et Martin Calva

Réponses aux questions du quiz

I. Les grandes dates

1-b; 2-b; 3-a; 4-b; 5-a; 6-a; 7-b; 8-d; 9-c; 10-b; 11-b; 12-a; 13-d; 14-d; 15-a; 16-b; 17-b; 18-c

II. Les grandes histoires d'amour

1-b; 2-d; 3-c; 4-a; 5-c; 6-b; 7-b; 8-a; 9-b; 10-b; 11-c; 12-c; 13-a; 14-a; 15-c; 16-b; 17-b; 18-c; 19-a; 20-c;

III. Les événements clés

1-b; 2-a; 3-c; 4-b; 5-d; 6-c; 7-c; 8-b; 9-a; 10-c; 11-b; 12-c; 13-c; 14-d; 15-a; 16-c; 17-b; 18-a; 19-b; 20-b

IV. Les rois

1-c; 2-d; 3-b; 4-c; 5-d; 6-b; 7-c; 8-c; 9-b; 10-c; 11-a; 12-b; 13-b; 14-d; 15-c; 16-b; 17-b; 18-b; 19-d; 20-a

V. Les événements insolites

1-a; 2-c; 3-a; 4-a; 5-b; 6-a; 7-c; 8-d; 9-a; 10-a; 11-b; 12-a; 13-b; 14-b; 15-a; 16-c; 17-c; 18-d; 19-c; 20-a

VI. Les grands personnages

1-c; 2-b; 3-d; 4-c; 5-a; 6-d; 7-b; 8-c; 9-b; 10-a; 11-a; 12-a; 13-a; 14-c; 15-a; 16-a; 17-c; 18-b; 19-d; 20-b

VII. Les lieux de l'Histoire

1-b; 2-b; 3-c; 4-a; 5-c; 6-b; 7-a; 8-b; 9-a; 10-d; 11-a; 12-a; 13-b; 14-c; 15-b; 16-b; 17-a; 18-b; 19-c; 20-a

VIII. Les grandes inventions et découvertes

1-c; 2-a; 3-b; 4-a; 5-c; 6-d; 7-c; 8-d; 9-d; 10-a; 11-b; 12-a; 13-c; 14-b; 15-c; 16-b; 17-c; 18-b; 19-b; 20-c

IX. Les guerres et batailles

1-c; 2-a; 3-c; 4-b; 5-a; 6-a; 7-c; 8-c; 9-b; 10-c; 11-a; 12-a; 13-d; 14-b; 15-c; 16-a; 17-d; 18-b; 19-a; 20-b

X. Les monuments historiques

1-c; 2-b; 3-c; 4-a; 5-c; 6-b; 7-c; 8-a; 9-a; 10-b; 11-c; 12-b; 13-a; 14-c; 15-a; 16-c; 17-b; 18-a; 19-c

Questions très faciles

1-a; 2-a; 3-c; 4-b; 5-b; 6-b; 7-a; 8-b; 9-a; 10-b

Index alphabétique

A

Académie française, 315
Adoubement, 112
Agnès Sorel, 208
Alcuin, 91
Alésia, 42, 44
Algérie, guerre d', 644
Aliénor d'Aquitaine, 130
Angles, 53
Anne d'Autriche, 318
Anne de Beaujeu, 222
Anne de Bretagne, 224, 230
Apollinaire, Sidoine, 57
Armagnacs, 193
Art
  gothique, 119
  roman, 119
Attila, 54
Augsbourg, ligue d', 356
Azay-le-Rideau, château d', 249
Azincourt, bataille d', 195

B

Bastille, 179
  prise de la, 412
Bayard, 227
Bécu, Jeanne, 383
Blanche de Castille, 144
Blandine, 49
Blum, Léon, 613
Bologne, concordat de, 242
Bonaparte, 466
Boulangisme, 567
Bourbons, 430
Bourguignons, 193
Bouvines, 138
Brunehaut; 67

C

Cahiers de doléances, 405
Calvin, Jean, 255
Capétiens, 108
Cathares, 141
Catherine de Médicis, 264
Celtes, 24
Cent-jours, les, 508
César, Jules, 35, 39
Charlemagne, 83
Charles d'Orléans, 197
Charles le Téméraire, 217
Charles Martel, 77
Charles Quint, 243
Charles V, 181
Charles VI, 186
Charles VII, 201, 207, 212
Charles VIII, 222
Charles X, 519
Chemin des Dames, 597
Childéric, 60
Chirac, Jacques, 673
Christine de Pisan, 185
Cités lacustres, 22
Clemenceau, Georges, 580, 599
Clothaire; 67
Clovis, 9, 59, 62
Cohn-Bendit, Daniel, 654
Colbertisme, 338
Coligny, amiral de, 272
Commune de Paris, 553
Comte de Chambord, 560
Comtesse du Barry, 383
Concordat, 478
Corday, Charlotte, 449
Crécy, bataille de, 166
Croisades, 125
  contre les Albigois, 140

Cro-Magnon, 15, 17
Cromlech, 22

D

Dagobert, 67, 72, 75
Danton, George, 431
Daumier, Honoré, 529
De Gaulle, général, 623
Déclaration des droits de l'homme, 417
Diane de Poitiers, 258
Dreyfus, affaire, 574
Du Guesclin, Bertrand, 183
Duc de Berry, 193
Duchesse de Berry, 518
Druide, 30

E

Écluse, bataille de l', 164
Édit de Nantes, 293
Édit de Nantes, révocation de l', 354
Édouard III d'Angleterre, 179
Épuration, 637
États généraux, 407
Étienne Marcel, 176
Évian, accords d', 648

F

Fédération, fête de la, 426
Féodalité, 110
Ferry, Jules, 564
Fouquet, Nicolas, 335
Fourier, Charles, 524
François Ier, 237
Françoise d'Aubigné, 353
Frédégonde, 67
Fronde, 322
Front populaire, 612

G

Gambetta, Léon, 550
Gaulois, 28
Gergovie, 42
Girondins, 442
Giscard d'Estaing, Valéry, 659
Grégoire de Tours, 70
Grévy, Jules, 563
Guerre de Cent Ans, 161
Guerre de Sept Ans, 376
Guerre de Trente Ans, 316
Guillaume le Conquérant, 127
Guizot, 530

H

Hallstattienne, 26
Harkis, 651
Henri II, 259
Henri III, 278
Henri III, 284
Henri IV, 291
Henri IV, assassinat de, 301
Huguenots, 266
Hugues Capet, 120, 122
Huns, 56

I

Impôt, 209

J

Jacobins, 432
Jacquerie, 178
Jacques de Molay, 157
Jean le Bon, 172
Jean sans Peur, 194
Jean sans Terre, 139
Jeanne d'Arc, 202
Jeanne Hachette, 220
Jésuites, 293
Jésuites, 386
Jeu de paume, serment du, 410
John Law, 366
Joséphine de Beauharnais, 482

L

La Fayette, 432
La Palice, 246
Lamartine, 536
Lascaux, grotte de, 17,18
Laval, Pierre, 626
Léonard de Vinci, 242
Lesseps, Ferdinand de, 571
Loi salique, 61
Louis IX, 144
Louis le Bègue, 120
Louis le Pieux, 101
Louis VII, 131
Louis XI, 211

Louis XII, 228
Louis XIII, 306
Louis XIV, 319
Louis XV, 372
Louis XVI, 388
Louis XVII, 458
Louis XVIII, 506, 515
Louise de la Vallière, 352
Louis-Philippe, 525
Louvois, 342
Lumières, Les, 365
Luther, Martin, 253

M
Mac-Mahon, 561
Mai 1968, 653
Marat, 448
Marie de Médicis, 291, 301, 302
Marie-Antoinette, 389, 460
Marignan, bataille de,n 240
Marquise de Montespan, 352
Marquise de Pompadour, 380
Marshall, plan, 642
Mazarin, 318
Mendès-France, Pierre, 641
Menhirs, 20, 21
Mercantilisme, 296
Mérovingiens, 75, 82
Mitterrand, François, 663
Monarchie de Juillet, 522
Monnet, Jean, 642
Montagnards, 442
Montségur, 143
Moulin, Jean, 629
Moyen ge, 59

N
Napoléon Ier, 484
Napoléon III, 540
Navarre, roi de 267
Neandertal, 15
Necker, 391

O
OAS, 649
Odoacre, 57
Ordalie, 73
Orgétorix, 38

P
Parti communiste, 607
Pax romana, 45
Pépin le Bref, 80
Peste noire, 170
Pétain, 595
Pétain, maréchal, 624
Philippe Auguste, 134
Philippe d'Orléans, 365
Philippe le Bel, 153
Philippe le Hardi, 152
Philippe VI, dit de Valois, 163
Pierre l'Ermite, 125
Pinay, Antoine, 643
Poilus, 591
Poitiers, bataille de, 174
Pompidou, Georges, 657
Protestantisme, 252
Pyrénées, traité des, 332

R
Rabelais, François, 257
Ravaillac, François, 301
Régence, 329
Reine Margot, 277, 281
Résistance, 629
Richard Coeur de Lion, 134
Richelieu, cardinal de, 306, 308
Robespierre, 434, 450
Rois fainéants, 76
Rois maudits, 158
Roi-Soleil, 334
Roland de Roncevaux, 88
Rollon le Normand, 115, 116

S
Sacrifices humains, 29
Saint-Barthélemy, massacre de, 273
Sauvageot, Jacques, 654
Sedan, bataille de, 547
Soissons, vase de, 64
Strasbourg, serment de, 104

T

Templiers, 156
Thiers, 530
Tour de Nesle, 159
Tumulus, 21
Turgot, 391

V

Valmy, bataille de, 440
Vandales, 51
Vauban, 343
Vél'd'Hiv, rafle du, 627
Vendée, guerre de, 446
Vercingétorix, 35, 40, 44
Verdun, bataille de, 594
Verdun, traité de, 106
Versailles, 345
Versailles, traité de, 604
Vix, 25
  vase de, 26

W

Wassy, massacre de, 268
Westphalie, traités de, 324
Wisigoths, 51

Crédits photographiques

P.9 : © Archivo Iconographico, S.A. / Corbis ; p. 17: © Corbis ; p.18 : © Gianni Dagli Orti / Corbis ; p. 21 : © Adam Woolfitt/ Corbis ; p. 23 : © Bernard Annebicque/ Corbis ; p. 26 : © Archivo Iconografico, S.A./ Corbis ; p. 28 : © Bettmann/ Corbis ; p. 31 : © Gianni Dagli / Corbis ; p. 39 : © Sandro Vannini/ Corbis ; p. 44 : © Bettmann/ Corbis ; p. 47 : © Corbis ; p. 48 : © Alinari Archives/ Corbis ; p. 50 : © Roger Wood/ Corbis ; p. 54 : © Ted Spiegel / Corbis ; p. 62 : © Corbis ; p. 74 : © Gian Berto Vanni / Corbis ; p. 81 : © Gianni Dagli Orti / Corbis ; p. 84 : © Ali Meyer/ Corbis ; p. 85 : © Michael Nicholson/ Corbis ; p. 89 : © Gustavo Tomsich/ Corbis ; p. 92 : © Archivo Iconografico, S.A./ Corbis ; p. 94 : © Stapleton Collection/ Corbis ; p. 99 : © Gianni Dagli Orti/ Corbis ; p. 105 : © Bettmann/ Corbis ; p. 115 : © Archivo Iconografico, S.A./ Corbis ; p. 118 : © Sandro Vannini/ Corbis ; p. 126 : © Leonard de Selva/ Corbis ; p. 131 : © Bettmann/ Corbis ; p. 134 : © Bettmann/ Corbis ; p. 144 : © Stapleton Collection/ Corbis ; p. 148 : © Bettmann/ Corbis ; p. 150 : © Archivo Iconografico, S.A./ Corbis ; p. 152 : © Leonard de Selva/ Corbis ; p. 158 : © Origlia Franco/ Corbis Sygma ; p. 163 : © Bettmann/ Corbis ; p. 167 : © Corbis ; p. 169 : © Paul Almasy/ Corbis ; p. 204 : © Archivo Iconografico, S.A./ Corbis ; p. 206 : © Corbis ; p. 207 : © Bettmann/Corbis ; p. 217 : © Archivo Iconografico, S.A./ Corbis ; p.220 : © Leonard de Selva/ Corbis ; p. 224 : © Archivo Iconografico/ Corbis ; p. 226 : © Summerfield Press/ Corbis ; p. 230 : © Leonard de Selva/ Corbis ; p. 235 : © Corbis ; p. 238 : © Archivo Iconografico, S.A./ Corbis ; p. 241 : © Brian Harding/ Eye Ubiquitous/ Corbis ; p. 249 : © John Heseltine/ Corbis ; p. 259 : © Barney Burstein Collection/ Corbis ; p. 260 : © Corbis ; p. 264 : © Archivo Iconografico/ Corbis ; p. 274 : © Bettmann/ Corbis; p. 277 : © Luc Roux/ Corbis Sygma ; p. 284 : © Philip de Bay/ Historical Picture Archive/ Corbis ; p. 293 : © Summerfield Press/ Corbis ; p. 299 : © Stefano Bianchetti/ Corbis ; p. 301 : © Stefano Bianchetti/ Corbis ; p. 302 : © Archivo Iconografico, S.A./ Corbis ; p. 308 : © Archivo Iconografico, S.A./ Corbis ; p. 319 : © Archivo Iconografico/ Corbis ; p. 331 : © Arte & Immagini srl/ Corbis ; p. 335 : © Archivo Iconografico, S.A./ Corbis ; p. 337 : © Cardinale Stéphane/ Corbis Sygma ; p. 341 : © Bettmann/ Corbis ; p. 346 : © Adam Woolfitt/ Corbis ; p. 347 : © Bill Ross/ Corbis ; p. 380 : © Philip de Bay/ Historical Picture Archive/ Corbis ; p. 388 : © Christie's Images/ Corbis ; p. 390 : © Fine Art Photographic Library/ Corbis ; p. 396 : © Archivo Iconografico/ Corbis ; p. 399 : © Leonard de Selva/ Corbis ; p. 408 : © Bettmann/ Corbis; p. 412 : © Leonard de Selva/ Corbis ; p. 418 : © Archivo Iconografico, S.A./ Corbis ; p. 420 : © Bass Musuem of Art/ Corbis ; p. 421 : © Gianni Dagli Orti/ Corbis ; p. 426 : © Gianni Dagli Orti/ Corbis ; p. 427 : © Nogues Alain/ Corbis ; p. 441 : © C.N.M.H.S./ Corbis ; p. 448 : © Corbis; p. 450 : © Archivo Iconografico, S.A./ Corbis ; p. 458 : © Gianni Dagli Orti/ Corbis ; p. 462 : © Gianni Dagli Orti/ Corbis ; p. 469 : © Bettmann/ Corbis ; p. 472 : © Historical Picture Archive/ Corbis ; p. 473 : © Burstein Collection/ Corbis ; p. 481 : © Stefano Bianchetti/ Corbis ; p. 482 : © Archivo Iconografico/ Corbis ; p. 484 : © Burstein Collection/ Corbis ; p. 486 : © Historical Picture Archive/ Corbis ; p. 509 : © Archivo Iconografico, S.A./ Corbis ; p. 511 : © Todd Gipstein/ Corbis ; p. 513 : © Michael Maslan Historic Photographs/ Corbis ; p. 517 : © Corbis ; p. 518 : © Christie's Images/ Corbis ; p. 520 : © Corbis ; p. 526 : © Corbis ; p. 529 : © Christie's Images/ Corbis ; p. 536 : © Stefano Bianchetti/ Corbis ; p. 540 : © Corbis ; p. 542 : © Corbis; p. 546 : © Corbis ; p. 547 : © Hulton-Deutsch Collection/ Corbis ; p. 551 : © Bettmann/ Corbis ; p. 554 : © Corbis ; p. 559 : © Bettmann/ Corbis ; p. 564 : © Corbis ; p. 565 : © Jacques Pavlovsky/ Sygma/ Corbis ; p. 569 : © Hulton-Deutsch Collection/ Corbis ; p. 571 : © MAPS.com/ Corbis ; p. 574 : © Leonard de Selva/ Corbis ; p. 577 : © Corbis ; p. 585: © Bettmann/ Corbis; p. 588 : © Bettmann/ Corbis ; p. 591 : © Bettmann/ Corbis ; p. 592 : © Bettmann/ Corbis ; p. 594 : © Corbis ; p. 599 : © Bettmann/ Corbis ; p. 591 : © Bettmann/ Corbis ; p. 604 : © Bettmann/ Corbis; p. 609 : © Annebicque Bernard/ Corbis Sygma ; p. 613 : © Bettmann/ Corbis ; p. 616 : © Corbis ; p. 622 : © Bettmann/ Corbis ; p. 623 : © Hulton-Deutsch Collection/ Corbis ; p. 626 : © Bettmann/ Corbis ; p. 627 : © Collection Corbis Kipa ; p. 628 : © Gaudenti Sergio/ Corbis Kipa ; p. 631 : © Hulton-Deutsch Collection/ Corbis ; p. 632 : © Corbis ; p. 635 : © Hulton-Deutsch Collection/ Corbis ; p. 638 : © Bettmann/ Corbis ; p. 642 : © Bettmann/ Corbis ; p. 645 : © John Springer Collection/ Corbis ; p. 648 : © Marc Garanger/ Corbis ; p. 650 : © Burlot Jacques/ Corbis Sygma ; p. 653 : © Henri Bureau/ Corbis Sygma ; p. 655 : © Corbis ; p. 658 : © George Hall/ Corbis ; p. 659 : © Paul Almasy/ Corbis ; p. 663 : © Goldberg Diego/ Corbis Sygma ; p. 671 : © Owen Franken/ Corbis ; p. 678 : © Jacques Langevin/ Sygma/ Corbis ; p. 682 : © Le Segretain Pascal/ Corbis Sygma ; p. 684 : © Jacques Langevin/ Corbis ; p. 695 : © Horacio Villalobos/ Corbis ; p. 698 : © Corbis ; p. 705 : © Owen Franken/ Corbis , p. 711 : © Corbis ; p. 721 : © Corbis ; p. 726 : © Richard List/ Corbis ; p. 730 : © Bettmann/ Corbis ; p. 733 : © Corbis ; p. 735 : © Underwood & Underwood/ Corbis ; p. 738 : © William Manning/ Corbis ; p. 739 : © Leonard de Selva/ Corbis ; p. 741 : © Orban Thierry/ Corbis Sygma ; p. 742 : © Art on File/ Corbis ; p. 743 : © Paul Almasy/ Corbis.

Table des illustrations :

Les légendes des illustrations qui apparaissent sur les pages d'entrée de partie :

p. 9	Le baptême de Clovis, illustration datant du XVe siècle
p. 99	Tournoi de chevaliers de la Table Ronde, œuvre du XVe siècle, extraite du Roman de Tristan
p. 235	Fontaine située à l'ouest du chateau de Versailles
p. 399	La prise de la Bastille
p. 513	L'Opéra de Paris
p. 585	12 septembre 1944, Vittel, France : des enfants d'origine américaine et anglaise derrière les barbelés des camps
p. 635	Paris, le 14 mai 1968 : émeute des étudiants
p. 701	Chateaux de la Loire : vue aérienne